作业本

教材精析精练

与人教版最新高中教材同步

本报告的出版得到

国家重点文物保护专项补助经费资助

新 地 里

上

浙江省文物考古研究所
桐乡市文物管理委员会

文物出版社

封面设计：张希广
责任编辑：谷艳雪　黄　曲
责任印制：张道奇

图书在版编目（CIP）数据

新地里/浙江省文物考古研究所编著．—北京：文物
出版社，2006.8
ISBN 7－5010－1730－1

Ⅰ．新…　Ⅱ．浙…　Ⅲ．良渚文化－文化遗址－发
掘报告－浙江省　Ⅳ．①K871.135②K878.05

中国版本图书馆 CIP 数据核字（2005）第 131738 号

新 地 里

浙江省文物考古研究所
桐乡市文物管理委员会　编著

*

文 物 出 版 社 出 版 发 行
（北京东直门内北小街 2 号）

http://www.wenwu.com

E-mail：web@wenwu.com

北京美通印刷有限公司印刷

新 华 书 店 经 销

787×1092　1／16　印张：67.75　插页：5
2006 年 8 月第一版　2006 年 8 月第一次印刷
ISBN 7－5010－1730－1／K·906　（全二册）定价：750 元

XINDILI

Vol. 1

(With an English Abstract)

by

Zhejiang Provincial Institute of Cultural Relics and Archaeology
Tongxiang City Administrative Committee of Cultural Relics

Cultural Relics Publishing House

目　录

插 图 目 录

第一章 概 述

第一节 桐乡市地理环境与历史沿革

新地里遗址地属浙江省桐乡市。

桐乡市位于太湖东南岸浙江省北部杭嘉湖平原的腹地，东部与嘉兴市郊区接壤，东南部和南部与海宁市交界，西南部接壤余杭市，西部接壤德清县，西北部与湖州市郊区相接，北部跟江苏省吴江市交界。境内有京杭大运河、沪杭高速公路、320国道等交通枢纽连接上海、杭州等大中型城市。（图一）

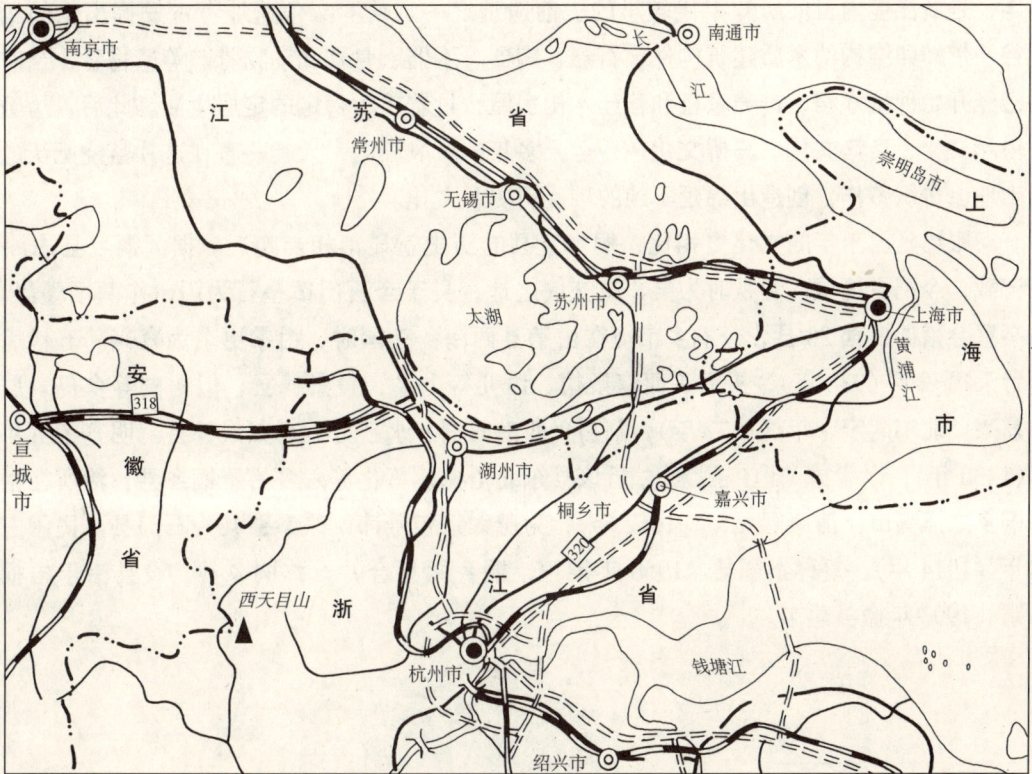

图一 桐乡市地理位置示意图

　　桐乡地属长江三角洲南岸的浙北冲积平原，地质构造为第四纪沉积物掩盖，土壤母质为江、海、湖相沉积物。境内地势平坦，无一山丘。东南因受杭州湾海潮的顶托和钱塘江水系的冲击，形成较为高阜的沙质地带；西北成陆虽早，但在太湖沉陷的影响下形成大致低洼的黏土区域，导致境内地形略呈东南高西北低、微向太湖倾斜的趋势。自古以来，围圩造田、挖河筑堤、栽桑培土等人类活动对自然地理环境也产生了重要影响，逐渐形成了田地河池交错、凹凸多变、高低明显的"桑基圩田"的微地貌和人工地貌类型。一般而言，桐乡境内水田面高程在海拔（吴淞基面）2.8～6 米之间，平均 4.05 米；地面高程在海拔（吴淞基面）5～8 米之间，最高 10 米。

　　由于地处亚热带季风气候区，桐乡市的气候特点为：四季分明，温暖湿润，降水充沛，日照充足。据 1961 年至 1990 年三十年间的记载，全年平均气温为 15.8℃，年际变化幅度不大，7 月最热，平均 28.1℃；1 月最冷，平均 3.4℃。年平均无霜期 239 天，日照 1983.4 小时，降水量 1193.9 毫米。降水主要集中在 4～9 月，以春雨、梅雨、台风雨为主。梅雨以后的 7～8 月间晴热少雨，常有旱象。

　　较为优越的自然环境使桐乡很早就成为人类生存繁衍的理想场所。境内已发现马家浜文化遗址 5 处，其中石门镇罗家角遗址第四层芦苇的 ^{14}C 年代测定为距今 6095±155 年，是浙江境内目前所知年代较早的史前遗址之一。从罗家角遗址考古发掘出土的稻谷、带榫卯结构的木质建筑构件、石器、陶器、木器、骨器和动物骨骸等遗物看，当时已经开始种植水稻、饲养家畜和营建木构房屋，过着较为稳定的定居生活。此后，历经崧泽文化、良渚文化、马桥文化……七千多年的风风雨雨，人类一直在这片富饶肥沃的土地上耕织劳作，创造出绵延不绝的璀璨历史和文化。

　　跟绵延七千年的文化史相比，桐乡置县的历史就显得相当晚近。据《桐乡县志》[①]记载，今桐乡境域，春秋时为吴、越交壤之地，吴于今石门镇垒石为门，作两国疆界。秦置会稽郡，辖 26 县，今桐乡市境在由拳县西南。三国时，由拳更名为嘉兴。五代后晋天福三年（938 年），析嘉兴西南崇德、语儿等七乡，置崇德县，但梧桐等乡仍隶属嘉兴。北宋熙宁十年（1077 年），割嘉兴西南梧桐、永新等五乡归崇德县。明宣德五年（1430 年），以崇德"地广赋繁"，析该县东北梧桐、募化等六乡另置桐乡县，治所在梧桐乡之凤鸣市。清康熙元年（1662 年），为避太宗年号讳，改崇德县为石门县。民国三年（1914 年），复称崇德县。1958 年崇德、桐乡两县合并，称桐乡县，设县治于梧桐镇。1993 年撤县建市。

---

　　① 《桐乡县志》，上海书店出版社，1996 年。

第二节 新地里遗址的地理环境

新地里遗址位于桐乡市留良乡（2002 年已归并入崇福镇）湾里村 4 组，南距桐乡市市府所在地梧桐镇约 13 公里，东距崇福镇约 7 公里。（图二）

留良乡地处桐乡市东南部，因明清之际乡贤吕留良得名。上世纪 80 年代，留良乡境内已发现了湾里村良渚文化遗址，与之相邻的骑塘、高桥、虎啸、南日、屠甸等乡镇

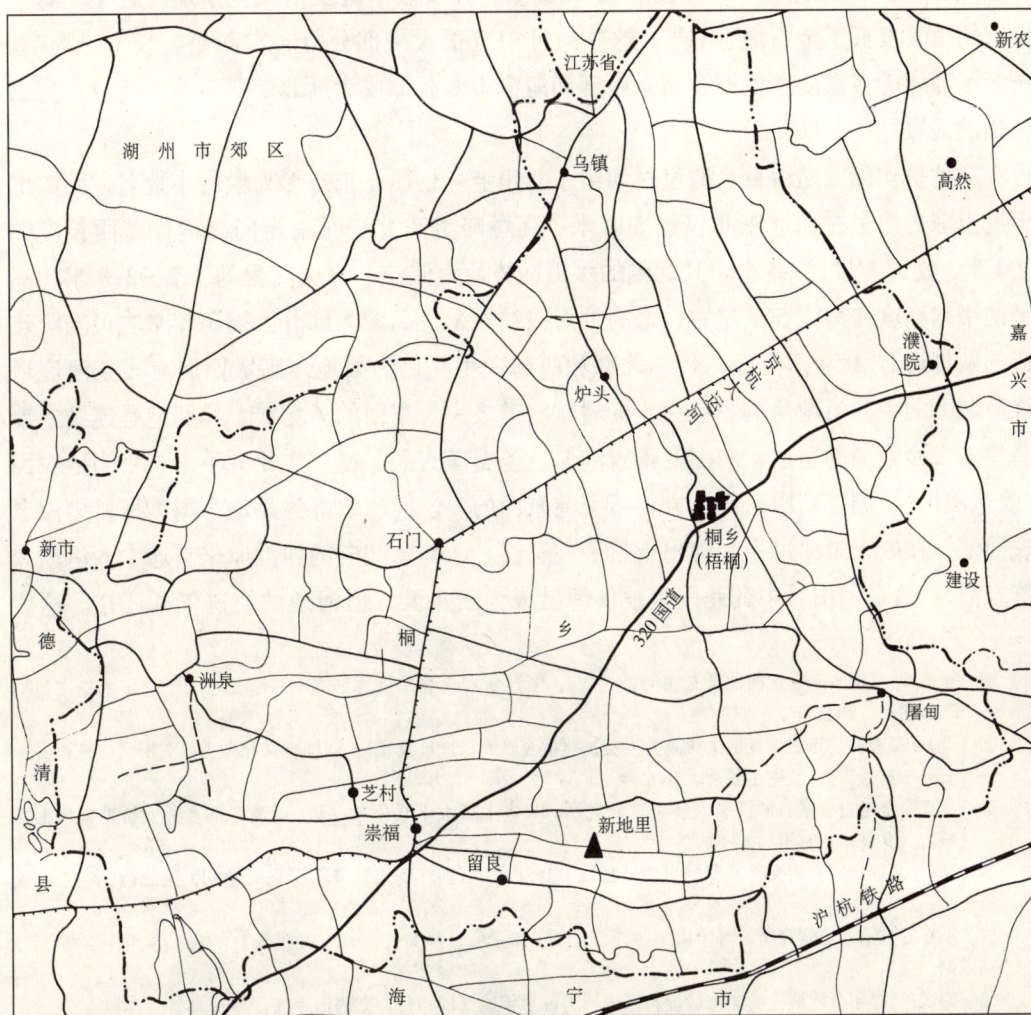

图二 新地里遗址地理位置示意图

内也先后发现 10 多处良渚文化遗址。桐乡市博物馆收藏的 4 件良渚文化玉琮分别出于留良乡湾里村遗址、虎啸乡店街塘遗址、高桥乡桃子村遗址和骑塘乡张家桥遗址，都集中在桐乡市东南部的这一区域范围内[①]。1995～1996 年，为配合沪杭高速公路建设，浙江省文物考古研究所在桐乡市东南部先后发掘了南日乡章家浜、徐家浜和屠甸镇叭喇浜三处良渚文化遗址[②]。1995～1998 年，浙江省文物考古研究所和北京大学与日本上智大学合作，又对屠甸镇普安桥遗址进行了联合发掘[③]。上世纪 80～90 年代间，浙江省文物考古研究所先后在与桐乡市比邻的海宁市发掘了徐步桥、千金角、盛家埭[④]、郐家岭[⑤]、荷叶地[⑥]、达泽庙[⑦]、佘墩庙[⑧]、凤凰基、大坟墩[⑨] 等良渚文化遗址。近年，海宁市博物馆又发掘了金石墩遗址[⑩]。这些遗址中有很大一部分分布在斜桥、长安、周镇、庆云、郭店等乡镇内，使桐乡市东南部和海宁市西北部成为浙北地区良渚文化分布最为密集的区域之一。(图三)

　　新地里实际上是留良乡湾里村四组东北角上一处孤立长条形高墩的小地名，距离出土过玉琮的湾里村遗址东北仅约 500 米。高墩略呈东北—西南走向，现存东西长度约300 米，南北宽度约 80 米。其北侧的水田地势最为低洼，海拔高程为 2.2～3.8 米，高墩的平均高度在海拔 5 米左右，最高处海拔约 6 米。高墩大部分已被历年来农民陆续建造的两排近 20 幢楼房压盖，仅东北部和西部一小块仍为桑地。高墩四周有多条河流环绕。北面的中沙渚塘是桐乡市主要的通航水道之一。东面的圣塘漾、马新港是连结中沙渚塘与南沙渚塘的通道。南面的落家港原与圣塘漾直通，在"文化大革命"中当地农民"改造河山"，剥挖高墩东部土方将落家港东面的一段河道填辟为桑地。据湾里村多位老农回忆，在取土填河过程中曾出土过一些玉器。西面南北向的西浜原来贯通中沙渚塘和落家港，"改造河山"中其北段也被填埋已成为断头浜，但河道的痕迹依稀还在。这些

① 张梅坤：《桐乡——文明的曙光在何处闪耀》，浙江考古学会编《真如集——浙江考古学会学术论文集》，西泠印社，2002 年。

② 《桐乡章家浜、徐家浜良渚文化墓葬发掘》、《桐乡叭喇浜遗址发掘》，浙江省文物考古研究所《沪杭甬高速公路考古报告》，文物出版社，2002 年。

③ 北京大学考古学系、浙江省文物考古研究所、日本上智大学联合考古队：《浙江桐乡普安桥遗址发掘简报》，《文物》1998 年 4 期。

④ 《浙江北部地区良渚文化墓葬的发掘（1978～1986）》，《浙江省文物考古研究所学刊》第二辑，科学出版社，1993 年。

⑤ 浙江省文物考古研究所、海宁市博物馆：《海宁郐家岭良渚文化墓地发掘报告》，《东南文化》2002 年 3 期。

⑥ 刘斌：《海宁荷叶地良渚文化遗址》，《中国考古学年鉴（1989）》，文物出版社，1989 年。

⑦ 浙江省文物考古研究所、海宁市博物馆：《海宁达泽庙遗址的发掘》，《浙江省文物考古研究所学刊》第三辑，长征出版社，1997 年。

⑧ 刘斌、赵晔：《海宁发现良渚文化重要墓地》，《中国文物报》1995 年 8 月 6 日。

⑨ 王明达等：《海宁清理良渚文化祭坛和墓葬》，《中国文物报》1993 年 9 月 19 日。

⑩ 海宁市博物馆：《浙江海宁金石墩遗址发掘报告》，《东南文化》2003 年 5 期。

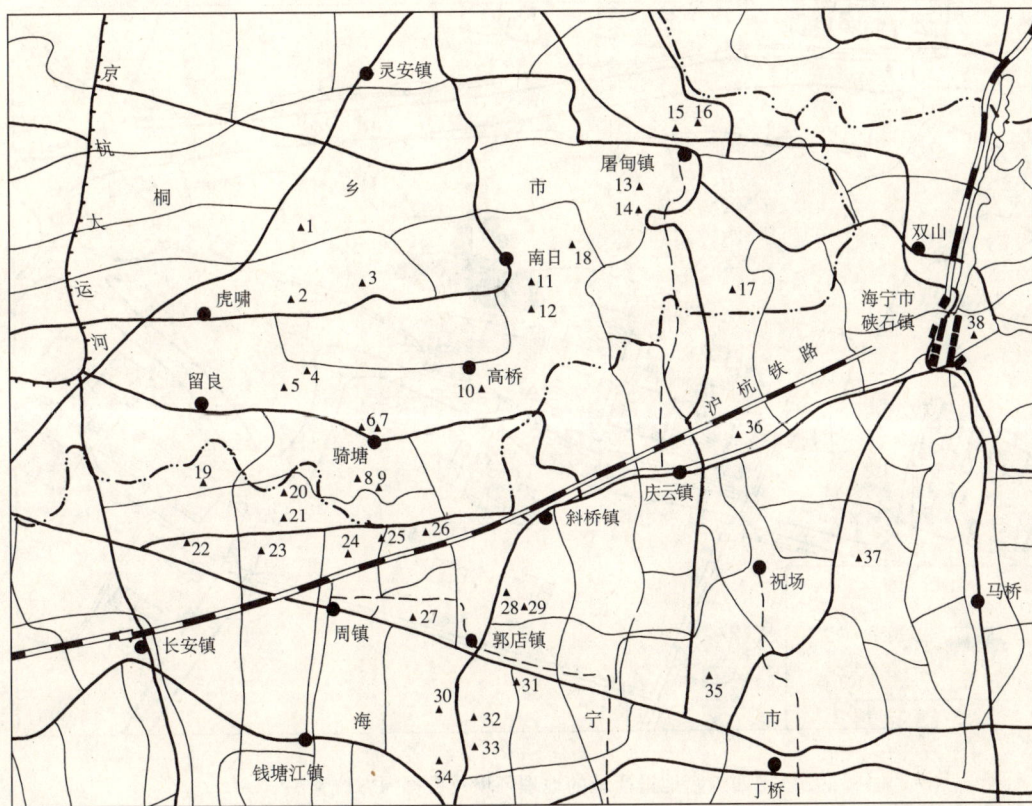

图三 桐乡市东南部与海宁市西北部的部分良渚文化遗址分布示意图

桐乡市：1.店街塘 2.李家横 3.地环桥 4.新地里 5.湾里村 6.梵山坟 7.蔡家坟 8.武帅庙 9.大园里 10.落晚 11.王墙里 12.洗粉浜 13.杨家车 14.普安桥 15.花果园 16.叭喇浜 17.小六旺 18.章家浜、徐家浜

海宁市：19.施家墩 20.凤凰基 21.英家桥 22.姚家籇 23.博儒 24.李园 25.沈家堍 26.荷叶地 27.沈家石桥 28.朱家兜 29.东八角漾 30.佘墩庙 31.千金角 32.桃园 33.盛家堍 34.徐步桥 35.金石墩 36.郭家石桥 37.达泽庙 38.郜家岭

河、浜在地理位置上形成了对新地里高墩的环绕封合状态。虽然各河道形成的年代由于没有进行相应的工作而难以确定，但被河流水道环绕封合的高墩类型遗址在浙北嘉兴地区乃至整个环太湖地区，是等级较高良渚文化遗址的一种具有代表性的地理环境状况。（图四；彩版一）

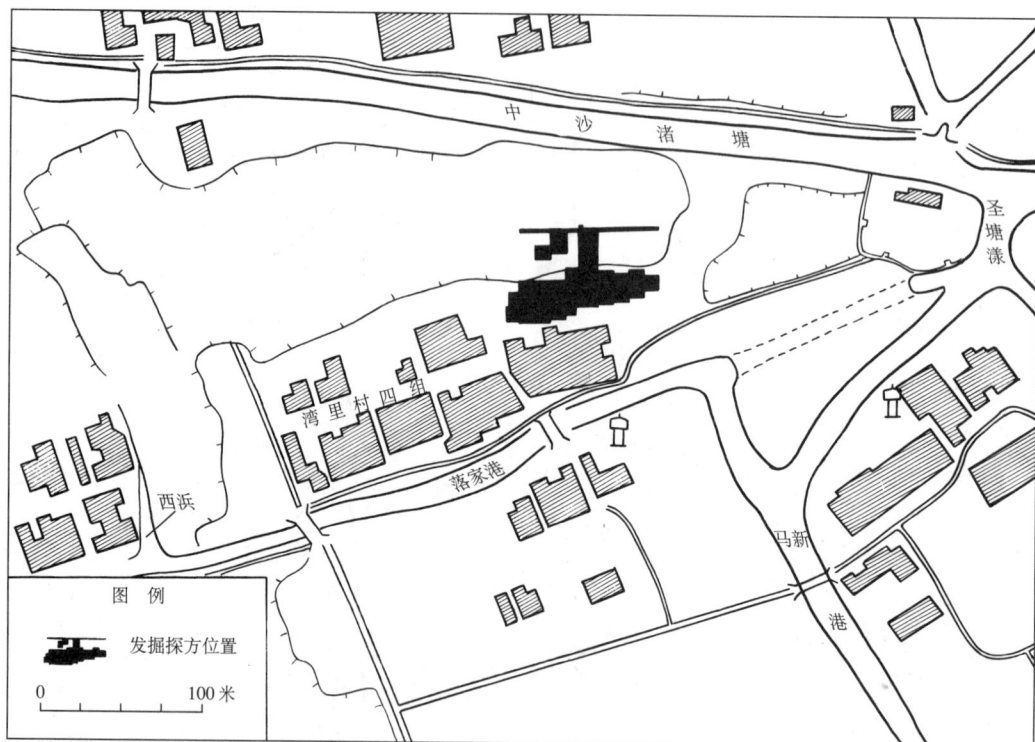

图四　新地里遗址的地理环境及发掘探方位置图

第三节　遗址发现与发掘经过

　　新地里遗址是在农村土地整理过程中发现的，能够在推土机的轰鸣声中将遗址及时、妥善地保护下来，完全得益于桐乡市市委、市政府对文物工作的重视和热心支持，得益于桐乡市文物管理委员会、文化体育局、博物馆具体从事文物工作的诸位同志的高度责任感。

　　新地里高墩北侧农田紧靠中沙渚塘，地势低洼，几乎每年汛期都有水淹之虞，且排涝不易，当地村民要求推掉部分高墩、垫高农田和加高堤塘的愿望由来已久。2000年11月27日，在市、乡两级政府的支持下，湾里村四组开始了将新地里高墩东北部近5000平方米桑树地推平、填高北侧堤塘和农田的土地平整工程。推土机推了不久，就推出了陶片、石器等良渚文化遗物，信息灵通的桐乡、海宁两市的一小部分文物贩子带头开始了盗掘行动。他们挑灯夜战，挖沟开壕，引发了有数百人参与的大规模盗掘。11月30日，桐乡市政府得到留良乡派出所的报告，当即知会市文化体育局。文化体育局紧急派遣市博物馆张梅坤、周伟民、朱宏中三人当夜冒雨前往现场调查。在确定新地里高墩为良渚文化遗址后，市文化体育局立即上报市政府，要求采取措施制止盗挖盗掘，暂停土地平整，并谋求妥当的善后办法。次日，浙江省文物局在接到桐乡市文化体育局的情况通报后，委派浙江省文物考古研究所徐新民、刘斌和蒋卫东三人踏勘现场。他们根据新地里土墩面积较大、高度较高、部分盗掘坑剖面上土色斑杂、有明显的人工堆筑现象以及采集到带切割痕迹玉料等迹象综合分析，初步判断这是一处有一定规模和等级的良渚文化高土台类型遗址，具有重要的保护价值，建议当地政府予以妥善的保护。但在与桐乡市文物管理委员会等部门的多次协商后，考虑到当地农民的实际利益和土地平整的迫切要求，决定报请国家文物局批准，在对遗址大部进行有效保护的前提下，对已开始进行土地平整的部分实施抢救性考古发掘（考古发掘证照为：考执字〔2001〕第148号）。桐乡市政府为此次考古发掘提供全部所需经费。

2001年3月21日，由浙江省文物考古研究所和桐乡市文物管理委员会联合组成的考古队正式进场对新地里遗址进行抢救性考古发掘。领队为浙江省文物考古研究所的蒋卫东副研究员，先后参加考古发掘工作的有浙江省文物考古研究所的丁品副研究员、王巨宽馆员，桐乡市博物馆的周伟民馆员、朱宏中馆员及技工方中华、周建初、郭留通、智建荣、钱松甫、王建平、董红卫、郭黎辉、关新宇等。

由于在进场后，新地里高墩上的桑树大部分都还没有清除掉，而遗址北面的低地部分在推土机推过后，表面尽是浮土，面目难辨，所以，我们首先选择在遗址北面布了东西向 2×10 米的探沟 9 条（编号 TG1～TG9）、南北向 2×10 米的探沟 6 条（编号 TG10～TG15）。经探掘，TG1～TG4、TG10～TG12[①] 表面为土地整理时从高墩上推下来的浮土覆盖，下层是现代农田，农田之下除 TG4 东部有一小块良渚文化地层外都是生土。TG5～TG9、TG13～TG15 浮土较薄，没有农田层，推测原应为新地里高墩往北延伸、已被推土机推掉的部分，其中 TG5～TG7、TG13、TG15 五条探沟中都有厚薄不一的良渚文化地层分布，TG8、TG9、TG14 浮土之下即为粉沙性呈层理结构的黄色生土。根据探沟内的地层堆积情况，结合对当地民工的询问，我们认为原先新地里高墩的北缘大致就到东西方向长探沟的附近。这部分高墩，除局部凹洼处仍保存少量良渚文化原生地层堆积外，多数区域已被推土机推至生土。（图五）

在对新地里高墩的基本情况以及前期土地平整对遗址的破坏情况作了初步了解后，考虑到低地部分可作进一步发掘的空间不大，我们决定以南面的高墩作为此次抢救性考古发掘的主要对象。

依托东西向和南北向的"十"字探沟，以东西向探沟为第一排探方（编号 T101～

---

① 因 TG12 发掘时已到遗址边缘，因此布在其北面的 TG10 与 TG11 未作发掘。

T109），然后往南依次编排，我们首先在高墩上布 10×10 米的探方两排 11 个（编号 T504～T509、T602～T606），又在低地处布了 10×10 米的 T203 与 T305 两个探方，进行较大面积的揭露。4 月 13 日以后，在高墩上的两排探方中，陆续发现了大量的良渚文化墓葬，在低地处的 T203 内也发现了 H1 与 G1 两个出土较多良渚文化遗物的遗迹单元。为了在土地平整之前尽可能多地抢救文物，同时对新地里遗址的整体面貌作尽可能多的了解，达到平剖面结合控制地层，更准确把握新地里高土台形成过程和相关迹象的目的，我们一方面陆续在墩上、墩下扩大发掘面积，又先后在低地处和高墩上布方和发掘了 T205、T302、T303、T404～T406、T501～T503、T600、T601、T607、T700～T704 等探方，使最终的发掘总面积达到了 2960 平方米；另一方面又在上层较密集的墓葬清理结束后，将原先 10×10 米的大方分为南北两个 5×10 米的探方分别进行发掘。（彩版二，1、2）

到 2002 年 1 月 4 日，经过 9 个多月（其中 8 月 4 日～9 月 10 日，发掘人员因高温天气而作短暂的休整，但修复人员仍留在发掘工地进行陶器修复工作）的连续发掘，联合考古队完成了新地里遗址土地平整范围内的抢救性考古发掘工作。此次发掘较大面积地揭示了新地里良渚文化高土台的营建和使用过程，清理了良渚文化墓葬 140 座（编号 M1～M140），灰坑、灰沟、水井、红烧土遗迹、红烧土建筑遗迹等各类遗迹 40 余处。除此之外，还清理了多个马桥文化时期的灰坑及春秋、汉、唐、宋等时期的墓葬 10 座（编号晚 M1～晚 M10）[①]。共出土陶器、石器、玉器、骨牙器、木器等各类器物近 2000件，其中良渚文化的器物达 1800 余件（组）。

第四节　资料的整理与报告的编写

2002 年春节后，野外发掘的疲惫尚未恢复，我们就开始投入到对新地里遗址发掘资料的整理中去。参加资料整理的人员有蒋卫东、丁品、王巨宽、周伟民、朱宏中、周建初、董红卫等，其中蒋卫东、丁品、周伟民、朱宏中、王巨宽五人负责各发掘探方资料的核对、整合，对各个探方内地层堆积与遗迹单位中出土的陶片进行拼对、分类与统计并制作出土器物卡片；周建初负责陶器修复；董红卫负责器物绘图。至同年 9 月初，在基本完成以上诸项工作后，由蒋卫东、丁品、周伟民和朱宏中四人分工合作着手编写发掘报告。

新地里遗址资料整理和发掘报告编写还得到了许多其他同仁的帮助，浙江省文物考古研究所信息中心主任李永嘉主持完成出土器物的照相工作；浙江省博物馆韩经世帮助

---

① 晚 M1～晚 M10 发掘资料未纳入报告，将另文发表。

完成玉器和部分陶器刻划符号的拓片；浙江大学地球科学系董传万、何礼章合作完成石器鉴定报告；北京大学考古文博学院实验室提供了^{14}C测试报告；复旦大学文博系提供了人骨DNA检测报告；报告线图由技工郭留通整理编排。

此外，在新地里遗址野外发掘和室内资料整理过程中，国家文物局专家组专家黄景略、严文明、张忠培，浙江大学教授毛昭晰，北京大学考古文博学院赵辉、徐天进、张弛、秦岭，上海博物馆黄宣佩、宋建，南京博物院张敏，山东大学栾丰实，中央民族大学杨楠，复旦大学高蒙河，湖南省文物考古研究所裴安平，安徽省文物考古研究所吴卫红以及浙江省文物考古研究所牟永抗、刘军、王明达等先生先后亲临现场，对遗址的野外发掘和资料整理工作给予热心的指导，并提出了诸多宝贵的意见和建议。

第二章　地层堆积

第一节　新地里遗址地层堆积概况

新地里遗址北部在先期的土地平整过程中遭到较严重的破坏，多数区域已被推至生土，致使北部低地处 T203、T205、T302、T303、T305 诸探方的地层堆积与高墩[①] 上诸探方的地层堆积间产生断裂现象，在剖面上不能有效连接和对应，因此在发掘中，我们将高墩与低地部分的地层堆积视为两个相对独立的部分，分别进行了统层并按由上到下的叠压顺序统一编号。下面先介绍高墩与低地部分的地层堆积概况。

高墩部分地层堆积分 12 层，各层堆积情况如下：

第 1 层，晚近植桑培土形成的表土层，灰色，土质疏松，厚 0~1.3 米。除 T405、T406、T501~T504 几个探方的北部已被推土机推去外，高墩发掘区的大部分探方内都有分布。土层内含有青花瓷片、塑料等近现代遗物。

第 2 层，灰褐色土，土质疏松，厚 0.1~0.35 米。出土的青瓷片等遗物不晚于宋代，应为宋代层。此层在高墩上有较大范围的分布，主要见于 T405、T406、T503、T505~T509、T600、T601、T605、T606 诸探方。

第 3 层，浅黄褐色土，土质坚硬，厚 0.1~0.4 米。从地层内出土的遗物分析应为马桥文化层。此层见于 T405、T406、T503 ~ T505、T600、T601、T603、T604 ~ T606、T702、T703 等探方，堆积主要集中在高墩中部。

第 4 层，红褐色土，土质坚硬，厚 0.35~0.6 米。此层仅见于 T509 内，出土少量的良渚文化陶片，是高墩上层次最晚的良渚文化地层。

---

① 本报告中"高墩"、"高土台"、"土台"、"西面土台"、"西面早期土台"、"东面早期土台"这几个出现频率颇高的名称都有其特定的或专门的内涵。"高墩"泛指包含晚期堆积与植桑培土层在内的整个新地里高地；"高土台"专指新地里发掘所揭示的整个良渚文化时期由非自然原因形成的台形高地；"土台"则是较为笼统的概念，往往是前文各个不同阶段"××土台"的简称；"西面土台"专指在第 6 层将东西两个土台合并为一体前"西面早期土台"的向外扩建部分，包括了第 11B 层到第 7A 层的堆筑过程。"西面早期土台"与"东面早期土台"则分别特指营建在第 12 层上的东、西两个最早的小型土台。

第 5 层，含较多的红烧土颗粒的红褐色土层，土质坚硬，厚 0.1～0.35 米。出土有"T"字形鼎足、泥质红陶罐口沿、泥质灰陶豆把等遗物。此层主要在位于高墩中部的T404～T406、T503～T508、T604、T605 等探方内堆积较厚且分布范围较大，而在高墩西部 T601、T701～T703 等探方的局部也有分布。

第 6 层，黄褐色土，土质黏硬，较纯净，厚 0.25～0.5 米。出土遗物有鱼鳍形鼎足、喇叭形豆把、圈足罐等。此层主要分布在高墩中部与东部，主要见于 T405、T406、T503～T509、T604～T606 诸探方。

第 7 层，按土质不同分为两个亚层。

第 7A 层，呈倾斜状堆积的夹草木灰灰土层，土质疏松，厚仅 0.15～0.4 米。出土遗物有鱼鳍形足鼎、圈足罐、粗把豆、夹砂缸等。此层分布范围较小，主要集中在高墩中部 T404～T406、T504～T506、T604 等探方。

第 7B 层，黄棕色土，土质坚硬，较纯净，为倾斜状的堆土，最厚处 1.05 米。出土遗物有鱼鳍形鼎足、豆把、罐口沿和圈足等。此层分布范围比 7A 层略大些，主要见于高墩中部 T404～T406、T503～T506、T604 等探方。

第 8 层，黄褐色花土，土质纯净坚硬，厚 0.25～0.5 米。此层出土陶片等遗物很少，但在高墩西部诸方分布颇广，T503～T506、T601～T606、T700～T704 等十多个探方内都见此层堆积。

第 9 层，按土质不同分为三个亚层。

第 9A 层，黑色草木灰层，土质疏松，厚仅 0.05 米。出土遗物有鱼鳍形鼎足、豆盘、盆、罐底等。此层分布范围较小，仅见于高墩中部 T504、T505、T604、T605 四个探方。

第 9B 层，青褐色夹黄花斑土，土质较纯净坚硬，厚 0.6～0.7 米。出土遗物较少，有鱼鳍形鼎足、豆盘、罐口沿和圈足等。此层分布范围略广，见于高墩中部与西部的T503～T504、T600～T604、T700～T702 诸探方。

第 9C 层，土质较黏软的青灰褐土，厚 0.1～0.5 米。出土有鱼鳍形鼎足、豆盘、豆把、罐口沿和圈足等。主要见于 T504、T505、T600～T602、T604、T605 诸探方。

第 10 层，按土质不同分为五个亚层。

第 10A 层，夹黑色草木灰的浅灰色土层，土质疏松，厚 0.15～0.5 米。出土遗物有鱼鳍形鼎足、圈足罐、豆把、豆盘等。此层分布范围很小，主要见于高墩中部 T503、T504 与 T604 三个探方。

第 10B 层，花褐土，土质坚硬，厚 0.2～0.85 米。出土遗物较少，有鱼鳍形鼎足、罐口沿和圈足、豆把等。此层分布范围略广，见于 T503、T504、T603、T604、T700、T701 等探方。

第 10C 层，黑褐色黏土，土质坚硬，厚 0.3～0.7 米。出土遗物较少，有鱼鳍形鼎足、豆把、豆盘、罐口沿和圈足等。此层分布范围较小，分别见于高墩中部 T503、T604 与西部 T700、T701。

第 10D 层，粉性黄花斑土，厚 0.1～0.3 米。出土遗物很少。此层分布范围很小，仅见于高墩中部 T604 与西部 T700、T701 三个探方。

第 10E 层，土色青灰带黄花，土质较纯净坚硬，厚 0.3 米。出土遗物很少。此层分布范围较小，见于 T601、T603、T604、T700、T701、T702 与 T704 七个探方。

第 11 层，按土质不同分为两个亚层。

第 11A 层，黑色草木灰土，土质疏松，厚 0.05～0.2 米。出土有鱼鳍形鼎足等。此层堆积虽薄且分布范围较小，见于高墩 T504、T602～T604、T701、T702 六个探方。

第 11B 层，黄褐色花斑土，呈团块状，厚 0.05～0.6 米。此层分布范围较广，主要见于 T504、T601～T604、T701、T702 与 T704 等探方。

第 12 层，黏性青褐色土，厚约 0.1～0.2 米。包含有粗泥陶凿形鼎足、夹砂鱼鳍形鼎足等遗物。此层略呈水平的堆积在高墩上的绝大多数探方内都有分布。

第 12 层下即为生土。生土为纯净的黄色粉沙性土，剖面显示有沉积形成的层理结构。

相对于高墩上的地层堆积保存较为完整而言，低地部分的地层堆积在前期土地平整过程中已遭到较严重的破坏，多数区域浮土层下即为生土，仅 T203、T205、T302、T303、T305 五个探方与 TG6、TG7 两条探沟内保留有呈沟洼状的局部堆积，经统层后由上到下编为四层。

第 1 层，按土质不同分为两个亚层。

第 1A 层，为推土机推松后的浮土，土色斑杂疏松，厚 0.2～0.6 米，包含物有近现代砖块与一些良渚文化陶片。见于低地部分的所有探方。

第 1B 层，为现代耕土层，土色灰黄，厚 0.3～0.85 米。包含物有近代砖块、瓷片等。仅见于 T203 的北部。

第 2 层，土色灰褐，土质较硬，厚 0.25～0.35 米。此层出土陶片较多，陶器器形有夹砂"T"字形足鼎、三角形扁足鼎、扁方足鼎、袋足鬶、高领罐、双鼻壶、豆把等，为良渚文化堆积。此层堆积主要见于 T203、T303、T305 等探方与 TG6、TG7 两条探沟。

第 3 层，黄斑土，土质较软，略有黏性，厚 0.2～0.5 米。陶片较少，主要器形有"T"字形足鼎、口沿带锥刺纹的泥质红陶罐、盉把、豆把等。此层堆积主要见于 T202、T203、T303、T305 等探方与 TG6、TG7 两条探沟。

第 4 层，青黄土，土质较软，有黏性，厚 0.1～0.55 米。陶片很少，器形有夹砂

"T"字形足鼎、罐、缸、豆等。此层堆积见于 T203、T303、T305 三个探方。

第 4 层下即为生土。生土跟高墩部分一样为纯净的黄色粉沙性土，剖面显示有沉积形成的层理结构。

第二节 地层堆积举例

一 高墩部分地层堆积

1. T605～T601 南壁剖面（图六）

第 1 层，表土层，灰色，土质疏松，厚 0.8～1.35 米，是晚期植桑培土形成的堆积。内包含碎青花瓷片、塑料等遗物。

汉代 Y1 开口于 T603、T604 两探方的第 1 层下，打破第 3 层、第 5 层、第 8 层和良渚文化墓葬 M73；良渚文化墓葬 M126 开口于 T601 的第 1 层下，打破红烧土建筑遗迹 HJ1 和第 8 层，叠压良渚文化墓葬 M132；红烧土建筑遗迹 HJ1 开口于 T601 的第 1 层下，打破第 8 层。

第 2 层，土色灰褐，土质疏松，厚 0～0.25 米。此剖面上仅 T605 东部有分布。出土青瓷片、韩瓶、残石佛像等遗物。从遗物分析应是宋代形成的堆积。

第 3 层，浅黄褐色土，土质坚硬，厚 0～0.25 米。在 T601、T603～T605 四个探方内都有分布。该层出土有锥形足绳纹鼎等遗物。从遗物分析应为马桥文化时期形成的堆积层。

良渚文化墓葬 M73 开口于 T603 的第 3 层下，打破第 8 层。

第 5 层，含大量红烧土颗粒的红褐色土层，土质坚硬，厚 0.1～0.6 米。高墩中部的几个探方分布较集中。此剖面上仅 T604、T605 两个探方内有此层分布。该层出土有"T"字形鼎足、双鼻壶、圈足盘、玉珠等良渚文化遗物。

第 8 层，黄褐花土，土质纯净坚硬，日晒后板结成块，厚约 0.25～0.8 米。此层在高墩西部诸探方内都有分布。此剖面上，该层在 T603、T602 两探方内层面高且较平整，但在 T605、T604 与 T601 内则分别往东和往西倾斜。此层出土陶片等遗物很少，为明显的由人工堆筑形成的土层。

第 9A 层，黑色草木灰层，土质松软，厚 0.1～0.25 米。此剖面上仅见于 T604 东部和 T605 西部。此层为局部堆积，出土遗物较少。

第 9B 层，青褐色夹黄花斑土，土质坚硬，厚 0.3～0.55 米。此剖面上仅见于 T601，为略向西倾斜的堆筑土层。出土遗物有鱼鳍形鼎足、豆盘、罐口沿和圈足等。

第 9C 层，土质较黏软的青灰褐土，厚 0.2～0.5 米。此剖面上仅见于 T605、T604

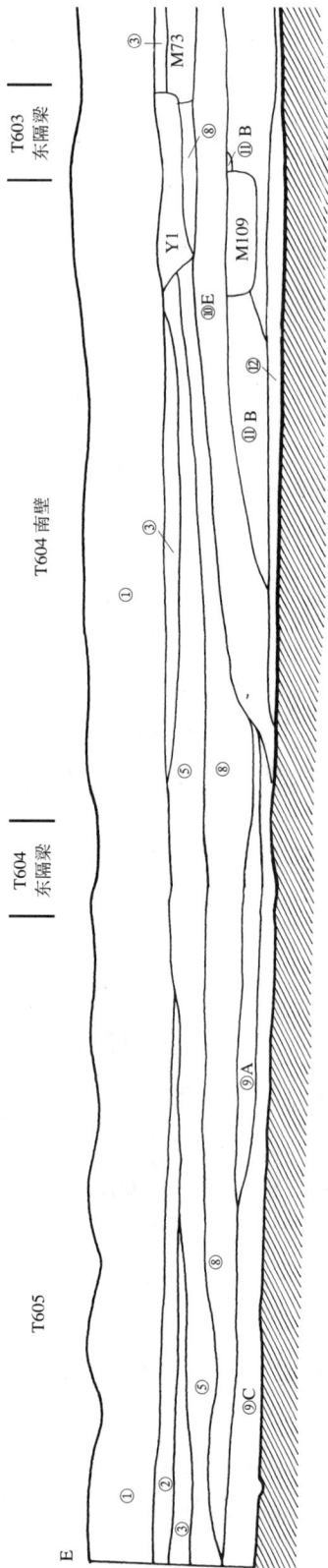

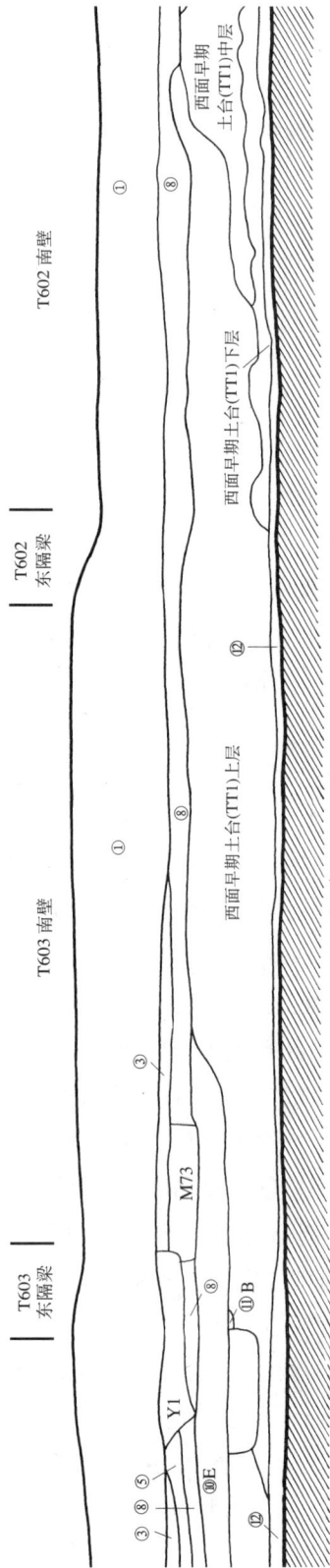

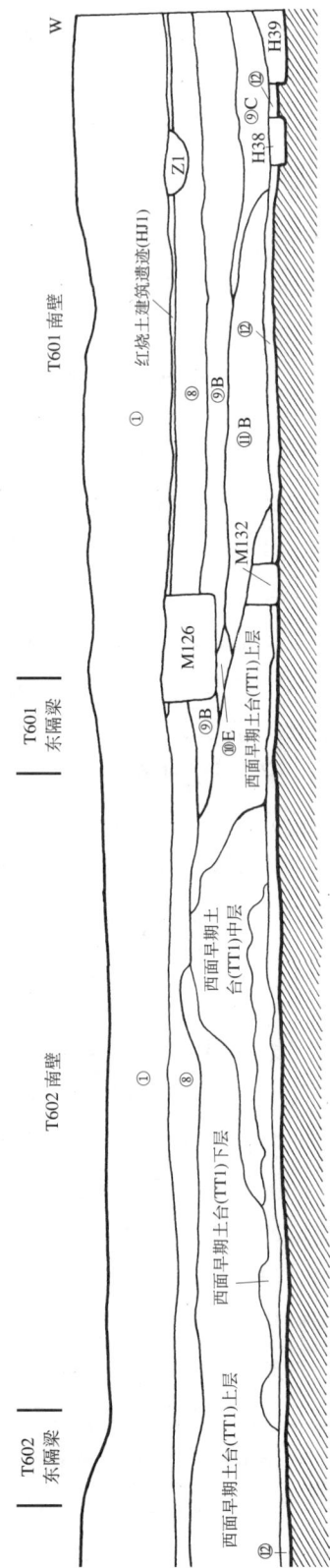

图六　T605～T601 南壁剖面图

与 T601 东西两侧。出土有鱼鳍形鼎足、豆盘、豆把、罐口沿和圈足等。

H38、H39 开口于 T601 的第 9C 层下，打破第 12 层。

第 10E 层，土色青灰带黄花，土质较纯净坚硬，厚 0.2～0.6 米。出土遗物很少。此剖面上主要见于 T604、T603 和 T601 三个探方东部，为明显呈倾斜状的人工堆筑土层。

良渚文化墓葬 M109 开口于 T604 的第 10E 层下，打破第 11B 层和西部早期土台（TT1）上层。

第 11B 层，黄褐色花斑土，呈团块状，厚 0.3～0.6 米。此剖面在 T604 与 T601 两探方都有分布，略呈倾斜状，为西部早期土台最初向东、向西扩展的人工堆筑土层。

良渚文化墓葬 M132 开口于 T601 的第 11B 层下，打破西部早期土台（TT1）上层。

西面早期土台（TT1），按堆筑先后可分三层。下层为团块状黄黑斑土，土质纯净，几无陶片等包含物；中层为纯净的团块状粉性黄土，压在下层堆土之上。这两层的堆筑范围都较小，在剖面上局限在 T602 内。上层是呈团块状的黏性黑花斑土，剖面上见于 T604 西部到 T601 东部宽约 25 米的较大范围，是西面早期土台在下层、中层堆筑小土台的基础上向东西两侧，尤其是向东侧的大范围扩建。虽然西面早期土台（TT1）有三层堆筑土层，从程序上看经历了三个不同的堆筑阶段，但层与层间并没有发现墓葬、灰坑等遗迹。据此，我们认为西面早期土台的三个堆筑阶段实际上是一个连续的堆筑过程。从发掘揭示的情况来看，西面早期土台的台顶面较为平坦，两侧倾斜，略呈方形覆斗状，东西宽 25 米以上，高度大多在 1 米以上，最高处 1.2 米。

第 12 层，黏性青褐色土，厚约 0.1～0.2 米。略呈水平分布，见于大多数探方。包含有粗泥陶凿形鼎足、夹砂鱼鳍形鼎足等遗物。

第 12 层下生土为纯净的黄色粉沙性土，剖面显示有沉积形成的层理结构。

2. T504～T509 南壁剖面（图七）

第 1 层，灰色表土层，土质疏松，厚 0.4～1.25 米，是晚近植桑培土形成的堆积。土层内含有青花瓷片、塑料等近现代遗物。

良渚文化墓葬 M4、M7、M11、M18、M22、M23、M43、M44 和 M47 分别开口于 T504 或 T505 的第 1 层下，打破第 5 层，M44 还打破了第 6 层、7A 层、7B 层，M43 打破 7B 层。其中，有 6 座墓葬间还存在打破关系，分别是 M4 打破 M18、M7 打破 M44 和 M23 打破 M43。

第 2 层，土色灰褐，土质疏松，厚 0.1～0.35 米。此剖面上见于 T506～T509 四个探方。出土的青瓷片等遗物不晚于宋代，应为宋代层。

良渚文化墓葬 M32、M55 和 M71 开口在 T507 的第 2 层下，打破第 5 层。

第 3 层，浅黄褐色土，土质坚硬，厚 0.05～0.15 米。此剖面上仅见于 T504 西部

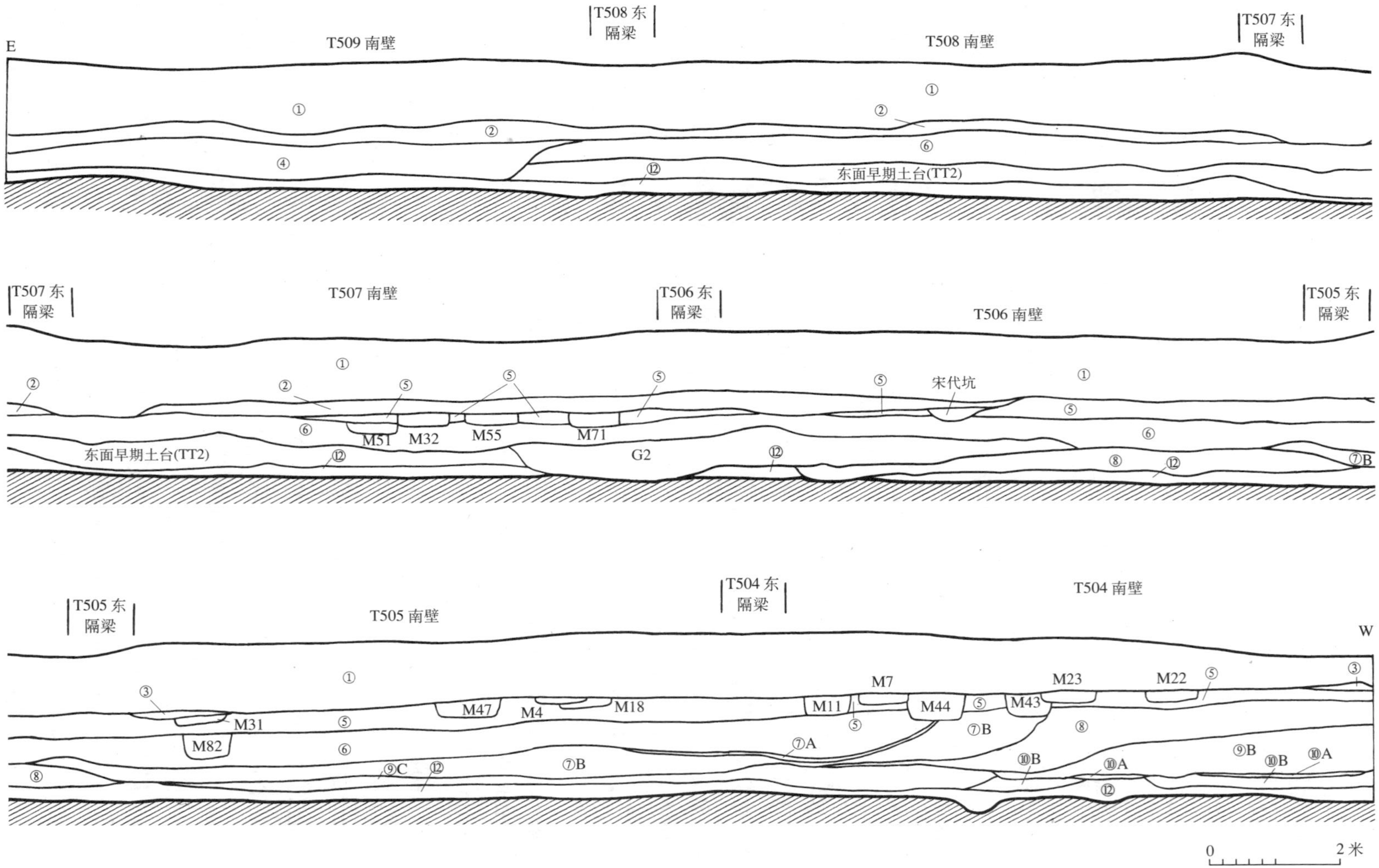

T508 南壁

T509 南壁

东面早期土台(TT2)

T505 东
隔梁

T506 南壁

宋代坑

T507 南壁

M71

G2

M32 M55

M51

东面早期土台(TT2)

T507 东
隔梁

T504 南壁

T504 东
隔梁

M22

M23

M43

M44

M7

M11

M18

M4

M47

T505 南壁

M31

M82

T505 东
隔梁

W

0 2 米

E

图七　T504～T509 南壁剖面图

和 T505 东部。从地层内出土的遗物分析该层应为马桥文化时期形成的堆积层。

良渚文化墓葬 M31 开口在 T505 第 3 层下，打破第 5 层。

第 4 层，红褐色土，土质坚硬，厚 0.35~0.6 米。仅分布于 T509 内。含少量的良渚文化陶片，是高墩东部最晚的良渚文化地层。

第 5 层，含较多的红烧土颗粒的红褐色土层，土质坚硬，厚 0.1~0.45 米。主要见于高墩中部的 T504~T507 四个探方。出土有"T"字形鼎足、泥质红陶罐口沿、泥质灰陶豆把、夹砂缸片等遗物。

良渚文化墓葬 M51、M82 分别开口于 T507 与 T505 的第 5 层下，打破第 6 层。

第 6 层，土色黄褐，土质黏硬，较纯净。见于 T504~T509 诸探方，为自西向东略微倾斜的人工堆筑土层，将东面早期土台与屡经扩建后的西面土台联为一体。出土遗物有鱼鳍形鼎足、豆把、圈足罐等。

东面早期土台 TT2 和良渚文化遗迹 G2 分别开口于 T507~T509 与 T506、T507 的第 6 层下。

东面早期土台（TT2）主要分布在 T507~T509 三个探方，东西跨度约 19 米，高度较低，仅 0.2~0.5 米。它与西面土台向东扩建的地层间有 G2 阻断，在发掘区内不能直接通过地层的叠压关系来判断东西两个早期土台间的时代早晚，但东面早期土台也是在第 12 层层面上营建起来的，而且从东面早期土台的堆筑土来看，夹褐斑或深褐色团块状土的黄色粉性土跟西部早期土台上、中层堆土的土质土色非常接近。此外，一些开口于第 6 层下、打破东面早期土台的墓葬不仅出土的随葬品形制跟开口于第 8 层下、打破第 11B 层及西面早期土台的墓葬接近，且埋葬方式也有共同之处（使用葬具的墓葬都在东南角挖坑埋设夹砂红陶缸），所以，我们认为东面早期土台虽然开口的层位较晚，但其堆筑年代应相当于西面早期土台最初的扩建阶段，而早于西面早期土台向东扩建的其他层次。

第 7A 层，为夹草木灰的灰土层，土质疏松，厚仅 0.05 米。此剖面上仅见于 T504 与 T505 两探方局部，堆积较薄，自西向东呈倾斜状。出土遗物有鱼鳍形足鼎、圈足罐、粗把豆、夹砂缸等。

第 7B 层，黄棕色土，土质坚硬，较纯，厚 0.05~0.8 米。此剖面主要见于 T504、T505，为自西向东呈倾斜状的堆筑土层。出土遗物有鱼鳍形鼎足、豆把、罐口沿和圈足等。

第 8 层，黄褐花土，土质纯净坚硬，厚 0.15~1 米。此剖面上见于 T504~T506，呈自西向东的倾斜状堆积。此层出土陶片等遗物很少，为明显的人工堆筑形成的土层。

第 9B 层，青褐色夹黄花斑土，土质较纯净坚硬，厚 0.1~0.7 米。此剖面上仅见于 T504 西部，为倾斜状堆积。出土遗物有鱼鳍形鼎足、豆盘、罐口沿和圈足等。

第9C层，土质较黏软的青灰褐土，厚0.1～0.5米。此剖面上见于T504与T505两探方，略呈西高东低。出土有鱼鳍形鼎足、豆盘、豆把、罐口沿和圈足等。

第10A，夹黑色草木灰的浅灰色土层，土质疏松，厚约0.1～0.25米。此剖面上仅见于T504西部。出土遗物有鱼鳍形鼎足、圈足罐、豆把、豆盘等。

第10B层，花褐土，土质坚硬，厚约0.2米。此剖面上仅见于T504西部，略呈倾斜状。出土遗物较少，有鱼鳍形鼎足、罐口沿和圈足、豆把等。

第12层，黏性青褐色土，略呈水平分布，厚约0.1～0.2米。见于大多数探方。包含有粗泥陶凿形鼎足、夹砂鱼鳍形鼎足等遗物。

第12层下生土为纯净的黄色粉沙性土，剖面显示有沉积形成的层理结构。

3. T604～T504西壁剖面（图八；彩版三）

第1层，表土层，灰色，土质疏松，T504北部已被推土机推去，厚0～1.3米。是晚近植桑培土形成的堆积。土层内含有青花瓷片、塑料等近现代遗物。

汉代Y1开口在T604的第1层下，打破第5层和第8层。

第3层，浅黄褐色土，土质坚硬，厚0.1～0.4米。此剖面上仅见于T504。从地层内出土的遗物分析该层应为马桥文化时期形成的堆积层。

第5层，含较多红烧土颗粒的红褐色土层，土质坚硬，厚0.1～0.35米。出土有"T"字形鼎足、泥质红陶罐口沿、泥质灰陶豆把等遗物。

第6层，土色黄褐，土质黏硬，较纯净，厚0.25～0.5米。此剖面仅见于T504北部，为自南向北略微倾斜的人工堆土层。出土遗物有鱼鳍形鼎足、豆把、圈足罐等。

第7A层，夹草木灰的灰土层，土质疏松，厚仅0.15～0.4米。此剖面上仅见于T504北部，自南向北略呈倾斜状。出土遗物有鱼鳍形足鼎、圈足罐、粗把豆、夹砂缸等。

第7B层，黄棕色土，土质坚硬，较纯净。此剖面上仅见于T504，为自南向北的倾斜状堆土，最厚处1.05米。出土遗物有鱼鳍形鼎足、豆把、罐口和圈足等。

第8层，黄褐色花土，土质纯净坚硬，此剖面上为自南向北的倾斜状堆土，厚0.25～0.5米。此层在西部诸方都有分布，出土陶片等遗物很少，为西部土台扩建过程中规模较大的一次人工堆筑。

第9A层，黑色草木灰层，土质疏松，此剖面上见于T504，厚仅0.05米。出土遗物有鱼鳍形鼎足、豆盘、盆、罐底等。

第9B层，青褐色夹黄花斑土，土质较纯净坚硬，为自南向北的倾斜状堆积，厚0.6～0.7米。出土遗物较少，有鱼鳍形鼎足、豆盘、罐口沿和圈足等。

第10A层，夹黑色草木灰的浅灰色土层，土质疏松，厚0.15～0.5米。此剖面上仅见于T504。出土遗物有鱼鳍形鼎足、圈足罐、豆把、豆盘等。

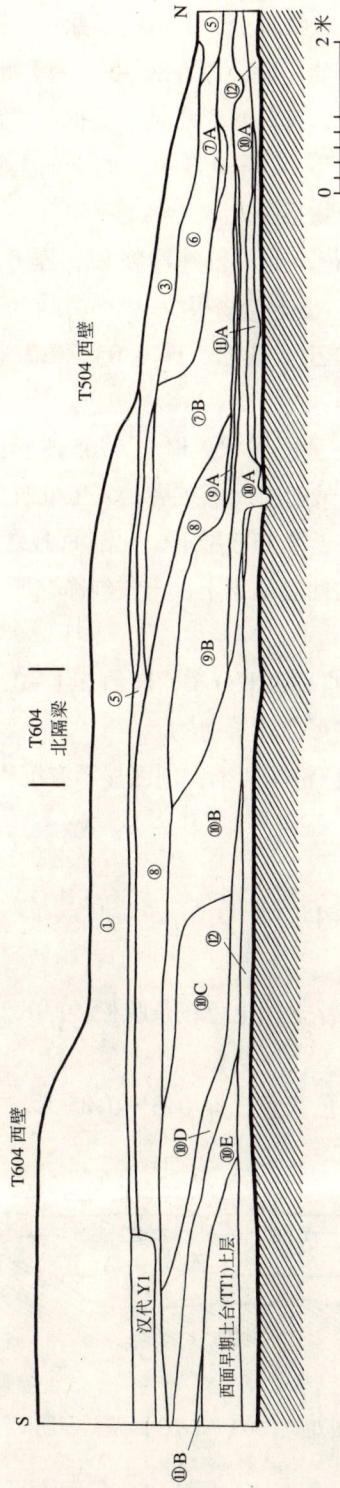

图八　T604～T504 西壁剖面图

第10B层，花褐土，土质坚硬，厚0.2～0.85米。此剖面上主要见于T604北部，呈自南向北的倾斜状堆积。出土遗物较少，有鱼鳍形鼎足、罐口沿和圈足、豆把等。

第10C层，黑褐色黏土，土质坚硬，厚0.3～0.7米。此剖面上见于T604，为自南向北的倾斜堆积。出土遗物较少，有鱼鳍形鼎足、豆把、豆盘、罐口沿和圈足等。

第10D层，粉性黄花斑土，厚0.1～0.3米。此剖面上见于T604南部，为明显的自南向北的倾斜状堆积。出土遗物很少。

第10E层，土色青灰带黄花，土质较纯净坚硬，厚0.3米。此剖面上主要见于T604南部，自南向北呈倾斜状。出土遗物很少。

第11A层，黑色草木灰土，土质疏松，厚0.05～0.2米。此剖面上仅见于T504。出土遗物较少，有鱼鳍形鼎足等。

第11B层，黄褐色花斑土，呈团块状，厚仅0.05米。此剖面上仅T604南部略有堆积。为西部早期土台（TT1）最初向周围扩展的人工堆筑土层。

西面早期土台（TT1）开口于第11B层下，此剖面上见于T604南部的是西部早期土台的上层堆筑，为团块状的黏性黑花斑土，土质纯净，厚0.2～0.55米，几无陶片等包含物。

第12层，黏性青褐色土，略呈水平分布，厚约0.1～0.2米。见于大多数探方。包含有粗泥陶凿形鼎足、夹砂鱼鳍形鼎足等遗物。

第12层下生土为纯净的黄色粉沙性土，剖面显示有沉积形成的层理结构。

二　低地部分地层堆积

1. T303～T203 西壁剖面（图九）

第1层，分为两个亚层。

第1A层为推土机推松后的浮土，土色斑杂疏松，厚0.2～0.6米，包含物有近现代砖块与一些良渚文化陶片。

第1B层为现代耕土层，土色灰黄，厚0.3～0.85米。主要分布在T203北部，包

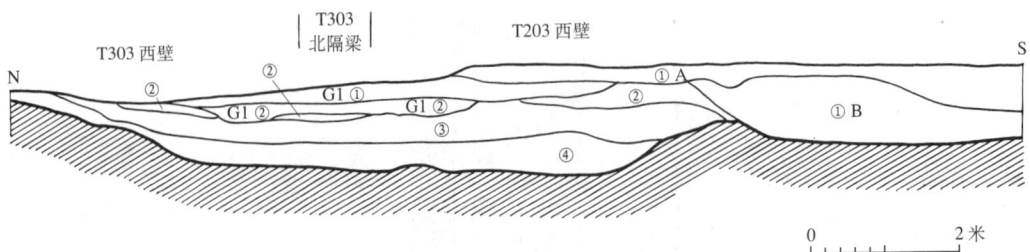

图九　T303～T203 西壁剖面图

含物有近代砖块、瓷片等。

T203 北部第 1B 层下即为生土，说明近现代的农耕活动对新地里遗址的北部已造成彻底的破坏。

良渚文化遗迹 H1 与 G1 开口于第 1A 层下，打破第 2 层。

第 2 层，土色灰褐，土质较硬，厚 0.25～0.35 米。此层出土陶片较多，陶器器形有夹砂"T"字形足鼎、三角形扁足鼎、扁方足鼎、袋足鬶、高领罐、双鼻壶、豆把等，为良渚文化晚期的堆积。

第 3 层，黄斑土，土质较软，略有黏性，厚 0.2～0.5 米。陶片较少，主要器形有"T"字形足鼎、带锥刺纹的泥质红陶罐、盉把、豆把等。

第 4 层，青黄土，土质较软，有黏性，厚 0.15～0.55 米。陶片很少，器形有夹砂"T"字形足鼎、罐、缸、豆等。

第 4 层下生土为纯净的黄色粉沙性土，剖面显示有沉积形成的层理结构。

2. T305 东壁剖面（图一〇）

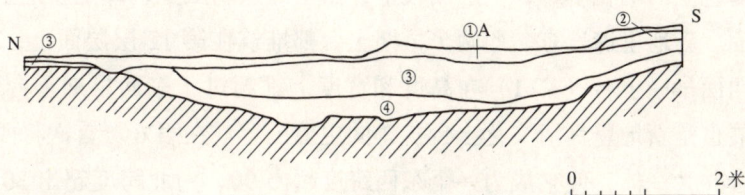

图一〇　T305 东壁剖面图

第 1 层，仅有第 1A 层，为推土机推松后的浮土，土色斑杂，厚 0.05～0.2 米。包含物较杂，既有良渚文化陶片、残石器，也有原始瓷片、近代瓷片等。

第 2 层，灰褐土，土质较硬，厚 0.1～0.15 米。分布在探方东南角。出土陶片较多，器形有夹砂"T"字形足鼎、锥形足、竹节状豆把、带锥刺纹的红陶罐口沿等，为良渚文化时期的堆积。

第 3 层，土质较软黄斑土，厚 0.2～0.5 米。出土陶片和石器很多，器形有"T"字形鼎足、凹弧形鼎足、三角形鼎足、双鼻壶、宽把杯、捏流袋足鬶口沿、带定位刻划线的双孔石刀、石"耘田器"等。

第 4 层，青黄土，土质较软，略有黏性，厚 0.1～0.35 米。出土陶片等遗物较多，器形有竹节状豆把、凹弧形鼎足、"T"字形鼎足、圆锥形足、双鼻壶片、石"耘田器"、砺石等。

第 4 层下生土为纯净的黄色粉沙性土，剖面显示有沉积形成的层理结构。

第三节　地层堆积形成过程分析

虽然此次抢救性考古发掘的面积只占整个新地里高墩的十分之一左右，发掘的范围也局限在需要土地平整的高墩东北部区域，凭获得的信息尚不能对整个新地里遗址高墩部分的性质和形成过程作出全面准确的判断，但我们在高墩上布了东西向的四排 10×10 米的探方，从而控制了东西长达 95、南北宽近 40 米的范围。经过这样较大范围平剖面相结合的考古揭露，新地里高墩东北部区域的地层形成过程及其性质、年代，已显得较为清晰。从上节介绍的地层堆积情况来看，新地里高墩上良渚文化时期的地层多数呈现为高低倾斜的堆积相，有的地层内还含有团块状的土壤结构，明显体现出由人工搬运土方堆筑形成的迹象，因此，新地里遗址高墩部分良渚文化时期的堆积实际上就是一处由人工营建并不断扩建的高土台。

新地里东北部高墩上的最早文化层是第 12 层，在高墩范围的多数探方内都有分布。此层黏性青褐色土的堆积不厚，但层面较平，出土的遗物虽少，却是新地里东北部最早的人类活动面。新地里遗址东、西两个早期土台都堆筑在第 12 层层面上，之间相隔 30 多米，其中西面早期土台（TT1）在高度和宽度上都超过了东面早期土台（TT2），它向外围的扩展也是新地里良渚文化土台扩建的主要内容。在第 6 层首次将西面土台与东面早期土台合并为一体，使它成为一个东西跨度超出 90、南北跨度超出 30 米的大型高土台之前，西面土台先后经历了第 11B 层、第 10E 层、第 10D 层、第 10C 层、第 10B 层、第 9C 层、第 9B 层、第 8 层和第 7B 层这样九层呈倾斜状人工堆筑层的扩建。而介于这些土台扩建堆筑层之间，还有第 11A 层、第 10A 层、第 9A 层和第 7A 层四层含较多草木灰的灰土堆积。这些草木灰堆积层也都呈现为与土台倾斜趋势相一致的倾斜状堆积相，因此应是经过人工搬运、倾倒堆置到土台边缘形成的堆积——虽然同样属于人工堆置的性质，但它们跟以扩建土台为目的的堆筑层间有着明显的区别：它们一般都位于土台边缘的台脚位置，堆积不厚，且不在土台台面上显现出来。所以它们跟土台的扩建无关，而应该是土台扩建和使用过程中台面上人类生活或祭祀活动后的遗留，是土台使用阶段划分的地层依据。

在以上土台扩建的人工堆筑土层中，第 8 层是西面诸发掘探方中分布范围最广的地层，也是唯一一层全面覆盖住西面早期土台台面的人工堆筑层，因此，第 8 层应该是西面土台扩建过程中一个较为重要的阶段。尽管地层剖面显示在第 8 层前有三个草木灰薄层的存在，表明在第 8 层覆盖西面土台之前，西面早期土台至少已经历了三次停顿和使用的过程，但这些过程相对较为短暂，西面早期土台的扩建堆筑都局限在较小的范围内进行。不过，此间在西面土台台面上埋设的墓葬应该跟这些局部的扩建堆筑过程彼此对应，如 M109 开口于第 10E 层下，打破第 11B 层和西面早期土台，就明确地显示了墓葬与土台扩建的具体层位关系。第 8 层后，西面土台又经历了第 7B 层的小范围扩建和短暂间隔，然后经第 6 层将东、西两个土台合为一体，因此，第 6 层也是良渚文化高土台扩建过程中的又一个较为重要的阶段。第 5 层跟其他堆筑层有所不同，此层包含较多的红烧土颗粒，使土层整体呈土质坚硬的红褐色。由于此层在多数发掘探方内都有分布，顶面近平，边缘略呈倾斜状，且覆盖了合为一体后的新地里良渚文化高土台的大部分台面，所以应该代表着新地里高土台营建过程中的一个崭新阶段。

东面早期土台（TT2）虽然开口的层位较晚，但从其堆筑的层位、堆筑土的土质土色以及埋设墓葬出土的随葬品形制来看，其堆筑的年代只是比西面早期土台略晚一点，而且在第 6 层将西、东两个土台合为一体之前，东面早期土台上墓葬的埋设也延续了一定的年代。

虽然在西、东两个早期土台台面及第 11B 层、第 8 层、第 6 层和第 5 层的层面上都发现了良渚文化墓葬，显示出新地里良渚文化墓地的形成大致跟以上土台的连续使用和扩建过程对应，也具有明显的连续性——埋设墓葬的需要无疑是新地里良渚文化土台营筑和扩建的重要目的，但 T601、T701 与 T702 三个探方内发现的红烧土建筑遗迹（HJ1）显示，除了埋设墓葬外，高土台台面上还有占据相当规模空间的房屋建筑及其附属设施。由桐乡普安桥遗址发掘揭示的在崧泽文化晚期至良渚文化早期阶段桐乡一带在人工堆筑土台中心营建房屋建筑、然后在房屋周围埋设墓葬的高土台营建和使用模式[①]，在新地里也有迹可寻。除了 HJ1 可能为房屋建筑遗迹外，S1、S2 两处红烧土遗迹也很可能跟房屋建筑相关。此外，东、西两个早期土台台面上尽管没有发现明确跟建筑遗迹相关的迹象，但墓葬间较大的间隔空间表明原先在墓葬之间很可能存在着诸如房屋建筑之类的其他遗迹，而墓葬就埋设在这类遗迹外围的一侧或几侧。即使到了新地里遗址良渚文化的最晚阶段，东、西两个早期土台台面上墓葬的间隔空间内仍没有晚期墓葬侵入，说明这些空间内很可能一直有类似房屋建筑的大型遗迹存在。以上迹象和分析表明新地里已发掘的高墩部分应是一处经多次扩建和使用、混合了人类居住和埋设墓葬两种功能的良渚文化高土台遗址。

新地里遗址的高墩部分在良渚文化以后，仍然是人类活动的重要场所，留下了马桥文化层、宋代层和近现代层三层堆积，以及介于它们之间其他文化阶段的遗迹和墓葬。属马桥文化时期的第 3 层主要分布在高墩中部诸探方，从 T603 内被第 3 层叠压的良渚文化墓葬 M73 目前的墓坑深度来看，马桥文化时期对新地里良渚文化高土台的破坏还

①　北京大学考古学系、浙江省文物考古研究所、日本上智大学联合考古队：《浙江桐乡普安桥遗址发掘简报》，《文物》1998 年 4 期。

是相当严重的。H4、H6、H10、H22 等马桥文化灰坑也对个别良渚文化墓葬或遗迹产生了直接的破坏。在第 3 层层面上，分别发现的属于东周时期的墓葬（晚 M4）、灰坑（H2、H9）和汉代的墓葬（晚 M2、晚 M3、晚 M8）、馒头窑（Y1），都对新地里良渚文化高土台造成了局部的破坏。汉墓晚 M2 与晚 M8 填土中出土的一件玉锥形器残件和两件有段石锛都是良渚文化墓葬在汉代受到扰乱和破坏的直接证据。唐代墓葬的存在表明唐代依然延续着这种破坏。不过，以上各个阶段人类活动对良渚文化高土台造成的破坏相对于宋代而言，简直是小巫见大巫。第 2 层宋代层普遍见于新地里高墩的中东部各探方，其中 T507、T508、T606 三个探方中宋代层堆积厚且呈大型沟坑状，对这些探方内良渚文化时期的堆积和墓葬造成了相当大的破坏。代表近现代人类活动的第 1 层在高墩东部叠压在宋代层之上，没有对良渚文化堆积造成破坏，但在高墩西部直接叠压在良渚文化层之上，对良渚文化堆积不可避免地造成了一定程度的破坏。

相对于高墩部分，低地部分的多数区域已被推土机推到了生土面，遗留部分的堆积主要分布在以 T203 和 T305 为代表的两个区域，呈互不相连的沟坑状。同样由于推土造成的破坏，低地部分的地层剖面不能跟高墩部分有效连接，导致两者关系不能相互呼应。不过，相对于高墩部分人工堆筑土层的"纯净"而言（堆置在人工堆筑土层边缘的草木灰层有较多的陶片等遗物），低地部分的地层堆积中有数量较多的陶片、残石器、骨器等遗物，显示出跟前者在形成机理上的不同之处。此外，虽然在这些呈沟坑状堆积的生土面上没有发现人为取土的痕迹，但这些形制不规则的沟坑离人工堆筑的高土台很近，而土台上许多人工堆筑层内也都含有跟生土质地一致的粉沙性黄土，所以这些沟坑似乎是出于取土筑台的需要而有意开挖的。形成后，又逐渐成为人类丢弃生活或其他活动废弃物品的场所，而且，从高土台由南往北逐渐扩建的过程来看，也难说低地部分的地层堆积跟高土台的扩建和使用没有关联。H1、G1 这样的草木灰坑、灰沟跟叠压在人工堆筑土台边缘的草木灰层不仅土色土质非常接近，而且也都包含着数量较多的陶器、残石器、骨器等遗物，因而也可能是跟高土台营建与使用相关的迹象。

第三章　良渚文化墓葬*

第一节　墓地的形成与布局

新地里遗址共清理良渚文化墓葬 140 座，除了 M133、M134、M135 和 M139 四座较特殊墓葬外，其余墓葬都埋设在由人工堆土筑建形成的高土台台面或坡地上，是迄今为止发现良渚文化墓葬较多的一处墓地。从发掘的情况看，新地里良渚文化墓地略呈东北—西南走向的长条形垄状，东西长度超过 85 米，南北宽度不足 30 米。墓地的东端在 T508 的东部终结，西端由于民房的阻隔，情况不明，但从 T700 内 M117、M119 与 M140 等墓葬紧贴发掘探方西壁及南壁的状况分析，墓地西、南两面都应该没有到边。（彩版四）

第二章第三节对新地里遗址高墩部分地层形成过程的分析，已经揭示了新地里良渚文化墓地的形成跟新地里高土台连续使用和不断堆筑扩建的过程是相互对应的。根据墓葬开口层位的差异，新地里良渚文化墓地的形成至少可以划分为五个不同的层次。

第一层墓葬主要埋设在西面早期土台西侧台面及土台西北面的平地上。在西部早期土台下发现的 M139 是新地里唯一一座被西面早期土台叠压的墓葬。该墓墓坑不规则，墓内骨架已朽，仅存少许骨渣，随葬的两件陶器均为残件，有可能是跟堆筑土台活动相关联的"牺牲"遗迹。在土台北面平地上发现的 M133、M134 与 M135 三座墓葬形制也较为特殊。M133 为长方形土坑墓，内埋一成人，有盆、壶两件随葬品，但墓坑狭窄，墓主骨盆因墓壁卡压变形。与 M133 毗邻的 M134 和 M135 两墓，均为椭圆形浅坑的墓葬，分别埋有一名无随葬品的少儿，而少儿佝偻的形态也跟一般良渚文化墓葬仰身

---

* 本报告编写时将红烧土建筑遗迹、灰坑等遗迹部分置于墓葬部分之后，出于如下考虑：新地里良渚文化墓葬数量众多，开口层位由早到晚比较明确，随葬品种类丰富且演变有序；而墓葬以外的其他各类遗迹出土物难以构成完整演变序列。因此，本报告介绍出土遗物型式划分时就以墓葬随葬品为基础，地层遗迹内出土的器物则与之比照，凡型式相同者就归为同一型式，凡型式不见于墓者，就顺延编排，如墓葬随葬品中陶鼎分六型，依次编为 A、B、C、D、E、F 型，地层遗迹中出土的鼎虽然也有六型，但只有三型分别对应墓葬中的 A、B、E 型，其他三型不见于墓葬，就顺次编为 G、H、I 型。这样的编排虽然使地层遗迹部分出土器物的型式常出现跳跃的现象，但也能较明确地反映出墓葬与地层遗迹出土器物间的异同。

直肢的葬式明显不同。在毗近这三座形制较特殊的墓葬北、西侧还发现了较为集中的 8 个略呈椭圆形的小型灰坑（H41～H48），其中南北向的 4 个（H41、H42、H46、H47），略呈东西向的 4 个（H43、H44、H45、H48）。在 H41 中发现有一具完整的幼年猪骨架，猪南北向，头向北；H42、H43 两灰坑内发现猪牙齿；H44、H45 两灰坑内发现少量的兽骨；H46、H47、H48 三个灰坑虽无兽骨发现，但坑内填土跟以上五个灰坑一样，均为青灰色黏土。从这三座墓葬与八个灰坑的位置来看，很可能也是跟西部早期土台的堆筑与使用相关联的某种祭祀遗迹。而在土台台面西南部发现的 M118、M120、M136、M137、M138 五座墓葬应是第一阶段墓葬的主体部分。在土台北坡上发现的 M132 也应属于这一主体部分。

第二层墓葬情况较为复杂，除 M109 明确开口于第 10E 层下并打破西面早期土台稍事加宽后的第 11B 层外，M87、M93、M94、M95、M98、M104、M108、M110、M111 等墓葬都开口在第 8 层下，打破西面早期土台。西面土台虽然在第 11B 层与第 8 层间有三个标志着停顿和使用的草木灰间隔层，但跟它们对应的堆筑层范围较小，且主要局限在土台的东西两边，因而以上这些开口在第 8 层下打破西面早期土台的墓葬无法具体落实到三个间隔层中的确切坐标。考虑到第 8 层是首次全面覆盖西面土台的堆筑层，代表着西面土台扩建过程中一个较为重要的阶段，所以，我们将西面土台以上 10 座墓葬统一划归入第二层墓葬，其中 M98、M108、M109 等 3 座有葬具的墓葬位于土台的东南部，而 M87、M93、M94、M95、M104、M110、M111 等 7 座墓葬位于土台西北部的台面和斜坡上。

第三层墓葬为开口于第 6 层堆筑土下打破第 8 层与第 7B 层的墓葬，数量很少。西面土台上明确属于此层的墓葬仅 M97 一座，位于西面土台扩建后的最东端，但从出土器物的形制来看，开口于 T703 第 1 层下、打破第 8 层的 M89 也可划归这一层墓葬。

东面早期土台虽然开口于第 6 层下，但土台的堆筑始于第 12 层，土台的土质、土色又跟西面早期土台中、上层的堆筑土非常接近，而埋设在东面早期土台上的 M39、M58、M63、M81、M88、M90 和 M105 这七座墓葬出土随葬品的形制跟西面土台第二层与第三层墓葬相似，所以，东面早期土台台面上埋设的墓葬至少包含着第二层与第三层两个层面的墓葬。

第四层墓葬开口于第 5 层下打破第 6 层，明确属于此层的墓葬有 M42、M50、M51、M60、M69、M82、M91 和 M92 八座，主要分布在新地里土台的中东部。而开口于 T602、T702 第 1 层下、打破第 8 层的 M25、M80、M84 与 M99 四座墓葬，根据随葬品的形制，也可划归入这一层墓葬。

第五层墓葬主要为打破第 5 层的墓葬，这一层墓葬数量众多，深浅不一，有较多的墓葬间还发生了叠压打破关系，显示出这些墓葬间原先应存在开口层位上的不同，但限

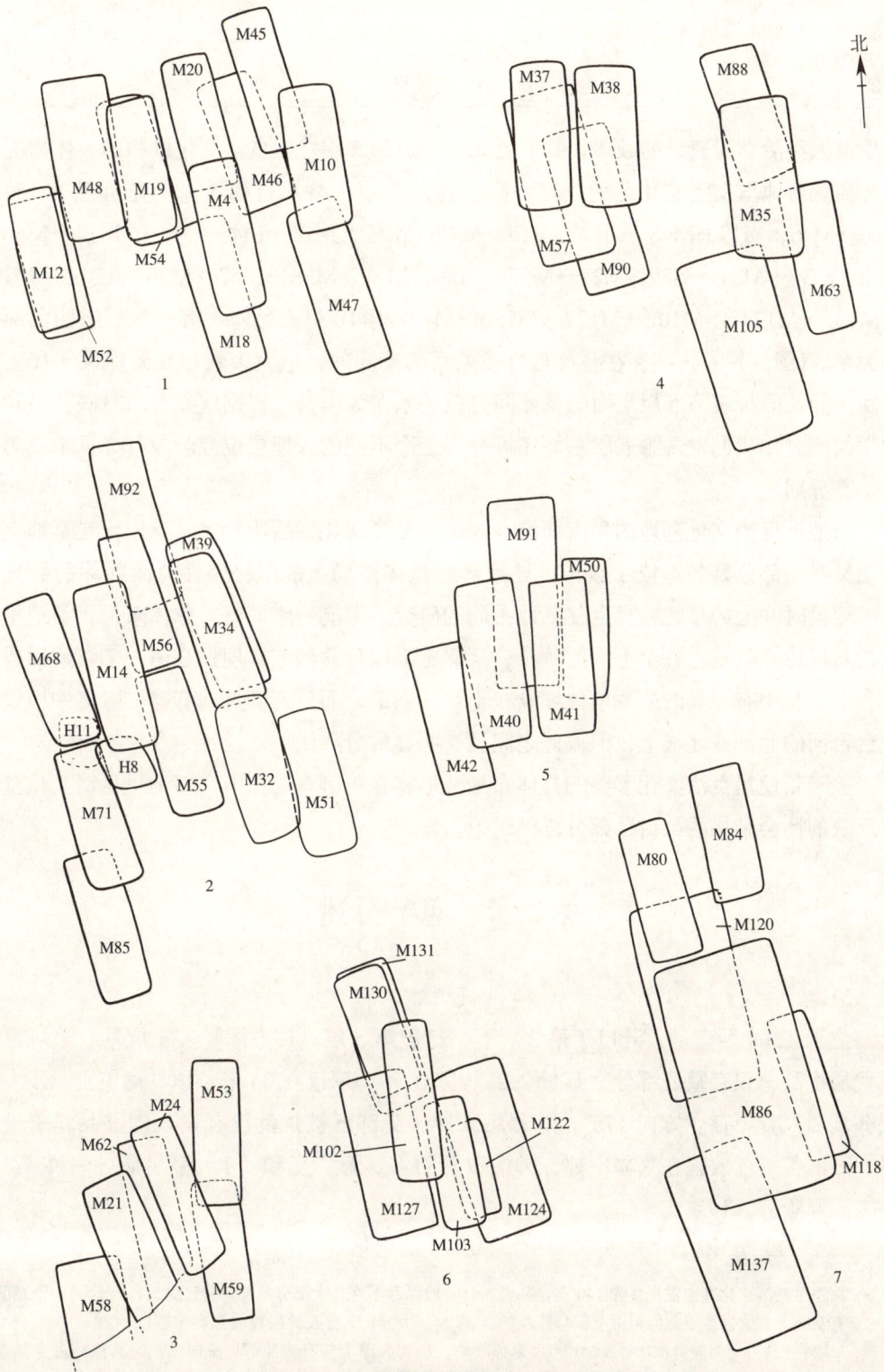

北

图一一　墓葬间的叠压打破关系图

1.T505 内 M4 等墓葬间的叠压打破关系　2.T507 内 M14 等墓葬间的叠压打破关系　3.T507 内 M21 等墓葬间的叠压打破关系　4.T508 内两组墓葬间的叠压打破关系　5.T508 北扩方部分 M91 等墓葬间的叠压打破关系

6.T701 内 M102 等墓葬间的叠压打破关系　7.T702 内 M86 等墓葬间的叠压打破关系

于后世人类活动对遗址的破坏，我们已无法知道第5层之上良渚文化堆积的具体情况。

通观新地里良渚文化墓地，墓葬间存在三重以上叠压打破关系的墓葬就有 M4→M20→M46，M19→M48→M54，M19→M48→M52，M10→M45→M46，M14→M56→M92，M32→M34→M39，M24→M53→M59，M37、M38→M57→M90，M102→M103→M122→M124 与 M102→M127→M130→M131 等 10 组，另外还有一些成组的两两打破关系。（图一一）这些存在叠压与打破关系的墓葬间，绝大多数存在着埋设年代上的早晚差异，而打破第5层层面的墓葬间打破关系尤为丰富。根据这些叠压打破关系和类型学的比对，我们发现第五层墓葬还可分为三个不同的入埋层位或阶段（详见本章第五节墓葬分期）。

新地里良渚文化墓地的西南面没有到边，良渚文化以后历代尤其是宋代在墓地上的活动又对一部分墓葬造成了破坏，导致墓地整体格局上的不完整性，而墓葬的数量众多、埋设时间上的早晚差异也使墓地布局的研究不可能一蹴而就。总体来说，新地里墓地的布局特点就是在各个不同的阶段，墓葬主要以分片的方式埋设在由人工营建而成的土台上，其中有葬具的墓葬单独埋设在土台的南部，而没有葬具的墓葬一般集中埋设在土台台面的北部或北坡上，但彼此之间没有明显的分界线。

关于新地里良渚文化墓葬的具体布局情形将在第五章第二节"新地里良渚文化墓地所反映的社会结构的探讨"部分详细讨论。

第二节　墓葬分述[*]

M1

位于 T506 西南部，开口于第2层下，打破第5层。长方形竖穴土坑墓，墓坑已被宋代层扰乱，仅存墓底部分，墓长 2.27、宽 0.79、深仅 0.04 米，填红褐色土。没有发现葬具，人骨不存。方向 175°。随葬品 6 件，头部已被扰乱没有发现随葬品，玉锥形器、石钺各一件放置在墓葬中部，脚端放置石镞、簋、壶和"T"字足鼎各一件。（图一二；彩版五，1）

---

* 新地里良渚文化墓地发现墓葬 140 座，墓内人骨一般保存不好，大部分墓葬人骨已腐朽，人骨保存较好的仅有 9 座，人骨保存较差但仍留有部分残骸的有 32 座。从 41 座有人骨保存的墓葬来看，除 M4、M8、M83、M126 四墓可能为烧骨二次葬，M134 为侧身葬外，余均为单人仰身直肢葬，头向朝南。其他约占全部墓葬 70.71% 的 99 座墓葬没有保存死者遗骨，但墓葬的形制跟保存人骨的墓葬没有区别。为叙述方便，本部分资料均以墓葬有人骨头南向、墓主仰身直肢为基准描述墓内随葬品的放置位置。

　　本书对同一遗迹单位插图的编号原则如下：凡同一遗迹单位的平剖面图、出土器物均给一个图号；若同一遗迹单位有多版插图的，则以英文字母（A、B、C、D……）区分；图中器物号即墓葬随葬品的出土编号。器物文字描叙时，玉、石器均加上表示质地，未标注质地的均表示此器物为陶器。

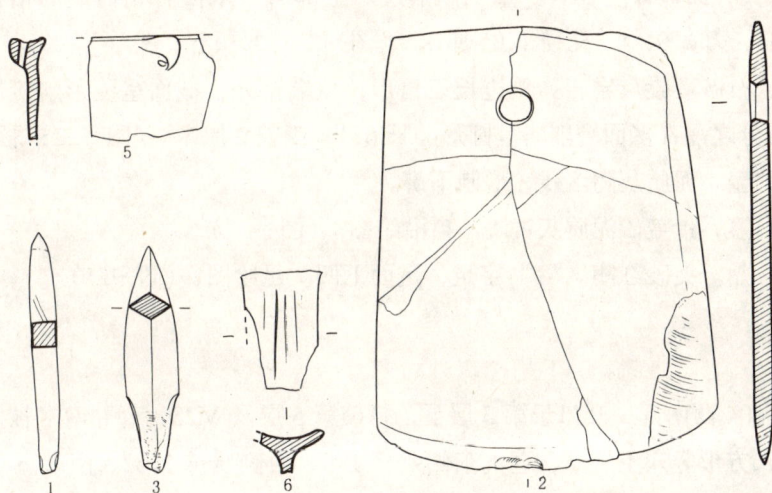

(1～3 为 1/2，5、6 为 1/4)

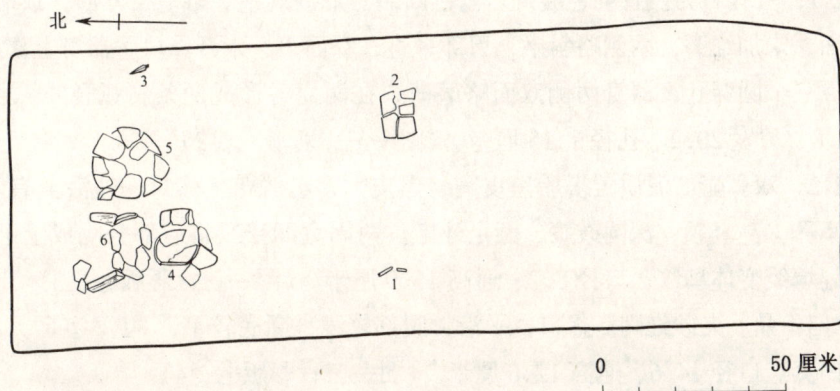

图一二　M1 平面图及其出土器物

1.玉锥形器　2.石钺　3.石镞　4.壶　5.簋　6.鼎

M1:1，玉锥形器。透闪石软玉，玉色黄白。受沁断裂，局部表皮有剥蚀。形体规整，磨制精细。截面近方形，首钝尖，尾端有小榫，榫下端残留半个穿孔。长 6.55、宽 0.65 厘米。（图一二；彩版五，2）

M1:2，石钺。淡青灰色板岩。埋葬时因受挤压而断裂。器形规整扁薄，全器磨制精细。扁平长方形①，顶端微弧，略磨薄，未经抛光。两侧边斜直，刃部最宽，刃角明

---

① 准确地说，其形态并非标准的长方形，均略呈梯形。

显。刃部微弧，刃口锋利，有少量崩缺痕迹。上部有一双面管钻而成的钻孔，孔径较小。通高12、刃宽9.4、孔径1.05厘米。（图一二；彩版五，3）

M1:3，石镞。凝灰岩。翼弧边长三角形，顶端略残，截面呈菱形，铤部明显、约占全器的三分之一，多面磨削略呈圆形。长6.1、铤长2厘米。（图一二；彩版五，4）

M1:4，壶。泥质灰陶。残，形制不辨。

M1:5，簋，带盖。泥质灰黄陶。口沿绘图。（图一二）

M1:6，鼎。夹砂红陶。"T"字足，足面下凹。足绘图。（图一二）

M2

位于T604西南部，开口于第3层下，打破第5层及M28，墓葬南端被汉代馒头窑Y1打破。长方形竖穴土坑墓，墓坑东侧残长1.8、西侧残长1.62、南端宽0.74、北端宽0.71、深仅0.13米，填红褐色土。墓内没有发现葬具痕迹，人骨无存。方向178°。随葬品共计6件，墓葬南端因被Y1打破，随葬品无存，一件三孔石刀放置在墓葬中部，双鼻壶、鼎、簋、石锛、石镞各一件放置在脚端。（图一三；彩版六，1）

M2:1，三孔石刀。青褐色凝灰岩。已断裂。形制规整。略呈长方形，顶端近平直，保留糙面，未加细磨，两侧略斜撇，刃部平直，双面刃，未开锋口。器身上部对称用双面钻钻琢三个圆穿孔，器身两侧双面略磨薄，在两面各形成两条斜弧脊线。通高9.8、背宽18.8、刃宽20.2、孔径1.15厘米。（图一三；彩版六，2）

M2:2，双鼻壶。泥质黄褐胎黑皮陶，黑皮大多已脱落。侈口，外沿上有两个对应的竖穿小鼻，高竖领，深圆鼓腹，圈足外撇。两周宽凹弦纹将肩部分隔成上下两部分，分别刻划填线变体鸟纹。口径8.2、通高15.9厘米。（图一三；彩版七，3）

M2:3，鼎。夹砂红陶。侈口，平沿，腹部较浅，圜底较平，"T"字足。足面上有戳印小凹窝。口径14.6、通高12.6厘米。（图一三；彩版七，4）

M2:4，石锛。淡青灰色流纹岩。扁平长方形，一面起段，作台阶状，段位于锛体二分之一处，下端侧刃，刃口锋利，无使用痕迹。长4、段长1.7、刃宽2.15厘米。（图一三；彩版七，1）

M2:5，簋，带盖。簋泥质灰胎黑衣陶，子母口微敛，外沿对称分布两个直穿小鼻，深斜腹，圈足外撇。外腹中部有五周凹弦纹。盖泥质灰胎黑衣陶，斗笠式，喇叭形捉手。口径16.4、器高10.5、盖高5.6厘米。（图一三；彩版七，5）

M2:6，石镞。流纹岩。翼弧边长三角形，顶端略残，截面菱形，铤部明显、约占全器的三分之一，多面磨削略呈圆形。残长9.1、铤长2.7厘米。（图一三；彩版七，2）

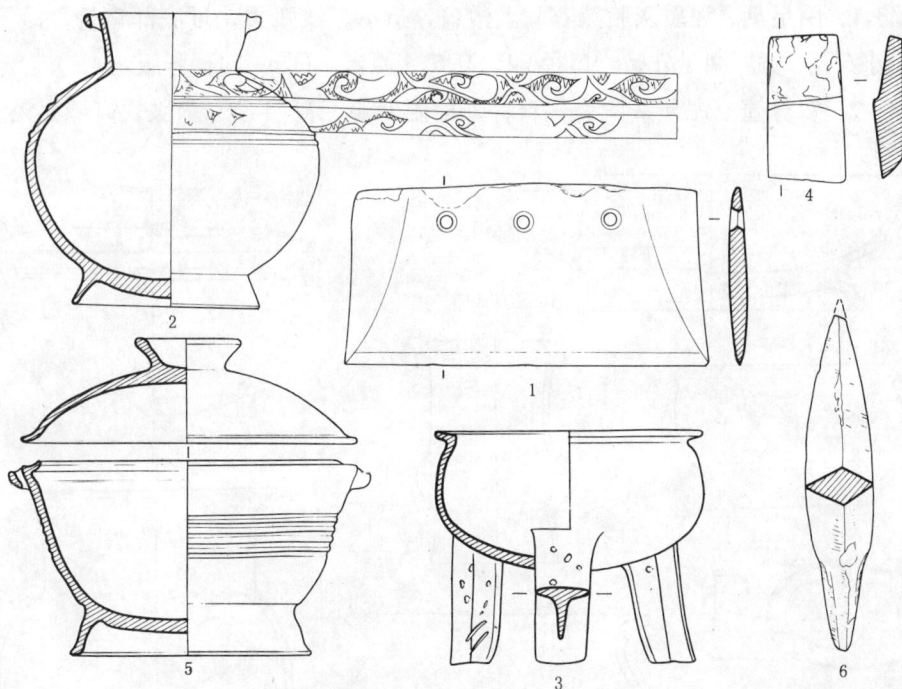

（4、6为1/2、余为1/4）

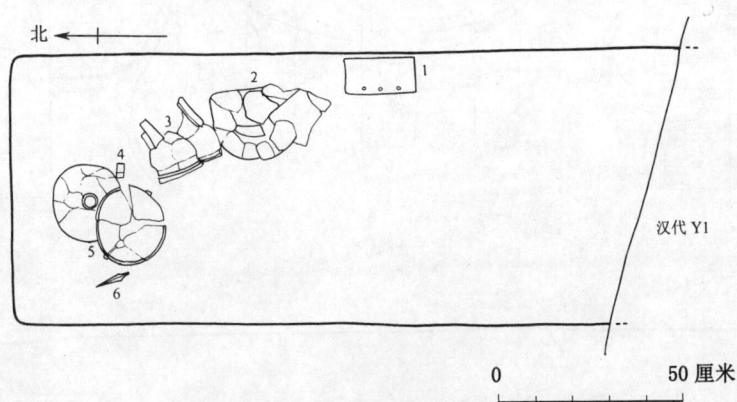

图一三　M2平面图及其出土器物

1. 三孔石刀　2. 双鼻壶　3. 鼎　4. 石锛　5. 簋　6. 石镞

M3

位于T604北部，开口于第3层下，打破第5层和M43。长方形竖穴土坑墓，墓坑长2.36、宽0.78、深0.14米，填红褐色土。没有发现葬具，人骨已朽尽。方向170°。随葬品7件，圈足盘、双鼻壶和宽把杯三件陶器放置在墓主头部位置，簋、尊、鼎和盆四件陶器放置在脚端。（图一四；彩版八，1、2）

M3:1，圈足盘。泥质灰胎黑衣陶。敞口，折沿，浅弧腹，近底部略折，沿下一侧有两个小穿孔，宽矮圈足外撇。口径24、高7.3厘米。（图一四；彩版八，3）

M3:2，双鼻壶。泥质灰陶。侈口，外沿附双鼻，高直颈，扁腹，高圈足略外撇。

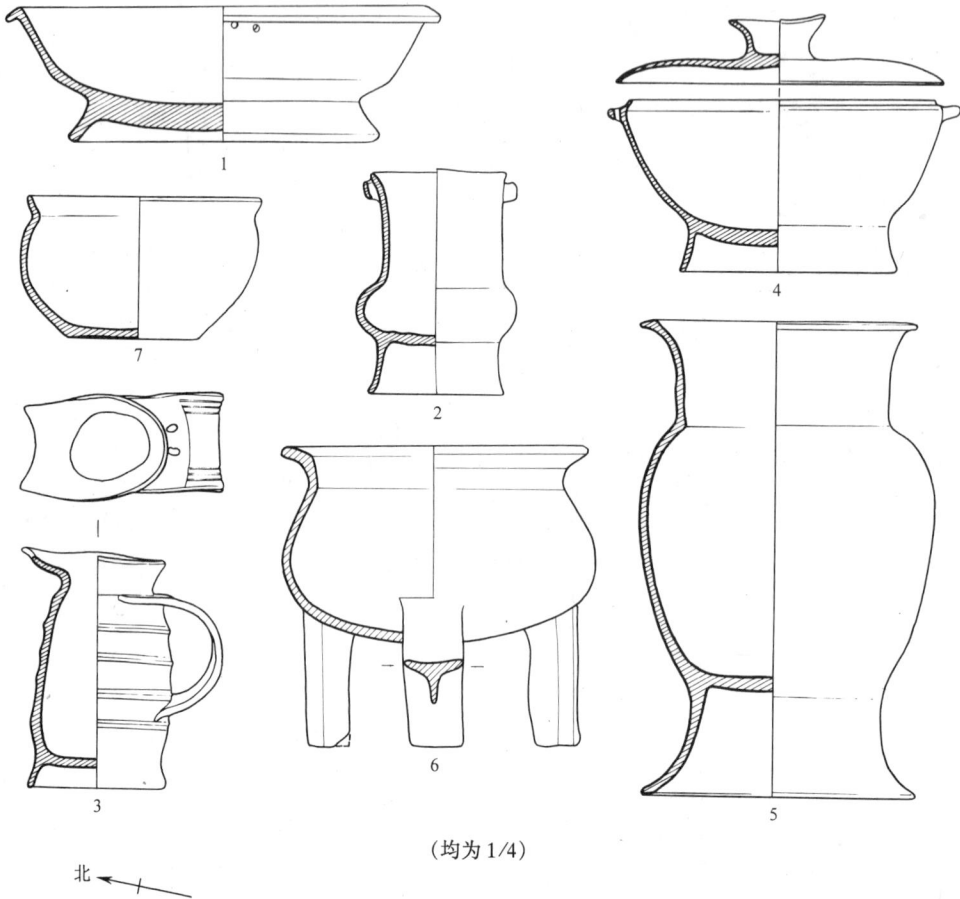

（均为1/4）

北 ←

0　　　　　　　　50 厘米

图一四　M3 平面图及其出土器物

1.圈足盘　2.双鼻壶　3.宽把杯　4.簋　5.尊　6.鼎　7.盆

口径 7.4、通高 12.2 厘米。(图一四;彩版九,1)

M3:3,宽把杯。泥质灰胎黑衣陶。侈口一端做出箕形翘流,束颈,筒形深腹较瘦,与翘流相对的一侧附半环形宽把,圈足微外撇。腹上有五道凸弦纹,把上端有两个穿孔,其下左右各有一组刻划的竖弦纹。高 12.9 厘米。(图一四;彩版九,2)

M3:4,簋,带盖。簋泥质橘黄陶,子母敛口,外沿有两个对称的直穿小鼻,深斜腹,圈足微外撇。盖泥质灰陶,喇叭形提手。口径 16.5、器高 9.3、盖高 3.7 厘米。(图一四;彩版九,3)

M3:5,尊。泥质灰陶。侈口,折沿,高领,斜溜肩,深斜腹,高圈足外撇。口、圈足与肩三径相近。口径 15、高 25.5 厘米。(图一四;彩版九,4)

M3:6,鼎。夹砂红陶。侈口,宽折沿,束颈,扁弧腹,圜底较平,"T"字足足面略内凹。口径 16.9、高 16.2 厘米。(图一四;彩版九,5)

M3:7,盆。泥质橘黄陶。侈口,深弧腹,平底。口径 13、高 7.6 厘米。(图一四;彩版九,6)

M4

位于 T505 西南部,开口于第 2 层下,打破第 5 层及 M18、M20 与 M46。长方形竖穴土坑墓,墓坑上部已被宋代层严重破坏,仅存底部,墓坑中部西侧还被宋代小坑扰乱,长 2.14、南端宽 0.64、北端宽 0.74、深仅 0.1~0.15 米,填土红褐色。墓坑内没有发现葬具痕迹,在墓葬中部发现一些被烧过的残骨殖,从位置看,应是人骨,推测为烧骨二次葬。方向 166°[①]。随葬品共计 11 件,玉锥形器、宽把杯、圈足盘、双鼻壶各一出于南端头部,石钺一件、石镞三件出在墓葬中部,鼎、盆、双鼻壶各一出于北面脚端。(图一五;彩版一〇,1)

M4:1,玉锥形器。透闪石软玉,玉色黄白。受沁断裂,器表有玻璃光泽。形体规整。截面近圆形,首钝尖,略残,尾端有细小的榫,榫上无穿孔。残长 7.5 厘米。(图一五;彩版一〇,2)

M4:2,宽把杯。泥质灰陶。残,不能修复。

M4:3,圈足盘。泥质灰陶。敞口,折沿,浅腹近底部略折,矮圈足微外撇。口径 22.2、高 6.1 厘米。(图一五;彩版一一,4)

M4:4,双鼻壶。泥质灰陶。侈口,外沿附直穿双鼻,高颈中部略束,扁腹,上部下凹,高圈足近直。口径 7.3、高 12.4 厘米。(图一五;彩版一一,5)

M4:5,石钺。淡青灰色凝灰岩。器表因受沁而剥落,局部断裂残缺。扁平长方形,

---

① 此类烧骨二次葬的墓向依随葬品确定。

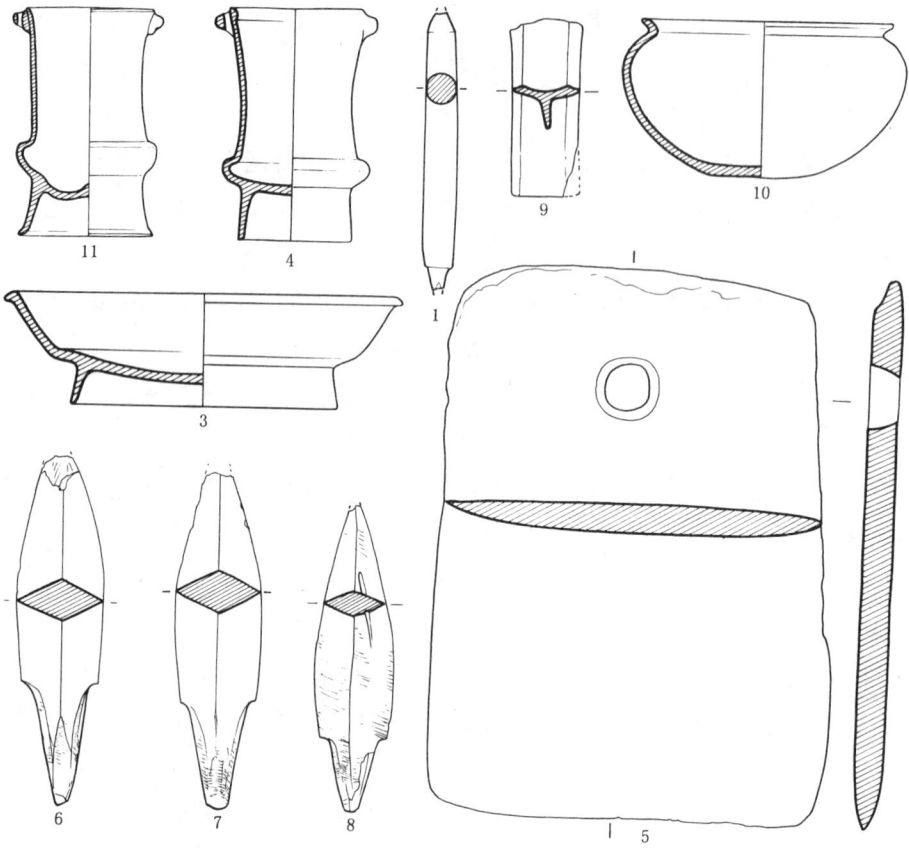

（1、5～8为1/2，余为1/4）

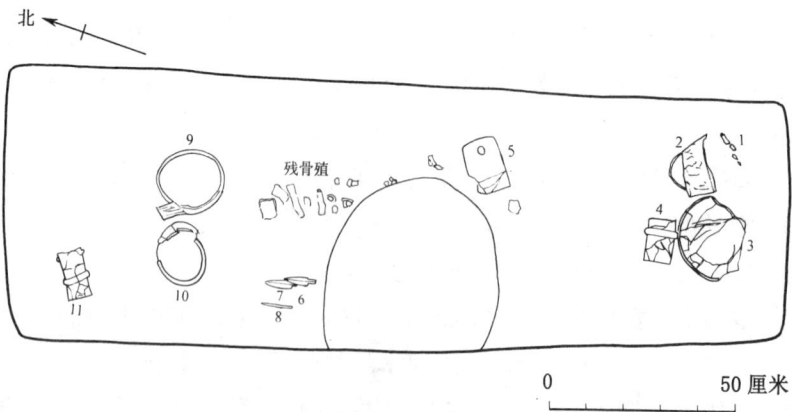

图一五　M4平面图及其出土器物

1.玉锥形器　2.宽把杯　3.圈足盘　4、11.双鼻壶　5.石钺　6～8.石镞　9.鼎　10.盆

顶端微弧，两侧边近直，刃部略宽，刃角明显，一刃角残缺。刃部近直，刃口锋利。上部有一单面管钻的钻孔。通高 14.9、宽 10.9、孔径 1.8 厘米。（图一五；彩版一〇，3）

M4:6，石镞。流纹岩。翼弧边长三角形，顶端略残，截面菱形，链部明显、约占全器的三分之一，底端多面磨削略呈圆形。残长 9.4、链长 3.2 厘米。（图一五；彩版一一，1）

M4:7，石镞。凝灰岩。翼弧边长三角形，两侧较宽，顶端略残，截面呈菱形，链部明显、约占全器的三分之一，底端磨削略呈圆形。残长 9.05、链长 2.9 厘米。（图一五；彩版一一，2）

M4:8，石镞。凝灰岩。翼弧边长三角形，两侧较宽，顶端略残，截面呈菱形，链部明显、约占全器的四分之一，除两侧向内磨削外，两顶面也略加磨削。长 8.25、链长 1.95 厘米。（图一五；彩版一一，3）

M4:9，鼎。夹砂红陶。"T"字足足面下凹。（图一五）

M4:10，盆。泥质灰陶。侈口，折沿，束颈，深弧腹，小平底。口径 13.8、高 8.4 厘米。（图一五；彩版一一，6）

M4:11，双鼻壶。泥质灰陶。侈口，外沿附直穿双鼻，高直颈，扁腹，上部下凹，高圈足外撇。口径 7、高 12.2 厘米。（图一五；彩版一一，7）

M5

位于 T604 西北部，开口于第 2 层下，打破第 5 层。长方形竖穴土坑墓，墓坑东侧长 2.7、宽 1.1、深 0.16 米，填红褐色土。墓坑内没有发现葬具痕迹，人骨已朽尽，方向 180°。随葬品 15 件（组），玉梳背、玉串饰、圈足盘、圈足罐和两件双鼻壶放置在墓葬头部位置，其中玉梳背出在圈足盘内。由 20 颗玉珠组串而成的玉串饰位于墓主右手腕处，根据其出土状况，应是手链类的腕饰。玉锥形器一件位于墓葬中部，而石钺、尊、盆、篡、鼎和双鼻壶等七件器物放置在脚端。（图一六 A；彩版一二，1、2）

M5:1，玉梳背。透闪石软玉，黄白色。整器略呈上大下小的扁平倒梯形，两侧边上端斜直，下端弧收，顶端凹缺，中央有方形凸起，近底端磨薄为榫，榫上留有磨制痕迹，未加抛光，无孔。通高 3.9、榫高 0.7、最宽 6 厘米。（图一六 B；彩版一三，1）

M5:2，玉串饰。由 3 颗玉珠和 2 颗玉坠组串而成。2 颗透闪石软玉珠，腰鼓形；1 颗萤石珠。玉坠均为透闪石软玉，葡萄形，前端圆弧，后端磨薄有一穿孔。（图一六 B；彩版一三，2）

M5:3，玉串饰。由 20 颗玉珠组串而成。17 颗软玉，玉色黄白；2 颗湖绿色玉髓，扁鼓形；1 颗红褐色萤石珠，圆柱形。珠直径 0.6～1.15、高 0.45～1.7 厘米。（图一六 B；彩版一三，3）

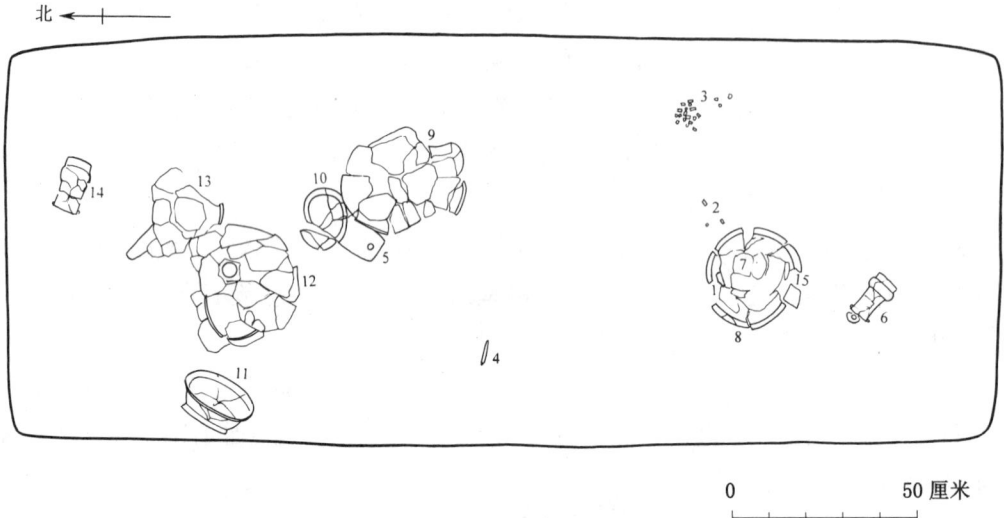

图一六 A　M5 平面图

1．玉梳背　2、3．玉串饰　4．玉锥形器　5．石钺　6、7、14．双鼻壶　8．圈足盘　9．尊　10、11．盆　12．簋
13．鼎　15．圈足罐

　　M5：4，玉锥形器。透闪石软玉，玉色灰白。受沁断裂，局部表皮有剥蚀。截面近方形，首钝尖，尾端有小榫，榫上无穿孔。长 6.6、榫长 0.6 厘米。（图一六 B；彩版一三，4）

　　M5：5，石钺。淡灰绿色角砾凝灰岩。扁平长方形，顶端斜直磨平，两侧边近直，刃部略宽，刃角明显，刃部、顶端与两侧边均双面磨制渐薄。刃部略弧，刃口锋利，有明显的使用崩缺痕迹。上部有一钻孔，一面管钻较深，另一面管钻错位，留下台痕。通高 10.3、刃宽 8.7、孔径 1.8 厘米。（图一六 B；彩版一三，5）

　　M5：6，双鼻壶，带盖。泥质灰陶。壶侈口，高颈，扁腹，高圈足。盖面近平，捉手残。口径 6.8、器高 11.4、盖高 2.4 厘米。（图一六 B；彩版一四，1）

　　M5：7，双鼻壶。泥质红胎黑皮陶。已残。圈足绘图。（图一六 B）

　　M5：8，圈足盘。泥质灰陶。胎体较薄。敞口，宽平沿，浅弧腹、一侧上端有两个小穿孔，圈足外撇。口径 23.8、高 7.2 厘米。（图一六 B；彩版一四，3）

　　M5：9，尊。泥质灰褐陶。侈口，折沿，高领，斜折肩，深斜腹，高圈足外撇，近底平折。口径 18、高 23.8 厘米。（图一六 B；彩版一四，5）

　　M5：10，盆。泥质灰陶。器形较小。侈口，折沿，浅直腹，矮圈足。口径 12.4、高 4.2 厘米。（图一六 B；彩版一四，4）

　　M5：11，盆。泥质灰陶。形制与 M5：10 相近。侈口，平沿，直腹，矮圈足。口径

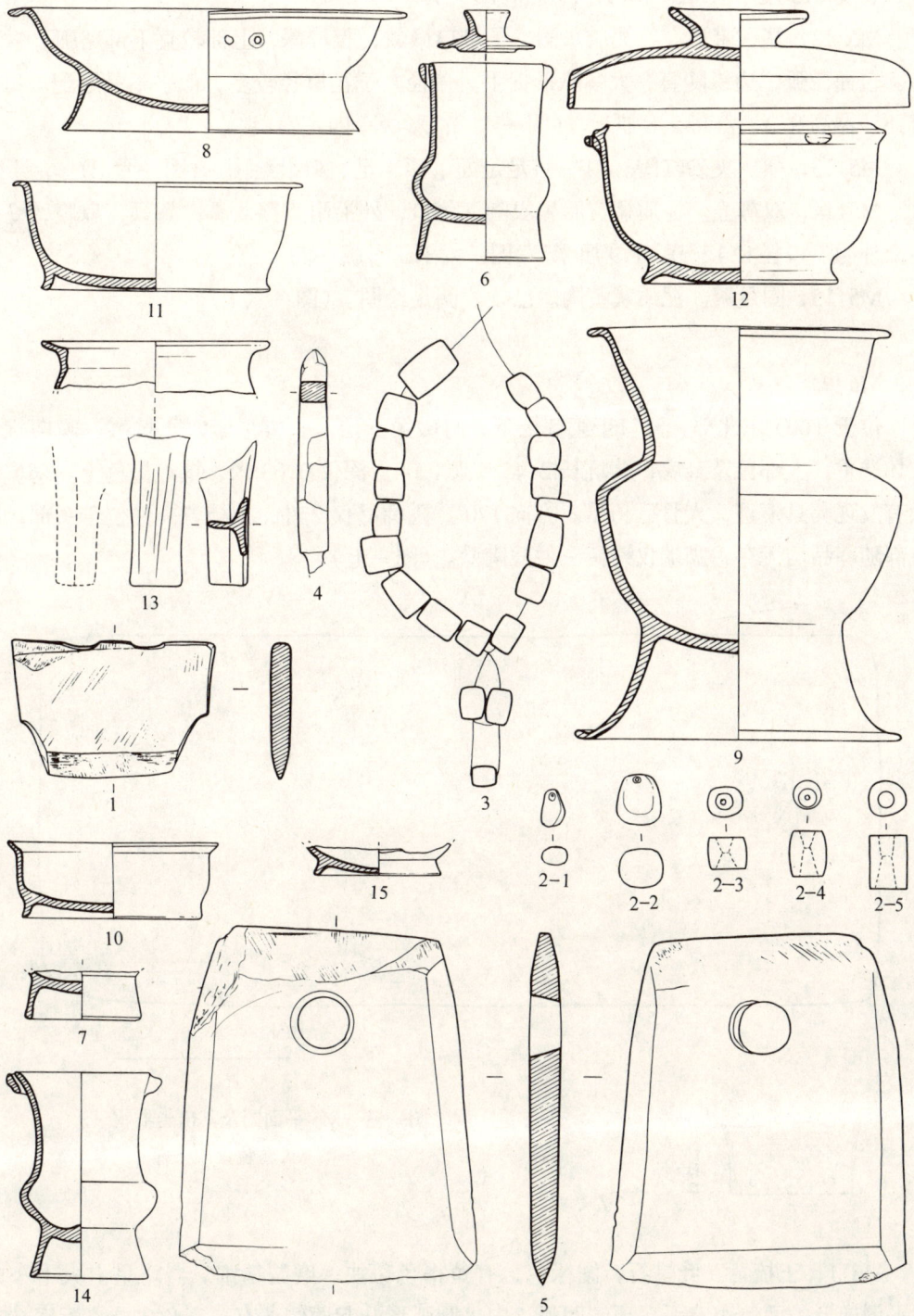

图一六 B　M5 出土器物（1～5 为 1/2，余为 1/4）

17.2、高 6.3 厘米。（图一六 B；彩版一四，6）

M5:12，簋，带盖。簋泥质灰陶，子母口微敛，腹较深，上部较直下部略弧，矮圈足。盖面微弧，边缘陡直，大喇叭形捉手。盖径大于簋口径较多，似乎不是原配。口径 15.8、器高 9.2、盖高 5.8 厘米。（图一六 B；彩版一四，7）

M5:13，鼎。夹砂红陶。"T"字足足面下凹。足、口沿绘图。（图一六 B）

M5:14，双鼻壶。泥质橘黄胎黑衣陶。侈口，外沿附直穿双鼻，高颈，扁腹，高圈足微外撇。口径 8.1、高 11.9 厘米。（图一六 B；彩版一四，2）

M5:15，圈足罐。泥质灰黄陶。已残。圈足绘图。（图一六 B）

M6

位于 T605 东北部，开口于第 3 层下，打破第 5 层。长方形竖穴土坑墓，晚期扰动破坏严重，大部已及墓底，墓坑长 2.45、宽 1.08、深仅 0.03 米，填红褐色土。墓坑内没有发现葬具痕迹，人骨已朽尽。方向 170°。随葬品仅 2 件，玉梳背一件位于头部，胸腹部随葬品均无存，脚端仅残留一件残陶鼎。（图一七）

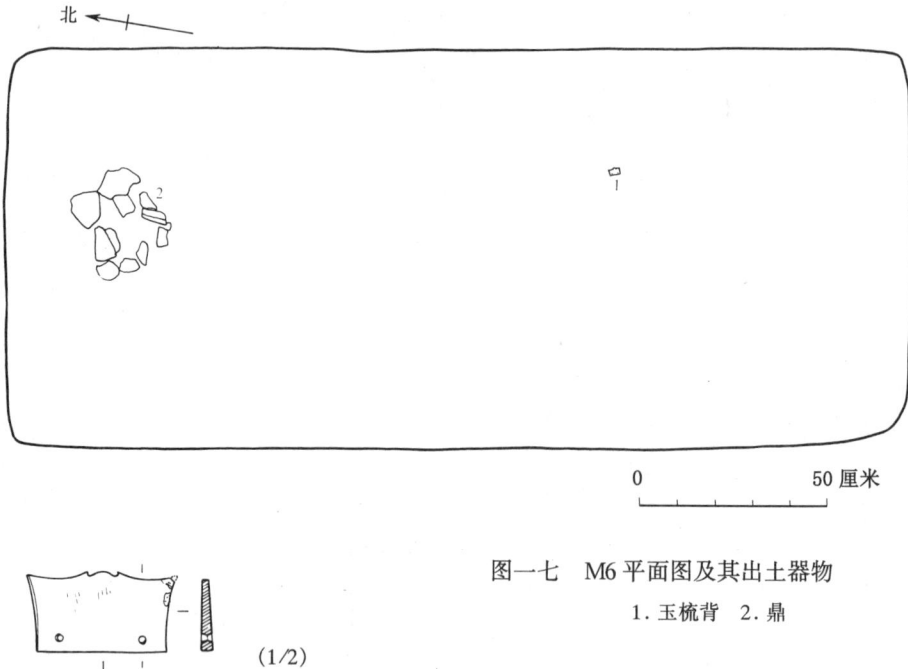

图一七　M6 平面图及其出土器物

1. 玉梳背　2. 鼎

M6:1，玉梳背。叶蜡石，湖绿色，有黄褐色斑块。磨制精细。器略呈上大下小的扁平倒梯形，两侧边略弧，顶端凹弧，中央圆弧形凸起两侧各有一三角尖凸，近底端有对称的两个对穿小孔。通高 2.2、最宽 4.2、最厚 0.35 厘米。（图一七；彩版一五，1）

M6：2，鼎。夹砂红陶。"T"字足，残损严重，不能绘图。

M7

位于 T504 东南部，开口于第 3 层下，打破第 5 层、S2 和 M44。长方形竖穴土坑墓，墓坑东侧长 1.68、西侧长 1.62、南端宽 0.72、北端宽 0.76、深 0.06 米，填灰褐色土。墓内没有发现葬具和人骨痕迹。方向 175°。随葬品 2 件，宽把杯一件出于头部东侧，玉镯一件出在胸部。（图一八；彩版一五，2）

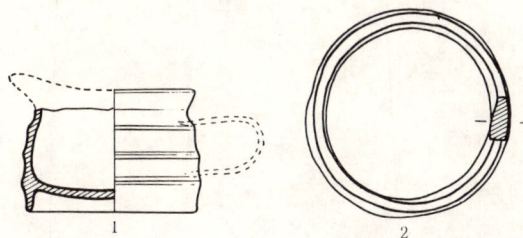

（1 为 1/4，2 为 1/2）

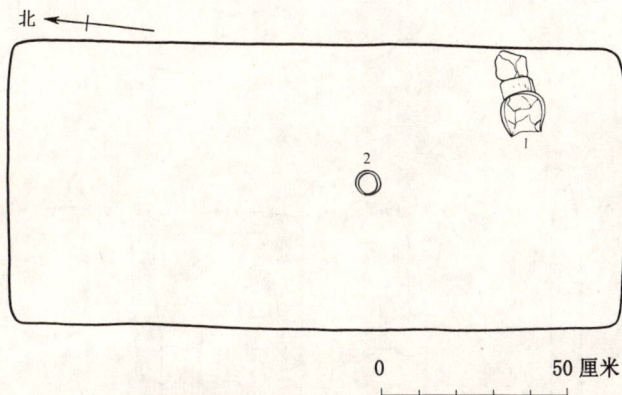

图一八　M7 平面图及其出土器物
1. 宽把杯　2. 玉镯

M7：1，宽把杯。泥质橘黄胎黑衣陶。器残已难修复。侈口一端做出箕形宽翘流，与翘流相对的一侧有扁环形宽把，束颈，筒形直腹较浅，圈足。腹上有三道凸弦纹。高 6.6 厘米。（图一八）

M7：2，玉镯。黄白色软玉。受沁已断裂，局部朽蚀。形体较小，边壁薄宽。直径 5.6、高 1.15、宽 0.55 厘米。（图一八；彩版一五，3）

M8

位于 T508 东部，是新地里墓地中位置最东的墓葬。开口于第 2 层下，打破第 6 层。竖穴土坑，但坑略呈圆形，直径 0.49、深仅存 0.11 米，填土灰褐色。坑内发现叠置的经火烧过的白色骨殖，零碎紊乱，方向难辨。在叠放的骨殖之间，出土钺、锛、锛、"耘田器"、带把小石刀等 6 件石器和 1 件玉珠。（图一九；彩版一六，1）

M8：1，石钺。淡青灰色霏细岩。一面器表因受沁略有剥蚀。扁平近长方形，顶端圆弧，仍留有琢制的糙面，两侧边斜直。刃部圆弧，刃角明显，刃口锋利，有少量的使

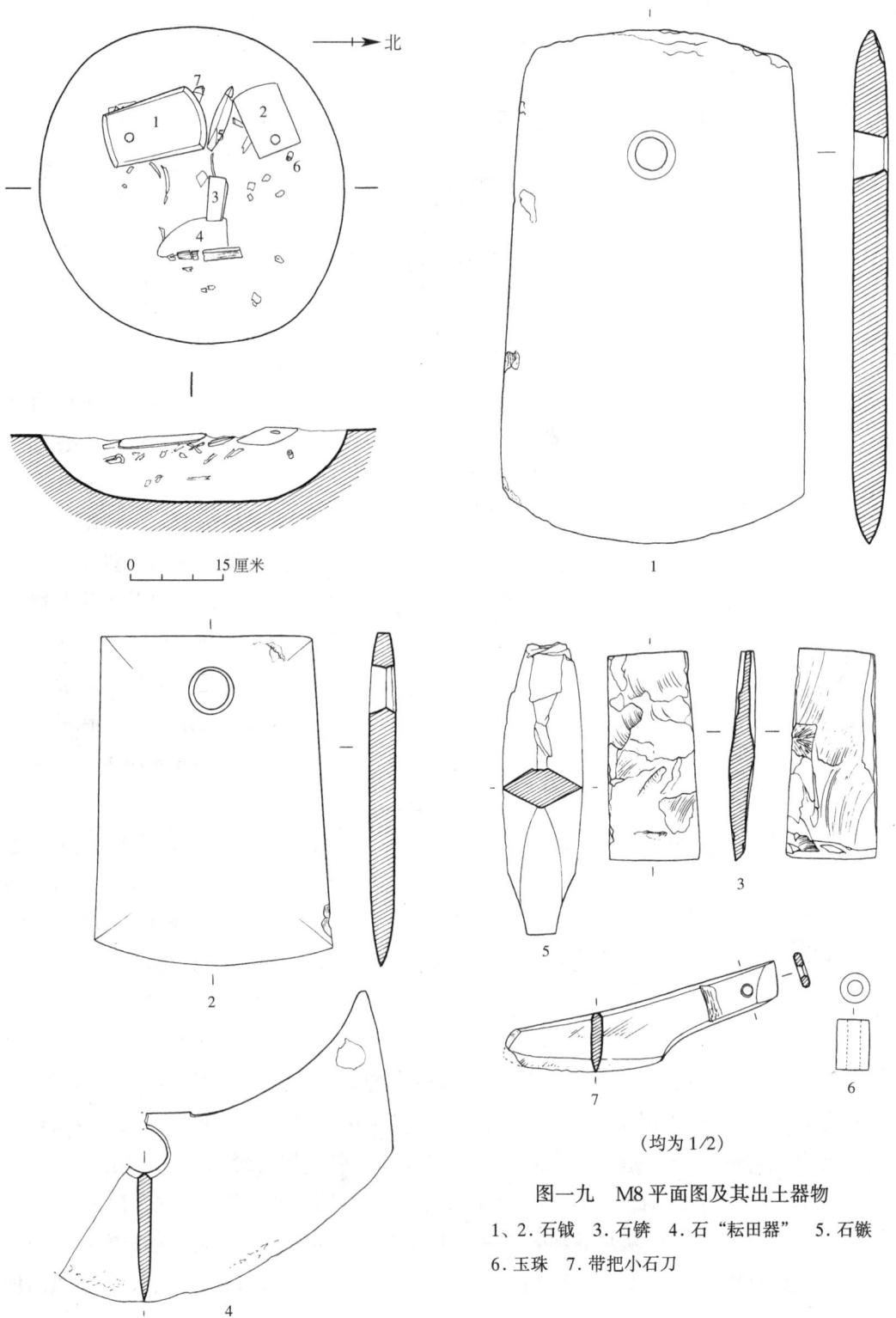

图一九　M8 平面图及其出土器物

1、2. 石钺　3. 石锛　4. 石"耘田器"　5. 石镞

6. 玉珠　7. 带把小石刀

用崩缺痕迹。上部有一单面管钻的钻孔，另一面实心钻碾通。通高16、刃宽9.6、孔径1.5厘米。（图一九；彩版一七，1）

M8:2，石钺。淡青灰色流纹岩。扁平长方形，顶端平直，两侧边斜直，刃角明显，一侧略残，两刃角间最宽，刃部、顶端与两侧边均双面磨制渐薄，刃角处起脊线。刃部圆弧，双面刃微开锋。上部有一双面管钻的钻孔。通高10.25、刃宽7.65、孔径1.45厘米。（图一九；彩版一七，2）

M8:3，石锛。淡青灰色流纹岩。扁平长方形，无段，近上部略磨薄，下端侧刃，刃口锋利，无明显使用痕迹。全器除近刃部抛磨精细外，其他部位仍保留着坯料的琢痕。长6.55、刃宽2.9厘米。（图一九；彩版一七，3）

M8:4，石"耘田器"。浅青色凝灰岩。器残，仅存一半。器形扁薄，通器磨平。圆角弧形双面刃，刃口锋利，翼后掠上翘，上端凹弧，中间有方形凸块，其下有一直径1.6厘米的双面管钻圆孔。高9.4、残宽10.3厘米。（图一九；彩版一七，4）

M8:5，石镞。凝灰岩。翼弧边长三角形，两侧较宽，顶端残缺，截面呈菱形，铤部扁平。残长9.1、铤长1.9厘米。（图一九；彩版一七，5）

M8:6，玉珠。透闪石软玉。玉色黑褐，局部黄褐，似经火烧过。小圆柱形。直径1.05、高1.6厘米。（图一九；彩版一六，2）

M8:7，带把小石刀。凝灰岩。全器略呈靴形，刀身狭长，前端略残，刃部稍弧，双面刃有崩缺的使用痕，长方形斜把上端有一个双面钻小圆孔以供系挂。通长8.65厘米。（图一九；彩版一七，6）

M9

位于T508西北部，开口于第2层下，被宋代层扰乱，打破第5层。长方形竖穴土坑墓，墓坑长2.19、宽0.87、深0.05米，填红褐色土。墓坑内没有发现葬具和人骨痕迹。方向171°。随葬品8件，宽把杯、圈足盘各一件置于南端，玉锥形器一件出于墓葬中部东侧，而尊、盆、簋、鼎和石锛各一件出在北端。（图二〇；彩版一八，1）

M9:1，圈足盘。泥质灰陶。敞口，卷沿，浅弧腹，圈足近底处外折。口径23.9、高7.4厘米。（图二〇；彩版一八，4）

M9:2，宽把杯。泥质黑皮陶。残破不能绘图。

M9:3，玉锥形器。透闪石软玉，玉色黄白，略有沁蚀。形较短，截面扁方形，首钝尖，尾端有小榫，榫上有一对钻的横向小穿孔。长5.7厘米。（图二〇；彩版一八，2）

M9:4，簋。泥质灰陶。残破，仅存圈足。（图二〇）

M9:5，尊。泥质灰陶。侈口，平折沿，高领，折肩，深斜腹，喇叭形圈足。口、圈足与肩三径相近。口径11.2、高15.6厘米。（图二〇；彩版一八，5）

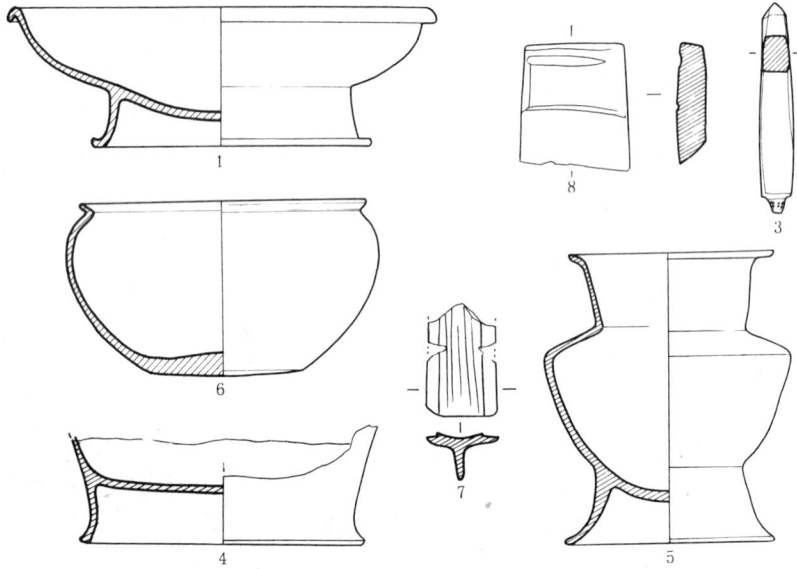

（3、8为1/2，余为1/4）

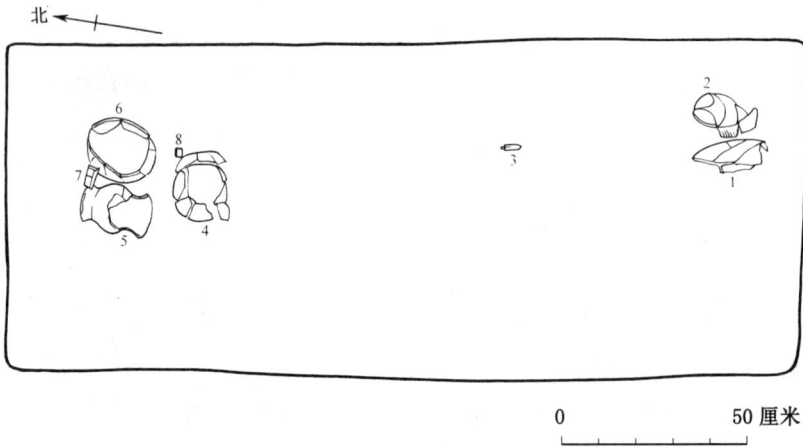

图二〇　M9 平面图及其出土器物

1.圈足盘　2.宽把杯　3.玉锥形器　4.簋　5.尊　6.盆　7.鼎　8.石锛

　　M9:6，盆。泥质灰陶。侈口，折沿，深弧腹，小平底。口径 16.1、高 9.3 厘米。（图二〇；彩版一八，6）

　　M9:7，鼎。夹砂黑陶。"T"字足足面下凹。残破，足绘图。（图二〇）

　　M9:8，石锛。淡青灰色流纹岩。扁平方形，一面起段，段阶不明显，留有横向切割凹槽，段位于锛体二分之一处，下端侧刃，刃口锋利，有崩缺痕迹。长 3.4、段长 1.7、刃宽 3 厘米。（图二〇；彩版一八，3）

M10

位于 T505 南部，开口于第 3 层下，打破第 5 层、M45 和 M47。长方形竖穴土坑墓，墓坑长 2.04、宽 0.8、深 0.04 米，填红褐色土。墓坑内没有发现葬具和人骨。方向 170°。随葬品 5 件，玉锥形器、石镞各一件出在头部东侧，陶罐一件出在腿脚部位，双鼻壶一件和另一件玉锥形器出在墓坑北端西侧靠坑边。（图二一；彩版一九，1）

M10：1，玉锥形器。透闪石软玉，玉色灰白。受沁断裂。尖首头部残，截面近圆形，尾端有细小的榫，榫上有对钻的小穿孔。残长 8 厘米。（图二一；彩版一九，2）

M10：2，平底罐。泥质黄陶。残破不能修复，口、底绘图。（图二一）

M10：3，双鼻壶，带盖。泥质灰陶。壶侈口，高颈，鼓腹，圈足。盖面微斜，喇叭形捉手已残。口径 7.2、器高 14、盖残高 2.4 厘米。（图二一；彩版一九，5）

M10：4，石镞。凝灰岩。截面略呈菱形。残长 4.7 厘米。（图二一；彩版一九，4）

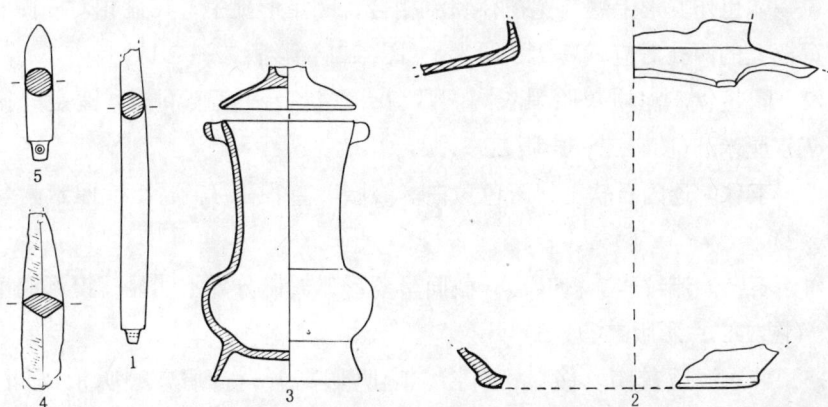

（2、3 为 1/4，余为 1/2）

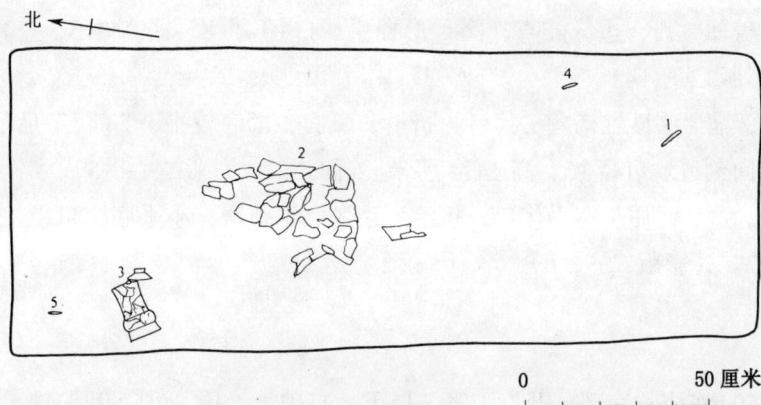

图二一 M10 平面图及其出土器物

1、5. 玉锥形器 2. 平底罐 3. 双鼻壶 4. 石镞

M10：5，玉锥形器。透闪石软玉，玉色青白。器形较短，截面近圆形，首钝尖，尾端有小榫，榫上有一对钻的横向小穿孔。长3.7厘米。（图二一；彩版一九，3）

M11

位于T504与T604隔梁东部，开口于第3层下，打破第5层。长方形竖穴土坑墓，墓坑东侧长2.04、西侧长2、南端宽0.73、北端宽0.7、深0.19米，填红褐色土夹杂红烧土颗粒。墓坑内没有发现葬具和人骨痕迹。方向170°。随葬品共8件，头部有宽把杯、圈足盘各一件和两颗玉珠，石镞、尊、簋、鼎、盆各一件放置在脚端。（图二二；彩版二〇，1）

M11：1，宽把杯。泥质灰胎黑衣陶。侈口一端做出箕形翘流，颈微束，筒形直腹微鼓，与流相对的一侧有扁环形宽把，把上端有两个穿孔，其下左右各有一组竖向刻道，矮圈足。盖一端也作箕形上翘与宽把杯翘流相合，圈足形捉手，在流相对一侧有两个小穿孔，与宽把上的两孔对应。高7.5厘米。（图二二；彩版二一，1）

M11：2，圈足盘。泥质灰胎黑衣陶。敞口，平沿，斜直腹下折，圈足外撇。口径23.5、高7.4厘米。（图二二；彩版二一，2）

M11：3，玉珠。透闪石软玉，玉色黄白。鼓腰。直径1.3、高1.5厘米。（图二二；彩版二〇，2）

M11：4，石镞。流纹岩。柳叶形，截面呈菱形，翼铤分界不明显，铤部略磨薄。长5.7厘米。（图二二；彩版二〇，3）

M11：5，尊。泥质灰陶。侈口，折沿，喇叭形高领，折肩，喇叭形高圈足下折。口、圈足与肩三径相近。口径13.3、高21.3厘米。（图二二；彩版二一，3）

M11：6，簋，带盖。泥质灰陶。簋侈口，折沿，斜弧腹，矮圈足。此簋无鼻，形制似圈足盆。盖面微弧，边缘陡直，圈足形捉手。口径15.8、器高8.3、盖高5.4厘米。（图二二；彩版二一，4）

M11：7，鼎。夹砂红褐陶。侈口，折沿，弧腹，圜底较平，"T"字足足面略下凹。足面都有竖向刻道。口径16、高14.4厘米。（图二二；彩版二一，5）

M11：8，盆。泥质灰陶。侈口，折沿，束颈，深弧腹，小平底。口径13.2、高9.4厘米。（图二二；彩版二一，6）

M12

位于T504东隔梁南部，开口于第3层下，打破第5层、M52和H12。长方形竖穴土坑墓，长2.08、宽0.66、深0.04米，填红褐色土。墓坑内没有发现葬具和人骨。方向167°。随葬品只有一件带盖小陶罐，出于南端头部位置。（图二三；彩版二二，1）

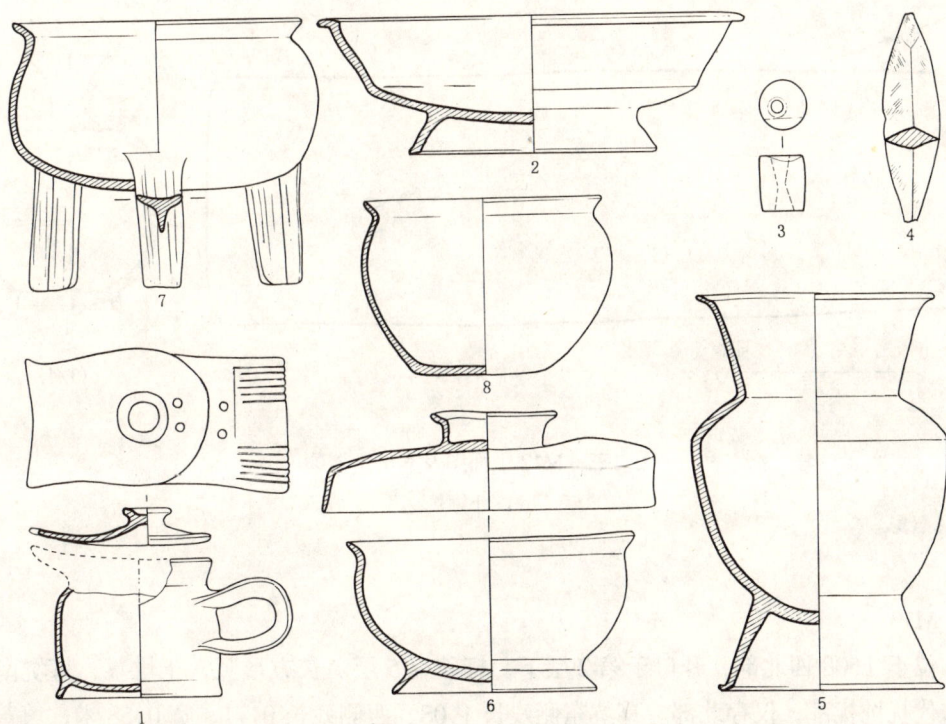

（3、4 为 1/2，余为 1/4）

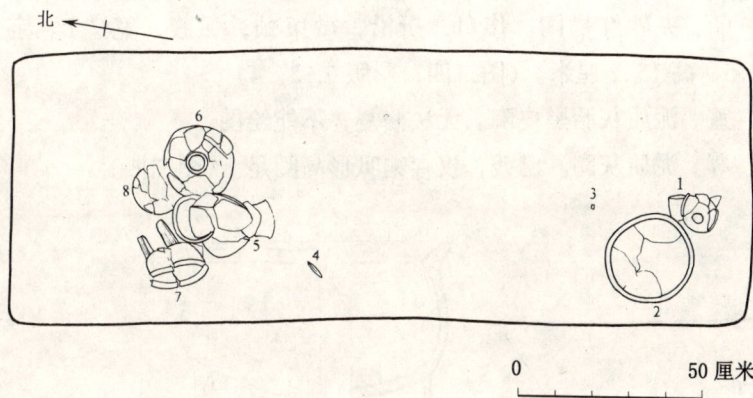

图二二　M11 平面图及其出土器物

1. 宽把杯　2. 圈足盘　3. 玉珠　4. 石镞　5. 尊　6. 簋　7. 鼎　8. 盆

M12:1，小罐，带盖。器形较小。罐泥质灰陶，侈口，鼓腹，矮圈足。肩腹相接处有一周凹弦纹。盖泥质灰胎黑衣陶，子母口，盖面斜直，喇叭形捉手。口径 5、器高 8.5、盖高 3.8 厘米。（图二三；彩版二二，2）

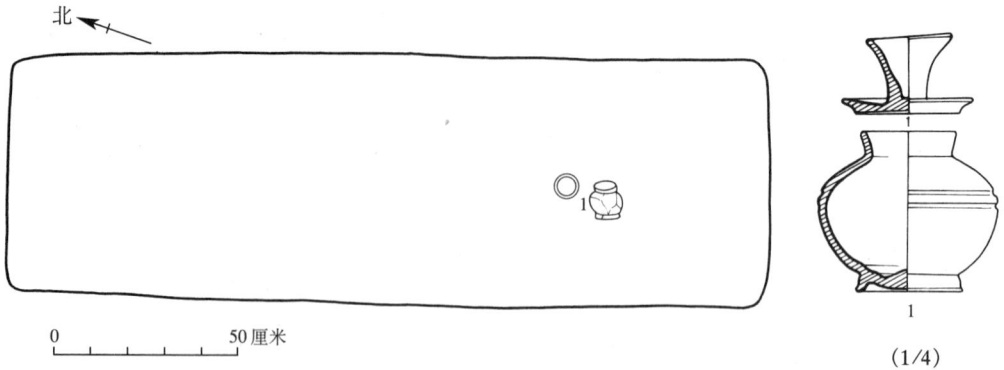

图二三　M12 平面图及其出土器物
1. 小罐

M13

位于 T508 西北部，开口于第 2 层下，打破第 5 层。长方形竖穴土坑墓，墓坑南部被宋代扰坑扰乱，仅存北部。墓坑东侧残长 1.08、西侧残长 0.71、宽 0.58 米，填黄褐色土。墓坑内没有发现葬具和人骨痕迹。方向 171°。随葬品 3 件，为鼎、簋、尊各一件，均出在北部脚端位置。(图二四；彩版二二，3)

M13:1，鼎。夹砂红褐陶。侈口，折沿，微束颈，弧腹，宽 "T" 字足，足面下凹。口径 14.5、高 15.2 厘米。(图二四；彩版二二，4)

M13:2，簋。泥质灰胎黑皮陶。无法修复，不能绘图。

M13:3，尊。泥质灰陶。已残，仅存喇叭形高圈足。(图二四)

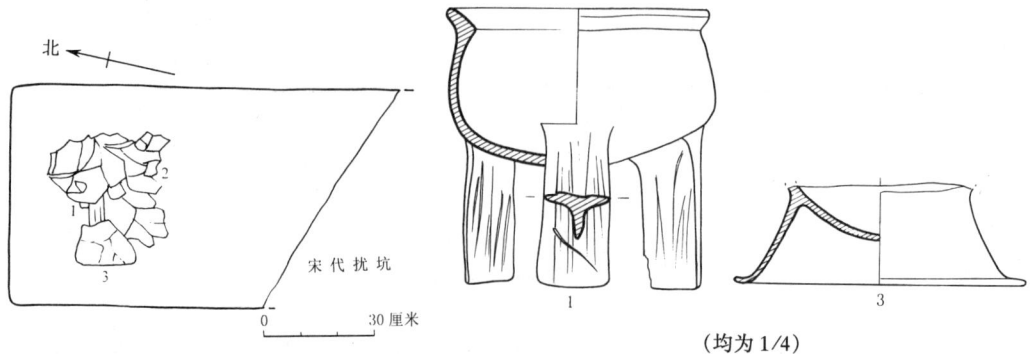

图二四　M13 平面图及其出土器物
1. 鼎　2. 簋　3. 尊

M14

位于 T507 西南部，开口于第 2 层下，打破第 5 层、H8、M55 和 M56。长方形竖穴土坑墓，墓坑长 2.42、宽 0.82、深 0.16～0.2 米，填黄褐色土。墓坑内没有发现葬具和人骨痕迹。方向 172°。随葬品共计 9 件，其中陶器 7 件，玉器和石器各 1 件。圈足盘一件置于南侧头部附近，一件残陶豆和两件器盖置于北侧脚端，纺轮一件出于墓坑中部。玉锥形器一件出于墓坑东北角，一件有磨砺痕迹的砺石被 3 号"T"字形鼎足所压。此墓所出陶器均较破碎，残片间高差明显，距离也相隔较远。（图二五；彩版二三，1）

M14:1，豆。泥质黄陶。残破，不能绘图。

M14:2，鼎。夹砂灰褐陶。平薄的鱼鳍足。足绘图。（图二五）

M14:3，鼎。夹砂红陶。"T"字足，足面略弧凸。足绘图。（图二五）

M14:4，器盖。夹砂红褐陶。倒锅形鼎盖，体形较大，宽桥形捉手。盖径 38.2、高 12.8 厘米。（图二五；彩版二三，4）

M14:5，纺轮。泥质黑褐陶。扁平圆形，截面略呈扁梯形，中央有一小圆穿孔。埋葬时受挤压略有碎裂。直径 4.7、厚 1.3 厘米。（图二五；彩版二三，5）

M14:6，玉锥形器。透闪石软玉，玉色黄白。受沁断裂，表皮有剥落。截面近圆形，首尖，尾端有小榫，榫上有一对钻的横向小穿孔，榫略残。残长 4.45 厘米。（图二五；彩版二三，2）

M14:7，器盖。夹砂灰陶。不能修复绘图。

M14:8，圈足罐。泥质灰胎黑衣陶。残破，无法修复。圈足绘图。（图二五）

M14:9，砺石。紫褐色细砂岩。形体较小。三面有磨砺痕迹，其中一面有一道较深的凹槽。通长 5.7、最宽 4.5、厚 2.5 厘米。（图二五；彩版二三，3）

M15

位于 T506 东南部，开口于第 2 层下，打破第 5 层和 M49。长方形竖穴土坑墓，墓坑长 2.24、宽 0.82、深 0.11～0.14 米，填黄褐色土。墓坑内没有发现葬具和人骨痕迹。方向 160°。随葬品共计 9 件，双鼻壶、圈足盘和尊各一件出于南侧头部，玉珠、玉锥形器各一件出于头部陶器之下，石钺、石镞各一件位于墓坑中部偏北，甗、簋各一件出于北侧脚端部位。（图二六；彩版二四，1）

M15:1，甗。夹砂红褐陶。侈口，折沿，束颈，垂腹，腹较深，内腹下部有一周凸起的隔挡，圜底较平，"T"字足下部略宽，足面下凹。足面上都有竖向刻道。口径 16.8、高 18.9 厘米。（图二六；彩版二五，1）

M15:2，簋，带盖。泥质灰胎黑衣陶。簋子母口微敛，外沿均衡分布三个直穿小鼻，斜弧深腹，矮圈足。盖面弧凸，边缘平折，圈足形捉手。口径 16.1、器高 9、盖高

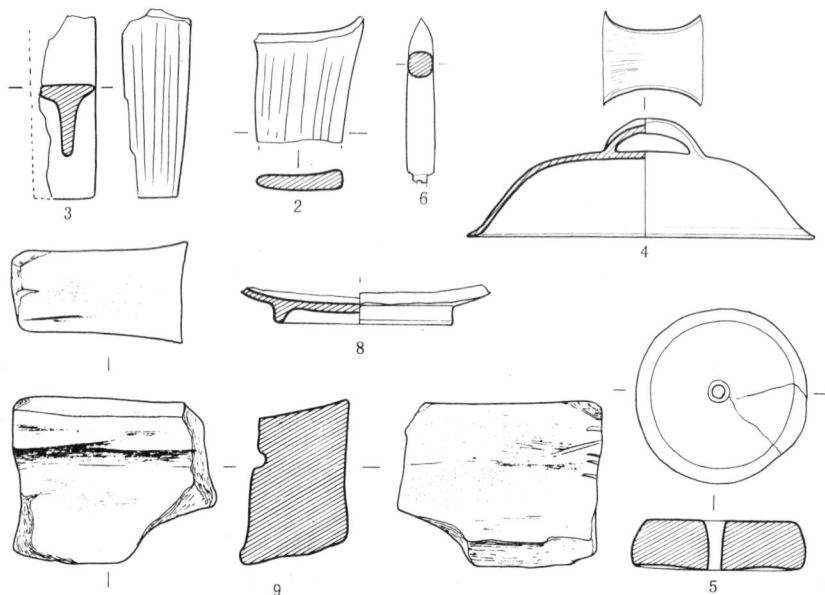

（2、3、8为1/4，4为1/8，余为1/2）

图二五　M14平面图及其出土器物

1.豆　2、3.鼎　4、7.器盖　5.纺轮　6.玉锥形器　8.圈足罐　9.砺石

4.8厘米。（图二六；彩版二五，2）

　　M15:3，石钺。淡青绿色球粒流纹岩。器表因受沁略有剥蚀。扁平长方形，顶端略
弧，保留琢制糙面，两侧边斜直，刃角明显，两刃角间最宽，刃部与两侧边均双面磨制
渐薄，形成明显的斜边，刃角处起脊线。刃部圆弧，双面刃，无使用痕迹。上部有一双
面管钻的钻孔，钻孔内留有螺旋纹和涂朱痕迹。通高12.5、刃宽7.75、孔径1.5厘米。

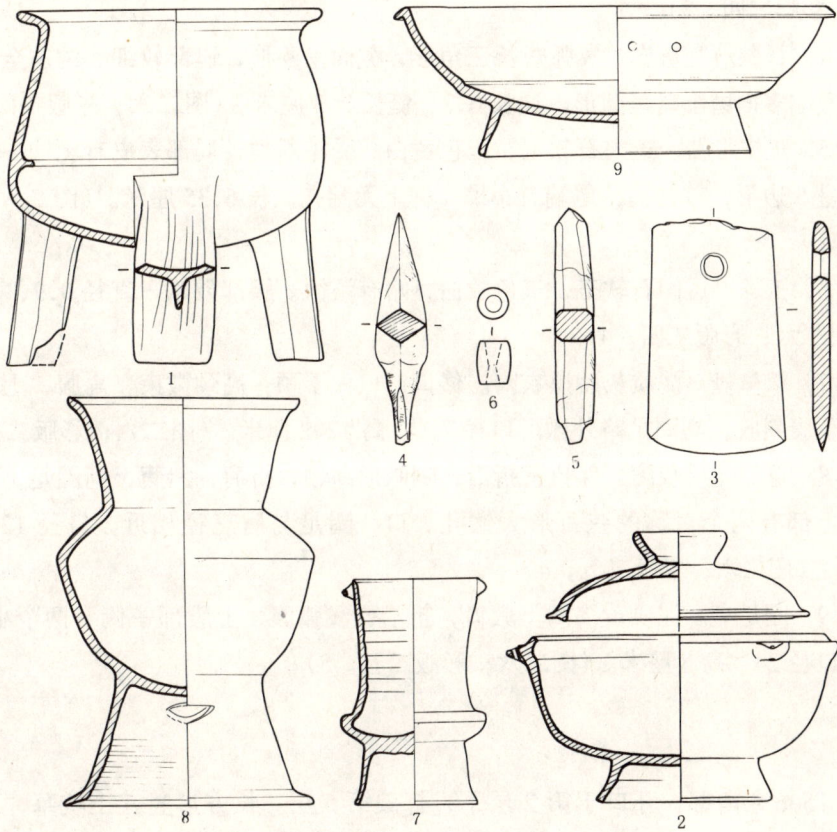

（4～6为1/2，余为1/4）

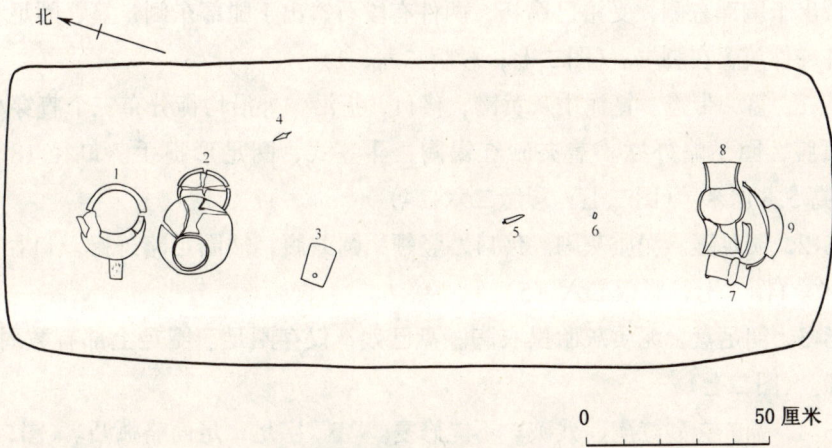

图二六　M15平面图及其出土器物

1.甗　2.簋　3.石钺　4.石镞　5.玉锥形器　6.玉珠　7.双鼻壶　8.尊　9.圈足盘

（图二六；彩版二四，2）

M15:4，石镞。凝灰岩。翼弧边长三角形，截面呈菱形，铤部较细、约占全器的三分之一，底端多面磨削略呈圆形。通长6.2、铤长2.3厘米。（图二六；彩版二四，5）

M15:5，玉锥形器。透闪石软玉，玉色黄白。受沁断裂，局部表皮有剥蚀。器身短粗，截面呈八边形，首钝尖，尾端有小榫，榫上无穿孔。长6.35厘米。（图二六；彩版二四，3）

M15:6，玉珠。透闪石软玉，玉色黄白，略有沁蚀。腰部鼓略。直径0.9、高1.15厘米。（图二六；彩版二四，4）

M15:7，双鼻壶。泥质灰胎黑衣陶。侈口，口大于颈，高颈微束，扁腹，上腹平且略下凹，下腹斜收，高圈足略外撇。口径7.1、高12.2厘米。（图二六；彩版二五，3）

M15:8，尊。泥质灰陶。侈口，折沿，喇叭形高领，折肩，斜腹，高圈足，下部平折。圈足上部有两个对称的弦月形大镂孔。口、圈足与肩三径相近。口径12.6、高21.9厘米。（图二六；彩版二五，4）

M15:9，圈足盘。泥质黄褐陶。敞口，折沿，浅弧腹，上腹部一侧有两个小穿孔，矮圈足。口径24、高8厘米。（图二六；彩版二五，5）

M16

位于T506东南部，开口于第2层下，打破第5层。长方形竖穴土坑墓，墓坑长2.1、北端宽0.8、南端宽0.87米，填黄褐色土。墓坑内没有发现葬具痕迹，人骨保存较差，仅墓坑南端见部分头骨残骸。方向166°。随葬品共计8件，一件双鼻壶置于头南，石钺出于胸部东侧，受沁已腐杇，两件有段石锛出于腿部东侧，簋、圈足盘、圈足罐、鼎各一件放置在脚端。（图二七；彩版二六，1）

M16:1，簋，带盖。簋泥质灰黄陶，侈口，折沿，外沿均衡分布三个直穿小鼻，颈微束，弧腹，圈足略外撇。盖夹砂红褐陶，斗笠式，圈足形捉手。口径18.4、器高9.2、盖高5.8厘米。（图二七；彩版二六，4）

M16:2，圈足罐。泥质灰陶。侈口，竖领，圆鼓腹，矮圈足略外撇。口径9.4、高12.1厘米。（图二七；彩版二六，5）

M16:3，圈足盘。泥质灰胎黑衣陶。盘已残，仅存圈足。圈足上部有数周凹弦纹，下部外撇。（图二七）

M16:4，鼎。夹砂红陶。残破，不能修复。"T"字足，足面略弧凸。（图二七）

M16:5，石锛。淡青灰色流纹岩。长方形，一面起段，段位于锛体三分之一处，下端侧刃，刃口锋利，无使用痕迹。通长4.8、段长1.6、刃宽2.1厘米。（图二七；彩版二六，2）

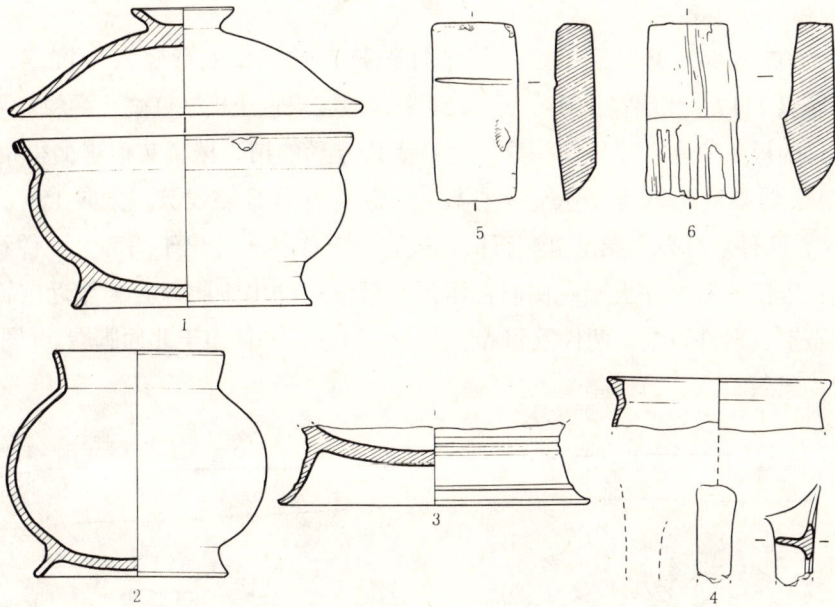

（5、6为1/2，余为1/4）

图二七　M16平面图及其出土器物

1.簋　2.圈足罐　3.圈足盘　4.鼎　5、6.石锛　7.石钺　8.双鼻壶

　　M16:6，石锛。淡青灰色流纹岩。受沁器表剥落。长方形，形体较厚，一面起段，作台阶状，段位于锛体过二分之一处，下端侧刃。通长4.75、段长2.5、刃宽2.5厘米。（图二七；彩版二六，3）

　　M16:7，石钺。酥朽，不能绘图。

　　M16:8，双鼻壶。残破，不能绘图。

M17

位于 T605 南部，开口于第 3 层下，打破第 5 层。长方形竖穴土坑墓，墓坑长 2.44、南端宽 1.17、北端宽 1.08、深 0.24 米，填红褐色土夹杂红烧土颗粒。墓坑内发现使用葬具的板灰痕迹，葬具仅一重，为略呈长方形的棺，据板灰痕迹测得棺长 2.2、南端宽 0.9、北端宽 0.79 米。人骨保存较差，仅存部分骨骼残骸。方向 155°。随葬品共计 19 件，两件双鼻壶和圈足盘、石钺、玉管、玉珠各一件出于头部，一件石锛出于头部右侧，玉锥形器一件出于左侧肩部附近，石镞一件出于胸部右侧靠近棺板灰的部位，三件石锛、两件石镞、两件簋和尊、鼎、双鼻壶各一件出于北面脚端。(图二八 A；彩版二七；彩版二八，1)

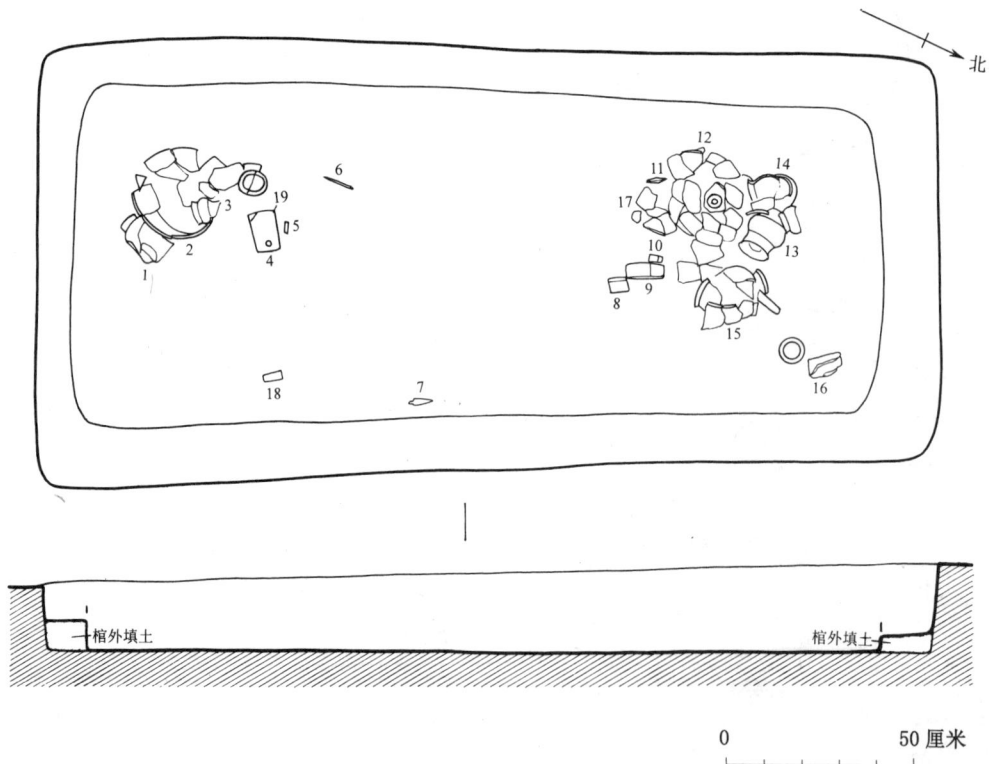

图二八 A M17 平面图

1、3、16.双鼻壶 2.圈足盘 4.石钺 5.玉管 6.玉锥形器 7、11、17.石镞 8~10、18.石锛 12、14.簋 13.尊 15.鼎 19.玉珠

M17:1，双鼻壶。泥质灰陶。残破不能修复。

M17:2，圈足盘。泥质灰黄胎黑衣陶。侈口，方唇，上腹部较直，下腹内折，小矮圈足。外腹施三周宽凹弦纹呈瓦棱状，上部一侧有两个小穿孔。口径 21.6、高 6.6 厘米。(图二八 B；彩版三〇，1)

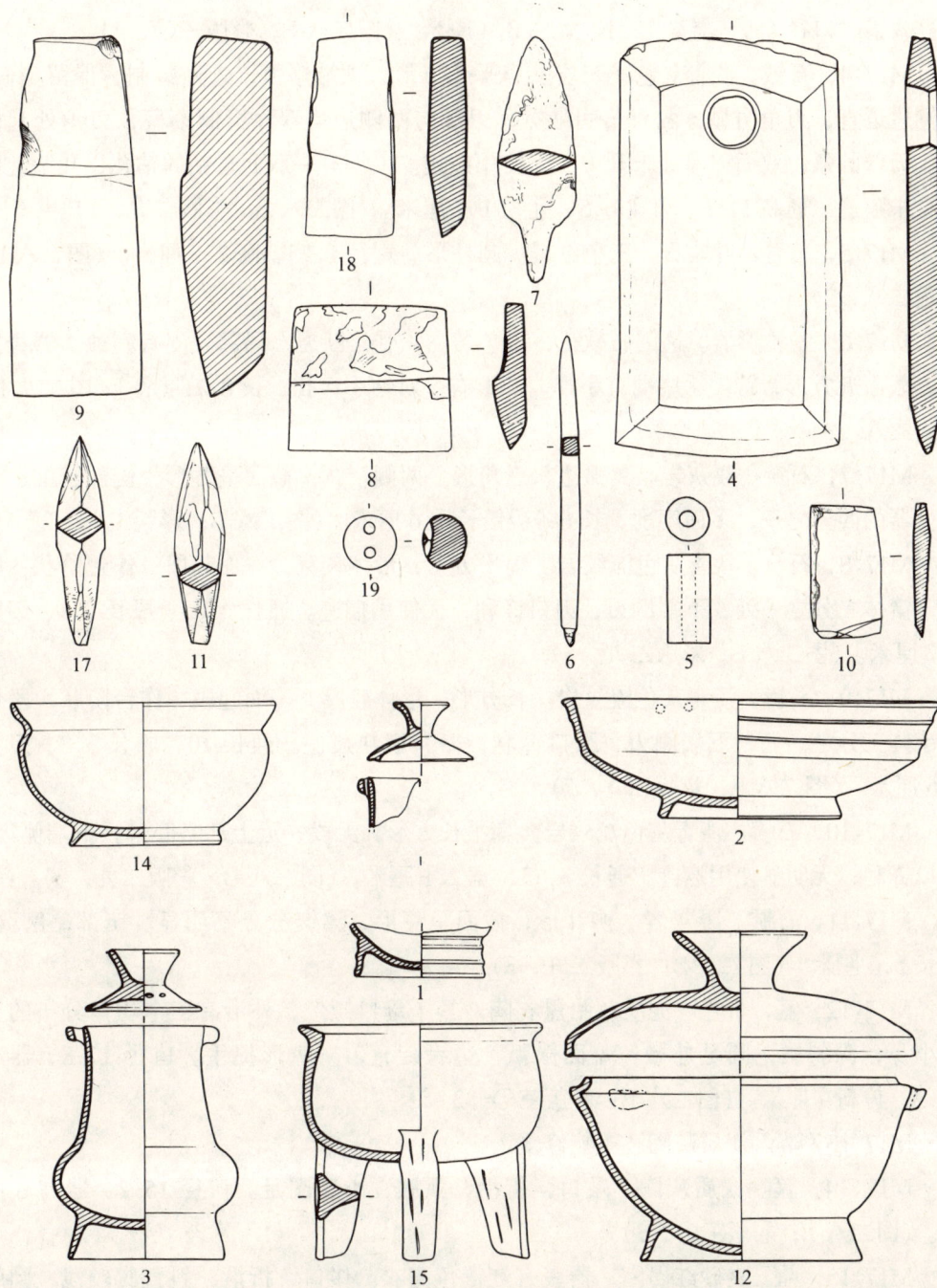

图二八 B　M17 出土器物（1~3、12、14、15 为 1/4，余为 1/2）

M17:3，双鼻壶，带盖。泥质黑皮陶。壶直口，长颈，扁鼓腹，圈足略高。圈足纽斗笠式盖。口径6.9、器高13.1、盖高3.4厘米。（图二八B；彩版三○，4）

M17:4，石钺。淡青灰色凝灰岩。扁平长方形，顶端略弧，未经磨制，保留糙面。两侧边近直，刃角明显，两刃角间最宽，刃部与两侧边均双面磨制渐薄，刃角处起脊线。刃部圆弧，双面刃厚钝未开刃，无使用痕迹。上部有一双面管钻的钻孔，孔壁上留有涂朱痕迹。通高11.6、刃宽6.5、孔径1.7厘米。（图二八B；彩版二九，1）

M17:5，玉管。叶蜡石，玉色红褐。圆柱形。直径1.25、高2.5厘米。（图二八B；彩版二八，2）

M17:6，玉锥形器。透闪石软玉，玉色黄白。受沁断裂，局部表皮有剥蚀。器身狭长，截面近方形，首尖，尾端有小榫，榫上有一对钻小穿孔。长8.7厘米。（图二八B；彩版二八，3）

M17:7，石镞。凝灰岩。翼弧边长三角形，两侧较宽，截面呈菱形，铤部较细、约占全器的四分之一，多面磨削。长6.9、铤长1.6厘米。（图二八B；彩版二九，2）

M17:8，石锛。淡青灰色流纹岩。扁平方形，形体较宽，一面起段，作台阶状，段位于锛体二分之一处，下端侧刃，刃口锋利，无使用痕迹。通长4.05、段长2.1、刃宽4.7厘米。（图二八B；彩版二九，5）

M17:9，石锛。淡青灰色流纹岩。长方形，形体较厚，一面起段，作台阶状，段位于锛体三分之一处，下端侧刃，刃口锋利，略有崩缺痕迹。通长10、段长3.8、刃宽3.6厘米。（图二八B；彩版二九，7）

M17:10，石锛。淡青灰色流纹岩。扁平长方形，无段，近上部略磨薄，下端侧刃，刃口锋利，无明显使用痕迹。通长3.75、宽2.1厘米。（图二八B；彩版二九，6）

M17:11，石镞。凝灰岩。柳叶形，截面呈菱形，翼铤分界不明显，铤部略磨薄。通长5.6厘米。（图二八B；彩版二九，3）

M17:12，簋，带盖。泥质灰胎黑衣陶。簋子母口微敛，外沿有三个均衡分布的直穿小鼻，深斜腹，圈足外撇。盖面微弧，边缘陡直，喇叭形捉手。口径17.8、器高10.2、盖高7厘米。（图二八B；彩版三○，2）

M17:13，尊。泥质灰陶。不能修复。

M17:14，簋。泥质灰陶。敞口，折沿，弧腹，小矮圈足。口径15.2、器高8厘米。（图二八B；彩版三○，3）

M17:15，鼎。夹砂红褐陶，器表有红褐色陶衣。侈口，折沿，斜直腹较浅，圜底近平，"T"字足足面微凹。足面上有竖向刻道。口径13.9、高13.1厘米。（图二八B；彩版三○，5）

M17:16，双鼻壶。泥质黑皮陶。残破，不能修复。

M17:17，石镞。凝灰岩。翼弧边长三角形，顶端略残，截面呈菱形，铤部明显、约占全器的二分之一，多面磨削略呈圆形。通长 5.9、铤长 2.65 厘米。（图二八 B；彩版二九，4）

M17:18，石锛。淡青灰色流纹岩。长方形，无段龟背形，近上部略磨薄，下端侧刃，刃口锋利，无明显使用痕迹。长 5.6、刃宽 2.5 厘米。（图二八 B；彩版二九，8）

M17:19，玉珠。灰白色玉髓，略有沁蚀。扁圆球形，有牛鼻形隧孔。直径 1.5、高 1.25 厘米。（图二八 B；彩版二八，4）

M18

位于 T505 南部和 T605 北部，开口于第 3 层下，北部被 M4 打破，打破第 5 层和 M54，东北角被一近代扰坑打破。长方形竖穴土坑墓，墓坑长 2.36、宽 0.76 米，填红褐色土。墓坑内没有发现葬具和人骨痕迹。方向 163°。随葬品 5 件，一件双鼻壶出于头部，簋、鼎、双鼻壶、纺轮各一件出于脚端。（图二九；彩版三一，1）

M18:1，双鼻壶，带盖。泥质灰陶。侈口，扁鼓腹，圈足外撇。盖面近平，小圈足形捉手，捉手中央有一穿孔。口径 6.1、器高 10、盖高 1.8 厘米。（图二九；彩版三一，2）

M18:2，簋，带盖。簋泥质灰黄陶，子母口微敛，外沿均衡分布两个直穿小鼻，浅斜腹，高直圈足。圈足下部有四周宽凹弦纹，各周凹弦纹间错位施长方形戳印纹。盖泥质灰胎黑衣陶，斗笠式，折腹，圈足形捉手已残。口径 18、器高 8.8、盖高 6.5 厘米。（图二九；彩版三一，4）

M18:3，纺轮。泥质黑褐陶。厚平圆形，截面略呈扁鼓形，中央有一小圆穿孔。直径 4.6、厚 1.2 厘米。（图二九；彩版三一，3）

M18:4，鼎。夹砂红褐陶，器表涂有红褐色陶衣。侈口，平折沿，束颈，斜腹，圜底近平，"T"字足尖略外撇，足面微凹。足面上都有竖向刻道。口径 12.8、高 12.3 厘米。（图二九；彩版三一，5）

M18:5，双鼻壶。泥质灰黄胎黑衣陶。直口，竖领，领较低，圆溜肩，球形腹，矮圈足微外撇。下肩部有四周宽凹弦纹呈瓦棱状。口径 7.2、高 13.1 厘米。（图二九；彩版三一，6）

M19

位于 T505 西南部，开口于第 3 层下，打破第 5 层、M48 和 M54。长方形竖穴土坑墓，墓坑长 2.07、宽 0.85、深 0.14~0.21 米，填红褐色土。墓坑内没有发现葬具和人骨痕迹。方向 172°。随葬品共计 13 件，圈足盘、双鼻壶和宽把杯各一件出于南面头前，玉锥形器一件位于胸部，小罐一件出于腿部位置，而三足盘、豆、尊、鼎和石锛、石

（3为1/2，余为1/4）

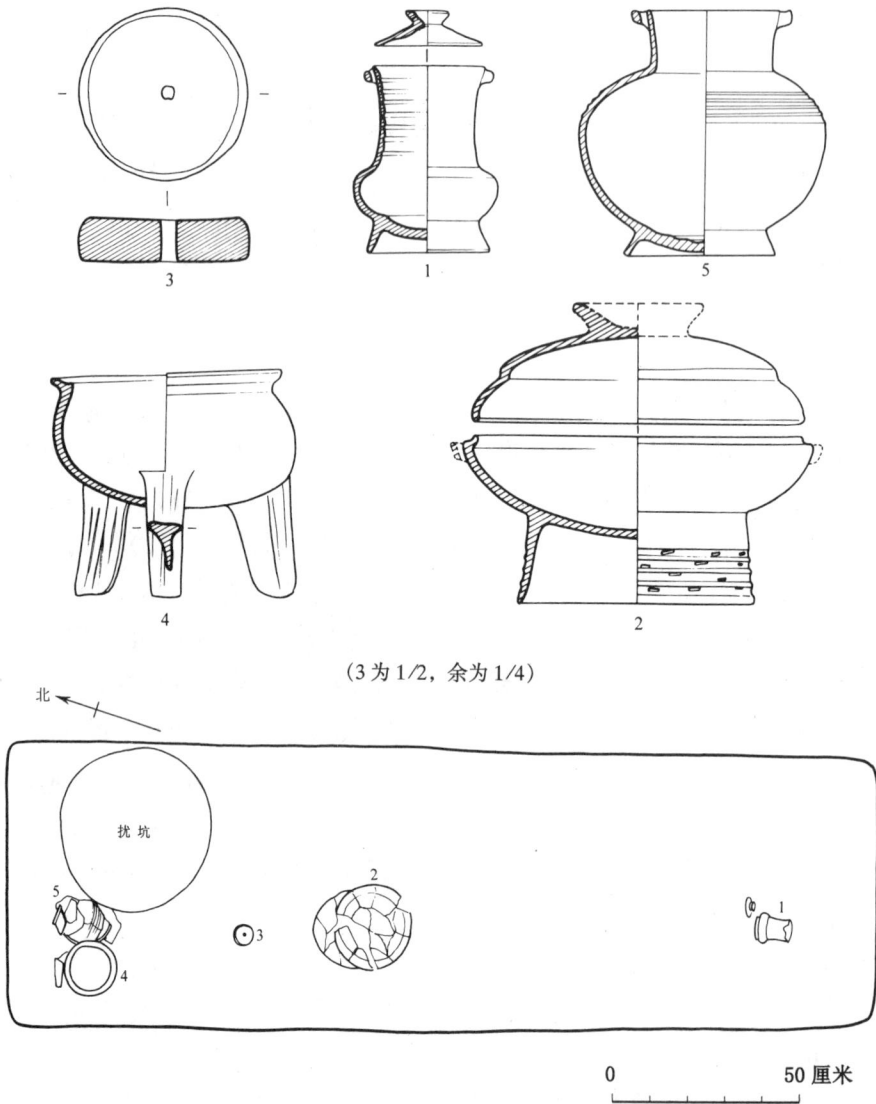

图二九　M18平面图及其出土器物

1、5.双鼻壶　2.簋　3.纺轮　4.鼎

刀、石钺、石镞各一件出于北面脚端。（图三〇A；彩版三二，1）

　　M19:1，圈足盘。泥质灰陶。体略歪，敞口，宽平沿，浅斜腹，上部一侧有两个小穿孔，矮圈足外撇。沿面上有三周凹弦纹，外腹上部有一周凹弦纹，下部有两周凹弦纹。口径26.2、高7厘米。（图三〇B；彩版三三，1）

　　M19:2，双鼻壶，带盖。泥质灰陶。残碎，不能修复。

　　M19:3，宽把杯。泥质灰黄胎黑衣陶。侈口一端做出箕形翘流，颈微束，筒形直腹

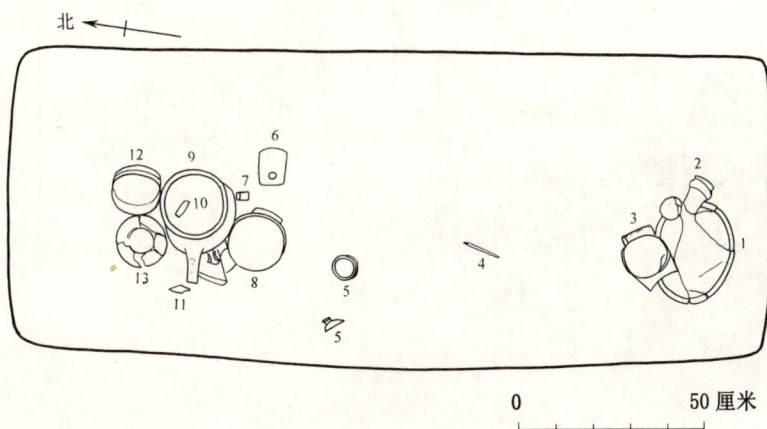

图三〇 A　M19平面图

1. 圈足盘　2. 双鼻壶　3. 宽把杯　4. 玉锥形器　5. 小罐　6. 石钺　7. 石锛　8. 三足盘　9. 鼎　10. 石刀
11. 石镞　12. 豆　13. 尊

微鼓，腹部上下各施一周凸弦纹，与流相对的一侧有扁环形宽把，把上端有两个穿孔，其下左右各有一组竖向刻道，矮圈足。盖一端也作箕形上翘与宽把杯流相合，圈足形捉手，在流相对一侧有两个小穿孔，与宽把上的两孔对应。高8.9厘米。（图三〇 B；彩版三三，2）

M19:4，玉锥形器。透闪石软玉，玉色黄白。受沁后已断成三截。器身较长，截面方形，首尖，尾端有小榫，榫上有一横向对钻小穿孔。长11.6厘米。（图三〇 B；彩版三二，2）

M19:5，小罐，带盖。泥质灰胎黑衣陶。形体较小。罐侈口，折沿，斜垂腹，小矮圈足，下腹部有一周折棱。盖喇叭形捉手。口径7.4、器高4.8、盖高3.3厘米。（图三〇 B；彩版三三，3）

M19:6，石钺。淡青绿色流纹岩，含黄褐斑条。近方形，顶端平直，保留琢制糙面，两侧边近直，刃部略宽，刃角明显。刃部微弧，刃口锋利，有明显的使用崩缺痕迹。上部有一双面管钻的钻孔，一面孔径较大，另一面较小，错位的台痕较明显。通高9.7、刃宽8.2、孔径2.8厘米。（图三〇 B；彩版三二，3）

M19:7，石锛。淡青色流纹岩。扁平长方形，一面起段，作台阶状，段位于锛体二分之一处，下端侧刃，刃口锋利，有使用崩缺痕迹。长3.5、刃宽2.5厘米。（图三〇 B；彩版三二，4）

M19:8，三足盘。泥质灰陶。侈口，折沿，束颈，扁弧腹，三宽瓦足上宽下窄。腹

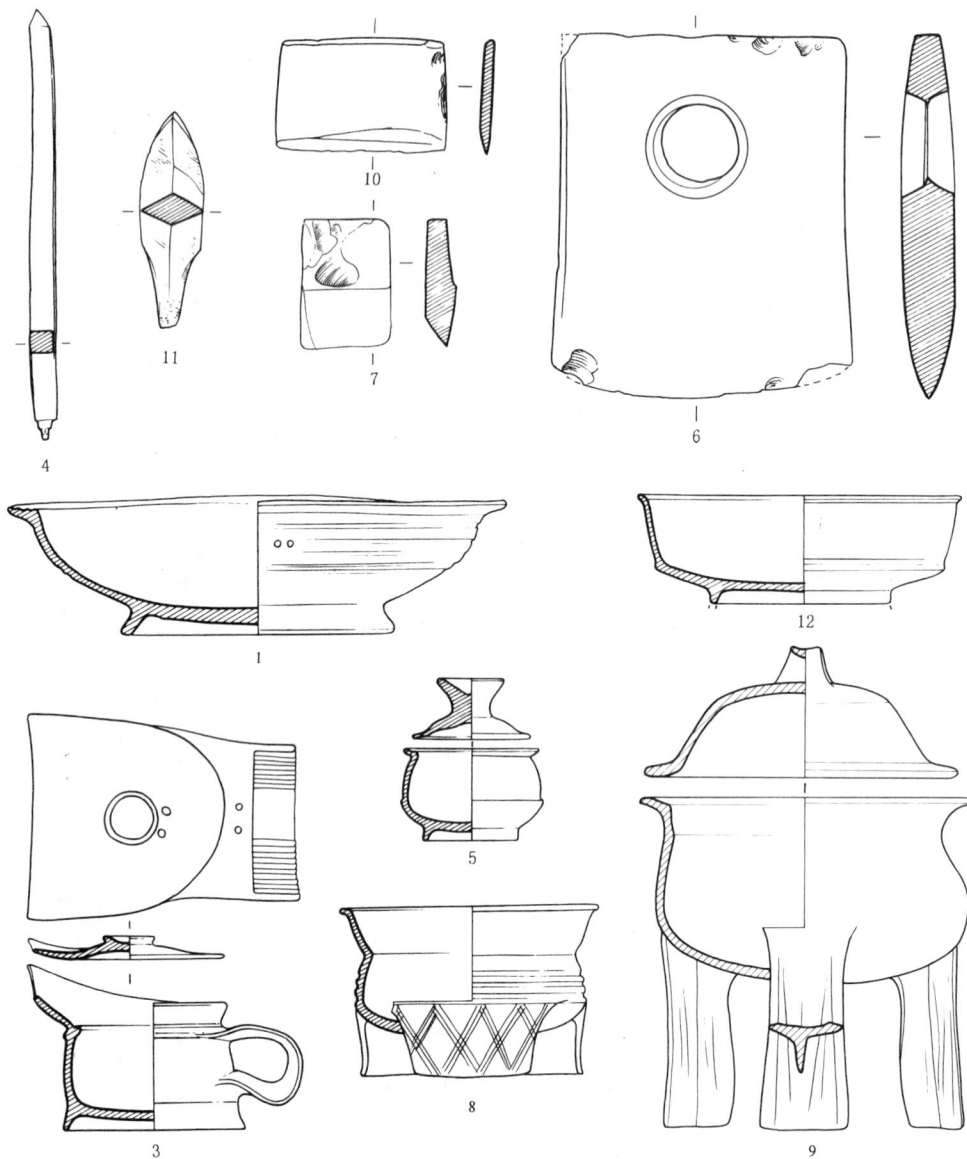

图三〇 B　M19 出土器物（4、6、7、10、11 为 1/2，余为 1/4）

部有三周凹弦纹，瓦足足面上有三道斜向刻线组成的菱格纹。口径 14.3、高 9.1 厘米。（图三〇 B；彩版三三，4）

　　M19:9，鼎，带盖。鼎夹砂红褐陶，侈口，折沿，束颈，斜腹，圜底近平，"T"字足较高，足面微凹，足面上都有竖向刻道。盖夹砂黑陶，斗笠式，边缘平折，桥形捉手。口径 18.2、器高 17.6、盖高 7 厘米。（图三〇 B；彩版三三，5）

　　M19:10，石刀。凝灰岩。扁平长方形，形体较小，刃部最宽，双面刃，刃缘有崩

缺痕。高 2.9、刃宽 4.4、最厚 0.3 厘米。（图三〇 B；彩版三二，5）

M19:11，石镞。凝灰岩。翼弧边长三角形，截面菱形，铤部明显、约占全器的三分之一，底端多面磨削略呈圆形。长 5.7、铤长 2.1 厘米。（图三〇 B；彩版三二，6）

M19:12，豆。泥质灰陶。豆把已残，仅存豆盘。侈口，折腹，腹较深。口径 17.8、残高 5.8 厘米。（图三〇 B；彩版三三，6）

M19:13，尊。泥质灰黄陶。器形不明。

M20

位于 T505 西南部，开口于第 3 层下，被 M4 打破，打破第 5 层和 M46。长方形竖穴土坑墓，墓坑长 2.05、宽 0.76、深 0.06~0.11 米，填红褐色土。墓坑内没有发现葬具和人骨痕迹。方向 170°。随葬品共计 14 件，宽把杯、石片各一件出于南面头前，石刀、石钺和玉锥形器各一件出于胸部，尊、簋、鼎、盆各一件和两件石锛、三件石镞出于北面脚端。（图三一 A；彩版三四，1）

图三一 A　M20 平面图

1.宽把杯　2.石片　3.带把小石刀　4.玉锥形器　5.石钺　6.簋　7.鼎　8.尊　9.盆　10~12.石镞

13、14.石锛

M20:1，宽把杯。泥质黑皮陶。仅存器盖。（图三一 B）

M20:2，石片。淡青灰色流纹岩。似为从石锛坯料上打击下来的，略呈方形，多处留有打击面，有两侧边似刃，有细密的崩缺痕迹。高 5.7、宽 4.7 厘米。（图三一 B；彩版三四，3）

M20:3，带把小石刀。灰黄色凝灰岩。刀身长方形，一侧有斜向长方形把。通长 9、把长 3.8 厘米。（图三一 B；彩版三五，1）

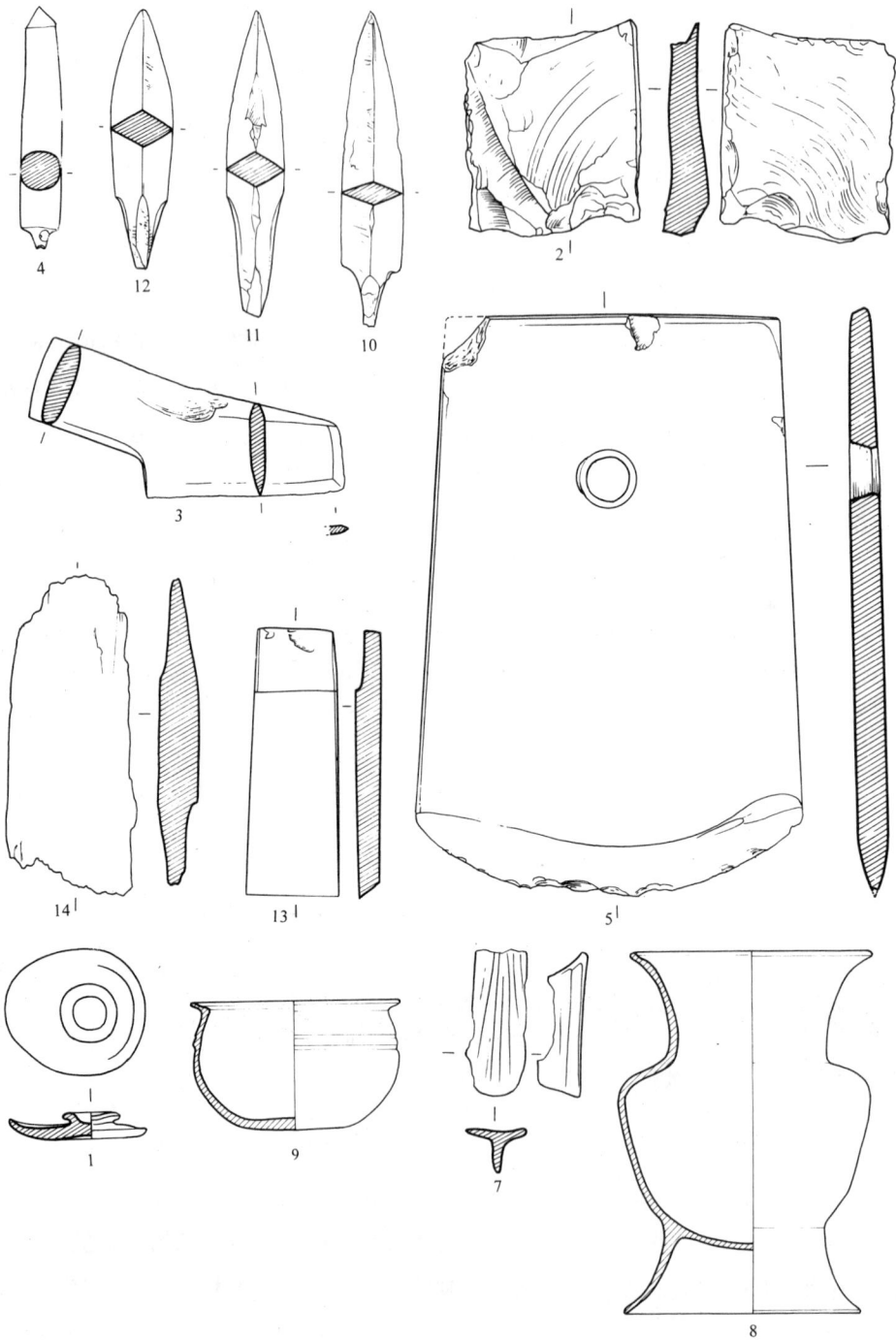

图三一 B　M20 出土器物（1、7~9 为 1/4、余为 1/2）

M20:4，玉锥形器。透闪石软玉，玉色黄白。受沁断裂，表皮有剥落。形体略粗，截面近圆形，首尖，尾端有小榫，榫上有一对钻的横向小穿孔。长6.8厘米。（图三一B；彩版三四，2）

M20:5，石钺。淡青灰色流纹岩。扁平长方形，顶端平直，一角崩缺，两侧边斜直，刃部最宽，刃角明显。刃部圆弧，刃口锋利，有明显的使用崩缺痕迹。上部有一单面管钻的钻孔，另面用实心钻碾通，孔壁上留有明显的螺旋纹。通高16.1、刃宽11、孔径1.55厘米。（图三一B；彩版三五，2）

M20:6，簋，带盖。泥质灰陶。残破，形制不明。

M20:7，鼎。夹砂红陶。无法修复。"T"字足，足面下凹。（图三一B）

M20:8，尊。泥质灰陶。侈口，卷沿，喇叭形高领，折肩，斜腹，喇叭形高圈足。口、圈足与肩三径相近。口径13.6、高19.8厘米。（图三一B；彩版三五，4）

M20:9，盆。泥质灰陶。侈口，折沿，沿面上有一道凹槽，束颈，深弧腹，小平底。外腹上部有两周凹弦纹，口径11.9、高7.2厘米。（图三一B；彩版三五，5）

M20:10，石镞。凝灰岩。翼弧边长三角形，两侧较宽，截面呈菱形，铤部较细、占全器的五分之一多，底端多面磨削略呈圆形。长8.7、铤长1.5厘米。（图三一B；彩版三四，4）

M20:11，石镞。凝灰岩。翼弧边长三角形，截面呈菱形，铤部明显、约占全器的三分之一，底端多面磨削略呈圆形。长8.5、铤长3.4厘米。（图三一B；彩版三四，5）

M20:12，石镞。凝灰岩。翼弧边长三角形，截面呈菱形，铤部明显、约占全器的四分之一，底端多面磨削略呈圆形。长7.2、铤长1.9厘米。（图三一B；彩版三四，6）

M20:13，石锛。淡青灰色流纹岩。扁平长方形，一面起段，作台阶状，段位于锛体近四分之一处，下端侧刃，刃口锋利，无使用痕迹。长7.35、段长1.75厘米。（图三一B；彩版三五，3）

M20:14，石锛。青灰色流纹岩。受沁剥蚀严重。残长8.9厘米。（图三一B）

M21

位于T507北部，开口于第2层下，南端为宋代扰坑打破，打破第5层和M58、M62。长方形竖穴土坑墓，墓坑残长1.7~1.84、宽0.75~0.8、深0.09~0.14米，填黄褐色土。墓坑内没有发现葬具和人骨痕迹。方向159°。随葬品8件，南面头部仅存一件残破的双鼻壶，石"耘田器"、玉珠出于腹部位置，一件陶纺轮出于左侧下肢部，簋、圈足罐、鼎、盆各一件出于北面脚端。（图三二；彩版三六，1）

M21:1，双鼻壶。泥质灰陶。不能修复。

M21:2，石"耘田器"。淡青色霏细斑岩。器形扁薄规整，通体磨平。整器平面略

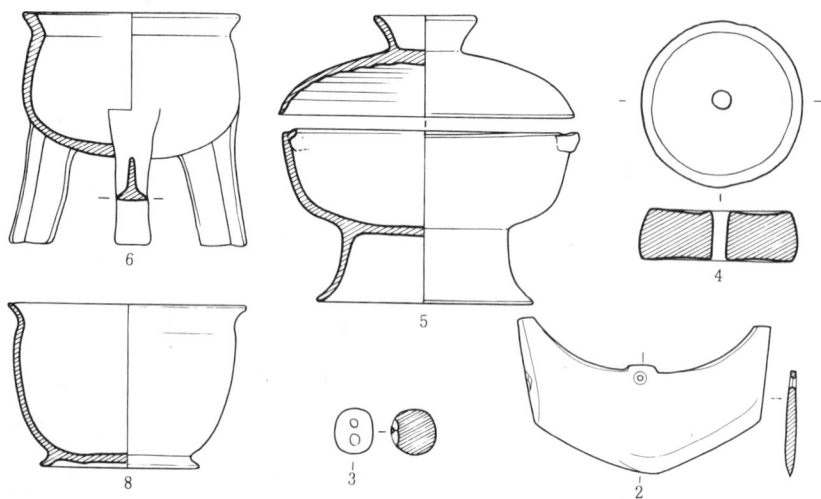

（3、4为1/2，余为1/4）

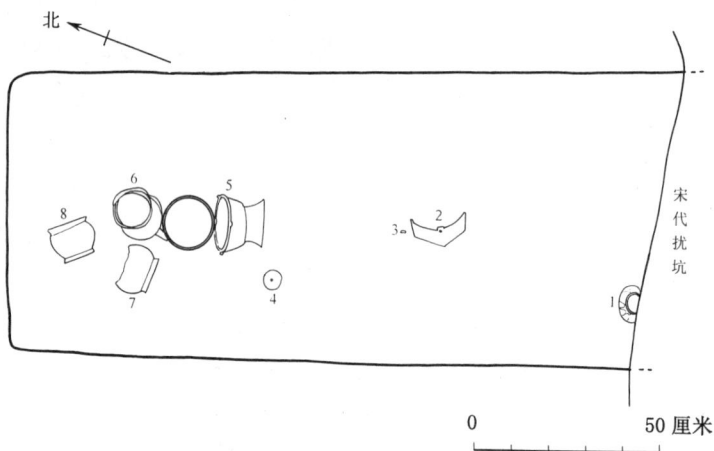

图三二　M21平面图及其出土器物

1. 双鼻壶　2. 石"耘田器"　3. 玉珠　4. 纺轮　5. 簋　6. 鼎　7. 圈足罐　8. 盆

呈左右对称的三角形，刃部磨制精细，圆角弧刃略呈"V"字形，刃部无使用痕迹，两翼后掠上翘，翼角磨方，上端凹弧，中间有方形凸块，其下有双面钻的小圆孔。通高8.3、两翼宽14、孔径0.7厘米。（图三二；彩版三六，3）

M21:3，玉珠。透闪石软玉，玉色黄白，略有沁蚀。圆球形，有一牛鼻形隧孔。直径1.2厘米。（图三二；彩版三六，2）

M21:4，纺轮。泥质褐陶。厚平圆形，上下面直径略有大小，截面略呈梯形，中央有一小圆穿孔。直径4.45、厚1.3厘米。（图三二；彩版三六，4）

M21:5，簋，带盖。簋泥质灰陶，子母口微敛，外沿均衡分布三个直穿小鼻，斜弧腹，高圈足外撇。盖泥质灰胎黑衣陶，斗笠式，折腹，喇叭形捉手。口径 14.4、篮高 9.3、盖高 5.4 厘米。（图三二；彩版三七，1）

M21:6，鼎。夹砂褐陶，鼎身涂有黑色陶衣。侈口，平折沿，束颈，直垂腹，圈底，"T"字足较窄。口径 12、高 12.4 厘米。（图三二；彩版三七，2）

M21:7，圈足罐。泥质灰陶，形制不明。

M21:8，盆。泥质灰陶。敞口，卷沿，束颈，深弧腹，矮圈足外撇。口径 13.2、高 8.8 厘米。（图三二；彩版三七，3）

M22

位于 T504 西南部，开口于第 3 层下，打破第 5 层。长方形竖穴土坑墓，长 2.16、宽 0.83、深 0.05～0.26 米，填夹杂红烧土颗粒的红褐色土。墓坑内没有发现葬具和人骨痕迹。方向 165°。随葬品 12 件，圈足盘、双鼻壶各一件出于南面头前，一串由 20 颗玉珠组串而成的玉串饰和一件玉锥形器出于颈胸部，小石子和石钺出于墓坑中部偏东，两件三足盘和鼎、盆、纺轮、石镞各一件出于北面脚端。（图三三 A；彩版三八，1）

M22:1，圈足盘。泥质灰陶。敞口，方唇，上腹斜直，上部一侧有两个小穿孔，下腹内折，矮圈足略外撇。外腹施三周凹弦纹。口径 22、高 6.8 厘米。（图三三 A；彩版三九，1）

M22:2，双鼻壶。泥质红褐胎黑衣陶。侈口，高颈，颈较粗，扁鼓腹，高圈足。圈足径小于颈部。口径 8.2、高 12.2 厘米。（图三三 A；彩版三九，2）

M22:3，玉串饰。由 20 颗玉珠组串而成，8 颗透闪石软玉珠，玉色黄白；10 颗叶蜡石玉珠，玉色红褐；2 颗萤石珠，玉色青黄。玉珠略有大小，以圆台形居多，也有一些腰鼓形的。直径 0.6～1、高 0.35～1 厘米。（图三三 A、B；彩版三八，2）

M22:4，石钺。淡青绿色霏细斑岩。扁平长方形，顶端近直，保留琢制糙面。两侧边斜直，刃角明显，两刃角间最宽，刃部与两侧边均双面磨制渐薄，刃角处起脊线。刃部近直，双面刃无使用痕迹。上部有一双面管钻的钻孔，钻孔内留有涂朱痕迹。两面钺身上部也保留着隐约的涂朱痕迹。通高 8.8、刃宽 5.7、孔径 1.45 厘米。（图三三 A；彩版三八，3）

M22:5，石镞。凝灰岩。翼弧边长三角形，顶端略残，截面呈菱形，铤部明显、约占全器的四分之一，多面磨削略呈圆形。残长 6.7、铤长 1.8 厘米。（图三三 A；彩版三八，4）

M22:6，三足盘。泥质灰陶。敞口，平折沿，斜垂腹，圈底近平，三个矮小的侧装柱形小足。口径 15.6、高 7.3 厘米。（图三三 A；彩版三九，3）

M22:7，三足盘，带盖。泥质灰陶。盘敞口，平折沿，斜垂腹，平底，三个矮小的

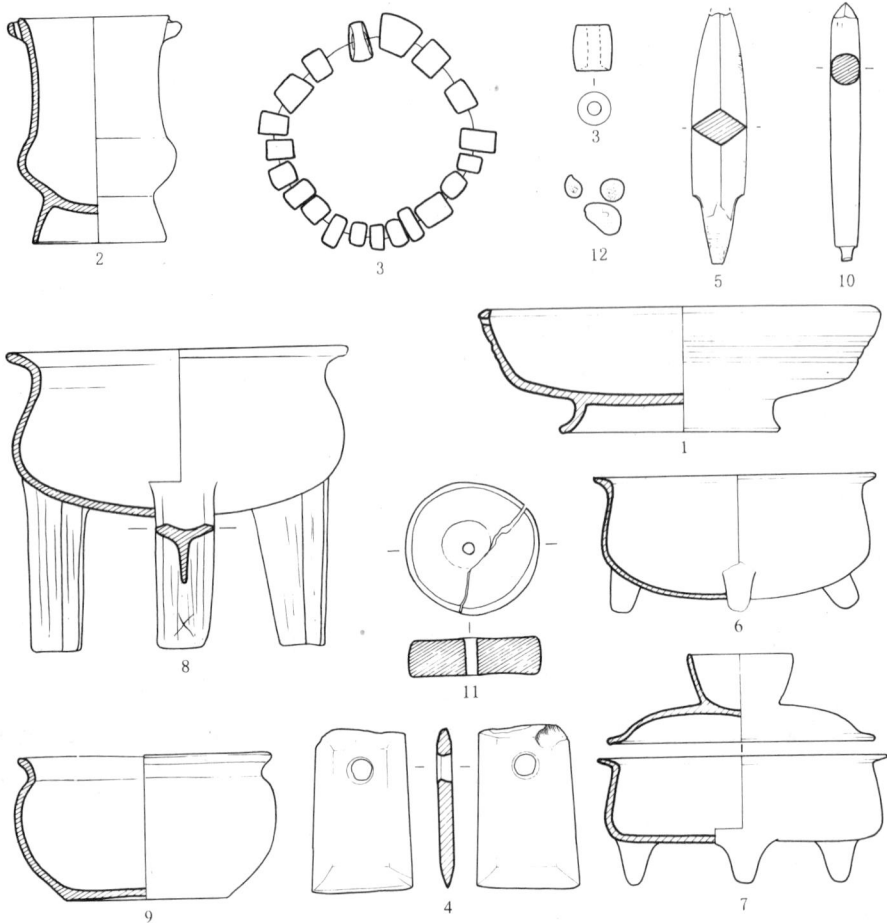

（3、5、10～12为1/2，余为1/4）

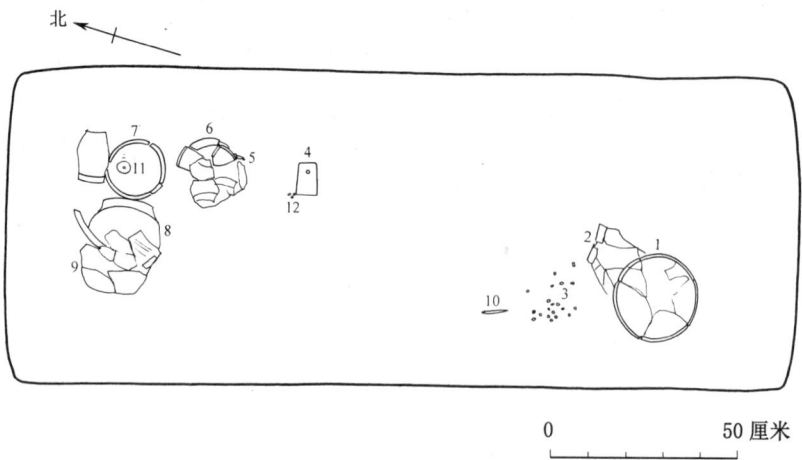

图三三 A　M22 平面图及其出土器物

1.圈足盘　2.双鼻壶　3.玉串饰　4.石钺　5.石镞　6、7.三足盘　8.鼎　9.盆　10.玉锥形器　11.纺轮
12.小石子

北

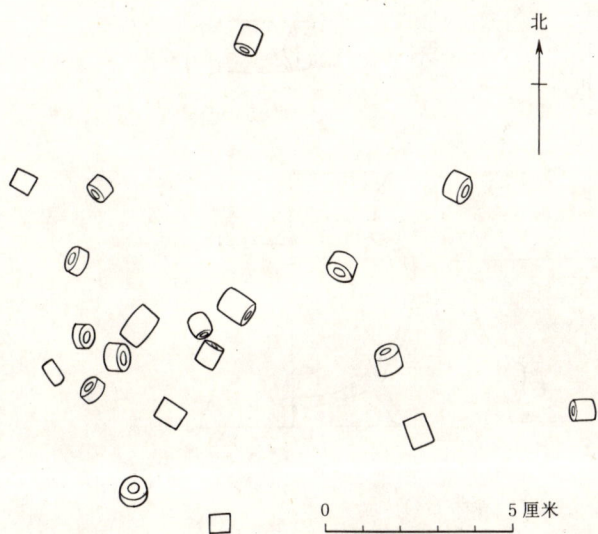

图三三 B　玉串饰 M22:3 出土情形

0　　　　　　　5 厘米

侧装锥足。盖斗笠式，喇叭形捉手已残。口径 16、盘高 6.9 厘米。（图三三 A；彩版三九，4）

M22:8，鼎。夹砂红褐陶。侈口，宽折沿，颈微束，斜弧腹，圜底近平，"T"字足较高，足面下凹。足面上都有竖向刻道。口径 18.9、高 16.1 厘米。（图三三 A；彩版三九，5）

M22:9，盆。泥质灰陶。敞口，折沿，束颈，弧腹，平底。口径 14、高 7.8 厘米。（图三三 A；彩版三九，6）

M22:10，玉锥形器。透闪石软玉，玉色黄白。受沁，表皮略有剥蚀。截面呈圆形，首钝尖，尾端榫上无穿孔。长 6.95 厘米。（图三三 A）

M22:11，纺轮。泥质灰黑陶。扁平圆形，一面略宽，中心有圆形小穿孔。窄的一面穿孔外有一周圆形阴线。直径 3.5、厚 1 厘米。（图三三 A；彩版三八，6）

M22:12，小石子。灰白色石英小卵石。3 颗，形状不规则。径 0.6~1.1 厘米。（图三三 A；彩版三八，5）

M23

位于 T504 西南部，开口于第 3 层下，被 H50 打破，打破第 5 层。长方形竖穴土坑墓，墓坑长 1.88、宽 0.7、深 0.07~0.11 米，填红褐色土夹杂红烧土颗粒。墓坑内没有发现葬具和人骨痕迹。方向 168°。随葬品 6 件，圈足盘、宽把杯各一件出于南面头前，石网坠、绿松石镶嵌片各一件出于胸腹部左侧，鼎、尊各一件出于北面脚端。（图三四；彩版四〇，1）

M23:1，宽把杯。泥质灰陶。圈足、宽把绘图。（图三四）

M23:2，圈足盘。泥质灰胎黑衣陶。敞口，宽平折沿，斜弧腹，圈足较高外撇。足上有三个均衡分布的小镂孔。口径 22.8、高 8.8 厘米。（图三四；彩版四〇，4）

M23:3，石网坠。青色凝灰岩。利用自然河卵石片略作磨制加工而成，形体较扁薄，略呈长方形，两端各刻凹缺以供系挂。长 4.3、宽 1.25~1.4 厘米。（图三四；彩版四〇，3）

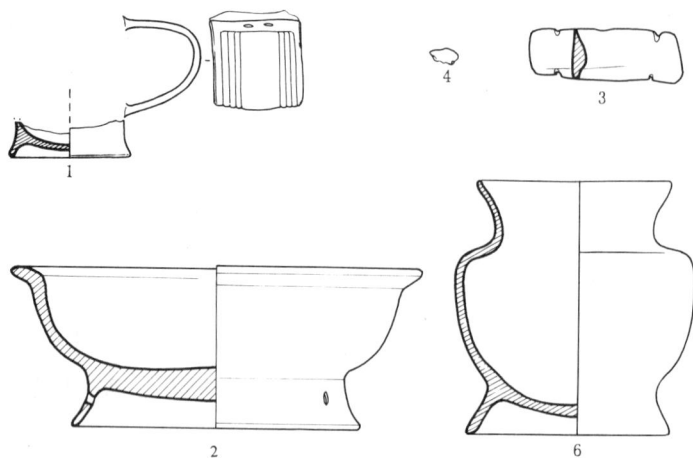

（3、4为1/2，余为1/4）

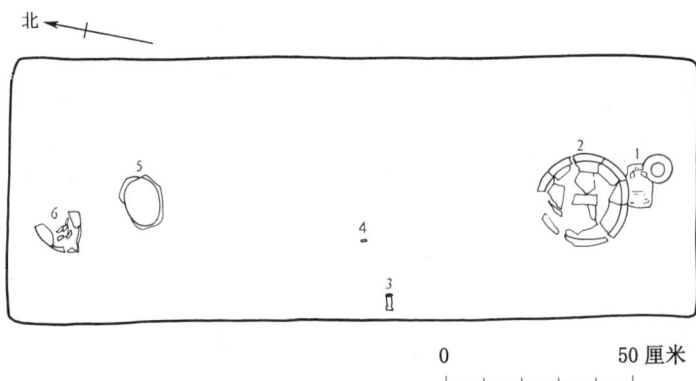

图三四　M23平面图及其出土器物

1.宽把杯　2.圈足盘　3.石网坠　4.玉镶嵌片　5.鼎　6.尊

M23:4，玉镶嵌片。翠绿色绿松石。扁薄椭圆形，正面略鼓凸，抛光精细，背面平坦，未经抛光。长0.8厘米。（图三四；彩版四〇，2）

M23:5，鼎。夹砂红陶。"T"字足，形制不明。

M23:6，尊。泥质灰陶。个体较矮。侈口，卷沿，喇叭形领较矮，颈微束，平肩，弧腹，矮圈足外撇。肩径大于口径与圈足径。口径10.7、高13.6厘米。（图三四；彩版四〇，5）

M24

位于T507北部，开口于第2层下，南端略被宋代扰坑打破、东北被马桥文化H10打破，打破第5层、M53、M59和M62。长方形竖穴土坑墓，墓坑长2.18、宽0.73、

（3为1/4，4为1/2）

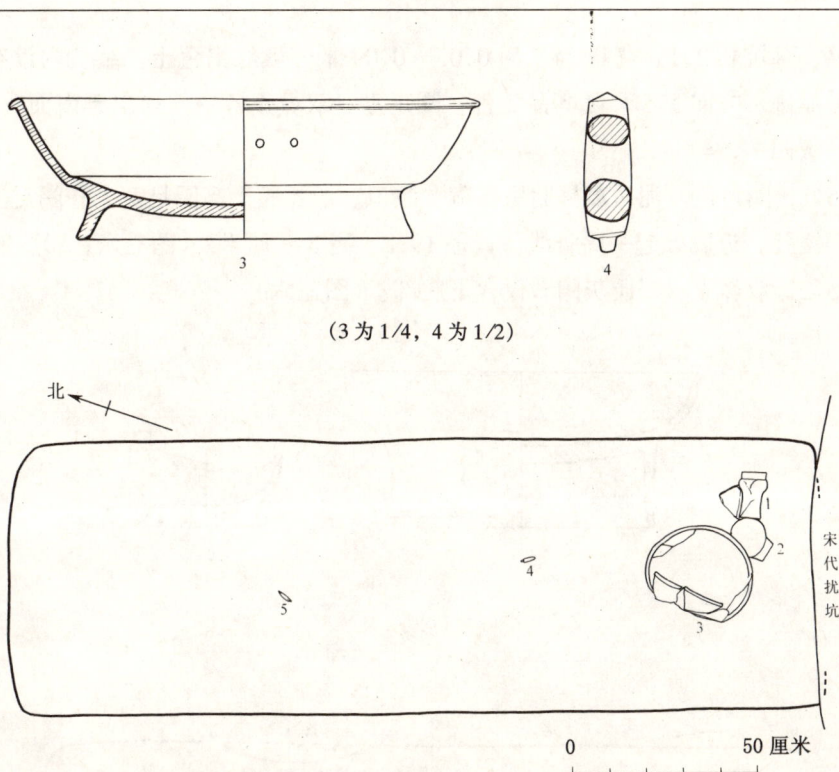

图三五　M24平面图及其出土器物

1. 双鼻壶　2. 宽把杯　3. 圈足盘　4. 玉锥形器　5. 石镞

深0.1米，填红褐色土。墓坑内没有发现葬具和人骨痕迹。方向160°。随葬品5件，圈足盘、双鼻壶、宽把杯各一件出于南面头前，一件玉锥形器出于胸部，石镞一件出于下肢部位，北面脚端没有放置随葬品。（图三五；彩版四一，1）

M24：1，双鼻壶。泥质红黄陶。残破不能修复。

M24：2，宽把杯。泥质灰胎黑皮陶。残破不能修复。

M24：3，圈足盘。泥质灰陶。敞口，微折沿，斜直腹下折，中腹部一侧有两个小穿孔，圈足外撇。口径25.7、高7.6厘米。（图三五；彩版四一，3）

M24：4，玉锥形器。透闪石软玉，玉色黄白。受沁器表有剥落。形体短粗。前端截面扁圆形，尾端截面近圆形，首钝尖，尾端有短小的榫，榫上无穿孔。长4.2厘米。（图三五；彩版四一，2）

M24：5，石镞。凝灰岩。已朽蚀。

M25

位于T602中南部，开口于第1层下，打破第8层和M94，东侧有盗洞。长方形竖穴土坑墓，墓坑长 2.1、宽 0.74、深 0.05～0.09 米，填红褐色土。墓坑内没有发现葬具和人骨痕迹。方向 175°。随葬品 2 件，圈足盘、双鼻壶各一件均出于南面头前。（图三六；彩版四一，4）

M25:1，圈足盘。泥质黄褐胎黑衣陶。敞口，浅弧腹，高圈足宽大。圈足上部有三个长方形镂孔，近底处起一周脊线。口径 19.2、高 8.3 厘米。（图三六；彩版四一，5）

M25:2，双鼻壶。泥质灰陶。仅存下腹部。（图三六）

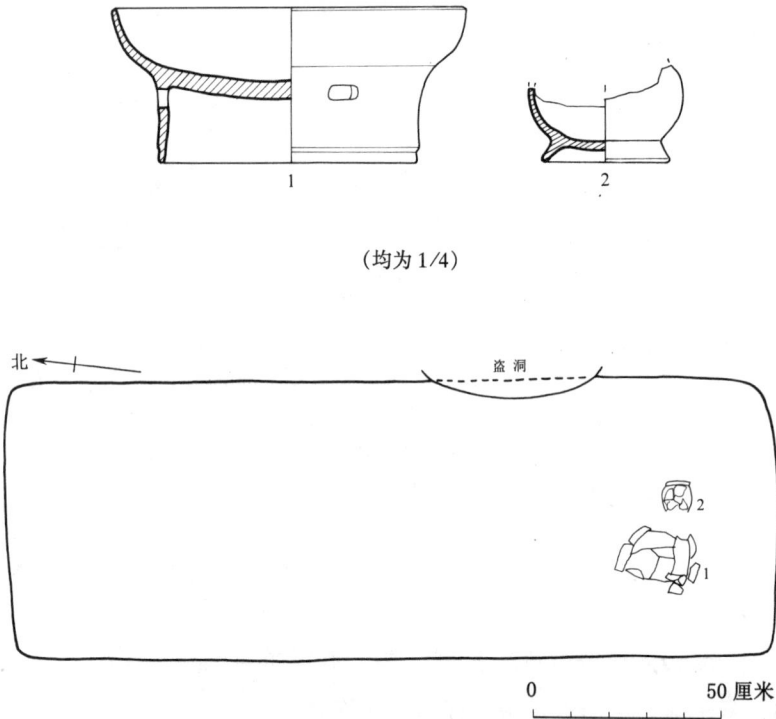

（均为 1/4）

图三六　M25 平面图及其出土器物

1. 圈足盘　2. 双鼻壶

M26

位于 T507 西部，开口于第 2 层下，打破第 5 层和 H7，墓坑北部被东周 H6、东部被宋代层扰乱。长方形竖穴土坑墓，已残，残长 1.4、南端残宽 0.48、北端残宽 0.67、墓深 0.05 米，填红褐色土。墓坑内没有发现葬具和人骨痕迹。方向 175°。由于扰乱严重，仅在南面头前出土一件平底罐，不见其他随葬品。（图三七；彩版四二，1）

M26:1，平底罐。泥质灰陶。侈口，口沿已残，筒形腹微鼓，平底较宽。残高 7.7 厘米。（图三七；彩版四二，2）

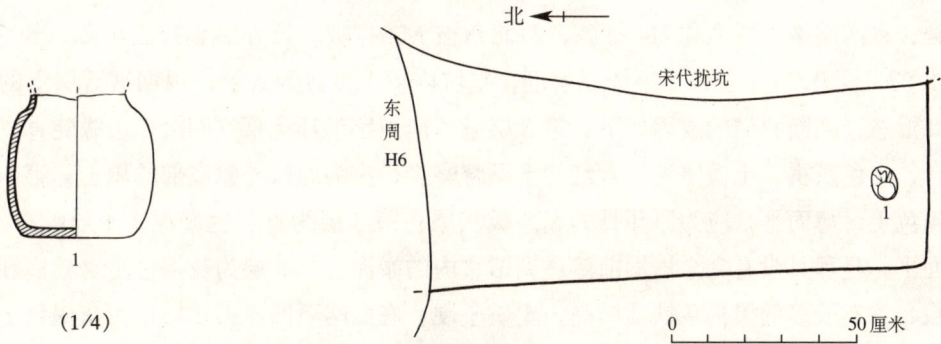

图三七 M26 平面图及其出土器物
1. 平底罐

M27

位于 T506 南部，开口于第 2 层下，打破第 5 层和 M49。长方形竖穴土坑墓，墓坑长 2.1、南端宽 0.76、北端宽 0.7、深 0.13 米，填红褐色土。墓坑内没有发现葬具和人骨痕迹。方向 173°。随葬品 2 件，陶罐和残石器均出于南面头前，其他部位没有发现随葬品。（图三八；彩版四二，3）

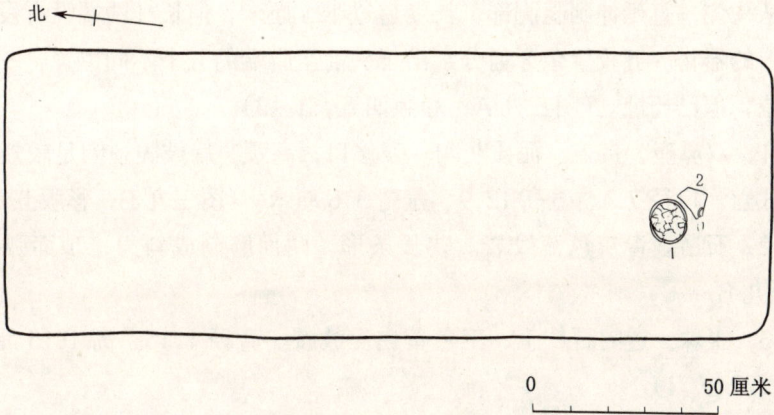

图三八 M27 平面图
1. 罐 2. 石器

M27:1，罐。泥质灰陶。破碎严重，形制不明。

M27:2，石器。残损，形制不明。

M28

位于 T604 西南部，开口于第 3 层下，打破第 5 层，墓葬西南端被汉代馒头窑 Y1

打破，东南端被马桥文化 H4 打破，西北角被 M2 打破。长方形竖穴土坑墓，长 3.27、宽 1.87、深 0.29 米。经十字隔梁解剖，墓坑内填土可分为五层，根据这五层土的土色及其形态，判断它们的成因如下：第 5 层呈"回"字形环绕墓坑四沿，边缘陡直，如二层台，土色灰褐，土质坚硬，含红烧土颗粒略少，应为原棺外侧底部的填土；第 4 层为灰褐色土，薄而平，应为原葬具的底部板灰层；第 3 层为青灰色淤泥，土质纯净发黏，底面平，是葬具没有完全坍塌前渗透到棺室内的淤泥；第 2 层为灰褐色土含较多红烧土颗粒，并有较多的黑褐色铁猛结晶，土质坚硬，底面略下凹。第 1 层也为灰褐色土，内含较多的红烧土颗粒，土质坚硬，底面略下凹。第 1、2 两层都是葬具外的填土，因葬具的坍塌而下压，故其底面都略下凹。根据第 5 层棺外填土的范围测得当时棺长约为 2.65、宽约为 1.36 米。（彩版四三、四四）人骨大部分已腐朽，仅存头骨、肢骨残渣与少数牙齿，性别难辨，头向南。方向 162°。随葬品 52 件（组），头部西侧因被汉代馒头窑 Y1 打破，随葬品应略有缺损。随葬器物主要出土在棺内左右两侧，陶器除一件双鼻壶出土在南端头部外，其余鼎、尊、圈足盘、簋、甗、双鼻壶等都出在北面脚端两侧。玉器几乎都出在头胸部，兽面造型的三叉形器位于头骨左侧，两件玉璧位于右侧臂骨，其中一件受沁已朽蚀。石器也出于尸骨两侧，种类有钺、锛、镞、"耘田器"、带把小刀和凿。此墓还出土一些有机质器物，其中有一件长杆状器物位于尸骨左侧，压在四件石钺之上，从头侧一直延伸到腿脚部，长度超过 125 厘米，但长杆两端没有发现与它配伍的其他质料的器物。五枚鲨鱼牙齿分别出于头前至脚端的五个不同位置，一件象牙镯位于手腕部位，但已朽蚀。（图三九 A；彩版四五，1～3）

M28:1，双鼻壶，带盖。泥质灰陶。壶侈口，高颈，扁鼓腹，圈足较矮外撇。喇叭形纽斗笠式盖。口径 7.4、壶高 12.9、盖高 3.6 厘米。（图三九 E；彩版五二，1）

M28:2，石凿。青灰色流纹岩。狭长条形，两面磨制成斜刃，顶面弧平。长 6 厘米。（图三九 B）

M28:3，玉珠。透闪石软玉，玉色黄白。鼓腰。直径 1.15、高 1.15 厘米。（图三九 B；彩版四七，1）

M28:4，玉管。透闪石软玉，玉色青白，有灰褐色斑块。整器呈圆柱形，器身上有一处圆弧形切割痕迹。此器钻孔一端大一端小，为单向钻孔，但小孔端有一横向切割痕迹，说明此器可能是从一双面钻孔的长玉管上裁割下来的。直径 1.55、高 4.3 厘米。（图三九 B；彩版四七，8）

M28:5，鲨鱼唇齿。略呈扁平三角形，牙冠部尖锐，两侧有密集的锯齿，无加工与使用痕迹，牙根部朽。残高 1.9、残宽 1.4 厘米。（图三九 B；彩版四七，11）

M28:6，石镞。流纹岩。翼弧边长三角形，截面呈菱形，铤部明显、约占全器的三分之一，底端多面磨削略呈圆形。长 6.5、铤残长 2 厘米。（图三九 B；彩版四九，1）

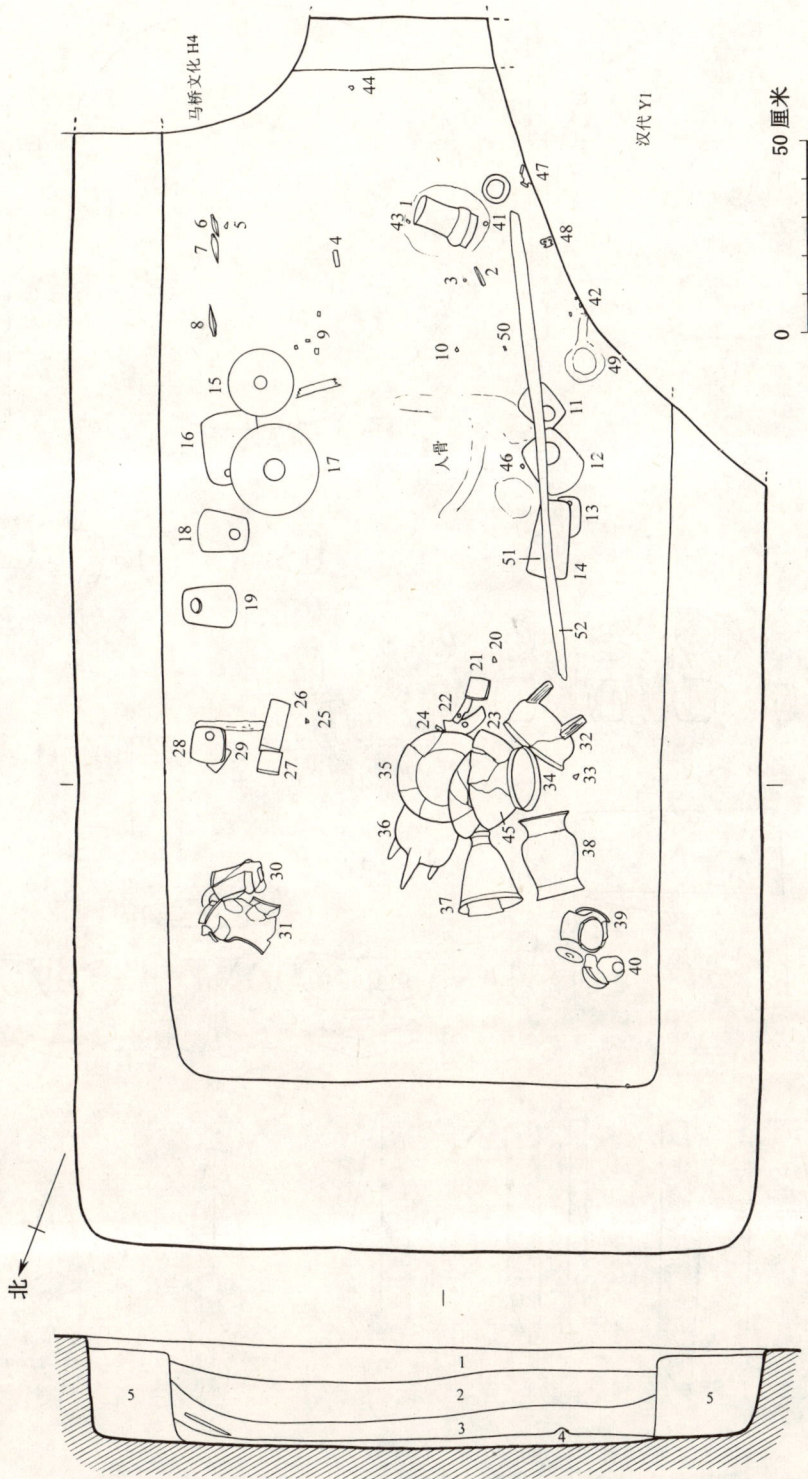

图三九 A　M28 平剖面图

1、30、31、39、40. 双鼻壶　2. 石凿　3、9、10、41、42、44、50. 玉珠　4. 玉管　5、20、25、33、43. 鲨鱼唇齿　6～8. 石镞　11～14、16、18、
19、28. 石钺　15、17. 玉璧　21、24、26、27、29、45. 石锛　22. 带把小石刀　23. 石"耘田器"　32. 鼎　34、37. 篮　35. 圈足盘　36. 瓶　38. 尊
47. 玉锥形器　48. 玉兽面造型三叉形器　49. 象牙镯　51. 玉坠（在14下）　52. 有机质杆状物

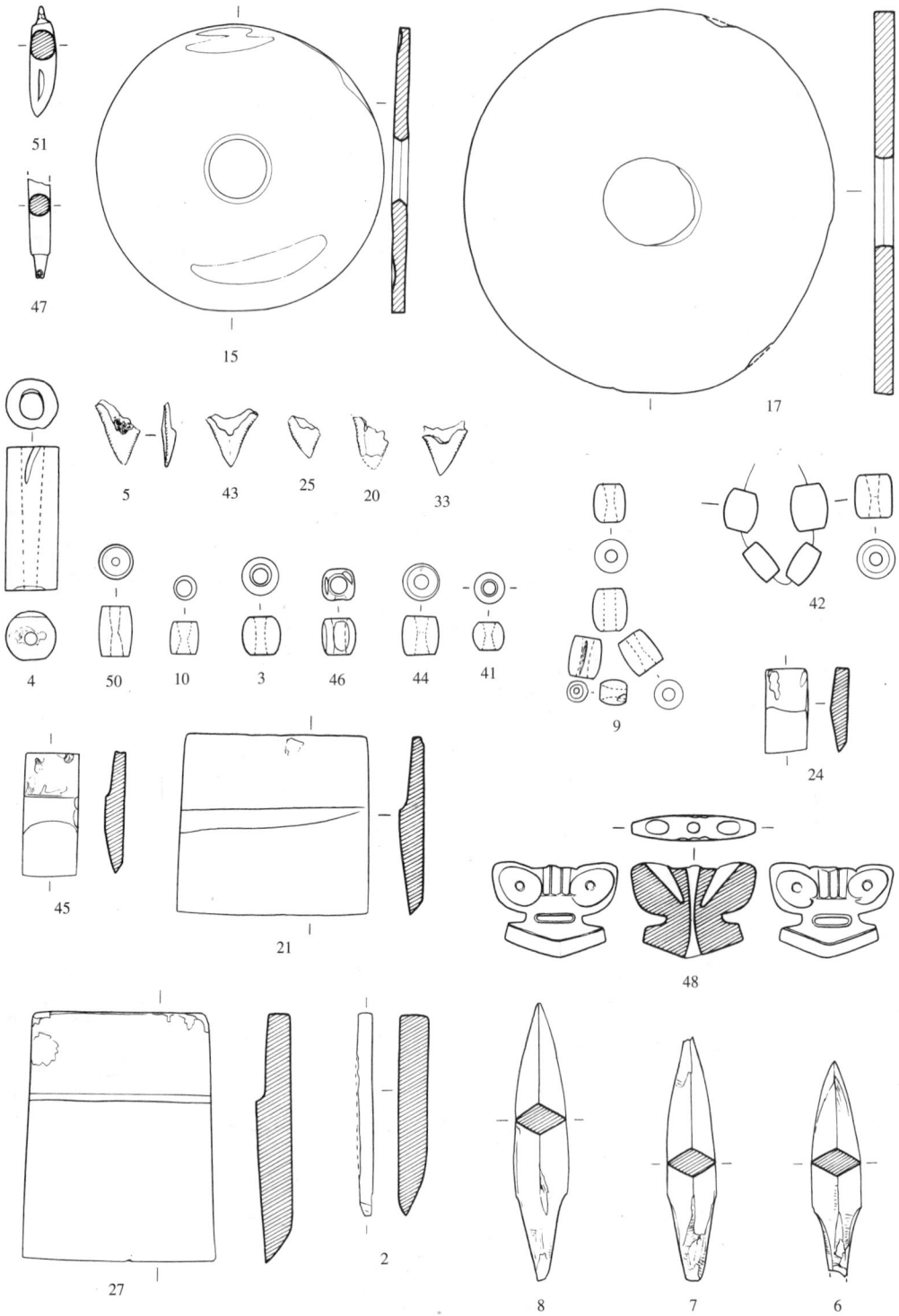

图三九 B　M28 出土器物（15、17 为 1/4，余为 1/2）

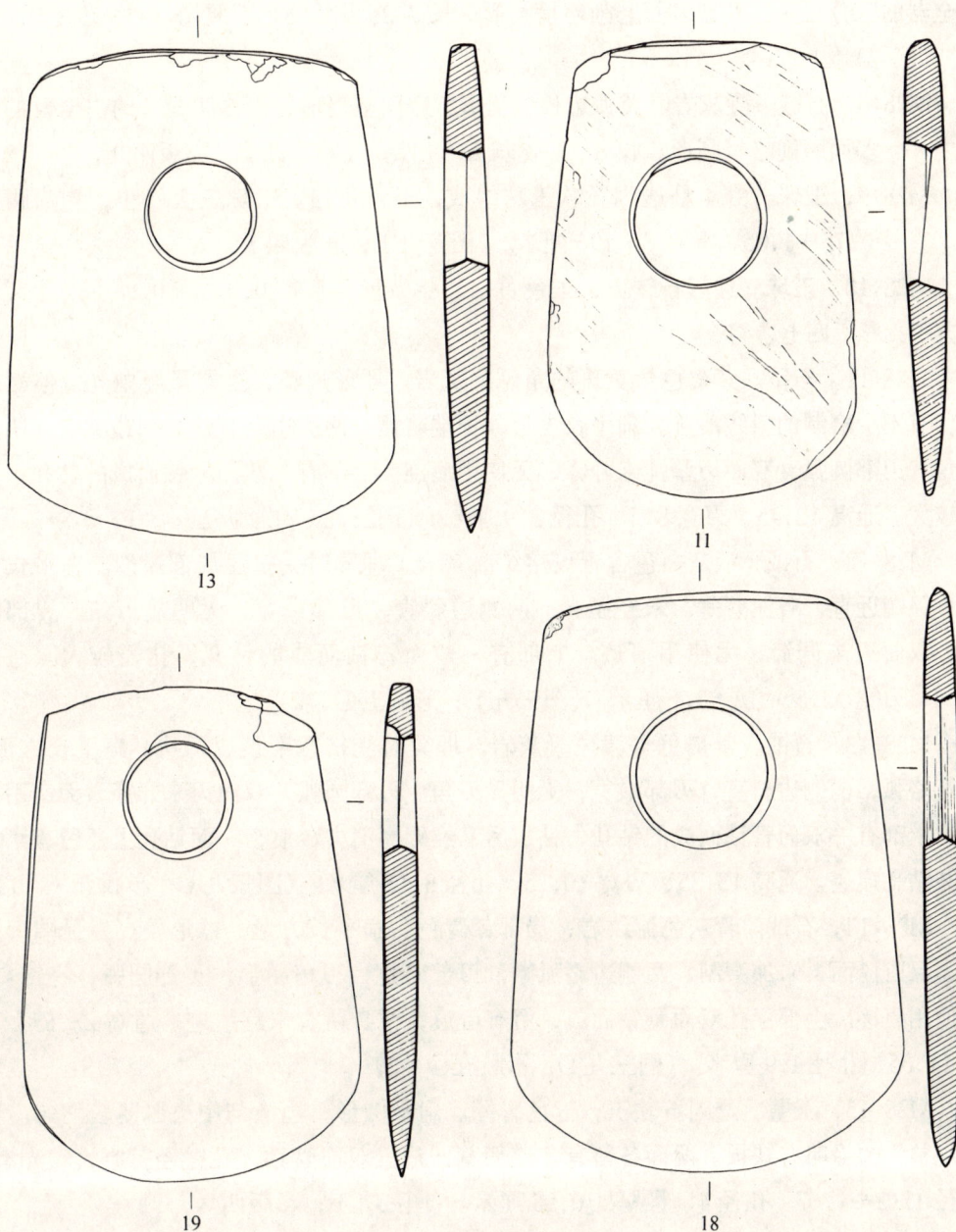

图三九 C　M28 出土器物（均为1/2）

M28:7,石镞。凝灰岩。翼弧边长三角形,顶端略残,截面呈菱形,铤部明显、约占全器的三分之一,底端多面磨削略呈圆形。长7.25、铤长2.5厘米。(图三九B;彩版四九,2)

M28:8,石镞。凝灰岩。翼弧边长三角形,截面呈菱形,铤部明显、约占全器的三分之一,多面磨削略呈圆形。长8.2、铤长2.5厘米。(图三九B;彩版四九,3)

M28:9,玉珠。由4颗透闪石软玉珠组成,玉色黄白。玉珠三大一小,均为腰鼓形。直径0.75～1.05、高0.8～1.3厘米。(图三九B;彩版四七,2)

M28:10,玉珠。透闪石软玉,玉色黄白。腰鼓形。直径0.9、高0.98厘米。(图三九B;彩版四七,4)

M28:11,石钺。紫褐色含黄斑的角砾凝灰岩。器形规整,全器虽经抛光,但器表仍留有不少磨制的斜线痕迹。扁平长方形,顶端略弧,两侧边斜直,刃部最宽,无明显刃角。刃部圆弧,双面刃厚钝未开锋,无使用痕迹。上部有一双面管钻而成的钻孔,孔径较大。通高12.45、刃宽8.5、孔径3.9厘米。(图三九C;彩版五〇,1)

M28:12,石钺。淡灰白色含青斑熔结凝灰岩。埋葬时受挤压局部断裂。扁平长方形,顶端近直,略加磨薄,未经抛光。两侧边斜直,刃部最宽,无明显刃角。刃部圆弧,双面刃未开锋,无使用痕迹。上部有一双面管钻而成的钻孔,孔径较大。通高16.5、刃宽13.5、孔径5.1厘米。(图三九D;彩版五〇,2)

M28:13,石钺。紫褐色含黄斑凝灰岩。埋葬时受挤压断裂成两块。扁平长方形,顶端略弧,两侧边斜直,刃部最宽,无明显刃角。刃部圆弧,双面刃未开锋,无使用痕迹。上部有一双面管钻而成的钻孔,钻成后又经碾磨消去台痕,一面钻孔上还留有半个小圆钻孔痕迹。通高13.35、刃宽10.75、孔径3.15厘米。(图三九C;彩版五一,1)

M28:14,石钺。青灰色流纹岩,局部黛青色。扁平长方形,器形较高,顶端近平直,保留糙面,未加磨制,两侧边略弧撇,刃部略宽,刃角明显。刃部圆弧,有锋口,无使用痕迹。上部穿孔双面管钻而成,留有台痕,钺身留有朱红痕迹。通高23.55、刃宽11.05、孔径1.9厘米。(图三九D;彩版五〇,3)

M28:15,玉璧。透闪石软玉,玉色青绿。扁平圆形,边缘与中央厚薄较均匀。器形规整,边缘略有缺损。两面各留有几道切割凹痕。双面管钻,孔壁经打磨,较光滑。直径17.2～17.7、孔径4、最厚处0.95厘米。(图三九B;彩版四六,1)

M28:16,石钺。灰白色角砾凝灰岩,含褐色斑块。扁平长方形,顶端近平直,两侧边略弧凸,刃部最宽,无明显刃角。刃部圆弧,开钝口,无使用痕迹。上部穿孔略偏于一侧,单面管钻。通高18.45、刃宽15、孔径2.45厘米。(图三九D;彩版五〇,4)

M28:17,玉璧。受沁已朽蚀,局部保留青绿色。器形较大。扁平圆形,双面钻孔。直径22.9、孔径5.3、最厚处1.2厘米。(图三九B)

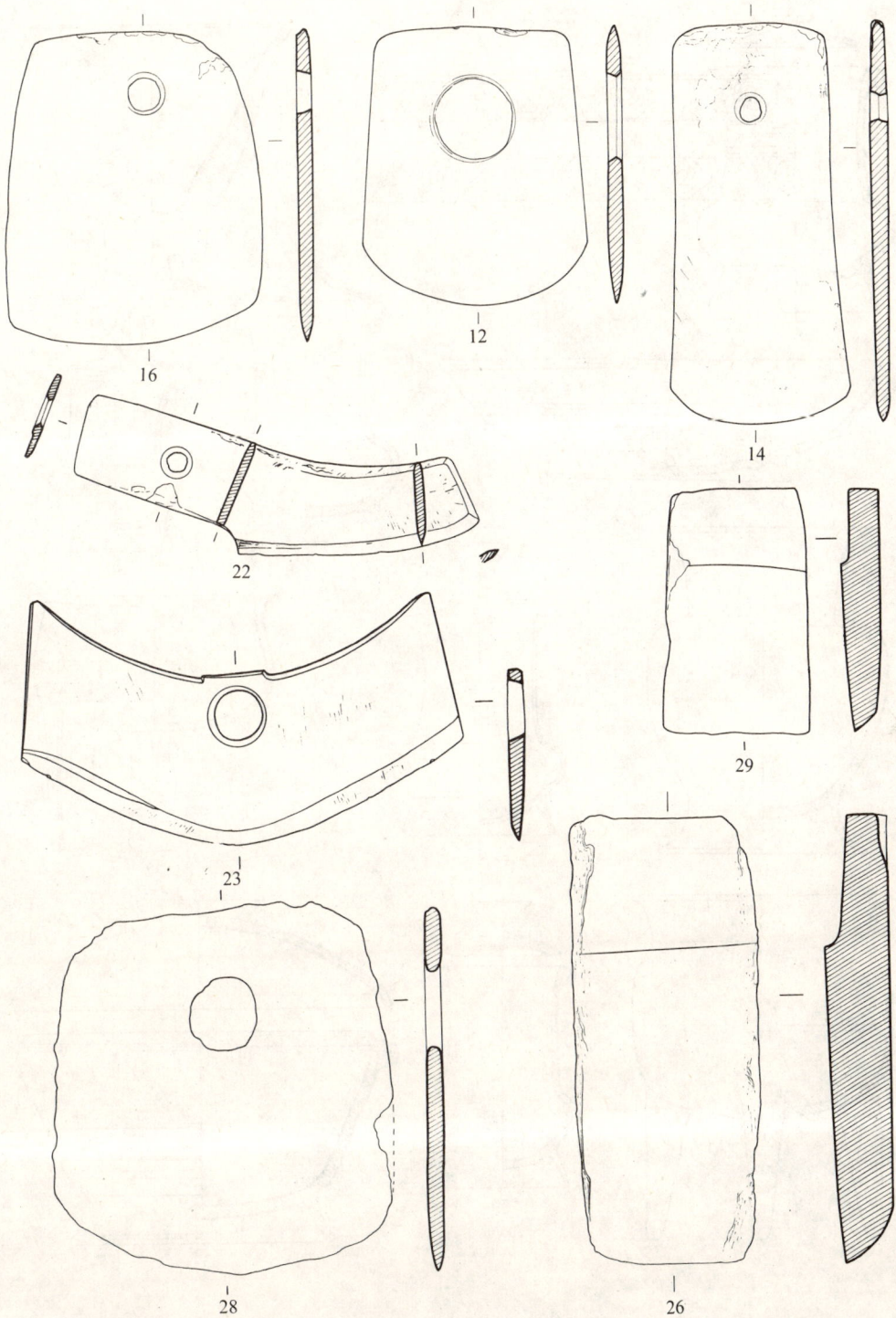

图三九 D M28 出土器物（12、14、16 为 1/4，余为 1/2）

图三九 E　　M28 出土器物（均为 1/4）

M28:18，石钺。黛青色含白斑角砾凝灰岩。器形规整厚重。扁平长方形，顶端略弧，两侧边斜直，刃部最宽，无明显刃角。刃部圆弧，双面刃未开锋，无使用痕迹。上部有一双面管钻而成的钻孔。通高 15.9、刃宽 11.1、孔径 4.05 厘米。（图三九 C；彩版五一，2）

M28:19，石钺。青色略含黄斑角砾凝灰岩。扁平长方形，顶端微弧，略磨薄。两侧边斜直，刃部最宽，无明显刃角。刃部圆弧，双面刃未开锋，无使用痕迹。上部有一双面管钻而成的钻孔，孔径较大，孔壁上有明显的螺旋纹。通高 13.6、刃宽 9.4、孔径 3.1 厘米。（图三九 C；彩版五一，3）

M28:20，鲨鱼唇齿。已朽。略呈扁平三角形，牙冠部已残，两侧有密集的锯齿，无加工与使用痕迹，牙根略朽。残高 1.25 厘米。（图三九 B）

M28:21，石锛。灰白色流纹岩。平面近方形，有段，单面侧刃。长 5.45、刃宽 5.9、段长 2.2 厘米。（图三九 B；彩版四八，1）

M28:22，带把小石刀。淡青灰色流纹岩。全器略呈靴形，造型优美，磨制精细。器形扁薄，刀身狭长，前端斜直。双面磨薄如刃，刃部稍弧，双面刃，略有崩缺。长方形斜把上端有一个双面钻小圆孔以供系挂。通长 12、把长 5.6 厘米。（图三九 D；彩版四九，4）

M28:23，石"耘田器"。青色凝灰岩。器形扁薄规整，整器平面略呈左右对称的三角形，通体磨平。圆角弧刃，刃口锋利，略有崩缺痕迹，两翼后掠上翘，翼角略磨方，上端凹弧，中间有低矮方形凸块，其下有一直径 1.5～1.8 厘米的单面钻圆孔。通高 7.4、两翼宽 12 厘米。（图三九 D；彩版四九，5）

M28:24，石锛。淡青灰色流纹岩。形体很小。扁平长方形，近中部起脊，下端侧刃，刃口锋利，无明显使用痕迹。长 2.5、段长 1.1、刃宽 1.25 厘米。（图三九 B；彩版四八，2）

M28:25，鲨鱼唇齿。略呈扁平三角形，牙冠部尖锐，两侧有密集的锯齿，无加工与使用痕迹，牙根部朽。残长 1.3 厘米。（图三九 B；彩版四七，12）

M28:26，石锛。青灰色流纹岩。器表因受沁而剥落。长方形，一面起段，段位于锛体四分之一处，下端侧刃，刃口锋利。长 13.3、段长 3.8、刃宽 5 厘米。（图三九 D；彩版四八，4）

M28:27，石锛。淡青灰色流纹岩。扁平长方形，一面起段，段位于锛体三分之一处，下端侧刃，刃口锋利，无使用痕迹。长 7.4、段长 2.6、刃宽 5.9 厘米。（图三九 B；彩版四八，3）

M28:28，石钺。青灰色泥岩。受沁剥蚀严重。器身扁平近方形，上部有一钻孔，刃部残。残高 10.9、残宽 10、孔径 2 厘米。（图三九 D；彩版五一，4）

M28：29，石锛。青灰色流纹岩。平面长方形，有段，侧刃。长 7.2、段长 2.2、刃宽 4.45 厘米。（图三九 D；彩版四八，5）

M28：30，双鼻壶，带盖。泥质灰胎黑衣陶。侈口，高颈，扁鼓腹，圈足外撇。口径 6.1、壶高 10.1、盖高 1.6 厘米。（图三九 E；彩版五二，2）

M28：31，双鼻壶，带盖。泥质黑衣陶。侈口，高直颈，扁鼓腹，高圈足略外撇。鼻下施两周凹弦纹，颈部中间有四道凸弦纹，凸弦纹上下各施刻纹，纹饰为对称的四个圆窝纹与填线三角形。口径 9、壶高 14.3、盖高 1.8 厘米。（图三九 E；彩版五二，3）

M28：32，鼎。夹砂红陶。侈口，宽平折沿，颈微束，斜弧腹，圜底近平，"T"字足较高，足面下凹。足面上都有竖向刻道。口径 15.2、高 15.2 厘米。（图三九 E；彩版五三，1）

M28：33，鲨鱼唇齿。已朽蚀。（图三九 B；彩版四七，13）

M28：34，簋，带盖。簋泥质黄褐胎黑衣陶，子母口微敛，外沿设三个均衡分布的横穿小鼻，深斜腹，圈足外撇，下腹部有四周浅凹弦纹。盖泥质灰胎黑衣陶，圈足纽斗笠式。口径 20.8、簋高 12.4、盖高 6.4 厘米。（图三九 E；彩版五二，6）

M28：35，圈足盘。泥质灰胎黑衣陶。敞口，方唇，微折沿，上腹部较直，下腹内折，矮圈足。外腹施三周宽凹弦纹呈瓦棱状。口径 26.1、高 6.8 厘米。（图三九 E；彩版五三，5）

M28：36，甗。夹砂红褐陶，有黑色陶衣。侈口，卷沿，斜高领，束颈，深弧腹，内腹中部有一周凸起的隔挡以承箅，圜底较平，锥形足截面近圆形。口径 16.1、高 20.3 厘米。（图三九 E；彩版五三，2）

M28：37，簋。泥质灰陶。胎体厚重，整器如倒置的钟。敞口，方唇，深斜腹，圈足上部较细，下部向外弧撇。外腹饰斜向细绳纹，圈足上部有对称的两个椭圆形镂孔。口径 17.2、高 16.6 厘米。（图三九 E；彩版五三，3）

M28：38，尊。泥质灰陶。侈口，折沿，喇叭形高领，溜肩，斜腹，喇叭形高圈足。口、圈足与肩三径相近。口径 13.4、高 19.2 厘米。（图三九 E；彩版五三，4）

M28：39，双鼻壶，带盖。泥质灰陶。侈口，高颈，扁鼓腹，圈足外撇。口径 7.2、壶高 13.1、盖高 3.2 厘米。（图三九 E；彩版五二，4）

M28：40，双鼻壶，带盖。泥质灰胎黑衣陶。侈口，高颈，扁鼓腹，圈足外撇。口径 7.3、壶高 13.3、盖高 2.9 厘米。（图三九 E；彩版五二，5）

M28：41，玉珠。透闪石软玉，玉色黄白。鼓腰。直径 0.95、高 0.85 厘米。（图三九 B；彩版四七，5）

M28：42，玉珠。4 颗。透闪石软玉，玉色黄白。玉珠两大两小，均为腰鼓形。直径 0.65～1.15、高 1.15～1.3 厘米。（图三九 B；彩版四七，3）

M28:43，鲨鱼唇齿。略呈扁平三角形，牙冠部尖锐，两侧有密集的锯齿，无加工与使用痕迹，牙根略朽。残长 1.7 厘米。（图三九 B；彩版四七，14）

M28:44，玉珠。透闪石软玉，玉色黄白。略有沁蚀。直径 1.1、高 1.2 厘米。（图三九 B；彩版四七，6）

M28:45，石锛。淡青色流纹岩。形体较小。扁平长方形，一面起段，段位于锛体三分之一处，下端侧刃，刃口锋利，无使用痕迹。长 3.7、段长 1.3、刃宽 1.65 厘米。（图三九 B；彩版四八，6）

M28:46，玉珠。透闪石软玉，玉色黄白。鼓腰。直径 1、高 1.1 厘米。（图三九 B；彩版四七，7）

M28:47，玉锥形器。透闪石软玉，玉色青白。前端残缺，截面近圆形，尾端有小榫，榫上有一对钻的横向小穿孔。残长 3 厘米。（图三九 B；彩版四七，9）

M28:48，玉兽面造型三叉形器。透闪石软玉，玉色受沁已变白，局部有黑色沁斑。整器呈扁平"工"字形，由向内的凹缺分为上下两部分。上部略大呈倒梯形，顶端两侧高起，中间微凹，中央有"弓"字形凸起。顶端面上对称地以桯钻钻有三孔，中孔上下垂直对钻贯通，两侧孔斜钻约 1.5 厘米后未通。下部略似扁菱形，下端呈"V"字形尖角状。两面微鼓，以相同的方法雕琢了相同的兽面纹饰：用浅浮雕琢出蛋圆形的眼眶、圆角长条形的鼻子和"V"字形尖角状的宽平大嘴巴，鼻子和嘴巴由边缘向中间凹弧。眼眶中间又以管钻碾出浅浅的圆眼。两个眼眶之间的额部用减地法琢出三条垂直并列的凹槽，中间的凹槽与顶端中央的"弓"字形凸起（一面的"弓"字形凸起已残断）对应。器宽 3.8、高 2.8、厚 0.75 厘米。（图三九 B；彩版四六，2）

M28:49，象牙镯。圆筒形，壁薄。受沁已腐蚀，仅能看出器形。

M28:50，玉珠。透闪石软玉。受沁已朽蚀。直径 1、高 1.5 厘米。（图三九 B）

M28:51，玉坠。透闪石软玉，玉色黄白。似锥形器，形体略短粗。截面近圆形，首钝尖，尾端有小榫，榫上有一横向穿孔。长 3.3 厘米。（图三九 B；彩版四七，10）

M28:52，有机质杆状物。受沁已腐蚀。长杆状，截面似为圆形，两端圆钝。长 125 厘米。

M29

位于 T605 西北部，开口于第 3 层下，打破 M130 和第 5 层。长方形竖穴土坑墓，墓坑长 2.8、宽 1.31、深 0.2 米，填红褐色土夹杂红烧土颗粒。墓坑内发现使用葬具的板灰痕迹，葬具仅一重，为较宽长的长方形棺，据板灰痕迹测得棺长 2.25、宽 0.72 米。人骨已朽蚀。方向 170°。随葬品 20 件，玉锥形器、玉珠、双鼻壶、圈足盘、宽把杯各一件出于南面头前，玉镶嵌片出于胸部左侧，石钺、尊、簋出于腿部位置，三足

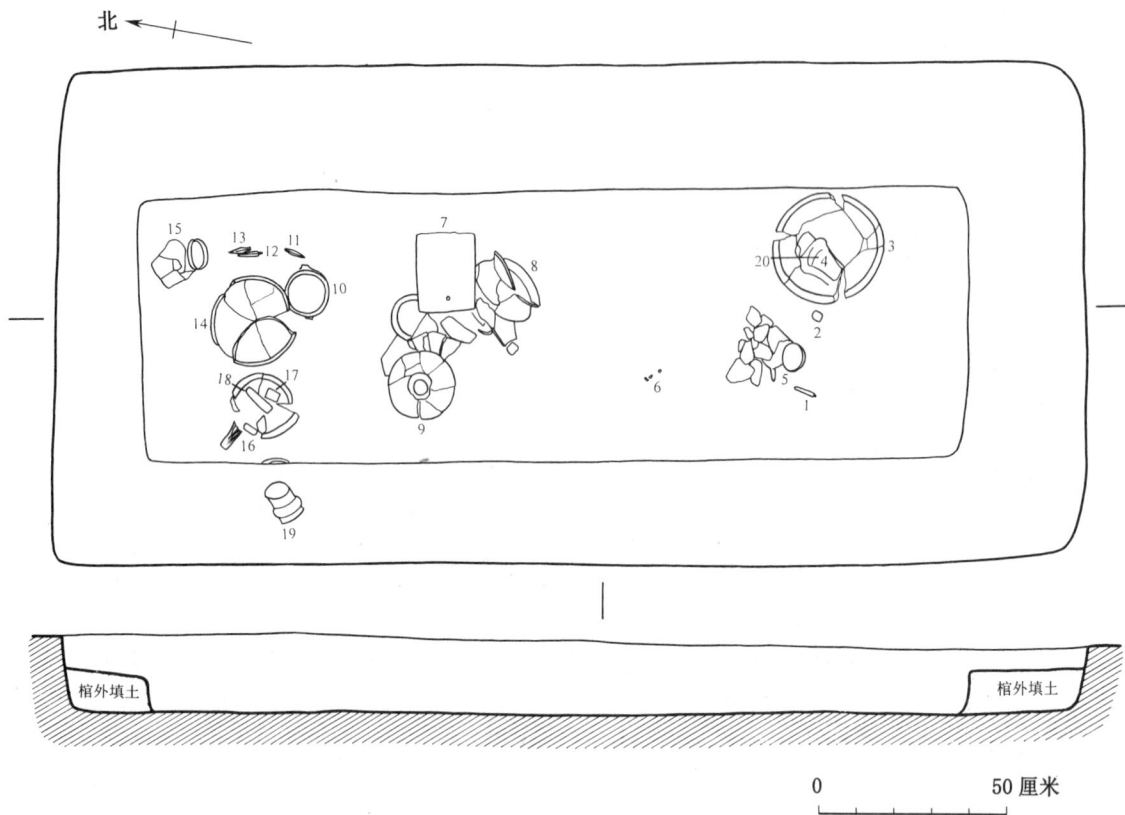

图四〇 A　M29 平剖面图

1. 玉锥形器　2、20. 玉珠　3. 圈足盘　4、15、19. 双鼻壶　5. 宽把杯　6. 玉镶嵌片　7. 石钺　8. 尊　9. 簋
10. 三足盘　11~13. 石镞　14. 盆　16. 鼎　17、18. 石锛

盘、双鼻壶、盆、鼎及两件石锛、三件石镞出于北面脚端。另有一件双鼻壶出于北面葬
具外西侧填土内。（图四〇 A；彩版五四，1~3）

　　M29:1，玉锥形器。叶蜡石，青绿色。截面方形，首钝尖，尾端有小榫，榫上无穿
孔。器身上有一道横向切割痕迹。长 7.5 厘米。（图四〇 B；彩版五五，1）

　　M29:2，玉珠。青绿色叶蜡石。有裂纹。形体较大。鼓腰。直径 2.2、高 2.6 厘
米。（图四〇 B；彩版五五，2 左）

　　M29:3，圈足盘。泥质灰陶。敞口，宽折沿，斜弧腹，一侧上部有两个小圆穿孔，
圈足略高外撇。口径 26、高 8.4 厘米。（图四〇 B；彩版五六，1）

　　M29:4，双鼻壶。泥质灰胎黑衣陶。侈口，微卷沿，外沿有两个对称的直穿小鼻，
斜直颈，颈腹相接处大于口径，扁腹，上腹平、略下凹，下腹斜收，圈足高度大于腹
部、微外撇。足上有两周凹弦纹。口径 4.4、高 11.1 厘米。（图四〇 B；彩版五六，2）

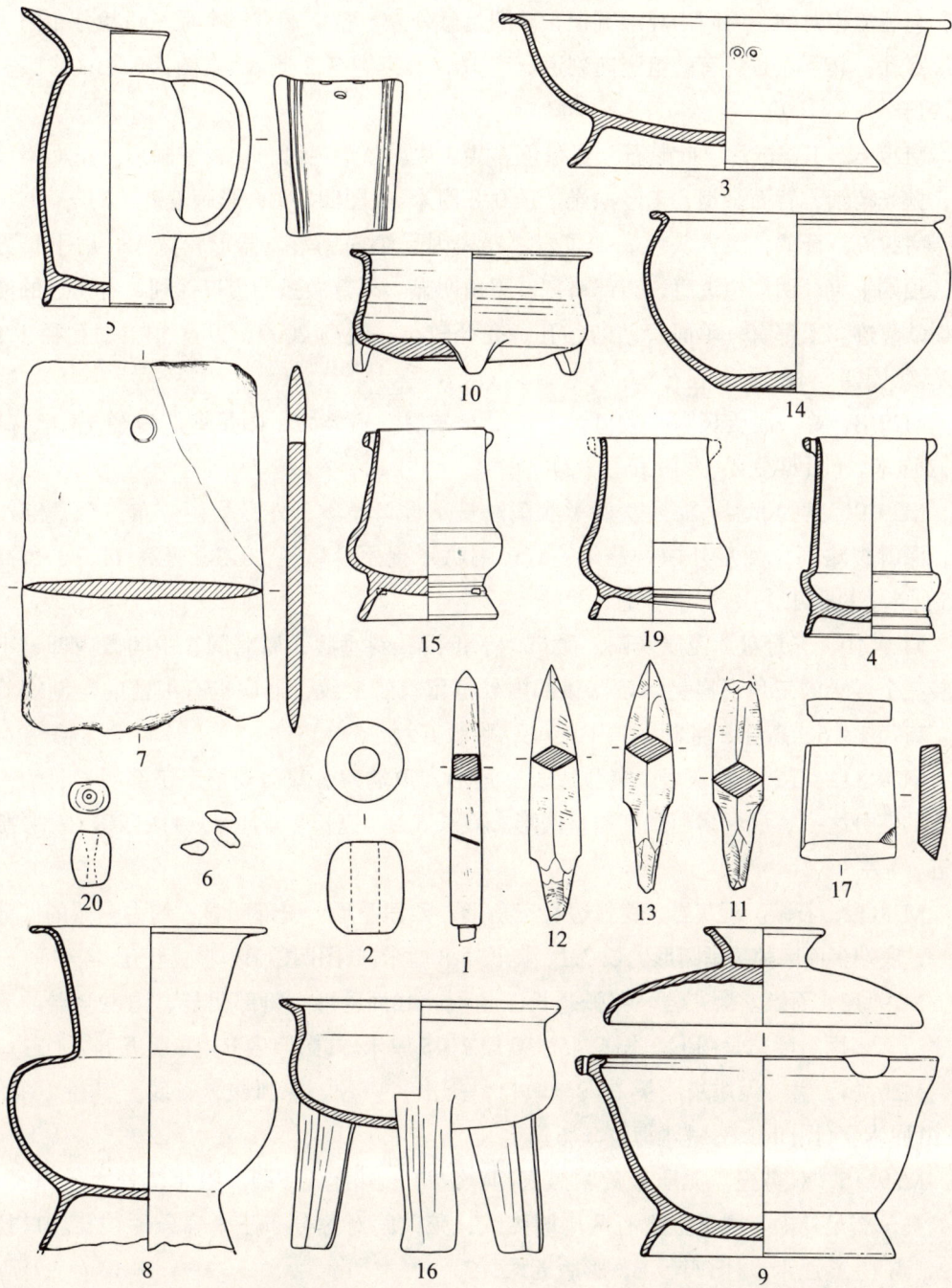

图四〇 B　M29 出土器物（1、2、6、11～13、17、20 为 1/2，余为 1/4）

M29:5，宽把杯。泥质灰胎黑衣陶。侈口一端做出舌形翘流，束颈，筒形深腹微鼓，与翘流相对的一侧附半环形宽把，矮圈足微外撇。把上端有三个呈三角状分布的小圆形穿孔，其下左右各有一组竖向刻道。高16.4、把宽7.2厘米。（图四〇B；彩版五七，1）

M29:6，玉镶嵌片。叶蜡石，青绿色。共3片。体形扁薄，狭长椭圆形，正面略鼓凸，抛光精细，背面平坦，未经抛光。长0.8厘米。（图四〇B；彩版五五，3）

M29:7，石钺。淡青灰色霏细斑岩。器表因受沁而剥落。器形较宽大。扁平长方形，顶端平直，两侧边近直，刃部略宽，刃角明显。刃部微弧，刃口锋利，有明显的使用崩缺痕迹。上部有一单面管钻的钻孔，孔径较小。通高20.9、刃宽14.1、孔径1.5厘米。（图四〇B；彩版五五，6）

M29:8，尊。泥质灰陶。敞口，平折沿，鼓肩，扁鼓腹，圈足残。口径13.6、高18.2厘米。（图四〇B；彩版五七，2）

M29:9，簋，带盖。泥质灰胎黑衣陶。簋子母口微敛，外沿均衡分布三个直穿小鼻，深斜腹略弧，圈足外撇。盖斗笠式，喇叭形捉手。口径20.3、簋高11.2、盖高5.5厘米。（图四〇B；彩版五七，3）

M29:10，三足盘。泥质灰陶。敞口，平折沿，斜垂腹，底略圜、中间微内凹，下横装三个矮小的三角形扁足。该器腹部内外都留有螺旋纹，器底也有细密的轮制螺旋纹。口径13.6、高6.8厘米。（图四〇B；彩版五六，5）

M29:11，石镞。凝灰岩。翼弧边长三角形，顶端残，截面菱形，铤部明显、约占全器的三分之一，底端多面磨削略呈圆形。残长5.9、铤长2.4厘米。（图四〇B；彩版五五，4左）

M29:12，石镞。凝灰岩。翼弧边长三角形，截面菱形，铤部明显、约占全器的四分之一，底端多面磨削略呈圆形。长7.1、铤长1.8厘米。（图四〇B；彩版五五，4中）

M29:13，石镞。凝灰岩。翼弧边长三角形，截面菱形，铤部明显、约占全器的五分之二，多面磨削略呈圆形。长6.45、铤长2.45厘米。（图四〇B；彩版五五，4右）

M29:14，盆。泥质灰胎黑衣陶。敞口，折沿，束颈，深弧腹，平底。口径16.9、高10厘米。（图四〇B；彩版五六，6）

M29:15，双鼻壶。泥质灰黄胎黑衣陶。敛口，斜直颈，颈、腹相接处大于口径，扁鼓腹，圈足外撇。圈足上部有两周凹弦纹，弦纹间对称分布三个扁条形镂孔。口径6.2、高10.6厘米。（图四〇B；彩版五六，3）

M29:16，鼎。夹砂红陶。侈口，宽平折沿，颈微束，斜弧腹较浅，圜底近平，"T"字足较高，足面下凹。足面上都有竖向刻道。口径16、高13.8厘米。（图四〇B；彩版五七，4）

M29:17，石锛。淡青灰色流纹岩。扁平方形，近中部起脊，下端侧刃，刃口锋利，无明显使用痕迹，一侧有锯切割留下的槽痕。长 3.2、刃宽 2.75 厘米。（图四〇 B；彩版五五，5）

M29:18，石锛。受沁剥蚀严重，形制不明。

M29:19，双鼻壶。泥质红褐胎黑衣陶。敛口，斜直颈，颈、腹相接处大于口径，扁鼓腹，圈足略矮，微外撇。圈足上部有两周凹弦纹，弦纹间对称分布三个扁条形镂孔。口径 6.2、高 10 厘米。（图四〇 B；彩版五六，4）

M29:20，玉珠。透闪石软玉，玉色黄白。鼓腰，双面钻孔。直径 1.1、高 1.5 厘米。（图四〇 B；彩版五五，2 右）

M30

M30 位于 T605 中部偏北，开口于第 3 层下，西半部被 M29 打破，打破第 5 层。长方形竖穴土坑墓，墓坑长 2.82、宽 1.23、深 0.35 米，填红褐色土夹杂红烧土颗粒。墓坑内发现使用葬具的板灰痕迹，葬具仅一重，为较宽长的长方形棺，据板灰痕迹测得棺长 2.54、宽 0.92 米。人骨保存差。方向 170°。随葬品 18 件，双鼻壶、圈足盘、宽把杯、三足盘、玉锥形器和玉珠各一件出于南面头前，一件石钺出于胸部右侧，石锛、石凿、石镞、尊、鼎各一件和两件簋、双鼻壶及玉珠出于墓室北端。（图四一 A；彩版五八，1～3）

M30:1，玉锥形器。透闪石软玉，玉色黄白。受沁断裂。形体略狭长。截面近圆形，首尖锐，尾端有小榫，榫上有一对钻的横向小穿孔。长 8 厘米。（图四一 B；彩版五九，1）

M30:2，圈足盘。泥质灰胎黑衣陶。敞口，折沿，上腹部斜直，一侧上部有两个小圆穿孔，下腹内折，矮圈足外撇。口径 25.4、高 6.7 厘米。（图四一 B；彩版六〇，1）

M30:3，宽把杯。泥质灰胎黑衣陶。侈口一端做出舌形翘流，流残，束颈，筒形深腹微鼓，与翘流相对的一侧附半环形宽把，把上端有两个小圆穿孔，其下为密集的竖向刻道共 27 道，矮圈足微外撇。盖一侧作箕形上翘与翘流相合，圈足形捉手。高 13.3、把宽 5.4 厘米。（图四一 B；彩版六〇，2）

M30:4，双鼻壶，带盖。壶泥质红褐胎黑衣陶，侈口，外沿有两个对称的直穿小鼻，高颈，扁鼓腹，圈足略高微外撇。圈足上部有两周凹弦纹，弦纹间对称分布三个扁条形镂孔。盖泥质灰陶，小圈足形捉手略残。口径 6.7、高 12.4 厘米。（图四一 B；彩版六〇，4）

M30:5，三足盘。泥质黄褐胎黑衣陶。器形很小。敞口，束颈，浅直腹，三宽瓦足上宽下窄。外腹有两道宽凹弦纹，足面上有由斜向刻线组成的菱格纹。口径 5.1、高

3.2厘米。(图四一B;彩版六〇,3)

M30:6,石钺。黑色硅质板岩。长方形,顶端平直,两角裁割成窄肩状,两肩之间一面还留有一条锯切割痕迹。两侧边斜直,刃角明显,刃角处略起脊,两刃角间最宽。刃部圆弧,双面刃刃口锋利,略有崩缺痕迹。上部有一单面管钻而成的钻孔;另一面略加碾磨。通高14.8、刃宽9、孔径2厘米。(图四一B;彩版五九,4)

M30:7,石锛。淡青灰色流纹岩。扁平长方形,一面起段,作台阶状,段位于锛体近三分之一处,下端侧刃,刃口锋利,有使用崩缺痕迹。长4、段长1.35、刃宽2.5厘米。(图四一B;彩版五九,6)

M30:8,玉珠。2颗。一颗透闪石软玉,鼓腰,玉色黄白;一颗萤石珠,扁鼓形,玉色淡湖绿色。(图四一B;彩版五九,2)

M30:9,石凿。淡青灰色流纹岩。狭长条形,两面磨制成斜刃,顶面弧平。长

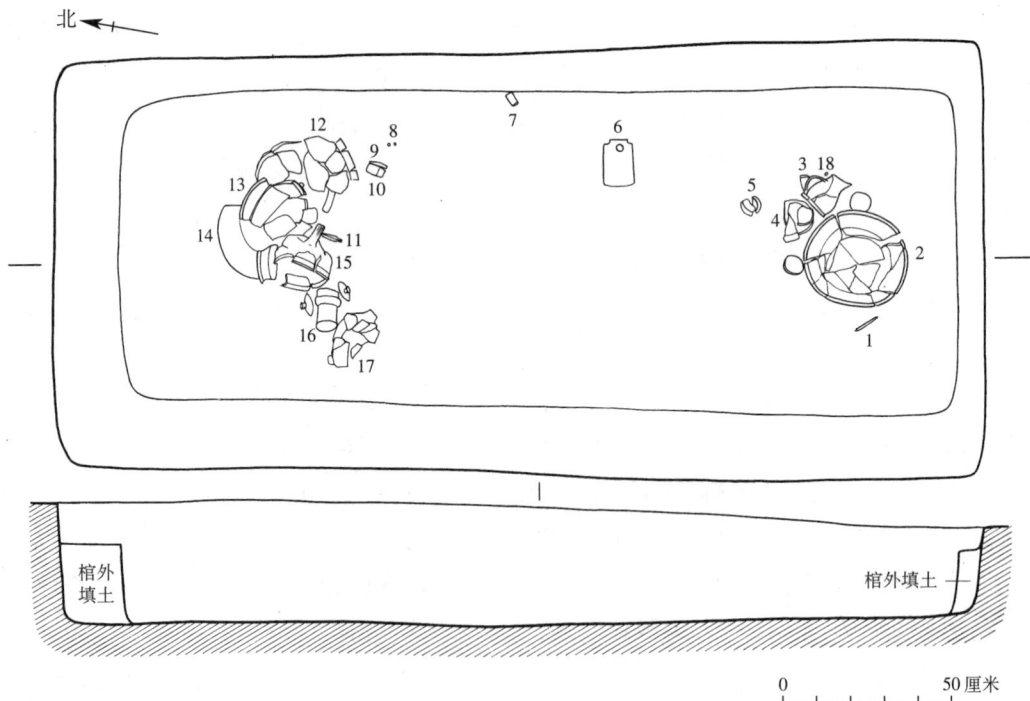

图四一A M30平剖面图

1.玉锥形器 2.圈足盘 3.宽把杯 4、16、17.双鼻壶 5.三足盘 6.石钺 7、10.石锛 8、18.玉珠
9.石凿 11.石镞 12.尊 13、14.簋 15.鼎

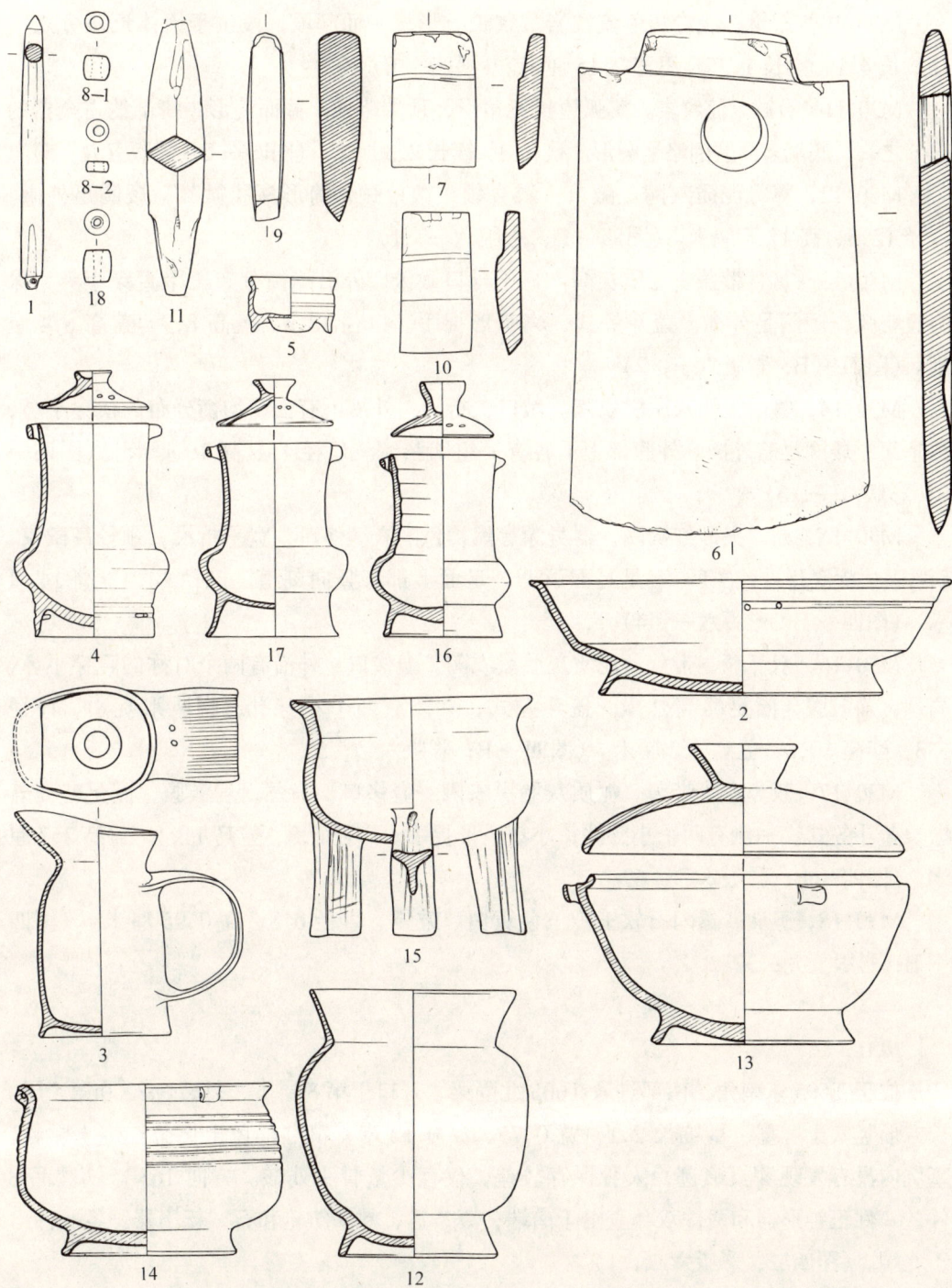

图四一B M30出土器物（1、6~11、18为1/2，余为1/4）

5.5、刃宽 0.65、最厚 1.25 厘米。（图四一 B；彩版五九，7）

M30：10，石锛。淡青灰色流纹岩。狭长方形，一面起段，段位于锛体近三分之一处。长 4.1、段长 1.35、刃宽 2.15 厘米。（图四一 B）

M30：11，石镞。流纹岩。翼弧边长三角形，顶端略残，截面菱形，铤部约占全器的三分之一，底端多面磨削略呈圆形。残长 8、铤长 2.3 厘米。（图四一 B；彩版五九，5）

M30：12，尊。泥质灰陶。敞口，斜直领，微束颈，筒形深腹微鼓，矮圈足外撇。口径 12.3、高 15.6 厘米。（图四一 B；彩版六一，1）

M30：13，簋，带盖。泥质灰陶。簋子母口微敛，外沿均衡分布三个直穿小鼻，深斜腹略弧，矮圈足外撇。盖斗笠式，喇叭形捉手。口径 18.3、簋高 8.9、盖高 6.4 厘米。（图四一 B；彩版六一，2）

M30：14，簋。泥质灰胎黑衣陶。敞口，折沿，外沿下有三个均衡分布的横穿小鼻，深垂腹，矮圈足略外撇。外腹部上下各有一组凹弦纹。口径 15、高 10 厘米。（图四一 B；彩版六一，3）

M30：15，鼎。夹砂红褐陶，器身涂有黑褐色陶衣。侈口，宽平折沿，颈较高微束，斜弧腹，圜底近平，"T" 字足足面下凹。足面上都有竖向刻道。口径 14.4、高 14 厘米。（图四一 B；彩版六一，4）

M30：16，双鼻壶，带盖。泥质灰胎黑衣陶。壶侈口，外沿有两个对称的直穿小鼻，高颈，扁鼓腹，圈足略高外撇。盖斗笠式，一侧有两个小穿孔，喇叭形捉手。口径 6.3、壶高 10.8、盖高 3.2 厘米。（图四一 B；彩版六〇，5）

M30：17，双鼻壶，带盖。泥质灰胎黑衣陶。壶侈口，高颈，扁鼓腹，圈足略高外撇。盖斗笠式，一侧有两个小穿孔，小喇叭形捉手。口径 6.8、壶高 11.4、盖高 2.7 厘米。（图四一 B；彩版六〇，6）

M30：18，玉珠。透闪石软玉，玉色黄白。鼓腰。直径 0.8、高 0.95 厘米。（图四一 B；彩版五九，3）

M31

位于 T505 东南角，南部进入 T605 北隔梁，开口于第 3 层下，打破 M82 和第 5 层。长方形竖穴土坑墓，墓坑长 2.1、宽 0.75、深 0.12 米，填红褐色土夹杂红烧土颗粒。墓坑内没有发现葬具痕迹，人骨保存较差，仅存少量骨头残骸。方向 163°。随葬品 8 件，一件玉锥形器和两件双鼻壶出于南端，尊、簋、鼎、纺轮和石 "耘田器" 各一件出于北端。（图四二；彩版六二，1）

M31：1，双鼻壶。泥质黄褐胎黑衣陶。侈口，高颈略弧，上腹部较平，下腹斜收，圈足微外撇。颈中部有六周凹弦纹，上腹部有两周凹弦纹。这种在颈部与上腹部均施刻

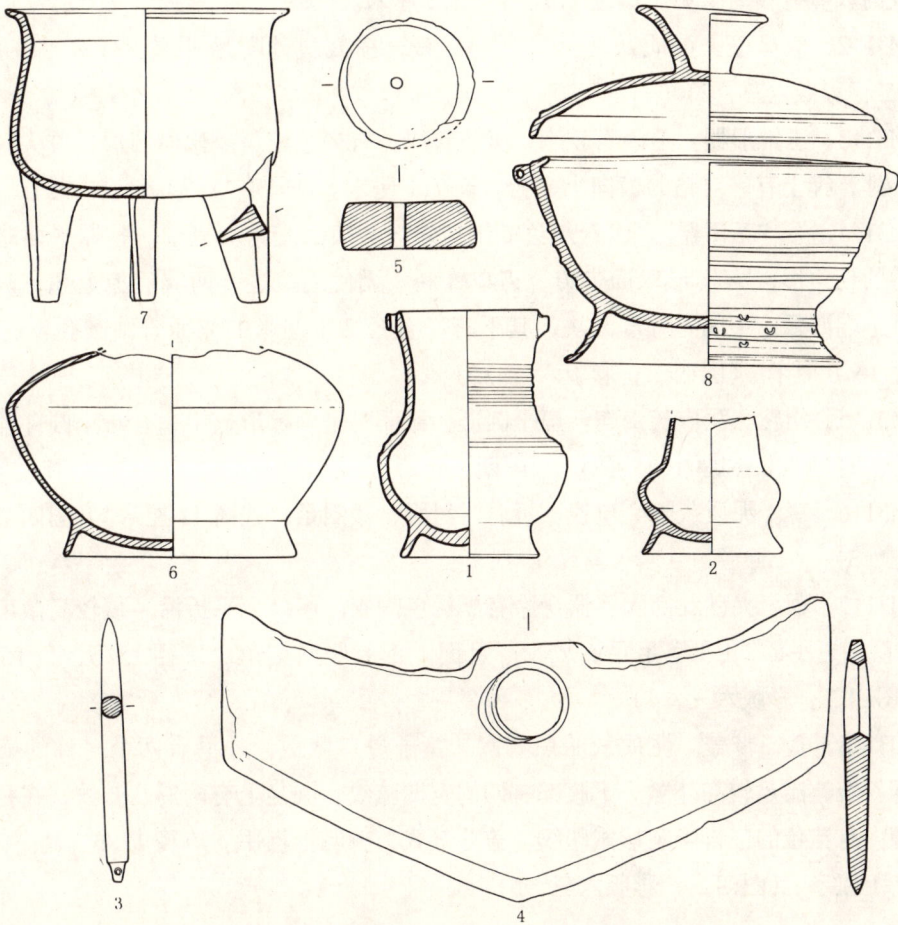

（3~5为1/2，余为1/4）

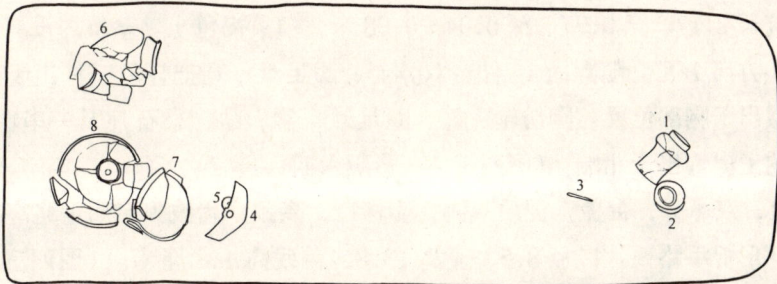

图四二 M31平面图及其出土器物

1、2.双鼻壶 3.玉锥形器 4.石"耘田器" 5.纺轮 6.尊 7.鼎 8.簋

凹弦纹的双鼻壶较为少见。口径 7.7、高 13.1 厘米。(图四二；彩版六三，1)

M31:2，双鼻壶。泥质灰陶。口颈部已残，扁鼓腹，圈足外撇。残高 7.3 厘米。(图四二；彩版六三，2)

M31:3，玉锥形器。透闪石软玉，玉色青绿，有褐色沁斑。截面圆形，首尖锐，尾端有小榫，榫上有一对钻的横向小穿孔。长 7.1 厘米。(图四二；彩版六二，2)

M31:4，石"耘田器"。浅青灰色霏细斑岩。器表因受沁而剥蚀。整器平面略呈左右对称的三角形，"V"形双面尖刃，刃口锋利，无使用痕迹，两翼后掠上翘，两侧端略宽，上端凹弧，中间有方形凸块，其下有一直径 2.1 厘米的双面管钻圆孔。通高 8、两翼宽 16.8 厘米。(图四二；彩版六二，3)

M31:5，纺轮。泥质灰褐陶。扁平圆形，截面略呈扁梯形，中央有一小圆穿孔。略有残缺。直径 3.65、厚 1.25 厘米。(图四二；彩版六三，6)

M31:6，尊。泥质灰陶。口残，折肩，斜腹，矮圈足。残高 11 厘米。(图四二；彩版六三，3)

M31:7，鼎。夹砂红褐陶，器身涂有黑褐色陶衣。侈口，平折沿，颈较高微束，深弧腹，圜底近平，"T"字足足面较窄。足面上都有竖向刻道。口径 15.6、高 15.7 厘米。(图四二；彩版六三，4)

M31:8，簋，带盖。泥质灰胎黑衣陶。簋子母口微敛，外沿有两个对称的横穿小鼻，深斜腹，圈足较高外撇。下腹部有四周宽凹弦纹，圈足上有两周凸弦纹，在弦纹间的凹槽内有错位的三排半圆形戳印纹。盖斗笠式，喇叭形捉手。口径 17.6、簋高 11.2、盖高 7.1 厘米。(图四二；彩版六三，5)

M32

位于 T507 南部，开口于第 2 层下，北端打破 M34，东侧叠压 M51。长方形竖穴土坑墓，墓坑长 2.17、宽 0.77、深 0.04～0.08 米，填黄褐色土。墓坑内没有发现葬具和人骨痕迹。方向 168°。随葬品 13 件，双鼻壶、圈足盘、宽把杯各一件出于南端，玉锥形器、石钺出于胸部位置，陶纺轮、簋、圈足罐、盆、鼎、小石片及一串由 21 颗玉珠组串而成的玉串饰出于北端。(图四三 A；彩版六四，1、2)

M32:1，双鼻壶，带盖。泥质灰陶。壶侈口，高颈，扁鼓腹，圈足略高微外撇。盖近平，圈足形捉手略残。口径 8.5、壶高 13.8、盖残高 1.8 厘米。(图四三 B；彩版六六，1)

M32:2，宽把杯。泥质灰胎黑衣陶。个体较矮。侈口一端做出箕形翘流，短颈微束，筒形腹略鼓，外腹部刻划写意的"云气"纹，已磨损，与翘流相对的一侧附半环形宽把，把上端有两个小圆穿孔，其下为密集的竖向刻道共 26 道，矮圈足微外撇。盖一

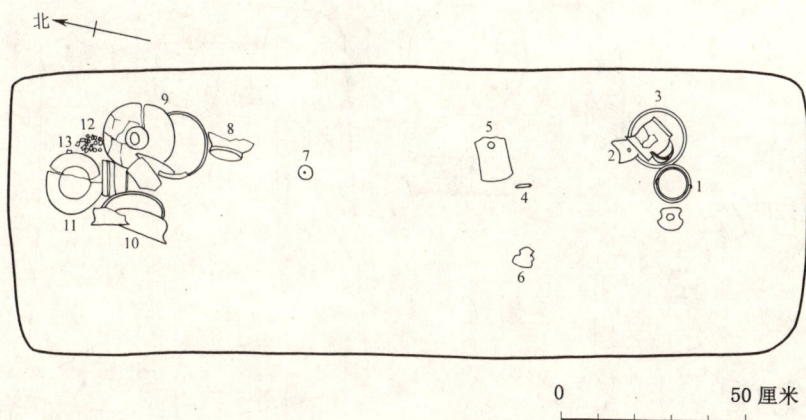

图四三 A M32 平面图

1. 双鼻壶 2. 宽把杯 3. 圈足盘 4. 玉锥形器 5、6. 石钺 7. 纺轮 8. 圈足罐 9. 篮 10. 鼎 11. 盆 12. 玉串饰 13. 石片

侧作箕形上翘与翘流相合，另一侧有两个小圆穿孔与宽把上的穿孔对应，小圈足形捉手。高 10、把宽 6.4 厘米。(图四三 B；彩版六六，2)

M32:3，圈足盘。泥质灰陶。侈口，折沿，斜直腹，圈足已残。口径 13.4、残高 6.1 厘米。(图四三 A；彩版六六，3)

M32:4，玉锥形器。透闪石软玉，玉色黄白。截面扁圆形，首尖锐，尾端有小榫，榫上有一对钻的横向小穿孔。长 4.35 厘米。(图四三 B；彩版六五，1)

M32:5，石钺。淡青绿色球粒流纹岩。器表因受沁有剥蚀。扁平长方形，顶端略弧，保留琢制的糙面，两侧边斜直微外撇，刃部最宽，刃角明显，刃部、顶端与两侧边均双面磨制渐薄。刃部圆弧，刃缘的崩缺难以断定是否为使用痕迹。上部有一双面钻孔，一面管钻较深，一面实心钻碾通。通高 11.1、刃宽 9.5、孔径 1.75 厘米。(图四三 B；彩版六五，3)

M32:6，石钺。黑色硅质页岩。残。为有肩石钺的顶端一角，有裁割的窄肩、半个单面钻的钻孔。残长 4.65 厘米。(图四三 B；彩版六五，4)

M32:7，纺轮。泥质黑褐陶。扁平圆形，上下面略等径，截面略呈扁鼓形，中央有一小圆穿孔。一面有两周旋纹。直径 3.2、厚 1 厘米。(图四三 B；彩版六五，6)

M32:8，圈足罐。泥质黄褐陶。已残，仅存下腹与圈足。下腹弧收，矮圈足外撇。(图四三 B)

M32:9，篮，带盖。泥质灰陶。篮子母口微敛，外沿有两个对称的横穿小鼻，深斜腹，圈足外撇，上有镂孔。盖斗笠式，喇叭形捉手。口径 17、篮高 12、盖高 4.7 厘米。

图四三 B　M32 出土器物（4～7、12、13 为 1/2，余为 1/4）

（图四三 B；彩版六六，5）

M32:10，鼎。夹砂红褐陶，器身涂有黑褐色陶衣。侈口，平折沿，颈微束，深弧腹，圜底近平，"T"字足足面下凹。足面上都有竖向刻道。口径 17、高 15.9 厘米。

（图四三 B；彩版六六，6）

M32:11，盆。泥质灰胎黑衣陶。敞口，折沿，束颈，斜腹，平底略凹。口径 14、

高 6.6 厘米。（图四三 B；彩版六六，4）

M32:12，玉串饰。由 21 颗叶蜡石珠组串而成，玉色红褐。玉珠略有大小，圆台形。直径 0.75～0.95、高 0.35～0.55 厘米。（图四三 B；彩版六五，2）

M32:13，石片。凝灰岩。似为石锛或石凿坯体上打击下来。略呈方形，两侧有磨制平面，其余部位未加磨制，无明显使用痕迹。长 1.2、宽 1.15 厘米。（图四三 B；彩版六五，5）

M33

位于 T506 东隔梁中偏南部，开口于第 2 层下，打破 M70、M68 和第 5 层。长方形竖穴土坑墓，墓坑长 1.99、宽 0.74、深 0.1 米，填灰褐色土。墓坑内没有发现葬具和人骨痕迹。方向 177°。随葬品 3 件，一件圈足罐出于南面头前，一件石镞出于胸部右侧，腰腹部出土小石片一件，北面脚端没有出土随葬品。（图四四；彩版六七，1）

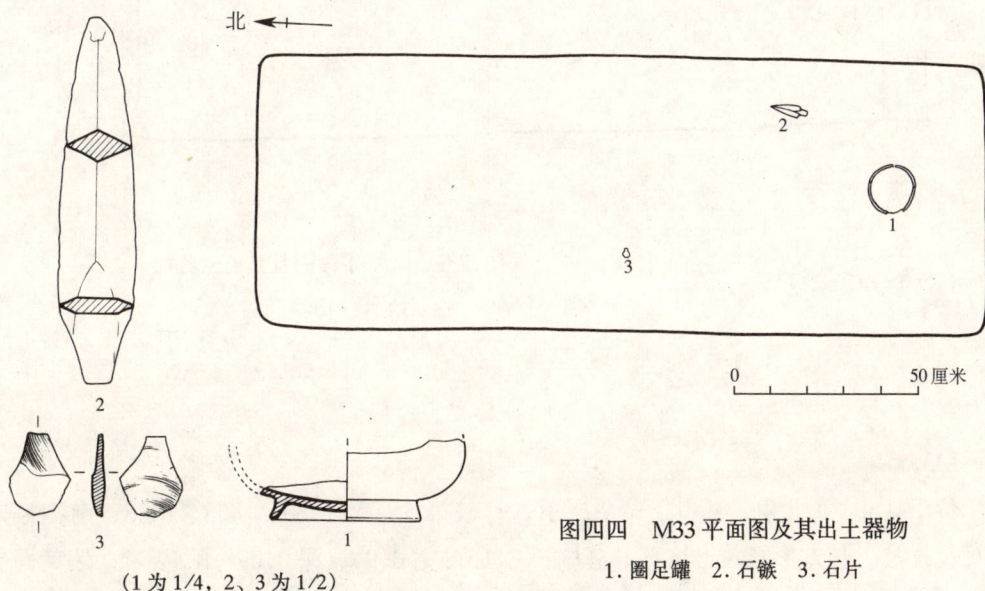

图四四　M33 平面图及其出土器物
1.圈足罐　2.石镞　3.石片

（1 为 1/4，2、3 为 1/2）

M33:1，圈足罐。泥质灰黄陶。仅存下腹部与圈足。（图四四）

M33:2，石镞。凝灰岩。翼弧边长三角形，两侧较宽，截面呈菱形，铤部扁平。长 9.8、铤长 1.6、最宽 2.1 厘米。（图四四；彩版六七，2）

M33:3，石片。凝灰岩。似为石锛坯体上打击下来。形制规整。略呈小铲形，一端略宽呈圆铲形，一端两侧内削。全器未加磨制，也无明显使用痕迹。高 2.2 厘米。（图四四；彩版六七，3）

M34

位于 T507 南部，开口于第 2 层下，打破 M39、M92，北侧被宋代扰坑扰乱，南部被 M32 略为打破。长方形竖穴土坑墓，墓坑残长 2.19、宽 0.83、深 0.15 米，填黄褐色土。墓坑内没有发现葬具和人骨痕迹。方向 172°。随葬品仅一件圈足盘，出于北面脚端。（图四五；彩版六七，4）

M34:1，圈足盘。泥质灰陶。已残，仅存下腹与圈足，下腹内收，矮圈足微外撇。（图四五）

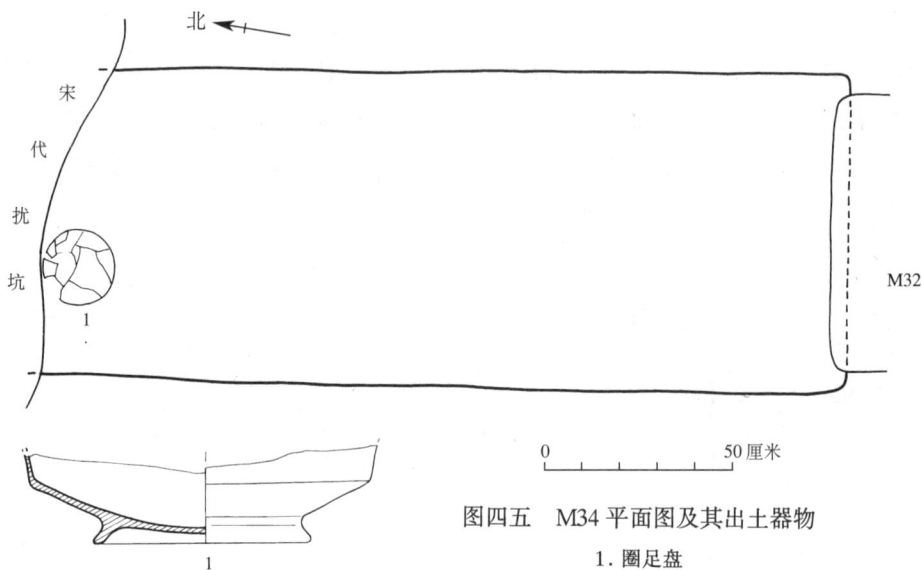

图四五　M34 平面图及其出土器物
1. 圈足盘

M35

位于 T508 东北角，开口于第 2 层下，打破第 5 层和 M63、M68、M88，南端被宋代扰坑扰乱。长方形竖穴土坑墓，墓坑长 2.15、宽 0.94、深 0.09～0.12 米，填黄褐色土。墓坑内没有发现葬具和人骨痕迹。方向 167°。随葬品 19 件，两件双鼻壶及圈足盘、石钺各一件出于南面头前，玉锥形器、玉珠、玉串饰出于胸部，腿部出土石锛一件，簋、尊、盆、鼎、石"耘田器"、带把小石刀、玉珠各一件及四件石镞出于北面脚端。（图四六 A；彩版六八，1～3）

M35:1，双鼻壶，带盖。泥质灰胎黑衣陶。壶侈口，高颈，扁鼓腹，圈足略高外撇。盖喇叭形捉手。口径 7、壶高 13.9、盖高 4.2 厘米。（图四六 B；彩版七〇，5）

M35:2，双鼻壶，带盖。泥质灰胎黑衣陶。壶侈口，高颈，扁鼓腹，圈足略高外撇。盖近平，高喇叭形捉手。口径 6.9、壶高 14.3、盖高 3.8 厘米。（图四六 B）

图四六 A M35 平面图

1、2.双鼻壶 3.圈足盘 4.玉锥形器 5、12.玉珠 6.石锛 7.簋 8.平底罐 9.鼎 10.石"耘田器" 11.带把小石刀 13~15、18.石镞 16.石钺 17.玉串饰 19.尊

M35:3，圈足盘。泥质灰胎黑衣陶。敞口，方唇，深腹，上腹一侧有两个小圆穿孔，下腹折收，折腹处有一道凹槽，矮圈足外撇。外腹部有两周凸弦纹。口径19.6、高8.2厘米。（图四六B；彩版七〇，6）

M35:4，玉锥形器。透闪石软玉，玉色黄白，有青绿色斑块。器形规整。截面方形，首尖，尾端有小榫，榫上有一对钻的横向小穿孔。长7.55厘米。（图四六B；彩版六九，1）

M35:5，玉珠。叶蜡石，玉色红褐。扁圆柱形。直径0.65、高0.55厘米。（图四六B；彩版六九，2）

M35:6，石锛。受沁已朽蚀。

M35:7，簋，带盖。泥质灰胎黑衣陶。簋子母口微敛，外沿有三个均衡分布的横穿小鼻，深斜腹，高圈足外撇。盖斗笠式，喇叭形捉手。口径19.2、簋高12.8、盖高6.2厘米。（图四六B；彩版七〇，7）

M35:8，平底罐。泥质灰陶。上部已残，仅存下腹部与平底。（图四六）

M35:9，鼎。夹砂红褐陶，器身涂有黑褐色陶衣。侈口，平折沿，颈微束，深弧腹，圜底近平，"T"字足足面微弧凸。口径16.6、高15厘米。（图四六B；彩版七〇，8）

M35:10，石"耘田器"。浅青灰色凝灰岩。器表因受沁而剥蚀。器形扁薄规整，通体磨光。整器平面略呈左右对称的三角形，"V"形尖刃，两翼后掠上翘，一翼顶端残缺，上端凹弧，中间有方形凸起，其下有小钻孔。通高7.9、两翼宽14.4、孔径1.2厘

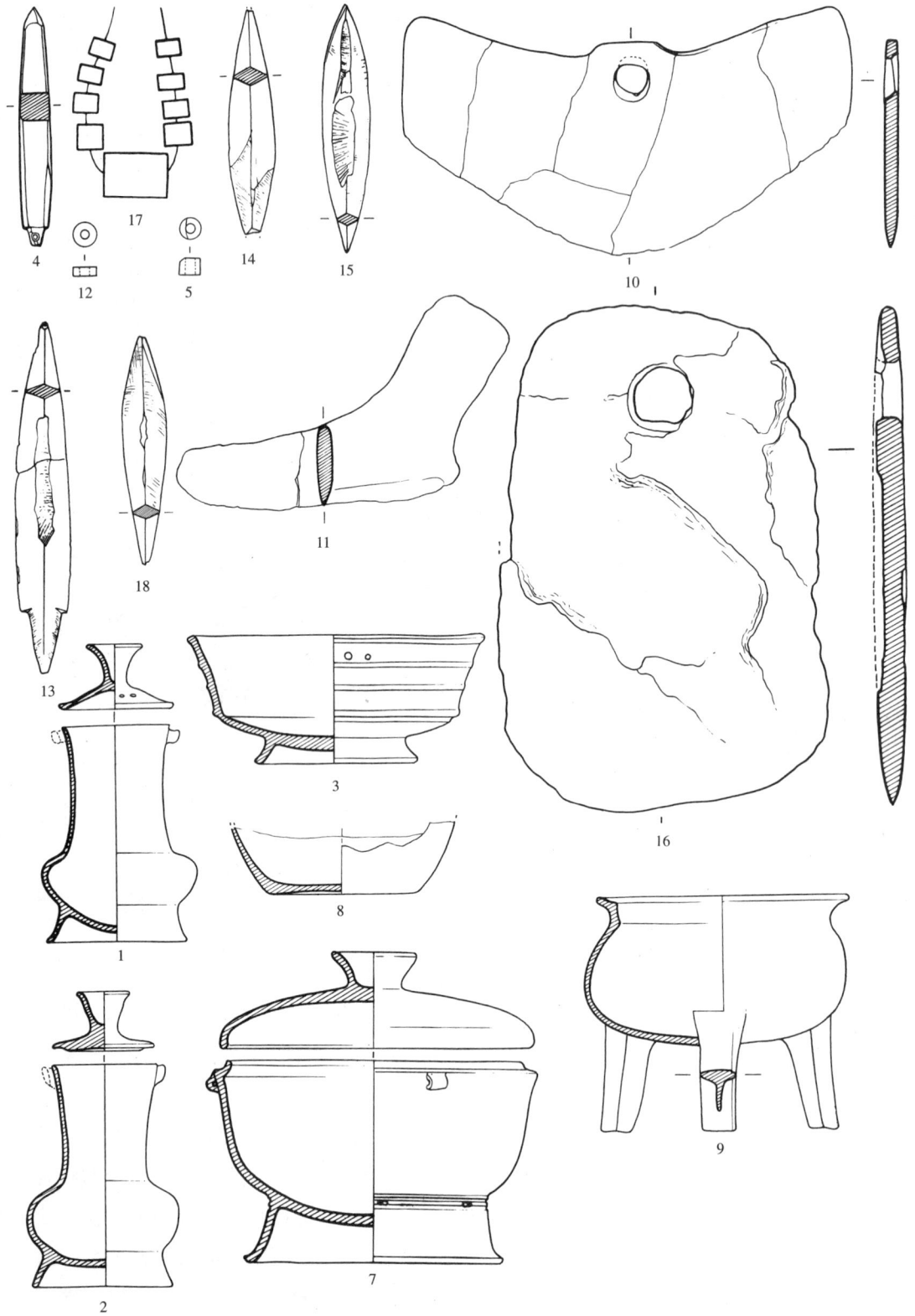

图四六 B M35 出土器物（1～3、7～9 为 1/4，余为 1/2）

米。（图四六 B；彩版六九，4）

M35∶11，带把小石刀。霏细岩。受沁表面略有剥蚀。全器略呈靴形，刀身较长，刃部略弧，双面刃，长方形斜把。通长 11 厘米。（图四六 B；彩版六九，5）

M35∶12，玉珠。叶蜡石，玉色红褐。直径 0.8、高 0.3 厘米。（图四六 B）

M35∶13，石镞。流纹岩。翼弧边长三角形，截面呈菱形，铤部较短、仅占全器的五分之一，两侧向内磨削。长 11.15、铤长 1.9 厘米。（图四六 B；彩版七〇，1）

M35∶14，石镞。流纹岩。柳叶形，截面呈菱形，翼铤分界不明显，铤部略磨薄。长 7.2 厘米。（图四六 B；彩版七〇，2）

M35∶15，石镞。凝灰岩。柳叶形，截面呈菱形，翼铤分界不明显，铤部略磨薄。长 8 厘米。（图四六 B；彩版七〇，3）

M35∶16，石钺。淡青灰色板岩。受沁剥蚀断裂。扁平长方形，顶端略弧，刃部圆弧，双面钻孔。残高 16.1 厘米。（图四六 B；彩版六九，6）

M35∶17，玉串饰。由 8 颗圆台形叶蜡石珠和 1 颗圆柱形叶蜡石玉管组串而成。玉色红褐。玉管直径 1.45、高 2.05 米，玉珠直径 0.7～0.9、高 0.5～0.8 厘米。（图四六 B；彩版六九，3）

M35∶18，石镞。凝灰岩。柳叶形，截面呈菱形，翼铤分界不明显，铤部略磨薄。长 7.3 厘米。（图四六 B；彩版七〇，4）

M35∶19，尊。残破不能修复，形制不明。

M36

位于 T508 北部扩方处的西部，开口于第 2 层下，打破第 5 层，墓坑南部被宋代扰坑扰乱。长方形竖穴土坑墓，墓坑残长 0.9、宽 0.7、深 0.08～0.1 米，填黄褐色土。墓坑内没有发现葬具和人骨痕迹。方向 169°。随葬品 5 件，均出于未受扰乱的北端，分别为残豆把、簋、鼎、纺轮和石"耘田器"。（图四七；彩版七一，1）

M36∶1，豆。泥质灰陶。残存豆把。（图四七）

M36∶2，纺轮。泥质黑陶。平面圆形，截面略呈梯形。直径 4.8、厚 1.4 厘米。（图四七；彩版七一，2）

M36∶3，石"耘田器"。青灰色凝灰岩。器形扁薄规整。圆弧形刃部略折，两翼后掠上翘，一翼顶端残缺，上端凹弧，中间有方形凸起，其下有小钻孔。通高 8.6、两翼宽 15.2、孔径 1.25 厘米。（图四七）

M36∶4，鼎。夹砂红褐陶，器身涂有黑褐色陶衣。侈口，平折沿，束颈，深弧腹，圜底，"T"字足足面微弧凸。口径 13.3、高 15.4 厘米。（图四七；彩版七一，3）

M36∶5，簋。泥质灰黄胎黑衣陶。已残。（图四七）

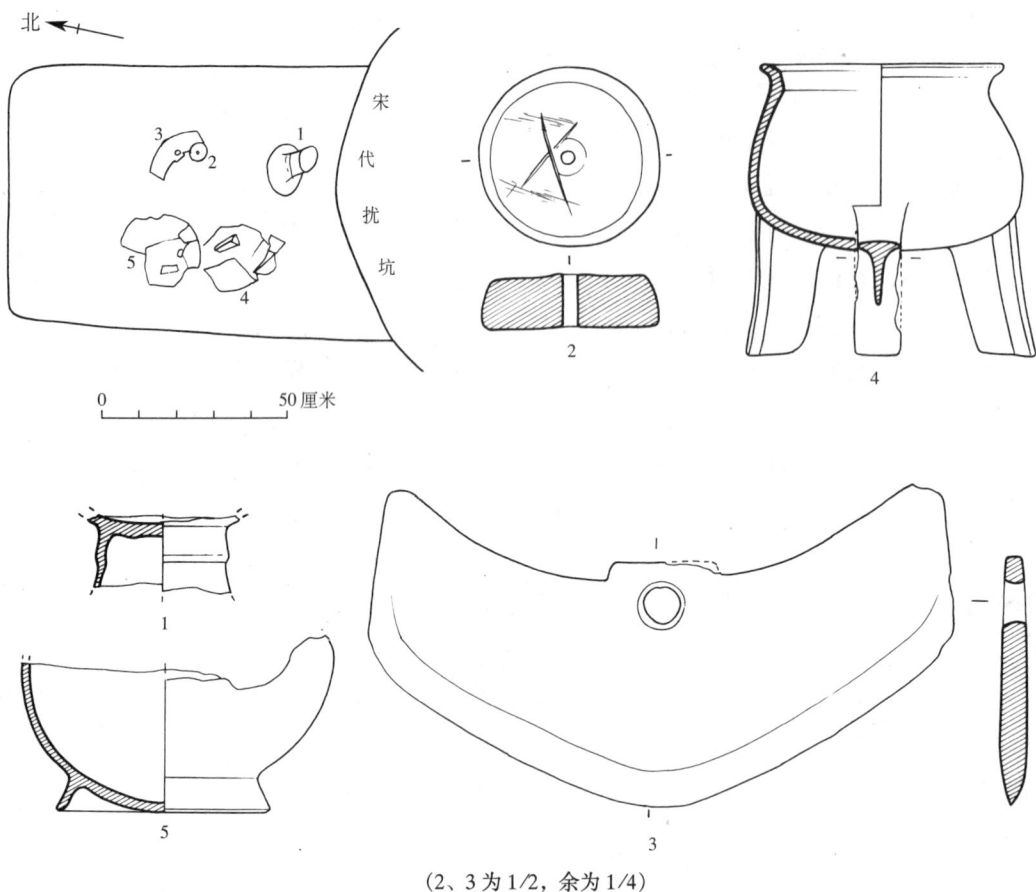

（2、3 为 1/2，余为 1/4）

图四七　M36 平面图及其出土器物

1. 豆　2. 纺轮　3. 石"耘田器"　4. 鼎　5. 簋

M37

位于 T508 北部，开口于第 2 层下，打破第 5 层和 M57、M90。长方形竖穴土坑墓，墓坑长 2.32、南端宽 0.8、深 0.16 米，填黄褐色土。墓坑内没有发现葬具和人骨痕迹。方向 167°。随葬品 3 件，一件带盖小罐出于南端，腰腹部出钵、杯各一件。（图四八；彩版七二，1）

M37：1，圈足罐，带盖。罐泥质黑陶，侈口，高竖领，折肩，深腹，矮圈足。盖泥质灰陶，喇叭形捉手。口径 6、高 10.6、盖高 2.7 厘米。（图四八；彩版七三，1）

M37：2，钵，带盖。泥质灰陶。敛口，弧腹，平底。盖泥质黑陶，喇叭形捉手。盖口径小于钵口径，似与钵不配套。钵残高 6、盖高 3.4 厘米。（图四八；彩版七三，2）

M37：3，杯。泥质灰陶。仅存宽把，形制不明。（图四八）

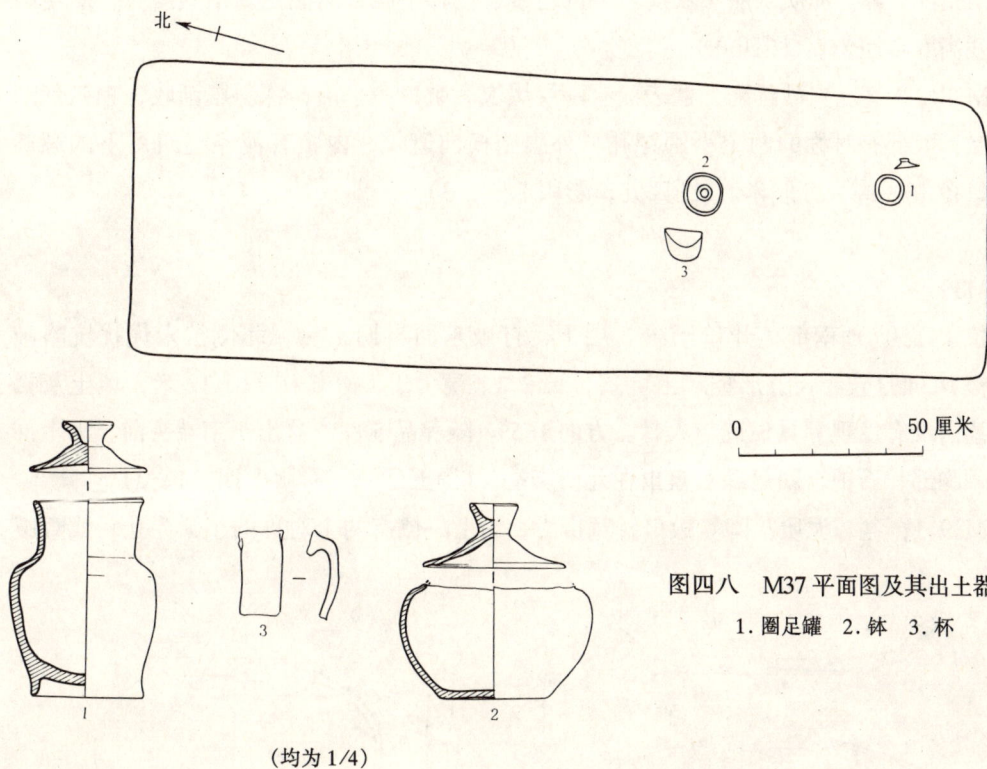

图四八　M37 平面图及其出土器物
1.圈足罐　2.钵　3.杯

（均为 1/4）

M38

M38 位于 T508 北部，开口于第 2 层下，打破 M57 与 M90。长方形竖穴土坑墓，墓坑长 1.98、宽 0.72、深 0.1 米，填黄褐色土。墓坑内没有发现葬具和人骨痕迹。方向 171°。随葬品 2 件，分别为陶杯和陶簋，均出于南端。（图四九；彩版七二，2）

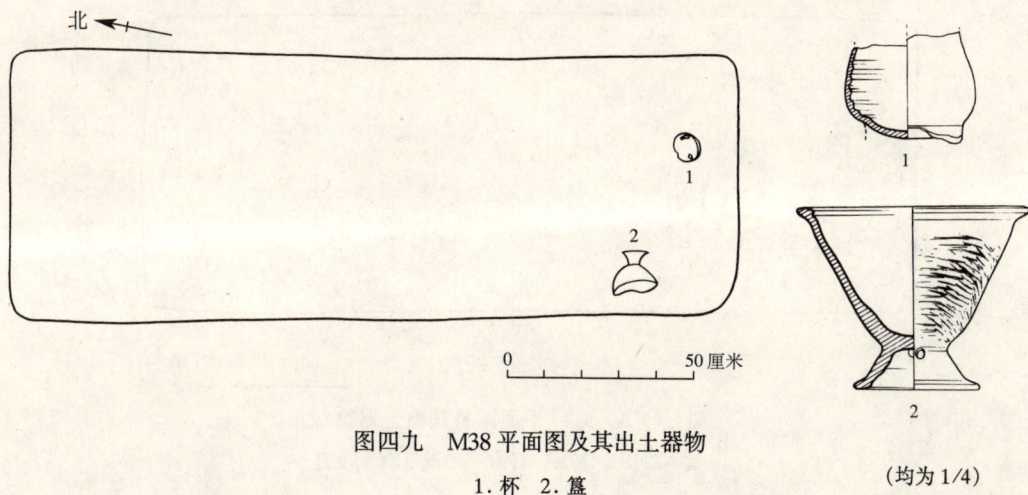

图四九　M38 平面图及其出土器物
1.杯　2.簋

（均为 1/4）

M38:1，杯。泥质灰胎黑衣陶。上部已残，仅存下腹部与圈足。下腹斜弧，圈足略残。残高 6.2 厘米。（图四九）

M38:2，簋。夹砂红陶，器表涂有一层黑衣。敞口，平沿，深斜腹渐收，喇叭形圈足下撇，上部有对称的两个小圆穿孔。外腹施横向篮纹，内腹有泥条盘筑留下的螺旋纹。口径 13、高 9.8 厘米。（图四九；彩版七三，3）

M39

位于 T507 西南部，开口于第 6 层下，打破东面早期土台，北侧被宋代扰坑略破坏，被 M34 打破。长方形竖穴土坑墓，长 2.1、宽 0.8、深 0.01～0.12 米，填土灰褐色。墓内没有发现葬具痕迹与人骨。方向 165°。随葬品 5 件，盆出于南端头前，玉串饰出于颈胸部，石钺、圈足罐、簋出在北面脚端。（图五〇 A；彩版七四，1、2）

M39:1，盆。泥质灰陶。敞口，宽折沿，沿上一侧有两个对称的小圆穿孔，浅直腹

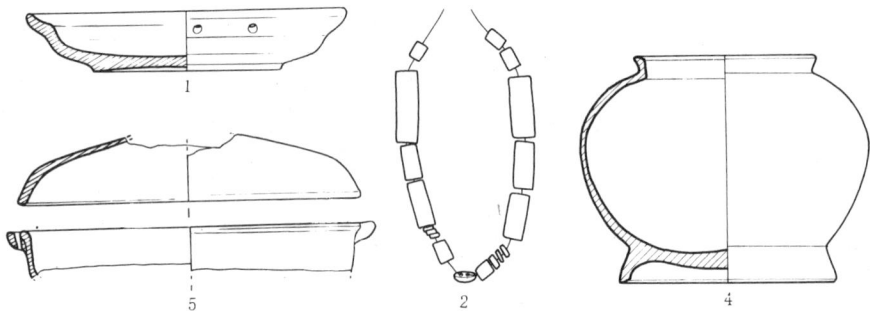

（均为 1/4）

0　　　　　　50 厘米

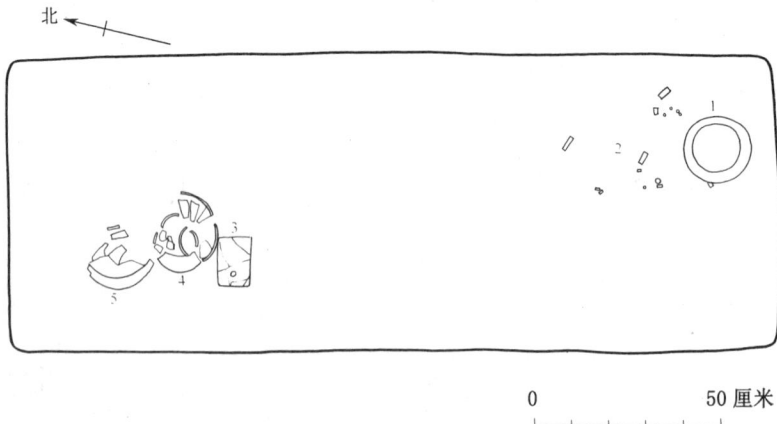

图五〇 A　M39 平面图及其出土器物

1. 盆　2. 玉串饰　3. 石钺　4. 圈足罐　5. 簋

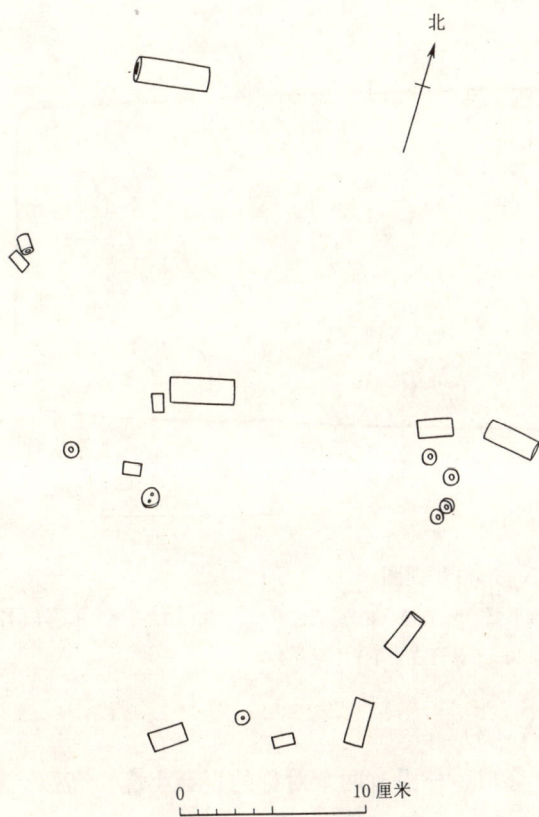

北

0   10 厘米

图五〇 B 玉串饰 M39:2 出土情形

下折，内底平，假圈足平底。口径 17.8、高 3.2 厘米。（图五〇 A；彩版七四，4）

M39:2，玉串饰。由 12 颗玉珠和 7 件玉管组串而成。均为叶蜡石，玉色分蜡黄和青绿。玉管直径、长短略有差异，1 件残；玉珠 1 颗为牛鼻孔泡珠，余为圆柱形或扁薄圆台形。直径 0.6~1.3、高 0.15~3.95 厘米。（图五〇 A、B；彩版七四，3）

M39:3，石钺。朽蚀严重。

M39:4，圈足罐。泥质灰胎黑衣陶。侈口，矮竖领，颈微束，鼓腹，圈足外撇。口径 10、高 12.3 厘米。（图五〇 A；彩版七四，5）

M39:5，簋，带盖。泥质黄胎黑皮陶。簋直口微敞，窄平沿，外沿部有两个竖穿小鼻，圈足残。盖纽残。口径 18.8 厘米。（图五〇 A）

M40

位于 T508 北扩方处东南部，开口于第 2 层下，打破第 5 层和 M42、M91。长方形竖穴土坑墓，墓坑长 2.64、南端宽 0.81、北端宽 0.92、深 0.1~0.27 米，填黄褐色土。墓坑内没有发现葬具和人骨痕迹。方向 167°。随葬品 20 件，圈足盘、双鼻壶、宽把杯各一件和两颗玉珠出于南端，玉锥形器、玉坠、玉镶嵌片、石锛各一件及两件石钺出在中部，另一件石钺、石锛、尊、平底罐、鼎和两件簋、双鼻壶出于北端。（图五一 A；彩版七五，1）

M40:1，圈足盘。泥质灰胎黑衣陶。敞口，平折沿，上腹部斜直较深，下腹内折，圈足外撇。口径 25.2、高 8 厘米。（图五一 B）

M40:2，宽把杯。泥质灰胎黑衣陶。侈口一端做出舌形翘流，颈较高微束，筒形深腹略鼓，外腹部从上到下有四周凸弦纹，与翘流相对的一侧附半环形宽把，把上端有三个呈三角形分布的小圆穿孔，其下左右两侧各有一组竖向刻道，圈足微外撇。盖一侧作舌形上翘与翘流相合，另一侧有两个小圆穿孔与宽把上的穿孔对应，小圈足形捉手。高

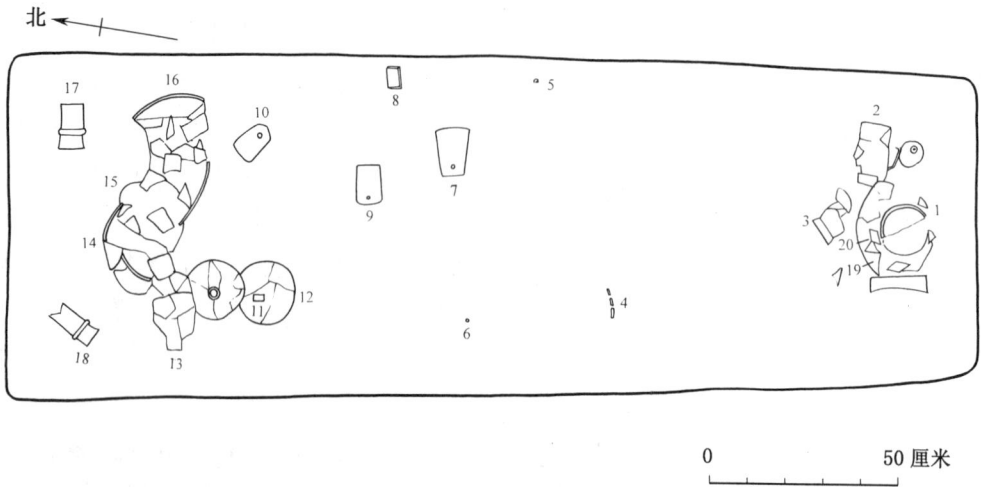

图五一 A　M40 平面图

1. 圈足盘　2. 宽把杯　3、17、18. 双鼻壶　4. 玉锥形器　5. 玉坠　6. 玉镶嵌片　7、9、10. 石钺　8、11. 石锛　12、15. 簋　13. 平底罐　14. 尊　16. 鼎　19、20. 玉珠（在 1 下）（均为 1/4）

14.4、把宽 6 厘米。（图五一 B；彩版七六，5）

M40:3，双鼻壶。泥质灰胎黑衣陶。侈口，外沿有两个对称的直穿小鼻，高颈，扁鼓腹，圈足略高外撇。口径 7.3、高 11.9 厘米。（图五一 B；彩版七七，1）

M40:4，玉锥形器。已朽。

M40:5，玉坠。叶蜡石，红褐色。形似小颗葡萄。截面扁圆形，前端浑圆，尾端有横向小穿孔。高 1、宽 0.6 厘米。（图五一 B；彩版七五，2）

M40:6，玉镶嵌片。萤石，玉色青绿。仅 1 片。扁薄圆形，正面略鼓凸，有一道切割痕迹，抛光精细，背面平坦，未经抛光。长 0.65 厘米。（图五一 B；彩版七五，3）

M40:7，石钺。淡青灰色霏细岩。扁平长方形，顶端平直，保留糙面，两侧边斜直外撇，刃角明显，一刃角略残，两刃角间最宽，刃部、顶端与两侧边均双面磨制渐薄，形成明显的斜边，刃角处起脊线。刃部圆弧，厚钝未开刃口，无使用痕迹。上部有一单面管钻的钻孔，另一面碾通。通高 13.35、刃宽 8.85、孔径 1.6 厘米。（图五一 B；彩版七六，1）

M40:8，石锛。灰黑色流纹岩。扁平长方形，起段。长 9.1、段长 2.35、刃宽 4.45 厘米。（图五一 B；彩版七六，3）

M40:9，石钺。淡青灰色凝灰岩。器表因受沁剥蚀。扁平长方形，刃部近平直，上部有一双面钻孔。通高 12、刃宽 6.9、孔径 1.5 厘米。

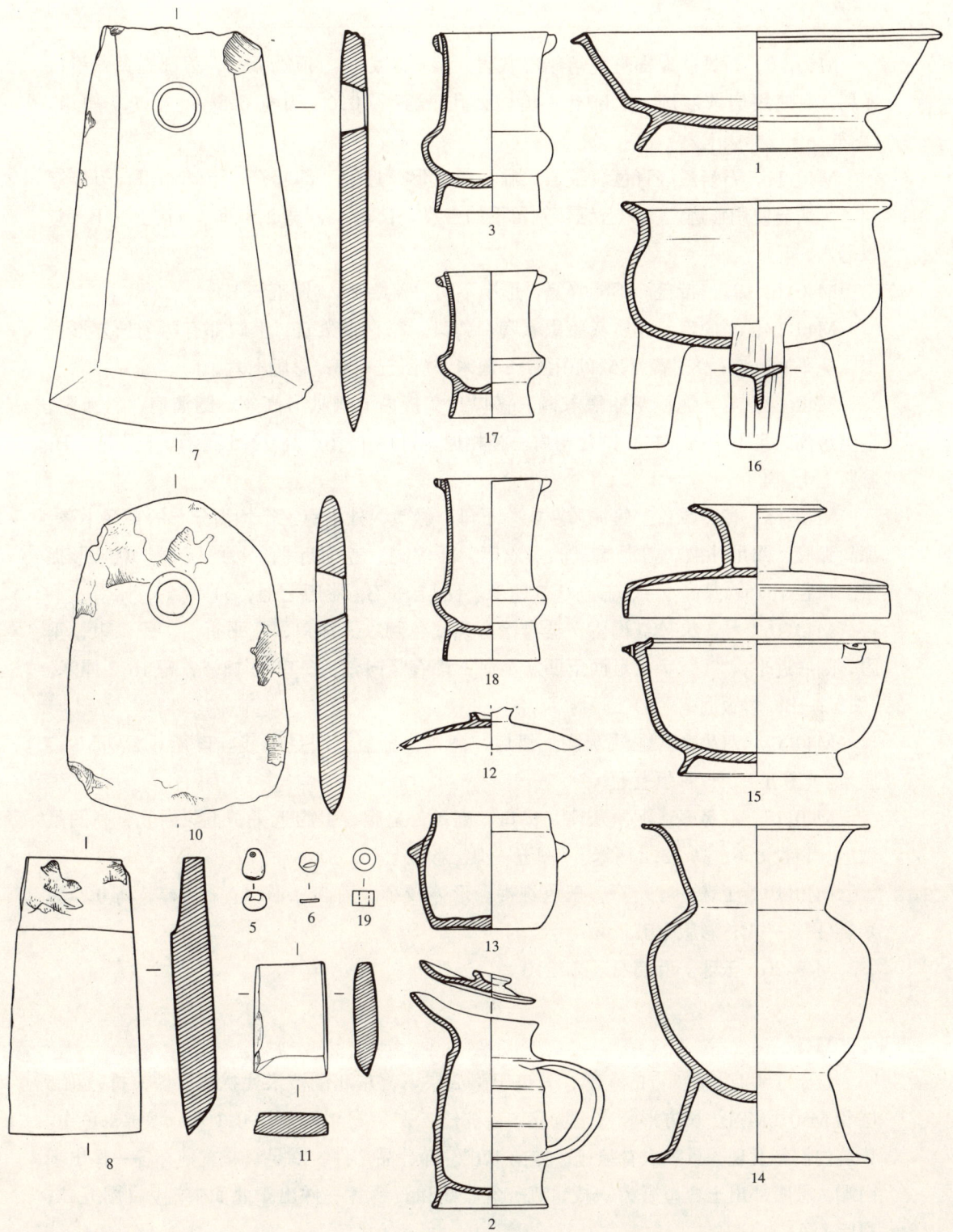

图五一B　M40 出土器物（5~8、10、11、19为1/2，余为1/4）

M40：10，石钺。青褐斑色熔结凝灰岩。扁平长方形，顶端弧凸，刃部圆弧，刃口锋利，有使用崩缺痕迹。上部有一单面钻孔。通高10.6、刃宽6.5、孔径1.7厘米。（图五一B；彩版七六，2）

M40：11，石锛。淡青色流纹岩。扁平长方形，近中下部起脊，下端侧刃，刃口锋利，无明显使用痕迹，一侧有锯切割留下的台痕。长3.85、宽2.4厘米（图五一B；彩版七六，4）

M40：12，簋，带盖。不能修复，形制不明。盖绘图。（图五一B）

M40：13，平底罐。泥质灰胎黑衣陶。敛口，深直腹微鼓，上腹部有两个长方形扁錾，宽平底。口径8、高7.5、底径7.2厘米。（图五一B；彩版七六，6）

M40：14，尊。泥质灰胎黑衣陶。侈口，宽折沿，喇叭形高领，圆溜肩，斜弧腹，喇叭形高圈足下平折。口、圈足与肩三径相近。口径15.6、高22.5厘米。（图五一B；彩版七七，4）

M40：15，簋，带盖。簋泥质灰陶，子母口微敛，外沿有三个均衡分布的直穿小鼻，深斜弧腹，圈足外撇。盖泥质灰胎黑衣陶，斗笠式，盖面近平，边缘陡直，喇叭形捉手。口径15.5、簋高9.1、盖高7.5厘米。（图五一B；彩版七七，5）

M40：16，鼎。夹砂红褐陶，器身涂有黑褐色陶衣。侈口，宽平折沿，颈微束，垂腹，圜底近平，"T"字足面下凹。足面上都有竖向刻道。口径18.5、高16.2厘米。（图五一B；彩版七七，6）

M40：17，双鼻壶。泥质灰陶。侈口，高颈，扁腹，圈足略残。口径6.2、高9.7厘米。（图五一B；彩版七七，2）

M40：18，双鼻壶。泥质灰陶。侈口，高颈，扁腹，上腹近平，下腹内收，高圈足微撇。口径6.6、高12.2厘米。（图五一B；彩版七七，3）

M40：19，玉珠。叶蜡石，玉色红褐。形体较小。扁圆柱形。直径0.7、高0.5厘米。（图五一B；彩版七五，4）

M40：20，玉珠。叶蜡石。未绘图。

M41

位于T508北部扩方的东部，开口于第2层下，东北侧被宋代扰坑打破，打破第5层和M50、M91。长方形竖穴土坑墓，墓坑长2.23、宽0.83、深0.1米，填黄褐色土。墓坑内没有发现葬具和人骨痕迹。方向170°。随葬品7件，圈足盘、宽把杯各一件出于南端，腰腹部出土鲨鱼唇齿一枚，尊、盆、鼎和石锛各一件出于北面脚端。（图五二；彩版七八，1）

M41：1，圈足盘。泥质灰陶。敞口，宽折沿，斜弧腹，腹部一侧上部有两个小圆穿

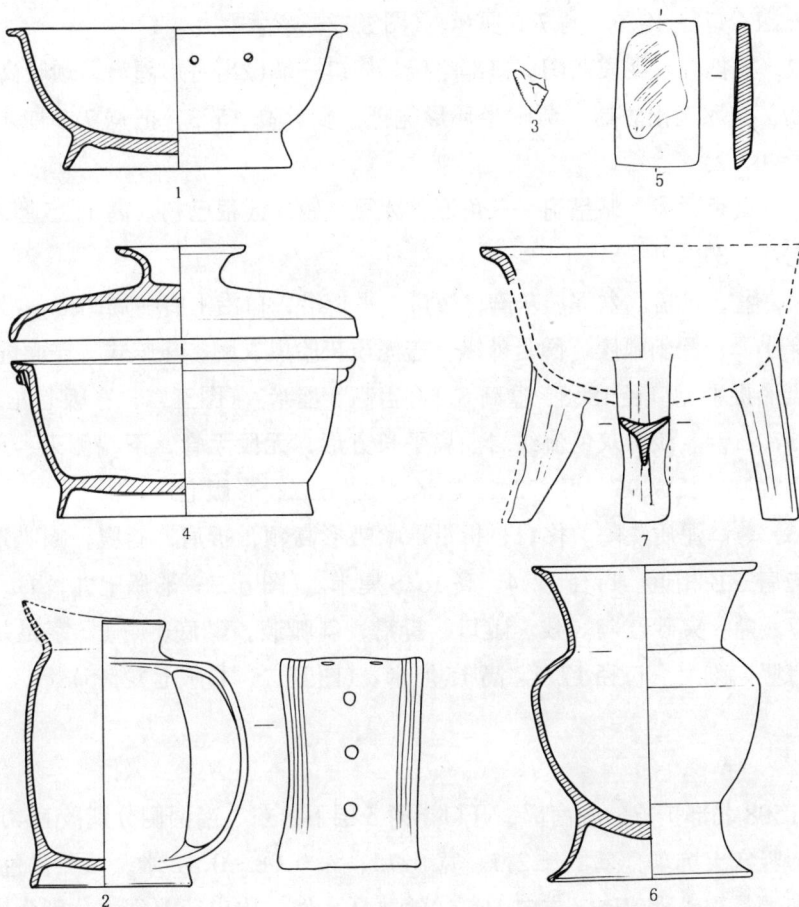

（3、5为1/2，余为1/4）

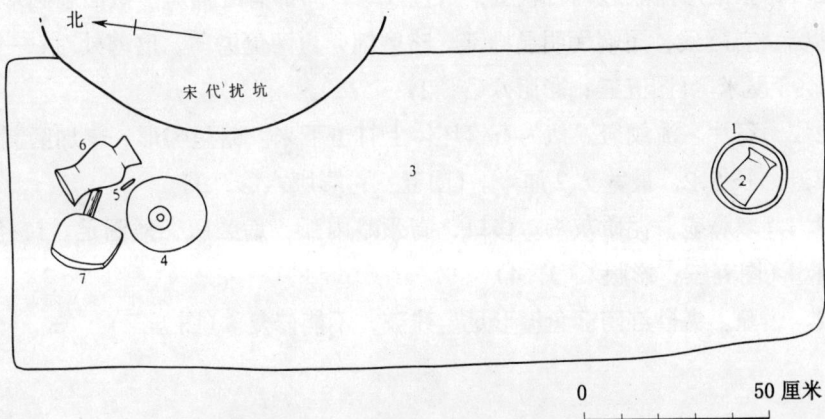

图五二　M41平面图及其出土器物

1.圈足盘　2.宽把杯　3.鲨鱼唇齿　4.盆　5.石锛　6.尊　7.鼎

孔，圈足外撇。口径 18.6、高 7.6 厘米。（图五二；彩版七九，1）

M41:2，宽把杯。泥质灰陶。口部略残。侈口一端做出舌形翘流，颈较高微束，筒形深腹略鼓，与翘流相对的一侧附半环形宽把。复原高 15.3、把宽 7.8 厘米。（图五二；彩版七九，2）

M41:3，鲨鱼唇齿。略呈扁平三角形，牙冠尖锐，牙根已朽。高 1.25 厘米。（图五二；彩版七八，3）

M41:4，盆，带盖。盆泥质灰陶，敞口，平折沿，口沿上有一周凹槽，沿下有对称的两个直穿小鼻，深斜弧腹，圈足外撇。盖泥质灰胎黑衣陶，斗笠式，盖面近平，边缘陡直，喇叭形捉手。口径 18.8、盆高 8.5、盖高 5 厘米。（图五二；彩版七九，3）

M41:5，石锛。淡青灰色流纹岩。扁平长方形，无段无脊，下端侧刃，刃口锋利，无明显使用痕迹。长 3.95、刃宽 2.25 厘米。（图五二；彩版七八，2）

M41:6，尊。泥质灰陶。侈口，折沿，喇叭形高领，折肩，斜腹，喇叭形高圈足。口、圈足与肩三径相近。口径 12.4、高 16.8 厘米。（图五二；彩版七九，4）

M41:7，鼎。夹砂红陶。残。敞口，折沿，斜弧腹，圜底，"T"字足足面下凹。足面上都有竖向刻道。口径 17.6、高 15 厘米。（图五二；彩版七九，5）

M42

位于 T508 北部扩方的中南部，开口于第 5 层下，东、南两侧分别被 M40、M38 打破。长方形竖穴土坑墓，墓坑长 2.1、宽 0.75、深 0.08～0.12 米，填黄褐色土。墓坑内没有发现葬具和人骨痕迹。方向 165°。随葬品 4 件，均出于北端，分别为玉锥形器、双鼻壶、鼎和石片各一件。（图五三；彩版八〇，1）

M42:1，玉锥形器。透闪石软玉，玉色浅绿，局部有红褐斑。截面扁圆形，器身一侧有一凹窝，首略残，尾端无明显榫部，略磨细，再两侧磨薄，磨薄处对钻一横向小穿孔。长 4.95 厘米。（图五三；彩版八〇，2）

M42:2，石片。流纹岩。似为石锛坯体上打击下来。略呈勺形，未加磨制，也无明显使用痕迹。长 5.2、最宽 2.2 厘米。（图五三；彩版八〇，3）

M42:3，双鼻壶。泥质灰陶。侈口，高颈略内弧，扁鼓腹，矮圈足。口径 8.5、高 13.5 厘米。（图五三；彩版八〇，4）

M42:4，鼎。夹砂红陶。鱼鳍形足。残破，不能修复。（图五三）

M43

位于 T504 与 T604 交界处中部，开口于第 3 层下，东西两侧分别被 M3、M23 打破，并打破第 5 层。长方形竖穴土坑墓，墓坑长 2.35、宽 0.7、深 0.15 米，填红褐色

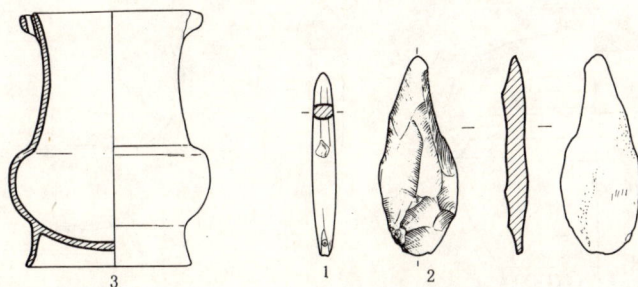

(1、2 为 1/2, 3 为 1/4)

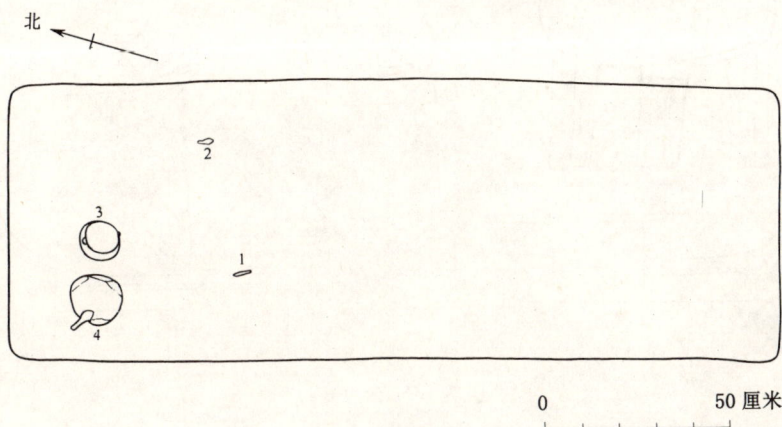

图五三 M42 平面图及其出土器物
1. 玉锥形器 2. 石片 3. 双鼻壶 4. 鼎

土夹杂红烧土颗粒。墓坑内没有发现葬具痕迹，人骨保存较差，仅存少量骨头残骸。方向168°。随葬品8件，圈足盘、宽把杯和双鼻壶各一件出于南面头前，玉锥形器出于胸部左侧，鼎、簋、圈足罐和盆各一件出于北面脚端。（图五四；彩版八○，5）

M43:1，圈足盘。泥质红褐胎黑衣陶，底与圈足夹细砂。敞口，折沿，浅弧腹，矮圈足。口径18.2、高4.7厘米。（图五四；彩版八一，1）

M43:2，宽把杯。杯泥质灰胎黑衣陶，侈口一端做出舌形翘流，短颈微束，筒形深腹略鼓，外腹部刻划写意的"云气"纹，与翘流相对的一侧附半环形宽把，把上端有两个小圆穿孔，其下为密集的竖向刻道共21道，矮圈足微外撇。盖泥质灰褐陶，一侧作舌形上翘与翘流相合，另一侧有两个小圆穿孔与宽把上的穿孔对应，小圈足形捉手。杯高13.2、把宽4.9厘米。（图五四；彩版八一，2）

M43:3，双鼻壶，带盖。泥质灰陶。壶口沿、颈部已残，扁鼓腹，圈足。盖斗笠

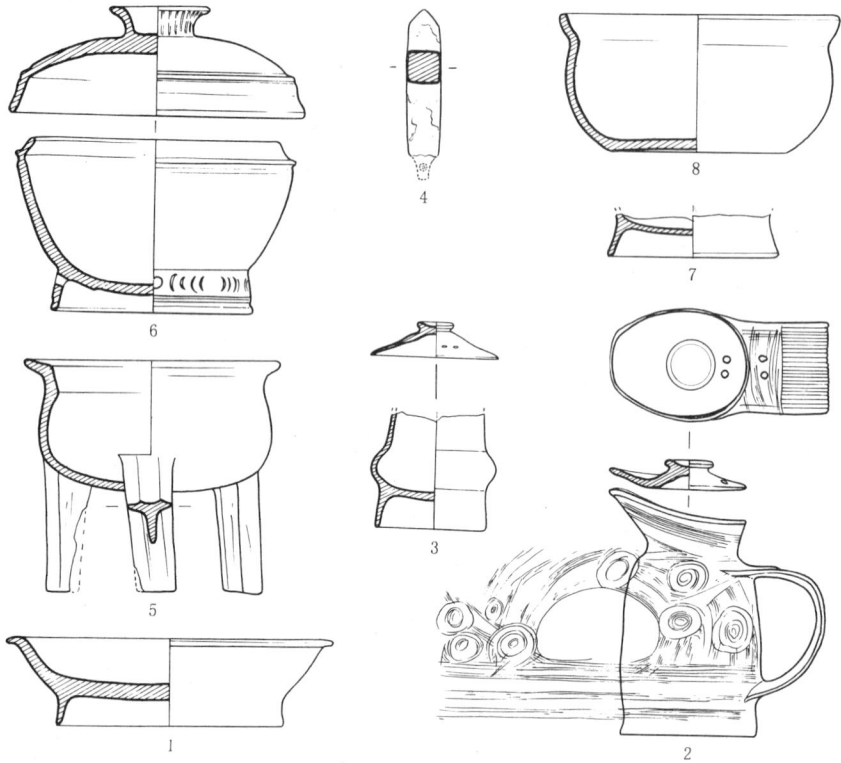

（4为1/2，余为1/4）

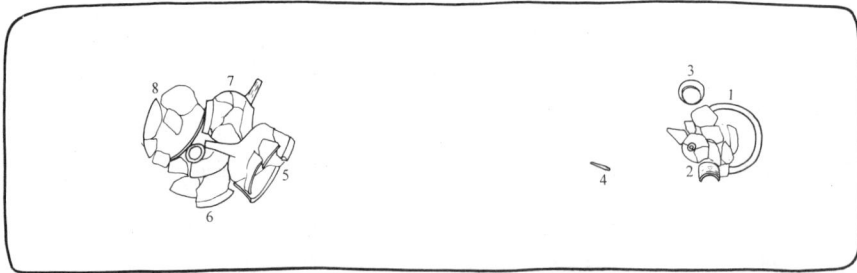

图五四　M43平面图及其出土器物

1.圈足盘　2.宽把杯　3.双鼻壶　4.玉锥形器　5.鼎　6.簋　7.圈足罐　8.盆

式，盖面一侧有两个小穿孔，圈足形捉手。残高6.3、盖高1.85厘米。（图五四）

M43∶4，玉锥形器。透闪石软玉，玉色黄白。受沁已朽。截面为扁方形。长4.6厘米。（图五四）

M43:5，鼎。夹砂红褐陶。侈口，宽平折沿，颈微束，斜弧腹，圜底，"T"字足足面下凹。足面上都有竖向刻道。口径 14.3、高 12.4 厘米。（图五四；彩版八一，3）

M43:6，簋，带盖。泥质灰胎黑衣陶。簋子母口微敛，斜弧腹，高圈足微撇。外沿有一周凹弦纹，圈足对称分布四个圆形镂孔，镂孔两侧饰以反向的月牙形戳印纹，其下又有一周凹槽。盖斗笠式，盖面圆弧，边缘折为斜直。折缘处有一周凸弦纹，喇叭形捉手部刻竖向刻道。口径 13.8、簋高 9.3、盖高 5.8 厘米。（图五四；彩版八一，4）

M43:7，圈足罐。泥质灰陶。仅存圈足。圈足外撇。底径 9.2 厘米。（图五四）

M43:8，盆。泥质灰陶。敞口，折沿，颈微束，弧腹，平底。口径 15.1、高 7.4 厘米。（图五四；彩版八一，5）

M44

位于 T504 和 T604 交界处偏东部，开口于第 3 层下，打破第 5 层，被 M7 打破。长方形竖穴土坑墓，墓坑长 2.48、宽 0.9、深 0.19 米，填红褐色土夹杂红烧土颗粒。墓坑内没有发现葬具和人骨痕迹。方向 168°。随葬品 15 件，圈足盘、宽把杯、玉锥形器各一件、双鼻壶两件及玉珠三颗出于南端，纺轮、尊、簋、盆、鼎、双鼻壶、玉锥形器各一件出于腿脚部至北面脚端。（图五五；彩版八二，1）

M44:1，双鼻壶。泥质红褐陶。侈口，外沿有两个对称的直穿小鼻，高颈，扁腹，圈足微外撇。口径 7.2、高 12.6 厘米。（图五五）

M44:2，宽把杯。泥质灰胎黑衣陶。侈口一端做出箕形翘流，颈微束，筒形深腹，外腹部从上到下有五周凸弦纹，与翘流相对的一侧附半环形宽把，把上端有两个小圆穿孔，其下左右两侧各有一组竖向刻道，矮圈足微外撇。杯高 13.7、把宽 5 厘米。（图五五；彩版八三，1）

M44:3，玉珠。透闪石软玉，玉色黄白。受沁已朽蚀。扁圆柱形。直径 1.1、高 0.9 厘米。（图五五）

M44:4，双鼻壶，带盖。泥质灰胎黑衣陶。壶侈口，高颈，扁腹，圈足略高外撇。盖高喇叭形捉手。口径 7、壶高 11.5、盖高 3 厘米。（图五五；彩版八三，3）

M44:5，圈足盘。泥质灰胎黑皮陶。敞口，折沿，斜弧腹，圈足外撇。口径 21.3、高 7.15 厘米。（图五五；彩版八三，2）

M44:6，玉珠。透闪石软玉，略有沁蚀。鼓腰。直径 0.95、高 1.25 厘米。（图五五；彩版八二，2）

M44:7，玉锥形器。透闪石软玉，玉色青灰，上有褐色沁斑。截面呈不规则圆形，首尖锐，尾端有小榫，榫上有一对钻的横向小穿孔。长 6.8 厘米。（图五五；彩版八二，4）

（3、6～10为1/2，余为1/4）

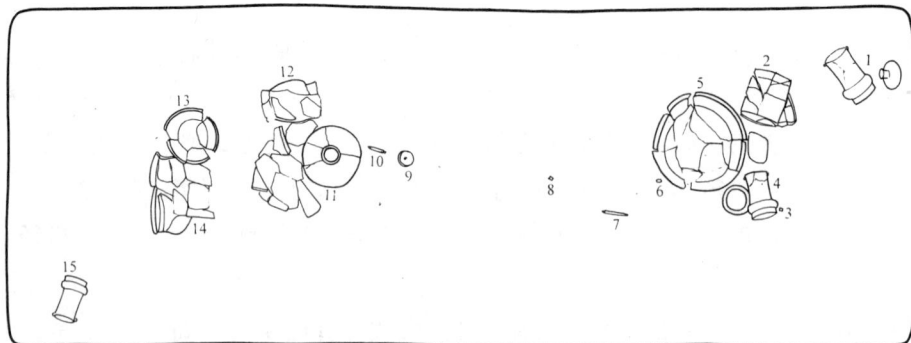

图五五　M44平面图及其出土器物

1、4、15.双鼻壶　2.宽把杯　3、6、8.玉珠　5.圈足盘　7、10.玉锥形器　9.纺轮　11.簋　12.尊　13.
盆　14.鼎

M44:8，玉珠。透闪石软玉，玉色黄白。不规则圆柱形。直径1.05、高1厘米。（图五五；彩版八二，3）

M44:9，纺轮。泥质黑陶。扁平圆形，中腰略鼓，中央有一小圆穿孔。一面穿孔外侧有六周细同心圆旋纹。直径4.05、厚1.05厘米。（图五五；彩版八三，5）

M44:10，玉锥形器。透闪石软玉，玉色青白，有黄色斑块。器形较短。截面呈圆形，首尖锐，尾端有小榫，榫上有一对钻的横向小穿孔。长4.25厘米。（图五五；彩版八二，5）

M44:11，簋，带盖。泥质灰胎黑衣陶。簋子母口微敛，外沿有三个均衡分布的直穿小鼻，深斜弧腹，圈足外撇。盖斗笠式，边缘略折，喇叭形捉手。口径15、簋高10.2、盖高4.3厘米。（图五五；彩版八四，1）

M44:12，尊。泥质灰陶。侈口，斜领，折肩，斜弧腹，圈足外撇。口径9.6、高14.9厘米。（图五五；彩版八四，2）

M44:13，盆。泥质灰胎黑衣陶。盘口，外沿内凹，束颈，鼓腹，平底。腹中部有两周凹槽。口径14、高9.6厘米。（图五五；彩版八三，6）

M44:14，鼎。夹砂红褐陶，器表涂有黑褐色陶衣。侈口，宽折沿，束颈，鼓腹，圜底，"T"字足较宽，足面下凹。足面上都有竖向刻道。口径15.7、高16.8厘米。（图五五；彩版八四，3）

M44:15，双鼻壶，带盖。泥质灰陶。壶侈口，高颈，扁腹，圈足略高外撇。盖，圈足形捉手。口径7.4、壶高11.2、盖高2.5厘米。（图五五；彩版八三，4）

M45

位于T505西南部，开口于第3层下，墓坑北端被晚期扰坑打破，东南角被M10打破，打破第5层，并打破M46。长方形竖穴土坑墓，墓坑残长1.81、宽0.76、深0.08～0.12米，填红褐色土夹杂红烧土颗粒。墓坑内没有发现葬具和人骨痕迹。方向165°。随葬品3件，分别为簋、罐和鼎，均出于北端。（图五六；彩版八五，1、2）

M45:1，簋，带盖。泥质灰胎黑衣陶。簋子母口微敛，外沿有两个对称的直穿小鼻，斜弧腹，矮圈足微外撇。盖斗笠式，边缘平折，高喇叭形捉手。口径13.2、簋高6.8、盖高13.5厘米。（图五六；彩版八五，3）

M45:2，罐。泥质红褐陶。残，仅存口沿与上腹部。侈口，竖领，弧鼓腹。口径9.2、残高8.3厘米。（图五六）

M45:3，鼎。夹砂红陶。残碎。

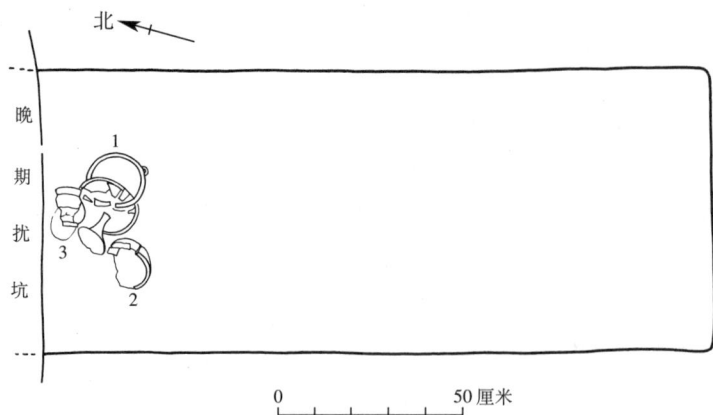

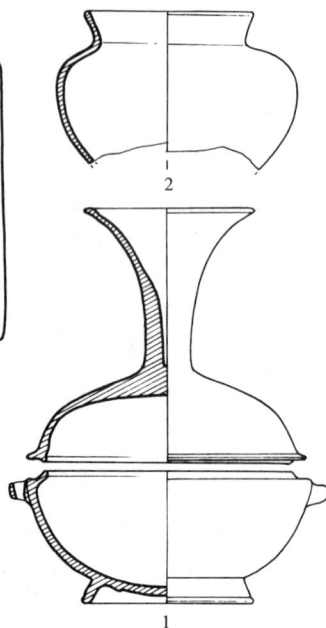

图五六　M45 平面图及其出土器物

1. 簋　2. 罐　3. 鼎

（均为 1/4）

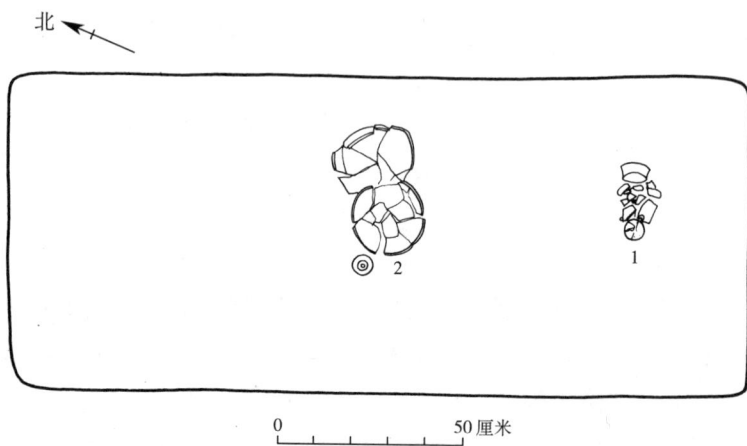

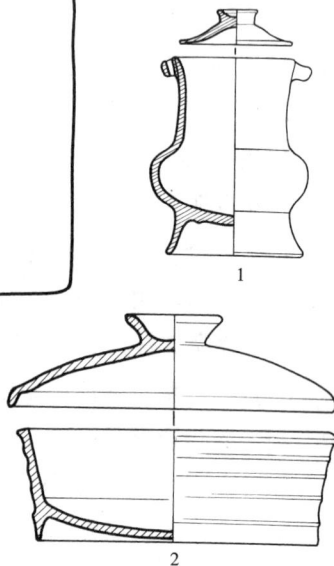

图五七　M46 平面图及其出土器物

1. 双鼻壶　2. 盒

（均为 1/4）

M46

位于 T505 西南部，开口于第 3 层下，打破第 5 层，东西两侧分别被 M45、M10 与 M4、M20 打破。长方形竖穴土坑墓，墓坑长 2.02、宽 0.84、深 0.13 米，填红褐色土夹杂红烧土颗粒。墓坑内没有发现葬具和人骨痕迹。方向 160°。随葬品 2 件，双鼻壶出于南面头前，盒出于胸腹部。(图五七；彩版八六，1、2)

M46:1，双鼻壶，带盖。泥质灰胎黑衣陶。壶侈口，高颈略内弧，扁鼓腹，圈足略高外撇。盖圈足形捉手。口径 6.6、壶高 10.6、盖高 1.9 厘米。(图五七；彩版八六，3)

M46:2，盒，带盖。盒泥质灰黄胎黑皮陶，敞口，圆唇，腹壁较直，与圈足连为一体，腹部从上到下有五周凸棱。盖泥质灰陶，斗笠式，喇叭形捉手。口径 17.4、盒高 6、盖高 5 厘米。(图五七；彩版八六，4)

M47

位于 T505 与 T605 交界处的中部，开口于第 3 层下，被 M10 打破，打破第 5 层。长方形竖穴土坑墓，墓坑长 2.49、宽 0.87、深 0.46 米，填红褐色土夹杂红烧土颗粒。墓坑内没有发现葬具和人骨痕迹。方向 163°。随葬品 11 件，两件双鼻壶和圈足盘、玉珠出于南面头前，玉锥形器出于胸部左侧，纺轮、圈足罐、鼎、石"耘田器"各一件和簋两件出于北端。(图五八；彩版八七，1、2)

M47:1，双鼻壶，带盖。泥质灰陶。壶侈口，高颈，扁鼓腹，矮圈足。盖喇叭形捉手纽。口径 7.8、壶高 13.3、盖高 3 厘米。(图五八；彩版八八，5)

M47:2，双鼻壶。泥质灰陶。残破不能修复。(图五八)

M47:3，圈足盘。泥质灰胎黑皮陶。敞口，折沿，上腹较直，一侧有两个小圆穿孔，下腹内折，矮圈足外撇。口径 15.7、高 5.9 厘米。(图五八；彩版八八，4)

M47:4，玉珠。透闪石软玉，玉色青白。直径 0.9、高 0.35~0.5 厘米。(图五八；彩版八八，1)

M47:5，玉锥形器。透闪石软玉，玉色黄白。受沁断裂，表皮略有剥落。形体略长。截面近圆形，首尖，尾端有小榫，榫上有一对钻的横向小穿孔。长 8.2 厘米。(图五八；彩版八八，2)

M47:6，纺轮。泥质黑褐陶。扁平圆形，一面略宽，截面呈梯形，中央有一小圆穿孔。直径 5.3、厚 1.4 厘米。(图五八；彩版八八，3)

M47:7，簋，带盖。泥质灰胎黑衣陶。簋子母口微敛，外沿有两个对称的横穿小鼻，深斜腹，圈足较高外撇。下腹部有五周宽凹弦纹，圈足上有三周凹槽，内有错位的三行小圆穿孔。盖斗笠式，边缘略折，喇叭形捉手。盖面上有数周同心圆旋纹。口径 18、簋高 10.75、盖高 8.1 厘米。(图五八；彩版八八，6)

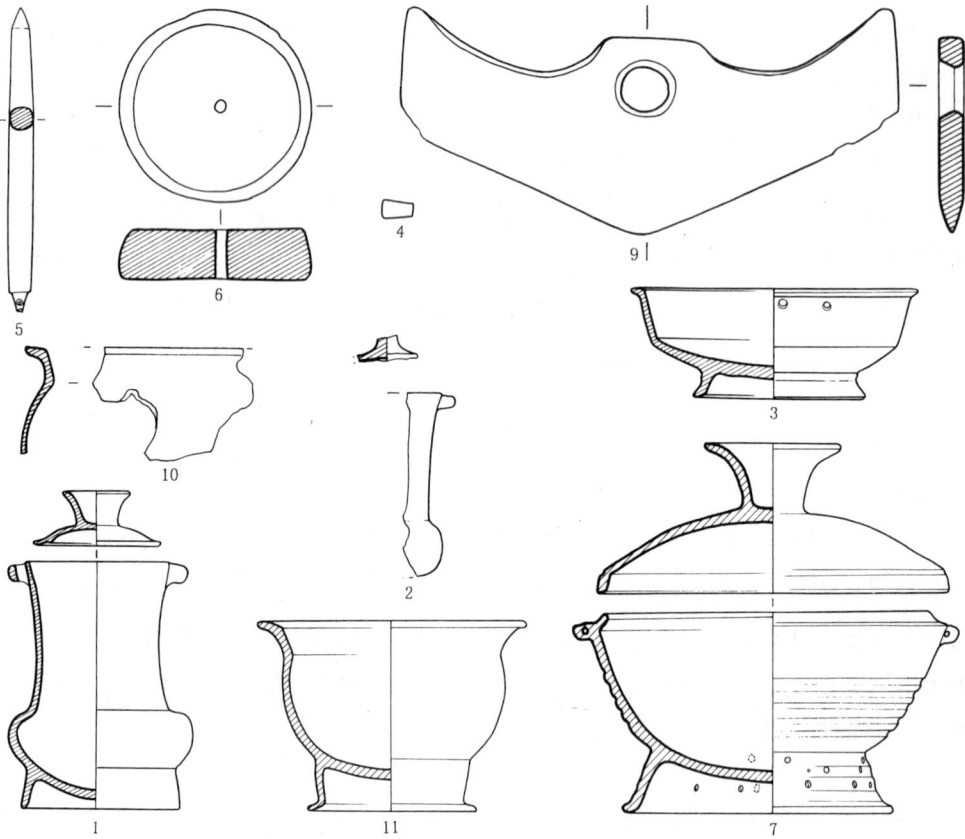

（4～6、9 为 1/2，余为 1/4）

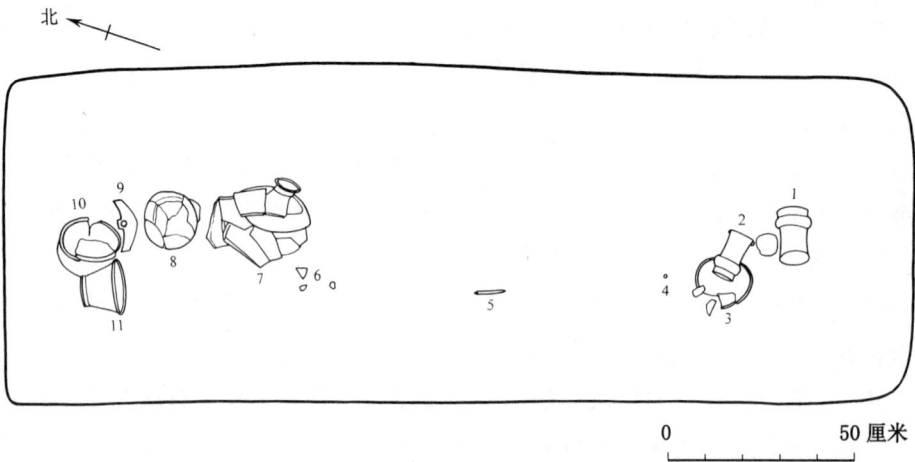

图五八　M47 平面图及其出土器物

1、2.双鼻壶　3.圈足盘　4.玉珠　5.玉锥形器　6.纺轮　7、11.簋　8.圈足罐　9.石"耘田器"　　10.鼎

M47:8，圈足罐。泥质灰陶。残碎，形制不明。

M47:9，石"耘田器"。灰色凝灰岩。受沁已朽。整器如展开双翼的飞鸟，刃部呈"V"字形，双面刃，上部中央有一方形凸块，两侧后掠如飞翼，两翼高于中央凸块，凸块下有一两面对钻的圆孔。通高 6.15、两翼宽 13.2、孔径 1.65 厘米。（图五八）

M47:10，鼎。夹砂红陶。残破，仅存部分口沿。（图五八）

M47:11，簋。夹砂红陶，器表涂有一层红衣。敞口，宽平折沿，深弧腹渐收，圈足下平折。口径 15、高 10.1 厘米。（图五八；彩版八八，7）

M48

位于 T505 西南角，开口第 3 层下，被 M19 打破，打破第 5 层和 M54、M52，叠压 H12。长方形竖穴土坑墓，墓口长 2.18、宽 0.87~1、墓底长 2.1、宽 0.8~0.87、深 0.28~0.3 米，填红褐色土夹红烧土颗粒。没有发现葬具痕迹和人骨。方向 168°。随葬品 13 件，圈足盘、双鼻壶、壶各一件出于南端头前，石钺、石锛、石镞与玉管出在胸部至腿脚部，簋、鼎、盆、圈足罐出在北面脚端。（图五九 A；彩版八九，1、2）

M48:1，圈足盘。泥质灰胎黑皮陶。敞口，方唇，上腹较直，上部一侧有两个小圆穿孔，下腹内折，矮圈足微撇。腹部有两周宽凹弦纹。口径 21、高 6.9 厘米。（图五九 B；彩版九一，1）

M48:2，双鼻壶，带盖。壶泥质灰胎黑皮陶，侈口，外沿有两个对称的直穿小鼻，高颈，扁鼓腹，矮圈足。盖泥质灰黄胎黑皮陶，盖面近平，喇叭形捉手。口径 6.1、壶

图五九 A　M48 平面图

1. 圈足盘　2. 双鼻壶　3. 壶　4. 石钺　5. 玉管　6. 石锛　7~9. 石镞　10. 簋　11. 鼎　12. 盆　13. 圈足罐

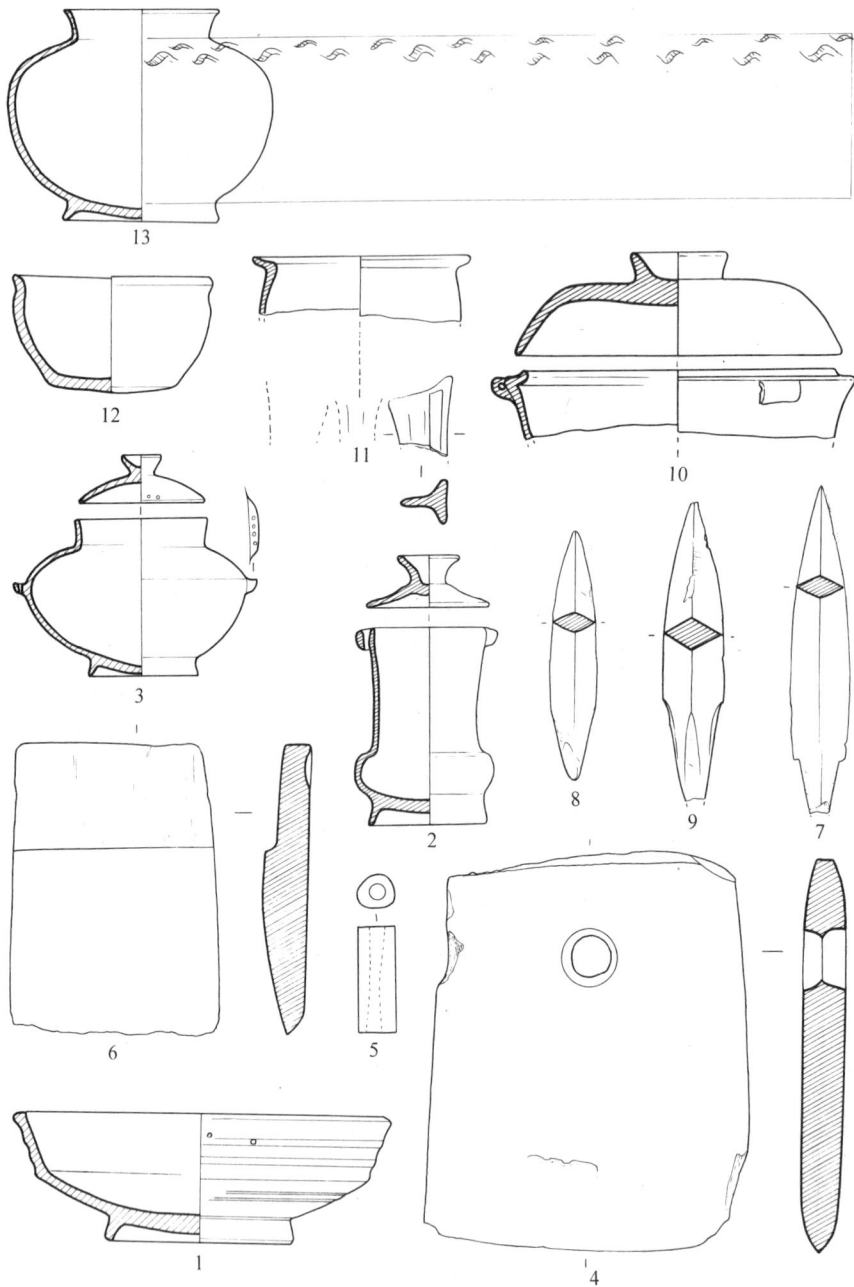

图五九 B　M48 出土器物（4~9 为 1/2，余为 1/4）

高 10.4、盖高 2.8 厘米。（图五九 B；彩版九一，2）

　　M48:3，壶，带盖。泥质灰黄陶。壶直口，低领，扁折腹，矮圈足。折腹处饰对称

的鸡冠状小錾。口径 7.5、壶高 8.4、盖高 2.6 厘米。(图五九 B;彩版九一,4)

M48:4,石钺。淡青绿色蚀变凝灰岩。器形规整。扁平长方形,顶端略弧,两侧边一边近直,一边微内弧,刃部略宽,刃角明显。刃部微弧,刃口锋利,两端有崩缺痕迹。上部有一双面管钻的钻孔。通高 10.65、宽 8.85、孔径 1.55 厘米。(图五九 B;彩版九○,5)

M48:5,玉管。叶蜡石,玉色红褐。形体较细长。圆柱形。直径 1、高 2.85 厘米。(图五九 B;彩版九○,1)

M48:6,石锛。淡青灰色流纹岩。器表受沁剥落。长方形,一面起段,作台阶状,段位于锛体三分之一处,下端侧刃。长 7.8、刃宽 5.8 厘米。(图五九 B;彩版九○,6)

M48:7,石镞。凝灰岩。翼弧边长三角形,截面呈菱形,铤部明显、约占全器的四分之一,底端磨削略呈扁圆形。残长 8.8、铤长 1.45 厘米。(图五九 B;彩版九○,2)

M48:8,石镞。凝灰岩。柳叶形,截面呈菱形,翼铤分界不明显,铤部略磨薄。长 6.6 厘米。(图五九 B;彩版九○,3)

M48:9,石镞。凝灰岩。翼弧边长三角形,截面呈菱形,铤部明显、约占全器的三分之一,底端磨削略呈圆形。长 8.1、铤长 2.6 厘米。(图五九 B;彩版九○,4)

M48:10,簋,带盖。泥质灰胎黑皮陶。簋子母口,外沿设三个横穿小鼻,斜弧腹,下部已残。盖圈足纽斗笠式。口径 16.9、簋残高 3.7、盖高 5.6 厘米。(图五九 B)

M48:11,鼎。夹砂红陶。侈口,折沿,"T"字足,足面略下凹。(图五九 B)

M48:12,盆。泥质灰陶。敞口,圆唇,束颈,弧腹,平底。口径 11、高 6.2 厘米。(图五九 B;彩版九一,3)

M48:13,圈足罐。泥质黄胎黑皮陶,黑皮大多已脱落。侈口,竖领,略束颈,扁圆鼓腹,矮圈足外撇。肩部有上下两组填线变体鸟纹。口径 8.6、高 11.5 厘米。(图五九 B;彩版九一,5)

M49

位于 T506 东南部,开口于第 2 层下,被 M27 打破,打破第 5 层。长方形竖穴土坑墓,墓坑长 2.52、宽 1.02、深 0.1 米,填灰褐色土。发现使用葬具的板灰痕迹,为长方形棺,棺长 2.24、宽 0.79 米。人骨已朽。方向 167°。随葬品 13 件,双鼻壶、宽把杯和圈足盘、玉锥形器、玉珠各一件和两件石钺出于胸部至腿脚部,两件平底罐和三足盘、鼎、石镞、石锛各一件出于北面脚端。(图六○ A;彩版九二,1)

M49:1,双鼻壶。泥质灰胎黑皮陶。侈口,高颈,扁鼓腹,圈足微外撇。口径 6.8、高 10.7 厘米。(图六○ B;彩版九三,5)

M49:2,宽把杯。泥质灰胎黑皮陶。侈口略残,一端做出舌形翘流,流下有一鸟喙

图六〇 A　M49 平面图

1. 双鼻壶　2. 宽把杯　3. 圈足盘　4. 玉锥形器　5. 玉珠　6、7. 石钺　8. 石锛　9、13. 平底罐　10. 三足盘
11. 石镞　12. 鼎

状尖突，颈微束，筒形深腹略鼓，与翘流相对的一侧附半环形宽把，把上端有两个小圆穿孔，其下为密集的竖向刻道，腹部以宽把与翘流为中轴左右对称刻划以圆涡纹与弧线组合的"云气纹"，圈足微外撇。高 12.2、把宽 5.8 厘米。（图六〇 B；彩版九三，6）

M49:3，圈足盘。泥质灰胎黑皮陶。敞口，折沿，上腹斜直，一侧有两个小圆穿孔，下腹内折，矮圈足外撇。口径 19、高 7.1 厘米。（图六〇 B；彩版九四，1）

M49:4，玉锥形器。透闪石软玉，玉色青黄。器形规整。截面方形，首尖，尾端有小扁榫，榫上有一对钻的横向小穿孔。长 5.8 厘米。（图六〇 B；彩版九二，2）

M49:5，玉珠。3 颗。叶蜡石。均鼓腰。直径约 0.8、高 0.9~1 厘米。（图六〇 B；彩版九二，3）

M49:6，石钺。青色凝灰岩。扁平长方形，顶端较平直，一角崩缺，磨制略粗糙，两侧边斜直，刃部略宽，刃角明显。刃部略圆弧，刃口锋利，有细密的使用崩缺痕迹。上部有一单面管钻的钻孔。通高 13.5、刃宽 11.8、孔径 2.05 厘米。（图六〇 B；彩版九三，1）

M49:7，石钺。黑色硅质板岩。长方形，顶端微弧，两角裁割成窄肩状。两侧边斜直，刃角明显，刃角处起脊，两刃角间最宽。刃部近直，双面刃开锋，有明显的使用崩

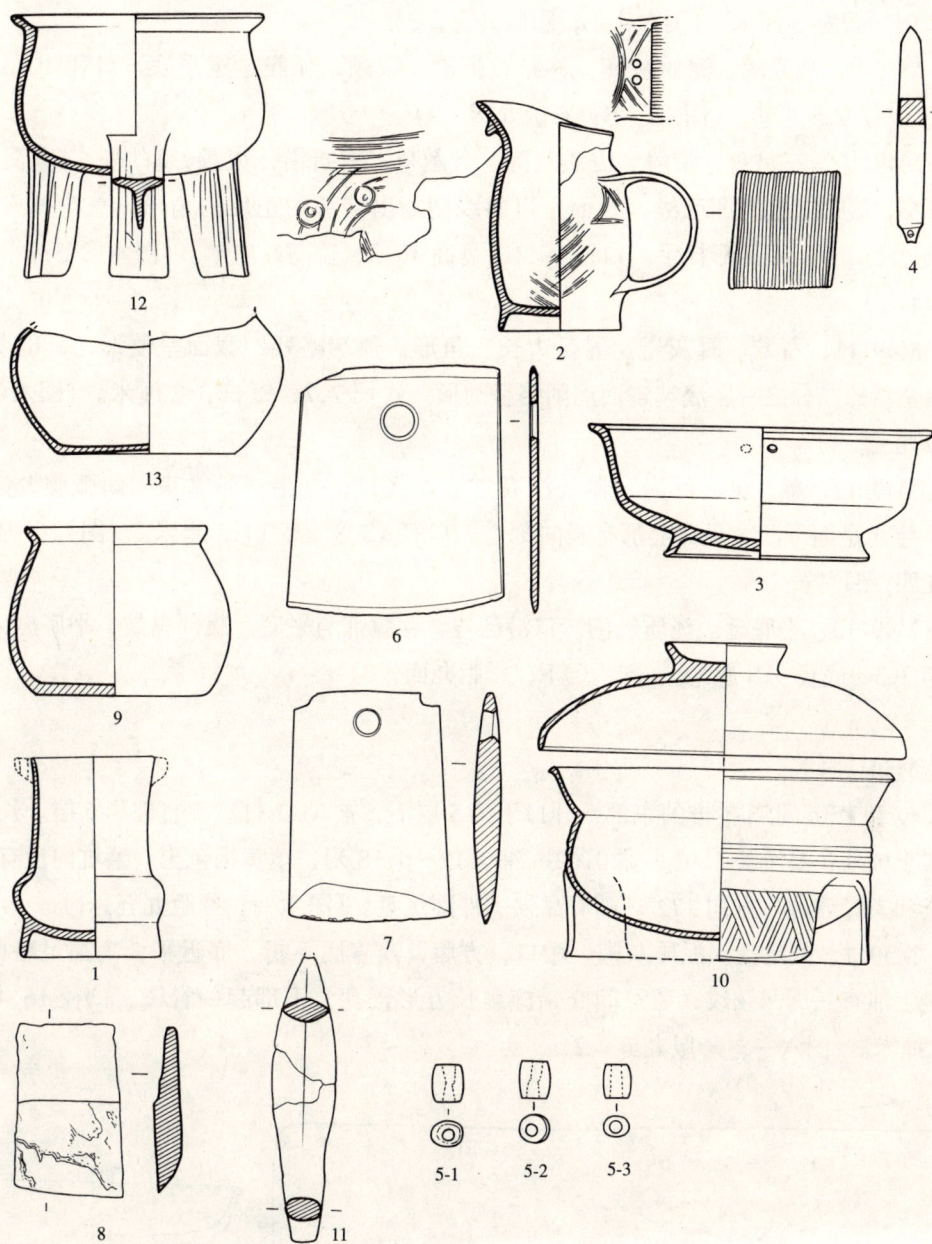

图六〇 B　M49 出土器物（4、5、8、11 为 1/2，余为 1/4）

　　缺痕迹。上部有一双面钻钻孔，一面管钻较深，孔壁上有明显的螺旋纹，另一面以实心钻碾通。通高 12.4、刃宽 8.9、孔径 1.7 厘米。（图六〇 B；彩版九三，2）

　　M49:8，石锛。淡青色流纹岩。受沁器表有剥落。扁平长方形，一面起段，作台阶状，段位于锛体二分之一处，下端斜侧刃，刃口锋利，有使用崩缺痕迹。长 4.65、段

长 2.05、刃宽 3 厘米。(图六〇 B；彩版九三，3)

M49:9，平底罐。泥质灰陶。侈口，折沿，束颈，弧腹，宽平底。口径 10.2、高 9.1、底径 9.5 厘米。(图六〇 B；彩版九四，2)

M49:10，三足盘，带盖。泥质灰陶。盘敞口，宽折沿，束颈，直腹，三宽瓦足上宽下窄，腹部有五周凹弦纹，足面上以斜线刻划出交替的正反三角形。盖斗笠式，面弧，边缘斜直，圈足形捉手。口径 19.1、盘高 10.3、盖高 6 厘米。(图六〇 B；彩版九四，4)

M49:11，石镞。凝灰岩。翼弧边长三角形，顶端略残，截面呈菱形，铤部明显、约占全器的二分之一，底端多面磨削略呈圆形。残长 7.7、铤长 3.2 厘米。(图六〇 B；彩版九三，4)

M49:12，鼎。夹砂红陶，器表涂有红衣。侈口，折沿，颈微束，斜弧腹，圜底，"T"字足足面下凹。足面上都有竖向刻道。口径 13.8、高 14.2 厘米。(图六〇 B；彩版九四，5)

M49:13，平底罐。泥质红陶。口沿已残，存腹部与平底。腹部扁鼓，平底微内凹。残高 7.3、底径 9.8 厘米。(图六〇 B；彩版九四，3)

M50

位于 T508 北部扩方的东部，开口于第 5 层下，被 M41 打破，打破第 6 层。长方形竖穴土坑墓，墓坑长 1.91、宽 0.62、深 0.12～0.18 米，填黄褐色土。墓坑内没有发现葬具和人骨痕迹。方向 172°。随葬品仅一件圈足盘。(图六一；彩版九五，1)

M50:1，圈足盘。泥质灰陶。敞口，方唇，浅直腹下折，底近平，高圈足略内凹。圈足上部有三周凹弦纹，弦纹间交错施扁长方形镂孔，下部起一脊棱。口径 16.4、高 6.5 厘米。(图六一；彩版九五，2)

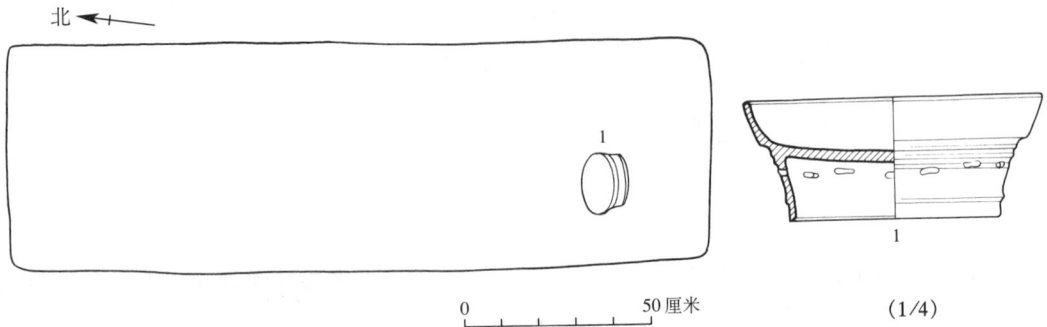

北

0　　　　　　50 厘米

(1/4)

图六一　M50 平面图及其出土器物

1. 圈足盘

M51

位于 T507 南部，南面进入 T607 北隔梁，开口于第 5 层下，西侧被 M32 叠压，打破第 6 层及东面早期土台。长方形竖穴土坑墓，墓坑长 2.17、宽 0.8、深 0.1～0.16 米，填灰褐色土。墓坑内没有发现葬具和人骨痕迹。方向 168°。随葬品 3 件，分别为圈足盘、鼎和尊，均出于北面脚端部位。（图六二；彩版九六，1）

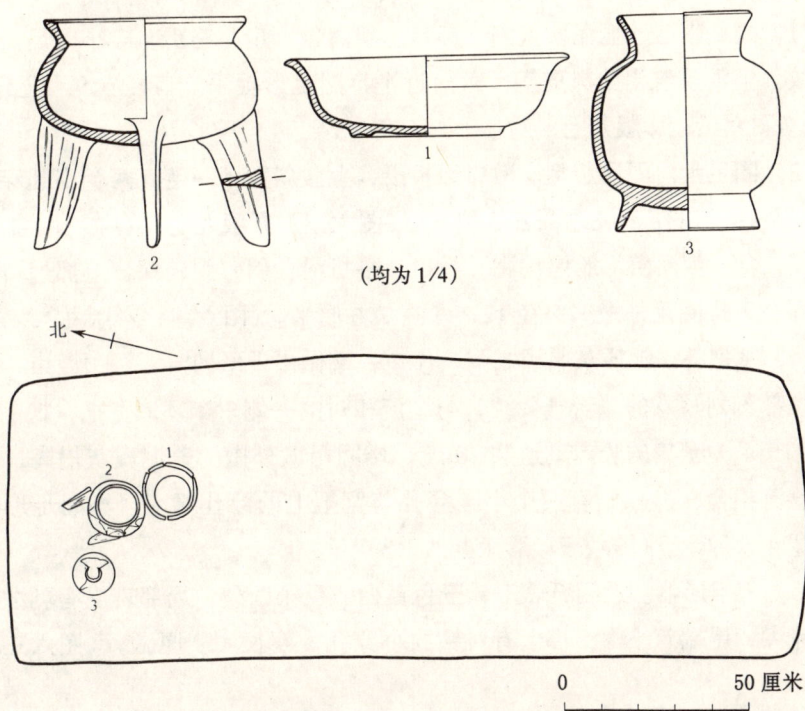

（均为 1/4）

图六二　M51 平面图及其出土器物
1. 圈足盘　2. 鼎　3. 尊

M51:1，圈足盘。泥质灰胎黑皮陶。敞口，折沿，浅弧腹一侧上部有两个小圆穿孔，矮圈足，足面较宽，施一周宽凹槽后呈双圈状。口径 15.6、高 4.2 厘米。（图六二；彩版九六，2）

M51:2，鼎。夹砂红陶，器表涂有一层红衣。侈口，沿面有一小平台，束颈，扁鼓腹，圜底近平，侧装鱼鳍形足足尖外撇，外足面略宽。口径 11.2、高 12.3 厘米。（图六二；彩版九六，3）

M51:3，尊。泥质灰黄胎黑皮陶。侈口，斜领，深弧腹，圈足外撇。此器领部与圈足径、高相当，腹变深，有较明显的肩部。口径 7.6、高 11.7 厘米。（图六二；彩版九六，4）

M52

位于 T504、T604、T505 与 T605 四探方交界处，开口于第 3 层下，被 M12 与 M48 打破，打破第 5 层。长方形竖穴土坑墓，墓坑长 2.16、宽 0.85 米，填红褐色土夹杂红烧土颗粒。墓坑内没有发现葬具和人骨痕迹。方向 160°。随葬品 10 件，壶、圈足盘、盆、宽把杯和一件玉锥形器出于南端，尊、簋、鼎、盆和纺轮各一件出于北面脚端。（图六三；彩版九七，1）

M52:1，壶，带盖。壶泥质灰陶，侈口，斜高领，扁腹略折，矮小圈足。折腹处有两周凹弦纹。盖泥质红褐胎黑皮陶，盖沿近平，圈足形捉手。口径 6.9、壶高 9、盖高 2.4 厘米。（图六三；彩版九七，3）

M52:2，圈足盘。泥质灰陶。敞口，折沿，上腹斜直，一侧有两个小圆穿孔，下腹内折，圈足外撇。口径 21.8、高 6.3 厘米。（图六三；彩版九七，4）

M52:3，盆。泥质黄褐胎黑皮陶。敞口，平折沿，斜直腹较深，上部近口处一侧有两个小圆穿孔，矮圈足外撇。口径 12.5、高 7.6 厘米。（图六三；彩版九八，1）

M52:4，宽把杯。泥质灰胎黑衣陶。侈口一端做出舌形翘流，短颈微束，筒形深腹略鼓，外腹部刻划写意的"云气"纹，与翘流相对的一侧附半环形宽把，把上端有两个小圆穿孔，其下为密集的竖向刻道共 20 道，矮圈足微外撇。盖泥质灰褐陶，一侧作舌形上翘与翘流相合，另一侧有两个小圆穿孔与宽把上的穿孔对应，小圈足形捉手。高 12.8、把宽 4.9 厘米。（图六三；彩版九八，3）

M52:5，玉锥形器。透闪石软玉，玉色黄白。受沁断裂，局部表皮有剥蚀。截面扁方形，首钝尖，尾端有小榫，榫上有对钻的小穿孔。残长 4.9 厘米。（图六三；彩版九七，2）

M52:6，尊。泥质灰胎黑衣陶。侈口，折沿，高领，弧溜肩，深弧腹，高圈足外撇。圈足上有三个椭圆形小穿孔。肩径略大于口径与圈足径。口径 11.3、高 16.3 厘米。（图六三；彩版九八，5）

M52:7，簋，带盖。泥质灰胎黑衣陶。簋子母口微敛，外沿有两个对称的直穿小鼻，斜弧腹，圈足外撇。盖斗笠式，喇叭形捉手。口径 15.1、簋高 8.6、盖高 6.4 厘米。（图六三；彩版九八，6）

M52:8，鼎。夹砂红褐陶，有黑色陶衣。侈口，卷沿，弧腹，圜底较平，圆锥形鼎足。一鼎足上方有一扁方形宽錾。口径 14.3、高 11.1 厘米。（图六三；彩版九八，4）

M52:9，盆。泥质灰黄胎黑皮陶。敞口，折沿，束颈，深直腹，宽平底。口径 16.4、高 10.3 厘米。（图六三；彩版九八，2）

M52:10，纺轮。泥质灰黑陶。扁平圆形，中间略鼓，中央有一小圆穿孔。孔外侧有一周细旋纹。直径 4、厚 1 厘米。（图六三；彩版九七，5）

（5、10 为 1/2，余为 1/4）

北

图六三　M52 平面图及其出土器物

1. 壶　2. 圈足盘　3、9. 盆　4. 宽把杯　5. 玉锥形器　6. 尊　7. 簋　8. 鼎　10. 纺轮

M53

位于 T507 北部扩方的中部，开口于第 2 层下，被 M24 和马桥文化 H10 打破，打破第 5 层和 M59。长方形竖穴土坑墓，墓坑长 2.15、宽 0.72、深 0.08～0.13 米，填灰褐色土。墓坑内没有发现葬具和人骨痕迹。方向 180°。随葬品仅一件簋，出于南面头前。（图六四；彩版九九，1）

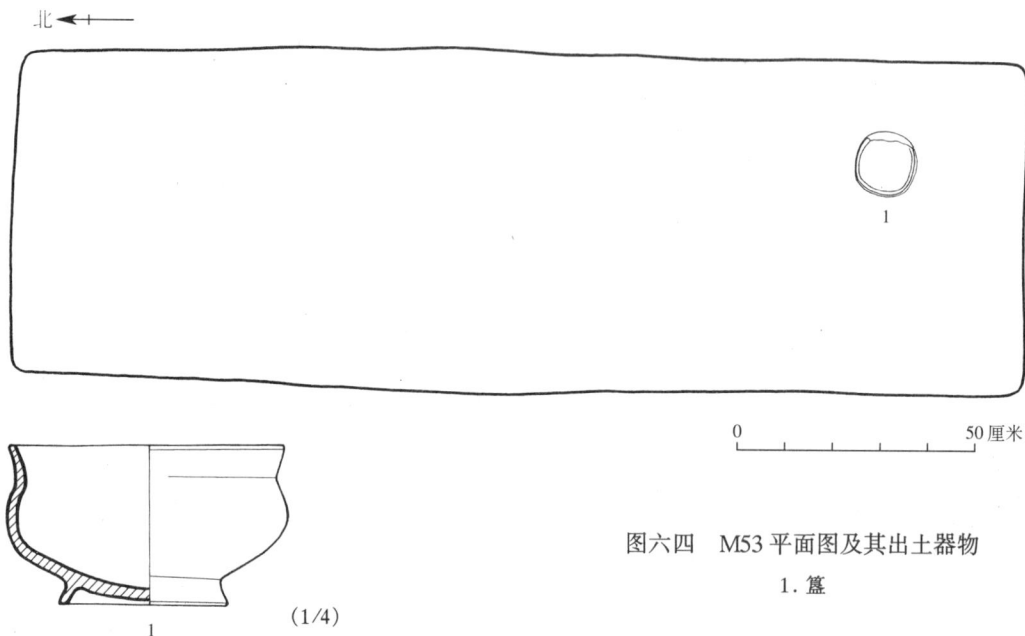

图六四　M53 平面图及其出土器物
1. 簋

M53:1，簋。泥质灰陶。敞口，折沿，束颈，扁鼓腹，矮小圈足外撇。口径 11.8、高 6.8 厘米。（图六四；彩版九九，2）

M54

位于 T505 西南部，开口于第 5 层下，被 M18、M19 和 M48 打破，打破第 6 层和 H12。长方形竖穴土坑墓，墓坑长 2.19、宽 0.84、深 0.1～0.19 米，填红褐色土夹杂红烧土颗粒。墓坑内没有发现葬具痕迹，人骨保存较差，仅见少量残骸。方向 165°。随葬品 15 件，两件双鼻壶和圈足盘、玉珠、玉串饰、石钺出于墓主肩部右侧，玉锥形器、玉坠与两颗玉珠出于腰腹部，簋、盆、鼎、纺轮、尊出于北面脚端。一件由 70 颗玉珠组成的玉串饰出于脚端陶盆右侧。（图六五 A；彩版一〇〇，1、2）

M54:1，玉珠。叶蜡石，玉色红褐。扁圆柱形。直径 0.75、高 0.45 厘米。（图六五 B；彩版一〇一，1）

M54:2，玉串饰。由 3 颗珠、3 颗管组串而成。均为叶蜡石，玉色红褐。玉珠扁柱

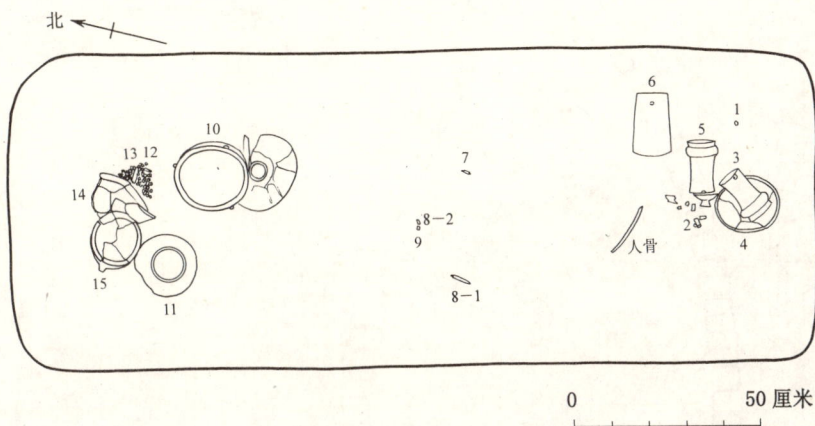

图六五 A　M54 平面图

1、9. 玉珠　2、12. 玉串饰　3、5. 双鼻壶　4. 圈足盘　6. 石钺　7. 玉坠　8-1. 玉锥形器　8-2. 玉套管
10. 簋　11. 尊　13. 纺轮　14. 盆　15. 鼎

形，玉管圆柱形。直径 0.8~1.5、高 0.55~2.3 厘米。(图六五 B；彩版一〇一，2)

M54:3，双鼻壶，带盖。泥质灰黄胎黑皮陶。壶侈口，外沿有两个对称的直穿小鼻，高颈中间略内弧，扁鼓腹，圈足外撇，圈足与腹高度相当。盖面一侧有两个小穿孔，喇叭形捉手。口径 6.7、壶高 12.3、盖高 3.7 厘米。(图六五 B；彩版一〇二，1)

M54:4，圈足盘。泥质灰胎黑皮陶。敞口，折沿，上腹较直，上部一侧有两个小圆穿孔，下腹折收，矮圈足外撇。外腹有六周凹弦纹呈瓦棱状。口径 16.2、高 6.2 厘米。(图六五 B；彩版一〇三，1)

M54:5，双鼻壶，带盖。壶泥质灰陶，侈口，外沿有两个对称的直穿小鼻，高颈中间略内弧，扁鼓腹，圈足外撇。盖泥质灰胎黑皮陶，盖面近平，一侧有两个小穿孔，喇叭形捉手。口径 7.1、壶高 13.4、盖高 3 厘米。(图六五 B；彩版一〇二，2)

M54:6，石钺。淡青灰色凝灰岩。扁平长方形，顶端近直，略磨薄，未经抛光。两侧边斜直微外撇，刃角明显，两刃角间最宽，刃部与两侧边均双面磨制渐薄，刃角处起脊线。刃部圆弧，双面刃未开锋，无使用痕迹。上部有一双面管钻的钻孔，孔径较小，钻孔内留有螺旋纹和涂朱痕迹。一面钺身上部也保留着隐约的涂朱痕迹。通高 16.35、刃宽 9.95、孔径 1.4 厘米。(图六五 B；彩版一〇一，6)

M54:7，玉坠。透闪石软玉，玉色黄白。形制规整，较短粗。截面圆形，首钝尖，尾端有小榫，榫上有一对钻的横向小穿孔。长 2.7 厘米。(图六五 B；彩版一〇一，4)

M54:8，玉锥形器和套管。M54:8-1，锥形器。透闪石软玉，玉色黄白。受沁断裂，表皮剥落。截面近圆形，首钝尖，略残，尾端小榫上有一对钻横向小穿孔。(图六五 B；彩版一〇一，5) 与喇叭形套管 M54:8-2 配套使用。锥形器残长 5.6、套管长 1.28 厘米。

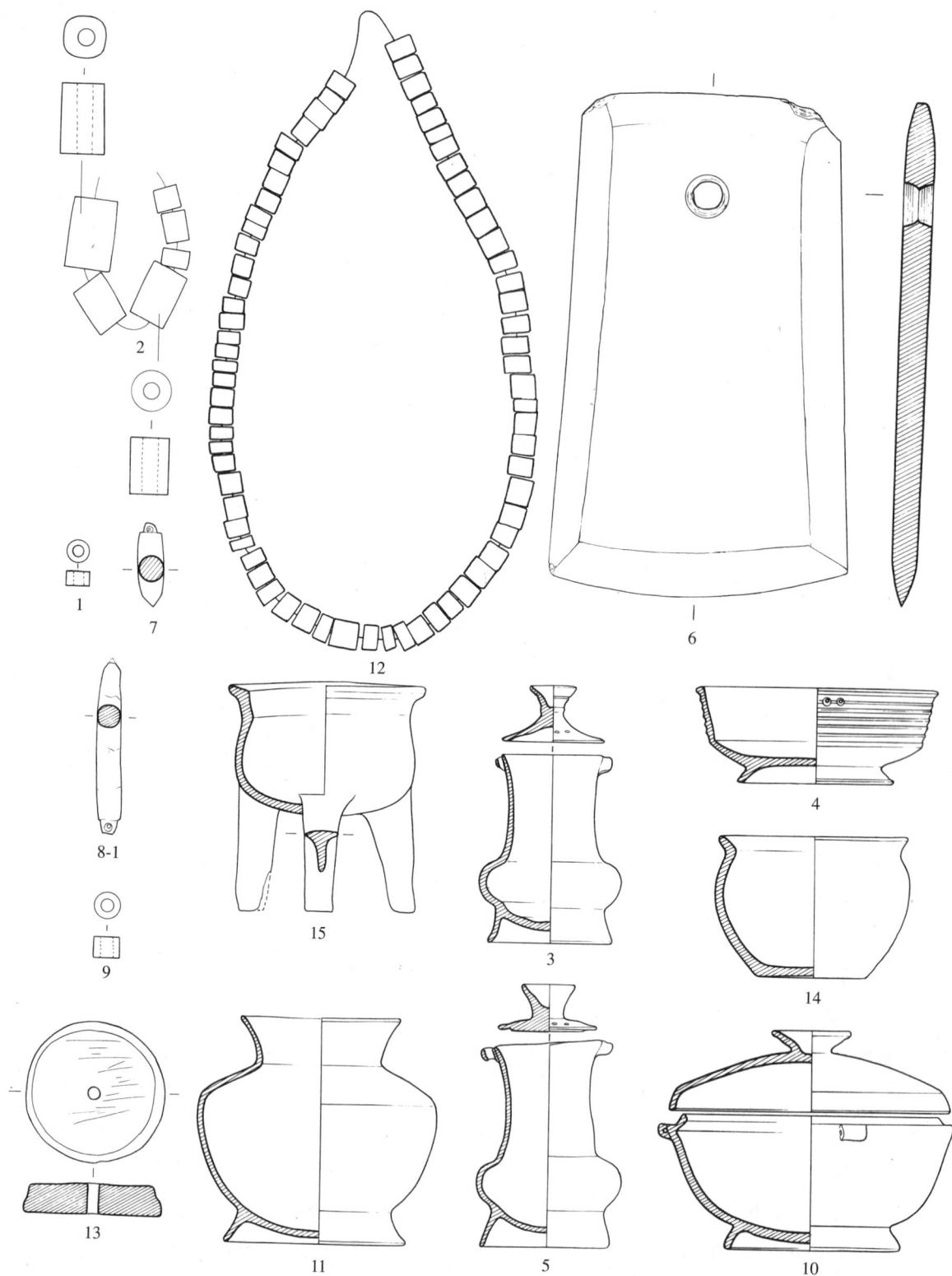

图六五 B　M54 出土器物（1、2、6~9、12、13 为 1/2，余为 1/4）

M54：9，玉珠。叶蜡石，玉色红褐。直径0.85、高0.7厘米。（图六五 B）

M54：10，簋，带盖。泥质灰胎黑皮陶。簋子母口微敛，外沿有三个均衡分布的横穿小鼻，弧腹较深，圈足外撇。盖斗笠式，喇叭形捉手。口径17、簋高8.9、盖高5.3厘米。（图六五 B；彩版一〇三，2）

M54：11，尊。泥质灰陶。侈口，斜弧领，束颈，折肩，深弧腹，圈足外撇。口径10.7、高14.8厘米。（图六五 B；彩版一〇二，3）

M54：12，玉串饰。由70颗小玉珠组串而成。均为叶蜡石质，玉色红褐。直径0.7～0.9、高0.35～0.9厘米。（图六五 B、C；彩版一〇一，3）

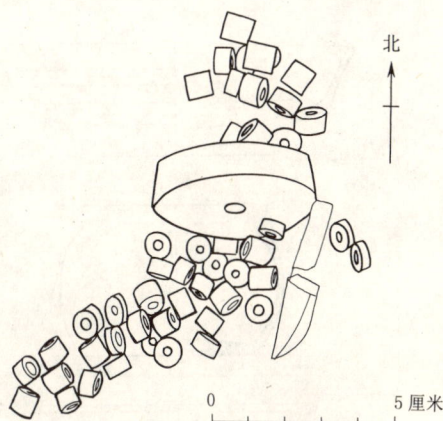

图六五 C　玉串饰 M54：12 出土情形

M54：13，纺轮。泥质黑陶。扁平圆形，上下面直径略有大小，截面呈梯形。直径4.6、厚1厘米。（图六五 B；彩版一〇三，4）

M54：14，盆。泥质灰胎黑皮陶。敞口，折沿，束颈，深弧腹，平底。口径12.6、高9.2厘米。（图六五 B；彩版一〇三，3）

M54：15，鼎。夹砂红陶，器表涂有黑褐色陶衣。侈口，宽折沿，束颈，深腹较直，圜底近平，"T"字足足面抹平。口径13.4、高15厘米。（图六五 B；彩版一〇二，4）

M55

位于 T507 西南部，开口于第2层下，西北部被 M14 打破，打破第6层。长方形竖穴土坑墓，墓坑长2.18、宽0.77、深0.1～0.15米，填灰褐色土。墓坑内没有发现葬具和人骨痕迹。方向166°。随葬品12件，两件双鼻壶、玉珠和圈足盘、石凿、玉管各一件出于南面头部，一件玉锥形器出于腰腹部左侧，簋、鼎、尊和平底罐各一件出于北面脚端。（图六六；彩版一〇四，1）

M55：1，圈足盘。泥质灰陶。敞口，上腹斜直，下腹折收，矮圈足外撇。腹部有两周宽凹弦纹。口径20、高6厘米。（图六六；彩版一〇五，1）

M55：2，双鼻壶，带盖。泥质灰陶。壶残，仅存器盖。（图六六）

M55：3，双鼻壶，带盖。泥质灰胎黑皮陶。壶侈口，高颈，扁鼓腹，圈足外撇，圈足径与腹高相当。盖面近平，圈足形捉手。口径7.6、壶高12.3、盖高1.7厘米。（图六六；彩版一〇五，2）

M55：4，石凿。流纹岩。受沁略有剥蚀。狭长条形，两面磨制成斜刃，顶面平。长

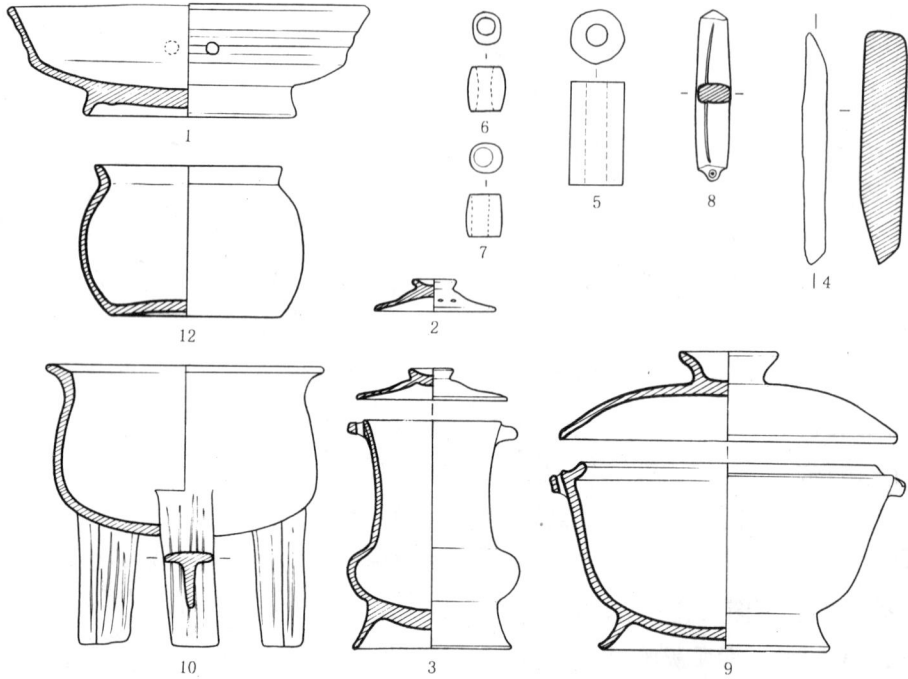

(4~8 为 1/2，余为 1/4)

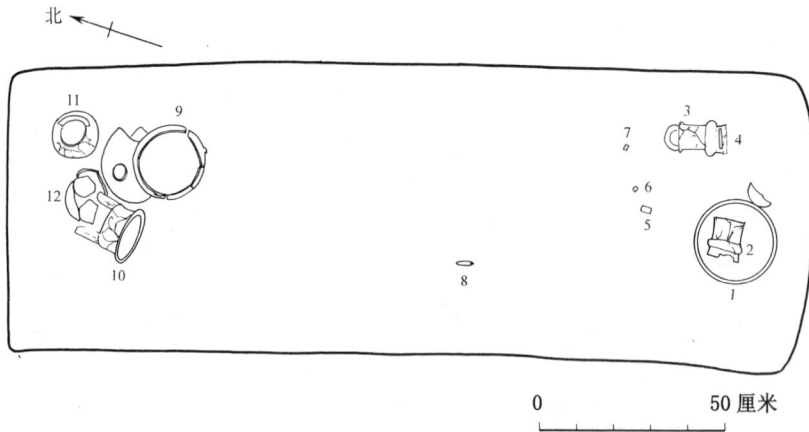

图六六　M55 平面图及其出土器物

1. 圈足盘　2、3. 双鼻壶　4. 石凿　5. 玉管　6、7. 玉珠　8. 玉锥形器　9. 簋　10. 鼎　11. 尊　12. 平底罐

6.3、宽 0.65、厚 1.2 厘米。(图六六；彩版一〇四，6)

M55:5，玉管。叶蜡石，玉色红褐。圆柱形，孔双面钻。直径 1.4、高 2.75 厘米。

（图六六；彩版一〇四，4）

M55:6，玉珠。透闪石软玉，玉色黄白。鼓腰。直径1、高1.2厘米。（图六六；彩版一〇四，2）

M55:7，玉珠。透闪石软玉。受沁已朽。鼓腰。直径0.9、高1.2厘米。（图六六；彩版一〇四，3）

M55:8，玉锥形器。透闪石软玉，玉色黄白。局部受沁表皮有剥蚀。器身较短。截面扁方形，首钝尖，尾端有小榫，榫上有对钻的小穿孔。一侧面上有一竖向切割痕迹。长4.6厘米。（图六六；彩版一〇四，5）

M55:9，簋，带盖。泥质灰胎黑皮陶。簋子母口微敛，外沿有直穿小鼻，斜弧腹较深，圈足外撇。盖斗笠式，喇叭形捉手。口径16.3、簋高10、盖高4.9厘米。（图六六；彩版一〇五，5）

M55:10，鼎。夹砂红陶。侈口，平折沿，颈微束，扁鼓腹，圜底，"T"字足。足面上都有竖向刻道。口径15.4、高15.1厘米。（图六六；彩版一〇五，4）

M55:11，尊。泥质灰陶。残碎，形制不明。

M55:12，平底罐。泥质灰陶。口部残，束颈，扁鼓腹，宽平底。口径10.4、高8.2厘米。（图六六；彩版一〇五，3）

M56

位于T507西南部，开口于第2层下，东北部和东南部分别被宋代扰坑破坏，西南侧被M14打破，打破第6层和M92。长方形竖穴土坑墓，墓坑长1.98、南端宽0.77、北端宽0.7、深0.09～0.17米，填灰褐色土。墓坑内没有发现葬具和人骨痕迹。方向165°。随葬品7件，一件双鼻壶出于南端头部，石"耘田器"一件出于腰腿部，两件簋和尊、纺轮、鼎各一件出于北面腿脚部至脚端。（图六七；彩版一〇六，1、2）

M56:1，双鼻壶。泥质黑皮陶。残碎，形制不明。（图六七）

M56:2，石"耘田器"。浅青灰色霏细斑岩。器形扁薄规整，通体磨平。整器平面略呈左右对称的三角形，"V"形双面尖刃，无使用痕迹。两翼后掠上翘，翼角磨方，略残，两侧端略宽，上端凹弧。中间有方形凸块，其下有一直径1.3厘米的单面管钻圆孔。通高7.4、两翼宽13.3厘米。（图六七；彩版一〇七，1）

M56:3，簋，带盖。泥质灰陶。簋子母口微敛，外沿有三个均衡分布的直穿小鼻，深腹较直，圈足外撇。盖斗笠式，捉手已残。口径16、簋高10.1厘米。（图六七；彩版一〇七，3）

M56:4，纺轮。泥质黑陶。扁平圆形，上下面直径略有大小，截面呈梯形。直径3.8、厚1.15厘米。（图六七；彩版一〇七，2）

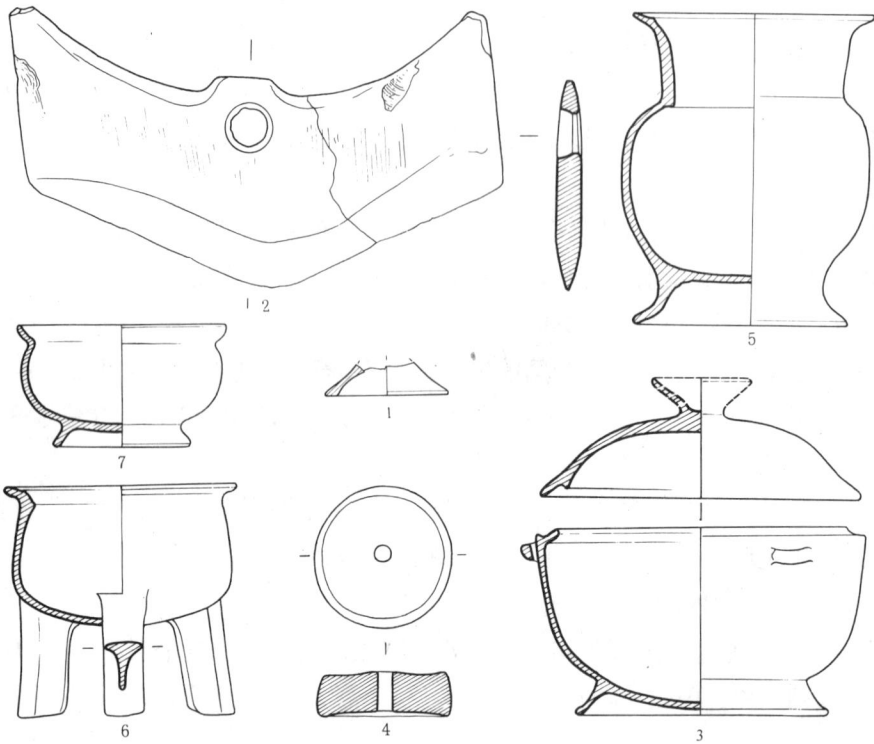

（2、4为1/2，余为1/4）

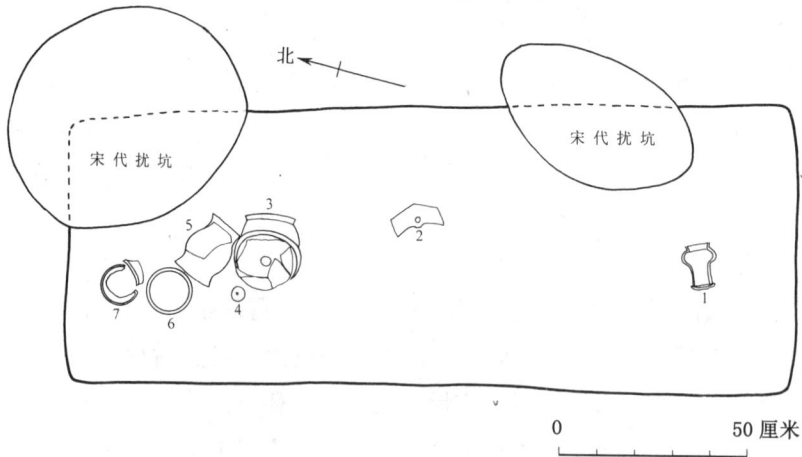

图六七　M56平面图及其出土器物
1.双鼻壶　2.石"耘田器"　3、7.簋　4.纺轮　5.尊　6.鼎

　　M56:5，尊。夹砂灰褐陶，器表涂有一层黄褐色陶衣。侈口，折沿，直领，深弧腹，喇叭形圈足外撇。圈足明显是在器物上部做好后另外制作、粘贴上去的。夹砂陶的

尊较为少见。口径 13.1、高 16.9 厘米。（图六七；彩版一〇七，5）

M56:6，鼎。夹砂红陶，器表涂有黑褐色陶衣。侈口，平折沿，束颈，斜直腹，腹部最大径近底部，圜底，"T"字足足面抹平。口径 12.9、高 12.4 厘米。（图六七；彩版一〇七，6）

M56:7，簋。泥质灰胎黑皮陶。敞口，折沿，束颈，扁鼓腹，圈足外撇。口径 11.6、高 6.6 厘米。（图六七；彩版一〇七，4）

M57

位于 T508 中北部，开口于第 2 层下，被 M37、M38 打破，打破第 6 层和 M90。长方形竖穴土坑墓，墓坑长 2.65、宽 1.1、深 0.18 米，填黄褐色土。墓坑内没有发现葬具和人骨痕迹。方向 165°。随葬品 23 件，南部出土了一件圈足盘、两件石钺、四件双鼻壶和玉管、玉珠、玉套管各一件，石凿、带把小石刀、尊、簋、盆、鼎各一件和两件石锛、玉珠及三件石镞位于北端。（图六八 A；彩版一〇八，1、2）

M57:1，双鼻壶，带盖。壶泥质灰胎黑皮陶，侈口，鼻残，高颈中间略弧收，扁腹，圈足外撇。盖泥质红褐陶，盖面近平，喇叭形捉手略残。口径 6.1、壶高 9.7、盖高 3.7 厘米。（图六八 C；彩版一一〇，4）

M57:2，双鼻壶，带盖。壶泥质灰胎黑皮陶，侈口，双鼻残缺，高颈，扁鼓腹，圈

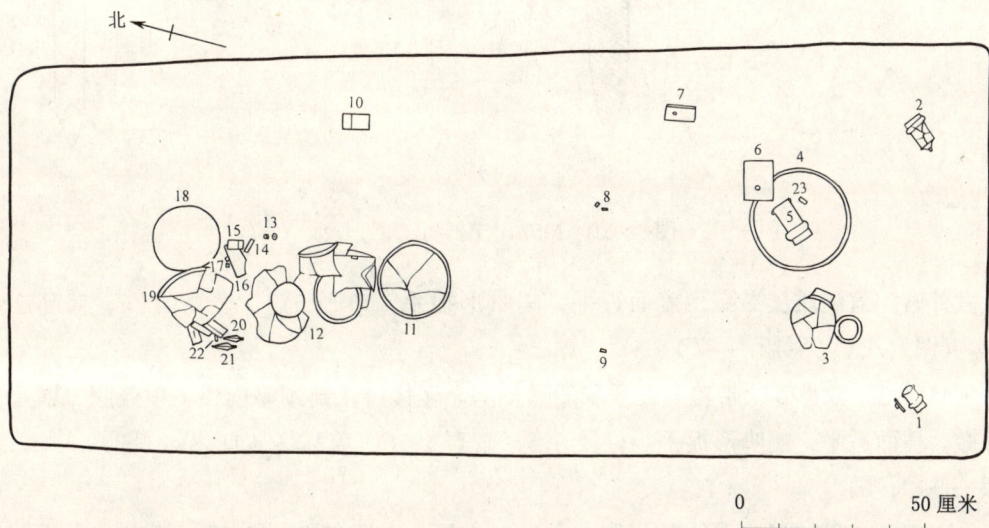

图六八 A　M57 平面图

1～3、5.双鼻壶　4.圈足盘　6、7.石钺　8、13、17.玉珠　9.玉套管　10、15.石锛　11.簋　12.尊　14.石凿　16.带把小石刀　18.盆　19.鼎　20～22.石镞　23.玉管

图六八 B M57 出土器物（均为 1/2）

足微外撇。盖泥质灰褐陶，盖面近平，喇叭形捉手。口径 6.3、壶高 10.6、盖高 2 厘
米。（图六八 C；彩版一一〇，5）

M57:3，双鼻壶，带盖。泥质灰胎黑皮陶。壶侈口，高颈略内弧，扁鼓腹，圈足微
外撇。盖面近平，喇叭形捉手。口径 6.6、壶高 10.6、盖高 3.4 厘米。（图六八 C；彩
版一一〇，6）

M57:4，圈足盘。泥质灰褐陶。敞口，方唇，上腹斜直，上部一侧有两个小圆穿
孔，下腹折收，矮圈足外撇。上腹下部有三周宽凹弦纹。口径 24.2、高 7 厘米。（图六
八 C；彩版一一一，1）

M57:5，双鼻壶，带盖。泥质灰褐陶。壶侈口，高颈，扁鼓腹，圈足外撇。盖面近

图六八 C　M57 出土器物（均为 1/4）

平，喇叭形捉手略残。口径 6.2、壶高 11.4、盖高 2.1 厘米。（图六八 C；彩版一一〇，7）

M57:6，石钺。淡青绿色球粒流纹岩。器表因受沁略有剥蚀。器形规整。扁平长方形，顶端近直，保留琢制糙面。两侧边斜直，刃角明显，略有崩缺，两刃角间最宽。刃部微弧，刃口锋利，有少量崩缺痕迹。上部有一双面管钻的钻孔。通高 13.1、刃宽 8.7、孔径 1.75 厘米。（图六八 B；彩版一〇九，1）

M57:7，石钺。淡灰绿色角砾凝灰岩。扁平长方形，顶端略弧磨平，两侧边近直，刃部略宽，刃角明显。刃部略弧，刃口锋利，有明显的使用崩缺痕迹。上部有一单面管钻的钻孔，钻孔位置略偏下。通高 9.65、刃宽 7.95、孔径 1.8 厘米。（图六八 B；彩版一〇九，2）

M57:8，玉珠。2 颗。均为叶蜡石。直径 0.9、高 1～1.15 厘米。（图六八 B）

M57:9，玉套管。叶蜡石，玉色红褐。喇叭形。下端径0.5、上端径0.75、高1.05厘米。（图六八B；彩版一〇八，3）

M57:10，石锛。淡青灰色流纹岩。受沁，背面略有剥蚀。扁平长方形，一面起段，作台阶状，段位于锛体三分之一处，下端侧刃，刃口有使用崩缺痕迹。长6.85、段长2.3、刃宽4.55厘米。（图六八B；彩版一〇九，4）

M57:11，簋，带盖。泥质灰陶。簋子母口微敛，外沿有两个对称的直穿小鼻，深腹上部较直，下部略弧，圈足外撇，上有一周四个略呈对称分布的小穿孔。盖斗笠式，喇叭形捉手。口径16.4、簋高10.3、盖高6厘米。（图六八C；彩版一一一，2）

M57:12，尊。泥质灰陶。喇叭形口，斜领，束颈，深弧腹，圈足外撇，上有四个对称的小镂孔。口径10.3、高15.5厘米。（图六八C；彩版一一一，4）

M57:13，玉珠。2颗。均为玉髓质，玉色浅湖绿。鼓腰。直径1.05、高0.7～0.8厘米。（图六八B；彩版一〇八，4）

M57:14，石凿。流纹岩。狭长条形，截面近方形，两面磨制成斜刃，顶面平。长5、宽1.1、最厚1.05厘米。（图六八B；彩版一〇九，6）

M57:15，石锛。淡青灰色流纹岩。扁平方形，一面起段，作斜坡状，段位于锛体二分之一处，下端侧刃，刃口锋利，局部有崩缺痕迹。长4.5、段长2.35、刃宽3.5厘米。（图六八B；彩版一〇九，5）

M57:16，带把小石刀。脉岩。刃部略圆弧，双面刃，长方形斜把。通长8厘米。（图六八B；彩版一〇九，3）

M57:17，玉珠。2颗。均为玉髓质，玉色浅湖绿。扁鼓形，双面钻孔。直径1～1.08、高0.68～0.7厘米。（图六八B）

M57:18，盆。泥质灰陶。敞口，卷沿，束颈，腹部弧收，平底微内凹。口径16.5、高9.2厘米。（图六八C；彩版一一一，3）

M57:19，鼎。夹砂灰褐陶，器表涂有黑褐色陶衣。侈口，平折沿，束颈，扁鼓腹，圜底，"T"字足足面较窄。口径15.3、高15.4厘米。（图六八C；彩版一一一，5）

M57:20，石镞。凝灰岩。翼弧边长三角形，截面菱形，铤部明显、约占全器的三分之一，底端多面磨削略呈圆形。长7.4、铤长2.3厘米。（图六八B；彩版一一〇，1）

M57:21，石镞。凝灰岩。翼弧边长三角形，截面菱形，铤部明显、约占全器的三分之一，底端磨削略呈圆形。长6.45、铤长2.2厘米。（图六八B；彩版一一〇，2）

M57:22，石镞。凝灰岩。柳叶形，截面菱形，翼铤分界不明显。顶端和铤部略残。残长4.8厘米。（图六八B；彩版一一〇，3）

M57:23，玉管。叶蜡石，玉色红褐。直径1.1、高2.15厘米。（图六八C；彩版一〇八，5）

M58

位于 T507 西北部，开口于第 6 层下，南端被宋代扰坑打破、残缺，打破东面早期土台。长方形竖穴土坑墓，墓坑西侧残长 1.45、东侧残长 1、宽 0.96、深 0.07～0.10米，填黄褐色土。墓坑内没有发现葬具和人骨痕迹。方向 173°。随葬品 2 件，鼎、双鼻壶各一件出于北端。（图六九；彩版一一二，1）

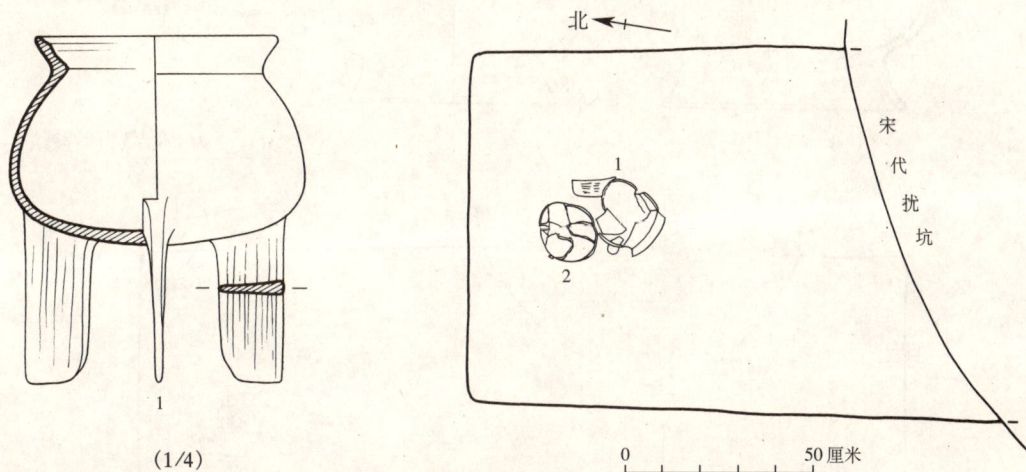

（1/4）

图六九　M58 平面图及其出土器物
1. 鼎　2. 双鼻壶

M58:1，鼎。夹砂红陶。侈口，折沿，内沿略凹，束颈，斜弧腹，腹最大径近底部，平薄的鱼鳍形鼎足。口径 13.2、高 18.7 厘米。（图六九；彩版一一三，1）

M58:2，双鼻壶。泥质黑皮陶。残碎，形制不明。

M59

位于 T507 北部，开口于第 2 层下，西南部被宋代扰坑破坏，北端与西北侧分别被M53、M24 打破，打破第 6 层。长方形竖穴土坑墓，墓坑长 2.07、宽 0.72、深 0.14米，填黄褐色土。墓坑内没有发现葬具和人骨痕迹。方向 168°。随葬品 3 件，均出于北面脚端部位，为簋、尊、纺轮。（图七○；彩版一一二，2）

M59:1，簋，带盖。泥质灰胎黑衣陶。簋子母口微敛，外沿有三个均衡分布的直穿小鼻，深腹上部较直，下部略弧，圈足外撇。盖斗笠式，喇叭形捉手。口径 15.5、簋高 9.6、盖高 7 厘米。（图七○；彩版一一三，2）

M59:2，尊。泥质灰胎黑皮陶。侈口，折领，鼓腹，圈足外撇。口径 9.1、高 15

（1、2为1/4，3为1/2）

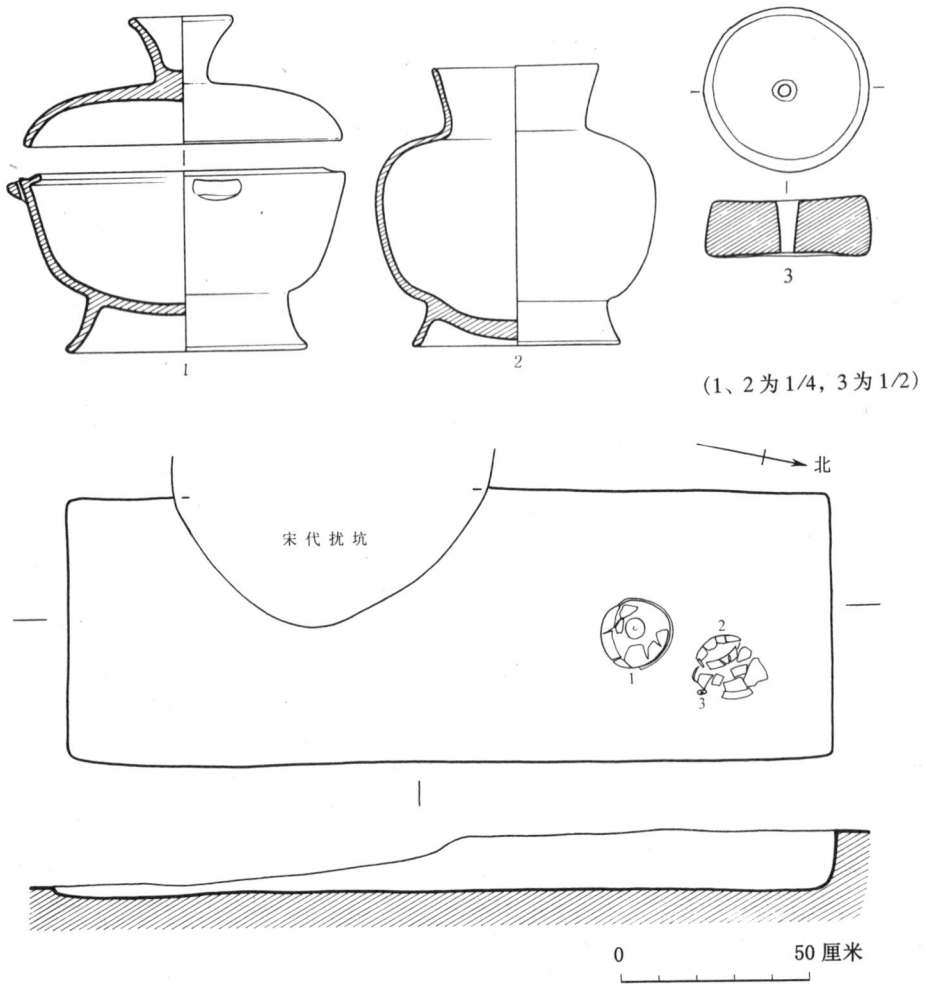

图七〇　M59平剖面图及其出土器物

1.簋　2.尊　3.纺轮

厘米。（图七〇；彩版一一三，3）

　　M59:3，纺轮。泥质灰黑陶。扁平圆形，截面呈梯形，中央有一小圆穿孔。胎体略厚。直径4.4、厚1.6厘米。（图七〇；彩版一一三，4）

M60

　　位于T605东北角，开口于第5层下，打破第6层和M82。长方形竖穴土坑墓，墓坑长2.08、宽0.68、深0.04～0.09米，填黄褐色土。墓坑内没有发现葬具和人骨痕迹。方向175°。随葬品3件，分别为玉珠、圈足盘和杯，均出于北面脚端。（图七一；

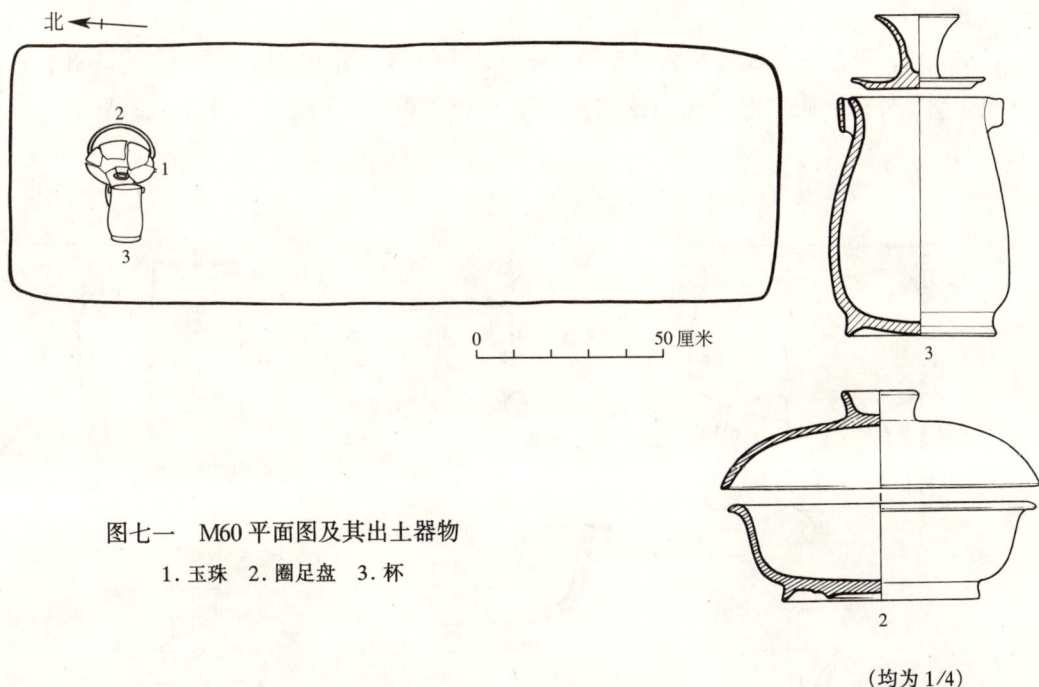

图七一　M60 平面图及其出土器物

1. 玉珠　2. 圈足盘　3. 杯

（均为 1/4）

彩版一一二，3）

M60：1，玉珠。已朽蚀。

M60：2，圈足盘，带盖。盘泥质灰胎黑皮陶，敞口，折沿，上腹较直，下腹弧收，双圈形圈足底。盖泥质灰陶，斗笠式，圈足形捉手。口径 17.1、盘高 5.2、盖高 5.2 厘米。（图七一；彩版一一三，5）

M60：3，杯，带盖。泥质灰陶。杯侈口，外沿有两个对称的直穿鼻，颈微束，筒形深腹下部略鼓，矮圈足。盖碟形，喇叭形捉手。口径 7.5、杯高 12.5、盖高 4 厘米。（图七一；彩版一一三，6）

M61

位于 T506 西南部，开口于第 5 层下，打破第 6 层。长方形竖穴土坑墓，墓坑长 1.8、南端宽 0.63、北端宽 0.57、深 0.1 米，填黄褐色土。墓坑内没有发现葬具和人骨痕迹。方向 159°。随葬品 10 件，双鼻壶、圈足盘、石锛各一件和两颗玉珠出于南端，中部出土两颗玉珠，豆、圈足罐、鼎三件陶器出于北端。（图七二；彩版一一四，1）

M61：1，玉珠。2 颗。均为叶蜡石。直径 0.8～0.85、高 1～1.2 厘米。（图七二；彩版一一四，2）

M61：2，双鼻壶，带盖。泥质灰胎黑皮陶。壶口部略残，高颈略内弧，扁鼓腹，圈足微外撇。盖面近平，喇叭形捉手。口径 7.8、壶高 15、盖高 4 厘米。（图七二；彩版

一一五，2）

M61:3，圈足盘。泥质灰胎黑皮陶。敞口，平折沿，沿上一侧有两个直穿小孔，深直腹，圈足外撇。腹中部一周凹弦纹，口径16.5、高6.6厘米。（图七二；彩版一一五，3）

（1、4~7为1/2，余为1/4）

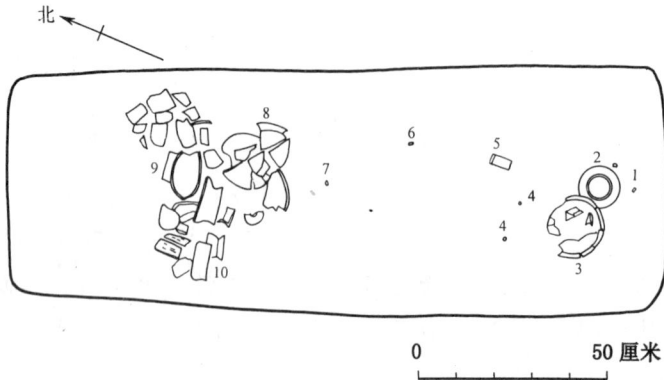

图七二 M61平面图及其出土器物

1、4、6、7.玉珠 2.双鼻壶 3.圈足盘 5.石锛 8.豆 9.圈足罐 10.鼎

M61：4，玉珠。2颗。透闪石软玉。均为玉色黄白的圆球形泡珠，一端钻牛鼻形隧孔。直径0.78～0.8厘米。（图七二；彩版一一四，3）

M61：5，石锛。淡青色流纹岩。扁平长方形，一面起段，作台阶状，段位于锛体三分之一处，下端侧刃，刃口锋利，有使用崩缺痕迹。长5.4、段长1.5、刃宽2.55厘米。（图七二；彩版一一五，1）

M61：6，玉珠。叶蜡石，玉色红褐。腰鼓形。直径0.8、高1厘米。（图七二；彩版一一四，4）

M61：7，玉珠。叶蜡石，玉色红褐。腰鼓形。直径0.9、高1.1厘米。（图七二；彩版一一四，5）

M61：8，豆，带盖。泥质灰胎黑皮陶。豆敞口，平折沿，弧腹，喇叭形圈足，圈足上部起两周脊线，脊线下有两行各四个错位的扁方形镂孔。盖斗笠式，喇叭形捉手。口径16.7、豆高8.2、盖高6.6厘米。（图七二；彩版一一五，4）

M61：9，圈足罐。泥质灰胎黑皮陶。侈口，折领，鼓腹，圈足外撇。口径10.1、高13.8厘米。（图七二；彩版一一五，5）

M61：10，鼎。夹砂红陶，器表涂有黑褐色陶衣。侈口，折沿，束颈，斜垂腹，圜底，"T"字足略外撇。足面抹平，两侧面施竖向刻道。口径13.6、高14.1厘米。（图七二；彩版一一五，6）

M62

位于T507西北部，开口于第2层下，南端被宋代扰坑破坏，略残，东西两侧分别被M24、M21打破，打破第6层。长方形竖穴土坑墓，墓坑东侧残长1.93、西侧残长2.24、宽0.74、深0.21米，填黄褐色土。墓坑内没有发现葬具和人骨痕迹。方向165°。随葬品8件，均出于墓坑南部，有圈足盘、双鼻壶、宽把杯、玉珠、石钺、玉坠和方形玉饰，其中玉坠出土时压在方形玉饰上面。（图七三；彩版一一六，1）

M62：1，双鼻壶，带盖。泥质灰陶。壶侈口，高颈，扁腹，高圈足微外撇。盖面近平，一侧有两个小圆穿孔，喇叭形捉手。口径7.8、壶高12.6、盖高2.8厘米。（图七三；彩版一一七，2）

M62：2，圈足盘。泥质灰胎黑皮陶。敞口，折沿，斜弧腹，圈足外撇。口径18、高6.8厘米。（图七三；彩版一一七，3）

M62：3，玉珠。3颗。一颗透闪石软玉珠，玉色黄白；一颗玉髓珠，玉色淡湖绿；一颗叶蜡石珠，玉色红褐。直径0.7～0.8、高0.3～0.75厘米。（图七三；彩版一一六，2）

M62：4，石钺。淡青绿色安山岩。扁平长方形，顶端略弧，稍加磨制，仍留有琢制

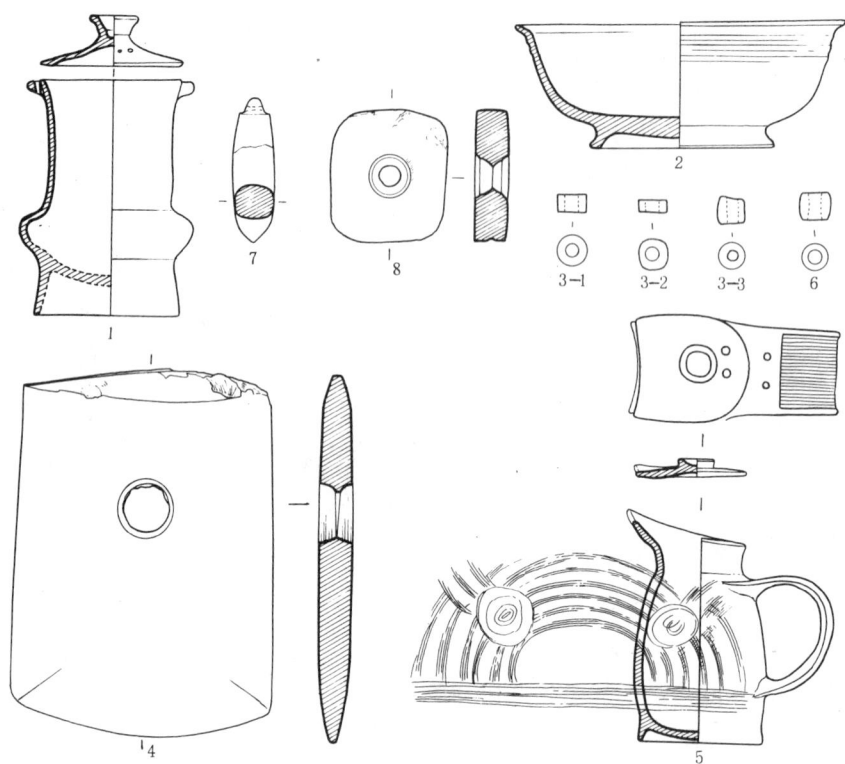

（1、2、5为1/4，余为1/2）

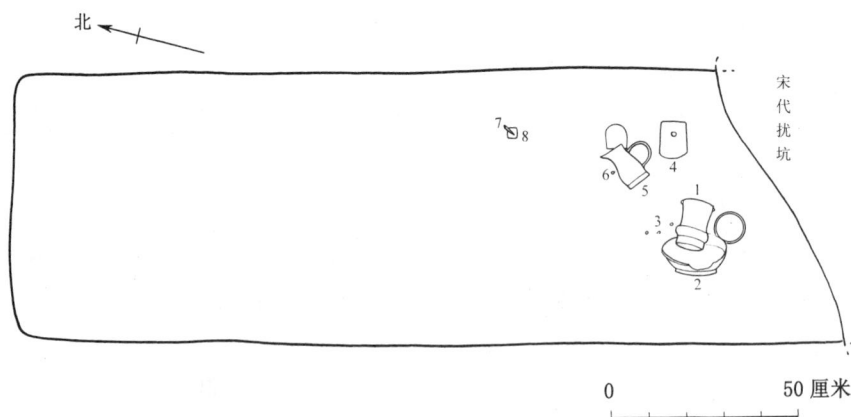

图七三　M62平面图及其出土器物

1.双鼻壶　2.圈足盘　3、6.玉珠　4.石钺　5.宽把杯　7.玉坠　8.方形玉饰

的痕迹，其余部位磨制精细，两侧边近直，刃部略宽。刃部圆弧，刃厚钝未开锋口，无使用痕迹。上部有一双面管钻的钻孔，钻孔位置略偏下。通高9.8、刃宽7.25、孔径

1.55 厘米。（图七三；彩版一一七，1）

M62:5，宽把杯。泥质灰胎黑皮陶。杯侈口一端做出箕形翘流，颈较高微束，筒形深腹略鼓，与翘流相对的一侧附半环形宽把，把上端有两个小圆穿孔，其下为密集的竖向刻道，腹部以宽把与翘流为中轴左右对称刻划以一个大圆涡纹与几组弧、直线组合的"云气纹"，圈足微外撇。盖一端做成箕形与翘流相合，另一侧有两个小穿孔与宽把上的小圆穿孔对应，圈足形捉手。杯高 12.4 厘米。（图七三；彩版一一七，4）

M62:6，玉珠。透闪石软玉，玉色黄白。略有沁蚀。直径 0.85、高 0.75 厘米。（图七三；彩版一一六，3）

M62:7，玉坠。透闪石软玉，玉色黄白。受沁断裂，表皮有剥落。形制类锥形器，形体略短粗。截面近圆形，首钝尖，尾端有小榫，榫上有一横向穿孔。长 3.9 厘米。（图七三；彩版一一六，4）

M62:8，方形玉饰。透闪石软玉，玉色黄白。略有沁蚀。器形扁薄。圆角方形，中央有实心钻双面碾钻的穿孔。长 3.6、宽 3.2、厚 0.9、孔径 1.15 厘米。（图七三；彩版一一六，5）

M63

位于 T508 东部，开口于第 6 层下，西南侧被宋代扰坑打破，略残。西北侧被 M35 打破，打破东面早期土台。长方形竖穴土坑墓，墓坑长 2.1、宽 0.79、深 0.13 米，填灰褐色土。墓坑内没有发现葬具和人骨痕迹。方向 170°。随葬品 10 件，圈足盘、双鼻壶、玉坠出于南端，石刀出于中部，纺轮、鼎、簋、圈足罐、盆和玉珠各一件出于北面脚端。（图七四；彩版一一八，1）

M63:1，圈足盘。泥质灰胎黑皮陶。敞口，折沿，深弧腹，上部一侧有两个小圆穿孔，双圈形矮圈足。外腹中间有一周凹弦纹。口径 16.8、高 5.6 厘米。（图七四；彩版一一九，1）

M63:2，双鼻壶，带盖。泥质灰胎黑皮陶。器形较大。壶侈口，高颈略外弧，上腹较平，略下凹，下腹弧收，圈足较直，腹部高度超出圈足。盖斗笠式，一侧近边缘处有一个小圆穿孔，圈足形捉手，中空。口径 9.6、壶高 16.2、盖高 3.8 厘米。（图七四；彩版一一九，2）

M63:3，玉坠。透闪石软玉，黄白色，局部红褐色。器形小巧别致。截面方形，首端磨薄，琢出两处小凹缺，尾端减地琢出两层台阶状，有小榫，榫上有小穿孔。长 1.75 厘米。（图七四；彩版一一八，2）

M63:4，石刀。浅青色凝灰岩。器形扁薄规整。整器平面略呈左右对称的长方形，圆角双面弧刃，刃口锋利，一侧有崩缺，两侧端斜直，上端平直。通高 5.1、刃宽

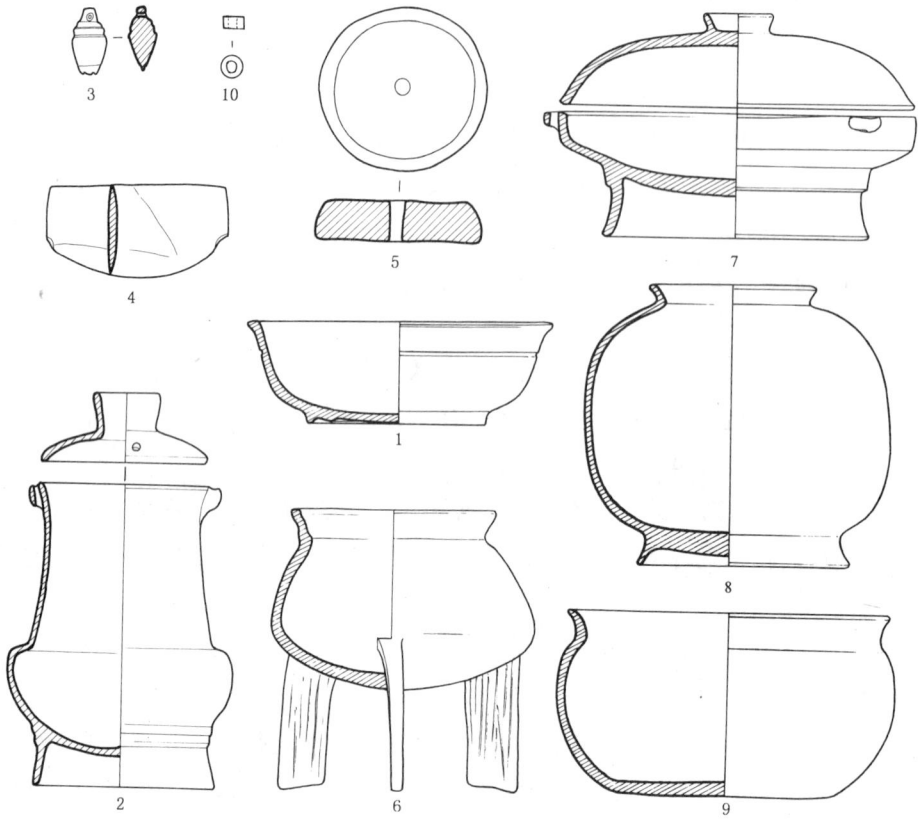

（3、5、10 为 1/2，余为 1/4）

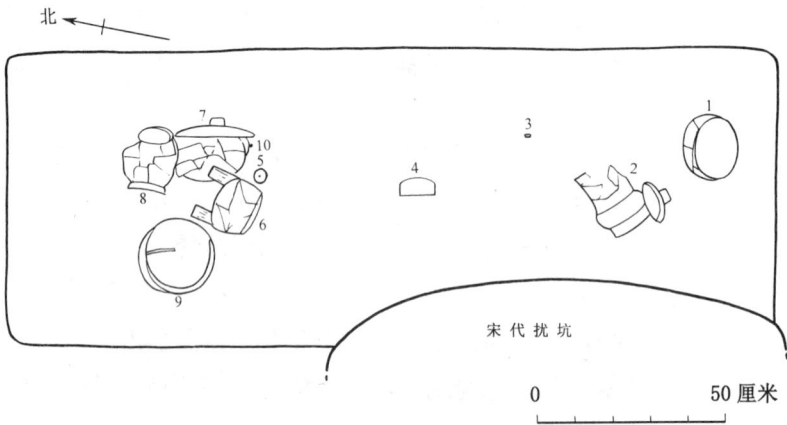

图七四　M63 平面图及其出土器物

1. 圈足盘　2. 双鼻壶　3. 玉坠　4. 石刀　5. 纺轮　6. 鼎　7. 簋　8. 圈足罐　9. 盆　10. 玉珠

10.1、最厚 0.45 厘米。(图七四；彩版一一八，4)

M63:5，纺轮。泥质黑陶。扁平圆形，上下面直径略有大小，截面略呈梯形。直径 4.65、厚 1.1 厘米。(图七四；彩版一一八，5)

M63:6，鼎。夹砂黑褐陶。侈口，折沿，束颈，斜垂腹，侧装鱼鳍形足，足面略宽。足两侧面上施竖向刻道。口径 10.3、高 15.1 厘米。(图七四；彩版一一九，3)

M63:7，簋，带盖。簋泥质红褐胎黑皮陶，豆式，直口微敛，外沿有三个均衡分布的直穿小鼻，浅折腹，高圈足上部起一脊棱。盖泥质黄褐胎黑皮陶，斗笠式，一侧有两个小圆穿孔，圈足形捉手。口径 19.5、簋高 6.7、盖高 5 厘米。(图七四；彩版一一九，4)

M63:8，圈足罐。泥质灰陶。侈口，矮折领，束颈，深鼓腹，圈足外撇。口径 9.2、高 15.2 厘米。(图七四；彩版一一九，5)

M63:9，盆。泥质灰陶。敞口，折沿，束颈，扁鼓腹，宽平底。口径 17.6、高 9.9 厘米。(图七四；彩版一一九，6)

M63:10，玉珠。萤石，青灰色。扁圆柱形。直径 0.5、高 0.3 厘米。(图七四；彩版一一八，3)

M64

位于 T505 中部偏东，开口于第 3 层下，打破第 5 层和 M65。长方形竖穴土坑墓，墓坑长 2.09、宽 0.73、深 0.27~0.38 米，填灰褐色土夹杂红烧土颗粒。墓内没有发现葬具痕迹与人骨。方向 169°。随葬品 10 件，圈足盘、双鼻壶、宽把杯各一件出在南端，一件玉锥形器与一组玉镶嵌片出在胸腹部，簋、鼎、盆、纺轮、圈足罐各一件出于北面脚端。(图七五；彩版一二〇，1)

M64:1，圈足盘。泥质灰胎黑皮陶。敞口，宽平折沿，斜弧腹，上部一侧有两个小圆穿孔，圈足较大外撇。口径 24.9、高 7.9 厘米。(图七五；彩版一二一，1)

M64:2，双鼻壶。泥质灰陶。残碎，形制不辨。

M64:3，玉锥形器。透闪石软玉，玉色青白，有玻璃光泽。截面近圆形，首尖锐，尾端有小榫，榫上有一对钻的横向小穿孔。长 4.3 厘米。(图七五；彩版一二〇，2)

M64:4，玉镶嵌片。共 4 片。叶蜡石，青绿色。扁薄圆形或椭圆形，正面略鼓凸，抛光精细，背面平坦，未经抛光。直径 0.55~1.05 厘米。(图七五；彩版一二〇，3)

M64:5，簋，带盖。泥质灰陶。簋子母口微敛，外沿有两个对称的小鼻，小鼻上有两个竖向小穿，斜弧腹，高圈足外撇，圈足上有一周十一个小镂孔。盖圈足纽斗笠式。口径 16、簋高 8.4、盖高 5.3 厘米。(图七五；彩版一二一，2)

M64:6，鼎。夹砂红陶，器表涂有红褐色陶衣。侈口，折沿，束颈，扁鼓腹，圈

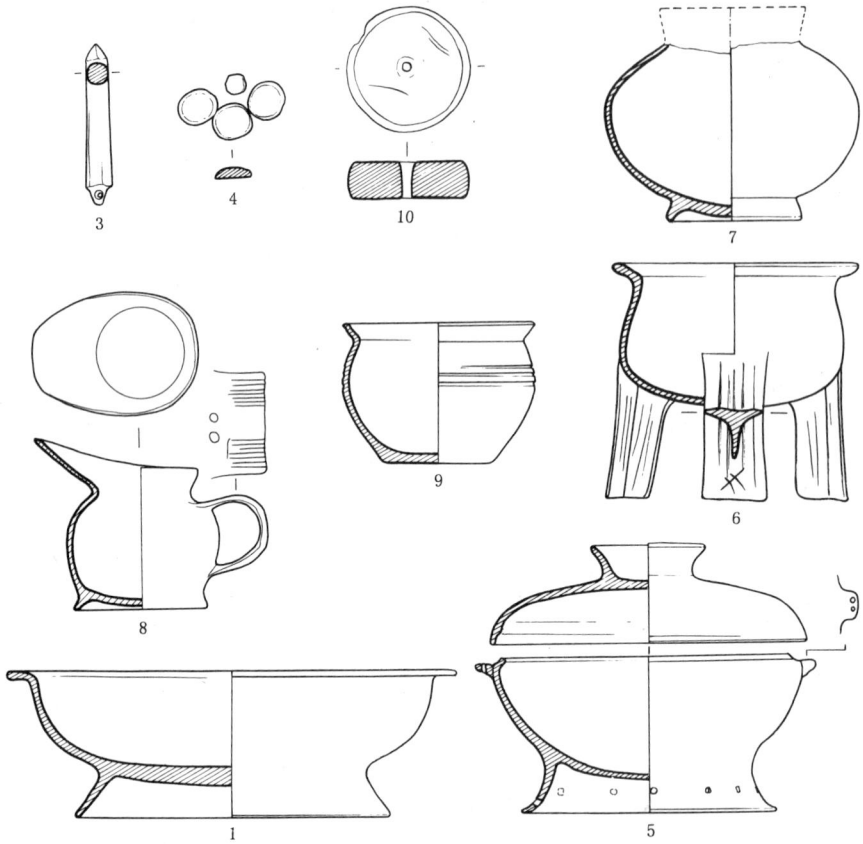

（3、4、10 为 1/2，余为 1/4）

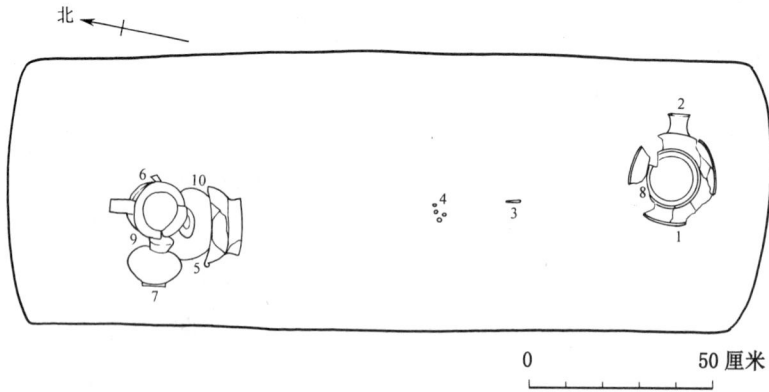

图七五　M64 平面图及其出土器物

1.圈足盘　2.双鼻壶　3.玉锥形器　4.玉镶嵌片　5.簋　6.鼎　7.圈足罐　8.宽把杯　9.盆　10.纺轮

底，"T"字足略外撇，足面略下凹。足面与两侧面上都施竖向刻道。口径13.7、高12.8厘米。（图七五；彩版一二一，3）

M64:7，圈足罐。泥质灰陶。口部和领部残，束颈，深鼓腹，矮圈足外撇。残高9.5厘米。（图七五）

M64:8，宽把杯。泥质灰胎黑皮陶。侈口一端做出舌形翘流，束颈，鼓腹，与翘流相对的一侧附半环形宽把，把上端有两个小圆穿孔，其下左右对称有两组竖向刻道，矮圈足微外撇。杯高9.4厘米。（图七五；彩版一二一，4）

M64:9，盆。泥质灰陶。侈口，折沿，束颈，鼓腹，平底。鼓腹上部有三周凹弦纹。口径10.6、高7.6厘米。（图七五；彩版一二一，5）

M64:10，纺轮。泥质黑陶。扁平圆形，中间略鼓，中央有一小圆穿孔。直径3.4、厚1厘米。（图七五；彩版一二一，6）

M65

位于T505中部偏东，开口于第3层下，被M64打破，打破第5层。长方形竖穴土坑墓，长1.96、宽0.71、深0.4～0.58米，填灰褐色土夹杂红烧土颗粒。没有发现葬具痕迹与人骨。方向169°。随葬品17件，圈足盘、双鼻壶、石钺、玉珠、玉锥形器出在南端，石"耘田器"、石镞、玉珠、玉串饰与尊、鼎、簋、平底罐等出于北端。（图七六A；彩版一二二，1～3）

M65:1，双鼻壶，带盖。泥质灰陶。壶侈口，长颈中部略束，扁鼓腹，圈足外撇，颈部饰四周浅凸弦纹。盖喇叭形纽碟式。口径7.7、壶高13.8、盖高2.6厘米。（图七六B；彩版一二五，1）

M65:2，双鼻壶，带盖。泥质黑皮陶。壶侈口，长颈略束，扁鼓腹，圈足。盖喇叭形纽碟式。口径7.7、壶高13.7、盖高3.9厘米。（图七六B；彩版一二五，2）

M65:3，圈足盘，带盖。盘泥质灰陶，敞口，平沿，下腹弧折，矮圈足外撇。盖泥质黑皮陶，斗笠式，圈足纽。口径19.2、盘高7.8、盖高4.6厘米。（图七六B；彩版一二六，1）

M65:4，石钺。淡青灰色角砾凝灰岩。因受沁器表剥蚀断裂。扁平方形，顶端斜直，略磨薄。两侧边斜直微外撇，刃角明显，两刃角间最宽，刃部与两侧边均双面磨制渐薄，刃角处起脊线。刃部微弧，刃口锋利。上部有一双面管钻的钻孔，钻孔内外有涂朱痕迹。通高11.25、刃宽7.7、孔径1.3厘米。（图七六B；彩版一二四，1）

M65:5，玉珠。4颗。均为叶蜡石。直径0.7～0.8、高0.45～0.55厘米。（图七六B；彩版一二三，1）

M65:6，玉锥形器。透闪石软玉，玉色黄白。受沁断裂，表皮有剥落。形体略长。

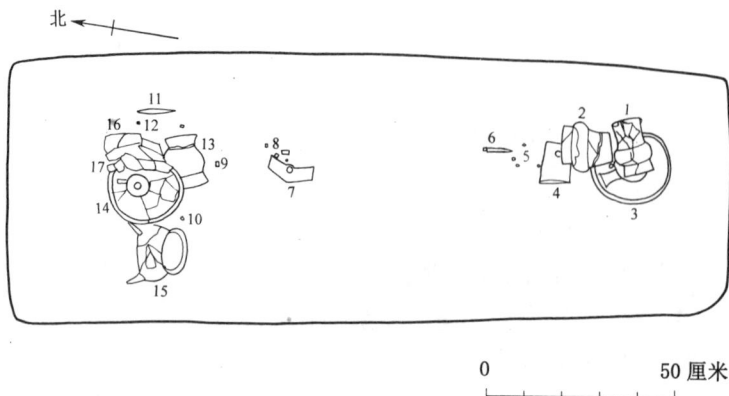

图七六 A　M65 平面图

1、2. 双鼻壶　3. 圈足盘　4. 石钺　5、8~10、12. 玉珠　6. 玉锥形器　7. 石"耘田器"　11. 石镞　13. 尊
14. 簋　15. 鼎　16. 平底罐　17. 玉串饰

截面近圆形，首尖，尾端有小榫，榫上有一对钻的横向小穿孔。长 8.2 厘米。（图七六
B；彩版一二三，2）

M65:7，石"耘田器"。黑色凝灰岩。器形扁薄规整。整器平面略呈左右对称的三
角形，"V"字形刃，刃部略有崩缺痕迹，两翼后掠上翘，翼角略磨方，上端凹弧，中
间有方形凸起，其下有一直径 1.4 厘米的单面钻的圆孔。通高 6.7、两翼宽 12.6 厘米。
（图七六 B；彩版一二四，3）

M65:8，玉珠。4 颗。均为叶蜡石，玉色红褐。直径 0.75~1.1、高 0.45~1.85 厘
米。（图七六 B；彩版一二三，3）

M65:9，玉珠。叶蜡石，玉色红褐。形体较短。圆柱形。直径 1.3、高 1.6 厘米。
（图七六 B；彩版一二三，4）

M65:10，玉珠。叶蜡石，玉色红褐。直径 0.8、高 0.6 厘米。（图七六 B；彩版一
二三，5）

M65:11，石镞。流纹岩。柳叶形，截面呈菱形，翼铤分界不明显，铤部略磨薄。
长 10、最宽 1.6 厘米。（图七六 B；彩版一二四，2）

M65:12，玉珠。2 颗。叶蜡石，玉色红褐。直径 0.65~0.75、高 0.5~0.65 厘米。
（图七六 B；彩版一二三，6）

M65:13，尊。泥质灰陶。口残，溜肩，鼓腹，圈足外撇。残高 10.9 厘米。（图七
六 B；彩版一二五，3）

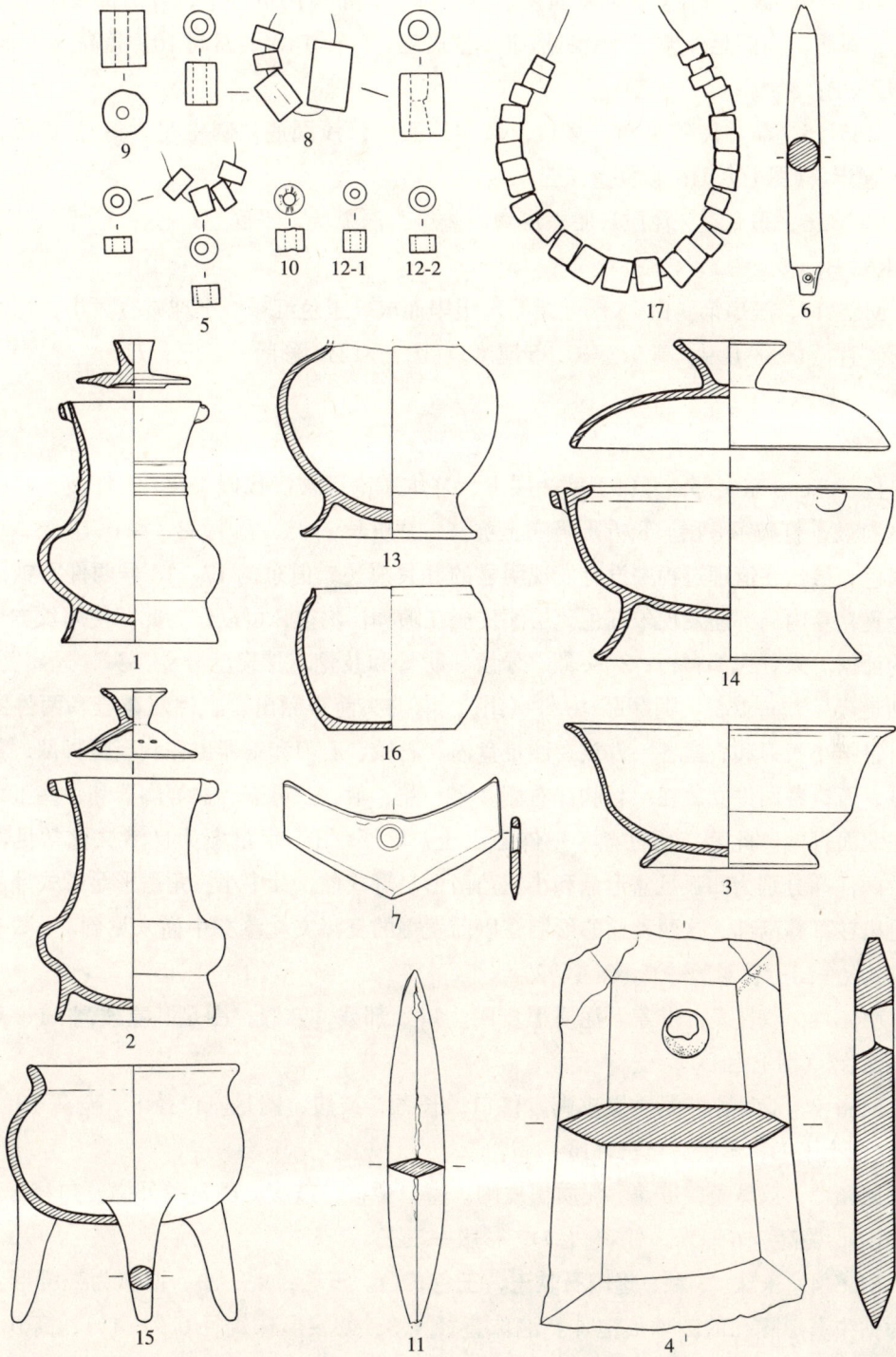

图七六 B M65 出土器物（4～6、8～10、12、17 为 1/2，余为 1/4）

M65:14，簋，带盖。泥质灰黄陶。簋子母口，子口内折近平，外沿部设三个竖穿小鼻，弧腹，高圈足外撇。带喇叭形纽斗笠式盖。口径 16.4、簋高 10、盖高 6.2 厘米。（图七六 B；彩版一二六，2）

M65:15，鼎。夹砂黑陶。侈口，束颈，弧腹，浅圜底，圆锥足。口径 12.2、高 14.5 厘米。（图七六 B；彩版一二五，4）

M65:16，平底罐。泥质灰胎黑皮陶。敛口，深弧腹，平底。口径 9.3、高 8 厘米。（图七六 B；彩版一二六，3）

M65:17，玉串饰。由 28 颗叶蜡石珠组串而成，玉色红褐。玉珠略有大小，均为圆柱形。直径 0.6～0.9、高 0.3～0.85 厘米。（图七六 B；彩版一二三，7）

M66

位于 T603 东南部，开口于第 3 层下，墓坑东南部被汉代馒头窑 Y1 打破，西侧被 M73 打破，打破第 8 层。长方形竖穴土坑墓，墓坑长 2.85、宽 1.38、深 0.18 米，填土灰褐色。虽然在清理过程中没有发现明显的葬具痕迹，但东侧 17、18 号两件石钺出土时竖置，墓内局部还发现朱红色薄层漆皮压在随葬器物上，可以作为此墓使用长方形葬具的证据。人骨大部腐朽，存头骨、牙齿、肋骨和肢骨，骨架已散乱，头骨远离肋骨，性别难辨。方向 165°。随葬品 46 件（组），南端头前头侧出有三件双鼻壶和两件圈足盘，带把小石刀和石凿各一件放在圈足盘内。石钺、石刀和玉器出在胸至腿脚部，其中石钺、石锛各两件立放在尸骨胸部右侧。尊、鼎、甗、双鼻壶、盆等陶器和一些玉珠出土在北面脚端。此墓有两件鼎、一件甗出土，除了"T"字足甗为良渚文化常见器形外，两件鼎分别为凹弧足盆形鼎和小三角凿形足罐式鼎，其中小三角凿形足罐式鼎的一个足出在墓葬南部。这两种鼎的形制在以前发掘的良渚文化墓葬中尚未见到。（图七七 A；彩版一二七；彩版一二八，1、2）

M66:1，双鼻壶，带盖。泥质黑皮陶。口颈部残，鼓腹，圈足。壶残高 11、盖高 3.6 厘米。（图七七 D）

M66:2，双鼻壶。泥质黑皮陶。侈口，长颈，鼓腹，圈足。口径 8、壶高 15.2 厘米。（图七七 D；彩版一三三，1）

M66:3，双鼻壶，带盖。泥质黑皮陶。直口微侈，鼓腹，圈足稍外撇。口径 8、壶高 16.6、盖高 3.6 厘米。（图七七 D；彩版一三三，2）

M66:4，玉珠。3 颗。透闪石软玉，玉色黄白。玉珠二大一小，两颗为鼓腰形，一颗为钻牛鼻形隧孔的圆球形泡珠。泡珠直径 1.3、鼓腰形珠直径 0.7～1.1、高 0.9～1.4 厘米。（图七七 B；彩版一二九，1）

M66:5，双鼻壶，带盖。泥质灰胎黑陶。直口微侈，长颈略束，扁鼓腹，圈足。口

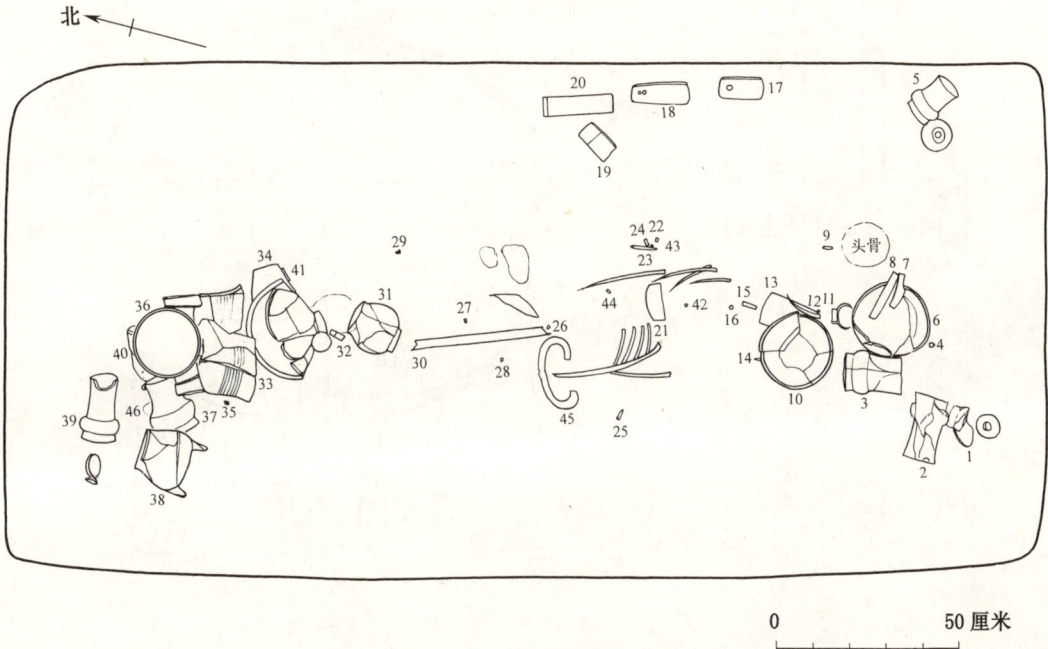

图七七 A　M66 平面图

1～3、5、37、39.双鼻壶　4、12、16、22、24、26、27、29、35、42～44.玉珠　6、10.圈足盘　7.带把小
石刀　8.石凿　9、23.玉锥形器　11.野猪獠牙饰　13、17、18、34.石钺　14.玉坠　15、46.玉管　19、
20、30、32、41.石锛　21.石刀　25.石片　28.鲨鱼唇齿　31.尊　33、38.鼎　36.盆　40.甗　45.象牙镯

径 8.1、壶高 15.1、盖高 3.8 厘米。(图七七 D；彩版一三三，3)

M66:6，圈足盘。泥质黑皮陶。敞口，平沿，弧腹至近底处急收成内平底，矮双圈形圈足。口沿下一侧有两个小穿孔。口径 17.5、高 7 厘米。(图七七 D；彩版一三四，1)

M66:7，带把小石刀。脉岩。受沁器表略有剥蚀。刃部略弧，刃部与前端都双面磨薄呈刃状，长方形斜把。通长 9.2 厘米。(图七七 C；彩版一三一，1)

M66:8，石凿。青灰色流纹岩。受沁已朽蚀。长条形，一端侧刃。通长 14.1、宽 2.4 厘米。(图七七 C；彩版一三二，1)

M66:9，玉锥形器。透闪石软玉，玉色青白。器身较短。截面近圆形，首钝尖，尾端有小榫，榫上有一对钻的横向小穿孔。长 3.8 厘米。(图七七 B；彩版一三○，3)

M66:10，圈足盘。泥质灰胎黑皮陶。敞口，平沿，上腹斜弧至近底处急收成浅平底，矮双圈形圈足。中腹部饰一周凹弦纹。口径 21.4、高 7 厘米。(图七七 D；彩版一三四，2)

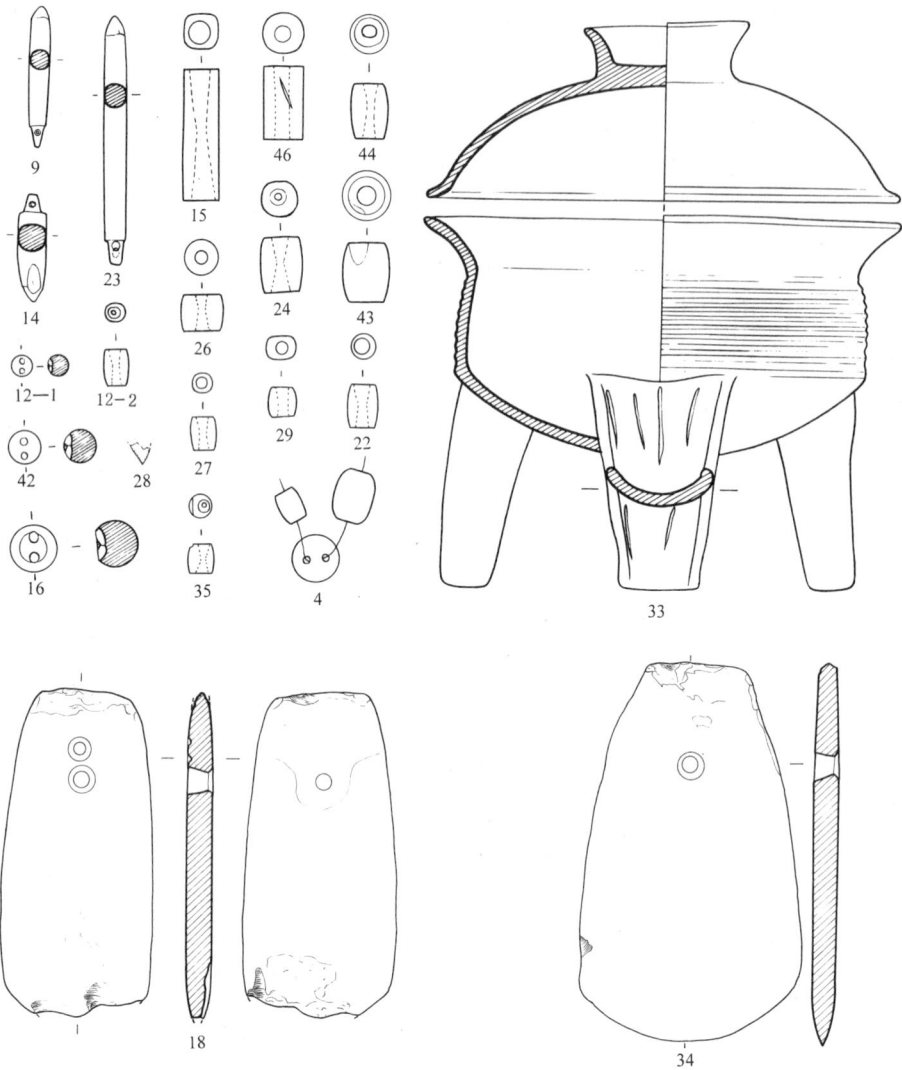

图七七 B　M66 出土器物（18、33、34 为 1/4，余为 1/2）

M66：11，野猪獠牙饰。常成组出土在墓主头部。此墓仅见 1 枚，受沁已朽。

M66：12，玉珠。2 颗。透闪石软玉，玉色黄白。略有沁蚀。一颗鼓腰形，一颗为小圆球形泡珠。泡珠直径 0.55、鼓腰形珠直径 0.7、高 1 厘米。（图七七 B；彩版一二九，2）

M66：13，石钺。淡青灰色流纹岩。扁平长方形，顶端斜直，略加磨制，未经抛光。两侧边斜直，刃角明显，一侧略残，两刃角间最宽，刃部与两侧均双面磨制渐薄，刃角处起脊线。刃部圆弧，厚钝未开锋。上部有一双面管钻的钻孔，对钻圆孔时上下略错位

图七七 C　M66 出土器物（均为 1/2）

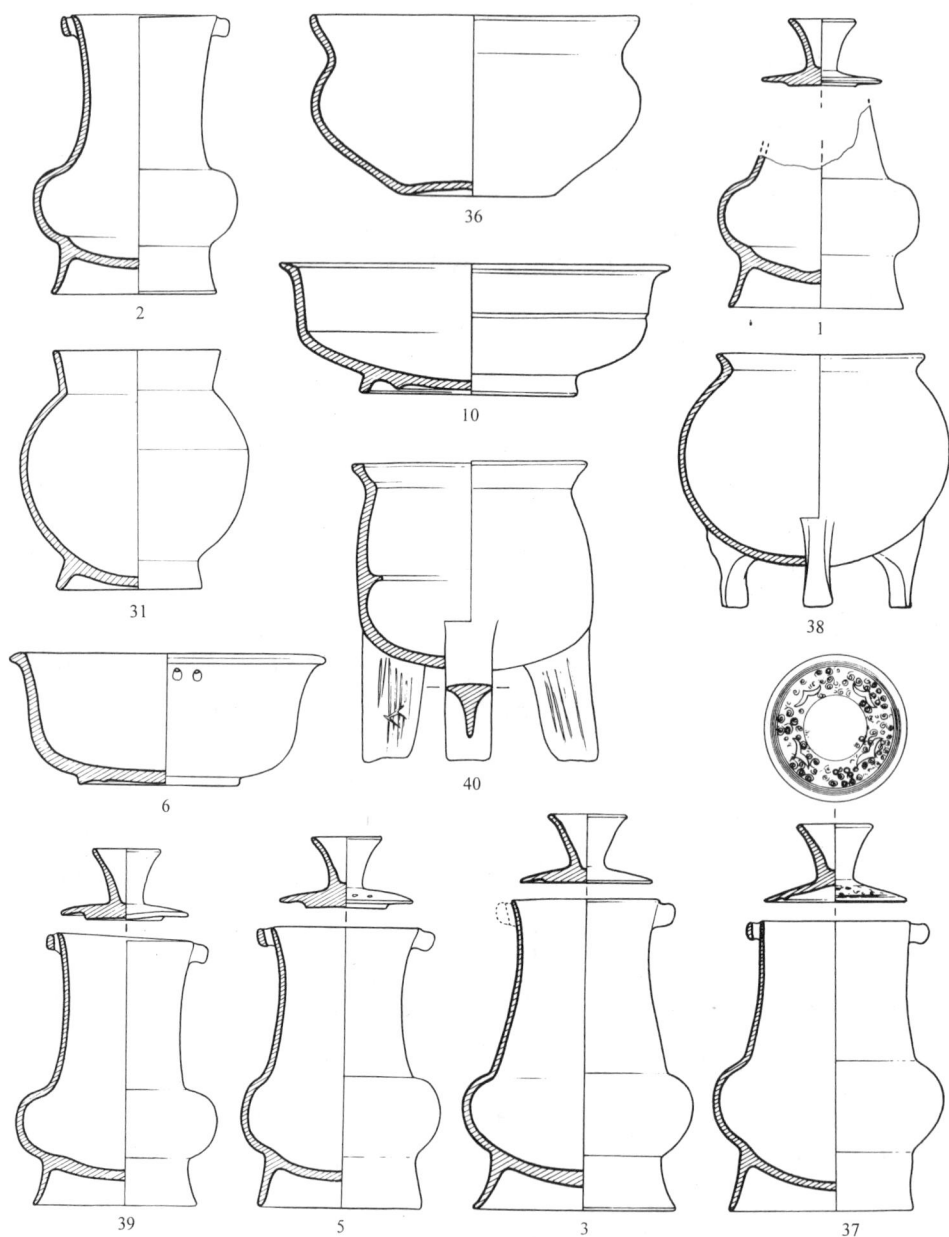

图七七 D　M66 出土器物（均为 1/4）

形成较明显的台痕，孔内还留有螺旋纹和涂朱痕迹。通高 13.8、刃宽 9.5、孔径 1.55
厘米。（图七七 C；彩版一三一，3）

　　M66:14，玉坠。透闪石软玉，玉色黄白。类锥形器，形体略短粗。截面近圆形，

首钝尖，尾端有小榫，榫上有一横向穿孔。长 2.9 厘米。（图七七 B；彩版一三〇，2）

M66:15，玉管。透闪石软玉，玉色黄白。受沁器表略有剥蚀。整器圆柱形，双面钻孔。直径 1、高 3.55 厘米。（图七七 B；彩版一三〇，5）

M66:16，玉珠。透闪石软玉，玉色黄白。略有沁蚀。圆球形，一面有一牛鼻形隧孔。直径 1.3、高 1.15 厘米。（图七七 B；彩版一二九，3）

M66:17，石钺。淡紫褐色角砾凝灰岩。器形规整，全器未经抛光，器表留有不少磨制的斜线痕迹。扁平长方形，顶端略弧，保留琢制糙面。两侧边斜直，刃部最宽，无明显刃角。刃部圆弧，双面刃较厚钝，一侧有明显崩缺痕迹。上部有一单面管钻而成的钻孔，另一面用实心钻碾通。通高 13.2、刃宽 7.25、孔径 1.7 厘米。（图七七 C；彩版一三一，4）

M66:18，石钺。黄褐色花岗斑岩，含黄白色斑块。扁平长方形，顶端略弧凸，保留糙面，未加磨制，两侧边略弧直，刃部最宽，无明显刃角。刃部圆弧，有较多的使用崩缺痕迹。上部有一单面管钻而成的穿孔，一面穿孔上方还有一环形管钻残痕，另一面穿孔上方有淡灰色印痕，可能是组装柄具时留下的。通高 17.75、刃宽 8.2、孔径 1.4厘米。（图七七 B；彩版一三一，5）

M66:19，石锛。淡青灰色流纹岩。扁平长方形，一面起段，段位于锛体三分之一处，下端侧刃，刃口锋利，无使用痕迹。长 9.2、段长 3.25、刃宽 5.5 厘米。（图七七C；彩版一三二，2）

M66:20，石锛。青灰色流纹岩。受沁断裂，表皮剥落。扁平长方形，一面起段，段位于锛体四分之一处，下端侧刃，刃口锋利。长 18.3、段长 4.7、刃宽 5.8 厘米。（图七七 C；彩版一三二，3）

M66:21，石刀。浅青灰色凝灰岩。器形扁薄规整。平面略呈左右对称的长方形，圆角双面弧刃，刃口锋利，有使用崩缺痕迹，两侧端斜直，上端平直。高 4.4、宽 9.9厘米。（图七七 C；彩版一三一，2）

M66:22，玉珠。透闪石软玉，玉色黄白。略有沁蚀。直径 0.85、高 1.18 厘米。（图七七 B；彩版一二九，4）

M66:23，玉锥形器。透闪石软玉，玉色青黄。截面近圆形，首钝尖，尾端有小榫，榫上有一对钻的横向小穿孔。长 6.75 厘米。（图七七 B；彩版一三〇，4）

M66:24，玉珠。透闪石软玉，玉色黄白。略有沁蚀。直径 1.15、高 1.5 厘米。（图七七 B；彩版一二九，5）

M66:25，石片。凝灰岩。似为石锛坯体上打击下来。略呈长方形，未加磨制，也无明显使用痕迹。长 3、宽 1.1 厘米。（图七七 C）

M66:26，玉珠。透闪石软玉，玉色黄白。直径 1.2、高 1 厘米。（图七七 B）

　　M66:27，玉珠。透闪石软玉，玉色黄白。直径 0.7、高 0.9 厘米。（图七七 B；彩版一二九，6）

　　M66:28，鲨鱼唇齿。略呈扁平三角形，牙冠部尖锐，两侧有密集的锯齿，无加工与使用痕迹，牙根朽。残长 0.6 厘米。（图七七 B）

　　M66:29，玉珠。透闪石软玉，玉色青白。直径 0.85、高 0.85 厘米。（图七七 B；彩版一二九，7）

　　M66:30，石锛。淡青灰色流纹岩。扁平长方形，一面起段，段位于锛体三分之一处，下端侧刃，刃口锋利，无使用痕迹。长 5.45、段长 1.65、刃宽 2.4 厘米。（图七七 C；彩版一三二，4）

　　M66:31，尊。泥质红胎黑皮陶。侈口，斜领，弧折腹，矮圈足外撇。口径 9.2、高 12.9 厘米。（图七七 D；彩版一三四，3）

　　M66:32，石锛。淡青灰色流纹岩。扁平长方形，一面起段，段位于锛体二分之一处，下端侧刃，刃口锋利，无使用痕迹。长 4.05、段长 2.2、刃宽 1.65 厘米。（图七七 C；彩版一三二，5）

　　M66:33，鼎，带盖。夹砂红褐陶，着黑色陶衣。体形较大。鼎盆形，侈口，折沿，束颈，直腹，圆圜底，凹弧形宽足两侧卷起如瓦，外腹上部有八周凹弦纹，足面上有几道竖向刻划。盖圈足纽斗笠式。口径 26.4、鼎高 19.8、盖高 9.6 厘米。（图七七 B；彩版一三五，1）

　　M66:34，石钺。紫褐色含黄斑熔结凝灰岩。扁平长方形，顶端窄而微弧，保留琢制糙面。两侧边斜弧，刃部最宽，无明显刃角。刃部圆弧，双面刃未开锋，无使用痕迹。上部有一单面管钻而成的钻孔，另一面以实心钻碾通。通高 20.3、刃宽 12.3、孔径 1.5 厘米。（图七七 B；彩版一三一，6）

　　M66:35，玉珠。透闪石软玉，玉色黄白。直径 0.75、高 0.8 厘米。（图七七 B；彩版一二九，8）

　　M66:36，盆。泥质灰陶。敞口，束颈，鼓肩，瘦弧腹，平底稍内凹。口径 18.2、高 9.7 厘米。（图七七 D）

　　M66:37，双鼻壶，带盖。泥质灰陶。壶直口，颈部较宽，鼓腹，圈足。盖斗笠式，喇叭形纽，盖面一周用细弦纹划出的环形范围内浅刻有四只对称分布的展翅飞鸟，周围密布象征云彩的圆涡纹。口径 8.2、壶高 15.5、盖高 4.2 厘米。（图七七 D；彩版一三三，4、6）

　　M66:38，鼎。夹砂夹蚌灰褐陶。敞口，折沿，束颈，圆鼓腹，深圈底，鸭嘴状矮三角凿形足。足为夹砂红陶。口径 11.5、高 13.6 厘米。（图七七 D；彩版一三五，2）

　　M66:39，双鼻壶，带盖。泥质黑皮陶。微侈口，长颈，扁鼓腹，圈足。口径 7.6、

壶高 14.7、盖高 3.8 厘米。(图七七 D；彩版一三三，5)

M66：40，甗。夹砂红陶。敞口，沿面折棱明显，筒形深腹，内腹中壁有一周凸起的隔挡以承箅，圜底，"T"字足。口径 13、高 16 厘米。(图七七 D；彩版一三四，4)

M66：41，石锛。淡青灰色流纹岩。扁平长方形，一面起段，段位于锛体三分之一处，下端侧刃，刃口锋利，无使用痕迹。长 5.6、段长 1.8、刃宽 4.9 厘米。(图七七 C；彩版一三二，6)

M66：42，玉珠。透闪石软玉，玉色黄白。球形，一面有一牛鼻形隧孔。直径 0.85 厘米。(图七七 B；彩版一二九，9)

M66：43，玉珠。透闪石软玉，玉色黄白。直径 1.3、高 1.6 厘米。(图七七 B；彩版一二九，10)

M66：44，玉珠。透闪石软玉，玉色黄白。略有沁蚀。直径 1、高 1.5 厘米。(图七七 B；彩版一三〇，1)

M66：45，象牙镯。位于手腕部，圆筒形，已断裂朽蚀。

M66：46，玉管。透闪石软玉，玉色黄白。形体较小。圆柱形。直径 1.1、高 1.95 厘米。(图七七 B；彩版一三〇，6)

M67

位于 T505 东南部，开口于第 3 层下，打破第 5 层。长方形竖穴土坑墓，墓坑长 2.58、宽 1.2、深 0.4 米，填青褐色土夹杂红烧土颗粒。墓坑内发现使用葬具的板灰痕迹，葬具仅一重，为较宽长的长方形棺，据板灰痕迹测得棺长 2.09、宽 0.83、现存可辨高度 0.12～0.18 米。人骨已朽蚀。方向 167°。随葬品 24 件，一组野猪獠牙饰、玉珠、玉锥形器、双鼻壶、盆、宽把杯出于南部，中部出土石钺、玉锥形器、玉珠和两件纺轮，北端出土簋、鼎、尊、盆、石镞和两件双鼻壶，一组由 71 颗玉珠组串的玉串饰和 5 粒小石子出于北端陶器之间，有的玉珠落入了倾倒的鼎内。从出土位置分析，2、7、8、10 号玉珠都应为玉串饰的组成部分。(图七八 A；彩版一三六，1、2)

M67：1，野猪獠牙饰。已朽蚀。

M67：2，玉串饰。5 颗。四颗透闪石软玉，玉色黄白；一颗玉髓珠。其中两颗软玉珠为一端钻牛鼻形隧孔的圆球形泡珠，一颗鼓腰形，一颗扁薄圆片形。玉髓珠扁鼓形。玉珠直径 1.05～1.5、高 0.1～1.5 厘米。(图七八 B；彩版一三七，1)

M67：3，双鼻壶，带盖。泥质黄胎黑皮陶。壶直口，长颈，鼓腹，圈足。盖圈足纽斗笠式。口径 5.2、壶高 9、盖高 2.4 厘米。(图七八 C；彩版一三九，1)

M67：4，宽把杯。泥质红胎黑皮陶。侈口，前端上翘成舌形流，微束颈，筒腹，圈足，腹部一侧附半环形宽把。腹下部有一组密集细弦纹，弦纹以上至流外表浅刻大圆涡

图七八 A　M67 平剖面图

1. 野猪獠牙饰　2、17. 玉串饰　3、22、23、24. 双鼻壶　4. 宽把杯　5、11. 玉锥形器　6、21. 盆　7、8、
10、14、19. 玉珠　9. 石钺　12、13. 纺轮　15. 簋　16. 鼎　18. 尊　20. 小石子　22. 石镞

纹及交叉线刻纹，惜残，不能完整辨认。把正面饰密集竖条纹，上端有穿孔，周围有三
角形刻纹。杯高 13、把宽 5.8 厘米。（图七八 C；彩版一三九，4）

　　M67：5，玉锥形器。透闪石软玉，玉色黄白。受沁断裂，表皮有剥落。截面近圆
形，首钝尖，尾端有小榫，榫上有一对钻的横向小穿孔。榫略残。长 8.8 厘米。（图七
八 B；彩版一三七，7）

　　M67：6，盆。泥质灰胎黑陶。敞口，折平沿，斜弧腹，内平底，矮圈足。沿下一侧
有一对小镂孔。口径 16.4、高 6.1 厘米。（图七八 C；彩版一三九，5）

　　M67：7，玉珠。3 颗。透闪石软玉，玉色黄白。略有沁蚀。直径 0.65～0.9、高
0.5～1 厘米。（图七八 B；彩版一三七，3）

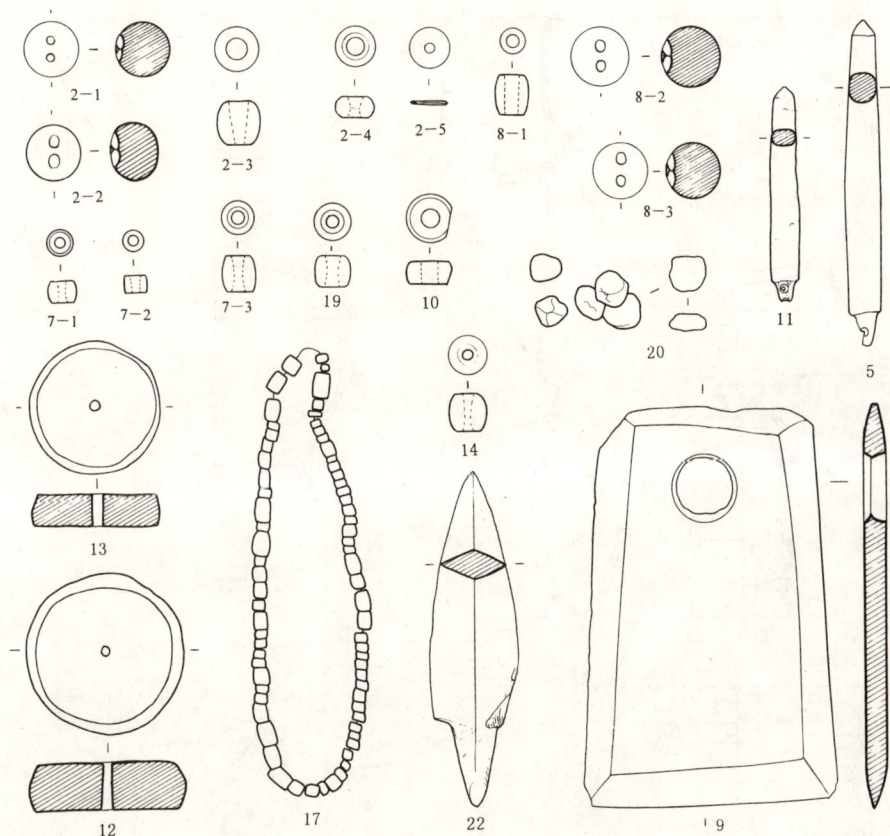

图七八 B　M67 出土器物（17 为 1/4，余均为 1/2）

　　M67:8，玉珠。3 颗。透闪石软玉，玉色黄白。两颗圆球形泡珠略朽，一端钻牛鼻形隧孔；一颗鼓腰形玉珠形体较小。泡珠直径 1.5～1.6、鼓腰形玉珠直径 0.9、高 1.1 厘米。（图七八 B；彩版一三七，4）

　　M67:9，石钺。淡青绿色球粒流纹岩。器表因受沁有剥蚀。扁平长方形，顶端略弧，稍加磨制，仍留有琢制的痕迹，两侧边斜直，刃部最宽，刃角明显，刃部、顶端与两侧边均双面磨制渐薄。刃部近直，刃厚钝未开锋口，无使用痕迹。上部有一双面管钻的钻孔。通高 10.7、刃宽 7.1、孔径 1.85 厘米。（图七八 B；彩版一三八，1）

　　M67:10，玉珠。玉髓质，淡湖绿色。扁鼓形，一面略残。直径 1.3、高 0.6 厘米。（图七八 B；彩版一三七，5）

　　M67:11，玉锥形器。透闪石软玉，玉色黄白。受沁断裂，表皮有剥落。截面扁圆形，首钝尖，尾端有小榫，榫中部有一对钻的横向小穿孔，下端还有一残孔。长 5.8 厘米。（图七八 B；彩版一三七，8）

图七八 C　M67 出土器物（均为 1/4）

　　M67：12，纺轮。泥质黑褐陶。扁平圆形，上下面略等径，截面略呈扁鼓形。直径 4.3、厚 1.3 厘米。（图七八 B；彩版一三八，4）

　　M67：13，纺轮。泥质黑褐陶。扁平圆形，上下面直径略有大小，截面呈梯形。直径 3.5、厚 0.9 厘米。（图七八 B；彩版一三八，5）

　　M67：14，玉珠。透闪石软玉，玉色黄白。略有沁蚀。直径 1、高 1.05 厘米。（图七八 B；彩版一三七，6）

　　M67：15，簋，带盖。簋泥质灰陶，子母口，子口内敛，斜弧腹，圈足外撇。盖泥质灰胎黑皮陶，斗笠式，喇叭形捉手纽。口径 14、簋高 7.3、盖高 5.8 厘米。（图七八 C；彩版一四〇，3）

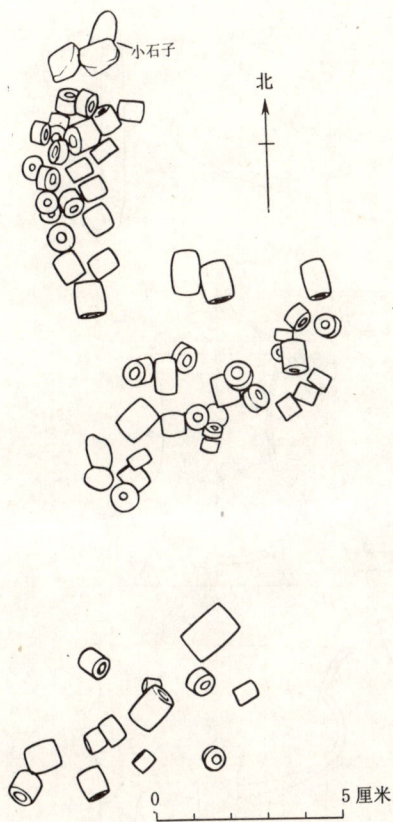

图七八 D　M67 北端玉串饰与
小石子出土情形

M67：16，鼎。夹砂黑陶。敞口，折沿，微束颈，弧腹，圜底。"T"字足。足正面及一个侧面饰短刻组合纹。口径 15.5、高 14.6 厘米。（图七八 C；彩版一四〇，1）

M67：17，玉串饰。由 71 颗大小玉珠组串而成。25 颗软玉，其余均为叶蜡石。软玉珠形体略大，均鼓腰。叶蜡石珠除两颗鼓腰外，余均为扁圆柱形。直径 0.5～1、高 0.3～1.3 厘米。（图七八 B、D；彩版一三七，2）

M67：18，尊。泥质灰陶。侈口，肩稍鼓，斜弧腹，圈足外撇。口径 11.6、高 15.8 厘米。（图七八 C；彩版一四〇，2）

M67：19，玉珠。玉髓质，玉色灰白。受沁表皮剥落。形体较小，鼓腰，双面钻孔。直径 1、高 0.85 厘米。（图七八 B）

M67：20，小石子。5 粒。石英质。形状不规则，大小相近。直径 0.9～1.1 厘米。（图七八 B、D；图一三八，2）

M67：21，盆。泥质红陶。敞口，束颈，鼓肩，斜腹，平底略内凹。口径 18.2、高 7.6、底径 9.6 厘米。（图七八 C；彩版一三九，6）

M67：22，石镞。凝灰岩。翼弧边长三角形，截面菱形，铤部明显、约占全器的三分之一，底端磨削略呈圆形。长 9、铤长 2.2 厘米。（图七八 B；彩版一三八，3）

M67：23，双鼻壶。泥质灰陶。直口微侈，长颈，扁鼓腹，圈足。口径 6.4、高 10.6 厘米。（图七八 C；彩版一三九，2）

M67：24，双鼻壶。泥质灰胎黑皮陶。直口微侈，长颈，扁鼓腹，高圈足。口径 6、高 11.1 厘米。（图七八 C；彩版一三九，3）

M68

位于 T507 西南部，开口于第 2 层下，西北侧被 M33 打破，西南侧打破 H11，打破第 5 层。长方形竖穴土坑墓，墓坑长 2.2、宽 0.74、深 0.11～0.13 米，填黄褐色土。墓坑内没有发现葬具和人骨痕迹。方向 166°。随葬品 10 件，两件双鼻壶和圈足盘、玉珠各一件出于南部，玉锥形器出于中部，石"耘田器"、盆、篮、尊和鼎各一件出于北

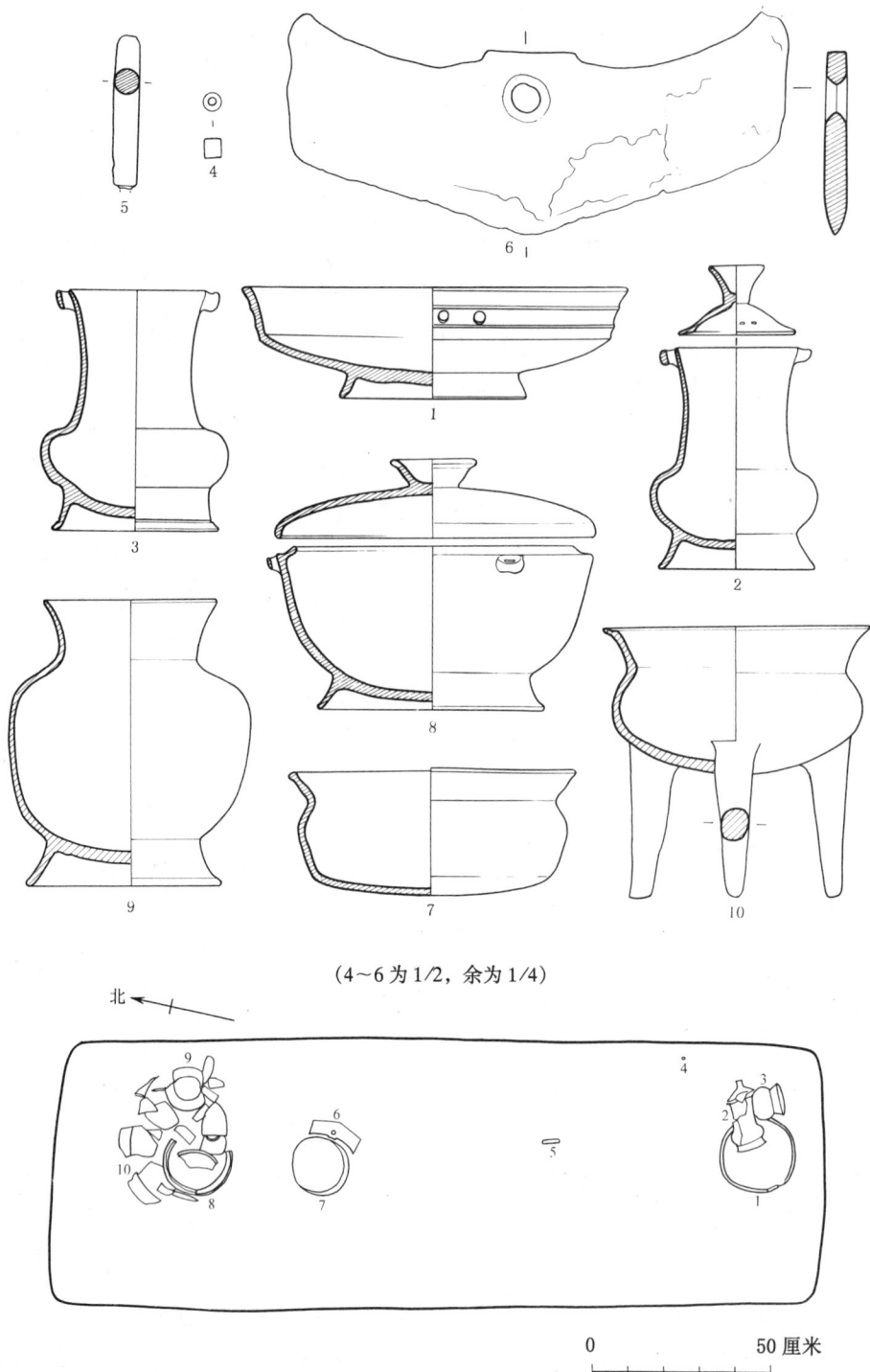

（4～6为1/2，余为1/4）

图七九　M68平面图及其出土器物

1.圈足盘　2、3.双鼻壶　4.玉珠　5.玉锥形器　6.石"耘田器"　7.盆　8.簋　9.尊　10.鼎

面脚端。（图七九；彩版一四一，1）

M68:1，圈足盘。泥质灰陶。敞口，折腹，矮圈足。上腹部饰两周凸弦纹。口径22、高 6.2 厘米。（图七九；彩版一四二，1）

M68:2，双鼻壶，带盖。泥质灰陶。壶直口微侈，长颈，扁鼓腹，圈足外撇。附小喇叭纽器盖。口径 7.1、壶高 13.6、盖高 3.85 厘米。（图七九；彩版一四二，4）

M68:3，双鼻壶。泥质黑皮陶。直口微侈，长颈，扁鼓腹，圈足。圈足下端有一周凹弦纹。口径 7.9、壶高 13.6 厘米。（图七九；彩版一四二，5）

M68:4，玉珠。透闪石软玉，玉色黄白。略有沁蚀。直径 0.5、高 0.55 厘米。（图七九；彩版一四一，2）

M68:5，玉锥形器。透闪石软玉，玉色灰白。受沁断裂，残朽。截面近圆形，首、榫均残。残长 4.3 厘米。（图七九；彩版一四一，3）

M68:6，石"耘田器"。灰绿色凝灰岩。器身扁平。"V"字形刃部，两翼略后掠，上端中央有方形凸块，凸块下方有圆形穿孔。通高 6.2、两翼宽 14.3、孔径 1.4 厘米。（图七九；彩版一四一，4）

M68:7，盆。泥质灰胎黑皮陶。敞口，小方唇，束颈，微鼓腹，平底。口径 16.3、高 7.2 厘米。（图七九；彩版一四二，2）

M68:8，簋，带盖。泥质灰陶。簋子母口，子口内敛，斜弧腹，圈足外撇。口沿设三鼻。附斗笠式盖。口径 16、簋高 9.2、盖高 4.4 厘米。（图七九；彩版一四二，3）

M68:9，尊。泥质灰黄胎黑陶。侈口，矮领，肩略鼓，弧腹，圈足外撇。口径 10、高 16.1 厘米。（图七九；彩版一四三，1）

M68:10，鼎。夹砂红陶。敞口，折沿，束颈显领，鼓腹，浅圜底，圆锥足。口径 15.4、高 15 厘米。（图七九；彩版一四三，2）

M69

位于 T505 东北部，开口于第 5 层下，南端被东周 H2 打破，打破第 6 层。长形竖穴土坑墓，墓坑长 2.2、宽 0.75、深 0.12 米，填黄褐色土。墓坑内没有发现葬具和人骨痕迹。方向 173°。随葬品 2 件，南面头部出土一件带盖杯，北面脚端出土一件带盖豆。（图八〇；彩版一四三，3）

M69:1，杯，带盖。泥质灰黄陶。杯微敛口，微弧腹，圈足。盖，浅碟式，盖纽残。口径 6.3、杯高 9.2、盖残高 1 厘米。（图八〇；彩版一四三，4）

M69:2，豆，带盖。泥质灰陶。豆敞口，斜壁，折腹，高圈足，圈足中部饰一周凸弦纹。盖喇叭形捉手纽斗笠式，盖径小于豆盘口径较多，似非原配。豆口径 17.3、高 8.5、盖口径 12.2、盖高 6 厘米。（图八〇；彩版一四三，5）

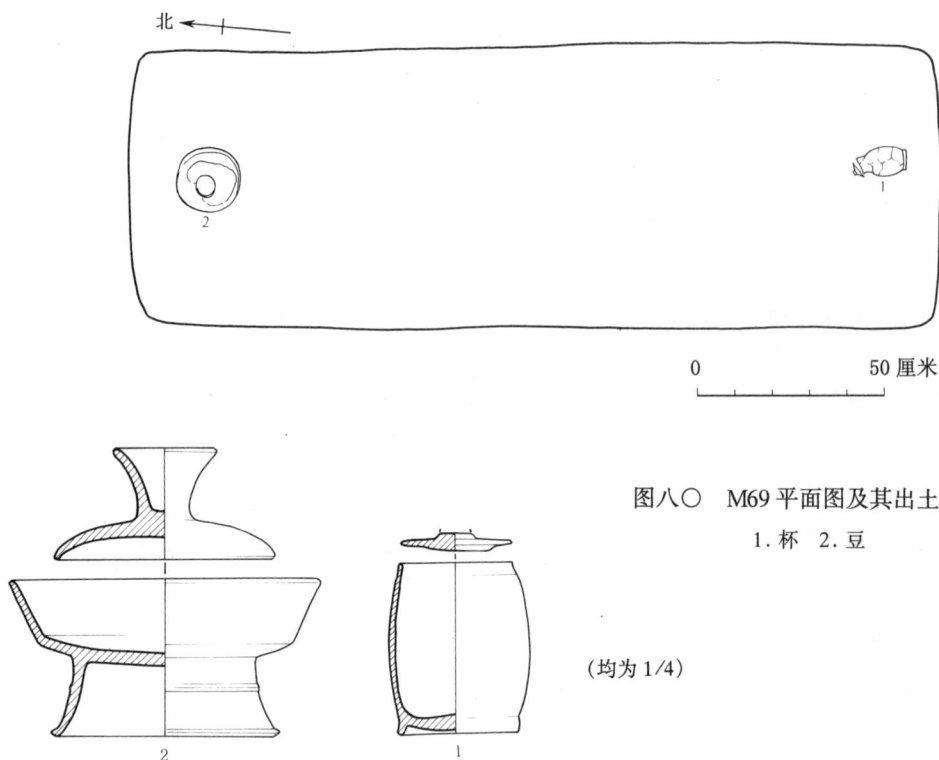

0　　　　　　　　　　　50 厘米

图八〇　M69 平面图及其出土器物
1. 杯　2. 豆

（均为 1/4）

M70

位于 T506 东隔梁处，开口于第 2 层下，东南侧被 M33 打破，又打破 H7。墓坑西侧在发掘 T506 时已被挖去。长方形竖穴土坑墓，墓坑长 2.08、南端宽 0.67、北端宽 0.78、深 0.23 米，填灰褐色土。墓坑内没有发现葬具和人骨痕迹。方向 162°。随葬品 7 件，双鼻壶、壶、玉坠出于南端，石钺出于胸腹部，三足盘、圈足罐、鼎出于北面脚端。（图八一；彩版一四四，1）

M70:1，双鼻壶，带盖。泥质灰陶。侈口，长颈，扁鼓腹，圈足外撇。口径 6.9、壶高 11.6、盖高 2.9 厘米。（图八一；彩版一四五，1）

M70:2，壶，带盖。泥质红胎黑陶。壶侈口，高领，折腹，圈足，肩部饰两周凸弦纹及线刻纹，折腹处饰对称鸡冠状小錾，上有两小孔。盖喇叭形纽碟式，盖面一侧有一对小穿孔。口径 9.2、壶高 11.5、盖高 3.6 厘米。（图八一；彩版一四五，2）

M70:3，玉坠。透闪石软玉，玉色黄白。受沁已朽。形制类锥形器，形体略短。截面近圆形。长 3.1 厘米。（图八一；彩版一四四，2）

M70:4，石钺。黑色硅质页岩。长方形，顶端微弧，两角裁割成窄肩状，两肩之间

（3、4为1/2，余为1/4）

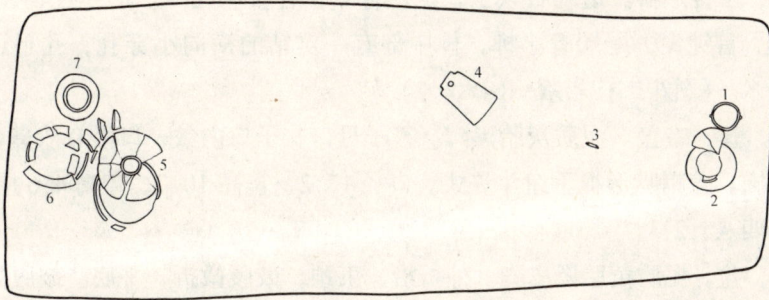

图八一　M70平面图及其出土器物

1.双鼻壶　2.壶　3.玉坠　4.石钺　5.三足盘　6.鼎　7.圈足罐

还留有一条锯切割痕迹, 刃角明显, 刃部圆弧, 刃口锋利, 略有崩缺痕迹, 孔单面钻成。通高 14.1、刃宽 8.9、孔径 1.8 厘米。(图八一; 彩版一四四, 3)

M70:5, 三足盘, 带盖。泥质灰陶。盘敞口, 宽折沿, 微束颈, 折腹, 浅平圜底, 三倒梯形瓦足。腹部饰三周凹弦纹, 足面饰竖向线刻组合纹。盖圈足纽斗笠式。口径 16.9、盘高 8.2、盖高 4.8 厘米。(图八一; 彩版一四五, 3)

M70:6, 鼎。夹砂黑陶。敞口, 微束颈, 微鼓腹下垂, 浅平圜底, 圆锥足。口径 17.6、高 16 厘米。(图八一; 彩版一四五, 4)

M70:7, 圈足罐。泥质灰陶。直口微侈, 肩稍鼓, 斜弧腹, 矮圈足。口径 8.1、高 11.1 厘米。(图八一; 彩版一四五, 5)

M71

位于 T507 西南角, 南端伸出 T507 探方范围, 开口于第 2 层下, 东北角被 H8 打破, 打破 M85 东北角。长方形竖穴土坑墓, 墓坑长 2.08、宽 0.78、深 0.12~0.18 米, 填土黄褐色。没有发现葬具, 人骨已朽尽。方向 165°。随葬品 11 件, 其中一件圈足盘、两件双鼻壶放置在头南部, 玉锥形器一件位于颈部, 脚端放置簋、尊、鼎各一件和两件盆、纺轮。(图八二; 彩版一四六, 1)

M71:1, 双鼻壶, 带盖。泥质灰陶。直口微侈, 高颈, 扁鼓腹, 矮圈足。口径 7、壶高 11.1、盖高 3 厘米。(图八二; 彩版一四七, 1)

M71:2, 双鼻壶, 带盖。泥质灰陶。直口微侈, 扁鼓腹, 矮圈足。口径 6.9、壶高 11、盖高 2.3 厘米。(图八二; 彩版一四七, 2)

M71:3, 圈足盘。泥质灰陶。敞口, 折沿, 弧腹, 矮圈足外撇。上腹饰三周凹弦纹。口径 16.6、高 6.4 厘米。(图八二; 彩版一四八, 1)

M71:4, 玉锥形器。透闪石软玉, 玉色青绿, 有玻璃光泽。形体规整, 磨制精细。截面呈圆形, 首钝尖, 尾端有小榫, 榫中部有一对钻的横向小穿孔, 孔下还有半个残孔。长 5 厘米。(图八二; 彩版一四六, 2)

M71:5, 簋, 带盖。泥质灰胎黑陶。簋子母口, 子口内敛, 口沿有双鼻, 斜弧腹较深, 圈足外撇。盖喇叭形捉手纽斗笠式。口径 17.2、簋高 10.7、盖高 4.6 厘米。(图八二; 彩版一四八, 2)

M71:6, 盆。泥质黄胎黑皮陶。外折沿, 束颈, 鼓腹微折, 平底。鼓腹处饰四周凹弦纹。口径 13.6、高 8.7 厘米。(图八二; 彩版一四七, 3)

M71:7, 尊。泥质灰陶。侈口, 矮领, 肩稍鼓, 弧腹, 圈足外撇。口径 9.3、高 15.4 厘米。(图八二; 彩版一四八, 3)

M71:8, 纺轮。泥质黑陶。扁平圆形, 上下面略有大小, 截面略呈梯形。直径

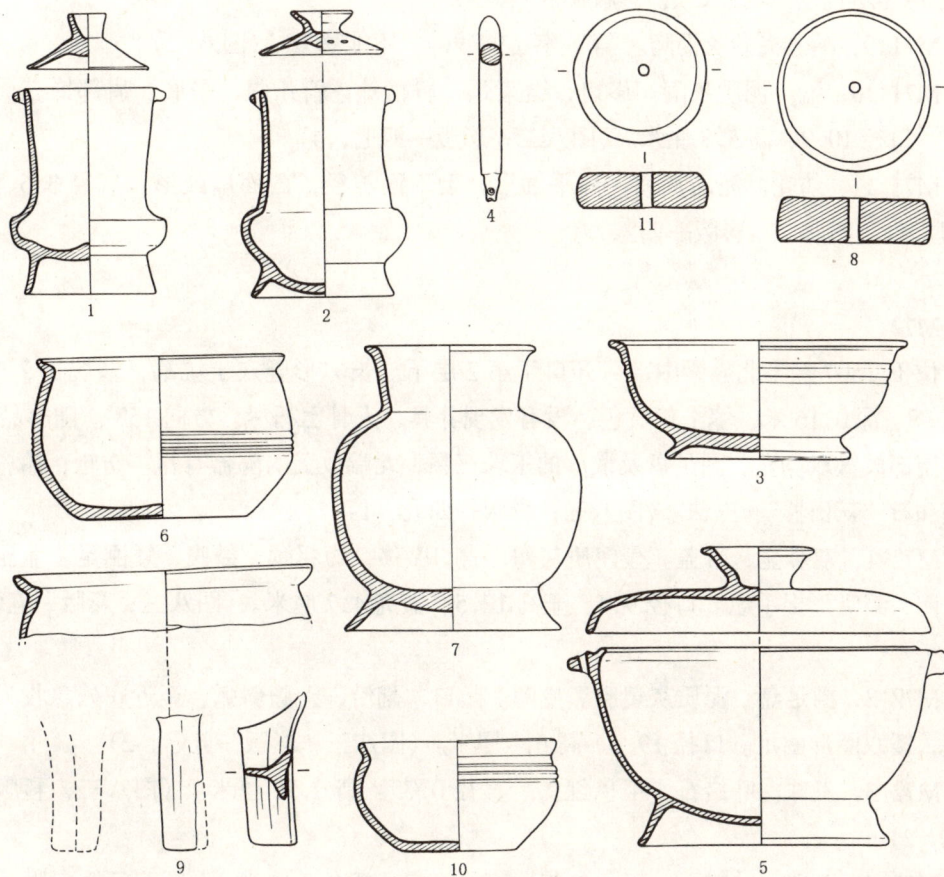

（4、8、11 为 1/2，余为 1/4）

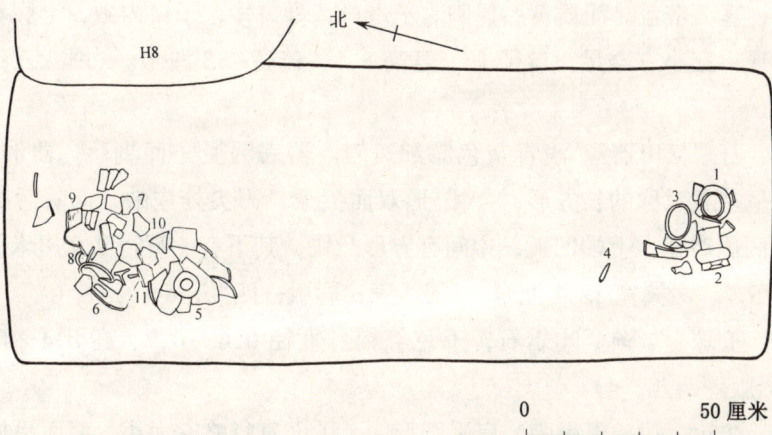

图八二　M71 平面图及其出土器物

1、2.双鼻壶　3.圈足盘　4.玉锥形器　5.簋　6、10.盆　7.尊　8、11.纺轮　9.鼎

4.3、厚 1.2 厘米。（图八二；彩版一四六，3）

M71:9，鼎。夹砂灰褐陶。"T"字足。残碎，不能修复。（图八二）

M71:10，盆。泥质灰陶。侈口，微束颈，肩稍耸，斜弧腹，平底。肩部饰三周凹弦纹。口径 10.9、高 5.8 厘米。（图八二；彩版一四七，4）

M71:11，纺轮。泥质灰陶。扁平圆形，上下面等径，截面扁鼓形。直径 3.6、厚 0.9 厘米。（图八二；彩版一四六，4）

M72

位于 T507 探方北隔梁中部，开口于第 2 层下。长方形竖穴土坑墓，墓坑长 2.36、宽 0.98、深 0.16 米，填土灰黄色。没有发现葬具，人骨已朽尽。方向 158°。随葬品 11 件，南部放置双鼻壶、圈足盘及散落的玉珠三颗，北端放置的陶器有簋、纺轮、鼎、圈足罐和石"耘田器"、玉珠。（图八三；彩版一四九，1）

M72:1，双鼻壶，带盖。壶泥质灰陶，直口微侈，短粗颈，鼓腹，矮圈足。盖泥质黑皮陶，喇叭形捉手纽。口径 9.4、壶高 12.5、盖高 4.7 厘米。（图八三；彩版一五〇，1）

M72:2，圈足盘。泥质灰黄胎黑皮陶。敞口，翻沿，上腹斜弧，至近底处急收为浅平底，矮双圈形圈足。口径 19.2、高 6.1 厘米。（图八三；彩版一五〇，2）

M72:3，玉珠。叶蜡石，玉色红褐。直径 0.75、高 0.55 厘米。（图八三；彩版一四九，2）

M72:4，玉珠。叶蜡石，玉色红褐。直径 0.7、高 0.6 厘米。（图八三；彩版一四九，3）

M72:5，簋，带盖。泥质黄胎黑陶。子母口，母口侈，子口内敛，上腹斜直，近底处折收为圜底，三小方矮足。口径 16、簋高 8.5、盖高 7.3 厘米。（图八三；彩版一五〇，3）

M72:6，石"耘田器"。浅青灰色霏细斑岩。器表因受沁而剥落。器形扁薄规整。整器平面略呈左右对称的长方形，"V"形双面尖刃，刃尖处崩缺，两翼后掠上翘，一翼角略残，两侧略宽，上端凹弧，中间有方形凸块，其下有一直径 0.9 厘米的单面管钻圆孔。通高 5.7、两翼宽 12.1 厘米。（图八三；彩版一四九，6）

M72:7，玉珠。4 颗。叶蜡石，玉色红褐。直径 0.6～0.7、高 0.4～0.55 厘米。（图八三；彩版一四九，4）

M72:8，纺轮。泥质黑褐陶。扁平圆形，上下面直径略有大小，截面呈梯形，中央有一小圆穿孔。直径 4.6、厚 1.2 厘米。（图八三；彩版一五〇，6）

M72:9，鼎。夹砂红陶。侈口，平唇，微束颈，深弧腹，浅圈底，"T"字足。足

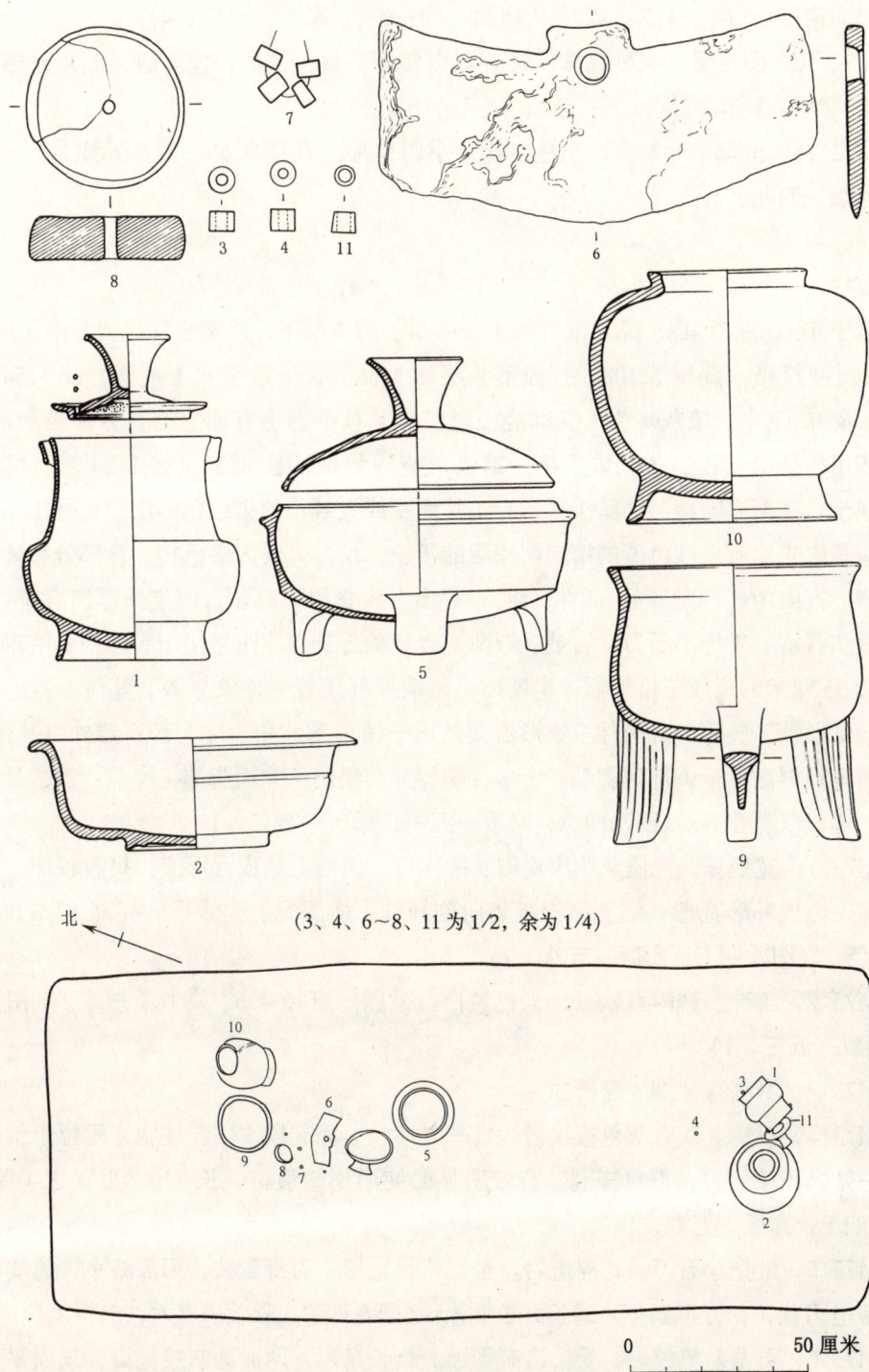

(3、4、6~8、11 为 1/2，余为 1/4)

图八三　M72 平面图及其出土器物

1. 双鼻壶　2. 圈足盘　3、4、7、11. 玉珠　5. 簋　6. 石"耘田器"　8. 纺轮　9. 鼎　10. 圈足罐

面有竖向刻道。口径 14.7、高 15.4 厘米。（图八三；彩版一五〇，4）

M72:10，圈足罐。夹砂红陶。短直口微侈，平唇，鼓肩，浅弧腹，圈足外撇。口径 9.1、高 14 厘米。（图八三；彩版一五〇，5）

M72:11，玉珠。叶蜡石，玉色红褐。小圆台形。直径 0.65、高 0.6 厘米。（图八三；彩版一四九，5）

M73

位于 T603 东南角及 T703 北隔梁上，开口于第 3 层下，南端被汉代馒头窑 Y1 与东周灰坑 H9 打破，叠压 M108，打破第 8 层和 M66。长方形竖穴土坑墓，长 3.54、宽 1.67、深 0.43 米，填灰褐色土夹红烧土颗粒。此墓平面上有明显的长方形板灰痕迹，可知使用的是两侧较直的长方形棺。据板灰痕迹测得棺长 3.29、宽 1.25 米，棺板厚 5～6 厘米。在墓底随葬器物露头时，有 7 片面积或大或小的朱红色薄层漆皮叠压在器物上，应是原先涂有朱红色漆的棺盖坍塌后的孑遗。棺内人骨大多已朽，存部分头骨，性别难辨。方向 163°。随葬品 62 件（组），都出在头骨以下部位，南端头部出有宽把杯、双鼻壶和石锛、带把小石刀、石钺、石凿、野猪獠牙饰等。玉璧出于腹部，玉璧东侧有一件长 33 厘米的琢纹玉锥形器，尖朝南，尾端榫部压着一件象牙镯。其他玉器还有杖端饰、锥形器、坠等，有两件玉锥形器交叉出于棺内东北角。除头部石器外，其他镞、钺、锛等石器散见于胸部到脚端。十多件陶器分两组出于北面脚端，有鼎、簋、盆、圈足盘、尊、双鼻壶等。（图八四 A；彩版一五一；彩版一五二，1～3）

M73:1，宽把杯。泥质灰胎黑皮陶。微侈口，前端上翘成舌形流，筒腹较深，与翘流相对一侧设环形宽把，把上饰密集竖向刻划纹，矮圈足。盖舌形。杯高 17.3、把宽 5.8 厘米。（图八四 D；彩版一五八，7）

M73:2，玉珠。透闪石软玉，玉色黄白。鼓腰。直径 0.6、高 0.7 厘米。（图八四 B；彩版一五三，1）

M73:3，野猪獠牙饰。已朽蚀。

M73:4，石锛。淡青灰色流纹岩。扁平方形，一面起段，作斜坡状，段位于锛体二分之一处，下端侧刃，刃口锋利，有较明显的使用崩缺痕迹。长 4.9、刃宽 3.4 厘米。（图八四 B；彩版一五六，1）

M73:5，带把小石刀。花岗斑岩。全器略呈靴形，刀身较狭，刃部略平，前端亦双面磨薄呈刃状，长方形斜把。通长 8.1 厘米。（图八四 B；彩版一五六，5）

M73:6，石凿。流纹岩。受沁已有剥蚀。狭长条形，两面磨制成侧刃，顶面平。长 9、宽 1.7、厚 1.3 厘米。（图八四 B；彩版一五六，6）

M73:7，双鼻壶，带盖。泥质灰胎黑皮陶。壶直口微侈，高颈，扁鼓腹，圈足稍

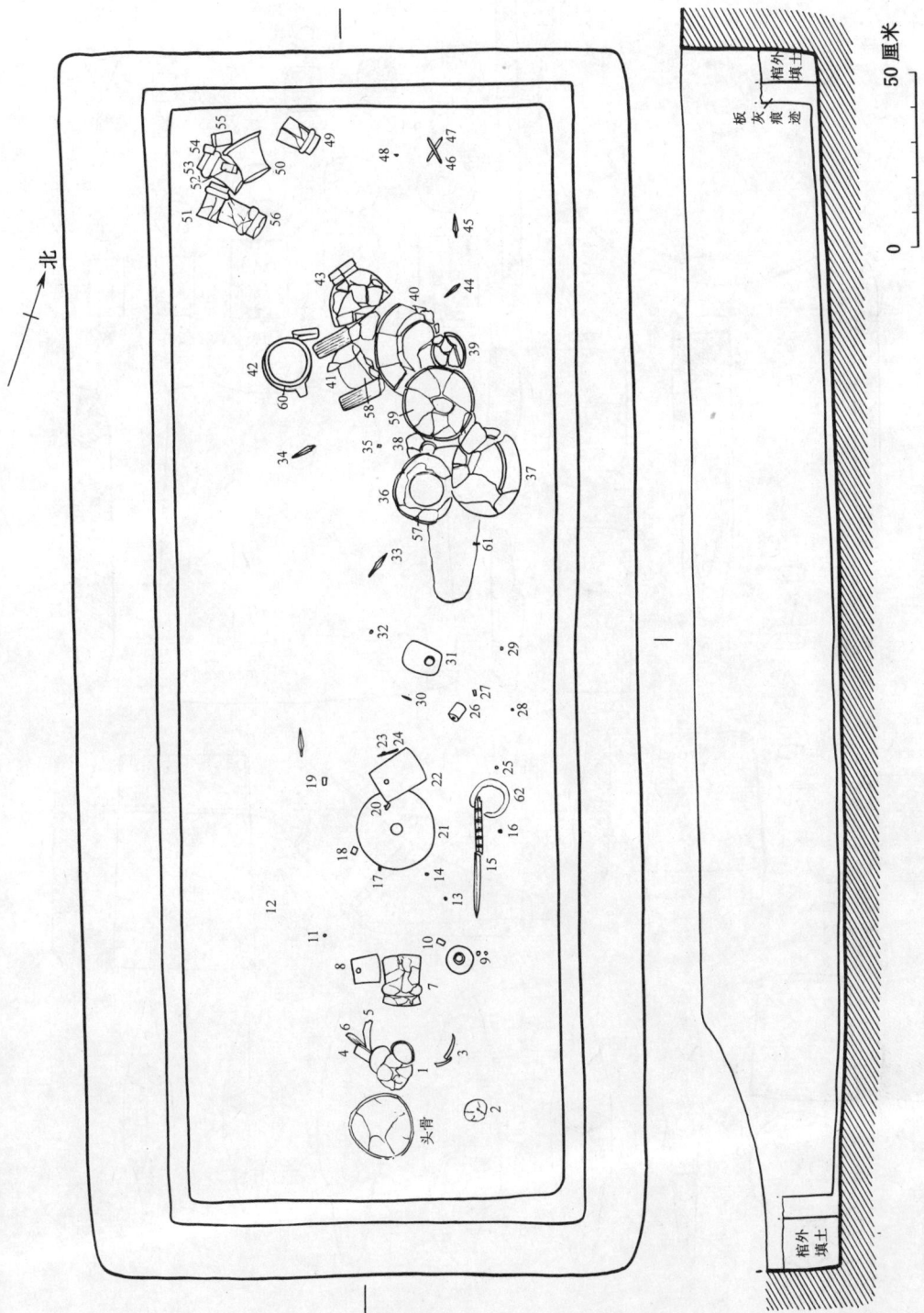

图八四 A　M73 平剖面图

北

0　　　　　50 厘米

棺外填土

板灰痕迹

棺外填土

1. 宽把杯　2、9、11、13、14、16、17、20、27、35. 玉珠　3. 野猪獠牙饰　4、52、54、55. 石斧　5. 带把小石刀　6. 石凿　7、49、51、53、56. 双鼻壶　8、22、31、38、57. 石锛　10、18、19. 玉管　12、23、25、28、29、58、61. 玉镶嵌片　15、24、46、47. 玉锥形器　21. 玉璧　26. 玉杖端饰　30. 玉坠　32. 残玉器　33、34、44、45、59、60. 石镞　36、37、43、50. 鬶　39. 盆　40. 圈足盘　41. 瓿　42. 鼎　48. 鲨鱼唇齿　62. 象牙镯

头骨

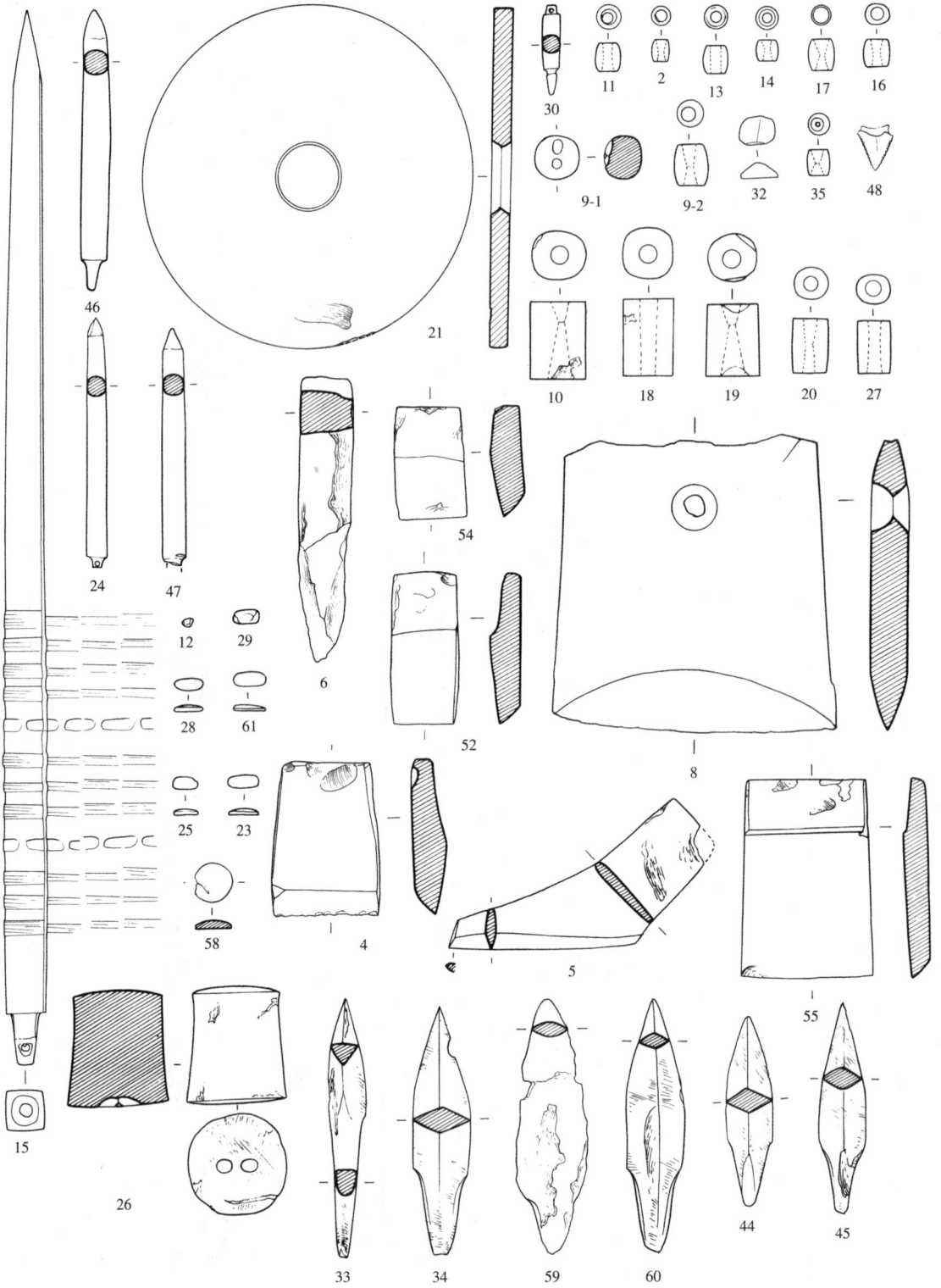

图八四 B　M73 出土器物（21 为 1/4，余均为 1/2）

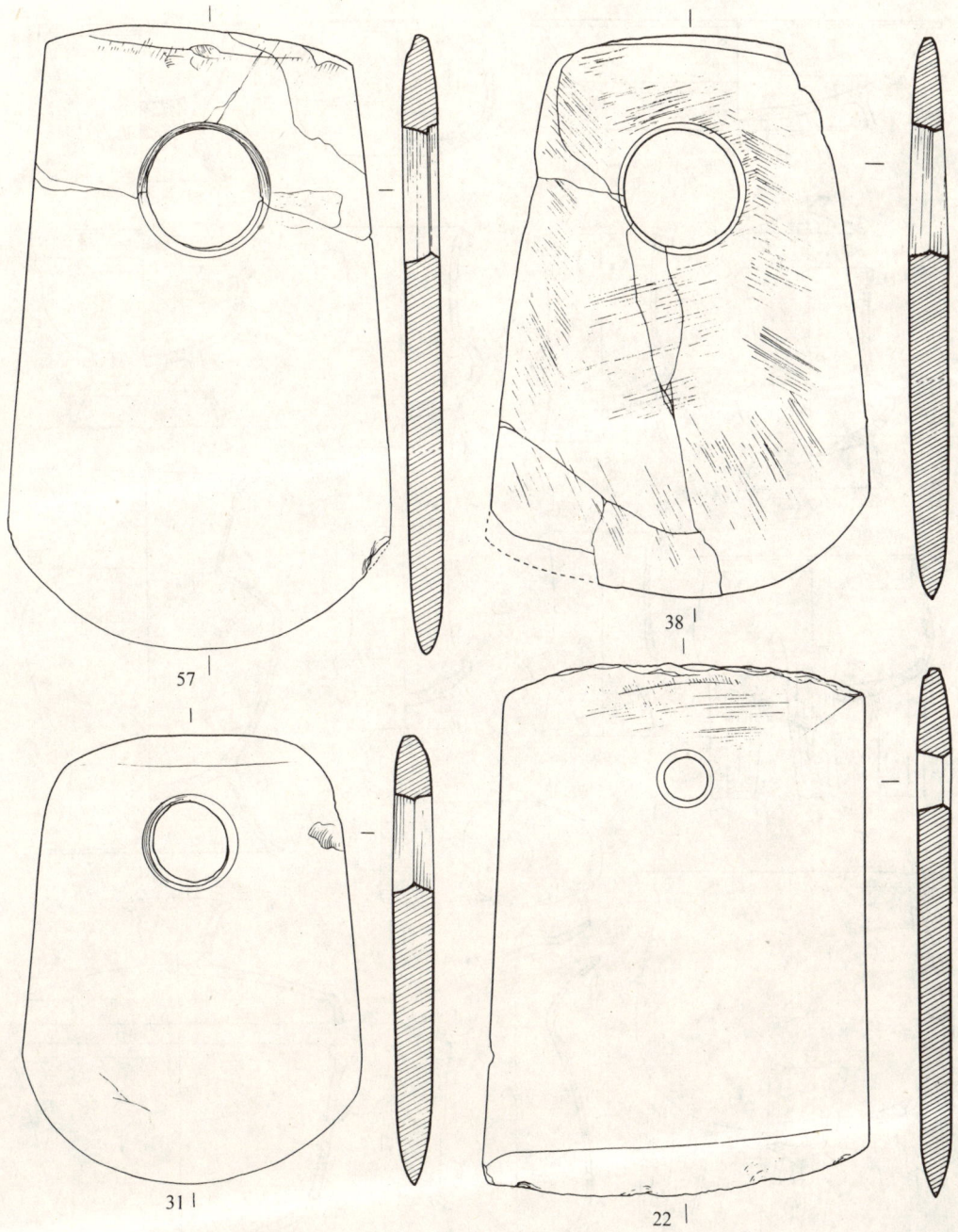

图八四 C　M73 出土器物（均为 1/2）

图八四 D　M73 出土器物（均为 1/4）

高。盖圈足纽斗笠式。口径7.8、壶高12.6、盖高2.2厘米。（图八四D；彩版一五九，1）

M73:8，石钺。淡青绿色球粒流纹岩。扁平方形，顶端近直，略磨薄，保留琢制糙面。两侧边斜直微外撇，刃角明显，两刃角间最宽，刃部与两侧边均双面磨制渐薄，刃角处起脊线。刃部微弧，刃口锋利，无使用痕迹。上部有一双面钻的钻孔，一面管钻，另一面实心钻碾通。通高9.3、刃宽9.2、孔径1.5厘米。（图八四B；彩版一五七，1）

M73:9，玉珠。2颗。透闪石软玉，玉色黄白。略有沁蚀。一颗腰鼓形，直径1.1、高1.3厘米；一颗圆形泡珠，直径1.4厘米。（图八四B；彩版一五三，2）

M73:10，玉管。透闪石软玉，玉色黄白。受沁器表略有剥蚀。圆柱形，双面钻孔。直径1.75、高2.4厘米。（图八四B；彩版一五四，1）

M73:11，玉珠。透闪石软玉，玉色黄白。腰鼓形。直径0.8、高0.9厘米。（图八四B；彩版一五三，3）

M73:12，玉镶嵌片。叶蜡石，青绿色。已残。残长0.3厘米。（图八四B）

M73:13，玉珠。透闪石软玉，玉色黄白。略有沁蚀。直径0.8、高0.9厘米。（图八四B；彩版一五三，4）

M73:14，玉珠。透闪石软玉，玉色黄白。略有沁蚀。直径0.75、高0.7厘米。（图八四B；彩版一五三，5）

M73:15，玉锥形器。透闪石软玉，受沁后玉色变为黄白。方形锥体头部尖锐，下部最宽处以浅浮雕结合阴线刻划琢出三节简化的神人纹饰。每节纹饰仅以凸棱代表神人所戴的羽冠，凸棱上以阴线刻划弦纹，每边的弦纹多不对称。第一节有四条凸棱，二、三节则都为三条。一、二节弦纹凸棱之下以角线为中心，每角一条短棱，以表示神人的鼻子。第三节弦纹凸棱之下则无短棱。此件玉锥形器纹饰部分虽然多处可见碾磨减地的痕迹，但锥体部分已作仔细的抛光，有较强的玻璃光泽，与榫部形成明显对照。榫横截面近圆形，长约1.6厘米，下部略呈蘑菇状凸起，横向对钻一孔。由榫部未经抛光可知此件锥形器原先应是与某种有机质物件组装在一起的，这对于我们研究玉锥形器的功能很有参考价值。通长33、最宽1.4、榫长1.6厘米。（图八四B；彩版一五五，1）

M73:16，玉珠。透闪石软玉，玉色黄白。直径0.8、高0.9厘米。（图八四B；彩版一五三，6）

M73:17，玉珠。透闪石软玉，玉色黄白。略有沁蚀。直径0.85、高1厘米。（图八四B；彩版一五三，7）

M73:18，玉管。透闪石软玉，玉色黄白。受沁器表略有剥蚀。整器圆柱形，双面钻孔。直径1.6、高2.45厘米。（图八四B；彩版一五四，2）

M73:19，玉管。透闪石软玉，玉色黄白。整器圆柱形，双面钻孔。器身上有多处切割痕迹。直径1.5～1.65、高2.25厘米。（图八四B；彩版一五四，3）

M73:20，玉珠。叶蜡石，玉色红褐。圆柱形。直径1～1.1、高1.7厘米。（图八四B；彩版一五三，8）

M73:21，玉璧。透闪石软玉，玉色青绿。器形圆整厚大，厚薄均匀。扁平圆形，一侧边缘略有缺损。双面管钻，错位留有台痕。直径21.4～21.7、孔径4.2、最厚1.2厘米。（图八四B；彩版一五五，5）

M73:22，石钺。淡青绿色流纹质凝灰岩。扁平长方形，顶端略弧，保留琢制糙面，两侧边斜直，刃部最宽，刃角明显。刃部圆弧略斜，刃口锋利，有少量崩缺痕迹。上部有一双面管钻孔。通高15.2、刃宽11.3、孔径1.65厘米。（图八四C；彩版一五七，2）

M73:23，玉镶嵌片。透闪石软玉，玉色黄白。扁薄圆角长方形，正面略鼓凸、抛光精细，背面平坦、未经抛光。长1、宽0.45、厚0.2厘米。（图八四B；彩版一五四，4）

M73:24，玉锥形器。透闪石软玉，玉色青白。受沁断裂。形体略长。截面近圆形，首尖锐，尾端有小榫，榫上有一对钻的横向小穿孔。长7.85厘米。（图八四B；彩版一五五，2）

M73:25，玉镶嵌片。透闪石软玉，玉色黄白。扁薄圆角长方形，正面略鼓凸、抛光精细，背面平坦、未经抛光。长0.8、宽0.4、厚0.15厘米。（图八四B；彩版一五四，5）

M73:26，玉杖端饰。透闪石软玉，黄白色。已受沁蚀。整器如圆台，顶端略细，顶面微弧凸，底端略粗，底面中央钻琢一牛鼻形隧孔以供组合。通高3.65、下端直径3.3、上端直径2.9厘米。（图八四B；彩版一五四，9）

M73:27，玉珠。叶蜡石，玉色红褐。圆柱形。直径1.05、高1.65厘米。（图八四B；彩版一五三，9）

M73:28，玉镶嵌片。透闪石软玉，玉色黄白。扁薄圆角长方形，正面略鼓凸、抛光精细，背面平坦、未经抛光。长0.9、宽0.4、厚0.2厘米。（图八四B；彩版一五四，6）

M73:29，玉镶嵌片。透闪石软玉，玉色黄白。扁薄长方形，一端略残，正面略鼓凸、抛光精细，背面平坦、未经抛光。长0.9、宽0.4厘米。（图八四B）

M73:30，玉坠。透闪石软玉，玉色黄白。器形类锥形器，尖首单独琢出，与器身截然分界，器身截面圆形，尾端有小榫，榫上有一对钻的横向小穿孔。长2.8厘米。（图八四B；彩版一五四，10）

M73:31，石钺。晶屑凝灰岩，含黄褐色斑块。扁平长方形，顶端近平直，两侧边斜直，刃部最宽，无明显刃角。圆弧刃，未开锋，双面管钻孔，孔壁上留有管钻的螺旋纹和错位台痕。通高12.9、刃宽9.8、孔径2.8厘米。（图八四C；彩版一五七，3）

M73:32，残玉器。透闪石软玉，玉色黄白。为某一方形玉器崩缺的角部残件。长1.2、宽0.9厘米。（图八四B；彩版一五四，11）

M73:33，石镞。凝灰岩。翼长三角形，截面略呈等边三角形，刃口锋利，铤部明显、约占全器的二分之一多，铤部磨削略呈圆形。长 8.2、铤长 4.5 厘米。（图八四 B；彩版一五八，1）

M73:34，石镞。凝灰岩。翼弧边长三角形，截面呈菱形，铤部明显、约占全器的三分之一，底端多面磨削略呈圆形。长 7.7、铤长 2.6 厘米。（图八四 B；彩版一五八，2）

M73:35，玉珠。透闪石软玉，玉色黄白。直径 0.7、高 0.85 厘米。（图八四 B；彩版一五三，10）

M73:36，尊。泥质红陶。侈口，斜平沿，高领，溜肩，斜弧腹，高圈足外撇。口径 13.2、高 21.6 厘米。（图八四 D；彩版一五八，8）

M73:37，簋，带盖。泥质灰胎黑皮陶。簋子母口，子口内敛，外沿部设三个竖穿小鼻，深斜腹至近底处折收，矮圈足。盖喇叭形纽斗笠式。口径 18.1、簋高 12.4、盖高 7.3 厘米。（图八四 D；彩版一五九，6）

M73:38，石钺。紫褐色熔结凝灰岩。已断裂。扁平长方形，顶端微弧，略磨薄。两侧边斜直，刃部最宽，无明显刃角。刃部圆弧，一侧略缺损，双面刃未开锋，无使用痕迹。上部有一双面管钻而成的钻孔，钻孔时略上下错位而形成明显的台痕，孔壁上有明显的螺旋纹。通高 16.05、刃宽 11.1、孔径 3.75 厘米。（图八四 C；彩版一五七，4）

M73:39，盆。泥质灰陶。敞口，小方唇，斜沿，弧腹，平底。腹中部饰凹弦纹。口径 10.4、高 7.6 厘米。（图八四 D；彩版一六〇，1）

M73:40，圈足盘。泥质灰黄陶。敞口，平折沿，上腹斜直，下腹折收为圈足。上腹一侧有两个小孔。口径 24、高 6.3 厘米。（图八四 D；彩版一六〇，2）

M73:41，甗。夹砂红陶。侈口，折沿，微束颈，深弧腹，腹内壁有一周凸起的隔挡以承箅，圜底，"T"字足，足面下凹。足面饰竖向刻道。口径 18、高 21.6 厘米。（图八四 D；彩版一六〇，3）

M73:42，鼎。夹砂灰褐陶。敞口，斜平沿，束颈，弧腹，圜底，"T"字足，足面下凹。足面饰竖向刻道。口径 14.6、高 13.9 厘米。（图八四 D；彩版一六〇，4）

M73:43，簋。泥质灰陶。侈口，斜弧腹较深，高圈足。上腹部和圈足各饰一凸弦纹。口径 13.4、高 11.2 厘米。（图八四 D；彩版一六〇，5）

M73:44，石镞。凝灰岩。翼弧边长三角形，截面呈菱形，铤部明显、约占全器的三分之一，底端多面磨削。长 6、铤长 2 厘米。（图八四 B；彩版一五八，3）

M73:45，石镞。凝灰岩。翼弧边长三角形，截面呈菱形，铤部明显、约占全器的三分之一，铤部磨削略呈圆形。长 6.7、铤长 2 厘米。（图八四 B；彩版一五八，4）

M73:46，玉锥形器。透闪石软玉，玉色灰白。受沁器表有剥蚀。截面近圆形，首尖，尾端有细小的榫，榫上无穿孔。长 8.9 厘米。（图八四 B；彩版一五五，3）

M73:47，玉锥形器。透闪石软玉，玉色灰白。受沁断裂，器表有剥蚀。截面近圆形，首尖，尾端有细小的榫，榫已残。残长 7.4 厘米。（图八四 B；彩版一五五，4）

M73:48，鲨鱼唇齿。略呈扁平三角形，牙冠部尖锐，两侧有密集的锯齿，无加工与使用痕迹，牙根部朽。残高 1.45 厘米。（图八四 B；彩版一五四，12）

M73:49，双鼻壶。泥质灰胎黑皮陶。直口微侈，长颈，扁鼓腹，圈足。口径 6.2、高 11.6 厘米。（图八四 D；彩版一五九，2）

M73:50，簋。夹砂灰陶。敞口，宽平沿，斜腹，圈足宽高，外撇。口径 13、高 9 厘米。（图八四 D；彩版一六〇，6）

M73:51，双鼻壶。泥质灰陶。直口微侈，长颈，扁鼓腹，圈足稍高。口径 7、高 11.9 厘米。（图八四 D；彩版一五九，3）

M73:52，石锛。淡青灰色流纹岩。扁平长方形，一面起段，段位于锛体三分之一处，下端侧刃，刃口锋利，无使用痕迹。长 4.85、段长 1.8、刃宽 1.95 厘米。（图八四 B；彩版一五六，2）

M73:53，双鼻壶。泥质灰胎黑皮陶。直口，长颈，扁鼓腹，圈足。口径 6、高 11.4 厘米。（图八四 D；彩版一五九，4）

M73:54，石锛。淡青灰色流纹岩。长方形，无段，近上部略磨薄，中部起脊，下端侧刃，刃口锋利，无明显使用痕迹。长 3.55、刃宽 2.2 厘米。（图八四 B；彩版一五六，3）

M73:55，石锛。青色流纹岩。扁平长方形，一面起段，段位于锛体四分之一处，下端侧刃，刃口锋利，无使用痕迹。长 6.3、段长 1.7、刃宽 4.25 厘米。（图八四 B；彩版一五六，4）

M73:56，双鼻壶。泥质灰黄胎黑皮陶。侈口，长颈，扁鼓腹，圈足稍高。口径 7.2、高 12.4 厘米。（图八四 D；彩版一五九，5）

M73:57，石钺。紫褐色熔结凝灰岩。局部断裂。扁平长方形，顶端微弧，略磨薄。两侧边斜直，刃部最宽，无明显刃角。刃部圆弧，双面刃未开锋，无使用痕迹。上部有一双面管钻而成的钻孔，孔内壁有明显的螺旋纹。通高 17.8、刃宽 11.1、孔径 3.9 厘米。（图八四 C；彩版一五七，5）

M73:58，玉镶嵌片。透闪石软玉，玉色黄白。扁薄圆形，正面略鼓凸、抛光精细，背面平坦、未经抛光。直径 1.25、厚 0.3 厘米。（图八四 B；彩版一五四，7）

M73:59，石镞。凝灰岩。翼弧边长三角形，两侧较宽，截面呈菱形，铤部明显、约占全器的四分之一，底端多面磨削。长 8 厘米。（图八四 B；彩版一五八，5）

M73:60，石镞。铤部凝灰岩。翼弧边三角形，截面菱形，扁圆铤。长 8、铤长 2.6 厘米。（图八四 B；彩版一五八，6）

M73：61，玉镶嵌片。透闪石软玉，玉色黄白。扁平椭圆形，一面略鼓、抛磨精细，一面平坦、未加细磨。长1.05、宽0.45、厚0.2厘米。（图八四B；彩版一五四，8）

M73：62，象牙镯。已朽蚀，形制不明。

M74

位于T505东北部，开口于第3层下，被H2扰乱。长方形竖穴土坑墓，墓坑长2.24、宽0.83、深0.03~0.09米，填青褐色土夹杂红烧土颗粒。没有发现葬具，人骨无存。方向169°。随葬品5件，头南部放置圈足盘一件、双鼻壶两件，脚端放置宽把杯一件和两颗玉髓珠。（图八五；彩版一六一，1）

M74：1，圈足盘。泥质灰胎黑皮陶。敞口，折腹，圈足。口径15、高7厘米。（图

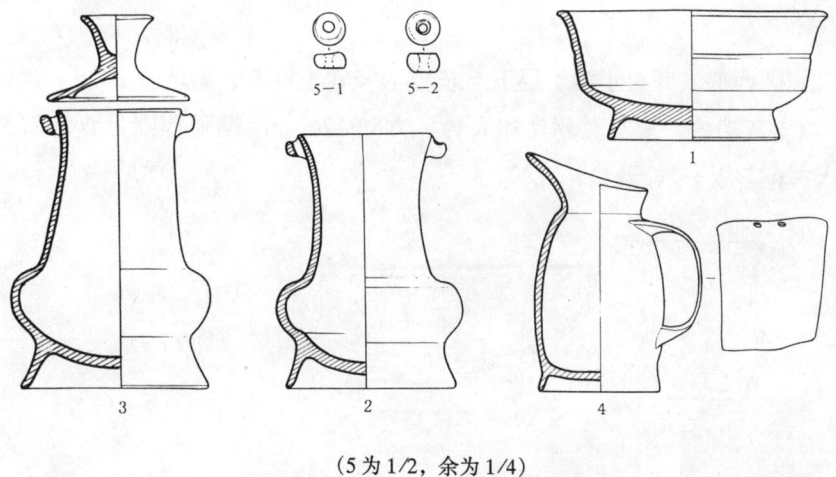

（5为1/2，余为1/4）

图八五　M74平面图及其出土器物

1.圈足盘　2、3.双鼻壶　4.宽把杯　5.玉珠

八五；彩版一六二，1)

M74:2，双鼻壶。泥质灰胎黑皮陶。侈口，长颈中部微束，鼓腹，圈足。口径7.2、高13.7厘米。(图八五；彩版一六二，2)

M74:3，双鼻壶，带盖。泥质灰胎黑皮陶。壶侈口，长颈，扁鼓腹，圈足外撇。盖小喇叭形纽。口径6.9、壶高15.1、盖高4.7厘米。(图八五；彩版一五八，3)

M74:4，宽把杯。泥质灰胎黑皮陶。侈口，前端上翘成舌形流，筒腹，腹部一侧附半环形宽把，把上端有一对小孔，圈足。盖残。杯高12.8、把宽6厘米。(图八五；彩版一五八，4)

M74:5，玉珠。2颗。玉髓质，玉色浅湖绿。扁鼓形。直径0.9、高0.45~0.5厘米。(图八五；彩版一六一，2)

M75

位于T603西部，开口于第1层下。长方形竖穴土坑墓，墓坑长2.25、宽0.88、深0.29米，填土灰褐色。未发现葬具和人骨。方向176°。南端随葬圈足盘和双鼻壶各一件。(图八六；彩版一六三，1)

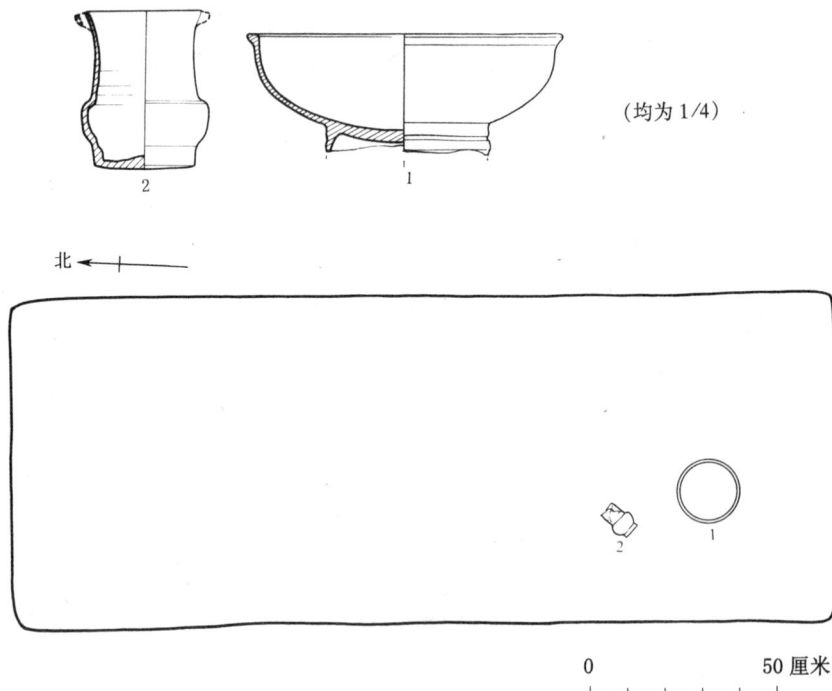

(均为1/4)

北 ←

图八六　M75平面图及其出土器物

1. 圈足盘　2. 双鼻壶

M75:1，圈足盘。泥质灰陶。敞口，斜弧腹，圈足稍残。圈足饰一周凹弦纹。口径17、残高6.6厘米。（图八六；彩版一六三，2）

M75:2，双鼻壶。泥质灰陶。侈口，长颈，扁腹，假圈足平底。口径6.4、高8.5厘米。（图八六；彩版一六三，3）

M76

位于T505中部，开口于第5层下，被S1打破。长方形竖穴土坑墓，墓坑长2.27、宽0.75、深0.15米，填土黄褐色。未发现葬具和人骨。方向162°。随葬品4件，南端放置双鼻壶、三足盘和玉珠、玉管各一件。（图八七；彩版一六四，1）

M76:1，双鼻壶，带盖。泥质灰胎黑皮陶。残破，形制不明。（图八七）

M76:2，玉管。萤石，玉色红褐。圆柱形。直径1.15、高2厘米。（图八七；彩版一六四，2）

M76:3，玉珠。叶蜡石，玉色红褐。扁圆柱形。直径0.7、高0.75厘米。（图八七；彩版一六四，3）

M76:4，三足盘。泥质灰褐陶。侈口，折沿，束颈，扁直腹，三宽瓦足上宽下窄。

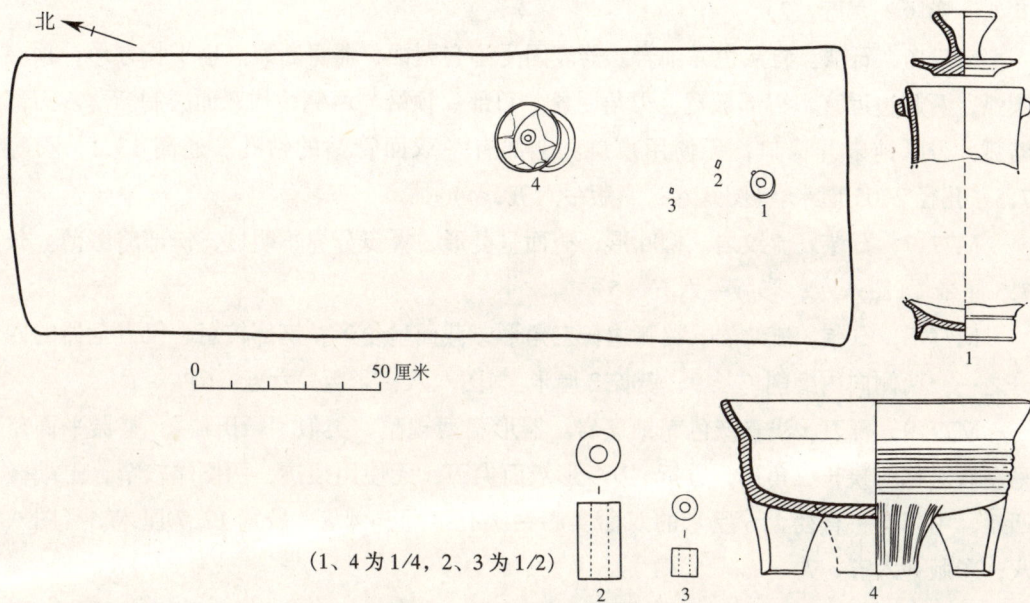

图八七　M76平面图及其出土器物
1.双鼻壶　2.玉管　3.玉珠　4.三足盘

腹部有五周凹弦纹呈瓦棱状，足面上有细密的直线刻划纹。口径17、高9.2厘米。（图八七；彩版一六四，4）

M77

位于T505东部，开口于第3层下，墓坑北部被H2打破。长方形竖穴土坑墓，墓口长2.12、宽0.87米，墓底长2.1、宽0.85米，墓深0.15米，填青褐色土夹杂红烧土颗粒。未发现葬具和人骨。方向170°。随葬品10件，南部出有双鼻壶、圈足盘和玉珠，中部有玉珠、玉坠、石钺、石刀和两件石镞。（图八八；彩版一六五，1）

M77:1，圈足盘。泥质灰陶。敞口，折腹，矮圈足。口径17、高6厘米。（图八八；彩版一六六，1）

M77:2，双鼻壶，带盖。泥质灰陶。壶侈口，长颈，扁鼓腹，圈足略外撇。盖喇叭形纽斗笠式。口径7.2、壶高14.2、盖高3.8厘米。（图八八；彩版一六六，2）

M77:3，双鼻壶，带盖。泥质灰胎黑皮陶。壶直口微侈，长颈，扁腹，圈足较宽。盖喇叭形纽斗笠式。口径7.8、壶高16.8、盖高4.2厘米。（图八八；彩版一六六，3）

M77:4，玉珠。叶蜡石，玉色红褐。圆柱形。直径0.85、高0.95厘米。（图八八）

M77:5，玉坠。透闪石软玉，玉色黄白。受沁断裂，表皮有剥落。形制类锥形器，形体略短。截面近圆形，首略残，尾端有小榫，榫上有一横向穿孔。长3.1厘米。（图八八；彩版一六五，2）

M77:6，石钺。青灰色霏细岩。器表因受沁有剥蚀，器身断裂。扁平长方形，顶端圆弧，两侧边近直，刃部最宽，刃角明显，刃部、顶端与两侧边均双面磨制渐薄。刃部略弧，刃厚钝未开锋口，无使用痕迹。上部有一双面管钻的钻孔。通高13.1、刃宽7.5、孔径2.05厘米。（图八八；彩版一六五，4）

M77:7，石镞。流纹岩。柳叶形，截面呈菱形，翼铤分界不明显，铤部略磨薄。长7.5厘米。（图八八；彩版一六五，5）

M77:8，石镞。流纹岩。翼弧边长三角形，截面呈菱形，铤部较短、仅占全器的四分之一，两侧向内磨削。长9、铤长2厘米。（图八八；彩版一六五，6）

M77:9，石刀。浅青灰色霏细斑岩。器形扁薄规整，类似"耘田器"。整器平面略呈左右对称的狭长三角形，方折"V"形双面尖刃，无使用痕迹，两侧端较窄，上端微凹弧，中间有一直径1.6厘米的双面实心钻圆孔。通高4.8、最宽12.7厘米。（图八八；彩版一六五，7）

M77:10，玉珠。叶蜡石，红褐色。圆柱形。直径0.8、高0.95厘米。（图八八；彩版一六五，3）

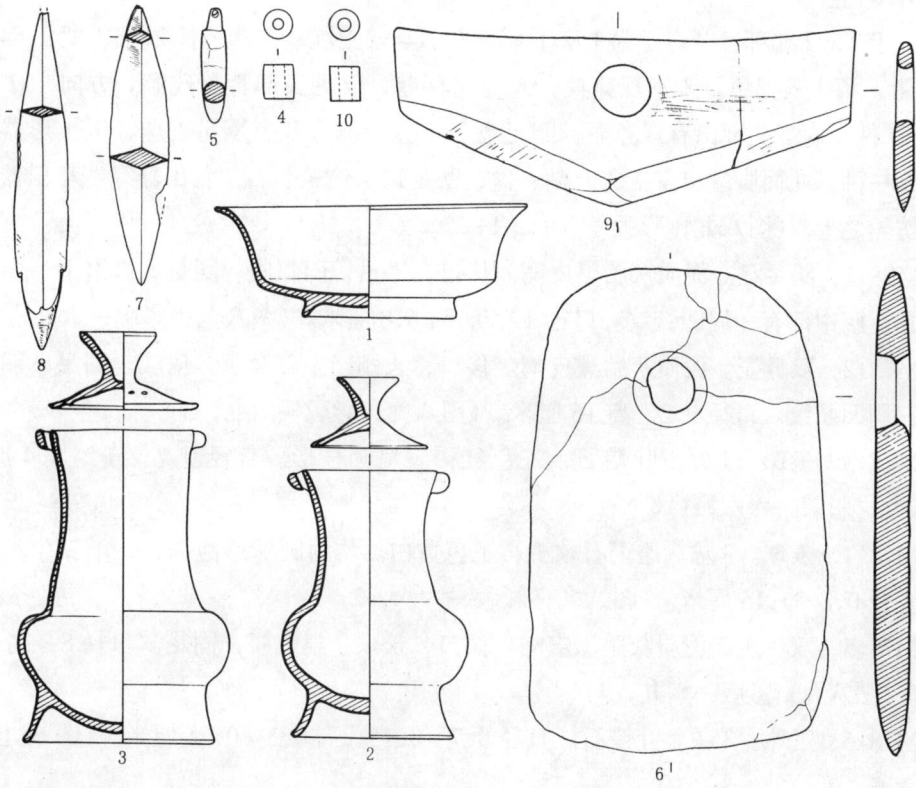

(1～3 为 1/4，余为 1/2)

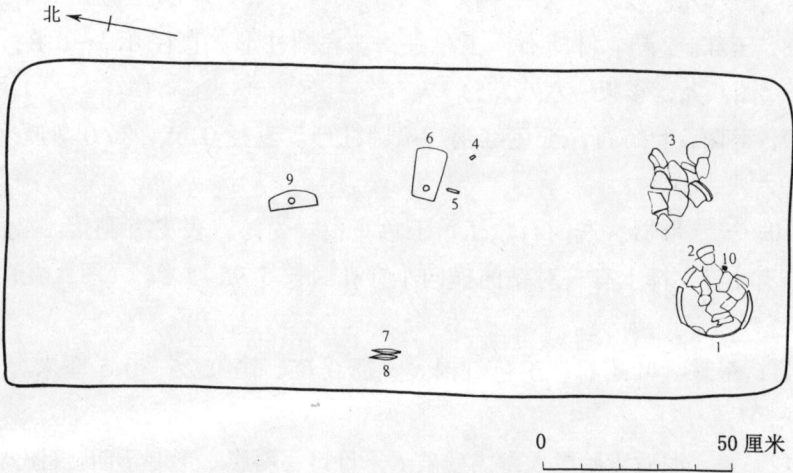

图八八 M77 平面图及其出土器物

1.圈足盘 2、3.双鼻壶 4、10.玉珠 5.玉坠 6.石钺 7、8.石镞 9.石刀

M78

位于 T602 北部，开口于第 1 层下。长方形竖穴土坑墓，墓坑长 2.43、宽 0.84、深 0.15 米，填土灰褐色。未发现葬具，人骨保存差，仅见头部骨骼残骸。方向 167°。随葬品 19 件，南端头部出有双鼻壶、圈足盘、玉珠，胸腹部有零星玉珠、玉锥形器，腿部有簋一件，北面脚端出有玉珠、鼎、盆、圈足罐、纺轮、石"耘田器"。"耘田器"叠放在纺轮之上。（图八九；彩版一六七，1）

M78:1，圈足盘。泥质灰胎黑皮陶。侈口，平沿，斜弧腹，圈足。口沿下一侧有两个镂孔，腹中部有一周凹弦纹。口径 17.7、高 6.8 厘米。（图八九；彩版一六九，1）

M78:2，双鼻壶。泥质灰胎黑皮陶。侈口，长颈，中部微束，扁腹，圈足。圈足上部饰三周凹弦纹。口径 9.2、高 16 厘米。（图八九；彩版一六九，3）

M78:3，玉珠。3 颗。叶蜡石，玉色红褐。扁圆柱形。直径 0.7、高约 0.4 厘米。（图八九；彩版一六八，1）

M78:4，玉珠。3 颗。透闪石软玉，玉色黄白。均为圆球形泡珠，一端钻牛鼻形隧孔。直径 0.8～1.15 厘米。（图八九；彩版一六八，2）

M78:5，双鼻壶。泥质灰胎黑皮陶。侈口，长颈，扁鼓腹，圈足。口径 8、高 14.2 厘米。（图八九；彩版一六九，4）

M78:6，玉珠。3 颗。叶蜡石。直径 0.7～0.75、高 0.3～0.75 厘米。（图八九；彩版一六八，3）

M78:7，玉珠。2 颗。透闪石软玉，玉色黄白。鼓腰。直径 0.5～0.6、高 0.6～0.75 厘米。（图八九；彩版一六八，4）

M78:8，玉珠。2 颗。叶蜡石，玉色红褐。扁圆柱形。直径 0.7～0.8、高 0.55～0.65 厘米。（图八九；彩版一六八，5）

M78:9，玉珠。叶蜡石，玉色红褐。扁圆柱形。直径 0.65、高 0.7 厘米。（图八九；彩版一六八，6）

M78:10，玉锥形器。透闪石软玉，玉色黄白。受沁，表皮有剥落。截面近圆形，首尖，尾端有小榫，榫上有一对钻的横向小穿孔。长 5.95 厘米。（图八九；彩版一六八，10）

M78:11，玉珠。叶蜡石，玉色红褐。直径 0.65、高 0.25～0.5 厘米。（图八九；彩版一六八，7）

M78:12，簋。泥质黄胎黑衣陶。残破。子母口，斜腹。形制不明。（图八九）

M78:13，玉珠。3 颗。叶蜡石。直径 0.65～0.7、高 0.5～0.8 厘米。（图八九；彩版一六八，8）

M78:14，纺轮。泥质黑陶。扁平圆形，截面梯形。直径 3、厚 1.1 厘米。（图八九；

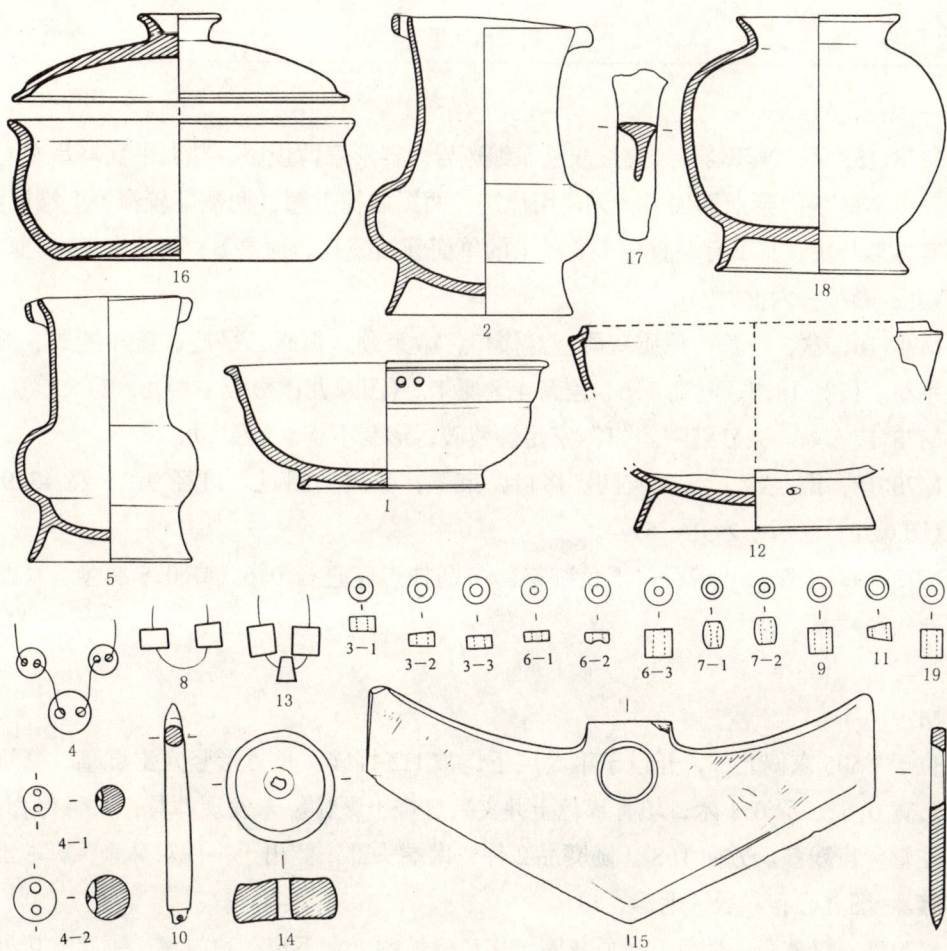

（1、2、5、12、16～18为1/4，余1/2）

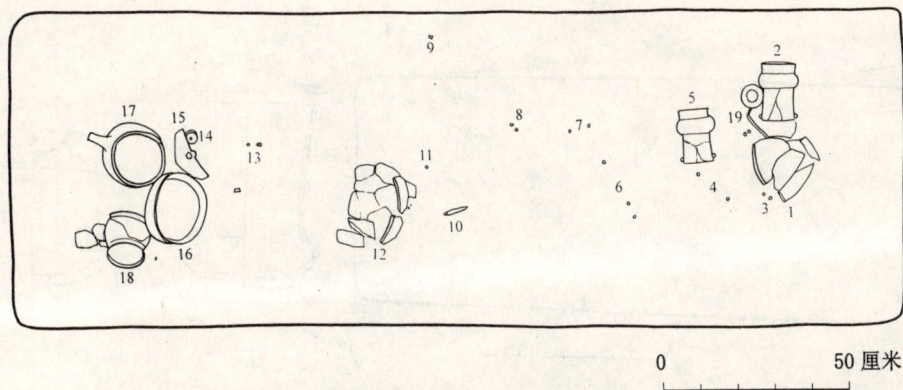

图八九　M78平面图及其出土器物

1.圈足盘　2、5.双鼻壶　3、4、6～9、11、13、19.玉珠　10.玉锥形器　12.簋　14.纺轮　15.石"耘田器"　16.盆　17.鼎　18.圈足罐

彩版一六九，6）

M78:15，石"耘田器"。浅青灰色霏细斑岩。器形扁薄规整。整器平面略呈左右对称的三角形，"V"形双面尖刃，无使用痕迹，两翼后掠上翘，两侧端较窄，上端凹弧，中间有方形凸块，其下有一直径1.6厘米的单面管钻圆孔。通高6、两翼宽13.9厘米。（图八九；彩版一六七，2）

M78:16，盆，带盖。泥质灰陶。盆侈口，微束颈，弧腹，平底。盖斗笠式，圈足形捉手纽。口径18.8、盆高7.6、盖高4.8厘米。（图八九；彩版一六九，2）

M78:17，鼎。夹砂红陶。"T"字足。残破，形制不辨。（图八九）

M78:18，圈足罐。泥质灰陶。侈口，束颈，弧腹，圈足。口径9.2、高13.9厘米。（图八九；彩版一六九，5）

M78:19，玉珠。叶蜡石，玉色红褐。小圆柱形。直径0.6、高0.8厘米。（图八九；彩版一六八，9）

M79

位于T505东偏北部，开口于第3层下，被H2打破。长方形竖穴土坑墓，墓坑长1.64、宽0.62、深0.1米，填青褐色土并夹杂红烧土颗粒。未发现葬具，人骨保存差，仅见几颗牙齿残骸。方向168°。随葬品2件，南端头部东侧出土一件双鼻壶，脚端出土一件簋。（图九〇；彩版一七〇，1）

M79:1，双鼻壶，带盖。泥质灰陶。侈口，长颈上宽下窄，扁鼓腹，颈腹交接处下凹，圈足外撇。口径7.2、壶高10.7、盖高2厘米。（图九〇；彩版一七〇，2）

M79:2，簋。泥质灰陶。残存圈足和部分器盖。（图九〇）

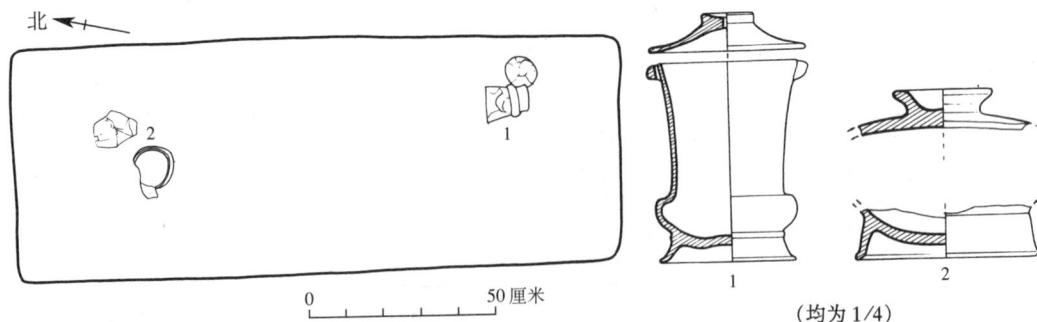

图九〇　M79平面图及其出土器物
1. 双鼻壶　2. 簋

M80

位于 T702 北部，开口于第 1 层下，打破第 8 层和 M120。长方形竖穴土坑墓，墓坑长 2.04、宽 0.74、深 0.22 米，填土灰褐色。未发现葬具和人骨。方向 166°。随葬品 3 件，都出于北端，为鼎、圈足罐和圈足盘。（图九一；彩版一七一，1）

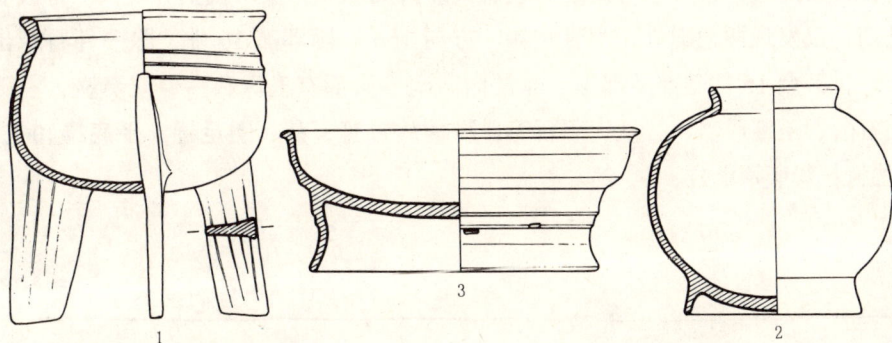

（均为 1/4）

图九一　M80 平面图及其出土器物
1. 鼎　2. 圈足罐　3. 圈足盘

M80:1，鼎。夹砂红陶。侈口，沿面有一小平台，束颈，弧腹，圜底，鱼鳍形足外侧加厚。上腹饰三周凸弦纹。口径 13.5、高 16.2 厘米。（图九一；彩版一七一，2）

M80:2，圈足罐。泥质黄胎黑皮陶。侈口，圆弧腹，圈足。口径 6.9、高 11.6 厘米。（图九一；彩版一七一，3）

M80:3，圈足盘。泥质灰黄胎黑皮陶。微侈口，窄平沿，斜腹，浅盘，宽矮圈足中部略束。盘腹饰一周凸弦纹，圈足饰两周凸弦纹和横向长方形镂孔。口径 18.6、高 7.2 厘米。（图九一；彩版一七一，4）

M81

位于 T508 中南部,开口于第 6 层下,南端被 H49 和近现代扰坑打破。长方形竖穴土坑墓,墓坑长 2.6、宽 1.13、深 0.12 米,填土青褐色偏黄。此墓在田野工作时未能及时发现葬具痕迹并进行记录,但事后根据发掘情况复原,有明显的葬具痕迹,一件石犁放置在葬具之上。墓葬东南角还有埋设夹砂缸的 H49,被宋代墓葬晚 M7 打破。墓内人骨已朽,仅发现两根腿骨,为直肢葬。方向 166°。随葬品 16 件,除一件石犁出于葬具之上外,其余 15 件随葬品都出于葬具内。南端头部有玉珠和一件双鼻壶,右腿侧有石锛、石凿、玉锥形器、石钺、砺石等,脚端放置簋、鼎、圈足罐、平底罐和玉珠等。(图九二 A;彩版一七二,1、2)

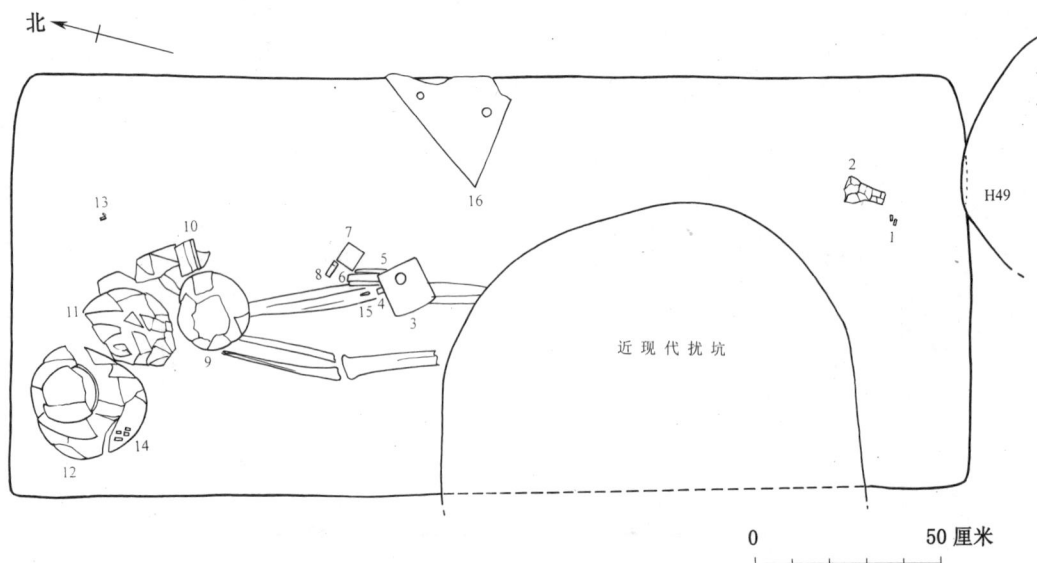

图九二 A M81 平面图

1、13、14. 玉珠 2. 双鼻壶 3. 石钺 4. 砺石 5. 石凿 6~8. 石锛 9. 簋 10. 鼎 11. 圈足罐 12. 平底罐 15. 玉锥形器 16. 石犁

M81:1,玉珠。2 颗。叶蜡石。小圆柱形。直径 0.7、高 1.25 厘米。(图九二 B;彩版一七三,1)

M81:2,双鼻壶。残碎,形制不辨。

M81:3,石钺。灰白色霏细岩。器表因受沁而略有剥蚀。扁平长方形,顶端略弧,两侧边斜直略外撇,刃部最宽,刃角明显。刃部圆弧,刃口锋利,无使用痕迹。上部有一双面管钻的钻孔,钻孔较大。通高 13.4、刃宽 13.15、孔径 3.2 厘米。(图九二 B;彩版一七三,5)

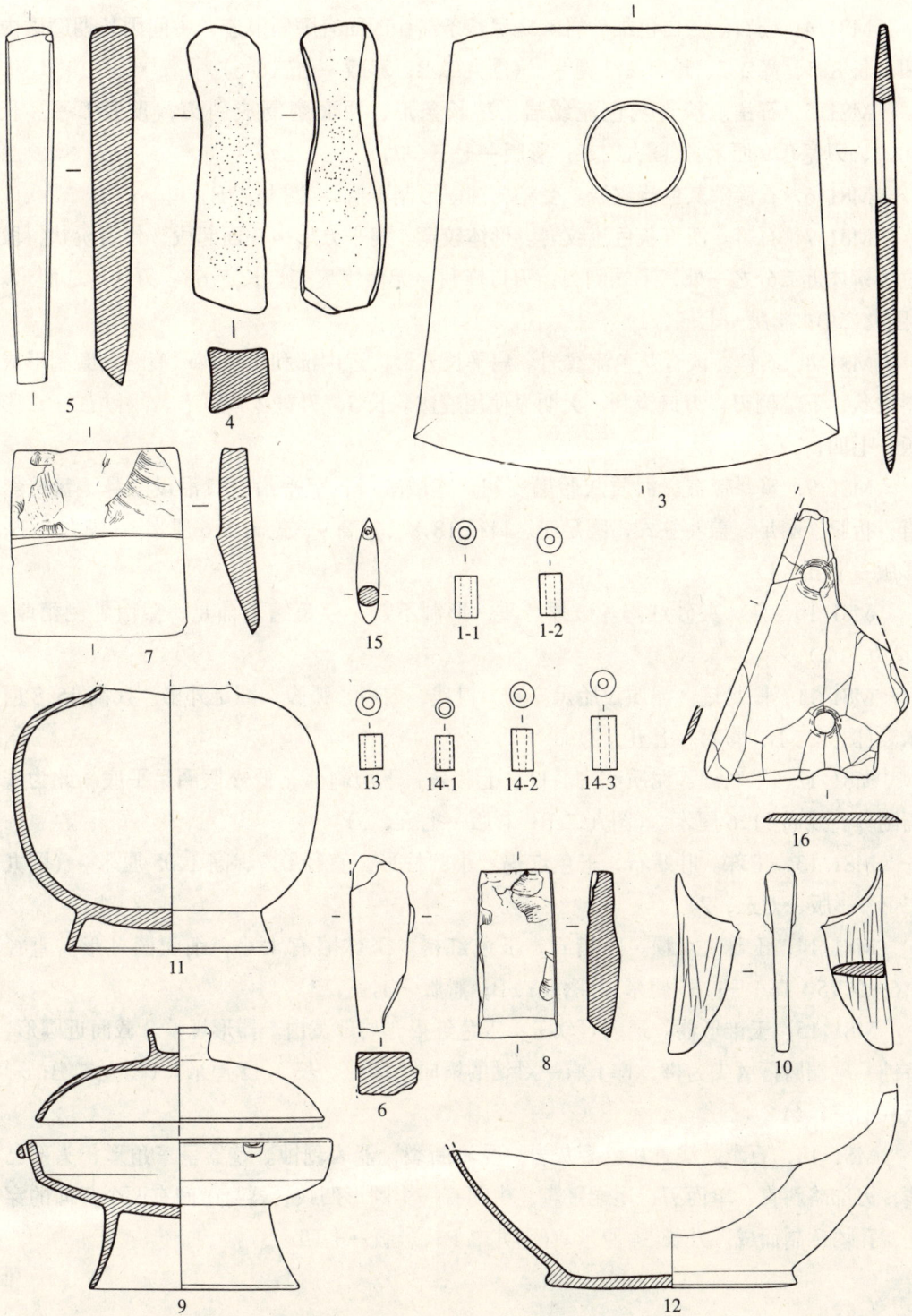

图九二 B　M81 出土器物（6、9～12 为 1/4，16 为 1/8，余为 1/2）

M81：4，砺石。灰白色细砂岩。略呈长条形，四面有磨砺痕迹，中间因长期磨砺内凹。长8.5、宽2.5、最厚2.3厘米。（图九二B；彩版一七三，6）

M81：5，石凿。淡青灰色流纹岩。狭长条形，两面磨制成斜刃，顶面弧平。长10.7、刃宽0.9厘米。（图九二B；彩版一七三，7）

M81：6，石锛。灰色流纹岩。受沁朽蚀。形制不辨。（图九二B）

M81：7，石锛。淡青灰色流纹岩。形体较宽。扁平方形，一面起段，作台阶状，段位于锛体近二分之一处，下端侧刃，刃口锋利，无使用痕迹。长5.65、刃宽5.3厘米。（图九二B；彩版一七四，1）

M81：8，石锛。淡青灰色流纹岩。扁平长方形，近中部利用坯料琢痕略加磨制形成斜坡状，下端侧刃，刃口锋利，无明显使用痕迹。长5、刃宽2.4厘米。（图九二B；彩版一七四，2）

M81：9，簋，带盖。泥质灰胎黑皮陶。簋微敞口，窄平沿，口沿设三鼻，盘壁斜直，折腹，圈足。盖斗笠式，圈足纽。口径18.8、簋高9、盖高5.6厘米。（图九二B；彩版一七五，1）

M81：10，鼎。夹砂红陶。破损严重，形制不辨。存鱼鳍形鼎足，截面外侧稍厚。（图九二B）

M81：11，圈足罐。泥质黄胎黑皮陶。口残，鼓肩，弧腹，圈足外撇。残高15.8厘米。（图九二B；彩版一七五，2）

M81：12，平底罐。泥质红陶。口、上腹残，下腹斜弧，低矮假圈足平底。此为残器随葬。残高11.6厘米。（图九二B；彩版一七五，3）

M81：13，玉珠。叶蜡石，玉色红褐。小圆柱形。直径0.7、高1.05厘米。（图九二B；彩版一七三，2）

M81：14，玉珠。4颗。叶蜡石，玉色红褐。玉珠略有大小，细长圆柱形。直径0.6~0.75、高1~1.65厘米。（图九二B；彩版一七三，3）

M81：15，玉锥形器。透闪石软玉，玉色红褐，局部黄白。器形规整。截面近圆形，首钝，尾端磨薄磨尖为榫，榫上有一对钻的横向小穿孔。长3.15厘米。（图九二B；彩版一七三，4）

M81：16，石犁。浅青灰色凝灰岩。受沁断裂，器表剥蚀。整器呈三角形，头部已残，刃部略斜直，单面刃，尾端平直，中间有一半圆形凹缺，器身中间有两个竖向的穿孔，孔均琢制而成。残长34厘米。（图九二B；彩版一七四，3）

M82

位于T505东南角下，开口于第5层下，被M31和M60打破，打破第6层。长方形竖穴土坑墓，墓坑长 1.8、宽 0.7、深 0.15 米，填土黄褐色。未发现葬具，人骨已朽，仅发现零星牙齿残骸。方向 171°。随葬品 8 件，玉串饰、玉管出于南端，玉坠、石"耘田器"、玉珠各一件出于腹部，簋、双鼻壶、鼎出于北面脚端。此外，清理时还发现一处长条形的朱红痕迹，可能是漆器腐朽后的印痕。（图九三；彩版一七六，1）

M82:1，玉串饰。由 10 颗叶蜡石珠组串而成，九颗圆柱形，一颗半球形泡珠。泡珠直径 0.75、圆柱形珠直径 0.7、高 0.35～0.6 厘米。（图九三；彩版一七六，2）

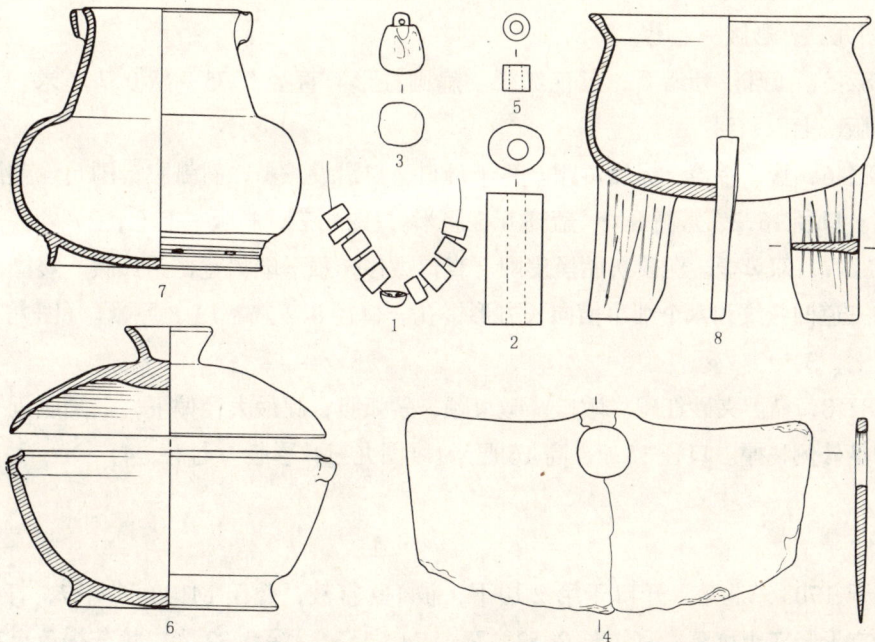

（6～8 为 1/4，余为 1/2）

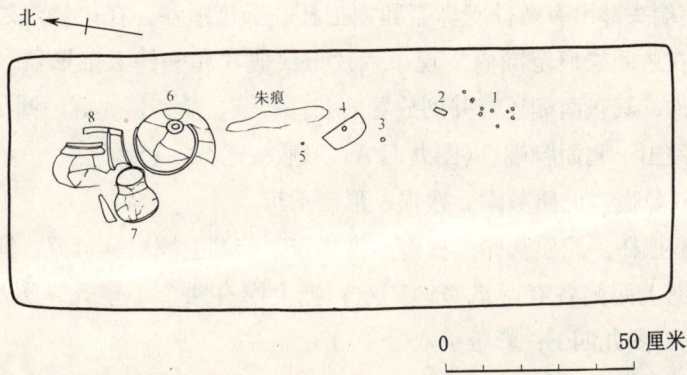

图九三　M82 平面图及其出土器物

1.玉串饰　2.玉管　3.玉坠　4.石"耘田器"　5.玉珠　6.簋　7.双鼻壶　8.鼎

M82:2，玉管。叶蜡石，玉色青灰。圆柱形。直径 1.5、高 3.5 厘米。（图九三；彩版一七六，3）

M82:3，玉坠。叶蜡石，红褐色。形体似小颗葡萄。截面近圆形，前端浑圆，尾端有小榫，榫上有横向对钻小穿孔。直径 1.2、长 1.65 厘米。（图九三；彩版一七六，4）

M82:4，石"耘田器"。浅青灰色霏细斑岩。器表因受沁而剥蚀。器形扁薄规整。整器平面略呈左右对称的长方形，圆角弧刃，两翼斜平微后掠上翘，两侧端较宽，上端略凹弧，中间有方形凸起，其下有直径 1.4 厘米的钻孔。通高 5.45、两翼宽 11.2 厘米。（图九三；彩版一七七，1）

M82:5，玉珠。叶蜡石，玉色红褐。扁圆柱形。直径 0.75、高 0.7 厘米。（图九三；彩版一七六，5）

M82:6，簋，带盖。泥质黄陶。簋子母口，口沿设三鼻，斜弧腹，圈足。盖圈足形捉手纽。口径 16.2、簋高 8.4、盖高 6.2 厘米。（图九三；彩版一七七，2）

M82:7，双鼻壶。泥质灰胎黑皮陶。直口微侈，颈下端稍宽，圆弧腹，矮圈足。圈足上饰三道凹弦纹和六个细小横向长方形镂孔。口径 8.2、高 13.8 厘米。（图九三；彩版一七七，3）

M82:8，鼎。夹砂红陶。敞口，微束颈，斜弧腹，腹最大径偏下，浅圜底近平，扁平鱼鳍足外侧稍厚。口径 15.2、高 16 厘米。（图九三；彩版一七七，4）

M83

位于 T703 东北角，开口于第 2 层下，被 H9 打破，叠压 M108 和 H17，打破第 8 层。长方形竖穴土坑墓，墓坑长 2.53、宽 1.24～1.34、深 0.32 米，填灰褐色土夹杂红烧土颗粒。未发现葬具，人骨用火烧烤过，集中在南部，已采集标本。方向 170°。随葬品 18 件，南端头部出有两件双鼻壶和宽把杯、玉锥形器，在火烧烤过的人骨边有一圈朱红痕迹，在这圈朱痕范围内发现了六片玉镶嵌片和一件玉锥形器，墓葬中部有石钺、玉珠各一件，其东南侧还有并列放置的三件石镞，鼎、簋、尊、圈足盘、双鼻壶各一件和石镞两件出于北面脚端。（图九四 A；彩版一七八，1）

M83:1，双鼻壶。泥质灰陶。残损，形制不辨。

M83:2，宽把杯。泥质灰胎黑皮陶。微侈口，前端上翘成箕形流，筒腹，腹一侧设拱桥形宽把，把上两侧各有两道竖向刻纹，把上端有两个小镂孔，圈足。通高 13.7、把宽 6.6 厘米。（图九四 B；彩版一八〇，1）

M83:3，双鼻壶。泥质灰陶。直口，长颈，扁鼓腹，高圈足。口径 6.4、高 13.2 厘米。（图九四 B；彩版一八〇，2）

M83:4，玉锥形器。透闪石软玉，玉色黄白。局部表皮有剥蚀。器身短粗。截面扁

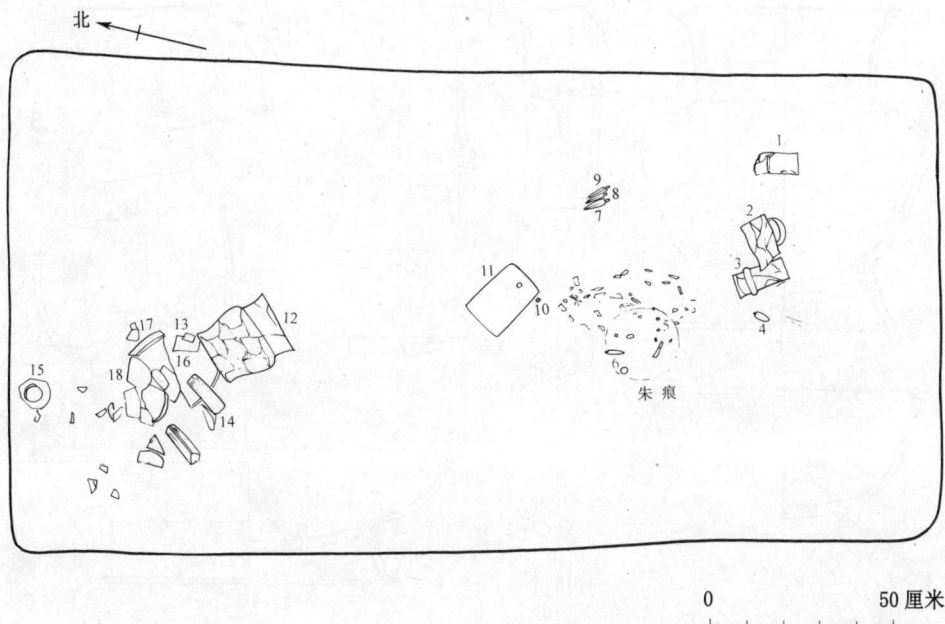

图九四 A　M83 平面图

1、3、15. 双鼻壶　2. 宽把杯　4、6. 玉锥形器　5. 玉镶嵌片　7~9、16、17. 石镞　10. 玉珠　11. 石钺
12. 尊　13. 簋　14. 鼎　18. 圈足盘

方形，首钝尖，尾端有小榫，榫上无穿孔。长 4.95 厘米。(图九四 B；彩版一七八，2)

　　M83：5，玉镶嵌片。共 6 片。两片透闪石软玉，玉色黄白，扁薄圆片形，正面略鼓凸、抛光精细，背面平坦，未经抛光；四片萤石薄片，青绿色，其中两片椭圆形，一片圆形，一片菱形。最大一片直径 2.45 厘米。(图九四 B；彩版一七八，3)

　　M83：6，玉锥形器。透闪石软玉，玉色黄白。器身短粗。截面呈扁方形，首钝尖，尾端有小榫，榫上无穿孔。长 5.2 厘米。(图九四 B)

　　M83：7，石镞。凝灰岩。截面菱形，扁圆铤。残长 7.6、铤长 3 厘米。(图九四 B；彩版一七九，1)

　　M83：8，石镞。凝灰岩。截面菱形，扁圆铤，尖锋及铤略残。残长 5.7、铤长 1.9厘米。(图九四 B；彩版一七九，2)

　　M83：9，石镞。凝灰岩。截面菱形，扁圆铤。长 6.9、铤长 1.9 厘米。(图九四 B；彩版一七九，3)

　　M83：10，玉珠。透闪石软玉，玉色黄白。圆柱形，中腰略内凹。直径 0.95~1、高 0.95 厘米。(图九四 B；彩版一七八，4)

　　M83：11，石钺。淡青灰色细砂岩。因受沁，器表剥蚀。扁平长方形，顶端略平直，

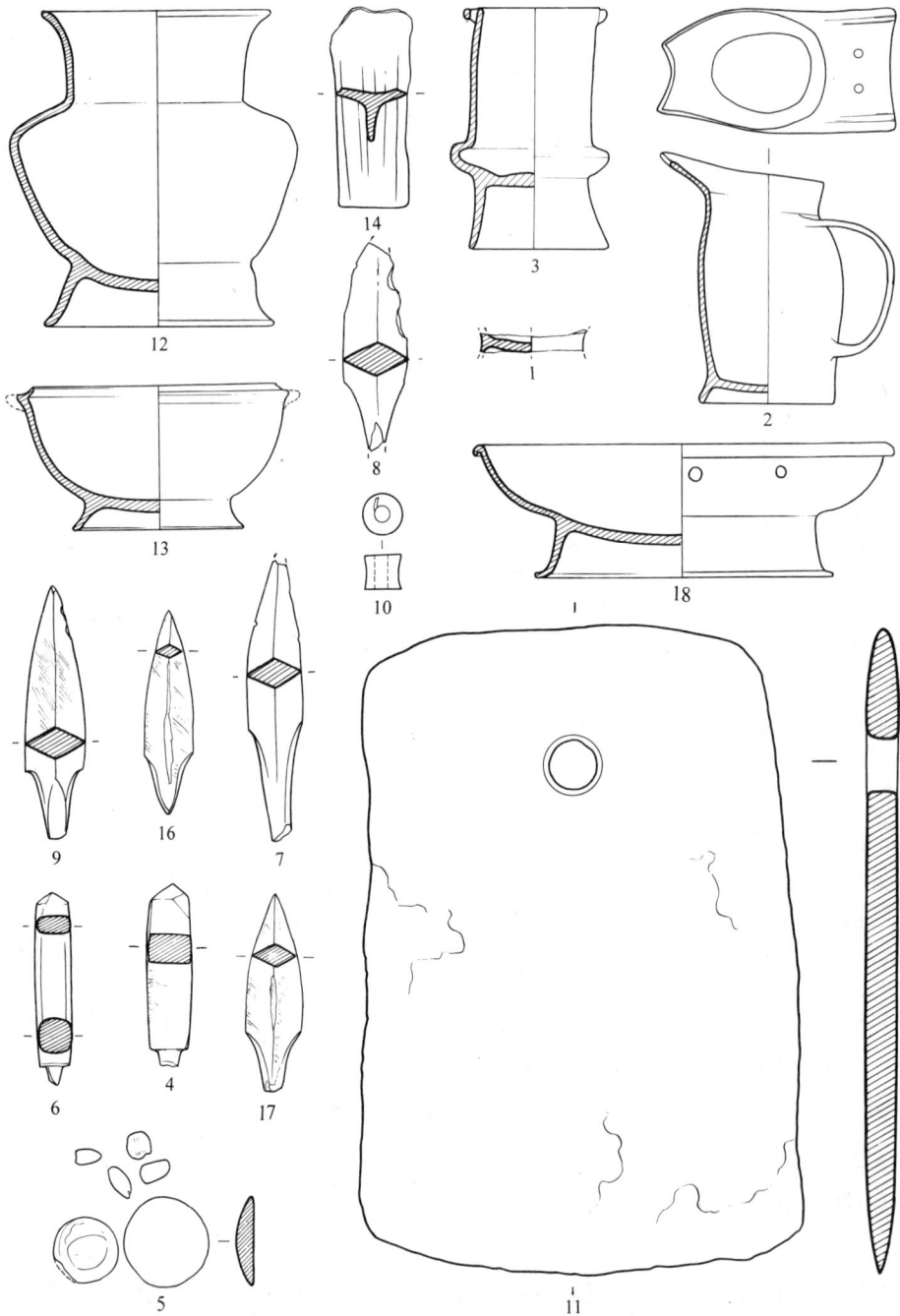

图九四 B　M83 出土器物（4~11、16、17 为 1/2，余为 1/4）

两侧边斜直，刃角明显，两刃角间最宽，刃部微弧，双面钻孔。通高 17.5、刃宽 12.1、孔径 1.6 厘米。（图九四 B；彩版一七九，6）

M83：12，尊。泥质灰陶。敞口，高领，鼓肩，斜弧腹，圈足较高、外撇。口径12.9、高17.2厘米。（图九四B；彩版一八○，3）

M83：13，簋。泥质灰陶。子母口，口沿附双鼻，斜弧腹，圈足外撇。口径13.7、高7.9厘米。（图九四B；彩版一八○，4）

M83：14，鼎。夹砂红陶。仅存"T"字足，足面下凹。（图九四B）

M83：15，双鼻壶。泥质灰陶。残，形制不辨。

M83：16，石镞。凝灰岩。翼弧边长三角形，截面呈菱形，铤部明显、约占全器的三分之一，底端多面磨削。长5.6、铤长1.6厘米。（图九四B；彩版一七九，4）

M83：17，石镞。凝灰岩。翼弧边长三角形，截面菱形，铤部明显、约占全器的三分之一，底端多面磨削略呈圆形。长5.4、铤长1.6厘米。（图九四B；彩版一七九，5）

M83：18，圈足盘。泥质灰陶。卷沿，斜弧腹，浅盘，圈足外撇。腹部一侧有两镂孔。口径22.8、高7.3厘米。（图九四B；彩版一八○，5）

M84

位于T702北部，开口于第1层下，打破第8层，叠压M120。长方形竖穴土坑墓，墓坑长1.84、宽0.78、深0.06米，填土灰褐色含少许红烧土颗粒。未发现葬具和人骨。方向170°，随葬品仅一件双鼻壶，出于墓坑南端。（图九五；彩版一八一，1）

M84：1，双鼻壶，带盖。泥质灰陶。壶直口微侈，长颈，扁鼓腹，高圈足较直，外颈部上下有三周凸弦纹。盖喇叭形纽斗笠式。口径7.4、壶高13、盖高4厘米。（图九五；彩版一八一，2）

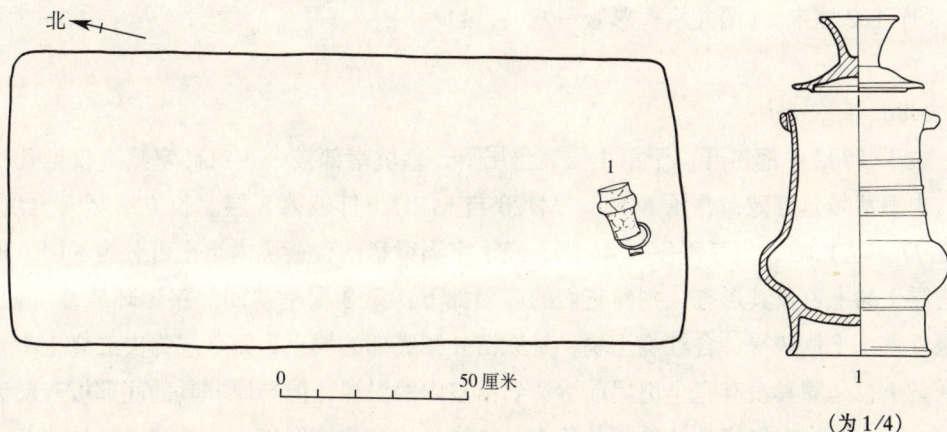

北

0　　　　　　　50厘米

1

（为1/4）

图九五　M84平面图及其出土器物
1. 双鼻壶

M85

位于 T607 西北角，开口于第 2 层下，被 M71 打破。长方形竖穴土坑墓，墓坑长
2.24、宽 0.77、深 0.24 米。填土黄褐色。未发现葬具和人骨。方向 165°。随葬品 2
件，为鼎和纺轮，都出于北部脚端。（图九六；彩版一八一，3）

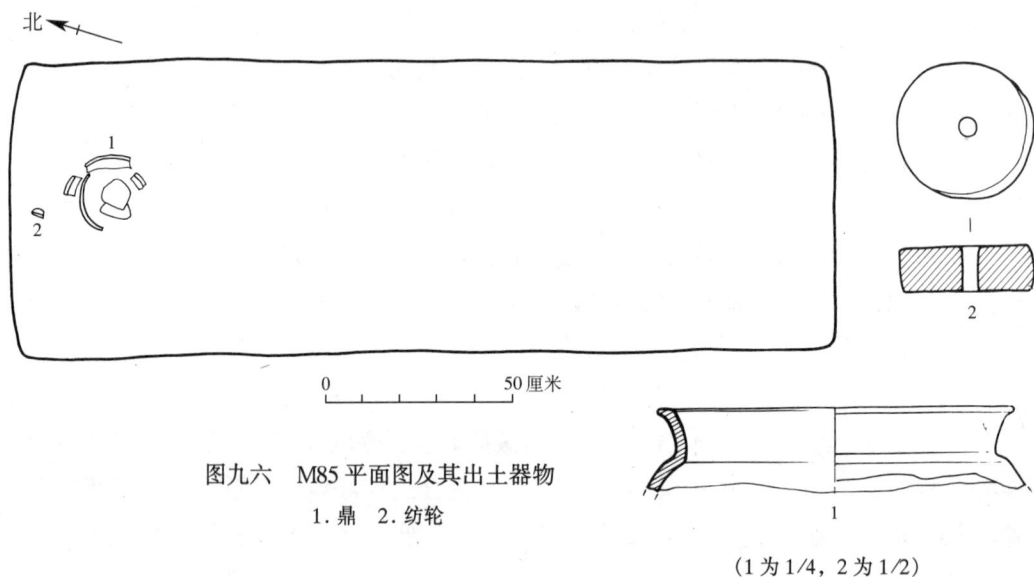

图九六　M85 平面图及其出土器物
1. 鼎　2. 纺轮

（1 为 1/4，2 为 1/2）

M85:1，鼎。夹砂红褐陶。残存口沿。侈口，平折沿，内沿起脊棱。口径 19.4 厘
米。（图九六）

M85:2，纺轮。泥质黑褐陶。扁平圆形，上下面略等径，截面略呈长方形。直径
3.7、厚 1.2 厘米。（图九六；彩版一八一，4）

M86

位于 T702 中部，开口于第 1 层表土层下，墓坑南部被一东汉砖室墓（仅见几块碎
砖，未编墓号）打破，叠压 M118、M120 与 M137，打破第 8 层。长方形竖穴土坑墓，
长 3.77、宽 1.82、现存深度 0.45 米。经十字隔梁解剖，墓坑内填土可分为 3 层，根据
这三层土的土色及其形态，判断它们的成因如下：第 3 层呈"回"字形环绕墓坑四沿，
边缘近直，土色灰褐，含红烧土块，是原棺外侧底部的填土；第 2 层为夹红烧土小颗粒
的灰黄土，是葬具没有完全坍塌前渗透到棺室内的淤泥，但与原葬具的底部板灰层无法
区分；第 1 层为夹红烧土块的灰黄色土，红烧土块有些体形较大，是葬具外的填土，因
葬具的坍塌而下压，故其底面略下凹。根据第 3 层棺外填土的形状，推测原葬具为两侧
近直、体量较大的长方形棺，长 3.04、宽 1.52 米。（图九七 A；彩版一八二，1~3；

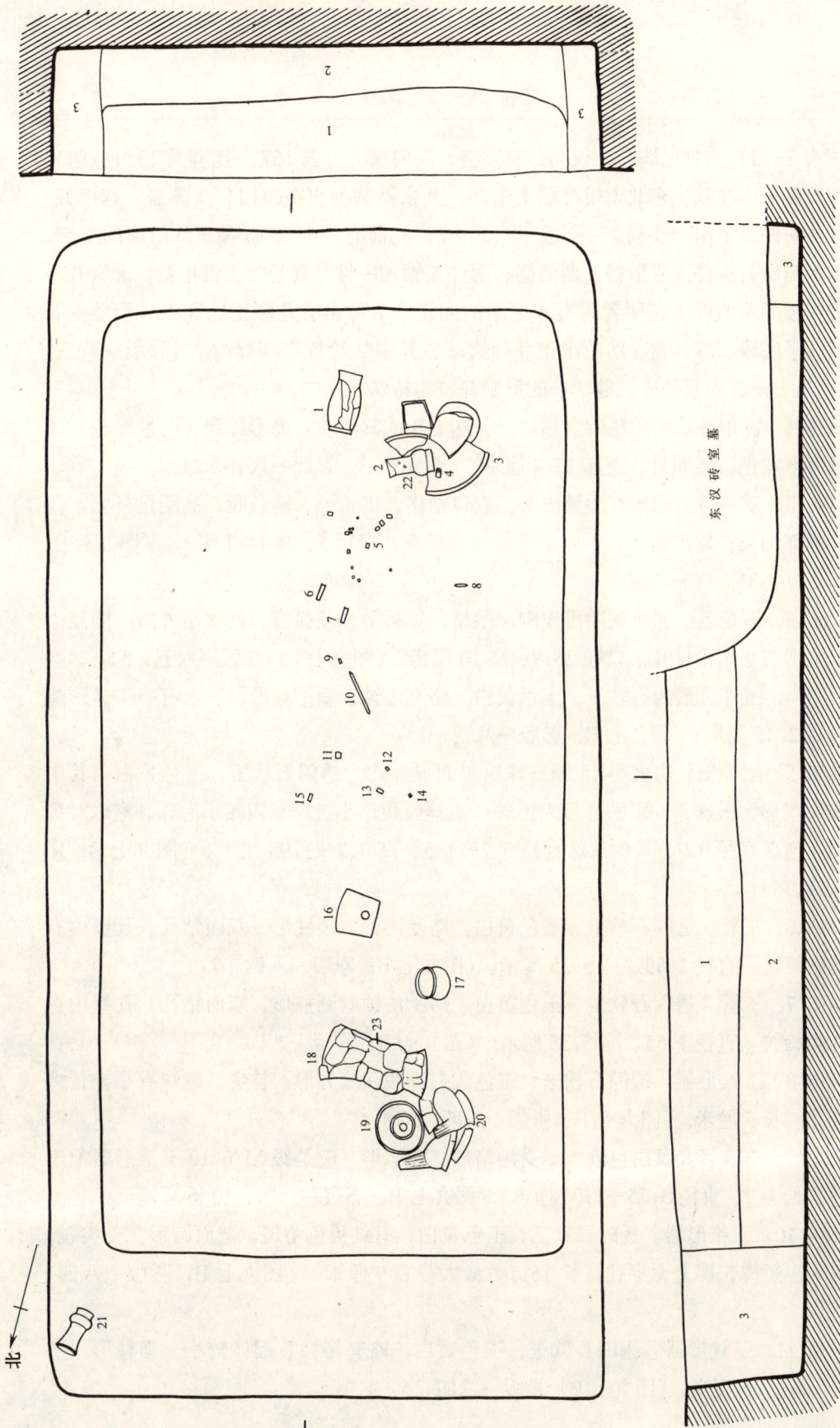

图九七 A　M86 平剖面图

1. 宽把杯　2、21. 双鼻壶　3. 圈足盘　4、12~15、22. 玉串饰　6、7. 玉管　8、10. 玉锥形器　9. 玉套管　11. 玉柱形器　16. 石钺

17. 平底罐　18. 尊　19. 盨　20. 鼎　23. 纺轮

彩版一八三，1）人骨已腐朽，仅局部有残渣，头向南。方向167°。随葬品23件（组），除一件双鼻壶出在墓坑东北角棺外填土中外，其余器物都出在棺内。双鼻壶、宽把杯、圈足盘各一件出于南端头前。（彩版一八三，2）胸前有一串由15颗玉珠组串的串饰，玉串饰西侧出有一件玉锥形器、西南侧有两件玉管和一件带套管的玉锥形器，套管并不直接套在锥形器的榫上，两者间有4厘米的间距。中部出有几颗玉珠和玉柱形器。石钺、鼎、平底罐、尊、簋、纺轮出于北面脚端，其中纺轮置于陶尊内。（彩版一八三，3）此墓出土陶器中双鼻壶、尊、鼎的形制都较为特殊。

M86:1，宽把杯。泥质灰陶。侈口，一端上翘成箕形流，筒形深腹，与翘流相对的一侧设环形宽把，矮圈足。通高15.4厘米。（图九七 B；彩版一八五，2）

M86:2，双鼻壶。泥质红胎黑皮陶。直口微侈，细长颈，圆鼓腹，高圈足外撇。此双鼻壶颈部细长，器形瘦高，不同于常见的双鼻壶。口径5、高14.1厘米。（图九七 B；彩版一八五，3）

M86:3，圈足盘。泥质灰胎黑皮陶。敞口，宽折沿，浅弧腹，高圈足外撇。圈足上有三个圆形与半圆形镂孔。口径25.9、高10厘米。（图九七 B；彩版一八五，5）

M86:4，玉珠。透闪石软玉，玉色黄白。略有沁蚀。扁平球形，一面有一牛鼻形隧孔。直径2.45厘米。（图九七 B；彩版一八四，1）

M86:5，玉串饰。由大小15颗玉珠组串而成。均为透闪石软玉，玉色黄白。其中六颗为鼓腰形大玉珠，一颗圆柱形大玉珠，四颗鼓腰形小玉珠和四颗小泡珠，泡珠对穿牛鼻孔。泡珠直径0.7、其他玉珠直径0.7～1.5、高0.7～1.95厘米。（图九七 B；彩版一八四，5）

M86:6，玉管。透闪石软玉，玉色黄白。略受沁蚀。圆柱形，双面钻孔。孔壁内有细密的螺旋纹。直径1.55、高5.35厘米。（图九七 B；彩版一八四，7）

M86:7，玉管。透闪石软玉，玉色黄白。略受沁蚀。圆柱形，双面钻孔。孔壁内有细密的螺旋纹。直径1.55、高5.35厘米。（图九七 B；彩版一八四，8）

M86:8，玉锥形器。透闪石软玉，玉色黄白。截面扁方形，首尖，尾端有小榫，榫上无穿孔。长5厘米。（图九七 B；彩版一八四，9）

M86:9，玉套管。黄白色软玉。受沁略残。喇叭形。应是跟 M86:10 玉锥形器配伍的组件。长1.7、直径0.75～1.05厘米。（图九七 B；彩版一八四，10下）

M86:10，玉锥形器。透闪石软玉，玉色黄白，有红褐色沁斑。截面圆形，首尖锐，尾端有一小短榫，榫上无穿孔。长15.1、最大径0.9厘米。（图九七 B；彩版一八四，10上）

M86:11，玉柱形器。透闪石软玉，玉色黄白。略有沁蚀。形体较小。圆柱形。直径2.6、高2.15厘米。（图九七 B；彩版一八四，6）

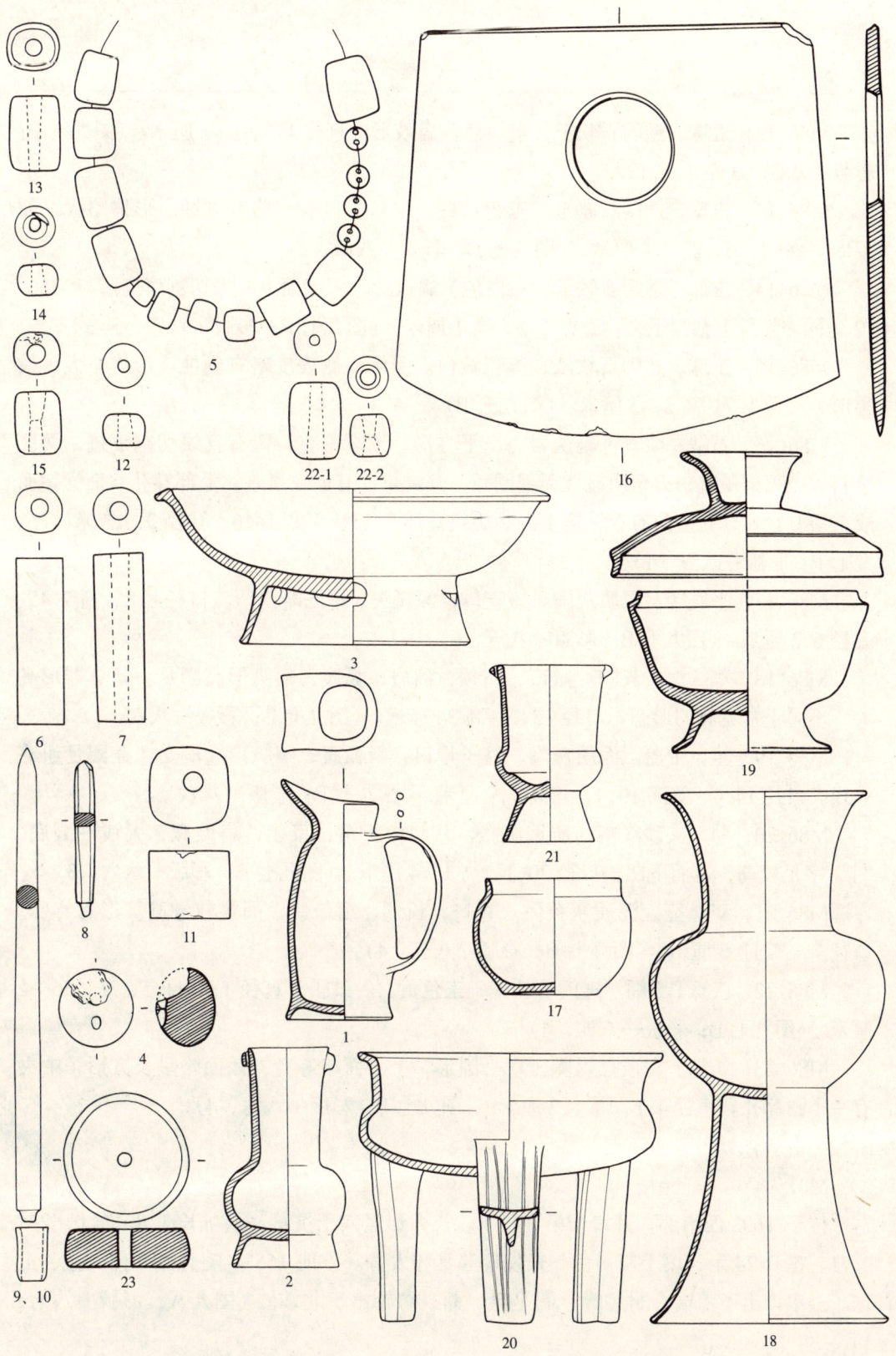

图九七 B M86 出土器物（1~3、17~21 为 1/4，余为 1/2）

M86:12，玉珠。透闪石软玉，黄白色。扁鼓形。直径1.3、高1厘米。（图九七B；彩版一八四，3左）

M86:13，玉珠。透闪石软玉，玉色黄白。受沁一侧表皮略有剥蚀。形体略大。鼓腰形。直径1.6、高2.4厘米。（图九七B；彩版一八四，2）

M86:14，玉珠。透闪石软玉，黄白色。扁鼓形，一端面上有一切割痕迹。与M86:12为同一坯件上裁割下来。直径1.3、高1厘米。（图九七B；彩版一八四，3右）

M86:15，玉珠。透闪石软玉，玉色黄白。受沁一侧表皮略有剥蚀。形体略大。鼓腰形。直径1.7、高2.45厘米。（图九七B）

M86:16，石钺。淡青色凝灰岩。扁平方形，顶端平直，留有直线切割痕迹，两侧边斜直，刃部最宽，刃角明显。刃部圆弧，开钝口，有崩缺痕迹。上部穿孔双面管钻而成，留有台痕，孔壁内有管钻留下的螺旋纹。通高13、刃宽14.6、孔径3.6厘米。（图九七B；彩版一八五，1）

M86:17，平底罐。泥质灰陶。短直口，深弧腹，平底略内凹。口径8.8、高7.45、底径6.2厘米。（图九七B；彩版一八五，6）

M86:18，尊。泥质灰陶。敞口，高领，溜肩，弧腹，喇叭形高圈足。此尊器形高大，不同于常见尊的形态。口径13.7、高34厘米。（图九七B；彩版一八六，1）

M86:19，簋，带盖。泥质灰陶。簋子母口，斜弧腹，喇叭形矮圈足。盖圈足纽斗笠式。口径14.4、簋高10.4、盖高7.9厘米。（图九七B；彩版一八六，2）

M86:20，鼎。夹砂红陶，质地疏松。侈口，折沿，束领，扁鼓腹，大浅平圜底，"T"字足较高，足面下凹。口径20.1、高17.4厘米。（图九七B；彩版一八六，3）

M86:21，双鼻壶。泥质灰黄陶。直口，长颈，扁鼓腹，圈足较细高。形态特殊。口径7、高11.3厘米。（图九七B；彩版一八五，4）

M86:22，玉珠。2颗。透闪石软玉，玉色黄白。鼓腰。直径1.3～1.5、高1.35～2厘米。（图九七B；彩版一八四，4）

M86:23，纺轮。泥质黑褐陶。扁平圆形，上下面略等径，截面略呈长方形，中央有一小圆穿孔。直径4.1、厚1.2厘米。（图九七B；彩版一八六，4）

M87

位于T602西南部，开口于第8层下。长方形竖穴土坑墓，墓坑长1.8、宽0.62～0.71、深0.24米，填土灰褐色。未发现葬具和人骨。方向165°。随葬品8件，盆、玉珠、玉串饰出于南端，圈足罐、圈足盘、鼎、纺轮出于北端。（图九八；彩版一八七，1）

M87:1，盆。泥质灰陶。敞口，斜腹，平底。斜腹中部一周鼓凸。口径18.2、高

4.2厘米。(图九八；彩版一八八，1)

M87:2，玉珠。叶蜡石，玉色蜡黄。形体较小。圆柱形。直径0.85、高1厘米。(图九八；彩版一八七，2)

M87:3，玉珠。2颗。玉髓质，玉色浅湖绿。扁鼓形。直径0.6～0.7、高0.25～0.4厘米。(图九八；彩版一八七，3)

M87:4，玉串饰。由7颗玉髓珠组串而成。玉色浅湖绿。扁鼓形。直径0.7～0.75、高0.3～0.4厘米。(图九八；彩版一八七，4)

M87:5，圈足罐。泥质黄胎黑皮陶。侈口近直，微束颈，圆鼓腹，矮圈足外撇。口

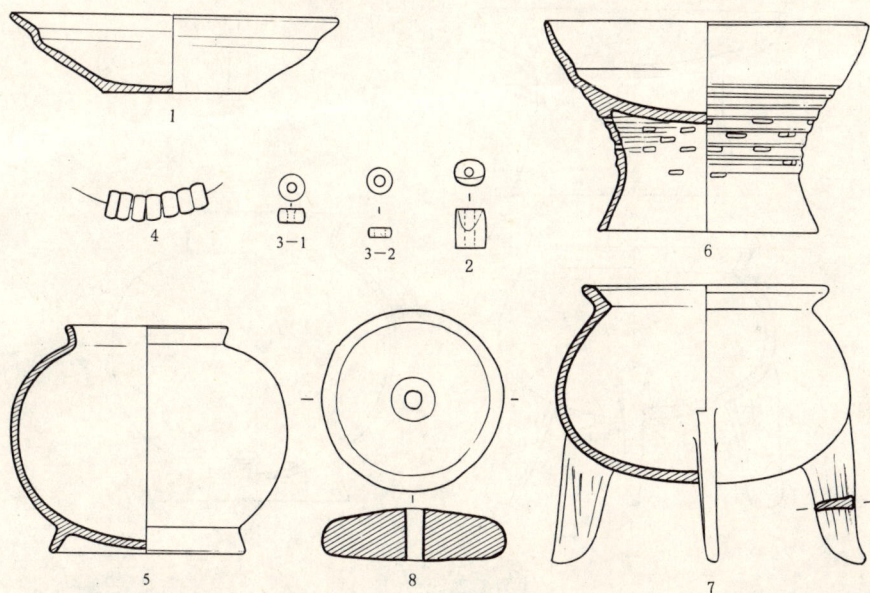

(2～4、8为1/2，余为1/4)

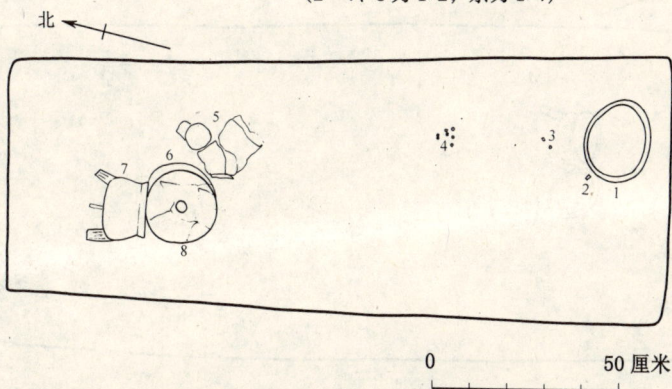

图九八　M87平面图及其出土器物

1.盆　2、3.玉珠　4.玉串饰　5.圈足罐　6.圈足盘　7.鼎　8.纺轮

径 8.9、高 12.2 厘米。（图九八；彩版一八八，2）

M87:6，圈足盘，带盖。泥质灰黄陶。盘敞口，斜腹，把略高，束腰而成假腹状。把上部饰七道凹弦纹和横向长方形镂孔组合纹。盖圈足纽斗笠式。口径 18.1、盘高 11、盖高 4.4 厘米。（图九八；彩版一八八，3）

M87:7，鼎。夹砂红陶。侈口，折沿，束颈，弧腹，腹最大径偏下，平薄鱼鳍足。口径 13.8、高 15 厘米。（图九八；彩版一八八，4）

M87:8，纺轮。泥质黑陶。扁平圆形，一面略鼓。直径 5、厚 1.4 厘米。（图九八；彩版一八八，5）

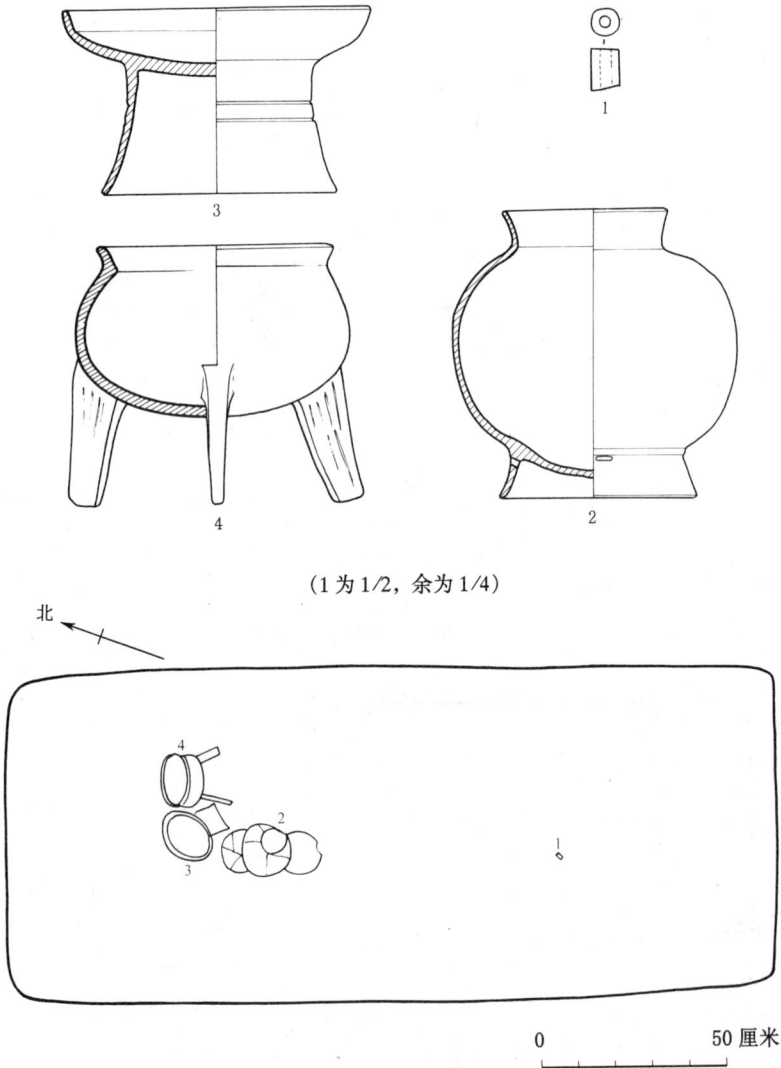

（1 为 1/2，余为 1/4）

图九九　M88 平面图及其出土器物

1. 玉珠　2. 圈足罐　3. 豆　4. 鼎

M88

位于 T508 北部，开口于第 6 层下，被 M35 打破，打破东面早期土台。长方形竖穴土坑墓，长 2.1、宽 0.9、深 0.19 米，填土灰褐色。未发现葬具和人骨。方向 164°。随葬品 4 件，玉珠出于胸部，鼎、豆、圈足罐出于北面脚端。（图九九；彩版一八九，1）

M88：1，玉珠。叶蜡石，玉色青绿。小圆柱形。直径 0.75、高 1.15 厘米。（图九九；彩版一八九，2）

M88：2，圈足罐。泥质黄褐胎黑皮陶。侈口，竖领，深鼓腹，圈足略外撇。圈足上部脊棱下有三个等分扁方形镂孔。口径 9.2、高 15.3 厘米。（图九九；彩版一八九，3）

M88：3，豆。泥质灰黄胎黑皮陶。侈口，浅弧腹，喇叭形圈足较高。圈足中部有两周凹弦纹。口径 17.2、高 10.1 厘米。（图九九；彩版一八九，4）

M88：4，鼎。夹砂夹蚌黑陶。侈口，束颈，弧腹，大圜底，鱼鳍足略外撇。口径 13.2、高 14 厘米。（图九九；彩版一八九，5）

M89

位于 T703 东隔梁上，开口于第 1 层下，墓坑南部被近现代扰坑扰乱，北部被东周 H9 打破，打破第 8 层。长方形竖穴土坑墓，墓坑残长 1～1.34、宽 0.63、深 0.15 米，填土灰褐色。未发现葬具和人骨。方向 175°。随葬品 2 件，分别为簋和鼎，都出于北部脚端。（图一〇〇；彩版一九〇，1）

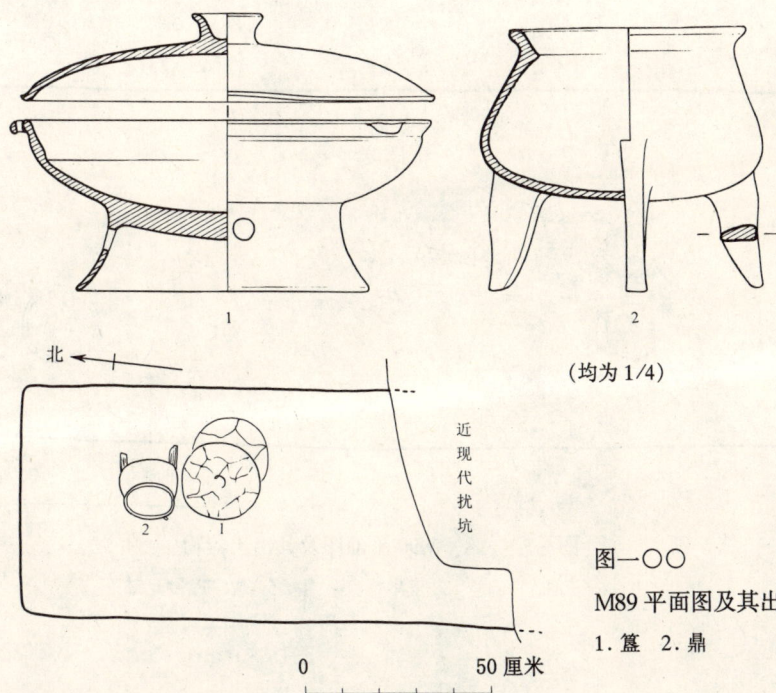

图一〇〇

M89 平面图及其出土器物

1. 簋　2. 鼎

M89:1，簋，带盖。泥质灰陶。簋敞口，窄平沿，外沿有三个均衡分布的直穿小鼻，折腹，圈足较高，圈足上有三个圆形镂孔。盖圈足纽斗笠式。口径22、簋高9.2、盖高4.7厘米。（图一〇〇；彩版一九〇，3）

M89:2，鼎。夹砂红陶。敞口，束颈，垂腹，腹最大径偏下，浅圜底，足为外侧稍厚的鱼鳍足。口径13.2、高14.2厘米。（图一〇〇；彩版一九〇，2）

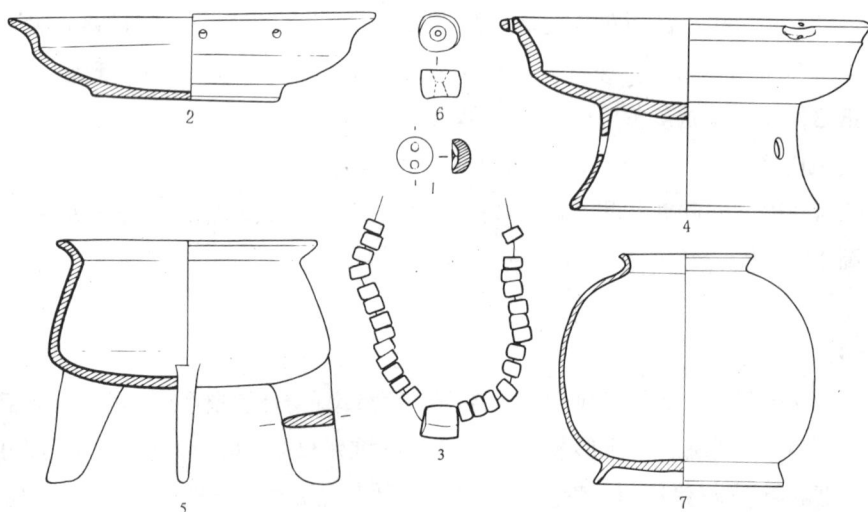

（1、3、6为1/2，余为1/4）

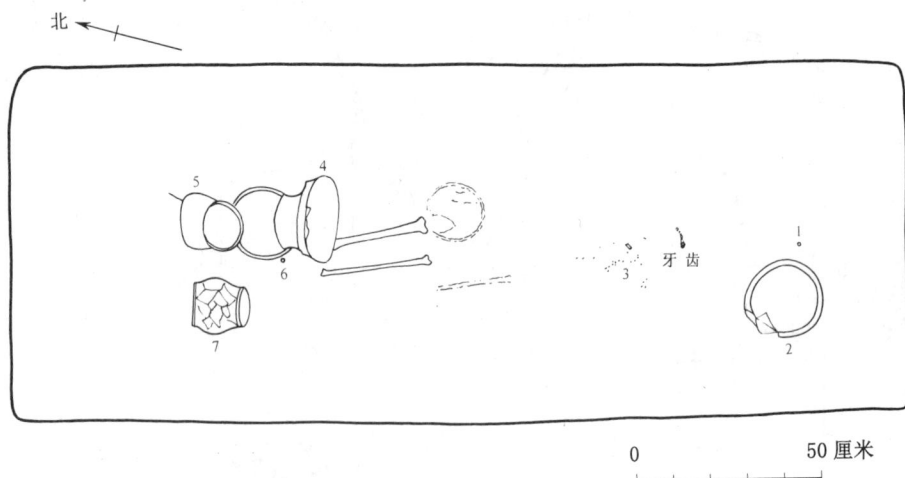

图一〇一A　M90平面图及其出土器物

1、6.玉珠　2.盆　3.玉串饰　4.簋　5.鼎　7.圈足罐

M90

位于 T508 北侧中部,开口于第 6 层下,北部被 M37、M38、M57 打破,打破东面早期土台。长方形竖穴土坑墓,墓坑长 2.45、宽 0.96、深 0.17 米,填土灰褐色。未发现葬具,人骨保存差,仅存腿骨和牙齿残骸数枚。方向 164°。随葬品 7 件,头部出土玉珠和陶盆各一件,胸部有一串玉串饰,鼎、簋、圈足罐和玉珠各一件出于北面脚端。(图一〇一 A、B;彩版一九一,1)

M90:1,玉珠。透闪石软玉,玉色青绿。扁平半球形,底面平,有一牛鼻形隧孔。直径 1 厘米。(图一〇一 A)

M90:2,盆。泥质灰陶。大敞口,宽折沿,浅斜腹,假圈足平底。沿面一侧有双孔。口径 20.4、高 4.9、底径 10.2 厘米。(图一〇一 A;彩版一九二,1)

M90:3,玉串饰。由 27 颗玉珠组串而成。其中 26 颗叶蜡石珠,玉色蜡黄,个体很小,扁鼓形;1 颗透闪石软玉珠,玉色红褐,个体略大,不规则圆台形。软玉珠直径 0.9、高 1 厘米;其余珠直径 0.5、高 0.3～0.4 厘米。(图一〇一 A、B;彩版一九一,2)

M90:4,簋。泥质灰胎黑皮陶。微侈口,口沿设三鼻,斜壁,折腹,高圈足。圈足饰三个圆形镂孔。口径 19.2、高 10.4 厘米。(图一〇一 A;彩版一九二,2)

M90:5,鼎。夹砂红陶。折沿,束颈,斜腹,腹最大径偏下,大圜底近平,鱼鳍足外侧稍厚。口径 14.2、高 13.1 厘米。(图一〇一 A;彩版一九二,3)

M90:6,玉珠。透闪石软玉,玉色红褐。有白色沁斑。形体较小,不规则扁圆柱形,双面实心钻孔。直径 1.1、高 0.7 厘米。(图一〇一 A;彩版一九一,3)

M90:7,圈足罐。泥质灰黄陶。侈

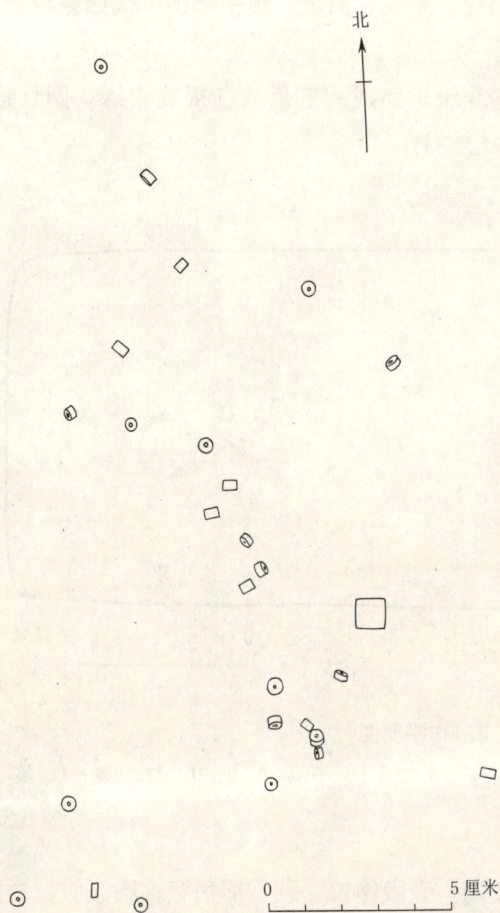

北

图一〇一 B　玉串饰 M90:3 出土情形

0　　　　　5厘米

口，溜肩，圆弧腹，矮圈足外撇。口径 7.4、高 12.5 厘米。（图一〇一 A；彩版一九二，4）

M91

位于 T508 北部扩方偏东部位，开口于第 5 层下，被 M40 与 M41 打破，打破第 6 层与东面早期土台。长方形竖穴土坑墓，墓坑长 2.65、宽 0.96、深 0.27 米，填土灰褐色。墓内没有发现葬具痕迹与人骨。方向 175°。随葬品 18 件（组），南端出有圈足盘、双鼻壶、玉串饰、玉管、玉珠、石钺和 25 粒小石子，中部出有玉珠、玉串饰，簋、鼎、圈足罐、红陶平底罐、纺轮和玉串饰各一件（组）出于北端。（图一〇二 A；彩版一九三，1～3）

M91:1，圈足盘。泥质灰陶。敞口，斜腹，平底，圈足。腹中部饰一周凹弦纹。口径 15.4、高 5.2 厘米。（图一〇二 B；彩版一九五，1）

M91:2，玉串饰。由 11 颗叶蜡石小玉珠组串而成，玉色或红褐或青绿。圆柱形。直径 0.55～0.7、高 0.3～0.8 厘米。（图一〇二 B）

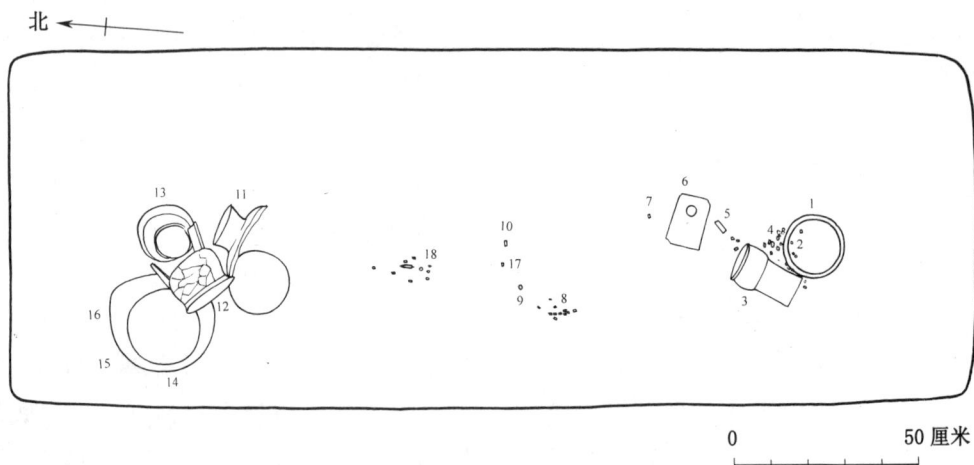

图一〇二 A M91 平面图

1. 圈足盘 2、8、16、18. 玉串饰 3. 双鼻壶 4. 小石子 5. 玉管 6. 石钺 7、9、10、17. 玉珠 11. 簋
12. 鼎 13. 圈足罐 14. 平底罐 15. 纺轮

M91:3，双鼻壶，带盖。泥质黄胎黑皮陶。壶微侈口，颈下部稍宽，圆弧腹，矮圈足，圈足上饰三个横向长方形镂孔。盖喇叭形纽浅碟式。口径 6.6、壶高 14.2、盖高 3 厘米。（图一〇二 B；彩版一九五，2）

M91:4，小石子。共 25 颗，为大小相近、形状不规则的小河卵石。质料分三种：9

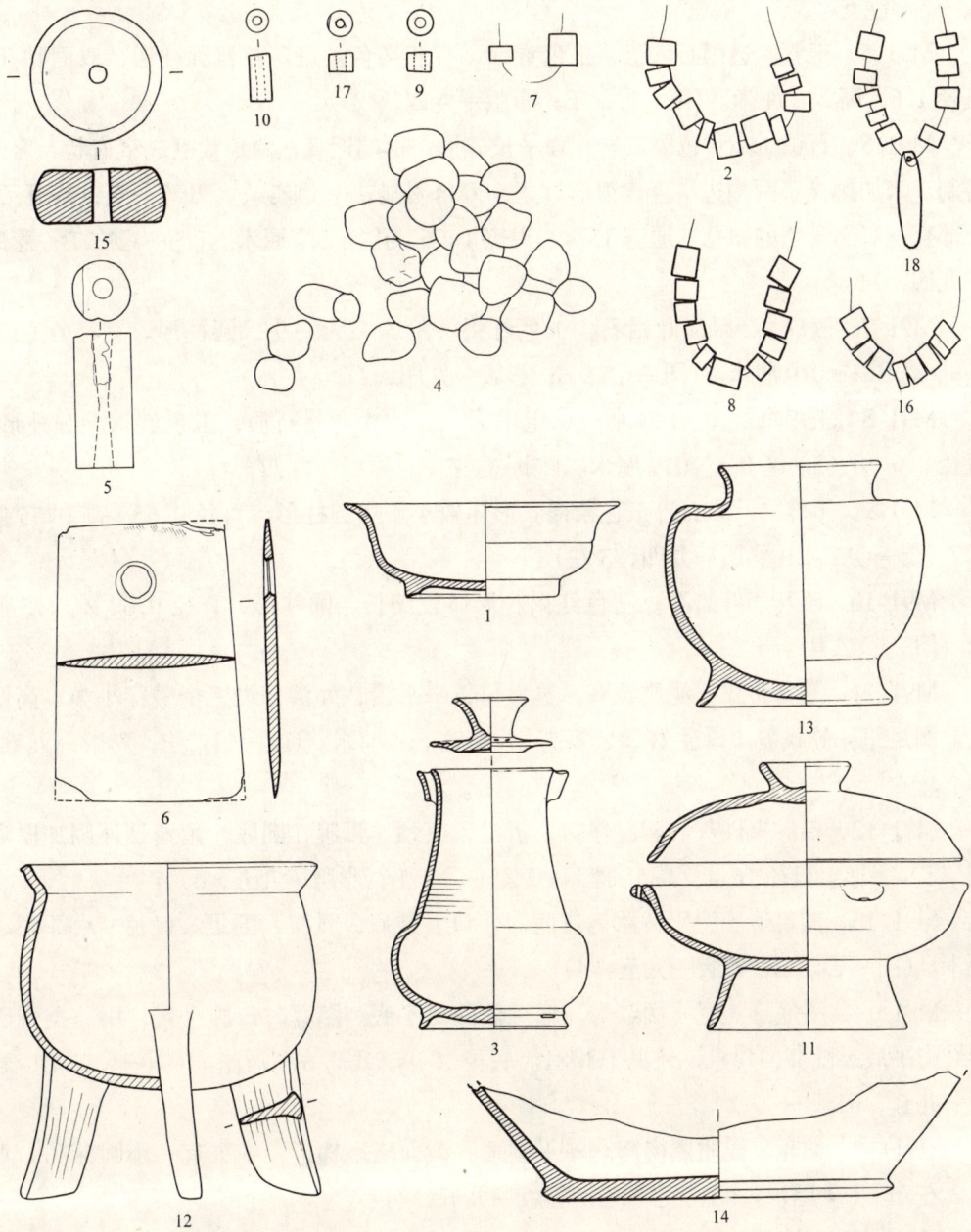

图一〇二 B M91 出土器物（1、3、6、11~14 为 1/4，余为 1/2）

颗黄白色石英质，9 颗灰色石子，7 颗黑色石子。长 0.6～1.7 厘米。（图一〇二 B；彩版一九四，6）

M91:5，玉管。透闪石软玉，玉色青绿，有灰褐色沁斑。整器圆柱形，双面钻孔。直径 1.6、高 3.7 厘米。（图一〇二 B；彩版一九四，1）

M91:6，石钺。黛青色凝灰岩。扁平长方形，顶端近直，两角裁割成窄肩状，略加磨制，未加抛光，两侧边斜直，刃部最宽，刃角明显，一角崩缺。刃部平直，略开刃。上部有一双面管钻的钻孔。通高 15.4、刃宽 10.6、孔径 2.2 厘米。（图一〇二 B；彩版一九四，7）

M91:7，玉珠。2 颗。叶蜡石，玉色红褐。玉珠一大一小，圆柱形。直径 0.65～0.8、高 0.4～0.9 厘米。（图一〇二 B；彩版一九四，2）

M91:8，玉串饰。由 11 颗小玉珠组串而成。均为叶蜡石质，玉色红褐。圆柱形。直径 0.6～0.65、高 0.4～0.9 厘米。（图一〇二 B；彩版一九四，4）

M91:9，玉珠。叶蜡石，玉色紫褐。形体较小。扁圆柱形。直径 0.65、高 0.55 厘米。（图一〇二 B；彩版一九四，3 左）

M91:10，玉珠。叶蜡石，玉色红褐。形体较细长。圆柱形。直径 0.6、高 1.3 厘米（图一〇二 B）。

M91:11，簋，带盖。泥质黄陶。簋敞口，窄平沿，外沿部设三个竖穿小鼻，高圈足。圈足纽斗笠式盖。口径 18.4、簋高 8、盖高 5.4 厘米。（图一〇二 B；彩版一九五，3）

M91:12，鼎。夹砂灰红陶。侈口，折沿，束颈，弧腹，圜底，鱼鳍足外侧加厚略呈"T"字形。口径 16.4、高 18 厘米。（图一〇二 B；彩版一九五，5）

M91:13，圈足罐。泥质黄胎黑皮陶。侈口，鼓肩，弧腹，圈足。口径 9、高 13.3 厘米。（图一〇二 B；彩版一九五，4）

M91:14，平底罐。泥质橘红陶。低矮假圈足平底。随葬时口腹已残，用此类残破的红陶平底罐随葬的现象，还见于 M81。底径 19.9、残高 6.4 厘米。（图一〇二 B；彩版一九五，6）

M91:15，纺轮。泥质黑褐陶。厚平圆形，截面略呈梯形，中央有一小圆穿孔。直径 3.6、厚 1.4 厘米。（图一〇二 B；彩版一九五，7）

M91:16，玉串饰。由 9 颗小玉珠组串而成。均为叶蜡石质，玉色红褐。扁圆柱形。直径 0.65～0.7、高 0.3～0.5 厘米。（图一〇二 B）

M91:17，玉珠。叶蜡石，玉色红褐。形体较小。扁圆柱形。直径 0.65 厘米。（图一〇二 B；彩版一九四，3 右）

M91:18，玉串饰。由 9 颗红褐色叶蜡石珠和 1 颗蜡黄色叶蜡石玉坠组串而成。玉珠圆柱形。玉坠类锥形器，形体较短，尾端磨薄后钻一小孔。坠长 2.6、最大径 0.6 厘米，珠直径 0.55~0.7、高 0.35~0.65 厘米。（图一○二 B；彩版一九四，5）

M92

位于 T507 中部偏西，开口于第 5 层下，南部被宋代扰坑及 M34、M56 打破，打破第 6 层。长方形竖穴土坑墓，残长 1.85、宽 0.82、深 0.3 米，填土黄褐色带灰斑。没有发现葬具痕迹，保存有部分骨架，仰身直肢，无法判定性别。方向 170°。随葬品 6 件，南端头前没有出土随葬品，石"耘田器"一件出于右胯部，石锛压在右小腿下，簋、尊、鼎各一件出于北面脚端，另在右侧大腿右出土一件组合式分体石犁。（图一○三；彩版一九六，1~3）

M92:1，石"耘田器"。浅青色脉岩。器表因受沁而剥落。器形扁薄规整。整器平面略呈左右对称的长方形，弧形双面刃较平直，两翼微后掠上翘，两侧端略宽，上端凹弧，中间有尖角形凸块，其下有一直径 1 厘米的单面管钻圆孔。通高 5.2、两翼宽 11.1 厘米。（图一○三；彩版一九七，1）

M92:2，分体石犁。整器由一件三角形犁头和两件略呈长方形的犁尾组合而成，组装后平面呈中间有长方形空裆的三角形，形体较大。犁头和一件犁尾为浅青灰色凝灰岩，另一件犁尾为流纹岩。受沁断裂，器表剥蚀。三角形犁头头尖，两侧刃部斜直，单面刃，尾端略弧凸，器身中间有两个竖向圆形穿孔。两件犁尾均略呈前窄后宽的长方形，外侧为斜直的刃部，单面刃，内侧近平直，保留糙面，未加磨制，器身中间各有两个竖向圆形穿孔。犁尾前端与犁头尾端相接处都加以特意的磨制。通长 39.4、犁尾宽 29.5、厚 0.85 厘米。（图一○三；彩版一九七，3）

M92:3，石锛。淡青色流纹岩。扁平长方形，无段，近上部略磨薄，下端侧刃，刃口锋利，无明显使用痕迹。长 6.5、刃宽 3.2 厘米。（图一○三；彩版一九七，2）

M92:4，簋，带盖。簋泥质灰胎黑皮陶，侈口，平沿，外沿设三个竖穿小鼻，浅折腹，喇叭形圈足稍高。盖泥质红陶，小圈足纽斗笠式。口径 21.2、簋高 9.8、盖高 6.6 厘米。（图一○三；彩版一九八，1）

M92:5，尊。泥质黑皮陶。敞口，斜方唇，束颈，鼓肩，斜弧腹，圈足。口径 9.2、高 14 厘米。（图一○三；彩版一九八，2）

M92:6，鼎。夹砂红陶。侈口，平折沿，内沿有明显的脊棱，束颈，弧腹，浅圈底，鱼鳍形足外侧加厚略呈"T"形。外腹部饰三周凸弦纹。口径 13.2、高 14.8 厘米。（图一○三；彩版一九八，3）

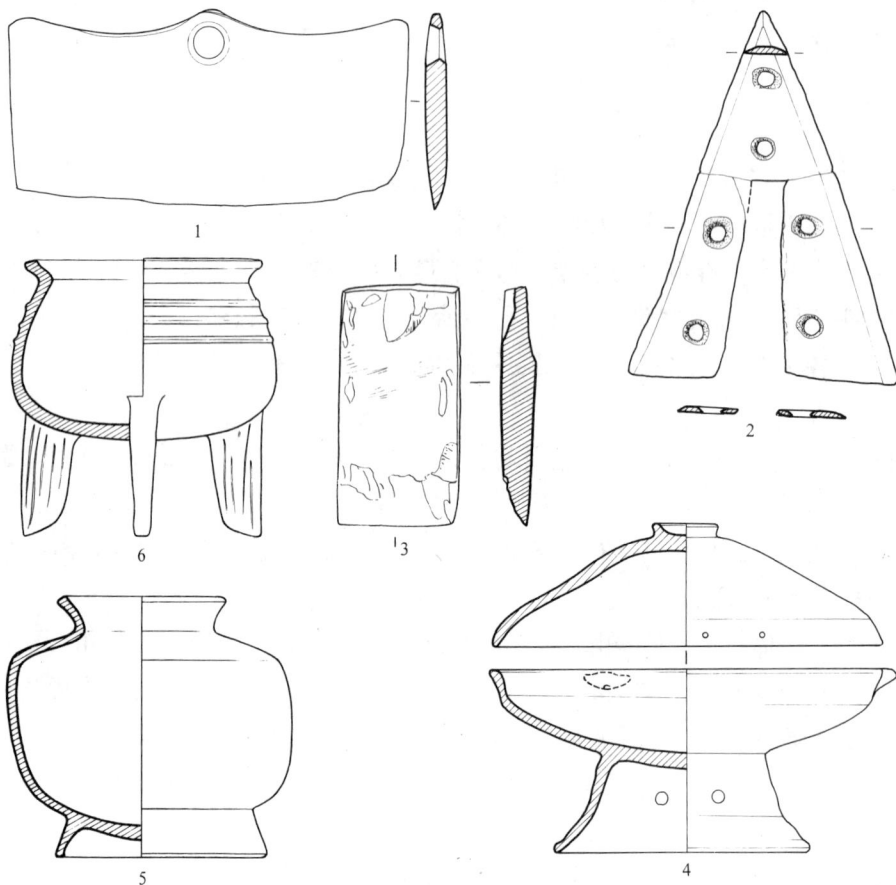

（1、3 为 1/2，2 为 1/8，余为 1/4）

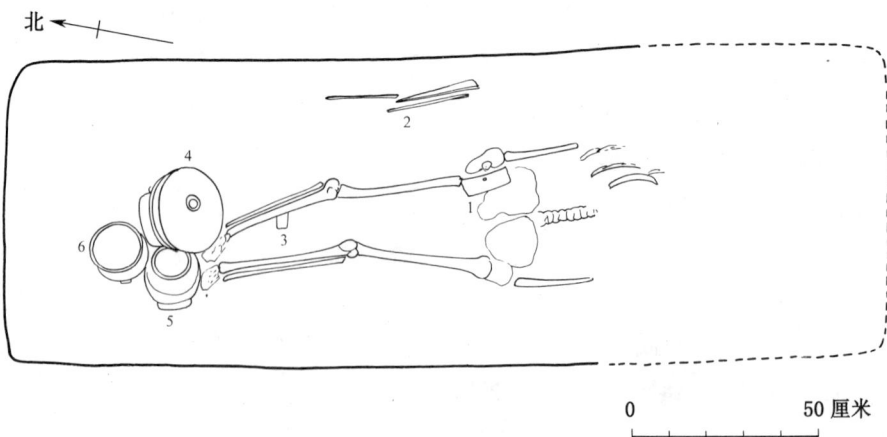

图一〇三　M92 平面图及其出土器物

1. 石"耘田器"　2. 分体石犁　3. 石锛　4. 簋　5. 尊　6. 鼎

M93

位于 T602 东南部，开口于第 8 层下，中北部被现代盗洞打破，打破西面早期土台。长方形竖穴土坑墓，长 2.42、宽 1.02、深 0.45 米，填土黄褐色。没有发现葬具痕迹，在墓坑南部发现头骨骨渣和牙齿。方向 160°。随葬品 18 件（组），圈足盘、玉珠、玉串饰出于南端头前，玉玦、玉珠、玉端饰、玉串饰出于腰腹部，石钺刃部压在一个呈长方形的涂朱漆容器上，簋、鼎、圈足罐和三枚鲨鱼牙齿同出于北端。（图一〇四；彩版一九九，1~3）

M93:1，玉珠。叶蜡石，玉色红褐。形体较小。圆柱形。直径 0.72、高 0.95 厘米。（图一〇四；彩版二〇〇，1）

M93:2，玉珠。叶蜡石，玉色青绿。形体较小。扁圆柱形。直径 0.55、高 0.35 厘米。（图一〇四；彩版二〇〇，2）

M93:3，圈足盘。泥质黑陶。残，形制不明。

M93:4，玉串饰。由 58 颗小玉珠和 1 件玉管组串而成。玉珠 39 颗为青绿色叶蜡石，圆柱形；17 颗为红褐色叶蜡石，圆柱形；1 颗软玉鼓腰形珠；1 颗黄白色叶蜡石鼓腰形珠。玉管青绿色软玉，圆柱形。玉管直径 1.55、高 4.2 厘米；珠直径 0.6~0.7、高 0.3~1.1 厘米。（图一〇四；彩版二〇〇，6）

M93:5，玉珠。叶蜡石，玉色青灰。形体较小。整器圆柱形。直径 0.85、高 1.65 厘米。（图一〇四；彩版二〇〇，3）

M93:6，玉端饰。浅绿色似玉美石。已断裂。形体略呈长方形，顶端凹弧，中央有方形凸块，凸块顶部也凹弧，凸块下方有一两面钻穿孔，钻孔错位留有台痕；两翼弧翘，两侧边斜直，底边平直，开挖一"V"字形凹槽以供镶嵌。通高 2.8、上宽 11、下宽 10.5、孔径 1.55、凹槽深 0.5 厘米。（图一〇四；彩版二〇〇，8）

M93:7，玉珠。叶蜡石，玉色青绿。形体较小。扁圆柱形。直径 0.6、高 0.34 厘米。（图一〇四；彩版二〇〇，4）

M93:8，玉玦。淡青灰色叶蜡石。扁平圆环形，一端开缺口，截面扁方形，一端面上有圆弧形切割凹痕，内外壁直，外缘周整。直径 4.2、孔径 1.6、厚 0.5、缺口宽 0.3 厘米。（图一〇四；彩版二〇〇，9）

M93:9，玉串饰。由 10 颗小玉珠和 1 颗玉坠组串而成。玉珠均为叶蜡石质，玉色红褐，圆柱形。玉坠为青绿色萤石，似小颗葡萄。坠长 1.7、最大径 1.15 厘米，珠直径 0.6~0.7、高 0.5~0.85 厘米。（图一〇四；彩版二〇〇，7）

M93:10，石钺。青色安山岩。器形规整。扁平长方形，顶端近平直，保留糙面未加磨制，两侧边略弧撇，刃部略宽，刃角明显。刃部圆弧，未开锋口。上部穿孔单面管钻，孔壁有管钻留下的螺旋纹。通高 17、刃宽 15 厘米。（图一〇四；彩版二〇一，1）

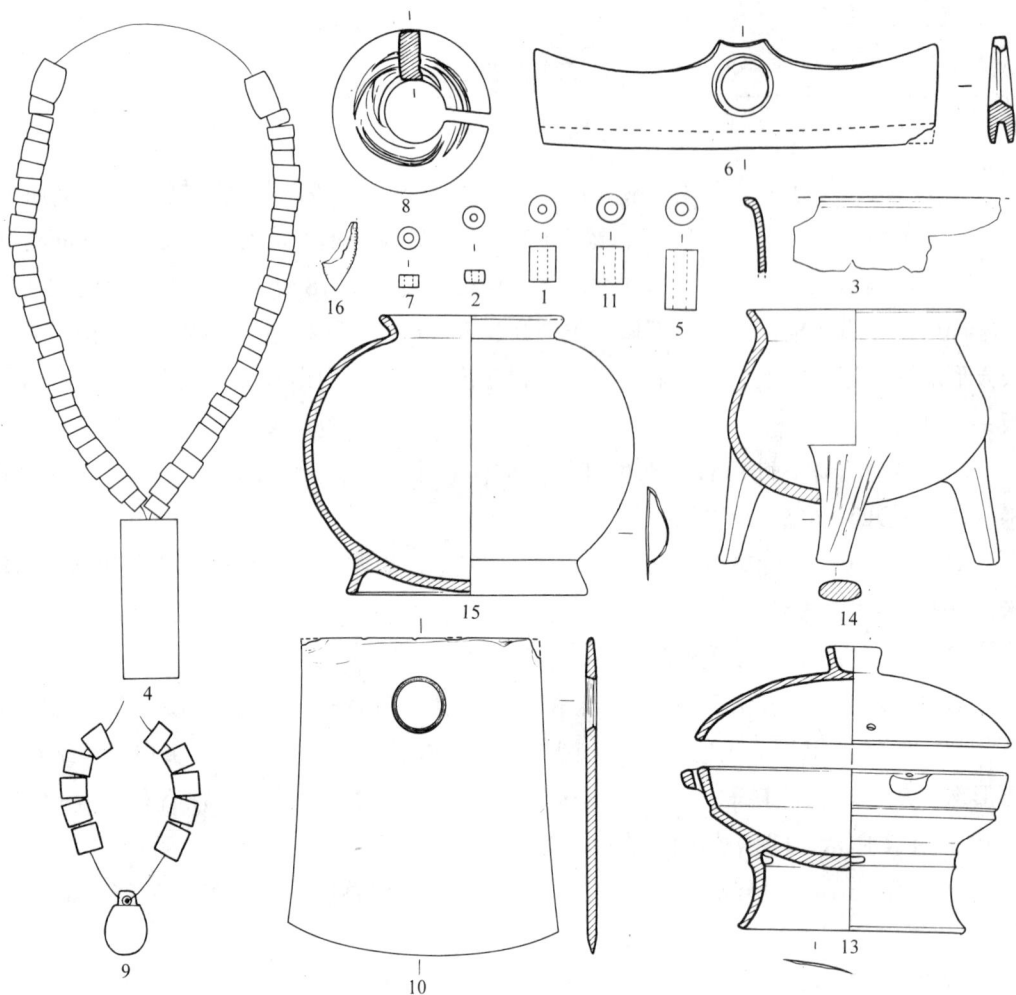

（10、13～15为1/4，余为1/2）

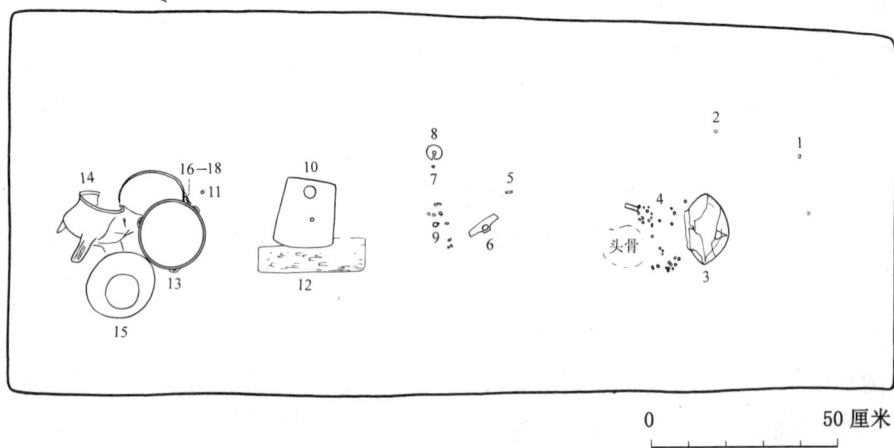

图一〇四　M93平面图及其出土器物

1、2、5、7、11.玉珠　3.圈足盘　4、9.玉串饰　6.玉端饰　8.玉玦　10.石钺　12.涂朱漆容器　13.簋
14.鼎　15.圈足罐　16.鲨鱼唇齿　17、18.鲨鱼牙齿

M93:11，玉珠。叶蜡石，红褐色。小圆柱形。直径 0.72、高 1.05 厘米。（图一〇四；彩版二〇〇，5）

M93:12，涂朱漆容器。内胎黑色，器表涂朱漆。略呈长方形，出土时已压扁。长约 30、宽 9 厘米。（图一〇四；彩版二〇一，2）

M93:13，簋，带盖。泥质黄胎黑皮陶。簋直口微敞，窄平沿，外沿设三个竖穿小鼻，折腹，高圈足，圈足上饰二周凸弦纹和三个横向长方形镂孔。盖小圈足纽斗笠式。口径 16.8、簋高 8.7、盖高 5.25 厘米。（图一〇四；彩版二〇一，3）

M93:14，鼎。夹砂黑陶。侈口，折沿，微束颈，弧腹略垂，圜底，凿形足。足正面饰竖向刻划纹。口径 11.6、高 13.7 厘米。（图一〇四；彩版二〇一，4）

M93:15，圈足罐。泥质黄胎黑皮陶。小侈口，翻沿，束颈，圆鼓腹，矮圈足。口径 10.2、高 14.9 厘米。（图一〇四；彩版二〇一，5）

M93:16，鲨鱼唇齿。扁平三角形，牙冠部尖锐，两侧有密集的锯齿，无加工与使用痕迹，一侧牙根部已朽。残高 1.8 厘米。（图一〇四）

M93:17，鲨鱼牙齿。已朽蚀。

M93:18，鲨鱼牙齿。已朽蚀。

M94

位于 T602 西南部，开口于第 8 层下，被 M25 打破。长方形竖穴土坑墓，墓坑长 1.81、宽 0.8、深 0.1 米，填土黄色。未发现葬具和人骨。方向 168°。随葬品 4 件，玉管一件出于中部，盘、鼎、尊各一件出于北端。（图一〇五；彩版二〇二，1）

M94:1，玉管。叶蜡石，玉色青绿。圆柱形，截面椭圆，双面钻孔。柱体一端有一斜向磨痕。直径 1.45、高 3.65 厘米。（图一〇五；彩版二〇二，2）

M94:2，圈足盘，带盖。泥质黄胎黑皮陶。盘侈口，平沿，斜腹，浅盘。腹部饰凸弦纹一周，圈足另饰两周凸弦纹。圈足纽斗笠式盖。口径 20、盘高 6.1、盖高 5.5 厘米。（图一〇五；彩版二〇二，3）

M94:3，鼎。夹砂红陶。敞口，微束颈，下腹略鼓，圜底，凿形足。足外侧饰竖向刻划纹。口径 12.2、高 13 厘米。（图一〇五；彩版二〇二，4）

M94:4，尊。泥质灰陶。侈口，弧折肩，圈足外撇。口径 8.6、高 12 厘米。（图一〇五；彩版二〇二，5）

M95

位于 T602 中北部，开口于第 8 层下，打破第 11B 层。长方形竖穴土坑墓，墓坑长 2.2、宽 0.92、深 0.24 米，填土为黄斑土。墓底略弧，似有弧棺葬具，人骨保存较好，

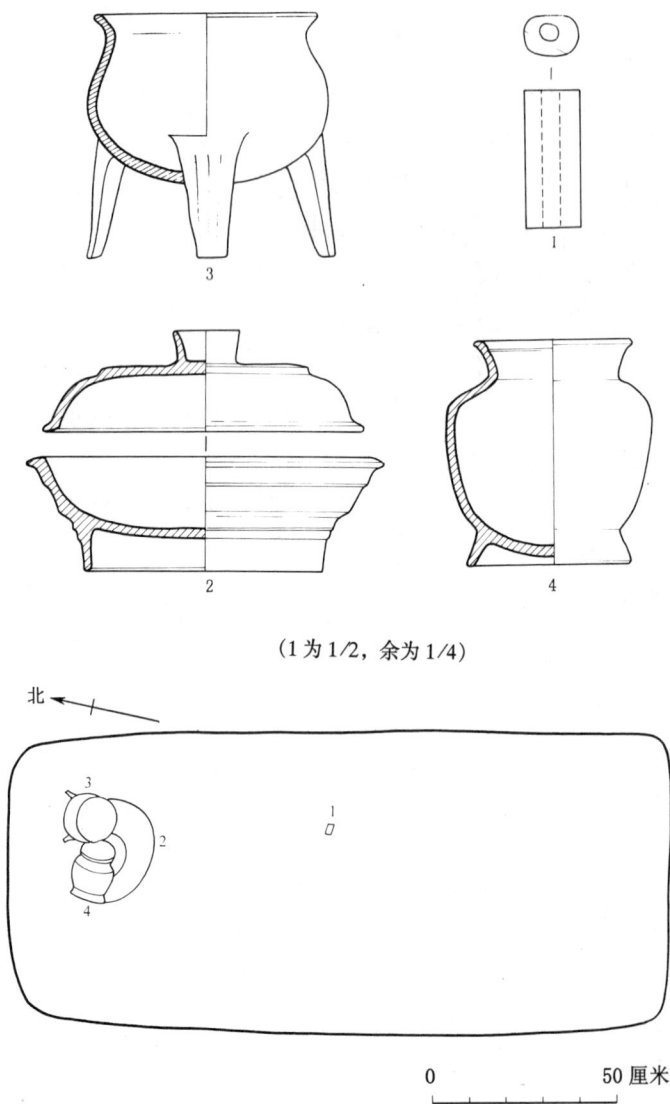

（1 为 1/2，余为 1/4）

图一〇五　M94 平面图及其出土器物

1. 玉管　2. 圈足盘　3. 鼎　4. 尊

仰身直肢葬，已采样作 DNA 检测。方向 164°。随葬品 6 件，石"耘田器"出于胯部右侧，石钺压于右腿骨下，簋、平底罐、鼎和石镰各一件出于北面脚端。（图一〇六；彩版二〇三，1~3）

M95：1，石"耘田器"。青色凝灰岩。器形扁薄规整，通体磨平，刃部磨制精细。整器平面略呈左右对称的长方形，圆角弧刃，刃部略有崩缺痕迹，两翼略弧翘，上端略凹弧，中间有近方形凸起，器身上无穿孔。通高 7.35、两翼宽 12.5 厘米。（图一〇六；彩版二〇四，1）

M95：2，石钺。黑色凝灰岩。平面近方形，平顶，刃部略弧凸，有明显使用崩缺痕迹，两侧边磨薄，双面钻孔。通高 11.6、刃宽 11.2、孔径 2.85 厘米。（图一〇六；彩版二〇四，3）

M95：3，簋，带盖。泥质灰胎黑皮陶。簋敞口，口沿设三鼻，盘壁斜直，折腹，圈足饰三个横向长方形镂孔。圈足纽浅盘式盖，盖面一侧有两个小孔。口径 17.2、簋高 8.3、盖高 4.5 厘米。（图一〇六；彩版二〇四，4）

M95：4，平底罐。泥质灰黄陶。侈口，束颈，溜肩，弧腹，平底。口径 12.6、高 14 厘米。（图一〇六；彩版二〇四，5）

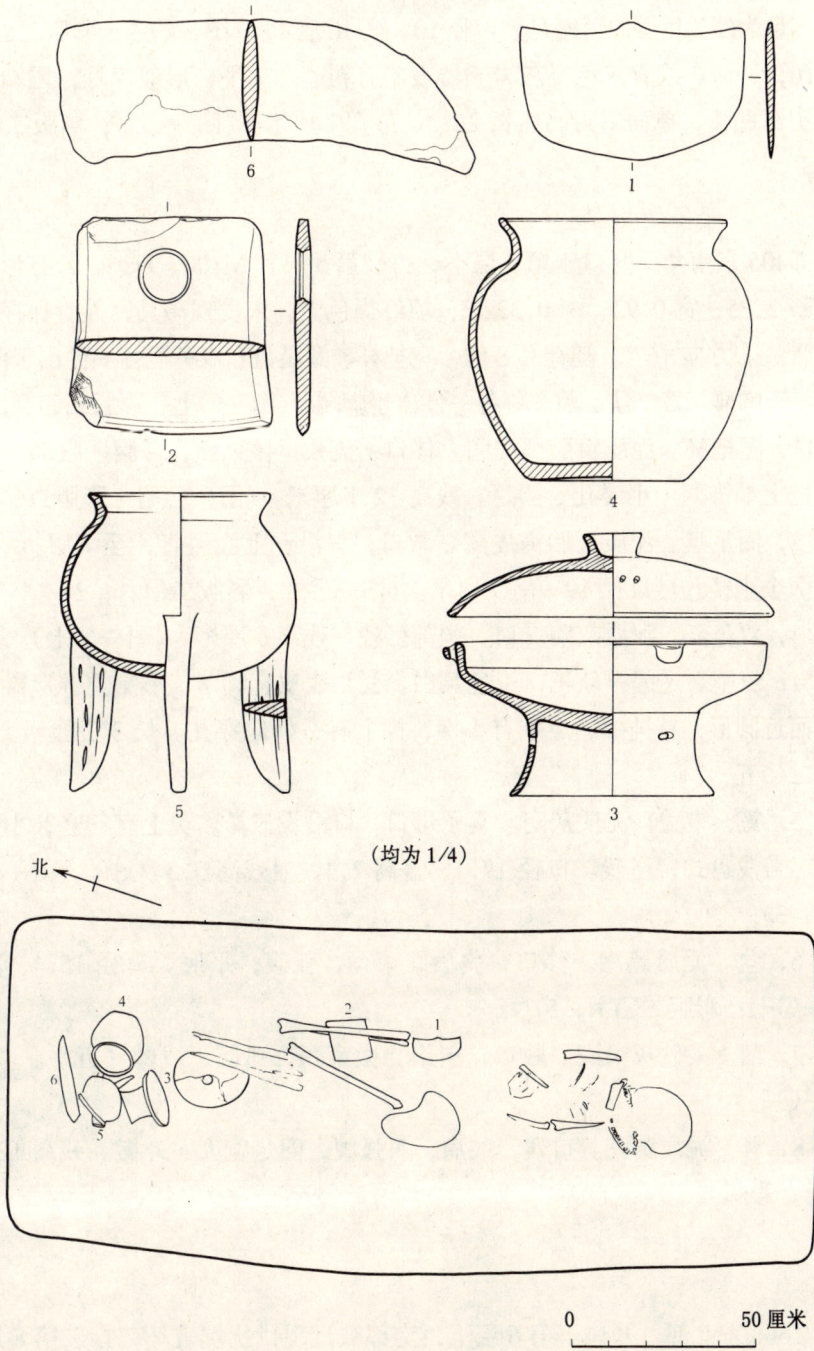

（均为1/4）

北

0　　　　　　　50厘米

图一〇六　M95平面图及其出土器物

1. 石"耘田器"　2. 石钺　3. 簋　4. 平底罐　5. 鼎　6. 石镰

M95:5，鼎。夹砂红陶，器身饰红衣。敞口，斜平沿，微束颈，弧腹，腹最大径偏下，圜底，足为外侧稍厚的鱼鳍足。口径 10、高 16 厘米。（图一〇六；彩版二〇四，6）

M95:6，石镰。淡青灰色凝灰岩。器表略有剥落。扁平，形似弯月，尾端稍宽，头端钝尖，刃部凹弧，单面斜刃。通长 22.3、最宽 7 厘米。（图一〇六；彩版二〇四，2）

M96

位于 T405 东南角，开口于第 3 层下，打破第 5 层和 M100、H26。长方形竖穴土坑墓，墓坑长 2.25、宽 0.92、深 0.32 米，填红褐色土。未发现葬具，人骨保存差，仅发现上肢骨骨渣。方向 167°。随葬品 8 件，宽把杯、圈足盘和双鼻壶各一件出于南端头前，玉坠一件出于胸部，簋、盆、鼎、尊各一件出于脚端。（图一〇七；彩版二〇五，1）

M96:1，宽把杯。泥质黄胎黑皮陶。侈口，流残，微束颈，筒腹，腹部一侧设半环形宽把，把上端饰两个小镂孔，圈足。残高 12.1 厘米。（图一〇七；彩版二〇六，1）

M96:2，圈足盘。泥质灰胎褐皮陶。敞口，斜沿，上腹斜直，至下腹折收成圈足。腹一侧饰两个小镂孔。口径 19、高 7 厘米。（图一〇七；彩版二〇六，2）

M96:3，双鼻壶。泥质灰陶。口、颈部已残。残高 6 厘米。（图一〇七）

M96:4，玉坠。透闪石软玉，玉色黄白。受沁表皮有剥落。形制类锥形器，形体略短粗。截面近圆形，首钝尖，尾端有小榫，榫上有一横向穿孔。长 3.2 厘米。（图一〇七；彩版二〇五，2）

M96:5，簋，带盖。泥质灰陶。簋子母口，口沿设三鼻，鼻上有三竖穿小孔，斜弧腹，圈足。盖浅盘式，纽残。口径 17.4、簋高 7.4、盖残高 3.3 厘米。（图一〇七；彩版二〇六，3）

M96:6，盆。泥质黑陶。侈口，斜唇，束颈，弧腹，平底。口径 15.4、高 8.4 厘米。（图一〇七；彩版二〇六，5）

M96:7，鼎。夹砂灰褐陶。敞口，斜沿，微束颈，弧腹，浅圜底近平。"T"字形足。（图一〇七）

M96:8，尊。泥质黄陶。口残，鼓肩，斜弧腹，圈足宽大、外撇。残高 12.6 厘米。（图一〇七；彩版二〇六，4）

M97

位于 T606 东北部，开口于第 6 层下，南部被近现代扰坑破坏，打破第 8 层。长方形竖穴土坑墓，墓坑长 1.95、宽 0.83、深 0.15 米，填土为灰黄色花斑土。未发现葬具，人骨保存差，仅见腿骨骨渣。方向 168°。随葬品 5 件，均出于北端，分别为鼎、石镰、圈足罐各一件和两件石锛。（图一〇八；彩版二〇七，1）

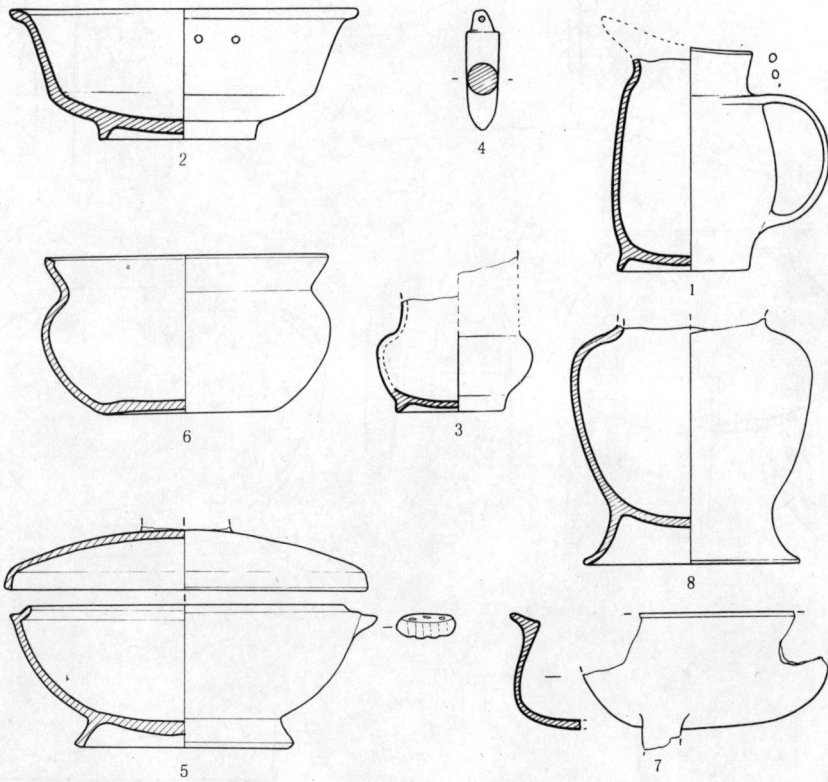

（4为1/2，余为1/4）

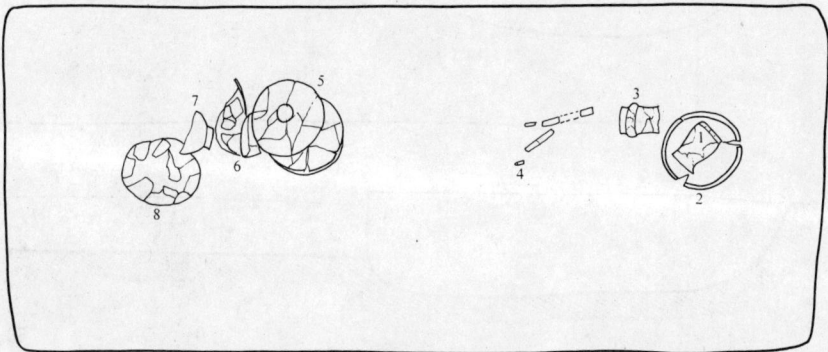

图一〇七　M96平面图及其出土器物

1.宽把杯　2.圈足盘　3.双鼻壶　4.玉坠　5.簋　6.盆　7.鼎　8.尊

（2、5为1/2，余为1/4）

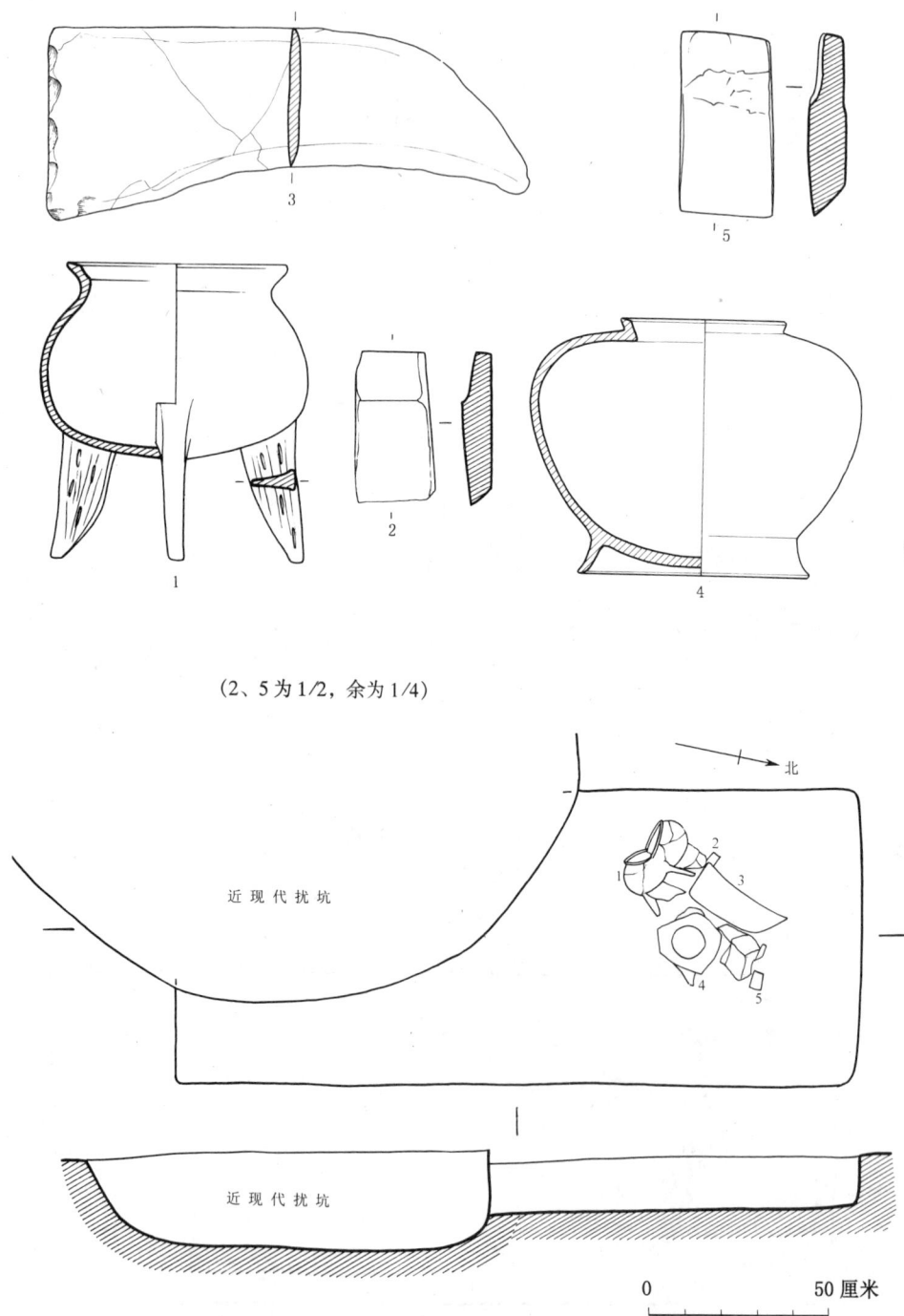

图一〇八　M97平剖面图及其出土器物

1. 鼎　2、5. 石锛　3. 石镰　4. 圈足罐

M97:1，鼎。夹砂红陶。敞口，束颈，弧腹，浅圜底，足为外侧稍厚的鱼鳍足。口径 12.6、高 16.6 厘米。（图一〇八；彩版二〇七，5）

M97:2，石锛。青灰色流纹岩。受沁两侧略有剥蚀。狭长扁平方形，一面起段，作台阶状，段位于锛体三分之一处，下端侧刃，刃口无使用痕迹。长 4.2、段长 1.4 厘米。（图一〇八；彩版二〇七，2）

M97:3，石镰。淡青灰色凝灰岩，断裂，器表略有剥落。形体较宽大，内部稍宽。扁平长条形，头端钝尖，背部凸弧，刃部凹弧，单面斜刃。通长 27.4、最宽 10.9 厘米。（图一〇八；彩版二〇七，4）

M97:4，圈足罐。夹砂红陶。短直口，小方唇，鼓肩，弧腹，圈足外撇。口径 9.6、高 14.4 厘米。（图一〇八；彩版二〇七，6）

M97:5，石锛。淡青灰色流纹岩。狭长方形，利用上部剥落处为段，下端侧刃，刃口锋利，无使用痕迹。长 5、段长 2 厘米。（图一〇八；彩版二〇七，3）

M98

位于 T703 东北部，开口于第 8 层下，打破西面早期土台，北边被汉代墓葬 M8 与东周 H9 打破，东南角被 H15 打破。H15 为一近圆形坑，内埋设一夹砂红陶缸。从 M81、M98、M105、M108、M109 五座墓葬的东南角上都埋设有夹砂红陶缸的灰坑推断，这些灰坑应是在墓葬入埋后专跟墓葬配套的设施。长方形竖穴土坑墓，长 3.28、宽 1.52～1.62、深 0.57 米。根据填土情况，此墓可能有棺、椁两重葬具。椁为平顶直边的长方形，棺顶盖弧形，棺椁底面的板灰痕迹难以区分。根据平面板灰痕迹测得椁长 2.9、宽 1.07 米，棺长 2.68、宽 0.9 米。人骨已腐朽，仅存头骨和部分肋骨、肢骨，头向南。方向 164°。随葬品 35 件（组）。一件分体石犁放在椁顶之上，从它出土时依然保持组装的形态判断，该分体石犁是带着木质犁床入葬的。其余随葬品都在棺椁内，其中编号 1～7 的七件器物，包括玉梳背、野猪獠牙饰、鲨鱼牙齿各一件和四颗玉珠，出土位置比棺底高出约 20 厘米，从剖面看，可能是放在棺顶上的。玉梳背出土位置这么高，在良渚文化墓葬中还是首见。墓底的器物在南端头部见有尊、双鼻壶、玉锥形器、石钺和一些玉管、玉珠，石钺、石刀、石锛、玉镯等出于胸部到腿脚部，簋、圈足罐、双鼻壶、鼎、石镰、鲨鱼牙齿等出在北面脚端。（图一〇九 A；彩版二〇八，1、2；彩版二〇九）

M98:1，玉珠。叶蜡石，玉色青绿。圆柱形。直径 0.92、高 1.62 厘米。（图一〇九 B；彩版二一〇，1）

M98:2，玉珠。叶蜡石，玉色青绿。圆柱形。直径 0.8、高 1.4 厘米。（图一〇九 B）

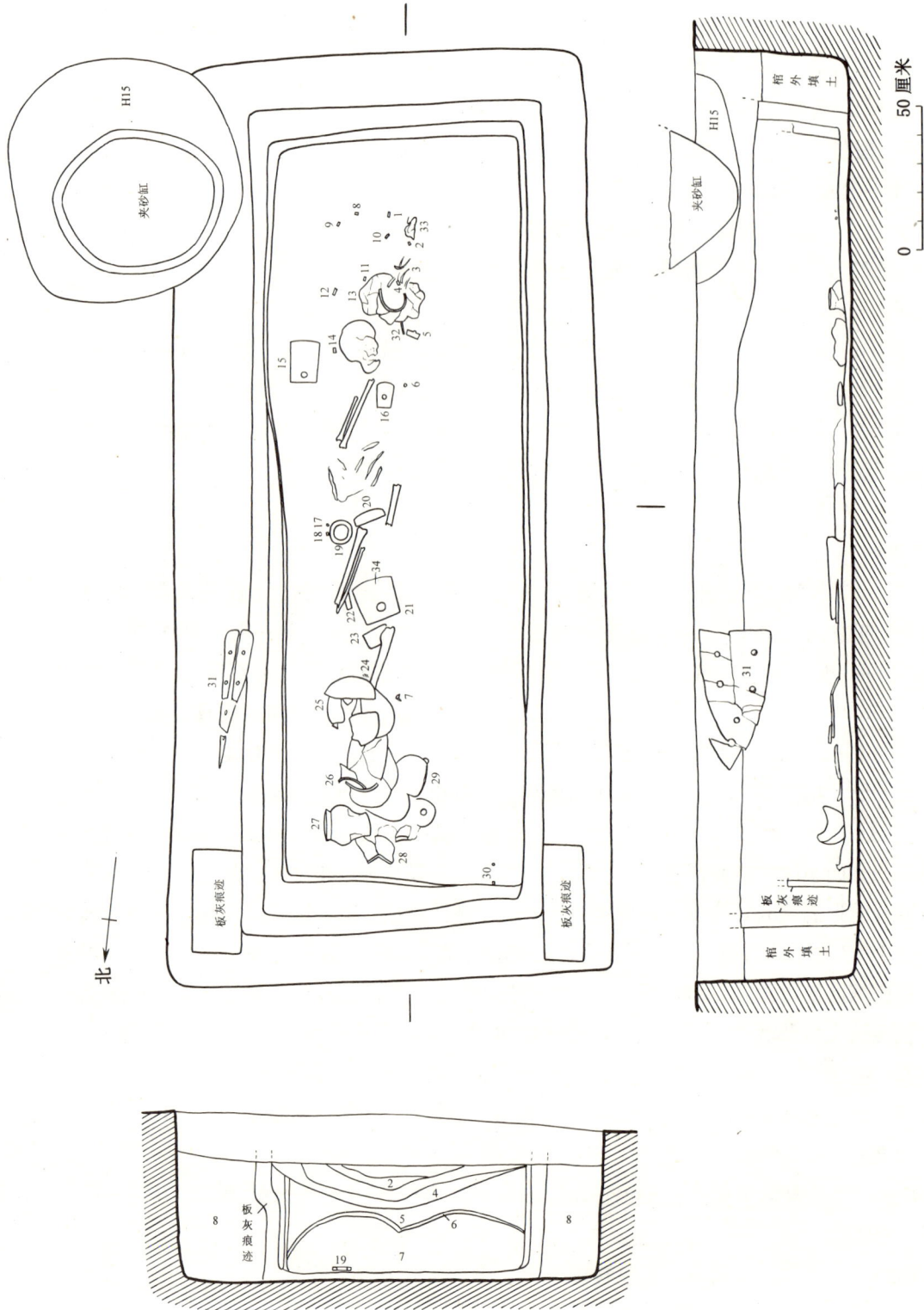

图一〇九 A M98 平剖面图

1、2、4、6、8～11、14、17、18、30、35. 玉珠 3. 野猪獠牙饰 5. 玉璇背 7、24. 鲨鱼唇齿 12. 玉管 13. 尊 15、16、21、34. 石钺 19. 玉镯 20. 石刀 22、23. 石铲 25. 盘 26. 圈足罐 27、33. 双鼻壶 28. 鼎 29. 石镰 31. 分体石犁 32. 玉锥形器

M98:3，野猪獠牙饰。已朽蚀。

M98:4，玉珠。叶蜡石，玉色青绿。圆柱形。直径 0.9、高 1.6 厘米。（图一〇九 B；彩版二一〇，2）

M98:5，玉梳背。叶蜡石，红褐色。已断裂。整器略呈上大下小的扁平倒梯形，两侧边略斜弧，顶端凹缺，中央琢出"弓"字形凹凸。底端有对称的两个对穿小孔。通高 2.15、上宽 5.8、下宽 5.2、厚 0.35 厘米。（图一〇九 B；彩版二一一，1）

M98:6，玉珠。透闪石软玉，玉色青白。扁平半球形，周边不规则，底面平，有一牛鼻形隧孔。直径 1.3 厘米。（图一〇九 B；彩版二一〇，3）

M98:7，鲨鱼唇齿。略呈扁平三角形，牙冠部尖锐，两侧有密集的锯齿，无加工与使用痕迹，牙根略朽。高 2、宽 2.3 厘米。（图一〇九 B；彩版二一一，3）

M98:8，玉珠。叶蜡石，玉色青灰。圆柱形。直径 1、高 1.45 厘米。（图一〇九 B；彩版二一〇，4）

M98:9，玉珠。叶蜡石，玉色青绿。圆柱形。直径 0.8、高 1.3 厘米。（图一〇九 B；彩版二一〇，5）

M98:10，玉珠。叶蜡石，玉色青绿。圆柱形。直径 0.82、高 1.4 厘米。（图一〇九 B；彩版二一〇，6）

M98:11，玉珠。叶蜡石，玉色青绿。圆柱形。直径 0.82、高 1.41 厘米。（图一〇九 B；彩版二一〇，7）

M98:12，玉管。叶蜡石，玉色浅青绿。圆柱形，双面钻孔。直径 1.3、高 2.75 厘米。（图一〇九 B；彩版二一〇，13）

M98:13，尊。泥质黄胎黑皮陶。侈口，方唇，斜领，溜肩，弧腹，矮圈足。口径 9.6、高 15.4 厘米。（图一〇九 B；彩版二一四，1）

M98:14，玉珠。叶蜡石，玉色青绿。形体较小。圆柱形。直径 0.9、高 1.5 厘米。（图一〇九 B；彩版二一〇，8）

M98:15，石钺。青色凝灰岩。扁平长方形，顶端近平直，保留糙面，未加抛光，两侧边略弧撇，刃部略宽，刃角明显。刃部圆弧，略开锋口，有一崩缺。上部穿孔双面管钻而成。器身一面穿孔两侧有明显的两条斜向绑柄朱红痕迹。通高 15.6、刃宽 11.2、孔径 2 厘米。（图一〇九 C；彩版二一二，1）

M98:16，石钺。熔结凝灰岩。器形规整厚重。扁平长方形，顶端平直，刃部最宽，无明显刃角，圆弧刃，未开锋。上部有一双面实心钻孔。通高 9.9、刃宽 6.6、孔径 1.6 厘米。（图一〇九 C；彩版二一二，2）

M98:17，玉珠。叶蜡石，玉色青绿。扁圆柱形。直径 0.6、高 0.45 厘米。（图一〇九 B；彩版二一〇，9）

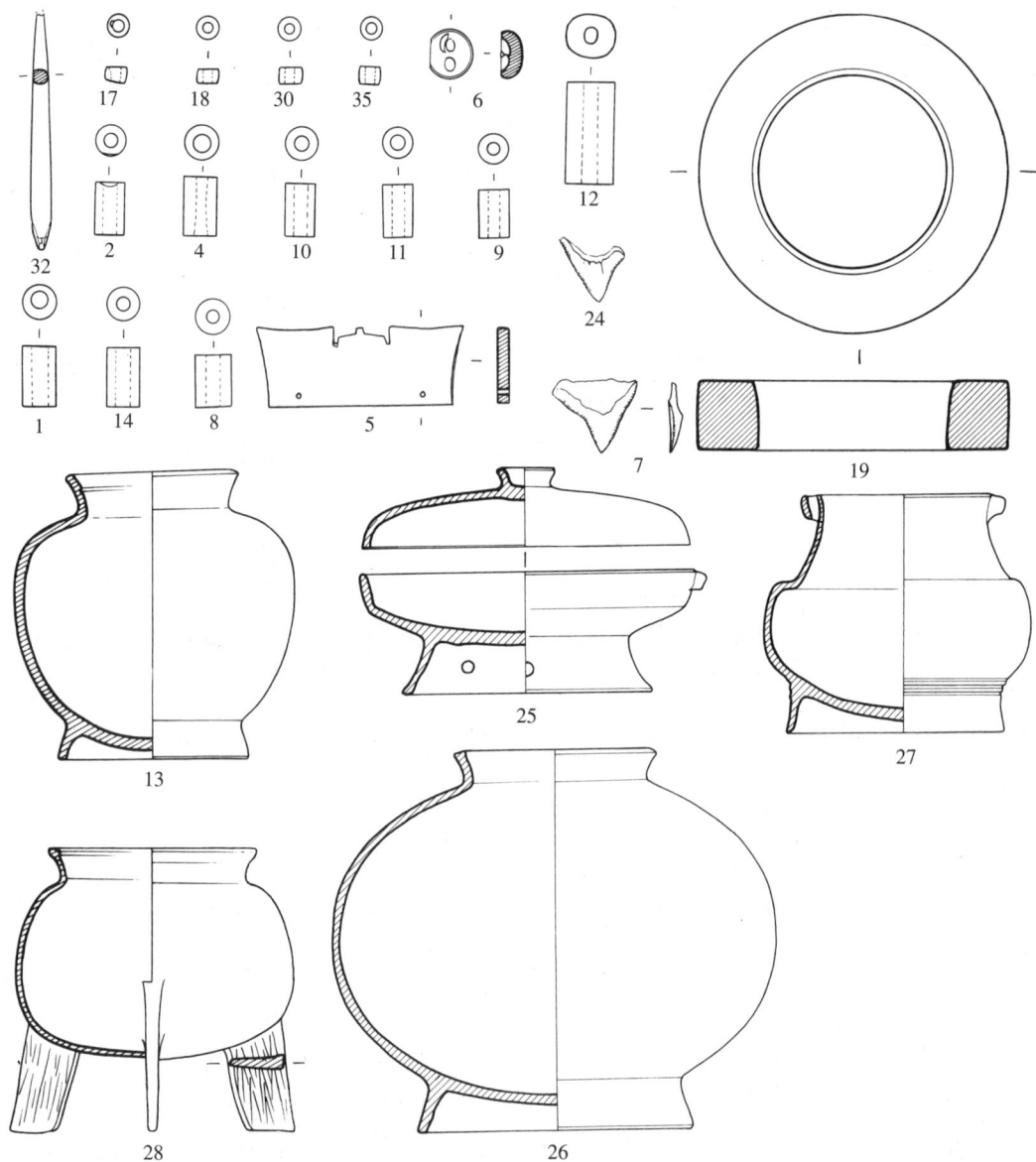

图一〇九 B　M98 出土器物（13、25～28 为 1/4，余为 1/2）

M98∶18，玉珠。叶蜡石，玉色青绿。扁圆柱形。直径 0.62、高 0.38 厘米。（图一〇九 B；彩版二一〇，10）

M98∶19，玉镯。淡绿色似玉美石。已断裂。厚圆环形，截面近方形，外缘周整，内外壁直。外径 8.5、内径 5.5、厚 1.9 厘米。（图一〇九 B；彩版二一一，2）

M98∶20，石刀。浅青灰色凝灰岩。整器平面略呈狭长方形，圆角双面弧刃，刃口

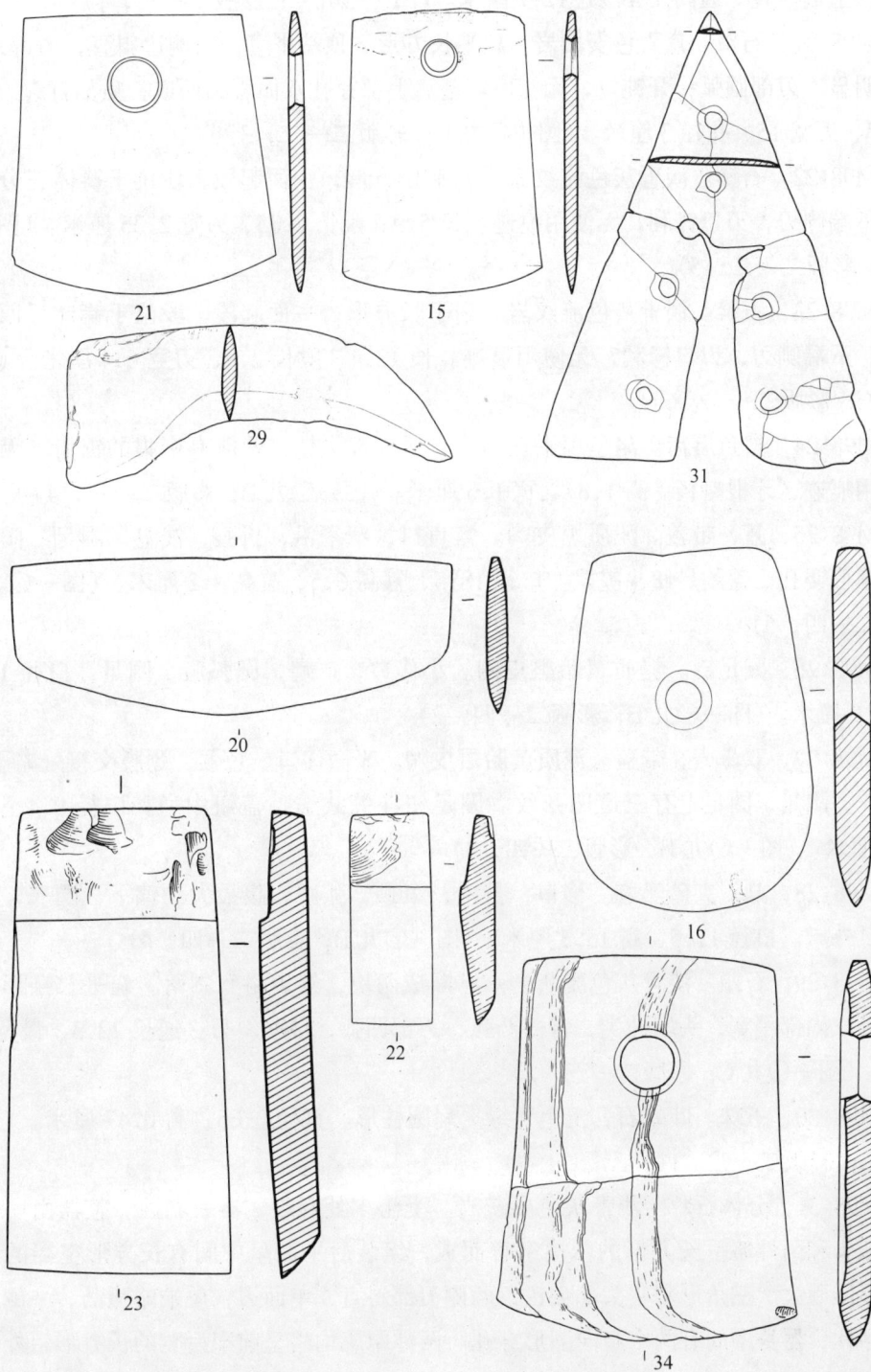

图一〇九 C M98 出土器物（15、21、29 为 1/4，31 为 1/8，余为 1/2）

锋利，上端平直。通高 4.4、宽 12.7 厘米。（图一〇九 C；彩版二一三，1）

M98：21，石钺。黛青色安山岩。扁平长方形，顶端平直，两侧边斜直，刃部最宽，刃角明显。刃部圆弧，开钝口，无使用痕迹。上部穿孔双面管钻而成，略加打磨。通高 15.85、刃宽 15、孔径 3 厘米。（图一〇九 C；彩版二一二，3）

M98：22，石锛。淡青灰色流纹岩。扁平长方形，一面起段，段位于锛体三分之一处，下端侧刃，刃口锋利，无使用痕迹。长 5.9、段长 2.05、刃宽 2.35 厘米。（图一〇九 C；彩版二一二，5）

M98：23，石锛。淡青灰色流纹岩。扁平长方形，一面起段，段位于锛体近四分之一处，下端侧刃，刃口锋利，无使用痕迹。长 12.4、段长 2.9、刃宽 6.4 厘米。（图一〇九 C；彩版二一二，6）

M98：24，鲨鱼唇齿。略呈扁平三角形，牙冠部尖锐，两侧有密集的锯齿，无加工与使用痕迹，牙根略朽。高 1.87、宽 1.6 厘米。（图一〇九 B；彩版二一一，4）

M98：25，簋，带盖。泥质黑皮陶。簋直口，窄平沿，折腹，浅盘，圈足。圈足饰三个圆形镂孔。盖圈足纽斗笠式。口径 18.5、簋高 6.5、盖高 4.2 厘米。（图一〇九 B；彩版二一四，5）

M98：26，圈足罐。泥质黄胎黑皮陶。小侈口，广肩，圆弧腹，圈足。口径 11.1、高 20.2 厘米。（图一〇九 B；彩版二一四，2）

M98：27，双鼻壶，带盖。泥质黄胎黑皮陶。壶微侈口，短颈，颈腹交接处略下凹，弧腹，宽圈足，圈足上有三道凹弦纹。圈足纽斗笠式盖，盖纽中通。口径 9.4、壶高 12.9 厘米。（图一〇九 B；彩版二一四，3）

M98：28，鼎。夹砂黑陶。侈口，折沿，束颈，弧腹，腹最大颈偏下，圜底，扁平鱼鳍足外撇。口径 11.5、高 15.3 厘米。（图一〇九 B；彩版二一四，4）

M98：29，石镰。淡青灰色凝灰岩。已断成两块，器表略有剥落。扁平长条形，形似弯月，内部稍宽，头端钝尖，背部凸弧，刃部凹弧，单面斜刃。通长 22.3、最宽 8.3 厘米。（图一〇九 C；彩版二一三，2）

M98：30，玉珠。叶蜡石，玉色青绿。扁圆柱形。直径 0.65、高 0.47 厘米。（图一〇九 B；彩版二一〇，11）

M98：31，分体石犁。浅青灰色凝灰岩。受沁多处断裂，器表剥蚀。整器由一件三角形犁头和两件略呈长方形的犁尾组合而成，组装后平面呈中间有长方形空挡的三角形，形体硕大。三角形犁头头部尖锐，两侧刃部斜直，单面刃，尾端略弧凸，一侧有半个残穿孔，器身中间有两个竖向圆形穿孔。两件犁尾均略呈前窄后宽的长方形，外侧为斜直的刃部，单面刃，内侧近平直，保留糙面，中间各有两个竖向圆形穿孔，其中一件犁尾前端也有半个残穿孔与犁头尾端的残穿孔合为一个完整的穿孔，边缘也完全相合，

说明这件分体石犁可能是由一件断裂后的整体石犁改制而成的。通长50.6、尾宽37.2厘米。（图一〇九C；彩版二一三，3）

M98:32，玉锥形器。透闪石软玉，玉色浅湖绿，局部泛白斑。截面圆形，尖首略残，尾端无明显榫部，两侧对磨薄，磨薄处对钻一横向小穿孔。残长6.3厘米。（图一〇九B；彩版二一〇，14）

M98:33，双鼻壶。残，形制不辨。

M98:34，石钺。青灰色流纹岩。扁平长方形，顶端平直，刃部圆弧，有明显刃角，双面管钻孔。通高10.6、刃宽8.5、孔径1.9厘米。（图一〇九C；彩版二一二，4）

M98:35，玉珠。叶蜡石，玉色青绿。圆柱形。直径0.6、高0.5厘米。（图一〇九B；彩版二一〇，12）

M99

位于T702东南部，开口于第1层下，北端被近现代扰坑打破，打破第8层。长方形竖穴土坑墓，墓坑残长2、宽0.86、深0.19米，填黄褐色土。未发现葬具和人骨。方向153°。随葬品9件，石"耘田器"、玉珠、玉锥形器出于墓坑中部，簋、双鼻壶、尊、鼎和玉珠、石锛出于北面脚端。（图一一〇；彩版二一五，1）

M99:1，石"耘田器"。青色凝灰岩。器形扁薄规整，形体较窄小。整器平面略呈左右对称的三角形，"V"字形刃，刃口锋利，无使用痕迹，两翼略弧翘，上端略凹弧，中间有角尖形凸起，其下有直径1.1～1.3厘米的双面钻圆孔。通高5、两翼宽8.8厘米。（图一一〇；彩版二一五，5）

M99:2，玉珠。叶蜡石，玉色红褐。形体较小。圆柱形。直径0.65、高1.05厘米。（图一一〇；彩版二一五，2）

M99:3，玉锥形器。透闪石软玉，玉色灰白。截面圆形，首钝尖，尾端无明显榫部，两侧对磨薄，磨薄处对钻一横向小穿孔，略残。残长4.8厘米。（图一一〇；彩版二一五，3）

M99:4，簋，带盖。泥质黄胎黑皮陶。簋子母口，口沿设对称双鼻，上腹斜直，往下弧收成圈足。圈足饰三周刻弦纹。盖圈足纽斗笠式。口径18、簋高7.9、盖高4.6厘米。（图一一〇；彩版二一六，1）

M99:5，双鼻壶，带盖。泥质灰陶。壶直口微侈，长颈，颈下端稍粗，弧腹，矮圈足。盖平，喇叭形纽。口径5.9、壶高13、盖高3厘米。（图一一〇；彩版二一六，2）

M99:6，尊。泥质黄胎黑皮陶。侈口，弧折肩，斜弧腹，圈足。口径8.8、高14厘米。（图一一〇；彩版二一六，3）

M99:7，鼎。夹砂红陶。足为外侧稍厚的鱼鳍足。（图一一〇）

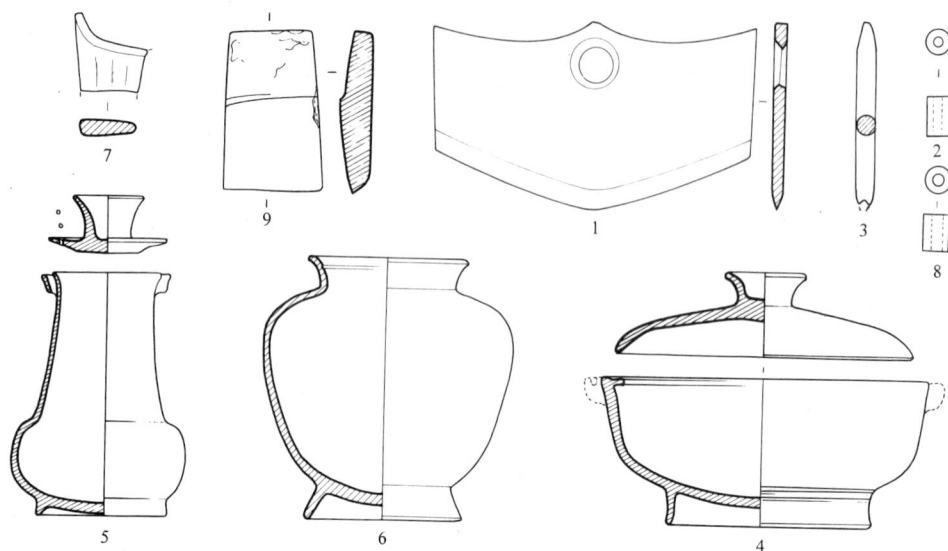

（4～7为1/4，余为1/2）

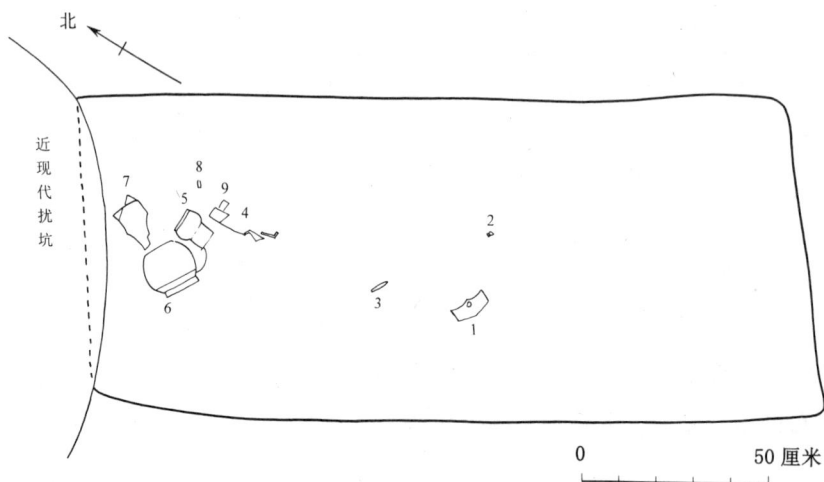

图一一〇　M99平面图及其出土器物

1.石"耘田器"　2、8.玉珠　3.玉锥形器　4.簋　5.双鼻壶　6.尊　7.鼎　9.石锛

M99：8，玉珠。叶蜡石，玉色红褐。形体较小。圆柱形。直径0.6、高1厘米。（图一一〇）

M99：9，石锛。淡青色流纹岩。扁平长方形，一面起段，作台阶状，段约位于锛体近二分之一处，下端侧刃，刃口锋利，无使用痕迹。长4.3、段长1.9、刃宽2.7厘米。（图一一〇；彩版二一五，4）

M100

位于 T405 东南角，开口于第 3 层下，被 M96 打破，打破第 5 层和 H26。长方形竖穴土坑墓，墓坑长 2.1、宽 0.78、深 0.13～0.15 米，填土红褐色夹有少量红烧土颗粒。未发现葬具，人骨保存差，仅发现少量骨渣。方向 168°。随葬品 5 件，纺轮、鼎、圈足罐、簋均出于北面脚端。（图一一一；彩版二一七，1）

M100:1，纺轮。泥质黑褐陶。扁平圆形，截面略呈扁鼓形，中央有一小圆穿孔。小的一面上有一周近封闭的圆形旋纹。直径 3.5、厚 1.1 厘米。（图一一一；彩版二一七，4）

M100:2，鼎。夹砂红陶。器形小。敞口，束颈，弧腹，腹部一侧有錾，浅圈底，

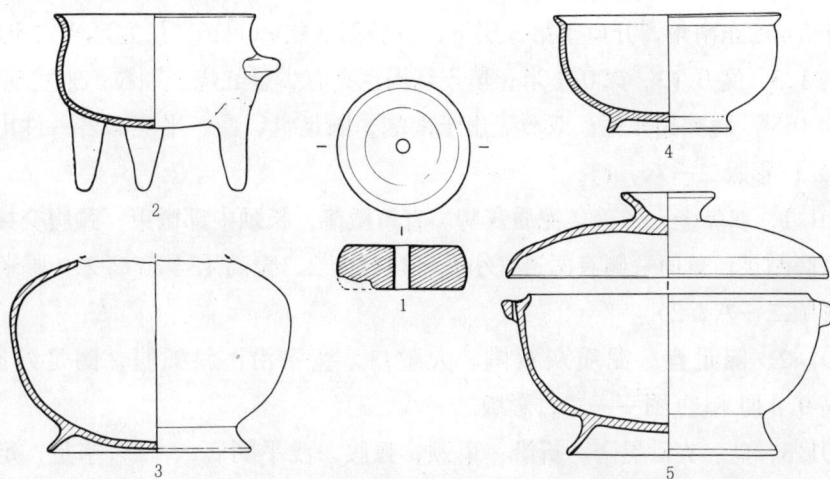

（1 为 1/2，余为 1/4）

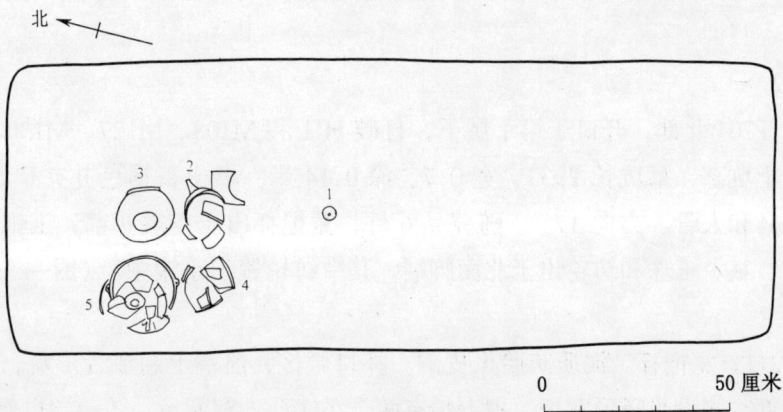

图一一一　M100 平面图及其出土器物

1.纺轮　2.鼎　3.圈足罐　4、5.簋

圆锥足。口径 11、高 9.2 厘米。（图一一一；彩版二一七，2）

M100:3，圈足罐。泥质灰陶。口残，鼓肩，弧腹，圈足。残高 10.3 厘米。（图一一一；彩版二一七，3）

M100:4，簋。泥质灰陶。敞口，微束颈，弧腹，圈足。口径 12.3、高 6.3 厘米。（图一一一；彩版二一七，5）

M100:5，簋，带盖。泥质灰陶。簋子母口，子口敛，口沿设对称双鼻，斜弧腹，圈足外撇。盖圈足纽斗笠式。口径 15.4、簋高 8.6、盖高 4.4 厘米。（图一一一；彩版二一七，6）

M101

位于 T405 东南角，开口于第 3 层下，打破第 5 层和 H26。长方形竖穴土坑墓，墓坑残长约 1.3、宽 0.73、深 0.1 米，填土红褐色夹有少量红烧土颗粒。未发现葬具和人骨。方向 165°。随葬品 4 件，双鼻壶出于南端，圈足盘、鼎、平底罐各一件出于北端。（图一一二；彩版二一八，1）

M101:1，双鼻壶，带盖。泥质灰陶。直口微侈，长颈中部微束，颈腹交接处略凹，扁鼓腹，高圈足。盖面一侧有两透气小孔。口径 7.2、壶高 13、盖高 2.9 厘米。（图一一二；彩版二一八，2）

M101:2，圈足盘。泥质灰黄陶。大敞口，宽平沿，斜弧腹，圈足外撇。口径 27.7、高 9.3 厘米。（图一一二；彩版二一八，3）

M101:3，鼎。夹砂黑陶。折沿，束颈，弧腹，浅平圜底，"T"字足，足面下凹。口径 17.4、高 15 厘米。（图一一二；彩版二一八，4）

M101:4，平底罐。泥质灰陶。口沿已残。残高 8、底径 6.8 厘米。（图一一二）

M102

位于 T701 北部，开口于第 1 层下，打破 HJ1 和 M103、M127、M130、M131。长方形竖穴土坑墓，墓坑长 2.37、宽 0.7、深 0.14 米，填土黄褐色并夹杂红烧土颗粒。未发现葬具和人骨。方向 175°。随葬品 6 件，宽把杯出于南端头前，玉锥形器出于胸部，小罐、簋、玉珠和纺轮出于北面脚端，其中纺轮置于小罐中。（图一一三；彩版二一九，1）

M102:1，宽把杯。泥质灰胎黑皮陶。杯口微侈，前端上翘成舌形流，筒形腹下部略宽，腹部一侧设半环形宽把，把上端有两个小镂孔，宽圈足。盖一端也作舌形上翘与流相合，另一侧有两个小穿孔。杯高 14.9 厘米。（图一一三；彩版二一九，4）

M102:2，玉锥形器。透闪石软玉，玉色黄白。受沁断裂，器表有剥落。截面近圆

（均为1/4）

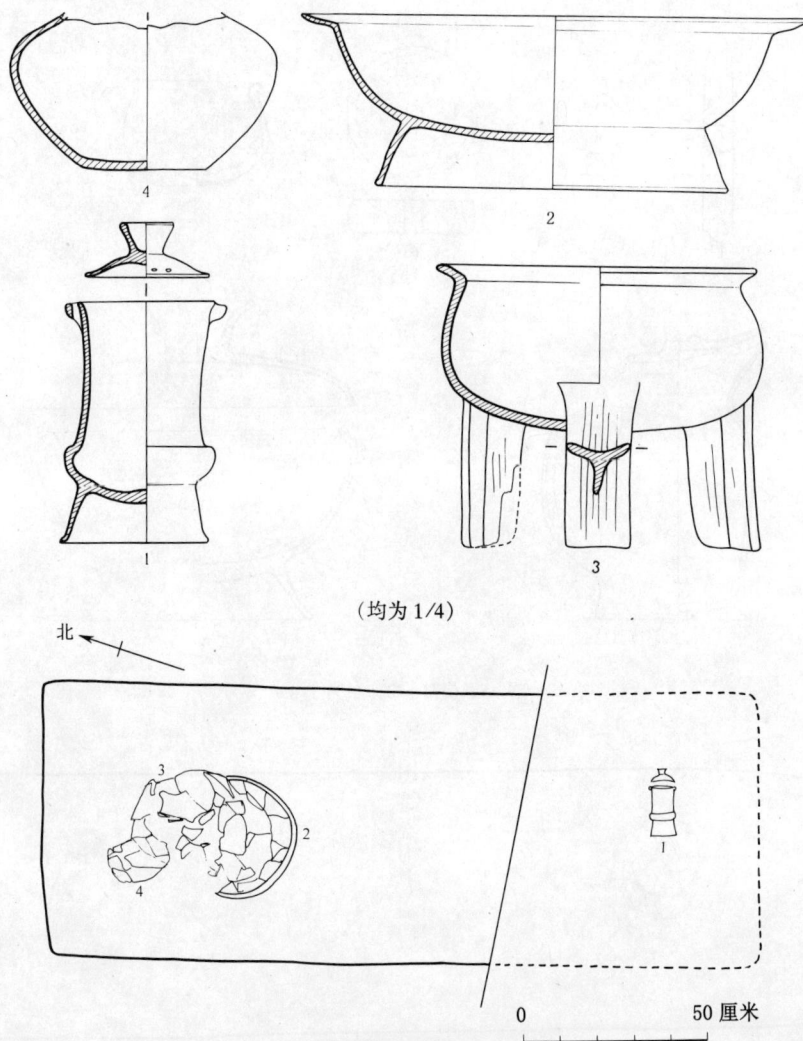

图一一二　M101平面图及其出土器物
1.双鼻壶　2.圈足盘　3.鼎　4.平底罐

形，首尖，尾端有短小的榫，榫上有一对钻的横向小穿孔。长6.05厘米。（图一一三；彩版二一九，2）

M102:3，小罐。泥质灰陶。短侈口，圆弧腹略鼓，小平底。器内壁、底可见多周轮制痕迹。口径7.1、高5.6厘米。（图一一三；彩版二一九，5）

M102:4，簋，带盖。泥质灰胎黑陶。簋子母口，子口内敛，斜弧腹，大圈足外撇。盖圈足纽。口径15.8、簋高10.2、盖高5.8厘米。（图一一三；彩版二一九，6）

M102:5，玉珠。叶蜡石，玉色红褐。形体较小。扁圆柱形。直径0.75、高0.6厘米。（图一一三）

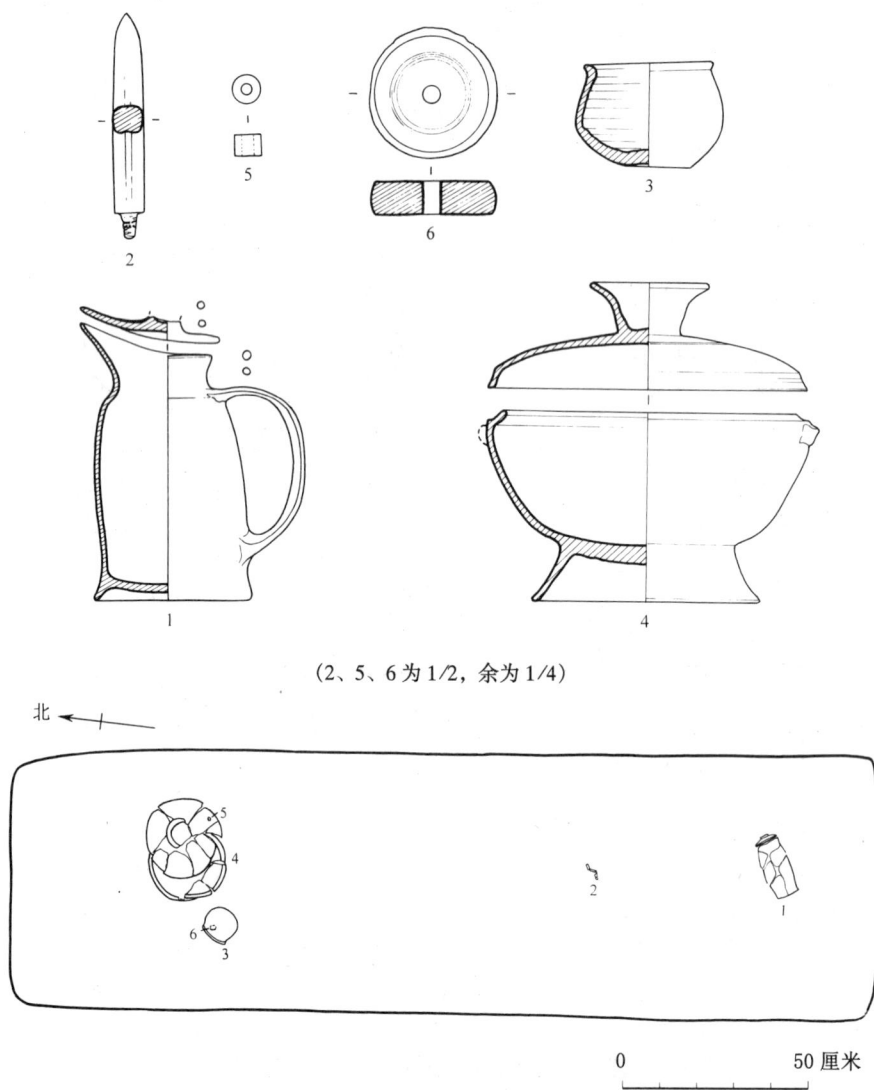

（2、5、6为1/2，余为1/4）

图一一三　M102平面图及其出土器物

1.宽把杯　2.玉锥形器　3.小罐　4.簋　5.玉珠　6.纺轮(在3内)

M102:6，纺轮。泥质黑褐陶。扁平圆形，上下面略等径，截面略呈扁鼓形，中央有一小圆穿孔。一面有四周同心圆旋纹。直径3.5、厚0.9厘米。（图一一三；彩版二一九，3）

M103

位于 T701 北部，开口于第 1 层下，西北角被 M102 打破，打破 HJ1 和 M122、

M124。长方形竖穴土坑墓，墓坑长 1.92、宽 0.62、深 0.14 米，填土黄褐色夹红烧土颗粒。未发现葬具和人骨。方向 175°。随葬品 3 件，宽把杯、罐出于南面头前，玉坠出于胸部，脚端未见随葬品。（图一一四；彩版二二〇，1）

图一一四　M103 平面图及其出土器物
1. 罐　2. 宽把杯　3. 玉坠

（2 为 1/4，3 为 1/2）

M103:1，罐。泥质灰陶。残，形制不辨。

M103:2，宽把杯。泥质红陶。短直口，前端上翘成宽阔箕形流，弧腹短矮，腹部一侧安置极扁宽把，内平底，宽圈足，腹部饰弧凸纹三周，把部两侧饰竖向刻划组合纹，上部有两穿系小孔。盖前端也上翘为箕形，后端也有两穿系小孔。杯高 8.9、把宽 8.8 厘米。（图一一四；彩版二二〇，3）

M103:3，玉坠。透闪石软玉，玉色黄白。表皮略有沁蚀。类锥形器，形体略短。较宽扁，截面近椭圆形，首钝尖，尾端靠近小榫处两面各有一道对应的横向切割凹道，可能与榫的制作有关，榫上有一横向穿孔。长 3.25 厘米。（图一一四；彩版二二〇，2）

M104

位于 T602 西北部，开口于第 8 层下，打破第 11B 层。长方形竖穴土坑墓，长 1.92、宽 0.83、深 0.15 米，填土黄色。没有发现葬具痕迹，人骨保存较好，仰身直肢，难辨性别。方向 165°。随葬品 7 件，石钺、玉坠、鼎各一件出于胯下，双鼻壶、圈足盘、簋和石镰各一件出于小腿部。（图一一五；彩版二二一）

M104:1，石钺。青色板岩。磨制精细。扁平长方形，顶端平直，两角裁割成一对窄肩，略加磨制，留有不少的琢制痕迹，两侧边斜直，刃部略宽，刃角明显。刃部微弧，刃口锋利，有明显的使用崩缺痕迹。上部有一双面管钻的钻孔。通高 17.3、刃宽

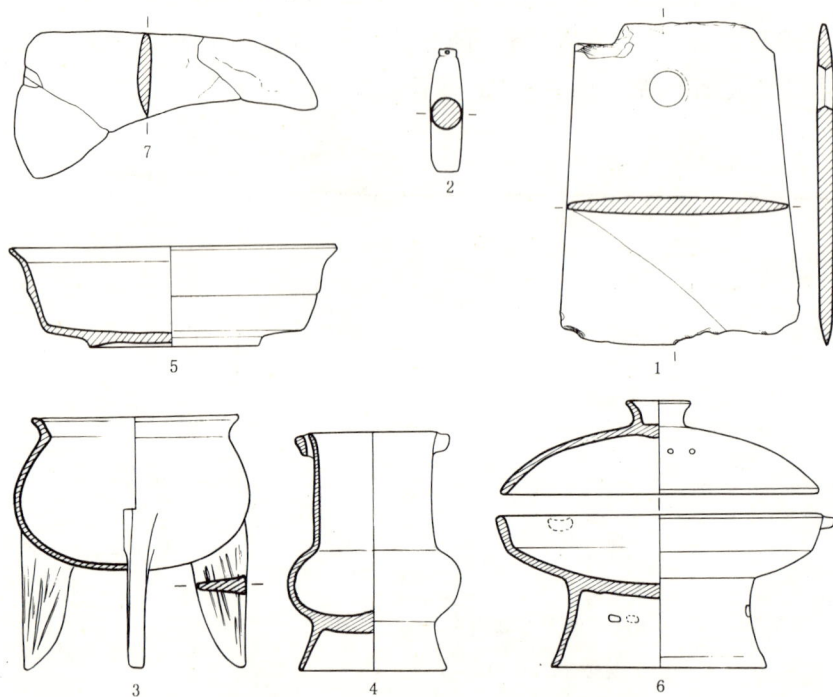

（2为1/2，余为1/4）

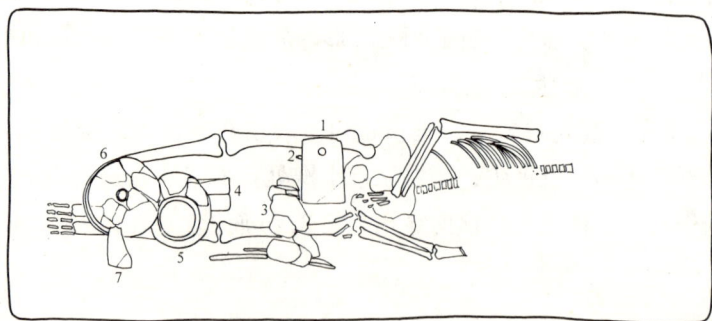

0　　　　　　　　　50 厘米

图一一五　M104 平面图及其出土器物

1.石钺　2.玉坠　3.鼎　4.双鼻壶　5.圈足盘　6.簋　7.石镰

13、孔径 2.3 厘米。（图一一五；彩版二二二，1）

M104:2，玉坠。红褐色叶蜡石。形体短粗。截面近圆形，前端磨平，尾端有小榫，榫上有一横向穿孔。长 3.3 厘米。（图一一五；彩版二二二，2）

M104:3，鼎。夹砂红陶。侈口，折沿，内沿明显起脊棱，束颈，弧腹，圜底，鱼鳍足外侧稍厚。口径11.6、高13.6厘米。（图一一五；彩版二二二，4）

M104:4，双鼻壶。泥质灰胎黑皮陶。侈口，长颈，扁腹，圈足稍高。口径7、高12.8厘米。（图一一五；彩版二二二，6）

M104:5，圈足盘。泥质灰陶。敞口，斜沿，上腹斜直，至下腹折收成内平底，假圈足平底内凹。腹部饰一周凸棱。口径18.2、高5.4厘米。（图一一五）

M104:6，簋，带盖。泥质灰黄胎黑皮陶。簋敞口，窄平沿，外沿部设三个竖穿小鼻，折腹，高圈足，圈足上饰三个横向长方形镂孔。盖圈足纽斗笠式。口径17.8、簋高8.3、盖高5厘米。（图一一五；彩版二二二，5）

M104:7，石镰。淡青灰色凝灰岩。因受沁、受挤压而断裂剥落。扁平长条形，内部较宽，头端钝尖，镰背凸弧，刃部凹弧，单面斜刃。通长17、最宽处7.9厘米。（图一一五；彩版二二二，3）

M105

位于T508中部偏东，开口于第6层下，打破东面早期土台，东北角被M35叠压，东南角被H16打破，H16埋设有夹砂红陶缸，应是在墓葬埋设后专为跟墓葬配套而挖埋的遗迹。长方形竖穴土坑墓，南端近底部有一生土二层台。墓坑长2.91、宽1.27~1.34、深0.37米。根据填土情况，此墓使用的葬具为两侧较直的长方形棺，棺长2.52、宽1.08米，体量较大。（图一一六A；彩版二二三，1、2）人骨大多保存，但较零乱，头骨、肋骨、肢骨都有离位、错位现象，性别不明。方向165°。随葬品15件（组），南端头前出有陶盆一件，盆内出有玉锥形器、五枚野猪獠牙饰和玉管，头骨下也发现一枚野猪獠牙饰。根据嘉兴凤桥高墩遗址M3中野猪獠牙的出土情况，组串的野猪獠牙很可能是头部束发的饰物，它与玉锥形器等头部饰物出土在陶盆内，说明敛葬时陶盆可能垫在头下。石钺、玉串饰、玉管和玉镯出在胸腹部，其中玉镯出土时套在左侧手腕骨上，但腕骨已离位。簋、圈足罐和鼎各一件出于北面脚端。（图一一六A；彩版二二四，1~3）

M105:1，玉管。叶蜡石，玉色红褐。圆柱形，双面钻孔。直径0.95、高2.2厘米。（图一一六B；彩版二二五，1）

M105:2，玉锥形器。透闪石软玉，玉色浅绿，半透明。形体短小规整。截面圆形，首尖锐，尾端无明显榫部，两侧对磨薄，磨薄处对钻一横向小穿孔。长3.45厘米。（图一一六B；彩版二二五，6）

M105:3，野猪獠牙饰。保存较完整的5枚，大小略不同，其中大的一枚尾部割出凹槽，凹槽中间有圆形穿孔供穿系。最长一枚10厘米。（图一一六B；彩版二二六，3）

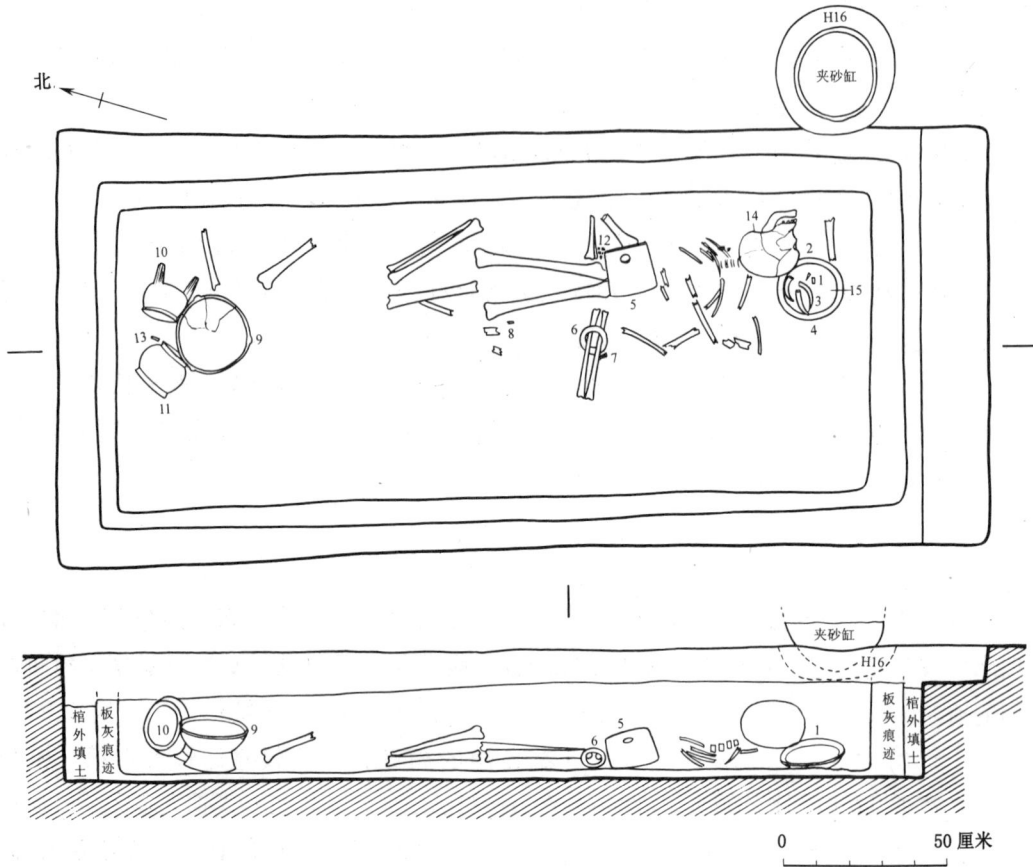

图一一六 A　M105 平剖面图

1、7、13、14. 玉管　2. 玉锥形器　3. 野猪獠牙饰　4. 盆　5. 石钺　6. 玉镯　9. 簋　10. 鼎　11. 圈足罐
12. 玉串饰　8、15. 玉珠

　　M105:4，盆。泥质红陶。敞口，宽折沿，稍鼓肩，斜腹，平底略内凹。口径 20、高 5.15 厘米。（图一一六 B；彩版二二七，1）

　　M105:5，石钺。淡青绿色含筋斑角砾凝灰岩。扁平长方形，顶端略弧，两侧边斜直，刃角明显，两刃角间最宽。刃部近直，双面刃未开锋，无使用痕迹。上部有一单面管钻而成的钻孔，钻孔略倾斜。通高 16.85、刃宽 16.6、孔径 3.2 厘米。（图一一六 B；彩版二二六，2）

　　M105:6，玉镯。透闪石软玉，青绿色，有红褐色斑块。扁平圆环形，一侧薄，一侧略厚，外缘周整，边壁与孔壁直而光滑，一端面上有圆弧形切割凹痕。外径 9.2、内

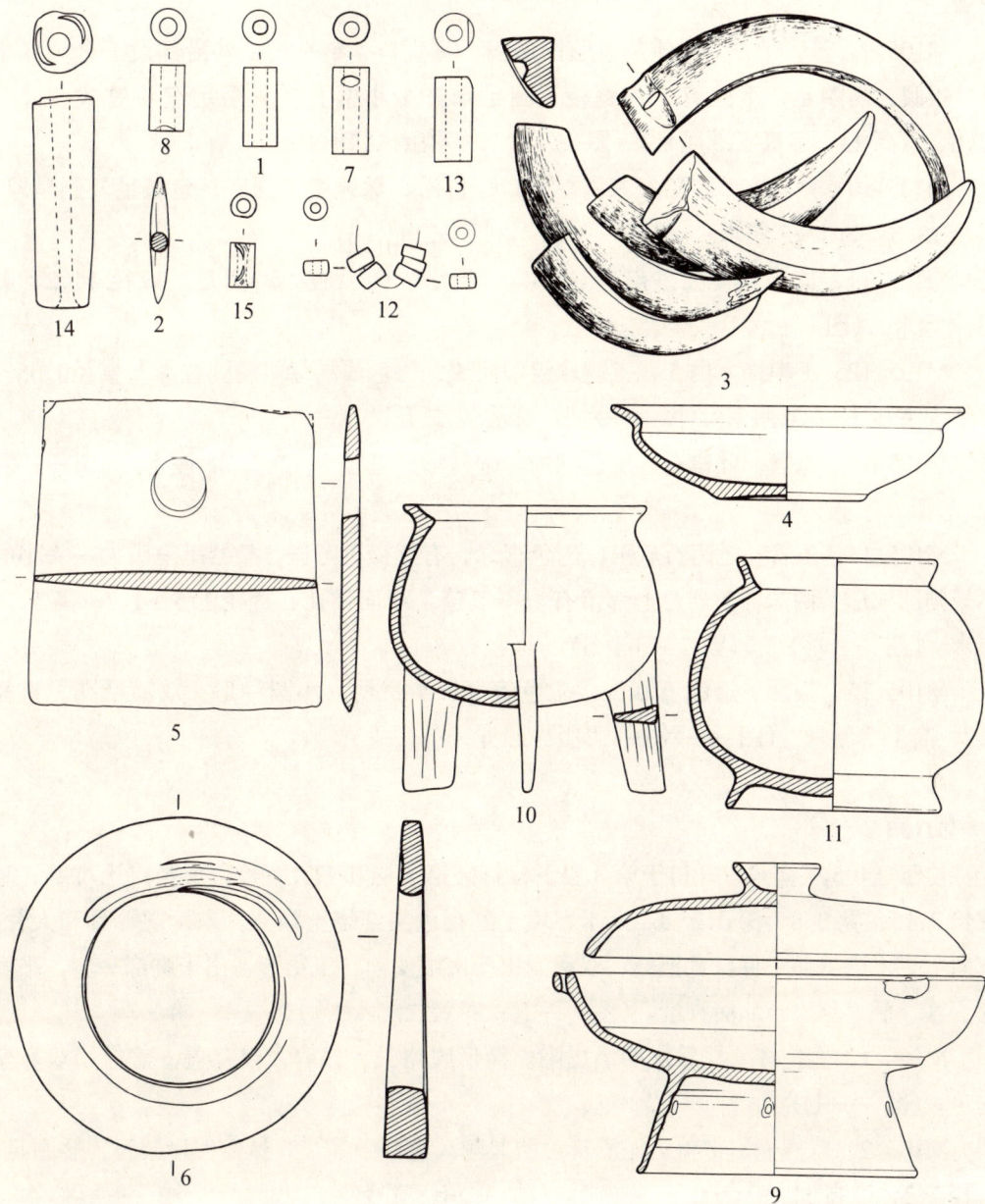

图一一六 B　M105 出土器物（4、5、9~11 为 1/4，余为 1/2）

径 5.3、厚 0.5~1.2 厘米。（图一一六 B；彩版二二六，1）

M105:7，玉管。叶蜡石，玉色红褐。圆柱形。直径 1、高 2.4 厘米。（图一一六 B；彩版二二五，2）

M105:8，玉珠。叶蜡石，玉色红褐。圆柱形。直径 1、高 1.8 厘米。（图一一六 B；

彩版二二五，3)

M105:9，簋，带盖。泥质灰黄胎黑皮陶。簋直口，窄平沿，外沿部设三个竖穿小鼻，折腹，高圈足，下腹有一周宽棱，圈足饰三个小镂孔。盖圈足纽斗笠式。口径23.8、簋高11、盖高5.3厘米。(图一一六 B；彩版二二七，2)

M105:10，鼎。夹砂红胎红衣陶。侈口，折沿，深弧腹，圜底，鱼鳍足外侧稍厚。口径13.6、高15.8厘米。(图一一六 B；彩版二二七，3)

M105:11，圈足罐。夹砂红陶。侈口，折沿，圆弧腹，矮圈足。口径11.2、高13.8厘米。(图一一六 B；彩版二二七，4)

M105:12，玉串饰。由5颗玉髓珠成串而成，玉色浅湖绿。扁圆柱形。直径0.65～0.75、高0.3～0.4厘米。(图一一六 B；彩版二二五，7)

M105:13，玉管。叶蜡石，玉色红褐。圆柱形。直径1、高2.35厘米。(图一一六 B；彩版二二五，4)

M105:14，玉管。透闪石软玉，玉色青绿，有红褐色沁斑。整器呈一头大一头小的不规则圆柱形，两端面与器身上都留有切割痕迹，双面钻孔。直径1.5～1.7、高5.75厘米。(图一一六 B；彩版二二五，5)

M105:15，玉珠。透闪石软玉，玉色青绿，半透明。小圆柱形，双面钻孔。直径0.7、高1.2厘米。(图一一六 B；彩版二二五，8)

M106

位于T405东南角，开口于第3层下，打破第5层和H21。长方形竖穴土坑墓，墓坑长2.15、宽0.8、深0.2～0.29米，填土红褐色夹红烧土颗粒。未发现葬具和人骨。方向162°。随葬品7件，宽把杯、双鼻壶出于南端头前，玉锥形器出于胸部一侧，平底罐、簋、鼎、豆出于北面脚端。(图一一七；彩版二二八，1)

M106:1，宽把杯。泥质灰胎黑皮陶。筒形腹略鼓，残碎，仅存盖，盖借用双鼻壶的盖。(图一一七)

M106:2，双鼻壶，带盖。泥质灰黄胎黑陶。直口微侈，双鼻残，扁鼓腹，矮圈足。口径7.2、壶高11.3、盖高1.3厘米。(图一一七；彩版二二八，3)

M106:3，玉锥形器。透闪石软玉，玉色青绿。截面圆形，首尖锐，尾端有小榫，榫上有一对钻的横向小穿孔。长6.85厘米。(图一一七；彩版二二八，2)

M106:4，平底罐。泥质红陶。侈口，窄平沿，束颈，弧腹，平底。口径12.4、底径10.4、高16.6厘米。(图一一七；彩版二二八，4)

M106:5，簋，带盖。泥质灰陶。簋子母口，口沿设三鼻，弧腹，圈足外撇。圈足纽斗笠式盖。口径17.2、簋高10、盖高5.6厘米。(图一一七；彩版二二八，5)

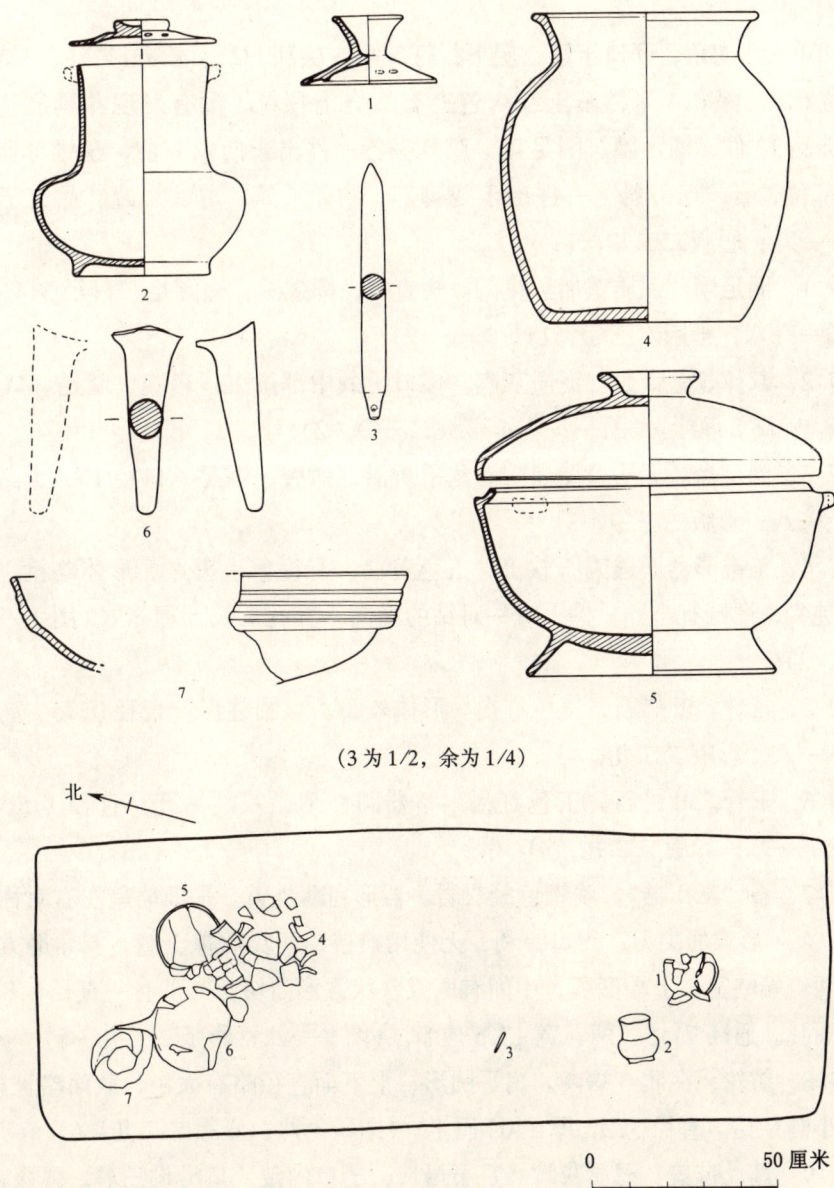

（3为1/2，余为1/4）

图一一七　M106平面图及其出土器物

1.宽把杯　2.双鼻壶　3.玉锥形器　4.平底罐　5.簋　6.鼎　7.豆

　　M106：6，鼎。夹砂红胎黑衣陶。残损，仅存圆锥足。（图一一七）

　　M106：7，豆。泥质红陶。敞口，斜壁，折腹。外腹部有四组凸弦纹。把残。口径21.8、残高5.8厘米。（图一一七）

M107

位于 T406 西南角，开口于第 3 层下，打破第 5 层和 H21。长方形竖穴土坑墓，墓坑长 2、宽 0.7、深 0.4 米，填土红褐色夹有红烧土颗粒。没有发现葬具痕迹。方向 171°。随葬品 13 件，圈足罐、圈足盘、双鼻壶各一件出于南端头前，玉锥形器、玉珠出于胸腹部位，石"耘田器"一件出于腿脚部，纺轮、簋、尊、小罐、鼎出于北面脚端。（图一一八；彩版二二九，1）

M107:1，圈足罐。泥质黄胎黑皮陶。短直口，圆鼓腹，矮圈足。口径 5.4、高 9.3 厘米。（图一一八；彩版二三〇，1）

M107:2，双鼻壶，带盖。泥质灰陶。侈口，颈中部微束，扁腹，圈足。口径 7.3、壶高 11.6、盖高 3 厘米。（图一一八；彩版二三〇，2）

M107:3，圈足盘。泥质黄胎黑陶。宽平折沿，弧腹，圈足。口径 15.4、高 4.9 厘米。（图一一八；彩版二三〇，3）

M107:4，玉锥形器。透闪石软玉，玉色黄白，有褐色小斑点。形体略粗。截面近圆形，首钝尖，尾端有小榫，榫上有一对钻的横向小穿孔。长 5 厘米。（图一一八；彩版二二九，2）

M107:5，玉珠。叶蜡石，玉色红褐。形体较小。扁圆柱形。直径 0.75、高 0.5 厘米。（图一一八；彩版二二九，4）

M107:6，玉管。叶蜡石，玉色红褐。整器圆柱形，双面钻孔。直径 1.5、高 2.4 厘米。（图一一八；彩版二二九，3）

M107:7，石"耘田器"。浅青色凝灰岩。器形扁薄规整。平面略呈左右对称的三角形，方角"V"形双面尖刃，刃口锋利，无使用痕迹，两翼后掠上翘，翼角磨方，一翼角略残，两侧端略宽，上端凹弧，中间有两级台状方形凸块，其下有一直径 1.8 厘米的单面管钻圆孔。通高 7.15、两翼宽 13.5 厘米。（图一一八；彩版二二九，5）

M107:8，纺轮。泥质红褐陶。扁平圆形，上下面直径略有大小，截面略呈扁鼓形，中央有一小圆穿孔。直径 3.2、厚 1.05 厘米。（图一一八；彩版二二九，6）

M107:9，簋，带盖。泥质灰陶。簋子母口，子口内敛，口沿设三鼻，弧腹，圈足。盖圈足纽斗笠式。口径 17.2、簋高 8.4、盖高 5.25 厘米。（图一一八；彩版二三〇，4）

M107:10，尊。泥质灰胎黑衣陶。残碎，形制不辨。

M107:11，小罐。泥质灰陶。残碎，形制不辨。

M107:12，鼎。夹砂红陶。折沿，束颈，弧腹，圜底近平，"T"字足，足面下凹。口径 15.5、高 13.5 厘米。（图一一八；彩版二三〇，5）

M107:13，簋。泥质灰陶，敞口，折沿，微束颈，斜弧腹略深，矮圈足外撇。口径 13.7、高 7.4 厘米。（图一一八；彩版二三〇，6）

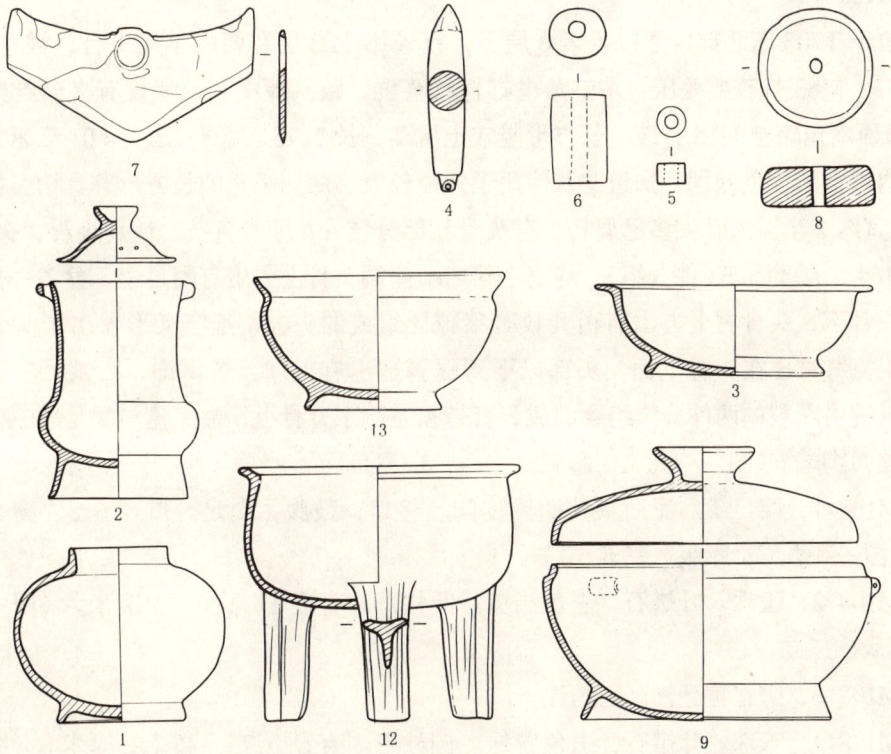

（4～6、8为1/2，余为1/4）

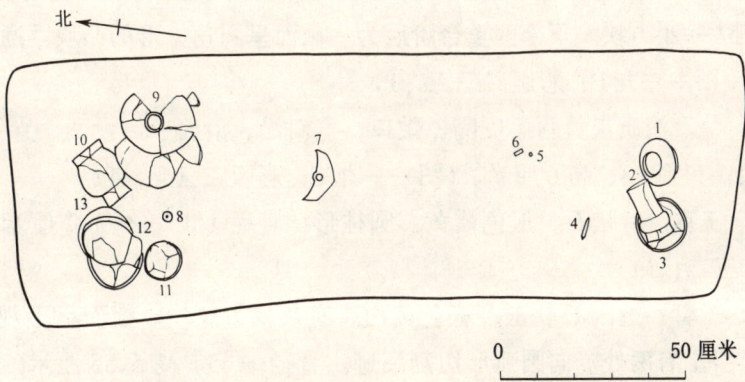

（图版图像）

图一一八　M107平面图及其出土器物

1. 圈足罐　2. 双鼻壶　3. 圈足盘　4. 玉锥形器　5. 玉珠　6. 玉管　7. 石"耘田器"　8. 纺轮　9、13. 簋
10. 尊　11. 小罐　12. 鼎

M108

位于 T703 东北部，开口于第 8 层下，打破第 11B 层和西面早期土台，被东周 H9
和 M73、M83 打破或叠压，东南角也有打破墓坑、跟墓葬配套、埋设有夹砂红陶缸的
H17，西南角略被 H15 打破。长方形竖穴土坑墓，长 2.75、宽 1.22、深 0.42 米。根据
墓坑内填土的土色差别，知道此墓使用了体量较大、两侧竖直的长方形葬具棺，棺长约
2.6、宽约 1 米。人骨大多已腐朽，存头骨和部分肢骨，仰身直肢，性别难辨，头向南。
方向 164°。随葬品 33 件（组），均出在棺内。南端头骨上方出有圈足罐、盆各一件，盆
压在头骨下，头骨右上方出有由几枚野猪獠牙组成的头饰，玉三叉形器出于头骨右上
方，玉梳背被压在头骨下面，头部以下到腿脚部出有玉珠、玉串饰、石钺、玉镯等器
物，玉镯由断裂的两件分体组合而成，套带在右侧手臂骨上，鼎、簋与圈足罐三件陶器
出于北面脚端。（图一一九 A；彩版二三一，1~3）

M108:1，圈足罐。泥质灰黄胎黑皮陶。侈口，鼓腹，圈足。口径 6.8、高 8.8 厘
米。（图一一九 C；彩版二三五，1）

M108:2，玉珠。叶蜡石，玉色蜡黄。圆柱形。直径 1、高 1.25 厘米。（图一一九
B；彩版二三二，1）

M108:3，野猪獠牙饰。已朽蚀。

M108:4，玉珠。叶蜡石，玉色青绿。圆柱形。直径 0.75、高 1.2 厘米。（图一一
九 B；彩版二三二，2）

M108:5，玉三叉形器。叶蜡石，黄褐色。上部有三叉，截面均为扁方形，中间一
叉稍短，有一上下贯通的穿孔；两侧叉略向上斜出，顶端面上向下琢孔约 1.3 厘米深，
然后外角裁割去一小方块。下部两重台阶后为一截面呈圆角方形的凸块。通高 4.1、最
宽 4.5 厘米。（图一一九 B；彩版二三三，1）

M108:6，盆。泥质灰黄胎黑皮陶。敞口，宽斜沿，沿面一侧设两个穿系小孔，浅
弧腹，矮圈足。口径 23、高 6 厘米。（图一一九 C；彩版二三五，4）

M108:7，玉珠。叶蜡石，玉色蜡黄。圆柱形。直径 1.15、高 1.7 厘米。（图一一
九 B；彩版二三二，3）

M108:8，玉管。透闪石软玉，玉色黄白，有灰褐色斑块。截面呈不规则三角形，
双面钻孔。器身上有两处竖向圆弧形切割痕迹。直径 1.65、高 5.55 厘米。（图一一九
B；彩版二三三，2）

M108:9，玉珠。叶蜡石，玉色蜡黄。鼓腰。直径 0.6、高 0.75 厘米。（图一一九
B；彩版二三二，4）

M108:10，玉珠。叶蜡石，玉色蜡黄。鼓腰。直径 0.6、高 0.7 厘米。（图一一九
B；彩版二三二，5）

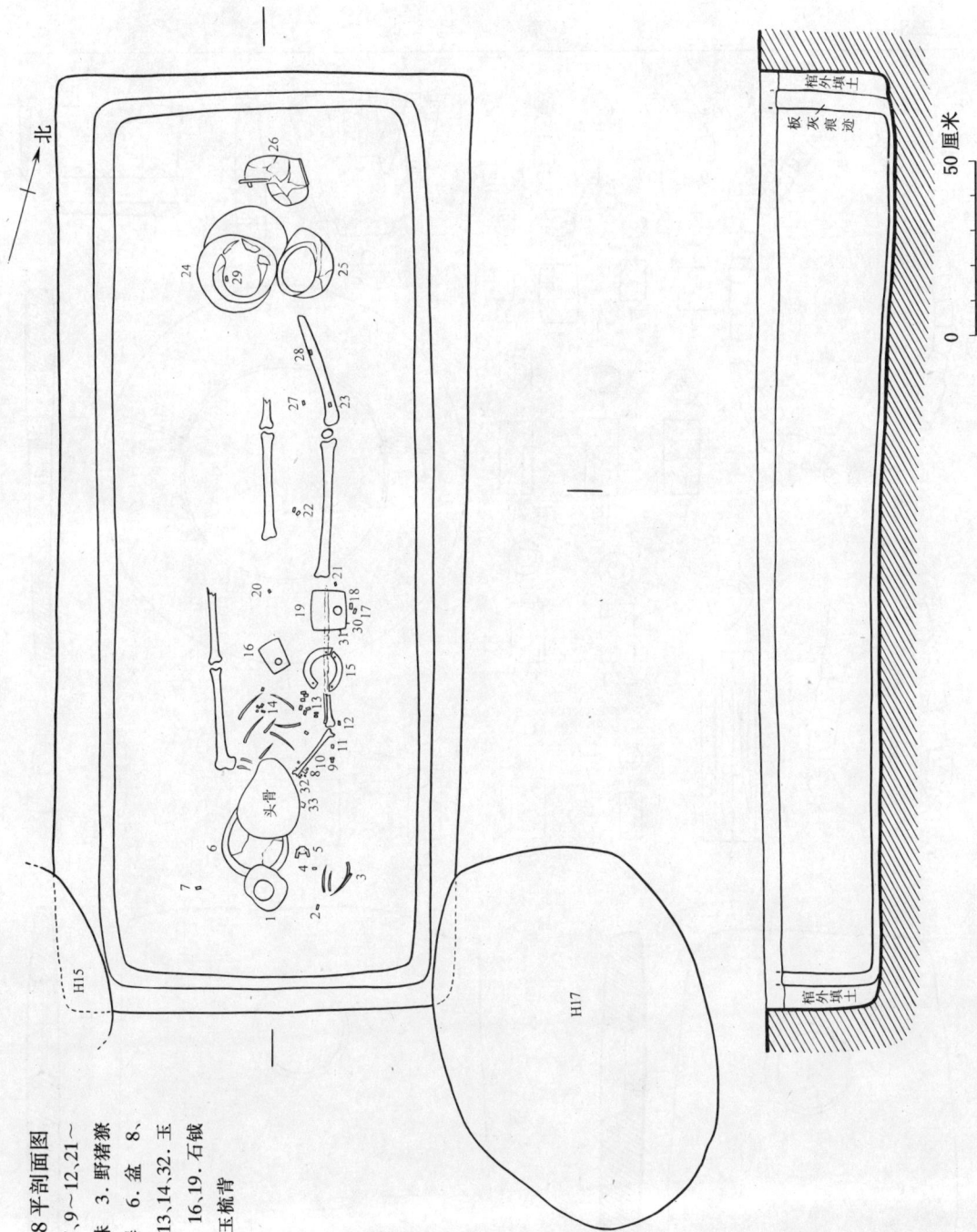

图一九A　M108 平剖面图

1、26. 圈足罐　2、4、7、9～12、21～
23、27、28、30、31. 玉珠　3. 野猪獠
牙饰　5. 玉三叉形器　6. 盆　8、
17、18、20、29. 玉管　13、14、32. 玉
串饰　15. 分体玉镯　16、19. 石钺
24. 簋　25. 鼎　33. 玉梳背

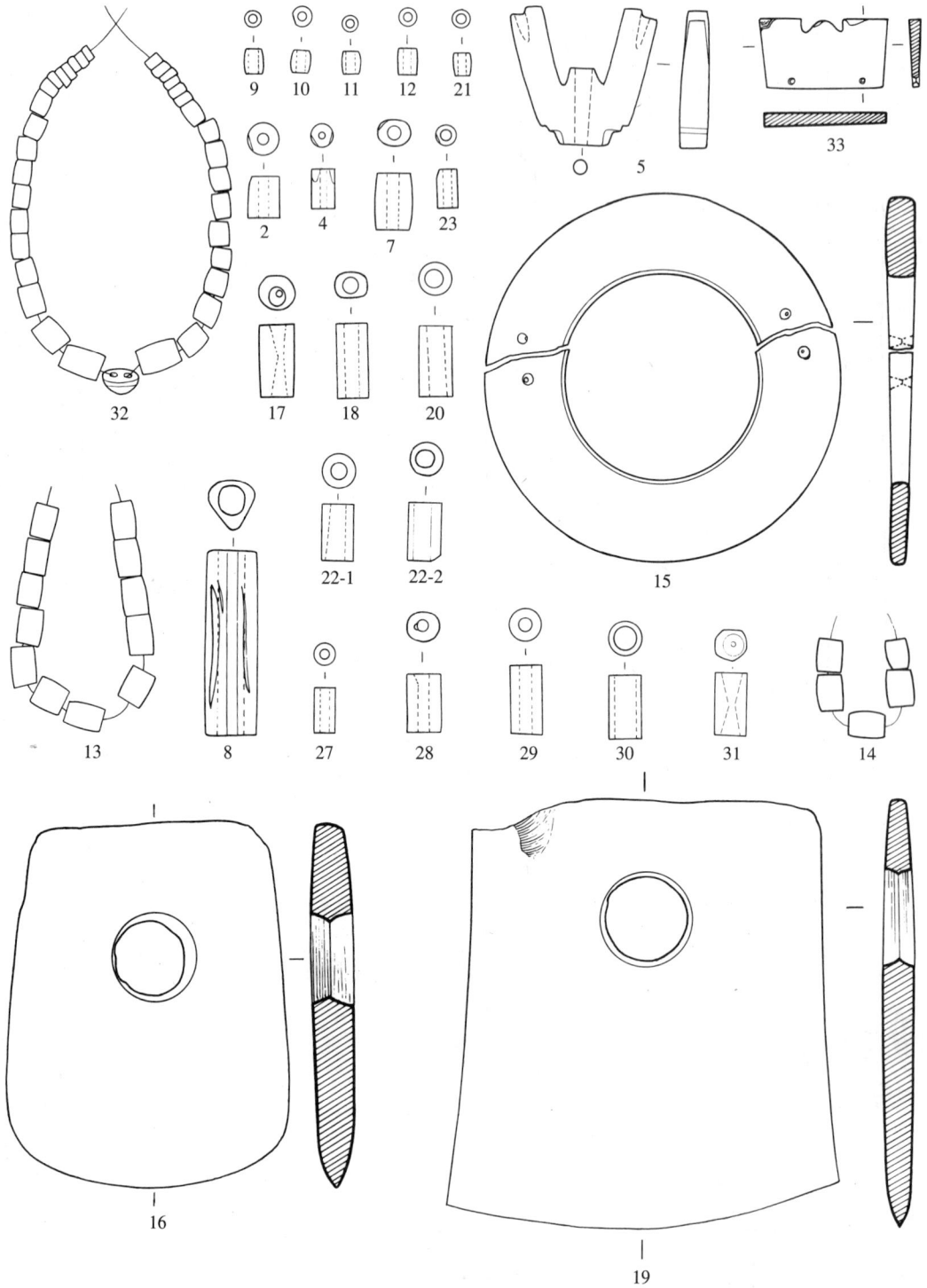

图一一九 B　M108 出土器物（均为 1/2）

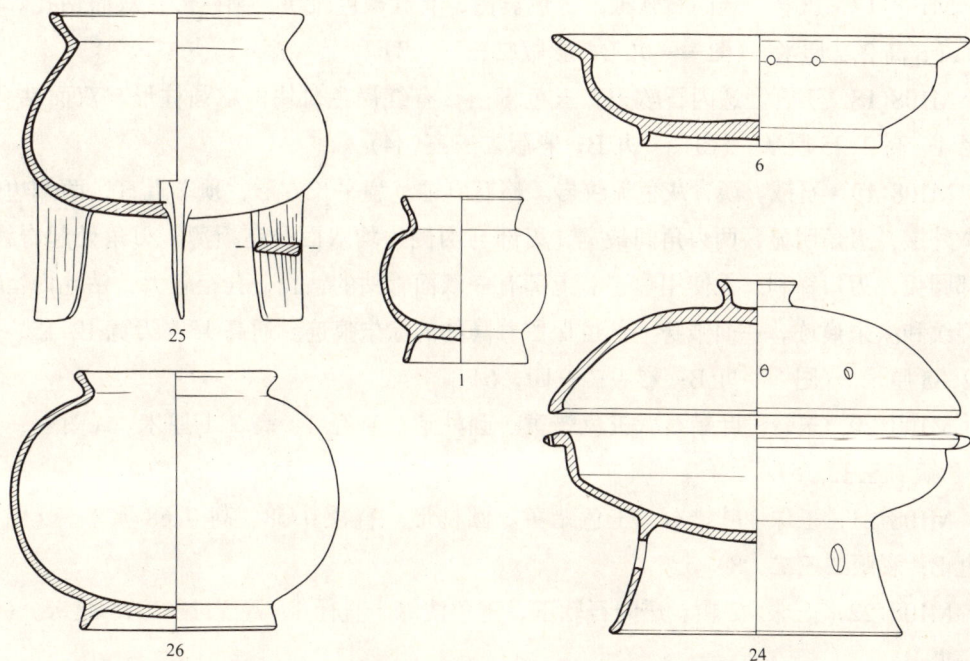

图一一九C　M108出土器物（均为1/4）

M108：11，玉珠。叶蜡石，玉色蜡黄。鼓腰。直径0.55、高0.7厘米。（图一一九B；彩版二三二，6）

M108：12，玉珠。叶蜡石，玉色蜡黄。鼓腰。直径0.6、高0.8厘米。（图一一九B；彩版二三二，7）

M108：13，玉串饰。由12颗叶蜡石珠组串而成，玉色蜡黄。鼓腰。直径0.75～0.95、高1～1.2厘米。（图一一九B；彩版二三四，1）

M108：14，玉串饰。由5颗叶蜡石珠组串而成，玉色蜡黄。鼓腰。直径0.7～0.8、高0.9～1.1厘米。（图一一九B；彩版二三四，2）

M108：15，分体玉镯。透闪石软玉，青白色，有红褐色斑块。形体较大。扁平圆环形，截面扁方形，断裂成两块，在断裂处两端各钻琢圆孔以供缀连合为一体，合成后外缘周整，边壁与孔壁直而光滑。外径11、内径6.2、厚0.5～0.9厘米。（图一一九B；彩版二三四，4）

M108：16，石钺。黛青色含白斑斑岩。扁平长方形，顶端近直，两侧边斜直，刃部最宽，无明显刃角。刃部圆弧，双面刃较厚钝，无使用痕迹。上部有一双面管钻而成的钻孔，因左右错位而留下明显台痕。通高10.9、刃宽8.5、孔径2.55厘米。（图一一九B；彩版二三四，5）

M108:17，玉管。透闪石软玉，玉色黄白，有红褐色斑块。圆柱形，双面钻孔。直径1.1、高2.2厘米。（图一一九B；彩版二三三，3）

M108:18，玉管。透闪石软玉，玉色青白，有红褐色斑块。扁圆柱形，双面钻孔。直径1、高2.25厘米。（图一一九B；彩版二三三，4）

M108:19，石钺。淡青灰色流纹岩。略有剥蚀。扁平长方形，顶端近直，两侧边斜直微外撇，刃角明显，两刃角间最宽，刃部与两侧边均双面磨制渐薄，刃角处起脊线。刃部圆弧，刃口锋利，无使用痕迹。上部有一双面管钻的钻孔，孔径较大，钻孔内留有螺旋纹和涂朱痕迹。一面钺身上部也保留着隐约的涂朱痕迹。通高13、刃宽12.15、孔径2.85厘米。（图一一九B；彩版二三四，6）

M108:20，玉管。叶蜡石，玉色蜡黄。圆柱形。直径1、高2.1厘米。（图一一九B；彩版二三三，5）

M108:21，玉珠。叶蜡石，玉色蜡黄。圆柱形。直径0.58、高0.68厘米。（图一一九B；彩版二三二，8）

M108:22，玉珠。2颗。透闪石软玉，玉色浅绿。直径1、高1.7～1.75厘米。（图一一九B）

M108:23，玉珠。叶蜡石，玉色蜡黄。圆柱形。直径0.6、高1.15厘米。（图一一九B；彩版二三二，9）

M108:24，簋，带盖。泥质灰黄胎黑皮陶。簋豆式，直口，平沿，外沿部设三个竖穿小鼻，浅弧腹，高圈足，圈足上有三个圆形镂孔。盖圈足纽斗笠式。口径22.6、簋高10.7、盖高7.2厘米。（图一一九C；彩版二三五，5）

M108:25，鼎。夹砂灰陶。侈口，折沿，沿面稍内凹，束颈，鼓腹下垂，腹最大径偏下，圜底，平薄鱼鳍形足。口径13.8、高16.5厘米。（图一一九C；彩版二三五，3）

M108:26，圈足罐。泥质灰胎黑皮陶。侈口，折沿，微束颈，圆鼓腹，矮圈足。口径11、高14厘米。（图一一九C；彩版二三五，2）

M108:27，玉珠。叶蜡石，玉色红褐。圆柱形。直径0.65、高1.35厘米。（图一一九B；彩版二三二，10）

M108:28，玉珠。叶蜡石，玉色蜡黄。圆柱形。直径1、高1.75厘米。（图一一九B；彩版二三二，11）

M108:29，玉管。叶蜡石，玉色蜡黄。圆柱形。直径1、高2.1厘米。（图一一九B；彩版二三三，6）

M108:30，玉珠。透闪石软玉，玉色青白。圆柱形，双面钻孔。直径1、高1.9厘米。（图一一九B；彩版二三二，12）

M108:31，玉珠。透闪石软玉，玉色青白，有红褐色斑块。圆柱形，双面钻孔。直

径1、高1.9厘米。(图一一九B；彩版二三二，13)

M108:32，玉串饰。由36颗叶蜡石小玉珠组串而成，玉色蜡黄。其中13颗小扁鼓形，22颗鼓腰形玉珠形体略大，1颗钻牛鼻形隧孔的半球形玉泡珠。直径0.45～0.85、高0.2～1.25厘米。(图一一九B；彩版二三四，3)

M108:33，玉梳背。叶蜡石，黄褐色。整器略呈上大下小的扁平倒梯形，两侧边近斜直，顶端凹缺，中央有圆弧形凸起。底端有对称的两个对穿小孔。通高2.1、最宽3.9厘米。(图一一九B；彩版二三三，7)

M109

位于T704东北角，局部进入T604南部，开口于第10E层下，打破第11B层和西面早期土台，北端被汉代馒头窑Y1与东周H9打破，东南角也有打破墓坑、跟墓葬配套、埋设有夹砂红陶缸的H18。长方形竖穴土坑墓，长3.04、宽1.63、深0.5米。根据墓坑内填土的土色差别，知道此墓使用体量较大、两侧较直的长方形葬具棺，据板灰痕迹测得棺长约2.6、宽约1.1～1.25米。人骨大多已腐朽，存头骨和部分肢骨，仰身直肢，性别难辨，头向南。方向162°。随葬品27件(组)，除一件整体式石犁出于棺顶东北角外，其他都出在棺内。头骨上方出有圈足盘、野猪獠牙饰和一些玉珠、玉串饰，腹部有石刀、玉环、玉锥形器、半圆形玉器等出土，石钺、石锛、鲨鱼牙齿等器物出于腿脚部位，其中石刀、石锛分别被上、下肢骨所压，鼎、簋、双鼻壶与圈足罐共五件陶器出于北面脚端。(图一二〇A；彩版二三六，1～3)

M109:1，圈足盘。泥质灰陶。敞口，折沿，上腹斜直，至下腹折收内平底，矮圈足。腹中部饰一周凹弦纹。口径16.4、高5.8厘米。(图一二〇C；彩版二四一，1)

M109:2，野猪獠牙饰。已朽蚀。

M109:3，玉珠。2颗。叶蜡石。一颗扁圆柱形，一颗圆柱形。直径0.6～0.7、高0.5～1.3厘米。(图一二〇B)

M109:4，玉串饰。由7颗叶蜡石珠组串而成。圆柱形。直径0.6～0.7、高0.4～1.25厘米。(图一二〇B；彩版二三七，1)

M109:5，玉珠。3颗。两颗红褐色叶蜡石圆柱形小玉珠，一颗青绿色叶蜡石半球形泡珠。泡珠直径1.05、圆柱形珠直径0.6、高0.5厘米。(图一二〇B；彩版二三七，2)

M109:6，玉环。透闪石软玉，淡湖绿色，有白色和黄褐色沁斑，半透明。扁平圆环形，外缘周整，单向钻孔。外径4.6、内径1.6、厚0.45厘米。(图一二〇B；彩版二三七，3)

M109:7，石刀。浅青灰色霏细岩。器形扁薄规整，通体磨光。平面略呈左右对称

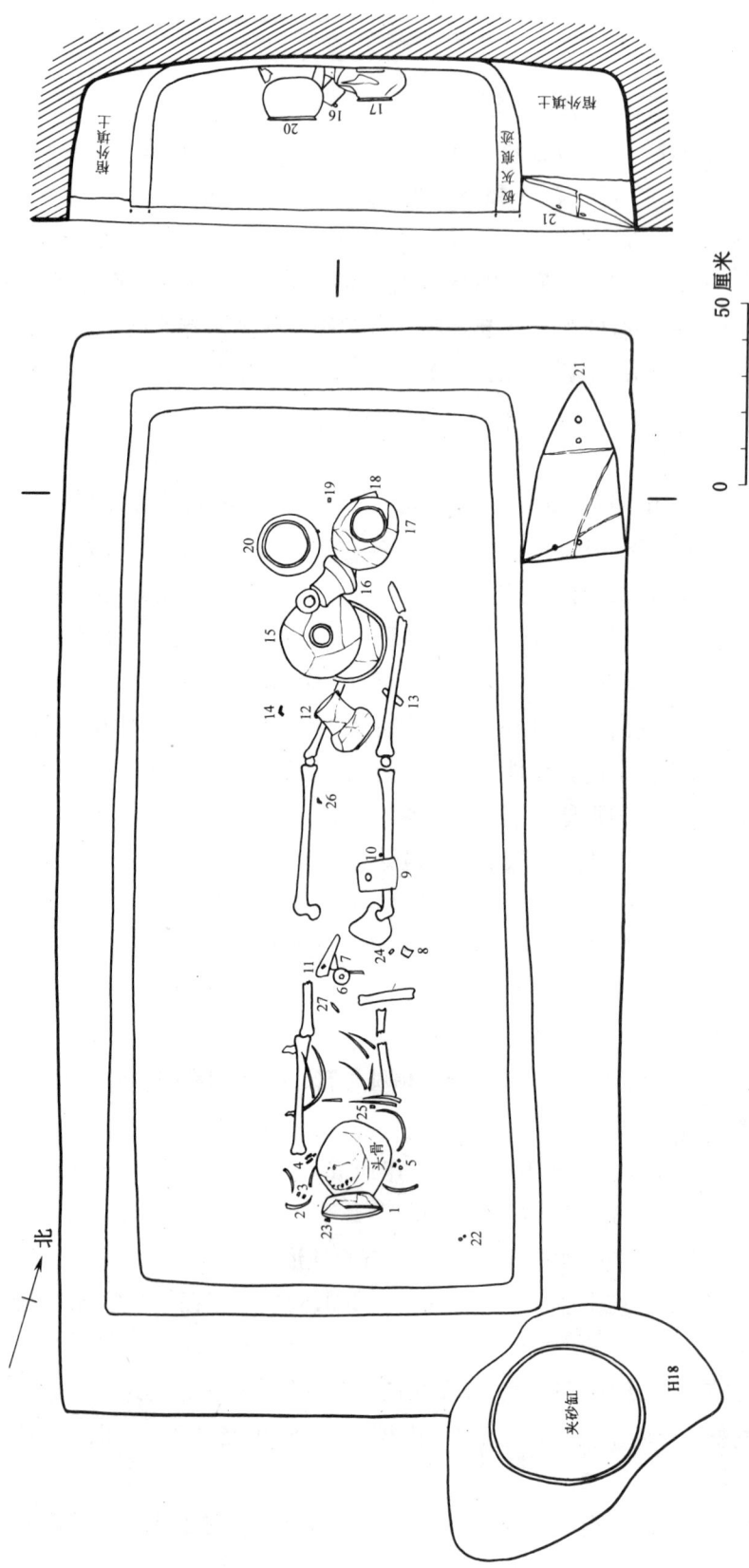

图一三〇 A M109 平剖面图

1、15. 圈足盘 2. 野猪獠牙饰 3、5、10、11、19、22、23. 玉珠 4. 玉申饰 6. 玉环 7. 石刀 8. 半环形玉器 9. 石钺 12、16. 双鼻壶 13、18. 石锛 14. 鲨鱼唇齿 17. 圈足罐 20. 鼎 21. 石犁 24、25. 玉管 26. 鲨鱼牙齿 27. 玉锥形器

的三角形，方角"V"形双面尖刃，刃口锋利，无使用痕迹，上端平直，两侧较窄。通高 3.3、宽 10.2 厘米。（图一二〇 B；彩版二四〇，1）

M109：8，半环形玉器。透闪石软玉，玉色青白，有红褐色斑块，半透明。整器呈扁薄半宽环形，系两次管钻套出的宽环裁割而成，内外壁上都留有管钻的台痕，两直面上留有裁割的弧线痕迹，两端中部有对称的由里往外的单向钻孔。直径 3.75、高 2.7～2.85、厚 0.35 厘米。（图一二〇 B；彩版二三八，1～3）

M109：9，石钺。青绿色流纹岩。扁平长方形，顶端近直，保留琢制糙面，残缺一角，两侧边斜直外撇，刃角明显，两刃角间最宽，刃部、顶端与两侧边均双面磨制渐薄，刃角处起脊线。刃部圆弧，双面刃，无使用痕迹。上部有一双面管钻的钻孔，孔壁内留有螺旋纹。通高 10.9、刃宽 9.5、孔径 1.9 厘米。（图一二〇 B；彩版二四〇，2）

M109：10，玉珠。叶蜡石，玉色红褐。扁圆柱形。直径 0.55、高 0.5 厘米。（图一二〇 B；彩版二三七，4）

M109：11，玉珠。叶蜡石，玉色青灰。圆柱形。直径 0.6、高 1.25 厘米。（图一二〇 B；彩版二三七，5）

M109：12，双鼻壶。泥质黑皮陶。侈口，粗颈，下端稍宽，鼓腹，矮圈足。圈足上饰三周细凸弦纹和横向小长方形镂孔组合纹。口径 7.2、高 14.7 厘米。（图一二〇 C；彩版二四一，3）

M109：13，石锛。淡青灰色流纹岩。扁平长方形，两侧略有剥落，一面起段，段位于锛体五分之一处，下端侧刃，刃口锋利。长 10.85、段长 2.2、刃宽 1.4 厘米。（图一二〇 B；彩版二四〇，3）

M109：14，鲨鱼唇齿。略呈扁平三角形，牙冠部尖锐，两侧有密集的锯齿，无加工与使用痕迹，一侧牙根朽。残长 2.1 厘米。（图一二〇 B；彩版二三九，4）

M109：15，圈足盘，带盖。泥质黄胎黑皮陶。盘敞口，宽平沿，腹部斜弧，矮圈足，中腹有一周凹弦纹。盖圈足纽斗笠式。口径 22、盘高 6.8、盖高 5.8 厘米。（图一二〇 C；彩版二四一，2）

M109：16，双鼻壶，带盖。泥质灰陶。壶微侈口，长颈，下端稍粗，鼓腹，矮圈足。圈足饰二周细凸弦纹和横向长方形镂孔组合纹。口径 7.1、壶高 13.6、盖高 3 厘米。（图一二〇 C；彩版二四一，4）

M109：17，圈足罐。夹砂红陶。侈口，短领，圆鼓腹，高圈足外撇。口径 10.3、高 14.5 厘米。（图一二〇 C；彩版二四一，5）

M109：18，石锛。淡青灰色流纹岩。扁平长方形，一面起段，段不明显，磨成斜坡状，留有横向切割痕迹，段位于锛体四分之一处，下端侧刃，刃口锋利。长 10.4、段长 2.5、刃宽 5.8 厘米。（图一二〇 B；彩版二四〇，4）

M109:19，玉珠。叶蜡石，玉色青灰。圆柱形。直径 0.6、高 1.2 厘米。（图一二〇 B；彩版二三七，6）

　　M109:20，鼎。夹砂红陶。侈口，折沿，内沿有明显的脊棱，束颈，圆弧腹，腹最

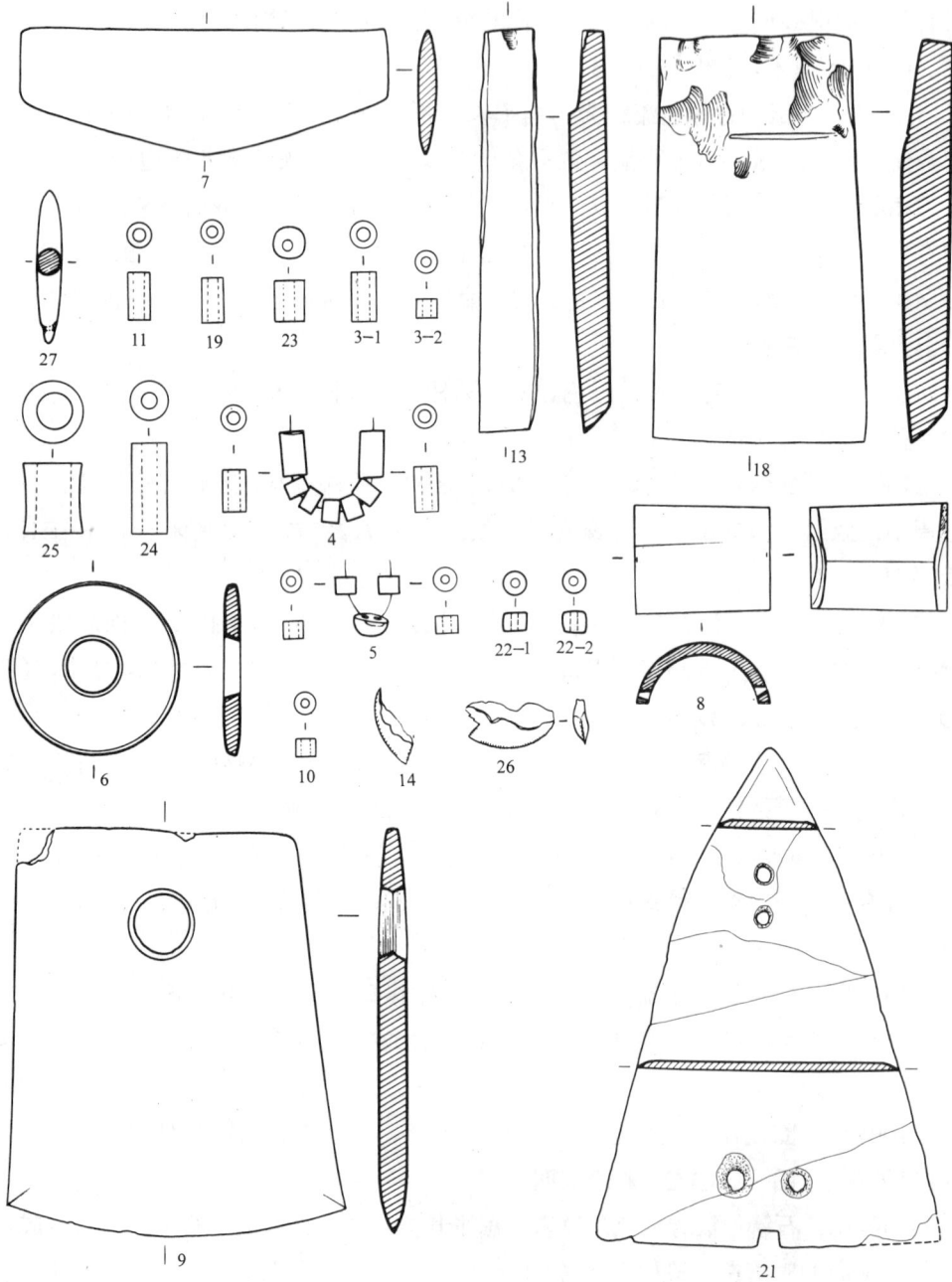

图一二〇 B　M109 出土器物（21 为 1/8，余为 1/2）

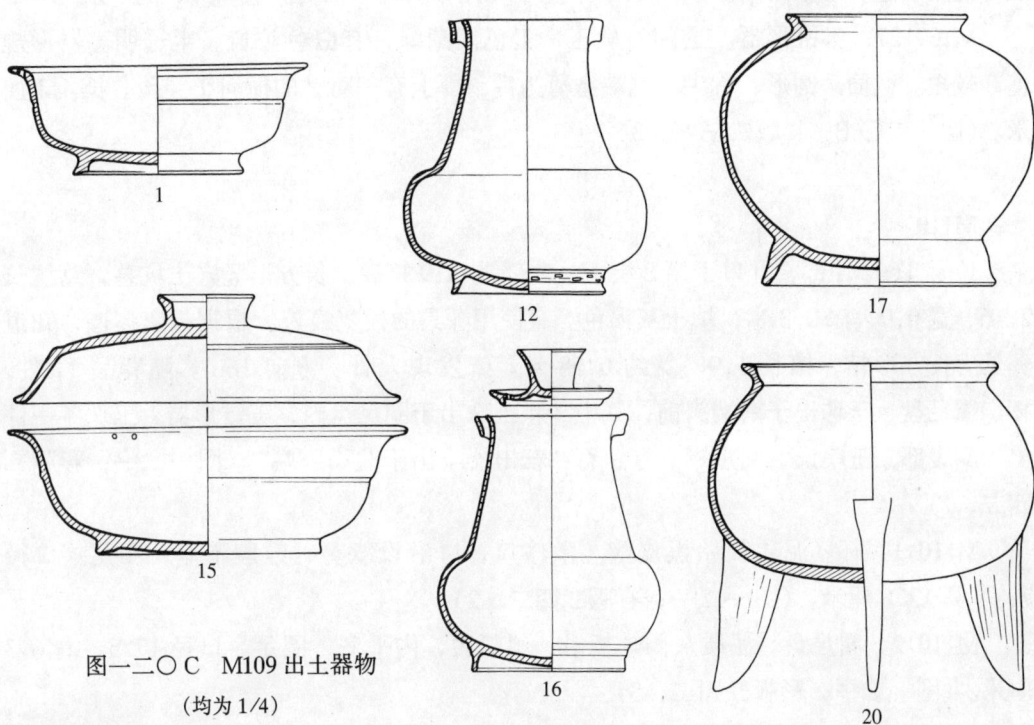

图一二〇 C　M109 出土器物

（均为 1/4）

大径偏下，浅圜底，外侧稍厚的鱼鳍足。口径 14.3、高 17.6 厘米。（图一二〇 C；彩版二四一，6）

M109:21，石犁。浅青灰色凝灰岩。受沁断裂，器表剥蚀。体形硕大。整器呈三角形，头尖，两侧刃部略斜直，单面刃，尾端平直，中间有一方形凹缺。器身前端近头处有两个竖向的穿孔，尾端则有两个对称的横向穿孔，孔均为琢制而成。通长 53.55、尾宽 37.6、厚 1 厘米。（图一二〇 B；彩版二四〇，5）

M109:22，玉珠。2 颗。叶蜡石，玉色红褐。圆柱形。直径 0.7、高 0.5～0.55 厘米。（图一二〇 B；彩版二三七，8）

M109:23，玉珠。叶蜡石，玉色红褐。圆柱形。直径 0.9、高 1.05 厘米。（图一二〇 B；彩版二三七，7）

M109:24，玉管。叶蜡石，玉色青绿。圆柱形，双面钻孔。直径 1、高 2.45 厘米。（图一二〇 B；彩版二三九，1）

M109:25，玉管。透闪石软玉，玉色青白。圆柱形，中腰弧凹，穿孔较大。直径 1.6、高 1.85 厘米。（图一二〇 B；彩版二三九，2）

M109:26，鲨鱼牙齿。略呈扁平圆弧形，牙冠部圆弧，有密集的锯齿，无明显的加

工与使用痕迹，牙根略朽。残高 1.25、宽 2.4 厘米。（图一二〇 B；彩版二三九，5）

M109:27，玉锥形器。透闪石软玉，玉色淡湖绿，有白色沁斑，半透明。器形规整，较短。截面扁圆形，首尖，尾端磨薄为榫，榫上有一对钻的横向小穿孔。长 4.1 厘米。（图一二〇 B；彩版二三九，3）

M110

位于 T602 西部，开口于第 8 层下，北部被 H19 打破。长方形竖穴土坑墓，墓坑长 2.16、宽 0.9、深 0.3 米，填土灰褐色。有使用葬具的板灰痕迹，根据板灰痕迹，知道葬具为长方形棺，棺长 1.9、宽约 0.58 米。未发现人骨。方向 160°。随葬品 11 件，杯、圈足盘、玉珠出于南端头前，其中 3 颗玉珠出于圈足盘内，玉锥形器、玉珠各一件出于胸腹部，玉串饰、圈足罐、簋、石"耘田器"出于北面脚端。（图一二一；彩版二四二，1）

M110:1，杯。泥质灰胎黑皮陶。微侈口，口沿设双鼻，鼓腹下垂，圈足。口径 7.8、高 12.8 厘米。（图一二一；彩版二四二，2）

M110:2，圈足盘。泥质灰陶。折沿，斜弧腹，内平底，圈足。口径 17.5、高 6.3 厘米。（图一二一；彩版二四二，3）

M110:3，玉珠。叶蜡石，红褐色。圆柱形。直径 0.65、高 0.55 厘米。（图一二一；彩版二四三，1）

M110:4，玉锥形器。透闪石软玉，玉色碧绿，局部泛白，半透明。截面扁圆形，首尖锐，尾端无明显榫部，两侧对磨薄，磨薄处对钻一横向小穿孔。器身一侧有一凹窝，凹窝上有横向的切割痕迹。长 7.9 厘米。（图一二一；彩版二四三，6）

M110:5，玉珠。叶蜡石，红褐色。扁圆柱形。直径 0.8、高 0.65 厘米。（图一二一；彩版二四三，2）

M110:6，玉珠。3 颗。均为叶蜡石。圆柱形。直径 0.7~0.8、高 0.4~0.7 厘米。（图一二一；彩版二四三，3）

M110:7，圈足罐。泥质灰胎黑衣陶。残，仅存圈足。（图一二一）

M110:8，簋。泥质黑皮陶。敞口，窄平沿，外沿部有两个竖穿小鼻，盘壁斜直，折腹，圈足残。口径 21、残高 5 厘米。（图一二一）

M110:9，石"耘田器"。浅青色凝灰岩。器形扁薄规整。平面略呈左右对称的三角形，圆角双面弧刃，刃口锋利，有使用崩缺痕迹，两翼后掠上翘，翼角尖锐，两侧端略宽，上端凹弧，中间有方形凸块，其下有一直径 1.3 厘米的单面钻圆孔。通高 5.6、两翼宽 11.5 厘米。（图一二一；彩版二四三，7）

M110:10，玉串饰。由 45 颗小玉珠组串而成。均为叶蜡石。圆柱形。直径 0.5~

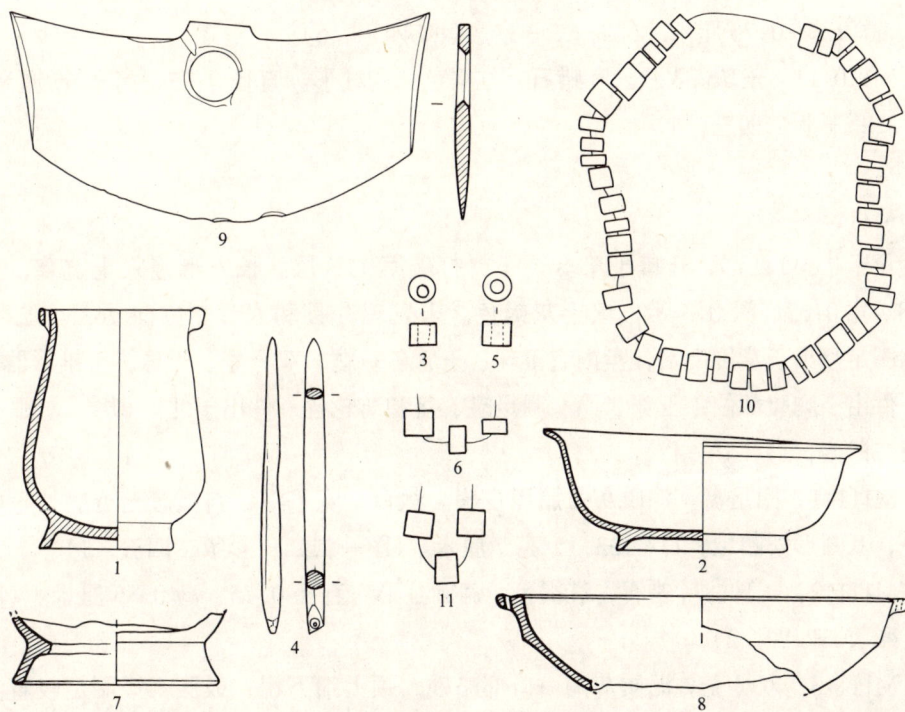

（1、2、7、8为1/4，余为1/2）

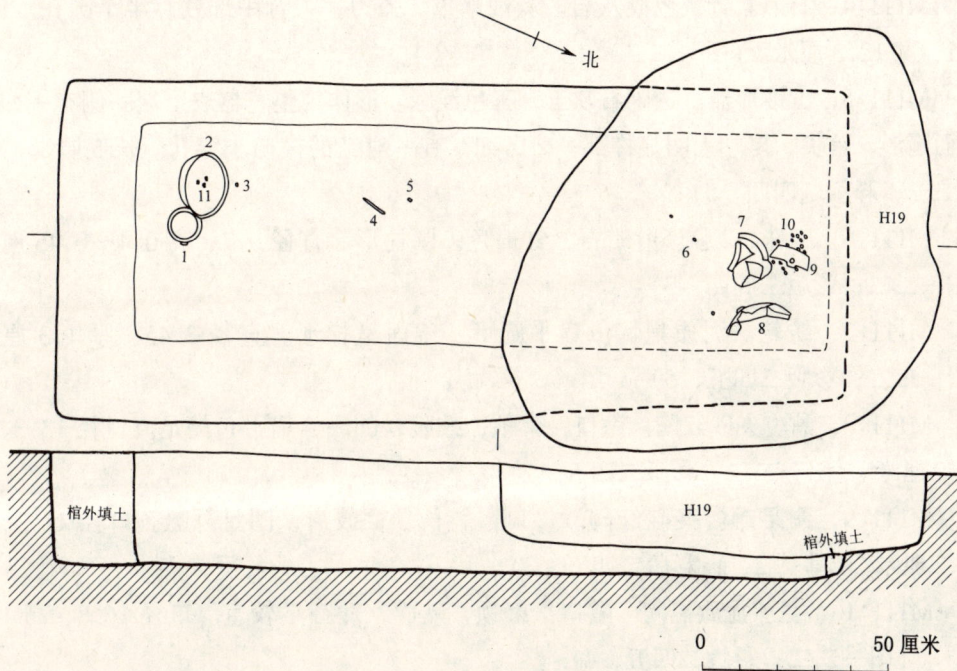

图一二一　M110平剖面图及其出土器物

1.杯　2.圈足盘　3、5、6、11.玉珠　4.玉锥形器　7.圈足罐　8.篦　9.石"耘田器"　10.玉串饰

0.8、高 0.3～0.75 厘米。（图一二一；彩版二四三，5）

M110:11，玉珠。3 颗。叶蜡石，红褐色。圆柱形。直径 0.75、高 0.65 厘米。（图一二一；彩版二四三，4）

M111

位于 T602 西部，开口于第 8 层下，打破第 11B 层。长方形竖穴土坑墓，墓坑长 1.88、宽 0.67、深 0.3 米，填土灰褐色。未发现葬具和人骨。方向 163°。随葬品 12 件，圈足盘出于墓坑南端，盘内有玉珠、玉管各一颗，双鼻壶、玉珠、玉锥形器、石刀各一件出于胸腹部位，玉珠、鼎、圈足罐、簋和纺轮各一件出于北面脚端。（图一二二；彩版二四四，1）

M111:1，圈足盘。泥质灰黄胎黑皮陶。敞口，宽平沿，斜弧腹至近底处急收成内平底，双圈形矮圈足。口径 23.4、高 7 厘米。（图一二二；彩版二四五，1）

M111:2，玉珠。叶蜡石，红褐色。扁圆柱形。直径 0.75、高 0.55 厘米。（图一二二；彩版二四四，2）

M111:3，双鼻壶。泥质灰陶。口部略残，颈上细下粗，鼓腹，矮圈足较直。口径 7.5、高 11.8 厘米。（图一二二）

M111:4，石刀。青灰色凝灰岩。剥蚀严重。弧刃，刀背中部残存半个圆孔。通高 5.1、宽 12.3 厘米。（图一二二）

M111:5，玉锥形器。透闪石软玉，玉色浅绿。形体规整，器表上端一侧有一凹坑。截面圆形，首尖，尾端无明显榫部，略磨细，有一对钻的横向小穿孔。长 5 厘米。（图一二二；彩版二四四，5）

M111:6，玉珠。2 颗。叶蜡石，红褐色。圆柱形。直径 0.7、高 0.4～0.45 厘米。（图一二二；彩版二四四，3）

M111:7，纺轮。泥质黑陶。扁平圆形，截面呈梯形。直径 3.45、厚 1.3 厘米。（图一二二；彩版二四五，5）

M111:8，鼎。夹砂红陶。敞口，束颈，鼓腹，圜底，扁平鱼鳍足。口径 13.3、高 14.9 厘米。（图一二二；彩版二四五，2）

M111:9，圈足罐。夹砂红陶。侈口，斜长领，鼓肩，圈足外撇。口径 11.3、高 16.2 厘米。（图一二二；彩版二四五，3）

M111:10，簋。泥质黑陶。敞口，束颈，鼓腹，矮圈足较直。口径 16.8、高 10.9 厘米。（图一二二；彩版二四五，4）

M111:11，玉管。叶蜡石，玉色红褐。整器圆柱形，双面钻孔。柱体一侧有一切割凹窝。直径 1.25、高 4.6 厘米。（图一二二；彩版二四四，6）

M111:12，玉珠。叶蜡石，红褐色。圆柱形。直径0.8、高0.6厘米。（图一二二；彩版二四四，4）

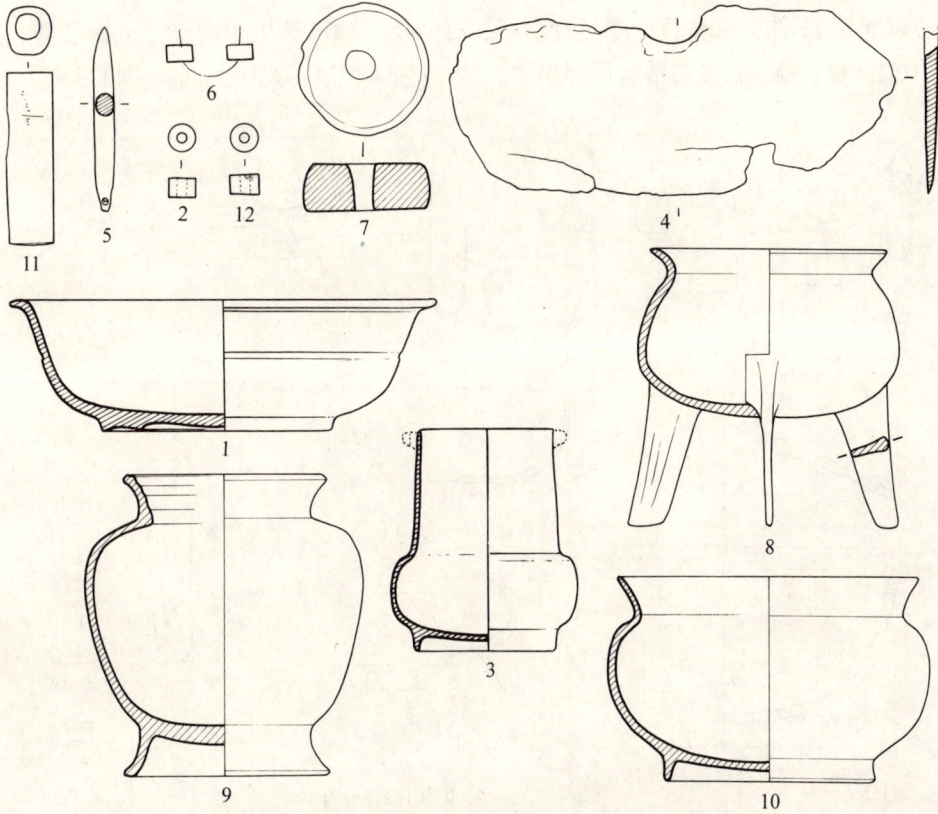

（1、3、8~10为1/4，余为1/2）

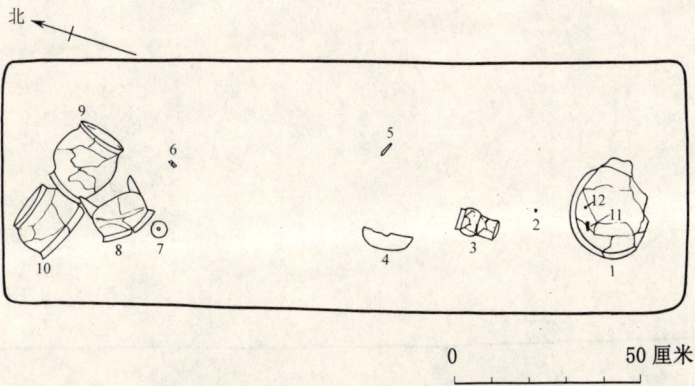

图一二二　M111平面图及其出土器物

1.圈足盘　2、6、12.玉珠　3.双鼻壶　4.石刀　5.玉锥形器　7.纺轮　8.鼎　9.圈足罐　10.簋　11.玉管

M112

位于 T406 西南角，开口于第 3 层下，打破 H21。长方形竖穴土坑墓，墓坑长 2.6、宽 0.92～0.99、深 0.38 米，填黄褐色土夹杂较多红烧土颗粒。未发现葬具和人骨。方向 173°。随葬品 11 件，双鼻壶、圈足盘、杯、石钺及三颗玉珠出于南部，玉锥形器、玉珠出于中部，簋、鼎、盆及石锛各一件出于北端。（图一二三；彩版二四六，1）

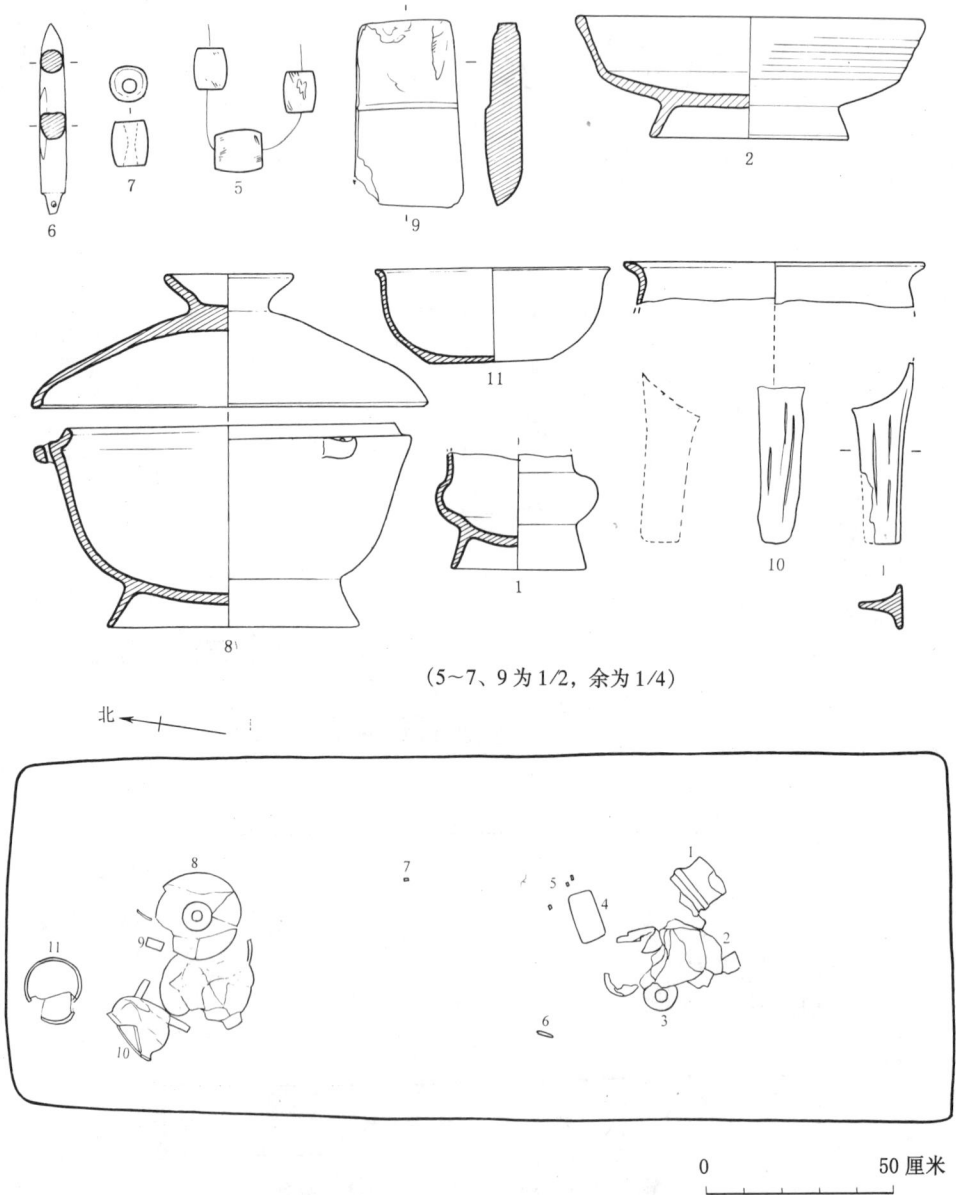

（5～7、9 为 1/2，余为 1/4）

图一二三　M112 平面图及其出土器物

1. 双鼻壶　2. 圈足盘　3. 杯　4. 石钺　5、7. 玉珠　6. 玉锥形器　8. 簋　9. 石锛　10. 鼎　11. 盆

M112:1，双鼻壶。泥质灰黄陶。口、颈部已残，扁鼓腹，高圈足外撇。残高6.2厘米。（图一二三）

M112:2，圈足盘。泥质黄陶。敞口，斜折腹，矮圈足外撇。外腹部有数道凹弦纹。口径19.3、高6.5厘米。（图一二三；彩版二四七，1）

M112:3，杯，带盖。泥质灰陶。残，形制不辨。

M112:4，石钺。已朽，形制不辨。

M112:5，玉珠。3颗。叶蜡石，玉色红褐。鼓腰。直径0.9～1.15、高1.1～1.3厘米。（图一二三；彩版二四六，2）

M112:6，玉锥形器。透闪石软玉，玉色浅绿。形体规整，器表有一未磨去的竖向切割痕迹。截面近圆形，首钝尖，尾端有小榫，榫上有一横向穿孔。长5.1厘米。（图一二三；彩版二四六，4）

M112:7，玉珠。叶蜡石，红褐色。鼓腰。直径1.05、高1.2厘米。（图一二三；彩版二四六，3）

M112:8，簋，带盖。泥质灰黄陶。簋子母口，子口内敛，口沿设三鼻，斜弧腹，圈足外撇。盖圈足纽斗笠式。口径18.3、簋高11、盖高7.2厘米。（图一二三；彩版二四七，2）

M112:9，石锛。淡青灰色流纹岩。扁平长方形，一面起段，作台阶状，段位于锛体二分之一处，下端侧刃，刃口锋利，无使用痕迹。长5.05、段长2.3、宽2.9厘米。（图一二三；彩版二四六，5）

M112:10，鼎。夹砂红陶。残。侈口，"T"字足。（图一二三）

M112:11，盆。泥质灰陶。敞口，弧腹，平底。口径13、高5厘米。（图一二三；彩版二四七，3）

M113

位于T405南部，开口于第3层下，打破第5层和H28。长方形竖穴土坑墓，墓坑长2.04、宽0.98、深0.35米，填土青褐色。未发现葬具，人骨已朽。方向180°。随葬品9件，宽把杯、圈足盘、双鼻壶各一件出于南端头部，玉锥形器一件出于腰腹部，簋、纺轮、尊、鼎、平底罐各一件出于北面脚端。（图一二四；彩版二四八，1）

M113:1，宽把杯，带盖。泥质灰红陶。侈口，前端上翘成箕形流，低矮筒形腹，外腹部有三周凸弦纹，刻划的抽象"云气纹"大多已剥蚀，矮圈足。与流相对的一侧设宽把。杯高8.8厘米。（图一二四；彩版二四九，1）

M113:2，圈足盘。泥质灰陶。敞口，窄平沿，折腹，圈足。上腹一侧设两穿系小孔。口径22.4、高5.9厘米。（图一二四；彩版二四九，2）

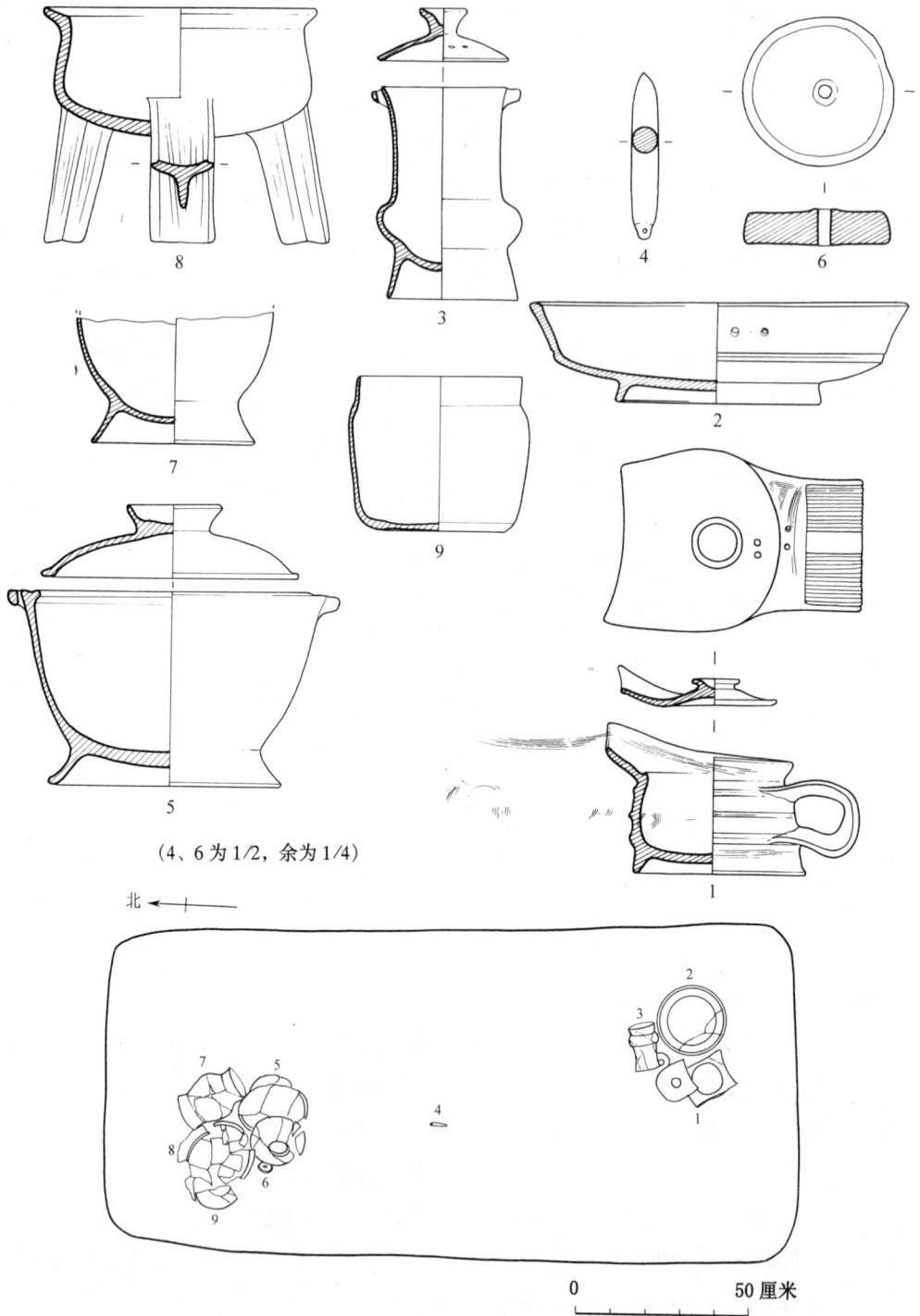

（4、6为1/2，余为1/4）

图一二四　M113平面图及其出土器物

1.宽把杯　2.圈足盘　3.双鼻壶　4.玉锥形器　5.簋　6.纺轮　7.尊　8.鼎　9.平底罐

M113：3，双鼻壶。泥质灰陶。直口微侈，扁腹，圈足稍高。口径 7.5、高 12.3 厘米。（图一二四；彩版二四九，3）

M113：4，玉锥形器。透闪石软玉，玉色黄白。受沁严重，已断裂剥落。截面近圆形，首钝尖，尾端有小榫，榫上有一对钻的横向小穿孔。长 4.8 厘米。（图一二四；彩版二四八，2）

M113：5，簋，带盖。泥质灰陶。簋子母口，口沿设双鼻，斜腹，圈足外撇。盖圈足纽斗笠式。口径 16.4、簋高 11.2、盖高 4.2 厘米。（图一二四；彩版二四九，4）

M113：6，纺轮。泥质黑陶。扁平圆形，截面梯形。直径 4.4、厚 1.1 厘米。（图一二四；彩版二四八，3）

M113：7，尊。泥质灰陶。口、肩部已残，下腹斜弧，圈足外撇。残高 7.4 厘米。（图一二四）

M113：8，鼎。夹砂红陶。侈口，折沿，束颈，"T"字足足面下凹。口径 16.4、高 13.7 厘米。（图一二四；彩版二四九，5）

M113：9，平底罐。泥质红陶。直口，深直腹，平底。口径 10、高 9 厘米。（图一二四；彩版二四九，6）

M114

位于 T700 东北部，开口于第 1 层下，打破第 8 层和 M115。长方形竖穴土坑墓，墓坑长 2.4、宽 1.1、深 0.19 米，填土黄褐色夹杂红烧土颗粒。未发现葬具和人骨。方向 171°。随葬品共 17 件，双鼻壶、圈足盘、石钺、玉珠、玉串饰出于墓室南端，玉珠、玉锥形器（带套管）出于中部，鼎、簋、尊和一件石"耘田器"、两件石镞出于北面脚端。（图一二五 A；彩版二五〇，1～3）

M114：1，玉珠。玉髓，玉色青绿。扁平球形，顶面略平，底面有一牛鼻形隧孔。直径 1.55 厘米。（图一二五 B；彩版二五一，1）

M114：2，双鼻壶。泥质灰陶。直口微侈，颈中部稍束，扁鼓腹，圈足。口径 7.9、高 13.1 厘米。（图一二五 B；彩版二五三，1）

M114：3，双鼻壶。泥质灰陶。已残，形制不辨。存器盖。（图一二五 B）

M114：4，圈足盘。泥质灰黄胎黑皮陶。敞口，折腹，圈足。上腹部饰三周凸弦纹。口径 19.7、高 7.2 厘米。（图一二五 B；彩版二五三，2）

M114：5，石钺。淡青灰色球粒流纹岩。器表因受沁略有剥蚀。扁平长方形，顶端圆弧，保留糙面，两侧边斜直微外撇，刃角明显，两刃角间最宽，刃部、顶端与两侧边均双面磨制渐薄，形成明显的斜边，刃角处起脊线。刃部圆弧，厚钝未开刃口，无使用痕迹。上部有一双面管钻的钻孔。通高 11.05、刃宽 6.9、孔径 1.3 厘米。（图一二五

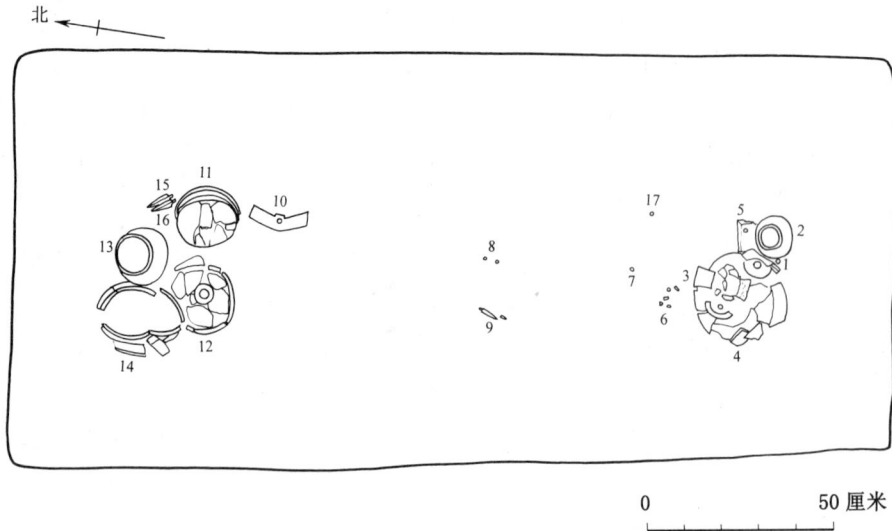

图一二五 A　M114 平面图

1、7、8、17. 玉珠　2、3. 双鼻壶　4. 圈足盘　5. 石钺　6. 玉串饰　9. 玉锥形器　10. 石"耘田器"　11、14. 鼎　12. 簋　13. 尊　15、16. 石镞

B；彩版二五二，1)

M114:6，玉串饰。由 5 颗玉珠组串而成。其中 2 颗黄白色透闪石软玉珠，腰鼓形；2 颗绿松石珠，扁鼓形；1 颗叶蜡石珠，圆柱形。直径 0.75～0.8、高 0.25～1.05 厘米。(图一二五 B；彩版二五一，5)

M114:7，玉珠。叶蜡石，红褐色。圆柱形。直径 0.7、高 0.6 厘米。(图一二五 B；彩版二五一，2)

M114:8，玉珠。2 颗。叶蜡石，玉色红褐。圆柱形。直径 0.7、高 0.55 厘米。(图一二五 B；彩版二五一，3)

M114:9，玉锥形器（带套管）。透闪石软玉，玉色浅绿。器身一侧有一道竖向切割痕迹。形体狭小。截面扁圆形，首尖锐，尾端有小榫，榫上有一对钻的横向小穿孔。该锥形器出土时近旁有喇叭形套管一件。套管为叶蜡石，玉色红褐。有竖向钻孔。但此套管无法直接套入锥形器的榫部。锥形器长 5、套管长 1.5 厘米。(图一二五 B；彩版二五一，6)

M114:10，石"耘田器"。浅青色霏细斑岩。器形扁薄规整。平面略呈左右对称的狭长长方形，"V"形双面尖刃，刃口无使用痕迹，两翼后掠上翘，一翼角略残，两侧端略弧，上端凹弧，中间有方形凸块，其下有一直径 1.6 厘米的单面管钻圆孔。通高 7.1、两翼宽 14.4 厘米。(图一二五 B；彩版二五二，4)

M114:11，鼎。夹砂红陶。敞口，沿面有凹弧内折，束颈显领，鼓腹，浅平圈底，

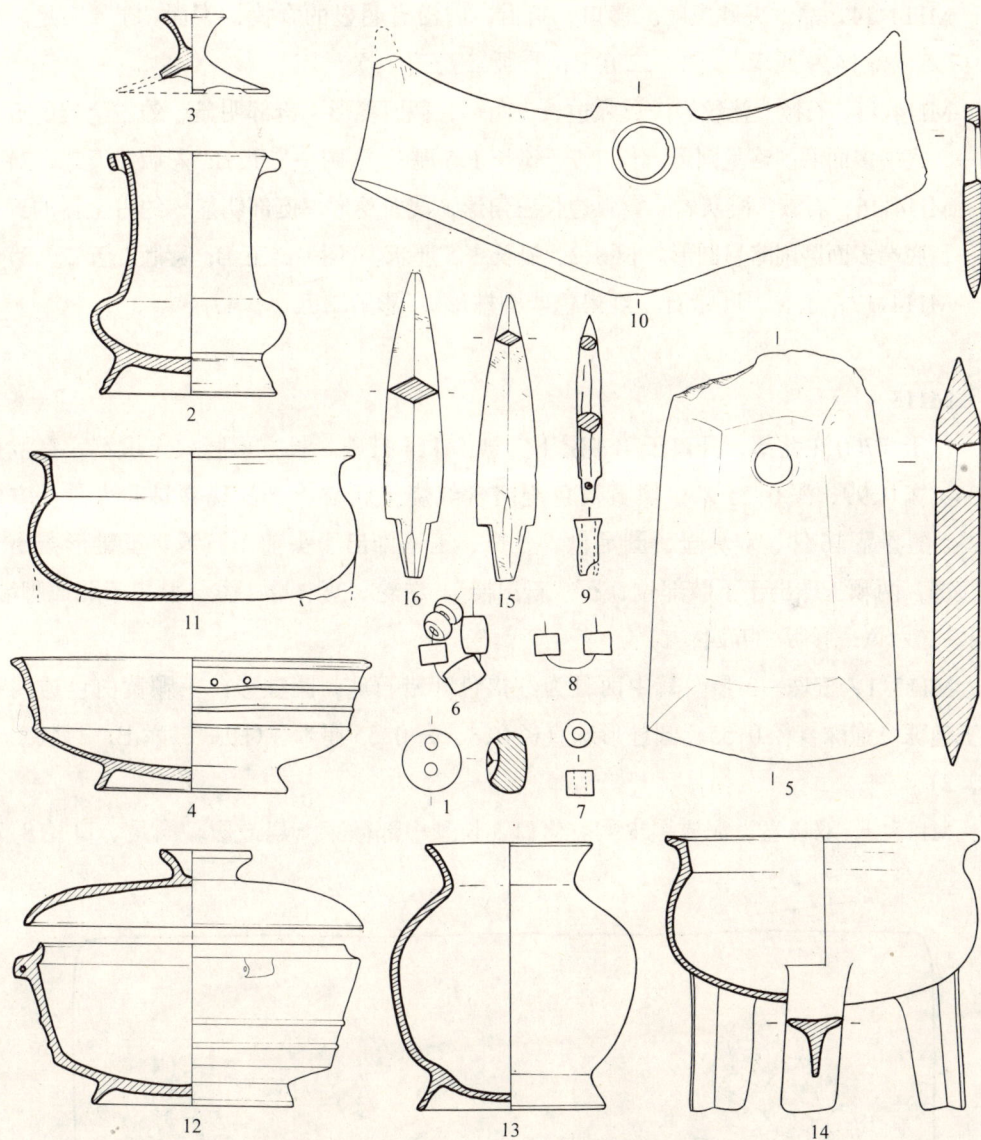

图一二五 B　M114 出土器物（2~4、11~14 为 1/4，余为 1/2）

足残。口径 17.8、残高 8 厘米。（图一二五 B；彩版二五三，4）

　　M114:12，簋，带盖。泥质灰陶。簋子母口，子口内敛，口沿设三鼻，斜腹至近底处折收成内平底，圈足。圈足纽斗笠式盖。口径 16.9、簋高 8.7、盖高 4.2 厘米。（图一二五 B；彩版二五三，5）

　　M114:13，尊。泥质灰黄陶。敞口，溜肩，鼓腹，圈足。口径 9.2、高 14.3 厘米。（图一二五 B；彩版二五三，6）

M114:14，鼎。夹砂黑陶。侈口，折沿，内沿有明显的脊棱，素面"T"字足。口径 17.5、高 14.9 厘米。（图一二五 B；彩版二五三，3）

M114:15，石镞。流纹岩。翼弧边长三角形，截面菱形，铤部明显、约占全器的五分之一，底端多面磨削略呈圆形。长 7.7、铤长 1.5 厘米。（图一二五 B；彩版二五二，2）

M114:16，石镞。凝灰岩。翼弧边长三角形，截面菱形，铤部明显、约占全器的五分之一，底端多面磨削略呈圆形。长 8.2、铤长 1.5 厘米。（图一二五 B；彩版二五二，3）

M114:17，玉珠。叶蜡石，红褐色。圆柱形。（彩版二五一，4）

M115

位于 T700 东北部，开口于第 1 层下，被 M114 打破。长方形竖穴土坑墓，墓坑长 2.34、宽 0.99、深 0.25 米，填黄褐色土略含红烧土颗粒。未发现葬具和人骨。方向 172°。随葬品 16 件，双鼻壶、圈足盘、玉珠、玉串饰出于头前，石钺、玉锥形器出于胸腹部，两颗玉珠出于下肢部位，石"耘田器"、纺轮、簋、尊、盆、鼎出于北面脚端。（图一二六 A；彩版二五四，1）

M115:1，玉珠。3 颗。其中两颗为红褐色叶蜡石珠，圆柱形；一颗黄白色透闪石软玉泡珠。泡珠直径 0.55、圆柱形珠直径 0.8、高 0.55 厘米。（图一二六 B；彩版二五四，2）

M115:2，双鼻壶。泥质黑皮陶。侈口，长颈中部微束，扁鼓腹，圈足。口径 8.7、

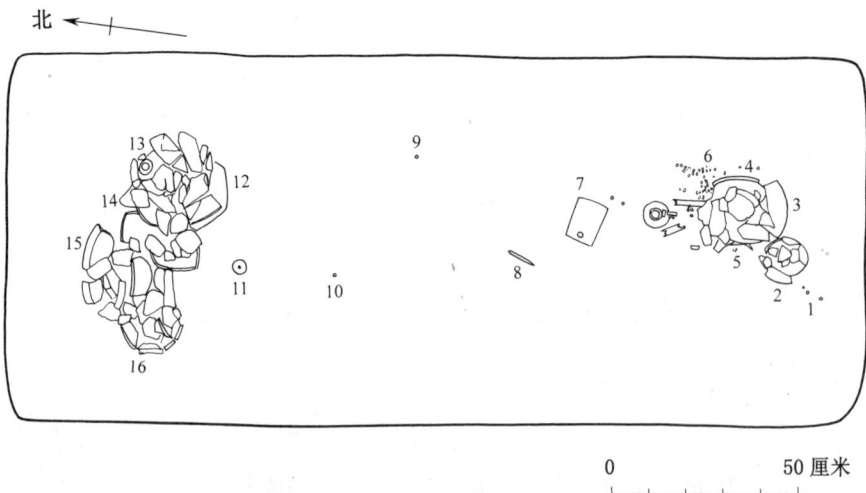

图一二六 A　M115 平面图

1、5、9、10.玉珠　2、3.双鼻壶　4.圈足盘　6.玉串饰　7.石钺　8.玉锥形器　11.纺轮　12.石"耘田器"　13.簋　14.尊　15.盆　16.鼎

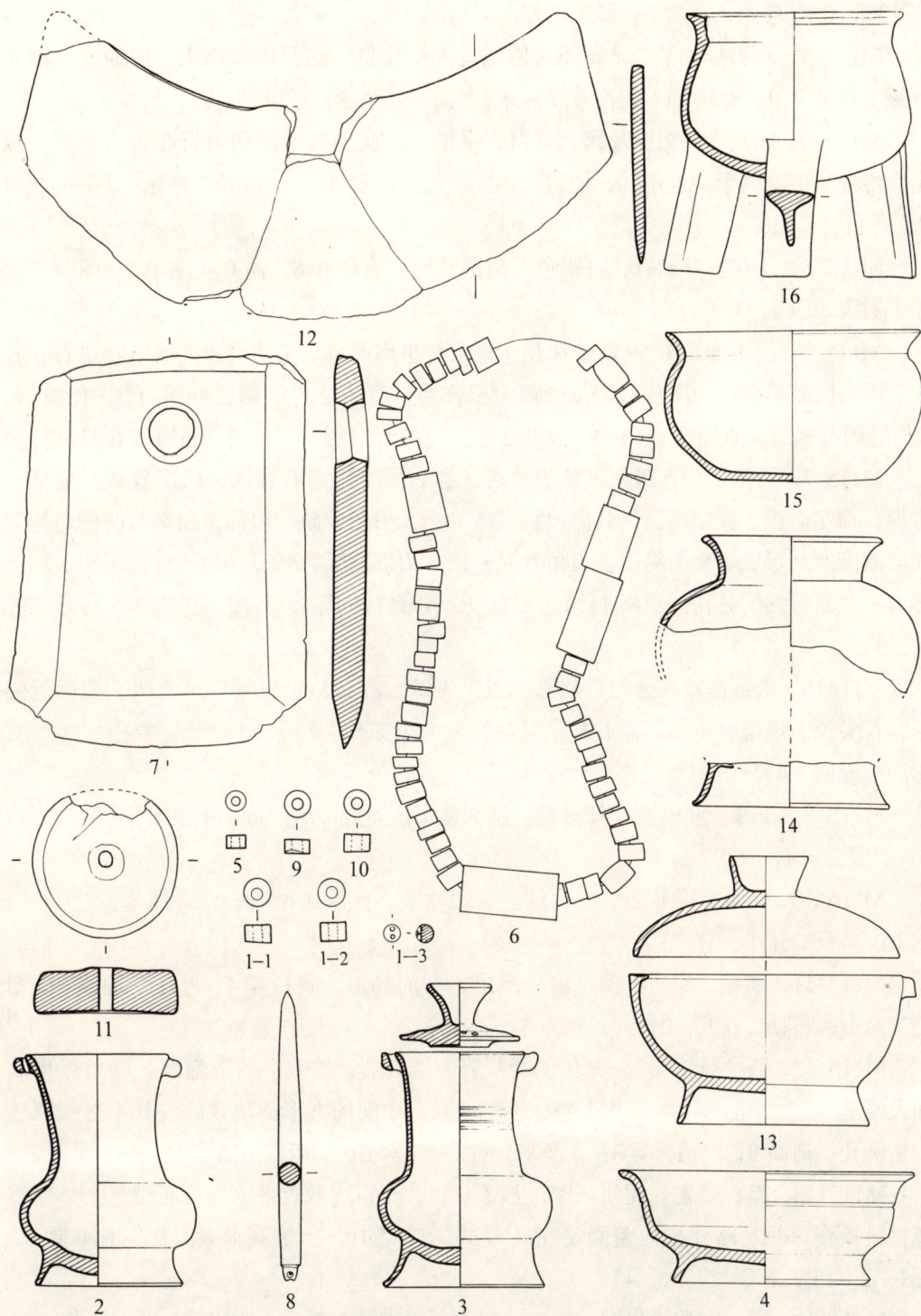

图一二六 B M115 出土器物 (2~4、13~14 为 1/4，余为 1/2)

高 13.8 厘米。（图一二六 B；彩版二五六，1）

M115:3，双鼻壶，带盖。泥质灰胎黑皮陶。侈口，高颈中部微束，扁鼓腹，圈足外撇。口径 7.9、壶高 14、盖高 3.7 厘米。（图一二六 B；彩版二五六，2）

M115:4，圈足盘。泥质灰陶。侈口，平沿，上腹斜直至近底处折收为内平底，圈足。沿面一侧有两个穿系小孔，中腹一周凹弦纹。口径 18.3、高 6.7 厘米。（图一二六 B；彩版二五六，3）

M115:5，玉珠。叶蜡石，红褐色。扁圆柱形。直径 0.6、高 0.4 厘米。（图一二六 B；彩版二五四，3）

M115:6，玉串饰。由 59 颗玉珠和 4 件玉管组串而成。玉珠均为红褐色叶蜡石，其中 2 颗为腰鼓形，余为圆柱形。玉管都为圆柱形，其中 2 件红褐色叶蜡石，1 件萤石，1 件透闪石软玉。直径 0.6~1.4、高 0.3~2.9 厘米。（图一二六 B；彩版二五四，7）

M115:7，石钺。淡青灰色球粒流纹岩。器表因受沁略有剥蚀，局部残缺。扁平长方形，顶端微弧，保留糙面，两侧边斜直微外撇，刃角残缺，刃部、顶端与两侧边均双面磨制渐薄，形成明显的斜边，刃角处起脊线。刃部圆弧，开刃，使用痕迹不明显。上部有一双面管钻的钻孔。通高 11.7、刃宽 9、孔径 1.8 厘米。（图一二六 B；彩版二五五，1）

M115:8，玉锥形器。透闪石软玉，玉色青绿，有黄白色斑块，半透明。截面近圆形，首尖锐，尾端有小榫，榫上有一对钻的横向小穿孔。长 8.65 厘米。（图一二六 B；彩版二五四，6）

M115:9，玉珠。叶蜡石，红褐色。扁圆柱形。直径 0.8、高 0.4 厘米。（图一二六 B；彩版二五四，4）

M115:10，玉珠。叶蜡石，红褐色。扁圆柱形。直径 0.8、高 0.52 厘米。（图一二六 B；彩版二五四，5）

·M115:11，纺轮。泥质黑陶。扁平圆形，截面梯形。直径 4.4、厚 1.3 厘米。（图一二六 B；彩版二五五，2）

M115:12，石"耘田器"。青灰色凝灰岩。器断裂，略残。器形扁薄。圆角弧形双面刃略呈"V"字形，两翼后掠上翘，上端凹弧，中间的方形凸块残缺，其下有一双面管钻圆孔。通高 9.2、两翼宽 16.3 厘米。（图一二六 B；彩版二五五，3）

M115:13，簋，带盖。泥质灰陶。簋子母口，子口内敛近平，外沿部设三个竖穿小鼻，斜弧腹，圈足略外撇。盖圈足纽斗笠式。口径 16.8、簋高 8.9、盖高 6.1 厘米。（图一二六 B；彩版二五六，4）

M115:14，尊。泥质黑皮陶。侈口，斜领，微束颈，弧肩，中腹残，圈足外撇。口径 11 厘米。（图一二六 B）

M115:15，盆。泥质灰黄陶。侈口，束颈，弧腹，平底。口径15.7、高9.1厘米。（图一二六B；彩版二五六，5）

M115:16，鼎。夹砂红陶。侈口，平沿，微束颈，鼓腹下坠，圜底，素面"T"字足，足面略弧凸。口径13.4、高15.9厘米。（图一二六B；彩版二五六，6）

M116

位于T700东北部，开口于第1层下，打破第8层。长方形竖穴土坑墓，墓坑长2.82、宽1.52、深0.35米，填土黄褐色略含红烧土块和颗粒。有使用葬具的板灰痕迹，根据板灰痕迹，知道该墓使用了体量较大的长方形棺，棺长约2.5、宽约1.04～1.07米。人骨保存较差，仅存头骨痕迹和少量肋骨、脊椎骨，头向南，仰身直肢葬。方向172°。随葬品37件，均出于棺的范围内。四件双鼻壶分别出于棺的四角，一件双鼻壶出于南端头前，另有一件双鼻壶放置在头骨西侧的圈足盘内，头前、颈部、胸腹部散布出土玉珠、玉管共17件，石钺一件出于右肩侧，玉锥形器一件出于左肩部附近。石"耘田器"一件、鲨鱼牙齿一颗、玉珠两颗和三件有段石锛出于中部偏北，约当腿骨两侧。尊、盆、鼎、簋各一件出于北面脚端。（图一二七A；彩版二五七）

M116:1，双鼻壶，带盖。泥质灰陶。直口微侈，颈中部稍束，扁腹，圈足外撇。口径6.9、壶高12.6、盖高3.8厘米。（图一二七C；彩版二六〇，1）

M116:2，双鼻壶，带盖。泥质灰陶。直口微侈，鼓腹，圈足外撇。口径7.2、壶高13.2、盖高3厘米。（图一二七C；彩版二六〇，2）

M116:3，双鼻壶，带盖。泥质灰陶。侈口，长颈略束，扁腹，圈足。口径7.2、壶高13.3、盖高3.8厘米。（图一二七C；彩版二六〇，3）

M116:4，双鼻壶，带盖。泥质灰陶。侈口，长颈略束，扁腹，圈足。口径6.6、壶高14.3、盖高2.5厘米。（图一二七C；彩版二六〇，4）

M116:5，圈足盘。泥质灰陶。敞口，方唇，斜折腹，矮圈足略外撇。外腹有四周凹弦纹，一侧有一对小圆穿孔。口径21.8、高7.4厘米。（图一二七C；彩版二六一，1）

M116:6，玉珠。透闪石软玉，黄白色。圆球形，一面的牛鼻形隧孔略残。直径1.35厘米。（图一二七B；彩版二五八，1）

M116:7，玉珠。叶蜡石，红褐色。扁圆柱形。直径0.8、高0.6厘米。（图一二七B；彩版二五八，2）

M116:8，玉珠。叶蜡石，红褐色。扁圆柱形。直径0.8、高0.75厘米。（图一二七B；彩版二五八，3）

M116:9，玉珠。叶蜡石，红褐色。扁圆柱形。直径0.8、高0.4厘米。（图一二七

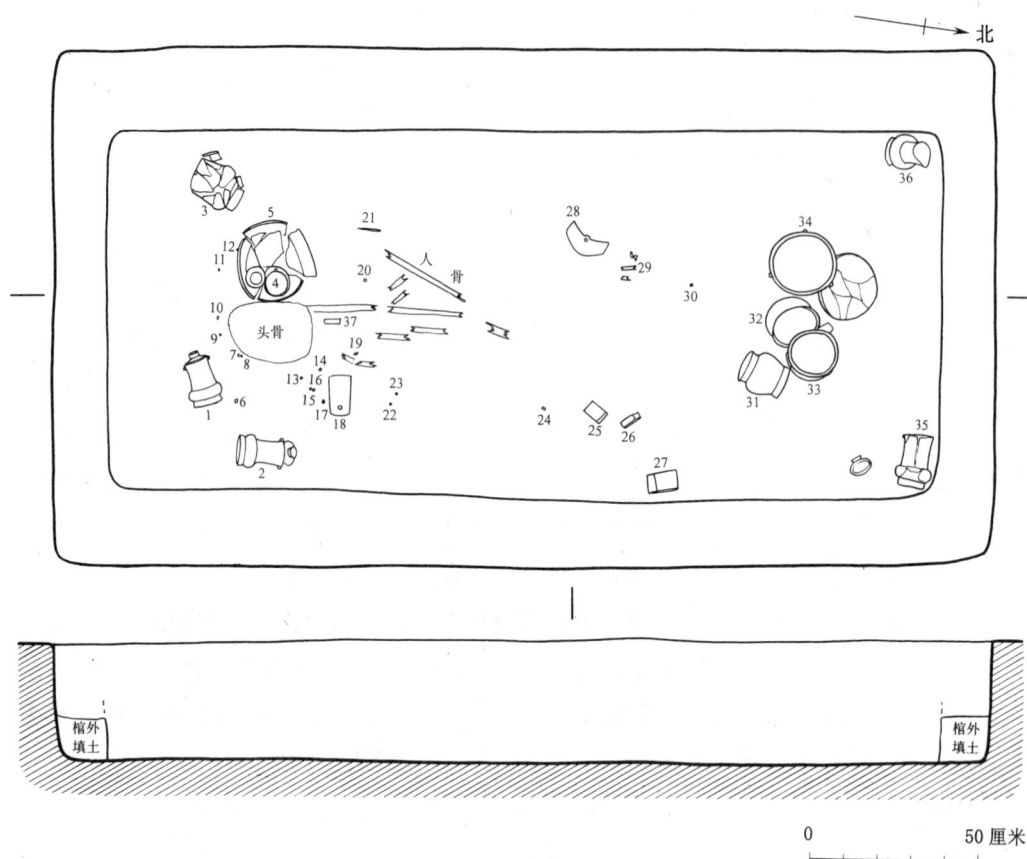

图一二七 A　M116 平剖面图

1~4、35、36.双鼻壶　5.圈足盘　6~17、19、20、22~24、30.玉珠（10 和 11 为同一颗碎后的两部分）

18.石钺　21.玉锥形器　25~27.石锛　28.石"耘田器"　29.鲨鱼唇齿　31.尊　32.盆　33.鼎　34.篮

37.玉管

B；彩版二五八，4）

　　M116:10，玉珠。已残碎，与 M116:11 为同一件珠残碎后的两部分。（图一二七
B；彩版二五八，5）

　　M116:12，玉珠。叶蜡石，红褐色。扁圆柱形。直径 0.75、高 0.4 厘米。（图一二
七 B；彩版二五八，6）

　　M116:13，玉珠。叶蜡石，红褐色。扁圆柱形。直径 0.78、高 0.7 厘米。（图一二
七 B；彩版二五八，7）

　　M116:14，玉珠。透闪石软玉，玉色黄白。略有沁蚀。鼓腰。直径 0.9、高 0.85
厘米。（图一二七 B；彩版二五八，8）

　　M116:15，玉珠。透闪石软玉，黄白色。扁圆球形，一面有一牛鼻形隧孔。直径

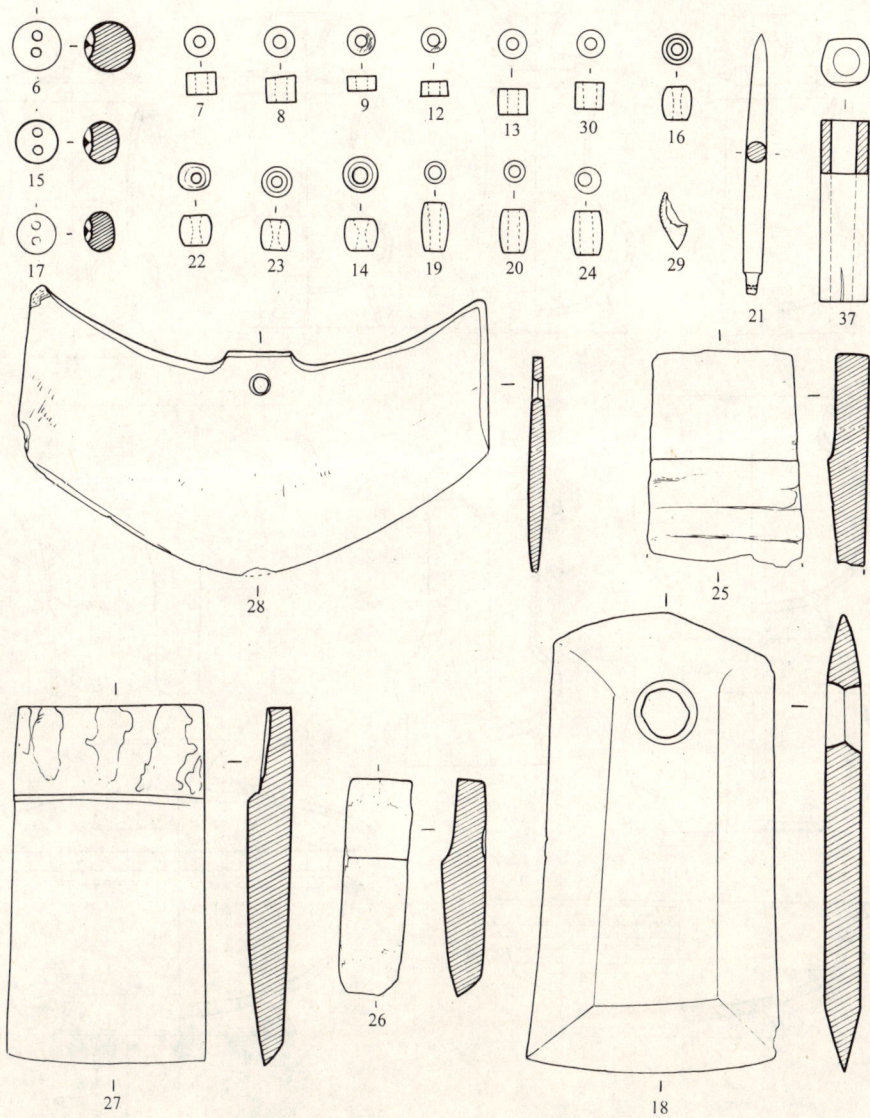

图一二七 B　M116 出土器物（均为1/2）

1.15 厘米。（图一二七 B；彩版二五八，9）

　　M116：16，玉珠。透闪石软玉，黄白色。略有沁蚀。鼓腰。直径 0.8、高 0.9 厘米。（图一二七 B）

　　M116：17，玉珠。透闪石软玉，黄白色。扁圆球形，一面有一牛鼻形隧孔。直径 1.1 厘米。（图一二七 B；彩版二五八，10）

　　M116：18，石钺。淡青绿色球粒流纹岩。扁平长方形，顶端尖弧，两侧边斜直微外

图一二七 C　M116 出土器物（均为 1/4）

撇，刃角明显，两刃角间最宽，刃部、顶端与两侧边均双面磨制渐薄，形成明显的斜边。刃部微弧，刃口锋利，无使用痕迹。上部有一双面管钻的钻孔。通高 12.4、刃宽 6.9、孔径 1.7 厘米。（图一二七 B；彩版二五九，1）

　　M116:19，玉珠。叶蜡石，红褐色。鼓腰。直径 0.8、高 1.3 厘米。（图一二七 B；彩版二五八，11）

　　M116:20，玉珠。叶蜡石，红褐色。鼓腰。直径 0.8、高 1.2 厘米。（图一二七 B；彩版二五八，12）

M116:21，玉锥形器。透闪石软玉，玉色浅绿。形体狭长规整。截面近圆形，首尖锐，尾端有小榫，榫上有一横向穿孔。长 7 厘米。（图一二七 B；彩版二五八，17）

M116:22，玉珠。透闪石软玉，黄白色。略有沁蚀。鼓腰。直径 0.85、高 0.82 厘米。（图一二七 B；彩版二五八，13）

M116:23，玉珠。透闪石软玉，玉色黄白。鼓腰。直径 0.8、高 0.8 厘米。（图一二七 B；彩版二五八，14）

M116:24，玉珠。叶蜡石，红褐色。鼓腰。直径 0.8、高 1.2 厘米。（图一二七 B；彩版二五八，15）

M116:25，石锛。灰黄色流纹岩。受沁剥蚀。平面长方形，有段，刃部残。残长 5.7、段长 2.9 厘米。（图一二七 B；彩版二五九，2）

M116:26，石锛。淡青灰色流纹岩。受沁略有剥蚀。形体较厚。长方形，一面起段，作台阶状，段位于锛体三分之一处，下端侧刃，刃口锋利。长 5.8、刃残宽 0.9 厘米。（图一二七 B；彩版二五九，3）

M116:27，石锛。淡青灰色流纹岩。扁平长方形，一面起段，作台阶状，段位于锛体四分之一处，下端侧刃，刃口锋利，无使用痕迹。长 9.6、刃宽 5.5 厘米。（图一二七 B；彩版二五九，4）

M116:28，石"耘田器"。浅青色凝灰岩。器形扁薄规整。平面略呈左右对称的三角形，"V"形双面尖刃，刃口锋利，刃尖处崩缺，两翼后掠上翘，两侧略宽，上端凹弧，中间有方形凸块，其下有一直径 0.6 厘米的双面实心钻孔。通高 7.6、两翼宽 12.4 厘米。（图一二七 B；彩版二五九，5）

M116:29，鲨鱼唇齿。略呈扁平三角形，牙冠部尖锐，两侧有密集的锯齿，无加工与使用痕迹，一侧牙根朽。残高 1.5 厘米。（图一二七 B；彩版二五九，6）

M116:30，玉珠。叶蜡石，红褐色。扁圆柱形。直径 0.75、高 0.75 厘米。（图一二七 B；彩版二五八，16）

M116:31，尊。泥质灰陶。侈口，鼓肩，弧腹，圈足外撇。口径 9.3、高 13.1 厘米。（图一二七 C）

M116:32，盆。泥质灰黄陶。侈口，弧腹，平底。口径 14.3、高 7.4 厘米。（图一二七 C；彩版二六一，2）

M116:33，鼎。夹砂红陶。侈口，"T"字足，足面下凹。腹部残。（图一二七 C）

M116:34，簋，带盖。泥质灰胎黑皮陶。簋子母口，子口内敛，外沿部设三个竖穿小鼻，斜弧腹，圈足。盖喇叭形纽斗笠式。口径 18、簋高 8.8、盖高 6.1 厘米。（图一二七 C；彩版二六一，3）

M116:35，双鼻壶，带盖。泥质灰胎黑皮陶。直口微侈，长颈，扁鼓腹，圈足。口

径 7.8、壶高 13.8、盖高 3.5 厘米。(图一二七 C；彩版二六〇，5)

M116:36，双鼻壶。泥质灰陶。残，形制不辨。

M116:37，玉管。透闪石软玉，玉色黄白。受沁器表略有剥蚀。圆柱形，双面钻孔，孔壁内有密集的螺旋纹。一侧留有短道竖向切割痕迹。直径 1.4、高 4.95 厘米。(图一二七 B；彩版二五八，18)

M117

位于 T700 西南部，开口于第 1 层下，打破第 8 层和 M119。长方形竖穴土坑墓，长 2.85、宽 1.22、深 0.4~0.46 米。据墓坑剖面土色，推测其使用了长方形弧棺，据板灰痕测得棺长约 2.14、宽约 1 米。人骨已朽。方向 167°。随葬品 10 件，均出于棺内，多在头脚两端。南端头部出有圈足盘、宽把杯、双鼻壶和石钺各一件，簋、鼎、尊、盆和石锛各一件出于北面脚端，一件石镞出于墓室中部偏东侧。(图一二八 A；彩版二六二，1、2)

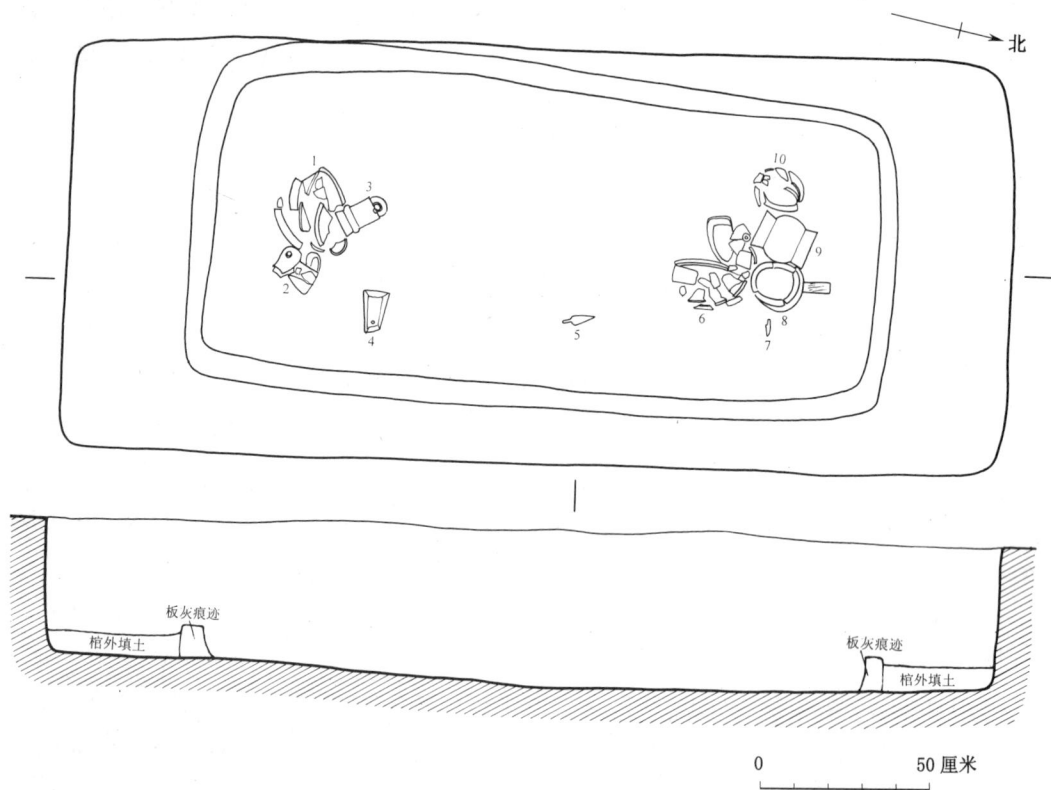

图一二八 A　M117 平剖面图

1.圈足盘　2.宽把杯　3.双鼻壶　4.石钺　5.石镞　6.簋　7.石锛　8.鼎　9.尊　10.盆

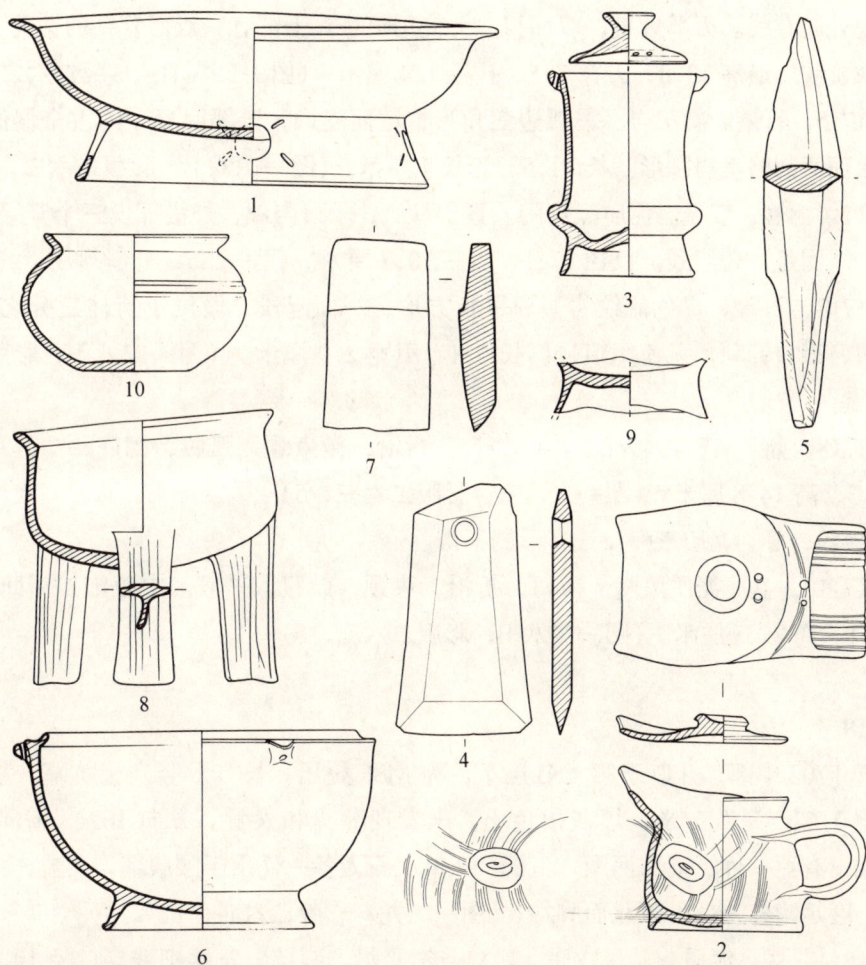

图一二八 B　M117 出土器物（5、7 为 1/2，余为 1/4）

M117:1，圈足盘。泥质灰陶。敞口，宽平沿，斜弧腹，圈足稍高。圈足上饰三个圆形大镂孔。口径 26.6、高 9.2 厘米。（图一二八 B；彩版二六三，1）

M117:2，宽把杯。个体较矮。杯泥质灰褐胎黑皮陶，侈口一端做出箕形翘流，短颈微束，筒形腹略鼓，外腹部刻划写意的"云气"纹，与翘流相对的一侧附扁环形宽把，把上端有两个小圆穿孔，其下两侧各有七道竖向刻道，矮圈足。盖泥质红陶。杯高 8.6、盖高 1.5 厘米。（图一二八 B；彩版二六三，2）

M117:3，双鼻壶，带盖。泥质灰胎黑皮陶。直口，长颈，腹极扁，圈足较高。口径 7.4、壶高 10.9、盖高 2.7 厘米。（图一二八 B；彩版二六三，3）

M117:4，石钺。淡青绿色凝灰岩。扁平长方形，顶端斜直，两侧边斜直外撇，刃角明显，略残，两刃角间最宽，刃部、顶端与两侧边均双面磨制渐薄，形成明显的斜边，刃角处起脊线。刃部近直，双面刃，无使用痕迹。上部有一双面管钻的钻孔，钻孔内留有螺旋纹。通高13.6、刃宽7.5、孔径1.4厘米。（图一二八B；彩版二六二，3）

M117:5，石镞。凝灰岩。翼弧边三角形，截面菱形，铤部明显、约占全器的三分之一，多面磨削略呈扁圆形。长11.5、铤长4厘米。（图一二八B；彩版二六二，4）

M117:6，簋，带盖。泥质黑皮陶。簋子母口，子口内敛，外沿部设三个竖穿小鼻，斜弧腹，矮圈足。盖钮残。口径17.1、簋高10.7厘米。（图一二八B；彩版二六三，4）

M117:7，石锛。青色流纹岩。扁平长方形，一面起段，段位于锛体三分之一处，下端侧刃，刃口锋利，无使用痕迹。长5.1、刃宽2.9厘米。（图一二八B；彩版二六二，5）

M117:8，鼎。夹砂红胎红衣陶。侈口，折沿，微束颈，弧腹，圜底，"T"字足。口径14.3、高14.8厘米。（图一二八B；彩版二六三，5）

M117:9，尊。泥质灰陶。残，形制不辨。

M117:10，盆。泥质黑陶。敞口，折沿，束颈，鼓腹，平底。中腹饰二周凹弦纹。口径10.1、高7.35厘米。（图一二八B；彩版二六三，6）

M118

位于T702中部，开口于第11B层下，为M86叠压。长方形竖穴土坑墓，墓坑长2.23、宽0.67、深0.2米，填灰褐色土。未发现葬具和人骨。方向162°。随葬品11件，南端出有豆一件、玉珠两颗，玉镯、玉坠、石刀各一件出于腰腹部，器盖、鼎、纺轮、簋、圈足罐各一件出于北面脚端。（图一二九；彩版二六四，1、2）

M118:1，豆。泥质灰胎黑皮陶。敞口，窄平沿，斜壁，宽矮把残。口径19、残高3.6厘米。（图一二九）

M118:2，玉珠。透闪石软玉，玉色青绿。扁平半球形，周边近圆，底面平，有一牛鼻形隧孔。直径1.1厘米。（图一二九；彩版二六五，1）

M118:3，玉珠。透闪石软玉，玉色青白。形体较小。圆柱形，双面钻孔。直径1、高1.7厘米。（图一二九）

M118:4，玉镯。淡绿色似玉美石。已受沁蚀。扁平圆环形，截面扁方形，外缘周整。外径7.8~8.1、内径5.3、厚1厘米。（图一二九；彩版二六五，3）

M118:5，玉坠。透闪石软玉，玉色淡绿。形制类锥形器，形体略短小。截面圆形，首钝尖，尾端有榫，榫上有一横向穿孔。长2.2厘米。（图一二九；彩版二六五，2）

M118:6，石刀。浅青色凝灰岩。器形扁薄规整。平面略呈左右对称的长方形，圆角双面弧刃，两翼微后掠上翘，两侧端略宽，上端微凹弧。通高5.1、宽8.9厘米。

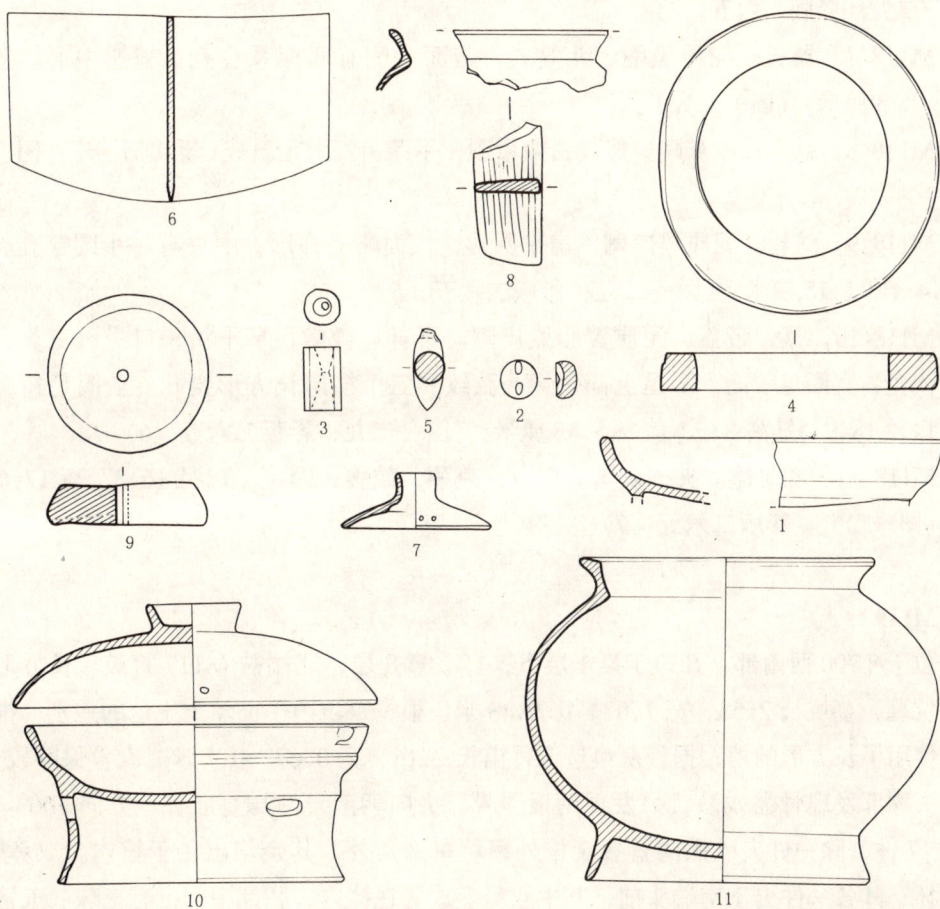

(2~6、9为1/2，余为1/4)

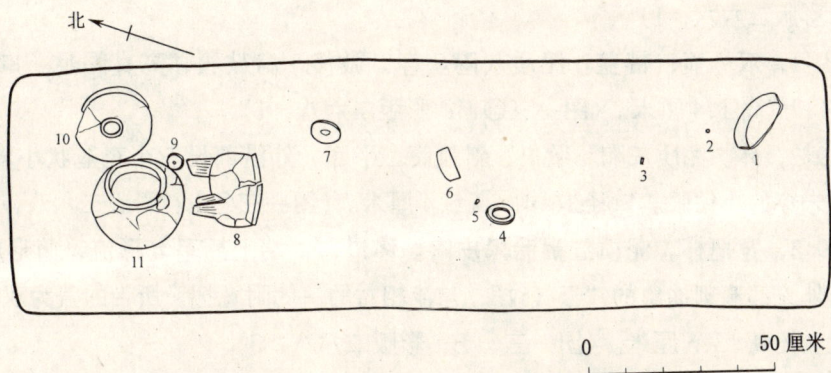

图一二九　M118平面图及其出土器物

1.豆　2、3.玉珠　4.玉镯　5.玉坠　6.石刀　7.器盖　8.鼎　9.纺轮　10.簋　11.圈足罐

（图一二九；彩版二六五，4）

M118:7，器盖。泥质黑陶。斗笠式，盖面一侧有两穿系小孔，盖纽中通。盖径 8.2、高 3 厘米。（图一二九）

M118:8，鼎。夹砂灰陶。侈口，微束颈，平薄鱼鳍形足。残，形制不辨。（图一二九）

M118:9，纺轮。泥质黑褐陶。扁平圆形，截面略呈梯形，中央有一小圆穿孔。直径 4.4、厚 1.15 厘米。（图一二九；彩版二六五，5）

M118:10，簋，带盖。泥质黄胎黑皮陶。簋直口微敞，窄平沿，口沿设三鼻，折腹，浅盘，宽圈足较高，圈足上部一周凸弦纹和三个横向长方形镂孔。盖圈足纽斗笠式。口径 18.9、簋高 8.5、盖高 5.45 厘米。（图一二九；彩版二六五，6）

M118:11，圈足罐。夹砂灰陶。侈口，束颈，鼓腹，圈足。口径 16.3、高 17.6 厘米。（图一二九；彩版二六五，7）

M119

位于 T700 西南部，开口于第 1 层下，打破第 8 层，北端被 M117 打破。长方形竖穴土坑墓，墓坑长 2.53、宽 1.03、深 0.43 米。根据墓坑内平面填土土色的差别，推断该墓使用了长方形的棺，据板灰痕迹测得棺长 2.16、宽 0.67～0.7 米。人骨保存较差，仅在头胸部发现骨骼残骸，另发现两根腿骨，头向朝南，仰身直肢葬。方向 160°。随葬品 17 件，除一件夹砂黑陶簋置于棺外墓坑东南角外，其余均出土于棺内。双鼻壶、宽把杯、钵各一件出于南端头前，其中双鼻壶放置在钵内，胸部中间出有玉珠、玉管各一件，左侧出有玉锥形器一件，右侧出有石钺一件，腰腹部出有石钺、陶器盖、玉珠各一，腿骨右侧出有玉珠一件，甗、簋、尊、双鼻壶和石锛各一件出于北面脚端。（图一三〇 A；彩版二六六，1）

M119:1，双鼻壶，带盖。泥质灰陶。直口微侈，扁鼓腹，高直圈足。口径 6.4、壶高 10.4、盖高 1.4 厘米。（图一三〇 B；彩版二六八，1）

M119:2，钵。泥质灰陶。敞口，斜弧腹，平底。外沿部设三个鸡冠状小錾，錾上有二三个未穿的小钻眼。口径 16.4、高 5.4 厘米。（图一三〇 B；彩版二六八，2）

M119:3，宽把杯。泥质红褐胎黑皮陶。侈口，一端上翘呈箕形流，筒形腹微鼓，翘流下与外腹部遍刻抽象的"云气纹"，与流相对的一侧附宽把。所带的盖为双鼻壶盖，当为后配。杯高 13.6 厘米。（图一三〇 B；彩版二六八，3）

M119:4，石钺。淡青色安山岩。长方形，顶端保留琢制糙面，一角残缺，两侧边斜直微弧，刃角明显，两刃角间最宽。刃部圆弧，刃口锋利，有少量崩缺痕迹。上部有一双面管钻孔。通高 11.5、刃宽 8.6、孔径 1.55 厘米。（图一三〇 B；彩版二六七，1）

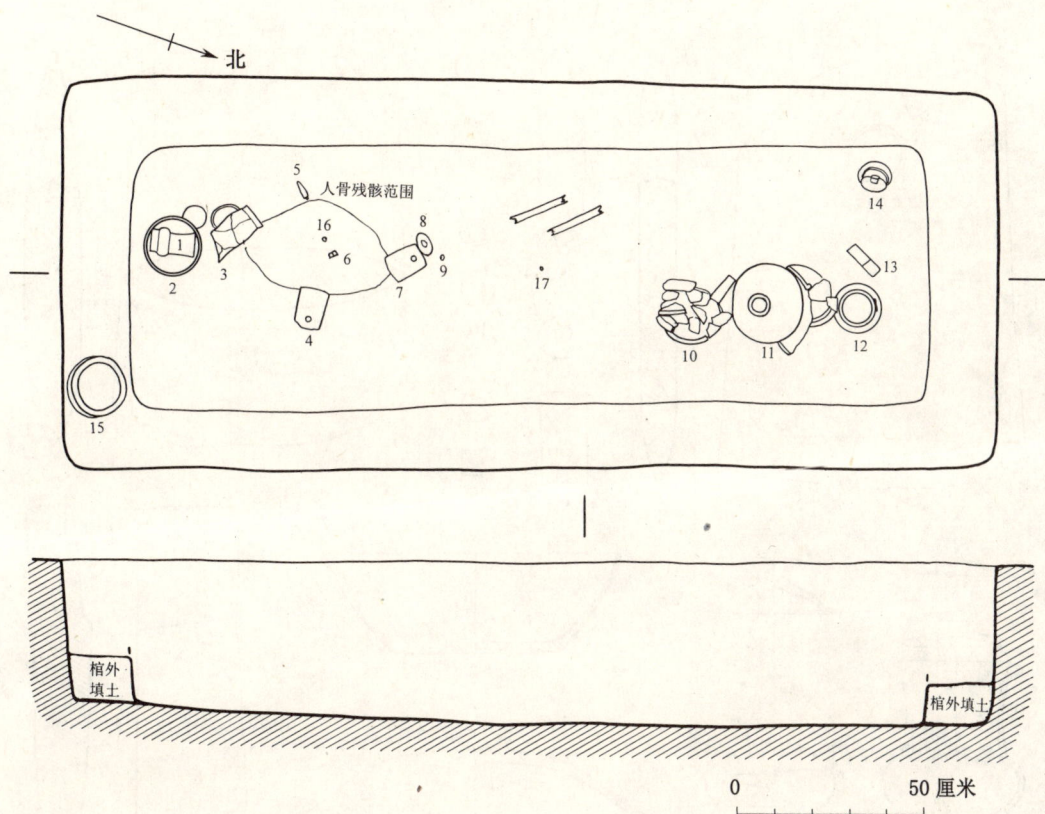

图一三〇 A　M119 平剖面图

1、14. 双鼻壶　2. 钵　3. 宽把杯　4、7. 石钺　5. 玉锥形器　6. 玉管　8. 器盖　9、16、17. 玉珠　10. 甗
11、15. 簋　12. 尊　13. 石锛

M119:5，玉锥形器。透闪石软玉，玉色黄白。受沁有剥落。形体短粗。截面近圆形，首尖，尾端有短小的榫，榫上有一对钻的横向小穿孔。长 5.65 厘米。（图一三〇 B；彩版二六六，2）

M119:6，玉管。叶蜡石，红褐色。圆柱形。直径 1.25、高 2.45 厘米。（图一三〇 B；彩版二六六，3）

M119:7，石钺。淡青绿色流纹岩，含黄褐斑条。长方形，顶端平直，两角琢去如窄肩状，两侧边近直，刃部略宽，刃角明显，刃部、顶端与两侧边均两面磨制渐薄。刃部圆弧，刃口锋利，无使用痕迹。上部有一双面管钻的钻孔。通高 10.65、刃宽 8.1、孔径 1.6 厘米。（图一三〇 B；彩版二六七，2）

M119:8，器盖。泥质黄陶。圈足纽，斗笠式。盖面有两个小穿孔。盖径 5.6、高 1.9 厘米。（图一三〇 B；彩版二六八，4）

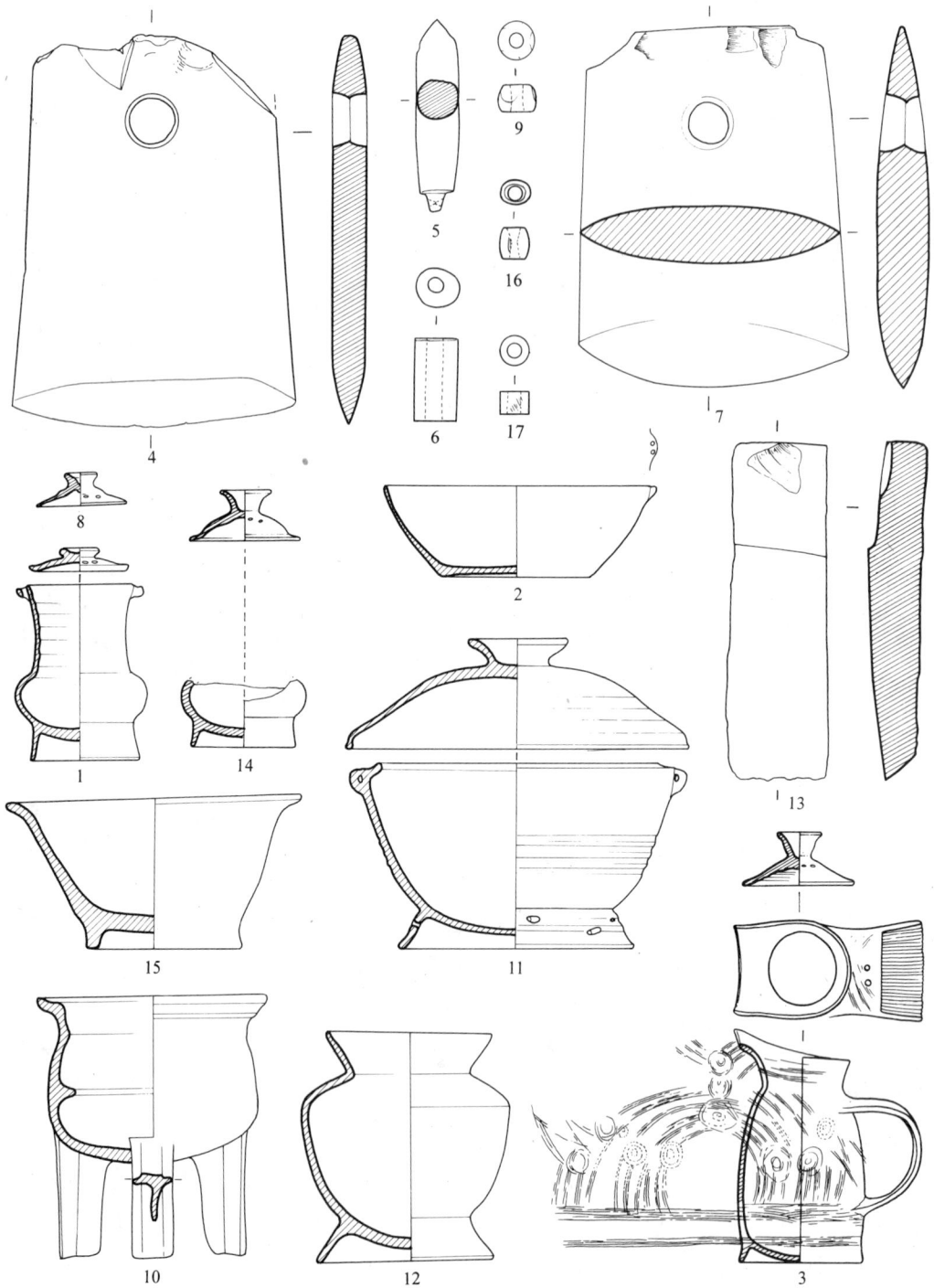

图一三〇B　M119 出土器物（4～7、9、13、16、17 为 1/2，余为 1/4）

M119:9，玉珠。玉髓，淡湖绿色，半透明。扁鼓形。直径1.15、高0.8厘米。（图一三〇B；彩版二六六，4）

M119:10，鬶。夹砂红陶。敞口，微束颈，深弧腹，圜底，腹内壁有一周凸起的隔挡以承箅，素面"T"字足。口径14.2、高15.4厘米。（图一三〇B；彩版二六八，5）

M119:11，簋，带盖。泥质灰陶。簋子母口，子口内敛，外沿部设两个横穿小鼻，斜弧腹较深，圈足外撇。外腹下部饰四周凹弦纹，圈足饰两周凹弦纹和小镂孔组合纹。盖圈足纽斗笠式。口径16.8、簋高10.8、盖高6.45厘米。（图一三〇B）

M119:12，尊。泥质灰陶。敞口，鼓肩，弧腹，圈足外撇。口径10.1、高13.3厘米。（图一三〇B；彩版二六八，6）

M119:13，石锛。淡灰黄色流纹岩。受沁略有剥蚀。锛体较厚。狭长方形，一面起段，作台阶状，段位于锛体三分之一处，下端侧刃，刃口与背面有剥蚀。长9.9、宽2.9厘米。（图一三〇B；彩版二六七，3）

M119:14，双鼻壶，带盖。泥质灰陶。口、颈部已残，扁鼓腹。壶残高4、盖高3厘米（图一三〇B）。

M119:15，簋。夹砂黑陶。大敞口，折沿，斜腹，矮圈足。口径18.1、高9厘米。（图一三〇B；彩版二六八，7）

M119:16，玉珠。透闪石软玉，黄白色。鼓腰。直径0.9、高0.95厘米。（图一三〇B；彩版二六六，5）

M119:17，玉珠。叶蜡石，红褐色。扁圆柱形。直径0.85、高0.7厘米。（图一三〇B；彩版二六六，6）

M120

位于T702东北部，开口于第11B层下，打破西面早期土台，被M80、M84与M86叠压。长方形竖穴土坑墓，长2.9、宽1.3～1.36、深0.5米。根据墓坑内填土在平剖面上的土色差别，判断此墓使用了两侧较直、四角出头的长方形棺，棺长约2.43、宽约0.92米。人骨已腐朽。方向168°。随葬品9件，均出于棺内，陶器已被压得粉碎。南端出有盆和玉珠各一件，石刀一件出于中部东侧，鼎、双鼻壶、簋、圈足罐、纺轮等出于北面脚端。（图一三一A；彩版二六九，1、2）

M120:1，盆。泥质灰胎黑皮陶。敞口，宽沿，沿面一侧有两个小穿孔，弧腹，低矮假圈足平底。口径19.4、高3.8厘米。（图一三一B；彩版二七〇，1）

M120:2，玉珠。叶蜡石，青灰色。圆柱形。直径1、高1.5厘米。（图一三一B；彩版二六九，3）

M120:3，石刀。浅青灰色凝灰岩。器形扁薄。平面略呈左右对称的半圆形，圆角

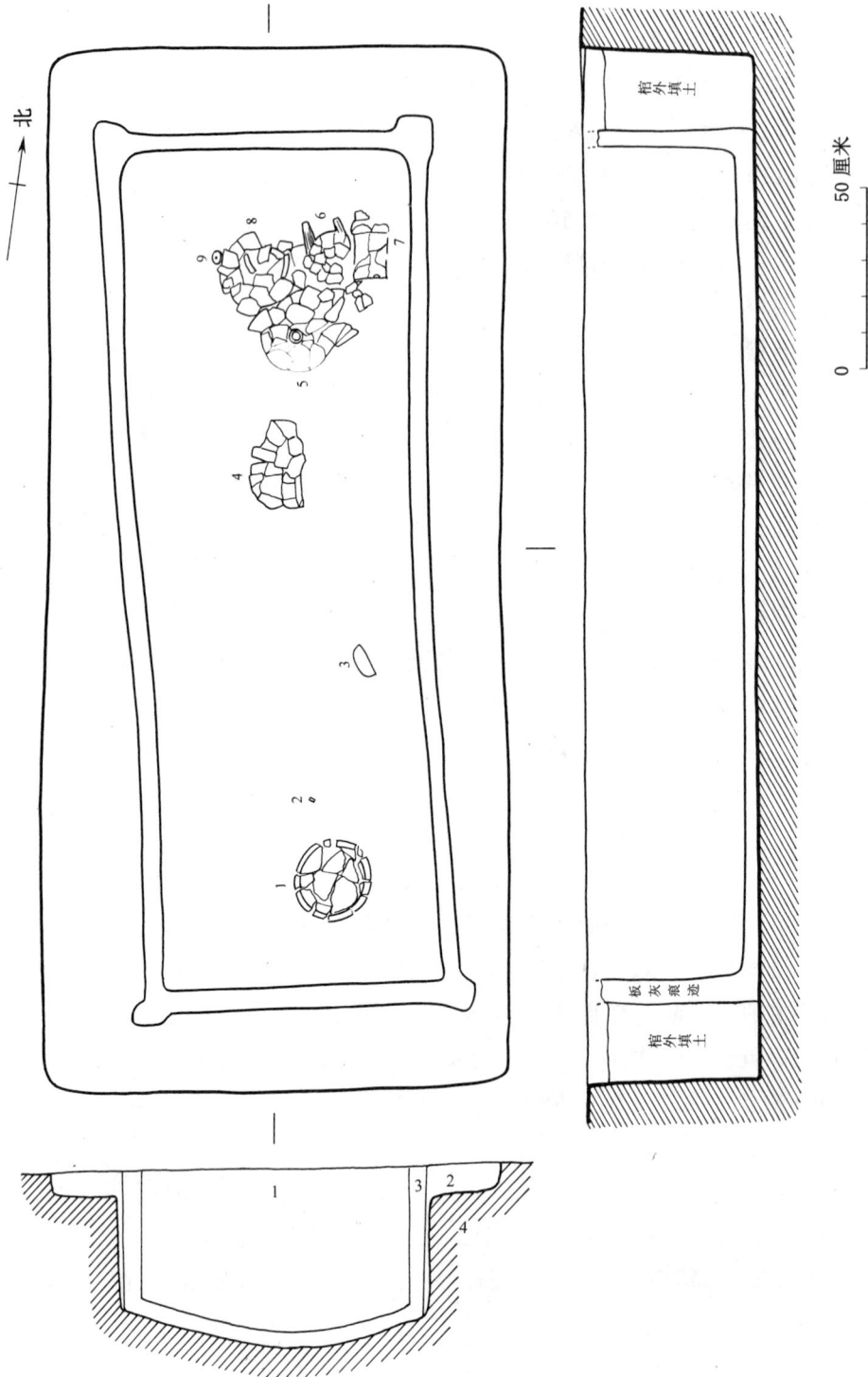

图一三一A　M120 平剖面图

1. 盆　2. 玉珠　3. 石刀　4、7. 双鼻壶　5. 簋　6. 鼎　8. 圈足罐　9. 纺轮

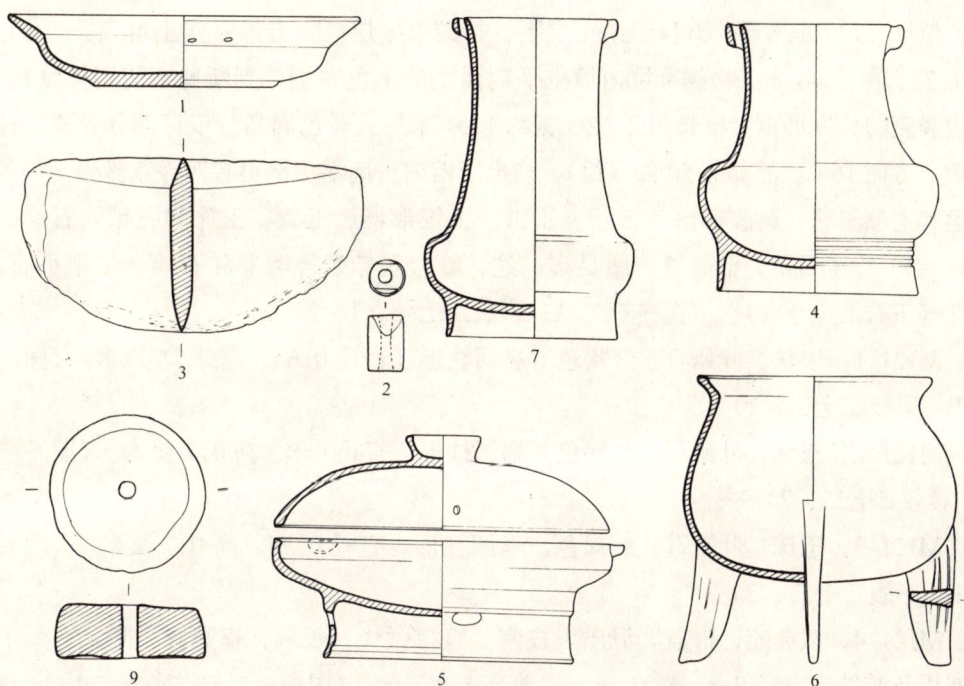

图一三一B　M120出土器物（2、3、9为1/2，余为1/4）

双面弧刃，上端平直，也双面磨成刃状。通高4.7、宽9.3厘米。（图一三一B；彩版二六九，4）

M120:4，双鼻壶。泥质黄胎黑皮陶。直口微侈，粗颈，耸肩，鼓腹，高圈足。圈足上部施四周凹弦纹。口径8.4、高14.5厘米。（图一三一B；彩版二七〇，4）

M120:5，簋，带盖。泥质红胎黑皮陶。簋豆式，直口，平沿，折腹，浅盘。圈足饰一周凸棱和三个横向长方形镂孔。盖圈足纽斗笠式。口径18.5、簋高6.4、盖高5厘米。（图一三一B；彩版二七〇，2）

M120:6，鼎。夹砂红陶。侈口，折沿，束颈，圆弧腹略下垂，圜底，外侧稍厚的鱼鳍足。口径13、高15.4厘米。（图一三一B；彩版二七〇，3）

M120:7，双鼻壶。泥质黑皮陶。直口微侈，长颈中部略束，扁鼓腹，圈足直立。口径7.8、高17.2厘米。（图一三一B；彩版二七〇，5）

M120:8，圈足罐。泥质黄胎黑皮陶。残碎，形制不辨。

M120:9，纺轮。泥质黑陶。扁平圆形，截面呈梯形，中间一圆孔。直径4.25、厚1.45厘米。（图一三一B；彩版二七〇，6）

M121

位于 T700 东南部，开口于第 1 层下，打破第 8 层。长方形竖穴土坑墓，长 2.97、宽 1.77、深 0.44 米。根据墓坑内填土平剖面上的土色差别，判断此墓使用体量较大、侧边竖直的长方形棺，棺长约 2.62、宽约 1.51 米。人骨已腐朽，仅存部分骨渣，性别难辨。方向 165°。随葬品 50 件（组），均出于棺内。南端头部出有四件双鼻壶、一件圈足盘和七颗玉珠，胸腹部出有玉璧、玉钺、玉锥形器、玉管、玉珠和石钺、石锛、石"耘田器"等玉石器，鼎、簋、圈足罐、盆、甗、双鼻壶等陶器和石锛、带把小石刀、玉珠等玉石器出于北端。（图一三二 A；彩版二七一，1、2）

M121:1，玉珠。叶蜡石，红褐色。扁圆柱形。直径 0.65、高 0.75 厘米。（图一三二 B；彩版二七二，1）

M121:2，玉珠。叶蜡石，红褐色。扁圆柱形。直径 0.8、高 0.7 厘米。（图一三二 B；彩版二七二，2）

M121:3，玉珠。叶蜡石，红褐色。扁圆柱形。直径 0.75、高 0.7 厘米。（图一三二 B；彩版二七二，3）

M121:4，双鼻壶，带盖。泥质黑皮陶。直口微侈，长颈，扁鼓腹，圈足。颈中部饰四周凸弦纹。口径 8.8、壶高 16.5、盖高 4.4 厘米。（图一三二 D；彩版二七六，1）

M121:5，双鼻壶，带盖。泥质黄胎黑皮陶。壶侈口，高颈，扁鼓腹，圈足，圈足饰两周凹弦纹和五个横向长方形镂孔。盖喇叭形纽。口径 8.4、壶高 15、盖高 3.6 厘米。（图一三二 D；彩版二七六，2）

M121:6，双鼻壶，带盖。泥质黑皮陶。壶直口微侈，长颈，扁鼓腹，圈足，长颈满饰卷涡纹，圈足上饰小镂孔。盖喇叭形纽。口径 7.8、壶高 13.8、盖高 3.7 厘米。（图一三二 D；彩版二七六，3）

M121:7，双鼻壶，带盖。泥质黄胎黑皮陶。直口微侈，长颈中部略束，鼓腹，圈足。圈足上饰两周凹弦纹和小镂孔。口径 7、壶高 17.1、盖高 3.5 厘米。（图一三二 D；彩版二七六，4）

M121:8，圈足盘。泥质灰黄陶。折平沿，上腹斜直至近底折收成内平底，圈足。口径 19.2、高 7.4 厘米。（图一三二 D；彩版二七七，1）

M121:9，玉钺。透闪石软玉，玉色青白略泛黄，有淡褐色筋斑。形体规整扁薄，顶端平直，留有一道横向的直线锯切割痕迹没有磨去，两侧斜直，刃角明显，刃部圆弧，未开锋口，刃缘厚近 2 毫米。孔双面管钻，孔壁内留有朱红痕迹。钺身一面光洁，另一面有几道圆弧形线切割痕迹。通高 12.25、刃宽 13.1、孔径 1.9 厘米。（图一三二 B；彩版二七三，1）

M121:10，玉珠。透闪石软玉，玉色黄白。略有沁蚀。鼓腰。直径 0.65、高 0.9

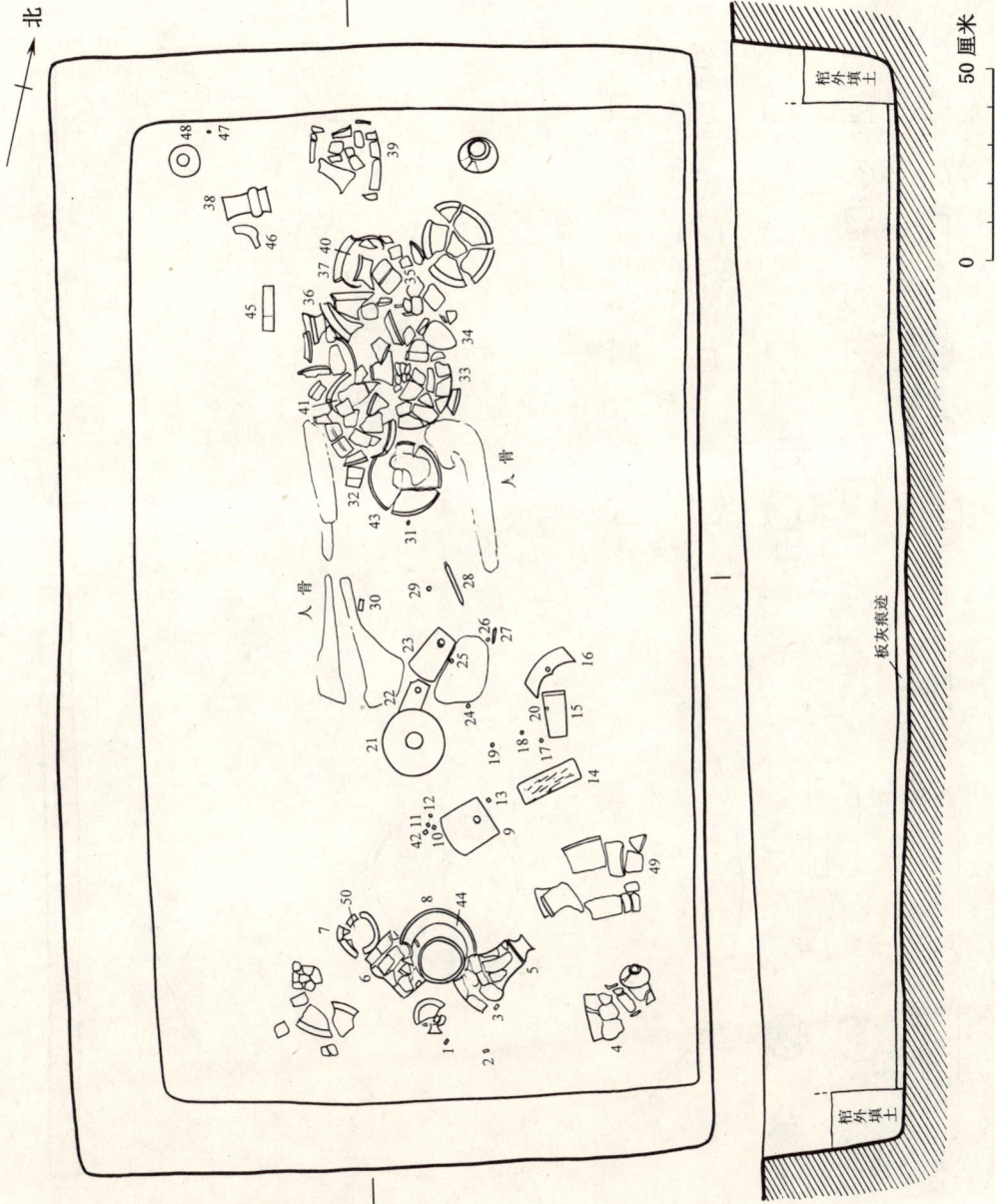

北

50 厘米

棺外填土

人骨

人骨

人骨

板灰痕迹

棺外填土

图一三二 A　M121 平面图

1~3、10~13、17~20、24~
26、29、31、40、42~44、
47、48、50. 玉珠　4~7.
38、39. 双鼻壶　8. 圈足盘
9. 玉钺　14、15、32、41.
玉琮　16. 石"耘田器"
21. 玉璧　22、23. 石钺　27.
28. 玉锥形器　30. 玉管　33.
筤　34、49. 圈足罐　35. 甊
36. 鼎　37. 盆　46. 带把小
石刀

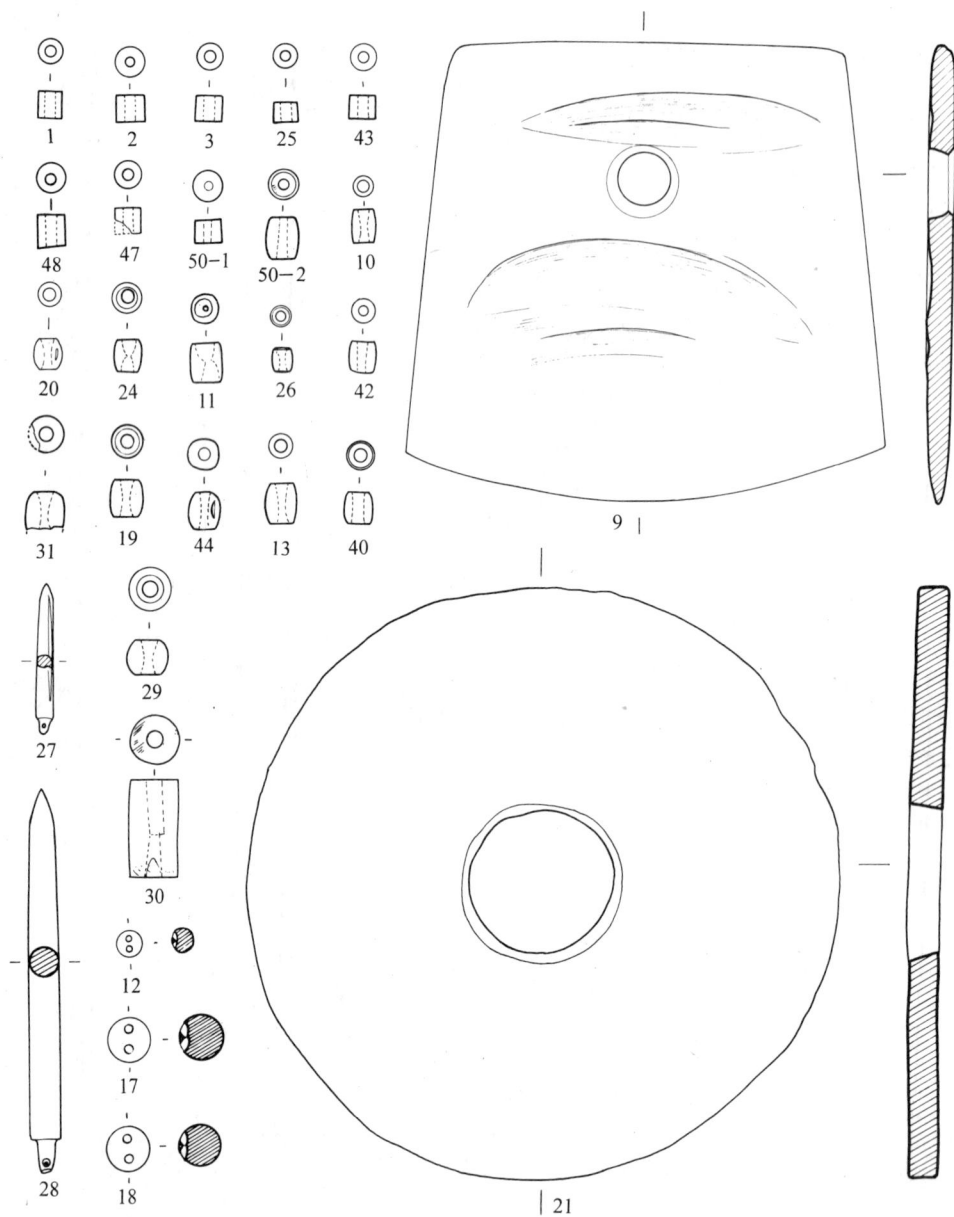

图一三二 B　M121 出土器物（均为 1/2）

厘米。（图一三二 B；彩版二七二，4）

　　M121:11，玉珠。透闪石软玉，青白色。鼓腰。直径 0.9、高 1.08 厘米。（图一三二 B；彩版二七二，5）

　　M121:12，玉珠。透闪石软玉，黄白色。圆球形，一面有对穿的牛鼻形隧孔。直径

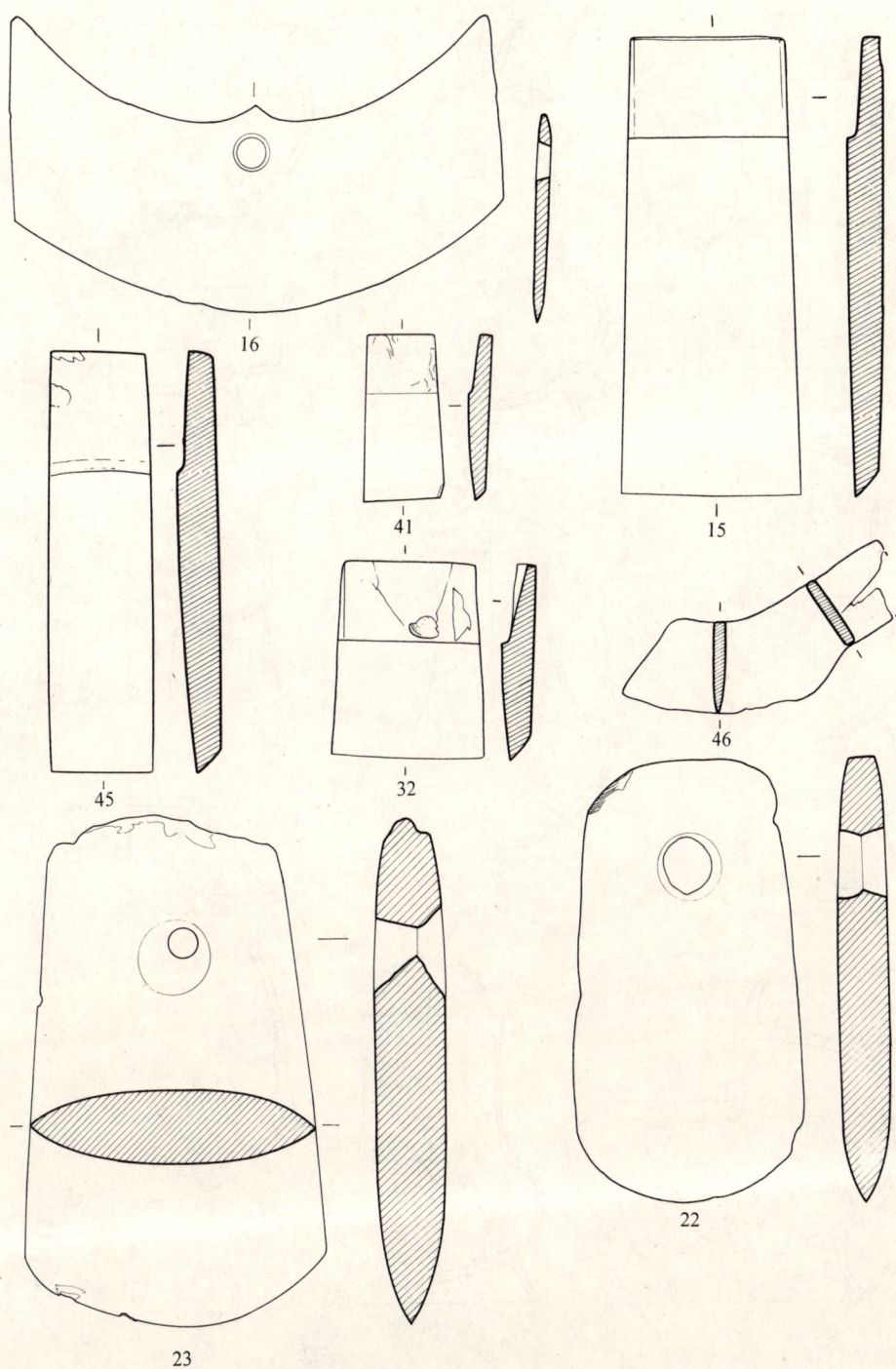

图一三二 C　M121 出土器物（均为 1/2）

图一三二 D　M121 出土器物（均为 1/4）

0.7、高 0.6 厘米。（图一三二 B；彩版二七二，6）

M121:13，玉珠。透闪石软玉，黄白色。鼓腰。直径 0.9、高 1.1 厘米。（图一三二 B；彩版二七二，7）

M121:14，石锛。受沁已朽蚀。

M121:15，石锛。青褐色流纹岩。扁平长方形，一面起段，段位于锛体近五分之一处，下端侧刃，刃口锋利，无使用痕迹。长 12.65、段长 2.75、刃宽 5.1 厘米。（图一三二 C；彩版二七四，1）

M121:16，石"耘田器"。浅青灰色凝灰岩。器形扁薄规整。平面略呈左右对称的三角形，圆角弧形双面刃，无使用痕迹，两翼后掠上翘，两侧端略宽，上端凹弧，中间有尖角形凸块，其下有一直径 1 厘米的单面管钻圆孔。通高 8.1、两翼宽 13.5 厘米。（图一三二 C；彩版二七五，3）

M121:17，玉珠。透闪石软玉，黄白色。圆球形，一面有对穿的牛鼻形隧孔。直径 1.2 厘米。（图一三二 B；彩版二七二，8）

M121:18，玉珠。透闪石软玉，黄白色。圆球形，一面有对穿的牛鼻形隧孔。直径 1.2 厘米。（图一三二 B；彩版二七二，9）

M121:19，玉珠。透闪石软玉，黄白色。鼓腰。直径 0.9、高 1 厘米。（图一三二 B；彩版二七二，10）

M121:20，玉珠。玉髓，灰白色。鼓腰。直径 0.7、高 0.75 厘米。（图一三二 B；彩版二七二，11）

M121:21，玉璧。受沁已朽蚀。器形较小。扁平圆形，单面管钻。直径 16.2、孔径 4.4、厚 0.9 厘米。（图一三二 B；彩版二七三，2）

M121:22，石钺。黛青色含黄斑正长斑岩。埋葬时受沁，器表略有剥蚀。扁长方形，顶端圆弧，两侧边斜直，刃部最宽，无明显刃角。刃部圆弧，双面刃厚钝未开锋，无使用痕迹。上部有一双面管钻而成的钻孔，钻孔时略有左右错位而形成明显台痕。通高 12.2、刃宽 6.4、孔径 1.85 厘米。（图一三二 C；彩版二七五，1）

M121:23，石钺。青灰色角砾凝灰岩。扁平长方形，顶端圆弧，保留琢制的糙面，两侧边斜直，刃部最宽，刃角明显。刃部圆弧，刃口锋利，有少量的使用崩缺痕迹。上部有一钻孔，用双面实心钻斜钻而成。通高 14.1、刃宽 8.5、孔径 2.1 厘米。（图一三二 C；彩版二七五，2）

M121:24，玉珠。透闪石软玉，青白色。鼓腰。直径 0.8、高 0.9 厘米。（图一三二 B；彩版二七二，12）

M121:25，玉珠。叶蜡石，红褐色。扁圆柱形。直径 0.65、高 0.55 厘米。（图一三二 B；彩版二七二，13）

M121：26，玉珠。透闪石软玉，黄白色。略有沁蚀。鼓腰。直径 0.6、高 0.65 厘米。（图一三二 B；彩版二七二，14）

M121：27，玉锥形器。透闪石软玉，玉色浅绿。截面扁圆形，首钝尖，尾端有扁方小榫，榫上有一横向穿孔。器表有一道竖向长切割痕迹。长 4.05 厘米。（图一三二 B；彩版二七三，3）

M121：28，玉锥形器。透闪石软玉，玉色红褐，有白色沁斑。截面圆形，首尖锐，尾端有小榫，榫上有一对钻的横向小穿孔。长 10.4 厘米。（图一三二 B；彩版二七三，4）

M121：29，玉珠。透闪石软玉，玉色黄白。鼓腰。直径 1.15、高 0.95 厘米。（图一三二 B；彩版二七二，15）

M121：30，玉管。叶蜡石，玉色红褐。圆柱形，双面钻孔。直径 1.35、高 2.6 厘米。（图一三二 B；彩版二七三，5）

M121：31，玉珠。透闪石软玉，黄白色。略有沁蚀。残。鼓腰。直径 1、残高 1.05 厘米。（图一三二 B；彩版二七二，16）

M121：32，石锛。淡青灰色流纹岩。扁平方形，一面起段，段位于锛体五分之二处，下端侧刃，刃口锋利，无使用痕。长 5.4、刃宽 4.3 厘米。（图一三二 C；彩版二七四，2）

M121：33，簋，带盖。泥质黑皮陶。簋子母口，子口内敛，斜弧腹，圈足外撇。圈足饰两周凹弦纹和六个横向长方形镂孔。口径 17.4、簋高 10.2、盖高 8.2 厘米。（图一三二 D；彩版二七七，2）

M121：34，圈足罐。夹砂红陶。残碎，形制不辨。

M121：35，甗，带盖。夹砂红陶。甗侈口，平折沿，斜领，微束颈，深弧腹，内腹中部有一周凸起的隔挡承算，圜底，扁平鱼鳍形足。盖桥形纽斗笠式。口径 16.7、高 21.6、盖高 7.2 厘米。（图一三二 D；彩版二七七，3）

M121：36，鼎。夹砂红陶。侈口，圆唇，折沿，弧腹，浅平圜底，"T"字足。口径 14.4、高 11.6 厘米。（图一三二 D；彩版二七七，4）

M121：37，盆。泥质灰黄胎黑皮陶。敞口，折沿，束颈，鼓腹，平底略内凹。口径 19.2、高 10.7、底径 10.7 厘米。（图一三二 D；彩版二七七，5）

M121：38，双鼻壶，带盖。泥质灰陶。直口微侈，扁鼓腹，圈足外撇。口径 8.8、壶高 16、盖高 4.8 厘米。（图一三二 D；彩版二七六，5）

M121：39，双鼻壶，带盖。泥质灰陶。口、颈部已残，扁鼓腹，矮圈足。壶残高 6.4、盖高 4.2 厘米。（图一三二 D；彩版二七六，6）

M121：40，玉珠。叶蜡石，红褐色。略有沁蚀。鼓腰。直径 0.8、高 0.85 厘米。

（图一三二 B；彩版二七二，17）

M121:41，石锛。淡青灰色流纹岩。扁平长方形，一面起段，段位于锛体三分之一处，下端侧刃，刃口锋利，无使用痕迹。长4.6、刃宽2.2厘米。（图一三二 C；彩版二七四，4）

M121:42，玉珠。透闪石软玉，玉色黄白。鼓腰。直径0.75、高0.85厘米。（图一三二 B；彩版二七二，18）

M121:43，玉珠。叶蜡石，红褐色。扁圆柱形。直径0.72、高0.62厘米。（图一三二 B；彩版二七二，19）

M121:44，玉珠。透闪石软玉，玉色黄白。鼓腰。两侧有切割痕迹。直径0.95、高1厘米。（图一三二 B；彩版二七二，20）

M121:45，石锛。淡青灰色流纹岩。狭长扁平方形，一面起段，段位于锛体四分之一处，下端侧刃，刃口锋利，无使用痕迹。长11.6、段长3.3、刃宽2.8厘米。（图一三二 C；彩版二七四，3）

M121:46，带把小石刀。霏细岩。受沁略有剥蚀。刃部略弧，双面刃，长方形斜把略残。通长7.6厘米。（图一三二 C；彩版二七五，4）

M121:47，玉珠。叶蜡石，玉色红褐。扁圆柱形，一端略残。直径0.7、高0.7厘米。（图一三二 B；彩版二七二，21）

M121:48，玉珠。叶蜡石，玉色红褐。圆柱形。直径0.75、高0.8厘米。（图一三二 B；彩版二七二，22）

M121:49，圈足罐。夹砂陶。残碎，形制不辨。

M121:50，玉珠。2颗。叶蜡石。一颗腰鼓形，一颗圆柱形。直径0.8~0.9、高0.65~1.12厘米。（图一三二 B；彩版二七二，23）

M122

位于 T701 中北部，开口于第1层下，被 M103 打破，并打破 HJ1 和 M124。长方形竖穴土坑墓，墓坑长1.43、宽0.55、深0.11米，填土灰褐色夹杂红烧土颗粒。未发现葬具和人骨，从墓坑大小判断很可能是小孩墓。方向163°。随葬品3件，盆、簋、鼎各一件都出于北面脚端。（图一三三；彩版二七八，1、2）

M122:1，盆。泥质灰陶。侈口，折沿，沿面略凹弧，圆弧腹，平底。口径11.6、高9厘米。（图一三三；彩版二七八，3）

M122:2，簋，带盖。泥质黄陶。簋子母口，子口内敛，外沿部设三个竖穿小鼻，斜弧腹，圈足外撇。盖圈足纽斗笠式。口径9.6、簋高6.45、盖高3.8厘米。（图一三三；彩版二七八，4）

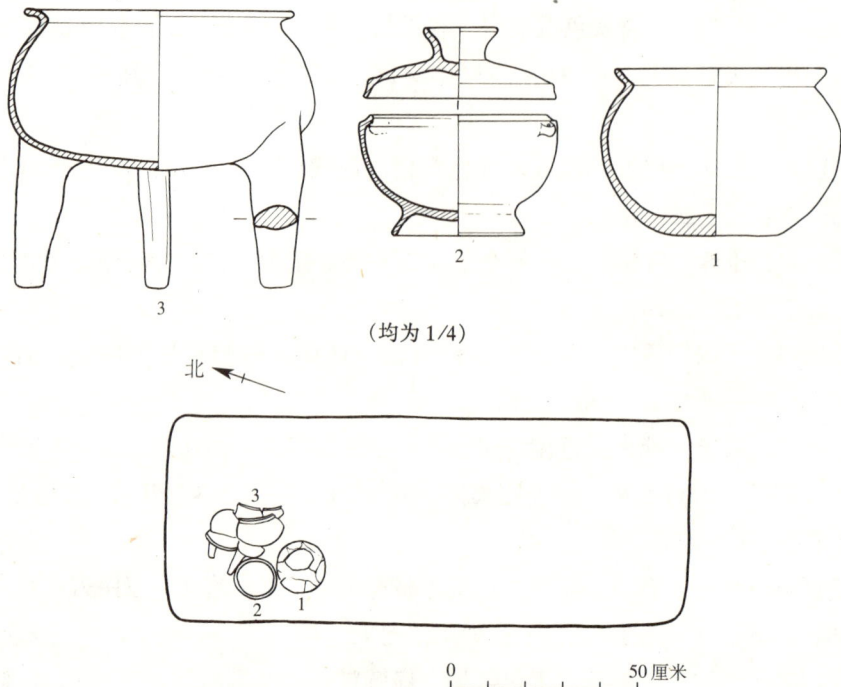

（均为1/4）

图一三三　　M122平面图及其出土器物

1. 盆　2. 簋　3. 鼎

M122:3，鼎。鼎身为泥质灰胎黑陶，略含细砂；鼎足系典型的夹砂红陶。侈口，折沿，束颈，弧腹略鼓，圜底，扁锥方足。口径15、高14.8厘米。（图一三三；彩版二七八，5）

M123

位于T700东隔梁中部，开口于第1层下，打破第8层。长方形竖穴土坑墓，墓坑长2.32、宽1、深0.28米，填黄褐色土略含红烧土颗粒。未发现葬具和人骨。方向171°。随葬品13件，分别出于墓坑南北两侧。南端出有双鼻壶两件和圈足盘、玉串饰、玉锥形器、石钺各一件，鼎、尊、簋、盆、石"耘田器"各一件和石锛两件出于北端。（图一三四A；彩版二七九）

M123:1，双鼻壶，带盖。泥质灰陶。壶口、颈、圈足均残，扁鼓腹。盖喇叭形纽。壶残高8.4、盖高3.3厘米。（图一三四B）

M123:2，双鼻壶，带盖。泥质灰陶。壶微侈口，长颈，扁腹，圈足外撇。盖喇叭形纽斗笠式。口径7.5、壶高13.3、盖高3.3厘米。（图一三四B；彩版二八一，1）

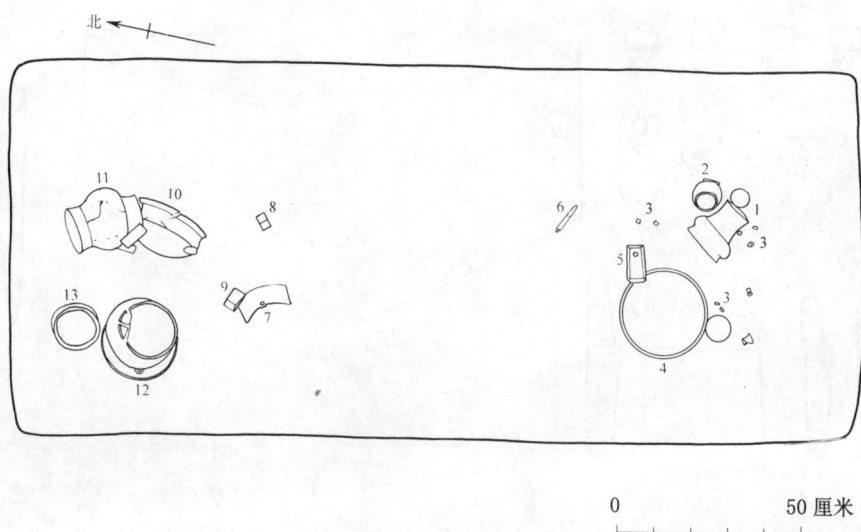

图一三四 A M123 平面图

1、2.双鼻壶 3.玉串饰 4.圈足盘 5.石钺 6.玉锥形器 7.石"耘田器" 8、9.石锛 10.鼎 11.尊 12.簋 13.盆

M123:3,玉串饰。由 10 颗玉珠组串而成。5 颗透闪石软玉珠,其中 2 颗腰鼓形,3 颗扁圆球形泡珠;5 颗红褐色叶蜡石珠,圆柱形。直径 0.85~1.15、高 0.5~1.05 厘米。(图一三四 B;彩版二八〇,1)

M123:4,圈足盘。泥质灰陶。敞口,斜直壁,折腹,圈足。口沿下一侧有两穿系小孔。口径 21.4、高 6.4 厘米。(图一三四 B;彩版二八一,2)

M123:5,石钺。淡青绿色球粒流纹岩。器表因受沁略有剥蚀。扁平长方形,顶端近直,两侧边斜直,刃角明显,两刃角间最宽,刃部、顶端与两侧边均双面磨制渐薄,形成明显的斜边,刃角处起脊线。刃部微弧,双面刃,无使用痕迹。上部有一双面管钻的钻孔,钻孔内留有螺旋纹和涂朱痕迹。通高 10.5、刃宽 6.2、孔径 1.6 厘米。(图一三四 B;彩版二八〇,4)

M123:6,玉锥形器。透闪石软玉,玉色黄白。受沁断裂,表皮有剥落。形体略长。截面近圆形,首尖,尾端有小榫,榫上有一对钻的横向小穿孔。长 9 厘米。(图一三四 B;彩版二八〇,2)

M123:7,石"耘田器"。浅青灰色霏细斑岩。器形扁薄规整。平面略呈左右对称的三角形,"V"形双面尖刃,刃口锋利,无使用痕迹,两翼后掠上翘,翼角磨方,一角略残,两侧端略宽,上端凹弧,中间有方形凸块,其下有一直径 0.6 厘米的双面实心钻孔。通高 8.3、两翼宽 13.4 厘米。(图一三四 B;彩版二八〇,3)

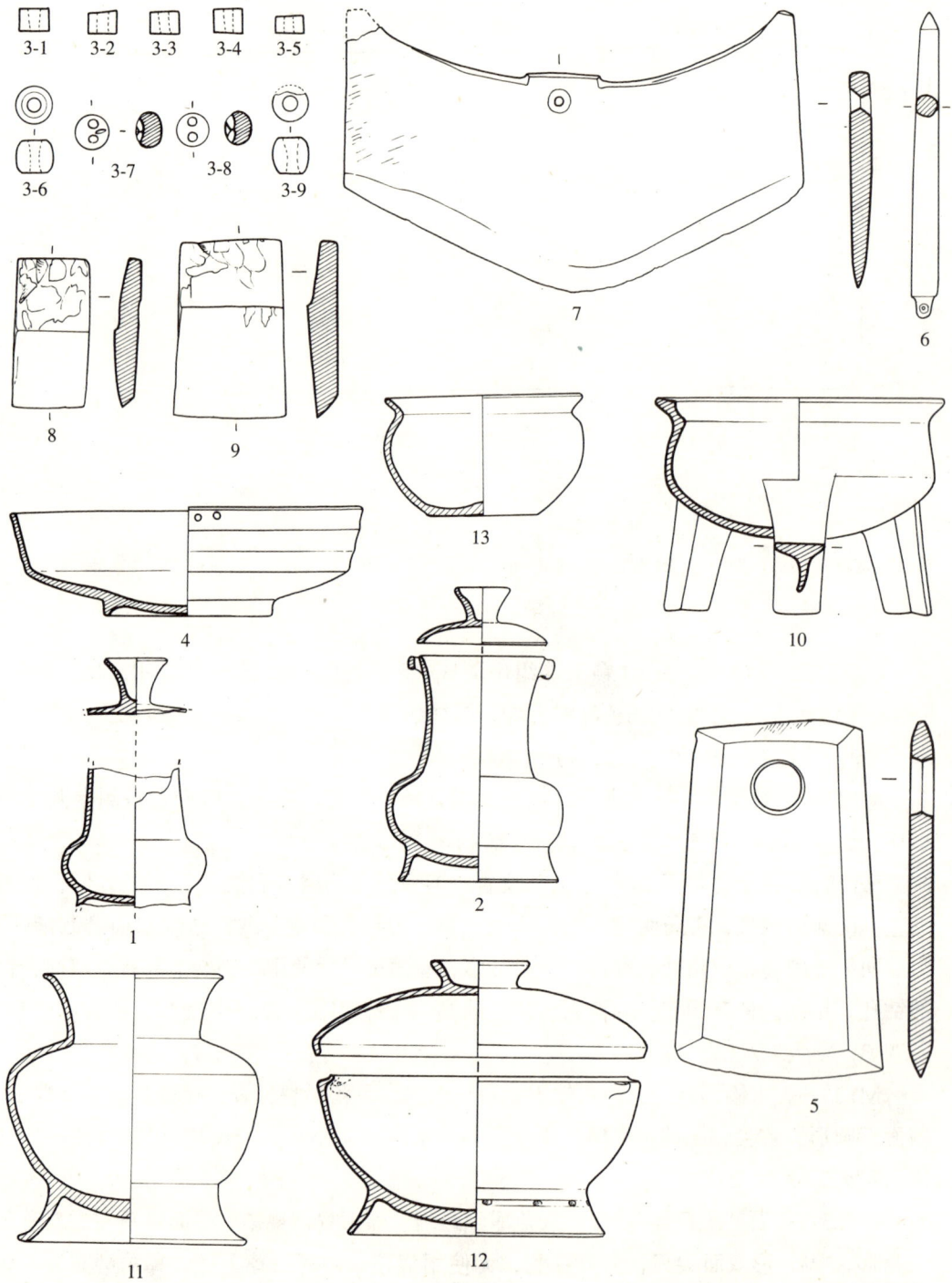

图一三四 B　M123 出土器物（3、5～9 为 1/2，余为 1/4）

M123:8，石锛。淡青灰色流纹岩。狭长扁平方形，一面起段，作台阶状，段位于锛体二分之一处，下端侧刃，刃口锋利，无使用痕迹。背面与段阶以上略加抛磨，留有不少琢制的小凹坑，段阶以下抛磨精细。长4.4、刃宽2.2厘米。(图一三四B；彩版二八○，5)

M123:9，石锛。淡青灰色流纹岩。扁平长方形，一面起段，作台阶状，段位于锛体三分之一处，下端侧刃，刃口锋利，有一处崩缺痕迹。长5.2、刃宽3.4厘米。(图一三四B；彩版二八○，6)

M123:10，鼎。夹砂黑陶。侈口，内沿有明显的脊棱，素面"T"字足，足面略平。口径17.4、高12.8厘米。(图一三四B；彩版二八一，6)

M123:11，尊。泥质灰陶。侈口，高斜领，弧折肩，圈足外撇。口径10.8、高16.1厘米。(图一三四B；彩版二八一，5)

M123:12，簋，带盖。泥质灰陶。簋子母口，子口内敛，外沿部设三个竖穿小鼻，斜弧腹，圈足较宽高。盖圈足纽斗笠式。口径17.8、簋高9.4、盖高5.7厘米。(图一三四B；彩版二八一，4)

M123:13，盆。泥质黑陶。敞口，束颈，弧腹，平底。口径12.1、高7.1厘米。(图一三四B；彩版二八一，3)

M124

位于T701中部，开口于第1层下，被HJ1和M103、M122打破。长方形竖穴土坑墓，墓坑长2.61、宽1.05、深0.2米，填土灰褐色夹杂红烧土颗粒。未发现葬具，人骨保存差，仅发现少量牙齿残骸。方向166°。随葬品36件，南端头前有四件双鼻壶，另有两件双鼻壶及玉串饰、玉珠、玉管、玉梳背、玉锥形器、石钺等出于头部位置，胸部左侧出有玉坠一件，三颗玉珠出于右手腕部位，两颗玉珠出于腿腹部位，三件石镞呈竖直排放出于腿脚部右侧，玉珠、玉管、石"耘田器"、尊、簋、鼎、圈足盘、圈足罐出于北面脚端。(图一三五A；彩版二八二，1~3)

M124:1，双鼻壶，带盖。泥质灰胎黑皮陶。直口，长颈，扁鼓腹，圈足稍高。口径6.4、壶高10.6、盖高1.9厘米。(图一三五C；彩版二八六，1)

M124:2，双鼻壶，带盖。泥质灰黄胎黑皮陶。直口微侈，鼓腹，圈足。口径5.8、壶高10.2、盖高2.2厘米。(图一三五C；彩版二八六，2)

M124:3，双鼻壶，带盖。泥质灰陶。直口微侈，长颈，扁鼓腹，圈足。口径7.7、壶高14.1、盖高3厘米。(图一三五C)

M124:4，双鼻壶，带盖。泥质黄胎黑皮陶。直口，长颈，扁鼓腹，圈足稍高。口径7.2、壶高13.1、盖高3.1厘米。(图一三五C；彩版二八六，3)

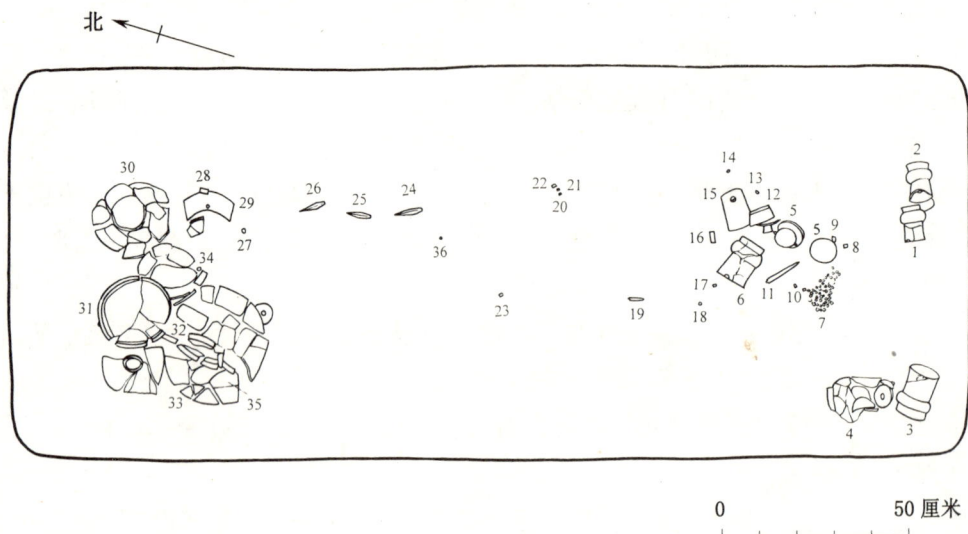

图一三五 A　M124 平面图

1～6. 双鼻壶　7. 玉串饰　8～10、13、14、17、18、20～23、27、35、36. 玉珠　11. 玉锥形器　12. 玉梳背
15. 石钺　16、28. 玉管　19. 玉坠　24～26. 石镞　29. 石"耘田器"　30. 尊　31. 簋　32. 鼎　33. 圈足盘
34. 圈足罐

　　M124：5，双鼻壶，带盖。泥质黑皮陶。直口，长颈，扁鼓腹，圈足。口径 6.4、壶高 10.7、盖高 2.8 厘米。（图一三五 C；彩版二八六，4）

　　M124：6，双鼻壶，带盖。泥质灰胎黑皮陶。直口微侈，长颈，扁鼓腹，圈足稍高。口径 6.4、壶高 10.7、盖高 2.8 厘米。（图一三五 C；彩版二八六，5）

　　M124：7，玉串饰。由 83 颗玉珠组串而成。除 3 颗为透闪石软玉外，其余都为叶蜡石。三颗软玉珠有一颗小腰鼓形，两颗扁平圆形。叶蜡石珠有 9 颗腰鼓形，余为圆柱形。直径 0.65～1.2、高 0.3～1.25 厘米。（图一三五 B；彩版二八三，1）

　　M124：8，玉珠。叶蜡石，红褐色。鼓腰。直径 1.15、高 1.4 厘米。（图一三五 B；彩版二八三，2）

　　M124：9，玉珠。透闪石软玉，灰白色。受沁已朽。圆球形，一面牛鼻形隧孔已残。直径 1.9 厘米。（图一三五 B；彩版二八三，3）

　　M124：10，玉珠。透闪石软玉，玉色黄白。鼓腰。直径 0.88、高 0.98 厘米。（图一三五 B）

　　M124：11，玉锥形器。透闪石软玉，玉色青白，有黄色斑块。截面近圆形，首尖锐，尾端有小榫，榫上有一对钻的横向小穿孔，其下还有一个半圆残孔。器身上留有两道竖向切割痕迹。长 11.7 厘米。（图一三五 B；彩版二八四，1）

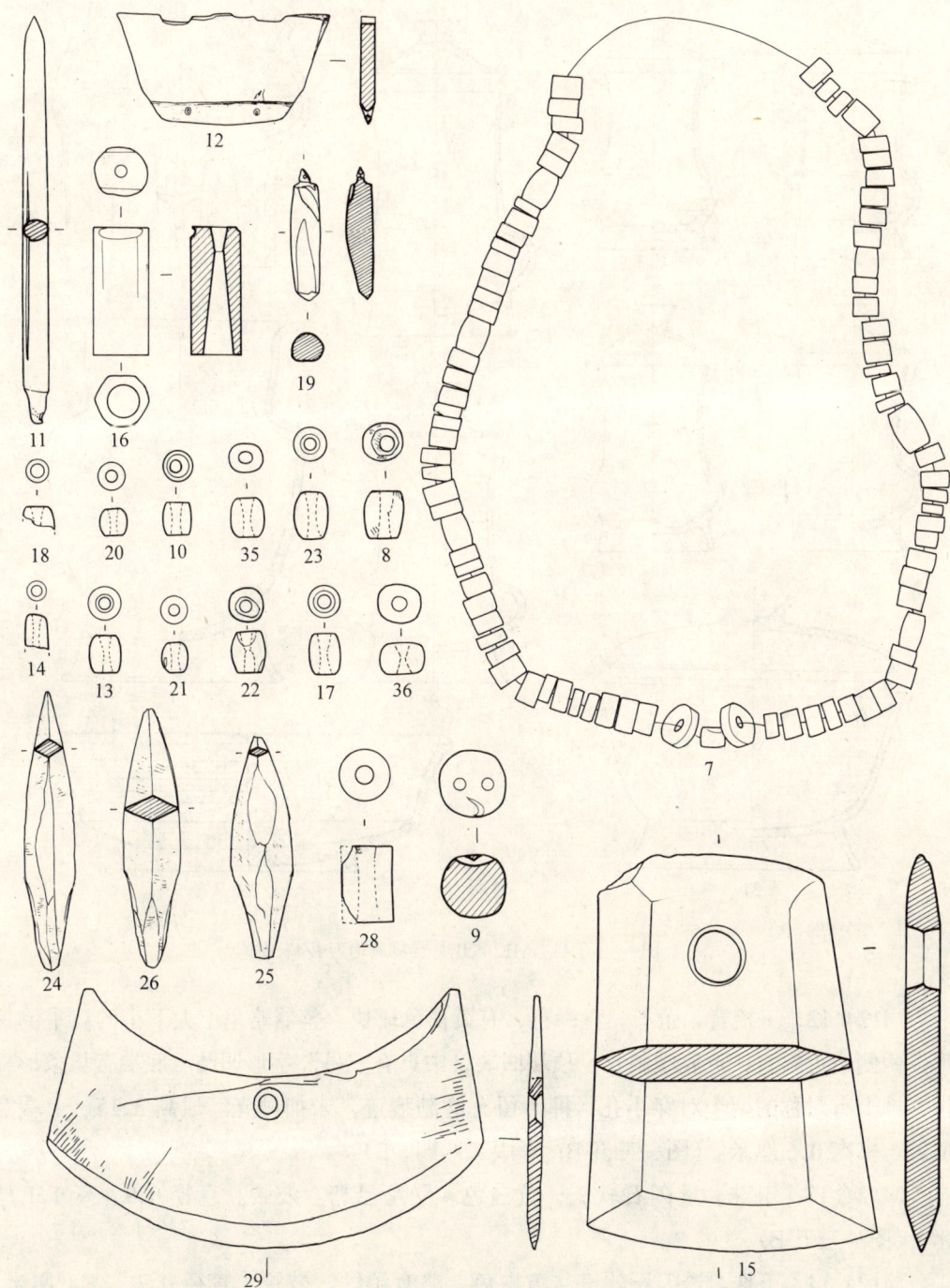

图一三五 B　M124 出土器物（均为 1/2）

图一三五 C　M124 出土器物（均为 1/4）

　　M124：12，玉梳背。萤石，青绿色，有黄褐色斑块。整器略呈上大下小的扁平倒梯形，两侧边近斜直，近底端斜收。顶端凹缺，中央有"弓"字形凹凸。底端有长条形扁榫，榫上有对称的两个对穿小孔，榫上留有磨制痕迹，未加抛光。通高 3.15、上端宽 6.25、榫高 0.6 厘米。（图一三五 B；彩版二八四，2）

　　M124：13，玉珠。透闪石软玉，黄白色。受沁已朽。鼓腰。直径 0.9、高 1.1 厘米。（图一三五 B）

　　M124：14，玉珠。透闪石软玉，黄白色。略有沁蚀。鼓腰。直径 0.7、高 1 厘米。（图一三五 B；彩版二八三，4）

　　M124：15，石钺。淡青绿色球粒流纹岩。扁平长方形，顶端尖弧，保留琢制糙面，两侧边斜直微外撇，刃角明显，两刃角间最宽，刃部与两侧边均双面磨制渐薄，形成明显的斜边，刃角处起脊线。刃部微弧，厚钝未开刃口，无使用痕迹。上部有一双面管钻的钻孔。通高 11.25、刃宽 8.5、孔径 1.7 厘米。（图一三五 B；彩版二八五，1）

M124:16，玉管。透闪石软玉，玉色黄白。整器圆柱形，单面钻孔，小孔一端柱体两侧各有一切割凹槽。直径 1.6、高 3.65 厘米。（图一三五 B；彩版二八四，3）

M124:17，玉珠。透闪石软玉，黄白色。略有沁蚀。鼓腰。直径 0.95、高 1.2 厘米。（图一三五 B；彩版二八三，5）

M124:18，玉珠。透闪石软玉，灰白色，受沁已朽。直径 0.9、残高 0.65 厘米。（图一三五 B；彩版二八三，6）

M124:19，玉坠。透闪石软玉，玉色青白。形制类锥形器，形体略短粗，不规则，器身上留有多处切割痕迹。截面略呈三角形，首钝尖，尾端小榫短细，上有一横向细小穿孔。长 3.75 厘米。（图一三五 B；彩版二八四，4）

M124:20，玉珠。透闪石软玉，青白色。鼓腰。直径 0.8、高 0.8 厘米。（图一三五 B；彩版二八三，7）

M124:21，玉珠。透闪石软玉，黄白色。鼓腰。直径 0.8、高 0.9 厘米。（图一三五 B；彩版二八三，8）

M124:22，玉珠。叶蜡石，红褐色。鼓腰。直径 1、高 1.2 厘米。（图一三五 B；彩版二八三，9）

M124:23，玉珠。透闪石软玉，黄白色。受沁已朽。鼓腰。直径 1、高 1.35 厘米。（图一三五 B；彩版二八三，10）

M124:24，石镞。凝灰岩。翼弧边长三角形，截面呈菱形，铤部较长、约占全器的三分之一，除两侧向内磨削外，两顶面也略加磨削。长 8、铤长 2.4 厘米。（图一三五 B；彩版二八五，3）

M124:25，石镞。凝灰岩。翼弧边长三角形，顶端略残，截面呈菱形，铤部明显、约占全器的三分之一，底端多面磨削略呈圆形。长 6.3、铤长 2.2 厘米。（图一三五 B；彩版二八五，4）

M124:26，石镞。凝灰岩。翼弧边长三角形，截面呈菱形，铤部明显、约占全器的三分之一，底端多面磨削。长 7.4、铤长 2.7 厘米。（图一三五 B；彩版二八五，5）

M124:27，玉珠。透闪石软玉，黄白色。受沁已朽。扁鼓形。（彩版二八三，11）

M124:28，玉管。透闪石软玉，玉色灰白。受沁已残。直径 1.5、高 2.2 厘米。（图一三五 B）

M124:29，石"耘田器"。青黑色凝灰岩。器身扁平，两翼后掠，刃部圆弧，背部凹弧，中间上部有一双面钻小穿孔。通高 7.3、两翼宽 11、孔径 0.9 厘米。（图一三五

B；彩版二八五，2）

M124:30，尊。泥质灰陶。敞口，折沿，高领较直，折肩，斜弧腹，高圈足外撇。口径14、高20.9厘米。（图一三五C；彩版二八七，1）

M124:31，簋，带盖。泥质灰胎黑皮陶。簋子母口，子口内敛，外沿部设三个竖穿小鼻，斜弧深腹，圈足外撇。圈足纽斗笠式盖。口径16.4、簋高10.9、盖高4.2厘米。（图一三五C；彩版二八七，2）

M124:32，鼎。夹砂红陶。敞口，束颈，鼓腹下垂，圜底近平，"T"字足，足面略下凹。口径13.4、高14厘米。（图一三五C；彩版二八七，3）

M124:33，圈足盘。泥质灰陶。敞口，厚唇，折腹，矮圈足。口沿下一侧有两个小孔，上腹饰四周凸弦纹。口径24.1、高7.9厘米。（图一三五C；彩版二八七，4）

M124:34，圈足罐。泥质灰陶。残，形制不辨。

M124:35，玉珠。透闪石软玉，玉色黄白。鼓腰。直径1、高1.15厘米。（图一三五B；彩版二八三，12）

M124:36，玉珠。透闪石软玉，黄白色。扁鼓形。直径1.3、高0.9厘米。（图一三五B；彩版二八三，13）

M125

位于T701北部，开口于HJ1下，打破第8层。长方形竖穴土坑墓，长2.98、宽1.2、深0.53米。根据墓坑内填土平剖面上土色的差别，判断此墓使用了侧边竖直的长方形棺，棺长约2.53、宽约0.64~0.75米。人骨大部已腐朽，仅存肢骨残骸和部分头骨。方向169°。随葬品32件，有四件双鼻壶分别出于棺顶外四角，还有一件玉套管和一件玉锥形器也出于棺外填土中。其余随葬品均出于棺内，主要出在头部和脚端。南端头部出有圈足盘、簋、宽把杯、双鼻壶和玉璜、玉锥形器、玉珠，头骨压在圈足盘上。胸腹部出土器物较少，有玉锥形器、玉珠等小件玉器和一件圈足罐。北面脚端出有两件纺轮和簋、鼎等陶器及玉锥形器。该墓共出土七件玉锥形器，为新地里墓地中出土玉锥形器最多的墓葬。此墓也是新地里遗址唯一出土玉璜的良渚文化墓葬，还出土了两件纺轮，推测墓主应为女性。（图一三六A；彩版二八八，1~3）

M125:1，双鼻壶，带盖。泥质灰胎黑皮陶。直口微侈，扁鼓腹，圈足外撇。口径7.9、壶高12.5、盖高3.2厘米。（图一三六C；彩版二九一，1）

M125:2，双鼻壶，带盖。泥质灰陶。壶直口微侈，颈部上端略大，扁鼓腹，圈足稍高。盖残。口径8.5、壶高12.8、盖高2.8厘米。（图一三六C；彩版二九一，2）

M125:3，玉珠。透闪石软玉，玉色黄白。鼓腰。直径0.78、高0.82厘米。（图一三六B；彩版二九○，2）

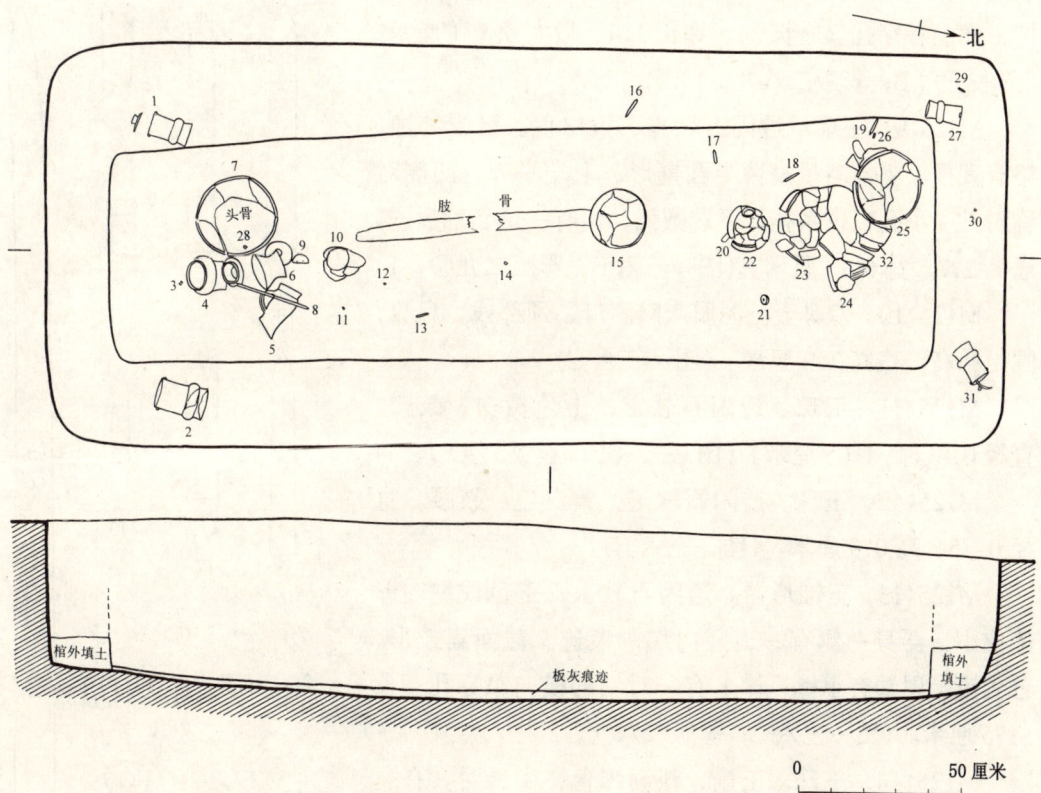

图一三六 A　M125 平剖面图

1、2、4、10、27、31. 双鼻壶　3、11、12、14、28. 玉珠　5. 宽把杯　6. 簋　7. 圈足盘　8、13、16～19、
26、29. 玉锥形器　9. 玉璜　15. 圈足罐　20、21. 纺轮　22. 盆　23、25. 簋　24. 鼎　30. 玉套管　32. 小壶

　　M125:4，双鼻壶，带盖。泥质黑皮陶。直口微侈，扁鼓腹，圈足外撇。口径 8.4、壶高 12.75、盖高 2.6 厘米。（图一三六 C；彩版二九一，3）

　　M125:5，宽把杯，带盖。泥质黑皮陶。侈口，一端上翘成箕形流，微束颈，筒腹微鼓，矮圈足。与翘流相对的一侧附宽把。杯高 11.9、盖高 1.3 厘米。（图一三六 C；彩版二九二，1）

　　M125:6，簋，带盖。簋夹细砂灰陶，敞口，斜腹，圈足外撇。盖泥质黑皮陶，喇叭形纽斗笠式。簋口径 12.2、高 8.6、盖高 7 厘米。（图一三六 C；彩版二九二，2）

　　M125:7，圈足盘。泥质灰胎黑皮陶。敞口，口沿下一侧有两个小孔，上腹斜直，下腹折收为浅内平底，矮圈足外撇。外腹饰四周凸弦纹。口径 21.8、高 6.3 厘米。（图一三六 C；彩版二九二，3）

　　M125:8，玉锥形器。透闪石软玉，玉色黄白。略有沁蚀。形体较长，器身上有一

道竖向的切割痕迹。截面圆形，头部尖锐，尾端有小
榫，榫上有穿孔。通长24、榫长1.4、最大径1.1厘米。
（图一三六 B；彩版二八九，1）

M125:9，玉璜。透闪石软玉，黄白色。已受沁蚀，
略有残损。整器略呈扁薄半圆璧形，上端平齐，两侧对
称对钻一小孔以供系挂，下端圆弧，留有一道切割痕迹。
通高2.7、宽6.15厘米。（图一三六 B；彩版二九〇，1）

M125:10，双鼻壶。泥质灰陶。口、颈部残。扁腹，
圈足稍高。残高7.2厘米。（图一三六 C）

M125:11，玉珠。透闪石软玉，玉色黄白。鼓腰。
直径0.8、高1.05厘米。（图一三六 B；彩版二九〇，3）

M125:12，玉珠。透闪石软玉，黄白色。鼓腰。直
径0.75、高0.9厘米。（图一三六 B）

M125:13，玉锥形器。透闪石软玉，玉色浅绿。形
体狭小，器身一侧有一道竖向切割痕迹。截面扁鼓形，
首尖锐，尾端有小榫，榫上有一对钻的横向小穿孔。长
3.75厘米。（图一三六 B；彩版二八九，2）

M125:14，玉珠。玉髓，淡湖绿色，半透明。有裂
纹。鼓腰。直径1.2、高1.2厘米。（图一三六 B；彩版
二九〇，4）

M125:15，圈足罐。泥质灰陶。残碎，形制不辨。

M125:16，玉锥形器。叶蜡石，玉色青绿。截面方
形，首尖锐，尾端有小榫，榫上有一对钻的横向小穿孔。
长6厘米。（图一三六 B；彩版二八九，3）

M125:17，玉锥形器。透闪石软玉，玉色灰白。受
沁已朽。器略扁，钝首，残。（图一三六 B；彩版二八
九，7）

M125:18，玉锥形器。叶蜡石，玉色青绿。截面方
形，首尖锐，尾端有小榫，榫上有一对钻的横向小穿孔。
长7.05厘米。（图一三六 B；彩版二八九，4）

M125:19，玉锥形器。叶蜡石，玉色青绿。截面方
形，首尖锐，尾端有小榫，榫上有一对钻的横向小穿孔。
长7.9厘米。（图一三六 B；彩版二八九，5）

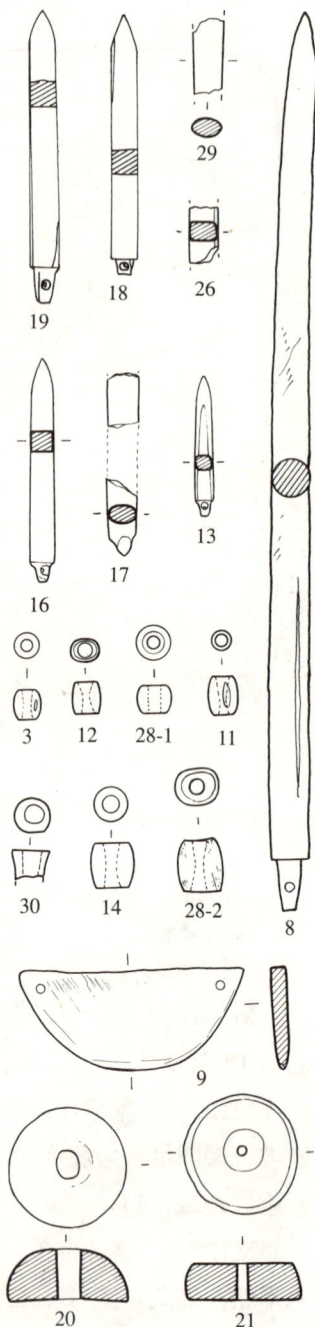

图一三六 B　M125 出土器物

（均为 1/2）

图一三六 C　M125 出土器物（均为 1/4）

M125：20，纺轮。夹砂灰褐陶。截面半圆形。直径 3.3、厚 1.4 厘米。（图一三六 B；彩版二九三，5）

M125：21，纺轮。泥质灰陶。扁平圆形，截面梯形，中间一穿孔。直径 3.15、厚 1 厘米。（图一三六 B；彩版二九三，6）

M125：22，盆。泥质灰陶。敞口，折沿，束颈，斜弧腹，平底。口径 11.4、高 5.5 厘米。（图一三六 C；彩版二九三，1）

M125：23，簋。泥质黑陶。侈口，宽折沿，外沿部设三个竖穿小鼻，束颈，弧腹，矮圈足外撇。口径 17.4、高 9.9 厘米。（图一三六 C；彩版二九二，4）

M125：24，鼎。夹砂灰陶。侈口，折沿。弧腹，"T"字足足面略下凹。口径 15.5、高 14 厘米。（图一三六 C；彩版二九三，2）

M125：25，簋，带盖。泥质灰胎黑皮陶。簋子母口，子口内敛，深斜弧腹，圈足。足上有六个镂孔。簋口径 17.2、高 10.8、盖高 7 厘米。（图一三六 C；彩版二九二，5）

M125：26，玉锥形器。透闪石软玉，玉色灰白。受沁已朽。截面扁方形。残长 1.55 厘米。（图一三六 B；彩版二八九，8）

M125：27，双鼻壶。泥质灰陶。直口微侈，扁鼓腹，圈足。口径 6.1、高 10.7 厘米。（图一三六 C；彩版二九一，4）

M125：28，玉珠。2 颗。透闪石软玉。鼓腰。直径 0.95～1.2、高 0.8～1.45 厘米。（图一三六 B；彩版二九〇，5）

M125：29，玉锥形器。透闪石软玉。残断。截面扁圆形。残长 2 厘米。（图一三六 B；彩版二八九，6）

M125：30，玉套管。透闪石软玉，玉色黄白。略残。喇叭形。残高 0.75 厘米。（图一三六 B；彩版二九〇，6）

M125：31，双鼻壶，带盖。泥质黄胎黑皮陶。直口微侈，长颈，鼓腹，圈足外撇。口径 8、壶高 13.8、盖高 3.1 厘米。（图一三六 C；彩版二九一，5）

M125：32，小壶。泥质黑陶。直口微侈，球腹，平底。外腹中部设三个竖穿小系，其中一系周围有五周椭圆形环线纹，平底上浅刻一组图案符号。口径 4.2、高 5.6 厘米。（图一三六 C；彩版二九三，3、4）

M126

位于 T701 东北角和 T601 的东南角，开口于第 1 层下，打破 HJ1 和第 8 层，叠压 M132。长方形竖穴土坑墓，长 3、宽 1.35、深 0.48 米。根据墓坑内填土土色的差别，判断此墓使用了侧边竖直的长方形棺，棺长约 2.6、宽约 1.07 米。（图一三七 A；彩版二九四，1）人骨大部已腐朽，棺内中部有一些残骸，呈白色，应是用火烧过的。方向

图一三七A M126 平剖面图

1～3. 玉锥形器 4、11. 双鼻壶 5. 宽把杯 6. 玉镶嵌片 7、8. 玉珠 9、19. 簋 10. 纺轮 12. 圈足盘 13. 尊 14. 盆 15. 鼎 16、18. 豆 17. 杯

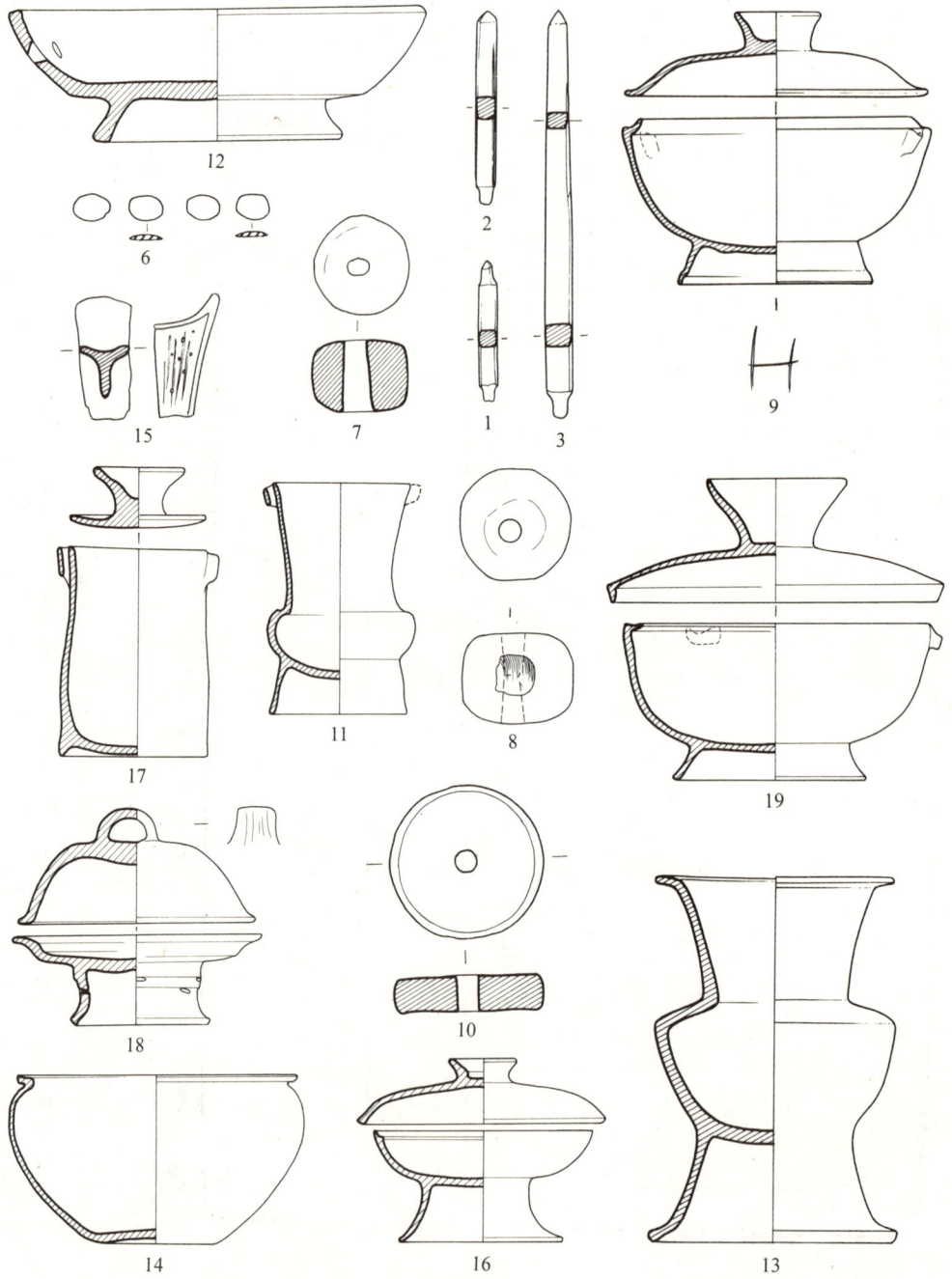

图一三七 B　M126 出土器物（9、11～19 为 1/4，余为 1/2）

169°。随葬品 19 件，均出于棺内，主要出土在南北两端。南端出有双鼻壶、宽把杯和三件玉锥形器。人骨附近出有两件个体较大的玉珠和一组玉镶嵌片，腿脚部出土一件簋，纺轮、双鼻壶、圈足盘、尊、盆、鼎、豆等陶器出于北面脚端。此墓有纺轮出土，推测墓主为女性。

M126:1，玉锥形器。透闪石软玉，玉色浅绿。形体狭小。截面扁方形，头部与器身间有台状分隔，尾端有小榫，榫上无穿孔。长 3.9 厘米。（图一三七 B；彩版二九四，2）

M126:2，玉锥形器。透闪石软玉，玉色浅黄绿。截面方形，首钝尖，尾端有小榫，榫上无穿孔。器身两个面上分别有一长一短的切割痕迹。长 5.4 厘米。（图一三七 B；彩版二九四，3）

M126:3，玉锥形器。透闪石软玉，玉色浅黄绿。器身较长。截面方形，首尖，尾端有小榫，榫上无穿孔。长 11.35 厘米。（图一三七 B；彩版二九四，4）

M126:4，双鼻壶。残碎，形制不辨。

M126:5，宽把杯。残碎，形制不辨。

M126:6，玉镶嵌片。共 4 片。均为叶蜡石，青绿色。扁薄椭圆形，正面略鼓凸，抛光精细，背面平坦，未经抛光。长径 0.95~1、短径 0.75 厘米。（图一三七 B；彩版二九四，5）

M126:7，玉珠。透闪石软玉，玉色黄白。受沁朽蚀。形体较大。鼓形，双面钻孔，孔壁内留有密集的螺旋痕。直径 2.8、高 2 厘米。（图一三七 B；彩版二九四，6）

M126:8，玉珠。透闪石软玉，玉色黄白。形体较大。鼓形，侧面有大小四处未磨去的切割痕迹，双面钻孔，孔壁内有螺旋痕。直径 3.2、高 2.5 厘米。（图一三七 B）

M126:9，簋，带盖。泥质灰胎黑皮陶。簋子母口，子口内敛，外沿部设三个竖穿小鼻，斜弧腹，圈足外撇。盖圈足纽斗笠式。簋口径 15.4、高 9.3、盖高 4.6 厘米。（图一三七 B；彩版二九五，1）

M126:10，纺轮。泥质灰陶。扁平圆形，截面长方形，中间穿孔。直径 4.3、厚 1 厘米。（图一三七 B；彩版二九五，6）

M126:11，双鼻壶。泥质灰陶。直口微侈，长颈，扁鼓腹，高圈足。口径 7.9、高 12.9 厘米。（图一三七 B；彩版二九五，4）

M126:12，圈足盘。泥质红胎黑皮陶。敞口，窄沿，上腹斜弧，一侧有两个穿孔，下腹内折，圈足外撇较甚。口径 24.2、高 7.3 厘米。（图一三七 B；彩版二九五，3）

M126:13，尊。泥质灰胎黑皮陶。侈口，宽折沿，高领，折肩，斜腹，高喇叭形圈足。口径 13.7、高 20.4 厘米。（图一三七 B；彩版二九五，5）

M126:14，盆。泥质灰胎黑皮陶。侈口，折沿，束颈，鼓肩，平底略内凹。口径

16.3、高 9.3 厘米。（图一三七 B；彩版二九六，1）

M126:15，鼎。夹砂红陶。残存"T"字足，足面下凹。（图一三七 B）

M126:16，豆，带盖。泥质灰陶。豆侈口，弧腹，高圈足。盖圈足纽斗笠式。口径 12.5、豆高 6.2、盖高 3.6 厘米。（图一三七 B；彩版二九六，3）

M126:17，杯，带盖。泥质黑皮陶。杯侈口，外沿部设两个竖穿小鼻，斜直腹，矮圈足。盖圈足纽浅碟式。口径 8、杯高 11.7、盖高 3.4 厘米。（图一三七 B；彩版二九六，2）

M126:18，豆，带盖。豆泥质灰胎黑皮陶，敞口，坦平宽折沿，折腹，浅盘，高圈足，圈足上端有二周凸弦纹，下部有四个横向长方形小镂孔。盖夹砂灰黑陶，桥形纽斗笠式。口径 14.5、豆高 5、盖高 6.4 厘米。（图一三七 B；彩版二九六，4）

M126:19，簋，带盖。泥质灰胎黑陶。簋子母口，内敛近平，外沿部设三个竖穿小鼻，弧腹，圈足外撇。盖喇叭形纽斗笠式。簋口径 16、高 8.6、盖高 6.9 厘米。（图一三七 B；彩版二九五，2）

M127

位于 T701 西北部，开口于第 1 层下，被 M102 和 HJ1 打破，并打破 M130 和 M131。长方形竖穴土坑墓，墓坑长 2.39、宽 0.97、深 0.3 米，填灰褐色土夹杂红烧土颗粒。未发现葬具和人骨。方向 167°。随葬品 14 件，其中壶、盆两件器物比其他随葬品高出一个层面，而其他随葬品则出于一个层面上。南端头前出土了玉珠、双鼻壶、圈足盘各一件，胸腹部右侧出有石锛、玉锥形器、石钺各一件，簋、鼎、双鼻壶、石"耘田器"、石镰等出于北面脚端。（图一三八 A；彩版二九七，1、2）

M127:1，壶，带盖。泥质灰黄陶。侈口，短颈，溜肩，鼓腹略折，圈足。肩腹部饰一周凸弦纹。口径 7、高 9.9 厘米。（图一三八 B；彩版二九九，1）

M127:2，盆。泥质黄陶。侈口，束颈，鼓肩，平底。口径 10.2、高 6.8 厘米。（图一三八 B；彩版二九九，2）

M127:3，玉珠。玉髓，玉色灰黄。圆球形，一面有一牛鼻形隧孔。直径 1.5 厘米。（图一三八 B；彩版二九八，1）

M127:4，双鼻壶，带盖。泥质灰胎黑皮陶。壶直口微侈，鼓腹，圈足较高，颈中部饰六周凸弦纹。盖喇叭纽斗笠式。口径 8.3、壶高 13.8、盖高 3.7 厘米。（图一三八 B；彩版二九九，3）

M127:5，圈足盘。泥质灰黄陶。敞口，窄沿，沿下一侧有两个小穿孔，上腹斜直，至近底处折收为浅平底，矮圈足。上腹部饰五周浅凸弦纹。口径 24.4、高 6.9 厘米。（图一三八 B；彩版三〇〇，1）

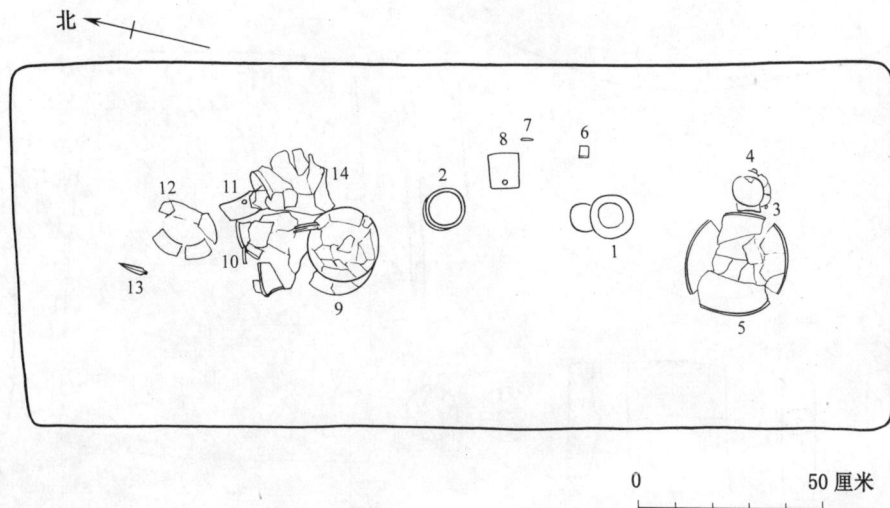

北

0　　　　　　　　　　50 厘米

图一三八 A　M127 平面图

1. 壶　2. 盆　3. 玉珠　4、14. 双鼻壶　5. 圈足盘　6. 石锛　7. 玉锥形器　8. 石钺　9、12. 簋　10. 鼎　11.
石"耘田器"　13. 石镞

M127:6，石锛。淡青灰色流纹岩。扁平方形，一面起段，作台阶状，段位于锛体二分之一处，下端侧刃，刃口锋利，无使用痕迹。长 3.6、段长 1.5、刃宽 2.7 厘米。（图一三八 B；彩版二九八，3）

M127:7，玉锥形器。透闪石软玉，玉色黄白。受沁断裂，表皮有剥落。形体略粗。截面近圆形，首钝尖，尾端有小榫，略残，榫上有一对钻的横向小穿孔。长 4.7 厘米。（图一三八 B；彩版二九八，2）

M127:8，石钺。黛青色安山岩。扁平长方形，顶端近直，略加磨制，不少地方仍保留琢制糙面，两侧边斜直微弧，刃部最宽，刃角明显。刃部近直，刃口锋利，有少量崩缺痕迹。上部有一双面管钻的钻孔。通高 11、刃宽 8.5、孔径 1.7 厘米。（图一三八 B；彩版二九八，4）

M127:9，簋，带盖。泥质灰黄胎黑皮陶。簋子母口，子口内敛，外沿部设三个宽鋬，浅斜弧腹，圈足外撇。鋬上锥刺两排圆点纹。盖圈足纽斗笠式。口径 17.2、簋高 6.7、盖高 5.5 厘米。（图一三八 B；彩版三〇〇，2）

M127:10，鼎。夹砂红陶。敞口，平折沿，微束颈，弧腹，圜底，"T"字足，足面略弧凸。口径 14.4、高 12.3 厘米。（图一三八 B；彩版二九九，5）

M127:11，石"耘田器"。青色凝灰岩。器形扁薄规整。平面略呈左右对称的三角形，圆角弧刃，刃部有使用的崩缺痕迹，两翼后掠上翘，翼角磨方，一侧翼角略残，上

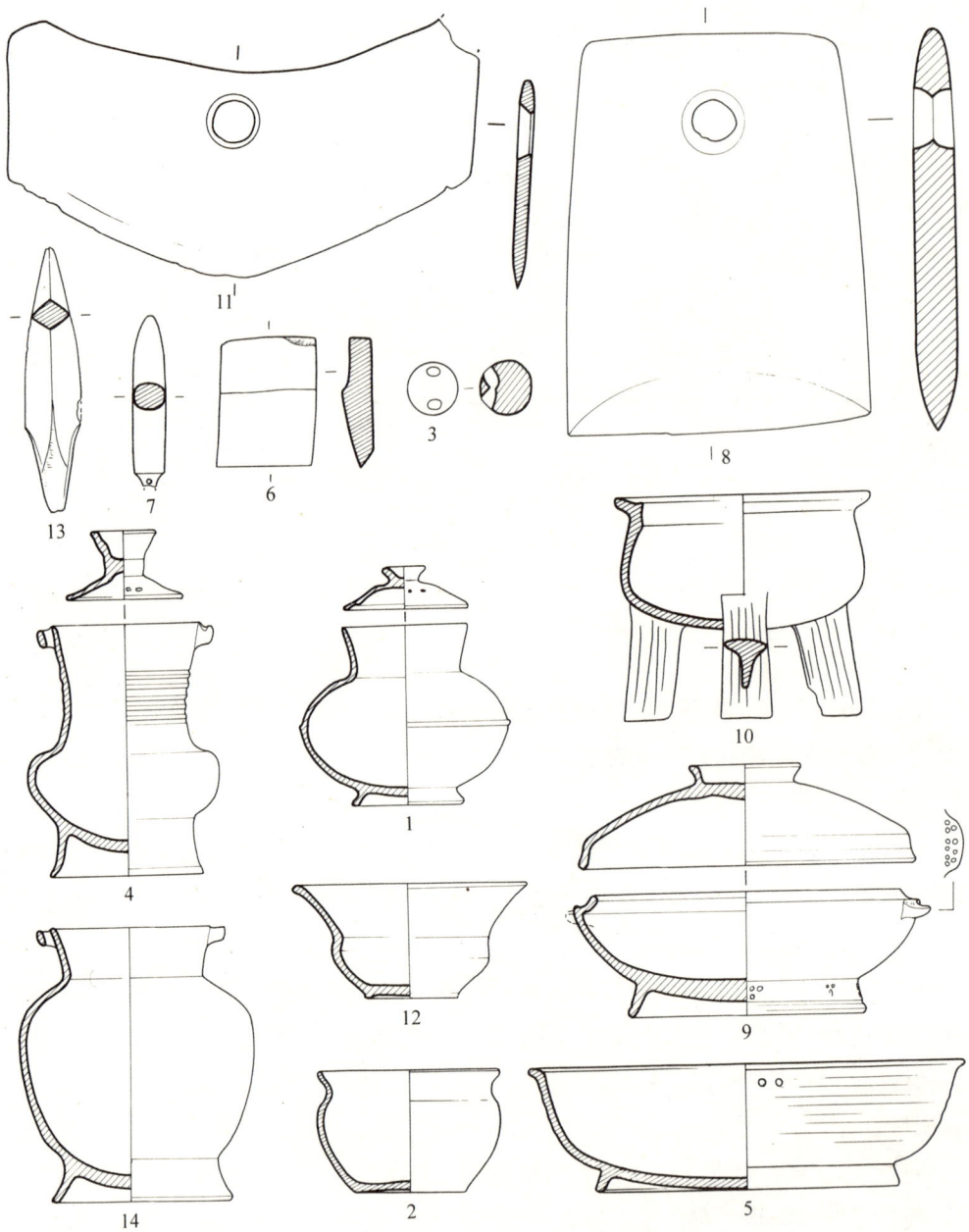

图一三八 B　M127 出土器物（3、6~8、11、13 为 1/2，余为 1/4）

端凹弧，中间没有凸起，其下有直径 1.4 厘米的单面钻圆孔。通高 6.8、两翼宽 13.3
厘米。（图一三八 B；彩版二九八，6）

　　M127:12，簋。泥质黄胎黑皮陶。大敞口，宽翻沿，束颈，稍鼓肩，瘦腹，矮圈

足。口径 13.3、高 6.3 厘米。(图一三八 B；彩版三〇〇，3)

M127:13，石镞。凝灰岩。翼弧边长三角形，顶端略残，截面呈菱形，铤部明显、约占全器的三分之一，底端多面磨削略呈圆形。长 7.35、铤长 2.5。(图一三八 B；彩版二九八，5)

M127:14，双鼻壶。泥质灰胎黑皮陶。侈口，短直领，弧折肩似尊，矮圈足外撇。口径 9.2、高 15.1 厘米。(图一三八 B；彩版二九九，4)

M128

位于 T700 东南角，开口于第 1 层下，打破第 8 层。长方形竖穴土坑墓，墓底南深北浅，墓坑长 2.28、宽 0.9~0.95、深 0.3~0.4 米，填黄褐色土。未发现葬具，人骨已朽。墓葬方向 170°。随葬品 12 件，壶、双鼻壶、圈足盘、玉串饰、玉珠、玉锥形器、石钺出于南端头胸部，玉珠一颗出于墓室中部偏北，石锛、篓、尊、鼎出于北端。(图一三九；彩版三〇一，1)

M128:1，壶，带盖。泥质红陶。侈口，广肩，折腹，矮圈足。肩部有两周凸弦纹。圈足纽斗笠式盖。口径 7、高 9.4、盖高 1.9 厘米。(图一三九；彩版三〇二，2)

M128:2，圈足盘。泥质灰陶。敞口，上腹斜直，至近底处折收为浅圜底，圈足外撇。外腹部饰三周凹弦纹。口径 15、高 6.7 厘米。(图一三九；彩版三〇二，3)

M128:3，双鼻壶，带盖。泥质黄胎黑皮陶。壶直口微侈，斜长颈，扁鼓腹，矮圈足。盖圈足纽斗笠式，口及盖纽略残。口径 5.7、壶高 10、盖高 2.7 厘米。(图一三九)

M128:4，玉串饰。由 8 颗玉珠组串而成。除 1 颗为叶蜡石外，余均为透闪石软玉。4 颗圆柱形，3 颗扁鼓形，1 颗球形。直径 0.55~1、高 0.2~1.8 厘米。(图一三九；彩版三〇一，2)

M128:5，玉珠。透闪石软玉，玉色黄白。受沁一侧表皮略有剥蚀。腰鼓形。直径 1.3、高 1.5 厘米。(图一三九；彩版三〇一，3)

M128:6，玉锥形器。透闪石软玉，玉色浅绿。形体规整，器表两侧各有一条未磨去的竖向切割痕迹。截面近圆形，首钝尖，尾端有小榫，榫中部有一对钻的横向小穿孔，下端还有一琢孔痕迹。长 5.4 厘米。(图一三九；彩版三〇一，5)

M128:7，石钺。淡青绿色球粒流纹岩。扁平长方形，顶端圆弧，两侧边斜直微外撇，刃角明显，两刃角间最宽，刃部、顶端与两侧边均双面磨制渐薄，形成明显的斜边，刃角处起脊线。刃部圆弧，厚钝未开刃口，无使用痕迹。上部有一双面管钻的钻孔。通高 9.3、刃宽 7.5、孔径 1.75 厘米。(图一三九；彩版三〇二，1)

M128:8，玉珠。透闪石软玉，玉色青白。整器形体较小。圆柱形，双面钻孔。直径 0.6、高 1.25 厘米。(图一三九；彩版三〇一，4)

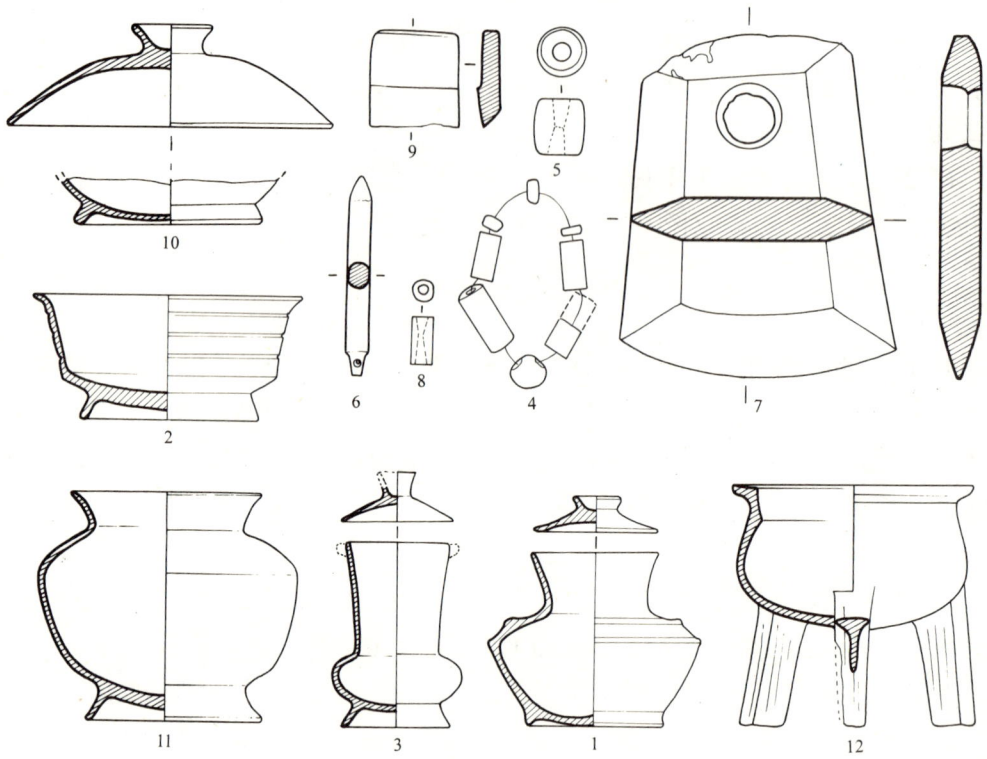

（4~9为1/2，余为1/4）

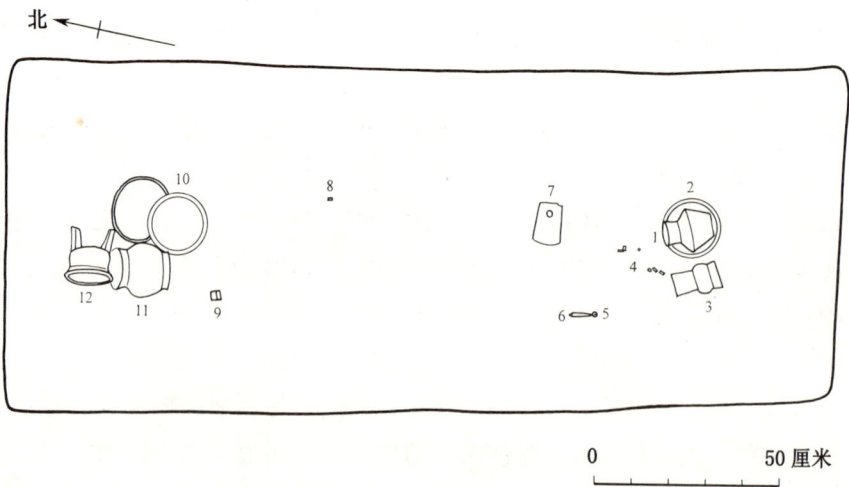

图一三九　M128平面图及其出土器物

1.壶　2.圈足盘　3.双鼻壶　4.玉串饰　5、8.玉珠　6.玉锥形器　7.石钺　9.石锛　10.簋　11.尊　12.鼎

M128：9，石锛。淡青灰色流纹岩。扁平方形，一面起段，段位于锛体五分之三处，下端侧刃，刃口锋利，一侧有一崩缺痕迹。长2.6、刃宽2.5厘米。（图一三九）

M128：10，簋，带盖。泥质灰陶。簋残，仅存圈足。盖圈足纽斗笠式。（图一三九）

M128：11，尊。泥质灰陶。侈口，斜领，束颈，弧折肩，矮圈足外撇。口径10.7、高12.3厘米。（图一三九；彩版三〇二，4）

M128：12，鼎。夹砂红陶。侈口，平折沿，"T"字足，足面略弧。口径13.5、高12.9厘米。（图一三九；彩版三〇二，5）

M129

位于T601西南部，开口于第1层下，叠压H38，打破第8层。长方形竖穴土坑墓，墓坑长2.6、宽1.1、深0.18米，填青褐色土夹杂少量红烧土颗粒。未发现葬具和人骨。方向174°。随葬品4件，均出于中北部，分别为石"耘田器"、簋、鼎、罐。（图一四〇；彩版三〇三，1）

M129：1，石"耘田器"。黛青色凝灰岩。刃部圆弧，两翼稍后掠，上端中间有一方形凸起，下有一小圆穿孔。通高4.15、两翼宽11.6、孔径0.65厘米。（图一四〇；彩版三〇三，2）

M129：2，簋，带盖。泥质灰胎黑皮陶。簋子母口，子口内敛，外沿部设三个竖穿小鼻，斜弧腹，圈足外撇。盖喇叭形纽斗笠式。口径15.7、簋高9.1、盖高6.8厘米。（图一四〇；彩版三〇三，3）

M129：3，鼎。夹砂灰陶。侈口，斜领，微束颈，鼓腹下垂，圜底近平，圆锥足。口径14.6、高13.3厘米。（图一四〇；彩版三〇三，4）

M129：4，罐。残碎，形制不辨。

M130

位于T701西北部，开口于HJ1下，被M102、M127打破，并打破M131。长方形竖穴土坑墓，墓坑长1.72、宽0.8、深0.33米，填灰褐色土夹杂红烧土颗粒。未发现葬具和人骨。方向164°。随葬品5件，壶、双鼻壶、玉珠出于南端，三足盘、鼎出于北端。（图一四一；彩版三〇四，1）

M130：1，壶。泥质灰胎黑皮陶。侈口，小方唇，鼓腹，圈足残。口径7.2、残高9厘米。（图一四一；彩版三〇四，3）

M130：2，玉珠。叶蜡石，红褐色。扁圆柱形。直径0.72、高0.6厘米。（图一四一；彩版三〇四，2）

M130：3，双鼻壶。泥质灰陶。侈口，长颈中部束，扁鼓腹，圈足稍高外撇。口径

（1 为 1/2，2、3 为 1/4）

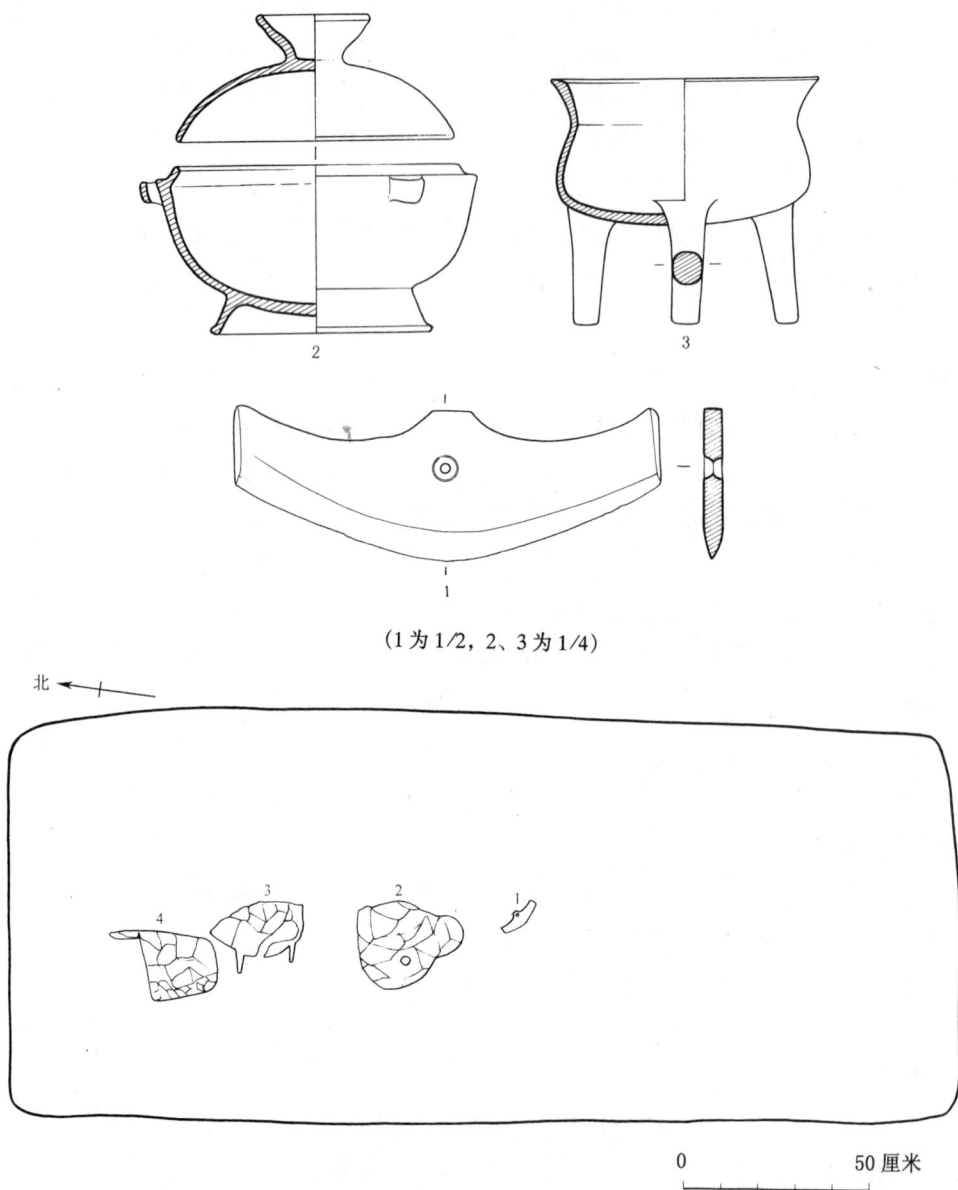

图一四〇　M129 平面图及其出土器物
1. 石"耘田器"　2. 簋　3. 鼎　4. 罐

7.1、高 12.4 厘米。（图一四一；彩版三〇四，4）

M130：4，三足盘。泥质灰胎黑皮陶。盘敞口，外沿部设三个竖穿小鼻，斜领，束颈，弧腹至近底折收为浅圈底，三瓦足外撇，足面饰斜线交叉而成的菱形纹。盖喇叭形纽斗笠式。口径 18.8、盘高 10.1、盖高 6.6 厘米。（图一四一；彩版三〇四，5）

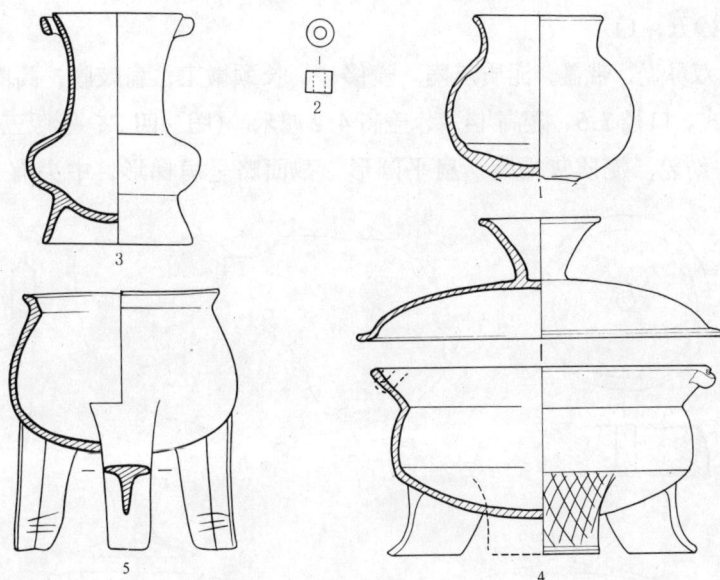

（2 为 1/2，余为 1/4）

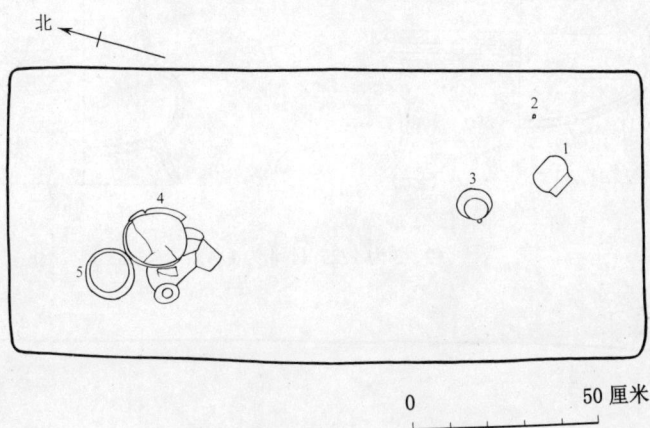

图一四一　M130 平面图及其出土器物

1. 壶　2. 玉珠　3. 双鼻壶　4. 三足盘　5. 鼎

M130:5，鼎。夹砂红陶。敞口，微束颈，弧腹，圜底，"T"字足。口径 10.9、高 13.8 厘米。（图一四一；彩版三〇四，6）

M131

位于 T701 西北部，开口于 HJ1 下，被 M102、M127 和 M130 打破。长方形竖穴土坑墓，墓坑长 2.2、宽 0.87、深 0.3 米，填灰褐色土夹杂红烧土颗粒。未发现葬具和人

骨。方向 170°。随葬品 4 件，双鼻壶出于南端，石刀、纺轮、三足盘出于北端。（图一
四二；彩版三〇五，1）

M131:1，双鼻壶，带盖。泥质灰陶。壶侈口，长颈微束，扁鼓腹，高圈足外撇。盖
喇叭形纽斗笠式。口径 7.5、壶高 14.2、盖高 4.2 厘米。（图一四二；彩版三〇五，3）

M131:2，纺轮。泥质灰褐陶。扁平圆形，截面略呈扁梯形，中央有一小圆穿孔。

（2、3 为 1/2，1、4 为 1/4）

图一四二　M131 平面图及其出土器物

1. 双鼻壶　2. 纺轮　3. 石刀　4. 三足盘

直径 4.75、厚 1.35 厘米。（图一四二；彩版三〇五，5）

M131:3，石刀。浅青灰色凝灰岩。因受沁而残缺。器形扁薄。圆角弧刃，两翼微向后掠起上翘，上端凹弧；中间有一半圆形残孔。残高 5.7、残宽 10.6 厘米。（图一四二；彩版三〇五，2）

M131:4，三足盘，带盖。泥质灰陶。盘敞口，束颈，弧腹至近底处折收为浅圈底，三瓦足外撇，腹部饰五道凹弦纹，足面饰竖向短线刻划组合纹。盖圈足纽斗笠式。口径 16.6、盘高 9.9、盖高 5.45 厘米。（图一四二；彩版三〇五，4）

M132

位于 T601 东北部，开口于第 11B 层下，打破西面早期土台的西北坡，被 HJ1、H37 和 M126 叠压。长方形竖穴土坑墓，长 1.8、宽 0.7、深 0.5 米，填土青灰色。没有发现葬具痕迹，人骨保存较好，为成年人，仰身直肢葬，难辨性别。方向 166°。随葬品 3 件，鼎与杯出于南端头部两侧，豆出在右腿膝盖外侧。（图一四三；彩版三〇六，1）

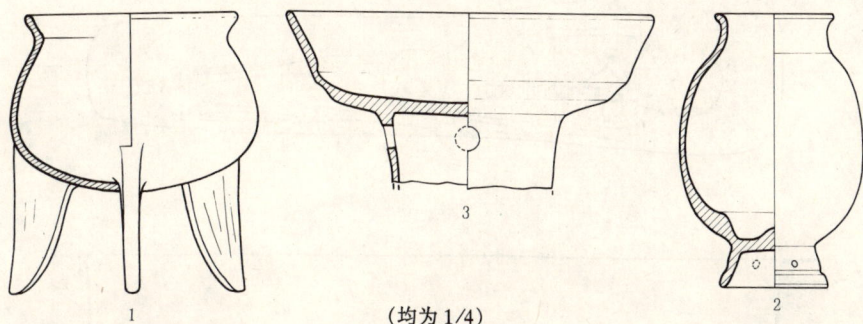

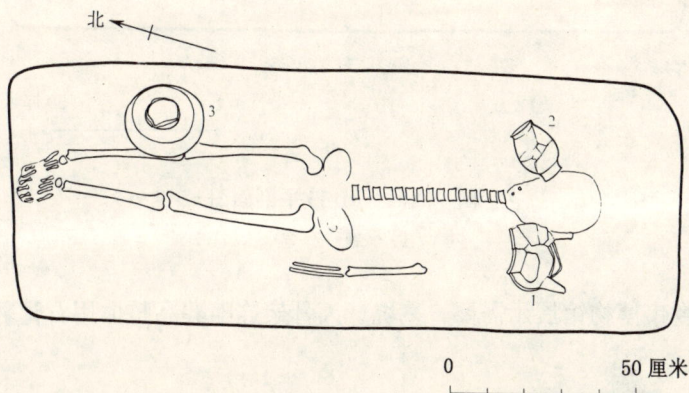

（均为 1/4）

图一四三　M132 平面图及其出土器物

1.鼎　2.杯　3.豆

M132:1，鼎。夹砂红胎红衣陶。侈口，折沿，微束颈，鼓腹下垂，圜底，鱼鳍足。口径 11.7、高 15 厘米。（图一四三；彩版三〇六，2）

M132:2，杯。泥质灰胎黑皮陶。短侈口，深弧腹，圈足较高。圈足上饰一周凹弦纹和两个小镂孔。口径 6.8、高 14.7 厘米。（图一四三；彩版三〇六，3）

M132:3，豆。泥质灰胎黑皮陶。直口微侈，折腹，下腹有一周凹弧折。豆把上端饰三个圆形镂孔，下端残。口径 20.3、残高 9.4 厘米。（图一四三；彩版三〇六，4）

M133

位于 T601 东部，开口于第 7A 层下。长方形竖穴土坑墓，墓坑长 1.89、宽 0.27～0.43、深 0.38 米，填土青褐色。未发现葬具，人骨保存良好，头向南，面向上，仰身直肢，初步判断其性别为女性，已采集样本。方向 171°。随葬品 2 件，小罐置于盆内，出于胯部。（图一四四；彩版三〇七，1、2）

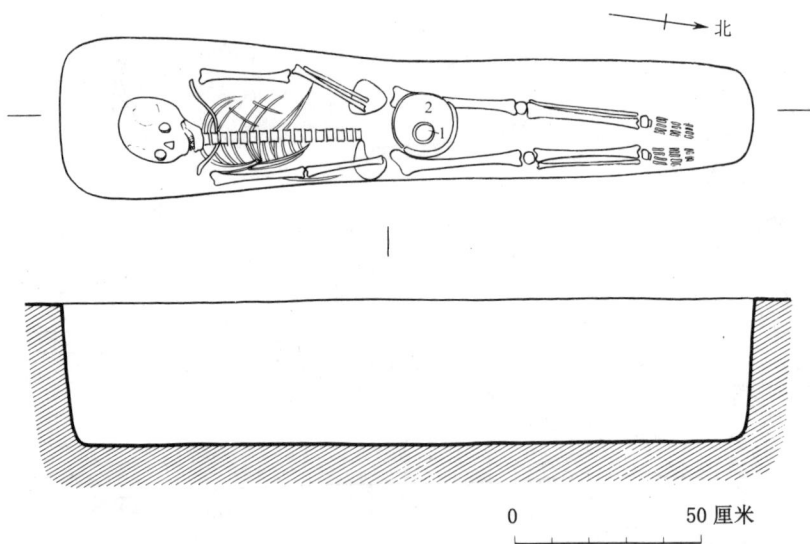

图一四四　M133 平剖面图
1. 小罐　2. 盆

此墓为桐乡市博物馆展示需要，墓坑、人骨架连随葬品整体用石膏翻回，故随葬品未能取出介绍。

M134

位于 T601 中东部，开口于第 10E 层下，打破第 12 层。竖穴土坑，坑呈不规则的

长边椭圆形，坑底不平呈凹弧状，坑口长
0.93、宽约 0.45、深 0.12 米，填土青褐
色。没有葬具痕迹，有一具小孩骨架，性别
不辨，侧身葬，头南，面向西，上肢弯曲合
举于胸前，下肢挺直，由于坑底下凹，骨架
略呈蜷缩，头垂于胸前。方向 155°。此墓没
有随葬品。（图一四五；彩版三〇七，1、3）

M135

位于 T601 中东部偏北，开口于第 10E
层下，打破第 12 层，是位于西面早期土台
西北侧平地上的三座墓葬之一。竖穴土坑，
墓坑呈不规则的长边椭圆形，坑口长 0.75、
宽 0.3、深 0.05 米，填土青褐色。未发现
葬具，人骨保存较好，为小孩墓，头向南，
面向东，侧身葬。方向 167°。无随葬品。
（图一四六；彩版三〇七，1、4）

M136

位于 T702 西南部，开口于第 11B 层
下，被一东汉砖室墓打破，打破西面早期土
台。长方形竖穴土坑墓，墓坑长 1.72、宽
0.67、深 0.1～0.2 米，填土为含灰褐斑的
黄褐色土。未发现葬具，人骨略有保存，仰
身直肢，性别不辨。方向 159°。随葬品 3

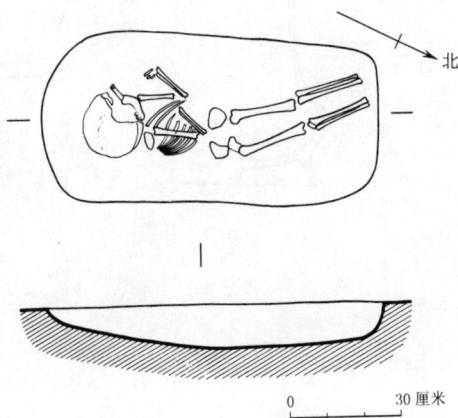

图一四五　M134 平剖面图

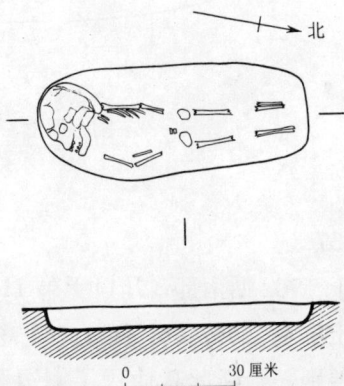

图一四六　M135 平剖面图

件，两件双鼻壶出于左腿侧，一件豆被右腿骨压着。（图一四七；彩版三〇八，1）

M136:1，双鼻壶。泥质灰黄陶。直口微侈，颈下粗上细，鼓腹，矮圈足。口径
6.2、高 11.9 厘米。（图一四七；彩版三〇八，2）

M136:2，双鼻壶。泥质黑皮陶。口、圈足均残，颈下粗上细，鼓腹。颈部饰四周
细凹弦纹，圈足上也有凹弦纹。残高 9.4 厘米。（图一四七；彩版三〇八，4）

M136:3，豆。泥质灰胎黑皮陶。敞口，折腹，细把残。盘壁下侧饰二周凸弦纹。
口径 17.5、残高 4.8 厘米。（图一四七；彩版三〇八，3）

（均为 1/4）

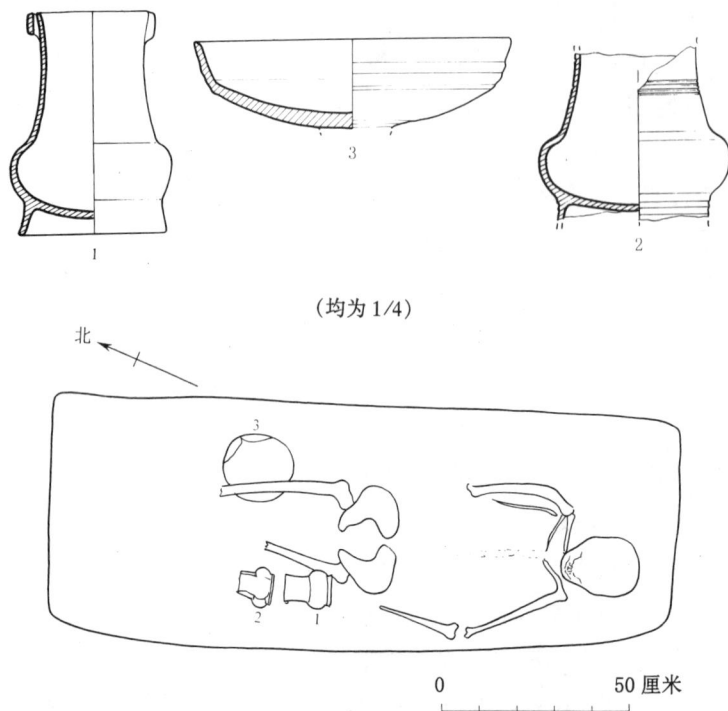

图一四七　M136 平面图及其出土器物

1、2. 双鼻壶　3. 豆

M137

位于 T702 西南部，开口于第 11B 层下，打破西面早期土台，被 M86 叠压。长方形竖穴土坑墓，长 2.86、宽 1.38、深 0.67 米。根据墓坑内的板灰痕迹与填土平剖面上土色的差别，判断此墓使用了侧边竖直的长方形葬具，据板灰痕迹测得该葬具长约 2.63、宽约 1.06 米。人骨大部已腐朽，存部分肢骨和头骨，骨架较零乱。方向 168°。随葬品 23 件，均出在棺内。南端头部出有圈足盘、双鼻壶和玉珠、玉管等，胸部有玉端饰，一件玉琮套带在左手腕骨上，玉锥形器和几粒玉珠出在下肢骨近旁，鼎、双鼻壶、圈足盘、平底罐、纺轮各一件出于北面下肢到脚端。从陶纺轮的出土推测墓主应为女性。此墓大件玉器仅见琮和端饰，是迄今为止出土玉琮的良渚文化墓葬中随葬器物最少的个例。（图一四八 A；彩版三〇九，1、2；彩版三一〇，1~3）

M137:1，玉珠。叶蜡石质，玉色红褐。圆柱形，两端面略斜。直径 0.95、高 1.5 厘米。（图一四八 B；彩版三一一，1）

M137:2，玉管。叶蜡石，玉色红褐。圆柱形。直径 0.85、高 1.5 厘米。（图一四八 B；彩版三一一，10）

图一四八A M137平剖面图

1、3、5、11、12、15、20、21、23. 玉珠 2、4、7、22. 玉管 6、13. 双鼻壶 8. 玉端饰 9. 玉琮 10. 玉锥形器 14、19. 圈足盘 16. 平底罐 17. 纺轮 18. 鼎

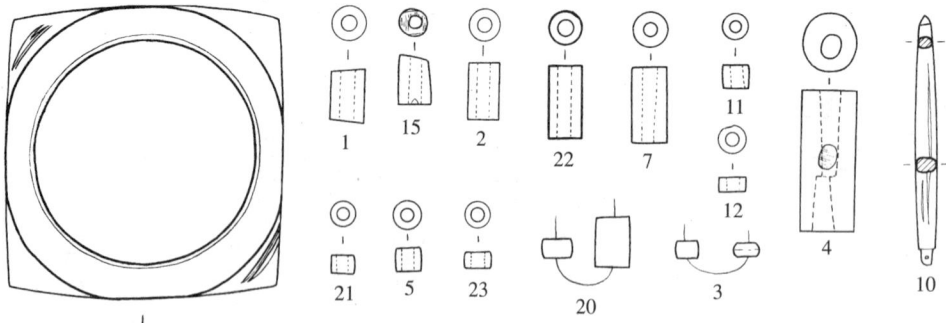

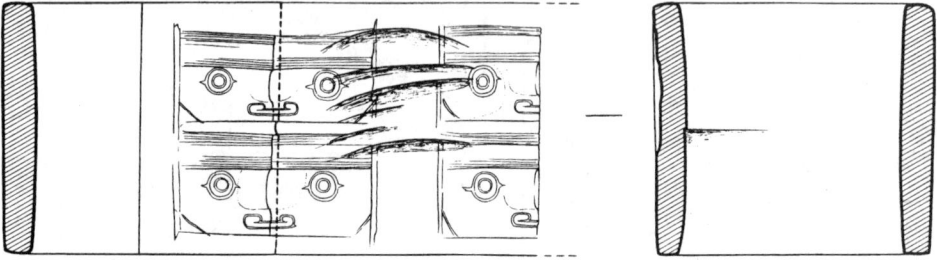

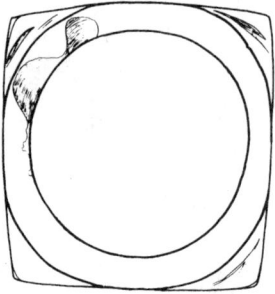

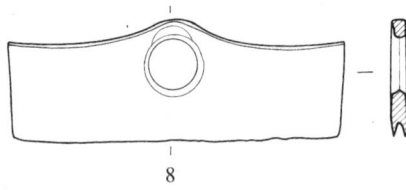

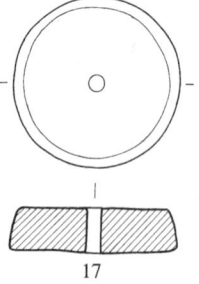

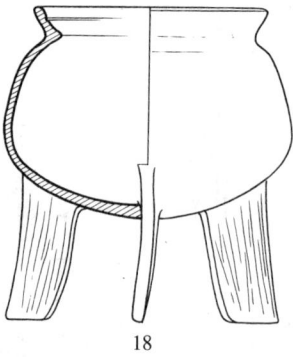

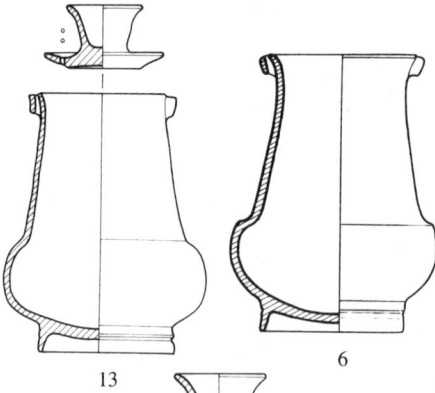

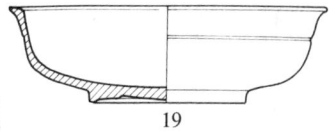

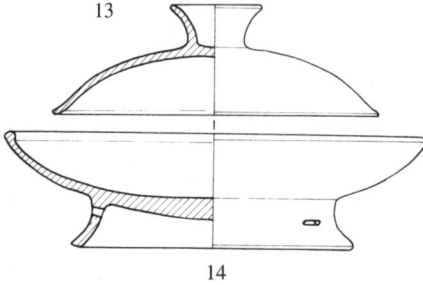

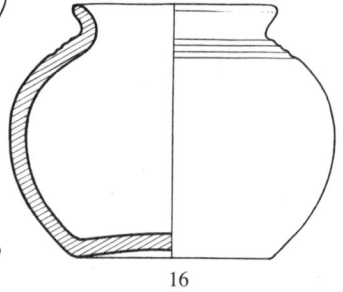

图一四八 B　M137 出土器物（6、13、14、16、18、19 为 1/4，余为 1/2）

M137：3，玉珠。2颗。叶蜡石。扁鼓形。直径 0.65～0.75、高 0.4～0.5 厘米。（图一四八 B；彩版三一一，2）

M137：4，玉管。透闪石软玉，玉色浅黄绿，有白色沁斑，半透明。圆柱形，双面钻孔。器体一侧有一切割凹窝。直径 1.5、高 3.8 厘米。（图一四八 B；彩版三一一，11）

M137：5，玉珠。叶蜡石，红褐色。扁圆柱形。直径 0.7、高 0.65 厘米。（图一四八 B；彩版三一一，3）

M137：6，双鼻壶，带盖。泥质黑皮陶。壶直口，颈部上窄下宽，鼓腹，矮直圈足，圈足上饰两周凹弦纹和五个横向长方形小镂孔。盖喇叭形纽浅碟式。壶口径 7.1、高 13.9、盖高 3.4 厘米。（图一四八 B；彩版三一三，1）

M137：7，玉管。叶蜡石，红褐色。狭长圆柱形。直径 1、高 2 厘米。（图一四八 B；彩版三一一，12）

M137：8，玉端饰。浅绿色似玉美石。形体略呈长方形，顶端类似"耘田器"，中央圆凸，两翼弧翘，两侧边斜直，底边平直，开挖一"V"字形凹槽以供镶嵌，出土时镶嵌物清楚可辨，为扁平骨牙质。上端中间有一双面对钻的穿孔，穿孔内壁经打磨，较光润，其中一面孔上方还留有月牙形碾孔痕迹。通高 3.2、最宽 9.3、孔径 1.6 厘米。（图一四八 B；彩版三一二，1）

M137：9，玉琮。透闪石软玉，玉色青绿，带青白色沁斑。长方柱体，外方内圆，中有对穿圆孔，孔径略大，内壁打磨精细，唯中间留有一道切割凹槽。两端射面上各留有圆弧形的切割凹槽。琮体四面均有以转角为中轴线向两侧展开的对称纹饰。纹饰平分为两节，每节各刻一组简化的神人脸面；顶部微凸，刻两组细弦纹，每组以 3～4 道细弦线组成，以代表神人简化的羽冠；眼睛为重圈，似为管钻碾磨而得；外圈两侧有小三角形眼角；阔嘴，嘴角作卷弧状；下角对称刻一对弧线，勾画出神人的脸庞。琮体四面中三面彻底打磨精细，唯一面留有较多的略有起伏的圆弧状切割痕迹。此琮出土时套戴在墓主手腕部似镯。通高 6.7、射径 8、孔径 6.1～6.3 厘米。（图一四八 B；彩版三一二，2、3）

M137：10，玉锥形器。透闪石软玉，玉色淡黄，中部泛白，半透明。形体规整，器表一侧有一处竖向切割痕迹。截面近圆形，首尖锐，尾端有小榫，榫上有一横向穿孔。长 6.8、榫长 0.4 厘米。（图一四八 B；彩版三一二，4）

M137：11，玉珠。叶蜡石，红褐色。扁圆柱形。直径 0.75、高 0.65 厘米。（图一四八 B；彩版三一一，4）

M137：12，玉珠。叶蜡石，红褐色。扁圆柱形。直径 0.75、高 0.4 厘米。（图一四八 B；彩版三一一，5）

M137:13，双鼻壶，带盖。泥质黄胎黑皮陶。直口微侈，颈部上小下大，鼓腹，矮直圈足。圈足上饰两周凹弦纹和小镂孔。口径 7.9、高 15 厘米。（图一四八 B；彩版三一三，2）

M137:14，圈足盘，带盖。盘泥质灰胎黑皮陶，敞口微敛，厚唇，浅斜腹，圈足外撇。圈足上饰三个横向长方形镂孔。盖夹砂陶，圈足纽斗笠式。盘口径 23.4、高 6.1、盖高 5.9 厘米。（图一四八 B；彩版三一三，4）

M137:15，玉珠。叶蜡石，红褐色。小圆柱形。直径 0.9、高 1.35 厘米。（图一四八 B；彩版三一一，6）

M137:16，平底罐。泥质灰陶。侈口，卷沿，微束颈，圆鼓腹，平底略内凹。肩部饰三周凹弦纹。口径 11.3、高 13.7 厘米。（图一四八 B；彩版三一三，3）

M137:17，纺轮。泥质黑褐陶。扁平圆形，截面略呈梯形，中央有一小圆穿孔。直径 4.6、厚 1.2 厘米。（图一四八 B；彩版三一二，5）

M137:18，鼎。夹砂黑陶。侈口，折沿，内沿面稍凹弧折，束颈，弧腹略下垂，圜底，平薄鱼鳍足。口径 12.9、高 17 厘米。（图一四八 B；彩版三一三，6）

M137:19，圈足盘。泥质黑陶。敞口，窄平折沿，弧折腹，双圈形矮圈足。口径 17.6、高 5.2 厘米。（图一四八 B；彩版三一三，5）

M137:20，玉珠。2 颗。均为叶蜡石，玉色红褐。圆柱形。直径 0.85～0.95、高 0.5～1.4 厘米。（图一四八 B；彩版三一一，7）

M137:21，玉珠。叶蜡石，玉色红褐。扁圆柱形。直径 0.65、高 0.5 厘米。（图一四八 B；彩版三一一，8）

M137:22，玉管。叶蜡石，玉色红褐。形体较小。圆柱形，双面钻孔。直径 0.9、高 1.95 厘米。（图一四八 B；彩版三一一，13）

M137:23，玉珠。叶蜡石，玉色红褐。扁圆柱形。直径 0.8、高 0.45 厘米。（图一四八 B；彩版三一一，9）

M138

位于 T702 往南扩方处，开口于第 11B 层下，被 HJ1 叠压。长方形竖穴土坑墓，墓坑长 1.52、宽 0.35～0.45、深 0.11 米，填灰褐色土。未发现葬具，人骨保存较差，有部分骨渣残骸，仰身直肢葬，头向朝南，性别不辨。方向 160°。随葬品 2 件，豆和双鼻壶都出于墓主右腿侧。（图一四九；彩版三一四，1）

M138:1，豆。泥质黑陶。敞口，折腹，把残。把上有一凸棱。口径 18.1、残高 8.2 厘米。（图一四九；彩版三一四，2）

M138:2，双鼻壶。泥质黑陶。侈口，矮颈，双鼻残，鼓腹，矮直圈足。口径 7、

高 8.3 厘米。（图一四九；彩版三一四，3）

M139

位于 T702 西北部，开口于西面早期土台下。平面略呈刀形的竖穴土坑墓，北端略宽，墓坑长 1.75、宽 0.32～0.5、深 0.05 米，填土黑褐色。未发现葬具和人骨。方向 167°。随葬品 2 件，南端没有随葬器物，北端出有圈足盘、圈足罐各一件。（图一五〇；彩版三一五，1）

M139：1，圈足盘。泥质灰黄陶。敛口，厚唇，浅坦腹，平直矮圈足。口径 24.5、高 3.8 厘米。（图一五〇；彩版三一五，2）

M139：2，圈足罐。泥质灰胎黑衣陶。残，仅存圈足，形制不辨。（图一五〇）

M140

位于 T700 东南角，开口于第 1 层下，打破第 8 层。长方形竖穴土坑墓，长 2.82、宽 1.06、深 0.75 米。根据墓坑内填土平剖面上土色的差别，判断此墓使用了长方形弧棺，棺长约 2.50、宽约 0.66 米。人骨腐朽。

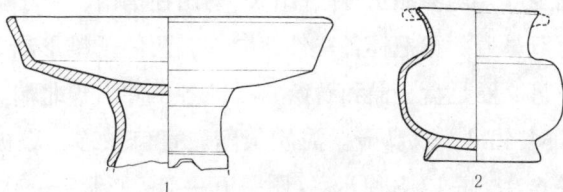

（均为 1/4）

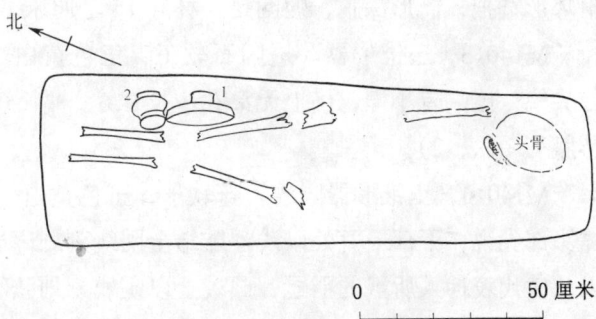

图一四九　M138 平面图及其出土器物
1. 豆　2. 双鼻壶

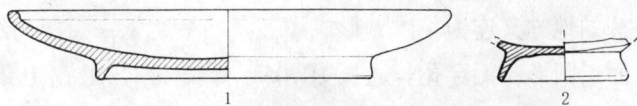

（均为 1/4）

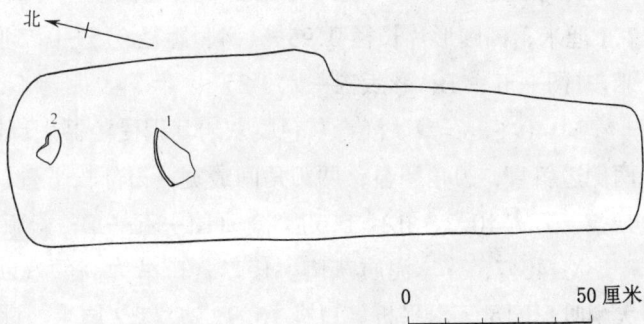

图一五〇　M139 平面图及其出土器物
1. 圈足盘　2. 圈足罐

方向 160°。随葬品 12 件（组），均出在棺内，由于弧棺底面不平而高低略有错落。南端出有双鼻壶、宽把杯各一件，中部有两件玉锥形器、一件石钺和一组绿松石玉镶嵌片，尊、簋、圈足盘、鼎和石镞、石钺各一件出于北端。（图一五一 A；彩版三一六，1）

M140:1，双鼻壶。泥质灰陶。直口微侈，腹极扁，上腹部下凹，高圈足略外撇。口径 6.9、高 12.8 厘米。（图一五一 B；彩版三一八，1）

M140:2，宽把杯。泥质黄胎黑皮陶。侈口一端上翘成箕形流，与翘流相对的一侧附环形宽把，筒形深腹，矮圈足。杯高 15.7 厘米。（图一五一 B；彩版三一八，2）

M140:3，玉锥形器。透闪石软玉，玉色黄白。受沁器表略有剥蚀。截面近方形，首尖锐，尾端有小榫，榫上无穿孔。长 9.6、榫长 0.75、最宽 1.1 厘米。（图一五一 B；彩版三一六，2）

M140:4，玉锥形器。透闪石软玉，玉色黄白。受沁断裂，器表略有剥蚀。方形锥体头部尖锐，下部最宽处以浅浮雕结合阴线刻划琢出四组简化的神人纹饰。每节纹饰仅以凸棱代表神人所戴的羽冠，凸棱上以阴线刻划弦纹，每边的弦纹多不对称。有三个面上四组纹饰都较规整，每组两条凸棱，凸棱之下以角线为中心，每角一条短棱，以表示神人的鼻子。第四组纹饰的短棱之下加上一周凸棱，以示纹饰的结束。但另一面上四组纹饰的组合跟其他三面不一致。第一、四组同样是两条凸棱下有一短棱的组合；但第二组将第二条凸棱割断成短棱，变成了一条凸棱一条短棱的纹饰组合；而第三节本该为短棱的地方又连为一体，形成了三条凸棱之下一短棱的纹饰组合。尾端的榫呈尖锥形，截面近圆形，无穿孔。通长 18.05、榫长 1.2、最宽 1.25 厘米。（图一五一 B；彩版三一六，4）

M140:5，玉镶嵌片。共 8 片。均为翠绿色绿松石。4 片扁薄椭圆形，2 片圆形，2 片长方形侧边略内凹。正面略弧凸，抛光精细，背面略弧凹，未经抛光。圆形片直径 1.1 厘米；椭圆形片长径 0.95～1.4、短径 0.5～0.7 厘米；长方形片长 1.9、宽 0.8 厘米。（图一五一 B；彩版三一六，3）

M140:6，石钺。淡青灰色凝灰岩。因受沁器表剥蚀断裂。扁平长方形，顶端平直。两侧边斜直，刃角明显，两刃角间最宽，刃部较平直，上部有一单面管钻的钻孔。通高 12.7、刃宽 10.2、孔径 1.5 厘米。（图一五一 B；彩版三一七，1）

M140:7，尊。泥质灰陶。侈口，口沿为高领残断后磨平重新利用，折肩，斜腹，大喇叭形圈足下沿平折。口径 10.9、高 22.2 厘米。（图一五一 B；彩版三一八，6）

M140:8，簋，带盖。泥质灰陶。簋敞口，宽折沿，外沿部设两个竖穿小鼻，束颈，斜弧腹，小矮圈足外撇。喇叭形纽斗笠式盖。簋口径 15.7、高 9.6、盖高 6 厘米。（图一五一 B；彩版三一八，3）

M140:9，圈足盘。泥质黑皮陶。敞口，宽平折沿，弧腹，高直圈足。腹一侧有两

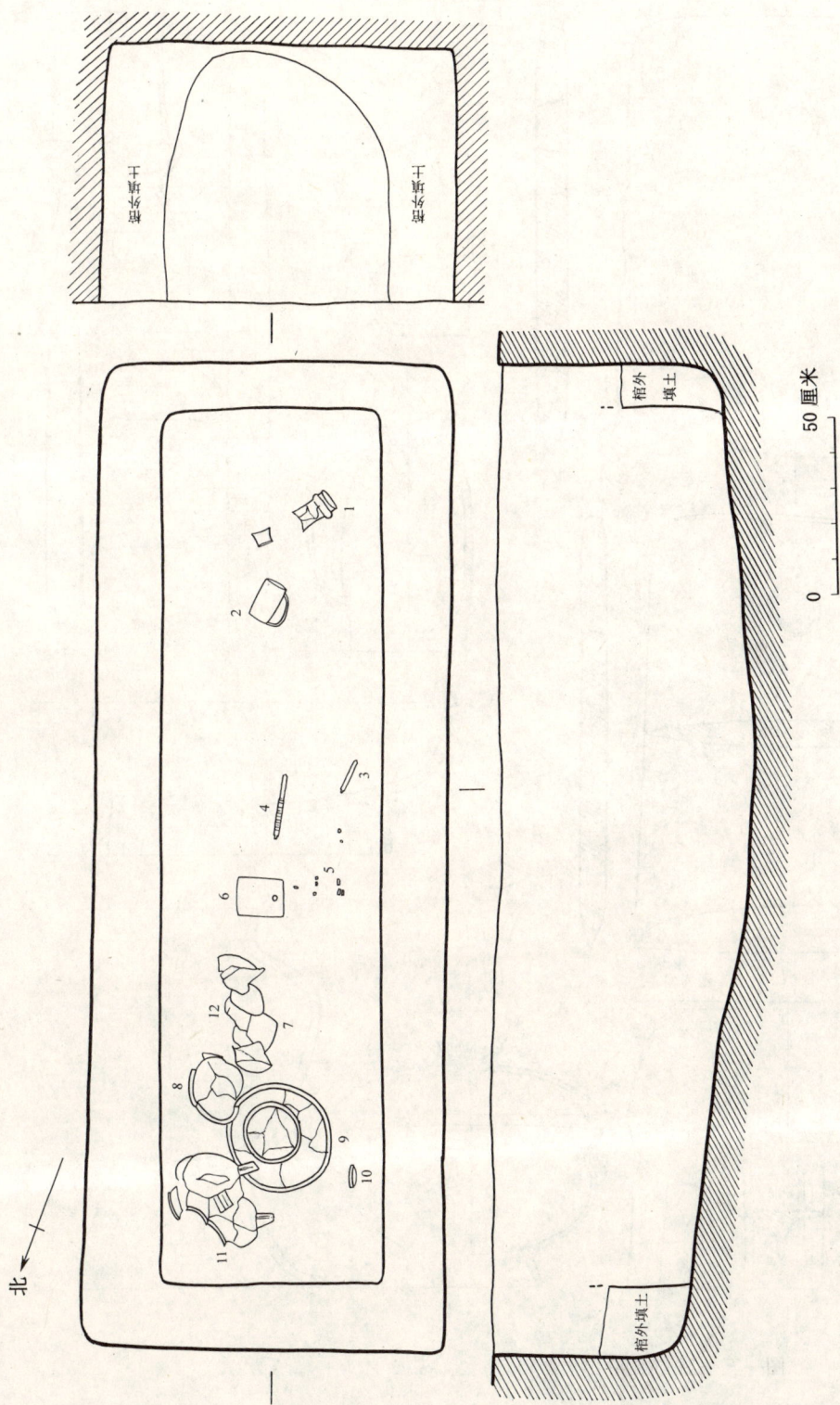

图一五—A　M140 平剖面图

1. 双鼻壶　2. 宽把杯　3、4. 玉锥形器　5. 玉镶嵌片　6、12. 石钺　7. 尊　8. 簋　9. 圈足盘　10. 石镞　11. 鼎

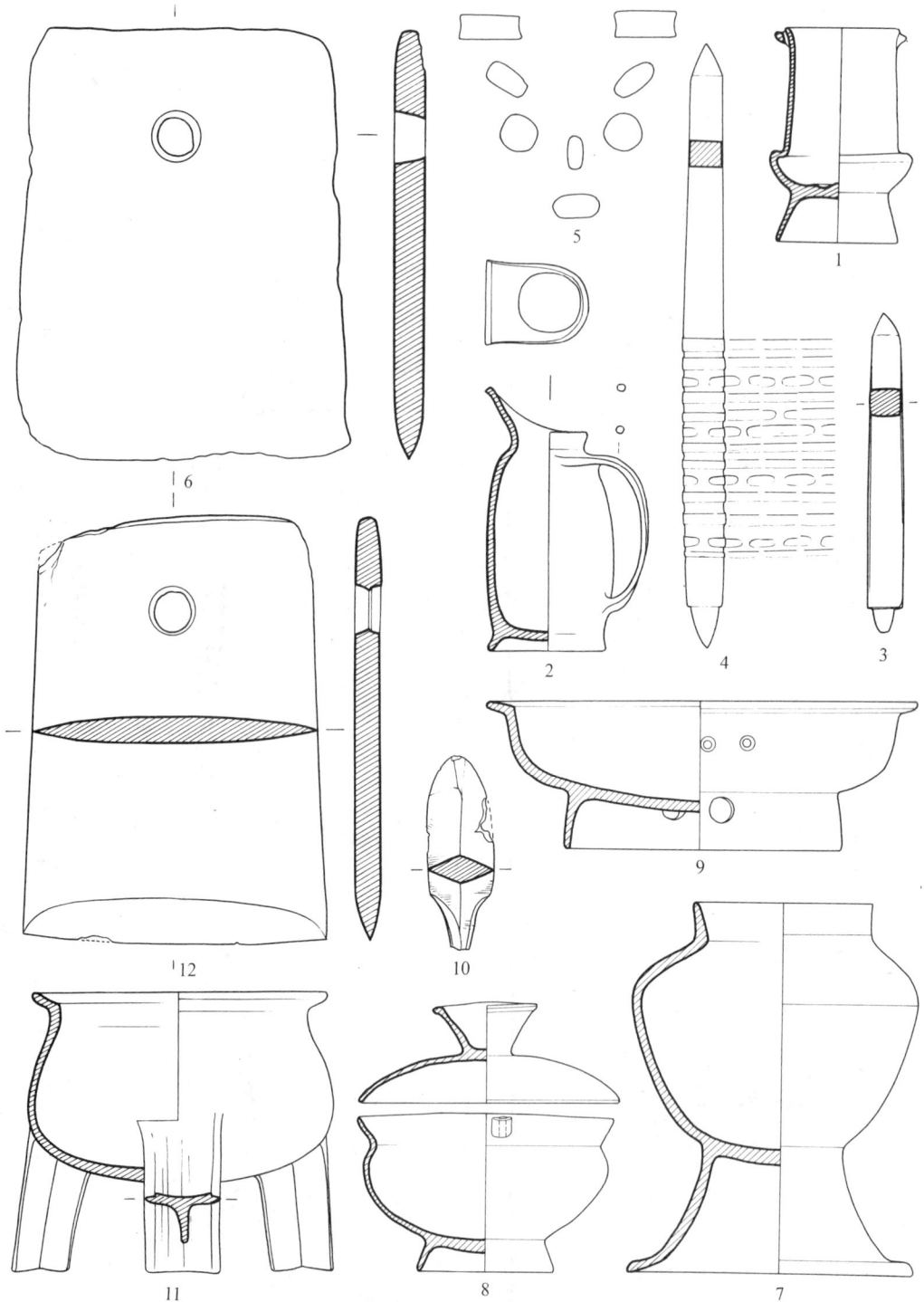

图一五一 B　M140 出土器物（1、2、7~9、11 为 1/4，余为 1/2）

穿系小孔，圈足上饰两个圆形镂孔。口径26.2、高8.9厘米。（图一五一B；彩版三一八，4）

M140：10，石镞。凝灰岩，翼弧边长三角形，两侧较宽，顶端圆弧，截面呈菱形，铤部明显、约占全器的三分之一，底端多面磨削略呈圆形。长5.7、铤长1.6厘米。（图一五一B；彩版三一七，3）

M140：11，鼎。夹砂红陶。侈口，折沿，扁鼓腹，"T"字足足面下凹。口径18.2、高16.6厘米。（图一五一B；彩版三一八，5）

M140：12，石钺。淡青灰色凝灰岩。扁平长方形，顶端微弧，略磨薄，未经抛光。两侧边斜直，刃部最宽，刃角明显。圆弧刃，刃口锋利，有少量崩缺痕迹。上部有一双面管钻而成的钻孔。通高12.55、刃宽9.4、孔径1.45厘米。（图一五一B；彩版三一七，2）

第三节　墓葬形制与结构

新地里良渚文化墓地发现的140座墓葬都为竖穴土坑单人墓，墓坑绝大多数挖在由人工堆筑形成的良渚文化土台台面上。其中136座墓坑形状为长方形，M8、M134、M135三座墓坑呈圆形或椭圆形，M139墓坑略呈刀字形。长方形墓坑四壁陡直，底部平整，一般墓口长1.52~3.77、宽0.27~1.82、深0.04~0.75米，随葬品0~62件（组）不等。

墓内人骨一般保存不好，大部分墓葬人骨已腐朽，人骨保存较好的仅有9座，占全部墓葬的6.43%，人骨保存较差但仍留有部分残骸的有32座，约占全部墓葬的22.86%，其中M4、M8、M83、M126的骨骼残渣集中堆置，呈白色，应是火烧后的二次葬。从41座有人骨保存的墓葬来看，除M4、M8、M83、M126四墓可能为烧骨二次葬，M134为侧身葬外，余均为单人仰身直肢葬，头向朝南。其他约占全部墓葬70.71%的99座墓葬虽然没有保存死者遗骨，但墓葬的形制跟保存人骨的没有区别，推测其葬式也以单人仰身直肢为主。将这些墓葬内随葬品的放置状况跟保存人骨的墓葬比较，推知这些墓葬的头向也都朝南，方向在155°~180°间（南偏东）——这跟余杭良渚遗址群中发现的良渚文化墓葬方向多在180°~200°间（南偏西）有所不同。

140座良渚文化墓葬中117座没有发现使用葬具的痕迹，约占全部墓葬的83.6%，这些墓葬一般墓坑较小，主要较密集地成片埋设在各个阶段墓地的北侧，其中打破第5层的墓葬间互相叠压与打破的现象较为常见。这些墓葬内随葬品数量一般不超过20件，个别没有随葬品，随葬品种类以陶器为主，石器、玉器的数量较少，玉器以小件的锥形器和管、珠最为常见，但偶尔也出土玉梳背、玉镯、玉串饰（以管、珠串联而成）、玦等体量略大的玉器。约占全部墓葬16.4%的23座墓葬使用了葬具，这些墓葬的墓坑一般都比没有使用葬具的墓葬宽大，而且在墓地中都处于比较醒目的位置，多数两三成组地埋设在各阶段成片墓群的南部。

为了较清楚地了解墓葬的形制结构特别是葬具使用及其腐朽后坍塌的情况，在发掘过程中，我们对多座墓葬采用了留"十"字小隔梁解剖的方法。根据平面与十字小隔梁剖面上土质土色的区分，判断新地里良渚文化墓葬所使用的葬具大致有下列三种：

（1）两侧与底部都较平直的长方形棺（椁）。M17、M28、M29、M30、M66、M67、M73、M81、M86、M105、M108、M109、M110、M116、M119、M120、M121、M125、M126、M137共20座墓葬使用了此类葬具，是葬具中最常见的形制。我们以M120来具体说明。M120墓坑内平面刮干净后，显露出一呈封闭的长方形的青灰色土框架，该框架四角突出略宽大，四边宽度接近，都在5～6厘米。这一青灰色土框架应是墓葬使用葬具的板灰痕迹。而该墓的横剖面则显示了葬具的形制。剖面上的四层土中的第4层含大块黄花斑的黑褐色土，是墓坑外西面早期土台的堆筑土。第3层为两侧竖向、底部横向略凹弧的青灰色板灰痕迹，两侧边顶端跟平面上的长方形框架板灰痕迹对应，因此知道该墓所使用的葬具是长方形棺（椁），四面棺板竖置，底板略凹弧（是否是底板塌陷所致？）。第2层为棕褐色土，环绕板灰痕迹外部，应是墓坑内的棺外填土。从填土的情况看，此墓东西两侧在离底部0.4米处有人工开挖的二层台。第1层为含青黄斑的灰褐色土，充满了葬具内的空间，一般来说应是棺盖塌陷后填入的土，但在此剖面上没有见到断塌的棺顶盖的板灰痕迹。（图一五二，1；彩版二六九，1、2）

长方形的棺（椁）虽然是新地里良渚文化墓葬中最为常见的葬具形制，但体量规格上有明显的差异，如M119据青灰色板灰痕迹测得棺长2.17、宽0.7米，而M73据板灰痕迹测得葬具内长3.15、内宽1.12米。此外，从M73内多处朱红色漆皮痕迹压在随葬品上的情形判断，当时有些长方形棺（椁）上涂有朱红色的漆。

（2）外有长方形椁、内有弧棺的双重葬具。M98平面与剖面较清晰地显示了使用双重葬具的板灰痕迹。在横剖面上，M98墓坑填土剖面上东西两侧各有两条明显的竖向青灰土板灰痕迹，外侧两条较厚，在4～6厘米间，内侧两条稍窄，在1.5～2.5厘米间。这四条竖向板灰痕迹应分别是椁与棺的边板痕迹。除了这四条板灰痕迹外，其他还有8层填土。根据这8层土的土色、土质及其形态，分析它们的成因如下：第8层呈"回"字形环绕墓坑四沿，边缘陡直，为土质坚硬的黄斑土，应是原椁外侧的填土；第7层为黄粉土，分布在第二重略窄的竖向青灰土板灰痕迹内，底面压在墓底的青灰土板灰痕迹上，顶面呈拱形，应是葬具顶盖坍塌前棺内渗漏土的堆积；第6层为青灰土，压在第7层上，呈中间断折的拱形，土层厚薄较均匀，在1～2厘米间，应是原坍塌断折后棺盖的板灰痕迹；第5层为黄斑土，分布在棺内及棺椁之间，应是椁顶盖坍塌前棺椁

北

4
3
2

1

北

夹砂缸
H15

板灰痕迹
板灰痕迹
板灰痕迹

8
板灰痕迹
1 2 3 4 5 6
7
8

2

北

3

0   50厘米

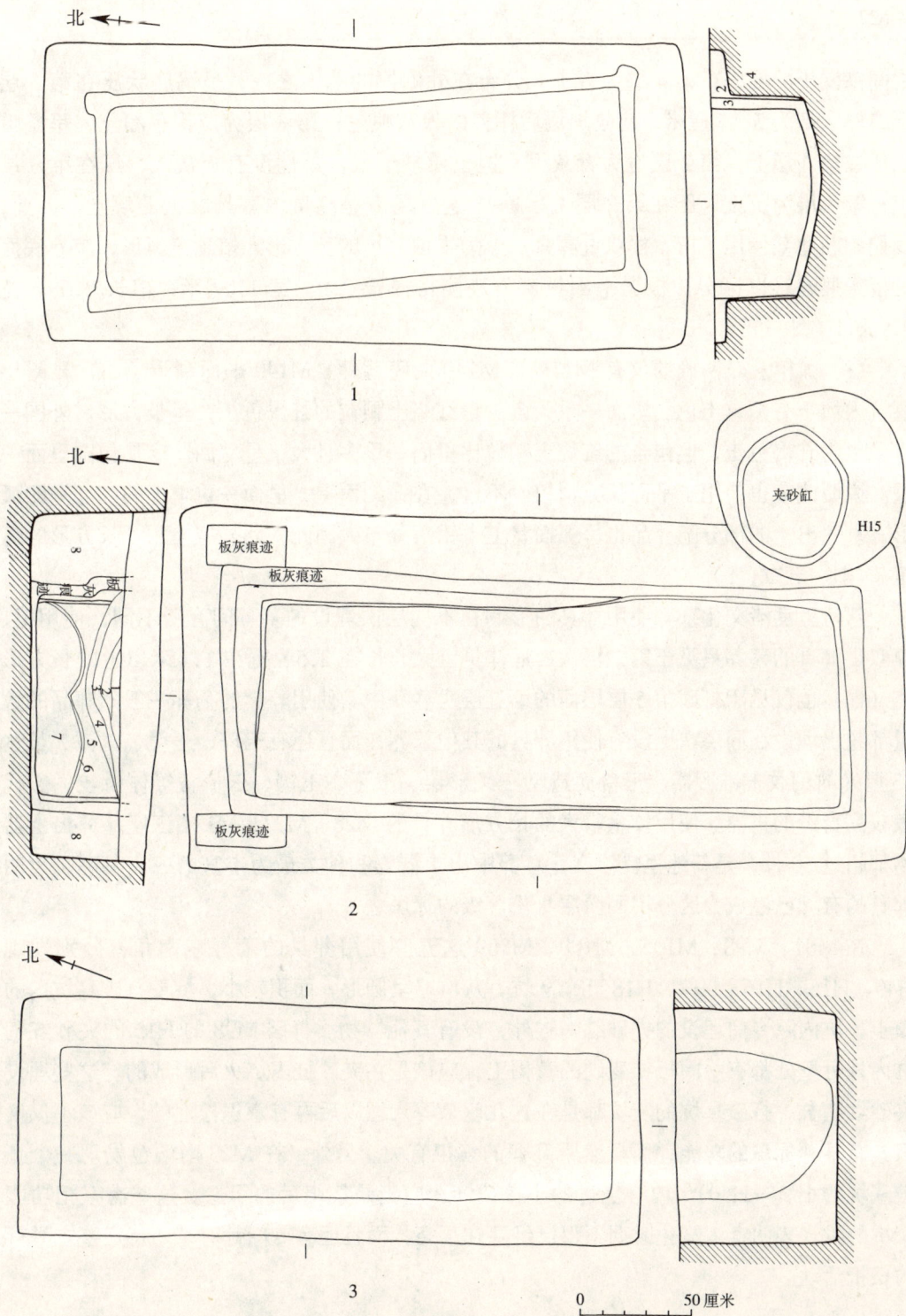

图一五二 墓葬平面上的葬具板灰痕迹与横剖面上所显示的墓内填土及葬具情况
1. M120 2. M98 3. M140

之间渗漏土的堆积；第4层为青土，分布在外侧椁的范围之内，呈锅底状压在第5层上，厚大部为3~5厘米，应是坍塌后椁盖的板灰痕迹；第3层为灰褐色粉土，呈条带状压在第4层上；第2层也为青灰土，但土质较干燥，黏性没有板灰大，压在第3层上；第1层为黄土，压在第2层上。1~3这三层应是墓坑内葬具之上的填土。因此，我们判断此墓使用了棺、椁双重葬具。椁为平顶直边的长方形，棺顶盖弧形，棺椁底面的板灰痕迹难以区分。根据平面板灰痕迹测得椁长2.9、宽1.07米，棺长2.68、宽0.9米。(图一五二，2)

(3) 弧棺。较明确的仅有M117与M140两座墓葬。M140平面刮干净后，显露出墓坑内填土有两重土色。里面一重为含少量红烧土颗粒的红褐色土，呈长方形。外围一重虽也为红褐色土，但包含的红烧土颗粒比里面一重多且大，呈"回"字形包围里面一重。说明此墓也使用了平面长方形棺。不过，在横剖面上，里面一重填土的底部呈凹弧形，墓底出土的部分随葬品也呈弧面状上下错落分布，因此，此墓应使用了长方形的弧棺。(图一五二，3)

新地里良渚文化墓葬使用葬具的形制在不同层次埋设的墓葬间有所不同，使用棺、椁双重葬具的墓葬只见于第二层次，而体量巨大，长在2.5、宽在1.1米以上的长方形棺（椁）也仅见于打破第5层层面的第五层次墓葬中。使用葬具的墓葬一般随葬品的数量都超出埋设在同层次上没有使用葬具的其他墓葬，而且还有玉琮、玉璧、玉钺、长达33厘米的刻纹玉锥形器、玉兽面造型三叉形器、玉环、玉镯、玉梳背等体量较大、代表较高身份的玉器。使用体量较大的长方形葬具的M28、M73、M121三座墓葬出土器物都超过50件，是新地里良渚文化墓葬中出土器物和种类最为丰富的三座墓葬，表明葬具的有无已经成为区分不同阶层身份等级的标尺之一。

在M81、M98、M105、M108、M109这五座使用葬具的墓葬东南角，分别发现H49、H15、H16、H17、H18五个灰坑，灰坑略呈圆形，面积较小，坑壁打破墓坑内的填土，坑内除专门埋设的夹砂红陶缸外，没有其他器物。打破M98的H15的夹砂红陶缸内外近壁处都有一圈板结变硬的黄褐土，应该是在夹砂缸内烧火后形成的。这些埋设夹砂红陶缸、打破墓坑的灰坑都是在这几座墓葬入埋以后再有意识挖埋的，应该不仅仅只具有墓葬标识的功能，而显然跟墓葬的祭祀有关。另外，在M23南端也发现一个打破墓坑的小坑（H50），内有烧过的小兽残骸，应当是祭祀后的孑遗。这些有祭祀功能灰坑的发现表明良渚文化时期不仅已经存在墓祭，而且还有专门针对某一特定墓主举行的祭祀活动。

第四节　随葬器物的类型学研究

140 座良渚文化墓葬中有 138 座出土随葬品，种类有陶、石、玉器及野猪獠牙、鲨鱼牙齿等一些有机质物品。

发现使用葬具墓葬的随葬品一般都放置在棺内，只有 M81、M86、M98、M109、M125 等少数墓葬中有石犁、双鼻壶等个别器物放在葬具顶盖上或四角处。随葬品在墓内的放置位置一般也较为固定。石器除锛、凿、带把小石刀等偶见于头部外，主要出土在胸部以下直至脚端。石钺一墓一件的大多出土在中部偏南左右两侧，约当死者胸侧臂部，一墓多件的除了出土在中胸腹部外，还见出于腿脚部直至脚端与陶器混为一处的。石"耘田器"出土数量较多，其中一些跟陶纺轮共出。石镞主要出于脚端。玉器主要见于头部、胸部至腹部。玉梳背、三叉形器都出在头骨附近。玉璧、玉钺等出在胸腹部或近旁。M137 出土的玉琮套戴在（女性）墓主的左手腕骨上，为玉琮套戴在手腕上的又一明确例证。玉锥形器在墓内位置不太固定，头前和脚后都可见到，但 M73:15 琢刻纹饰的长锥形器在死者右手处。陶器一般放置在头前与脚端，其中头前多见圈足盘（或盆）、双鼻壶和宽把杯。有几座墓葬中，人头骨压在圈足盘（或盆）上，表明入葬时圈足盘（或盆）就垫在死者头下。脚端陶器组合早晚有所变化，早期四层墓葬中以鱼鳍形足鼎、豆式带盖簋、鼓腹双鼻壶、圈足盘、圈足罐、盆等为主；第五层墓葬则以 T 字形足鼎、子母口带盖簋、扁腹双鼻壶、圈足盘、尊为主。其他地区良渚文化墓葬中常见的豆在新地里遗址较为罕见，体现出随葬陶器组合上的地方特色。

一　玉　器

新地里 140 座良渚文化墓葬中有 94 座随葬件数不等的玉器，占全部墓葬的 67% 强，46 座没有随葬玉器（其中 12 座为残墓），所占比重不到 33%。作为一处等级不高的良渚文化墓地，出现如此高的玉器拥有率，反映出良渚时期平民阶层较普遍拥有和使用玉器的客观事实。在这处既有显贵者又有平民墓葬的墓地里，没有发现一座琮、璧、钺三类玉器齐全的墓葬，但有 1 座墓葬（M121）随葬了璧和钺两类玉器，另有 3 座墓葬（M137、M73、M28）分别随葬了琮或璧。这四座墓葬相对于同时期的其他墓葬，不仅位置突出，墓坑体量较大，使用了大型葬具，而且随葬品的丰富程度也首屈一指，充分显示出琮、璧、钺这三类玉器作为良渚显贵者阶层攫取世俗权力和财富的象征，不仅已成为显贵者阶层特定身份地位的玉质指示物，而且还毫无疑问地成为良渚文化墓葬等级划分中区分显贵者阶层与平民阶层的具有绝对意义的标尺。除了这四座墓葬外，其余墓葬出土玉器的器形（体量）与数量跟墓圹大小、葬具有无、随葬品多少等墓葬等级划分的其他标准间没有形成必然的对应关系。如埋设在墓葬区南部、墓圹较大、使用葬具的 M86、M83、M19、M29、M30 等墓葬内都没有体量较大的玉器出土，而位于墓葬区北部、墓坑较小、没有使用葬具的 M7 中有玉镯、M5 中有玉梳背出土。此外，那些位于墓葬区北部、没有使用葬具的墓葬中既有没有玉器随葬的，也有随葬玉珠、玉管、玉坠、玉锥形器、玉串饰等小件玉器的。这些墓葬从墓坑大小、随葬品多少、有无葬具等标准分析，没有明显的差别，而且还彼此交错地埋设在同一墓葬区内，表明这类墓葬间虽然存在有无玉器随葬和随葬玉器器形的差别，却并不存在等级高低的差异。

新地里良渚文化墓葬内出土的玉器质料主要是透闪石—阳起石系列的软玉，此外还有叶蜡石、萤石、绿松石等。软玉制品大多受沁变成黄白色，但不少器物表面有一层泛玻璃光的表皮，莹润光亮，少数玉器还保持着晶莹剔透的绿色或湖绿色。琮、璧、钺等体量较大的玉器多用此类软玉料制成。叶蜡石是新地里良渚文化墓葬中使用量仅次于软玉的玉料种类，除了制作锥形器、坠、管、珠、镶嵌片等小件玉器外，还用于制作玉梳背、三叉形器等体量略大的玉器。萤石数量不多，仅见少量玉坠和玉珠。绿松石数量更少，仅见玉珠和镶嵌片两种。

根据对玉器表面遗留的制作痕迹的观察，与其他遗址出土的良渚文化玉器比较，新地里在玉器制作工艺上并无多少独特之处。剖料与成型主要采用软性的线切割和硬性的锯切割两种技术。一般而言，像锥形器等纵深较小的器物多以锯切割为主，而像璧、琮、钺等纵深较大的器物在成型时多以线切割为主。新地里出土的璧、琮、钺的器表部分都或多或少地留有弧形抛物线状的线切割痕迹。钻孔一般视需钻孔的孔径大小采用不同的施钻方法，璧、琮、钺、镯、环等孔径较大的器物多采用管钻的方法，而璜、梳背、锥形器、坠、管、珠等器物上的竖向小孔以及杖端饰、泡形珠等器物上的横向牛鼻形隧孔则多采用桯钻的方法。在嘉兴凤桥高墩、海盐周家浜等遗址良渚文化墓葬出土的玉镯上先采用桯钻在扁圆形坯件边缘位置对钻成孔，然后再以线切割搜拉出中孔的方法不见于新地里良渚文化玉器的制作。M109:8 半圆形玉器充分体现出新地里良渚文化玉器管钻技术的娴熟与高超。此器由两次管钻套出厚度仅为 0.1～0.35 厘米的宽环裁割而成，内外壁上都有两面管钻错位留下的台痕。新地里良渚文化墓葬中仅出土了 4 件琢刻纹饰的器物，分别为 M137:9 玉琮、M28:48 玉兽面造型三叉形器与 M73:15、M140:4 两件玉锥形器。纹饰的琢刻，浅浮雕部分都通过利用中介砂研磨减地的方法获得，阴线部分多数采用锐利的硬质燧石小工具直接刻划而成，但神人或兽面的圆眼有时也用细小的管钻碾磨而出。此外，新地里良渚文化墓葬中出土的玉器器表大多莹润光洁，应该是在玉器成型后，经过精细研磨与抛光的结果。

新地里良渚文化墓葬中出土玉器共计 450 余件（组），器形有琮、璧、钺、璜、环、镯、玦、锥形器、三叉形器、梳背、柱形器、半环形器、兽面造型三叉形器、管、珠、坠、串饰、杖端饰、端饰、镶嵌片等 20 种。玉器种类虽然不少，但体量较大的器形较少，而管、珠、锥形器等小件玉器为其大宗。不过，其中也有几件玉器造型别致。M28∶48 兽面造型玉器，从其造型和出土位置推断，应是玉三叉形器的一种变体。此器两面用浅浮雕结合阴线刻划的方法雕琢出兽面形象，类似此种羽冠与兽面组合的神兽面纹饰也见于余杭横山 M2 出土的柱形器[1]，但整器琢成兽面形状的却较为罕见。江苏新沂花厅墓地 M16 中虽然曾出土过两件造型和纹饰类似的玉器，但它们是作为玉串饰上的配件出现的，与新地里这件兽面玉器在功能上存在较大差别[2]。M140∶4 玉锥形器上四面琢刻的简化神人纹饰，其中三个面自上而下的四节纹饰都较规整，每节由两条代表神人羽冠的长凸棱和一条中间割断的代表神人鼻翼的短凸棱组成，但另一个面上的四节纹饰的组合却跟其他三个面发生了错位现象，第二节的第二条长凸棱被割断成短凸棱，第三节因此多了一条长凸棱——这样纹饰琢刻发生错误的现象在良渚玉器中极少见到。

一些玉器在墓葬中的出土情形也为探讨它们的功能提供了重要线索。M137∶9 玉琮出土时在死者的左手腕部，跟 M105∶6 玉镯的出土情形非常接近。M54∶8-1、M86∶10 与 M114∶9 三件玉锥形器都带有套管，其中 M54∶8-1 玉锥形器出土时与套管间有 15 厘米的间距，M86∶10 与 M86∶9 套管间有 4 厘米间距，而 M114∶9 套管出土时在玉锥形器的头尖端。除了 M114 的组合外，其他两组玉锥形器与套管的组合都表明两者之间原有一定的间距，这对我们复原锥形器的组合情况乃至探讨它的功能都是相当重要的材料。

琮　1 件。M137∶9，长方柱体，外方内圆，纹饰分两节，均琢刻简化的神人脸面。（图一五三；彩版三一二，2、3）

璧　扁平圆形，中有穿孔。共 4 件。其中 M28∶15（图一五四，1；彩版四六，1）、M73∶21（图一五四，3；彩版一五五，5）保存完好，质料均为透闪石软玉。M28∶17（图一五四，4）、M121∶21（图一五四，2；彩版二七三，2）受沁已朽蚀，质料不明。

钺　1 件。M121∶9，扁平长方梯形。（图一五五，3；彩版二七三，1）

璜　1 件。M125∶9，扁薄半圆形，上端平齐，两侧各有对称小孔以供系挂。（图一五五，1；彩版二九〇，1）

玦　1 件。M93∶8，扁平圆环形，一端开缺口。（图一五六，3、4；彩版二〇〇，9）

三叉形器　2 件。M108∶5，整器略呈方折的"Y"形。（图一五五，5；彩版二三三，1）桐乡徐家浜 M6∶3 三叉形器的造型跟此件非常接近。M28∶48，扁平"工"字形，两面微鼓，用浅浮雕结合阴线刻划各琢刻出一兽面形象。（图一五六，1、2；彩版

① 《东方文明之光——良渚文化玉器》56 页图 51，良渚文化博物馆、香港中文大学文物馆，1998 年。
② 南京博物院：《花厅——新石器时代墓地发掘报告》，文物出版社，2003 年。

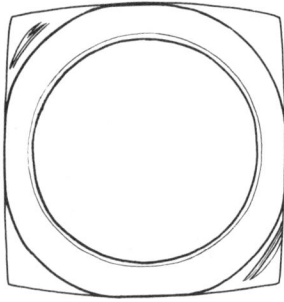

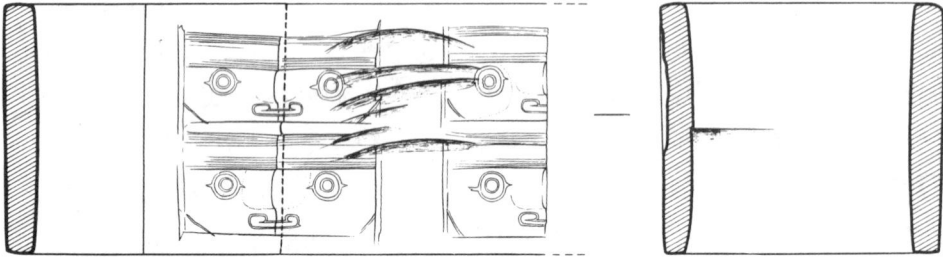

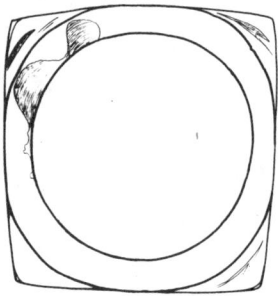

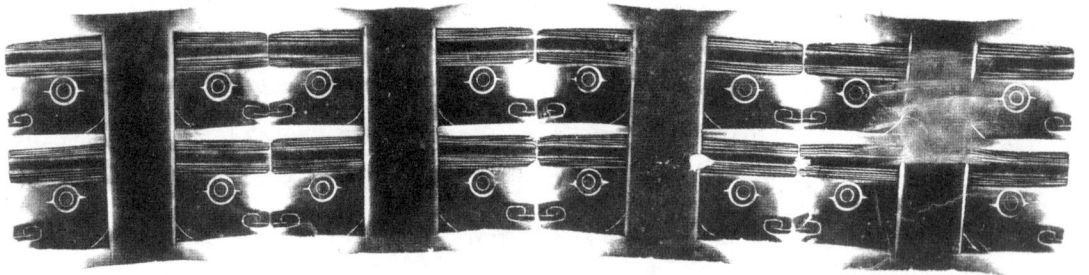

图一五三　玉琮 M137:9 (1/2)

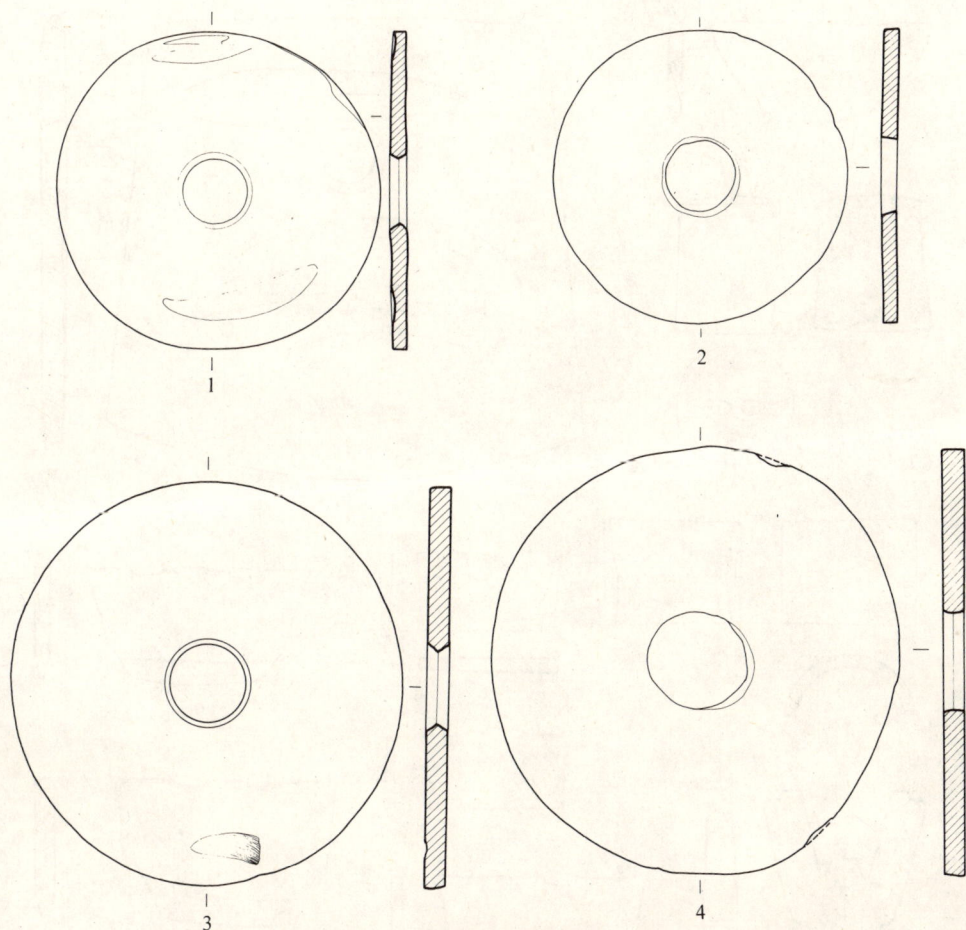

图一五四 玉璧

1. M28:15 2.M121:21 3.M73:21 4.M28:17 (均为 1/4)

四六，2) 该器顶端三个孔的造型，跟 M108:5 三叉形器颇为相似，而且其出土位置也在死者头侧，因而此件兽面造型玉器应是玉三叉形器的一种变体。

半环形器 1件。M109:8，系由两次管钻套出的宽环裁割而成，内外弧壁上都留有管钻错位的横向台痕。(图一五五，4；彩版二三八，1~3)

梳背 5件。器形扁平，呈上宽下窄倒梯形，其中宽的一端中部有半圆形或"弓"字形凸起，窄的一端通常有供插嵌的条形扁榫。质料为透闪石软玉或叶蜡石。分3式。

Ⅰ式 1件。M108:33，叶蜡石质。两侧边近斜直，顶端凹缺，中央有半圆形凸起，底端无榫，钻有两个小孔。(图一五五，6；彩版二三三，7)

Ⅱ式 2件。均为叶蜡石。两侧边略斜弧，顶端凹缺，中央有凸起，底端无榫，各

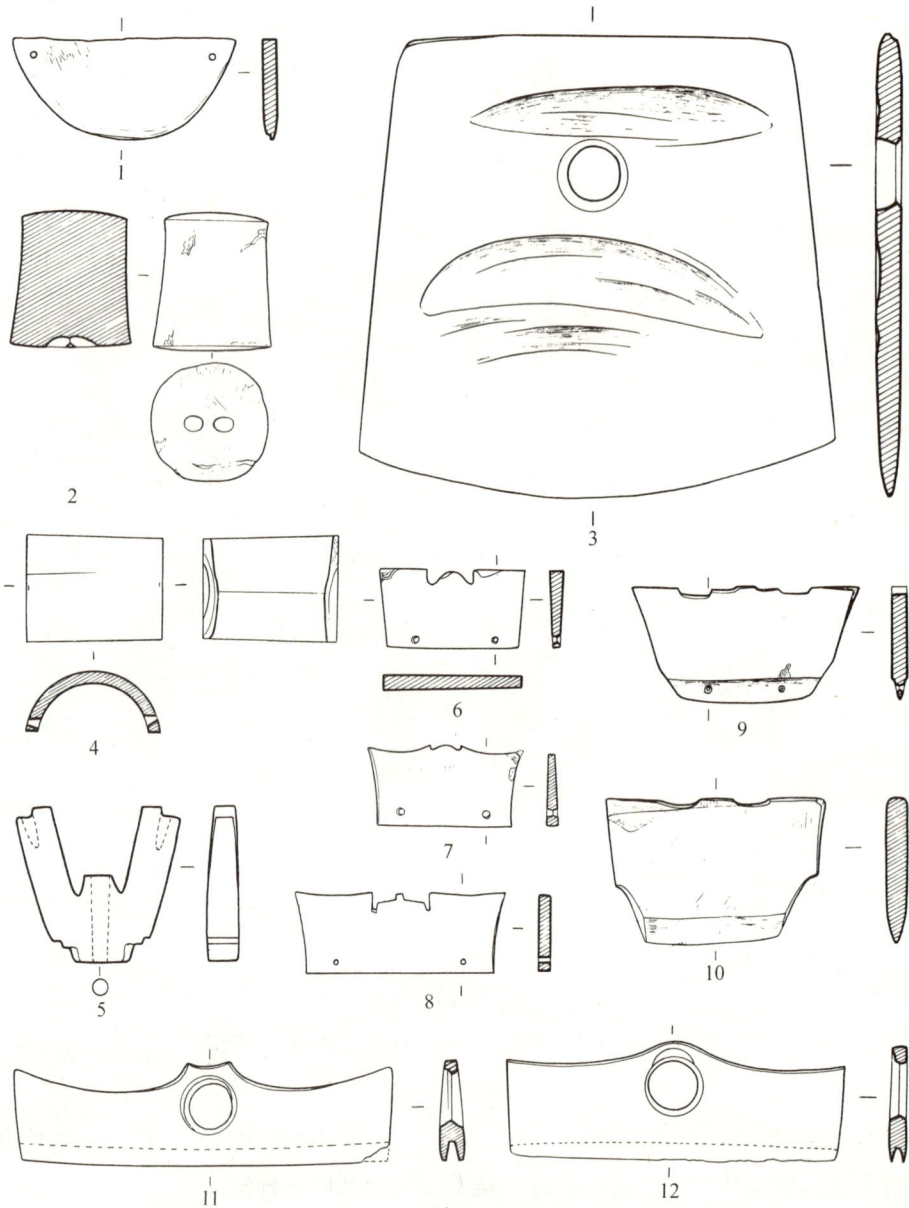

图一五五　玉璜、杖端饰、钺、半环形器、三叉形器、梳背与端饰

1.璜 M125：9　2.杖端饰 M73：26　3.钺 M121：9　4.半环形器 M109：8　5.三叉形器 M108：5　6.Ⅰ式梳背
M108：33　7、8.Ⅱ式梳背 M6：1、M98：5　9、10.Ⅲ式梳背 M124：12、M5：1　11、12.端饰 M93：6、M137：8
（均为1/2）

有两个小穿孔。M6：1，中央有圆弧形带牙角凸起。（图一五五，7；彩版一五，1）
M98：5，"弓"字形凸起。（图一五五，8；彩版二一一，1）

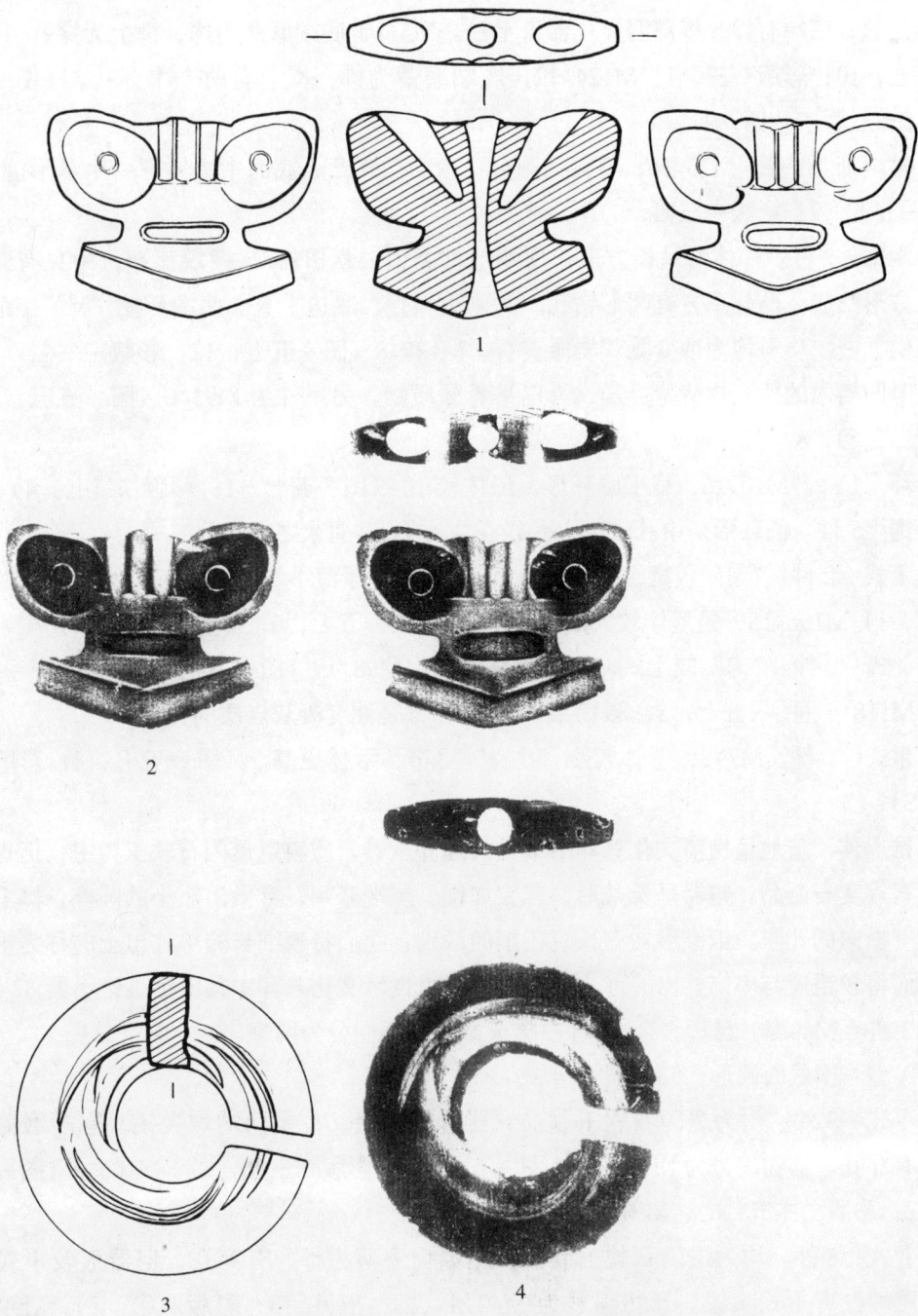

图一五六　玉兽面造型三叉形器、玦

1、2. 兽面造型三叉形器 M28:48　3、4. 玦 M93:8（均为 1/1）

Ⅲ式　2件。软玉。两侧边近斜直，近底端弧收，顶端凹缺，中央有"弓"字形或方形凸起，底端有榫，榫部明显比器身毛糙。M5:1，底端磨薄为榫，榫上无穿孔。(图一五五，10；彩版一三，1) M124:12，底端磨薄为榫，榫上有两个小穿孔。(图一五五，9；彩版二八四，2)

杖端饰　1件。M73:26，整器如圆台，顶面微弧凸，底面中央钻琢一牛鼻形隧孔。(图一五五，2；彩版一五四，9)

端饰　2件。形体略呈长方形，顶端造型类似"耘田器"，两端弧翘，中央有圆弧形或方形凸起，凸起下方有圆形钻孔。两侧边斜直，底边平直。底端开挖"V"字形凹槽以供插嵌。质料均为蚀变凝灰岩质美石。M137:8 (图一五五，12；彩版三一二，1)，出土时凹槽内的插嵌物清楚可辨，为扁平骨牙质物。另一件为 M93:6 (图一五五，11；彩版二〇〇，8)。

环　1件。M109:6，扁平圆环形，形体较小。(图一五七，1；彩版二三七，4)

镯　5件。圆环形，中孔较大，孔径在 4.6～6.2 厘米之间。分3式。

Ⅰ式　2件。"肉"较宽，形体扁薄。M105:6，厚薄不均。(图一五七，2；彩版二二六，1) M108:15，是形体较大的分体玉镯。(图一五七，6；彩版二三四，4)

Ⅱ式　2件。"肉"较Ⅰ式略窄，形体变高。M98:19 (图一五七，3；彩版二一一，2)、M118:4 (图一五七，5；彩版二六五，3) 都是蚀变凝灰岩质的美石。

Ⅲ式　1件。M7:2，形体较小，"肉"更窄，形体更高。(图一五七，4；彩版一五，3)

锥形器　新地里良渚文化墓葬中常见的随葬玉器，质料以透闪石软玉为主，但也见叶蜡石等美石制品。整器呈长条形，首尖如锥，尾端略阔，常做出短小的圆榫，榫上大多钻有横向的孔眼。玉锥形器有长短粗细的区别，我们将较细长的单独出土的称为锥形器，而将较粗短与串饰共出的称为玉坠。新地里良渚文化墓葬中共出土玉锥形器82件，其中1件 (M40:4) 已朽，余81件根据横截面的不同分为两型。

A型　横截面圆形。53件。分4式。

Ⅰ式　3件。均为透闪石软玉制品。器形较狭短，首尾两端均尖锐，尾端磨薄为榫，有穿孔。器物编号为 M109:27 (图一五八，1；彩版二三九，3)、M105:2 (图一五八，2；彩版二二五，6)、M81:15。

Ⅱ式　5件。均为透闪石软玉制品。尾端仍磨薄为榫，有穿孔，但器形较Ⅰ式略长，尾端没有Ⅰ式尖锐。器物编号为 M42:1 (图一五八，3；彩版八〇，2)、M99:3 (图一五八，4；彩版二一五，3)、M111:5、M110:4 和 M98:32。

Ⅲ式　39件。器形略宽，有长有短，尾端有明显小榫，榫上有穿孔。器号分别为 M121:27 (图一五八，5；彩版二七三，3)、M137:10 (图一五八，6；彩版三一二，

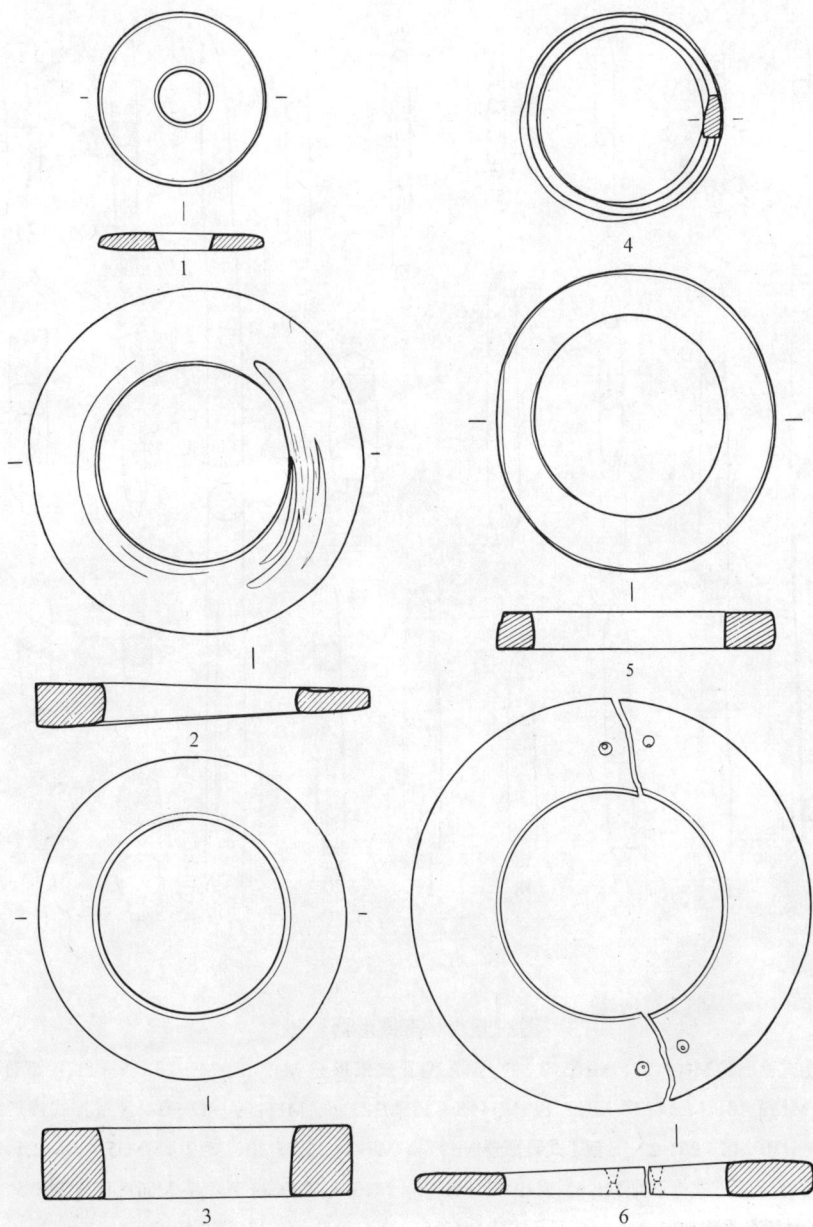

图一五七　玉环、镯

1. 环 M109：6　2、6. Ⅰ式镯 M105：6、M108：15　3、5.Ⅱ式镯 M98：19、

M118：4　4.Ⅲ式镯 M7：2（均为1/2）

4)、M66：23（图一五八，7；彩版一三〇，4)、M123：6（图一五八，10；彩版二八〇，

2)、M10：1、M10：5、M14：6、M20：4、M28：47、M30：1、M31：3、M32：4、M44：7、

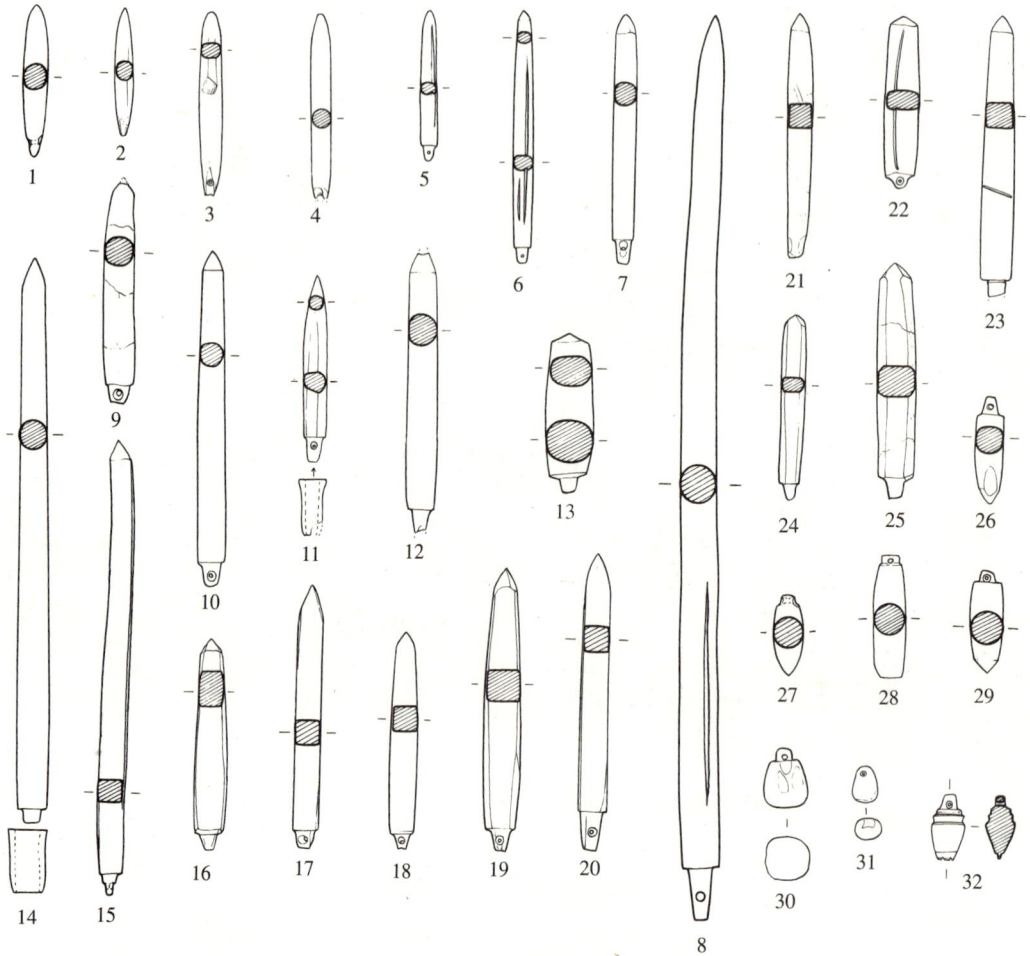

图一五八　玉锥形器、坠

1、2.A 型Ⅰ式锥形器 M109:27、M105:2　3、4.A 型Ⅱ式锥形器 M42:1、M99:3　5~11.A 型Ⅲ式锥形器
M121:27、M137:10、M66:23、M125:8、M54:8-1、M123:6、M114:9　12~14.A 型Ⅳ式锥形器 M4:1、
M24:4、M86:10　15~20、22.B 型Ⅰ式锥形器 M19:4、M9:3、M125:18、M49:4、M35:4、M125:19、M55:
8　21、23~25.B 型Ⅱ式锥形器 M1:1、M29:1、M86:8、M15:5　26~29.A 型坠 M66:14、M118:5、M104:2、
M54:7　30.B 型Ⅰ式坠 M82:3　31.B 型Ⅱ式坠 M40:5　32.C 型坠 M63:3（均为 1/2）

M44:10、M47:5、M54:8-1、M64:3、M65:6、M66:9、M67:5、M67:11、M68:5、
M71:4、M73:24、M78:10、M106:3、M107:4、M112:6、M113:4、M114:9、M115:
8、M116:21、M119:5、M121:28、M124:11、M125:8、M125:13、M127:7、M128:
6。其中 M125:8-1（图一五八，8；彩版二八九，1）通长 24、榫长 1.4、最宽处 1.1
厘米，是 A 型玉锥形器中体量最大的一件。而 M54:8-1（图一五八，9；彩版一〇

一，5)、M114:9（图一五八，11；彩版二五一，6）两件玉锥形器则都带有喇叭形套
管，M54:8－1出土时锥形器尾端与套管间有15厘米的间距，表明两者之间可能另有
有机质杆状物连缀。这对于探讨玉锥形器的组合方式及其功能都是重要的线索。

　　Ⅳ式　6件。尾端榫上无穿孔。器物编号为M4:1（图一五八，12；彩版一〇，2)、
M24:4（图一五八，13；彩版四一，2)、M22:10、M73:46、M73:47、M86:10。其中
M86:10玉锥形器带有喇叭形套管（图一五八，14；彩版一八四，10)，出土时锥形器
尾端与套管间有4厘米的间距。

　　B型　横截面方形。24件。分2式。

　　Ⅰ式　11件。尾端榫上有穿孔。器物编号为M19:4（图一五八，15；彩版三二，
2)、M9:3（图一五八，16；彩版一八，2)、M125:18（图一五八，17；彩版二八九，
4)、M49:4（图一五八，18；彩版九二，2)、M35:4（图一五八，19；彩版六九，1)、
M125:19（图一五八，20；彩版二八九，5)、M55:8（图一五八，22；彩版一〇四，
5)、M17:6、M52:5、M73:15、M125:16。其中M73:15通长33、榫长1.6、最宽处
1.4厘米，方形锥体下部最宽处以浅浮雕结合阴线刻划的方法琢刻出三节简化的神人纹
饰（图一五九，1；彩版一五五，1)，是新地里遗址出土的体量最大的一件玉锥形器。
类似这样锥体横截面呈方形、琢刻有多组简化神人纹饰、通长超过30厘米的玉锥形器，
考古发掘出土在良渚文化分布范围内此件是第四件，其他三件分别出于福泉山9号墓、
花厅18号墓和大坟2号墓，其中花厅的那件榫部还有喇叭形长套管，但新地里M73:15
是唯一榫部有横向钻孔、且纹饰节数最少、也是纹饰最简化的一件。

　　Ⅱ式　13件。尾端榫上无穿孔。器物编号为M1:1（图一五八，21；彩版五，2)、
M29:1（图一五八，23；彩版五五，1)、M15:5（图一五八，25；彩版二四，3)、
M86:8（图一五八，24；彩版一八四，9)、M5:4、M83:4、M83:6、M102:2、M126:
3、M126:2、M126:1、M140:3、M140:4。其中M140:4方形锥体下部以浅浮雕结合阴
线刻划琢刻出四节简化的神人纹饰，有一面纹饰组合跟其他三面发生错位现象。（图一
五九，2；彩版三一六，4）

　　新地里遗址良渚文化墓葬中还有4件锥形器，其中M125:17、M125:29两件横截
面扁圆形，为A型；M43:4、M125:26两件横截面方形，为B型，但由于器物本身的
残缺，已难辨其式别，故未列入以上型式的排列中。

　　根据锥形器的出土情况，A型Ⅰ、Ⅱ、Ⅲ式的出现年代较早，B型由A型演变而
来，最初可能只是因为琢刻纹饰、表现神人兽面像艺术的需要而产生的，但逐渐成为玉
锥形器中独立演化的分支。在以良渚遗址群内的瑶山墓葬、反山大部分墓葬为代表的阶
段，琢刻神人兽面纹饰的B型Ⅰ式锥形器就与A型Ⅱ、Ⅲ式锥形器共存。新地里遗址
的B型Ⅱ式与A型Ⅳ式锥形器都是晚期晚段良渚文化墓葬中的代表性器物。

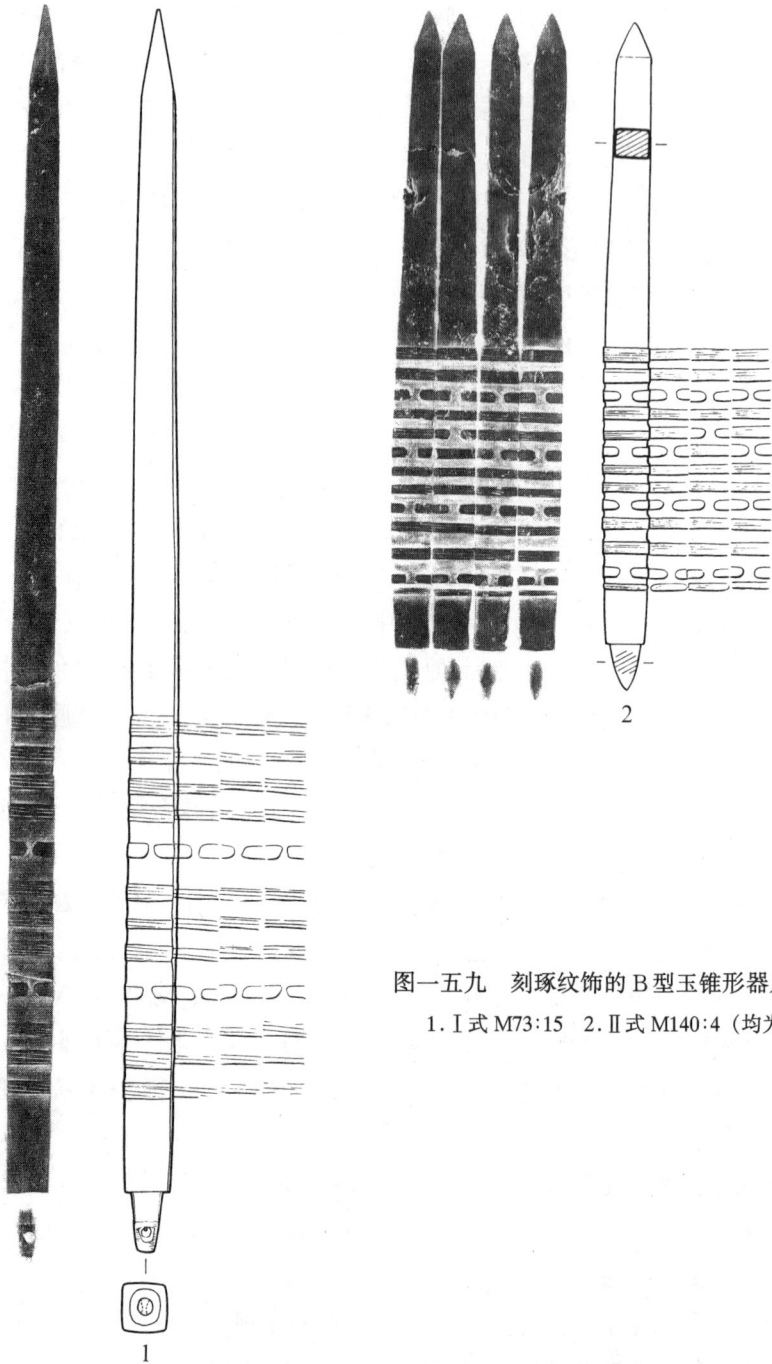

图一五九　刻琢纹饰的 B 型玉锥形器及其拓片
1. I 式 M73:15　2. II 式 M140:4（均为 1/2）

　　锥形器是良渚文化玉器中很特殊的一类，见于良渚文化大中小型各等级墓葬，所以，在某种程度上，它与管、珠一样是良渚文化玉器中最平民化的器类，但对它的使用，仍有很明显的等级烙印，如体形硕大、琢刻有神人兽面纹饰的玉锥形器无一例外都出土于等级身份较高的大型显贵者墓葬，绝非一般小型平民墓葬可用。值得注意的是在良渚文化墓葬中，像这样既在小型平民墓葬中大量出土、又有严格等级限定的随葬器物除了玉锥形器外也只有钺了。石钺是良渚文化墓葬中常见的器类，一般认为它是一种近身搏杀的武器，但制作精美的玉钺和以熔结凝灰岩制成的弧刃、无明显刃角、大钻孔的石钺却只见于高等级的显贵者墓葬。以玉钺为核心组成的权杖被认为是军事指挥权的象征。蒋卫东在《试论良渚文化的锥形玉器》中通过对玉锥形器的器形演变过程及它在墓葬内出土位置的分析，认为玉锥形器是对实用箭镞的玉礼化。[①] 前述玉锥形器与玉石钺在墓葬中随葬的相似性，或可作为此一论述的辅证。另外，"国之大事，在祀与戎"，同时期或略晚的周边文化在引进或模仿制作良渚文化玉器时，器形多集中在琮、璧、钺等少数跟"祀与戎"有密切关系的器类，而在大汶口文化、薛家岗文化、龙山文化、好川类型文化、石峡文化、石家河文化等区域类型文化的玉器系统中，都可见到锥形器或源于它的模仿器物，因此，虽然学术界目前对玉锥形器的功用尚未形成较为统一的认识，但玉锥形器的重要性理应引起重视。

玉坠　18 件。分三型。

A 型　13 件。质料以透闪石软玉为主，也见叶蜡石等美石。形制类似锥形器而略短，尾端有榫，榫上有穿孔。器物编号为 M66:14（图一五八，26；彩版一三〇，2）、M118:5（图一五八，27；彩版二六五，2）、M104:2（图一五八，28；彩版二二二，2）、M54:7（图一五八，29；彩版一〇一，4）、M28:51、M62:7、M70:3、M73:30、M77:5、M96:4、M103:3、M124:19。此外，M91:18 玉串饰上的玉坠也属 A 型。

B 型　4 件。均为叶蜡石质。前端浑圆，形体类似小颗葡萄。分 2 式。

Ⅰ 式　2 件。尾端有小榫，榫上有穿孔。M82:3（图一五八，30；彩版一七六，4）与 M93:9 玉串饰上的玉坠都属此式。

Ⅱ 式　2 件。尾端磨薄穿孔，无小榫。M40:5（图一五八，31；彩版七五，2）与 M5:2（彩版一三，2）玉串饰上的两颗玉坠都属此式。

C 型　1 件。M63:3，透闪石软玉质。截面方形，前端磨薄，琢出两处齿状小凹缺，尾端琢出两层阶梯状，有小榫，榫上穿孔。（图一五八，32；彩版一一八，2）

管　新地里良渚文化墓葬中较为常见的随葬玉器。质料以透闪石软玉为主，叶蜡石质的也有不少。有些与玉珠等组成串饰，单件的有 43 件，按其形态分为三型。

A 型　37 件。长圆柱体，竖穿孔。M28:4，器身上有一处圆弧形切割痕迹，钻孔一端大一端小，为单向钻孔，但小孔端有一横向切割痕迹，说明该管是从一双面钻孔的长玉管裁割下来的。（图一六〇，1；彩版四七，8）M124:16，一端有横向切割凹槽。

---

① 蒋卫东：《试论良渚文化的锥形玉器》，《文物》1997 年 7 期。

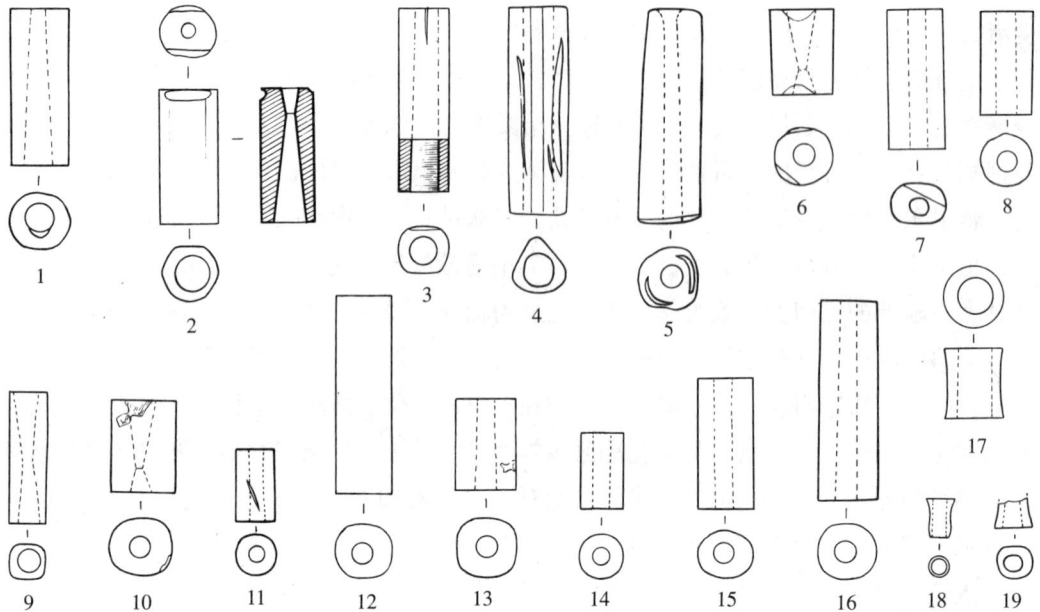

图一六〇 玉管

1～16.A 型 M28：4、M124：16、M116：37、M108：8、M105：14、M73：19、M94：1、M55：5、M66：15、M73：10、M66：46、M86：6、M73：18、M76：2、M82：2、M86：7　17.B 型 M109：25　18、19.C 型 M57：9、M125：30（均为 1/2）

（图一六〇，2；彩版二八四，3）M116：37，器身留有短道竖向切割痕迹，双面钻孔，孔壁内有密集的螺旋纹。（图一六〇，3；彩版二五八，18）M108：8，不规则的三角柱体，器身上有两处竖向弧线切割痕迹。（图一六〇，4；彩版二三三，2）M105：14，略呈一头大一头小的不规则圆柱体，两端面上留有弧线切割痕迹，说明该管也是从长玉管上裁割下来的。（图一六〇，5；彩版二二五，5）M73：19，器身上有多处切割痕迹。（图一六〇，6；彩版一五四，3）M94：1，一端有斜向磨痕。（图一六〇，7；彩版二〇二，2）这些玉管上留下的切割加工痕迹是了解良渚文化时期玉器制作技术的重要材料。其余玉管有 M55：5（图一六〇，8）、M66：15（图一六〇，9）、M66：46（图一六〇，11）、M73：10（图一六〇，10）、M73：18（图一六〇，13）、M76：2（图一六〇，14）、M82：2（图一六〇，15）、M86：6（图一六〇，12）、M86：7（图一六〇，16）、M17：5、M48：5、M57：23、M95：5、M98：12、M105：1、M105：7、M105：13、M105：17、M107：6、M108：18、M108：20、M108：29、M109：24、M111：11、M119：6、M121：30、M124：28、M137：4、M137：7 和 M137：22，大多形制规整，磨制精细，将切割加工痕迹完全磨去。

B 型 1 件。M109∶25，圆柱束腰，穿孔较大。(图一六〇，17；彩版二三九，2)

C 型 5 件。一头大一头小的喇叭形管。其中 M54∶8－2、M86∶9、M114∶9(锥形器和套管为同一编号)三件都与玉锥形器组合，其余两件为 M57∶9(图一六〇，18；彩版一〇八，3)和 M125∶30(图一六〇，19；彩版二九〇，6)。

珠 新地里良渚文化墓葬中出土数量最多的随葬玉器。质料以叶蜡石最多，透闪石软玉次之，其他还有萤石和绿松石。组成玉串饰的也主要是玉珠，但此处仅介绍单件体的玉珠。共 212 件，按其形态可分为六型。

A 型 56 件。扁圆柱形，大多为叶蜡石质，少数为透闪石软玉。分 3 式。

Ⅰ式 7 件。青绿色叶蜡石制品，形体较小。器物编号为 M93∶2(图一六一，1；彩版二〇〇，2)、M93∶7(图一六一，2；彩版二〇〇，4)、M98∶17(图一六一，3；彩版二一〇，10)、M98∶18(图一六一，4；彩版二一〇，11)、M98∶30、M98∶35 与 M63∶10。

Ⅱ式 46 件。红褐色叶蜡石制品，形体渐大。器物编号为 M35∶12(图一六一，5)、M40∶19(图一六一，6；彩版七五，4)、M54∶1(图一六一，7；彩版一〇一，1)、M78∶19(图一六一，8；彩版一六八，9)、M35∶5、M54∶9、M65∶10、M72∶3、M72∶4、M72∶11、M76∶3、M78∶9、M78∶11、M82∶5、M91∶9、M91∶17、M102∶5、M107∶5、M109∶10、M110∶3、M110∶5、M111∶2、M111∶12、M114∶7、M115∶5、M115∶9、M115∶10、M116∶7、M116∶8、M116∶9、M116∶12、M116∶13、M116∶30、M119∶17、M121∶1、M121∶2、M121∶3、M121∶25、M121∶43、M121∶47、M130∶2、M137∶5、M137∶11、M137∶12、M137∶21 与 M137∶23。

Ⅲ式 3 件。透闪石软玉制品，形体更宽。M44∶3，已受沁，玉色黄白。(图一六一，9) M47∶4，玉色青白(图一六一，10；彩版八八，1)和 M90∶6。

B 型 41 件。圆柱形，似玉管，但形体较小，高度小于 2 厘米者。质料以叶蜡石为主，分 3 式。

Ⅰ式 7 件。形体较细长，宽度小于 0.7 厘米者。器物编号为 M108∶23(图一六一，11；彩版二三二，9)、M108∶27(图一六一，12；彩版二三二，10)、M109∶11(图一六一，13；彩版二三七，5)、M128∶8(图一六一，14；彩版三〇一，4)、M109∶19、M99∶2 与 M91∶10。除 M128∶8 为软玉质外，其余均为叶蜡石。

Ⅱ式 31 件。宽度大于 0.7 而小于 1 厘米者。器物编号为 M93∶5(图一六一，15；彩版二〇〇，3)、M108∶31(图一六一，16；彩版二三二，13)、M109∶23(图一六一，17；彩版二三七，7)、M98∶1(图一六一，19；彩版二一〇，1)、M77∶4、M77∶10、M81∶13、M87∶2、M88∶1、M93∶1、M93∶11、M98∶2、M98∶4、M98∶8、M98∶9、M98∶10、M98∶11、M98∶14、M99∶8、M105∶8、M105∶15、M108∶2、M108∶4、

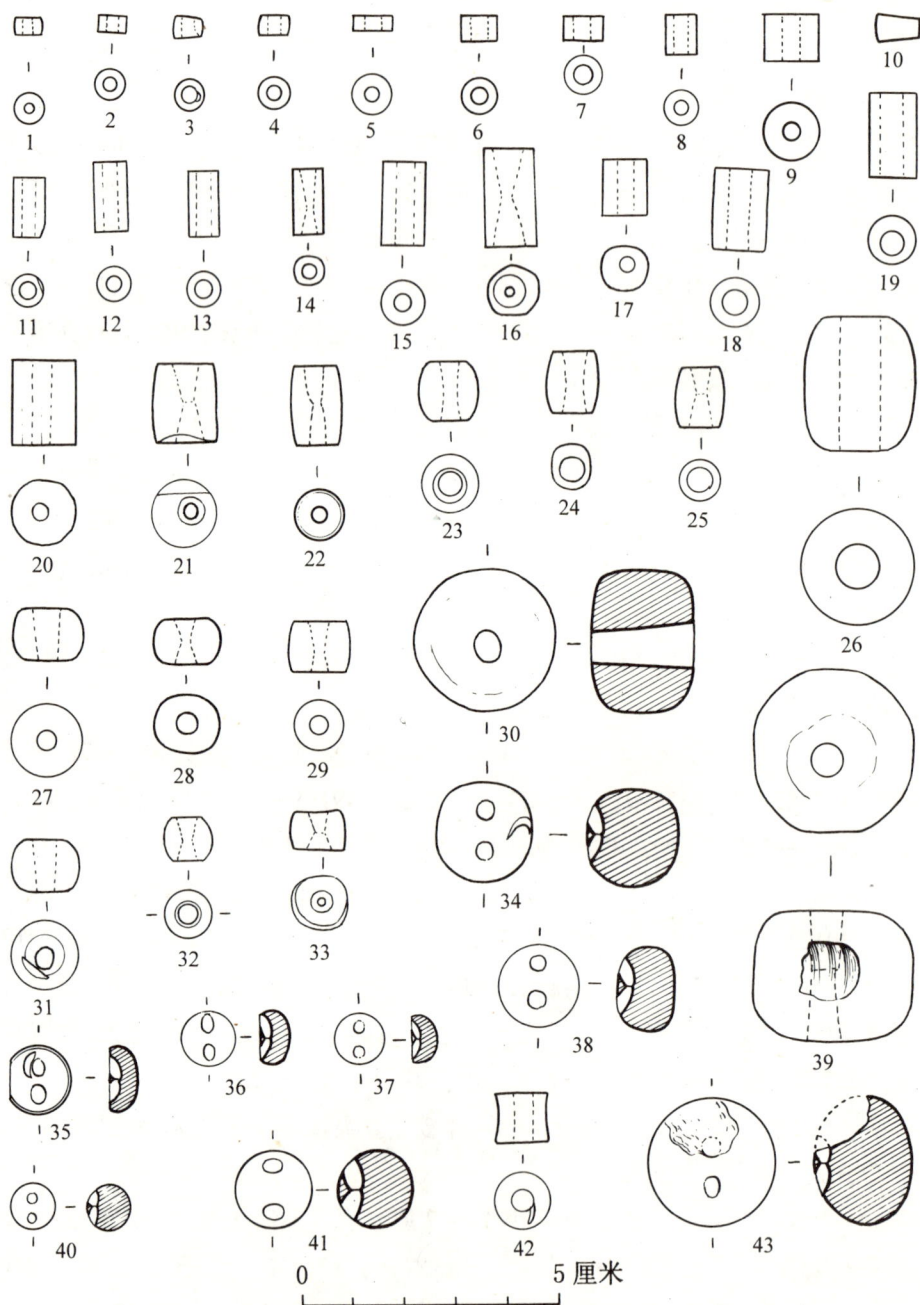

图一六一　玉珠

1～4.A型Ⅰ式 M93:2、M93:7、M98:17、M98:18　5～8.A型Ⅱ式 M35:12、M40:19、M54:1、M78:19　9、
10.A型Ⅲ式 M44:3、M47:4　11～14.B型Ⅰ式 M108:23、M108:27、M109:11、M128:8　15～17、19.B型Ⅱ
式 M93:5、M108:31、M109:23、M98:1　18、20.B型Ⅲ式 M8:6、M65:9　21～26.C型 M11:3、M28:50、
M28:3、M55:6、M15:6、M29:2　27～33、39.D型 M86:14、M124:36、M66:26、M126:7、M86:12、M28:
41、M90:6、M126:8　35～37.E型Ⅰ式 M98:6、M118:2、M90:1　34、38、40、41、43.E型Ⅱ式 M124:9、
M114:1、M66:42、M127:3、M86:4　42.F型 M83:10

M108∶28、M108∶30、M114∶17、M118∶3、M120∶2、M121∶48、M137∶1 与 M137∶15。其中 M108∶30、M108∶31、M118∶3 为软玉，其余均为叶蜡石。

Ⅲ式　3 件。宽度大于 1 厘米者。器物编号为 M8∶6（图一六一，18；彩版一六，2）、M65∶9（图一六一，20；彩版一二三，4）与 M73∶20。

C 型　77 件。高大于直径的腰鼓形，中腰弧凸。质料以软玉为主，少量叶蜡石。器物编号为 M11∶3（图一六一，21；彩版二〇，2）、M28∶50（图一六一，22）、M28∶3（图一六一，23；彩版四七，1）、M55∶6（图一六一，24；彩版一〇四，2）、M15∶6（图一六一，25；彩版二四，4）、M29∶2（图一六一，26；彩版五五，2 左）、M28∶10、M28∶44、M28∶46、M29∶20、M30∶18、M44∶6、M44∶8、M55∶6、M55∶7、M61∶6、M61∶7、M66∶22、M66∶24、M66∶27、M66∶29、M66∶35、M66∶43、M66∶44、M67∶14、M68∶4、M73∶2、M73∶11、M73∶13、M73∶14、M73∶16、M73∶17、M73∶27、M73∶35、M86∶13、M86∶15、M108∶7、M108∶9、M108∶10、M108∶11、M108∶12、M108∶21、M112∶7、M116∶16、M116∶19、M116∶20、M116∶23、M116∶24、M119∶16、M121∶10、M121∶11、M121∶13、M121∶19、M121∶20、M121∶24、M121∶26、M121∶31、M121∶40、M121∶42、M121∶44、M124∶8、M124∶10、M124∶13、M124∶14、M124∶17、M124∶18、M124∶20、M124∶21、M124∶22、M124∶23、M124∶35、M125∶3、M125∶11、M125∶12、M125∶14、M125∶28－1 与 M128∶5。

D 型　18 件。直径大于高的扁鼓形玉珠。器物编号为 M86∶14（图一六一，27；彩版一八四，3 右）、M124∶36（图一六一，28；彩版二八三，13）、M66∶26（图一六一，29）、M126∶7（图一六一，30；彩版二九四，6）、M86∶12（图一六一，31；彩版一八四，3 左）、M28∶41（图一六一，32；彩版四七，5）、M90∶6（图一六一，33；彩版一九一，3）、M126∶8（图一六一，39）、M62∶6、M67∶10、M67∶19、M67∶25、M116∶14、M116∶22、M119∶9、M121∶29、M124∶27、M125∶28－2。其中 M67∶10、M67∶25、M119∶9 为萤石制品，其余都为软玉。M86∶12 与 M86∶14 是从同一玉材上裁割下来的。

E 型　18 件。泡形珠，一端钻有牛鼻形隧孔，除了单件体外，还见于玉串饰中，此处数量仅统计单件体。多为软玉质，分 2 式。

Ⅰ式　4 件。扁平半球形，底端平面中央钻一牛鼻形隧孔。为 M98∶6（图一六一，35；彩版二一〇，3）、M118∶2（图一六一，36；彩版二六五，1）、M90∶1（图一六一，37）与 M86∶4。另外，玉串饰 M39∶2、M82∶1、M108∶32、M109∶5 中也见此式珠。

Ⅱ式　14 件。圆球形，一端钻有一牛鼻形隧孔。器物编号为 M124∶9（图一六一，34；彩版二八三，3）、M114∶1（图一六一，38；彩版二五一，1）、M66∶42（图一六一，40；彩版一二九，9）、M127∶3（图一六一，41；彩版二九八，1）、M86∶4（图一六一，43；彩版一八四，1）、M17∶19、M21∶3、M66∶16、M116∶6、M116∶15、M116∶

17、M121：12、M121：17 与 M121：18。其中 M17：19 为萤石，其余均为软玉。此外，玉串饰 M67：2、M86：5、M123：3 与 M128：4 中也见此式玉珠。

F 型　2 件。束腰圆柱形。M109：25 和 M83：10（图一六一，42；彩版一七八，4）。

除了上面介绍的单体出土的玉珠外，墓葬中还有三三两两（2～4 颗）成组出土的玉珠 42 组，共 110 颗。其型式可以分别对应单体玉珠的 A、B、C、D、E 型。器物编号为 M28：42、M30：8、M49：5、M57：8、M57：13、M61：1、M61：4、M62：3、M65：5、M65：8、M65：12、M66：4、M66：12、M67：7、M67：8、M72：7、M73：9、M74：5、M78：3、M78：4、M78：6、M78：7、M78：8、M78：13、M81：1、M81：14、M86：22、M87：3、M91：7、M108：22、M109：3、M109：5、M109：22、M110：6、M110：11、M111：6、M112：5、M114：8、M115：1、M121：50、M137：7 与 M137：20。

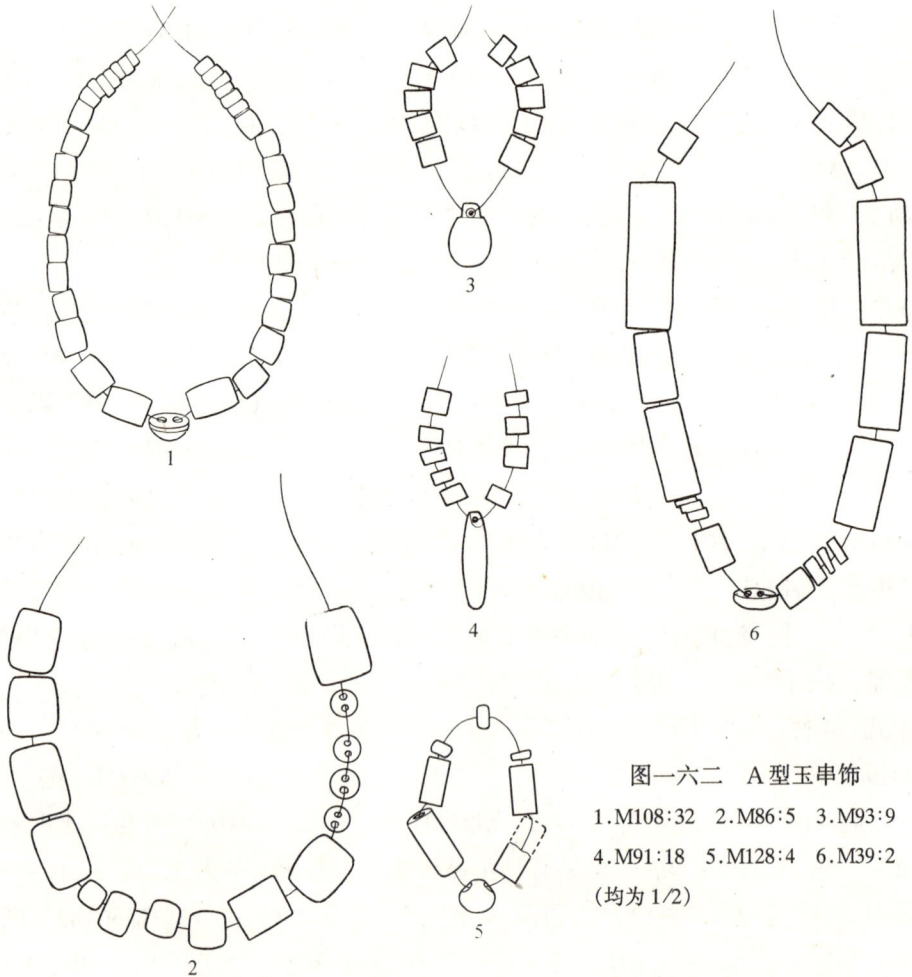

图一六二　A 型玉串饰
1.M108：32　2.M86：5　3.M93：9
4.M91：18　5.M128：4　6.M39：2
（均为 1/2）

串饰 由数量不等（5 颗以上的，均以串饰计）的玉珠、玉管等组串而成的挂饰，出土于死者头前到脚端的多个部位，从其出土位置分析，以悬挂于颈项的佩饰最多，其次为腕部的腕饰和腿脚部的链饰。共 35 件。据组合不同分为三型。

A 型 12 件。由玉珠、玉管跟玉坠或 E 型玉珠（泡形珠）组串而成。M93：9 为 10 颗 A 型扁圆柱形玉珠跟 1 件 B 型 I 式玉坠的组串。（图一六二，3；彩版二〇〇，7）M91：18 为 9 颗 A 型扁圆柱形玉珠跟 1 件 A 型玉坠的组串。（图一六二，4；彩版一九四，5）M5：2 为 3 颗玉珠跟 2 件 B 型 II 式玉坠的组串。M39：2（图一六一，6；彩版七四，3）、M108：32（图一六二，1；彩版二三四，3）与 M82：1、M109：5 为数量不等的玉珠或玉管跟 1 件 E 型 I 式泡形玉珠的组串。其余此型玉串饰有 M86：5（图一六二，2；彩版一八四，5）、M128：4（图一六二，5；彩版三〇一，2）、M67：2、M115：1 与 M123：3，均为数量不等的玉珠或玉管跟 1～4 件 E 型 II 式泡形玉珠的组串。

B 型 4 件。由数量较多的玉珠跟数量较少的玉管组串而成，玉管起着间隔或坠饰的作用。M93：4 为 59 颗 A、C 型玉珠跟 1 件长玉管的组串（图一六三，1；彩版二〇〇，6）。M115：6 为 57 颗 A 型、2 颗 C 型玉珠跟 4 件玉管的组串（图一六三，2；彩版

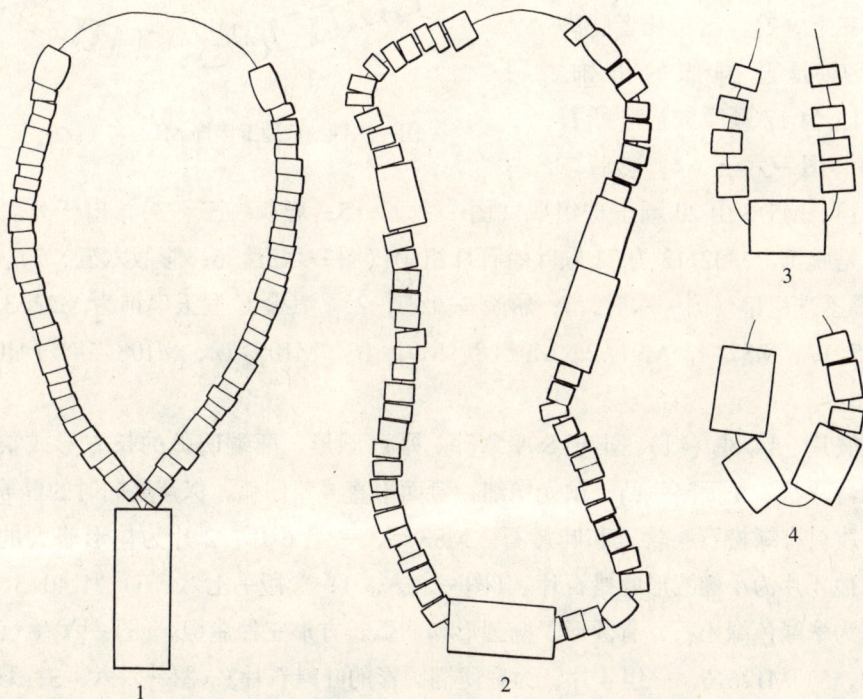

图一六三 B 型玉串饰

1. M93：4 2. M115：6 3. M35：17 4. M54：2（均为 1/2）

二五四，7）。M35：17 为 8 颗 A
型玉珠跟 1 件玉管的组串（图一
六三，3；彩版六九，3）。M54：
2 为 3 颗 A 型玉珠跟 3 件玉管的
组串（图一六三，4；彩版一〇
一，2）。

　　C 型　19 件。由数量不等的
玉珠组串而成，最多的 83 颗，
最少 5 颗。M124：7 为 83 颗玉珠
组串（图一六四；彩版二八三，
1）。M54：12 为 72 颗叶蜡石扁圆
柱形玉珠组串（图一六五，1；
彩版一〇一，3）。M110：10 为
54 颗叶蜡石珠组串（图一六五，
2；彩版二四三，5）。M67：17 为
71 颗玉珠组串（图一六五，3；
彩版一三七，2），出于死者腿脚
部位，应是腿脚部的链饰。
M108：13 为 12 颗腰鼓形叶蜡石
珠组串（图一六五，4；彩版二

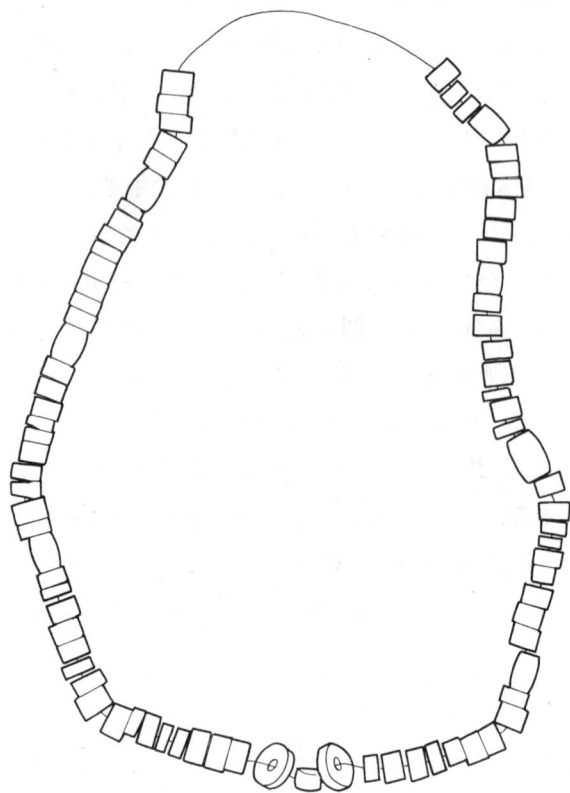

图一六四　C 型玉串饰 M124：7（1/2）

三四，1）。M5：3 由 20 颗玉珠组成（图一六五，5；彩版一三，3），出于死者手腕部
位，应是腕饰。M32：12 为 21 颗叶蜡石珠组串（图一六五，6；彩版六五，2）。M90：3
为 26 颗玉珠组串（图一六五，7；彩版一九一，2）。其余 C 型玉串饰为 M22：3、M28：
9、M65：17、M87：4、M91：2、M91：8、M91：16、M105：12、M108：14、M109：4 与
M114：6。

　　镶嵌片　14 件（组），出于 8 座墓葬。平面圆形、两端凹弧的长方形或狭长椭圆
形，扁薄片状，正面略弧凸，抛光精细，背面平直或略凹弧，保留磨制时的糙面，未经
抛光。质料有绿松石、软玉和叶蜡石。M83：5，一组 6 片，2 片为体形略大的软玉圆
片，其他 4 片为小椭圆形叶蜡石片。（图一六六，1；彩版一七八，3）M140：5，一组 8
片，都为翠绿色绿松石，有圆形、椭圆形和凹弧长方形三种造型。（图一六六，2；彩版
三一六，3）M126：6，一组 4 片，为扁薄椭圆形的叶蜡石片。（图一六六，3；彩版二九
四，5）M64：4，一组 4 片。M29：6，一组 3 片。其余均为单件，器物编号为 M23：4、
M40：6、M73：12、M73：23、M73：25、M73：28、M73：29、M73：58、M73：61。其中

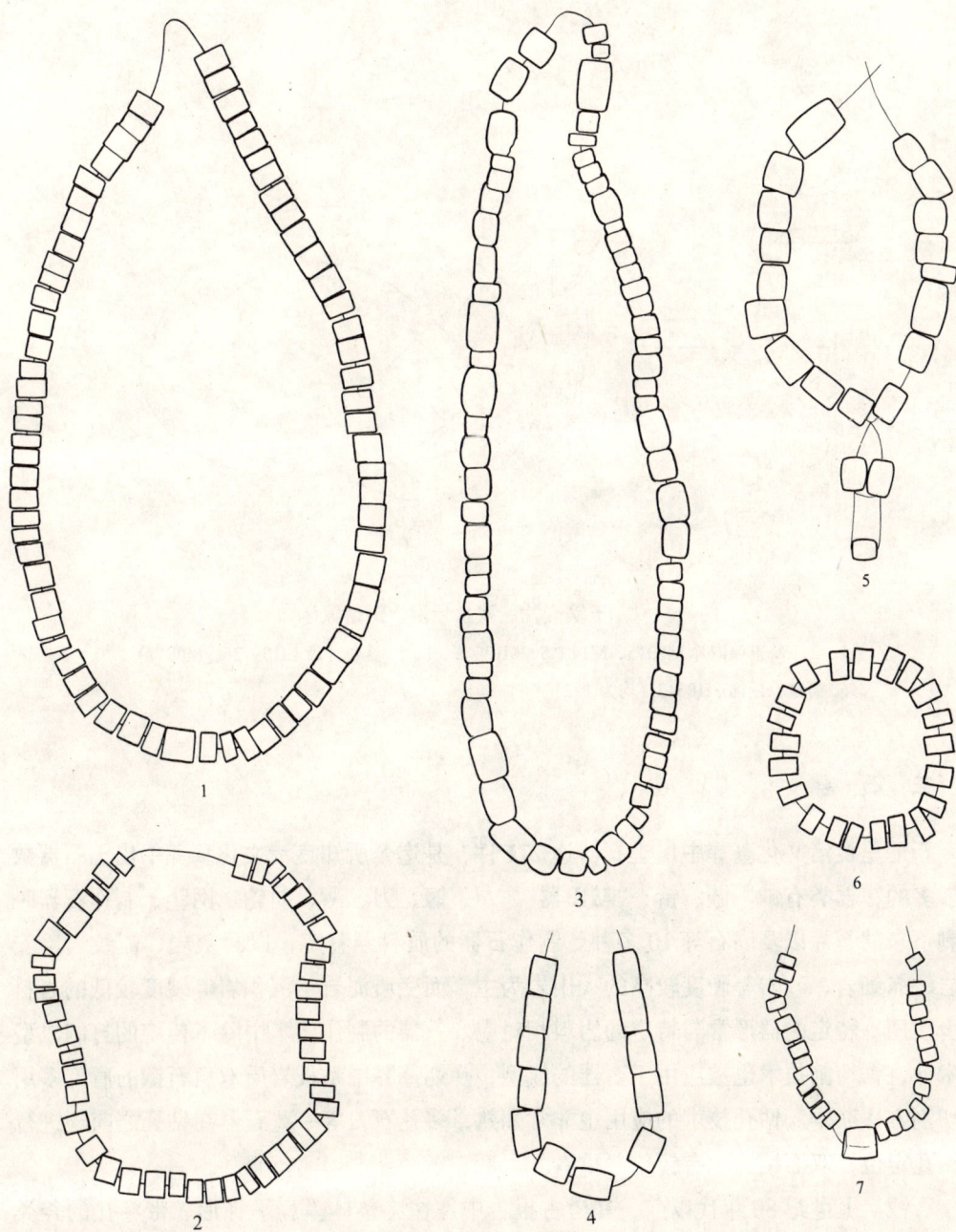

图一六五　C 型玉串饰

1.M54:12　2.M110:10　3.M67:17　4.M108:13　5.M5:3　6.M32:12　7.M90:3（均为1/2）

M73 共出土 7 片，除 M73:25、28、29 三片出土时在同一个局部，可能为同一器物上不同位置的镶嵌片外，其他 4 片出土时分散在棺内的其他部位。

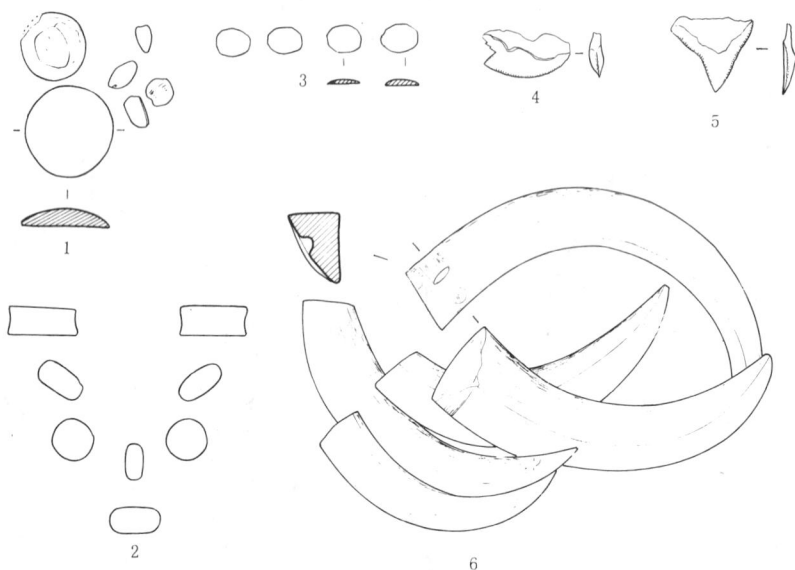

图一六六　玉镶嵌片、鲨鱼牙齿、野猪獠牙饰

1、2、3. 玉镶嵌片 M83:5、M140:5、M126:6　4、5. 鲨鱼牙齿 M109:26、M98:7

6. 野猪獠牙饰 M105:3（均为 1/2）

二　石　器

新地里良渚文化墓葬中出土石器达 271 件，是迄今所知良渚文化墓葬中出土石器数量较多的，器类有钺、镞、锛、"耘田器"、犁、镰、刀、凿、纺轮、网坠、制作石器时打剥下来的石片以及砺石等 10 多种。制作石器的质料经鉴定，以凝灰岩、流纹岩、安山岩、霏细岩、砂岩等硬度较高的火山岩为主，而变质泥岩、沉积岩等硬度较低的岩料较少使用。特定的器形常与特定的岩料相对应。石器的制作技术中除了传统的打制成型技术外，锯切割技术也被应用于石器的成型，晚期墓葬中粘板岩质双肩石钺的肩部多用锯切割方法获得。钻孔技术的应用也非常娴熟，多孔石刀等一些石器在钻孔之前还进行了钻孔定位，双面钻孔少有错位严重者。

石钺　上世纪 80 年代以前，在考古报告中往往将整体呈扁平梯形、带穿孔的斧类石器称为穿孔石斧或石铲。随着福泉山、反山、瑶山等良渚文化高土台墓地的发掘，显贵者墓葬中发现了带玉质冠饰、镦饰的玉质穿孔斧形器以及大量没有使用痕迹的石质穿孔斧形器。根据《尚书·牧誓》等文献中"左丈黄钺，右秉白旄"的记载，一些考古工作者认为玉质斧形器就是文献中描述的代表军事指挥权的钺，是一种玉质礼器，因此定其名为玉钺，而将与玉钺形制接近的石质斧形器也更名为石钺。近年来，浙江省考古工作者一般将出土的所有史前时期的石质穿孔斧形器统称为石钺。上海博物馆黄宣佩先生认为良渚文化时期斧与钺还是应该有所区分的：体厚弧刃，刃两端不露刃角的，应称为斧；器体扁薄，刃两端露刃角，有的刃角外翘整器呈"风"字形的应称为钺。[①] 但这样的区分也带来了意想不到的问题，如显贵者墓葬中最常见的往往是体厚弧刃、刃两端不露刃角的斧，此类斧常没有使用痕迹，大多还未开刃，它显然是一类跟地位等级较高的显贵者墓葬密切相关的礼仪用器。而整器扁薄，两端露刃角或刃角外翘整器呈"风"字形的钺却是平民墓葬中常见的随葬器物，有的刃部还有使用过的崩缺痕迹——这与以钺代表礼器、以斧代表实用器，从而区分斧与钺的斧形器定名初衷似乎也有矛盾，所以，在一种能够为大家普遍接受的区分方法出现以前，本报告仍将整器呈扁平长方形的穿孔斧形器统称为钺，而将良渚文化遗址中偶见的一种体形厚重、没有穿孔、整器呈长方形、横截面呈椭圆形的双面刃石器称为斧。

新地里良渚文化墓葬中共有占全部墓葬 35% 的 49 座墓葬出土了石钺，共 76 件。是墓葬中出土面较广的石器。地位较高的显贵者墓葬中常有多件石钺随葬，其中 M28 有 8 件、M73 有 5 件、M66 和 M98 各有 4 件出土。而一般的平民墓葬内也有石钺随葬，并且有多座石钺与陶纺轮共出的墓例，显示石钺并不是标识男女性别差异的标志性器物。墓葬中出土的石钺材质非常丰富，虽然尚未作大规模的切片鉴定，但据浙江大学地球科学系董传万、何礼章两位教授对部分出土石器切片后的显微镜观察和目测所作的矿物学鉴定，石钺的材质大致有熔结凝灰岩、凝灰岩、角砾凝灰岩、蚀变凝灰岩、流纹岩、球粒流纹岩、硅质页岩、板岩、霏细岩、霏细斑岩、安山岩、细砂岩、正长斑岩等材质。《福泉山》考古报告中发表了 119 件良渚文化时期石器的岩性鉴定报告，其中有石钺 65 件，其材质以辉绿岩及蚀变辉绿岩（17 件）、石英角砾岩及片理化石英角砾岩（14 件）为主，其他尚有绢云母石英岩、文象花岗岩、斑点板岩、酸性晶质凝灰岩、玉质蚀变岩、霏细岩、风化酸性火山凝灰岩、锌矿石、细晶岩等。虽然对石料的认识和命名存在不同，但对制作石钺的材质丰富性的认识却是一致的——与石钺非常丰富的材质相对应，石钺的形制也有许多不同的类型，而且形制跟质料间似乎有着密切的对应关系。从新地里良渚文化墓葬所反映的情况来看，这种对应关系似乎主要是使用上和等级上的差异，同时也存在着区域或时代上的差别。

78 件石钺中 5 件残甚，余 73 件依据形制上的差别，分为六型。

A 型　17 件。整体略呈梯形，形体厚重，上端平直或圆弧，刃部圆弧，无明显的刃角，双面钻孔、孔径较大，刃部大多没有使用的痕迹，有些甚至没有开刃。此型石钺中虽然大多表面磨制光洁，但也有一些磨制粗糙，器表常留有明显的磨砺痕迹。此型石

---

① 上海市文物管理委员会：《福泉山——新石器时代遗址发掘报告》，文物出版社，2000 年。

钺一般出于使用葬具的大中型墓葬中，而在普通的小型墓葬中极少发现。出土的位置从臂部至腿脚部均有，且常常数件共出。从这些特征分析，此型石钺作为专用于等级较高的大中型墓葬敛葬的可能性较大。汇观山 4 号墓出土石钺 48 件，横山 2 号墓出土石钺130 余件，其中绝大多数都为此型石钺。分 3 式。

Ⅰ式　2 件。石钺形体较小，顶端平直，圆弧形刃部较厚钝，无明显刃角，双面钻孔，管钻与实心钻并见，孔径较小，孔的位置居于石钺中部偏上。M98:16，双面实心桯钻。（图一六七，1；彩版二一二，2）M108:16，双面管钻。（图一六七，2；彩版二三四，5）

Ⅱ式　5 件。石钺形体变大，厚重，顶端弧凸，圆弧形刃部较厚钝，无明显刃角，单面钻孔与双面钻孔并见，双面钻孔中也见实心桯钻，孔径较小，钻孔位置居于石钺上部。M66:17，器表未经抛光，有斜向磨砺痕迹，单面管钻孔。（图一六七，3；彩版一三一，4）M66:34，形体较大，上狭刃宽。（图一六七，4；彩版一三一，6）M121:23，双面实心钻斜钻成孔。（图一六七，5；彩版二七五，2）M66:18，上部单面管钻孔之上残有一环形管钻痕迹，刃部有较多的使用崩缺痕迹。（图一六八，1；彩版一三一，5）M121:22，双面管钻。（图一六八，2；彩版二七五，1）

Ⅲ式　10 件。形体变宽，较Ⅱ式薄，顶端或平或弧，圆弧形刃部厚钝，大多不开刃，无使用痕迹，以双面管钻为主，孔径较大。M28:11，器表有斜向的磨砺痕迹。（图一六八，3；彩版五〇，1）M73:38，器表留有纵横交错的斜向磨砺痕迹。（图一六八，4；彩版一五七，4）M28:12，孔径较大。（图一六九，1；彩版五〇，2）M28:16，形制不规整，钻孔偏于一侧。（图一六九，2；彩版五〇，4）其他 5 件此式石钺的器物编号为 M28:13、M28:18、M28:19、M40:10、M73:31 和 M73:57。

B 型　6 件。形制规整的扁方梯形，高度与刃宽相差不大，体较扁薄，上端多平直，刃部略圆弧，有明显的刃角，大多没有使用的痕迹，双面钻孔居多，也见单面管钻。M93:10，顶端保留糙面，形体略长。（图一七〇，1；彩版二〇一，1）M105:5，单面管钻。（图一七〇，2；彩版二二六，2）M98:21，形体略厚。（图一七一，1；彩版二一二，3）M81:3，器表受沁略有剥蚀。（图一七一，2；彩版一七三，5）其余 2 件此型石钺为 M86:16 和 M108:19。

C 型　14 件。长方梯形，器形扁薄，较规整，上端近平直或略弧，大多保留磨制时的糙面，刃部略圆弧，多数有使用过的崩缺痕迹，双面钻孔居多，也见单面管钻孔。可分 3 式。

Ⅰ式　1 件。M98:15，顶端近平直，刃角外挑明显，钻孔孔径为 2 厘米。器身一面钻孔两侧有明显的两条斜向绑柄朱红痕迹。（图一七二，1；彩版二一二，1）

Ⅱ式　5 件。顶端多略弧，刃角多不外挑，孔径跟Ⅰ式相近。M28:14，形体狭长

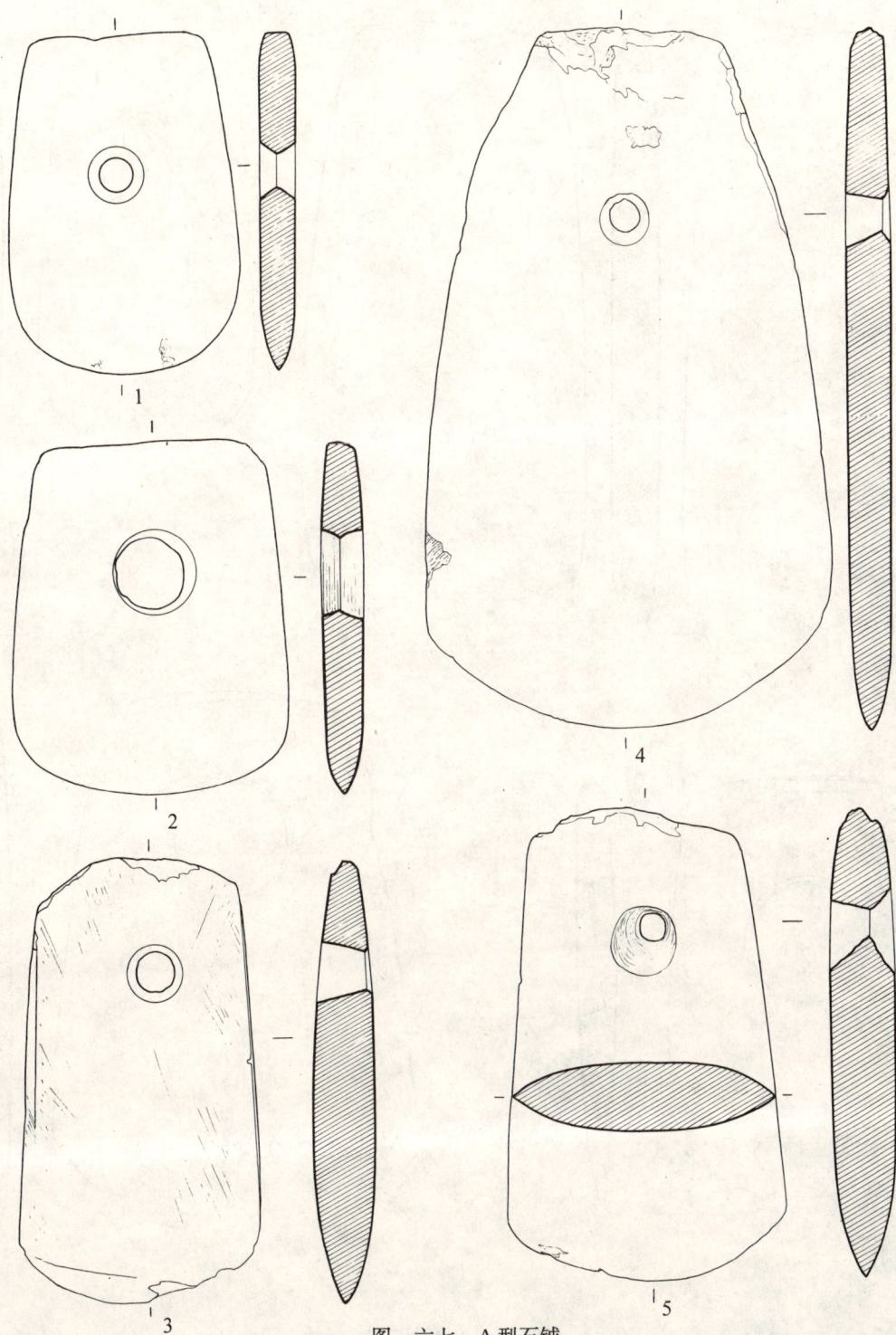

图一六七　A型石钺

1、2.Ⅰ式 M98:16、M108:16　3~5.Ⅱ式 M66:17、M66:34、M121:23（均为1/2）

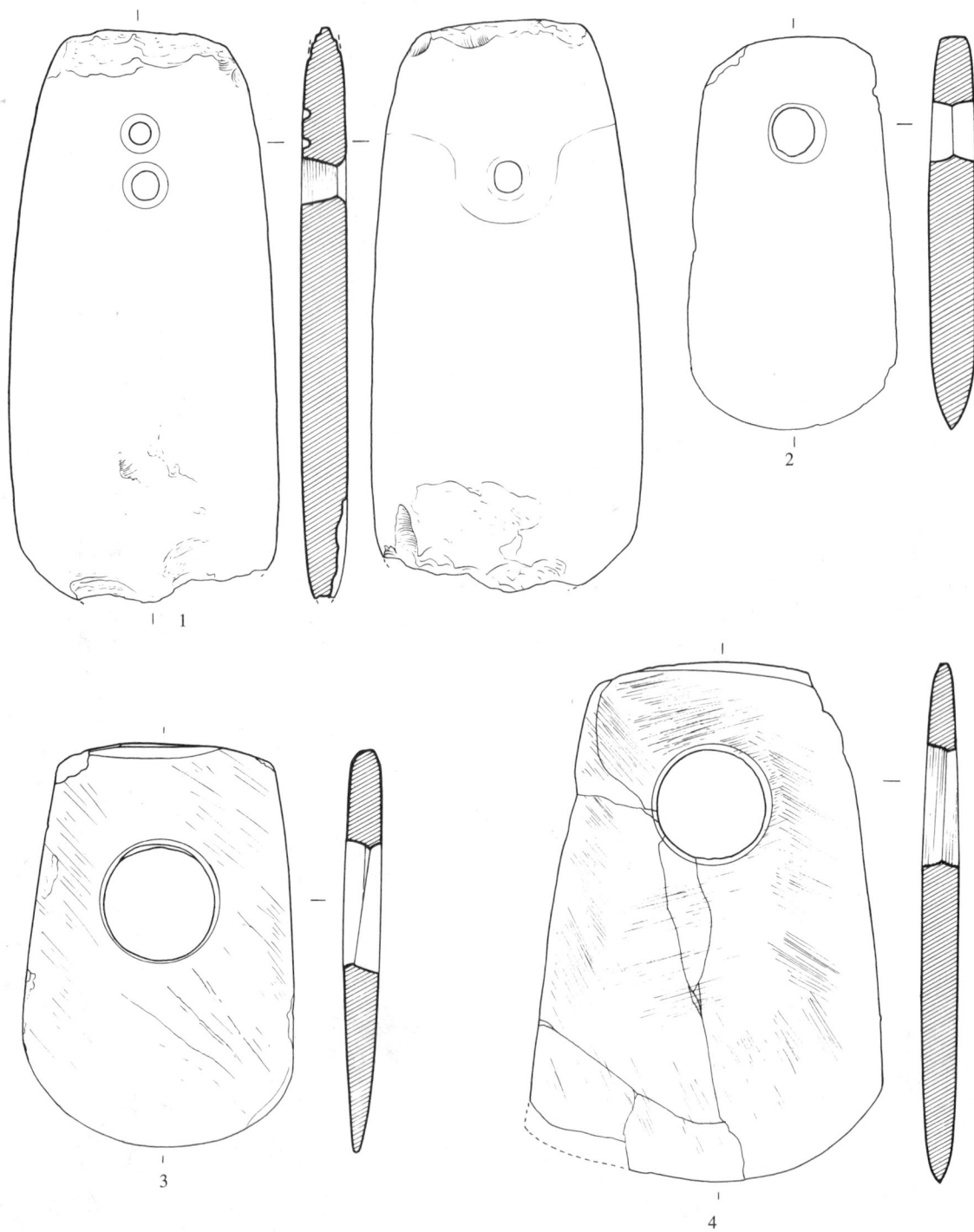

图一六八　A型石钺

1、2.Ⅱ式 M66:18、M121:22　3、4.Ⅲ式 M28:11、M73:38 (均为1/2)

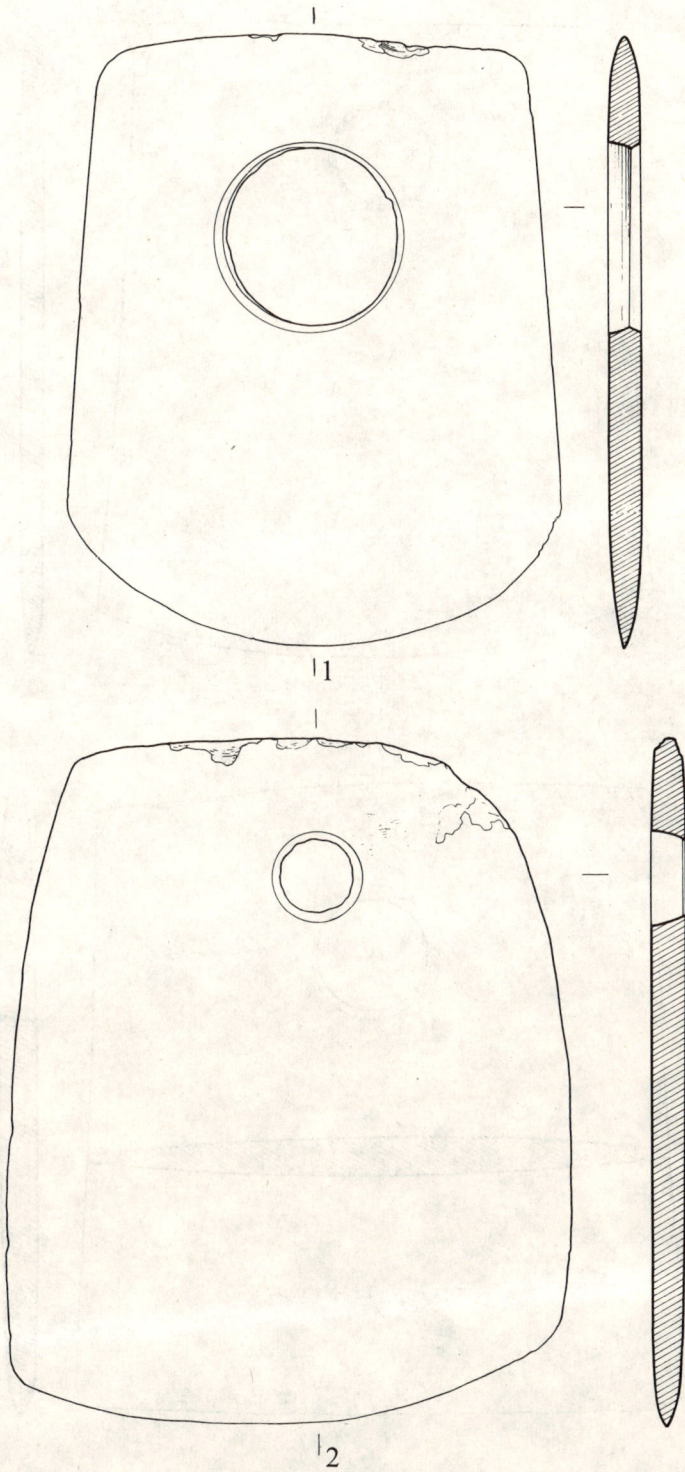

图一六九　A型Ⅲ式石钺

1. M28:12　2. M28:16（均为1/2）

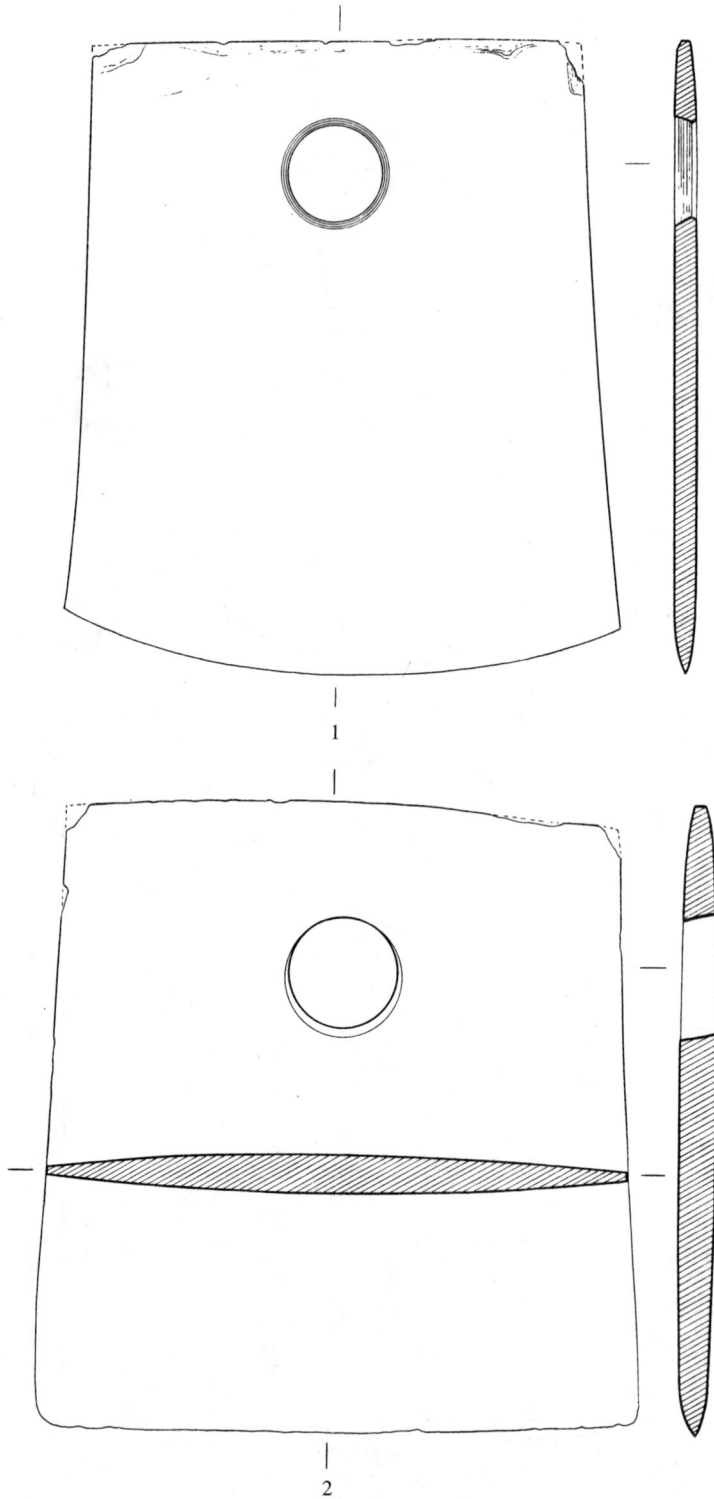

图一七〇　B型石钺

1. M93:10　2.M105:5（均为1/2）

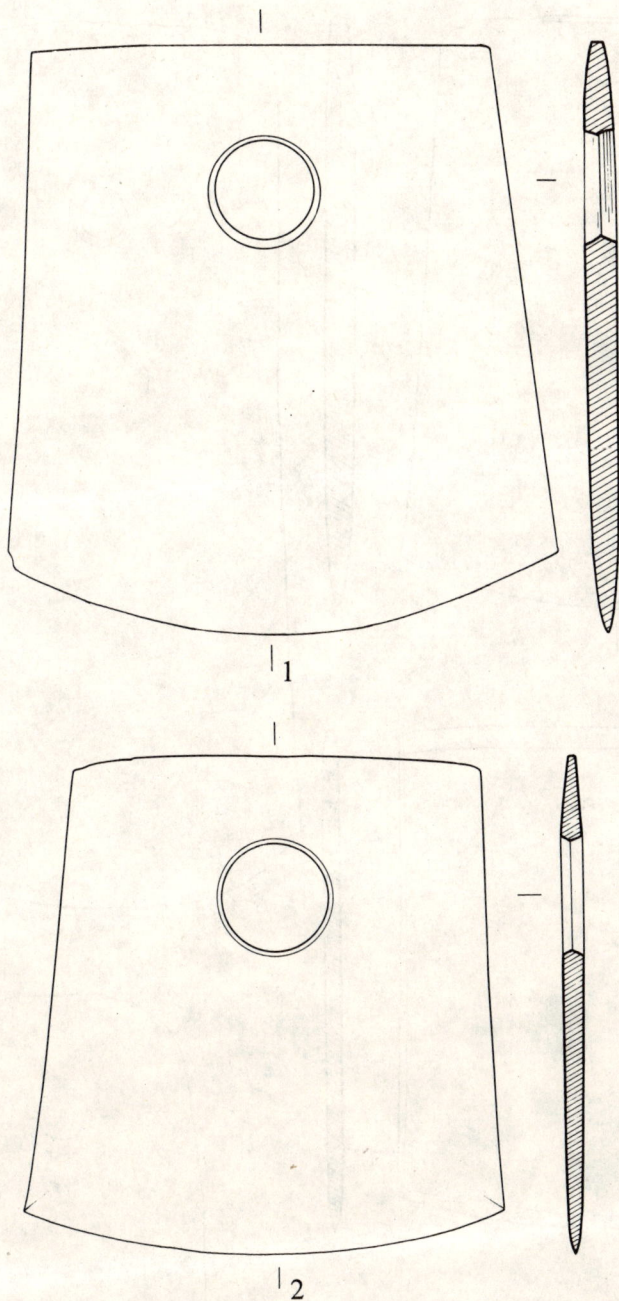

图一七一 B型石钺

1.M98:21 2.M81:3（均为1/2）

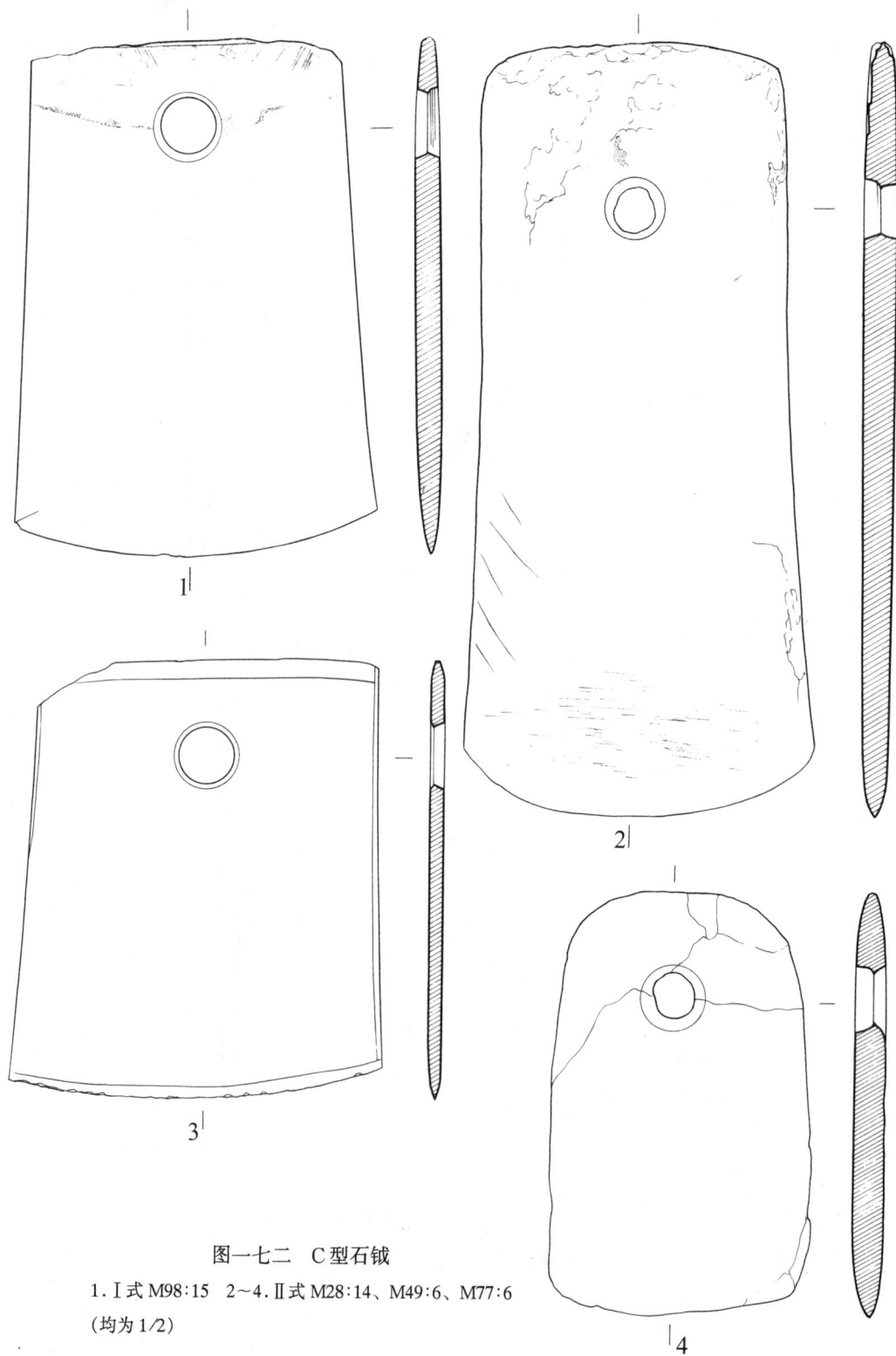

图一七二　C型石钺

1. I式 M98:15　2~4. II式 M28:14、M49:6、M77:6

（均为1/2）

似圭，钻孔旁留有绑柄的朱红痕迹。（图一七二，2；彩版五〇，3）M49:6，顶端平直，一角崩缺，有明显刃角。（图一七二，3；彩版九三，1）M77:6，器身受沁断裂，刃部厚钝未开锋。（图一七二，4；彩版一六五，4）另两件此式石钺为 M35:16 和 M57:6。

Ⅲ式　8件。顶端平直或略弧，器形较Ⅱ式大而钻孔较小，孔径一般在 1.5~1.6 厘米间。M73:22，顶端略弧。（图一七三，1；彩版一五七，2）M20:5，顶端平直，单面钻孔，孔壁上有明显的螺旋纹。（图一七三，2；彩版三五，2）M29:7，形体宽大，单面钻孔。（图一七三，3；彩版五五，6）M8:1，顶端弧凸，单面钻孔，另一面实心钻碴通。（图一七三，4；彩版一七，1）其余四件此式石钺器物编号为 M1:2、M4:5、M83:11 和 M140:6。

D型　13件。形制规整的长方梯形，形体较小而厚重，顶端多平直，刃部略圆弧，刃角明显且外挑，部分有使用的崩缺痕迹，双面钻孔居多，个别单面管钻，孔径都较小。可分3式。

Ⅰ式　2件。形体略扁平。M98:34，受沁器表有剥蚀。（图一七四，1；彩版二一二，4）M109:9，刃角处起脊线。（图一七四，2；彩版二四〇，2）

Ⅱ式　7件。石钺中部加厚，形体厚重，刃部圆弧，刃角两端大多起弧形短脊线。M15:3，体形较长，钻孔内有朱红痕迹。（图一七四，3；彩版二四，2）M119:7，顶端两角琢去。（图一七四，4；彩版二六七，2）M19:6，钻孔孔径较大，刃角处没起脊线。（图一七四，5；彩版三二，3）M57:7，单面钻孔。（图一七四，6；彩版一〇九，2）其他三件此式石钺为 M8:2、M119:4 和 M62:4。

Ⅲ式　4件。刃部近平直，刃角两端的脊线多连成圆弧形，刃部与器身分界明显。M127:8，顶端平直。（图一七五，1；彩版二九八，4）M73:8，顶端保留琢制糙面，钻孔一面管钻，一面实心钻。（图一七五，2；彩版一五七，1）其他两件此式石钺为M48:4 和 M140:12。

E型　17件。整体呈长方梯形，除了刃部磨出明显的脊线外，两侧甚至顶部也分别磨出类似刃线的脊线。器身扁平。其中刃角外挑的，即为"风"字形石钺。此类石钺钻孔较小，孔边还常有朱红色缚柄痕迹。新地里良渚文化墓葬中此类石钺的出土位置也较固定，常见于墓主的头右侧。M66 是一座有多件石钺随葬的等级较高的墓葬，但只有此型石钺放置在墓主头侧，其余几件石钺都在胸腹部以下。另外，虽然有玉钺、玉璧出土的墓葬中不见有此型石钺出土，但出土此型石钺的墓葬，其随葬品的数量和质量稍胜其他没有使用葬具的墓葬一等，如 M66 有 40 余件随葬品，M5 有玉梳背出土。所以，我们认为此型石钺可能是中小型墓葬中等级较高者所用的石钺。它原先应安有木质柄具，入葬时执于墓主人一侧手中。依形态不同，分为4式。

Ⅰ式　1件。近方形，顶端平直，刃部略弧，刃角外挑，刃部脊线明显，两侧边磨

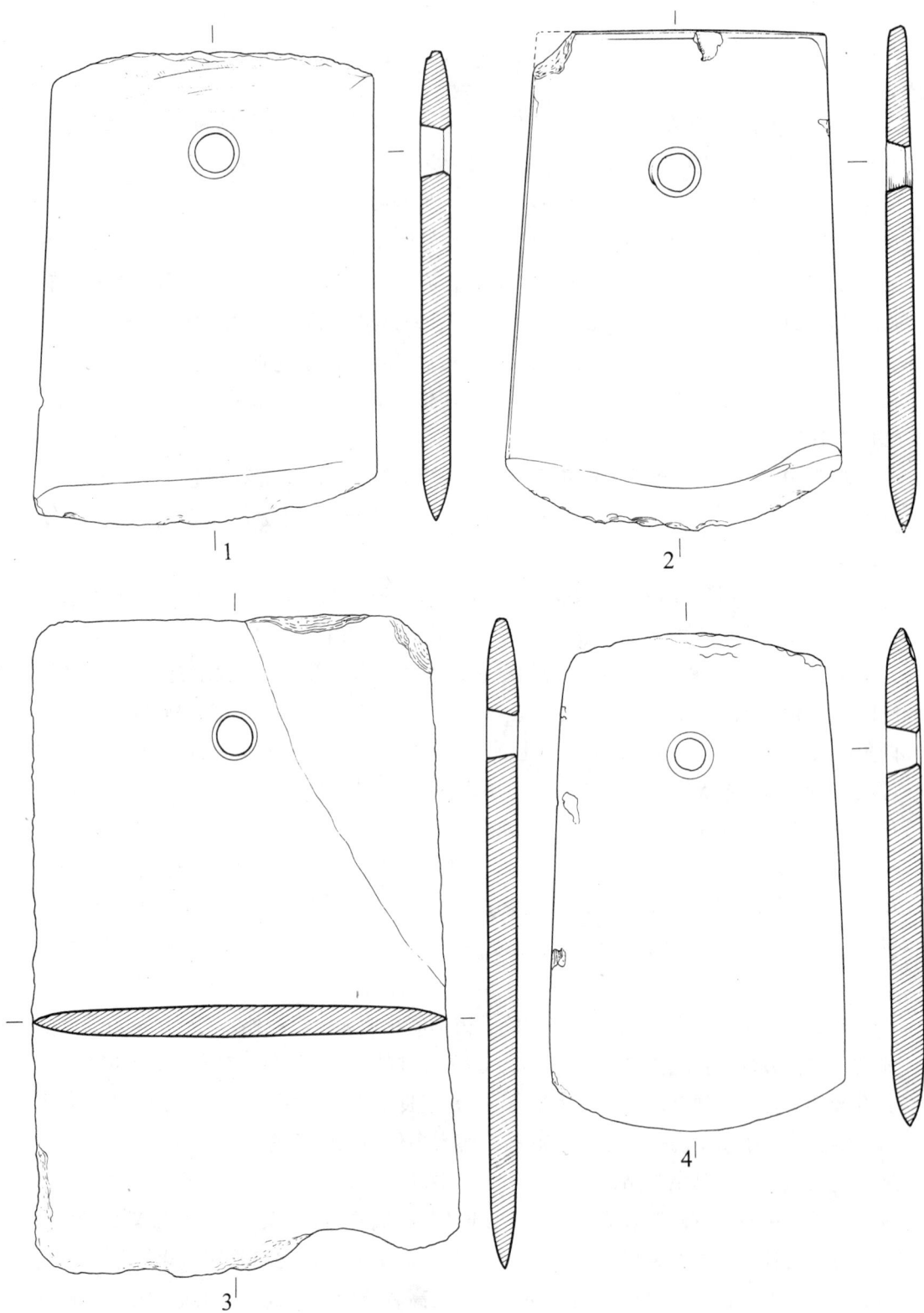

图一七三　C型Ⅲ式石钺

1.M73:22　2.M20:5　3.M29:7　4.M8:1（均为1/2）

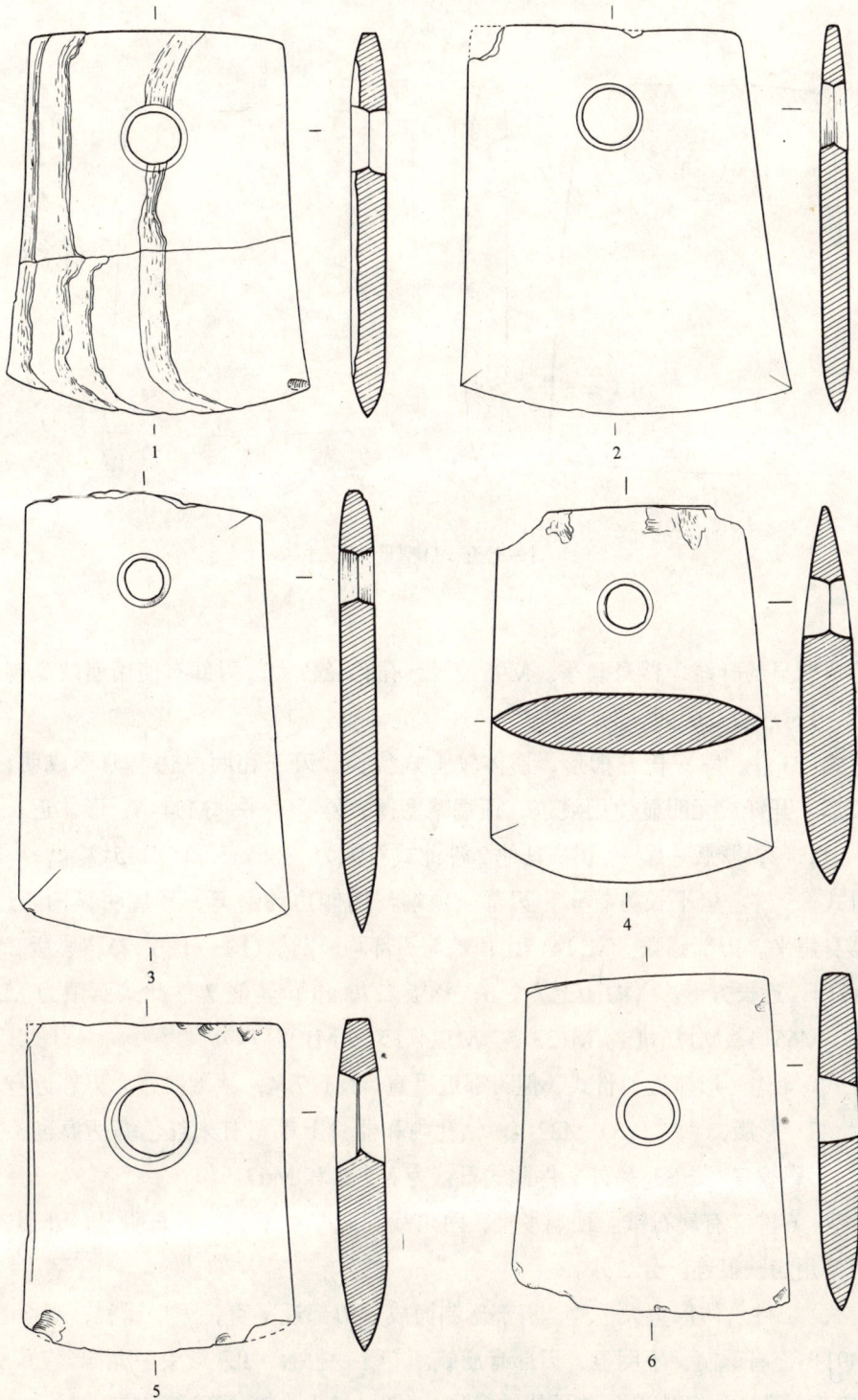

图一七四　D型石钺

1、2.Ⅰ式 M98:34、M109:9　3~6.Ⅱ式 M15:3、M119:7、M19:6（均为1/2）

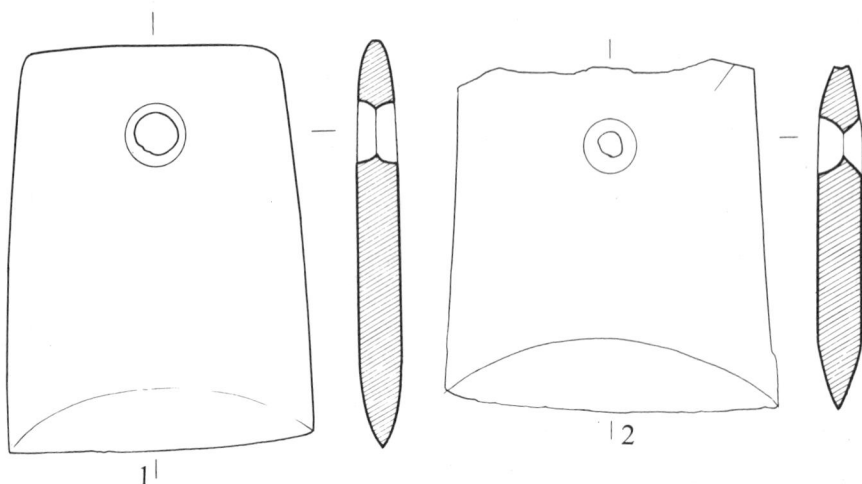

图一七五　D型Ⅲ式石钺
1.M127:8　2.M73:8（均为1/2）

薄也形成明显的脊线，器身扁平。M95:2，钻孔孔径较大，刃部有使用崩缺痕迹。（图一七六，1；彩版二〇四，3）

Ⅱ式　3件。扁平长方梯形，形体较Ⅰ式狭长，刃部和两侧边磨薄形成明显的脊线，刃部未开锋或无明显使用痕迹，顶端略磨薄，器身扁平。M54:6，形体近长方形。（图一七六，2；彩版一〇一，6）其他2件此式石钺为M66:13和M115:7。

Ⅲ式　9件。扁平长方梯形，刃部、顶端与两侧边均磨薄，形成明显的斜边与脊线，器身扁平。刃部圆弧。M114:5，顶端与刃部均弧凸。（图一七六，5；彩版二五二，1）M17:4，近长方形。（图一七六，6；彩版二九，1）其他7件此式石钺为M32:5、M40:7、M65:4、M116:18、M123:5、M124:15和M128:7。

Ⅳ式　4件。形体近似Ⅲ式，但刃部近平直。M117:4，顶端斜直，刃部近直。（图一七六，3；彩版二六二，3）M22:4，钻孔内和器身上都留有朱红色绑柄痕迹。（图一七六，4；彩版三八，3）另外2件此式石钺为M5:5和M67:9。

F型　6件。有肩石钺。顶端平直，两角裁割成一对窄肩，刃角明显，开刃，刃部大多有使用崩缺痕迹。分2式。

Ⅰ式　2件。体形宽大平薄，肩部琢制而成，刃部近平直，刃口锋利，双面管钻成孔。M91:6，肩琢制，不明显，刃部有崩缺。（图一七七，1；彩版一九四，7）M104:1，两肩不对称，刃部有多处使用崩缺痕迹。（图一七七，2；彩版二二二，1）

Ⅱ式　1件。黑色粘板岩，形体变小变厚重，肩部琢制而成，刃部近直，开刃，有

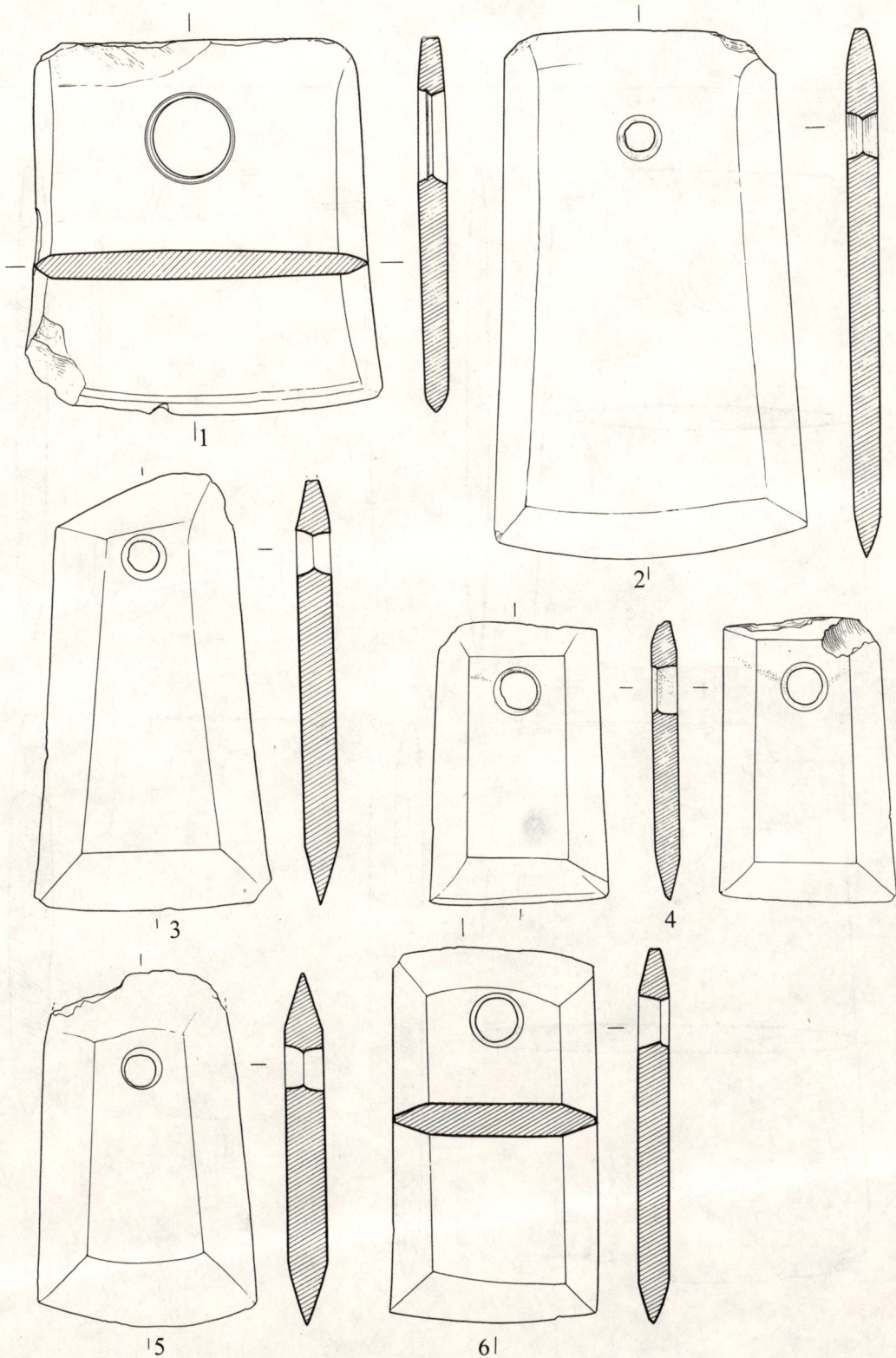

图一七六　E 型石钺

1. Ⅰ式 M95:2　2. Ⅱ式 M54:6　3、4. Ⅳ式 M117:4、M22:4　5、6. Ⅲ式 M114:5、M17:4（均为 1/2）

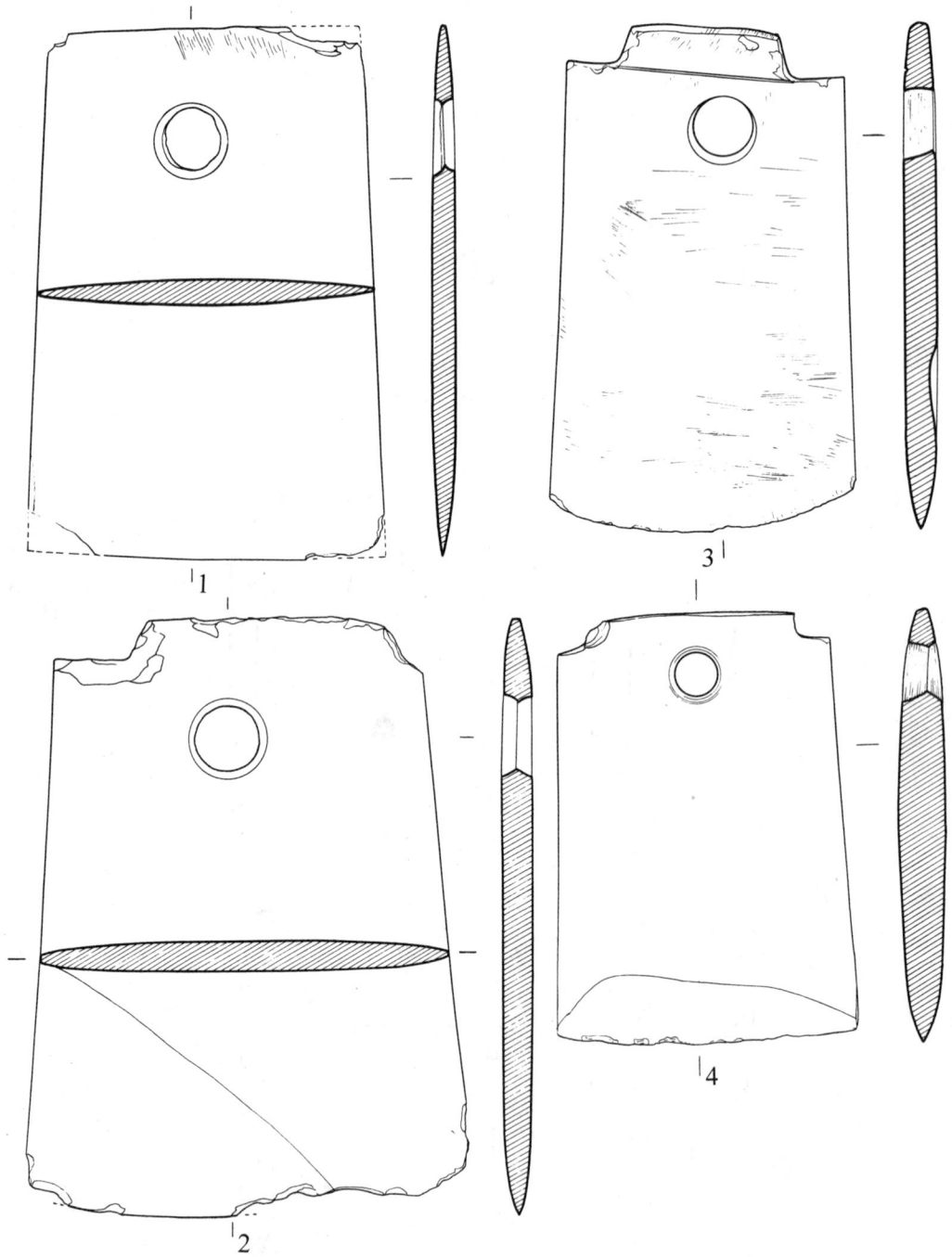

图一七七　F型石钺

1、2.Ⅰ式 M91:6、M104:1　3.Ⅲ式 M30:6　4.Ⅱ式 M49:7（均为1/2）

使用痕迹。钻孔一面管钻较深，另一面以实心钻碾通。M49:7，两肩较窄，刃部有脊线与器身分界。（图一七七，4；彩版九三，2）

Ⅲ式　3件。黑色粘板岩，两肩锯切割而成，钺身一面两肩之间留有锯切割痕迹，刃部圆弧，开刃，有使用痕迹。钻孔一面管钻较深，另一面打通碾磨。M30:6，顶端磨平，器身上有纵横的磨砺痕迹。（图一七七，3；彩版五九，4）M70:4，顶端留有琢制痕迹未加磨砺。M32:6，已残，仅存一侧肩部，从其肩部的裁割方法来看，跟以上两件没有区别。

有肩石钺也见于环太湖地区其他的良渚文化墓地，但出土的数量不是很多。若不考虑地区因素，仅就时间来看，良渚文化有肩石钺早晚在器形、材质上，都有明显的变化。良渚文化早中期的有肩石钺一般器形宽大而扁平，双面钻孔，刃部常不开锋或少有使用痕迹，如赵陵山 M77 与福泉山 M144 出土者，其材质多属辉绿岩、凝灰岩或板岩；晚期的有肩石钺器形变小，但厚度增加，钻孔往往单面管钻，另一面敲打穿通后略加琢磨，刃部常有使用后留下的崩缺痕迹。新地里出土有肩石钺的都为小型墓葬。海盐周家浜遗址良渚文化墓葬中也有多件有肩石钺出土，其中出土玉璧的 M12（周家浜等级最高者）和出土了镶嵌玉梳背（冠状器）的玉背象牙梳的 M30 中均有晚期形态的有肩石钺出土[①]。由此看来，新地里出土有肩石钺的墓葬等级低于周家浜。不过，两地晚期有肩石钺的材质、形制和制作方法却是没有区别，都采用了黑色的粘板岩，双肩也都采用锯切割方法裁割，双肩相连处都保留锯切割造成的横道凹痕。

除了以上划分了型式的石钺外，M16:7、M28:28、M39:3、M40:9、M112:4 等五件石钺因受沁严重，未能确定其原有形制，故未参加以上石钺的型式划分。

"耘田器"　整体形制略呈凸形的带刃石器，上端两翼掠起，中央凸起短把，把下或钻孔或无孔，刃部呈圆弧形或呈方折的"V"字形，双面刃，刃缘锋利。

对"耘田器"以前存在多种不同的认识，这反映在它的命名上。施昕更《良渚》中"石刀"的命名[②] 是此类石器的最早命名，但影响甚微。"耘田器"一名由钱山漾遗址的发掘报告首先提出，认为可在此类石器的中孔中直接纳柄，作用类似现今农村中仍在使用的耘田器。[③] "耘田器"的命名影响最大，至今仍为不少研究者沿用。1981 年，牟永抗提出"石耕冠"的命名，认为它是安装在铲土用的耜上的复合石制工具。[④] 1997 年

① 浙江省文物考古研究所编：《浙江考古精华》103～104 页，文物出版社，1999 年。

② 浙江省立西湖博物馆施昕更：《良渚——杭县第二区黑陶文化遗址初步报告》，浙江省教育厅出版，民国 27 年 6 月。

③ 浙江省文物管理委员会：《吴兴钱山漾遗址第一、二次发掘报告》，《考古学报》1960 年 2 期。

④ 牟永抗：《浙江新石器时代文化的初步认识》，《中国考古学会第三次年会论文集》，文物出版社，1984 年。

刘斌提出"石锄"的认识。[①] 1999
年蒋卫东认为耘田器、石耘冠、石
锄这三个命名都不适用于此类石
器。理由大致如下：从整个良渚文
化"耘田器"的形制演变过程来
看，"耘田器"经历了器形粗糙
（多打制痕迹）、刃部圆弧、尾部双
翼较平、凸把下无孔向磨制精细、
"V"字形刃部、双翼飞掠、凸把下
有孔的变化。新地里遗址 T303 第
2 层出土的一件"耘田器"凸把下
无孔；T305 第 4 层出土的另一件
"耘田器"一侧虽然有钻孔的打样，
但钻孔未透。以上两件"耘田器"
都出于地层，刃部有使用造成的崩
缺，显然具有实用功能——由此可
知，"耘田器"凸把下琢孔的有无
对"耘田器"的实际使用并不产生
多少影响，而耘田器、石耘冠、石
锄这三种命名都是以不同方式的组
合"耘田器"与木质柄具为前提。
基于无孔实用"耘田器"的存在，
我们认为"耘田器"应是一种以手
持操作为主的工具，所以从功能角
度来说，"石刀"的命名应更适用
于此类石器，但是，考虑到"耘田
器"这一命名已造成的深刻影响，
本报告对此类石器仍沿用此名，但
加上引号表示对其耘田功能的否
定。[②]

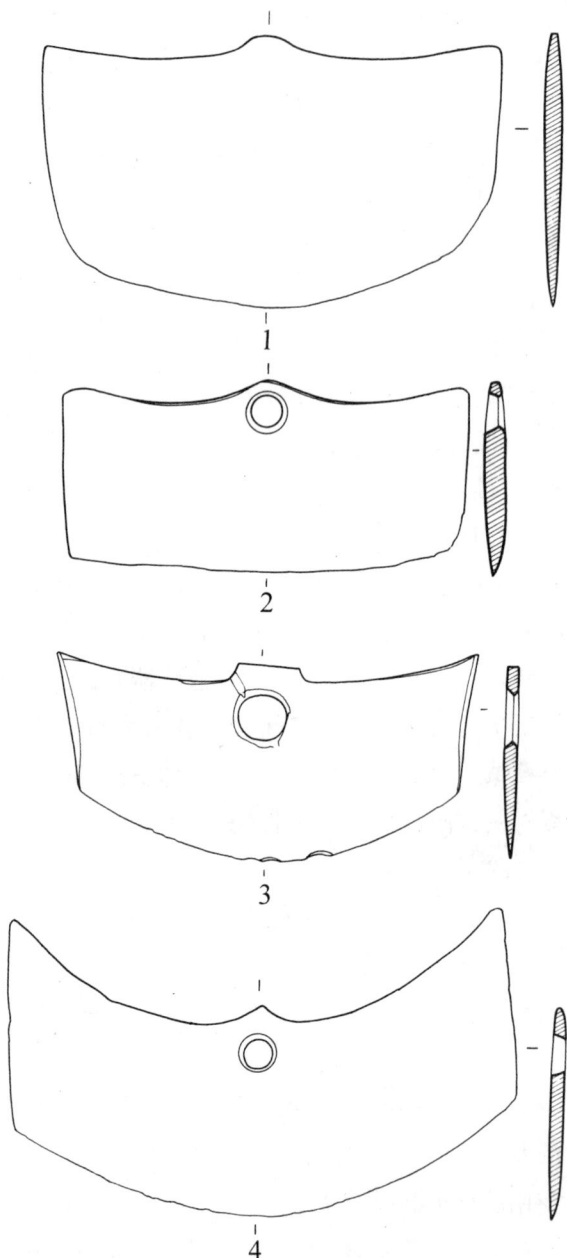

图一七八　A 型石"耘田器"

1.Ⅰ式 M95:1　2、3.Ⅱ式 M92:1、M110:9

4.Ⅲ式 M121:16（均为 1/2）

---

① 刘斌：《良渚文化的冠状饰与耘田器》，《文物》1997 年 7 期。

② 蒋卫东：《也说"耘田器"》，《农业考古》1999 年 1 期。

新地里有 26 座良渚文化墓葬出土了"耘田器"，共 26 件。"耘田器"在墓葬中的出土部位多在墓主人脚端陶器附近，或与其他石器集中放置在一起。还有多座墓葬中见"耘田器"与陶纺轮（线锤）共出，有的墓葬中"耘田器"甚至就与陶纺轮叠放在一起，显示出这两种工具间可能存在较为密切的关系。可以分为两型。

A 型　17 件。圆弧形刃部。分 4 式。

Ⅰ式　1 件。M95:1，器身较高，两翼略后翘，上端凹弧，中间有弧形凸起，凸起下无穿孔。（图一七八，1；彩版二〇四，1）

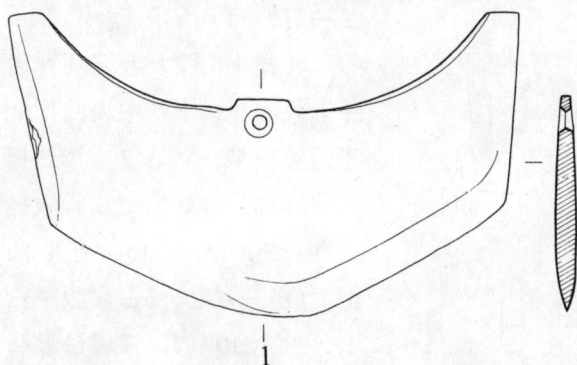

Ⅱ式　5 件。刃部圆弧或近平直，上端两翼上翘略胜Ⅰ式，上端中央凸把高于两翼或与两翼近平，方形凸把下有穿孔。M92:1，刃部近平直。（图一七八，2；彩版一九七，1）M110:9，两翼上翘略明显。（图一七八，3；彩版二四三，7）其余 3 件此式"耘田器"为 M82:4、M129:1 和 M72:6。

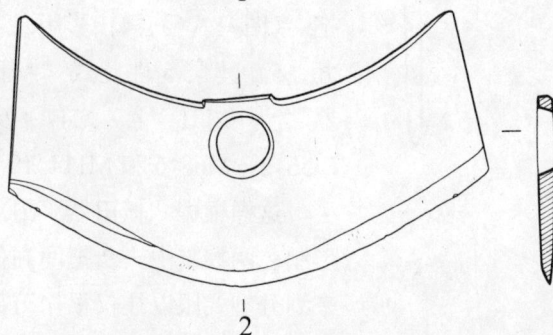

Ⅲ式　9 件。刃部圆弧，上端两翼后掠上翘明显，中央或为三角形尖凸，或为方形凸把，但都低于两翼较多。M121:16，中央三角形尖凸，单面钻孔。（图一七八，4；彩版二七五，3）M21:2，刃部已略呈"V"字形。（图一七九，1；彩版三六，3）其余 7 件此式"耘田器"为 M8:4、M35:10、M36:3、M115:12、M116:28、M123:7 和 M127:11。

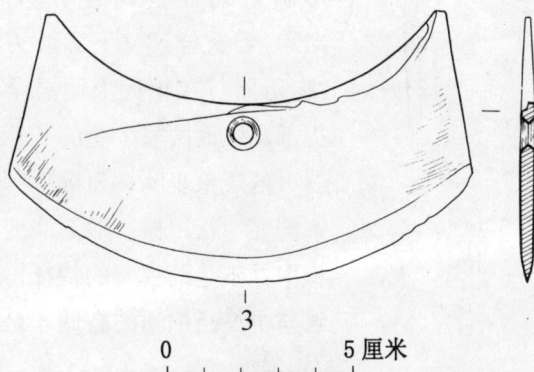

Ⅳ式　2 件。刃部圆弧，两翼上翘明显，两翼内斜，宽度小于刃宽。上端凹弧，中间或无凸把，或为低矮的方形凸把。M28:23，方形矮凸把（图一七九，2；彩版四九，5）M124:29，上端凹弧，无凸把。（图一七九，

图一七九　A 型石"耘田器"

1. Ⅲ式 M21:2　2、3. Ⅳ式 M28:23、M124:29（均为 1/2）

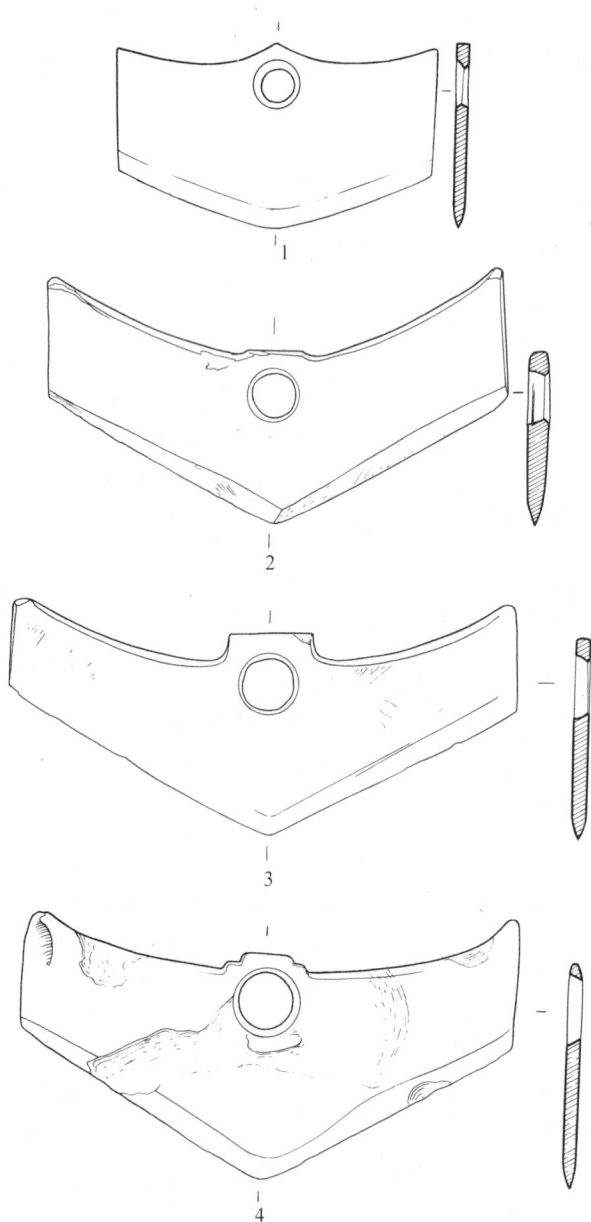

图一八〇　B型石"耘田器"

1. I式 M99∶1　2～4. Ⅱ式 M65∶7、M78∶15、M107∶7

（均为1/2）

3；彩版二八五，2）

B型　9件。刃部呈方折的"V"字形。分2式。

I式　1件。上端两翼略掠起，中央凸把略高于两翼。M99∶1，器形较窄小，三角形尖凸把。（图一八〇，1；彩版二一五，5）

Ⅱ式　8件。上端两翼后掠上翘明显，上端中央凸把低于两翼较多。M65∶7方形凸把较矮。（图一八〇，2；彩版一二四，3）M78∶15，方形凸把。（图一八〇，3；彩版一六七，2）M107∶7，二层台形凸把。（图一八〇，4；彩版二二九，5）其余5件此式"耘田器"为 M31∶4、M47∶9、M56∶2、M68∶6和M114∶10。

这样根据"耘田器"刃部形制、两翼与中央凸把间高低来划分型式跟以往仅根据刃部形制来划分型式有所不同。M99∶1这样"V"字形刃的"耘田器"在年代上明显早于刃部圆弧而两翼上翘的"耘田器"的现象表明，刃部形制的不同在"耘田器"形制演变过程中并不是最主要的特征，两翼与中央凸把间的高低才是区

分早晚的最重要的依据。

石犁　4件。分两型。

A型　2件。整体扁平三角形大石犁。分别见于M81与M109两座有葬具的墓葬，

石犁都放置在葬具之上，偏于东侧，M81 的一件放在南端，而 M109 的一件放在北端。M109：21，体形硕大。（图一八一，1；彩版二四〇，5）M81：16，受沁剥蚀，已残。（图一八一，2；彩版一七四，3）

B 型　2 件。分体式石犁。这是一种首见于新地里遗址的良渚文化石犁类型，此型石犁由 1 件三角形犁头和 2 件长方形犁尾配套组合而成。犁尾的形制类似双孔石刀。这种成套组合的三件套石犁此前在浙江玉环县三合潭遗址中曾有出土，但年代属西周时期①。新地里良渚文化墓葬中此型石犁的出土大大提前了它的始见年代。基于它是由三个配件分体组合而成的，我们就将它命名为分体式石犁。新地里两件分体式石犁分别出土于 M92 与 M98。M92 为小型墓葬，石犁竖放在墓主右腿东侧，出土时两块犁尾已挤压在一起，而犁头位于北侧，位置紧挨犁尾。M98 墓葬等级比 M92 高，有明显的葬具痕迹，埋葬后还跟 M81、M105、M108、M109 四墓一样在墓葬东南角埋设夹砂红陶缸进行祭祀。石犁出在椁顶盖上东侧，显然是入埋时特意放置在葬具顶盖之上的，这跟 M81：16 与 M109：21 两件整体式石犁的放置位置和放置方式一致。M98 分体式石犁出土时整体竖立，三角形犁头在前，两件长方形犁尾在后，虽然已多处碎裂，但犁头跟犁尾均处于同一平面，由此可知石犁入埋时应带有木质犁床部分，否则两块犁尾不可能在同一平面上分上下竖置起来。同时，M98：31 分体石犁的组合也清楚表明，分体式石犁在与木质犁床组合时，两块犁尾跟犁头位于同一平面上，整体呈等腰三角形。所以，分体式石犁虽然在形制上跟整体式石犁有较大的差异，但在与木质犁床复合后整个犁的形制跟整体三角形石犁并没有什么明显的区别。M92：2，犁头和一片犁尾都为凝灰岩，而另一片犁尾为流纹岩。（图一八一，4；彩版一九七，3）M98：31，可能是由断裂后的整体三角形石犁改制而成的。（图一八一，3；彩版二一三，3）

石镰　扁平长条形，形似弯月，尾端最宽，前端钝尖，背部弧凸，刃部凹弧，单面斜刃。4 座墓葬各出土 1 件，均为凝灰岩质，受沁器表都有不同程度的剥蚀。M97：3，形体最宽长。（图一八二，1；彩版二〇七，4）M95：6，尾端稍宽。（图一八二，2；彩版二〇四，2）M98：29，器身弧凸。（图一八二，3；彩版二一三，2）M104：7，尾端较宽。（图一八二，4；彩版二二二，3）

石锛　64 件。整体器形略呈扁厚的长方体，或有段，或弧背，下端侧刃，刃部平直锋利。新地里 32 座良渚文化墓葬中共出土 64 件石锛，其中 M28 出土 6 件，是单墓出土石锛最多者，M66 与 M121 各出土 5 件，M17、M73 各出土 4 件，M81、M116 出土 3 件，M16、M20、M29、M40、M57、M97、M98、M109 和 M123 等 9 座墓葬各出

① 台州市文物管理委员会、玉环县文物管理委员会：《浙江玉环岛发现的古文化遗存》，《考古》1996 年 5 期。

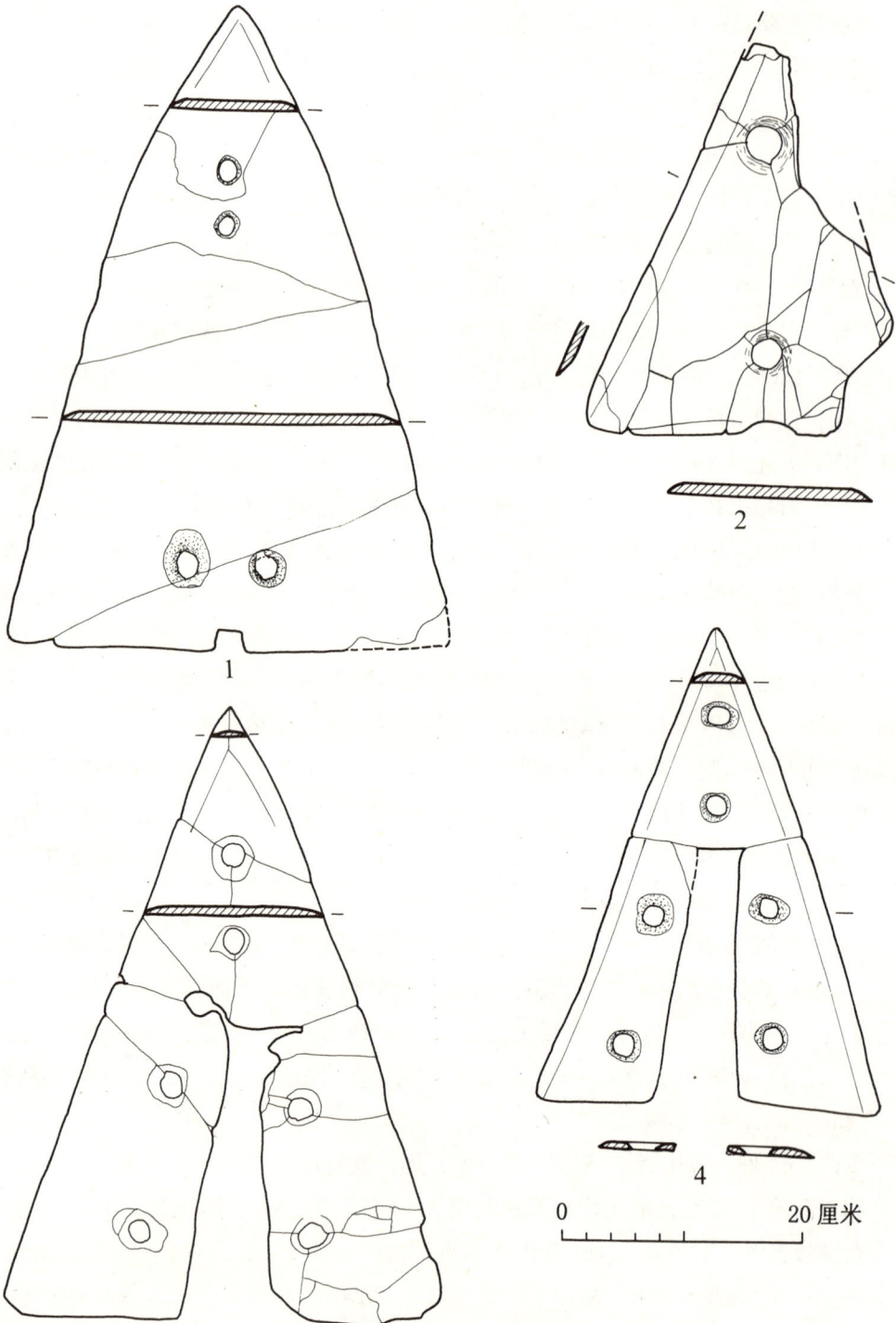

图一八一　石犁

1、2.A型 M109∶21、M81∶16　3、4.B型 M98∶31、M92∶2

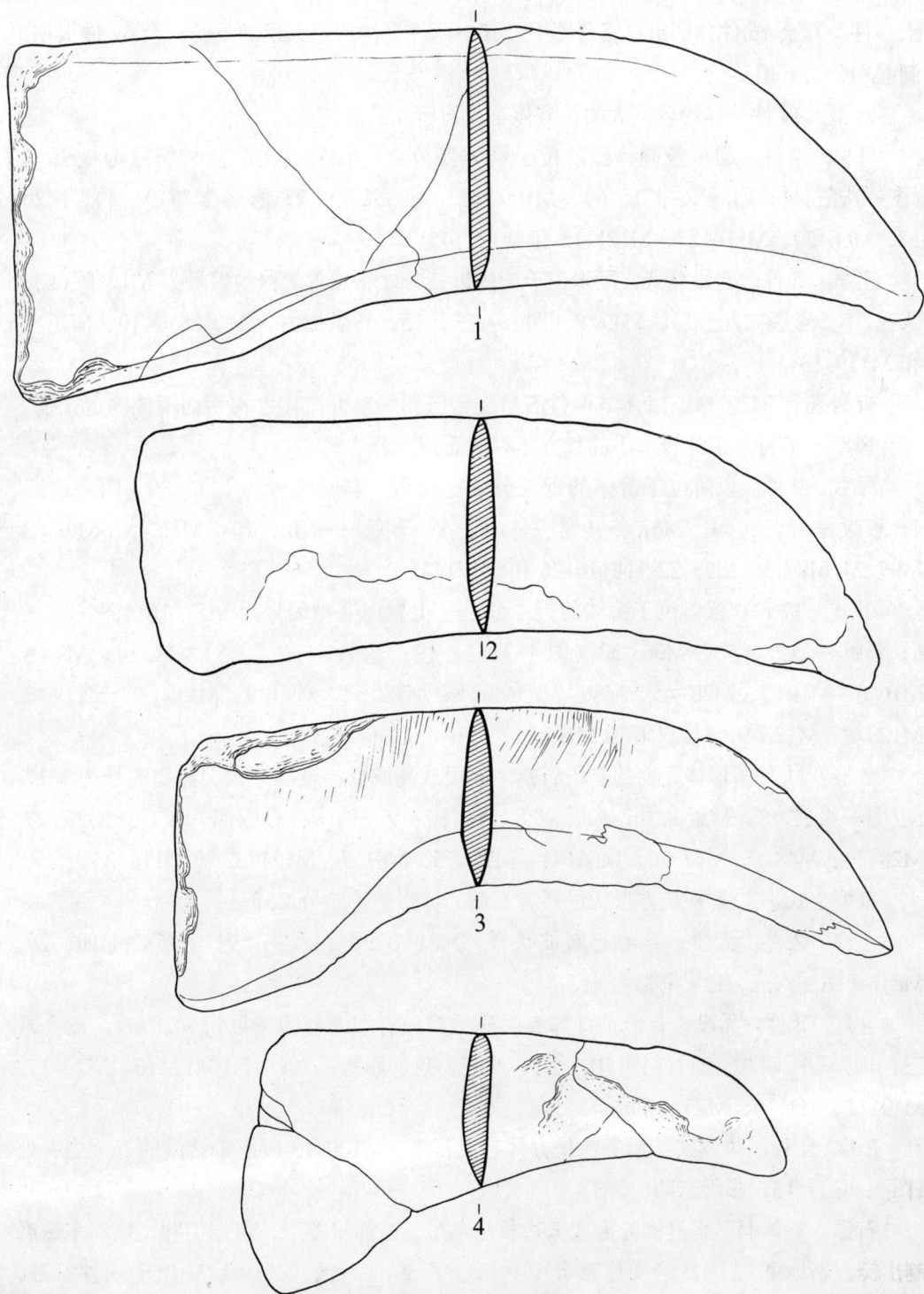

图一八二 石镰

1. M97:3　2. M95:6　3. M98:29　4. M104:7（均为1/2）

土 2 件，其余 16 件分别出自座墓葬中。其中两件受沁严重，形制不明。余 62 件根据形制差别分为五型。

A 型　14 件。体形较宽大的长方体有段石锛。分 2 式。

Ⅰ式　7 件。起段较高，段阶位于锛体四分之一位置以上。器物编号为 M98∶23（图一八三，1；彩版二一二，6）、M109∶18（图一八三，2；彩版二四〇，4）、M20∶13、M66∶20、M116∶27、M121∶15 和 M121∶45。

Ⅱ式　5 件。起段略低，段阶位于锛体近三分之一位置。器物编号为 M17∶9（图一八三，3；彩版二九，7）、M40∶8（图一八三，15；彩版七六，3）、M66∶19、M28∶26 和 M119∶13。

此外还有 M20∶14、M81∶6 两件石锛受沁已朽烂，可知其为 A 型而不能确定式别。

B 型　26 件。形体较窄小的长方体有段石锛。分 2 式。

Ⅰ式　9 件。段阶位于锛体的近三分之一位置。器物编号为 M66∶30（图一八三，4；彩版一三二，4）、M61∶5（图一八三，5；彩版一一五，1）、M16∶5、M92∶3、M97∶2、M97∶5、M98∶22、M116∶26 和 M121∶41。

Ⅱ式　17 件。段阶位于锛体的近二分之一位置。器物编号为 M57∶15（图一八三，6；彩版一〇九，5）、M66∶32（图一八三，12；彩版一三二，5）、M2∶4、M9∶8、M16∶6、M19∶7、M28∶45、M30∶7、M49∶8、M73∶52、M99∶9、M112∶9、M117∶7、M123∶8、M123∶9、M127∶6 和 M128∶9。

C 型　11 件。形体宽扁的有段石锛。起段或高或低，难以分式。器物编号为 M17∶8（图一八三，8；彩版二九，5）、M28∶21（图一八三，9；彩版四八，1）、M28∶27、M28∶29、M48∶6、M57∶10、M66∶41、M73∶55、M81∶7、M121∶32 和 M116∶25。

D 型　10 件。扁平长方形无段弧背石锛，体形较小。分 2 式。

Ⅰ式　2 件。无段，背部有斜坡状脊。M81∶8（图一八三，7；彩版一七四，2）、M8∶3（图一八三，14；彩版一七，3）。

Ⅱ式　8 件。无段弧背形，背部有明显的横向脊线。器物编号为 M28∶24（图一八三，10；彩版四八，2）、M17∶18（图一八三，11；彩版二九，8）、M17∶10、M29∶17、M40∶11、M41∶5、M73∶4 和 M73∶54。

E 型　1 件。体形狭长似凿的长方体有段石锛。M109∶13 段位于锛体的五分之一处（图一八三，13；彩版二四〇，3）。

石镞　整体器形略呈柳叶形或弧边长三角形，截面呈菱形，前端尖利，尾部多数磨制出铤。新地里 32 座良渚文化墓葬中共出土了 59 件石镞，其中 M73 出土 6 件石镞，是单墓出土石镞最多的，M83 次之，出土 5 件，M35 出土 4 件，M4、M17、M20、M28、M29、M48、M57 和 M124 等 8 座墓葬各出土 3 件，M77 和 M114 两墓各出土 2

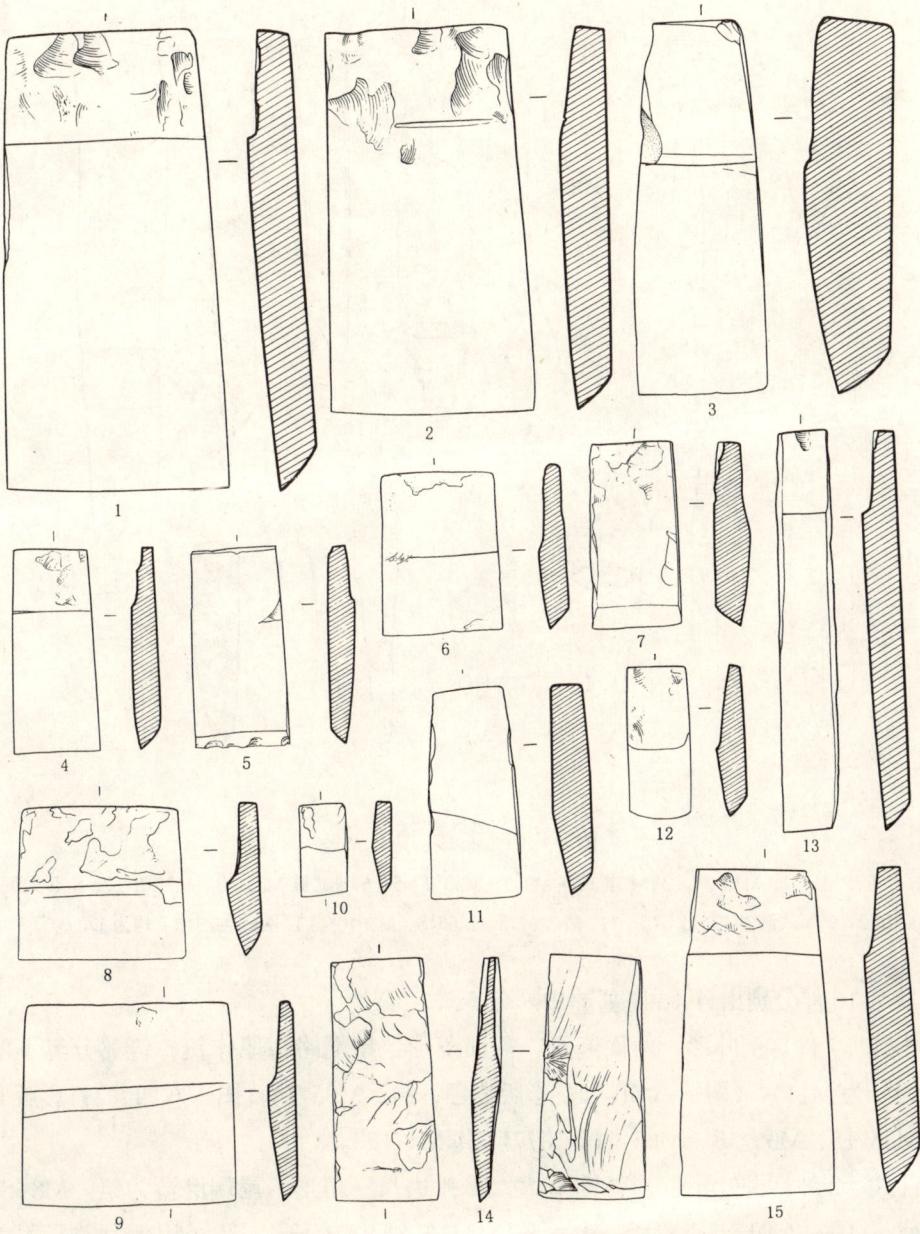

图一八三　石锛

1、2.A 型 I 式 M98：23、M109：18　3、15.A 型 II 式 M17：9、M40：8　4、5.B 型 I 式 M66：30、M61：5　6、
12.B 型 II 式 M57：15、M66：32　8、9.C 型 M17：8、M28：21　7、14.D 型 I 式 M81：8、M8：3　10、11.D 型 II
式 M28：24、M17：18　13.E 型 M109：13（均为 1/2）

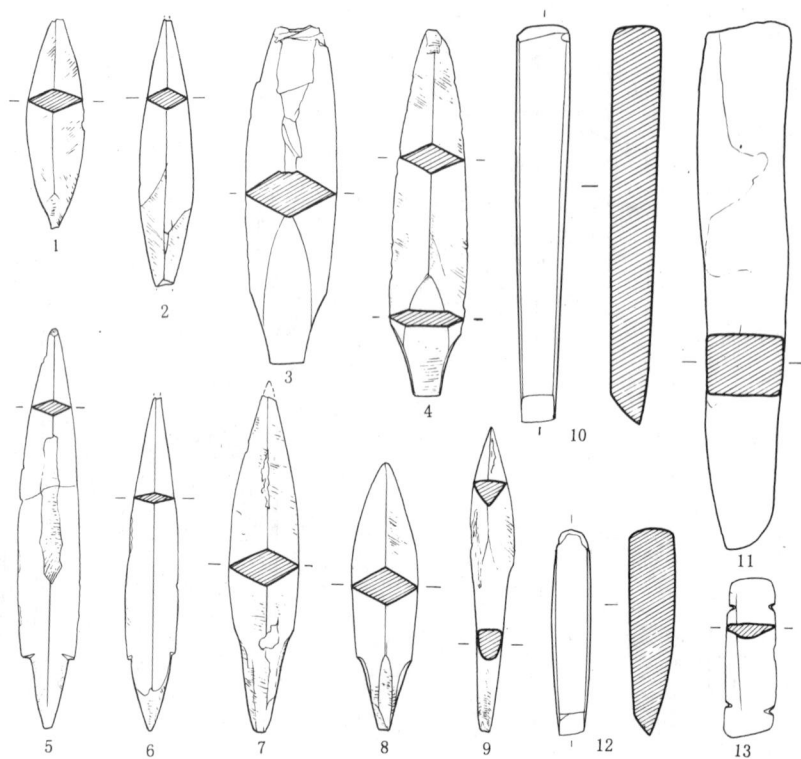

图一八四　石镞、凿、网坠

1、2.Ⅰ式镞 M11:4、M35:14　3、4.Ⅱ式镞 M8:5、M33:2　5、6.Ⅲ式镞 M35:13、M77:8　7、8.Ⅳ式镞 M2:
6、M20:12　9.Ⅴ式镞 M73:33　10～12.凿 M81:5、M66:8、M30:9　13.网坠 M23:3（均为1/2）

件，其余16件分别出自16座墓葬中。分5式。

Ⅰ式　7件。柳叶形，两面起脊，截面菱形，尾端略磨厚作铤，铤翼分界不明确。器物编号为 M11:4（图一八四，1；彩版二〇，3）、M35:14（图一八四，2；彩版七〇，2）、M35:15、M35:18、M65:11、M77:7 和 M57:22。

Ⅱ式　2件。柳叶形，形体略宽大，翼弧边长三角形，尾端磨薄为铤。M8:5，前端已残。（图一八四，3；彩版一七，5）M33:2，形体较长。（图一八四，4；彩版六七，2）

Ⅲ式　6件。狭长柳叶形，翼弧边长三角形，铤翼分界明确，铤部较短、仅占全器的四分之一到五分之一。器物编号为 M35:13（图一八四，5；彩版七〇，1）、M77:8（图一八四，6；彩版一六五，6）、M48:7、M114:15、M114:16 和 M20:10。

Ⅳ式　43件。狭长柳叶形，翼弧边长三角形，铤部多面磨制略呈圆形，铤翼分界明显，铤部稍长、约占全器的三分之一到四分之一。器物编号为 M2:6（图一八四，7；彩版七，2）、M20:12（图一八四，8；彩版三四，6）、M1:3、M4:6、M4:7、M4:8、M10:4、M15:4、M17:7、M17:11、M17:17、M19:11、M20:11、M22:5、M28:6、M28:7、M28:8、M29:11、M29:12、M29:13、M30:11、M48:8、M48:9、M49:11、M57:20、M57:21、M67:22、M73:34、M73:44、M73:45、M73:59、M73:60、M83:7、M83:8、M83:9、M83:16、M83:17、M117:5、M124:24、M124:25、M124:26、M127:13 和 M140:10。

Ⅴ式　1件。器形狭长，翼长三角形，截面呈等边三角形，铤部明显、较长、占全器的二分之一多。M73:33（图一八四，9；彩版一五八，1）。

石凿　7件。器形类似弧背石锛而体形狭长，横截面呈方形或长方形，单面斜刃。器物编号为 M81:5（图一八四，10；彩版一七三，7）、M66:8（图一八四，11；彩版一三二，1）、M30:9（图一八四，12；彩版五九，7）、M28:2、M55:4、M57:14 和 M73:6。

石刀　19件。分四型。

A型　9件。器形扁薄规整，类似"耘田器"的平背石刀。分3式。

Ⅰ式　6件。圆弧形刃，刀身较宽短。器物编号为 M118:6（图一八五，1；彩版二六五，4）、M63:4（图一八五，2；彩版一一八，4）、M66:21、M111:4、M120:3 和 M131:3。

Ⅱ式　2件。圆弧形刃或略呈"V"字形，刀身狭长。M98:20，圆弧形刃。（图一八五，4；彩版二一三，1）M109:7，刃部略呈"V"字形。（图一八五，3；彩版二四〇，1）

Ⅲ式　1件。明显的"V"字形刃。M77:9，刀身中间有圆形穿孔。（图一八五，5；彩版一六五，7）。

B型　1件。器形扁薄的长方形小石刀，平背，两侧边斜直，刃部平直。M19:10。（图一八五，6；彩版三二，5）

C型　8件。器形扁薄的带把小石刀。全器略呈靴形，刀身前端略窄，下部近平直，前端与下部均双面磨薄为刃，后端连长方形斜把。M20:3，器较宽扁。（图一八五，7；彩版三五，1）M28:22，磨制精细，斜把上穿孔。（图一八五，8；彩版四九，4）M73:5，前端窄狭。（图一八五，9；彩版一五六，5）M8:7，体形狭长，斜把上穿孔。（图一八五，10；彩版一七，6）其余4件为 M35:11、M57:16、M66:7 和 M121:46。

D型　1件。三孔石刀。全器略呈扁平长方形，刀背近平直，两侧边略斜撇，刃部平直，双面刃，刀身上部近背处均衡分布三个圆钻孔。M2:1，刀身两侧略磨薄，有弧形脊线。（图一八五，11；彩版六，2）

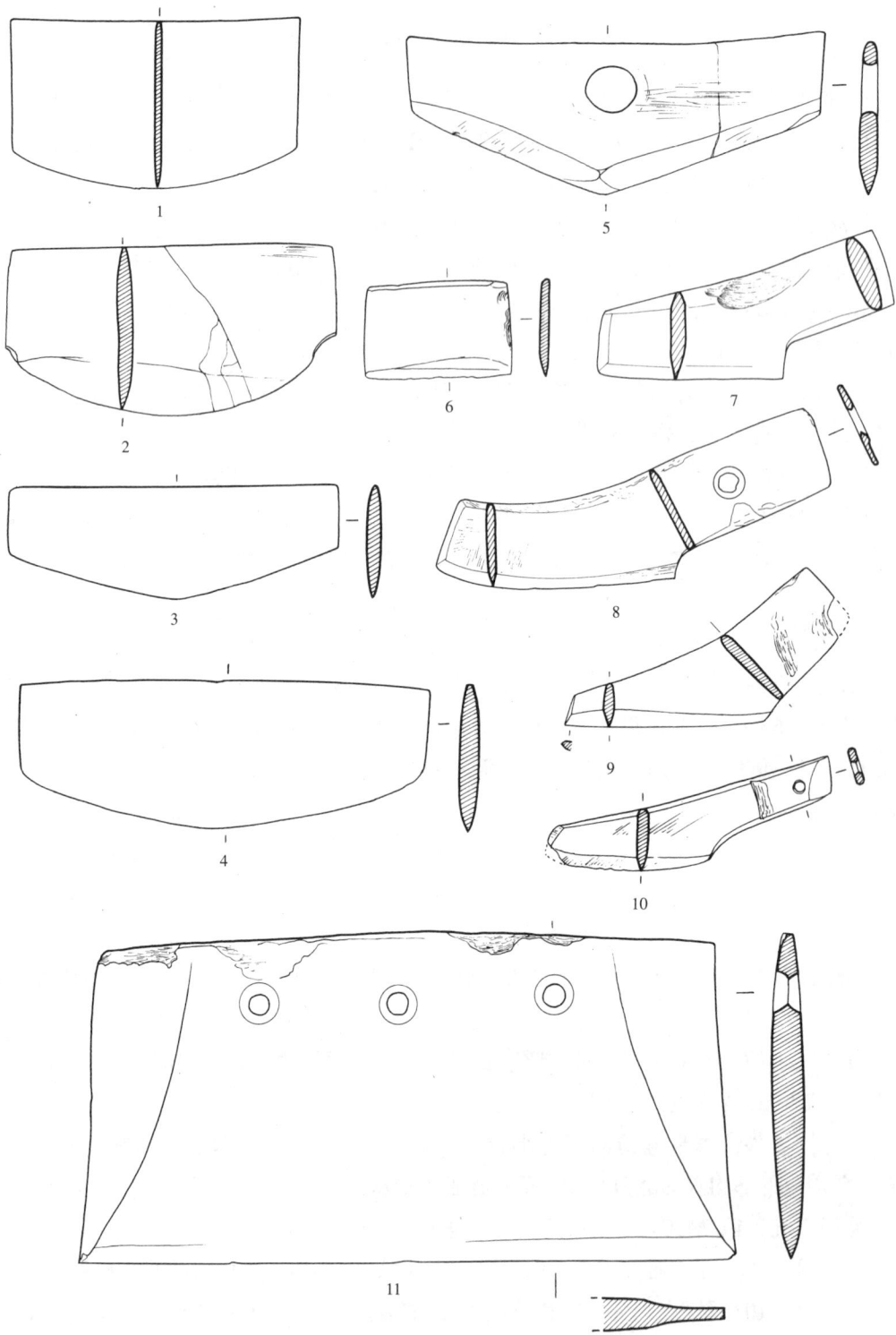

图一八五　石刀

1、2.A型Ⅰ式 M118:6、M63:4　3、4.A型Ⅱ式 M109:7、M98:20　5.A型Ⅲ式 M77:9　6.B型 M19:10　7~
10.C型 M20：3、M28:22、M73:5、M8:7　11.D型 M2:1（均为1/2）

多孔石刀虽然在良渚文化早期就已出现，但与其他良渚文化石器相比，它的出土数量一直不是很多。新地里 140 座良渚文化墓葬中仅有 1 座出土三孔石刀，加之 T305 地层中出土的一件双孔石刀也只有 2 件，是出土数量最少的石器种类之一。海盐周家浜 35 座良渚文化墓葬中有 2 件双孔石刀出土，比例略高于新地里。上海福泉山 30 座良渚文化墓葬中有 5 件多孔石刀出土，比例又高于周家浜，是良渚文化墓地中出土多孔石刀比例最高者。此外，多孔石刀的源头也不在太湖流域，早于良渚文化的崧泽文化中还没有多孔石刀出土的报道，而同时期的宁镇和江淮地区却多见多孔石刀的出土。南京北阴阳营遗址中有多件多孔石刀出土，安徽潜山薛家岗遗址中带彩绘的多孔石刀也有一定的数量。[①] 这些迹象表明多孔石刀的源头似乎在宁镇和江淮地区。它虽然在良渚文化时期成为太湖流域石器大家庭中的一员，但却一直不能溶入到主流社会之中，这恐怕也是良渚文化显贵者墓葬罕见玉质多孔刀出土的原因吧。

网坠　1 件。M23:3，扁薄长方形，利用天然河卵石片略作磨制，两端切割凹缺以供挂系。（图一八四，13；彩版四〇，3）

石片　5 片。似为从石锛坯件上打击下来的扁薄石片，大小不一。M20:2，体形最大，略呈方形，多处留有打击面，有两侧边似刃有细密的使用崩缺痕迹。（图一八六，1；彩版三四，3）M42:2，略呈勺形。（图一八六，2；彩版八〇，3）M33:3，略呈一端略宽一端内削的小圆铲形。（图一八六，3；彩版六七，3）M32:13，形体最小，略呈方形，两侧有磨制的平面，其余部位未加磨制。（图一八六，4；彩版六五，5）M66:25，略呈长方形。（图一八六，5）

小石子　3 件（组）。形制不规整的细小河卵石，以石英质为主。出土时有 3 件（组）放置在死者脚端部位，用途不明。M91:4，有 3 种质料共 25 粒大小相近、形状不规则的小河卵石（图一八六，6；彩版一九四，6）出于头部，可能含于死者口中作琀。M22:12，为 3 粒形状不规整的小石子。（图一八六，7；彩版三八，5）M67:20，为 5 粒大小相近、形状不规则的小石子。（图一八六，8；彩版一三八，2）

砺石　2 件。细砂岩质。形体较小，多面可见有磨砺痕迹。M14:9，形状近方形，三面有磨砺痕迹，其中一面有一道较深的凹槽。（图一八六，9；彩版二三，3）M81:4，略呈长条形，四面有磨砺痕迹，中间因长期磨砺内凹。（图一八六，10；彩版一七三，6）

---

① 南京博物院：《北阴阳营——新石器时代及商周时期遗址发掘报告》，文物出版社，1993 年；安徽省文物考古研究所：《潜山薛家岗》，文物出版社，2004 年。

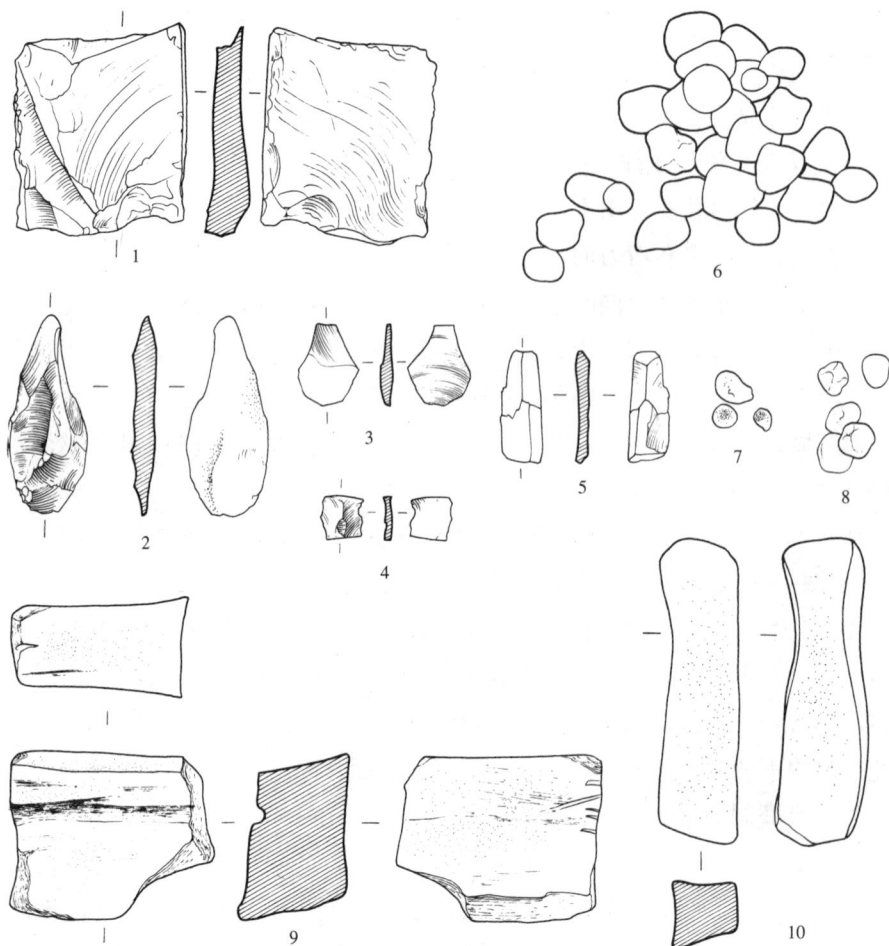

图一八六　石片、小石子、砺石

1～5. 石片 M20:2、M42:2、M33:3、M32:13、M66:25　6～8. 小石子 M91:4、M22:12、M67:20　9、10. 砺
石 M14:9、M81:4（均为1/2）

三　有机质文物

　　新地里良渚文化墓葬埋设在由人工堆筑完成的高土台上，墓葬内的有机质物品大多受沁腐烂殆尽，有所保留的除了少数墓葬内的人体骨骼和红色漆皮痕迹外，还有少量的鲨鱼牙齿和野猪獠牙饰。

　　漆皮痕迹　在 M28、M73、M86、M93、M108 五座墓葬内发现红色漆皮痕迹，其中 M28、M73、M86 与 M108 四墓内的红色漆皮叠压在棺内随葬品之上，因而很可能是塌陷的棺板残迹。M93:12，为一长方形漆皮痕迹，一端有黑色朽痕（彩版二〇一，2），应是一件涂朱漆器。

鲨鱼牙齿　8 座墓葬共出土 16 枚，保存较好的 13 枚，其中 12 枚为扁平三角形、齿缘两侧有密集锯齿的鲨鱼唇齿。从出土鲨鱼牙齿的墓葬规格来看，以使用葬具、等级较高的大中型墓葬居多，但 M41、M93 这样没有使用葬具的小型墓葬中也有出土。其中 M28 一墓就有 5 枚鲨鱼牙齿出土，是出土数量最多的一座墓葬，但出土位置不一。此外，M93 有 3 枚出土，M98、M109 各有 2 枚出土。M98：7，保存较好，略呈扁平三角形，牙冠部尖锐，两侧有密集的锯齿，无加工使用痕迹，牙根略朽。（图一六六，5；彩版二一一，3）M109：26，略呈扁平圆弧形，牙冠部圆弧，有密集的锯齿，牙根部略朽。（图一六六，4；彩版二三九，5）其余 11 件保存较好的三角形唇齿的器物编号为 M28：5、M28：20、M28：25、M28：43、M41：3、M66：28、M73：48、M93：16、M98：24、M109：14 与 M116：29。

野猪獠牙饰　7 座墓葬共出土 7 组，但多数墓葬内的野猪獠牙因受沁蚀过甚仅能清剔出轮廓，而不能取起，保存较好的仅 M105：3 一组 6 枚中的 5 枚，两两大小大致对称，其中较大的一枚尾端切割出一长条形凹槽，凹槽中间有圆形穿孔以供穿系绑缚。（图一六六，6；彩版二二六，3）野猪獠牙一般都出土在墓中死者头顶或胸前部位，嘉兴凤桥高墩遗址 M3 中，一组 6 枚野猪獠牙在死者头前呈 3 枚一个方向的两个扇面状分布，由此推测，成组的野猪獠牙大多可能是绑缚穿系在一起作为束发的头饰使用的。[①]

四　陶　器

新地里 140 座良渚文化墓葬中除 M7、M8、M133 与 M134 外，都发现有数量不等的陶器随葬，总计出土陶器 732 件[②]，其中修复完整的 601 件，无法修复的 131 件中器形较明确的 57 件。平均每墓出土陶器约 5 件。一般每墓随葬陶器 2～9 件。出土 10 件以上陶器的有 13 座墓葬，分别为 M5、M28、M29、M30、M40、M44、M66、M67、M73、M116、M121、M124 和 M125，其中 M125 出土陶器数量最多，达 18 件。墓葬陶器的随葬数量与墓葬形成所花费的劳力（墓坑大小、有无葬具）及出土其他随葬品（玉器、石器）的多寡基本对应，但同时也与墓葬年代有一定的联系，总的趋势是晚期墓葬出土陶器的数量普遍超过早期墓葬。

1. 陶系

分泥质陶和夹砂陶两种。泥质陶 606 件，约占陶器总数的 82.8%。器形有双鼻壶、壶、杯、圈足盘、三足盘、盆、罐、尊、簋、豆、宽把杯、钵、盒、纺轮等。泥质陶中

---

① 浙江省文物考古研究所、嘉兴市博物馆：《嘉兴凤桥高墩遗址的发掘》，嘉兴市文化局编《崧泽·良渚文化在嘉兴》，浙江摄影出版社，2005 年。

② 此统计数为墓葬中出土的编号器物，包含 M14：4、M14：7 两件器盖。

以灰陶、黑皮陶为主，还有灰黄陶、红陶、黑陶等。泥质黑皮陶以胎质不同又可细分出灰胎、灰黄胎及少量红胎黑皮陶。黑皮陶器由于埋藏条件等原因，黑皮大多保存不好，有的脱落殆尽。从细部观察，部分泥质灰陶、灰黄陶器表原先也应有黑皮。泥质红陶因胎质不同可细分出红陶、橘红陶与橘黄陶。夹砂陶126件，约占陶器总数的17.2%。器形主要局限在鼎、甗、圈足罐与F型簋等少数几种。夹砂陶中以红陶为主，还有少量的灰陶与黑陶。夹砂红陶绝少纯净的红色，大多夹杂有褐色或灰黑色的杂色。少数夹砂红陶外表还施有红衣。

2. 制法与装饰

墓葬出土的大多数随葬陶器形制规整、对称，胎体匀薄，应是轮制而成，在部分双鼻壶、簋及尊的内壁可见轮制留下的旋痕。圈足器如尊等采用器身与圈足分制，再接合成器的方法。鼎、三足盘等三足器中的足与器身都是单独制好后再整合在一起的。双鼻壶、杯、簋、三足盘等器物口沿部位的小鼻及宽把杯一侧的宽把与锥形足夹砂陶鼎一侧的鋬也是先分制后再捏贴到器身上去的。但陶器中也有小部分器物（如F型簋）胎体厚薄不匀、器形歪斜，应是采用泥条盘筑法制成。

墓葬中出土的随葬陶器以素面为主，但也有少量陶器上有或多或少的装饰。器物造型上流行鼻的装饰，如双鼻壶或杯、三鼻或四鼻的簋等陶器的口沿部分都可见到对称或均衡分布的鼻饰。这种鼻饰除了实用功能外，也反映出一种审美的取向。装饰纹样中以阴线刻划或泥条粘贴的凹、凸弦纹最为常见。这类纹饰在双鼻壶、宽把杯、三足盘、簋、豆、圈足盘、壶、盒和凹弧足鼎等器物上都可以见到。除凹弦纹外，还有其他两类阴线刻划纹饰。一类主要见于鱼鳍形鼎足、"T"字形鼎足、凹弧形鼎足、三足盘瓦足及宽把杯的把上，纹饰为平行竖线、平行斜线及由之组成的网格纹。另一类主要见于双鼻壶颈腹部、宽把杯器身、少量壶或圈足罐的肩部及双鼻壶盖面，纹饰是简化的变体鸟纹或"云气纹"。镂孔是陶器上较为多见的装饰，有圆镂孔与扁方镂孔两类，主要见于豆把或圈足盘的圈足、圈足盘和盆的口沿一侧、宽把杯把部上端及部分器盖，其中部分镂孔除装饰功能外，还有透气、散热等实用功能。在豆把或圈足盘、簋、双鼻壶的圈足上还常见到镂孔与凹凸弦纹构成的组合纹。此外，在鱼鳍形鼎足和"T"字形鼎足两侧还有少量的戳点纹出现。

另外，在个别圈足盘、圈足罐、壶外底上见到的刻画符号，应具有特定的含义而不属于陶器装饰的范畴。

3. 器形与组合

新地里良渚文化墓葬出土的陶器以圈足器、三足器为主，平底器次之。盛行配置器盖，鼻的装饰较为流行。器形上，除纺轮为生产工具外，其他均为容器，包括炊器、水（酒）器、盛食器和盛储器四大类。主要器类有鼎、甗、双鼻壶、壶、杯、宽把杯、圈足盘、三足盘、盆、罐、尊、簋、豆、钵、盒等。

新地里良渚文化墓葬中的随葬陶器组合跟其他地区良渚文化墓葬有所不同，总的来说，豆的缺乏与泥质陶子母口有鼻带盖簋的盛行为其最大特色。但新地里早晚不同层次墓葬间的陶器组合也是有所变化的，本章第五节墓葬分期中将详细讨论这些变化，此处不再赘言。

4. 型式研究

鼎　104件，其中修复79件。夹砂红陶为主，夹砂灰褐陶、黑陶次之。其中不少陶器实际夹杂有红、褐、黑等色，纯净的单色反而少见。根据鼎足与器身不同分六型。

A型　92件，其中修复的完整器68件，不能修复、却可分辨鼎足形态的10件。上部呈侈口、束颈、鼓腹、圜底的釜形，鼎足由鱼鳍形向"T"字形演变。此型鼎数量最多，为新地里良渚文化墓葬陶鼎中最常见的形制。其器形早晚演变主要体现在口腹部和鼎足上，即口沿总体由侈口、折沿、束颈向内沿面有明显折棱、束颈略显领变化；腹部总体有腹最大径下移、圜底变浅的变化趋势；鼎足由中部略厚或平薄的鱼鳍足逐渐外侧加厚过渡到"T"字足，"T"字足正面再逐渐加宽到足面宽大于纵深且足面下凹。根据以上器形变化特点，将参与分期的78件器物分为7式。

Ⅰ式　2件，均修复。侈口，束颈，鼓腹略下垂，腹部最大径靠下，圜底弧度较大，鱼鳍足中厚或扁平。器物编号为M132∶1（图一八七，1；彩版三〇六，2）与M88∶4（图一八七，2；彩版一八九，5）。

Ⅱ式　7件，均修复。侈口，内沿面稍凹形成上下两道脊线，腹部较Ⅰ式深，仍下垂，最大径靠下，鱼鳍形鼎足足尖变方，扁平或外侧略厚。器物编号为M137∶18（图一八七，3；彩版三一三，6）、M63∶6（图一八七，4；彩版一一九，3）、M58∶1、M98∶28、M105∶10、M108∶25和M120∶6。

Ⅲ式　13件，修复11件。侈口，方折沿或卷沿，内沿面上下起明显的折棱，鱼鳍足外侧稍厚。M51∶2，器形较小。（图一八七，6；彩版九六，3）M80∶1，上腹部有三周凸弦纹，足尖部变方。（图一八七，7；彩版一七一，2）M111∶8，卷沿。（图一八七，8；彩版二四五，2）其余10件此式鼎为M109∶20（图一八七，5；彩版二四一，6）、M42∶4、M81∶10、M82∶8、M87∶7、M89∶2、M90∶5、M95∶5、M97∶1和M104∶3。

Ⅳ式　2件，均可修复。侈口，折沿，鱼鳍足外侧更加加厚，呈"T"字足雏形。M92∶6，上腹部有三周凸弦纹。（图一八七，9；彩版一九八，3）另一件为M91∶12（图一八八，1；彩版一九五，5）。

Ⅴ式　23件，修复21件。侈口，斜折沿，内沿上下折棱明显，有的显领，腹部略浅，"T"字足足面微弧凸，宽度小于纵深。M130∶5，两足上各有一个刻划符号。（图一八八，4；彩版三〇四，6）其余此式鼎编号为M61∶10（图一八八，3；彩版一一五，

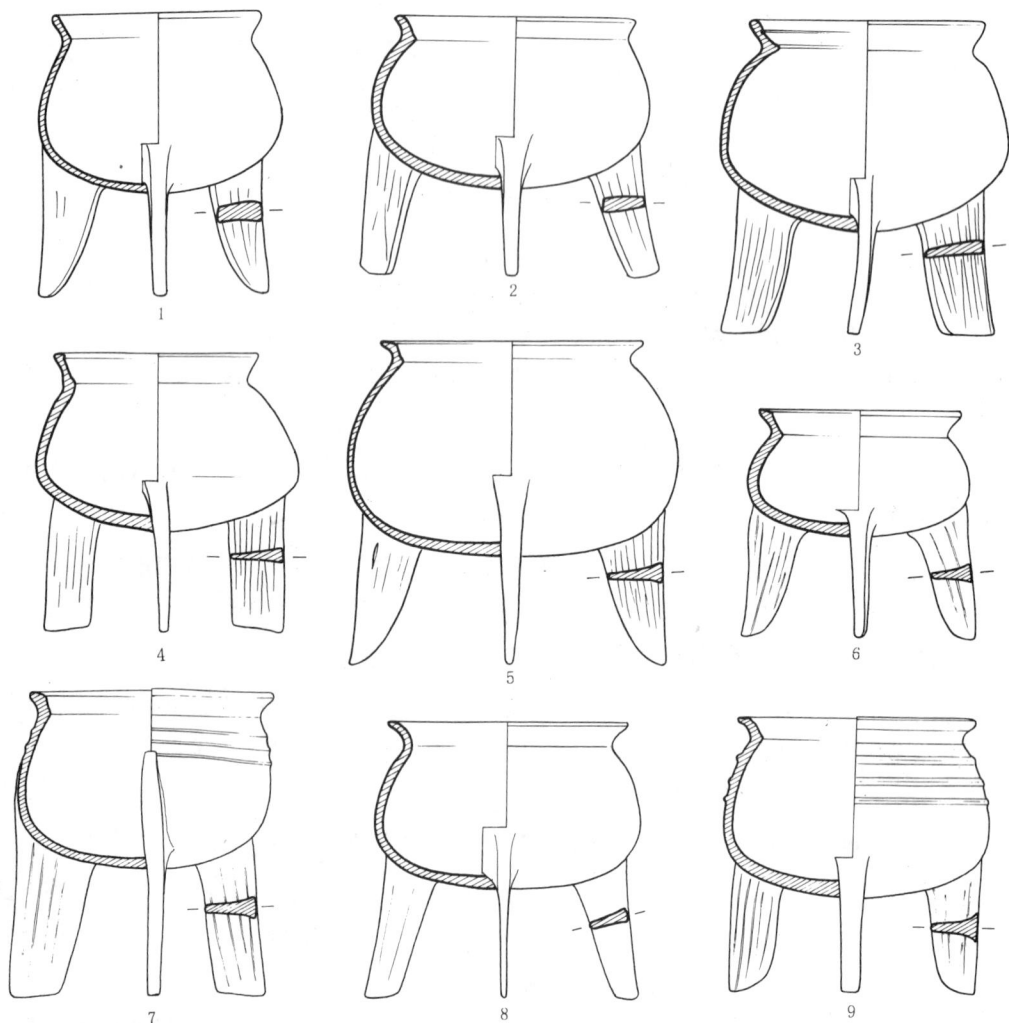

图一八七　A型陶鼎

1、2.Ⅰ式 M132:1、M88:4　3、4.Ⅱ式 M137:18、M63:6　5～8.Ⅲ式 M109:20、M51:2、M80:1、M111:8
9.Ⅳ式 M92:6（均为 1/4）

6）、M72:9（图一八八，2；彩版一五〇，4）、M16:4、M21:6、M31:7、M35:9、
M36:4、M48:11、M54:15、M55:10、M56:6、M57:19、M67:16、M96:7、M112:
10、M114:11、M114:14、M115:16、M121:36、M123:10、M127:10 和 M128:12。

　　Ⅵ式　12件，修复10件。腹部更浅，圜底变平，"T"字足正面更宽，中间略内
凹，两侧有的出现两道竖向凸脊，但面宽仍小于纵深。M2:3，宽折沿，鼎足足面略弧
凸。（图一八八，5；彩版七，4）M124:32，侈口，内沿下部起脊。（图一八八，6；彩

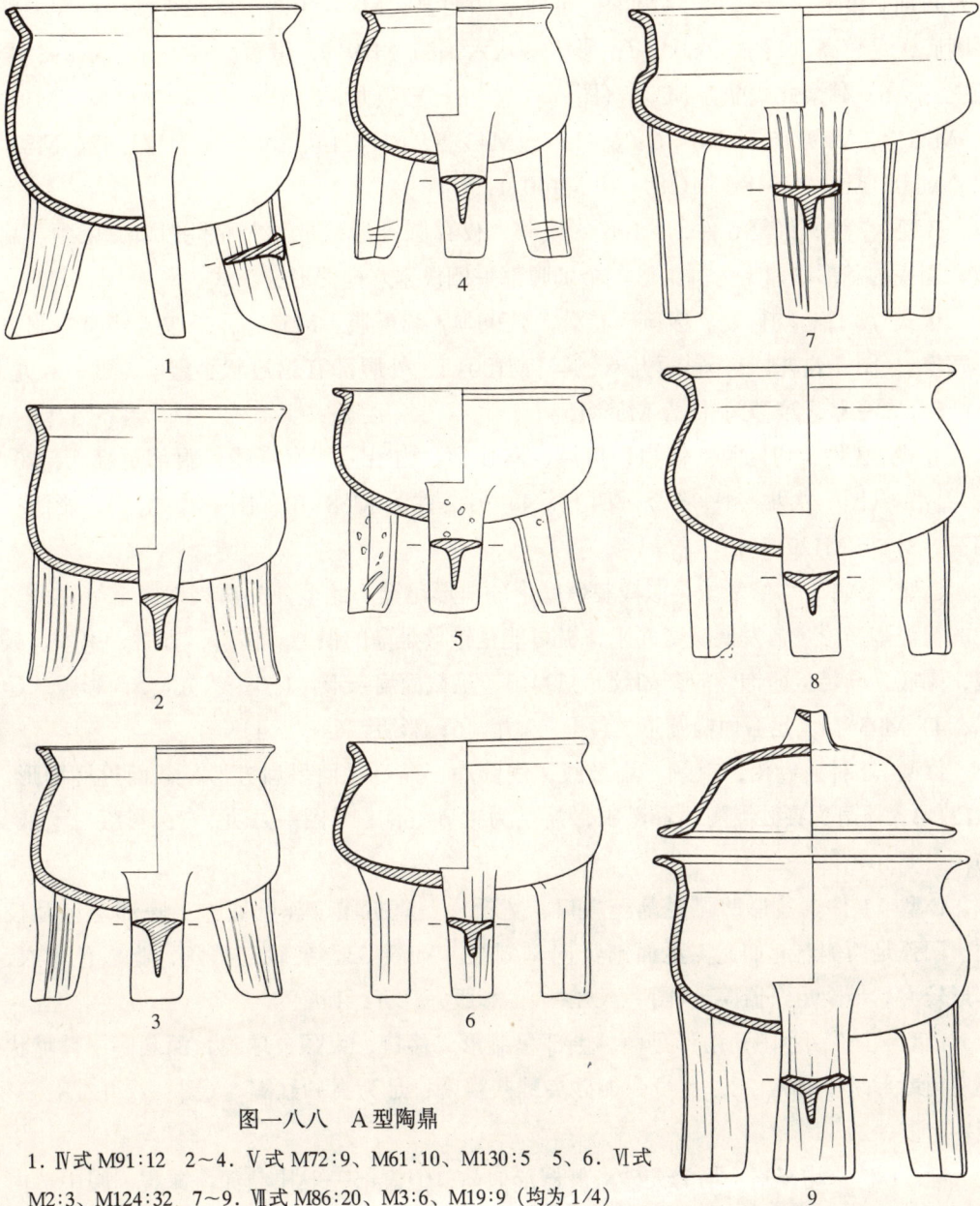

图一八八 A型陶鼎

1. Ⅳ式 M91：12   2～4. Ⅴ式 M72：9、M61：10、M130：5   5、6. Ⅵ式
M2：3、M124：32   7～9. Ⅶ式 M86：20、M3：6、M19：9（均为1/4）

版二八七，3）其余此式鼎编号为 M17：15、M18：4、M28：32、M30：15、M32：10、
M49：12、M71：9、M107：12、M116：33 和 M125：24。

Ⅶ式 19件，16件修复。侈口，宽折沿，腹部更浅，有的上部已略呈盆形，"T"

字足正面宽度略大于"T"字纵深，足面下凹明显。M86：20，侈口，有领，扁腹，浅平圜底，足较高。（图一八八，7；彩版一八六，3）M19：9，带盖。（图一八八，9；彩版三三，5）其余此式鼎为 M3：6（图一八八，8；彩版九，5）、M5：13、M11：7、M13：1、M22：8、M29：16、M40：16、M41：7、M43：5、M44：14、M64：6、M73：42、M83：14、M101：3、M113：8、M118：8 和 M140：11。

B型　7件，修复6件，M106：6残碎，仅存圆锥形鼎足。上部呈侈口、束颈、扁腹、圜底的釜形，鼎足为圆锥形。个别腹部一侧设鋬。据器形分2式。

Ⅰ式　3件，均修复。侈口，卷沿，微束颈，扁鼓腹。M52：8，外腹一侧有一扁方形宽鋬。（图一八九，1；彩版九八，4）M100：2，外腹部有鸡冠状小鋬。（图一八九，2；彩版二一七，2）另一件为 M65：15。

Ⅱ式　3件，均修复。侈口，折沿，略显领，内沿上下有脊线，腹部更扁。M70：6，卷沿。（图一八九，4；彩版一四五，4）另2件为 M68：10（图一八九，3；彩版一四三，2）与 M129：3。

C型　2件，均修复。类似横装鱼鳍形的凿形足鼎。此型鼎为嘉兴地区承继崧泽文化的粗泥陶凿形足鼎发展演变而来，极可能是锥形足鼎的祖型。侈口，方唇，束颈，鼓腹，圜底，鼎足正面饰竖向刻划纹。M94：3，足截面扁条形。（图一八九，5；彩版二〇二，4）M93：14，足截面椭圆形。（图一八九，6；彩版二〇一，4）

D型　1件。卷沿，束颈，扁鼓腹，浅圜底，鼎足平面呈扁方形，截面近椭圆形。M122：3，器身为夹砂黑陶，着黑衣，鼎足为夹砂红陶。（图一八九，7；彩版二七八，5）

E型　1件。盆形凹弧足鼎。敞口，宽折沿，直折腹，深圜底。上腹部遍饰瓦棱纹。凹弧足两侧卷起如瓦，足面饰竖向刻划纹。M66：33，夹砂红褐陶，施黑色陶衣，体形较大。带圈足纽器盖。（图一八九，9；彩版一三五，1）

F型　1件。小三角凿形足鼎。上部呈罐形，侈口，束颈，球腹，深圜底，鸭嘴状小三角凿形足。M66：38，器身为夹砂夹蚌灰褐陶，足为夹砂红陶。（图一八九，8；彩版一三五，2）

甗　6件，均修复。均为夹砂陶。器形似鼎，但腹部一般比鼎深，深腹，腹中部内壁都有一周凸起的隔挡承箅。依器形分两型。

A型　5件。均为夹砂红陶。器形演变类似 A 型鼎，分4式。

Ⅰ式　1件。M121：35，侈口，折沿略显领，内沿上下各有一道脊线，弧状深腹，深圜底，扁平鱼鳍足。带小圈足纽斗笠式盖。（图一九〇，1；彩版二七七，3）

Ⅱ式　1件。M66：40，侈口，折沿，内沿上下有脊线，筒状深腹，圜底略浅，"T"字形足足面略弧凸，足面宽度小于纵深。一足侧面有刻划符号。（图一九〇，2；彩版一

三四，4）

Ⅲ式 1件。M119:10，侈口，折沿加宽，"T"字足正面加宽，两侧起脊。（图一

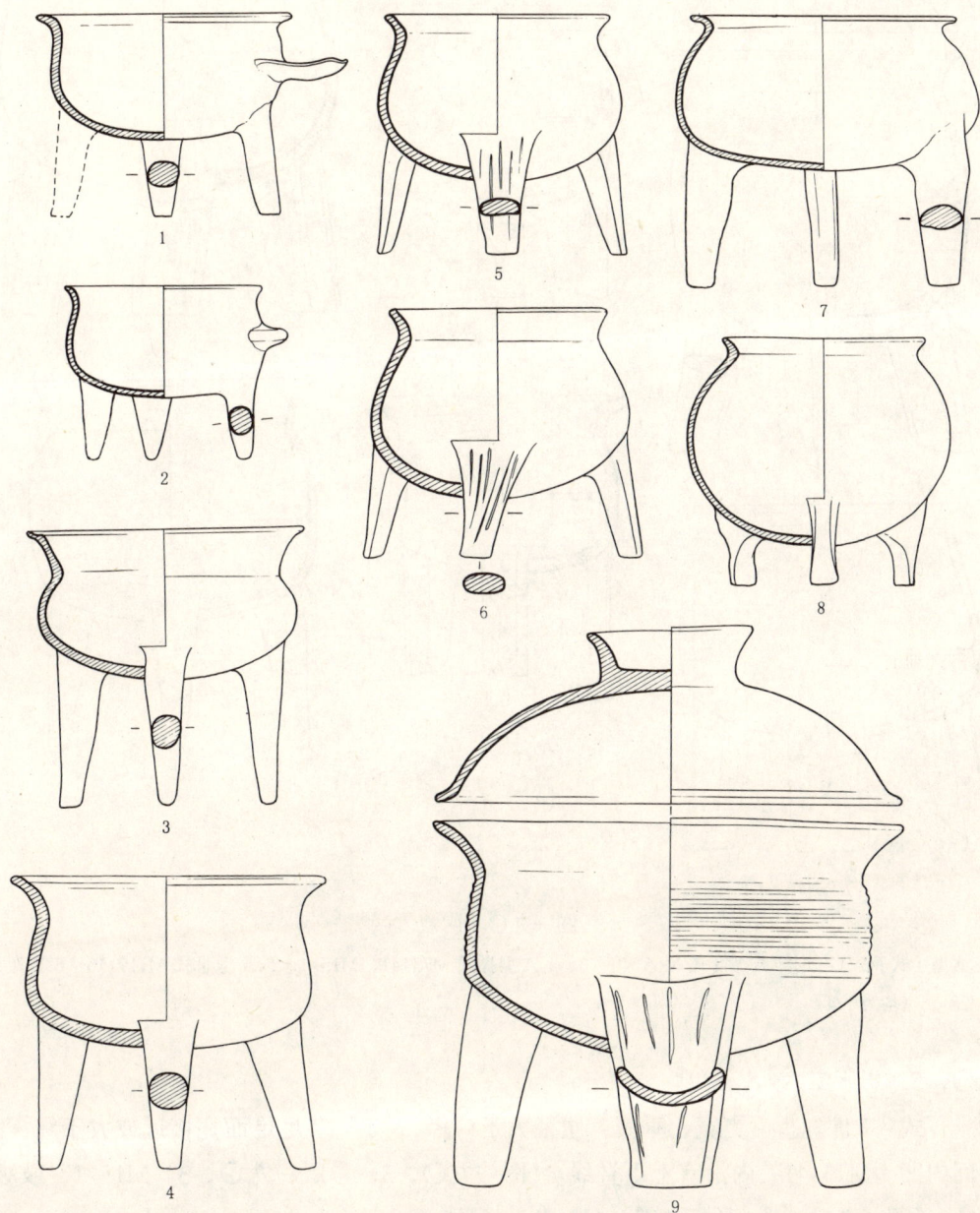

图一八九 陶鼎

1、2.B型Ⅰ式 M52:8、M100:2 3、4.B型Ⅱ式 M68:10、M70:6 5、6.C型 M94:3、M93:14 7.D型 M122:
3 8.F型 M66:38 9.E型 M66:33（均为1/4）

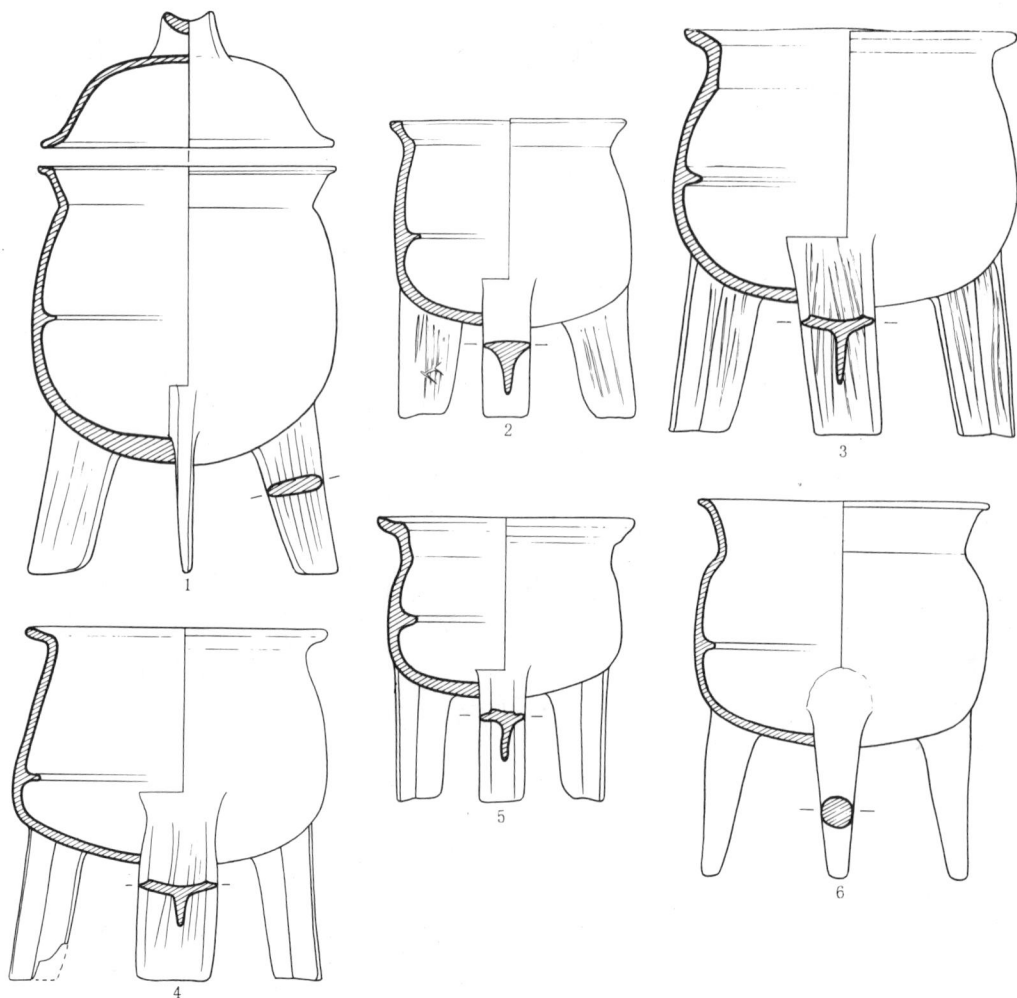

图一九〇　陶甂

1.A型Ⅰ式 M121：35　2.A型Ⅱ式 M66：40　3、4.A型Ⅳ式 M73：41、M15：1　5.A型Ⅲ式 M119：10　6.B型 M28：36（均为1/4）

九〇，5；彩版二六八，5）

　　Ⅳ式　2件。折沿更宽，垂腹，腹径大于口径，"T"字足足面宽接近或大于纵深，中间内凹。M73：41，内沿有上下脊线。（图一九〇，3；彩版一六〇，3）M15：1，鼓腹下坠。（图一九〇，4；彩版二五，1）

　　B型　1件。M28：36，夹砂黑陶。侈口，束颈显领，圆锥足。（图一九〇，6；彩版五三，2）

　　豆　13件，其中大多为缺失豆把的残件，修复完整的仅5件。泥质灰胎黑皮陶数量较多，其次为泥质灰陶、黄胎黑皮陶、黑陶与红陶。豆盘和豆把上常有凹弦纹装饰，有的豆把上还有圆形或扁方形镂孔。除 M14:1 残甚、M19:12 残剩豆盘外，其余 11 件依豆把的粗细分为两型。

A 型　粗把豆。7 件。分 3 式。

Ⅰ式　2 件。浅弧腹，喇叭形豆把粗高。M118:1，粗把已残。（图一九一，1）M88:3，豆把中部有两周凹弦纹。（图一九一，2；彩版一八九，4）

Ⅱ式　2 件。弧腹略深或斜折腹，喇叭形豆把变矮。M69:2，斜折腹。豆把中部一周凸棱。盖喇叭形纽，盖径小于豆盘口径，似非原配。（图一九一，3；彩版一四三，5）M61:8，弧腹略深。豆把上部有两周凸棱和四个错位扁方镂孔。盖喇叭形纽，盖径略小于豆盘口径。（图一九一，7）

Ⅲ式　3 件。豆的形体有所不同，应属不同的亚式，但限于标本太少，未再作细分。M126:18，敞口，宽平沿，浅盘，折腹。豆把上端有两周凸棱，间饰四个横向长方形镂孔。附夹砂灰黑陶桥形纽器盖。（图一九一，4；彩版二九六，4）M126:16，内斜唇，弧腹。附圈足纽器盖，盖径大于豆盘口径。（图一九一，5；彩版二九六，3）M19:12，侈口，深折腹，豆把残。（图一九一，6；彩版三三，6）

B 型　细把豆。4 件，豆把均残。敞口，方唇，折腹，细把。依豆盘与豆把差异，分 2 式。

Ⅰ式　2 件。豆把略粗。M138:1，豆把下部残，残留有半圆形镂孔。（图一九一，8；彩版三一四，2）M132:3，折腹以下有一周凹弧，豆把下部残，上端有三个圆形镂孔。（图一九一，10；彩版三〇六，4）

Ⅱ式　2 件。豆盘外壁有凸弦纹，豆把均残。M136:3（图一九一，9；彩版三〇八，3），M106:7（图一九一，11）。

双鼻壶　165 件，其中修复 133 件，另有 22 件残碎，形制不辨。依形态差异分为四型。

A 型　高颈，口沿外侧饰对称双鼻，鼓腹，圈足。是良渚文化墓葬中最常见的随葬器物之一，也是新地里良渚文化墓地中出土数量最多的器物，在一些规格较高的墓葬中常有 3~6 件 A 型双鼻壶随葬。以泥质灰胎或泥质灰黄胎黑皮陶为主，也有一定数量的泥质灰陶。器表大多光素，个别有装饰。刻划纹饰主要位于双鼻壶的颈肩部，但也偶见于盖面。题材为变体鸟纹或"云气纹"。凹弦纹见于双鼻壶的颈部或圈足，扁方形镂孔仅见于圈足。多数双鼻壶都配有盖。A 型双鼻壶是新地里良渚文化墓葬中早晚器形演变较为清楚的一类器物，其器形演变体现在口、颈、腹、圈足等部位，其变化趋势为：圈足由矮变高，腹部由圆鼓逐渐变扁至上部内凹的扁腹，颈部变长，口部渐大，形体逐渐变小。新地里墓地出土 A 型双鼻壶 135 件，修复 125 件，未修复但可辨器形的 10 件。

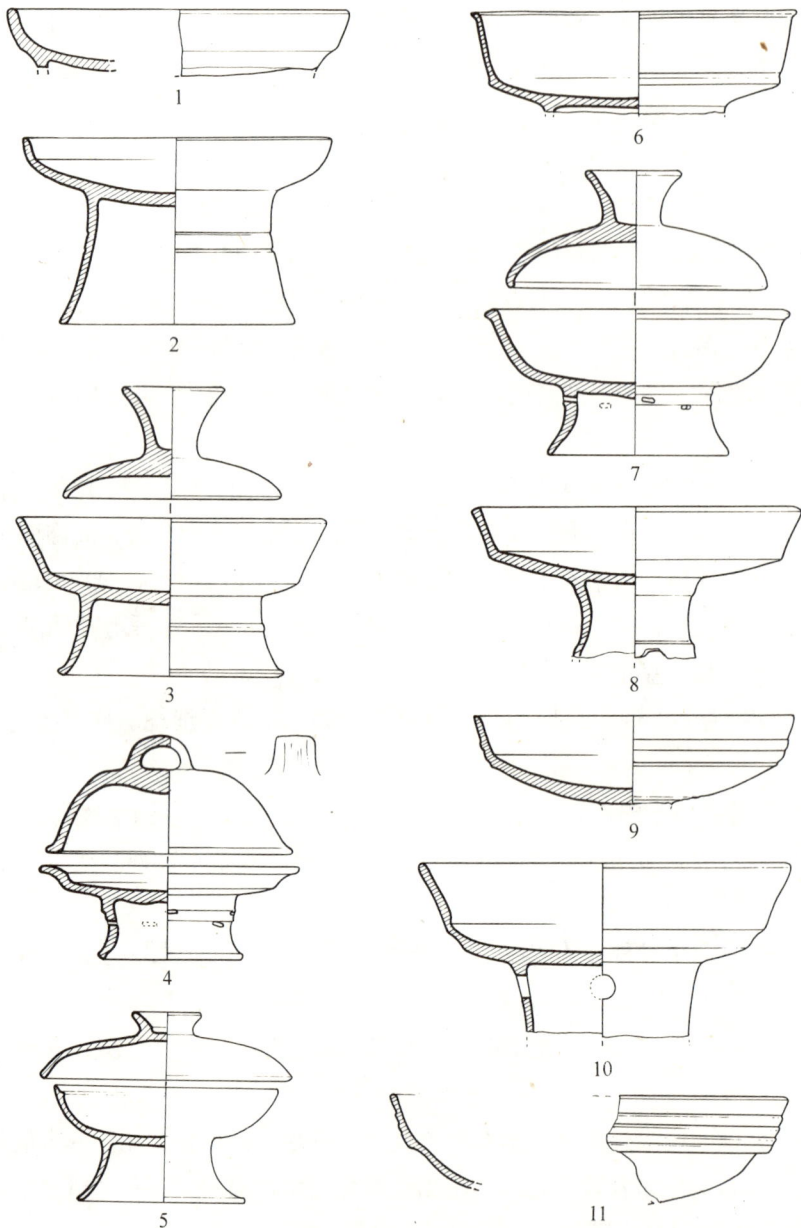

图一九一　陶豆

1、2.A 型 I 式 M118：1、M88：3　3、7.A 型 II 式 M69：2、M61：8　4～6.A 型 III 式 M126：18、M126：16、M19：
12　8、10.B 型 I 式 M138：1、M132：3　9、11.B 型 II 式 M136：3、M106：7（均为 1/4）

依器形变化将参与分期的 135 件 A 型双鼻壶分为 6 式。

　　I 式　1 件。侈口，矮颈，鼓腹，矮圈足。M138：2，形体较小。（图一九二，1；

彩版三一四，3）

　　Ⅱ式　11件，修复10件。器形较Ⅰ式增高加大。敛口微撇沿，鼓腹，腹部较高，腹径远大于口径，矮圈足较直或微外撇。7件器物圈足上有弦纹装饰，其中3件上还有扁方形镂孔。5件器物带盖，其中4件为喇叭形纽的碟式盖，1件为中空的斗笠式盖。M137：6，圈足有两周凹弦纹和横向长方形小镂孔五个。附喇叭形纽碟式盖。（图一九二，2；彩版三一三，1）M109：16，圈足上有两周细凸弦纹。附喇叭形纽碟式盖。（图一九二，3；彩版二四一，4）M63：2，圈足略高，上端有两周凹弦纹。附中空的斗笠式盖。（图一九二，4；彩版一一九，2）其余8件此式双鼻壶编号为M91：3、M99：5、M109：12、M111：3、M120：7、M136：1、M136：2和M137：13。

　　Ⅲ式　20件，其中修复19件。形体大小与Ⅱ式相当或略小。侈口，口径小于或略等于颈腹相接处，鼓腹略扁，腹径大于口径，圈足稍高，外撇。2件器物颈部有弦纹装饰，3件圈足上有凹弦纹。15件器物带盖，其中5件为喇叭形纽的碟式盖，9件为喇叭形纽斗笠式盖，1件为扁环形纽斗笠式盖。M66：37，盖面在一周细弦纹划出的环形内浅刻有四只对称的展翅飞鸟，周围密刻象征云气的圆涡纹（图一九二，5；彩版一三三，4、6）。M84：1，颈中部有三周凸弦纹。（图一九二，6；彩版一八一，2）M121：4，颈中部有五周凹弦纹。（图一九二，7；彩版二七六，1）M61：2，圈足上一周凹弦纹。（图一九二，8；彩版一一五，2）其余16件此式双鼻壶为M42：3、M66：1、M66：2、M66：3、M66：5、M66：39、M74：3、M77：2、M77：3、M78：2、M78：5、M104：4、M106：2、M121：5、M121：7和M121：38。

　　Ⅳ式　29件，修复28件。器形较Ⅲ式略小。侈口，口径大于颈腹相接处，微束颈，腹部较Ⅲ式更扁，腹径略大于口径，圈足渐高，外撇。3件颈中部有弦纹，2件圈足上有弦纹装饰，1件圈足上有小镂孔。24件带盖，其中8件为喇叭形纽的碟式盖，15件为喇叭形纽斗笠式盖，1件为扁环形纽斗笠式盖。M116：1，附喇叭形纽斗笠式器盖。（图一九二，9；彩版二六〇，1）M121：6，颈肩部满饰圆涡纹。附喇叭形纽斗笠式盖。（图一九二，10；彩版二七六，3）M65：1，颈中部有四周凸弦纹。附喇叭形纽碟式盖。（图一九二，11；彩版一二五，1）M127：4，颈中部有六周凹弦纹。（图一九二，12；彩版二九九，3）其余25件此式双鼻壶编号为M10：3、M17：3、M28：1、M28：40、M35：1、M35：2、M54：3、M54：5、M55：3、M65：2、M68：2、M68：3、M74：2、M114：2、M115：2、M115：3、M116：2、M116：3、M116：4、M116：35、M121：39、M123：2、M124：3、M130：3和M131：1。

　　Ⅴ式　47件，修复40件。器形较Ⅳ式更小。侈口，腹部更扁，口径略小于腹径，高圈足外撇，圈足高度接近腹的高度。1件颈部有刻划的圆涡纹，2件颈部有弦纹，1件圈足上有弦纹装饰，并有扁方形镂孔。35件器物带盖，其中15件为喇叭形纽的斗笠

图一九二　Ａ型陶双鼻壶

1.Ⅰ式 M138:2　2～4.Ⅱ式 M137:6、M109:16、M63:2　5～8.Ⅲ式 M66:37、M84:1、M121:4、M61:2
9～12.Ⅳ式 M116:1、M121:6、M65:1、M127:4（均为 1/4）

式盖，20 件为圈足纽斗笠式盖。M28：31，颈中部有四周凸弦纹，凸弦纹上下各有一组刻划纹饰，题材为对称的四个圆涡纹，间饰填线三角形。附圈足纽斗笠式盖。(图一九三，1；彩版五二，3) M119：1，颈部内壁可见明显的轮制旋痕。(图一九三，2；彩版二六八，1) M31：1，颈部及上腹部饰凹弦纹。(图一九三，3；彩版六三，1) M30：4，圈足高直，有两周凹弦纹和扁方形镂孔。附圈足纽斗笠式盖。(图一九三，4；彩版六〇，4) 其余 43 件此式双鼻壶为 M18：1、M28：30、M28：39、M30：16、M30：17、M31：2、M32：1、M40：3、M43：3、M44：1、M44：4、M44：15、M46：1、M47：1、M48：2、M49：1、M57：1、M57：2、M57：3、M57：5、M62：1、M67：3、M67：23、M67：24、M70：1、M71：2、M96：3、M107：2、M112：1、M119：14、M123：1、M124：1、M124：2、M124：4、M124：5、M124：6、M125：1、M125：2、M125：4、M125：10、M125：27、M125：31 和 M128：3。

Ⅵ式　27 件，均修复。器形更小。侈口，口径更大，双鼻间宽度略大于腹径，腹部极扁，大多上腹部下凹，高圈足，圈足高大多超过腹高。3 件器物圈足上有凹弦纹，其中 2 件还有扁方形镂孔。6 件器物带盖，其中 1 件为圈足纽碟式盖，5 件为圈足纽斗笠式盖。M15：7，腹极扁，上腹部下凹。(图一九三，7；彩版二五，3) M83：3，口部歪扭，腹极扁，高圈足。(图一九三，8；彩版一八〇，2) M5：14，扁腹，器形较小。(图一九三，10；彩版一四，2) M126：11，扁腹，圈足高直。(图一九三，11；彩版二九五，4) 此式中有三件形制较特殊者：M29：15，略似Ⅱ式，呈敛口状，颈部下宽上窄。圈足上有两周凹弦纹，间饰 3 个扁方形镂孔。(图一九三，5；彩版五六，3) M86：21，颈宽圈足小，扁腹，高圈足。(图一九三，6；彩版一八五，4) M86：2，细长颈，圆鼓腹，高圈足外撇。(图一九三，9；彩版一八五，3) 其余 20 件此式双鼻壶为 M3：2、M4：4、M4：11、M5：6、M22：2、M29：4、M29：19、M40：17、M40：18、M71：1、M73：7、M73：49、M73：51、M73：53、M73：56、M79：1、M101：1、M113：3、M117：3 和 M140：1。

B 型　形体较矮胖，口大，颈短，腹部圆鼓，圈足多矮直。此型双鼻壶为 A 型双鼻壶的变异，见于良渚文化早晚各期，是与 A 型双鼻壶平行发展、共存的，因而可以单独作为一个双鼻壶的类型。新地里墓地出土 B 型双鼻壶 4 件，依口、颈、腹、圈足的差异分 3 式。

Ⅰ式　2 件。敛口微侈，平肩，圈足较高直。M98：27，短颈，圈足上有三周凹弦纹。(图一九四，1；彩版二一四，3) M120：4，圈足上有三周凹弦纹，颈部略高，类似 A 型Ⅱ式双鼻壶。(图一九四，2；彩版二七〇，4)

Ⅱ式　1 件。敛口微侈，溜肩，圈足较矮。M82：7，圈足上有三周凹弦纹和六个扁方形镂孔。(图一九四，3；彩版一七七，3)

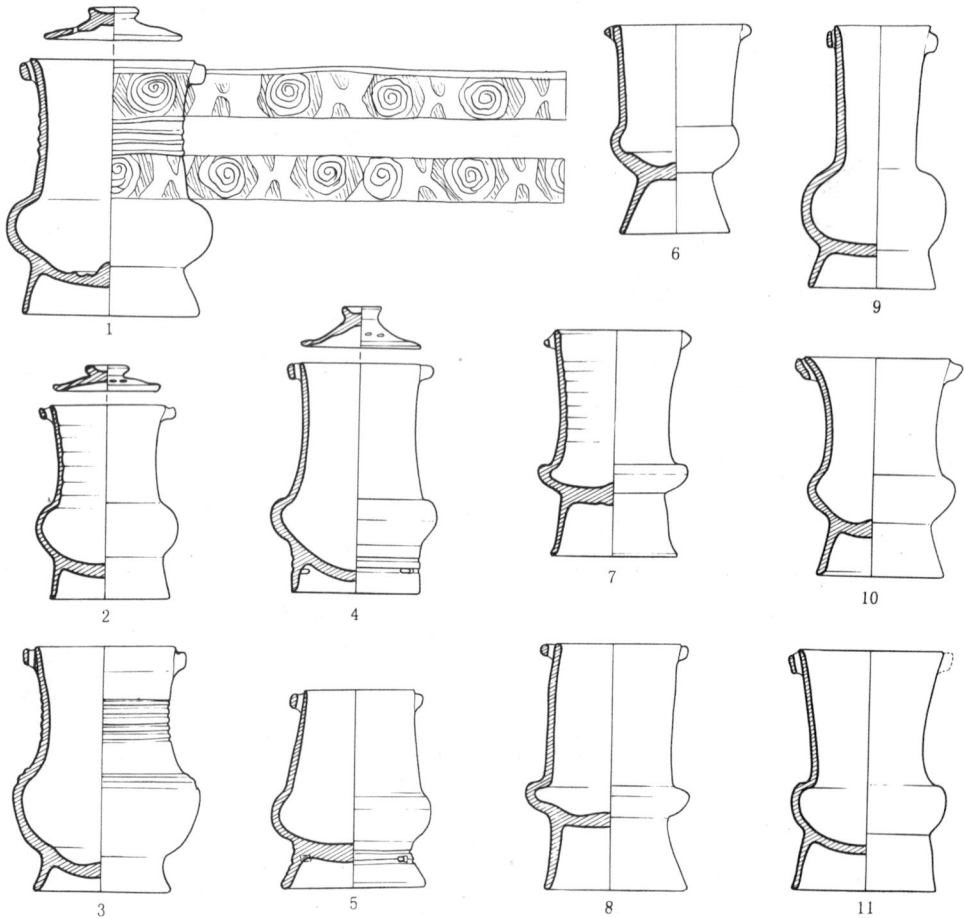

图一九三　A型陶双鼻壶

1~4.Ⅴ式 M28∶31、M119∶1、M31∶1、M30∶4　5~11.Ⅵ式 M29∶15、M86∶21、M15∶7、M83∶3、M86∶2、

M5∶14、M126∶11（均为1/4）

　　Ⅲ式　1件。直口微侈，微束颈，溜肩，腹部略鼓折，圈足微外撇。M72∶1，带喇叭形纽斗笠式盖。（图一九四，8；彩版一五〇，1）

　　C型　1件。侈口，高颈，扁腹，假圈足平底。此型双鼻壶在新地里墓地仅出土1件，但在上海亭林墓地中是最常见的双鼻壶类型。M75∶2，形体较矮小。颈部内壁有明显的轮制旋痕。（图一九四，5；彩版一六三，3）

　　D型　3件，均修复。直口微侈，深鼓腹略折或球形腹，矮圈足外撇。与B、C两型双鼻壶均由A型双鼻壶变异而来不同，此型双鼻壶属双鼻壶中的异型，其来源可能为圈足壶。M127∶14，深鼓腹略折，溜肩，除双鼻外器形似尊的初始形态。（图一九四，4；彩版二九九，4）M18∶5，球形腹，肩部下端饰四周凹弦纹。（图一九四，6；彩版三

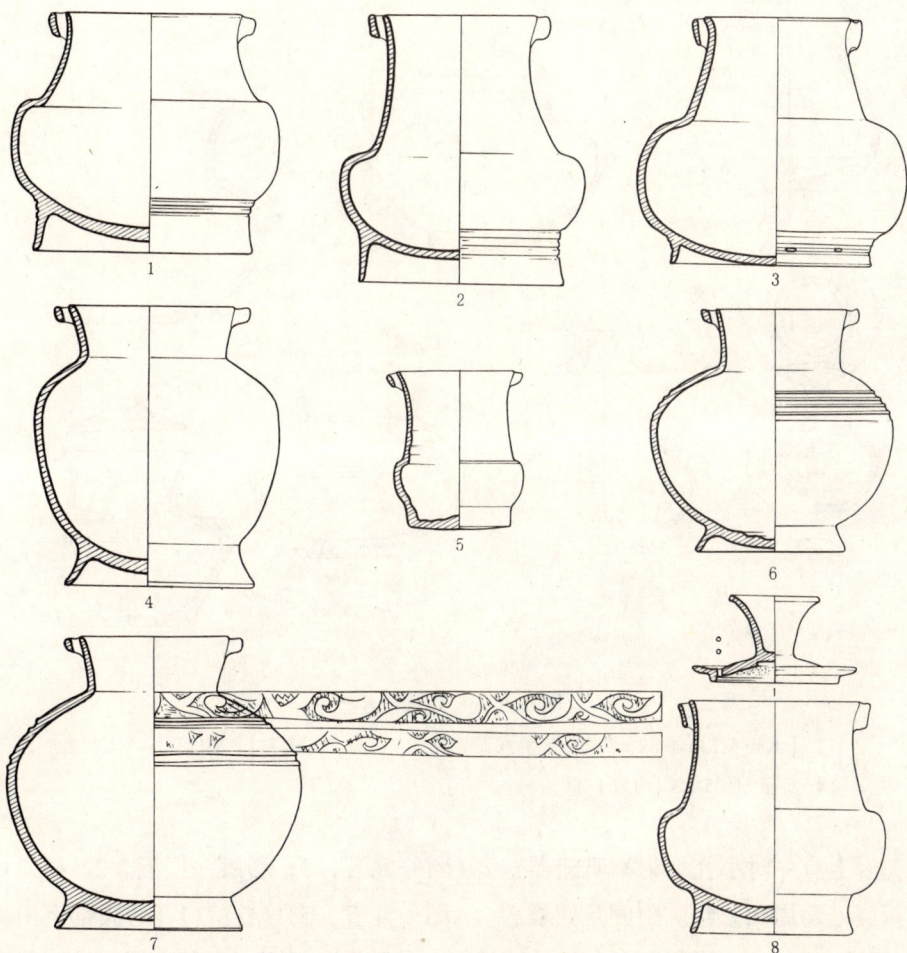

图一九四　陶双鼻壶

1、2.B型Ⅰ式 M98:27、M120:4　3.B型Ⅱ式 M82:7　4、6、7.D型 M127:14、M18:5、M2:2　5.C型 M75:2
8.B型Ⅲ式 M72:1（均为1/4）

○，4）M2:2，球形腹，在两组凹弦纹将肩部分隔出上下两块的范围内刻划填线变体鸟纹。（图一九四，7；彩版七，3）

壶　7件，修复5件。依形态分2式。

Ⅰ式　1件。侈口，卷沿，略束颈，球腹。M130:1，圈足残。（图一九五，1；彩版三○四，3）

Ⅱ式　6件。直口微侈，领较高，鼓腹或略折，矮圈足，带盖。M48:3，直口，领稍矮，弧折腹，折腹处有对称小錾，錾上各有四个小孔。（图一九五，2；彩版九一，4）M70:2，弧折腹，肩部两周凸弦纹，颈肩部饰多组填线变体鸟纹，折腹处有对称鸡冠状

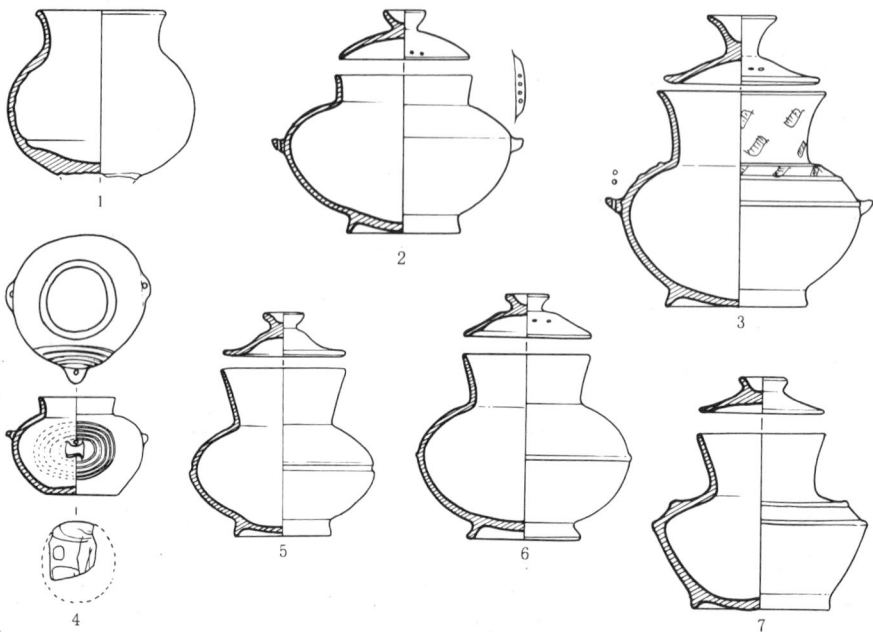

图一九五　陶壶、小壶

1. Ⅰ式壶 M130:1　2、3、5～7. Ⅱ式壶 M48:3、M70:2、M52:1、M127:1、M128:1

4. 小壶 M125:32（均为 1/4）

小錾，錾上有一对小孔。附喇叭纽器盖。（图一九五，3；彩版一四五，2）M52:1，斜领，折腹处两周凹弦纹。附圈足纽器盖。（图一九五，5）M127:1，肩腹部有两周凸弦纹。（图一九五，6；彩版二九九，1）M128:1，斜肩，折腹，肩部一周凸棱。附圈足纽器盖。（图一九五，7；彩版三〇二，2）

小壶　1件。M125:32，直口微侈，扁鼓腹，中腹部三个竖穿小系呈等腰三角形排列，一端小系周围刻划五周阴线，平底上有一浅刻符号。（图一九五，4；彩版二九三，3、4）

圈足罐　43件，其中可辨型式的27件。质地以泥质陶为主，也有部分夹砂陶。夹砂圈足罐以夹砂红褐陶为多。泥质陶以灰胎或灰黄胎黑皮陶为主，灰陶也有一定数量，个别为红褐陶。依陶质不同分两型。

A型　夹砂陶圈足罐。7件。除 M121:49 残损不辨形制外，其余可分3式。

Ⅰ式　3件。侈口，方唇，微束颈，圆鼓腹，矮圈足。体形矮胖。M118:11，内口沿有两条脊线。（图一九六，1；彩版二六五，7）M109:17，颈低于圈足。（图一九六，2；彩版二四一，5）另一件为 M105:11。

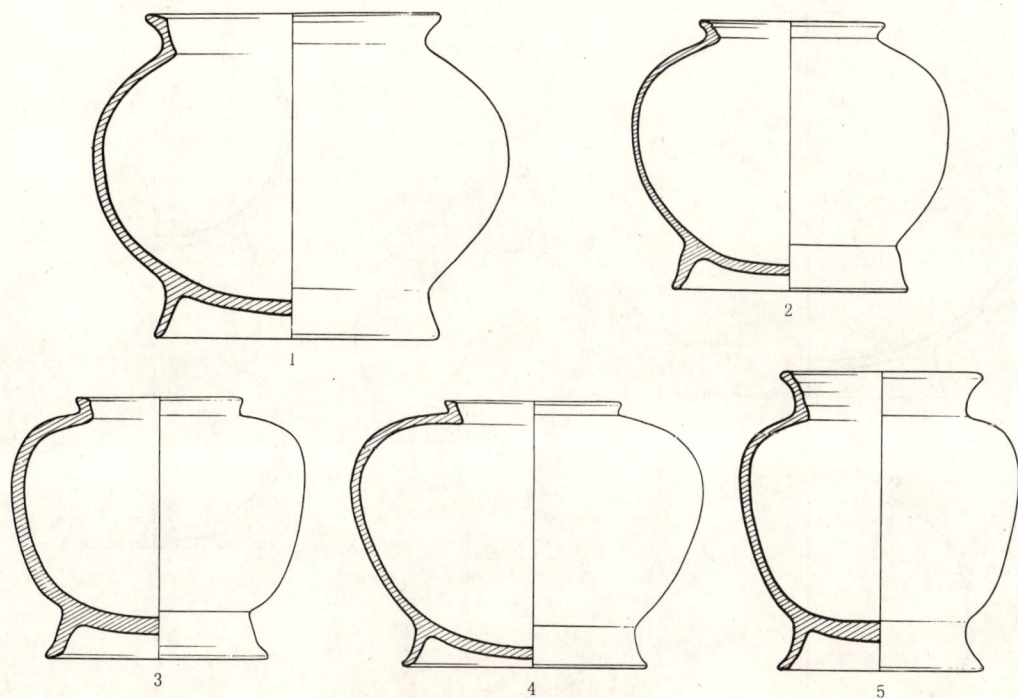

图一九六　A型陶圈足罐

1、2. Ⅰ式 M118:11、M109:17　3、4. Ⅲ式 M72:10、M97:4　5. Ⅱ式 M111:9（均为1/4）

Ⅱ式　1件。侈口，斜领较高，圆弧肩，器物最大径在肩部，深弧腹，圈足高度与领部相当。M111:9，形体显瘦高。（图一九六，5；彩版二四五，3）

Ⅲ式　2件。侈口近直，矮领，领高小于圈足高，圆弧肩，器物最大径在肩腹相接处，矮圈足外撇。M72:10，短直口，弧腹，腹径上下变化不明显。（图一九六，3；彩版一五○，5）M97:4，侈口，斜腹，腹径上下变化明显，体显矮胖。（图一九六，4；彩版二○七，6）

B型　泥质陶圈足罐。27件，修复17件。可辨型式的21件依形态分4式。

Ⅰ式　5件，均修复。侈口，微束颈，圆鼓腹，矮圈足。形态与A型Ⅰ式夹砂圈足罐相似。M98:26，口小弧腹大，形体较大。（图一九七，1；彩版二一四，2）M93:15，卷沿，束颈，外底部有一刻划符号。（图一九七，2；彩版二○一，5）M39:4，短直口。（图一九七，3；彩版七四，5）其他两件为M87:5、M108:26。

Ⅱ式　7件，6件修复。侈口，斜领，领略高于Ⅰ式，弧腹，腹部变深，腹径缩小。M108:1，形体较小。（图一九七，4；彩版二三五，1）M80:2，侈口近直。（图一九七，5；彩版一七一，3）M90:7，领矮，深垂腹。（图一九七，6；彩版一九二，4）M88:2，

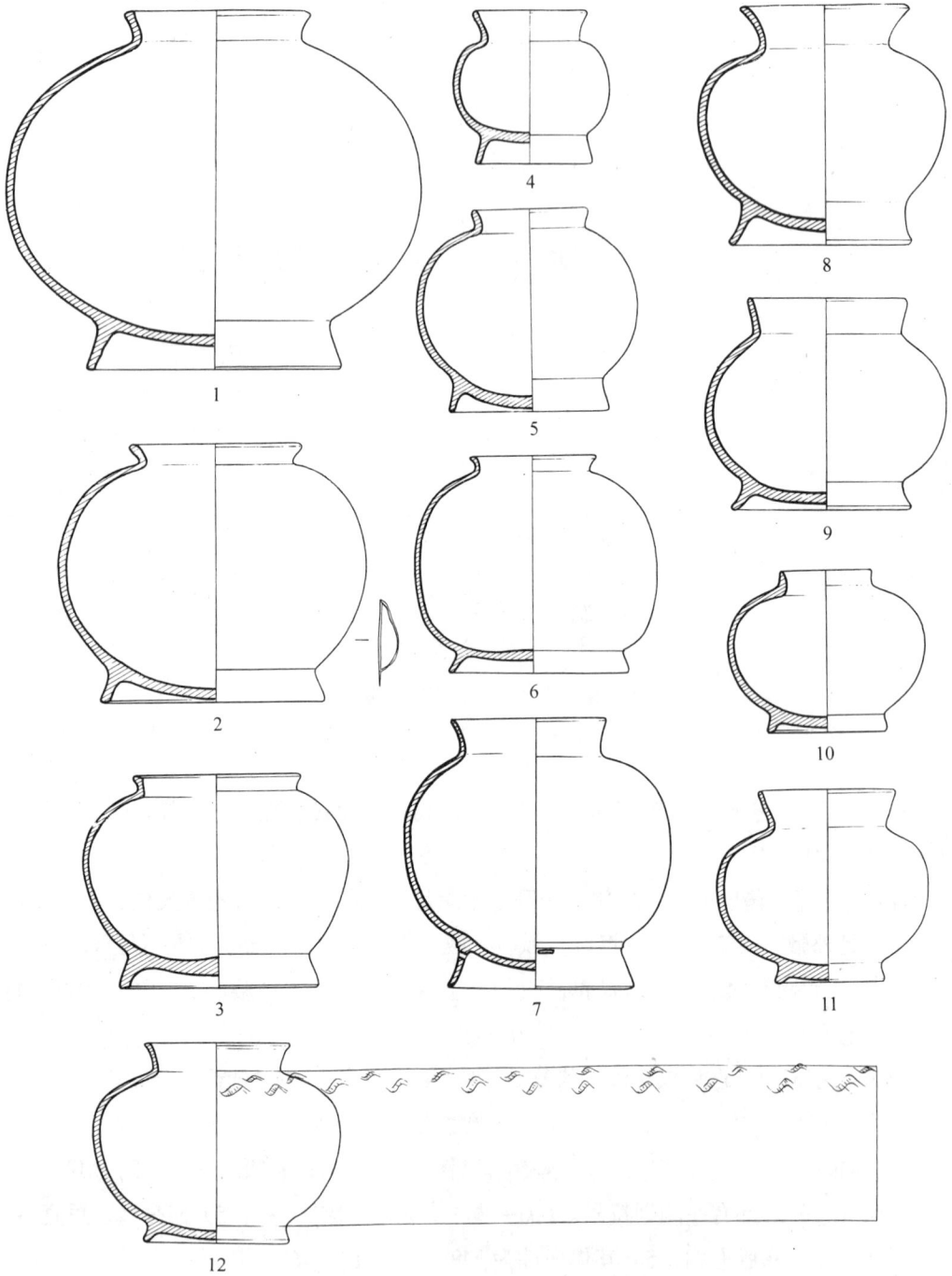

图一九七　B型陶圈足罐

1~3.Ⅰ式 M98：26、M93：15、M39：4　4~7.Ⅱ式 M108：1、M80：2、M90：7、M88：2　8、9.Ⅲ式 M61：9、
M16：2　10~12.Ⅳ式 M107：1、M70：7、M48：13（均为 1/4）

侈口，领较高，圈足上端起脊棱并有三个扁方形镂孔。(图一九七，7；彩版一八九，3)其余 3 件此式圈足罐编号为 M63∶8、M81∶11 和 M91∶13。

Ⅲ式　4 件，3 件修复。侈口，领变高，肩部弧折，腹部变浅。M61∶9，卷沿。(图一九七，8；彩版一一五，5) M16∶2，侈口近直。(图一九七，9；彩版二六，5) 其余 2 件为 M78∶18 和 M100∶3。

Ⅳ式　5 件，其中修复 3 件。侈口，斜领，腹部圆鼓，矮圈足。形体变小。M107∶1，短直口。(图一九七，10；彩版二三〇，1) M70∶7，斜直领，微束颈。(图一九七，11；彩版一四五，5) M48∶13，肩部刻划填线 "Z" 字形变体鸟纹。(图一九七，12；彩版九一，5) 其余 2 件此式圈足罐为 M64∶7 和 M45∶2，均略残。

平底罐　16 件，其中修复 10 件。均为泥质陶，以泥质灰陶最多，其次为泥质灰黄陶、红陶、灰胎黑皮陶等。器表大多光素。依形态分三型。

A 型　6 件，修复 3 件。侈口，束颈，弧腹，平底。分 3 式。

Ⅰ式　1 件，修复。侈口，短领，口径较小，圆鼓腹。M137∶16，肩部有凹弦纹三周，平底微内凹。(图一九八，1；彩版三一三，3)

Ⅱ式　2 件，均修复。侈口，领略高，深弧腹，形体较瘦高。M95∶4，肩略鼓。(图一九八，2；彩版二〇四，5) M106∶4，泥质红陶。(图一九八，3；彩版二二八，4)

Ⅲ式　3 件，口部均残，腹部变浅。M49∶13，弧折腹。(图一九八，4；彩版九四，3) M101∶4，扁鼓腹，小平底。(图一九八，7) 另一件 M35∶8，仅存底部。

B 型　7 件，均修复。侈口近直的大口大底平底罐。分 2 式。

Ⅰ式　3 件。侈口，深腹。M49∶9，深垂腹。(图一九八，5；彩版九四，2) M55∶12，平底略凹。(图一九八，6；彩版一〇五，3) M65∶16，短直口，深弧腹。(图一九八，8；彩版一二六，3)

Ⅱ式　4 件。直口，深腹。M113∶9，腹部近直。(图一九八，9；彩版二四九，6) M40∶13，直口微敛，上腹部有两个对称的长方形扁錾。(图一九八，10；彩版七六，6) M86∶17，弧腹。(图一九八，11；彩版一八五，6) 另一件 M26∶1 为泥质灰陶。

C 型　3 件，均残，存低矮假圈足状平底。泥质橘黄陶或红陶。从底看此型平底罐的个体都较大。除 M10∶2 外，其余 2 件（M81∶12、M91∶14）入埋时就已是残器，是特意用残器随葬的。M81∶12，泥质红陶。(图一九八，14；彩版一七五，3)

小罐　5 件。泥质陶，器形小。侈口，弧腹，凹平底或圈足。M102∶3，短侈口，略鼓腹，小平底稍内凹。器内壁、底有多周轮制旋痕。(图一九八，12；彩版二一九，5) M19∶5，折沿略呈浅盘口状，腹部一周折棱，矮圈足。带喇叭形纽盖。(图一九八，13；彩版三三，3) 另 3 件为 M12∶1、M107∶11 与 M133∶1，后两件已残碎。

尊　50 件，其中，残碎无法修复或形制不辨的有 7 件，可辨器物型式的共 43 件，

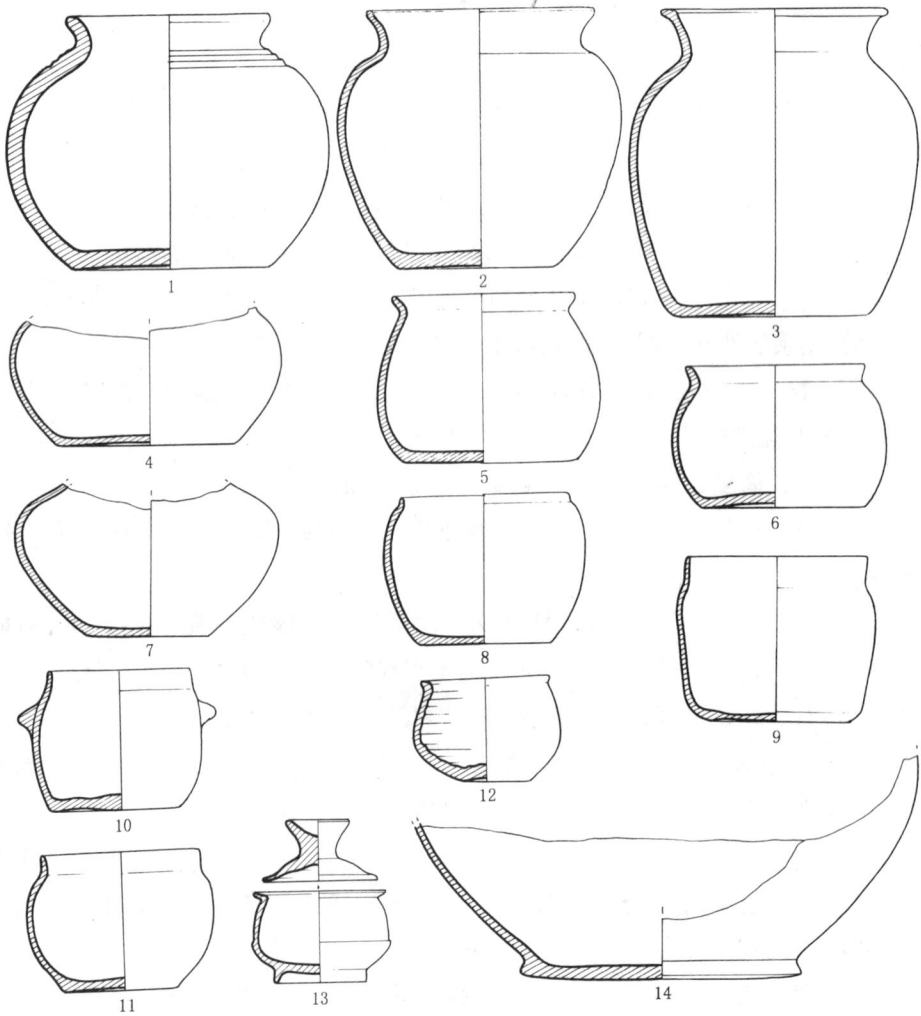

图一九八　陶平底罐、小罐

1.A型Ⅰ式平底罐 M137:16　2、3.A型Ⅱ式平底罐 M95:4、M106:4　4、7.A型Ⅲ式平底罐 M49:13、M101:4

5、6、8.B型Ⅰ式平底罐 M49:9、M55:12、M65:16　9～11.B型Ⅱ式平底罐 M113:9、M40:13、M86:17

12、13.小罐 M102:3、M19:5　14.C型平底罐 M81:12（均为1/4）

修复完整的38件。以泥质灰陶最多，其次为泥质灰胎或灰黄胎黑皮陶、灰黄陶、黑陶、红陶等。1件夹砂红褐陶。器表以素面为主。根据领、腹、圈足等部位的变化，分为5式。

Ⅰ式　5件，均修复。泥质黄胎黑皮陶3件，泥质黑皮陶1件，泥质灰陶1件。侈口，折沿，口径与圈足径相当，弧折肩，深腹略斜。M99:6，弧折肩，斜腹。（图一九九，1；彩版二一六，3）M94:4，有明显的肩部，腹壁较直。（图一九九，2；彩版二○二，5）其余3件此式尊为M51:3、M92:5和M98:13。

Ⅱ式　15件，修复13件。泥质灰陶或灰黄陶12件，泥质灰胎或灰黄胎黑皮陶3件。领部与圈足同时加高，外撇较Ⅰ式更明显，肩部弧折，下腹略斜收。M68:9，弧折肩，圈足外撇。（图一九九，3；彩版一四三，1）M119:12，弧折肩。（图一九九，5；彩版二六八，6）M66:31，肩部有一道折脊。（图一九九，6；彩版一三四，3）其余12件此式尊为M23:6、M30:12、M44:12、M57:12、M59:2、M65:13、M67:18、M71:7、M114:13、M115:14、M116:31和M128:11。

Ⅲ式　4件，修复3件。领部与圈足更高，外撇更明显，但口径仍小于腹径，腹部略扁，弧折肩。M123:11，腹部略扁。（图一九九，4；彩版二八一，5）M52:6，圈足上有三个扁圆形小穿孔。（图一九九，7；彩版九八，5）其余2件为M54:11和M31:6。

Ⅳ式　9件，修复8件。喇叭状高领，折沿，口径接近肩径。弧折肩，下腹斜收更明显，高圈足外撇。体形变大。M28:38，圈足矮于高领。（图一九九，8；彩版五三，4）M20:8，泥质灰陶。（图一九九，9；彩版三五，4）M56:5，夹砂灰褐陶。深弧腹，圈足矮于高领。（图一九九，11；彩版一○七，5）其余6件此式尊为M29:8、M40:14、M41:6、M73:36、M96:8和M124:30。

Ⅴ式　10件，修复9件。喇叭状高领，口部多折沿，口径接近或略大于肩径，折肩处都有明显的折脊，下腹斜收，腹部变浅，高圈足下端向外平折或外卷。器形瘦高。M15:8，圈足上部有两个对称的弦月形大镂孔。（图一九九，10；彩版二五，4）M5:9，口径略大于肩径，腹部较扁。（图二○○，3；彩版一四，5）有两件器形较特殊的尊，也归入此式：M86:18，领及圈足特别高，球腹。（图二○○，1；彩版一八六，1）M140:7，为领部残断经磨齐后再利用的尊。（图二○○，2；彩版三一八，6）其余6件此式尊为M3:5、M9:5、M11:5、M13:3、M83:12和M126:13。

圈足盘　共80件，修复可辨器形的76件，残破形制不辨的4件。是新地里良渚文化墓葬陶器随葬品组合中常见的器形。大多出于头部或脚端，出于头部的多垫于死者头骨下方，头旁另有双鼻壶或宽把杯出土，似乎已形成比较固定的随葬模式。器形似豆，圈足较矮。陶质以泥质灰陶最多，其次为泥质灰胎或灰黄胎黑皮陶。依形态分四型。

A型　51件。数量最多，陶质以泥质灰胎或灰黄胎黑皮陶和泥质灰陶为主。敞口，弧腹或折腹，矮圈足。口沿或上腹部一侧常有两个小穿孔。依形态分4式。

Ⅰ式　15件，均修复。敞口，折沿，部分器物口沿或上腹部有一对小穿孔，弧腹为主，少量折腹，中腹部常有一周凹弦纹，腹较深，矮圈足，一些圈足底边宽、中凹，使圈足呈双底状。个别附器盖。M137:19，短平沿，双圈足底。（图二○一，1；彩版三一三，5）M104:5，中腹部有一周凸弦纹，下腹内折。（图二○一，2）M66:10，折沿

图一九九　陶尊

1、2. Ⅰ式 M99:6、M94:4　3、5、6. Ⅱ式 M68:9、M119:12、M66:31　4、7. Ⅲ式 M123:11、M52:6　8、9、

11. Ⅳ式 M28:38、M20:8、M56:5　10. Ⅴ式 M15:8

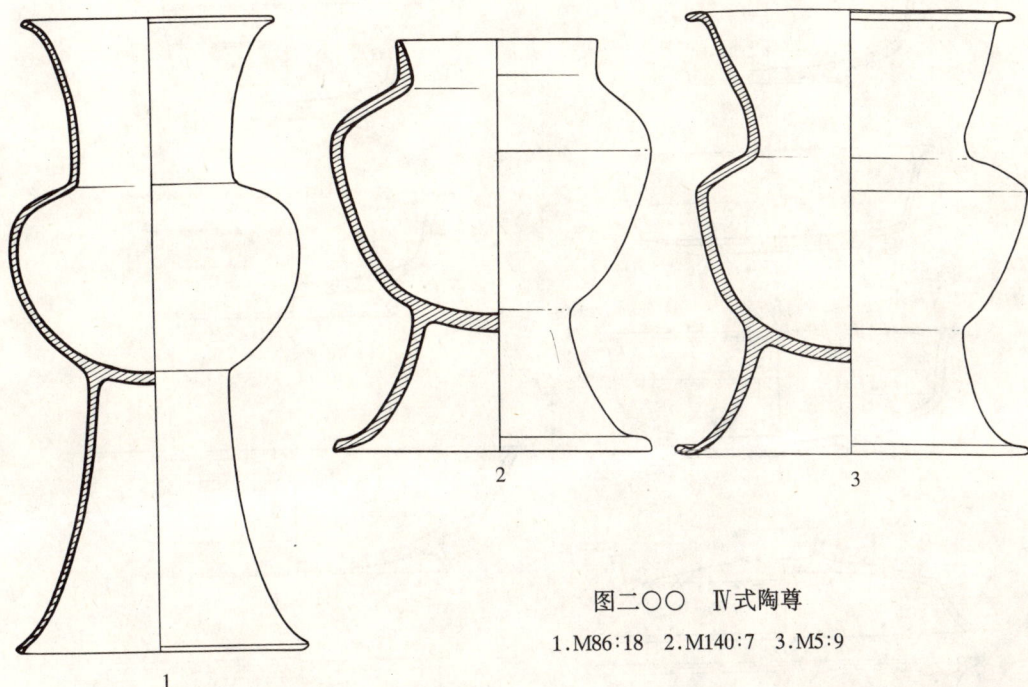

图二〇〇　Ⅳ式陶尊
1. M86:18　2. M140:7　3. M5:9

略宽，双圈足底。（图二〇一，3；彩版一三四，2）M109:15，折沿较宽，沿下有两个穿孔。带圈足纽斗笠式盖。（图二〇一，4；彩版二四一，2）其余 11 件此式圈足盘为 M51:1、M60:2、M61:3、M63:1、M66:6、M72:2、M78:1、M91:1、M109:1、M110:2 和 M111:1。

　　Ⅱ式　11 件。敞口，口沿略外翻或平沿，腹较深，下腹内折，圈足加高。M121:8，宽平折沿，沿下有穿孔，下腹内折，腹部遍施凹弦纹。（图二〇一，5；彩版二七七，1）M65:3，宽卷沿。附圈足纽斗笠式盖。（图二〇一，6；彩版一二六，1）M128:2，上腹斜直，下腹内折，腹部均衡施三周凹弦纹。（图二〇一，7；彩版三〇二，3）M115:4，卷沿，沿面上有两个小穿孔，腹部一周凹弦纹。（图二〇一，8；彩版二五六，3）另外 7 件为 M47:3、M49:3、M62:2、M71:3、M74:1、M77:1 和 M96:2。

　　Ⅲ式　6 件。盘腹变浅，中腹凹弦纹的装饰已不多见，口沿下穿孔位置下移，圈足略高外撇。M30:2，平折沿，穿孔近中腹，下腹内折明显。（图二〇一，9；彩版六〇，1）M23:2，宽平折沿，弧腹。圈足上有三个对称镂孔。（图二〇一，10；彩版四〇，4）其余 4 件的编号为 M41:1、M43:1、M52:2 与 M75:1。

　　Ⅳ式　19 件。敞口，浅腹，高圈足，穿孔位置偏下。器物个体变大。依口沿形制不同，分两亚式。

　　Ⅳa 式　9 件。短沿下卷或下折，低于器口，下腹多内折。M9:1，卷沿，斜弧腹，

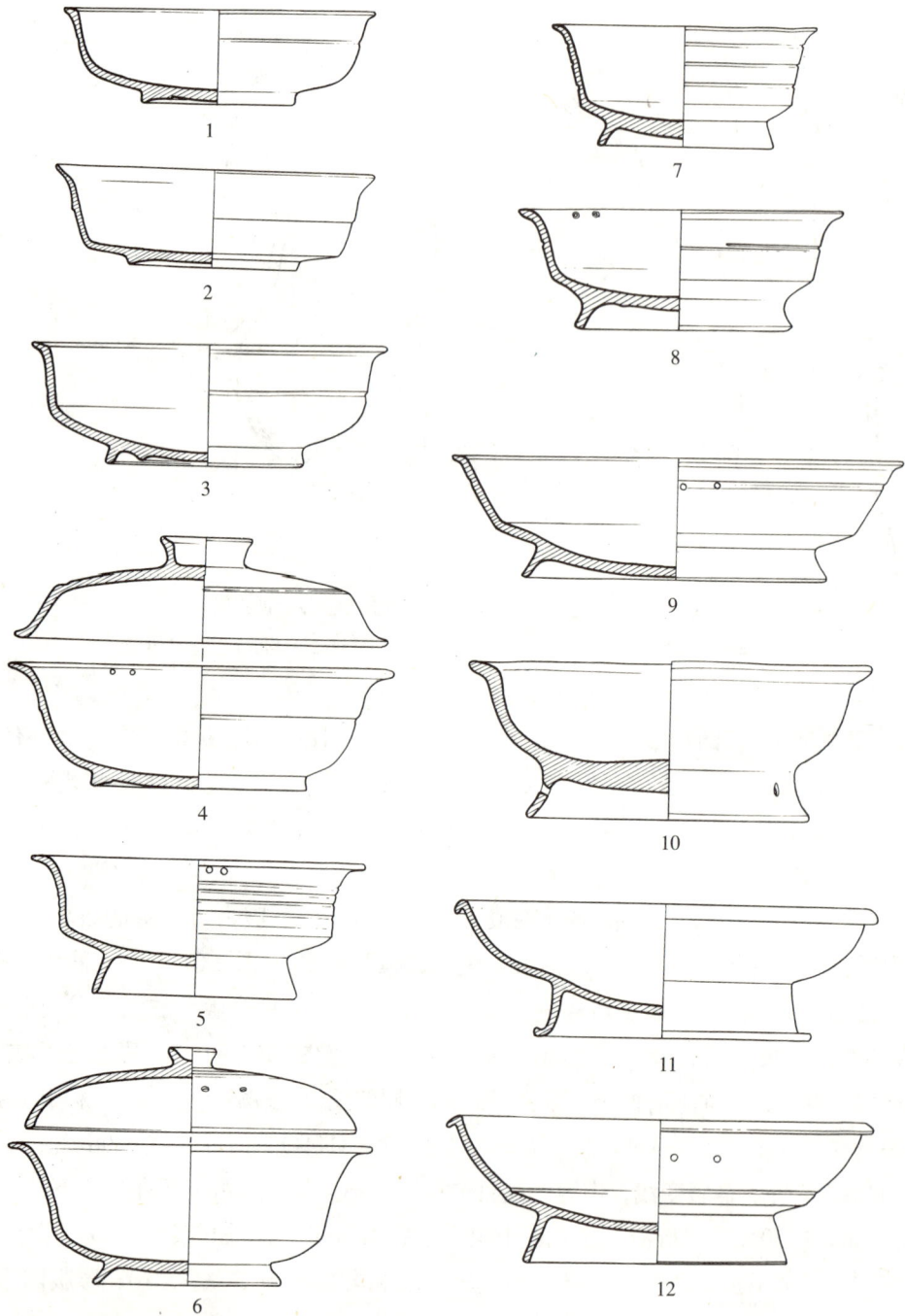

图二○一　A型陶圈足盘

1～4.Ⅰ式 M137:19、M104:5、M66:10、M109:15　5～8.Ⅱ式 M121:8、M65:3、M128:2、M115:4　9、10.
Ⅲ式 M30:2、M23:2　11、12.Ⅳa式 M9:1、M15:9（均为1/4）

圈足底略外卷。(图二〇一，11；彩版一八，4) M15:9，折沿，下腹内折，穿孔近中腹。(图二〇一，12；彩版二五，5) M86:3，折沿，斜弧腹，高圈足上施圆形和月牙形镂孔。(图二〇二，1；彩版一八五，5) 其余6件此亚式圈足盘为M3:1、M4:3、M24:3、M40:1、M44:5和M83:18。

Ⅳb式　10件。宽平折沿，斜弧腹，高圈足外撇。M19:1，体略歪，宽平沿上有三周凹弦纹，穿孔近中腹，腹部施凹弦纹。(图二〇二，2；彩版三三，1) M140:9，弧腹，穿孔近中腹，高圈足上有两个圆镂孔。(图二〇二，3；彩版三一八，4) M101:2，宽折沿略内凹，斜弧腹。(图二〇二，4；彩版二一八，3) 其余7件此式圈足盘为M5:8、M11:2、M29:3、M64:1、M73:40、M107:3和M117:1。

B型　18件。由A型Ⅰ式圈足盘演化而来。侈口，厚方唇，没有明显的沿部。斜直腹，下腹内折，腹部多有凹凸弦纹。矮圈足。分3式。

Ⅰ式　4件。折腹，腹较深，上腹略凹弧，均施多周凹凸弦纹。上腹一侧有两个小穿孔。M35:3，外腹部施三周凸弦纹。(图二〇二，7；彩版七〇，6) M54:4，外腹部有六周凹弦纹。(图二〇二，8；彩版一〇三，1) 其他2件为M114:4和M124:33。

Ⅱ式　11件。口部外敞，下腹内折，腹部变浅，圈足变小。M28:35，敞口，凹弦纹在腹下部。(图二〇二，5；彩版五三，5) M48:1，腹部施宽凹弦纹。(图二〇二，6；彩版九一，1) M112:2，外腹部凹弦纹较浅。(图二〇二，9；彩版二四七，1) M57:4，外腹部施三周宽凹弦纹。(图二〇二，10；彩版一一一，1) 其他7件圈足盘为M17:2、M55:1、M68:1、M113:2、M116:5、M123:4和M125:7。

Ⅲ式　3件。口部微敛，折腹，内底近平，圈足外撇。M126:12，素面，穿孔近中腹。(图二〇二，11；彩版二九五，3) M22:1，穿孔近口沿，腹部有三周凹弦纹。(图二〇二，12；彩版三九，1) 另一件编号为M127:5。

C型　5件，均修复。依形态分3式。

Ⅰ式　1件。M87:6，敞口，斜弧腹，宽把束腰成假腹状，腹下部和把上部饰七周凹凸弦纹，并间饰横向长方形镂孔组合纹。附圈足纽斗笠式盖。(图二〇三，1；彩版一八八，3)

Ⅱ式　2件。侈口，窄平沿，弧腹，浅盘，宽矮圈足。盘腹有几道弧折。M80:3，圈足饰两周凸弦纹和横向长方形镂孔。(图二〇三，2；彩版一七一，4) M94:2，圈足有两周凸弦纹。附圈足捉手纽器盖。(图二〇三，3；彩版二〇二，3)

Ⅲ式　2件。侈口，浅弧腹，盘底近平，宽圈足稍高。圈足下部起一脊棱。M50:1，圈足上部有三周凹弦纹及一周横向长方形镂孔。(图二〇三，4；彩版九五，2) M25:1，圈足上部饰三个长方形镂孔。(图二〇三，5；彩版四一，5)

D型　2件，均修复。敛口，厚唇，浅弧腹。M137:14，圈足略高，外撇，圈足上

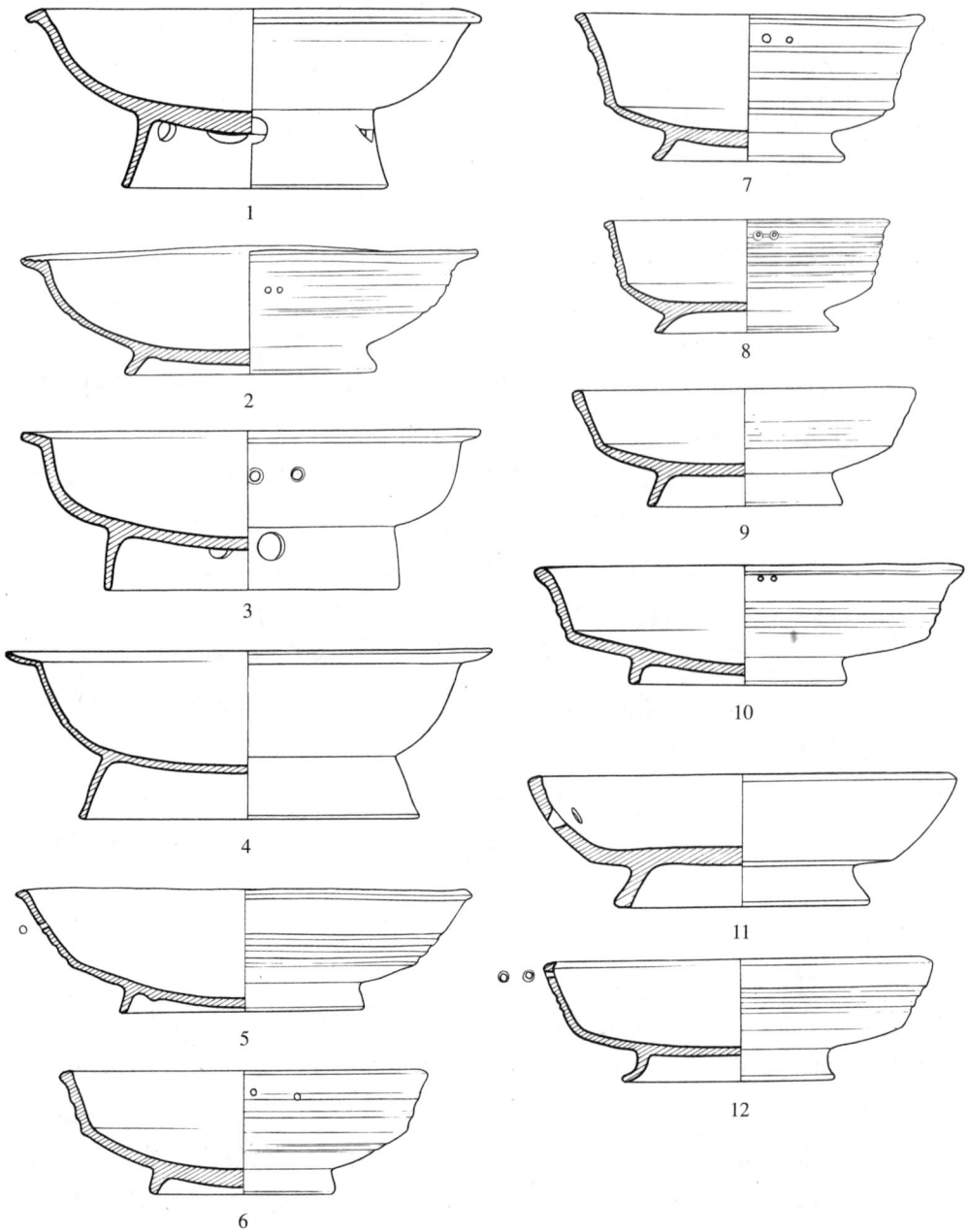

图二〇二　陶圈足盘

1.A型Ⅳa式 M86：3　2～4.A型Ⅳb式 M19：1、M140：9、M101：2　5、6、9、10.B型Ⅱ式 M28：35、M48：1、M112：2、M57：4　7、8.B型Ⅰ式 M35：3、M54：4　11、12.B型Ⅲ式 M126：12、M22：1（均为1/4）

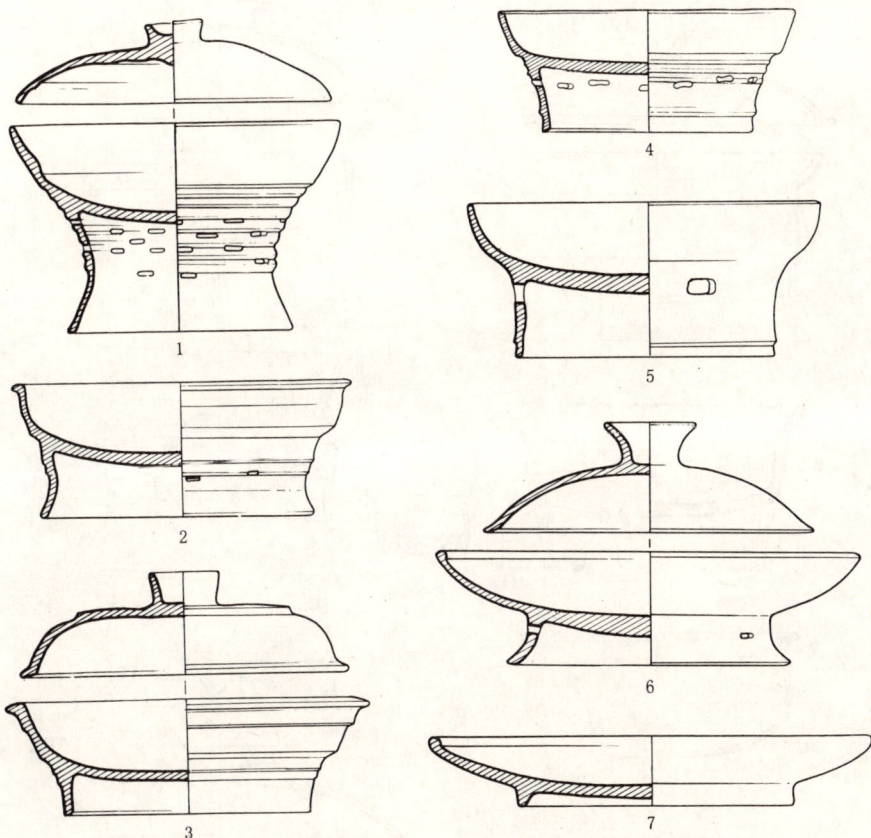

图二〇三　陶圈足盘

1.C型Ⅰ式 M87:6　2、3.C型Ⅱ式 M80:3、M94:2　4、5.C型Ⅲ式 M50:1、M25:1　6、7.D型 M137:14、M139:1（均为1/4）

施三个横向长方形镂孔。带夹砂陶喇叭纽器盖，盖径小于盘口径。（图二〇三，6；彩版三一三，4）M139:1，矮直圈足。（图二〇三，7；彩版三一五，2）

三足盘　10件。泥质灰陶或灰胎黑皮陶。按盘和足形态差异分两型。

A型　7件。瓦足盘。泥质灰陶或灰胎黑皮陶。敞口，折沿，束颈，弧腹，盘下为上宽下窄的三片状瓦足。腹部常施凹弦纹呈瓦棱状，瓦足足面饰刻划纹。部分带器盖。依器形分3式。

Ⅰ式　2件。三瓦足中部略束，外撇。M130:4，口沿外侧设三鼻，足面刻划斜线交叉的菱格纹。附喇叭纽器盖。（图二〇四，1；彩版三〇四，5）M131:4，腹部施五周凹弦纹，足面饰竖向短刻组合纹。附圈足纽器盖。（图二〇四，2；彩版三〇五，4）

Ⅱ式　2件。腹较直，盘底近平，瓦足略矮，较直。M76:4，腹较浅，外腹部施五

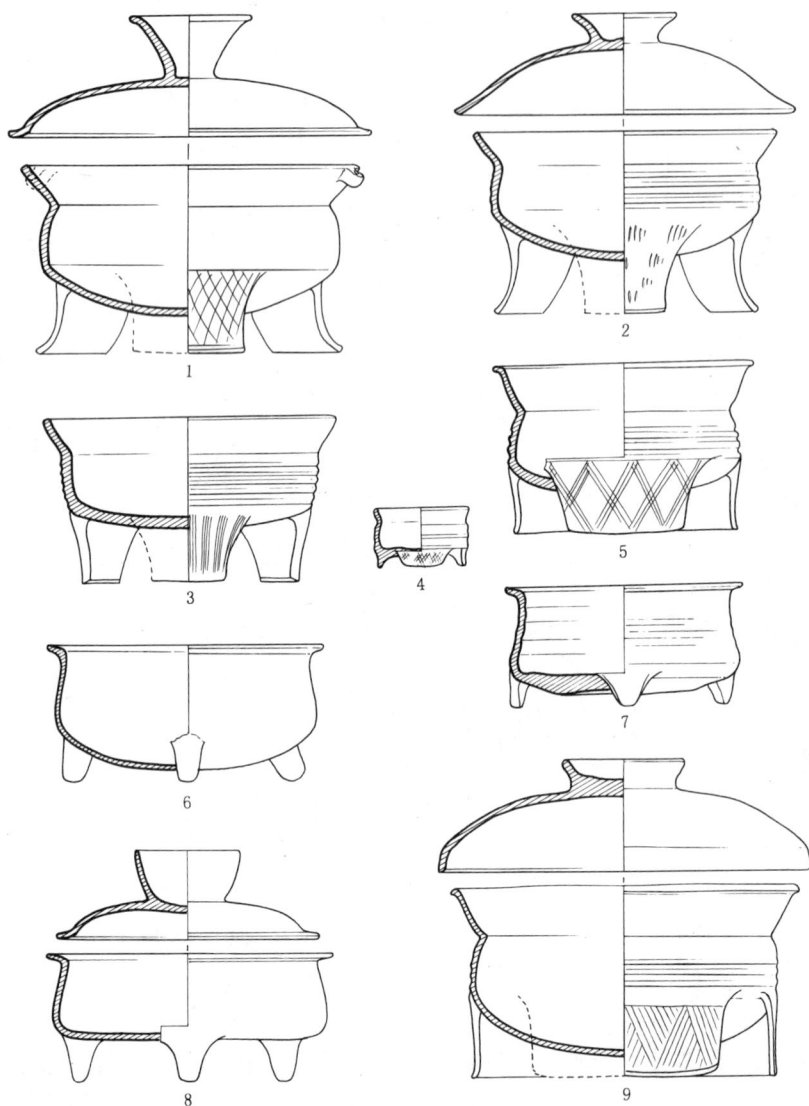

图二〇四　陶三足盘

1、2.A型Ⅰ式 M130:4、M131:4　3、4.A型Ⅱ式 M76:4、M30:5　5、9.A型Ⅲ式 M19:8、M49:10　6~8.B
型 M22:6、M29:10、M22:7（均为1/4）

周凹弦纹呈瓦棱状。足面饰密集的竖向刻划纹。（图二〇四，3；彩版一六四，4）M30:
5，个体极小，为特意制作的明器。足面刻划斜线交叉的菱格纹。（图二〇四，4；彩版
六〇，3）

　　Ⅲ式　3件。敞口，沿部略外折，斜长领，瓦足足底略外侈或内敛。M19:8，扁鼓

腹，外腹部施三周凹弦纹。足面饰菱格状刻划纹。（图二〇四，5；彩版三三，4）M49：
10，深弧腹，外腹部施五周凹弦纹。足面以斜线刻划出交替的正反三角形。附圈足纽器
盖。（图二〇四，9；彩版九四，4）另一件此式三足盘为 M70：5。

B型　3件，均修复。均为泥质灰陶。盘侈口，平折沿，斜垂腹，平底或浅平圜
底，三小足。M22：6，浅圜底，三侧装柱形小足。（图二〇四，6；彩版三九，3）M29：
10，盘外底略内凹，三个短小的三角形扁足。器腹内外及器底可见轮制旋纹。（图二〇
四，7；彩版五六，5）M22：7，三个矮小的侧装锥形足。附斗笠式器盖。（图二〇四，
8；彩版三九，4）

盆　46件，均修复。泥质灰陶最多，泥质灰胎或灰黄胎黑皮陶次之，还有少量泥
质黄陶、黑陶、红陶等。依形态分三型。

A型　34件。侈口，弧腹，平底。分4式。

Ⅰ式　2件。侈口，尖唇，窄折沿，微束颈，弧腹最大径位于腹部中央，腹径大于
口径。M63：9，泥质灰陶。（图二〇五，1；彩版一一九，6）M78：16，腹较浅，宽平底
略内凹。（图二〇五，2；彩版一六九，2）

Ⅱ式　4件。侈口，折沿加宽，束颈明显，口径接近或略大于腹径，弧腹最大径上
移，平底或略凹。M116：32，浅弧腹，宽平底。　（图二〇五，3；彩版二六一，2）
M115：15，泥质灰黄陶。（图二〇五，4；彩版二五六，5）M66：36，底小，下腹明显内
收。（图二〇五，5）M121：37，口沿上有一刻划符号。（图二〇五，6；彩版二七七，5）

Ⅲ式　12件。侈口，折沿或宽或窄，束颈，弧腹最大径继续上移，平底。器形变
小。M48：12，沿部较短，腹略深。（图二〇五，7；彩版九一，3）M123：13，口腹径相
当。（图二〇五，8；彩版二八一，3）M96：6，宽折沿，斜唇。（图二〇五，9；彩版二
〇六，5）M52：9，大侈口，宽折沿，深腹。（图二〇五，10；彩版九八，2）M67：21，
鼓肩，斜腹，平底略内凹。（图二〇五，11；彩版一三九，6）其余7件此式盆为 M32：
11、M54：14、M57：18、M68：7、M112：11、M125：22 和 M127：2。

Ⅳ式　16件。侈口，折沿，弧腹最大径位置出现分化，有些继续上移至肩部，而
有些又下移至中腹部，腹径大于口径，一些器物中腹或肩腹部饰凹弦纹，平底。M20：
9，沿面上有一道凹槽，略呈盘口，外腹上部施两周凹弦纹。（图二〇五，12；彩版三
五，5）M9：6，短折沿，束颈，鼓肩，深弧腹，小平底。（图二〇五，13；彩版一八，
6）M73：39，短折沿，腹部略下垂，外腹部施两周凹弦纹。（图二〇五，14；彩版一六
〇，1）M122：1，折沿，沿面略下凹，鼓腹。（图二〇五，15；彩版二七八，3）M44：
13，盘口，鼓腹中部施两周凹弦纹。（图二〇五，16；彩版八三，6）M126：14，短折
沿，深弧腹，小平底略内凹。（图二〇五，17；彩版二九六，1）其余10件此式盆的编
号为 M3：7、M4：10、M11：8、M22：9、M29：14、M43：8、M64：9、M71：6、M71：10

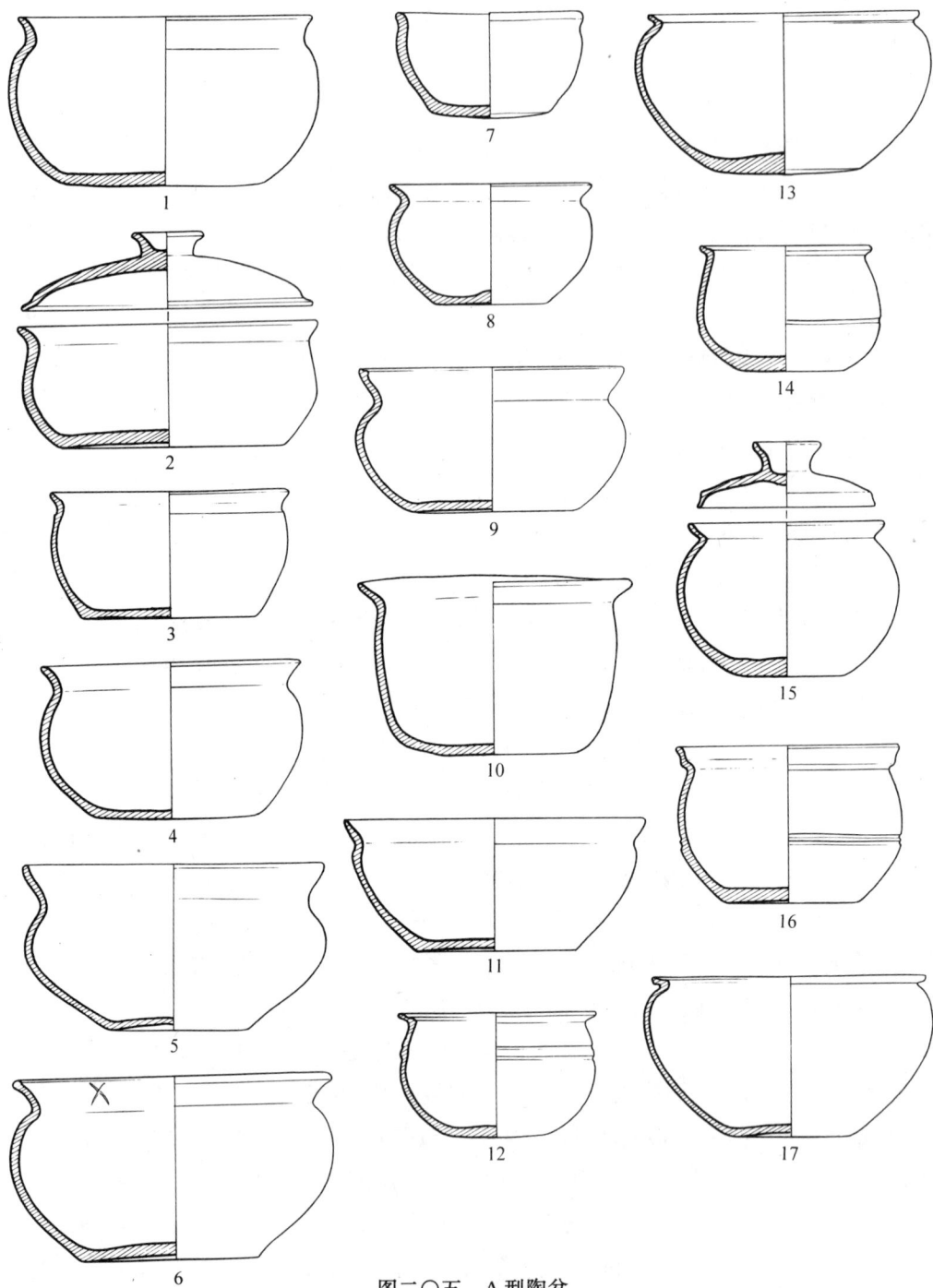

图二〇五　A型陶盆

1、2.Ⅰ式 M63：9、M78：16　3～6.Ⅱ式 M116：32、M115：15、M66：36、M121：37　7～11.Ⅲ式 M48：12、M123：13、M96：6、M52：9、M67：21　12～17.Ⅳ式 M20：9、M9：6、M73：39、M122：1、M44：13、M126：14（均为1/4）

和 M117：10。

B型　6件。敞口、宽折沿的平底盆，个别矮圈足。分2式。

Ⅰ式　4件。假圈足平底或矮圈足，宽折沿，微束颈，浅斜弧腹，沿面一侧有穿孔。M108：6，矮圈足。(图二○六，1；彩版二三五，4) M120：1，假圈足平底。(图二○六，2；彩版二七○，1) 其他2件为 M39：1 和 M90：2。

Ⅱ式　2件。平底，束颈明显，斜腹略深，沿面上没有小穿孔。M87：1，泥质灰陶。(图二○六，3；彩版一八八，1) M105：4，泥质红陶。(图二○六，4；彩版二二七，1)

C型　6件。圈足盆。敞口，折沿，斜弧腹，圈足，个别带盖。分2式。

Ⅰ式　3件。沿下一侧有一对小穿孔。M67：6，宽折沿。(图二○六，5；彩版一三

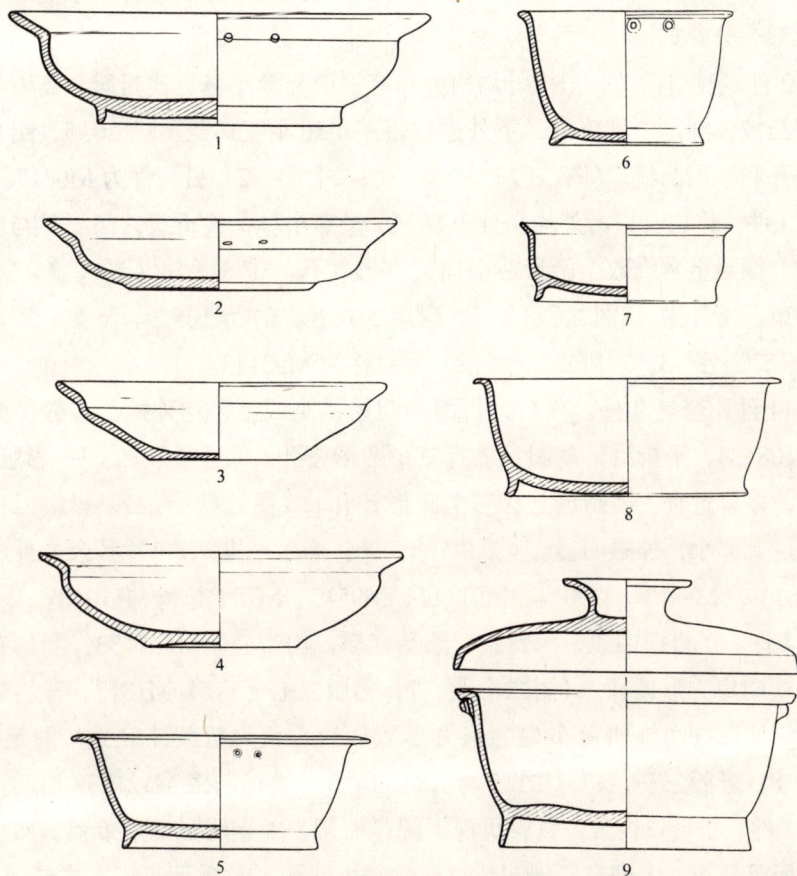

图二○六　陶盆

1、2.B型Ⅰ式 M108：6、M120：1　3、4.B型Ⅱ式 M87：1、M105：4　5、6.C型Ⅰ式 M67：6、M52：3　7～9.C型Ⅱ式 M5：10、M5：11、M41：4 (均为1/4)

九，6）M52：3，深腹。（图二〇六，6；彩版九八，1）另一件为 M21：8。

Ⅱ式　3件。沿下无穿孔，浅腹略直，器形较矮。M5：10，侈口，折沿，浅直腹，器形较小。（图二〇六，7；彩版一四，4）M5：11，平折沿，矮圈足。（图二〇六，8；彩版一四，6）M41：4，平折沿上有一周凹槽，略呈盘口，沿下有两个对称的竖穿小鼻，圈足较高。附圈足纽斗笠式盖。（图二〇六，9；彩版七九，3）

簋　103件。是出土数量仅次于双鼻壶的陶器。泥质灰陶为主，也见泥质灰胎黑皮陶、泥质灰黄陶、泥质黑陶等。夹砂陶数量较少，仅集中于个别形制。口部形态有内敛的子母口和侈（敞）口，其中子母口内敛的簋都为泥质陶，口沿外常有 2～3 个小鼻，大多配有斗笠式盖，个别器盖缺失。侈（敞）口的簋泥质陶、夹砂陶都有，其中部分泥质陶簋跟夹砂陶簋属同一形制。可辨器形的 93 件依据形制上的差异，分七型。

A 型　25件，其中修复23件。豆式，宽矮圈足，口沿外侧常饰三个竖穿小鼻。多附器盖。依形态分 6 式。

Ⅰ式　2件。直口微敛，口沿外均衡分布有三个竖穿小鼻，浅折腹，高圈足与腹相接处有一宽凸棱，圈足中部略束，下外撇。带圈足纽斗笠式盖。M120：5，圈足上有三个扁方形镂孔和一周凸棱。（图二〇七，1；彩版二七〇，2）另一件为 M63：7。

Ⅱ式　3件。侈口，口沿外均衡分布有三个竖穿小鼻，浅折腹，高圈足与腹相接处仍有宽凸棱，圈足上常饰数个圆形或横向扁方形镂孔。带圈足纽斗笠式盖。M118：10，圈足中部略束，下外撇。（图二〇七，2；彩版二六五，6）M105：9，下腹一周垂棱，圈足外撇。（图二〇七，3；彩版二二七，2）另一件为 M93：13。

Ⅲ式　11件，修复9件。侈口，折腹，圈足或高或低，均外撇。多数带圈足纽斗笠式盖。M108：24，平折沿，高圈足上有三个圆形镂孔。（图二〇七，4；彩版二三五，5）M98：25，侈口近直，矮圈足上有三个圆形镂孔。（图二〇七，5；彩版二一四，5）M92：4，圈足上部小，外撇明显。（图二〇七，6；彩版一九八，1）其余 8 件此式簋为 M39：5、M81：9、M89：1、M90：4、M91：11、M95：3、M104：6 和 M110：8。

Ⅳ式　4件。子母口内敛，深弧腹，圈足变矮。均带盖。M121：33，圈足有两周凹弦纹和六个横向扁方形镂孔。（图二〇七，7；彩版二七七，2）M18：2，浅斜腹，高直圈足下部四周凹弦纹间施错落布列的扁方形戳印纹。盖为折腹斗笠式，圈足纽已残。（图二〇七，8；彩版三一，4）M21：5 与 M65：14 两件簋形制跟 M121：33 相近。

Ⅴ式　2件。子母口内敛，弧腹更深，圈足略矮，外撇明显。均带盖。M35：7，鼻为横穿，高圈足外撇，上部有两周凹弦纹和横向小镂孔。带圈足纽斗笠式器盖。（图二〇八，1；彩版七〇，7）M59：1，鼻上有两个竖向小穿孔，圈足较矮。（图二〇八，2；彩版一一三，2）

Ⅵ式　3件。矮圈足上部小，外撇更明显。斗笠式盖盖口直折。M126：19，子母口

图二〇七　A型陶簋

1. I式 M120：5　2、3. II式 M118：10、M105：9　4～6. III式 M108：24、M98：25、M92：4　7、8. IV式 M121：33、M18：2（均为1/4）

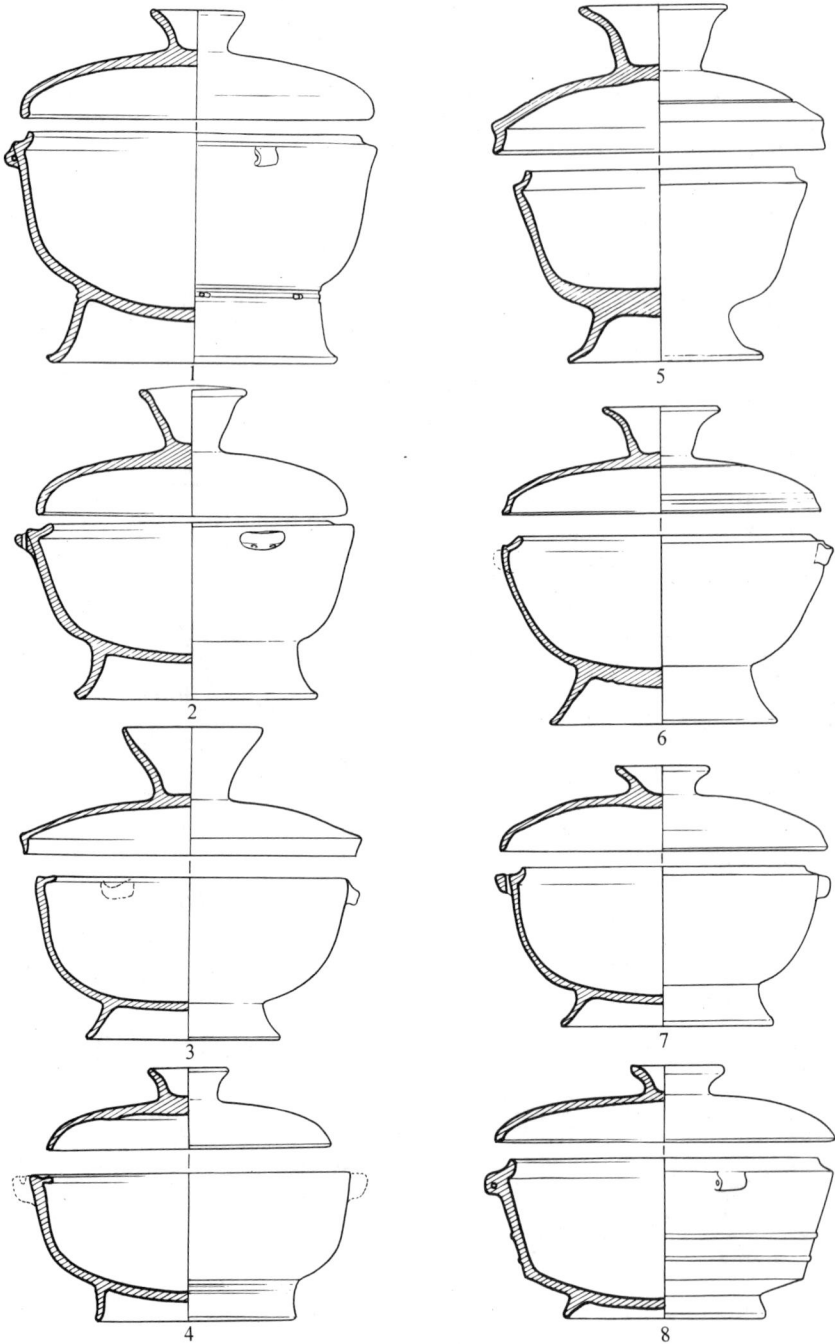

图二〇八　B型陶簋

1、2.A型Ⅴ式 M35:7、M59:1　3、5、6.A型Ⅵ式 M126:19、M86:19、M102:4　4.B型Ⅰ式 M99:4　7、8.B型Ⅱ式 M100:5、M114:12（均为1/2）

内敛近平，矮圈足。（图二〇八，3；彩版二九五，2）M86：19，圈足下部外折。（图二〇八，5；彩版一八六，2）M102：4，斜弧腹。（图二〇八，6；彩版二一九，6）

B型　8件。子母口，上腹斜直、下腹内收的深垂腹，矮圈足。带盖。分3式。

Ⅰ式　1件。M99：4，子母口内敛近平，矮直圈足上部有三周凹弦纹。带圈足纽斗笠式盖。（图二〇八，4；彩版二一六，1）

Ⅱ式　4件。腹部较Ⅰ式略深，矮圈足外撇。M100：5，斜弧腹，沿部仅有双鼻。带圈足纽盖。（图二〇八，7；彩版二一七，6）M114：12，鼻为横穿，上腹斜直，下腹内折，外腹部有两周凸弦纹，矮圈足外撇。带圈足纽盖。（图二〇八，8；彩版二五三，5）另2件为M56：3和M15：2。

Ⅲ式　3件。腹部更深，圈足更矮。斗笠式盖盖口直折。M5：12，圈足纽盖盖径大于簋口径较多。（图二〇九，1；彩版一四，7）M73：37，腹很深。喇叭形纽斗笠式盖。（图二〇九，3；彩版一五九，6）另一件为M40：15。

C型　36件。子母口，斜腹，矮圈足。带盖。分4式。

Ⅰ式　1件。M82：6，斜弧腹，矮圈足外撇。带圈足纽盖。（图二〇九，4；彩版一七七，2）

Ⅱ式　16件。腹部斜度较Ⅰ式略大，圈足略高，外撇。圈足纽斗笠式盖的圈足更外撇，部分盖口已出现直折。M54：10，口沿外有三个横穿小鼻，矮圈足。（图二〇九，2；彩版一〇三，2）M119：11，口沿外有两个竖穿小鼻，斜弧腹下部有四周凹弦纹，圈足外撇，上施凹弦纹和小镂孔。（图二〇九，6）M115：13，子母口内敛近平。带圈足纽盖。（图二〇九，5；彩版二五六，4）其余13件此式簋为M30：13、M52：7、M55：9、M57：11、M68：8、M71：5、M106：5、M107：9、M112：8、M116：34、M123：12、M124：31和M129：2。

Ⅲ式　8件。腹部斜度较Ⅱ式更大，圈足上部略小，外撇幅度较大。M43：6，口沿外无鼻，沿下有一周凹弦纹，斜弧腹，高圈足微撇，上有四个对称的圆镂孔，镂孔两侧施以反向的月牙形戳印纹。斗笠式盖盖口直折，圈足纽上有竖向刻道。（图二一〇，1；彩版八一，4）M113：5，口沿外有两个竖穿小鼻，深斜腹，圈足外撇。盖径小。（图二一〇，2；彩版二四九，4）M28：34，口沿外有三个横穿小鼻，深斜腹，下腹部有四周凹弦纹。圈足外撇。斗笠式盖上的圈足纽直径较大。（图二一〇，3；彩版五二，6）其余5件此式簋中M2：5与M31：8形似M28：34，腹部有凹弦纹；M32：9、M44：11和M125：25形似M113：5。

Ⅳ式　11件。腹部斜度更大。M3：4，口沿外有两个竖穿小鼻，圈足微撇。扁盖圈足纽。（图二一〇，4；彩版九，3）M45：1，矮圈足。高喇叭纽斗笠式盖。（图二一〇，5；彩版八五，3）M47：7，口沿外有两个横穿小鼻，下腹部有五周宽凹弦纹，圈足较高

图二〇九　陶簋

1、3.B型Ⅲ式 M5:12、M73:37　2、5、6.C型Ⅱ式 M54:10、M115:13、M119:11

4.C型Ⅰ式 M82:6（均为1/4）

外撇，上有三周凹槽，槽内施小圆穿孔。喇叭形纽斗笠式高盖。（图二一〇，6；彩版八八，6）其余8件此式簋为 M17:12、M29:9、M64:5、M67:15、M83:13、M117:6、M122:2 和 M126:9。

D型　2件。子母口内敛，斜弧腹，腹较浅，矮圈足外撇。与C型斜弧腹簋形态较为接近。M96:5，口沿外三鼻上各有三个竖穿小孔。斗笠式盖纽残。（图二一一，1；彩

图二一〇 C型陶簋

1~3. Ⅲ式 M43:6、M113:5、M28:34 4~6. Ⅳ式 M3:4、M45:1、M47:7（均为1/4）

版二〇六，3）M127:9，口沿外三鼻上各有两排锥刺小圆窝，斜腹较浅，圈足外撇，上有呈倒三角形的戳印纹。有圈足纽斗笠式盖。（图二一一，2；彩版三〇〇，2）

E型 11件，均修复。泥质灰陶为主，还有泥质灰胎黑皮陶、泥质黑陶和泥质灰黄陶。侈口或敞口，宽折沿，束颈，弧腹，矮圈足。部分口沿外附鼻，少数带盖。分3式。

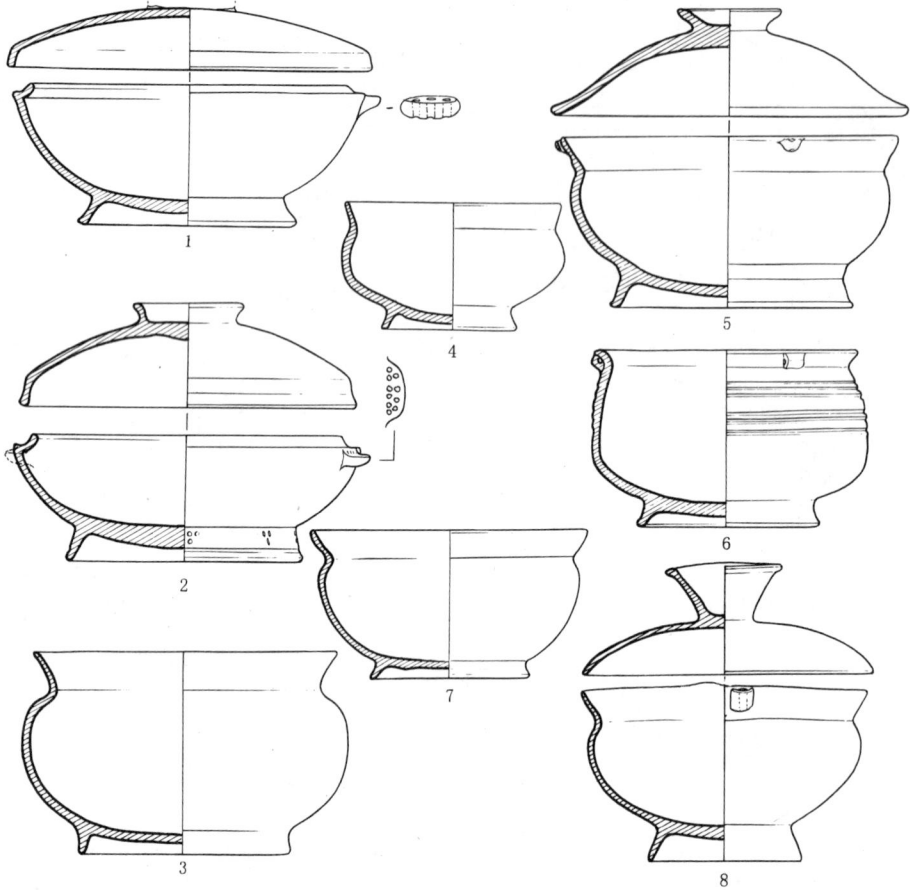

图二一一　陶簋

1、2.D型 M96∶5、M127∶9　3.E型Ⅰ式 M111∶10　4～6.E型Ⅱ式 M53∶1、M16∶1、M30∶14　7、8.E型Ⅲ式
M17∶14、M140∶8（均为1/4）

　　Ⅰ式　1件。M111∶10，黑陶。侈口，宽折沿，束颈，鼓腹，最大径在鼓腹处，矮
直圈足。（图二一一，3；彩版二四五，4）

　　Ⅱ式　6件。口径接近或略大于腹径，斜弧腹，圈足外撇。器形渐小。M53∶1，口
沿外无鼻，扁鼓腹，小矮圈足。（图二一一，4；彩版九九，2）M16∶1，口沿有三竖穿
小鼻。附夹砂红陶圈足纽器盖。（图二一一，5；彩版二六，4）M30∶14，侈口，折沿较
窄，沿外设三个横穿小鼻，弧折腹。上腹部有两组凹弦纹。（图二一一，6；彩版六一，
3）其余3件此式簋为 M56∶7、M100∶4 和 M125∶23。

　　Ⅲ式　4件。敞口，口径大于腹径，弧腹斜度更大，圈足较小。M17∶14，矮圈足。

（图二一一，7；彩版三〇，3）M140:8，口沿外有两个竖穿小鼻，圈足小而高。附喇叭形纽盖。（图二一一，8；彩版三一八，3）另外2件此式簋为M11:6和M107:13。

F型　10件，其中修复8件。夹砂陶5件，泥质陶3件。敞口，斜腹或弧腹，圈足。可分为四个亚型。

Fa型　1件。M119:15，夹砂黑陶。敞口，宽折沿，斜腹，矮直圈足。（图二一二，1；彩版二六八，7）

Fb型　2件。均为夹砂灰陶。形似Fa型，圈足较高，外撇。M73:50，腹较浅。（图二一二，2；彩版一六〇，6）M125:6，附泥质黑皮陶喇叭纽器盖。（图二一二，3；彩版二九二，2）

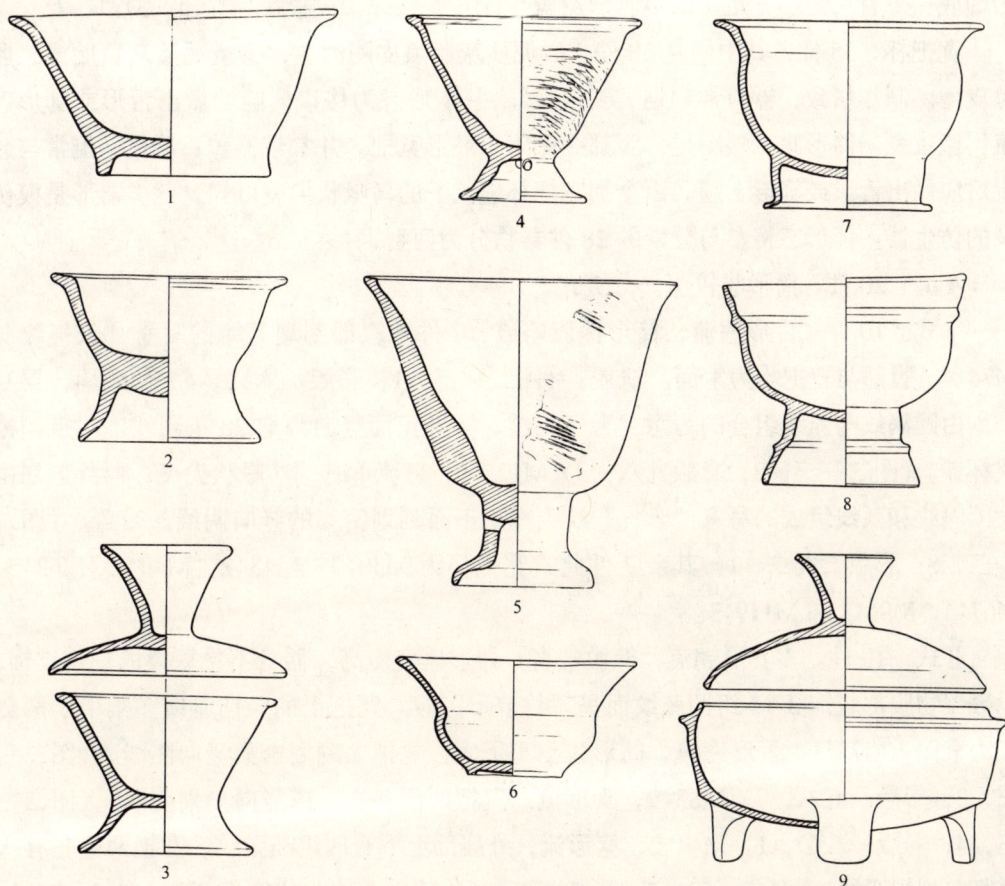

图二一二　陶簋

1.Fa型 M119:15　2、3．Fb型 M73:50、M125:6　4、5．Fc型 M38:2、M28:37　6～8.Fd型 M127:12、M47:11、M73:43　9.G型 M72:5（均为1/4）

Fc型　2件。大敞口，深斜腹，小高圈足。M38：2，夹砂黑衣红陶。深斜腹，内腹有泥条盘筑留下的螺旋纹，外腹部压印横向篮纹。喇叭形圈足下部平折，上部有对称的两个小圆穿孔。（图二一二，4；彩版七三，3）M28：37，泥质灰陶，胎体厚重。外腹部施斜向细绳纹。圈足上部细窄，有对称的两个椭圆形镂孔，下部向外撇折。（图二一二，5；彩版五三，3）

Fd型　3件。侈口或敞口，斜弧腹。M127：12，泥质黄胎黑皮陶。大敞口，曲腹，圈足略残。（图二一二，6；彩版三〇〇，3）M47：11，夹砂红衣红陶。折沿，微束颈，弧腹，高直圈足底缘外折。（图二一二，7；彩版八八，7）M73：43，泥质灰陶。上腹部和高圈足上各有一周凸弦纹。（图二一二，8；彩版一六〇，5）

G型　1件。M72：5，泥质黄胎黑陶。子母口，子口内敛，上腹斜直至近底处折收为圜底，下有三短小方足。附喇叭形纽盖。（图二一二，9；彩版一五〇，3）

宽把杯　35件，其中修复28件。以泥质灰胎黑皮陶为主，少量泥质灰黄胎或红胎黑皮陶。制作精致，器身常刻划"云气纹"。基本形态为侈口，前端做出舌形或箕形翘流，微束颈，筒形腹，矮圈足，腹部一侧附半环形宽把。并常带器盖，器盖一侧常与翘流对应做出舌形或箕形上翘。由个别宽把杯翘流下的鸟喙状尖突可知，此类器形是模仿鸟的仿生器。依形态将参与分期的28件器物分为两型。

A型　20件。筒形腹较深。分2式。

Ⅰ式　10件。舌形翘流，筒形深腹略鼓，7件外腹部刻划繁缛的写意"云气纹"。M74：4，腹部与宽把均为素面。缺盖。（图二一三，1；彩版一六二，4）M52：4，器身刻划由圆涡纹与弧线组合的写意"云气"纹，宽把正面竖向刻划20条阴线。附带帽檐式杯盖。（图二一三，2；彩版九八，3）M125：5，翘流下有一鸟喙状尖突，器身刻划由大圆涡纹和弧线组成的写意"云气"纹，宽把正面刻划密集的竖向阴线。带盖。（图二一三，8；彩版二九二，1）其余7件此式宽把杯为M30：3、M43：2、M49：2、M62：5、M67：4、M96：1和M119：3。

Ⅱ式　10件。多箕形翘流，筒腹较直，器形也变瘦高，器身不见繁缛的刻划纹饰，少数器物腹部装饰3～4组凸弦纹而呈"竹节形"腹。宽把上的竖向刻线多集中于两侧或为素面。M73：1，舌形翘流，筒形腹上小下大，宽把上刻划密集竖向阴线。（图二一三，3；彩版一五八，7）M83：2，箕形流，宽把两侧各有一道竖向刻划阴线。（图二一三，4；彩版一八〇，1）M44：2，箕形流，外腹部上下有四组凸弦纹，宽把两侧各有八道竖向刻划阴线。（图二一三，5；彩版八三，1）其余7件此式宽把杯为M3：3、M29：5、M40：2、M41：2、M86：1、M102：1和M140：2。

B型　8件。筒形浅腹。分2式。

Ⅰ式　2件。舌形或箕形翘流，弧鼓腹。M32：2，泥质灰胎黑皮陶。箕形翘流，外

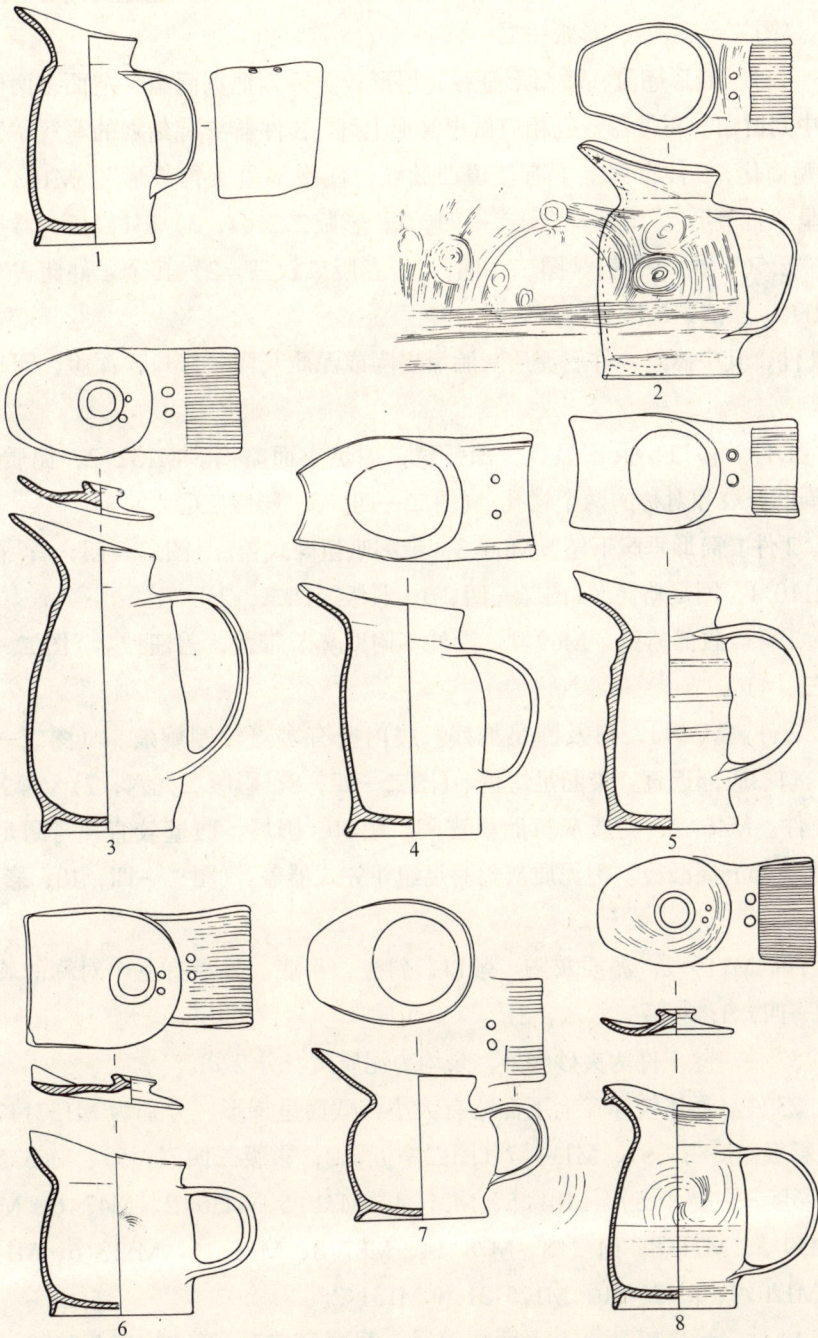

图二一三　陶宽把杯

1、2、8.A型Ⅰ式 M74:4、M52:4、M125:5　3～5.A型Ⅱ式 M73:1、M83:2、M44:2　6、7.B型Ⅰ式 M32:2、M64:8（均为1/4）

腹部饰写意"云气纹"。(图二一三，6；彩版六六，2）M64：8，宽把两侧各有七道竖向刻划阴线。(图二一三，7；彩版一二一，4）

Ⅱ式 6件。箕形翘流，矮筒形垂腹，器形较宽矮，把宽而扁，把面多两侧刻划竖向阴线而中间留白。所带器盖也相应做出箕形上翘。3件器身有刻划的写意"云气纹"，纹饰较A型简化，3件腹部上下有三道凸弦纹，使腹部呈"竹节形"。M103：2，短直口，腹部呈"竹节形"。带盖。(图二一四，1；彩版二二〇，3）M117：2，器身刻划简化的写意"云气"纹。带盖。(图二一四，2；彩版二六三，2）其余4件此式宽把杯为M7：1、M11：1、M19：3和M113：1。

杯 7件，其中修复6件。泥质灰胎黑皮陶或泥质灰陶。侈口，深腹，圈足。依形态分4式。

Ⅰ式 1件。侈口，束颈显领，深弧腹，圈足小而略高。M132：2，泥质黑皮陶。圈足饰一周凹弦纹和对称的两个镂孔。(图二一四，3；彩版三〇六，3）

Ⅱ式 2件。筒形垂腹下坠。M60：3，带喇叭纽碟式盖。(图二一四，4；彩版一一三，6）M110：1，圈足略高。(图二一四，6；彩版二四二，2）

Ⅲ式 1件。腹部略弧。M69：1，沿外不附双鼻。带盖，盖纽残。(图二一四，7；彩版一四三，4）

Ⅳ式 2件。M38：1，口及圈足均残。腹内壁有多道轮制旋痕。(图二一四，5）M126：17，口、腹部近直。带圈足纽盖。(图二一四，8；彩版二九六，2）

盒 1件。M46：2，泥质灰黄胎黑皮陶。敞口，圆唇，腹壁较直，与圈足连为一体，腹部上下饰五周凸棱。附泥质灰陶圈足纽斗笠式器盖。(图二一四，10；彩版八六，4）

钵 1件。M119：2，泥质灰陶。敞口，斜腹，平底。外沿有三个对称的鸡冠状小鋬。(图二一四，9；彩版二六八，2）

纺轮 37件。除1件为夹砂陶外，余均为泥质陶。分2式。

Ⅰ式 23件。形体较厚，上下面略有大小，截面呈梯形。分别为M137：17（图二一五，1；彩版三一二，5）、M111：7（图二一五，2；彩版二四五，5）、M63：5（图二一五，3；彩版一一八，5）、M14：5、M21：4、M31：5、M36：2、M47：6、M54：13、M56：4、M59：3、M71：8、M72：8、M78：14、M87：8、M91：15、M113：6、M115：11、M118：9、M120：9、M125：20、M125：21和M131：2。

Ⅱ式 14件。形体略薄，上下面略等径，截面扁鼓形。分别为M86：23（图二一五，4；彩版一八六，4）、M100：1（图二一五，5；彩版二一七，4）、M85：2（图二一五，6；彩版一八一，4）、M18：3、M32：7、M44：9、M52：10、M64：10、M67：12、M67：13、M71：11、M102：6、M107：8和M126：10。

图二一四 陶宽把杯、杯、钵、盒

1、2. B型Ⅱ式宽把杯 M103:2、M117:2 3. Ⅰ式杯 M132:2 4、6. Ⅱ式杯 M60:3、M110:1 5、8. Ⅳ式杯
M38:1、M126:17 7. Ⅲ式杯 M69:1 9. 钵 M119:2 10. 盒 M46:2（均为1/4）

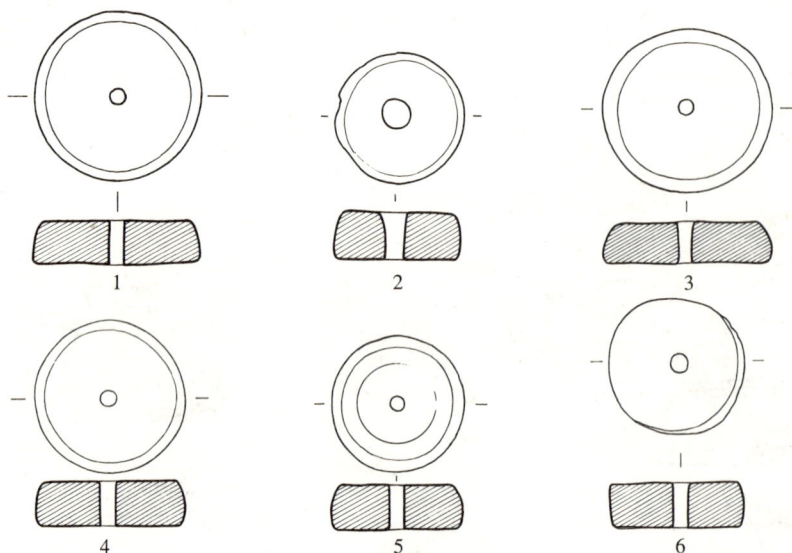

图二一五　陶纺轮

1~3. I 式纺轮 M137:17、M111:7、M63:5　4~6. II 式纺轮 M86:23、M100:1、M85:2

　　器盖　新地里良渚文化墓葬中的器盖绝大多数都与器物配套出土，因而绝大多数都没有单独编号。根据所盖器物的形制与器盖本身形制的不同，可以分为四型。

　　A 型　形体较小的泥质陶浅碟式或斗笠式盖，见小喇叭形纽和圈足纽，主要是双鼻壶的盖，也见于小壶、小罐或杯盖。可以分 4 式。

　　I 式　小喇叭形纽浅碟式或中空的圈足纽斗笠式盖。M63:2，泥质灰胎黑皮陶。斗笠式盖，一侧近边缘处有一个小圆穿孔，中空的圈足形纽。（图二一六，1；彩版一一九，2）M137:6，泥质黑皮陶。浅碟式盖，盖内面平底略凹，一侧近缘处有两个小穿孔。（图二一六，2；彩版三一三，1）

　　II 式　小喇叭形纽浅碟式盖，盖内面呈子母口，凹空。M84:1，泥质灰陶。（图二一六，4；彩版一八一，2）

　　III 式　小喇叭形纽斗笠式盖，盖内面凹空更多，近沿处有一周凸棱。M66:37，盖面浅刻四只对称分布的展翅飞鸟，鸟周围密布象征云彩的圆涡纹。一侧有两个小穿孔。（图二一六，3；彩版一三三，4、6）M77:3，泥质灰胎黑皮陶。一侧有两个小穿孔。（图二一六，5；彩版一六六，3）

　　IV 式　小圈足纽斗笠式盖。M28:31，泥质黑皮陶。盖面两侧各有两个对称的小穿孔。（图二一六，6；彩版五二，3）M79:1，泥质灰陶。盖面弧撇。（图二一六，7；彩版一七○，2）

图二一六 陶器盖

1、2.A型Ⅰ式 M63:2、M137:6 3、5.A型Ⅲ式 M66:37、M77:3 4.A型Ⅱ式 M84:1 6、7. A型Ⅳ式 M28:
31、M79:1 8、9.B型Ⅰ式 M120:5、M92:4 10.B型Ⅱ式 M121:33 11、12.B型Ⅲ式 M28:34、M46:2 13、
14.B型Ⅳ式 M40:15、M11:6 15～17.C型 M109:15、M94:2、M130:4 18、19.D型 M126:18、M14:4
20.E型Ⅰ式 M20:1 21.E型Ⅱ式 M117:2 （19为1/8，余为1/4）

B型　形体较宽大的泥质陶斗笠式盖，以簋盖为主，少数为圈足盘、豆或盆的盖。分4式。

Ⅰ式　小矮圈足纽斗笠式盖，盖面弧拱，一侧常有两个穿孔。M120：5，泥质红胎黑皮陶。（图二一六，8；彩版二七〇，2）M92：4，泥质红陶。盖面尖拱，圈足纽较矮。（图二一六，9；彩版一九八，1）

Ⅱ式　喇叭形纽斗笠式盖，盖面弧拱。M121：33，泥质黑皮陶。（图二一六，10；彩版二七七，2）

Ⅲ式　宽矮圈足纽斗笠式盖，盖面弧拱，近缘处略内折。M28：34，泥质灰胎黑衣陶。（图二一六，11；彩版五二，6）M46：2，泥质灰陶。（图二一六，12；彩版八六，4）

Ⅳ式　高喇叭形纽或宽圈足纽斗笠式盖，盖面略弧，盖缘直折。M40：15，盖面近平，边缘陡直，高喇叭形纽。（图二一六，13；彩版七七，5）M11：6，盖面微弧，凹凸不平，边缘陡直，宽圈足形纽。（图二一六，14；彩版二一，4）

C型　形体较宽大的泥质陶斗笠式盖，形制跟B型盖较为接近，但盖缘都有平折沿，为少数圈足盘与三足盘的盖。M109：15，圈足盘盖。泥质黄胎黑皮陶。圈足纽，盖面略弧，外侧斜折较高，盖缘平折。（图二一六，15；彩版二四一，2）M94：2，圈足盘盖。泥质黄胎黑皮陶。小圈足纽，盖面近平，外侧起脊棱，弧折较高，盖缘平折。（图二一六，16；彩版二〇二，3）M130：4，三足盘盖。泥质灰胎黑皮陶。喇叭形纽，盖面弧拱，盖缘平折。（图二一六，17；彩版三〇四，5）

D型　夹砂陶盖，倒锅形，盖面拱起较多，形体一般较大，以桥形纽为主，应主要是鼎甗类炊具的盖，但也见于豆盖。M126：18，夹砂灰黑陶。为豆盖。（图二一六，18；彩版二九六，4）M14：4，夹砂红褐陶。体形宽大，系鼎或甗盖。（图二一六，19；彩版二三，4）

E型　前端有舌形或箕形上翘的泥质陶圈足纽盖，应是宽把杯的盖。分2式。

Ⅰ式　前端呈舌形上翘。M20：1，泥质黑皮陶。（图二一六，20）

Ⅱ式　前端呈箕形上翘。M117：2，泥质红陶。（图二一六，21；彩版二六三，2）

第五节　墓葬分期

本章第一节对新地里良渚文化墓地形成过程的分析，已经揭示了新地里良渚文化墓地的形成跟高土台连续使用和不断堆筑扩建的过程是互相对应的。根据墓葬的开口层位关系，新地里众多的良渚文化墓葬主要可以归为五个不同的埋设层位。

第一层位墓葬　主要埋设在西面早期土台台面及土台北面的平地上。有10座墓葬，其中 M118、M120、M136、M137、M138 五座墓葬位于土台台面的西部，M132 一座墓葬位于土台的西北坡上，这六座墓是第一层位墓葬的主体部分。M133、M134 与 M135 这三座形制较特殊的墓葬位于土台西北面的平地上。M139 是唯一被西面早期土台叠压的墓葬。这四座墓葬可能是跟堆筑西面早期土台相关的"牺牲"墓。

第二层位墓葬　除 M109 明确开口于第 10E 层下并打破西面早期土台稍事加宽后的第 11B 层外，M87、M93、M94、M95、M98、M104、M108、M110、M111 等 9 座墓葬都开口在第 8 层下，打破西面早期土台。其中 M98、M108、M109 三座有葬具的墓葬位于土台的东南部，而 M87、M93、M94、M95、M104、M110、M111 七座墓葬位于土台西北部的台面或斜坡上。

第三层位墓葬　开口于第 6 层下，打破第 8 层，在西面土台上明确属于此层的墓葬仅 M97 一座，位于西面土台扩建后的最东端。第 6 层将西面土台和东面早期土台合为一体，打破东面早期土台台面的 M39、M58、M63、M81、M88、M90、M105 等 7 座墓葬都开口于第 6 层下。

第四层位墓葬　开口于第 5 层下并打破第 6 层，明确属于此层的墓葬有 M42、M50、M51、M60、M69、M82、M91 和 M92 等 8 座，主要分布在高土台的中东部。

第五层位墓葬　分别开口在第 3 层马桥文化层、第 2 层宋代层或第 1 层表土层下，分别打破第 8 层或第 5 层。几乎遍布东西长近 90、南北宽 20 余米的高土台墓地的各个部位。此层墓葬数量众多，深浅不一，较多的墓葬间还发生了叠压打破关系，显示出这些墓葬间应该存在开口层位上的不同，但限于后世人类活动对遗址的破坏，我们已无法知道第 5 层之上良渚文化时期堆积的具体情况。

地层学的依据，即墓葬的开口层位关系，是墓葬分期的基础和标准，然而，新地里墓地有部分良渚文化墓葬虽然开口层位相同，但墓葬间随葬品的组合和型式却存在着非常明显的差异。如主要分布在 T507 与 T508 两探方内打破东面早期土台台面的 M39、M58、M63、M81、M88、M90、M105 七座墓葬都开口于第 6 层下，而开口于第 6 层下的东面早期土台，实际上却是堆筑在第 12 层之上的，由于中间环节地层的缺失，因此很难说东面早期土台面上的墓葬都只是属于第三层位的墓葬，而出土随葬品的器形变化也恰好反映出这些墓葬间一定的年代跨度。[①] 又如中西部 T601～T603、T700～T703 诸探方内，除局部外，第 1 层表土层下即为第 8 层堆积，而开口在第 8 层层面上（即打破第 8 层）的 30 座墓葬不仅在随葬品的组合和形式上存在着很大的差异，并且还存在着 M102→M103→M122→M124 与 M102→M127→M130→M131 这样两组四重打破关

---

① 虽然可以看出东面早期土台上的这几座墓间有一定的年代跨度，但因材料有限，本文不再对其进行细分，而仍依其开口层位统归入第三层墓葬。后面表一中各层墓葬出土随葬器物组合的统计便依此原则。

系，其中大部分墓葬出土随葬品的形制跟打破第5层的第五层位墓葬一致，而少部分墓葬随葬品的形制却跟开口于第6层下、打破第8层的第三层墓葬或跟开口于第5层下、打破第6层的第四层墓葬相近，所以，将它们视为同一层次墓葬同样有失允当。而且，打破第5层的墓葬数量最多，墓坑深浅不一，存在三重以上打破关系的就有 M4→M20→M46，M19→M48→M54，M19→M48→M52，M10→M45→M46 与 M24→M53→M59 等五组（参见图一一），这些具有相互打破关系的墓葬间原先显然应存在着先后不同的入埋次序，因此开口层位上属于第五层的墓葬，实际至少可以划分出三个不同的入埋时段。造成不同时段墓葬开口在同一层面上，大致有两种原因：一是同一层面上埋设墓葬的行为延续了较长的时间；二是有些墓葬原先的开口层位被后世人类活动破坏，从而使上下层墓葬的开口层位最终落在同一层面上。根据新地里第五层位墓葬中同一等级墓葬墓坑深浅相差较大的现象分析，第二种原因应是造成不同时段墓葬都落在第五层位的主要原因。所以，纯粹利用地层学资料来作新地里良渚文化墓葬的分期显然可能会失之简单和粗略。为了更准确地阐述新地里良渚文化墓地的分期，除了墓葬层位关系的梳理外，我们还有必要采用类型学的方法对墓葬出土随葬品的型式进行分析，然后运用类型学和地层学相结合的方法对新地里良渚文化墓葬的分期进行综合研究。

　　本章第四节采用类型学方法对新地里良渚文化墓葬出土器物进行了详细的型式划分，依据陶器、石器、玉器等随葬品型式划分的结果，并参考前述墓葬的开口层位关系，可以将新地里良渚文化墓葬在原先五个不同开口层位的基础上再整合为早晚不同的七个埋设层次。

　　第一层墓葬　包括西面早期土台上的 M118、M120、M132、M133、M134、M135、M136、M137、M138、M139 等 10 座墓葬。随葬品见 AⅠ、AⅡ鼎，AⅠ、AⅡ、BⅠ双鼻壶，AⅠ、D圈足盘，BⅠ盆，AⅠ、AⅡ簋，AⅠ圈足罐，AⅠ平底罐，AⅠ、BⅠ、BⅡ豆，Ⅰ式纺轮，AⅠ石刀，AⅢ玉锥形器的组合。从随葬品的组合和型式变化来看，该层墓葬本身就有一定的时间跨度。其中被西面早期土台叠压、出土 D 型敛口圈足盘的 M139，随葬品以 AⅠ鼎、BⅠ豆或 AⅠ双鼻壶、BⅠ豆为组合的 M132、M138 三座墓明显早于以 AⅡ鼎、AⅡ双鼻壶、AⅠ圈足盘、BⅠ盆、AⅠ、AⅡ簋等为组合的 M118、M120、M136 和 M137 四墓。

　　第二层墓葬　包括西面土台上的 10 座墓葬，除 M109 开口于第 10E 层下外，其余墓葬都开口于第 8 层下，打破西面早期土台或略作扩建后的第 11B 层。其中 M98、M108、M109 三座有葬具的墓葬位于土台的东南部，而 M87、M93、M94、M95、M104、M110、M111 七座没有使用葬具的墓葬位于土台西北部的台面上。随葬品见 AⅡ、AⅢ、C鼎，AⅡ、AⅢ、BⅠ双鼻壶，AⅠ、CⅠ、CⅡ圈足盘，Ⅰ式尊，BⅠ、BⅡ盆，AⅡ、AⅢ、EⅠ簋，AⅠ、AⅡ、BⅠ、BⅡ圈足罐，AⅡ平底罐，BⅠ杯，Ⅰ式纺轮，AⅠ、B、CⅠ、DⅠ、EⅠ、FⅠ石钺，AⅠ、AⅡ石"耘田器"，AⅠ、AⅡ玉锥形器，EⅠ玉珠，Ⅰ、Ⅱ式玉梳背的组合。石钺、石犁、石镰、石锛、石凿等石器，玉梳背、玉三叉形器、玉环、分体玉镯等形制较多的玉器，鲨鱼牙齿、野猪獠牙饰等都是此层墓葬中新出现的随葬品内容。

第三层墓葬　开口于第6层下，打破第7B层和第8层，在西面土台上明确属于此层的墓葬仅 M97 一座，位于西面土台扩建后的最东端，随葬品为 AⅢ 鼎、AⅢ 圈足罐和石锛、石镰的组合。开口于 T703 第1层下、打破第8层的 M89 的随葬品组合为 AⅢ鼎、AⅢ簋，随葬品组合虽然跟 M97 不尽相同，但鼎都为 AⅢ 式，而簋的型式又跟第二层墓葬的同类器相近，所以也划归入第三层墓葬。此层墓葬仅两座残墓，随葬品中不见玉器，石器也仅见石锛和石镰。

新地里东面早期土台上 M39、M58、M63、M81、M88、M90 和 M105 七座墓葬虽然都开口于第6层下，但随葬品见 AⅠ、AⅡ、AⅢ 鼎，AⅡ 双鼻壶，AⅠ 圈足盘，AⅠ豆，BⅠ、BⅡ 盆，AⅠ、AⅡ、AⅢ 簋，AⅠ、BⅠ、BⅡ 圈足罐，B 石钺，AⅠ 玉锥形器，EⅠ 玉珠，随葬品的组合与器形反而与西面土台上的第二层墓葬更为接近，因此这七座墓葬不能根据开口层位而简单地归入第三层墓葬。

第四层墓葬　开口于第5层下，打破将西面土台与东面早期土台合并为一体的第6层，明确属于此层的墓葬有 M42、M50、M51、M60、M69、M82、M91 和 M92 等8座，主要分布在发掘区的东部。随葬品主要为 AⅢ、AⅣ 鼎，AⅡ、AⅢ、BⅡ 双鼻壶，AⅠ、CⅡ、CⅢ 圈足盘，AⅡ 豆，Ⅰ 式尊，AⅢ、BⅠ、CⅠ 簋，BⅡ 圈足罐，Ⅰ 式纺轮与 AⅡ 玉锥形器的组合。玉器多为小件装饰品，石器有石锛、石钺、石"耘田器"和石犁。而开口于 T602、T702 第1层下、打破第8层的 M25、M80、M84 与 M99 等4座墓葬，随葬品为 AⅢ 鼎，AⅡ、AⅢ 双鼻壶，CⅡ、CⅢ 圈足盘，Ⅰ 式尊，BⅠ 簋，BⅡ 圈足罐，AⅡ 玉锥形器的组合，玉器也仅见小件装饰品，石器有锛和"耘田器"。从随葬品的组合和型式来看，这四座墓葬显然可以划归入第四层墓葬。

开口在第3层马桥文化层、第2层宋代层或第1层表土层下，分别打破第8层或第5层的墓葬有99座，主要分布在经多次扩建后合并为一体的东西长约90、南北宽约20米的良渚文化高土台的东面、西面与中部三个区域，尤以 T504、T604 以东诸探方和 T700、T701 两探方最为密集，存在三重以上打破关系的有七组。这些存在相互打破关系的墓葬间墓坑深浅相差悬殊，显然原先应该存在着入埋层位上的早晚不同。所以，经过对墓葬间打破关系的梳理以及对墓葬出土随葬品组合与型式的排比，我们将原先开口层位上属于第五层的墓葬再细分为三个层次，即第五层至第七层墓葬。

第五层墓葬　包括 M16、M17、M35、M36、M54、M55、M57、M59、M61、M65、M66、M68、M72、M77、M78、M100、M114、M115、M116、M121、M123、

M127、M128、M129、M130、M131 等 26 座墓葬。随葬品组合为 A Ⅴ、A Ⅵ、B Ⅰ、B Ⅱ鼎，A Ⅲ、A Ⅳ、A Ⅴ、B Ⅲ、D 双鼻壶，A Ⅰ、A Ⅱ、B Ⅰ、B Ⅱ圈足盘，A Ⅰ三足盘，A Ⅱ豆，Ⅱ式、Ⅲ式尊，A Ⅰ、A Ⅱ、A Ⅲ盆，A Ⅳ、A Ⅴ、B Ⅱ、C Ⅱ、D、E Ⅱ、E Ⅲ簋，A Ⅲ、A Ⅳ、B Ⅲ圈足罐，A Ⅲ、B Ⅰ平底罐，Ⅰ式、Ⅱ式纺轮，C Ⅱ、D Ⅱ、D Ⅲ、E Ⅱ、E Ⅲ石钺，A Ⅲ、B Ⅱ石"耘田器"，A Ⅲ、B Ⅰ玉锥形器，E Ⅱ玉珠。

第六层墓葬　包括 M2、M6、M14、M18、M21、M23、M28、M30、M31、M32、M34、M37、M38、M43、M45、M46、M47、M48、M52、M53、M56、M62、M67、M70、M71、M74、M76、M85、M96、M106、M107、M112、M119、M124、M125 等 35 座墓葬。随葬品组合为 A Ⅴ、A Ⅵ、A Ⅶ、B Ⅱ鼎，A Ⅲ、A Ⅳ、A Ⅴ、A Ⅵ、D 双鼻壶，A Ⅲ、B Ⅱ圈足盘，Ⅳ式尊，A Ⅲ盆，B Ⅱ、C Ⅱ、C Ⅲ、E Ⅱ簋，A Ⅱ平底罐，A Ⅲ、C Ⅱ、D Ⅲ、E Ⅲ、E Ⅳ、F Ⅲ石钺，A Ⅲ、B Ⅰ玉锥形器，E Ⅱ玉珠，Ⅱ式、Ⅲ式玉梳背。

第七层墓葬　包括 M1、M3、M4、M5、M7、M8、M9、M10、M11、M12、M13、M15、M19、M20、M22、M24、M26、M27、M29、M33、M40、M41、M44、M49、M64、M73、M75、M79、M83、M86、M101、M102、M103、M113、M117、M122、M126、M140 等 38 座墓葬。随葬品组合为 A Ⅶ鼎，A Ⅴ、A Ⅵ双鼻壶，A Ⅲ、A Ⅳ、B Ⅱ、B Ⅲ圈足盘，Ⅴ式尊，A Ⅳ盆，A Ⅵ、B Ⅱ、B Ⅲ、C Ⅲ、C Ⅳ、E Ⅲ簋，B Ⅱ平底罐，A Ⅲ、C Ⅲ、D Ⅱ、D Ⅲ、E Ⅲ、E Ⅳ石钺，A Ⅲ、A Ⅳ、B Ⅰ、B Ⅱ玉锥形器，E Ⅱ玉珠，Ⅲ式玉梳背。

以上七个早晚埋设层次墓葬中的主要随葬品经整理合并，可归纳为表一。

表一　　　　　　　桐乡新地里遗址良渚文化墓葬主要随葬器物组合表

器类 / 型式 / 层别	鼎	甋	双鼻壶	圈足盘	三足盘	尊	盆	簋	圈足罐	平底罐	宽把杯	豆	纺轮	石钺	石耘田器	玉锥形器	玉珠	玉梳背
第一层	A Ⅰ A Ⅱ		A Ⅰ A Ⅱ B Ⅰ	A Ⅰ D				B Ⅰ	A Ⅰ A Ⅱ	A Ⅰ	A Ⅰ	A Ⅰ B Ⅰ B Ⅱ	Ⅰ			A Ⅲ		
第二层	A Ⅱ A Ⅲ C		A Ⅱ A Ⅲ B Ⅰ	A Ⅰ C Ⅰ C Ⅱ		Ⅰ	B Ⅱ	A Ⅰ A Ⅲ E Ⅰ	A Ⅰ A Ⅱ B Ⅰ B Ⅱ	A Ⅱ			Ⅰ	A Ⅰ B C Ⅰ D Ⅰ E Ⅰ F Ⅰ	A Ⅰ A Ⅱ	A Ⅰ A Ⅱ	E Ⅰ	Ⅰ Ⅱ

续表一

层别 ＼ 器类	鼎	甗	双鼻壶	圈足盘	三足盘	尊	盆	簋	圈足罐	平底罐	平底罐	宽把杯	豆	纺轮	石钺	石耘田器	玉锥形器	玉珠	玉梳背
第三层	AI AII AIII		AII	AI			AI AII AIII	AI BI BII	AI AII AIII BI BII	C			AI	I	B	AII	AI	EI	
第四层	AIII AIV		AII AIII BII	AI CII CIII		I		AIII BI CI	BII				AII	I		FI	AII BI	EI	
第五层	AV AVI BI BII E	AI AII	AIII AIV AV BIII D	AI AII BI BII	AI	II III	AI AII AIII	AIV AV BII CII D EII EIII	AIII AIV BIII		AIII BI		AII	I	II	AII CII DII DIII EII EIII	AIII BI	EII	
第六层	AV AVI AVII BII	AIII B	AIII AIV AV AVI D	AII AIII AIVb BI BII	AII AIII	II III IV	AIII AIV CI	AIV BII CII CIII CIV D EII EIII	BIV		AII BI	AI	BII	I	II	AII CII DII DIII EIII EIV FIII	AIII AIV BI BII	EII	II III
第七层	AVI AVII D	AIV	AIV AV AVI C	AII AIVa AIVb BII BIII	AIII IV V	II	AIV CII	AVI BII BIII CIII CIV EIII	AIV BIV		AI AIII BI BII	AII BII	AIII	II		AIII B CII CIII DII DIII EIII EIV FII	AIII AIV BI BII	EII	III

　　以上七层墓葬中，第三层墓葬情况较为复杂，其中属于东面早期土台的7座墓葬虽然开口于第6层下，但墓葬间有明显的年代跨度，多数墓葬的随葬品形制更接近西面土台上的第二层墓葬。属于西面土台的第三层墓葬仅有M89与M97两座，若作为独立的阶段显然数量偏少，而从随葬品的组合和器形特征来看，这两座墓虽然开口于第6层下，打破第8层，但陶器为AⅢ鼎与AⅢ簋或AⅢ圈足罐的组合，总体特征跟开口于第8层下的第二层墓葬仍较为相近，因此可以和第二层墓葬合并为一个阶段。经过这样的整合，我们将新地里良渚文化墓地的七层墓葬重新划分为六个阶段。第一段即为第一层墓葬，第二段包括第二、第三两层墓葬，第三段为第四层墓葬，第四段为第五层墓葬，第五段为第六层墓葬，第六段为第七层墓葬。根据本章第三节对墓葬出土器物的型式划分，并结合以上六个阶段的划分，我们将包括陶器、石器、玉器在内的、出土数量较多、能够看出早晚器形变化规律的21型、40亚型的随葬品列为分期图。(图二一七A、B)

　　陶器中的鼎、双鼻壶、圈足盘、盆、簋、圈足罐、杯、器盖、豆、纺轮都在第一段就已经出现，尊在第二段开始出现，甗在第四段开始出现，而宽把杯在第五段开始出现，其中一些器物各段形制变化较为显著，形成了较明显的发展演化序列。

　　鼎　有五种形态，其中A型鼎贯穿了早晚六个阶段，是最主要的形制。A型鼎的器形早晚演变体现在口部、腹部和鼎足的各个环节上，即口沿总体由侈口、折沿、束颈向内沿面有明显折棱、束颈略显领变化，腹部由深变浅，鼎足由中部略厚或平薄的鱼鳍足逐渐外侧加厚过渡到"T"字足，"T"字足正面再逐渐加宽到足面宽大于纵深、足面内凹的"T"字形足。腹部总体有腹大径下移、圜底变浅的变化趋势。第一段鼎有两种型式，由侈口、束颈、鼓腹略下垂、圜底弧度较大、中厚或扁平的鱼鳍形足鼎向侈口、内沿面稍凹、深腹下垂、扁平或外侧略厚、足尖变方的鱼鳍形足鼎变化；第二段出现侈口、折沿、内沿面上下起明显的折棱、外侧稍厚、足尖着地的鱼鳍足鼎；第三段鼎的口腹部与第二段没有明显差异，但鱼鳍足外侧更加加厚，呈"T"字足雏形；第四段鼎开始显领，腹部变化依然不大，但已是典型的"T"字足，足面微弧凸，宽度小于纵深；第五段鼎腹部更浅，圜底变平，"T"字足正面更宽，中间略内凹或出现两道竖向凸脊，但面宽仍小于纵深；第六段鼎宽折沿，有的领部很高，腹部更浅，"T"字足正面宽度略大于"T"字纵深，足面下凹明显。相对于A型鼎而言，其他四型鼎的演变序列都不够清楚。圆锥形鼎足的B型鼎在第四段开始出现，卷沿，微束颈，扁鼓腹。个别外腹部一侧设鋬；第五段仍见有B型鼎的身影，宽卷沿，腹部更扁，外腹也有一侧设宽鋬的；但第六段墓葬中B型鼎已经消失。凿形足的C型鼎是嘉兴地区承继崧泽文化的粗泥陶凿形足鼎发展演变而来。随着近年来嘉兴地区崧泽文化与良渚文化考古资料的日益丰富，此型鼎的演变序列已较为清楚，并且还可能是B型锥形足鼎的主要来源，但新地里遗址中C型鼎仅见于第二段的两座墓葬（M93、M94）。鼎足平面呈扁方形、截面近椭圆形的 D 型鼎出现在第六段，仅一件，卷沿，扁鼓腹，浅圜底，器身为夹细砂黑陶，着黑衣，鼎足为夹砂红陶。盆形凹弧足的 E 型鼎出现在第四段，也仅有一件。D型与 E 型鼎虽然在墓葬中出土很少，但在地层与遗迹中扁方形和凹弧鼎足都有一定的数量出土，个别还能复原，说明这两型鼎在新地里遗址的日用中尚占有一定的比例。小三角凿形足的 F 型鼎出现在第四段，也仅一件。

　　甗　器形似鼎，深腹，腹中部内壁都有一周凸起的隔挡承箅。相对于鼎只能炊煮稀饭而言，甗却能炊蒸干饭。新地里遗址中，甗在第四段墓葬中才开始出现。鱼鳍形—"T"字形足系列的 A 型甗的演变过程大致跟 A 型鼎对应。第四段甗已由扁平鱼鳍足演化为典型的"T"字足，但跟第四段鼎对应，第四段甗的"T"字足足面也微弧凸，宽度小于纵深；第五段甗跟第五段鼎对应，口部开始显领，"T"字足正面更宽，中间出现两道竖向凸脊，但面宽仍小于纵深；第六段甗跟第六段鼎对应，口部宽折沿，腹部变浅，内壁凸沿位置下移，"T"字足正面宽度略大于"T"字纵深，足面下凹明显。圆锥足的 B 型甗仅一件，出现在第五段墓葬中。

　　双鼻壶　有四种形态，其中 A 型双鼻壶贯穿了早晚六个阶段，是最主要的形制。A型双鼻壶的早晚器形演变体现在口、颈、腹、圈足等部位，变化趋势是圈足由矮变高，腹部由圆鼓逐渐变扁至上部内凹的扁腹，颈部变长，口部由小渐大，形体由小变大又逐渐变小。第一段双鼻壶有两种形态，前段是一种形体较小的侈口、矮颈、鼓腹、矮圈足的双鼻壶，后段出现了器形增高加大、敛口微侈、高颈、鼓腹、矮圈足较直或微外撇的双鼻壶；第二段、第三段双鼻壶变化不大，大多墓葬仍沿用第一段后段的双鼻壶形态，新出现了侈口、口径小于或略等于颈腹相接处、鼓腹略扁、圈足稍外撇的双鼻壶；第四段器形变小，口径大于颈腹相接处，微束颈，腹部更扁，腹径略大于口径，圈足渐高，外撇；第五段器形更小，腹部更扁，高圈足外撇，圈足高度接近腹的高度；第六段器形也小，口径更大，双鼻间宽度接近腹径，高颈近直，腹部极扁，大多上腹部下凹，高圈足，圈足高度多超过腹高。B 型双鼻壶是 A 型双鼻壶的变异，与 A 型双鼻壶是共存和平行发展的，体形较矮胖，大口、颈短、腹部圆鼓、圈足多矮直。新地里良渚文化墓葬中由于出土数量少而未能形成完整的演变序列。第一段、第二段敛口微侈，平肩，圈足较高直；第三段敛口微侈，口径小于颈腹相接处，斜颈，鼓腹，腹高占全器的二分之一，矮直圈足；第四段直口微侈，微束颈，腹部略鼓折，圈足略高微外撇；第五、第六段未见 B 型双鼻壶出土。侈口、高颈、扁腹、假圈足平底的 C 型也是 A 型双鼻壶的一种变异形态，此型双鼻壶在上海亭林良渚文化墓地中是最常见的双鼻壶类型，但新地里仅出土一件，属第六段墓葬。D 型双鼻壶的来源可能为壶。第四段开始出现，直口微侈，深弧腹略折，除双鼻外器形似尊的初始形态，矮圈足外撇；第五段球形鼓腹，肩部常饰几周凹凸弦纹。

圈足盘　为新地里良渚文化墓葬随葬陶器组合中常见的器形。有四种形态，其中 A型序列最为完整，其演变规律是器形由小渐大，口部折沿或卷沿由窄渐宽，腹深由浅渐深又逐渐变浅，圈足由矮渐高。第一、第二、第三段敞口，窄折沿，部分器物口沿或上腹部有一对小穿孔；弧腹为主，少量折腹，中腹部常有一周凹弦纹；矮圈足，一些圈足底边宽，中凹呈双圈足状；个别圈足盘上还带器盖。第四段口沿略外翻或坦平沿，腹较深，下腹内折，圈足加高。第五段盘腹变浅，中腹凹弦纹的装饰已不多见，口沿下穿孔位置下移，圈足略高外撇。第六段器物个体变大，口沿下穿孔位置偏下，浅腹，高圈足，口腹部形态分化为两种，一种短沿下卷或下折，低于器口，下腹多内折；另一种宽平折沿，斜弧腹。B型圈足盘由 A型的早期形态演化而来，第四段开始出现后，形成了自己独立的变化过程。第四段折腹，腹较深，上腹略凹弧，施多周凹弦纹，一侧有两个小穿孔；第五段口部外敞，下腹内折，腹部变浅，圈足变小；第六段口部微敛，腹部垂折，内底近平，圈足变高外撇。C型圈足盘仅见于第二、第三段墓葬。D型圈足盘仅见于第一段的两座墓葬。

三足盘　有两种形态，其中 A型瓦足盘是主流，有一定的演变规律。第四段开始出现，宽沿外折，束颈明显，弧腹较深，三瓦足中部略内收，外撇；第五段束颈不明显，腹部变浅，瓦足略矮较直。B型三足盘足呈乳丁形，仅在第六段墓葬中出土。

盆　有三种形态，其中 A型盆演变序列较完整，总体特征是束颈越来越明显，腹部最大径逐渐上移，底径逐渐缩小。第二段尖唇，短折沿，微束颈，弧腹最大径位于中腹部，腹径大于口径，平底较宽；第四段折沿加宽，束颈明显，口径接近或略大于腹径，弧腹最大径上移，平底底径略缩小；第五段器形变小，折沿或宽或窄，束颈，弧腹最大径继续上移，底径继续缩小；第六段弧腹最大径上移至肩部，底径更小。敞口、宽折沿的 B型盆是新地里第一、第二段墓葬中非常流行的形制，但在第三段消失。第一段微束颈，浅斜弧腹，沿面一侧有穿孔，假圈足平底，个别矮圈足；第二段束颈明显，斜腹略深，沿面上没有小穿孔，平底变小。C型圈足盆第五段开始出现，敞口，折沿，沿下一侧有一对小穿孔，斜弧腹略深；第六段沿下穿孔消失，浅腹略直，器形较矮。

簋　是新地里良渚文化墓葬中出土数量仅次于双鼻壶的陶器。形制多样，有七种形态，其中 A型序列最为完整，B型、C型与 E型也有一定的变化规律。A型豆式，宽矮圈足，口沿外侧常饰对称的或均衡分布两三个竖穿小鼻。总体变化规律是腹部逐渐加深，而圈足逐渐变矮。第一段直口微敛或侈口，口沿外都有均衡分布的三个小鼻，浅折腹，高圈足与腹相接处有一宽凸棱，圈足中部略束、下外撇，带小圈足纽斗笠式盖；第二、第三段侈口，折腹，圈足与腹相接处的凸棱消失，圈足有高有低均外撇，仍带小圈足纽斗笠式盖；第四段出现内敛的子母口，腹部变深，圈足略矮，带喇叭形纽斗笠式盖；此种形态的簋也偶见于第五段的个别墓葬；第六段腹略深，圈足更矮，外撇更明显，带盖缘直折的斗笠式盖。许多研究者将 A 型簋第四段以前侈口、平沿、折腹的型式称为豆，但我们发现它不仅在器形上跟子母口的簋有明确的传承关系，基本上是此起彼消，在子母口簋出现后，侈口、平沿、折腹的簋就完全消失；而且它们在墓葬内的出土位置也完全相同和重叠。推究 A 型簋口部形态作出较大改变的原因，应跟盖与簋体组合的牢固度有关，早期的豆式簋多平沿，虽然有三个小鼻协助承盖，但盖仍然较容易滑落，改成子母口后，显然能够解决盖容易滑落的问题。而腹部的逐渐加深，则可能跟簋盛储功能的改变有关。B 型显然是 A 型的异化，子母口，上腹斜直、下腹内收的深垂腹，矮圈足，带盖。第三段开始出现后，形成自己独立的变化过程。第三段腹较浅，矮直圈足，带小圈足纽斗笠式盖；第四、第五段腹部略深，矮圈足外撇；第六段腹部更深，圈足更矮，带有盖口直折的宽圈足纽斗笠式盖。C 型簋斜弧腹、矮圈足，应是 A、D 两型簋混合的产物，第三段开始出现后也形成了较为独立的变化过程。第三段斜弧腹略浅，矮圈足外撇；第四段腹部斜度较前期略大，圈足略高，外撇，部分圈足纽簋盖的盖沿出现短折；第五段腹部变深，斜度更大，圈足上部略小，外撇幅度较大；第六段腹部斜度最大。D 型簋子母口内敛，斜弧腹，腹较浅，矮圈足外撇，仅见于新地里第四段与第五段的两座墓葬，但在海盐周家浜良渚文化最早期的墓葬中就出有此型簋，因而它应该是另一路独立演变的簋。A 型簋子母口的突变或许跟 D 型簋的启发不无关系，而 C 型簋的出现显然也受到了 D 型簋的影响。敞口、宽折沿、束颈、弧腹、矮圈足的 E 型簋又是独立演变的另一种簋，总体变化规律是口部越来越外敞，腹部斜度越来越大，最大径逐渐上移，圈足变小变高。第二段口径小于腹径，鼓腹，腹部最大径在鼓腹处，矮直圈足；第四段口径接近或略大于腹径，斜弧腹，腹部最大径略上移，圈足外撇；第五、第六段口径大于腹径，腹部最大径上移至肩部，圈足变小。F 型簋出土于第四段到第六段的墓葬，能够分出四个亚型，但彼此间的关系尚不清晰。G 型仅第四段墓葬出土一件。

圈足罐 依陶质不同分为两型，A 型夹砂陶和 B 型泥质陶。两型圈足罐最初在形态上非常接近，都是侈口，窄折沿，内沿上下起两条脊棱，短竖领，圆鼓腹，矮圈足，但随后就产生了分化。A 型圈足罐竖领先变高后又逐渐缩短，腹部由鼓腹变为筒形深腹，腹部最大径逐渐上移至肩部。第一段圆鼓腹，最大径在中腹部，体形矮胖；第二段斜领较高，圆弧肩，深斜弧腹，最大径上移到肩部，形体显瘦高；第四段侈口近直，矮领，领高度小于圈足，弧广肩，深弧腹，腹径上下变化不明显。B 型圈足罐领部越来越高而圈足逐渐变矮。第二段微束颈，圆鼓腹，圈足高于领，形态与 A 型 I 式夹砂陶圈足罐相似；第三段斜折领，筒形深腹；第四段斜高领，圆鼓腹，圈足矮于领；第五、第六段领更高，弧广肩，圈足更矮。

平底罐 有三种形态。A 型侈口，束颈，深弧腹，平底，自第一段开始出现延续到第六段，但由于数量很少，完整器仅 3 件，其变化规律并不清楚。大口大底的 B 型平底罐在第四段墓葬开始出现，该器形的出现可能受到了 A 型盆早期形制的影响。第四段侈口，深腹；第六段直口，深腹。C 型平底罐都仅存假圈足状平底，分别出现在第二段、第三段和第六段的 3 座墓葬内，没有变化规律可循。

尊　是新地里墓葬中演变序列比较清楚的一种器类。其变化体现在领、肩腹和圈足等部位，总体规律为：领与圈足越来越高，直径由小于腹径到逐渐超过腹径；由弧折肩到明显折肩，腹深逐渐变浅；形体逐渐变大。第二段开始出现。第二、第三段侈口，短斜领，弧折肩，深弧腹，从器形上看，早期尊的形态由 B 型泥质陶圈足罐的早期形态变异而来；第四段领部与圈足同时加高，外撇较前期更明显，肩部弧折，下腹略斜收；第五段领部与圈足更高，呈喇叭形，外撇更明显，出现折沿，但口径仍小于腹径，肩弧折，前期腹部略扁，后期下腹斜收更明显，体形变大；第六段喇叭状高领，口部多宽折沿，口径接近或略大于腹径，折肩处都有明显的折脊，下腹斜收，腹部变浅，高圈足下端向外平折或外卷，器形更加高大。

豆　按照豆把的粗细分两种形态。其中 A 型粗把豆略成序列，第一段浅弧腹，喇叭形豆把宽高，豆把中部有两周凹弦纹；第三段弧腹略深或斜折腹，喇叭形豆把变矮；第六段弧腹或折腹，形体变小。B 型细高把豆在入埋时就都已是残件，仅见于第一段与第五段的四座墓葬。豆一直是良渚文化墓葬中较常见的随葬品，但新地里出土的豆不仅数量偏少，而且也未能形成完整的演变序列。

杯　侈口，深腹，圈足，略成序列。第一段束颈显领，深弧腹，圈足小而略高；第二段领部消失，沿外出现竖穿小鼻，筒形垂腹下坠，圈足宽矮；第三段筒形深弧腹，沿外不附双鼻；第六段口、腹部近直，沿外有小鼻，圈足更矮。

宽把杯　按腹部深浅分 A、B 两型，在第五段同时开始出现。第五段两型宽把杯基本为舌形翘流，筒形深腹略鼓，外腹部多见写意"云气纹"；第六段多箕形翘流，筒腹较直，多素面，少数器物腹部装饰三至四组凸弦纹而呈"竹节形"腹。

器盖　有五种形态，其中 A、B 两型演变序列较为清楚。A 型主要是双鼻壶的盖。第一、第二段都为小喇叭形纽浅碟式或中空的圈足纽斗笠式盖；第三段浅碟式盖，盖内面平底略凹，一侧近缘处有两个小穿孔；第四段小喇叭形纽斗笠式盖，盖内面凹空更多，近盖沿处有一周凸棱；第五、第六段小圈足纽斗笠式盖。B 型主要是簋盖，第一、第二、第三段盖面弧拱，一侧常有两个穿孔，小矮圈足；第四段盖面弧拱，喇叭形纽；第五段盖面弧拱，近缘处略内折，宽矮圈足纽；第六段盖面略弧，盖缘直折，高喇叭形纽或宽圈足纽。

纺轮　第一、第二、第三段形体较厚，上下面略有大小，截面呈梯形；第四段形体较薄，上下面略等径，截面扁鼓形。

玉石器的形制在制作过程中受质料、工艺技术等因素的影响远大于陶器，因而其形体的规范性要比陶器差。新地里良渚文化墓葬中出土的多数种类的玉石器都没有形成完整的演变序列，但石钺、A 型石刀、石"耘田器"、玉梳背、玉锥形器和 E 型玉珠等少数玉石器仍形成了一定的变化规律。

石钺　有六种形态，都在第二段开始出现，其中五种有一定的演变规律。A 型第二段形体较小，顶端平直，双面钻孔，管钻与实心钻并见，孔径较小，孔的位置居于石钺中部偏上；第四段形体变大厚重，顶端弧凸，单面钻孔与双面钻孔并见，双面钻孔中也见实心桯钻，孔径较小，钻孔位置居于石钺上部；第五、第六段形体变宽变薄，以双面管钻为主，孔径较大。C 型第二段顶端近平直，刃角外挑明显，圆弧形刃，钻孔孔径在 2 厘米左右；第四、第五段顶端多略弧，刃角多不外挑，钻孔孔径跟第二段相近，刃部弧度减小；第六段顶端平直或略弧，器形较大而钻孔较小，刃部近平。D 型为形体较小而厚重的长方梯形，第二段形体略扁平，圆弧形刃；第四段中部加厚，形体厚重，刃部圆弧度减小，刃角两端大多起弧形短脊线；第五、第六段刃部近平直，刃角两端的脊线多连成圆弧形，刃部与器身分界明显。E 型第二段为黑色凝灰岩，近方形，顶端平直，刃部略弧，刃角外挑，刃部脊线明显，两侧边磨薄也形成明显的脊线，器身扁平；第四段石料多样化，球粒流纹岩出现，扁平长方梯形，形体变狭长，刃部和两侧边磨薄形成明显的脊线，刃部略圆弧，顶端略磨薄，器身扁平；第五段球粒流纹岩成为主要石料，扁平长方梯形，刃部、顶端与两侧边均磨薄，形成明显的斜边与脊线，器身扁平，刃部略圆弧；第六段刃部近平直。F 型第二段为青黑色凝灰岩，体形宽大平薄，肩部琢制而成，刃部近平直，刃口锋利，双面管钻成孔；第五段、第六段为黑色粘板岩，形体变小变厚重，两肩锯切割或琢制而成，刃部圆弧，开刃，有使用痕迹，钻孔一面管钻较深，另一面打通碾磨。

石"耘田器"　有两种形态，其中 A 型演变序列较完整。第二段由器身较高、两翼略后翘、上端凹弧、中间有弧形凸起、凸起下无穿孔演变为刃部圆弧或近平直，上端两翼上翘明显，中央凸起高于两翼或与两翼近平，凸起下多有穿孔；第四段刃部圆弧，上端两翼后掠上翘明显，中央或为三角形尖凸，或为方形凸把，但都低于两翼较多；第五段刃部圆弧，两翼上翘明显，两翼内斜，宽度小于刃宽，上端凹弧，中间或无凸把，或为低矮的方形凸把。B 型由 A 型异化而来，刃部呈方折的"V"字形。第三段上端两翼略掠起，中央凸把略高于两翼；第四、第五段上端两翼后掠上翘明显，上端中央凸把低于两翼较多。

石刀　有四种形态，仅 A 型变化规律较为清楚，第一、第二段圆弧形刃，刀身较宽短；第二段新出现圆弧形刃或略呈"V"字形刃，刀身狭长；第四段"V"字形刃，刀身中间有圆形穿孔。

玉梳背 自第二段开始出现，由两侧边近斜直，顶端凹缺，中央有半圆形凸起，底端无榫，钻有两个小孔演变为两侧边略斜弧，顶端凹缺，中央有圆弧形带牙角或"弓"字形凸起，底端无榫，各有两个小穿孔；第五、第六段两侧边近斜直，近底弧收，顶端凹缺，中央有"弓"字形或方形凸起，底端有扁榫。

玉锥形器 有两种形态，其中 A 型序列较完整。第二段器形较狭短，首尾两端均尖锐，尾端磨薄为榫，有穿孔；第三段尾端仍磨薄为榫，有穿孔，但器形较第二段略长，尾端变钝；第四、第五段器形略宽，有长有短，尾端有明显小榫，榫上有穿孔；第六段尾端榫上无穿孔。B 型锥形器由 A 型异化而来，最初可能只是因为琢刻纹饰、表现神人兽面像的艺术需要才产生的，但逐渐成为玉锥形器中独立演化的分支；第四段开始出现；第四、第五段尾端榫上有穿孔；第六段尾端榫上无穿孔。

E 型玉珠 第一、第二、第三段扁平半球形，底端平面中央钻有一牛鼻形隧孔；第四、第五、第六段圆球形，一端钻有一牛鼻形隧孔。

墓地形成过程与随葬品型式类型学的排比已经显示，新地里六段良渚文化墓葬间的联系相当紧密，具有明显的延续性，其间应无缺环，但第三段与第四段墓葬间，无论在随葬品的组合上，还是在某些种类器物的形态上，都发生了较为明显的变化——在陶器和玉石器中，都发生了器类的更新换代，即使保持器形发展演变序列的器类，形制也发生了明显的变化。陶器鼎类中新出现了 B 型锥形足、E 型凹弧足、F 型小三角凿形足鼎和甗；C 型凿形足鼎消失；序列完整的 A 型鼎足也由外侧稍厚的鱼鳍形快速演化为"T"字形。A 型双鼻壶由鼓腹向扁腹演变，D 型双鼻壶是第四段新出现的器形。A 型圈足盘在第四段产生分化，与受它影响新出现的 B 型圈足盘各自形成独立的演变序列，而 C 型圈足盘在墓葬中消失。新出现了三足盘。A 型盆第四段开始腹部最大径上移，B 型盆已经在墓葬中消失。序列较完整的 A 型簋由侈口、方沿、浅腹突变为子母口、深腹，受它影响在第三段已经出现的 B、C 两型簋迅速取代了 A 型簋的地位，成为第四段以后墓葬中簋的主要形制，而侈口、方沿、浅腹的豆式 A 型簋基本不见于第四段以后的墓葬。早期形态的尊虽然在第二段已经出现，但有时跟泥质陶的圈足罐仍难区分。领部与圈足加高、折腹明显的尊在第四段开始出现，从而使尊跟泥质陶圈足罐完全分道扬镳。在器盖中，A 型双鼻壶盖斗笠式取代了浅碟式，B 型簋盖喇叭形钮或宽圈足钮取代了小圈足钮。石钺中的 E、F 两型不仅形制发生了较大变化，而且连石料的选用也发生很大变化。石"耘田器"两翼后掠上翘明显、上端中央凸起低于两翼较多的形制在第四段才出现。A 型玉锥形器中尾端磨薄为榫的形制不见于第四段及以后的墓葬，第四段新出现了截面方形的素面 B 型玉锥形器。E 型玉珠圆球形的造型在第四段以后取代了扁平半球形的造型。另外，第二、第三段墓葬中较为多见的石犁与石镰，不见于第四段以后的墓葬，而石镞与 C 型带把小刀，则是第四段及以后墓葬中新出现的器形。除此之外，第三段及其以前墓葬中的填土都是灰褐或灰黄色，而第四段及以后墓葬填土中开始或多或少地掺和红烧土颗粒。同时，前期在显贵者墓葬东南角挖坑埋设夹砂红陶缸的现象在第四段以后也已消失。

综合以上迹象，新地里良渚文化墓葬第三段与第四段间的变化是全方位的，幅度之大已经超出了器形演变的范畴，至少可以理解为埋葬观念上的重大改变，同时也可能体现了社会性质和生活方式上的重大变化，所以，我们以第三段与第四段为界，将六段墓葬进一步划分为早晚两期，即第一、二、三段为早期，第四、五、六段为晚期。

附表　　　　　　　　**新地里遗址良渚文化墓葬的分期与随葬品登记表**

墓号	段	陶　器	石　器	玉　器	其他
M1	六	AⅦ鼎1	CⅢ钺1，Ⅳ镞1	BⅡ锥形器1	
M2	五	AⅥ鼎1，D双鼻壶1，CⅢ簋1	Ⅳ镞1，BⅡ锛1，D刀1		
M3	六	AⅦ鼎1，AⅥ双鼻壶1，Ⅴ尊1，CⅣ簋1，AⅣa圈足盘1，AⅡ宽把杯1，AⅣ盆1			
M4	六	AⅦ鼎1，AⅥ双鼻壶2，AⅣa圈足盘1，AⅣ盆1	CⅢ钺1，Ⅳ镞3	AⅣ锥形器1	
M5	六	AⅦ鼎1，AⅥ双鼻壶2，Ⅴ尊1，BⅢ簋1，AⅣb圈足盘1，CⅡ盆2	EⅣ钺1	BⅡ锥形器1，Ⅲ玉梳背1，A、C玉串饰各1	
M6	五			Ⅱ玉梳背1	
M7	六	BⅡ宽把杯1		Ⅲ镯1	
M8	六		CⅢ、DⅡ钺各1，Ⅱ镞1，AⅢ"耘田器"1，DⅠ锛1，C刀1	BⅢ珠1	
M9	六	AⅦ鼎1，Ⅴ尊1，AⅣa圈足盘1，AⅣ盆1	BⅡ锛1	BⅠ锥形器1	
M10	六	AⅣ双鼻壶1、C平底罐1	Ⅳ镞1	AⅢ锥形器2	
M11	六	AⅦ鼎1，Ⅴ尊1，AⅣb圈足盘1，EⅢ簋1，AⅣ盆1，BⅡ宽把杯1	Ⅰ镞1	C珠1	
M12	六	小罐1			
M13	六	AⅦ鼎1，Ⅴ尊1			
M14	五	AⅤ鼎1，Ⅰ纺轮1，D器盖1，器盖1	砺石1	AⅢ锥形器1	
M15	六	AⅣ瓶1，AⅥ双鼻壶1，Ⅴ尊1，AⅣa圈足盘1，BⅡ簋1	DⅡ钺1，Ⅳ镞1	BⅡ锥形器1，C珠1	
M16	四	AⅤ鼎1，BⅢ圈足罐1，EⅡ簋1	BⅠ、BⅡ锛各1		
M17	四	AⅥ鼎1，AⅣ双鼻壶1，BⅡ圈足盘1，CⅣ、EⅢ簋各1	EⅢ钺1，Ⅳ镞3，AⅡ、C锛各1，DⅡ锛2	BⅠ锥形器1，EⅡ珠1，A管1	

续附表

墓号	段	陶　　器	石　器	玉　　器	其他
M18	五	AⅥ鼎1，AV、D双鼻壶各1，AⅣ簋1，Ⅱ纺轮1			
M19	六	AⅦ鼎1，BⅡ宽把杯1，AⅣb圈足盘1，AⅢ三足盘1，AⅢ豆1，小罐1	DⅡ钺1，Ⅳ镞1，BⅡ锛1，B刀1	BⅠ锥形器1	
M20	六	AⅦ鼎1，Ⅳ尊1，AⅣ盆1	CⅢ钺1，Ⅲ镞1，Ⅳ镞2，AⅠ锛1，C刀1	AⅢ锥形器1	
M21	五	AV鼎1，AⅣ簋1，EⅡ簋1，Ⅰ纺轮1	AⅢ"耘田器"1	EⅡ珠1	
M22	六	AⅦ鼎1，AⅥ双鼻壶1，BⅢ圈足盘1，AⅣ盆1，B三足盘2，Ⅱ纺轮1	EⅣ钺1，Ⅳ镞1	AⅣ锥形器，C串饰1	
M23	五	AⅢ圈足盘1，Ⅱ尊1	网坠1	镶嵌片1	
M24	六	AⅣa圈足盘1		AⅣ锥形器1	
M25	三	CⅢ圈足盘1			
M26	六	BⅡ平底罐1			
M27	六				
M28	五	AⅥ鼎1，AⅣ双鼻壶2，AV双鼻壶3，Ⅳ尊1，BⅡ圈足盘1，CⅢ簋1，B瓶1，Fc簋1，AⅣ器盖1，BⅢ器盖1	AⅢ钺6，CⅡ钺1，Ⅳ镞3，AⅣ"耘田器"1，C锛3，AⅡ、BⅡ、DⅡ锛各1，C刀1，凿1	璧2，AⅢ锥形器1，A坠1，牌饰1，A管1，C串饰1，C珠5，DⅠ珠1	鲨鱼牙齿5，象牙镯1
M29	六	AⅦ鼎1，AⅥ双鼻壶3，Ⅳ尊1，AⅣb圈足盘1，CⅣ簋1，AⅣ盆1，AⅡ宽把杯1，B三足盘1	CⅢ钺1，Ⅳ镞3，DⅡ锛1	BⅡ锥形器1，C珠2，镶嵌片1	
M30	五	AⅥ鼎1，AV双鼻壶3，Ⅱ尊1，AⅢ圈足盘1，CⅡ、EⅡ簋各1，AⅠ宽把杯1，AⅡ三足盘1	FⅢ钺1，Ⅳ镞1，BⅡ锛1，凿1	AⅢ锥形器1，C珠1	
M31	五	AV鼎1，AV双鼻壶2，Ⅲ尊1，CⅢ簋1，Ⅰ纺轮1	BⅡ"耘田器"1	AⅢ锥形器1	
M32	五	AⅥ鼎1，AV双鼻壶1，CⅢ簋1，AⅢ盆1，BⅠ宽把杯1，Ⅱ纺轮1	EⅢ、FⅢ钺各1	AⅢ锥形器1，C串饰1	
M33	六	圈足罐1（形式不明）	Ⅱ镞1，石片1		

续附表

墓号	段	陶　　器	石　器	玉　器	其他
M34	五	圈足盘1（形式不明）			
M35	四	AV鼎1，AIV双鼻壶2，BI圈足盘1，AV簋1，AⅢ平底罐1	CⅡ钺1，Ⅰ镞3，Ⅲ镞1，AⅢ"耘田器"1，C刀1	BI锥形器1，AⅡ珠2，B串饰1	
M36	四	AV鼎1，Ⅰ纺轮1	AⅢ"耘田器"1		
M37	五	钵1，小壶1			
M38	五	Ⅳ杯1，Fc簋1			
M39	二	BI盆1，BI圈足罐1，AⅢ簋1	。	A串饰1	
M40	六	AVI鼎1，AV双鼻壶1，AVI双鼻壶2，Ⅳ尊1，AIVa圈足盘1，BⅢ簋1，AⅡ宽把杯1，BⅡ平底罐1	AⅢ、EⅢ钺各1，AⅡ、DⅡ锛各1	BⅡ坠1，AⅡ珠1，镶嵌片1	
M41	六	AVI鼎1，Ⅳ尊1，AⅢ圈足盘1，AⅡ宽把杯1，CⅡ盆1	DⅡ锛1		鲨鱼牙齿1
M42	三	AⅢ鼎1，AⅢ双鼻壶1	石片1	AⅡ锥形器1	
M43	五	AVI鼎1，AV双鼻壶1，AⅢ圈足盘1，CⅢ簋1，AI宽把杯1，AIV盆1		锥形器1（形式不明）	
M44	六	AVI鼎1，AV双鼻壶3，Ⅱ尊1，AIVa圈足盘1，CⅢ簋1，AⅡ宽把杯1，AIV盆1，Ⅱ纺轮1		AⅢ锥形器2，AⅢ珠1，C珠2，C串饰1	
M45	五	CIV簋1，BIV圈足罐1			
M46	五	AV双鼻壶1，盒1			
M47	五	AV双鼻壶1，AⅡ圈足盘1，CIV簋1，Fd簋1，Ⅰ纺轮1	BⅡ"耘田器"1	AⅢ锥形器1，AⅢ珠1	
M48	五	AV鼎1，AV双鼻壶1，BⅡ圈足盘1，AⅢ盆1，BIV圈足罐1，Ⅱ壶1	DⅢ钺1，Ⅲ镞1，Ⅳ镞2，C锛1	A管1	
M49	六	AVI鼎1，AV双鼻壶1，AⅡ圈足盘1，AI宽把杯1，AⅢ三足盘1，AⅢ、BI平底罐各1	CⅡ、FⅡ钺各1，Ⅳ镞1，BⅡ锛1	BI锥形器1	
M50	三	CⅢ圈足盘1			
M51	三	AⅢ鼎1，AI圈足盘1，Ⅰ尊1			
M52	五	BI鼎1，Ⅲ尊1，AⅢ圈足盘1，CⅡ簋1，AI宽把杯1，AⅢ、CI盆各1，Ⅱ纺轮1，Ⅱ壶1		BI锥形器1	

续附表

墓号	段	陶　器	石　器	玉　器	其他
M53	五	EⅡ簋1			
M54	四	AV鼎1，AⅣ双鼻壶2，Ⅲ尊1，BⅠ圈足盘1，AⅢ盆1，CⅡ簋1，Ⅰ纺轮1	EⅡ钺1	AⅢ锥形器1，A坠1，AⅡ珠2，B、C串饰各1	
M55	四	AV鼎1，AⅣ双鼻壶1，BⅡ圈足盘1，BⅠ平底罐1，CⅡ簋1	凿1	BⅠ锥形器1，A管1，C珠2	
M56	五	AV鼎1，Ⅳ尊1，BⅡ、EⅡ簋各1，Ⅰ纺轮1	BⅡ"耘田器"1		
M57	四	AV鼎1，AV双鼻壶4，Ⅱ尊1，BⅡ圈足盘1，AⅢ盆1，CⅡ簋1	CⅡ、DⅡ钺各1，Ⅰ镞1，Ⅳ镞2，C、BⅡ锛各1，C刀1，凿1	A、C管各1	
M58	二	AⅡ鼎1			
M59	四	Ⅱ尊1，AV簋1，Ⅰ纺轮1			
M60	三	AⅠ圈足盘1，Ⅱ杯1			
M61	四	AV鼎1，AⅢ双鼻壶1，AⅠ圈足盘1，BⅢ圈足罐1，AⅡ豆1	BⅠ锛1	A串饰1，C珠2	
M62	五	AV双鼻壶1，AⅡ圈足盘1，AⅠ宽把杯1	DⅡ钺1	A坠1，方形玉器1，C珠1，D珠1	
M63	二	AⅡ鼎1，AⅡ双鼻壶1，AⅠ圈足盘1，BⅡ圈足罐1，AⅠ簋1，AⅠ盆1，Ⅰ纺轮1	AⅠ刀1，AⅠ器盖1	C坠1，AⅠ珠1	
M64	六	AⅦ鼎1，AⅣb圈足盘1，BⅣ圈足罐1，CⅣ簋1，AⅣ盆1，BⅠ宽把杯1，Ⅱ纺轮1		AⅢ锥形器1，镶嵌片1	
M65	四	BⅠ鼎1，AⅣ双鼻壶2，Ⅱ尊1，AⅡ圈足盘1，AⅣ簋1，BⅠ平底罐1	EⅢ钺1，BⅡ"耘田器"1，Ⅰ镞1	AⅢ锥形器1，C串饰1，AⅡ、BⅢ珠各1	
M66	四	E、F鼎各1，AⅡ瓶1，AⅢ双鼻壶6，Ⅱ尊1，AⅠ圈足盘2，AⅡ盆1	AⅡ钺3，EⅡ钺1，AⅠ、AⅡ、BⅠ、BⅡ、C锛各1，AⅠ、C刀各1，凿1，石片1	AⅢ锥形器2，A坠1，A管2，A串饰2，C珠7，D珠1，EⅡ珠2	鲨鱼牙齿1，象牙镯1

续附表

墓号	段	陶　器	石　器	玉　器	其他
M67	五	AV鼎1，AV双鼻壶3，Ⅱ尊1，CⅣ簋1，AⅢ、CⅠ盆各1，AⅠ宽把杯1，Ⅱ纺轮2	EⅣ钺1，Ⅳ镞1，小石子1	AⅢ锥形器2，A串饰2，C串饰1，C珠1，D珠2	野猪獠牙饰1
M68	四	BⅡ鼎1，AⅣ双鼻壶2，Ⅱ尊1，BⅡ圈足盘1，CⅡ簋1，AⅢ盆1	BⅡ"耘田器"1	AⅢ锥形器1，C珠1	
M69	三	AⅡ豆1，Ⅲ杯1			
M70	五	BⅡ鼎1，AV双鼻壶1，AⅢ三足盘1，BⅣ圈足罐1，Ⅱ壶1	FⅢ钺1	A坠1	
M71	五	AⅥ鼎1，AV、AⅥ双鼻壶各1，Ⅱ尊1，AⅡ圈足盘1，CⅡ簋1，AⅣ盆2，Ⅰ、Ⅱ纺轮各1		AⅢ锥形器1	
M72	四	AV鼎1，BⅡ双鼻壶1，AⅠ圈足盘1，AⅢ圈足罐1，G簋1，Ⅰ纺轮1	AⅡ"耘田器"1	AⅡ珠3	
M73	六	AⅥ鼎1，AⅣ瓶1，AⅥ双鼻壶5，Ⅳ尊1，AⅣb圈足盘1，BⅢ、Fb、Fd簋各1，AⅣ盆1，AⅡ宽把杯1	AⅢ钺3，CⅢ、DⅢ钺各1，Ⅳ镞5，V镞1，BⅡ、C锛各1，DⅡ锛2，C刀1，凿1	璧1，端饰1，AⅢ、BⅠ锥形器各1，AⅣ锥形器2，A坠1，A串饰1，A管3，BⅢ珠1，C珠8，镶嵌片7	鲨鱼牙齿1，象牙镯1
M74	五	AⅢ、AⅣ双鼻壶各1，AⅡ圈足盘1，AⅠ宽把杯1			
M75	六	C双鼻壶1			
M76	五	AⅡ三足盘1		A管1，AⅡ珠1	
M77	四	AⅢ双鼻壶2，AⅡ圈足盘1	CⅡ钺1，Ⅰ、Ⅲ镞各1，AⅢ刀1	A坠1，BⅡ珠2	
M78	四	AV鼎1，AⅢ双鼻壶2，AⅠ圈足盘1，BⅢ圈足罐1，AⅠ盆1，Ⅰ纺轮1	BⅡ"耘田器"1	AⅢ锥形器1，A串饰1，AⅡ珠3	
M79	六	AⅥ双鼻壶1			
M80	三	AⅢ鼎1，CⅡ圈足盘1，BⅡ圈足罐1			
M81	二	AⅢ鼎1，BⅡ圈足罐1，AⅢ簋1，C平底罐1	B钺1，C、DⅠ锛各1，A犁1，凿1，砺石1	AⅠ锥形器1，BⅡ珠1	

续附表

墓号	段	陶　　器	石　器	玉　器	其他
M82	三	AⅢ鼎1，BⅡ双鼻壶1，CⅠ篦1	AⅡ"耘田器"1	BⅠ坠1，A串饰1，A管1，AⅡ珠1	
M83	六	AⅥ鼎1，AⅥ双鼻壶1，Ⅴ尊1，AⅣa圈足盘1，CⅣ篦1，AⅡ宽把杯1	CⅢ钺1，Ⅳ镞5	BⅡ锥形器2，F珠1，镶嵌片1	
M84	三	AⅢ双鼻壶1			
M85	五	Ⅱ纺轮1			
M86	六	AⅥ鼎1，AⅥ双鼻壶2，Ⅴ尊1，AⅣa圈足盘1，AⅥ篦1，BⅡ平底罐1，AⅡ宽把杯1，Ⅱ纺轮1	B钺1	柱形器1，AⅣ、BⅡ锥形器各1，A串饰1，A管2，C、D珠各2，EⅡ珠1	
M87	二	AⅢ鼎1，CⅠ圈足盘1，BⅠ圈足罐1，BⅡ盆1，Ⅰ纺轮1		C串饰1，BⅡ珠1	
M88	二	AⅠ鼎1，AⅠ豆1，BⅡ圈足罐1		BⅡ珠1	
M89	二	AⅢ鼎1，AⅢ篦1			
M90	二	AⅢ鼎1，AⅢ篦1，BⅡ圈足罐1，BⅠ盆1		C串饰1，D、EⅠ珠各1	
M91	三	AⅣ鼎1，AⅡ双鼻壶1，AⅠ圈足盘1，BⅡ圈足罐1，AⅢ篦1，C平底罐1，Ⅰ纺轮1	FⅠ钺1，小石子1	A串饰1，C串饰3，BⅠ珠1，AⅡ珠2	
M92	三	AⅣ鼎1，Ⅰ尊1，AⅢ篦1	BⅠ锛1，AⅡ"耘田器"1，B犁1		
M93	二	C鼎1，BⅠ圈足罐1，AⅡ篦1	B钺1	玦1，端饰1，A、B串饰各1，AⅠ珠2，BⅡ珠3	鲨鱼牙齿3
M94	二	C鼎1，Ⅰ尊1，CⅡ圈足盘1		A管1	
M95	二	AⅢ鼎1，AⅡ平底罐1，AⅢ篦1	EⅠ钺1，AⅠ"耘田器"1，镰1	A管1	

续附表

墓号	段	陶 器	石 器	玉 器	其他
M96	五	AV鼎1，AV双鼻壶1，Ⅳ尊1，AⅡ圈足盘1，D簋1，AⅢ盆1，AⅠ宽把杯1		A坠1	
M97	二	AⅢ鼎1，AⅢ圈足罐1	BⅠ锛2，镰1		
M98	二	AⅡ鼎1，BⅠ双鼻壶1，Ⅰ尊1，BⅠ圈足罐1，AⅢ簋1	AⅠ、B、CⅠ、DⅠ钺各1，AⅠ、BⅠ锛各1，AⅡ刀、B犁、镰各1	Ⅱ梳背1，Ⅱ镯1，AⅡ锥形器1，A管1，AⅠ珠4，BⅡ珠8，EⅠ珠1	鲨鱼牙齿2，野猪獠牙饰1
M99	三	AⅢ鼎1，AⅡ双鼻壶1，Ⅰ尊1，BⅠ簋1	BⅠ"耘田器"1，BⅡ锛1	AⅡ锥形器1，BⅠ、BⅡ珠各1	
M100	四	BⅠ鼎1，BⅢ圈足罐1，BⅡ、EⅡ簋各1，Ⅱ纺轮1			
M101	六	AⅦ鼎1，AⅥ双鼻壶1，AⅣb圈足盘1，CⅣ簋1，AⅢ平底罐1			
M102	六	AⅥ簋1，AⅡ宽把杯1，Ⅱ纺轮1，小罐1		BⅡ锥形器1，AⅡ珠1	
M103	六	BⅡ宽把杯1		A坠1	
M104	二	AⅢ鼎1，AⅢ双鼻壶1，AⅠ圈足盘1，AⅢ簋1	FⅠ钺1，镰1	A坠1	
M105	二	AⅡ鼎1，AⅠ圈足罐1，AⅡ簋1，BⅡ盆1	B钺1	AⅠ锥形器1，Ⅰ镯1，C串饰1，A管5，BⅡ珠2	野猪獠牙饰1
M106	五	AⅢ双鼻壶1，CⅡ簋1，AⅡ平底罐1，AⅠ宽把杯1，BⅡ豆1		AⅢ锥形器1	
M107	五	AⅥ鼎1，AV双鼻壶1，AⅣb圈足盘1，BⅣ圈足罐1，CⅡ、EⅢ簋各1，Ⅱ纺轮1	BⅡ"耘田器"1	AⅢ锥形器1，AⅡ、C珠各1	
M108	二	AⅡ鼎1，BⅠ盆1，AⅢ簋1，BⅠ、BⅡ圈足罐各1	AⅠ、B钺各1	Ⅰ梳背1，Ⅰ镯1，三叉形器1，A串饰1，C串饰2，A管4，BⅠ珠2，BⅡ珠6，C珠6	野猪獠牙饰1

续附表

墓号	段	陶　器	石　器	玉　器	其他
M109	二	AⅢ鼎1，AⅡ双鼻壶2，AⅠ圈足盘2，AⅠ圈足罐1	DⅠ钺1，AⅠ、E锛各1，AⅡ刀1，A犁1	环1，半圆形器1，AⅠ锥形器1，A串饰1，C串饰1，A、B管各1，AⅡ珠1，BⅠ珠2，BⅡ珠1	鲨鱼牙齿2，野猪獠牙饰1
M110	二	AⅠ圈足盘1，AⅢ簋1，Ⅱ杯1	AⅡ"耘田器"1	AⅡ锥形器1，C串饰1，AⅡ珠2	
M111	二	AⅢ鼎1，AⅡ双鼻壶1，AⅠ圈足盘1，AⅡ圈足罐1，EⅠ簋1，Ⅰ纺轮1	AⅠ刀1	AⅡ锥形器1，A管1，AⅡ珠2	
M112	五	AV鼎1，AV双鼻壶1，BⅡ圈足盘1，CⅡ簋1，AⅢ盆1	BⅡ锛1	AⅢ锥形器1，C珠1	
M113	六	AⅦ鼎1，AⅥ双鼻壶1，BⅡ圈足盘1，CⅢ簋1，BⅡ宽把杯1，BⅡ平底罐1，Ⅰ纺轮1		AⅢ锥形器1	
M114	四	AV鼎2，AⅣ双鼻壶1，Ⅱ尊1，BⅠ圈足盘1，BⅡ簋1	EⅢ钺1，BⅡ"耘田器"1，Ⅲ镞2	AⅢ锥形器1，C串饰1，AⅡ、EⅡ珠各1	
M115	四	AV鼎1，AⅣ双鼻壶2，Ⅱ尊1，AⅡ圈足盘1，CⅡ簋1，AⅡ盆1，Ⅰ纺轮1	EⅡ钺1，AⅢ"耘田器"1	AⅢ锥形器1，A、B串饰各1，AⅡ珠3	
M116	四	AⅥ鼎1，AⅣ双鼻壶5，Ⅱ尊1，BⅡ圈足盘1，CⅡ簋1，AⅡ盆1	EⅢ钺1，AⅠ、BⅠ、C锛各1，AⅢ"耘田器"1	AⅢ锥形器1，A管1，AⅡ珠6，C珠5，D珠2，EⅡ珠3	鲨鱼牙齿1
M117	六	AⅦ鼎1，AⅥ双鼻壶1，AⅣb圈足盘1，CⅣ簋1，AⅣ盆1，BⅡ宽把杯1	EⅣ钺1，Ⅳ镞1，BⅡ锛1		
M118	一	AⅡ鼎1，AⅠ豆1，AⅡ簋1，AⅠ圈足罐1，Ⅰ纺轮1	AⅠ刀1	Ⅱ镯1，A坠1，BⅡ、EⅠ珠各1	
M119	五	AⅢ甂1，AV双鼻壶2，Ⅱ尊1，CⅡ、Fa簋各1，AⅠ宽把杯1，钵1	DⅡ钺2，AⅡ锛1	AⅢ锥形器1，A管1，AⅡ、C、D珠各1	

续附表

墓号	段	陶 器	石 器	玉 器	其他
M120	一	AⅡ鼎1，AⅡ、BⅠ双鼻壶各1，BⅠ盆1，AⅠ簋1，Ⅰ纺轮1	AⅠ刀1	BⅡ珠1	
M121	四	AV鼎1，AⅠ瓿1，AⅢ双鼻壶4，AⅣ双鼻壶2，AⅡ圈足盘1，AⅣ簋1，AⅡ盆1	AⅡ钺2，AⅠ锛2，BⅠ、C锛各1，AⅢ"耘田器"1，C刀1	璧1，钺1，AⅢ锥形器2，A管1，AⅡ珠6，BⅡ、D珠各1，C珠12，EⅡ珠3	
M122	六	D鼎1，CⅣ簋1，AⅣ盆1			
M123	四	AV鼎1，AⅣ、AV双鼻壶各1，Ⅲ尊1，BⅡ圈足盘1，CⅡ簋1，AⅢ盆1	EⅢ钺1，AⅢ"耘田器"1，BⅡ锛2	AⅢ锥形器1，A串饰1	
M124	五	AⅥ鼎1，AⅣ双鼻壶1，AV双鼻壶5，Ⅳ尊1，BⅠ圈足盘1，CⅡ簋1	EⅢ钺1，Ⅳ镞3，AⅣ"耘田器"1	Ⅲ梳背1，AⅢ锥形器1，A坠1，C串饰1，A管2，C珠11，D、EⅡ珠各1	
M125	五	AⅥ鼎1，AV双鼻壶6，BⅡ圈足盘1，CⅢ、EⅡ、Fb簋各1，AⅢ盆1，AⅠ宽把杯1，Ⅰ纺轮2，三系小壶1		璜1，AⅢ锥形器2，BⅠ锥形器3，C珠5，D珠1，C管1	
M126	六	AⅦ鼎1，AⅥ双鼻壶1，V尊1，BⅢ圈足盘1，AⅣ盆1，AⅢ豆2，AⅥ、CⅣ簋各1，Ⅳ杯1，Ⅱ纺轮1		BⅡ锥形器3，D珠2，镶嵌片1	
M127	四	AV鼎1，AⅣ、D双鼻壶各1，AⅢ圈足盘1，AⅢ盆1，D、Fd簋各1，Ⅱ壶1	DⅢ钺1，Ⅳ镞1，BⅡ锛1，AⅢ"耘田器"1	AⅢ锥形器1，EⅡ珠1	
M128	四	AV鼎1，AV双鼻壶1，Ⅱ尊1，AⅡ圈足盘1，Ⅱ壶1	EⅢ钺1，BⅡ锛1	AⅢ锥形器1，A串饰1，BⅠ、C珠各1	
M129	四	BⅡ鼎1，CⅡ簋1	AⅡ"耘田器"1		
M130	四	AV鼎1，AⅣ双鼻壶1，AⅠ三足盘1，Ⅰ壶1		AⅡ珠1	
M131	四	AⅣ双鼻壶1，AⅠ三足盘1，Ⅰ纺轮1	AⅠ刀1		

续附表

墓号	段	陶 器	石 器	玉 器	其 他
M132	一	AⅠ鼎1，BⅠ豆1，Ⅰ杯1			
M133	一				
M134	一				
M135	一				
M136	一	AⅡ双鼻壶2，BⅡ豆1			
M137	一	AⅡ鼎1，AⅡ双鼻壶2，AⅠ、D圈足盘各1，AⅠ平底罐1，Ⅰ纺轮1		琮1，端饰1，AⅢ锥形器1，A管3，AⅡ珠5，BⅡ珠3	
M138	一	AⅠ双鼻壶1，BⅠ豆1			
M139	一	D圈足盘1			
M140	六	AⅦ鼎1，AⅥ双鼻壶1，Ⅴ尊1，AⅣb圈足盘1，CⅢ簋1，AⅡ宽把杯1	CⅢ、DⅢ钺各1，Ⅳ镞1	BⅡ锥形器2，镶嵌片1	

说明：

1) 表中器物名称前的编号代表器物的型式或式，后面的数字代表件数。如AⅡ双鼻壶2，表示有A型Ⅱ式双鼻壶2件；Ⅰ纺轮1，表示有Ⅰ式纺轮1件；琮1，表示有玉琮1件，难以划分型式。

2) 本表只收集了各墓中完整或可辨型式的器物，因而并不能全面反映随葬品的数目和种类。随葬品详细情况可参见单个墓葬的器物介绍部分。

第四章 良渚文化其他遗存

第一节 概 述

除了人工营建的高土台与墓葬外，本次发掘还发现清理了 49 处其他良渚文化遗迹，其中包括 1 处红烧土建筑遗迹（HJ1）、2 处红烧土遗迹（S1、S2）、43 个灰坑、2 条灰沟和 1 个水井（J1）。这些遗迹中有 4 处分布在高墩北面的低地部分，45 处分布在高墩范围内。高墩范围内的 45 处遗迹中有一半以上较集中地分布在东、西两座早期土台之间及土台北部，遗迹以灰坑为主，在西面早期土台的扩建过程中逐渐为人工营建的高土台覆盖；而分布在土台台面上的遗迹除少数有配伍现象外，大多较零散，内涵与包含物也跟东、西两座早期土台之间及其北部平地上的遗迹间有着较明显的差别。

一 红烧土建筑遗迹

1 处，编号为 HJ1。遗迹中心位于 T701，东面至 T702 西南部，北面至 T601 南部，东北部受后世扰动破坏较多，西面至 T700 东隔梁北部和 T600 东南部，南面因延伸近民居而未能完全揭示，但在 T702 向南扩方部分已见到部分的转角迹象。HJ1 开口于第 1 层下，局部为 M102、M103、M122、M126 和 H32 打破，除打破第 8 层外，又分别叠压或打破 M124、M125、M127、M130、M131、M138 等。

HJ1 由主体部分和附属设施两部分组成，平面略呈长方形。其主体部分由条带状红烧土沟槽、红烧土柱坑和由它们封闭的平面空间组成，大致呈现为一长方形红烧土框架结构，南北长约 15、东西宽约 8 米。除南面没有到头外，其余三面都已到边，分别发现了条带状的红烧土沟槽以及红烧土柱坑遗迹。（图二一八；彩版三一九、三二〇）

北面边框的条带状红烧土沟槽仅存西部一段，最宽处 0.9 米，深 0.03～0.14 米。东面边框的条带状红烧土沟槽保存最好，但北段已被扰动破坏，不能跟北面边框的红烧土沟槽连接，残长 11、宽 1.7～2.1 米。经解剖，沟底浅弧，深 0.2 米。西面边框由南段的条带状红烧土沟槽和北段的红烧土柱坑组成，与东面边框的红烧土沟槽平行，其中南段的红烧土沟槽破坏最为严重，仅存沟槽底部，呈断续的两条，残宽 0.83 米，深

三　灰　坑

43个。依坑口形状可分为圆形、椭圆形、近方形和不规则形，以前两类居多。坑壁有直壁与斜壁两类，坑底分近平底与圜底。灰坑口径最小的0.4米（H16），最大的超出14米（H36）；最浅者0.08米（H11），最深者2米（H36）。坑内填土分土质较软的黑色草木灰、青灰土、灰土、深灰土、青褐土和土质较硬的红烧土、灰褐土、黄褐土、灰黄土、青黄土等，其中以填青灰土、青褐土、黑色草木灰和红烧土的灰坑为主。H7、H23、H36的填土还可以分出若干小层。下面按单位分别介绍如下。

H1

位于高土台墓地北面低地部分T203西南部，顶部已在土地平整时被推去，打破G1。平面略呈圆角长方形，东西长6.25、南北宽3.6米，底部近平，残深仅0.2米。（图二二一A）H1填土为土质松软的黑色草木灰。虽然灰坑上部遭到了较大的破坏，但坑内仍出土了30余件完整和可修复的器物以及大量陶片，出土时残破陶器大多跟碎陶片叠压在一起。从这一堆积相分析，H1应是堆置生活废弃品的垃圾坑。对其陶系和器形的统计可参见表二。

图二二一A　H1平剖面图

表二　　　　　　　　　H1陶器主要器形与陶系统计表

陶系器形			夹砂陶				泥质陶								合计	%
			红	灰	黑	灰胎黑衣	黑胎黑衣	红	灰	黑	橘黄	灰黄	灰胎黑衣	黑胎黑衣	黄胎黑衣	合计	%
鼎	口		9	28	36											73	
	足	锥		9												9	
		鱼		9												9	
		T	10	78												88	9.7
		凿		1												1	
		方	3	7												10	

续表二

陶系\器形	夹砂陶 红	灰	黑	灰胎黑衣	黑胎黑衣	泥质陶 红	灰	黑	橘黄	灰黄	灰胎黑衣	黑胎黑衣	黄胎黑衣	合计	%
双鼻壶							1							1	0.05
盆						2	2							4	0.2
簋						1	1							2	0.1
罐 口		2		1		3	14	7	10	7	1	2		47	5.5
罐 平底		1	2			15	21		8	3	1	2		53	
罐 圈足	1		4				1			1		1		8	
圈足盘 口沿							6	2				2		10	0.5
圈足盘 圈足															
杯							1					1		2	0.1
瓶		4	12											16	0.8
豆 把							6	4			3	4	1	18	1.1
豆 盘											3			3	
盖		4					1			1				6	0.3
三足盘												1		1	0.05
贯耳壶							5					1		6	0.3
盉			13					1				1		15	0.8
鬶	4													4	0.2
其他碎片	27	180	472			85	403	120	121	71		84		1563	80.2
合计	54	323	539	1		103	462	138	139	82	10	97	1	1949	
%	2.8	16.6	27.7	0.05		5.3	23.7	7.1	7.1	4.2	0.5	4.9	0.05		100

说明:

1) 鼎足中锥是锥形足,鱼是鱼鳍形足,T是"T"字足,凿是三角形凿形足,方是扁方足,凹是凹弧形足。

2) 表中只统计各种器类的总体件数,未统计各器类型式的分项件数。(表三至表一八均同此)

　　H1:1,袋足鬶。夹细砂红陶。侈口,前端略上翘,斜高领,三袋足如冬笋状,较短粗,宽环形把附于口部后侧的袋足上端。口径 7.6～8、通高 18.3、裆高 6.4 厘米。(图二二一 C;彩版三二五,1)

　　H1:2,圈足盘。泥质灰陶。敞口,宽平折沿,腹略深,斜弧腹,圈足下部外折。足上饰条形组合镂孔。口径 30.2、底径 18.8、高 10.2 厘米。(图二二一 C;彩版三二六,1)

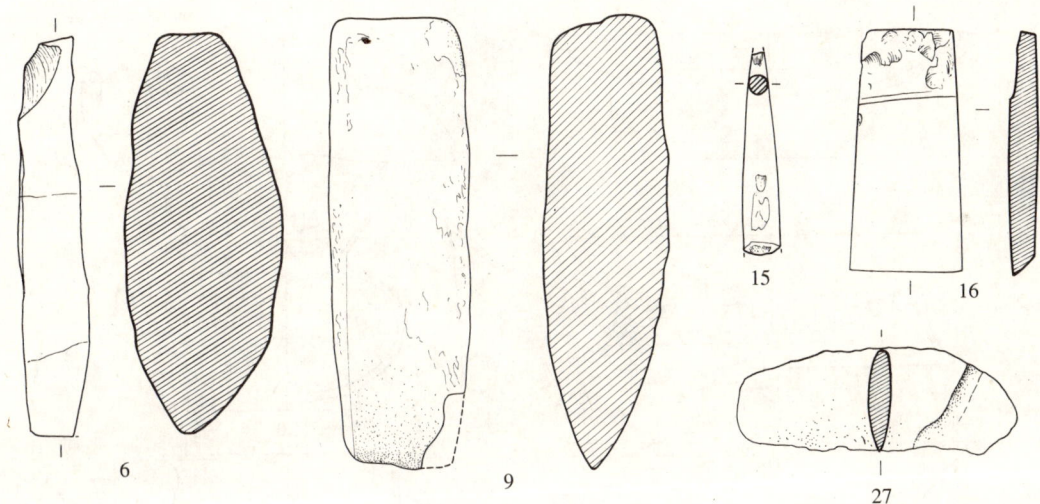

图二二一B　H1 出土石、骨器

6、9.石凿　15.骨镞　16.石锛　27.石刀（均为1/2）

H1:3，平底罐。泥质灰陶。敞口外翻，束颈，溜肩，弧腹略鼓，大平底。底径大于口径。口径11.4、腹部最大径17.3、底径13.1、高12.9厘米。（图二二一D；彩版三二七，1）

H1:4，小罐。泥质黑陶。圆唇，敞口，束颈，弧腹略下坠，假圈足平底。器内壁可见轮制留下的旋纹。口径5.8、底径4.2、高5厘米。（图二二一E；彩版三二七，4）

H1:5，圈足盘。泥质灰陶。敛口，厚唇，浅盘，圈足宽矮。足饰凹弦纹六周。口径23.4、底径18.4、高6.8厘米。（图二二一C；彩版三二六，2）

H1:6，石凿。黑色凝灰岩。整器略呈扁平长条形，顶端略窄平，两面弧鼓，双面尖刃。原器应较厚重，因剥落显扁薄。高10.75、残宽1.8厘米。（图二二一B；彩版三二四，1）

H1:7，豆。泥质灰胎黑皮陶。已残。椭圆形豆盘内底有一组合刻符：中间分别用双线和三线刻划出一个重圈，两侧又用双线分别刻划一只展翅飞翔的简化鸟。残高4.3厘米。（图二二一F；彩版三二八，5、6）

H1:8，双鼻壶。泥质灰陶。直口微侈，口沿饰对称双鼻，斜弧肩，鼓腹，圈足。肩部饰四周凸弦纹。口径8.6、腹部最大径14.6、底径10.5、高14.9厘米。（图二二一E；彩版三二九，1）

H1:9，石凿。黑色凝灰岩。整器长条形，横截面近方形，除刃部精磨外，其余部位略加磨制，保留较多的打制糙面。顶端略平，两面微鼓，双面尖刃，刃部一侧崩缺。

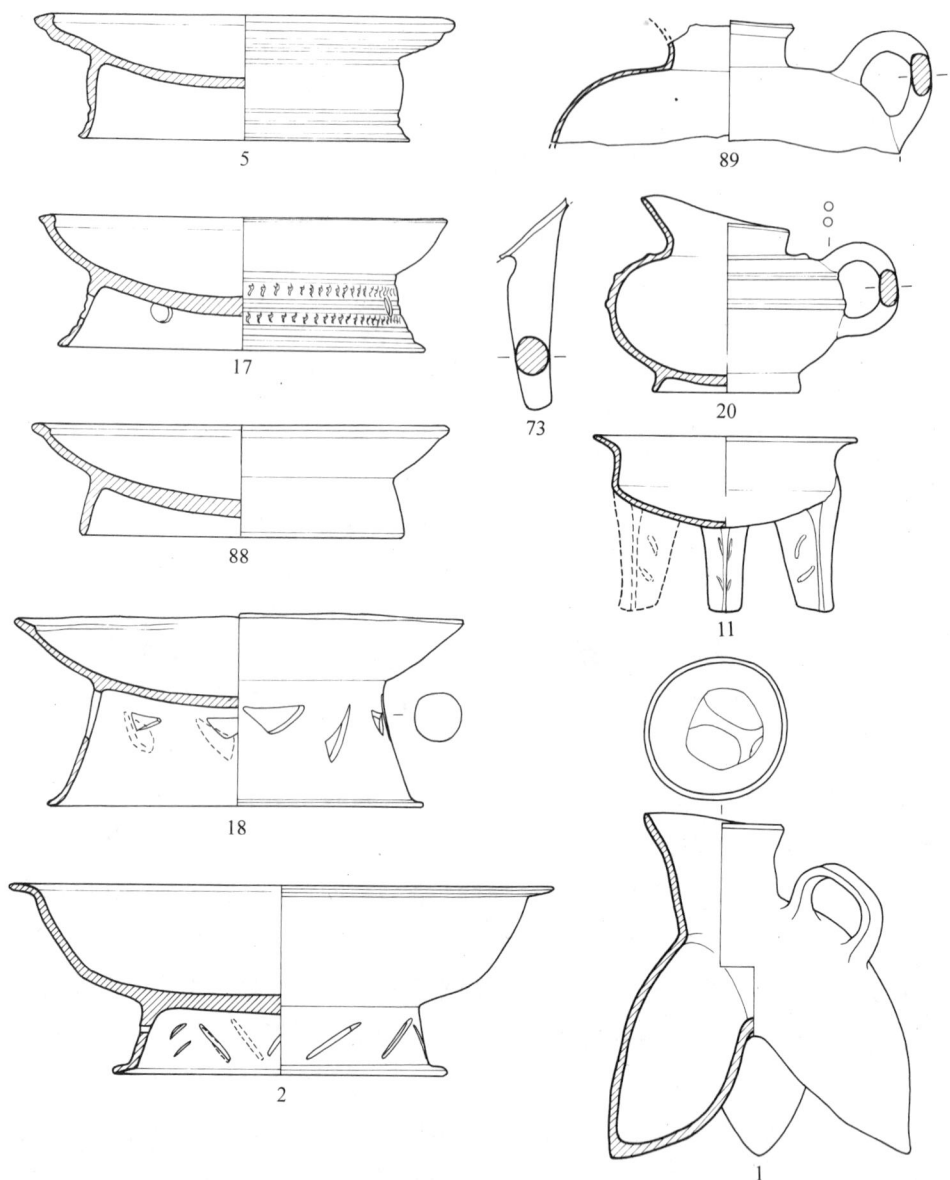

图二二一 C　H1 出土陶器

1. 袋足鬶　2、5、17、18、88. 圈足盘　11. 三足盘　20、73、89. 盉（均为 1/4）

高 12.05、宽 3.8、厚 3.45 厘米。（图二二一 B；彩版三二四，2）

H1:10，盆。泥质灰陶。敞口，凹沿，束颈，斜腹，平底。口径 26、底径 14.5、高 15.3 厘米。（图二二一 D；彩版三二五，2）

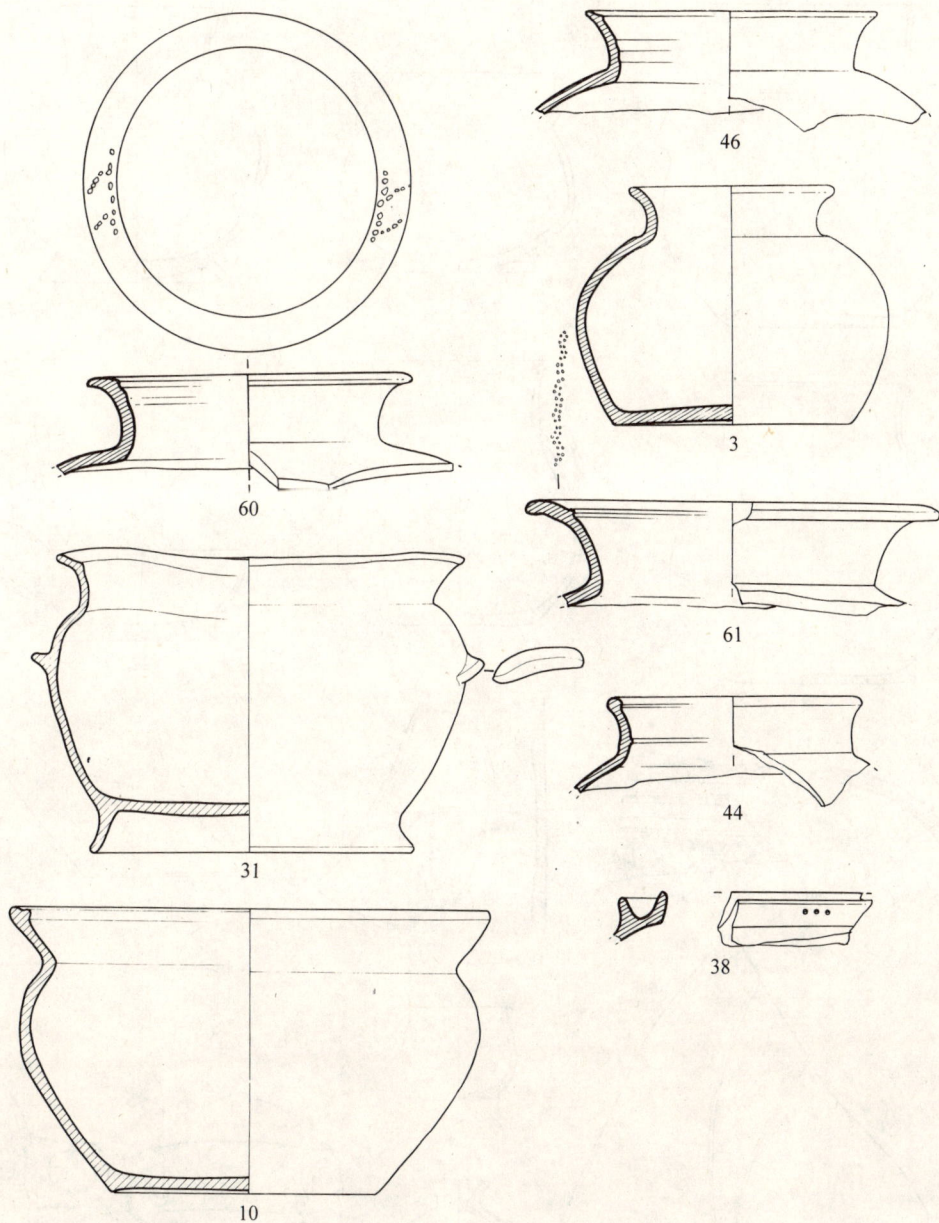

图二二一 D　H1 出土陶器

3、31、38、44、46、60、61.罐　10.盆（均为1/4）

H1:11，三足盘。泥质灰胎黑皮陶。敞口，宽卷沿，扁鼓腹略折，浅圈底，"T"字形足。足侧面饰两个月牙形镂孔。口径14.6、高9.4厘米。（图二二一 C；彩版三二六，6）

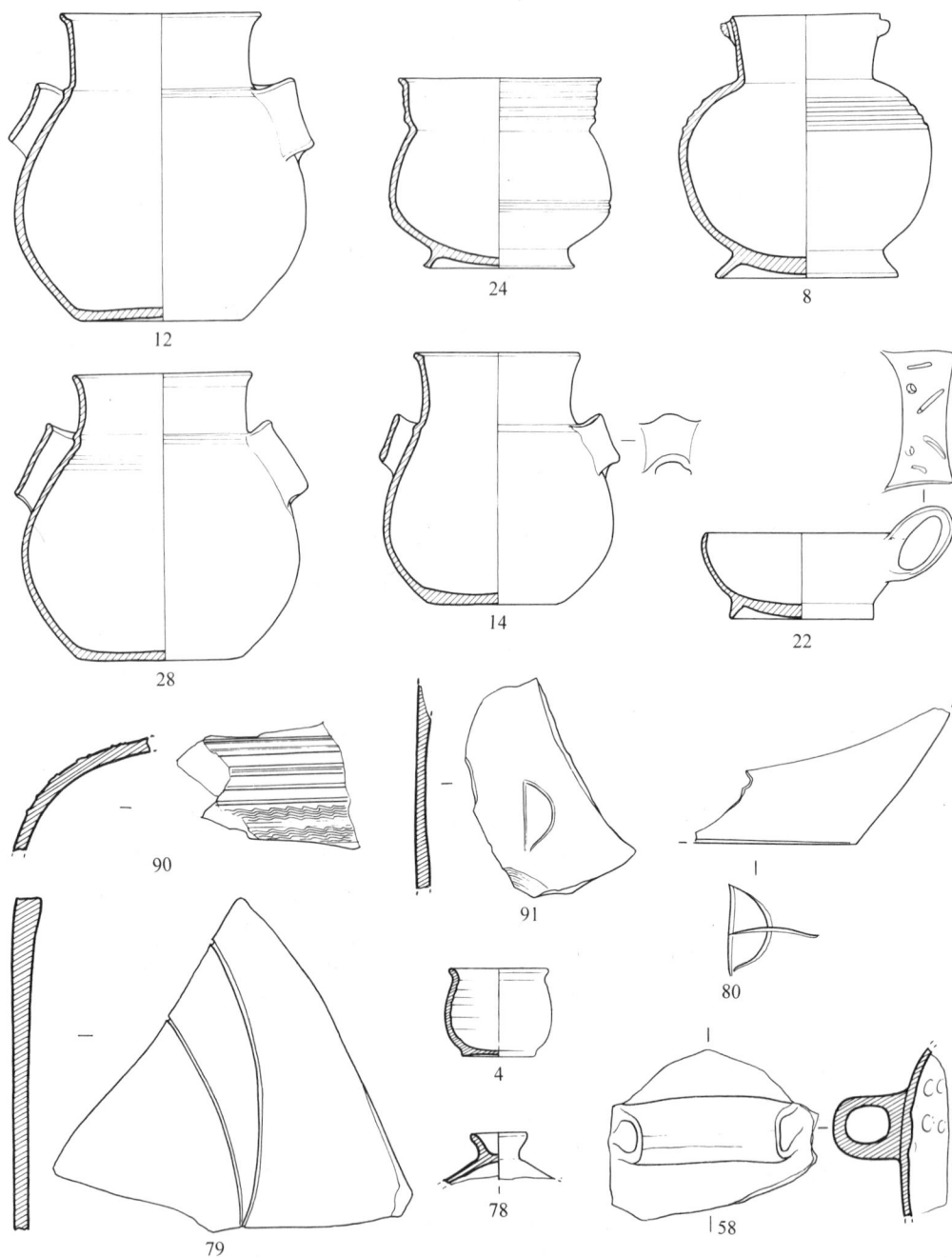

图二二一E　H1 出土陶器及刻符陶片

4.小罐　8.双鼻壶　12、14、28.贯耳壶　22.宽把杯　24.圈足罐　58.器耳　78.器盖　79、91.刻划符号陶片　80.罐底部残片　90.罐肩部残片（均为1/4）

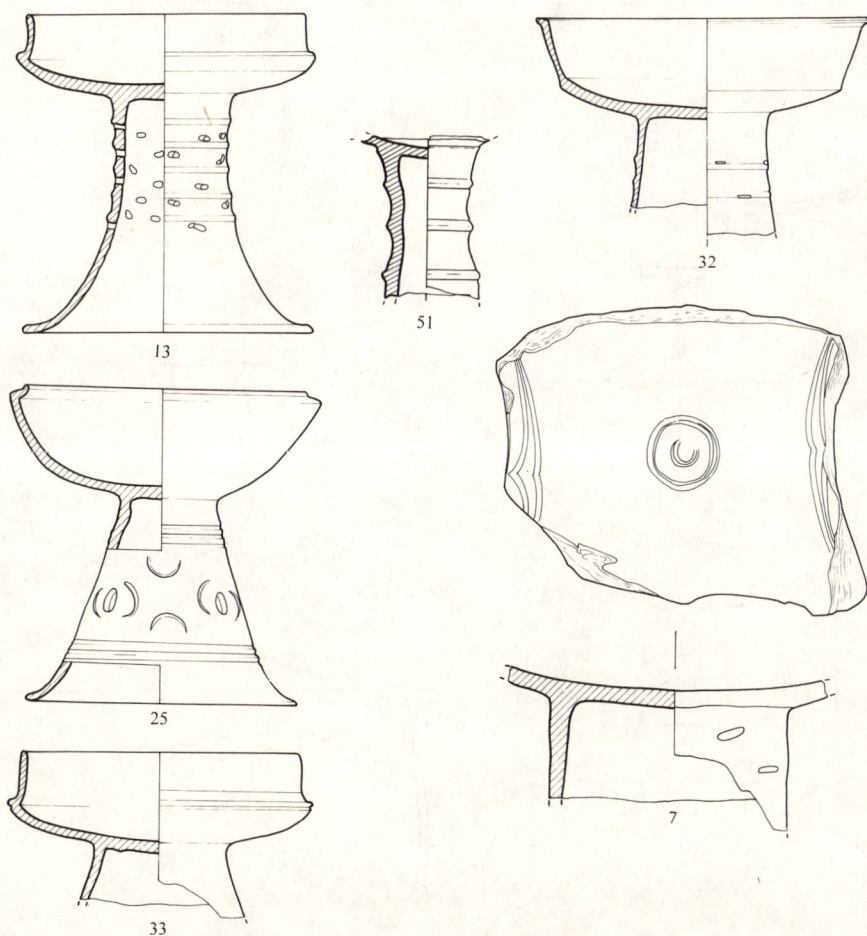

图二二一 F　H1 出土陶豆（7 为 1/2，余为 1/4）

H1:12，贯耳壶。泥质灰陶。侈口，肩部安两个竖向管状耳，圆弧腹，平底略凹。颈肩交接处饰一周凸弦纹。口径 11.7、腹部最大径 16.9、底径 9.4、高 17.3 厘米。（图二二一 E；彩版三二九，2）

H1:13，豆。泥质灰胎黑皮陶。子母口，子口高直，浅盘，喇叭形高把。把上部饰五道凸棱和组合扁圆形镂孔。口径 15.4、底径 15.9、高 17.2 厘米。（图二二一 F；彩版三二八，1）

H1:14，贯耳壶。泥质灰陶。口微侈，肩部安两个竖向管状耳，圆弧腹，平底。颈肩交接处饰一周凸弦纹。口径 9.7、腹部最大径 13.4、底径 7.4、高 14.2 厘米。（图二二一 E；彩版三二九，3）

H1:15，骨镞。动物肢骨磨制而成。翼截面近圆形，铤部已残。残长 5.4 厘米。

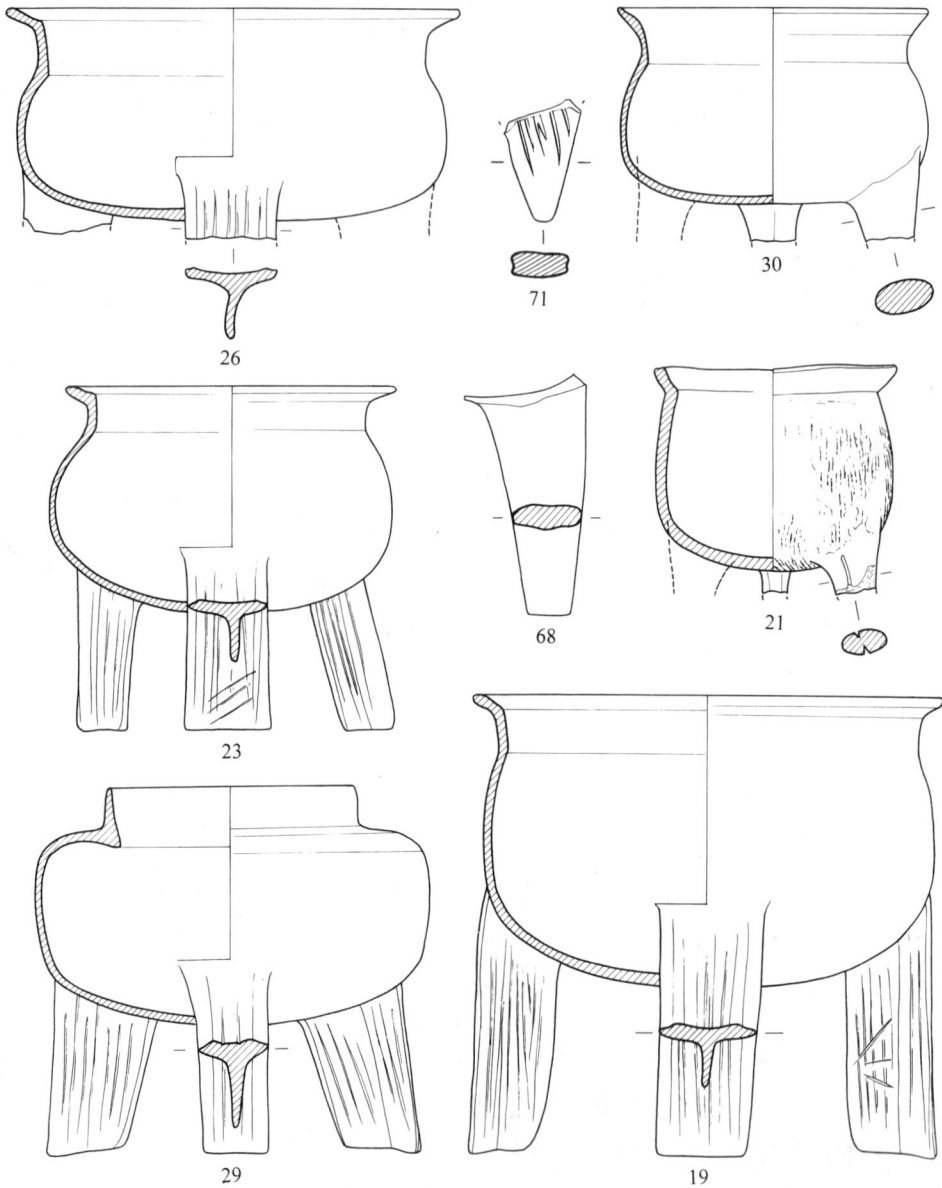

图二二一G　H1出土陶鼎（均为1/4）

（图二二一B；彩版三二四，5）

　　H1:16，石锛。青灰色流纹岩。扁平长方形，一面起段，作台阶状，段位于锛体三分之一处，下端侧刃，刃口锋利，无使用痕迹。长6.5、段长1.9、刃宽3.1厘米。（图二二一B；彩版三二四，3）

H1∶17，圈足盘。泥质黑陶。敞口微敛，平沿，浅盘，圈足宽矮。圈足中部间饰有五个镂孔和三组共六道凹弦纹，弦纹之间又饰上下两组戳印纹。口径22.8、底径20.4、高7.2厘米。（图二二一C；彩版三二六，3）

H1∶18，圈足盘。泥质灰陶。敞口，浅盘，圈足底部外折。宽圈足上饰圆形和三角形大镂孔组合纹。口径25、底径20.9、高10.4厘米。（图二二一C；彩版三二六，4）

H1∶19，鼎。夹砂灰褐陶。侈口，折沿，颈部显领，深弧腹，圜底，"T"字足正面略凹。一足侧面有刻划符号。口径25.9、高24.7厘米。（图二二一G；彩版三三〇，1）

H1∶20，盉。泥质灰胎黑皮陶，下部夹细砂。侈口，前端为舌形翘流，低领，束颈，扁鼓腹，环形把装于跟翘流相对一侧的肩腹部，矮圈足。肩腹部有三周凸棱。最大腹径13、底径8.2、高10.6厘米。（图二二一C；彩版三二五，4）

H1∶21，鼎。夹砂灰褐陶。侈口，折沿，方唇，束颈，深弧腹，圜底，横截面椭圆形的扁足，足尖已残。唇沿上有一周凹弦纹，外腹与底部满施绳纹，足两侧面上各有一道竖向深刻划。口径13.3、残高12.5厘米。（图二二一G；彩版三三〇，4）

H1∶22，宽把杯。泥质灰陶。微敛口，斜弧腹，圈足。口沿一侧附环形上翘宽把，把上装饰圆形和条形镂孔组合纹。口径11.2、高4.9厘米。（图二二一E；彩版三二五，3）

H1∶23，鼎。夹砂灰褐陶。侈口，折沿，内折棱明显，束颈，弧腹，圜底，"T"字形足足面微内凹。两足足面下方各有三道斜向刻划。口径18.4、高18.5厘米。（图二二一G；彩版三三〇，2）

H1∶24，圈足罐。泥质灰陶。直口，高领，鼓腹下坠，矮圈足。领外壁饰四周凸弦纹，鼓腹处饰两周凹弦纹。口径11.8、腹部最大径12.9、底径8.8、高10.8厘米。（图二二一E；彩版三二七，2）

H1∶25，豆。泥质灰陶。子母口，斜弧腹，喇叭形豆把。把中部装饰三组由圆形镂孔和半圆形戳印纹组成的组合纹，上下各饰一组凹弦纹。口径15.4、底径15、高17.1厘米。（图二二一F；彩版三二八，2）

H1∶26，鼎。夹砂灰褐陶。侈口，宽折沿，束颈显领，扁鼓腹，圜底近平，"T"字形足残。口径25.1、残高12.4厘米。（图二二一G；彩版三三〇，5）

H1∶27，石刀。淡青绿色凝灰岩。受沁器表剥蚀。长条形，背端弧凸，刃部近直。高2.7、宽7.75厘米。（图二二一B；彩版三二四，4）

H1∶28，贯耳壶。泥质灰陶。直口微侈，肩部安两个对称竖向管状耳，弧腹微鼓，平底。颈肩交接处饰一周凸弦纹。口径10.6、腹部最大径16.2、底径9、高16.1厘米。（图二二一E；彩版三二九，4）

H1∶29，鼎，罐形。夹砂灰陶。直口，竖领，扁鼓腹，圜底，"T"字足。口径

13.8、高 19.8 厘米。（图二二一 G；彩版三三〇，3）

　　H1：30，鼎。夹砂灰陶。侈口，卷沿，束颈，弧腹，浅圜底近平，厚实扁侧足，足尖已残。口径 17.1、残高 12.6 厘米。（图二二一 G；彩版三三〇，6）

　　H1：31，圈足罐。夹砂灰胎黑皮陶。侈口，束颈，深弧腹，底平，圈足。肩腹部饰两个对称鸡冠状宽鋬。口径 22.5、底径 17.8、高 16.4 厘米。（图二二一 D；彩版三二七，3）

　　H1：32，豆。泥质灰胎黑皮陶。侈口，斜折腹，喇叭形豆把已残。口径 18.4、残高 11.5 厘米。（图二二一 F；彩版三二八，3）

　　H1：33，豆。泥质灰黄胎黑皮陶。子母口，喇叭形豆把已残。口径 15.2、残高 8.9 厘米。（图二二一 F；彩版三二八，4）

　　H1：88，圈足盘。泥质灰陶。敞口，斜腹，圈足微外撇。口径 23.2、底径 18、高 6 厘米。（图二二一 C；彩版三二六，5）

　　除以上修复完整的器物外，另选择 H1 中有代表性的编号陶器标本介绍如下：

　　H1：38，双唇罐口沿片。泥质灰陶。子母口，母口下有三个穿系小孔。（图二二一 D）

　　H1：44，罐口沿。泥质红陶。侈口，圆唇。口径 13.6 厘米。（图二二一 D）

　　H1：46，罐口沿。泥质灰黑陶。侈口。口径 16 厘米。（图二二一 D）

　　H1：51，豆把。泥质灰陶。竹节形。（图二二一 F；彩版三二八，7）

　　H1：58，器耳。泥质灰陶。牛鼻形。（图二二一 E；彩版三二七，5）

　　H1：60，罐口沿。泥质红陶。翻沿。沿面上饰对称的两组戳印纹。口径 18 厘米。（图二二一 D；彩版三二七，6）

　　H1：61，罐口沿。泥质黄陶。侈口，卷沿。沿面上饰戳印纹。口径 23 厘米。（图二二一 D）

　　H1：68，扁方形鼎足。夹砂红陶。横截面扁方形。素面。（图二二一 G；彩版三三一，1）

　　H1：69，扁方形鼎足。夹砂红陶。横截面扁方形。素面。（彩版三三一，2）

　　H1：71，三角形扁侧鼎足。夹砂灰陶。足尖呈凿形。两侧面上有刻划纹。（图二二一 G）

　　H1：73，盉足。夹细砂灰黑陶。圆锥形，横截面圆形。（图二二一 C）

　　H1：78，器盖。泥质黄陶。圈足纽斗笠式。（图二二一 E）

　　H1：79，刻划符号陶片。泥质灰陶。为器物底，残留有一刻划符号。（图二二一 E；彩版三三一，3）

　　H1：80，罐底部残片。泥质灰黄陶。外底有一弓箭形刻划符号。（图二二一 E；彩

版三三一，4）

H1:89，盉。器身泥质黑皮陶，环形把夹细砂黑陶。器已残。（图二二一 C；彩版三二五，5）

H1:90，罐肩部残片。泥质灰陶。除施细弦纹外，还刻划水波纹。（图二二一 E；彩版三三一，6）

H1:91，刻划符号陶片。泥质灰陶。为某器物的底部残片。有一“D”形刻划符号。（图二二一 E；彩版三三一，5）

H3

位于 T602 东端，开口在第 1 层下，打破第 8 层和 H13。坑口平面略呈圆形，直径 1.68～2.1 米，坑圜底，深 0.5 米。（图二二二）填土主要是红烧土块，因烧制温度较低，红烧土块大多比较疏松，内含稻壳和秸秆，但未发现夹木骨的痕迹，因此难以判断是否跟房屋建筑有关，灰坑功能难以确定。坑内出土陶片较少，见陶甗残片、“T”字形鼎足及泥质红陶罐残片等，陶片上未见过烧迹象。其陶系和器形的统计参见表三。

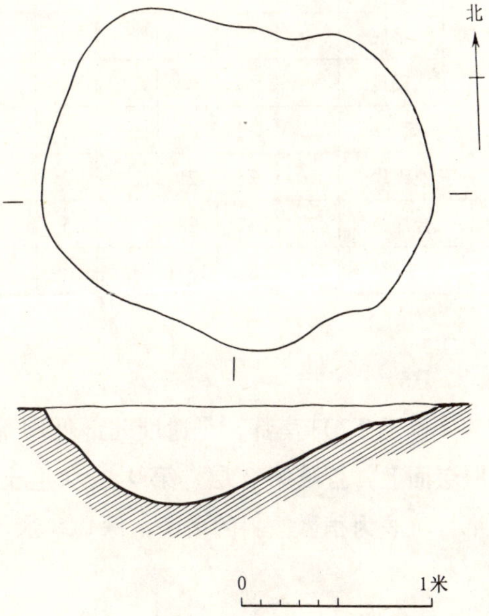

图二二二　H3 平剖面图

表三　　H3 陶器主要器形与陶系统计表

器形 \ 陶系			夹砂陶 红	夹砂陶 灰	夹砂陶 黑	夹砂陶 红胎黑衣	夹砂陶 红胎红衣	泥质陶 红	泥质陶 灰	泥质陶 黑	泥质陶 橘黄	泥质陶 灰黄	泥质陶 灰胎黑衣	泥质陶 黄胎黑衣	合计	%
鼎	口		7	5	1		3								16	16.7
鼎	足	锥														
鼎	足	鱼	1												1	
鼎	足	T	10	1											11	
鼎	足	凿														
鼎	足	方														

续表三

陶　系		夹砂陶					泥质陶						合计	%
器　形		红	灰	黑	红胎黑衣	红胎红衣	红	灰	黑	橘黄	灰黄	灰胎黑衣	黄胎黑衣		
罐	口									2				2	
	平底														1.2
	圈足														
甗		2												2	1.2
其他碎片		50	25	21		2		4	11	16	7			136	81
合计		70	31	22		5		4	11	18	7			168	
%		41.7	18.5	13.1		2.9		2.4	6.5	10.7	4.2				100

H5

位于 T303 南部，是遗址北部低地部分保存的两个灰坑之一。开口于 G1 下的第 3
层层面上，打破第 3 层、第 4 层和生土层。坑口略呈椭圆形，长径 1.29、短径 0.86
米，坑底为稍微倾斜的平底，深 0.8 米。（图二二三）坑内填土为土质较松软的浅灰色

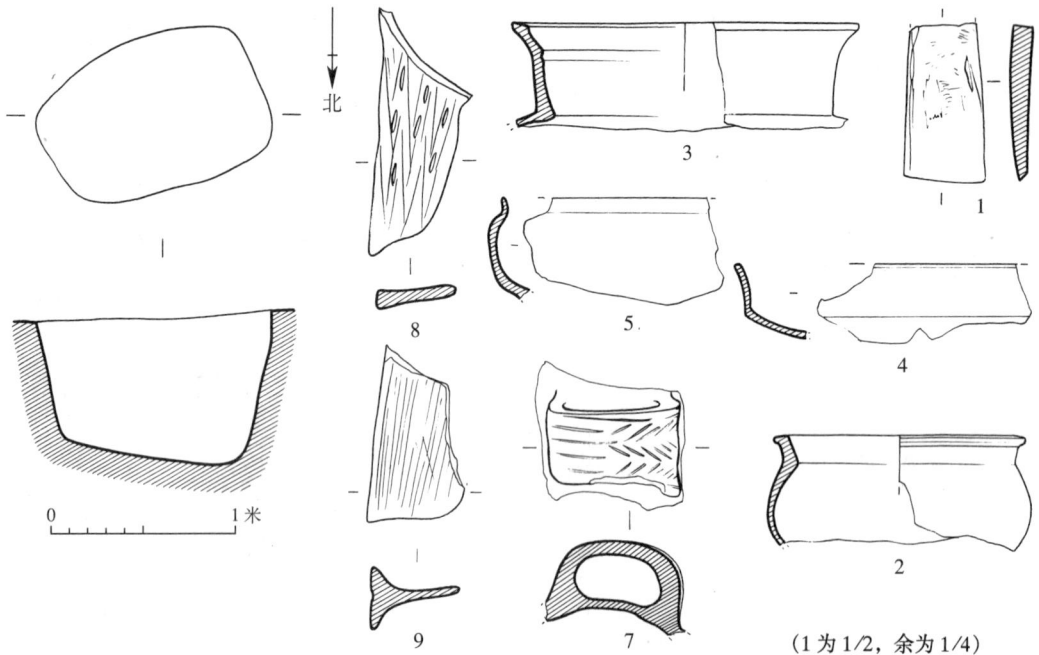

（1 为 1/2，余为 1/4）

图二二三　H5 平剖面图及其出土石、陶器

1. 石锛　2、3. 鼎口沿　4. 豆盘　5. 罐　7. 器盖　8、9. 鼎足

土。出土遗物除一件完整的石锛外，还有"T"字形鼎足、鼎口沿片、泥质红陶罐片、夹砂黑皮陶圈足罐片、泥质黑皮陶豆盘、器把和少量兽骨。H5 坑壁规整，原先可能为人工特意开挖的储藏坑，废弃后成为垃圾坑。对其陶系和器形的统计可参见表四。

表四　　　　　　　　　　　　H5 陶器主要器形与陶系统计表

器形			夹砂陶					泥质陶							合计	%
陶系			红	灰	黑	红胎黑衣	黑胎黑衣	红	灰	黑	灰黄	灰胎黑衣	黑胎黑衣	黄胎红衣		
鼎	口		1		5										6	5.4
鼎	足	锥														
鼎	足	鱼			4										4	
鼎	足	T			5										5	
鼎	足	凿														
鼎	足	方														
罐	口							1						1	2	2.9
罐	平底										1		1		2	
罐	圈足				3							1			4	
圈足盘	口沿							1						1	2	0.7
圈足盘	圈足															
甗					2										2	0.7
豆	把															1.1
豆	盘												3		3	
器盖			1		2									1	4	1.4
其他碎片			8		151			25			12	1	15	30	242	87.7
合计			10		172			27			13	2	19	33	276	
%			3.6		62.3			9.8			4.7	0.7	6.9	12		100

H5:1，石锛。黑色流纹岩。平面长方形，弧背，斜刃。长 4.2、刃宽 2.15 厘米。（图二二三；彩版三三二，1）

H5:2，鼎口沿。夹砂灰褐陶。口径 13.9 厘米。（图二二三）

H5:3，鼎口沿。夹砂黑陶。高领。口径 19 厘米。（图二二三）

H5:4，豆盘。泥质黑皮陶。侈口，竖折腹。（图二二三）

H5:5，罐。泥质灰黄陶。直口，扁鼓腹。（图二二三）

H5:7，器盖。夹砂黑陶。残，仅存桥形把纽，把面上刻划纹饰。（图二二三）

H5:8，鼎足。夹砂褐陶。扁平鱼鳍形。（图二二三）

H5:9，鼎足。夹砂灰褐陶。"T"字形。（图二二三）

H7

位于 T506 与 T507 的交界处及 T406，开口于第 2 层下，为 M14、M26、M33、M68、M70 与马桥文化时期 H6 打破或叠压，打破第 5 层、第 6 层和 G2。坑口平面呈南端窄尖、北端略宽的不规则喇叭形，北端由于发掘范围所限，未到坑边。南北最长处超过 12.7 米，东西最宽处超过 11.7 米，深 0.7 米，是新地里遗址中面积较大的灰坑之一。坑内填土自上而下分为 3 层。第 1 层为含草木灰较多的灰黑土层，出土遗物除石凿和石镞两件完整的石器外，还有砺石、残"耘田器"、"T"字形鼎足、凹弧形鼎足、豆把等；第 2 层为灰褐土层，除出土一件带有锯切割痕迹的玉料外，还有鱼鳍形鼎足、凹弧形鼎足、泥质黄陶罐口沿、圈足盘底、豆盘等；第 3 层又为含草木灰的黑土层，出土遗物有残石犁、砺石、凹弧形足鼎、泥质红陶罐口沿、三足盘瓦足、圈足盘底、豆盘、鱼鳍形鼎足、"T"字形鼎足和夹砂红陶缸等。（图二二四 A）从各层出土的遗物来看，H7 三个堆积层间的年代跨度并不大，而从其堆积相分析，H7 应是堆置生活废弃物的垃圾坑。对 H7 各层陶器陶系和器形的统计参见表五～七。

表五　　　　　　　　　　**H7①陶器主要器形与陶系统计表**

陶系／器形		夹砂陶					泥质陶						合计	%
		红	灰	黑	红胎黑衣	黑胎黑衣	红	灰	黑	橘黄	灰黄	灰胎黑衣		
鼎	口	2	2	3									7	
	锥													
	鱼	2											2	
	T	5											5	7.6
	凹	1		3									4	
	方	1											1	
罐	口						1			1			2	
	平底						1	1		2			4	2.4
	圈足													
圈足盘	口沿							3				1	4	2
	圈足											1	1	

续表五

器形		夹砂陶 红	夹砂陶 灰	夹砂陶 黑	红胎黑衣	黑胎黑衣	泥质陶 红	泥质陶 灰	泥质陶 黑	橘黄	灰黄	灰胎黑衣	合计	%
缸		1											1	0.4
甗				1									1	0.4
豆	把							2				3	5	2.8
豆	盘							2					2	
器盖				1									1	0.4
其他碎片		44	6	31			32	23		35	22	18	211	84.1
合计		56	8	39			34	31		38	22	23	251	
%		22.3	3.2	15.5			13.5	12.4		15.1	8.8	9.2		100

表六　　　　　　　　H7②陶器主要器形与陶系统计表

器形			夹砂陶 红	夹砂陶 灰	夹砂陶 黑	粗泥陶	泥质陶 红	泥质陶 灰	泥质陶 黑	橘黄	灰黄	灰胎黑衣	黄胎黑衣	合计	%
鼎	口		7	1	6									14	17.5
鼎	足	锥													
鼎	足	鱼	14											14	
鼎	足	丁	5											5	
鼎	足	凹	2											2	
鼎	足	方													
罐	口		1	2	1	1	2			4	1			12	13
罐	平底						5	1		4				10	
罐	圈足			1	1			2						4	
圈足盘	口沿														2
圈足盘	圈足							1				3		4	
缸			1	1										2	1
甗					1									1	0.5
豆	把							1						1	1.5
豆	盘							2						2	
器盖				1				1						2	1
双鼻壶												1		1	0.5
盉	口														0.5
盉	把														
盉	足			1										1	

续表六

器形＼陶系	夹砂陶				泥质陶							合计	%
	红	灰	黑	粗泥陶	红	灰	黑	橘黄	灰黄	灰胎黑衣	黄胎黑衣		
其他碎片	7	1	14		21	20		53	2	7		125	62.5
合计	37	8	23	1	28	28		61	3	11		200	
%	18.5	4	11.5	0.5	14	14		30.5	1.5	5.5			100

表七　　　　　　　　　　H7③陶器主要器形与陶系统计表

器形		夹砂陶					泥质陶								合计	%
		红	灰	黑	黄胎黑衣	黑胎黑衣	红	灰	黑	橘黄	灰黄	灰胎黑衣	黑胎黑衣	黄胎红衣		
鼎	口	11	6	13	1	1									32	
鼎	足 锥															11.3
鼎	足 鱼	19	5	1											25	
鼎	足 丁	5													5	
鼎	足 凿	4													4	
鼎	足 凹	1		2											3	
罐	口		1	2			2			5	1	1		3	15	
罐	平底						2	2		1			1	1	7	4.9
罐	圈足	2	2								2		2		8	
圈足盘	口沿							1			2		1		4	
圈足盘	圈足															0.7
缸		2	1												3	0.5
瓿			1	6											7	1.1
豆	把							5							5	
豆	盘										1	1			2	1.1
器盖		1	1	8											10	1.6
匜			2												2	0.3
三足盘								2							2	0.3
其他碎片		41	102	91			29	41	7	116	16	8	22	5	478	78.1
合计		86	121	123	1	1	33	51	7	122	22	10	26	9	612	
%		14.1	19.8	20.1	0.2	0.2	5.4	8.3	1.1	19.9	3.6	1.6	4.2	1.5		100

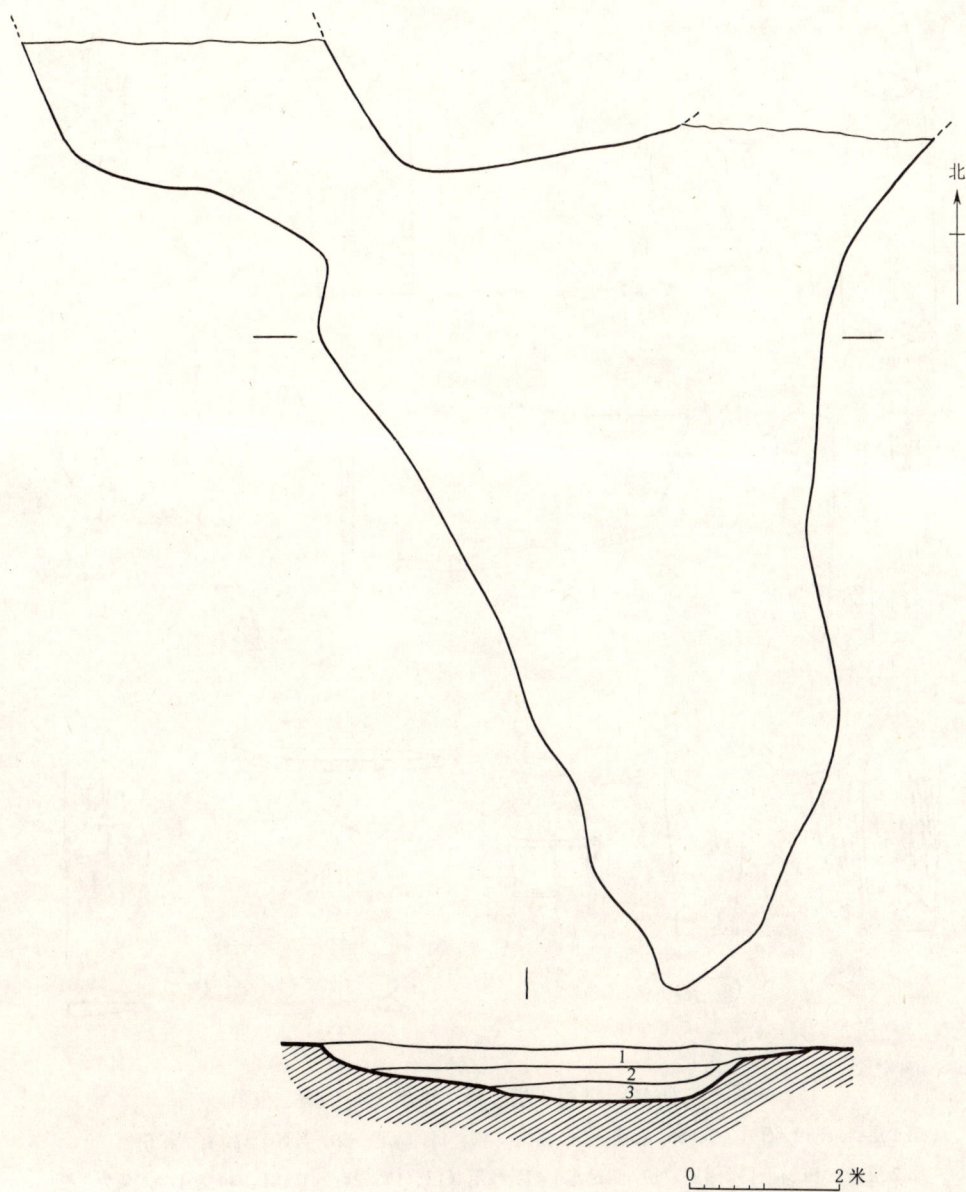

图二二四 A　H7 平剖面图

1. 灰黑土层　2. 灰褐土层　3. 黑土层

H7 第 1 层标本：

H7①:1，石镞。青灰色凝灰岩。柳叶形，前锋已残，横截面菱形，三角形扁铤。残长 5.95、铤长 2.5 厘米。（图二二四 B；彩版三三二，3）

图二二四B H7第1层、第2层出土石、陶、玉器

第1层：1、49.石镞 2、55.石凿 24.豆把 42、44.鼎足 50.砺石 52.石"耘田器"

第2层：3.玉料 13.罐底 17.圈足盘 41.鼎足（13、17、24、41、42、44为1/4，余为1/2）

H7①:2，石凿。黑色流纹岩。狭长条形，单面斜刃，尾端残断。残长6.2、宽1.4厘米。（图二二四B；彩版三三二，4）

H7①:24，豆把。泥质灰陶。细竹节形。（图二二四B）

H7①:42，鼎足。夹砂灰褐陶。"T"字形。足三面都有竖向刻划，正面下方有一"X"形刻划符号。（图二二四B）

H7①:44，鼎足。夹砂红褐陶。扁方形。（图二二四B）

H7①：49，石镞。青灰色凝灰岩。柳叶形，铤部残。残长8.95厘米。（图二二四B；彩版三三二，5）

H7①：50，砺石。青灰色砂岩。略呈扁方体，两个宽面为磨砺面。残长6.7厘米。（图二二四B；彩版三三二，6）

H7①：52，石"耘田器"。青色凝灰岩。残断，原凸块处已磨平，似改为他用。残宽8.5厘米。（图二二四B；彩版三三三，1）

H7①：55，石凿。淡青灰色流纹岩。狭长条形，上部已残。残长3.2、刃宽1.1厘米。（图二二四B）

H7第2层标本：

H7②：3，玉料。淡青绿色，质地细腻。不规则的长条形，一侧有一两面锯切割然后打断的台痕，另一面也有一切割痕迹。切割的光面上留有细密的直向摩擦痕。长7.6、最厚2.1厘米。（图二二四B；彩版三三二，2）

H7②：13，罐底。泥质黄陶。平底外侧有凸脊。底径8.2厘米。（图二二四B）

H7②：17，圈足盘。泥质黑皮陶。残存底部。外底有"X"形刻划符号。（图二二四B；彩版三三四，1）

H7②：41，鼎足。夹砂红陶。鱼鳍形。足两侧面上施直线刻划和不通的镂孔。（图二二四B）

H7第3层标本：

H7③：4，砺石。灰白色细砂岩。不规则长条形，有四个磨砺面。长8.65、宽3.1、厚2.1厘米。（图二二四C；彩版三三二，7）

H7③：5，砺石。灰褐色砂岩。残断。有四个磨砺面。残长7.1、宽6.6、最厚5.4厘米。（图二二四C）

H7③：6，石犁。浅青灰色凝灰岩。整体式石犁，已残断，仅存尾部一角。刃部斜直，单面刃，尾端平直，中间有一半圆形凹缺，犁身残留一个穿孔。残长24.1厘米。（图二二四C；彩版三三三，2）

H7③：7，鼎。夹砂黑陶。敞口，微束颈，直折腹，圜底，凹弧足。腹部遍施凹弦纹呈瓦棱状，足面上有三道竖向刻道。口径32、通高22.6厘米。（图二二四D；彩版三三三，3）

H7③：8，罐口沿。泥质红陶。卷沿，沿内侧有凸脊。沿面上饰锥刺纹。口径23.8厘米。（图二二四D；彩版三三四，2）

H7③：14，三足盘。泥质灰陶。残，仅存瓦足。足面上有竖向刻划纹。（图二二四D；彩版三三四，3）

H7③：16，杯。泥质灰陶。侈口，束颈，弧腹下垂，底残。（图二二四D）

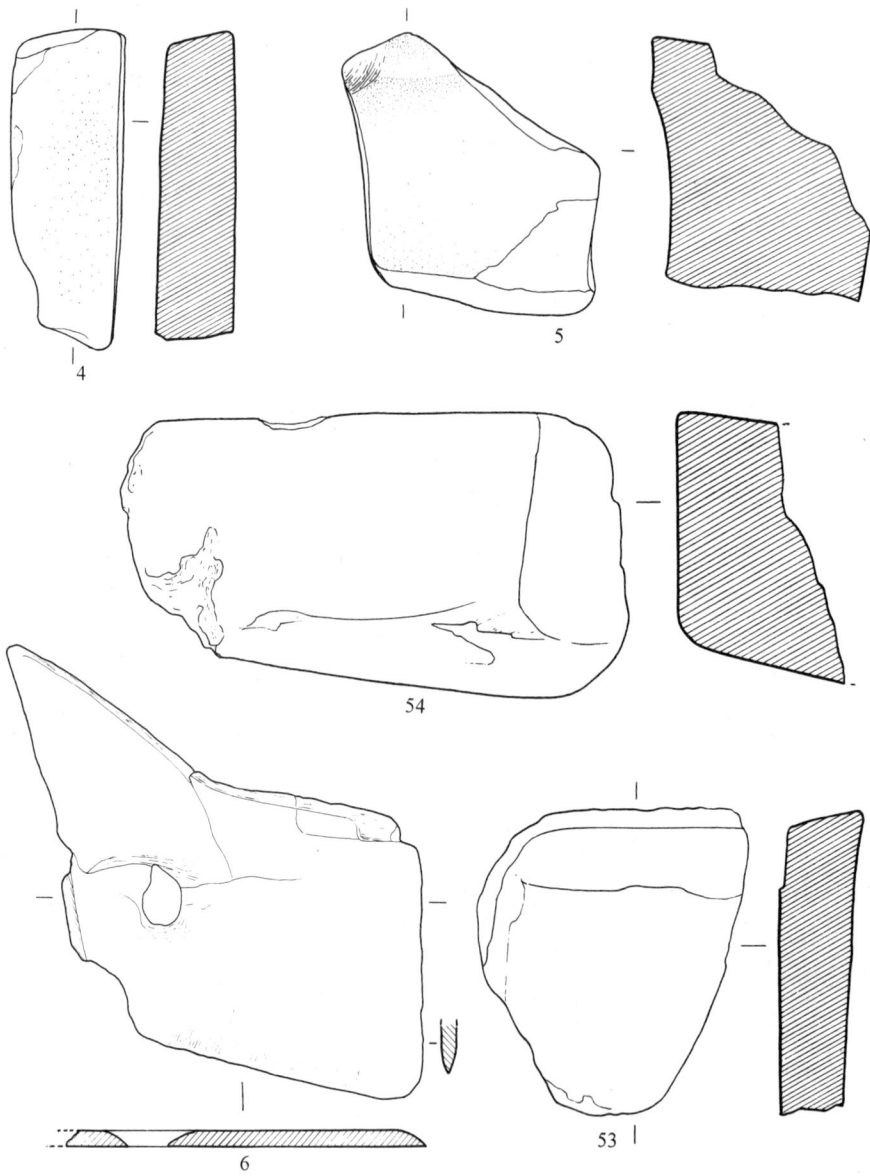

图二二四 C　H7 第 3 层出土石器

4、5、53、54.砺石　6.石犁（6 为 1/4，余为 1/2）

H7③:18，圈足盘。泥质灰黄陶。残存圈足。圈足中部饰凹弦纹一周。（图二二四 D）

H7③:19，圈足盘。泥质灰褐陶。敞口，翻沿，沿内侧有凸脊，弧腹，圈足。（图二二四 D）

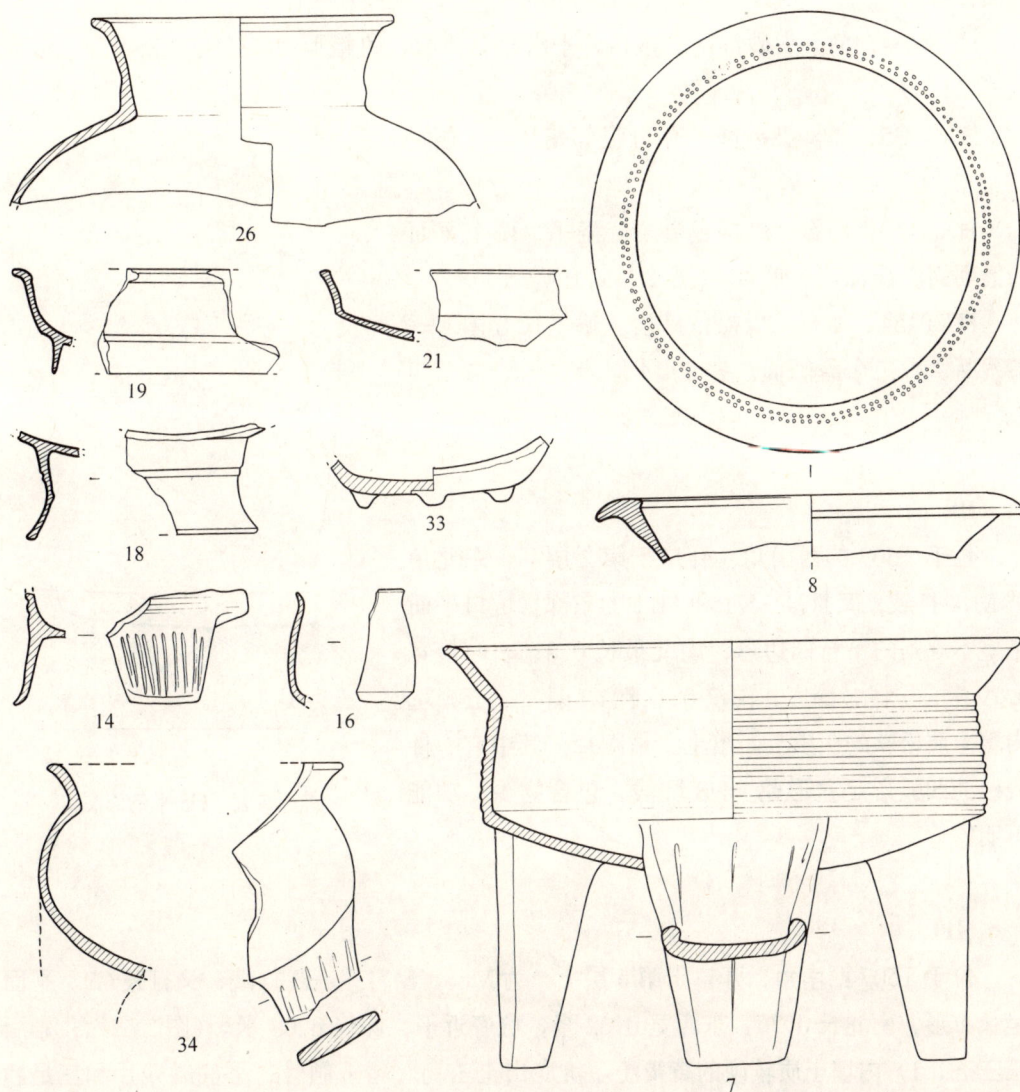

图二二四 D　H7 第 3 层出土陶器

7、34. 鼎　8、26. 罐　14. 三足盘　16. 杯　18、19. 圈足盘　21. 豆　33. 盘（均为 1/4）

H7③:21，豆盘。泥质灰陶。侈口，方唇，斜折腹。（图二二四 D）

H7③:26，罐口沿。夹砂灰褐陶。折沿，高领，广肩。口径 16.6 厘米。（图二二四 D）

H7③:28，鼎。夹砂陶。残存凹弧形鼎足。（彩版三三三，5）

H7③:33，盉。夹砂红陶。残存器底。底近平，三乳丁足。（图二二四 D；彩版三

三四，4）

H7③:34，鼎。夹砂红陶。侈口，平沿，圆弧腹，鱼鳍形足。（图二二四 D；彩版三三三，4）

H7③:35，鼎。夹砂陶。存口腹部残片。（彩版三三三，6）

H7③:53，砺石。红褐色砂岩。扁平，两个宽面为磨砺面。残长 8.1 厘米。（图二二四 C）

H7③:54，砺石。青褐色砂岩。略呈长方体，一端残断，有三个磨砺面。残长 14 厘米。（图二二四 C）

H8

位于 T507 的西南角，开口于第 2 层下，东北角被 M14 打破，又打破 M71 和 H11 的东部。坑口平面略呈不规则的平行四边形，南北最长 0.8、东西最宽 0.79 米，坑浅，圜底，深仅 0.1 米。（图二二五）坑内填土质松软的灰黑土。出土少量陶片，其中有一件残破的凹弧形足盆形鼎。H8 坑浅，包含物少，功能不明。

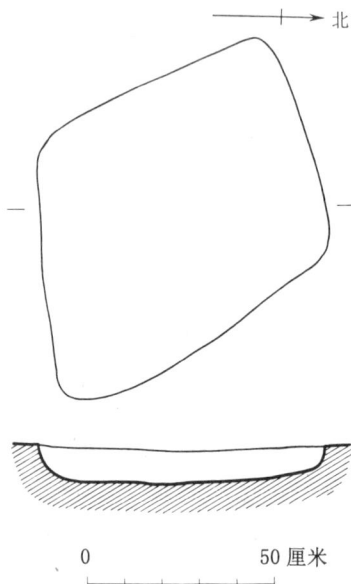

图二二五　H8 平剖面图

H11

位于 T507 西南角，开口于第 5 层下，为 M68、M71 和 H8 打破，又打破 G2。平面呈长方形，南北长 0.76、东西宽 0.62 米，坑底近平，深仅 0.08 米。（图二二六；彩版三三五，1）内填土质较硬的黄褐土。坑底出土玉鸟、猪下颌骨、平底罐残片和三足翘流盉底共 4 件遗物。由于有玉鸟和猪下颌骨等特殊埋设物出土，推测 H11 应是祭祀坑。

H11:1，玉鸟。透闪石软玉，受沁后玉色已变白，局部还有黑色沁斑。玉鸟首尾长 2.3、高 1.3、厚 0.5 厘米。整器圆雕，作侧立状。身躯略呈倒三角形，较厚实丰满，前端渐细，与鸟头间琢出明显分界。鸟头较小，高、宽仅在 0.3～0.4 厘米，作垂首状。鸟头两面分别以小型桯钻碾出圆形小凹窝状双眼，又以两面相向切割的方式琢出上窄浅、下宽深的"V"字形尖角状鸟嘴。头顶凸起的条形鸟冠再以两面碾磨减地的方式琢出，宽不足 0.1 厘米。鸟尾为扁平条形，顺着身躯后端的弧线逐渐收缩而成，与身躯连成一体，界限不明确。鸟足则被巧妙地利用，身躯下端代表足部的小方凸块上对钻一横向小孔。（图二二六；彩版三三五，2、3）

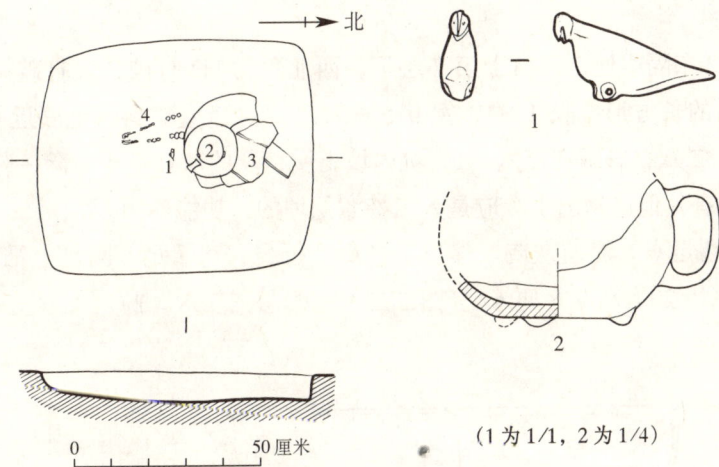

（1 为 1/1，2 为 1/4）

图二二六　H11 平剖面图及其出土玉、陶器
1. 玉鸟　2. 盉　3. 罐　4. 猪下颌骨

H11:2，盉。夹砂灰褐陶。仅存底部和一侧腹部，弧腹部有一环形把，平底上有三乳丁足。残高 7.8 厘米。（图二二六；彩版三三五，4）

H11:3，罐。泥质灰黄陶。斜腹，平底，腹部以上残。（彩版三三五，5）

H11:4，猪下颌骨。吻部瘦尖，经鉴定为幼年猪。

H12

位于 T504 与 T505 的交界处，开口于第 9C 层下，为 M12、M48、M54 叠压，打破第 12 层和生土层。平面近圆形，长径 2.36、短径 2.1 米，圜底，深 0.94 米。（图二二七）坑内填土为土质疏松的黑色草木灰。遗物很少，仅见夹砂陶鼎口沿一片。H12 坑壁规整，应是人工特意开挖而成，原先可能为窖藏或储藏坑，废弃后专门堆置草木灰。

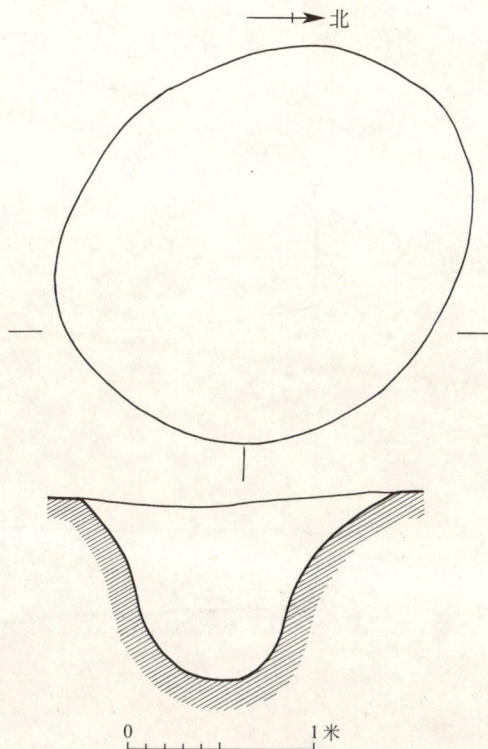

图二二七　H12 平剖面图

H13

位于 T602 东隔梁处，开口于第 2 层下，西北角为 H3 打破，又打破第 8 层。坑口平面呈不规则的长方形，长 1.84、宽 0.5～0.74 米，边壁略斜，坑底近平，深 0.2～0.3 米。(图二二八；彩版三三六，1) 坑内填土质稍硬的灰黄色土。除一件可以复原的圈足盘外，没有其他遗物出土，应是人工特意挖埋的，功能不明。

H13:1，圈足盘。泥质灰陶。侈口，卷沿，折腹，宽圈足。圈足上饰两周凸弦纹。口径 25.3、底径 20、高 9.8 厘米。(图二二八；彩版三三六，2)

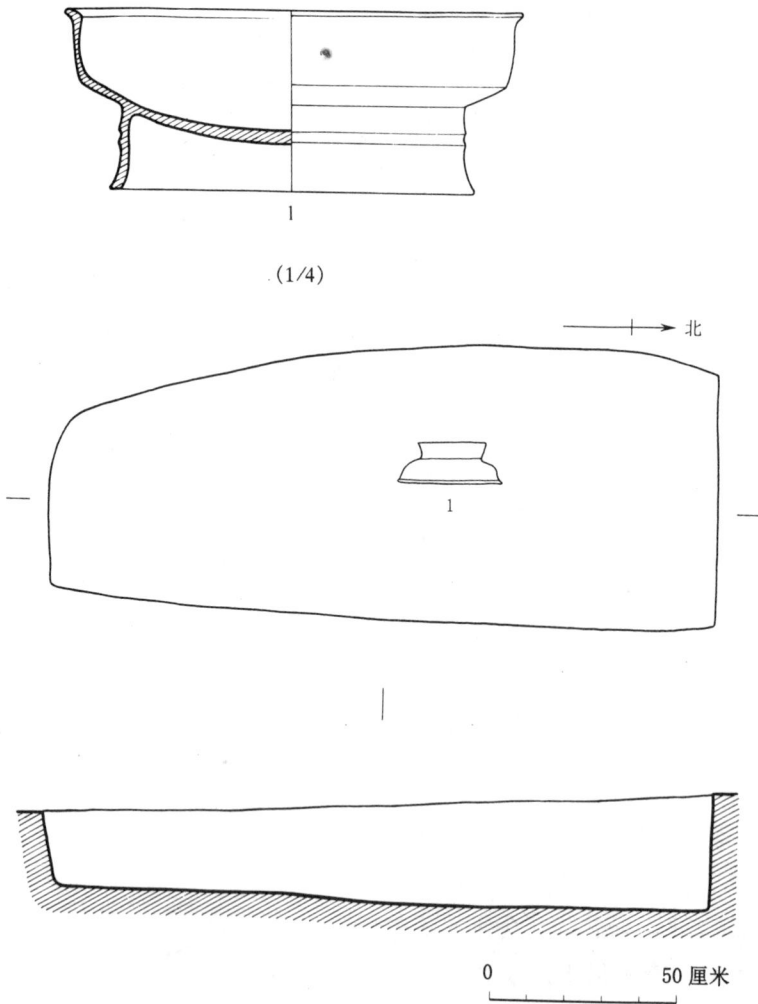

(1/4)

图二二八　H13 平剖面图及其出土陶圈足盘

1. 圈足盘

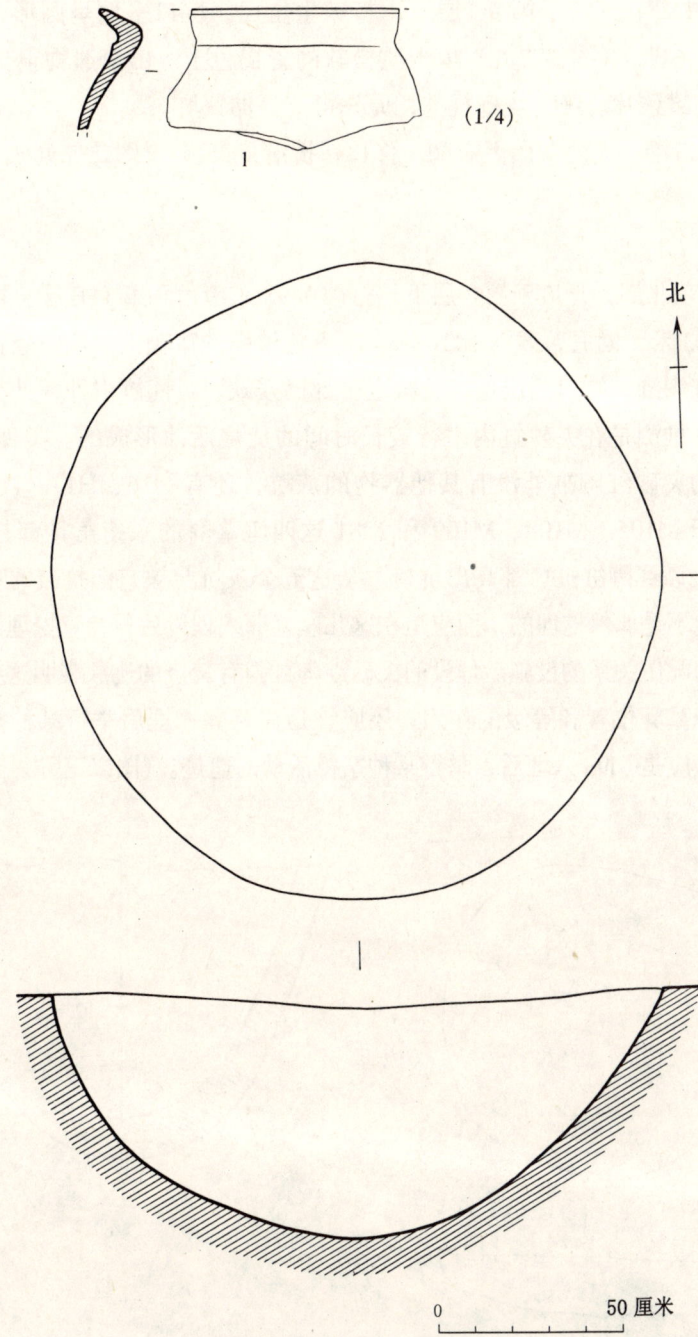

(1/4)

1

北

0　　　　　50 厘米

图二二九　H14 平剖面图及其出土陶罐口沿
1. 罐口沿

H14

位于 T605 中部，开口于第 9C 层下，打破生土面。坑口平面呈圆形，直径约 1.7 米，圜底，深 0.6 米。（图二二九）填土质松软的青褐色土。出土遗物很少，仅见一件泥质灰胎黑衣陶罐残片。H14 坑壁规整，原先可能是储藏坑。

H14:1，罐口沿。泥质灰胎黑衣陶。侈口，折沿，束颈。（图二二九）

H15

位于 T703 东北部，开口于第 8 层下，打破 M98 东南角和第 11B 层。坑口平面近圆形，直径约 0.83 米，圜底，残深 0.16 米。填土色偏黑的黄花土。坑内竖直放置一个口部向上的夹砂红陶缸，缸口高出坑口，缸上半部已残缺。近陶缸内外壁处都有一圈板结变硬的黄褐土，推测是在夹砂缸内举行较长时间的焚烧后才形成的。类似 H15 这样坑内除专门埋设的夹砂红陶缸外没有其他器物的灰坑，还有 H16、H17、H18 和 H49 四个，分别发现于 M105、M108、M109 和 M81 这四座墓葬的东南角且都打破了墓坑的填土，埋设的夹砂红陶缸缸口都高出坑口。从这五个灰坑与被它们打破的墓葬的关系来看，这些灰坑绝不是偶然挖埋的，而应是在这几座墓葬入埋以后再特意挖埋的，它们显然是跟墓葬有密切配伍关系的设施。埋设的夹砂红陶缸内有焚烧的迹象表明这些夹砂红陶缸不仅仅具有标识墓葬位置和等级的作用，还应该是在墓葬入埋后举行某种祭祀活动的遗迹，因此，H15 应是 M98 入埋后，举行某种祭祀活动的遗迹。（图二三〇）

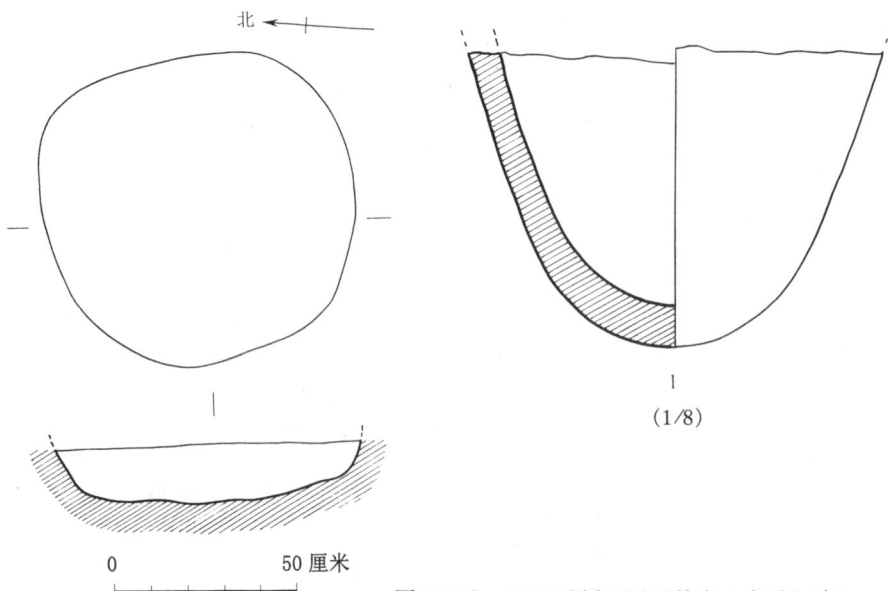

图二三〇　H15 平剖面图及其出土夹砂红陶缸

1. 夹砂红陶缸

H15:1，夹砂红陶缸。上部已残，厚胎，尖圜底。残高 32 厘米。(图二三〇；彩版三三七，1)

H16

位于 T508 东部，开口于第 6 层下，打破 M105 东南角和东面早期土台。坑口平面呈圆形，直径约 0.4 米，圜底，残深仅 0.1 米。填黄褐色土。坑内竖直放置一个口部向上的夹砂红陶缸，缸口高出坑口，缸上半部已残缺。H16 的性质应跟 H15 一样，是在 M105 入埋以后特意挖埋的、举行某种祭祀活动的遗迹。(图二三一)

H16:1，夹砂红陶缸。上部残，仅存底部，厚胎，圜底。外腹部饰篮纹。残高 14.4 厘米。(图二三一；彩版三三七，2)

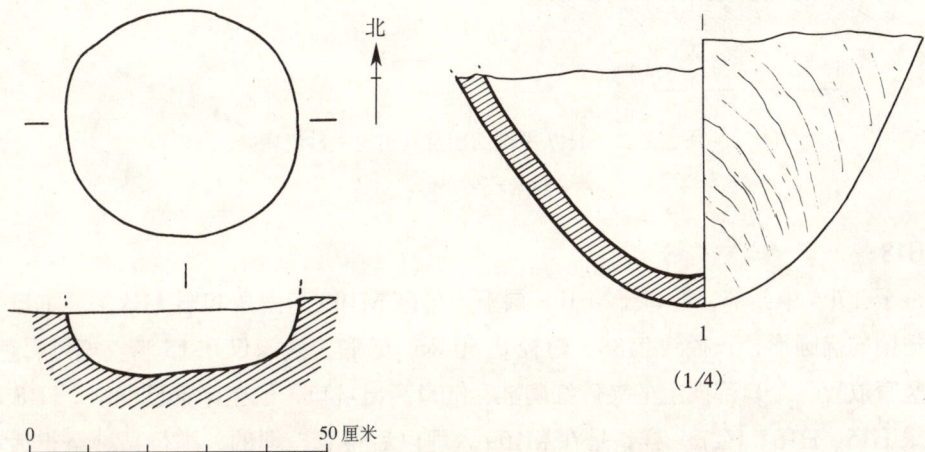

(1/4)

图二三一　H16 平剖面图及其出土夹砂红陶缸
1. 夹砂红陶缸

H17

位于 T703 东隔梁部，开口于第 8 层下，打破 M108 东南角和第 11B 层。坑口平面椭圆形，长径 1.12、短径 0.86 米，圜底，残深仅 0.1 米。填黄灰色土。坑内竖直放置一个口部向上的夹砂红陶缸，缸口高出坑口。H17 的性质应跟 H15 和 H16 一样，是在 M108 入埋以后特意挖埋的、举行某种祭祀活动的遗迹。(图二三二；彩版三三六，3)

H17:1，夹砂红陶缸。敞口，斜直腹，圜底，胎壁较厚。外腹部施篮纹。口径 55.2、高 42.8 厘米。(图二三二；彩版三三七，3)

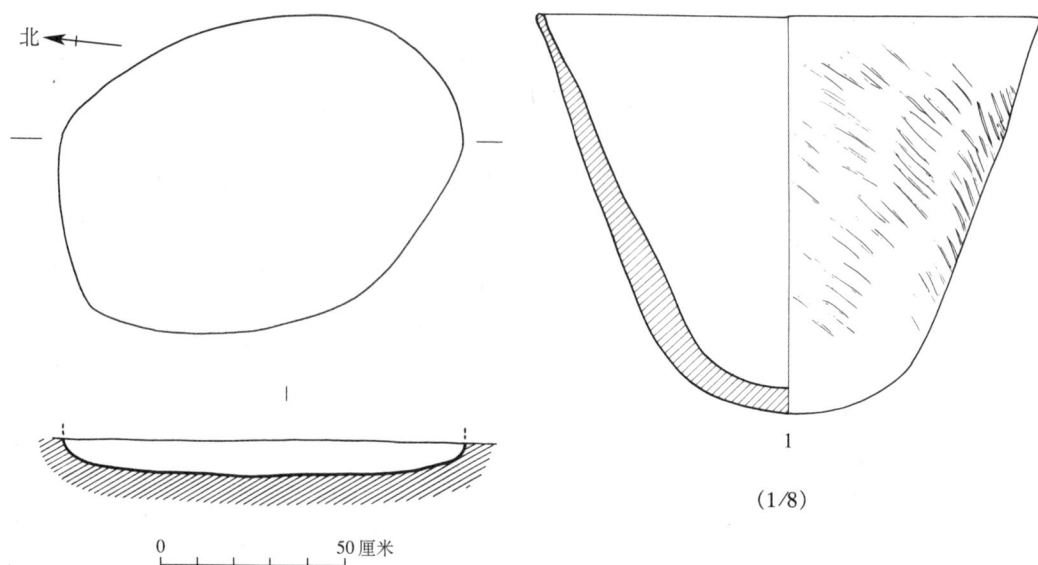

图二三二　H17平剖面图及其出土夹砂红陶缸
1.夹砂红陶缸

H18

位于T704中西部，开口于第10E层下，打破M109东南角和第11B层。坑口平面呈不规则的椭圆形，长径约0.88、短径0.50米，圜底，残深仅0.15米。填黑褐色土。坑内竖直放置一个口部向上的夹砂红陶缸，缸口高出坑口，缸上半部已残缺。H18的性质应跟H15、H16、H17一样，是在M109入埋以后特意挖埋的、举行某种祭祀活动的遗迹。（图二三三）

H18:1，夹砂红陶缸。残，仅存底部，斜直腹，胎壁较厚，圜底。外腹部素面。残高23.4厘米。（图二三三；彩版三三七，4）

H19

位于T602中西部，开口于第8层下，打破M110北部和第11B层。坑口平面呈不规则的椭圆形，直径1.05~1.4米，坑底近平，坑深0.26米。（图二三四）出土的遗物较少，复原的陶器有圈足盘和器盖各一件，应是从M110中扰出的器物。其他还有一个夹砂红陶鱼鳍形鼎足和7片陶器碎片，碎陶片中有夹砂红陶3片，夹砂黑陶2片，泥质灰胎黑皮陶2片。H19坑壁规整，功能不明。

H19:1，圈足盘。泥质黑皮陶。直口，方唇，折腹，圈足。口径19、底径12.8、高6.6厘米。（图二三四；彩版三三八，1）

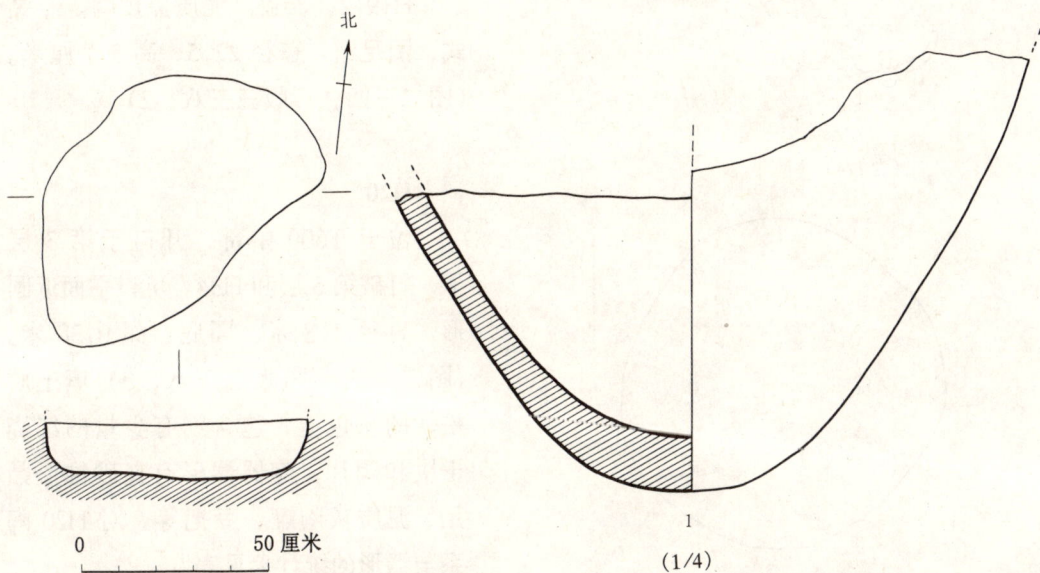

北

0　　　　　50 厘米

1
（1/4）

图二三三　　H18 平剖面图及其出土夹砂红陶缸
1. 夹砂红陶缸

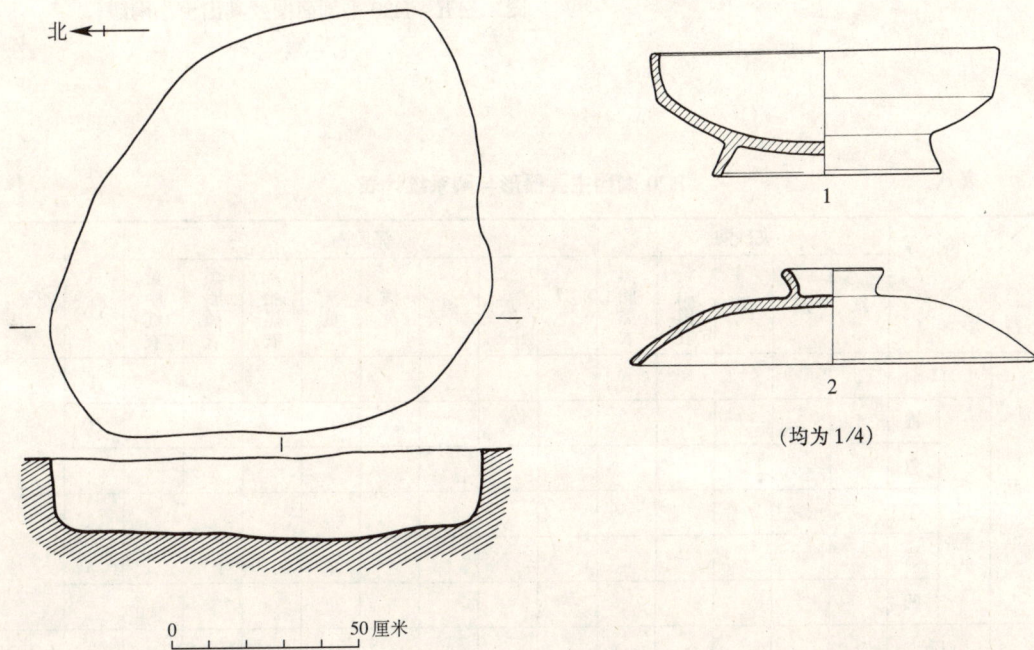

北

0　　　　　50 厘米

1

2

（均为 1/4）

图二三四　　H19 平剖面图及其出土陶器
1. 圈足盘　　2. 器盖

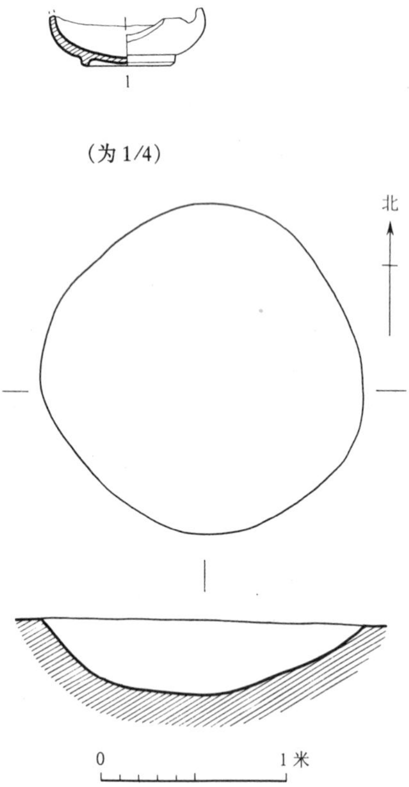

（为 1/4）

图二三五　H20 平剖面图及其出土小陶罐
1. 小罐

H19:2，器盖。泥质黑皮陶。斗笠式，圈足纽。盖径 22.5、高 5.1 厘米。（图二三四；彩版三三八，2）

H20

位于 T600 中部，开口于第 3 层下，打破第 5 层和 H34。坑口平面近圆形，直径 1.8 米，圜底，深 0.38 米。（图二三五；彩版三三八，3）填土质松软的灰色土，包含物有少量的红烧土块和陶片，陶器器形有夹砂锥形鼎足、泥质灰陶罐、豆把等。对 H20 陶系与器形的统计参见表八。

H20:1，小罐。泥质黑陶。上部残，矮圈足。残高 3 厘米。（图二三五）

表八　　　　　　　　　H20 陶器主要器形与陶系统计表

陶系器形			夹砂陶				泥质陶								合计	%
			红	灰	黑	黄胎黑衣	黑胎黑衣	红	灰	黑	橘黄	灰黄	灰胎黑衣	黑胎黑衣	黄胎红衣		
鼎	口		1													1	
	足	锥	1	2												3	9.3
		鱼															
		T															
		凿															
		凹															
罐	口								1			1	1			3	
	平底		1	1						1						3	18.6
	圈足		2													2	

续表八

器形	陶系	夹砂陶					泥质陶								合计	%
		红	灰	黑	黄胎黑衣	黑胎黑衣	红	灰	黑	橘黄	灰黄	灰胎黑衣	黑胎黑衣	黄胎红衣		
圈足盘	口沿							1							1	9.3
	圈足							2			1				3	
豆	把							2				1			3	7
	盘															
甗				1											1	2.3
壶								1			1				2	4.7
其他碎片			8					9			4				21	48.8
合计		5	11	1				16	1		6	3			43	
%		11.6	25.6	2.3				37.2	2.3		14	7				100

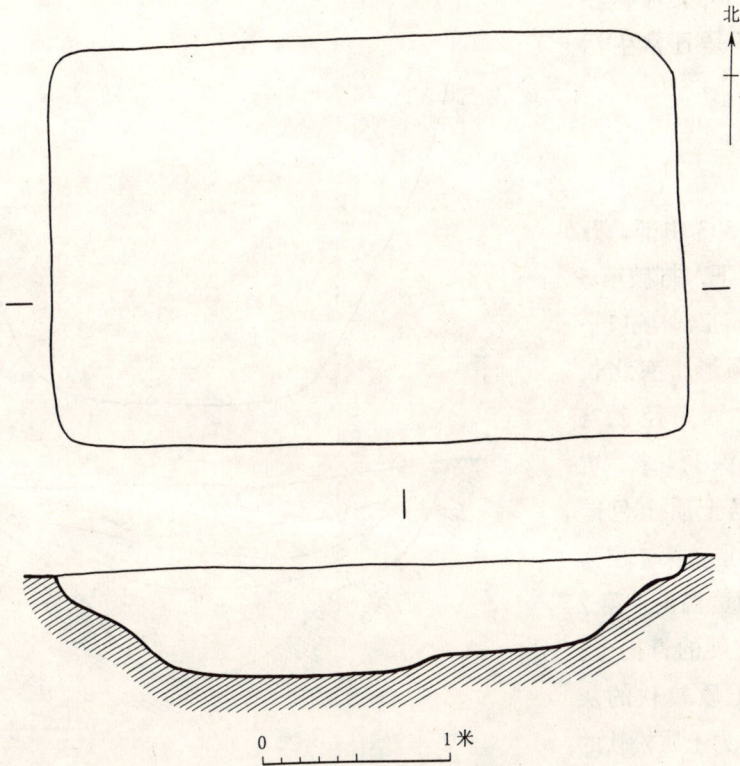

图二三六　H21 平剖面图

H21

位于 T406 西南部，西侧伸入 T405 东隔梁，南部伸入 T506 北隔梁，开口于第 3 层下，北部被 M106、M107 和 M112 打破，打破第 5 层和 H7。平面呈东西向的长方形，东西长 3.45、南北宽 2.1 米，圜底，深 0.56 米。（图二三六）坑内满填红烧土，红烧土块体不大，没有发现陶片等其他遗物。H21 为特意挖埋的红烧土坑，从其堆积相分析，应不是日常生活的遗迹。

H23

位于 T503 中部，开口于第 3 层下，打破第 5 层至生土和 H24。坑口平面略呈椭圆形，南北长径 3.98、东西短径 2.75 米，圜底，深 1.4 米。坑内填土根据土质土色差异分为 4 小层。第 1 层为土质较硬的黄褐土；第 2 层为土质较硬的青褐土；第 3 层为土质较软的灰土；第 4 层为土质松软的青灰土。（图二三七）坑内遗物较少，未能按小

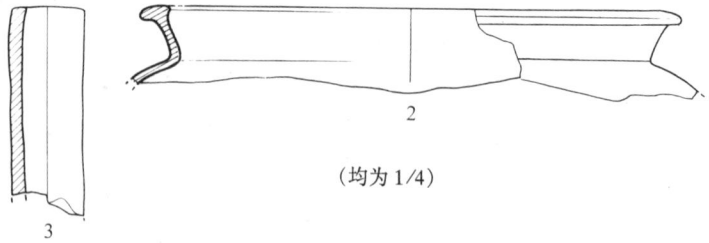

（均为 1/4）

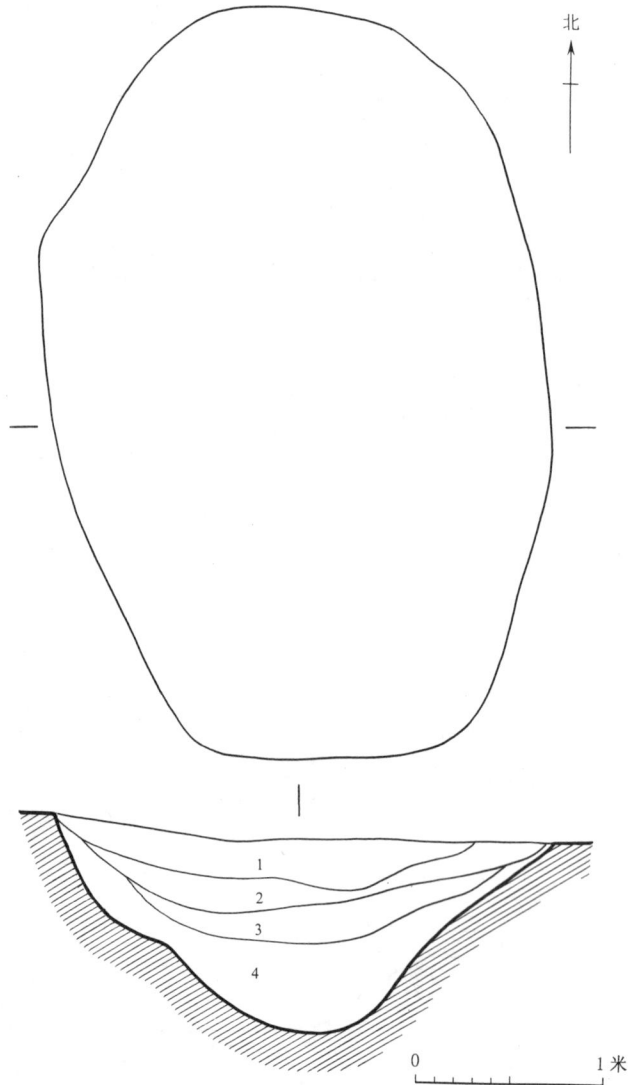

图二三七　H23 平剖面图及其出土陶器

2. 罐口沿　3. 管状器

层分开。遗物大多为陶片，器形有鱼鳍形鼎足、罐、豆把和器盖等，此外还有2块砺石和2枚牙齿，牙齿经鉴定为猪牙。H23坑壁规整，应是人工特意开挖的，原先可能别有用途，废弃后成为堆置生活废弃物的垃圾坑。H23陶系与器形的统计参见表九。

表九　　　　　　　　　H23陶器主要器形与陶系统计表

器形		夹砂陶					泥质陶								合计	%
		红	灰	黑	黄胎黑衣	黑胎黑衣	红	灰	黑	橘黄	灰黄	灰胎黑衣	黑胎黑衣	黄胎红衣		
鼎	口			1											1	
	足 锥															6.8
	足 鱼	2													2	
	足 T															
	足 凿															
	足 凹															
罐	口						1		1						2	13.6
	平底						2	2							4	
	圈足															
豆	把											1			1	2.3
	盘															
盆												1			1	2.3
管状器				1											1	2.3
器盖				2											2	4.5
其他碎片		1	10				6	8	1			4			30	68.2
合计		3		14			9	10	1	1		6			44	
%		6.8		31.8			20.5	22.7	2.3	2.3		13.6				100

　　H23:1，砺石。（彩版三三九，1）

　　H23:2，罐口沿。泥质橘黄陶，施红衣。翻沿，束颈。沿面上有锥刺纹。口径29.6厘米。（图二三七）

　　H23:3，管状器。夹砂黑陶。一端已残，圆柱体，中间贯通。口径4.2、残高11.2厘米。（图二三七；彩版三三九，2）

H24

位于 T503 中西部，开口于第 10A 层下，为 H23 打破，打破生土层。坑口平面略呈长方形，南北长 2.4、东西宽 1.4 米，坑壁倾斜，坑底略平，深 0.45 米。（图二三八）坑内填土质较硬的青褐色土。出土遗物很少，仅见 7 片陶片，可辨器形的仅有一块泥质黑皮陶罐圈足。从其堆积相分析，H24 应是生活遗迹。

H25

位于 T503 西北部，开口于第 10A 层下，打破生土层。坑口平面椭圆形，长径 1.44、短径 1.3 米，圜底，深 0.65 米。（图二三九）坑内填土质松软的青黄色土。出土遗物很少，除一件可以初步复原的鱼鳍形足鼎外，仅有 3 块陶片，1 块泥质红陶、不辨器形，2 块泥质黑皮陶片中有 1 块豆盘残片。H25 与 H24 位置毗近，开口层位相同，原应是相配套的生活遗迹。

H25:1，鼎。夹砂红陶，侈口，折沿，束颈，鼓腹下垂，圜底，鱼鳍形足已残。口径 13.4、最大腹径 14.7、残高 9.6 厘米。（图二三九；彩版三三九，3）

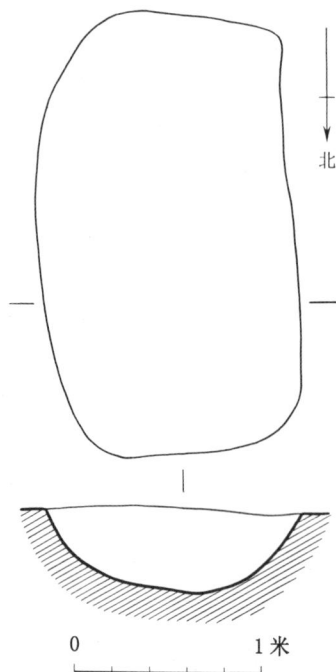

图二三八　H24 平剖面图

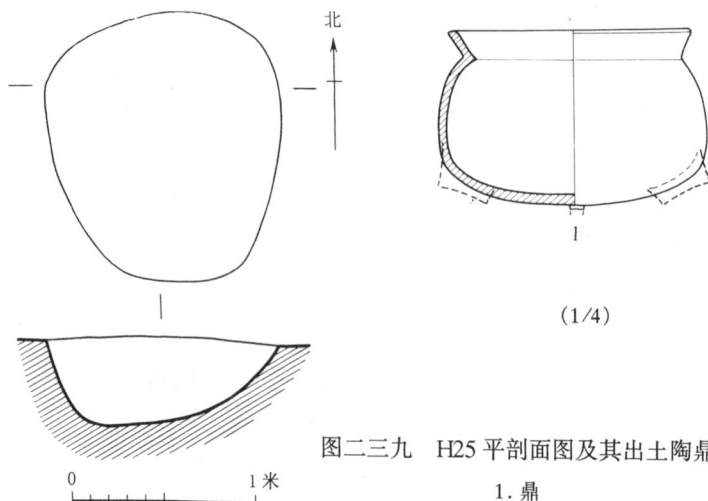

(1/4)

图二三九　H25 平剖面图及其出土陶鼎

1. 鼎

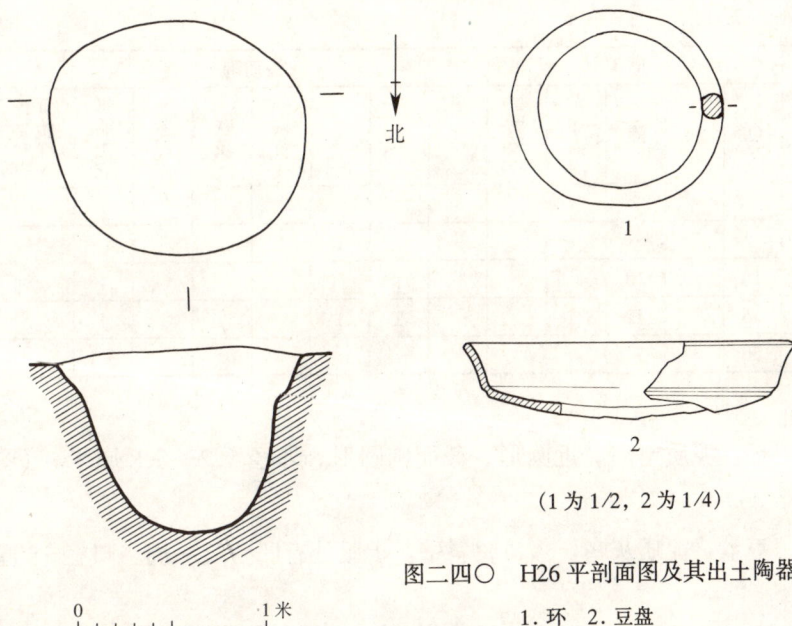

(1为1/2，2为1/4)

图二四〇　H26 平剖面图及其出土陶器
1. 环　2. 豆盘

H26

位于 T405 东南角，南部伸入 T505 北隔梁，开口于第 7B 层下，为 M96、M100 和 M101 叠压，打破生土层。坑口平面呈椭圆形，东西长径为 1.4、南北短径 1.26 米，圜底，深 0.98 米。（图二四〇）坑内填土质松软的灰花土。出土遗物多为残碎的陶片，可辨器形有环、鱼鳍形鼎足、豆盘等。从其堆积相分析，H26 应是生活遗迹。对 H26 的陶系与器形统计参见表一〇。

表一〇　　　　　　　　　　　H26 陶器主要器形与陶系统计表

陶系 器形		夹砂陶					泥质陶								合计	%
		红	灰	黑	黄胎黑衣	黑胎黑衣	红	灰	黑	橘黄	灰黄	灰胎黑衣	黑胎黑衣	黄胎红衣		
口		4													4	
鼎	足	锥														15.6
		鱼	1													1	
		T														
		凿														
		凹														
豆	把															3.1
	盘							1							1	

续表一〇

陶系	夹砂陶					泥质陶								合计	%
器形	红	灰	黑	黄胎黑衣	黑胎黑衣	红	灰	黑	橘黄	灰黄	灰胎黑衣	黑胎黑衣	黄胎红衣		
甗	1		2											3	9.4
环								1						1	3.1
其他碎片	10		10				1					1		22	68.8
合计	16		12				2	1				1		32	
%	50		37.5				6.3	3.1				3.1			100

H26:1，环。泥质黑陶。近圆形，截面椭圆形。外径5.2～5.8厘米。（图二四〇；彩版三三九，4）

H26:2，豆盘。泥质灰陶。侈口，斜壁。折腹处有凹弦纹一周。口径18厘米。（图二四〇）

H27

位于T405北部，开口于第3层下，打破第5层、第7B层和生土层。坑口平面呈不规则的长方形，南北长3.4、东西宽2.9米，坑壁倾斜，底部略平，深0.84米。（图二四一A）坑内填土质松软的青灰色土。出土遗物多位于灰坑上部，除一块砺石外，都为陶片，可辨器形有圈足盘、鱼鳍形鼎足、外侧略厚的"T"字形鼎足、豆把、红陶罐等。从其堆积相分析，H27原先应是储藏坑之类的生活遗迹，废弃淤积后成为垃圾坑。对H27陶系与器形的统计参见表一一。

表一一　　　　　　　　　H27陶器主要器形与陶系统计表

陶系		夹砂陶					泥质陶							合计	%
器形		红	灰	黑	红胎黑衣	黑胎黑衣	红	灰	黑	橘黄	灰黄	灰胎黑衣	黄胎黑衣		
鼎	口														
	锥														
	鱼	10												10	7.2
足	T	3												3	
	凿														
	方														

续表一一

器形 / 陶系	夹砂陶					泥质陶							合计	%
	红	灰	黑	红胎黑衣	黑胎黑衣	红	灰	黑	橘黄	灰黄	灰胎黑衣	黄胎黑衣		
盆							1						1	0.6
罐 口	1					7	1	1	1	1			12	8.8
罐 平底						1	2						3	
罐 圈足											1		1	
圈足盘 口沿														0.6
圈足盘 圈足							1						1	
甗			1										1	0.6
豆 把							2				1		3	2.8
豆 盘							1				1		2	
器盖	1												1	0.6
壶												1	1	0.6
其他碎片	14	30	2			51	27		2		16		142	78.5
合计	29	30	3			59	35	1	3	1	19	1	181	
%	16	16.6	1.7			32.6	19.3	0.6	1.7	0.6	10.5	0.6		100

H27:1，砺石。青灰色砂岩。扁平近方形，两宽面为磨砺面。残长16、宽12.8、厚1.4厘米。（图二四一B；彩版三三九，5）

H27:2，圈足盘。泥质灰陶。敞口，平沿，弧腹，假圈足平底。口径21.5、底径11.8、高4.7厘米。（图二四一B；彩版三三九，6）

H27:3，豆。泥质灰胎黑皮陶。已残，豆盘折腹。豆把上部饰圆形镂孔。残高6.2厘米。（图二四一B；彩版三三九，7）

H27:4，豆。泥质灰陶。仅存豆盘，侈口，直折腹，豆把残缺。口径17.3、残高4.2厘米。（图二四一B）

H27:5，壶。泥质黑皮陶。口部已残，扁鼓腹，矮圈足。最大腹径9.9、残高5.5

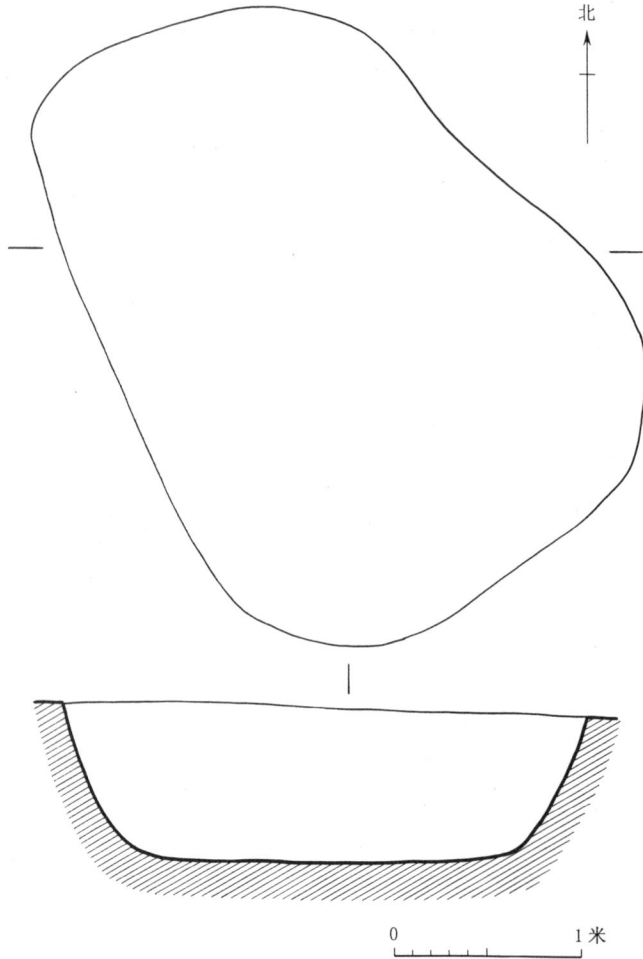

图二四一 A　H27 平剖面图

厘米。(图二四一 B)

H27:6，罐口沿。泥质黑陶。侈口，高领，广肩。口径 18 厘米。(图二四一 B)

H27:7，罐口沿。泥质橘黄陶。卷沿，束颈。口径 33.7 厘米。(图二四一 B)

H27:8，罐口沿。泥质灰黄陶。侈口，卷沿，束颈。口径 12.8 厘米。(图二四一 B)

H27:9，鼎足。夹砂红陶。鱼鳍形，外侧略厚。足面上刻划"八"字形线纹。残高 7.9 厘米。(图二四一 B)

H27:10，鼎足。夹砂红陶。鱼鳍形外侧加宽略呈"T"字形。残高 7.8 厘米。(图二四一 B)

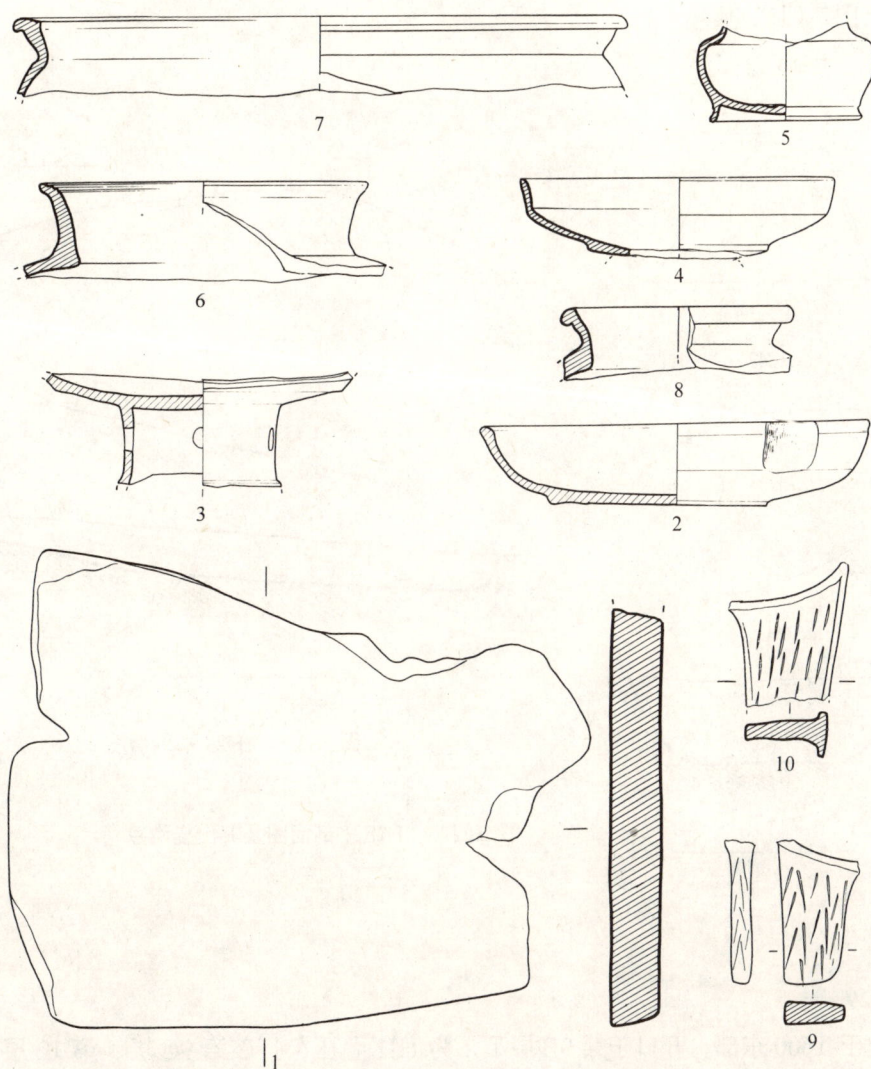

图二四一 B　H27 出土石、陶器

1. 砺石　2. 圈足盘　3、4. 豆　5. 壶　6～8. 罐口沿　9、10. 鼎足（1 为 1/2，余为 1/4）

H28

位于 T405 南部，开口于第 7B 层下，为 M113 叠压，打破生土层。坑口平面呈椭圆形，南北长径 1.5、东西短径 0.9 米，坑壁倾斜，底部较平，深 0.42 米。（图二四二）坑内填土质较硬的青褐色土。出土遗物以陶片为主，数量很少，可辨器形仅有一件豆把。H28 与 H26 位置毗近，开口层位相同，原先应是相配套的生活遗迹。

H28:1，豆把。泥质黑皮陶。喇叭形粗把。把上有两周凹弦纹。底径 12.8、残高 8 厘米。（图二四二）

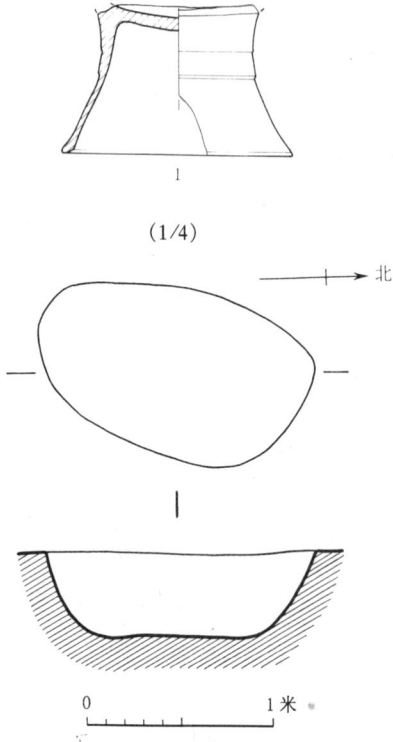

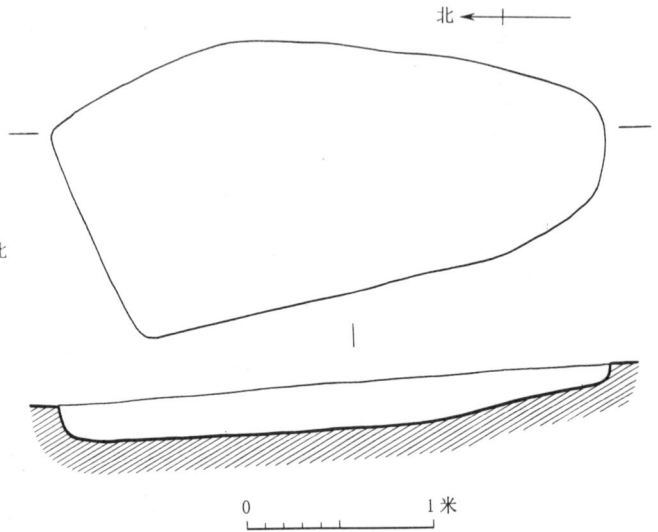

图二四三　H29 平剖面图

图二四二　H28 平剖面图及其出土陶豆
1. 豆

H29

位于 T600 东部，开口于第 9B 层下，为 HJ1 叠压，打破第 9C 层、第 12 层和生土层。坑口平面呈不规则的长方形，南北长 3.03、东西宽 1.48 米，圜底，深 0.24 米。（图二四三）坑内填土质疏松的深灰色土。仅出土两件鱼鳍形鼎足残片。功能不明。

H30

位于 T405 西南部，南部伸入 T505 北隔梁，开口于第 7A 层下，打破第 7B 层和生土层。坑口平面略呈长方形，南北长 3.4、东西宽 2.6 米，坑壁倾斜，底部近平，坑深 0.7~0.8 米。（图二四四 A）坑内填土质松软的灰土。出土遗物较为丰富，有鱼鳍形鼎足、圈足盘、豆把、平底罐、器盖等。从其堆积相分析，H30 在废弃后成为垃圾坑。对 H30 陶系与器形的统计参见表一二。

表一二　　　　　　　　　　　　　H30 陶器主要器形与陶系统计表

器形		夹砂陶					泥质陶								合计	%
陶系		红	灰	黑	红胎黑衣	黑胎黑衣	红	灰	黑	橘黄	灰黄	灰胎黑衣	黄胎黑衣	黑胎黑衣		
口			4	1											5	
鼎	足 锥															11.9
	足 鱼	10													10	
	足 T															
	足 凿															
	足 方															
盆							1	1		3		1			6	4.8
罐	口															3.2
	平底						1	1		1					3	
	圈足											1			1	
圈足盘	口沿							2							2	3.2
	圈足											2			2	
豆	把											5	1		6	7.1
	盘						1	2							3	
盖			1	1					1						3	2.4
匜									1						1	0.8
其他碎片		4	24				31	8		8		9			84	66.7
合计		14	29	2			34	14	2	12		18	1		126	
%		11.1	23	1.6			27	11.1	1.6	9.5		14.3	0.8			100

　　H30:1，圈足盘。泥质灰陶。侈口，方唇，弧腹，宽矮圈足上宽下窄呈内收状。圈足上饰两周凹弦纹和三个圆镂孔。口径 17.3、底径 11.4、高 7 厘米。(图二四四 B；彩版三四〇，1)

　　H30:2，鼎。夹砂黑陶。侈口，折沿，内沿有脊线，鼓腹下垂，鱼鳍形足残。口径

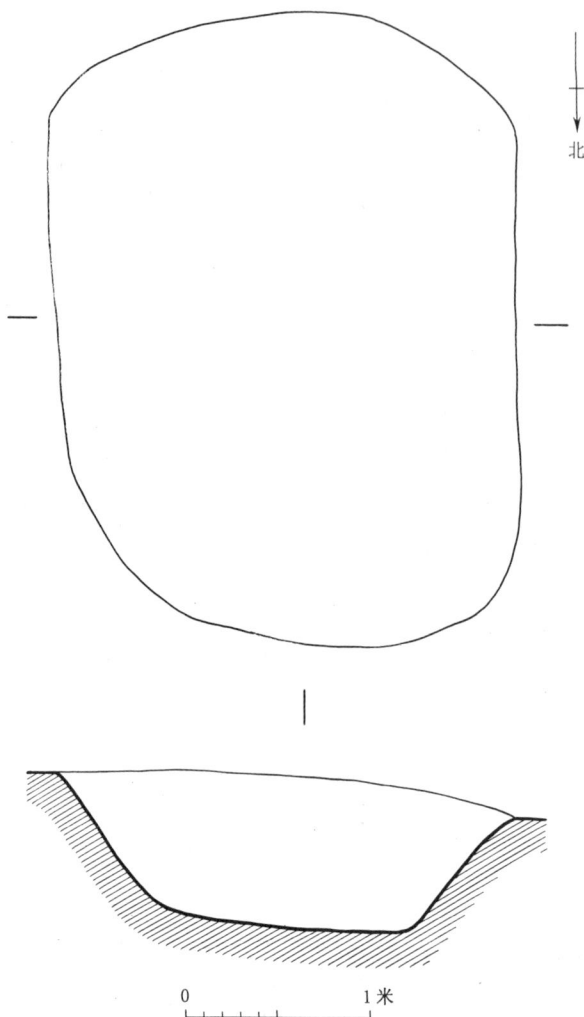

图二四四 A　H30 平剖面图

10.9、最大腹径 13.4、残高 9 厘米。（图二四四 B；彩版三四〇，3）

H30：3，圈足罐。泥质黑皮陶。残存底部。外底部有一"X"形刻划符号。（图二四四 B；彩版三四〇，6）

H30：4，罐口沿。泥质灰陶。侈口，束颈，溜肩。口径 12 厘米。（图二四四 B）

H30：5，豆盘。泥质红陶，施红衣。口微敛，把残。口径 16.5、残高 3.8 厘米。（图二四四 B）

H30：6，鼎盖。夹砂黑陶。残存桥形盖纽。（图二四四 B；彩版三四〇，4）

H30：7，器盖。泥质黑陶。环形盖纽上下贯通，盖面一侧有一小穿孔。盖径 10、高 3.2 厘米。（图二四四 B）

H30：8，豆把。泥质灰黄胎黑皮陶。残。把上有三角形镂孔和弧线勾连纹。残高 5.8 厘米。（图二四四 B）

H30：10，匜。粗泥黑陶。仅存一片口沿，一侧原应有流。肩部装饰两条由椭圆形凹窝组成的纹饰带。（图二四四 B）

H30：11，鼎足。夹砂红陶。外侧略宽的鱼鳍形，足尖部较宽平。两侧面上有竖向刻划纹。足高 16.9 厘米。（图二四四 B；彩版三四〇，5）

H30：12，鼎足。夹砂红陶。外侧略厚的鱼鳍形，足尖部弧尖。两侧面上有竖向刻划和不通的镂孔。足高 10.2 厘米。（图二四四 B）

H30：13，圈足盘。泥质灰黑陶。直口，折腹，矮圈足。口径 21.8、底径 9.9、高 6.9 厘米。（图二四四 B；彩版三四〇，2）

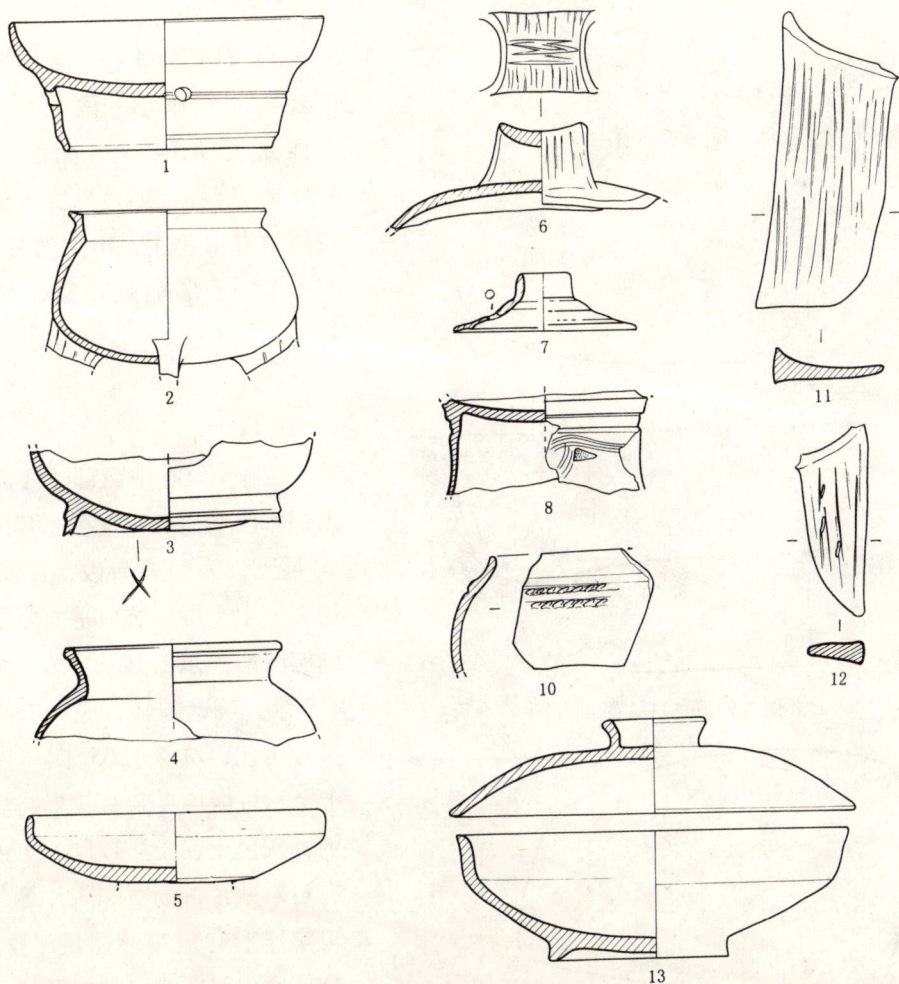

图二四四 B　H30 出土陶器

1、13.圈足盘　2.鼎　3.圈足罐　4.罐口沿　5.豆盘　6.鼎盖　7.器盖　8.豆把　10.匜　11、12.鼎足
（均为1/4）

H32

位于 T701 东北角，开口于第1层下，打破 HJ1 和第8层。坑口平面呈不规则的长圆形，南北长1.4、东西宽1.03米，坑壁倾斜，坑底凹凸不平，深0.3～0.4米。（图二四五）坑内填土质疏松的黑色草木灰土。出土遗物主要是少量陶片，可辨器形有夹砂红陶、夹砂灰陶锥形鼎足，夹砂红陶、夹砂灰陶"T"字形鼎足和泥质灰陶豆把各一件。

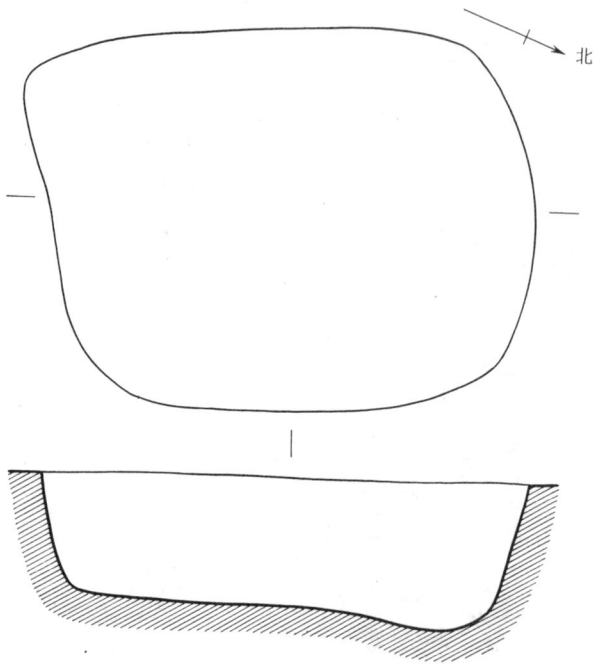

0　　　　　　　50 厘米

图二四五　H32 平剖面图

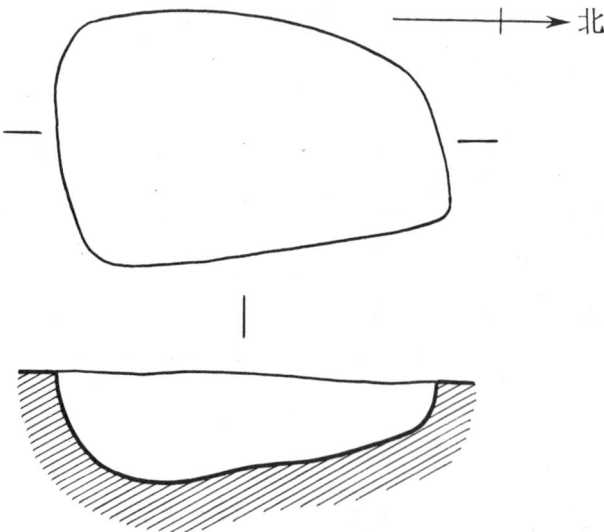

0　　　　　　　　　　1 米

图二四六　H33 平剖面图

H33

位于 T404 西北角，开口于第 3 层下，打破第 5 层。坑口平面呈不规则的长圆形，南北长 1.32、东西最宽 0.84 米，圜底，坑深 0.35 米。（图二四六）坑内填土质较硬的青褐色土，出土遗物很少，有"T"字形鼎足及罐、盆等残片。功能不明。

H34

位于 T600 中西部，西面因超出探方西壁而未作发掘，开口于第 9B 层下，为 H20 打破，打破第 9C 层直至生土层。坑口平面略呈不规则椭圆形，东西残长 4.6、南北宽 4.3 米，坑壁倾斜，底部中间低凹呈沟槽状，坑深 1.05 米。（图二四七 A）坑内填土夹杂有较多红烧土块的青灰色土，土质较硬。出土遗物有石犁残片、砺石和陶片等，陶片可辨器形有鱼鳍形鼎足、豆盘等。H34 原先可能为自然的凹坑，被人类利用成为垃圾坑。对其陶系与器形的统计参见表一三。

H34：1，砺石。灰黑色砂岩。呈扁平的五角形，有四处磨砺面。长 11.8、宽 10.8、最厚 3.05 厘米。（图二四七 B；彩版三四一，1）

H34：2，砺石。青灰色砂岩。平面呈中间凹弧的长方形，有四个凹弧的磨砺面。长 14.3、宽 8、最

厚4厘米。(图二四七B；彩版三四一，2)

　　H34∶3，砺石。灰白色砂岩。已残断。平面长方形，有四个磨砺面。长7.8、宽5、最厚2.3厘米。(图二四七B；彩版三四一，3)

　　H34∶4，石犁。青灰色凝灰岩。残存犁体侧边一部分。单面刃。残长11.2厘米。

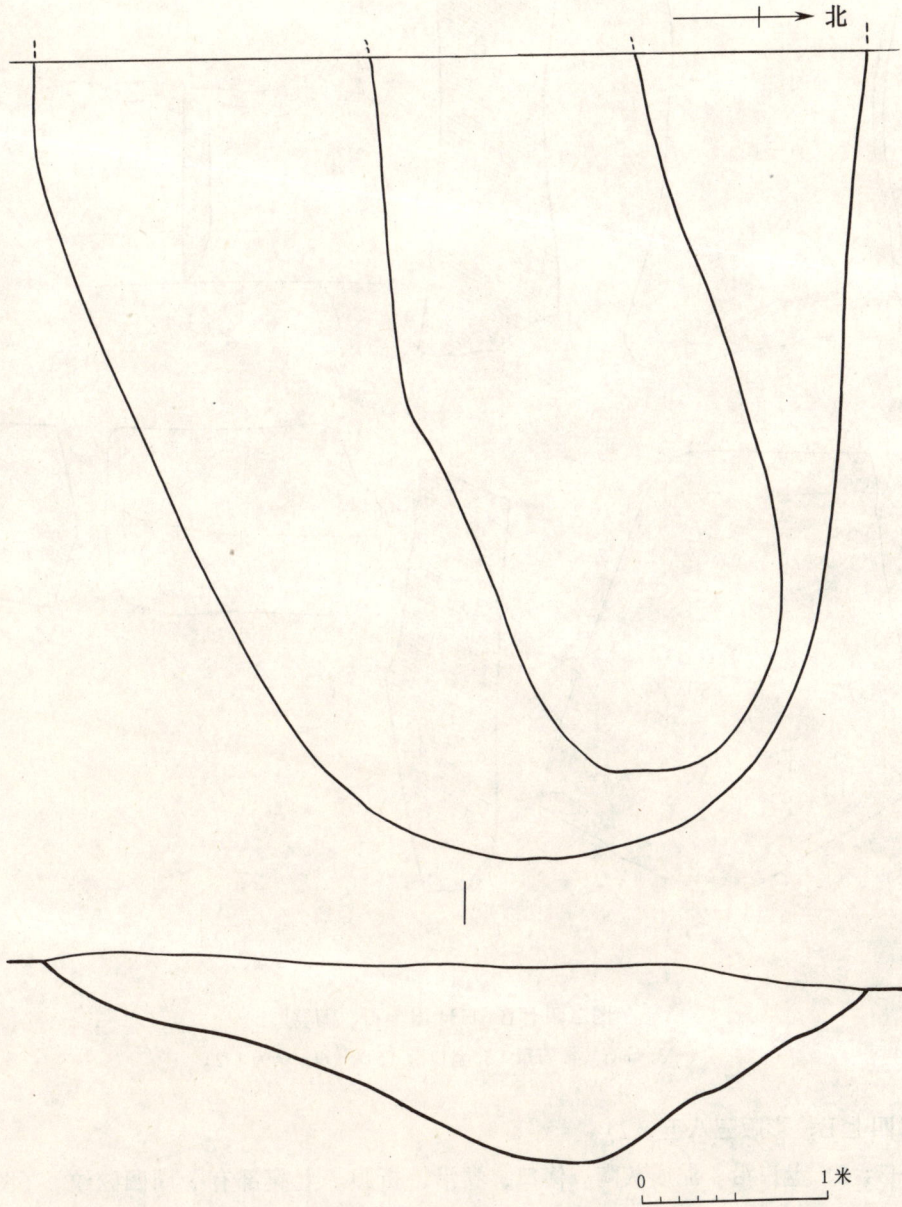

图二四七A　H34平剖面图

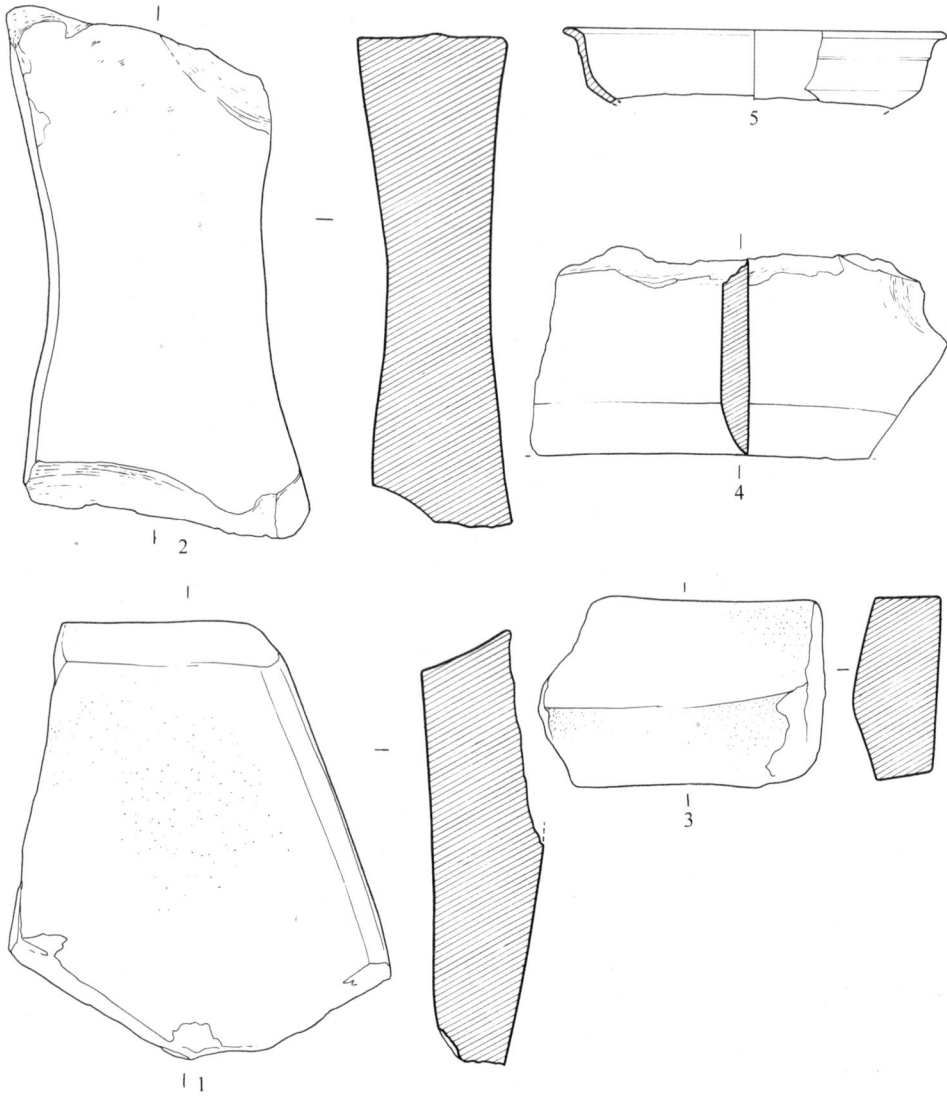

图二四七 B　H34 出土石、陶器

1~3.砺石　4.石犁　5.盘口沿（5为 1/4，余为 1/2）

（图二四七 B；彩版三八五，2）

H34:5，盘口沿。泥质灰陶。侈口，卷沿，折腹。上腹部有一周凹弦纹。（图二四七 B）

表一三　　　　　　　　　　　　H34 陶器主要器形与陶系统计表

器形			夹砂陶					泥质陶							合计	%
		陶系	红	灰	黑	红胎黑衣	黑胎黑衣	红	灰	黑	橘黄	灰黄	灰胎黑衣	黄胎黑衣		
鼎	口		3												3	15.2
	足	锥														
		鱼	2												2	
		T														
		凿														
		方														
罐	口		1												1	18.2
	平底							1	2						3	
	圈足			1		1									2	
圈足盘	口沿							1							1	6.1
	圈足								1						1	
缸				2											2	6.1
豆	把															3
	盘								1						1	
器盖			1												1	3
其他碎片			1					7	5		3				16	48.5
合计			8	3		1		9	9		3				33	
%			24.2	9.1		3		27.3	27.3		9.1					100

H35

H35 位于 T600 东南角，南部伸入 T700，开口于第 12 层下，为 HJ1 叠压，打破生土层。坑口平面略呈长方形，东西长 2.1、南北宽 1.72 米，圜底，坑深 0.48 米。（图二四八）坑内填土质松软的灰色土。出土遗物仅有 2 件陶片，其中一件为夹砂灰陶鱼鳍形鼎足。功能不明。

北 ↑

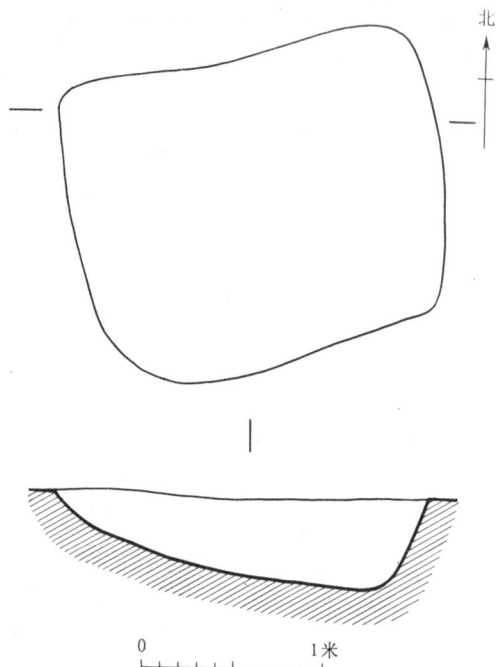

图二四八　H35 平剖面图

0　　　　　　　1米

H36

位于 T601 北部、T501（彩版三四二，1）和 T502 探方西部，西、北两面因超出发掘布方范围而未作进一步发掘。开口于第 3 层下，打破第 5 层直至生土。因灰坑大部未作发掘，其平面形制尚难判断，从已发掘部分看，最长处已超出 14 米，宽度超出 8 米，最深处 2.1 米，是新地里遗址中面积最大的灰坑。（图二四九 A）坑内填土根据土质土色的区别分为两大层：第 1 层为含有大量红烧土块的青灰色土层，自南向北呈倾斜状堆积，较大块的红烧土都堆积在北部近底处（彩版三四二，2）。有一些红烧土块呈砖坯状，有若干较平整的面，但没有发现有夹木骨痕迹的红烧土块（彩版三四三，1）。红烧土的堆积方向显示其来源于灰坑北侧的高土台——从新地里遗址中红色的红烧土块和黑色的草木灰很少混杂在一起的现象分析，当时这两类都与焚烧相关联的遗存在用途方面存在严格区分，导致必须分别堆置于不同的特定场所。第 1 层出土有残玉锥形器、玉坠、玉镶嵌片、石锛、石犁、砺石、孔雀石、竹节形豆把、椭圆形盘豆、圈足盘、袋足鬶、"T"字形鼎足、凹弧形鼎足、罐等大量遗物，其中砺石 8 件。第 2 层为含有黄褐或青褐斑的青灰色土层，出土有残玉坠、石锛、砺石、石刀、细高竹节形豆把、口沿带锥刺纹的红陶罐、"T"字形鼎足、器盖等大量遗物。从出土遗物来看，两层之间时间跨度不大。H36 底部有较厚的青灰色淤泥层，表明它原先很可能是土台边缘处的一个水塘，而后逐渐变为堆置废弃物的垃圾坑。对 H36 第 1 层和第 2 层陶系与器形的统计参见表一四、一五。

H36 第 1 层标本：

H36①:1，玉锥形器。透闪石软玉，灰白色，受沁已朽。横截面圆形，钝首，尾端已残。残长 4.05 厘米。（图二四九 B；彩版三四三，2）

H36①:2，玉锥形器。透闪石软玉，灰白色，受沁已朽。横截面扁方形，前端已残，尾端榫部无穿孔。器身上有一纵向切割痕迹。残长 6、榫长 0.45 厘米。（图二四九 B；彩版三四三，3）

H36①:3，孔雀石。翠绿色，没有加工痕迹，表面有铜绿色锈。（彩版三四三，7）

表一四　H36①陶器主要器形与陶系统计表

器形		夹砂陶 红	夹砂陶 灰	夹砂陶 黑	粗泥红陶	黑胎黑衣	泥质陶 红	泥质陶 灰	泥质陶 黑	橘黄	灰黄	灰胎黑衣	黑胎黑衣	黄胎红衣	合计	%
鼎	口	10	19	5	1										35	8.2
鼎	足 锥	4	8	2											14	
鼎	足 鱼	1	5												6	
鼎	足 T	15	15												30	
鼎	足 凿	1													1	
鼎	足 凹		1												1	
双鼻壶								3							3	0.3
盆			1												1	0.1
篮									2						2	0.2
罐	口				3		5	10		5		6			29	8.6
罐	平底						1	37		7		5			50	
罐	圈足		3	6						1		2			12	
圈足盘	口沿							5				1			6	1.4
圈足盘	圈足							9							9	
缸		2													2	0.2
杯			1					1				1			3	0.3
甂		3													3	0.3
豆	把						3	12				8			23	2.5
豆	盘							3				1			4	
盖		4										3			7	0.7
匜		1	3	1											5	0.5
三足盘								3			2				5	0.5
贯耳壶								2							2	0.2
盉		1	1												2	0.2
宽把杯								1							1	0.1
其他碎片		39	136	35	58		63	379	5	53	6	34			808	75.9
合计		81	193	49	62		72	465	7	66	8	61			1064	
%		7.6	18.1	4.6	5.8		6.8	43.7	0.7	6.2	0.8	5.7				100

表一五　　　　　　　　　H36②陶器主要器形与陶系统计表

器形		夹砂陶					泥质陶								合计	%
陶系		红	灰	黑	红胎黑衣	黑胎黑衣	红	灰	黑	橘黄	灰黄	灰胎黑衣	黑胎黑衣	黄胎红衣		
鼎	口	2	5												7	9.4
	足 锥	2	3	1											6	
	足 鱼	2	1												3	
	足 T	15	6												21	
	足 方	1													1	
	足 凹															
罐	口		2				21	10	2	5	2	2			44	19
	平底						7	11		3	3	1			24	
	圈足	1		3				4				1			9	
圈足盘	口沿															2
	圈足							6			1	1			8	
豆	把							4			2	12			18	5.4
	盘							1				3			4	
盖		4	4	4				2	1			1			16	3.9
盉			1												1	0.2
其他碎片		13	28	9			34	115	1	23	7	14			244	60.1
合计		40	50	17			62	153	4	30	15	35			406	
%		9.9	12.3	4.2			15.3	37.7	1	7.4	3.7	8.6				100

　　H36①:4，玉镶嵌片。绿松石，碧绿色。扁薄圆角长方形，正面略鼓凸，抛光精细，背面供镶嵌，平坦未加抛光。长0.95、宽0.4、厚0.2厘米。（图二四九B；彩版三四三，8）

　　H36①:5，玉珠。软玉，黄白色。已残。腰鼓形。残高1.6厘米。（图二四九B；彩版三四三，4）

　　H36①:6，玉锥形器。湖绿色莹石，半透明。横截面圆形，前端已残断，尾端榫部无穿孔。残长3.65、直径2厘米。（图二四九B；彩版三四三，6）

　　H36①:7，石锛。青灰色流纹岩。平面长方梯形，有段，单面刃。长4.1、段长1.8、刃宽2.95厘米。（图二四九B；彩版三四四，1）

　　H36①:8，簋。泥质黑陶。侈口，微束颈，深弧腹，宽矮圈足。口径12.3、底径

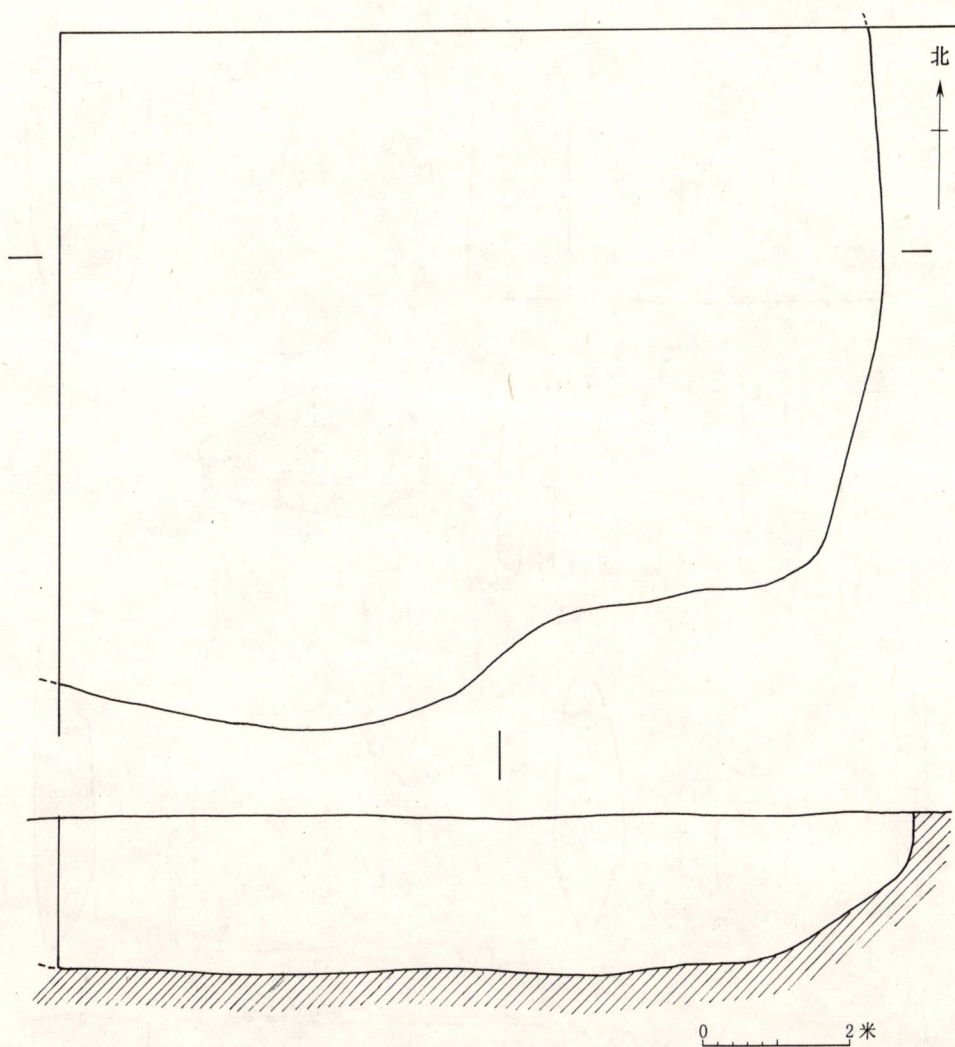

图二四九 A　H36 平剖面图

10、高 7.2 厘米。（图二四九 C；彩版三四六，1）

　　H36①：9，鼎。夹砂黑陶。直口微侈，圆弧腹，圜底，矮鱼鳍形足。口径 6.6、高 6.8 厘米。此件鼎形制很小，应非实用器。（图二四九 D；彩版三四八，1）

　　H36①：10，杯。泥质黑皮陶。侈口，折沿，沿面略内凹，直腹，圈足残。口径 6.6、高 5.2 厘米。（图二四九 C；彩版三四六，3）

　　H36①：15，砺石。（彩版三四五，1）

　　H36①：16，石锛。青灰色流纹岩。形体较厚。平面长方形，有段。长 5.85、段长

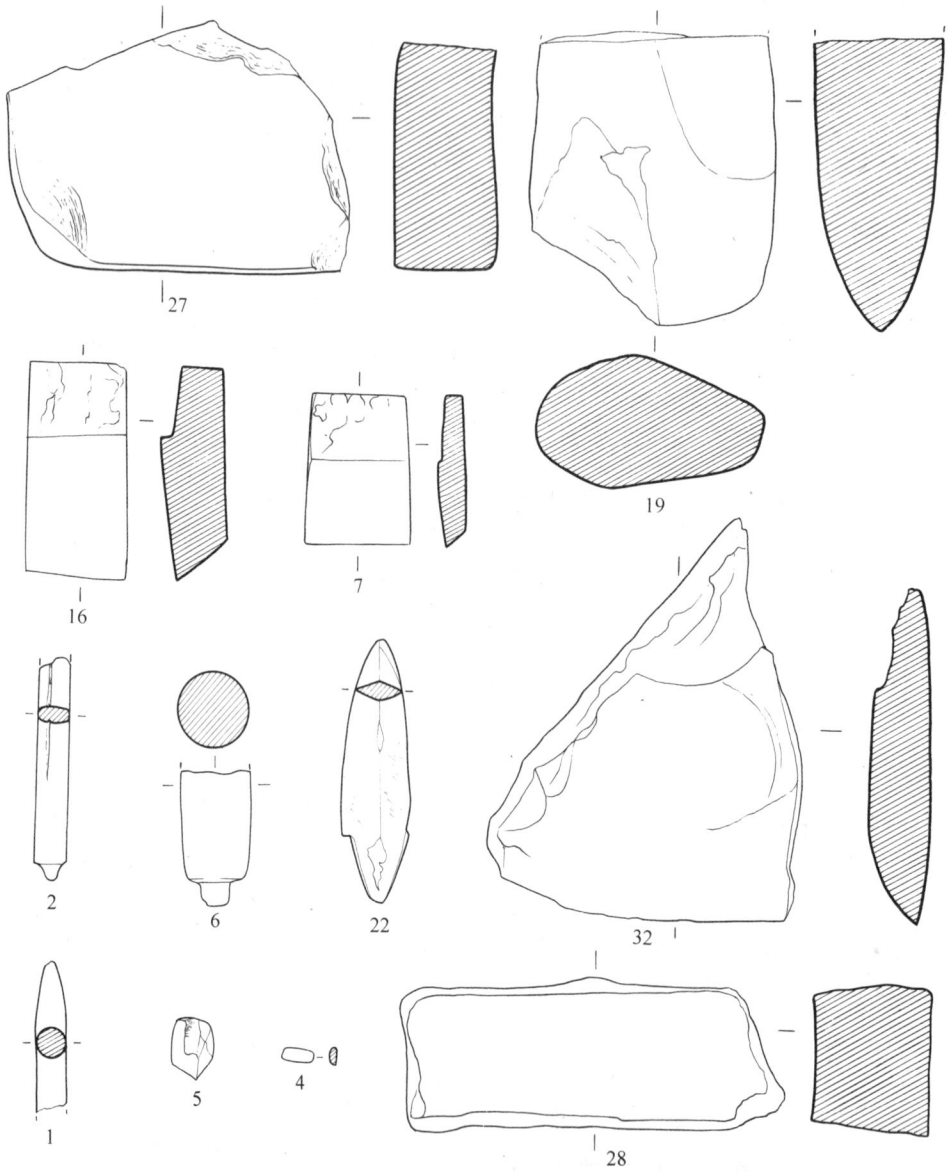

图二四九 B　H36 第 1 层出土玉、石器

1、2、6.玉锥形器　4.玉镶嵌片　5.玉珠　7、16.石镞　19.石斧　22.石镞　27、28.砺石　32.石"破土器"（均为 1/2）

1.95、刃宽 2.8 厘米。（图二四九 B；彩版三四四，2）

　　H36①:19，石斧。灰黑色辉绿岩。器形厚重。双面刃，上端残断。残长 7.9、最宽 6.7、最厚 3.55 厘米。（图二四九 B；彩版三四四，6）

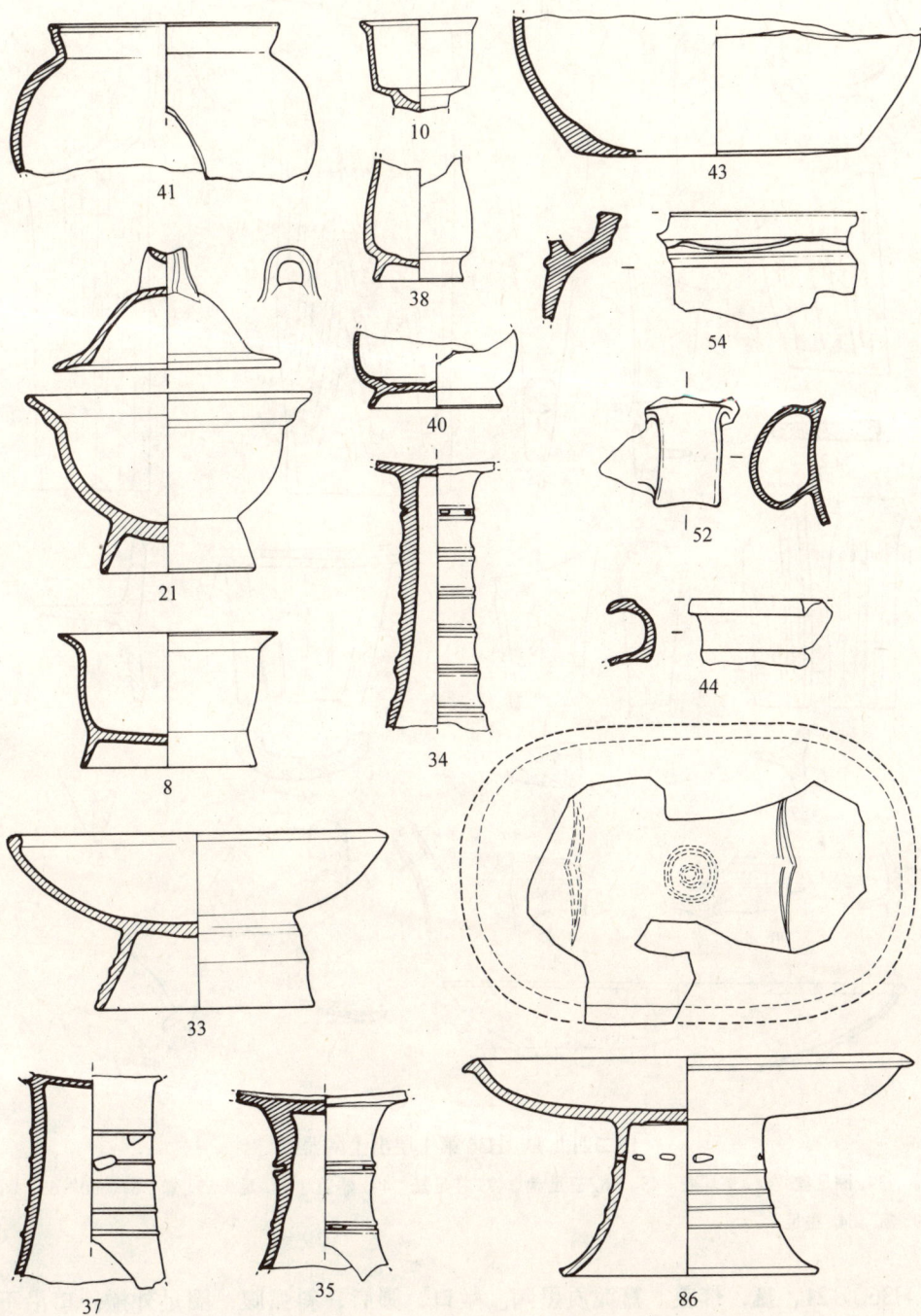

图二四九 C　H36 第 1 层出土陶器

8、21.簋　10、38.杯　33、86.豆　34、35、37.豆把　40.圈足罐　41、43、44、54.罐　52.把（均为 1/4）

图二四九 D　H36 第 1 层出土陶器

9.鼎　39.圈足盘　42.贯耳壶　45、46.三足盘　47.袋足鬶　49.器盖　51.足　55.鬶　57、60～63.鼎足
59.甗　64.盉足

H36①:21，簋，带盖。簋泥质黑陶。敞口，圆唇，斜弧腹，圈足外撇。口沿下有一周凸棱。口径 16.2、底径 8.8、高 9.9 厘米。盖夹砂红陶。斗笠式，桥形纽。盖径 12.9、高 6.7 厘米。（图二四九 C；彩版三四六，2）

H36①:22，石镞。黑色凝灰岩。柳叶形，横截面菱形，前端钝尖，尾端磨出扁三

角形铤。长 7.1、铤长 1.8 厘米。（图二四九 B；彩版三四五，5）

H36①：23，砺石。青灰色砂岩。略呈长方体，一端残断，有四个磨砺面。残长 19.1 厘米。（彩版三四五，2）

H36①：27，砺石。青灰色砂岩。略呈扁平方形，已残断。残长 9.6 厘米。（图二四九 B）

H36①：28，砺石。青灰色砂岩。方长条形。长 10.7 厘米。（图二四九 B；彩版三四五，3）

H36①：32，石"破土器"。青灰色凝灰岩。仅存器身前部，厚重，单面斜刃。残高 10.7 厘米。（图二四九 B）

H36①：33，豆。泥质灰陶。侈口微敛，斜弧腹，喇叭形宽把。把上饰三周凹弦纹。口径 21.4、底径 12.3、高 9.6 厘米。（图二四九 C；彩版三四六，4）

H36①：34，豆把。泥质灰陶。细高竹节形，下部残。残高 14.6 厘米。（图二四九 C）

H36①：35，豆把。泥质黑皮陶。上部略宽的竹节形。残把上有两周凸棱，凸棱上施凹弦纹，弦纹间有扁长镂孔。残高 10.2 厘米。（图二四九 C；彩版三四七，3）

H36①：37，豆把。过烧后成泥质红陶。残把上有五周凸棱，上两周凸棱上有三角形和长方形组合的镂孔。残高 11.6 厘米。（图二四九 C）

H36①：38，杯。泥质灰陶。口部已残，弧腹下垂，圈足。底径 5.1、残高 6.8 厘米。（图二四九 C）

H36①：39，圈足盘。泥质灰陶。侈口微敛，斜弧腹，圈足已残。口径 26.4、残高 4.8 厘米。（图二四九 D）

H36①：40，圈足罐。泥质黑皮陶。上部已残，扁鼓腹，矮圈足略外撇。底径 7.6、残高 4.2 厘米。（图二四九 C）

H36①：41，罐。泥质灰陶。仅存上部，侈口，圆鼓腹。口径 13、残高 8.6 厘米。（图二四九 C）

H36①：42，贯耳壶。泥质灰陶。残存口部一侧，侈口，附管状贯耳。（图二四九 D）

H36①：43，罐。泥质红陶。残存底部，弧腹，平底。底径 16.2 厘米。（图二四九 C）

H36①：44，罐。泥质橘黄陶。宽卷沿，束颈。（图二四九 C）

H36①：45，三足盘。泥质灰陶。器形很小，残存部分腹部和瓦足。足面上有交叉刻划纹。残高 4.2 厘米。（图二四九 D）

H36①：46，三足盘。泥质灰黄陶。残存部分腹部和瓦足。腹部饰瓦棱纹，足面上有斜向刻划纹。残高 3.6 厘米。（图二四九 D）

H36①：47，袋足鬶。夹细砂红陶。残存肩腹部，一侧桥形把已残。（图二四九 D）

H36①：49，器盖。泥质黑皮陶。为宽把杯的盖，一端舌形上翘。长 6.4、高 1.2 厘

米。(图二四九 D)

H36①:51，足。泥质灰黄陶。为泥质陶鼎式三足盘的足，"T"字形，侧面有两个扁长镂孔。残高 8.4 厘米。(图二四九 D)

H36①:52，把。泥质红陶。桥形，为袋足鬶把手。(图二四九 C)

H36①:54，罐。夹砂红陶。仅存口肩部，双唇。(图二四九 C；彩版三四六，6)

H36①:55，鬶。夹细砂红陶。残存袋足。(图二四九 D)

H36①:57，鼎足。夹砂红陶。"T"字形，足面略内凹。三面都有竖向刻划纹。高 11.8 厘米。(图二四九 D)

H36①:59，甗。夹砂红陶。残存部分腹部和足。腹部内侧有一周凸起的隔挡以承算，"T"字足个体硕大，足面略凹。足饰斜向交叉刻划纹，两侧面有竖向刻划。残高 26.7 厘米。(图二四九 D；彩版三四八，4)

H36①:60，鼎足。夹砂黑陶。凹弧如瓦形，足尖部残。足面上有竖向刻划。残高 9 厘米。(图二四九 D；彩版三四八，2)

H36①:61，鼎足。夹砂红陶。凿形。两侧有竖向刻划。高 11 厘米。(图二四九 D)

H36①:62，鼎足。夹砂红陶。扁平鱼鳍形，足根部残。两侧有竖向刻划。残高 11.2 厘米。(图二四九 D)

H36①:63，鼎足。夹砂红陶。横截面呈外侧稍厚的扁方足。两侧有按捺纹。残高 9.3 厘米。(图二四九 D)

H36①:64，盉足。夹砂红陶。圆锥形足。高 11.8 厘米。(图二四九 D)

H36①:86，豆。泥质灰胎黑皮陶。椭圆形豆盘大部已残，敞口，折沿，浅弧腹。盘内底刻划一组合纹饰，中间为圆形重圈，两侧用双线分别对称刻划一只简化的展翅飞翔的鸟；喇叭形豆把上施四周凸棱，凸棱上部有一周扁长镂孔。口长径 25.7、短径 16.3、底径 14.9、高 12 厘米。(图二四九 C；彩版三四七，1、2)

H36 第 2 层标本：

H36②:11，石锛。青黑色流纹岩。长方形，有段，刃部残。残长 7.6、段长 3.3 厘米。(图二四九 E；彩版三四四，3)

H36②:12，石锛。青灰色流纹岩。长方形，略起段，刃部残。残长 7.95、段长 3 厘米。(图二四九 E；彩版三四四，4)

H36②:18，石刀。黑色凝灰岩。利用残石器改制而成，形制类似墓葬内出土的带把小石刀。器身上有一圆穿孔，一侧方形短把，双面刃。长 7.8、高 4.1 厘米。(图二四九 E；彩版三四四，5)

H36②:24，砺石。(彩版三四五，4)

H36②:25，圈足盘。泥质灰胎黑皮陶。侈口微敛，斜平沿，弧腹，圈足残。口径

18.8、残高 5 厘米。（图二四九 F；彩版三四六，5）

H36②:26，玉锥形器。软玉，灰白色，受沁已朽。横截面扁方形，首尾端均残。残长 3.6 厘米。（图二四九 E；彩版三四三，5）

H36②:35，石镞。（彩版三四五，6）

H36②:65，豆把。细高竹节形，有十二周凸棱。（彩版三四七，4）

H36②:66，豆把。泥质黑皮陶。细高竹节形，有十一周凸棱。高 19.2 厘米。（图二四九 F；彩版三四七，5）

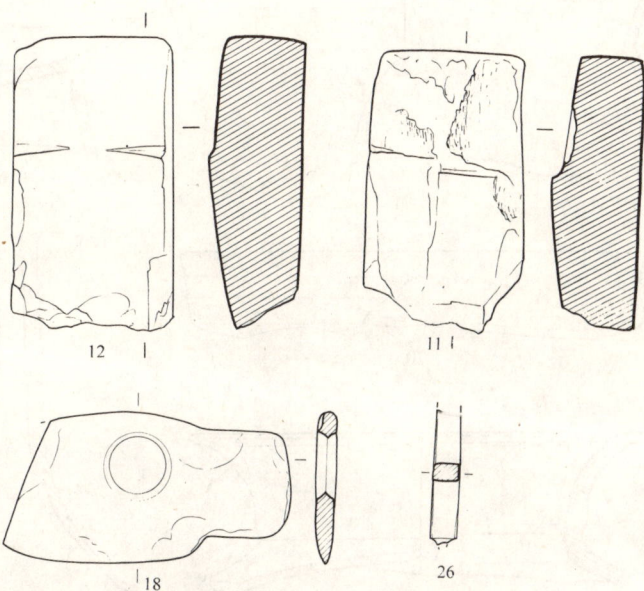

图二四九 E H36 第 2 层出土石、玉器
11、12. 石锛 18. 石刀 26. 玉锥形器（均为 1/2）

H36②:67，豆把。泥质灰陶。竹节形。残高 8.4 厘米。（图二四九 F）

H36②:68，豆把。泥质黑皮陶。喇叭形，有三周凸棱。高 10.6 厘米。（图二四九 F；彩版三四七，6）

H36②:69，豆。泥质黑皮陶。豆盘斜弧腹，大部已残。粗把上饰宽凹弦纹，弦纹间有长方形镂孔和斜向短刻划。残高 8.2 厘米。（图二四九 F；彩版三四七，7）

H36②:70，豆。泥质黑皮陶。残剩豆盘，盘直口，折腹。外腹部有两周凸弦纹。（图二四九 F）

H36②:71，罐。泥质黑陶。残存口腹部，侈口，弧腹。（图二四九 F）

H36②:72，罐。泥质黑陶。残存肩腹部。肩部有四周凸弦纹，腹部有一树形刻划符号。（图二四九 F；彩版三四八，5）

H36②:73，罐。泥质橘黄陶。残存口部，敞口，宽卷沿，高领。沿面上饰有锥刺纹。口径 25.6 厘米。（图二四九 F）

H36②:77，器盖。泥质黑陶。斗笠式，盖纽残缺。盖面上部有四周凹弦纹。盖径12、残高 4.7 厘米。（图二四九 F）

H36②:78，器盖。泥质灰陶。盖面已残，圈足纽。（图二四九 F）

H36②:79，鼎。夹砂红陶。残存口腹部，侈口，卷沿，微束颈，圆弧腹，足残。

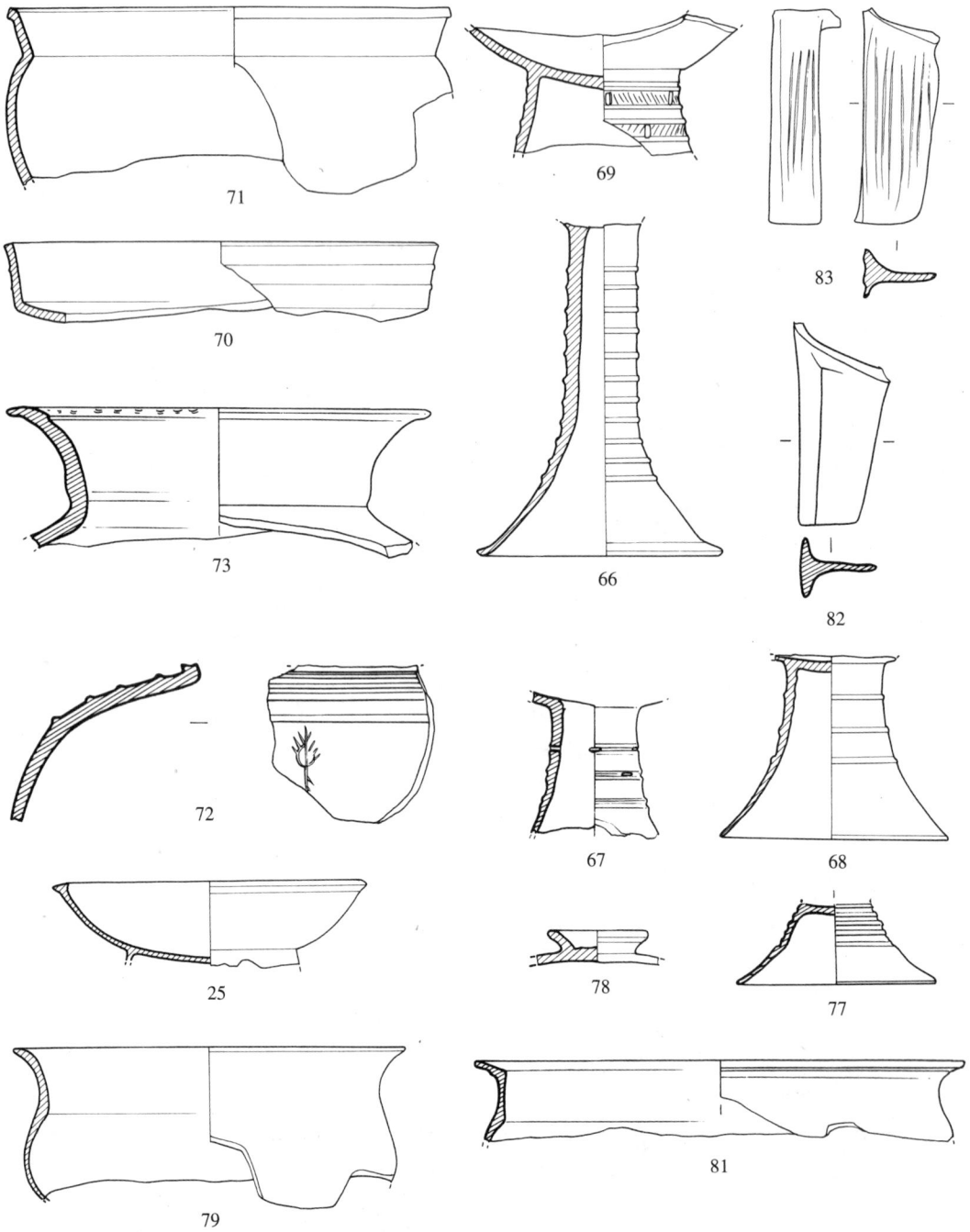

图二四九 F　H36 第 2 层出土陶器

25. 圈足盘　66～68. 豆把　69、70. 豆　71～73. 罐　77、78. 器盖　79、81. 鼎　82、83. 鼎足
（均为 1/4）

腹部留有烟垢。口径 23.5、残高 9.5 厘米。（图二四九 F）

H36②:81，鼎。夹砂红陶。仅存口沿，侈口，宽折沿，内沿有明显脊棱，束颈。口径 29.2 厘米。（图二四九 F）

H36②:82，鼎足。夹砂红陶。"T"字形。素面。高 11.8 厘米。（图二四九 F）

H36②:83，鼎足。夹砂红陶。"T"字形，侧面宽于足面。三侧有竖向刻划。高 12.6 厘米。（图二四九 F）

H36②:84，鼎足。"T"字形。（彩版三四八，3）

H37

位于 T601 东南部，开口于第 1 层下，为 HJ1 叠压，打破第 8 层，叠压 M132。坑口平面呈椭圆形，圜底，东西长径 2.32、南北短径 2.2、深 0.4 米。（图二五○）坑内填含较多红烧土块的红褐色土，土质较硬。出土遗物有一些火烧过的碎小兽骨和残石钺、夹砂红陶圆锥形鼎足、夹砂黑陶"T"字形鼎足、泥质红陶罐口沿等，其他不辨器形的陶片共 15 片，其中夹砂红陶 4 片、夹砂黑陶 2 片，泥质红陶 4 片、灰陶 2 片、灰

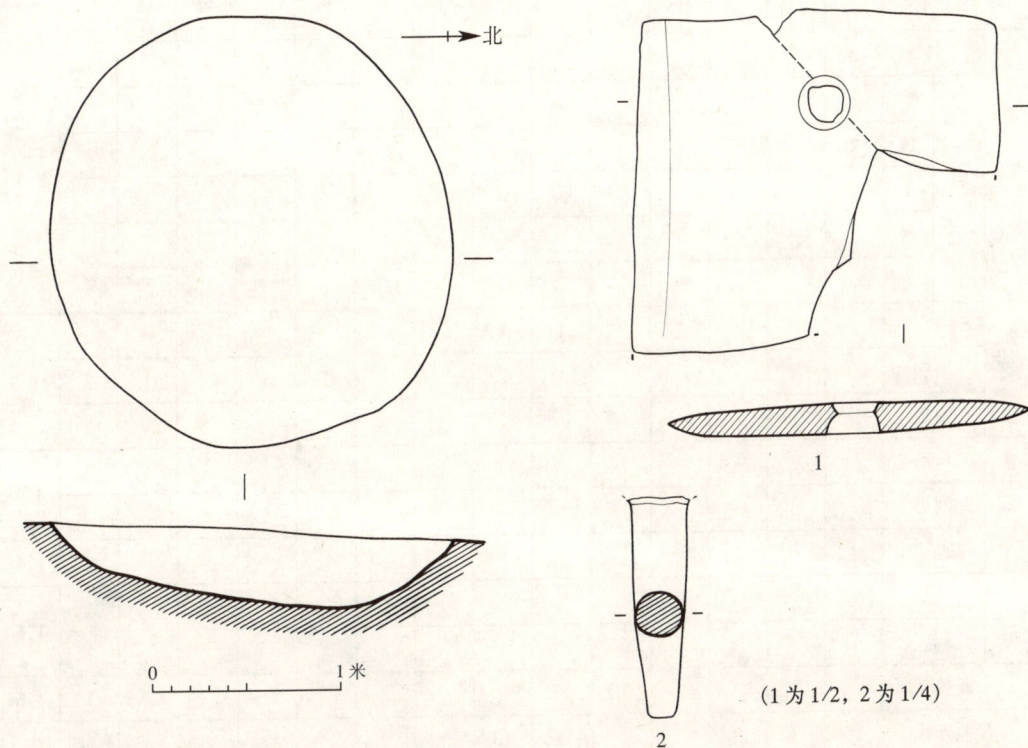

图二五○ H37 平剖面图及其出土石、陶器

1. 石钺 2. 鼎足

胎黑皮陶 3 片。从其堆积相分析，H37 应是堆置生活废弃物的垃圾坑。

H37：1，石钺。灰白色凝灰岩。形体扁薄。上端平直，双面钻孔，刃部残缺。残高 9.2 厘米。（图二五〇；彩版三四九，1）

H37：2，鼎足。夹砂红陶。圆锥形。残高 11.8 厘米。（图二五〇）

H38

位于 T601 西南角，开口于第 9C 层下，为 HJ1 和 M129 叠压，打破第 12 层和生土。坑口平面呈不规则形，南北长 5.39、东西宽 1.76 米，圜底，坑深 0.3 米。（图二五一 A）坑内填土质较硬的青褐色土。出土遗物有石犁残片、砺石、圈足盘、鱼鳍形鼎足等。从其堆积相分析，H38 应为垃圾坑。H38 陶器陶系与器形统计参见表一六。

表一六　　　　　　　　　　　　　H38 陶器主要器形与陶系统计表

器形			夹砂陶					泥质陶								合计	%
			红	灰	黑	灰胎黑衣	黑胎黑衣	红	灰	黑	橘黄	灰黄	灰胎黑衣	黑胎黑衣	黄胎黑衣		
鼎	口		2													2	8.1
	足	锥															
		鱼	2		1											3	
		T															
		凿															
		方															
罐	口							1	1							2	11.3
	平底								2			1				3	
	圈足								2							2	
圈足盘	口沿								2	1						3	4.8
	圈足																
瓿			1													1	1.6
豆	把																1.6
	盘								1							1	
器盖			1													1	1.6
其他碎片			10	2	8			4	18				2			44	71
合计			16	2	9			5	26	1		1	2			62	
%			25.8	3.2	14.5			8.1	41.9	1.6		1.6	3.2				100

H38:1，砺石。青灰色砂岩。平面不规则方形，有三个磨砺面。残长 13.6 厘米。（图二五一 B；彩版三四九，2）

H38:2，砺石。青灰色砂岩。平面略呈梯形，有三个磨砺面。残长 12.2 厘米。（图二五一 B；彩版三四九，3）

H38:4，圈足盘。泥质黑陶。直口，折腹，小矮圈足。口径 22.6、底径 9.8、高 5.4 厘米。（图二五一 B；彩版三四九，4）

H38:5，罐。泥质灰陶。残存口部，侈口，高领。口径 16、残高 6.5 厘米。（图二五一 B）

H38:7，罐。泥质灰黄陶。残存腹部。残高 6 厘米。（图二五一 B）

H38:8，鼎足。夹砂红陶。平薄鱼鳍形。侧面有竖向刻划和不透的扁长镂孔。高 8.6 厘米。（图二五一 B）

H39

位于 T601 西南角，西部伸入 T600 东隔梁，南部伸入 T701 北隔梁，开口于第 9C 层下，为 HJ1 叠压，打破第 12 层、H40 和生土。坑口平面呈一头大一头小的三角形，南北长 3.2、东西最宽 1.32 米，坑壁倾斜，底部近平，深 0.4 米。（图二五二）坑内填包含少量红烧土块的青褐色土，土质较硬。出土遗物仅见一件石犁残片。从其堆积相分析，应为垃圾坑。

H39:1，石犁。青灰色凝灰岩。已残断，一侧单面刃。残长 22.4 厘米。（图二五二；彩版三四九，5）

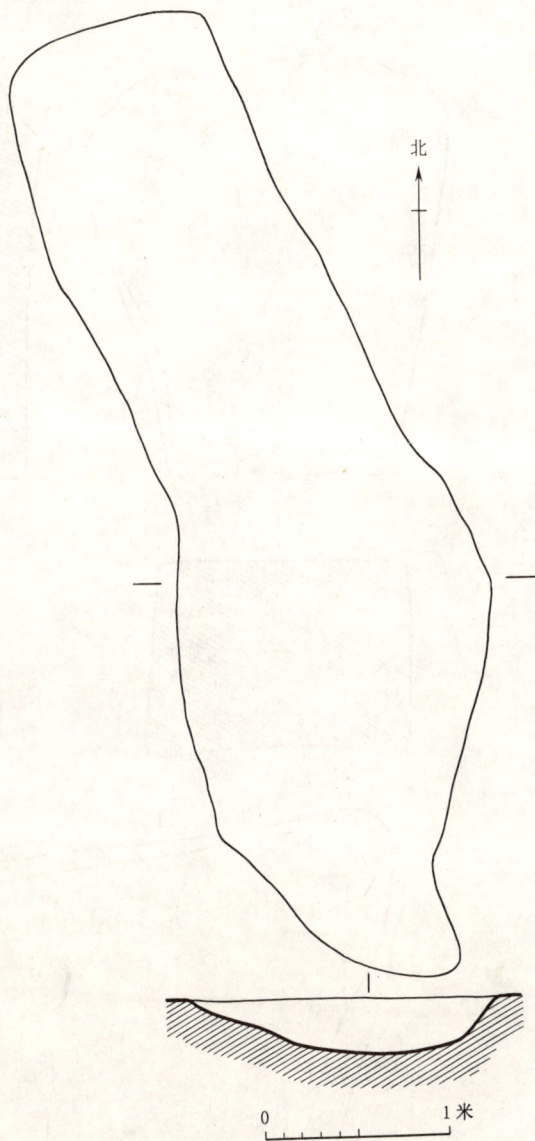

北

0　　　　　1 米

图二五一 A　H38 平剖面图

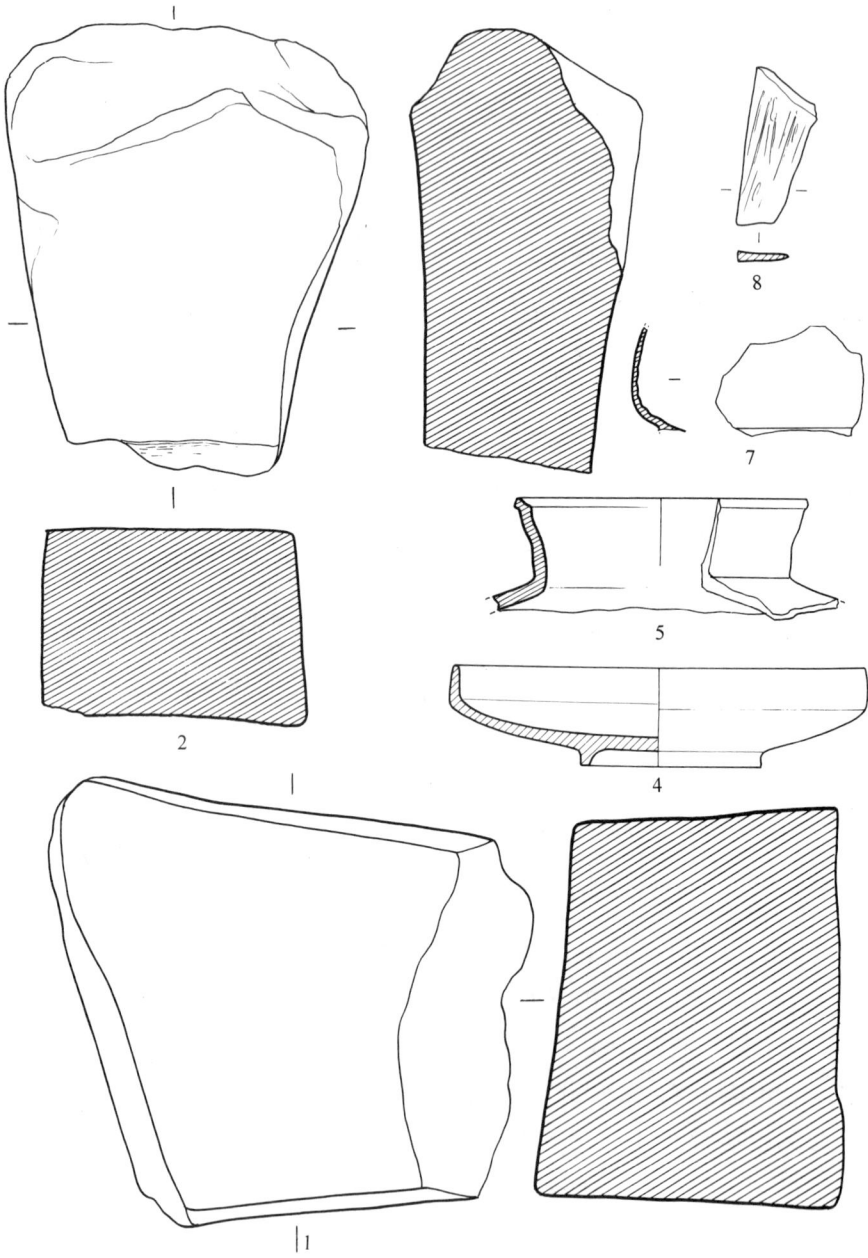

图二五一 B　H38 出土石、陶器

1、2.砺石　4.圈足盘　5、7.罐　8.鼎足（1、2 为 1/2，余为 1/4）

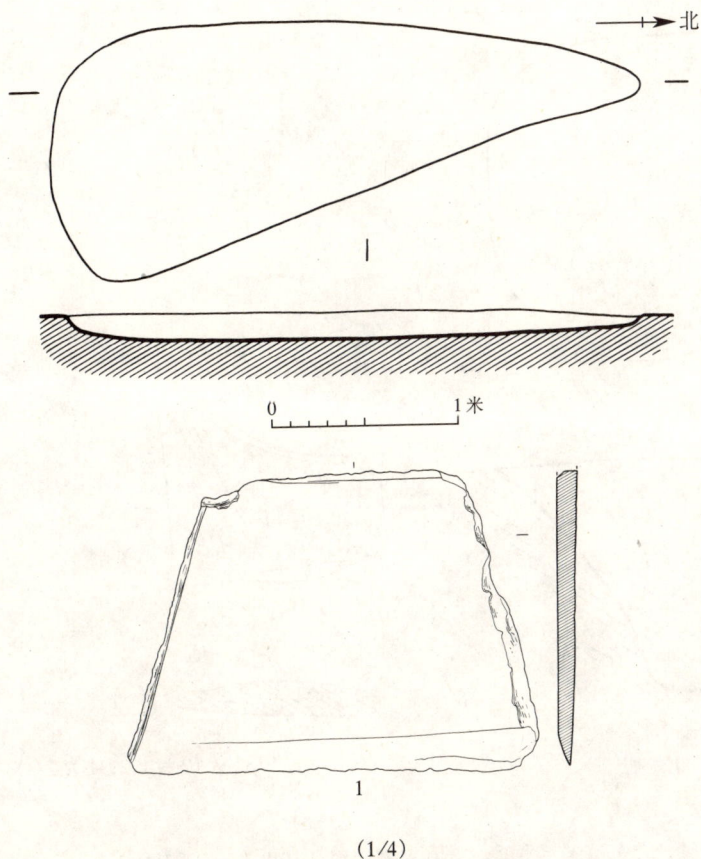

图二五二 H39 平剖面图及其出土石犁
1. 石犁

H40

位于 T601 西南角，西部伸入 T600 东隔梁，上部被 H39 打破，打破生土。坑口平面近圆形，直径约 0.88 米，坑壁倾斜，底部凹圜，深 0.6 米。（图二五三）坑内填包含少量红烧土块的灰色土，土质较软。出土遗物有 1 件砺石和 8 块陶片，陶片中有 2 件鱼鳍形鼎足残片，其他不辨器形的陶片为夹砂红陶 1 片、泥质红陶 1 片和泥质灰胎黑皮陶 4 片。灰坑功能不明。

H40:1，砺石。灰褐色砂岩。略呈长方形，有两个磨砺面。残长 17.8 厘米。（图二五三；彩版三四九，6）

H40:2，鼎足。夹砂红陶。为中间略厚的鱼鳍形，已残断。足面有竖向刻划纹。残高 5.6 厘米。（图二五三）

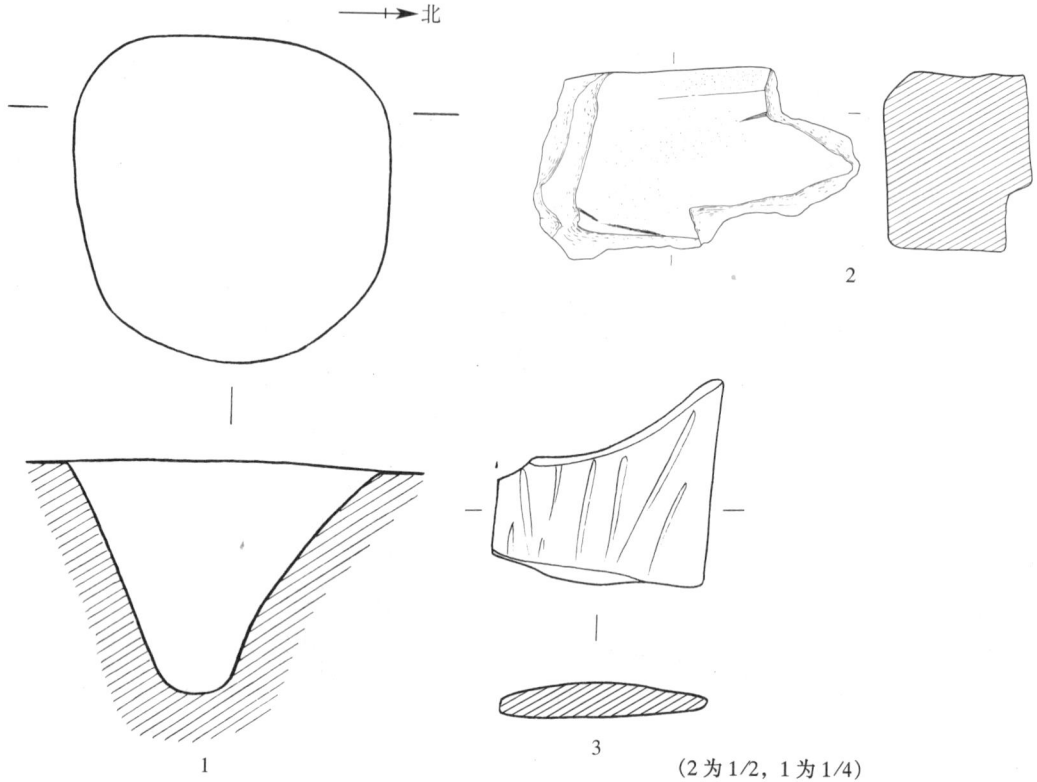

图二五三　H40 平剖面图及其出土石、陶器
1. 砺石　2. 鼎足

H41～H48

H41～H48 都位于 T601 的北部，开口于第 11B 层下，打破第 12 层和生土。平面都为不规则的椭圆形，其中南北向的 4 个（H41、H42、H46、H47），略呈东西向的 4 个（H43、H44、H45、H48）。H41 南北长 1.04、东西宽 0.44～0.68、深 0.08 米，坑内填土为土质较软的青灰色土，内埋设有一具完整的幼年猪骨架，猪南北向、头向北。（图二五四，1）H42 南北长 1.14、东西宽 0.7、深 0.38 米，坑内填土质较软的青灰色土，出土一枚猪牙。（图二五四，2）H43 东西长 0.84、南北宽 0.42、深 0.3 米，坑内填土质较软的青灰色土，出土一枚猪牙。（图二五四，3）H44 东西长 1.16、南北宽 0.6、深 0.28 米，坑内填土质较软的青灰色土，发现少量兽骨残片。（图二五四，4）H45 东西长 1.2、南北宽 0.44、深 0.16 米，坑内填土质较软黏的青灰色土，发现少量的兽骨。（图二五四，5）H46 南北长 1.42、东西宽 0.6、深 0.64 米，坑内填土质较软粘的青灰色土，没有发现兽骨或其他遗物。（图二五四，7）H47 南北长 1.12、东西宽 0.5、深

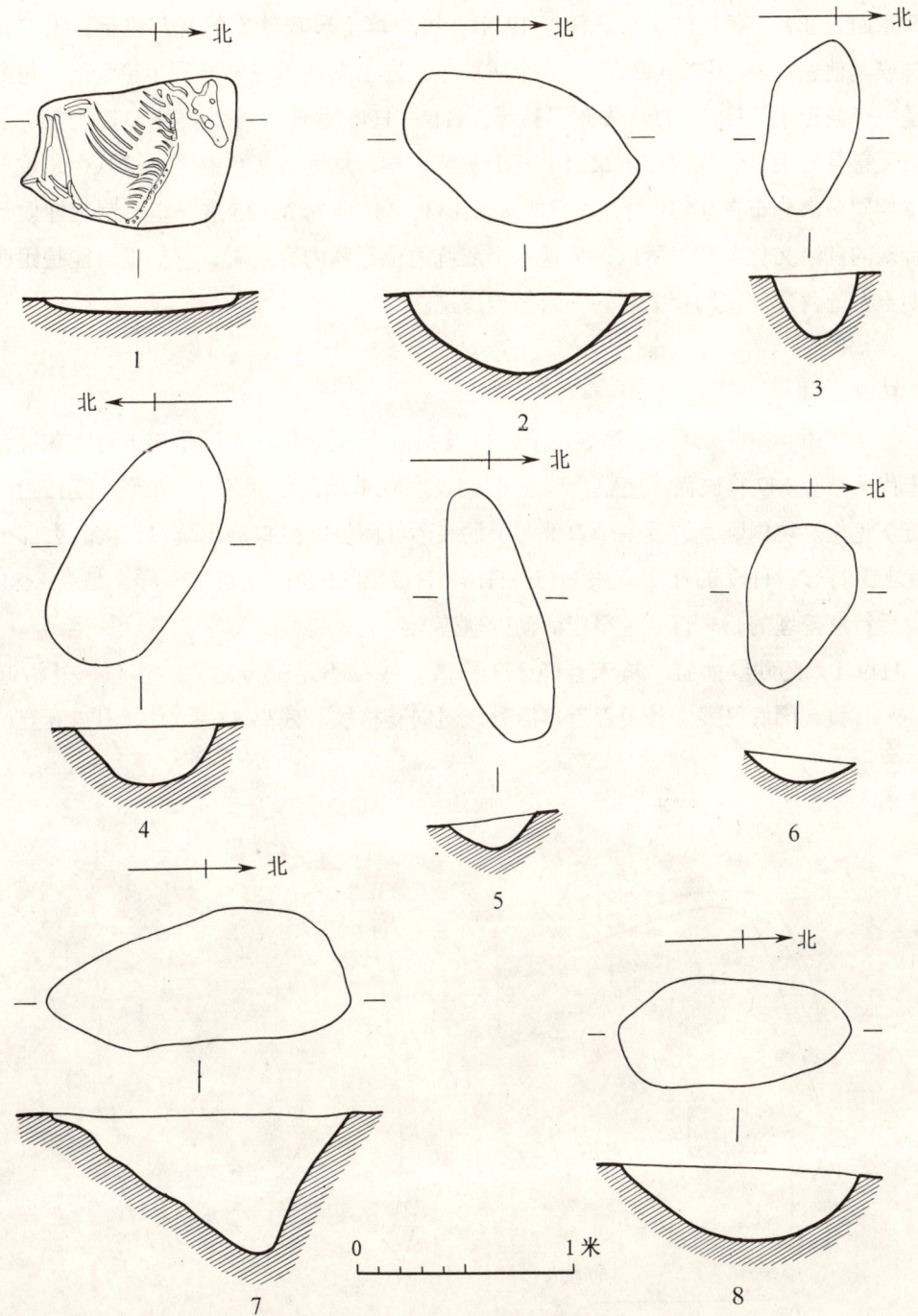

图二五四 H41~H48 平剖面图

1.H41 2.H42 3.H43 4.H44 5.H45 6.H48 7.H46 8.H47

0.34 米，坑内填土质较软黏的青灰色土，没有发现兽骨或其他遗物。（图二五四，8）
H48 东西长 0.8、南北宽 0.52、深 0.12 米，坑内填土质较软黏的青灰色土，没有发现
兽骨或其他遗物。（图二五四，6）八个灰坑中，H41 发现了完整的幼年猪骨架，可断定
它是一个祭祀坑；H42、H43 发现了猪牙；H44、H45 发现了兽骨残片，其他三个灰坑
内虽无兽骨发现，但坑内填土跟以上五个灰坑一样，均为青灰色黏土。这八个灰坑开口
层位相同，都分布在 T601 内，而且毗近 M133、M134 和 M135 这三座形制与性质都较
为特殊的良渚文化墓葬，所以，从这八个灰坑的位置和内容来看，它们很可能是跟西面
早期土台的营建与使用相关联的一组祭祀遗迹。

H49

位于 T508 南部，开口于第 6 层下，打破 M81 的东南角和东面早期土台。灰坑大部
被宋代墓葬晚 M7 打破而不完整，残长 0.66、宽 0.1 米，残深仅 0.17 米。（图二五五）
填黄灰色土。坑内竖直放置一个口部向上的夹砂红陶缸，缸口高出坑口，陶缸大部也已
被晚 M7 打破。H49 的性质应跟 H15、H16、H17 和 H18 四座灰坑一样，是在 M81 入
埋以后特意挖埋的，举行某种祭祀活动的遗迹。

H49:1，夹砂红陶缸。被宋墓晚 M7 打破，残存不足三分之一。侈口，外沿起脊
棱，斜直腹，圜底已残。外腹部近口沿处施斜向菱格纹。残高 44 厘米。（图二五五；彩
版三三七，5）

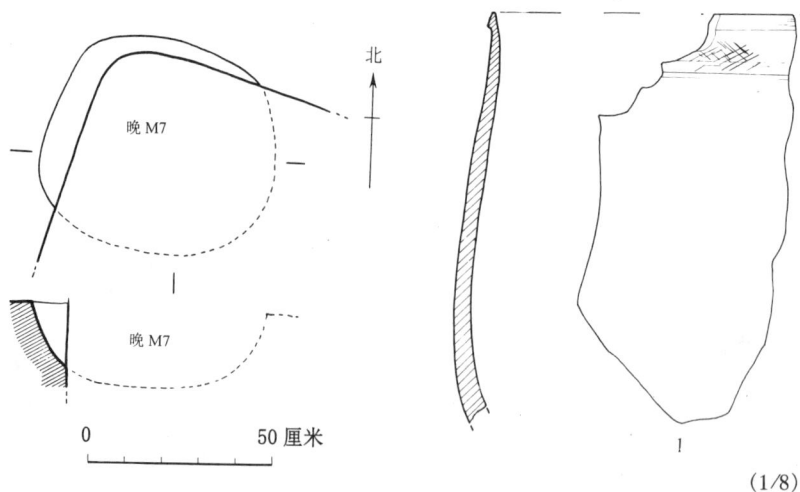

图二五五　H49 平剖面及其出土夹砂红陶缸

1. 夹砂红陶缸

H50

位于 T604 的北隔梁中部，开口于第 1 层下，打破 M23 南端和第 5 层。坑口平面呈椭圆形，南北长径 0.52、东西短径 0.42 米，坑壁倾斜，坑底近平，残深仅 0.04 米。坑内填土质较硬的青灰色土。坑底中部发现成堆的动物骨骼，从骨骼断面来看，此动物个体较小，但因骨骼太零碎而无法鉴定其属类。坑内骨骼堆置零乱，外表呈白色或灰黑色，表明在入埋前曾经火烧烤。（图二五六；彩版三五〇，1）H50 周围有 M3、M5、M7、M11、M22、M23、M43、M44 等多座打破第 5 层的良渚文化墓葬，其中动物骨骼又经火烧烤，所以，此坑也应是与墓葬祭祀相关的祭祀坑。

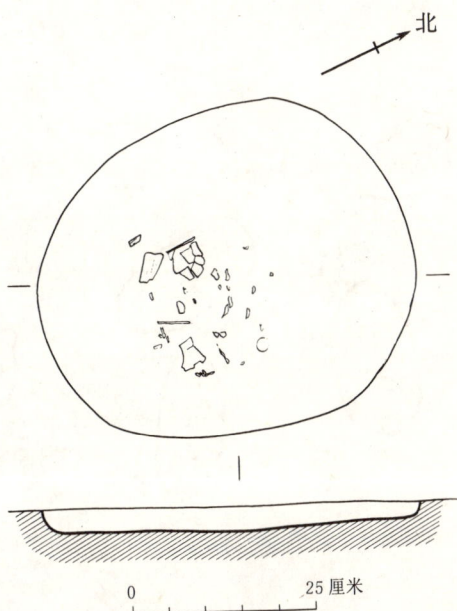

图二五六　H50 平剖面图

以上 43 座灰坑根据其形状、成因以及出土的包含物分析，至少应该包含有两种不同的功能。

（1）生活遗迹

至少包括两种不同类型的灰坑：一种是人工特意挖成的窖穴或储藏坑，坑口与坑壁都较规整，有较明显的人工加工迹象。废弃后有的成为垃圾坑；有的则在短时间内被有意识填埋，填土多较纯净坚硬，除个别完整器物外没有其他遗物发现。另一种为利用自然凹坑或水塘作丢弃废物的垃圾坑，坑口与坑壁常不规则，没有明显人工加工的迹象。有大有小，小的利用自然凹洼坑窝，跟前类人工开挖的储藏坑较难区别；大的利用自然或人工开挖的水塘凹坑，淤满时间较长，往往形成多层堆积。

（2）可能有祭祀功能的灰坑

这类灰坑大多因其特殊的埋设位置或包含较特殊的埋设物而显示出可能具有跟祭祀相关的功能。如：H41～H48 开口层位相同，都分布在 T601 内，而且毗近 M133、M134 和 M135 这三座形制与性质都较为特殊的良渚文化墓葬（图二五七；彩版三五一，1、2），其中 H41 发现埋设了完整的幼年猪骨架，H42、H43 发现了猪牙，H44、H45 发现了兽骨残片，其他三个灰坑内虽无兽骨发现，但坑内填土跟以上五个灰坑一样，均为青灰色黏土。这八个灰坑从其位置和内容来看，都很可能是跟西面早期土台的营建与使用相关联的一组祭祀遗迹。

此外，H11 内出土了玉鸟与猪的下颌骨，H50 内发现了成堆的经火烧烤过的动物骨骼，特殊的埋设物也显示出其可能的祭祀功能。

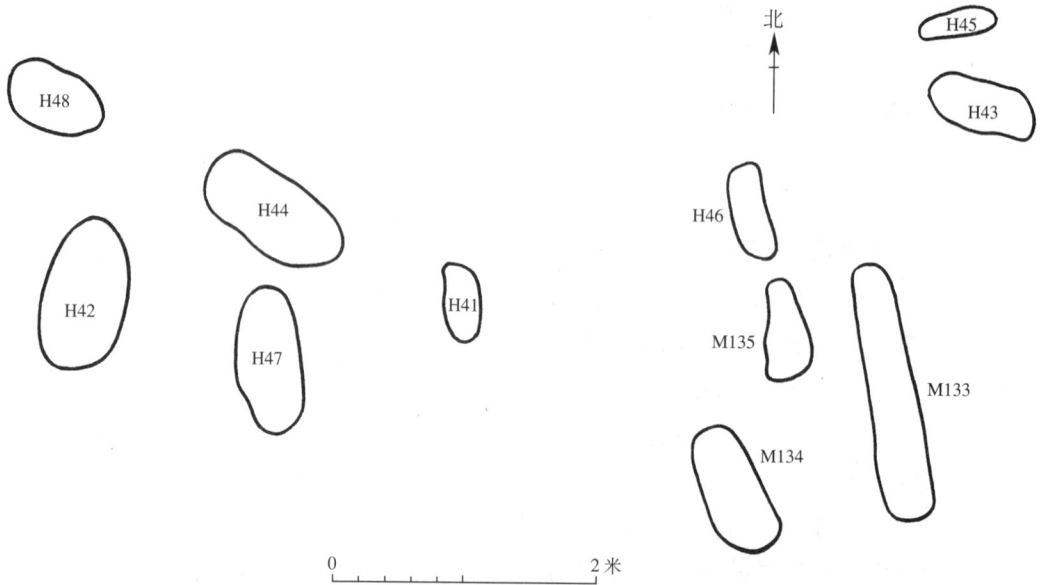

图二五七　成组分布的 H41～H48 与 M133～M135

　　H15、H16、H17、H18 和 H49 分别发现于 M98、M105、M108、M109 和 M81 这五座墓葬的东南角且都打破了墓坑的填土，埋设的夹砂红陶缸缸口都高出坑口。从这五个灰坑与被它们打破的墓葬的关系来看，这些灰坑绝不是偶然挖埋的，而应是在这几座墓葬入埋以后再特意挖埋的，应是在墓葬入埋后举行某种祭祀活动的遗迹。

四　灰沟

　　2 条，分别编为 G1 与 G2。

G1

　　贯穿新地里遗址低地部分 T302、T303、T203 等探方，东北部延伸入 T203 东隔梁，西南部延伸入 T302 南壁下，因发掘范围所限南北两端都未追踪到头。G1 开口于第 1 层下，为 H1 打破，打破第 2 层、第 3 层和 J1、H5。G1 平面呈不规则的条沟形，长约 26、最宽 8.5 米，沟壁倾斜，底部略有凹凸，深约 0.5 米。（图二五八 A；彩版三五二）根据土质土色的差异，沟内填土分为两层。第 1 层为浅灰土，土质较软，深约 0.45 米，出土遗物主要是陶片，有 T 字形鼎足、竹节形豆把、圆锥形足、双鼻壶、泥质黑皮陶圈足罐、泥质红陶罐口沿、盖纽等。第 2 层为土质疏松的草木灰层，深约 0.3 米，出土遗物有玉锥形器残件、骨镞、骨锥、残石刀、石锛、石镞、砺石和大量陶器与陶片，修复陶器有实足鬶、圈足盘、细高竹节把刻划纹饰的豆、泥质灰陶高领罐、小杯等，还有"T"字形鼎足、带锥刺纹的泥质红陶罐口沿、宽把杯、压印绳纹与条纹的夹砂陶片等，出土的部分陶片上还刻划了鹿纹、鸟网纹、变体鸟纹和符号。（图二五八 J；彩版三五七、三五八）

G1 第 1 层和第 2 层陶系与器形的统计参见表一七、一八。

表一七　　　　　　　　　　　　G1①陶器主要器形与陶系统计表

器形		夹砂陶 红	夹砂陶 灰	夹砂陶 黑	夹砂陶 灰胎黑衣	夹砂陶 黑胎黑衣	泥质陶 红	泥质陶 灰	泥质陶 黑	橘黄	灰黄	灰胎黑衣	黑胎黑衣	黄胎黑衣	合计	%
鼎	口	5	11	3											19	9.5
	足 锥		4	2											6	
	足 鱼															
	足 T	5	10												15	
	足 凿															
	足 方															
双鼻壶							3								3	0.7
簋								4			3				7	1.7
罐	口		1	1		2	2	4				2			12	5.7
	平底							1	2			2	2		7	
	圈足	1	1	2		1									5	
圈足盘	口沿											1			1	0.2
	圈足															
豆	把							3	1			3			7	2.4
	盘							1				2			3	
器盖		2	2	1		1				1	1	1			9	2.1
匜			1												1	0.2
盉			1	3											4	0.95
其他碎片		38	38	36			41	63	3	14	64	24			321	76.4
合计		51	68	49		4	44	80	4	15	72	33			420	
%		12.1	16.2	11.7		0.95	10.5	19	0.95	3.6	17.1	7.9				100

表一八　　　　　　　　　　G1②陶器主要器形与陶系统计表

器形		夹砂陶 红	灰	黑	灰胎黑衣	黑胎黑衣	泥质陶 红	灰	黑	橘黄	灰黄	灰胎黑衣	黑胎黑衣	黄胎黑衣	合计	%
鼎	口	28	65	11	1	35									140	
	足 锥	2	12	5	1	4									24	
	足 鱼	4	4	2	31										41	8.6
	足 T	45	29	2		3									79	
	足 凿				1										1	
	足 方															
双鼻壶							1					1			2	0.06
盆							2	2	1		1	10			16	0.5
簋							2					3			5	0.15
罐	口	1		1			7	9	5	17	14	5			59	
	平底						2	13	8	9	4	5			41	3.35
	圈足		1	2				8							11	
圈足盘	口沿							16				3			19	0.91
	圈足							7				4			11	
甂		4		2											6	0.18
豆	把							9				8	7		24	0.97
	盘							1				7			8	
器盖		1	8	2		1	1					9			22	0.66
宽把杯												4			4	0.12
盉			2	15		5									22	0.66
鬶		2		1											3	0.1
钵												1			1	0.03
其他碎片		147	119	96	519	257	212	670	21	208	242	272	7		2770	83.7
合计		234	240	139	553	305	223	739	35	234	261	332	14		3309	
%		7.1	7.3	4.2	16.7	9.2	6.7	22.3	1.1	7.1	7.9	10	0.4			100

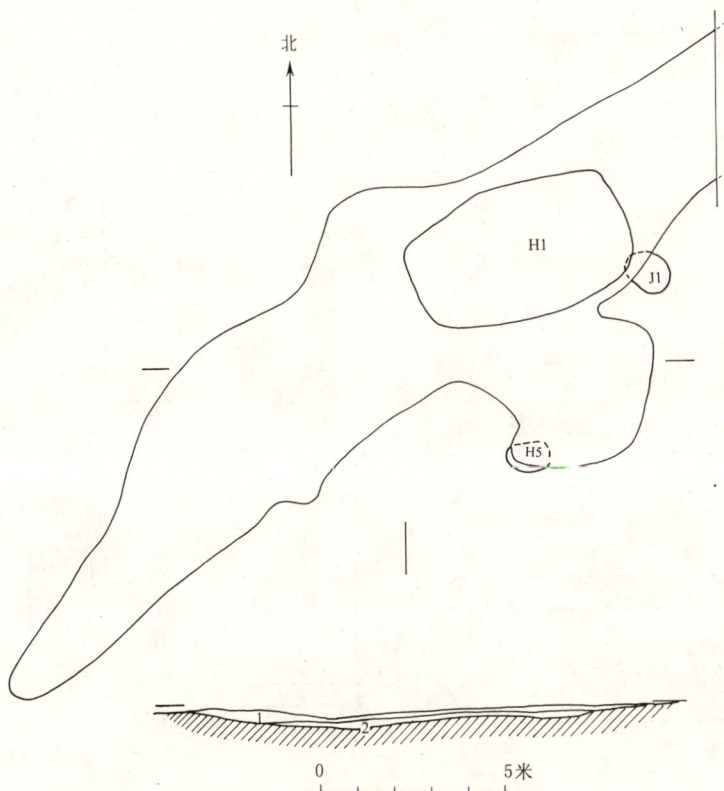

图二五八 A　G1 平剖面图

G1 第 1 层标本：

G1①:29，器盖。泥质黄陶。盖面已残，圈足形纽。纽内侧有锥刺纹。（图二五八 B）

G1①:30，罐。夹砂红褐陶。侈口，翻沿，高领。口径 15.6 厘米。（图二五八 B；彩版三五四，1）

G1①:31，罐。泥质黄陶。侈口，卷沿，束颈。沿面有锥刺纹饰。口径 16 厘米。（图二五八 B）

G1①:32，罐。泥质黄陶。侈口，翻沿。沿面上有锥刺纹。（图二五八 B）

G1①:33，豆盘。泥质灰陶。直口，折腹。（图二五八 B）

G1①:34，甗。夹砂黄褐陶。腹部大部已残，"T" 字形足。两侧面上有直线刻划和小圆锥刺纹。残高 19 厘米。（图二五八 B；彩版三五四，2）

G1①:35，鼎足。夹砂红陶。"T" 字形，足面略内凹。三面有竖向刻划。高 13.2 厘米。（图二五八 B）

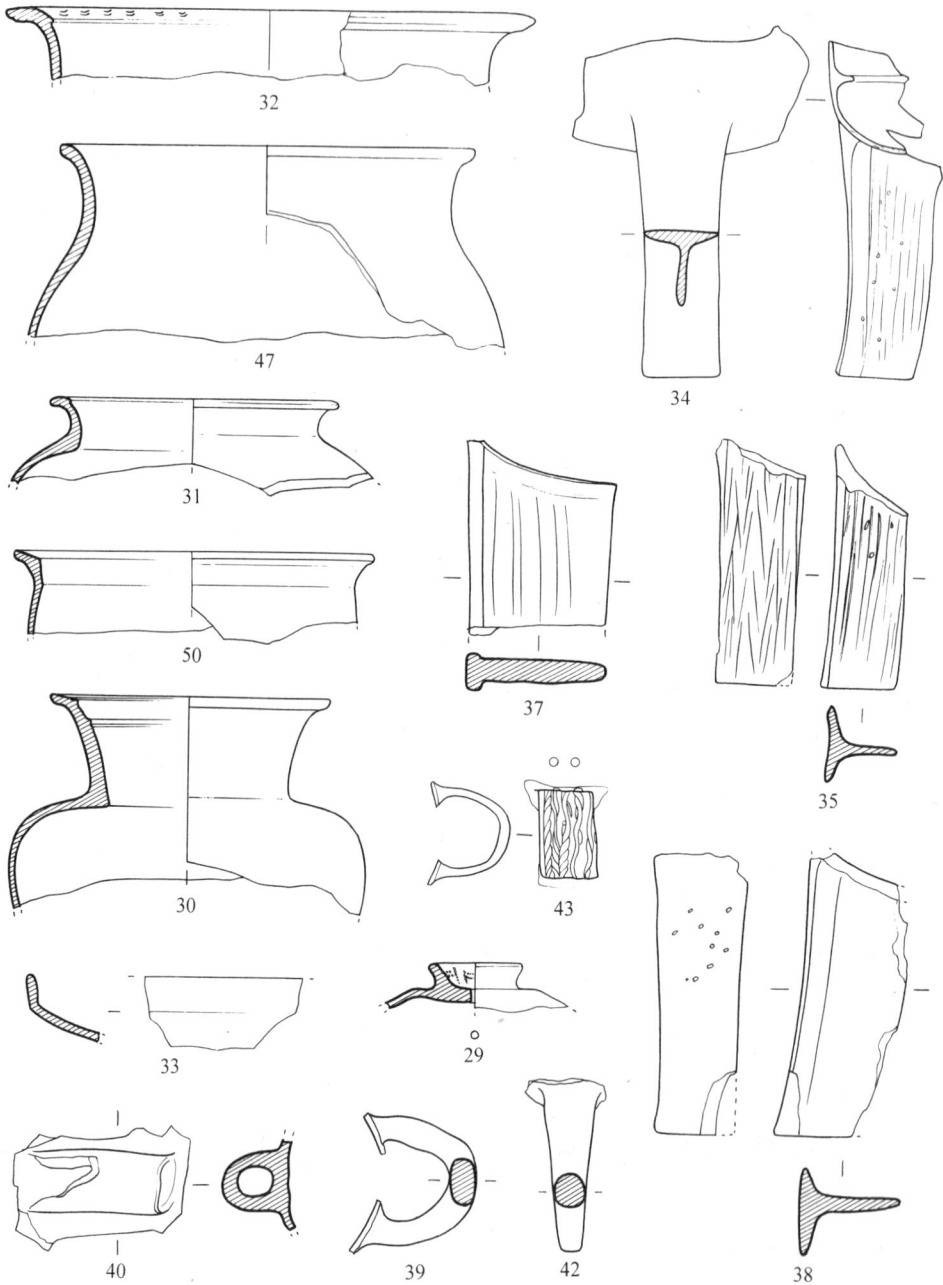

图二五八 B　G1 第 1 层出土陶器

29.器盖　30~32、40.罐　33.豆盘　34.甗　35、37、38.鼎足　39、43.器把　42.盉足　47、50.鼎（均为 1/4）

G1①:37，鼎足。夹砂黄褐陶。外侧略厚的鱼鳍形，已残断。两侧面有竖向刻划。（图二五八 B）

G1①:38，鼎足。夹砂红褐陶。"T"字形。足面有小圆锥刺纹。残高 15.2 厘米。（图二五八 B）

G1①:39，器把。夹砂灰陶。半圆环形。（图二五八 B）

G1①:40，罐。泥质灰陶。仅存环形宽牛鼻耳。（图二五八 B）

G1①:42，盉足。夹砂灰褐陶。圆锥形足。高 9.3 厘米。（图二五八 B）

G1①:43，器把。泥质黑陶。半圆环形宽把。把面上有由小泥条编织成的辫状纹。（图二五八 B）

G1①:47，鼎。夹砂灰黑陶。仅存口部，侈口，卷沿，微束颈。口径 22.9 厘米。（图二五八 B）

G1①:50，鼎。夹砂灰黑陶。仅存口部，侈口，折沿，内沿有明显折棱。口径 20 厘米。（图二五八 B）

G1 第 2 层标本：

G1②:1，带把小石刀。青灰色凝灰岩。前端略残，双面刃。残长 7.6 厘米。（图二五八 C；彩版三五三，2）

G1②:2，豆把。泥质黑陶。竹节形细高把。把下部竹节间饰一周由浅刻短线和圆涡组成的菱格组合纹。（彩版三五五，4）

G1②:3，平底罐。泥质灰陶。器形硕大。侈口，卷沿，高领，束颈，弧肩，深弧腹，平底。口沿内侧有一个刻划符号，肩部与上腹部施九周凸弦纹。口径 13、底径 10.8、腹径 18.2、高 20.7 厘米。（图二五八 D；彩版三五四，3）

G1②:4，玉锥形器。透闪石软玉，白色夹黄斑。首尾均残，横截面圆形。残长 4.05 厘米。（图二五八 C；彩版三五三，1）

G1②:5，圈足盘。泥质黑皮陶。斜直口，折腹，宽矮圈足，足底外撇。圈足上饰三周凹弦纹，弦纹间满饰锥刺纹。口径 18.2、底径 13.6、高 6.9 厘米。（图二五八 F；彩版三五四，5）

G1②:6，骨镞。动物肢骨磨制而成。横截面近圆形，头部尖锐锋利，铤部已残。残长 3 厘米。（图二五八 C）

G1②:7，豆。泥质灰胎黑皮陶。侈口，方唇，直折腹，底略凹圜，把细高竹节状，喇叭形圈足。外腹下部施六周凹弦纹，弦纹之上近口沿部有一周细刻划纹饰，如带结头的菱形网格；把上部竹节状部分，以八条宽凹弦纹分隔，第一条宽凹弦纹上等分地饰三个扁圆镂孔，其下每两条弦纹间施细刻划的带结菱形网格纹；豆把最下部的喇叭形圈足处，纹饰带较宽，由上面细密的带结菱形网格纹带和下面十余道细密的凹弦纹组成。口

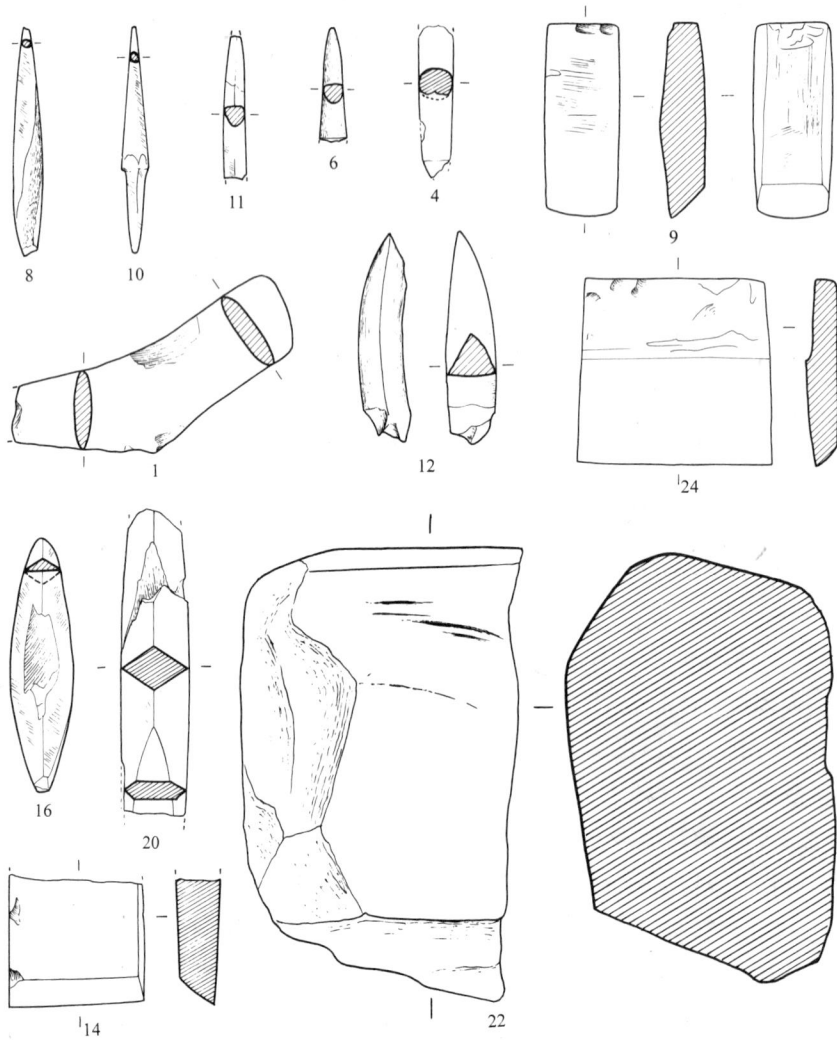

图二五八 C　G1 第 2 层出土石、玉、骨、牙器

1.带把小石刀　4.玉锥形器　6、8、10、11.骨镞　9、14、24.石锛　12.牙镞　16、20.石镞　22.砺石

（均为 1/2）

径 18.6、底径 18.4、高 28.6 厘米。（图二五八 F；彩版三五五，1、2）

　　G1②:8，骨镞。动物肢骨磨制而成。横截面扁圆形，头部尖锐锋利，尾部略磨细，无明显铤部。残长 6.1 厘米。（图二五八 C；彩版三五三，7）

　　G1②:9，石锛。青灰色流纹岩。长方形，无段呈龟背形，近上部略磨薄，下端斜刃，刃口锋利，无明显使用痕迹。长 5.1、刃宽 2 厘米。（图二五八 C；彩版三五三，3）

　　G1②:10，骨镞。动物肢骨磨制而成。头部尖锐，横截面近圆形，铤部略细。长

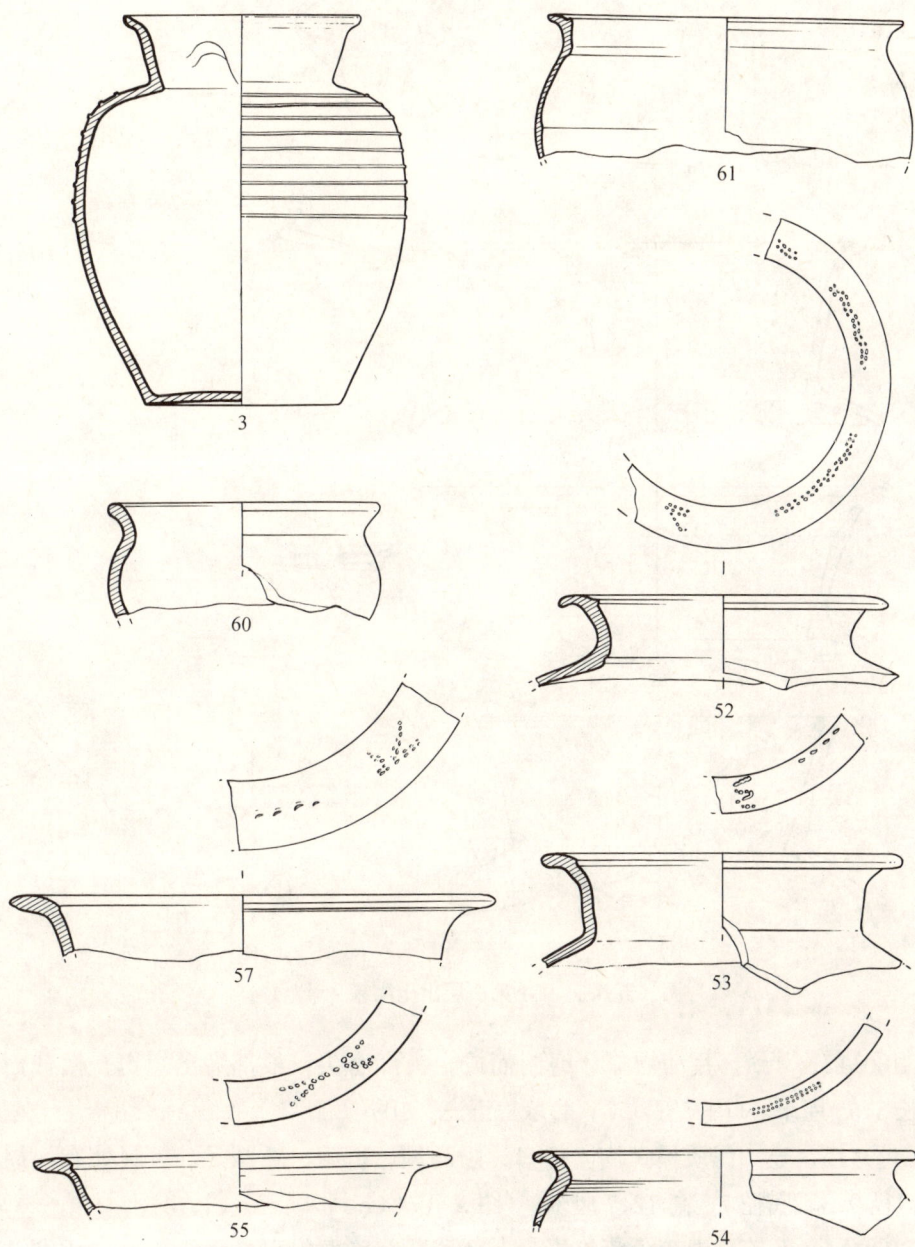

图二五八 D　G1 第 2 层出土陶罐（3 为 1/8，余为 1/4）

6.01、铤长 2.2 厘米。（图二五八 C；彩版三五三，8）

　G1②:11，骨镞。动物肢骨磨制而成。已残。残长 3.8 厘米。（图二五八 C；彩版三五三，9）

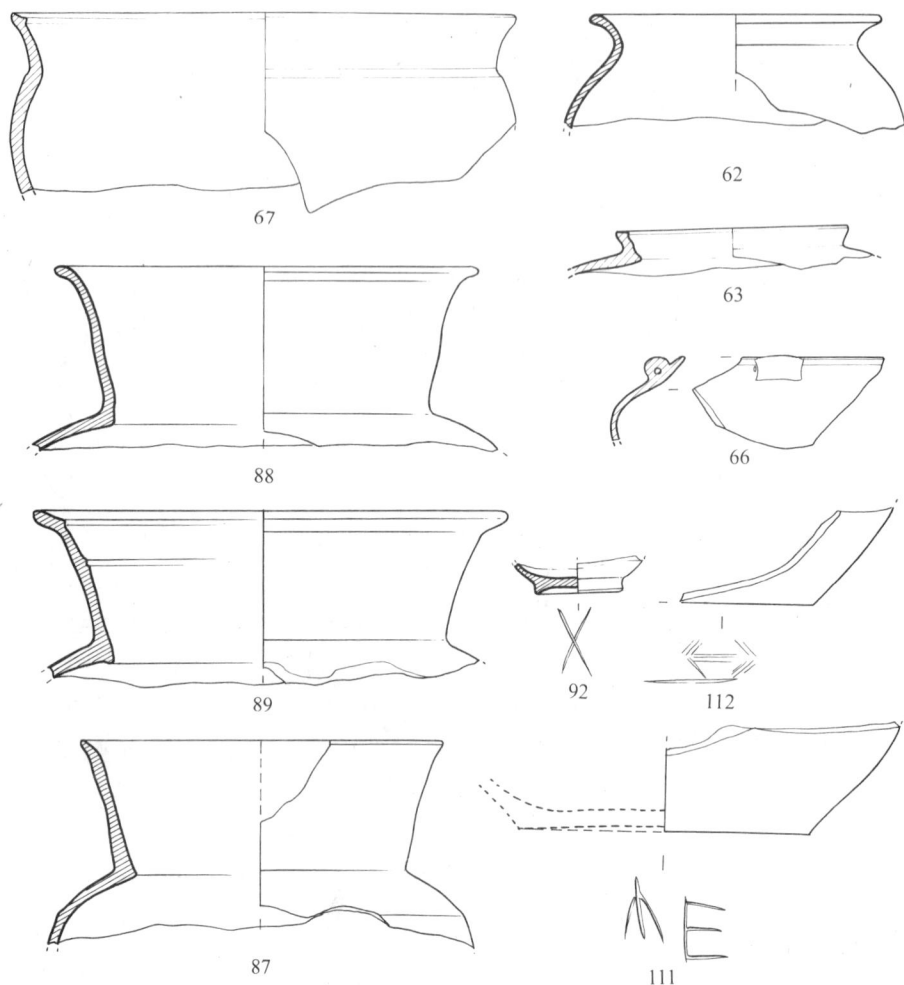

图二五八 E　G1 第 2 层出土陶罐（均为 1/4）

　　G1②:12，牙镞。用动物獠牙磨制而成。头部磨尖，根部磨出短铤，横截面三角形。长 5.65 厘米。（图二五八 C；彩版三五三，10）

　　G1②:13，壶。泥质橘黄陶。侈口，竖高领，折腹，矮圈足。折腹处有一周凹弦纹。口径 9.3、底径 7、高 12.7 厘米。（图二五八 G；彩版三五四，4）

　　G1②:14，石锛。青灰色流纹岩。上部残断，单面斜刃。残长 3.55、刃宽 3.8 厘米。（图二五八 C）

　　G1②:15，杯。泥质灰黄陶。敞口，曲弧腹，圈足外撇。口径 7.6、底径 4.9、高 5.5 厘米。（图二五八 G；彩版三五五，5）

　　G1②:16，石镞。灰褐色凝灰岩。柳叶形，横截面菱形，头部略残。长 6.8 厘米。（图二五八 C；彩版三五三，4）

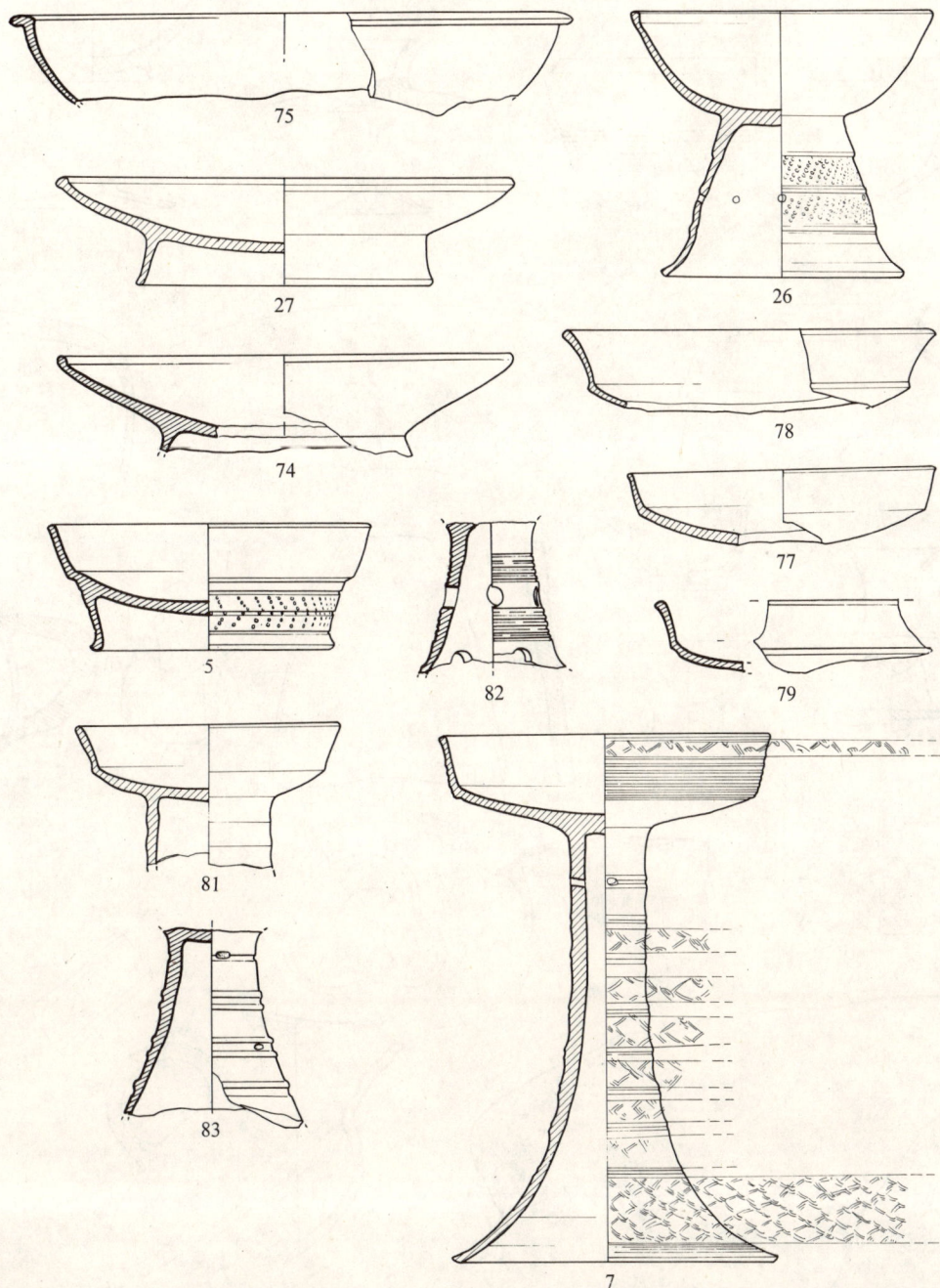

图二五八 F　G1 第 2 层出土陶器

5、27、74、75.圈足盘　7、26、81.豆　77~79.豆盘　82、83.豆把（均为 1/4）

图二五八 G　G1 第 2 层出土陶器

13、69.壶　15、21.小杯　17.实足鬲　23、70.钵　25、28、84、85.器盖　72.簋　93.盉把　94.宽把杯
把　113.罐口沿　115.罐片　116.宽把杯片　117.罐肩部残片（115 为 1/2，余为 1/4）

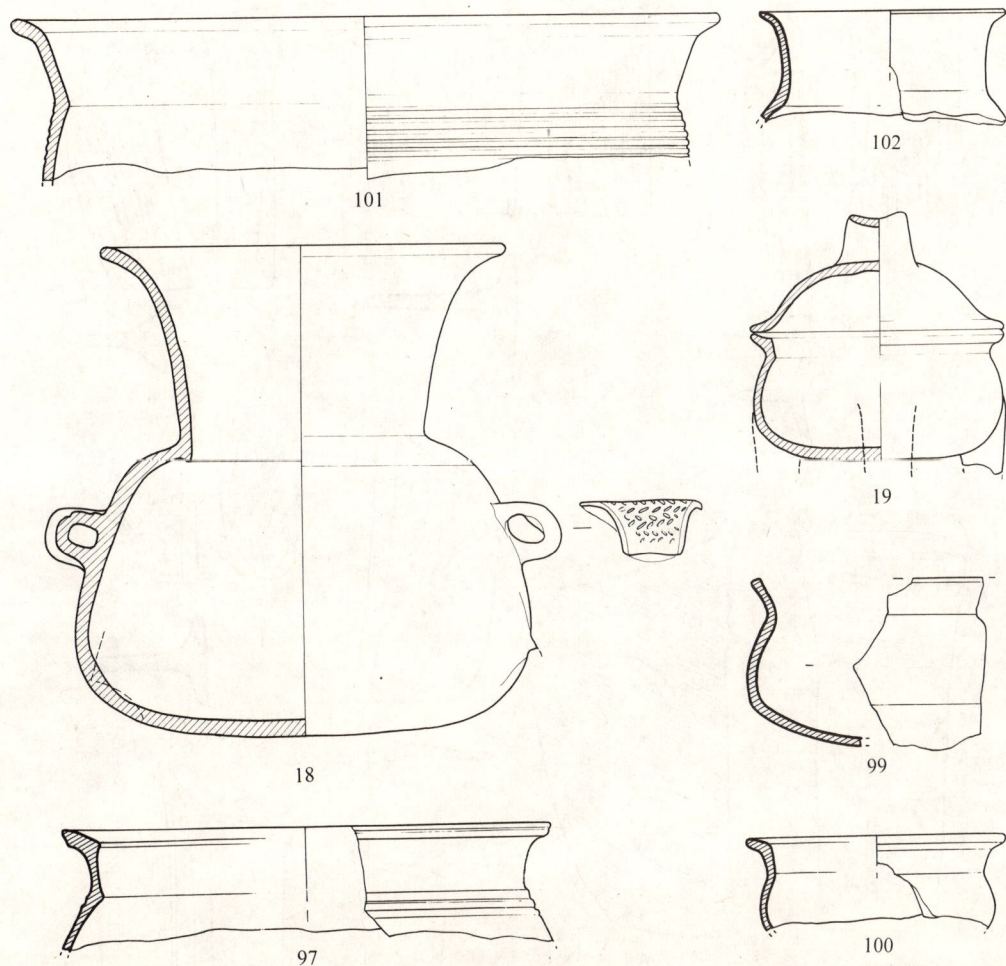

图二五八 H　G1 第 2 层出土陶鼎（均为 1/4）

G1②:17，实足鬶。夹砂黑褐陶。侈口，前端略捏成流，斜高领，腹部圆扁，边缘捏合成宽棱，宽环形把附于口部后侧的腹背上侧，三实足长方锥形，前两足较高，后足略矮，足面都略凹弧，中间有一竖向刻道。该器仿生，如站立的青蛙。高 19.8 厘米。（图二五八 G；彩版三五六，1）

G1②:18，鼎，罐形。夹砂黑陶。喇叭形敞口，高领，溜肩，鼓腹下垂，浅圜底，上腹部有对称的牛鼻形宽耳，足残。口径 22.4、残高 26.1 厘米。（图二五八 H；彩版三五六，2）

G1②:19，鼎，带盖。夹砂灰褐陶。侈口，折沿，沿内侧有明显脊棱，微束颈，扁鼓腹，浅圜底近平，"T"字足残。附桥形纽器盖。鼎口径 14、残高 7.8 厘米，盖径 14、高 6.4 厘米。（图二五八 H；彩版三五六，3）

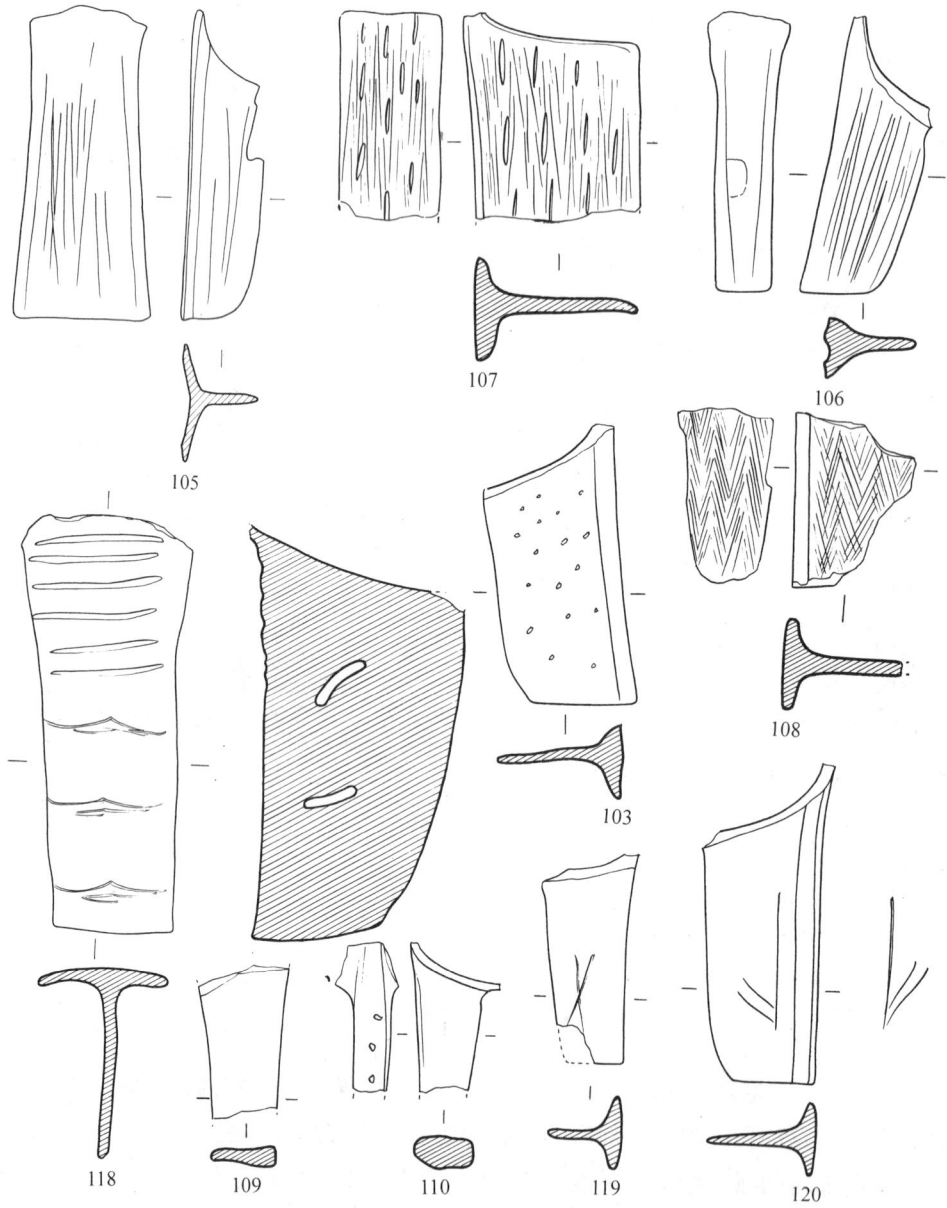

图二五八 I　G1 第 2 层出土陶器足

103、105~110、119、120. 鼎足　118. 三足盘足（118 为 1/2，余为 1/4）

G1②:20，石镞。黑色凝灰岩。扁长条形，头部略残，尾端磨薄为铤。残长 8.2 厘米。（图二五八 C；彩版三五三，5）

G1②:21，杯。泥质黑陶。侈口，折沿，矮圈足。口径 7.4、底径 4.3、高 4.6 厘米。（图二五八 G；彩版三五五，6）

图二五八 J　G1 第 2 层陶器刻划符号与纹样拓片

111、112.平底罐底刻划符号　113.高领罐内刻划符号　115.罐肩部刻划纹　117.圈足罐肩刻划纹　118.三足盘足面刻划符号　120.鼎足"F"形刻划　121、122.条纹　123、124.刻划纹　125.绳纹（均为 1/2）

G1②:22，砺石。青灰色砂岩。略呈方形，有两个磨砺面。残长 12.1 厘米。（图二五八 C）

G1②:23，钵。泥质红陶。敛口，厚唇，斜腹，小平底。器外壁可见多周轮制旋痕。口径 24、底径 8.9、高 6.7 厘米。（图二五八 G；彩版三五六，4）

G1②:24，石锛。青灰色流纹岩。平面近方形，有段，单面斜刃。长 5、段长 2.1 厘米。（图二五八 C；彩版三五三，6）

G1②:25，器盖。泥质黑陶。小圈足纽。盖面一侧有一对小圆孔。盖径 6.4、高 2 厘米。（图二五八 G；彩版三五六，5）

G1②:26，豆。泥质灰陶。侈口微敛，深弧腹，喇叭形豆把。把饰三周凸弦纹，弦纹之间装饰两组由锥刺斜条纹组成的组合纹。口径 17.1、底径 14、高 14.6 厘米。（图二五八 F；彩版三五五，3）

G1②:27，圈足盘。泥质灰陶。敞口微敛，浅盘，圈足。口径 25.2、底径 16.7、高 5.9 厘米。（图二五八 F；彩版三五四，6）

G1②:28，器盖。泥质黑皮陶。小圈足形盖纽。盖面有一对小圆孔。盖径 9.2、高 1.6 厘米。（图二五八 G）

G1②:52，罐。泥质红陶。仅存口部，侈口，宽卷沿。沿面上有锥刺纹。口径 18.4 厘米。（图二五八 D）

G1②:53，罐。泥质黄陶。仅存口部，侈口，宽卷沿。沿面上有一排锥刺纹和一"W"形锥刺符号。口径 19.9 厘米。（图二五八 D）

G1②:54，罐。泥质红陶。仅存口部，侈口，宽卷沿。沿面上有锥刺纹。口径 21.2 厘米。（图二五八 D）

G1②:55，罐。泥质红陶。仅存口部，侈口，宽卷沿。沿面上有"X"形锥刺纹。口径 22.9 厘米。（图二五八 D）

G1②:57，罐。泥质红陶。仅存口部，侈口，宽卷沿。沿面上有锥刺纹和"K"形锥刺符号。口径 26.6 厘米。（图二五八 D）

G1②:60，罐。泥质黄陶。仅存口部，侈口，折沿，弧腹。口径 15 厘米。（图二五八 D）

G1②:61，罐。泥质黄褐陶。仅存口与上腹部，侈口，折沿，内沿有明显的脊棱，弧腹。口径 19.7 厘米。（图二五八 D）

G1②:62，罐。泥质灰陶。仅存口与上腹部，侈口，卷沿。口径 16 厘米。（图二五八 E）

G1②:63，罐。夹砂黑陶。仅存口肩部，侈口，折沿，方唇，广肩。口径 12.6 厘米。（图二五八 E）

G1②:66，罐。泥质灰陶。仅存口肩部，敛口，外沿有横向管状系。(图二五八 E)

G1②:67，罐。泥质灰陶。仅存口部，侈口，卷沿，沿内侧有脊棱。口径 27.8 厘米。(图二五八 E)

G1②:69，壶。泥质灰陶。仅存口与上腹部，侈口，高领，折腹。口径 9 厘米。(图二五八 G)

G1②:70，钵。泥质灰陶。仅存口腹部，敛口，弧腹，底残。口径 10.8 厘米。(图二五八 G)

G1②:71，钵。泥质灰陶。敛口，扁弧腹，底部已残。口径 10.4 厘米。

G1②:72，簋。泥质灰陶。仅存口腹部，子母口微敛，斜折腹，底残。腹部有四周凸弦纹。口径 22.8 厘米。(图二五八 G)

G1②:74，圈足盘。泥质灰陶。敞口微敛，斜腹，圈足已残。口径 25.4 厘米。(图二五八 F)

G1②:75，圈足盘。泥质黑陶。仅存口腹部，敞口，折沿，斜弧腹。口径 31.2 厘米。(图二五八 F)

G1②:77，豆盘。泥质灰陶。侈口，折腹。口径 17.4 厘米。(图二五八 F)

G1②:78，豆盘。泥质灰陶。侈口。折腹处有一周凸脊。(图二五八 F)

G1②:79，豆盘。泥质黑皮陶。侈口。折腹处有一周凹弦纹。(图二五八 F)

G1②:81，豆。泥质灰陶。侈口，折腹，豆把下部已残。折腹处有一周凸脊，把上部饰宽凹弦纹呈瓦棱形。口径 14.8、残高 7.8 厘米。(图二五八 F)

G1②:82，豆把。泥质灰陶。喇叭形。把身残留两组凹弦纹，弦纹之间施四个对称的圆镂孔。(图二五八 F)

G1②:83，豆把。泥质灰陶。喇叭形。把身残存四组凸弦纹，弦纹中有小长方形镂孔。(图二五八 F)

G1②:84，器盖。夹砂黄褐陶。盖面已残，圈足形纽。(图二五八 G)

G1②:85，器盖。夹砂灰陶。为鼎盖，盖面已残，仅存桥形纽。(图二五八 G)

G1②:87，罐。泥质灰陶。仅存口部，侈口，高领，溜肩。口径 20 厘米。(图二五八 E)

G1②:88，罐。泥质灰陶。仅存口部，侈口，高领，广肩。口径 23.4 厘米。(图二五八 E)

G1②:89，罐。夹砂黄褐陶。仅存口部，侈口，折沿，内沿有三处脊棱，高领。口径 26.2 厘米。(图二五八 E)

G1②:90，罐。残片，上戳印纹样。(彩版三五七，1)

G1②:92，罐。泥质灰红陶。仅存矮圈足底部。外底有"X"形刻划符号。底径

4.9厘米。(图二五八E;彩版三五七,2)

G1②:93,盉把。夹砂黑陶。半环形。(图二五八G)

G1②:94,宽把杯之把。泥质黑陶。已残断。上部饰三组小圆穿孔,下饰细密的竖向刻划。(图二五八G)

G1②:97,鼎。夹砂红褐陶。仅存口部,侈口,折沿,内沿有脊棱,束颈,溜肩。肩部有三周凸弦纹。口径26.8厘米。(图二五八H)

G1②:99,鼎。夹砂灰褐陶。存口腹部,侈口,折沿,微束颈,扁鼓腹,足残。(图二五八H)

G1②:100,鼎。夹砂灰黑陶。仅存口腹部,侈口,折沿,扁鼓腹,足残。口径14.4厘米。(图二五八H)

G1②:101,鼎。夹砂黑皮陶。为凹弧形足盆形鼎,仅存口部,侈口,折沿,内沿有明显脊棱。外腹部遍施凹弦纹。口径38.8厘米。(图二五八H)

G1②:102,鼎。夹砂黑陶。仅存口部,侈口,高领。口径13.7厘米。(图二五八H)

G1②:103,鼎足。夹砂红褐陶。"T"字形。两侧面上锥刺小圆窝纹。高15厘米。(图二五八I)

G1②:105,鼎足。夹砂红陶。"T"字形,足面上窄下宽,内凹。三面饰竖向刻划。高16.8厘米。(图二五八I)

G1②:106,鼎足。夹砂灰褐陶。"T"字形。两侧面饰竖向刻划纹。高15厘米。(图二五八I)

G1②:107,鼎足。夹砂黄褐陶。"T"字形,已残,侧面宽于足面。三面都饰竖向刻划和水滴形戳印纹。残高11.2厘米。(图二五八I)

G1②:108,鼎足。夹砂黄褐陶。"T"字形。三面刻划曲折纹。残高9.2厘米。(图二五八I)

G1②:109,鼎足。夹砂红陶。扁方足。残高8.2厘米。(图二五八I)

G1②:110,鼎足。夹砂灰陶。扁方足。足面上有三个竖向的戳印小圆窝。残高8.1厘米。(图二五八I)

G1②:111,平底罐底。泥质橘黄陶。外底有两个刻划符号"小E"。底径15.8厘米。(图二五八E、图二五八J;彩版三五七,4)

G1②:112,平底罐底。泥质黄陶。外底有两个刻划符号。(图二五八E、二五八J;彩版三五七,5)

G1②:113,罐的高领部残片。泥质灰陶。内沿有一"田"形刻划符号。(图二五八G、二五八J;彩版三五七,6)

G1②:115，罐肩部残片。夹砂红褐陶。一侧有一刻划图形。（图二五八 G、二五八 J；彩版三五八，1）

G1②:116，宽把杯残片。泥质黑皮陶。有鸟与网的刻划纹饰。残长 3.9 厘米。（图二五八 G；彩版三五八，2）

G1②:117，罐肩部残片。夹砂红褐陶。刻划有一栩栩如生的鹿纹。（图二五八 G；彩版三五八，3）

G1②:118，三足盘足。泥质黑皮陶。"T"字形。两侧面上有长扁方形镂孔，足面上部有六道凹弦纹，下部有三个简化的鸟纹。高 11.2 厘米。（图二五八 I、二五八 J；彩版三五八，4）

G1②:119，鼎足。夹砂灰褐陶。"T"字形。其中一侧面上有一个"X"形刻划符号。高 11.3 厘米。（图二五八 I）

G1②:120，鼎足。夹砂灰褐陶。"T"字形。两侧面上都有一倒"F"形刻划。高 17 厘米。（图二五八 I、二五八 J；彩版三五七，3）

G1②:124，刻划交叉线纹陶片。（图二五八 J；彩版三五八，5）

G2

位于 T506、T606 的东部与 T507、T607 的西部，南北两端因发掘范围所限都未追踪到头。开口于第 6 层下，北部被 H7 打破，中部为 10 余座良渚文化墓葬及 H8、H11 等叠压或打破。平面呈中间大两头小的不规则条沟形，南北已发掘的长度为 18.3、宽约 2.05～8.95 米，沟壁倾斜，底部略有凹凸，深约 0.5 米。根据土质土色的差异，沟内填土分为两层。第 1 层为黄褐土，土质较软，深 0.25 米；第 2 层为夹褐斑的浅黄褐土，深约 0.5 米。（图二五九）G2 虽然面积较大，但出土的遗物很少，仅见鱼鳍形鼎足、侈口折沿的鼎口沿片与少量难辨器形的细碎陶片。不过，在第 6 层将西面早期土台向东扩建的部分与东面早期土台合成一体之前，G2 是东、西两个土台间的分界。

五　水井

1 个，为土坑竖井，编号 J1。位于遗址低地部分 T203 东南角，开口于第 3 层下，打破生土，西半部被 G1 打破。井口略呈椭圆形，最大直径 1.24 米，井壁陡直，井底近平，深 2.85 米。（图二六〇；彩版三五〇，2）井内填土上部为土质较软的灰黄土，下部为青淤泥。井内包含物除少量的陶片和植物茎枝外，还有一件保存较完整的木器。

J1:1，木器。器形狭长扁平，头部削尖，器身扁平，中间略厚，两侧磨薄似刃，横截面呈扁梭形，器身一面光滑，一面有火烤的焦痕和石锛锛刨的加工痕迹，尾端有横截面呈扁方形的把柄。通长 51.8、最宽处 6 厘米。（图二六〇）

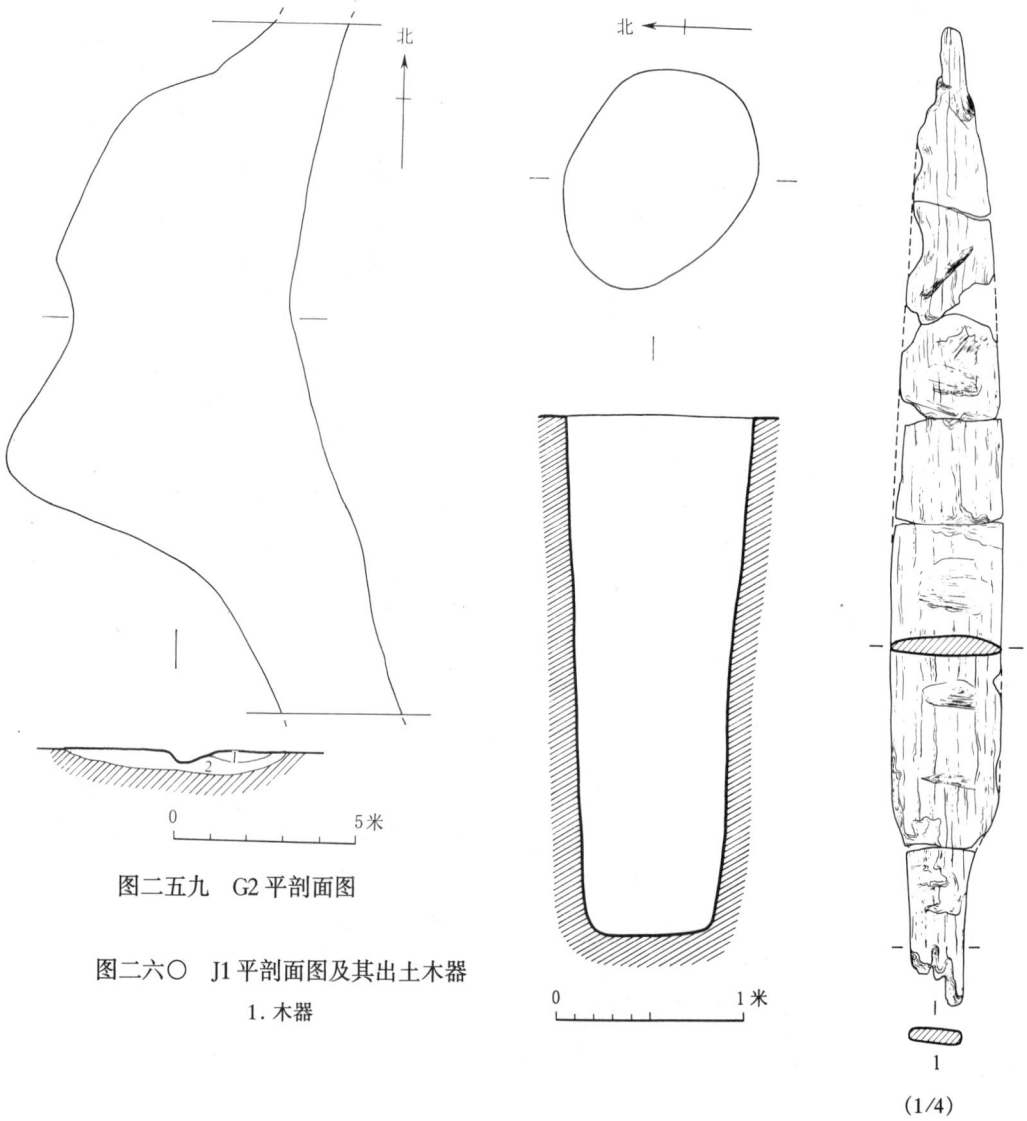

图二五九　G2 平剖面图

图二六〇　J1 平剖面图及其出土木器

1. 木器

（1/4）

第二节　遗迹间关系与功能的探讨

49 处遗迹按其分布位置，有 4 处分布在新地里高墩北面的低地部分，45 处分布在高墩范围内。

低地部分的 4 处遗迹，分别开口在 3 个早晚不同的层位上：

（1）开口于第 3 层下，打破生土的遗迹有 J1。

（2）开口于 G1 下，打破第 3 层的遗迹有 H5。

（3）开口于第 1 层下，打破第 2 层的遗迹有 H1 与 G1。

这 4 处遗迹中，J1 为土坑竖穴式水井，近年来嘉兴地区发现此类水井颇多，因此可以明确 J1 为与居住生活相关的遗迹；H1 填土质松软的黑色草木灰，出土了 30 余件可修复的器物以及大量陶片，从其堆积相分析，应是堆置生活废弃品的垃圾坑；H5 坑壁规整，原先应是人工特意开挖的小型窖穴或储藏坑，废弃后也变成垃圾坑；G1 第 2 层填土跟 H1 一样都含有大量的草木灰，且也出土了多件可修复陶器与大量碎陶片，因此其性质也应跟 H1 类似，是堆置生活废弃品的垃圾坑。

高墩范围内的 45 处良渚文化遗迹中有一半以上的遗迹较集中地分布在东、西两座早期土台之间及土台北部，这些遗迹以灰坑为主，而分布在土台台面上的遗迹除少数有配伍现象外，大多呈较零散的状态。所有这些遗迹分别开口在 12 个早晚不同的层次上：

（1）开口于第 12 层下，打破生土的遗迹有 H35。

（2）开口于第 11B 层下，打破第 12 层及生土的遗迹有 H41～H48。

（3）开口于第 10E 层下，打破第 11B 层及西面早期土台的遗迹有 H18。

（4）开口于第 10A 层下，打破生土的遗迹有 H24 与 H25。

（5）开口于第 9C 层下，打破第 12 层及生土的遗迹有 H12、H14、H38、H39、H40。

（6）开口于第 9B 层下，打破第 9C 层的遗迹有 H29 与 H34。

（7）开口于第 8 层下，打破西面土台良渚文化第二段墓葬的遗迹有 H15、H17 与 H19。

（8）开口于第 7B 层下的遗迹有 H26 与 H28。

（9）开口于第 7A 层下，打破第 7B 层的遗迹有 H30。

（10）开口于第 6 层下，打破东面早期土台与第二段墓葬的遗迹有 H16、H49 与 G2。

（11）开口于第 5 层下，打破第 6 层的遗迹有灰坑 H11。

（12）开口于新地里高墩良渚文化堆积最表层层面上的遗迹，即开口于第 1 层、第 2 层或第 3 层下，打破第 5 层或第 8 层的遗迹，数量最多，有 H3、H7、H8、H13、H20、H21、H23、H27、H32、H33、H36、H37、H50 共 13 个灰坑和红烧土建筑遗迹 HJ1 与红烧土遗迹 S1、S2。这些目前处于良渚文化堆积最表层层面上的遗迹跟前文介绍过的开口于第 5 层层面或第 8 层层面上的墓葬情况类似，数量较多，深浅不一，有的遗迹间还有相互打破关系，如 H3 打破 H13、H32 打破 HJ1、HJ1 打破 H37。有些遗迹跟良渚文化墓葬间也有相互打破关系，如第四段墓葬 M68、第五段墓葬 M70 与第六段墓葬 M33 都打破了 H7；H8 被第五段墓葬 M14 打破，又打破第五段墓葬 M71；H21 被 M106、M107 与 M112 三座第五段墓葬打破；H50 打破第五段墓葬 M23；HJ1 叠压打破了第四段墓葬 M127、M130、M131 与第五段墓葬 M124、M125，又被第六段墓葬 M102、M103、M122 与 M126 打破；红烧土遗迹 S1 打破第五段墓葬 M76；S2 被第六段墓葬 M7 打破。根据此层遗迹之间及其与墓葬间的叠压打破关系，可以将以上开口于良渚文化堆积最表层层面上的遗迹划分出早晚不同的三组。

第一组包括 H7、H13、H27 与 H37。

第二组包括 S2 与 H8、H20、H21、H23。

第三组包括 HJ1、S1 与 H3、H32、H33、H36、H50。

经过这样的划分，高墩部分的遗迹实际上坐落在 14 个早晚不同的开口层位上，从遗迹在这些层位上的平面布局来看，大多较零散无序，但也有七组遗迹间呈现出较明确的组合配伍关系。

（1）分布在 T601 内，开口于第 11B 层下并打破第 12 层与生土层的八个灰坑（H41～H48）。这八个小型灰坑与 M133、M134、M135 三座形制较特殊的墓葬毗近，埋藏物也较为特殊，除 H41 发现一具完整的幼年猪骨架外，H42、H43、H44、H45 四个灰坑内分别发现了猪牙或兽骨；H46、H47、H48 三个灰坑虽无兽骨发现，但坑内填土跟以上五坑一致，均为青灰色黏土。这八个位置邻近、内涵特殊的灰坑都位于西面早期土台北侧的平地上，因而很可能是跟西面早期土台的营建与使用相关联的祭祀遗迹。

（2）分布在 T503 内，开口于第 10A 层下并打破生土的 H24 与 H25 两个灰坑。这两个开口层位相同、位置毗近的灰坑内出土遗物很少，但从灰坑的成因与堆积相分析，原先应是相配套的储藏坑，废弃后成为垃圾坑。

（3）分布在 T600 与 T601 两探方内，开口于第 9C 层下并打破第 12 层的 H38、H39 与 H40 三个灰坑。这三个灰坑填土土色不纯，出土物凌乱，虽然位置毗近 H41～H48 八个祭祀坑，但功能应完全不同，从其堆积相分析，应是垃圾坑。

（4）同样分布在 T600 与 T601 两探方内，开口于第 9B 层下并打破第 9C 层的 H29 与 H34 两个灰坑，它们的开口层位虽然晚于 H38～H40 三灰坑一个层位，但位置毗邻，而且灰坑的堆积相也较为相似，同为垃圾坑，所以这五个灰坑应是同一区域内有一定延续关系的生活遗迹。

（5）分布在 T703 与 T704 以及 T508 内，开口于第 10E 层、第 8 层或第 6 层下并打破西、东两个土台上第二段良渚文化墓葬的 H15～H18 与 H49 五个灰坑。这五个平面略呈圆形的灰坑虽然开口层位有所不同，但分别打破了 M98、M105、M108、M109 和 M81 这五座使用葬具的第二段墓葬墓坑东南角的填土，因此是同一时期与同一性质的遗迹。五灰坑内除埋设夹砂红陶缸外没有发现其他遗物，埋设的夹砂红陶缸缸口都高于墓坑坑口。H15 现存陶缸内外近器壁处还都有一圈板结变硬的黄褐土。从这五个灰坑与被它们打破的墓葬之间的关系来看，灰坑绝不是偶然挖埋的，而应是在这几座墓葬入埋以后再特意挖埋的跟墓葬有着密切配伍关系的设施。埋设的夹砂红陶缸内外有板结硬土的迹象，表明这些夹砂红陶缸不仅仅具有标识墓葬位置和等级的作用，还应该是在墓葬入埋后进行某种祭祀活动的遗迹。

（6）分布在 T405 内，开口于第 7B 层下并打破生土的 H26 与 H28 两个灰坑。从堆积相分析，这两个位置毗近、开口层位相同的灰坑，原先应是相配套的生活遗迹。而开口于 T405 第 7A 层下的 H30 虽然晚它们一个层次，但也应是同一区域内有延续关系的生活遗迹。

（7）分布在 T501、T601、T701 与 T702 诸探方内，开口于第 1 层或第 3 层下并打破第 5 层或第 8 层的 HJ1 与 H32、H36。HJ1 红烧土建筑遗迹的发现显示新地里良渚文化高土台除了埋设墓葬外，台面上还有占据相当规模空间的房屋建筑及其附属设施。虽然在这一建筑遗迹内没有发现明确的人类居住活动迹象（从红烧土沟槽的深度来看，晚期的人类活动已破坏了该房屋建筑的活动面），建筑的功能尚难确定，但墓葬埋设在遗迹周围的现象跟普安桥遗址发掘所揭示的情况比较一致。除了 HJ1 为明确的房屋建筑遗迹外，新地里 S1 与 S2 两处红烧土遗迹也很可能是房屋建筑的孑遗。此外，西面早期土台台面和东面早期土台台面上的墓葬也有围绕面积较大的空白空间埋设的现象，虽然在发掘中没有在东、西两个早期土台台面上的空白空间发现居住面、柱洞、墙基槽等任何与房屋建筑相关联的遗迹，但即使到了新地里遗址良渚文化的最晚阶段，东西两个早期土台台面上墓葬间的空白空间内仍无墓葬侵入，说明这两个空间内原先很可能存在着诸如房屋建筑之类的其他遗迹，而墓葬就埋设在这类遗迹外围的一侧或几侧。

HJ1 营建时叠压打破了 M124、M125、M127、M130、M131、M138 等良渚文化墓葬，其中 M124 与 M125 为第五段墓葬，而它的北面内转角平面又被 M102、M103、M122、M126 等第六段墓葬和 H32 打破，但南面内转角平面内由人工特意铺垫的层面却没有遭受良渚时期的任何破坏，显示 HJ1 北面平面实际使用的时间较为短暂，但在北面内转角平面废弃成为墓地后，南面内转角平面及其外围沟槽仍在使用，该区域内所有的第六段墓葬都恰好埋设在南面内转角平面及其外围沟槽的周边。

H32 打破 HJ1 北面平面，坑内填质地疏松的黑色草木灰，有少量陶片出土，应是垃圾坑。H36 位于 HJ1 北面良渚文化土台北坡外侧，是利用自然水塘的大型垃圾坑。H36 第 1 层为含有大量红烧土块的青灰色土层，红烧土自南向北呈倾斜状堆积，较大块的都堆积在北部近底处——红烧土的堆积方向显示其来源就是灰坑北侧高土台上的 HJ1，因此灰坑 H32 与 H36 都应是与 HJ1 相配伍的遗迹。

HJ1、S1、S2 以及东西两个土台上墓葬间较大空白空间的存在，显示由普安桥遗址发掘揭示的在人工堆筑土台中心营建房屋然后在房屋周围埋设墓葬的高土台营建和使用模式，在新地里也有迹可寻。同时也表明新地里已发掘的高墩部分可能是一处经多次扩建和使用、混合了人类居住和埋设墓葬两种功能需要的复合型高土台遗址。

除了以上七组有明确配伍关系的遗迹外，高墩部分的其他遗迹大多较为分散，彼此间关系较难确定，但东、西两座早期土台之间及其北部的平地仍是遗迹相对集中的区域，H12、H14、H24～H30、H34、H35、H38～H48 等 22 个灰坑都分布在该区域内，其中包括七组有配伍关系遗迹中的五组，这些遗迹在西面早期土台的扩建过程中逐渐为人工营建的高土台所覆盖。这一区域的遗迹中，除 H41～H48 八个灰坑为较明确的祭祀坑外，其他灰坑从成因、坑口坑壁的形状以及包含物分析，都应是生活遗迹——虽然考古发掘没有在东、西两座早期土台台面及其之间的北部平地区域发现居住址的直接证据，而且北部平地区域内不少地方已在土地平整中被推土机推至生土，遗址北面又为后世农耕活动破坏，整体面貌难以恢复，但较多灰坑以及水井等可能跟居住生活相关遗迹的发现，显示该区域与两个分别营建和使用的早期高土台很可能都是新地里聚落居住址的有机组成部分。

第三节　出土器物的类型学研究

第二章已对新地里遗址的地层堆积作了较详细的介绍和剖析，其中高墩部分主要是一处经多次扩建和使用的良渚文化高土台。在东、西两个早期土台及第 11B 层、第 8 层、第 6 层和第 5 层的土台台面上都发现了良渚文化墓葬，表明新地里良渚文化高土台的连续使用和扩建过程跟墓地的形成是彼此对应的，因而埋设墓葬的需要无疑是新地里高土台营建和扩建的重要目的，而第 12 层以上的多数地层都有人工堆筑和搬运的迹象也证实了这一点。低地部分的地层堆积由于包含有较多的陶片，且呈沟坑状，显示出跟高墩部分在形成机理上的不同之处，似乎是出于取土筑台的需要而人工开挖的坑洼，形成后又成为丢弃生活废弃品的场所。本章第一节对除人工营建的高土台与墓葬外的 49 处良渚文化遗迹（包括 43 个灰坑、2 处红烧土遗迹、2 条灰沟、1 个水井和 1 处规模较大的红烧土建筑遗迹）作了概要介绍和剖析，这些遗迹在形成机理和内容上同样存在着生活遗迹与祭祀遗迹的较大差异，所以，我们将新地里遗址所有的地层堆积和除墓葬外所有遗迹中出土的良渚文化遗物捆绑在一起进行类型学研究无疑具有一定的片面性。但是，一方面由于许多遗迹的性质和功能难以确认，另一方面遗迹和地层中出土的可辨器形的文化遗物相对较少，而某些种类的生活用品与祭祀用品间也无明确的器类区别。此外，相对于墓葬随葬陶器多数是明器而言，地层堆积和其他遗迹中出土的陶器则多数具有实用功能。因此，本节这样捆绑式的类型学研究也不算是完全无的放矢。

新地里遗址墓葬以外的遗迹和地层中出土了为数不少的遗物，按质料分有玉器、石器、有机质文物（含木器、骨角牙器）和陶器。

一　玉　器

新地里良渚文化遗迹和地层中出土了 28 件玉器，除个别完整外，大多为残器。遗迹中玉器入埋的成因大致有以下两种：（1）以 H11∶1 玉鸟为代表，此件玉鸟不仅器形完整，而且旁边还有一个完整的猪下颌骨，所以很可能是一种出于某种目的而有意识的埋藏。（2）以 H36 中出土的 6 件玉器为代表，虽然出土玉器达 6 件，但器形在入埋前多已残缺。类似的情况还有海盐周家浜遗址 H8 中出土的玉锥形器、玉坠、玉珠、玉管等 7 件玉器[①]；良渚庙前遗址第五、六次发掘 H3 内的半圆形玉饰[②]；吴江龙南[③]、良渚茅庵里[④] 等良渚文化村落遗址旁边河道中出土的玉珠、玉坠等玉器。这些遗迹内出土的良渚文化玉器通常也为残件。多处遗址中都发现类似的情况足以说明这些玉器是一种有意识丢弃行为的结果。地层中出土的玉器成因更为难辨，但至少有一部分是因为墓葬受到扰动所致。遗迹和地层中出土的玉器器形有鸟、环、锥形器、坠、管、珠、镶嵌片等，器形以小件为主。玉器的质料主要是透闪石—阳起石系列的软玉，此外还有叶蜡石、萤石和绿松石等。

鸟　1 件。H11∶1，透闪石软玉，受沁后玉色变白。玉鸟首尾长 2.3、高 1.3、厚 0.5 厘米。（图二六一，1；彩版三三五，2、3）

环　1 件。T600⑤∶6，玉色灰绿。已残。残长 4.1、边宽 0.9、厚 0.7 厘米。（图二六一，2；彩版三五九，1）

坠　1 件。属墓葬玉坠型式划分中的 B 型Ⅰ式[⑤]。T703⑧∶4，绿色叶蜡石。前端浑圆，形体类似小颗葡萄，尾端有小榫，榫上有穿孔。长 1.5、最大径 0.85、榫长 0.25 厘米。（图二六一，3；彩版三五九，6）

锥形器　15 件。是新地里良渚文化遗迹和地层中出土数量最多的玉器。质料以透闪石软玉为主，但也见叶蜡石、萤石制品。15 件锥形器分为 A、B 两型。

A 型　横截面圆形。13 件。其中 T506⑤∶14、T506⑥∶17、T405⑦B∶13、T601⑥∶1、T601⑥∶7、G1②∶4、H36①∶1 等 8 件均已残断，不辨式别。其余 5 件分为 3 式。

Ⅰ式　1 件。T601⑫∶14，软玉，受沁成灰白色。尾端略残。器形较狭短，尾端磨薄为榫，有穿孔。残长 2.3 厘米。（图二六一，4；彩版三五九，2）

① 浙江省文物考古研究所资料。
② 浙江省文物考古研究所：《良渚庙前遗址第五、六次发掘简报》，《文物》2001 年 10 期。
③ 苏州博物馆、吴江县文物管理委员会：《江苏吴江龙南新石器时代村落遗址第一、二次发掘简报》，《文物》1990 年 7 期。
④ 浙江省文物考古研究所资料。
⑤ 此型式是参照墓葬型式定的。下同。

　　Ⅲ式　3件。器形略宽，有长有短，尾端有明显小榫，榫上有穿孔。T701⑧:7，器形完整，较短。通长4.95厘米。（图二六一，5；彩版三五九，3）T702⑧:8，首端略残，尾端榫部有横穿小孔。残长8.5厘米。（图二六一，7；彩版三五九，4）T601⑩E:15，首尾两端均残。残长2.25厘米。（图二六一，6；彩版三五九，5）

　　Ⅳ式　1件。尾端榫上无穿孔。H36①:6，萤石，湖绿色，半透明。首端已残，尾端榫部无穿孔。残长3.65厘米。（图二六一，8；彩版三四三，6）

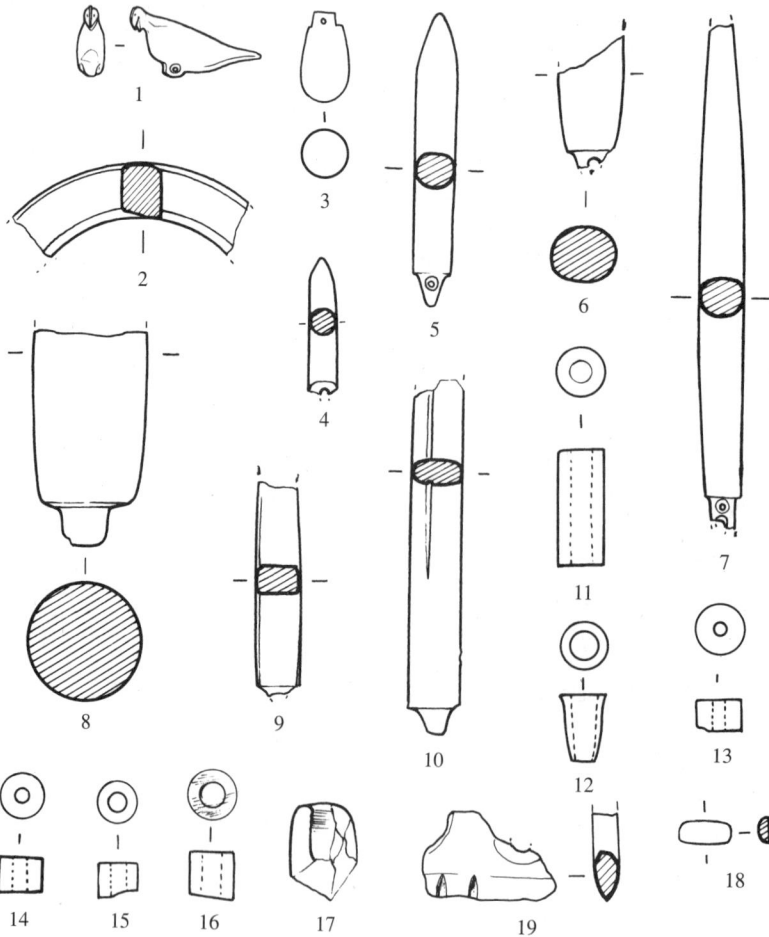

图二六一　玉鸟、环、坠、锥形器、管、珠、镶嵌片及残玉器

1.鸟H11:1　2.环T600⑤:6　3.B型Ⅰ式坠T703⑧:4　4.A型Ⅰ式锥形器T601⑫:14　5~7.A型Ⅲ式锥形器T701⑧:7、T601⑩E:15、T702⑧:8　8.A型Ⅳ式锥形器H36①:6　9、10.B型锥形器H36②:26、H36①:2　11.A型管T506⑦B:20　12.C型管T602⑨B:4　13~16.A型珠T700⑧:2、T702⑧:4、T506⑤:6、T507⑤:3　17.C型珠H36①:5　18.镶嵌片H36①:4　19.残玉器T601⑫:13（均为4/5）

B型　横截面扁方形。2件。H36②:26,首尾均残,难辨式别。(图二六一,9;彩版三四三,5)H36①:2,属墓葬分类中的B型Ⅱ式。尾端榫部无穿孔。(图二六一,10;彩版三四三,3)

管　2件。分属墓葬玉管分类中的A型和C型。

A型　圆柱体,竖穿孔。1件。T506⑦B:20,长2、直径0.75厘米。(图二六一,11;彩版三五九,7)

C型　一头大一头小的喇叭形管。1件。T602⑨B:4,黄白色软玉。已残断。长1.1、最大径0.8厘米。(图二六一,12;彩版三五九,8)

珠　5件。分别为A型和C型。

A型　圆柱形。4件。都为红褐色叶蜡石质。T700⑧:2(图二六一,13)、T702⑧:4(图二六一,14;彩版三五九,9)、T506⑤:6(图二六一,15;彩版三五九,10)、T507⑤:3(图二六一,16;彩版三五九,11)都属于墓葬中的A型Ⅱ式。

C型　高大于直径的腰鼓形。1件。H36①:5,黄白色软玉。已残。残长1.6厘米。(图二六一,17;彩版三四三,4)

镶嵌片　2片。都为扁薄圆角长方形,一面略鼓凸,抛光精细,一面平坦,保留磨制糙面。H36①:4,长0.95、宽0.4、厚0.2厘米。(图二六一,18;彩版三四三,8)

残玉器　1件。T601⑫:13,黄白色软玉。已残,略呈长方形,一端底边上琢出两短道凹痕,中间残留半个圆孔。残长2.35厘米。(图二六一,19;彩版三五九,12)

除了以上28件玉器外,新地里遗址良渚文化遗迹和地层中还出土了8件带切割痕迹的玉石料(发掘前的调查中也采集到1件玉料),受沁后外表都变成淡青绿色或灰白色,其中T604⑦A:7(彩版三六〇,1)经浙江大学切片后显微镜鉴定,为透闪石,因此,我们将这七件外观性状很接近的料都定为玉料。H7②:3,为不规则长条形,质地细腻,一侧有两面锯切割后打断的台痕,另一面也有一锯切割痕迹。切割处有细密的直线条痕。残长7.6厘米。(图二六二,1;彩版三三二,2)T504⑤:6,扁平不规则形,一侧有两面相向锯切割后打断的台痕。长7.2、宽5.5、厚1.6厘米。(图二六二,2;彩版三六〇,2)T505⑥:20,扁平不规则形,一面打磨较平,有两处平行的锯切割痕迹,其中一处"V"字形切割槽较深。残长5厘米。(图二六二,4;彩版三六〇,3)T405⑥:16,扁平不规则形,两个呈直角相交的侧边上都有两面相向锯切割后打断的台痕,其中一面上还有一道与边平行的切割痕迹。残长6.35厘米。(图二六二,3;彩版三六〇,4)T506⑥:21,为璧或镯的扁平圆形管钻钻芯,形体较大,侧面有管钻留下的台痕。最大径5.4、厚2.1厘米。(图二六二,5;彩版三六〇,5)T700⑨B:5,为钺的管钻钻芯,形体较小,侧面有管钻错位留下的台痕。直径2、厚1.5厘米。(图二六二,6;彩版三六〇,6)T303②:25做了切片分析。七件玉料中六件出在西面早期土台

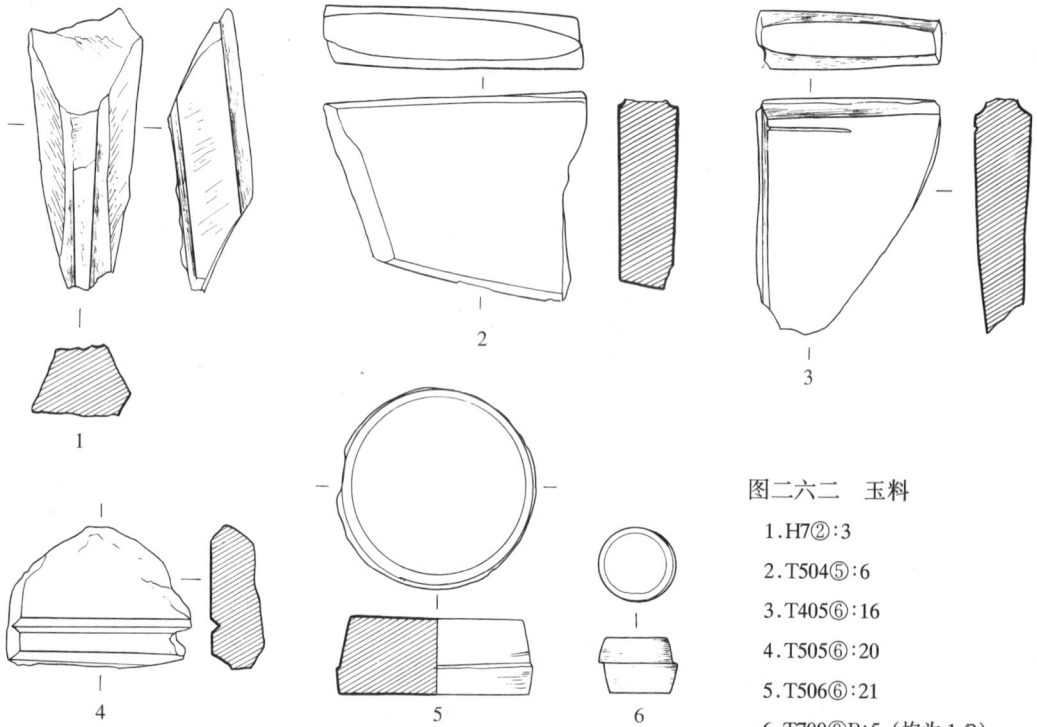

图二六二　玉料

1. H7②:3
2. T504⑤:6
3. T405⑥:16
4. T505⑥:20
5. T506⑥:21
6. T700⑨B:5（均为1/2）

东侧的 T604、T504、T505、T405、T506 五个相毗邻的探方内，一件出在西面早期土台西侧的 T700。所有这些带有制作痕迹玉料的出土不仅表明新地里遗址曾制作过玉器，而且从玉料的出土层位来看，玉器的制作还延续了相当长的时间。周围数十公里范围内没有一座岩石山的新地里遗址自然不可能自产玉石料，它的玉石器或玉石料必然是从外面输入的，因此，对于良渚文化时期玉石器或玉石料的流通和再分配方式问题的提出，是新地里遗址发掘的重要收获之一。

二　石　器

新地里遗址良渚文化时期遗迹和地层中出土石器达 212 件，器类有钺、斧、锛、锥、"耘田器"、犁、镰、多孔石刀、带把小石刀、凿、"破土器"、砥石器、制作石器时打剥下来的石片、钻芯以及砺石等 10 多种。其中砺石数量最多，除编号绘图、纳入统计数字的 53 件外，遗迹和地层中还出土了总数不少于 100 件的细碎砺石。遗迹和地层中出土石钺很少，且都为残器，而"破土器"等少数器形只见于地层和遗迹而不见于墓葬，表明石器在日用和随葬上已有明确的功能分工。不过，遗迹和地层中出土石器的质料大多跟墓葬出土石器没有区别，以凝灰岩、流纹岩、安山岩、霏细岩、砂岩等硬度较高的火山岩为主，而变质泥岩、沉积岩等硬度较低的岩料较少使用。

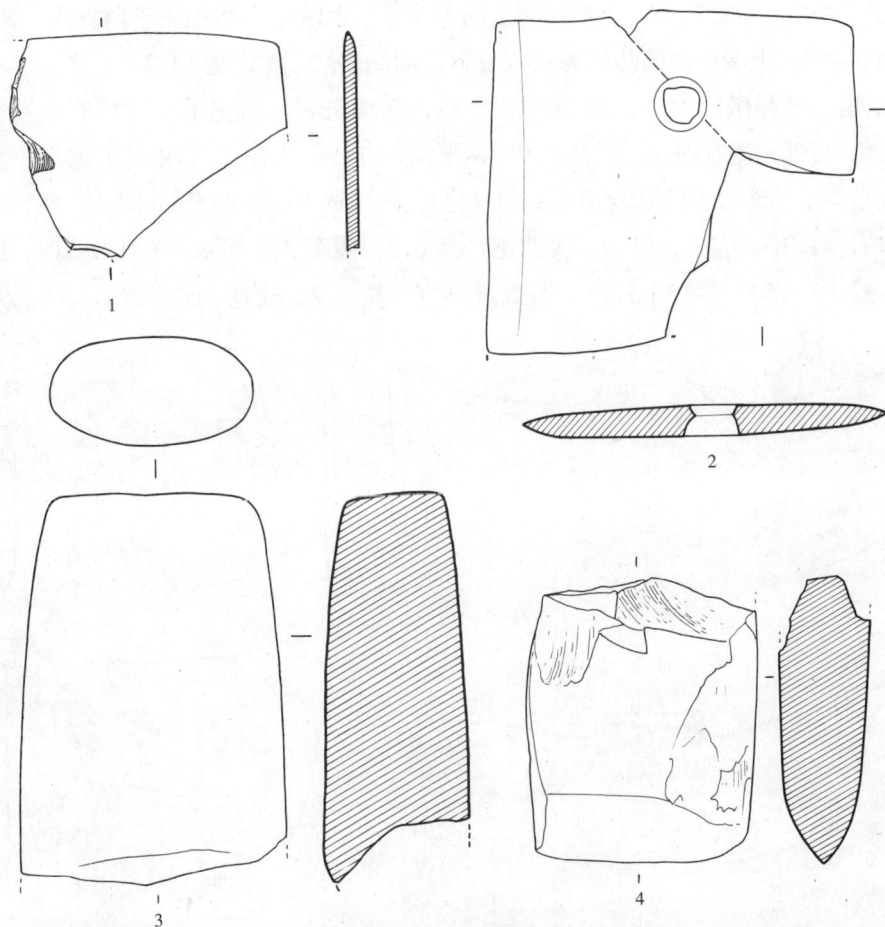

图二六三　石钺、斧

1、2. 钺 T507⑤:12、H37:1　3、4. 斧 T305③:15、T600⑤:10（均为1/2）

钺　2件。均残，难辨型式。T507⑤:12，青灰色凝灰岩。仅存石钺上部一角。残高6厘米。（图二六三，1）H37:1，凝灰岩，器表受沁呈灰白色。形体扁薄，残损严重。残长9.2厘米。（图二六三，2；彩版三四九，1）

斧　4件。质料多为坚硬致密的辉绿岩。平面长方形，形体厚重，器身横截面呈椭圆形，上端平直，双面弧刃。T305③:15，刃部残。残高10.4、最厚4厘米。（图二六三，3；彩版三六一，1）T600⑤:10，上端残。残高7.7厘米。（图二六三，4）

"耘田器"　15件。除3件较完整外，其余均残。残断"耘田器"多数在中间折断。其中3件难辨型式，10件为圆弧形刃，属墓葬出土"耘田器"分类中的A型，2件为"V"字形刃，属墓葬出土"耘田器"中的B型。

A型　10件。圆弧形刃部。可以分2式。

　　Ⅰ式　6件。刃部圆弧，上端两翼上翘不明显，上端中央凸把高于两翼或与两翼近平。T700⑧:3，上端中央的凸把为束腰方形，通高6.7、两翼宽14.7、孔径1.7厘米。（图二六四，1；彩版三六一，2）T305④:18，霏细斑岩。凸把下一面已有钻孔打样，但未穿透，刃部一侧有崩缺。通高5.7、两翼宽14厘米。（图二六四，3；彩版三六一，3）T303②:4，方形凸把下无穿孔。通高4.25、两翼宽10.55厘米。（图二六四，2；彩版三六一，4）T305③:6，已残，无凸把。高6.7、残宽7.6厘米。（图二六四，5；彩版三六一，5）T600⑤:13，残断，刃部近平直。高5.7、残宽5.8厘米。（图二六四，

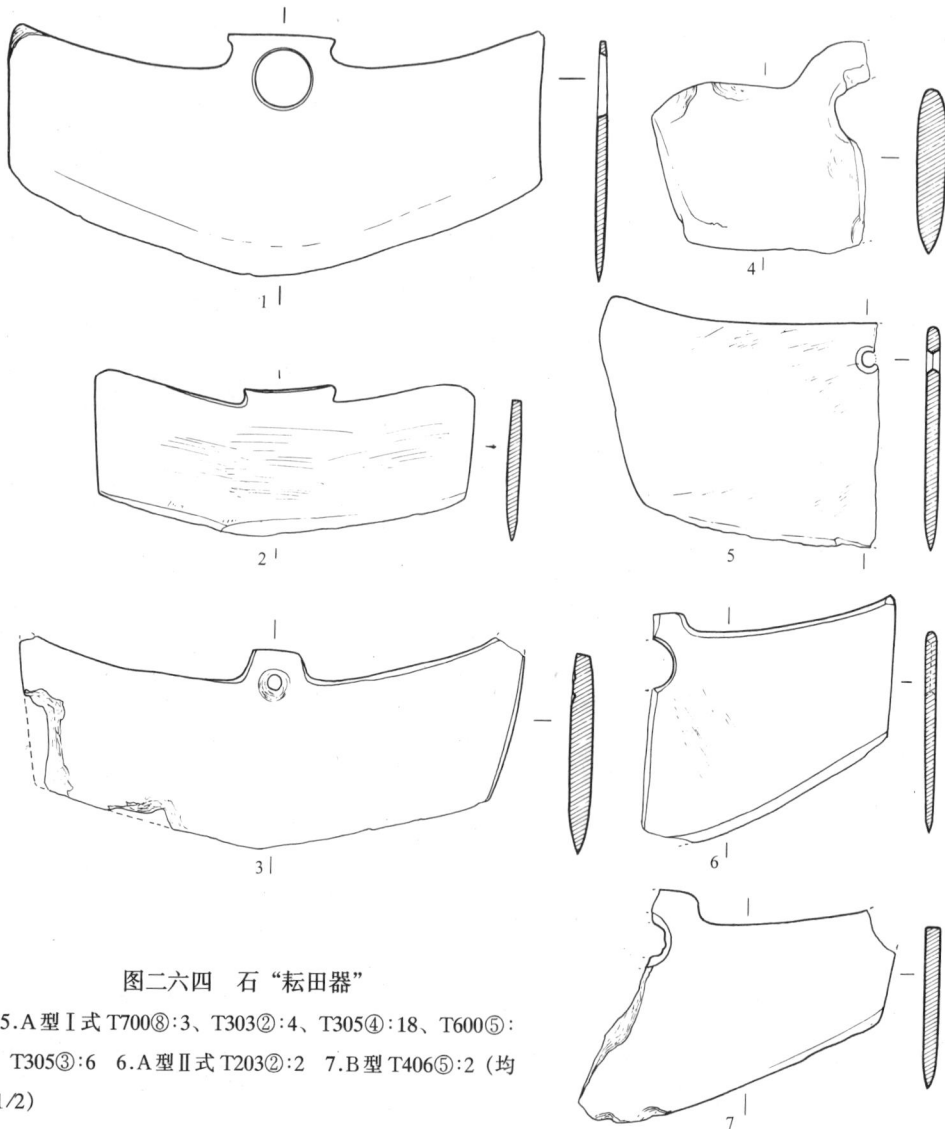

图二六四　石"耘田器"

1~5.A型Ⅰ式 T700⑧:3、T303②:4、T305④:18、T600⑤:13、T305③:6　6.A型Ⅱ式 T203②:2　7.B型 T406⑤:2 （均为1/2）

4；彩版三六一，6）

Ⅱ式　4件。刃部圆弧，上端两翼后掠上翘明显，中央有凸把，低于两翼。T203②:2，残存一半。高6.65、残宽6.8厘米。（图二六四，6；彩版三六一，7）

B型　2件。均残。刃部呈方折的"V"字形，难辨式别。T406⑤:2，高6.25、残宽8.4厘米。（图二六四，7；彩版三六一，8）

犁　17件。均有不同程度残缺。其中11件难辨型式，其余6件参照墓葬内石犁的分类分两型。

A型　2件。形体较大的整体式三角形大石犁。H7③:6，仅存犁尾部一角，尾部平直，中间有一半圆形凹缺，器身一侧为斜直单面刃。残长24.6厘米。（图二六五，1；彩版三三三，2）T605⑧:5，器形扁平，头尖部和犁尾部均残缺，器身中部一个完整的穿孔和前端半个残孔对应，孔实心钻碾钻而通。残长16.8、最宽19.8厘米。（图二六五，2；彩版三六二，1）

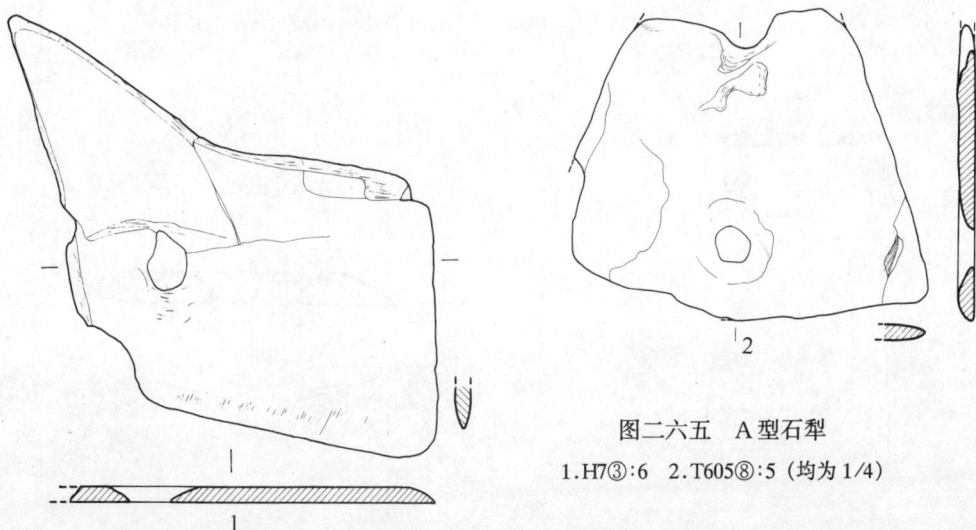

图二六五　A型石犁
1.H7③:6　2.T605⑧:5（均为1/4）

B型　4件。均为分体式石犁的组件，其中2件为三角形犁头，2件为长方形犁尾。T505⑨C:15，三角形犁头。器形完整，两侧边为单面斜刃，中间横向钻琢两孔，尾部中央略内凹。长11、最宽14.2厘米。（图二六六，1；彩版三六二，2）T405⑦B:9，长方形犁尾。宽端已残，器身存一孔。残长19.5厘米。（图二六六，2；彩版三六二，4）T406⑤:3，分体式石犁的犁尾。略呈扁平长方形，形似双孔石刀，顶端略弧凸，刃部微内弧，器身上部有两个琢制的圆孔，朝上一面除刃部外都有一薄层红褐色涂抹层，可能是组装分体式石犁时添加的黏合剂。长30.7、宽13.8厘米。（图二六六，3；彩版三六二，3）T505⑨C:16，三角形犁头。尖部已残断。残宽13.35厘米。（图二六六，4）

图二六六　B型石犁

1.T505⑨C:15　2.T405⑦B:9　3.T406⑤:3　4.T505⑨C:16（3为1/4，余为1/2）

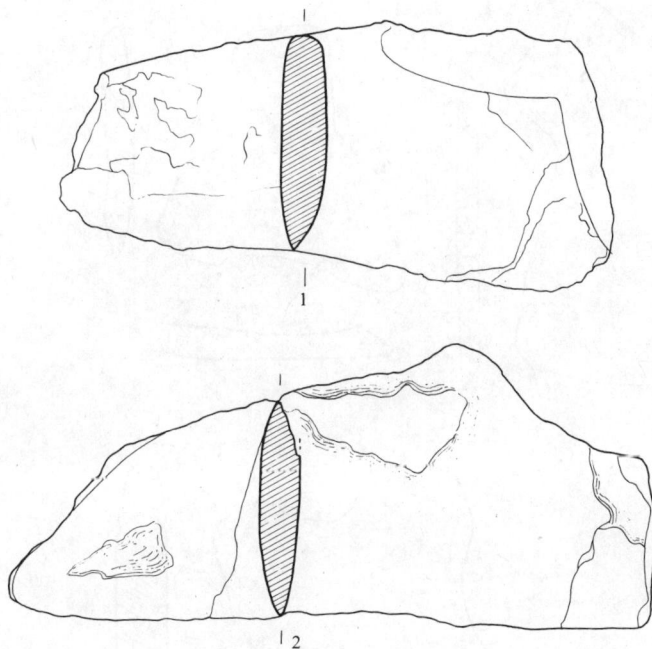

图二六七　石镰

1. T604⑦A：5　2. T604⑦A：8　(均为1/2)

镰　4件。均残。T604⑦A：5，扁平长条形，形似后世兵器戈，背部弧凸，刃部凹弧，单面斜刃，前端已残。残长15.1、最宽7厘米。（图二六七，1；彩版三六三，1）T604⑦A：8，双面刃，前端钝尖，尾部上端略残。长17.8厘米。（图二六七，2；彩版三六三，2）

"破土器"　5件。1件完整，其余4件不同程度残缺。均用凝灰岩琢制而成，留有多处打制痕迹，仅刃部细磨。三角形器身与方形宽把连接略呈靴形，刃部平直或微弧。T506⑤：16，刃部经长期使用崩缺，中间已内凹。高14.2、刃部宽13.9厘米。（图二六八，2；彩版三六三，3）T701⑤：10，器身磨制较精细，器身中部近肩处有一圆孔跟方形把顶端的半圆形凹缺对应。高20.65、把长4.5、刃部宽22.5厘米。（图二六八，1；彩版三六三，4）T406⑤：1，器身略呈长方梯形，前后端都略残，把顶端有半圆形凹缺。高14.5、刃部残宽18.4厘米。（图二六八，3；彩版三六三，5）

锛　49件。其中12件残缺，不辨型式，其余37件参照墓葬内石锛的型式划分方法，也可对应地分为五型。

A型　体形较宽大的长方体有段石锛。11件。其中5件刃部残断，难以分式，其余6件完整石锛分2式。

Ⅰ式　1件。起段较高，段阶位于锛体四分之一位置左右。T603⑩B：5，上端斜直，刃部有崩缺使用痕迹。长12.8、段长3.5、刃宽4.65厘米。（图二六九，1；彩版三六四，1）

Ⅱ式　5件。起段略低，段阶位于锛体三分之一以下位置。T601⑤：6，长6.2、段长3.1、刃宽4.1厘米。（图二六九，2）TG15②：1，器形较厚重，斜刃部有密集的使用崩缺痕迹。长11.45、段长4.5、刃宽6厘米。（图二六九，3；彩版三六四，2）

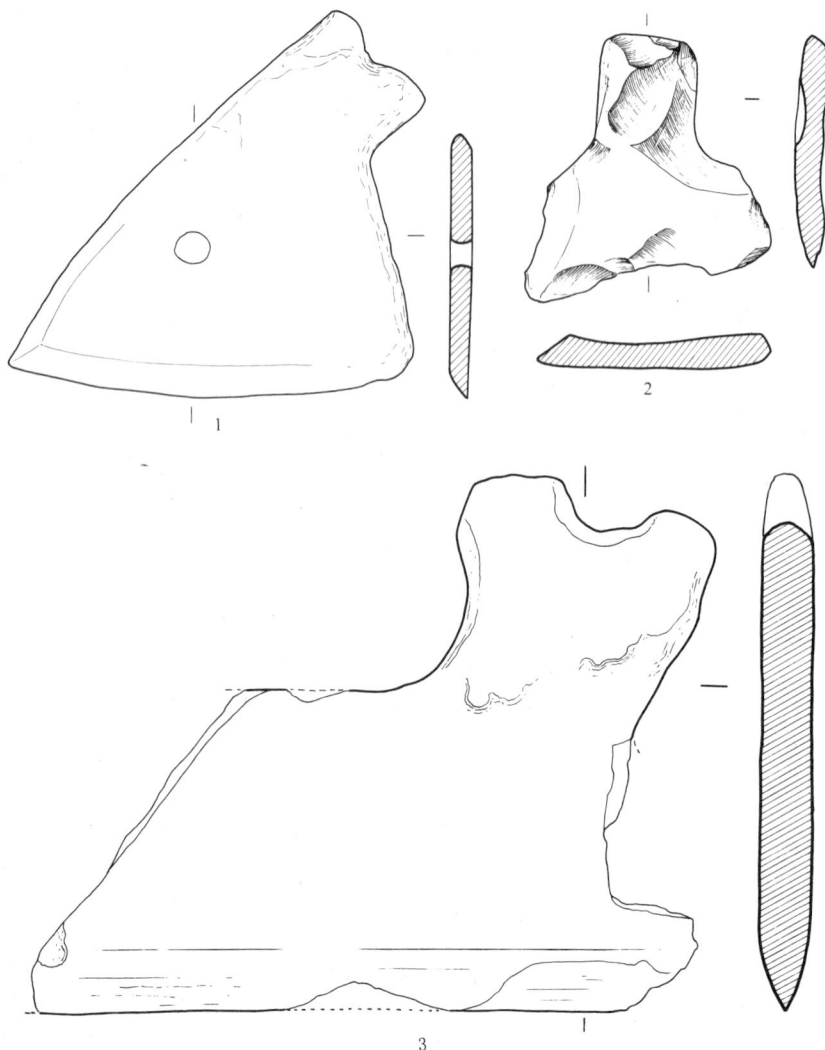

图二六八　石"破土器"

1.T701⑤:10　2.T506⑤:16　3.T406⑤:1（1、2为1/4，3为1/2）

T600⑤:8，长11.7、段长3.3、刃宽6.5厘米。（图二六九，4；彩版三六四，3）

B型　形体较窄小的长方体有段石锛。14件。除TG7③:3刃部残断，难辨式别外，其余13件可分2式。

Ⅰ式　2件。段阶位于锛体的三分之一位置。T701⑩E:17，长4.55、段长1.8、刃宽2.4厘米。（图二七〇，1；彩版三六四，4）T601⑩E:5，段部略残。残长4.4、段残长0.9、刃宽2.3厘米。（图二七〇，2；彩版三八五，1）

Ⅱ式　11件。段阶位于锛体的二分之一位置。T405⑥:4，段节很低。长3.95、段

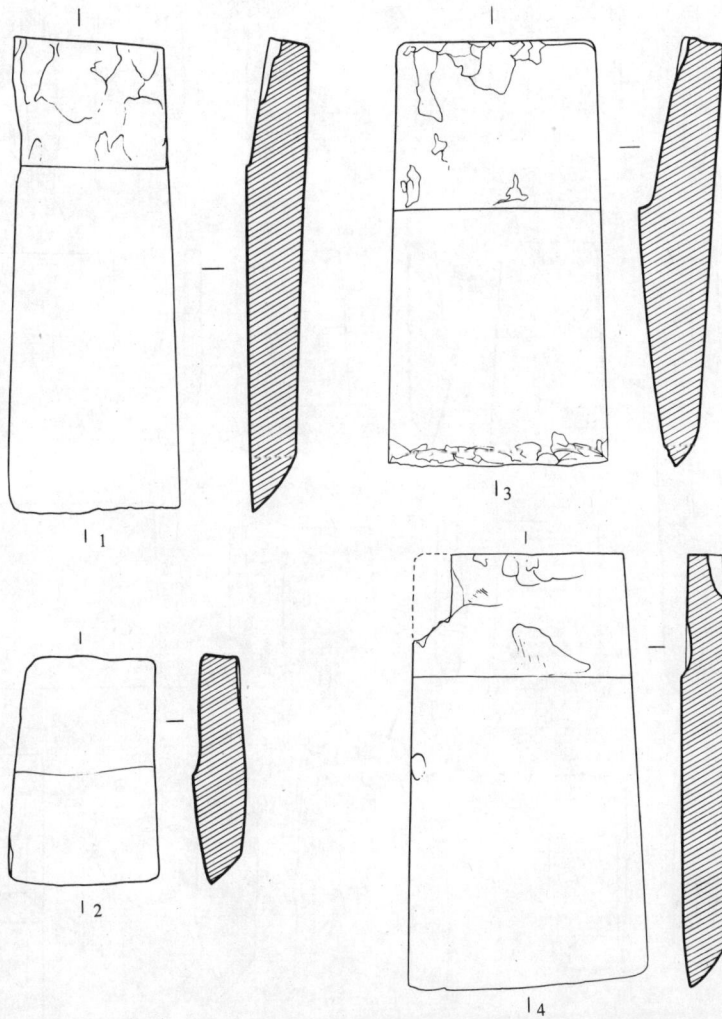

图二六九　A型石锛

1. I 式 T603⑩B:5　2～4. II 式 T601⑤:6、TG15②:1、T600⑤:8（均为 1/2）

长 2.85、刃宽 3 厘米。（图二七〇，3；彩版三六四，5）TG7③:2，长 5、段长 2.6、刃宽 2.4 厘米。（图二七〇，4；彩版三六五，1）T601⑧:3，长 3.6、段长 2.1、刃宽 2.3 厘米。（图二七〇，5；彩版三六五，2）T701⑧:15，长 5.5、段长 2.55、刃宽 3.1 厘米。（图二七〇，6；彩版三六五，3）T605⑧:6，器身扁薄。长 4.2、段长 2.3、刃宽 2.8 厘米。（图二七〇，7；彩版三六五，4）T305③:11，刃部有使用崩缺痕迹。长 4.9、段长 2.4、刃宽 3.5 厘米。（图二七〇，8；彩版三六五，5）T506⑤:22，刃部略残。长 6.95、段长 3 厘米。（图二七〇，9；彩版三六五，6）T606⑥:1，长 4.4、段长

图二七〇　石锛

1、2.B型Ⅰ式 T701⑩E:17、T601⑩E:5　3~11.B型Ⅱ式 T405⑥:4、TG7③:2、T601⑧:3、T701⑧:15、T605⑧:6、T305③:11、T506⑤:22、T606⑥:1、T701⑩B:12　12.C型 G1②:24　13~17.D型 G1②:9、TG7③:6、T701⑥:11、T605⑧:8、T506⑤:4　18.E型 T600⑨B:18（均为1/2）

1.85、刃宽 2.9 厘米。（图二七〇，10；彩版三六六，1）T701⑩B:12，长 3.25、段长
1.9、刃宽 2.55 厘米。（图二七〇，11；彩版三六六，2）

C 型　形体宽扁的有段石锛。1 件。G1②:24，长 5、段长 2.1、刃宽 5.3 厘米。
（图二七〇，12；彩版三五三，6）

D 型　长方形无段弧背石锛。10 件。从形态看都可归入墓葬内此型石锛的 I 式，
形体大小不一。G1②:9，器身较厚。长 5.1、刃宽 2 厘米。（图二七〇，13；彩版三五
三，3）TG7③:6，器身宽厚，顶部打制而成，形态不规整，刃部有使用痕迹。长 7.9、
刃宽 4.1 厘米。（图二七〇，14；彩版三六六，5）T701⑥:11，器形扁薄。长 4.95、刃
宽 3.3 厘米。（图二七〇，15）T605⑧:8，器身扁薄。长 3.9、刃宽 2.9 厘米。（图二七
〇，16；彩版三六六，4）T506⑤:4，刃部有使用崩缺痕迹。长 4.4、刃宽 2.9 厘米。
（图二七〇，17；彩版三六六，3）

E 型　体形狭长似凿的长方体有段石锛。1 件。T600⑨B:18，刃部有使用崩缺痕
迹。长 12.55、段长 2.2、刃宽 2 厘米。（图二七〇，18；彩版三六六，6）

凿　10 件。体形狭长，单面斜刃或双面刃。分两型。

A 型　3 件。上端均残断。器形跟墓葬内出土的石凿一致，类似弧背石锛而体形狭
长，单面斜刃。T601⑤:12，残长 7.2、刃宽 1.5 厘米。（图二七一，1；彩版三六七，
1）T506⑤:11，残长 4.9、刃宽 1.2 厘米。（图二七一，2；彩版三六七，2）

B 型　7 件。形体厚重，双面刃。T205③:1，长 8.8、宽 3.2、厚 3.6 厘米。（图二七
一，3；彩版三六七，3）T703⑧:1，长 13.1、宽 4.9、厚 2.7 厘米。（图二七一，4；彩版
三六七，4）H1:9，长 12.05、宽 3.8、厚 3.45 厘米。（图二七一，5；彩版三二四，2）

镞　27 件。其中 6 件残断难辨型式，其余 21 件参照墓葬可分为 4 式。

I 式　3 件。柳叶形。两面起脊，截面菱形，尾端略磨厚作铤，铤翼分界不明确。
TG6③:3，形体狭长。长 7.2、最宽 1.3 厘米。　（图二七二，1；彩版三六七，5）
TG7③:5，形体略宽。长 7.7、最宽 2.1 厘米。（图二七二，2；彩版三六七，6）G1②:
16，头部略残。长 6.8、最宽 1.7 厘米。（图二七二，3；彩版三五三，4）

II 式　7 件。柳叶形。形体略宽大，翼弧边长三角形，尾端磨薄为铤。T600⑤:2，
形体宽扁，前锋残断。残长 6.3 厘米。　（图二七二，4；彩版三六七，7）T506⑤:13，
长 8.55 厘米。（图二七二，5；彩版三六八，1）T701⑤:16，形体修长，前锋略残。长
11.4 厘米。（图二七二，6；彩版三六八，2）T507⑥:4，前锋残断。残长 7.25 厘米。
（图二七二，7；彩版三六八，3）

III 式　2 件。狭长柳叶形。翼弧边长三角形，扁铤较短，仅占全器的四分之一到五分
之一，铤翼分界明确。T702⑤:5，前锋和铤部都略残。残长 8.5 厘米。（图二七二，8；彩
版三六八，4）H36①:22，长 7.1、铤长 1.8 厘米。（图二七二，9；彩版三四五，5）

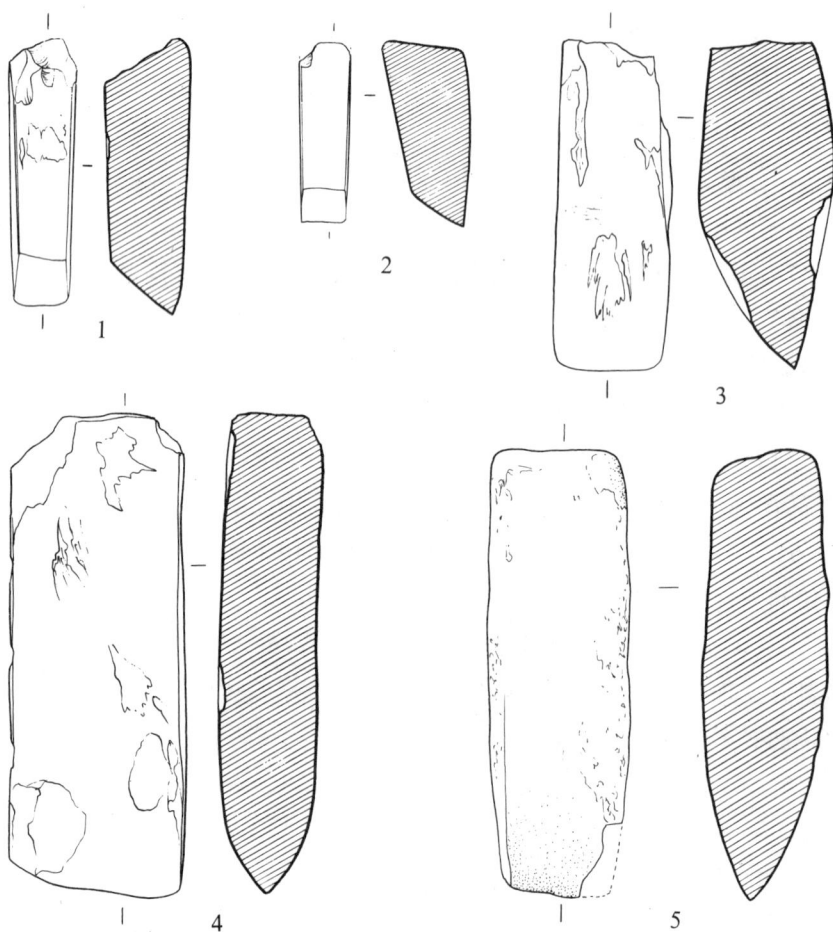

图二七一　石凿

1、2.A型 T601⑤:12、T506⑤:11　3~5.B型 T205③:1、T703⑧:1、H1:9（均为1/2）

　　Ⅳ式　9件。狭长柳叶形。翼弧边长三角形，铤部多面磨制截面略呈圆形，铤翼分界明显，铤部稍长，约占全器的三分之一到四分之一。T505⑤:8，长8.6、铤长3.2厘米。（图二七二，10；彩版三六八，5）T404⑤:2，前锋略残。残长8.7、铤长2.3厘米。（图二七二，11；彩版三六八，6）T703⑤:3，前锋和铤都略残。残长8.7、铤长2.7厘米。（图二七二，12；彩版三六八，7）T305③:3，前锋略残。残长10、铤长2厘米。（图二七二，13；彩版三六八，8）

　　刀　15件。其中墓葬内A型不见于遗迹和地层堆积之中，但见B、C、D三型，除4件残缺严重无法分型外，其余石刀又可分为四型，依墓葬出土石刀类型的顺序，编为E、F、G和H型。

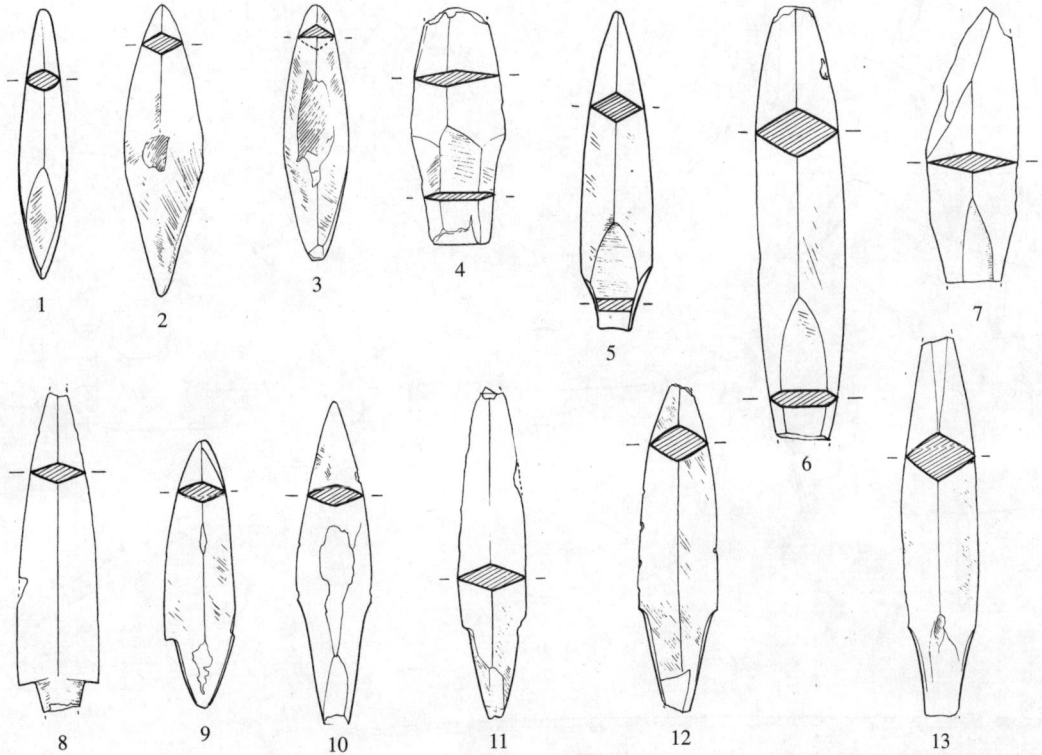

图二七二　石镞

1～3. Ⅰ式 TG6③:3、TG7③:5、G1②:16　4～7. Ⅱ式 T600⑤:2、T506⑤:13、T701⑤:16、T507⑥:4　8、9. Ⅲ式 T702⑤:5、H36①:22　10～13. Ⅳ式 T505⑤:8、T404⑤:2、T703⑤:3、T305③:3（均为1/2）

B型　器形扁薄的长方形小石刀。1件。T505⑥:17，平背，两侧边斜直，刃部平直，有使用崩缺痕迹。高3.65、宽8.9厘米。（图二七三，11；彩版三六九，1）

C型　器形扁薄的带把小石刀。3件。全器略呈靴形，刀身前端略窄，下部近平直，前端与下部均双面磨薄为刃，后端连长方形斜把。T405⑦A:8，前端已残，斜把上端穿孔。残长7.2厘米。（图二七三，1）G1②:1，前端窄狭略残。残长7.8厘米。（图二七三，2；彩版三五三，2）T405⑦A:12，刃部圆弧，体形狭长，方把。长7.75厘米。（图二七三，3；彩版三六九，2）

D型　多孔石刀。1件。T305③:10，凝灰岩。全器略呈扁平长方形，形制规整，刀背近平直，保留磨制糙面，两侧斜直，略磨薄，刃部平直略内凹，双面刃，刃部有使用崩缺痕迹和横向、竖向交叉的划痕。器身上部近背处用双面管钻的方法钻琢两个圆孔，钻孔之前采用刻线定位，先在其中一面上横向刻划两条长直线，再竖向对称刻划两条短直线，

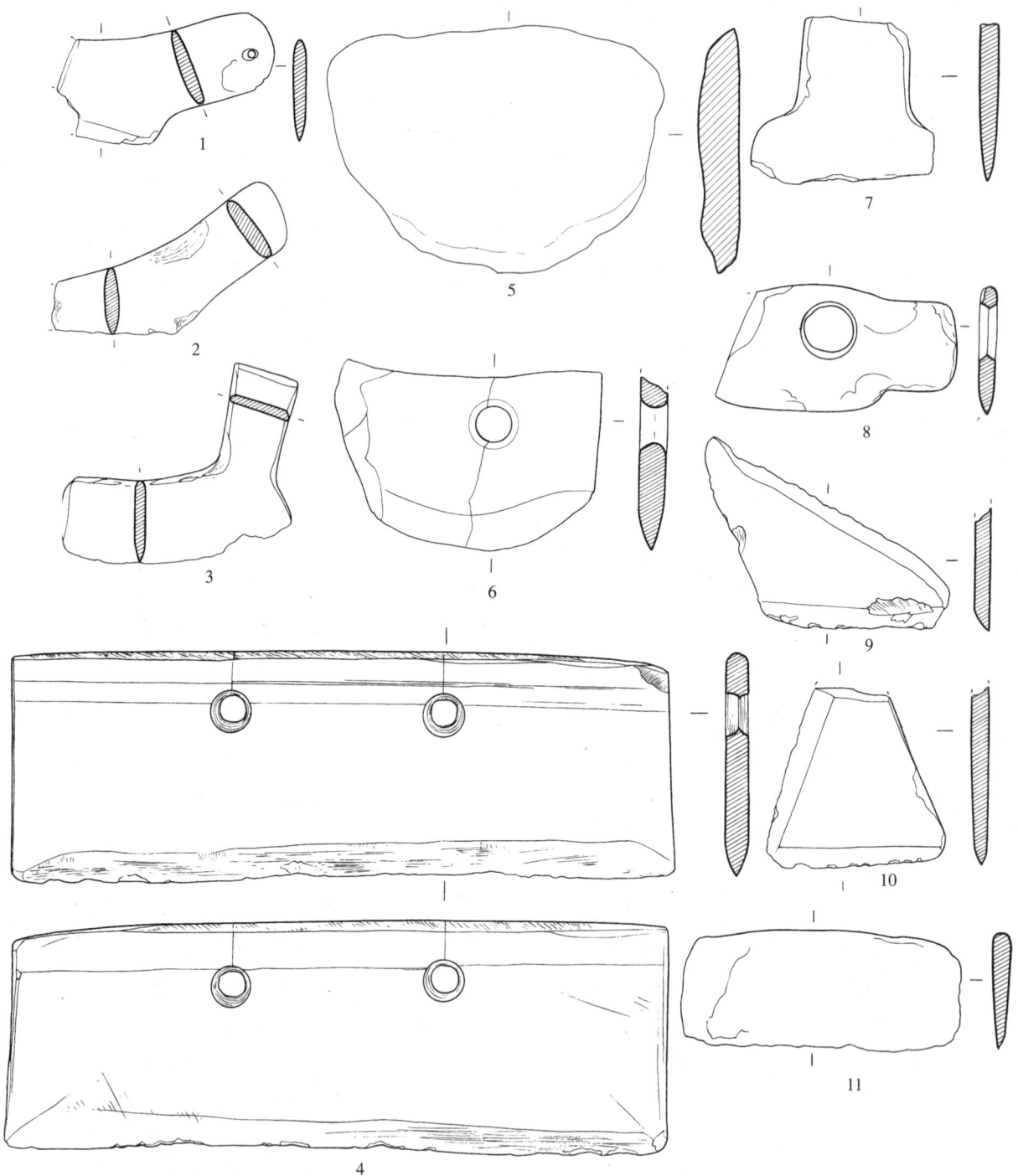

图二七三　石刀

1～3.C 型 T405⑦A:8、G1②:1、T405⑦A:12　4.D 型 T305③:10　5、6.E 型 TG6②:1、T507⑥:6　7.F 型 T602⑨
B:13　8.G 型 H36②:18　9、10.H 型 T600⑤:5、T605⑥:7　11.B 型 T505⑥:17（均为 1/2）

同样的线条都分别引到另一面，然后分别在刀身两面竖线与横线相交处钻孔。高 7.4、宽 21.8、孔径 1.3、厚 0.8 厘米。（图二七三，4；彩版三六九，3）此件双孔石刀是了解良渚时期石器钻孔工艺难得的标本。此外，从此件双孔石刀刃部的使用痕迹来看，有横竖两个方向的磨痕，而横向磨痕明显多于竖向磨痕，这样的痕迹表明此件双孔石刀使用时以横向的切割为主，而以竖向的劈砍为次。据此我们也可推知，为便于切割时操作，此件双孔石刀必安短柄，其安柄后的形制大抵跟当今厨房普遍使用的厨刀相像。

E 型　刃部圆弧的近半圆形石刀。2 件。TG6②：1，器表剥蚀，上端近平直，双面弧刃。高 7.9、宽 11.1 厘米。（图二七三，5；彩版三六九，4）T507⑥：6，利用残断后的石钺改制而成，中上部有一钻孔。高 6.1、宽 8.75 厘米。（图二七三，6；彩版三六九，5）

F 型　器身作直柄带双肩的"凸"字形。1 件。T602⑨B：13，霏细斑岩。形体扁平，刃部近平直，有使用崩缺痕迹。高 5.4、宽 6 厘米。（图二七三，7；彩版三六九，6）

G 型　利用残断后的石钺改制而成，形制类似 C 型带把小石刀，但刀身较高，且前端未磨成刃。1 件。H36②：18，双面刃，一侧有方形短把，器身中部有双面管钻钻孔。高 4.1、宽 7.8 厘米。（图二七三，8；彩版三四四，5）

H 型　两边刃成三角相交的扁平石刀。2 件。T600⑤：5，已残，单面刃。残高 6.1、厚 0.5 厘米。（图二七三，9）T605⑥：7，平面三角形，一角略残，一边单面刃，一边双面刃。残高 5.6、厚 0.55 厘米。（图二七三，10）

砺石器　2 件。利用天然砺石略作加工而成。T700⑨B：6，黑色含白斑的粗面斑岩。平面略呈圆形，用天然扁平砺石略加磨制而成，两面都有明显的打磨痕迹。砺石边缘较薄处有密集的崩缺痕迹，厚钝处也有砸击留下的崩缺痕迹。长 18.9、宽 16.4、最厚 3.7 厘米。（图二七四，2；彩版三七〇，1）T305③：9，辉绿岩。平面略呈椭圆形，天然砺石，器表有磨砺痕迹。长 21.6、宽 13.3、最厚 3.6 厘米。（图二七四，5；彩版三七〇，2）

滑轮形器　1 件。T504⑤：3，受沁呈灰白色。为石钺钻芯改制而成，扁平圆柱体，侧面磨制成凹陷状。直径 2.8、厚 0.8 厘米。（图二七四，4；彩版三七〇，3）

不明用途石器　1 件。T303④：6，夹杂云母的细砂岩。器形扁平，一端已残，其余三边均略弧凸，两面磨薄，但不开刃，用途不明。残高 5.5、宽 6.7、厚 0.5 厘米。（图二七四，3；彩版三七〇，4）

石片　2 件。似为从石锛坯件上打击下来的扁薄石片，大小不一。T305③：13，体形较大，略呈梯形，多处留有打击面，两端有使用崩缺痕迹。高 9、最宽 5.6 厘米。（图二七四，1；彩版三七〇，5）

砺石　砺石是新地里良渚文化遗迹和地层中出土数量最多的石器种类，总数超过

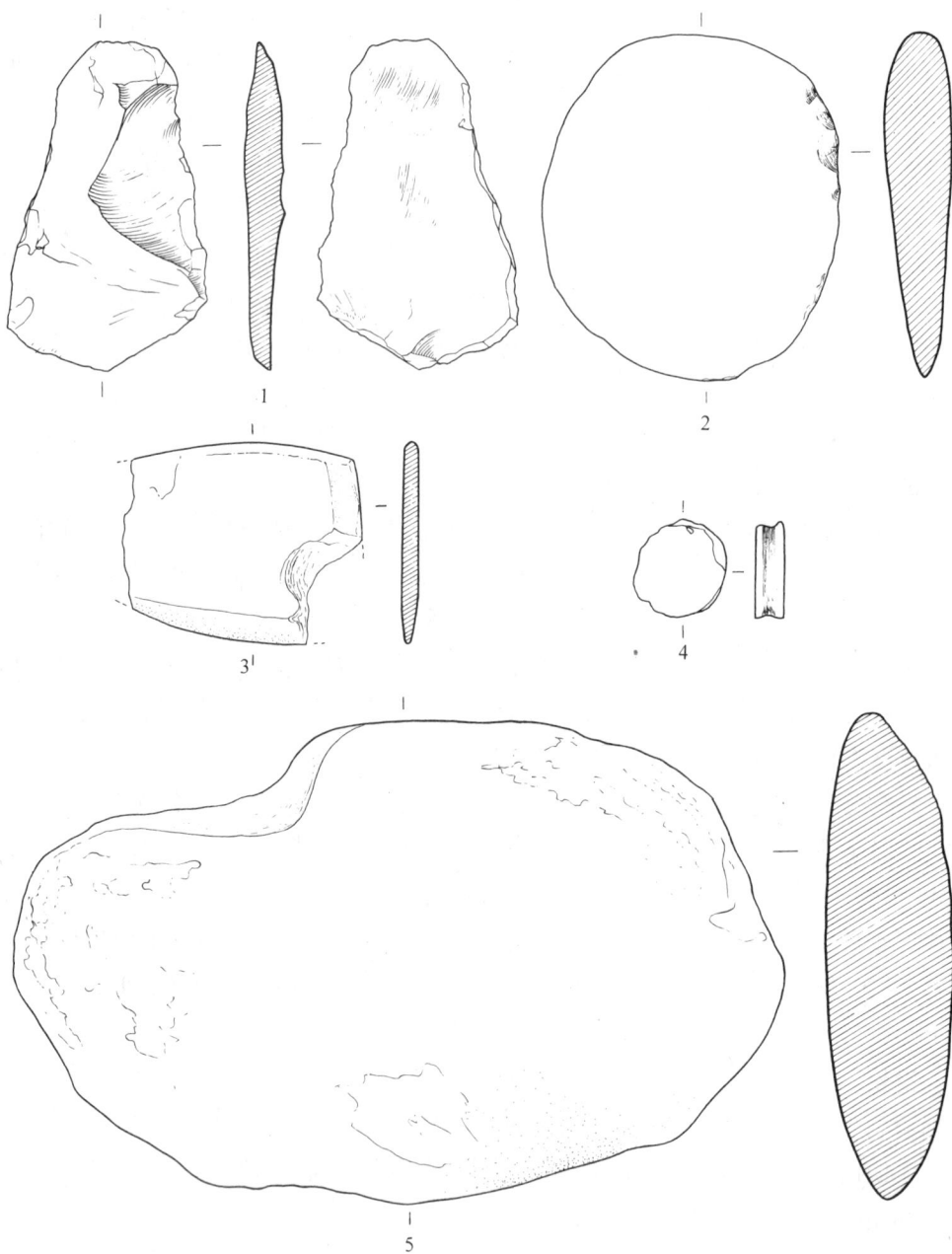

图二七四　石片、砾石器等

1. 石片 T305③:13　2、5. 砾石器 T700⑨B:6、T305③:9　3. 不明用途石器 T303④:6　4. 滑轮形器 T504⑤:3

（2 为 1/4，余为 1/2）

图二七五　砺石

1.T203②:1　2.T405⑦A:15　3.T504⑤:2　4.T305③:2（4为1/4，余为1/2）

150件。形制多呈长方形，但也有不规则形的。形体大小相差悬殊，大者长宽在20厘米以上，小的长宽不足5厘米。经浙江大学董传万、何礼章两位先生鉴定，除T506⑤:9、T505⑤:2、T505⑦A:14和T305③:2四件为凝灰岩外，其余都为粗细不一的砂岩。T203②:1，灰色砂岩。一端残断，形体扁薄，一面留有多道交叉的磨砺凹陷痕迹。残长5.9、宽5.1、最厚2厘米。（图二七五，1；彩版三七一，1）T405⑦A:15，长条形，一端残断，四面有磨砺痕迹，一侧因长期磨砺而弧凹。残长6.55、宽3.05、最厚3厘米。（图二七五，2；彩版三七一，2）T504⑤:2，浅褐色砂岩。平面略呈长方形，一个磨砺面上留有两道较宽的弧底凹陷。残长6.4、宽4.4、厚2.4厘米。（图二七五，3；彩版三七一，4）T305③:2，青灰色凝灰岩。形制规整的长方条形，六个平面上都有磨砺痕迹，其中相对的两个面使用最多，已略凹。长19.5、宽6、厚5.1厘米。（图二七五，4；彩版三七一，3）

三 有机质文物

新地里遗址的高地部分，由于地形高阜，良渚文化遗迹或地层中的有机质遗物大多受沁腐烂殆尽。但在遗址北侧的低地部分，却出土了木器、骨器、角器和牙器共10件。

木器 1件。J1:1，器形类似后代的剑，狭长扁薄，头部削尖，器身扁平，一面光滑，一面有火烤和锛刨的加工痕迹，中间略厚，两侧磨薄似刃，横截面呈扁梭形，尾部为横截面扁方形的把柄。通长51.9、最宽6厘米。（图二七六，1）

牙镞 1件。G1②:12，利用野猪獠牙磨制而成。牙冠磨尖，齿根部磨出短铤，横截面呈三角形。长5.65、最宽1.4厘米。（图二七六，2；彩版三五三，10）

骨器 7件。其中骨镞6件，骨管1件。骨镞都用动物肢骨磨制而成。前端尖锐，横截面呈圆形，尾端大多有铤。G1②:10，长6.01厘米。（图二七六，3；彩版三五三，8）G1②:8，管状肢骨磨制而成，尾端略磨细，无明显铤部。长6.1厘米。（图二七六，4；彩版三五三，7）H1:15，镞铤部已残。残长5.4厘米。（图二七六，5；彩版三二四，5）TG7②:1，形体略短宽。长4.35厘米。（图二七六，6；彩版三七二，1）G1②:6，铤部已残。残长3厘米。（图二七六，7）

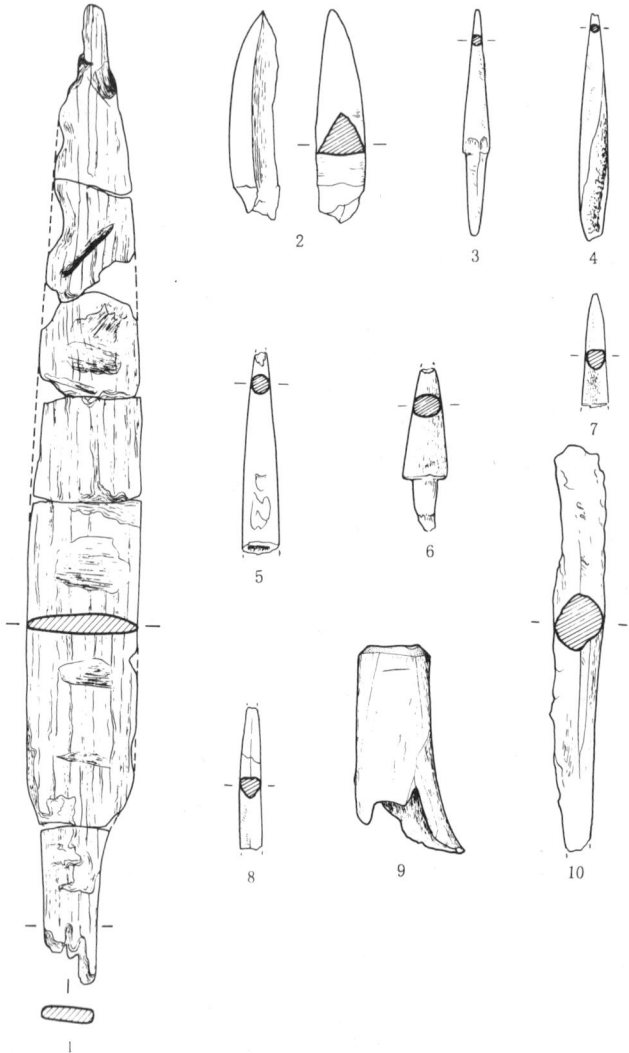

图二七六 木器、牙器、骨镞、骨管、角锥

1. 木器 J1:1 2. 牙镞 G1②:12 3～8. 骨镞 G1②:10、G1②:8、H1:15、TG7②:1、G1②:6、G1②:11 9. 骨管 TG6③:3 10. 角锥 T303②:3（1为1/4，余为1/2）

G1②：11，残长 3.8 厘米。（图二七六，8；彩版三五三，9）骨管仅 TG6③：3 一件，为动物管状肢骨切割磨制而成，窄的一端有切割磨砺痕迹，宽的一端已残。残长 5.5 厘米。（图二七六，9；彩版三七二，2）

角锥　1 件。T303②：3，鹿角磨制而成。长条形，前端磨尖，略残。残长 10.85 厘米。（图二七六，10；彩版三七二，3）

四　陶　器

新地里遗址墓葬以外的遗迹与地层中出土陶器数量相当可观，尤其是 H1、H36 与 G1 三个遗迹单元中就出土了几十件可修复的陶器，而能够看出器形的陶片标本更是数以千计。

1．陶系

有泥质陶和夹砂陶两种。泥质陶中以泥质灰陶、泥质黑皮陶为主，还有泥质灰黄陶、泥质红陶、泥质黑陶等。泥质黑皮陶以胎质不同又细分为泥质灰胎、灰黄胎及少量红胎黑皮陶。黑皮陶器由于埋藏条件等原因，黑皮大多保存不好，有的脱落殆尽，但也有个别乌黑发亮的。泥质红陶以胎质不同也可细分出红陶、橘红陶与橘黄陶。与墓葬中泥质红陶较为少见不同，地层堆积与遗迹中泥质红陶比重明显增加，但器形主要集中在平底罐一类上。夹砂陶在陶器总量中所占份额比墓葬有大幅提高，器形主要仍是鼎、甗、圈足罐等少数几种。鬶、盉是只见于地层堆积与遗迹中的两类夹砂陶器。夹砂陶中以夹砂红陶为主，夹砂灰陶与夹砂黑陶数量较少，但夹砂红陶大多夹杂有褐色或灰黑色的杂色，少数外表还施有暗红色陶衣，部分夹砂黑陶外表也打磨光滑。

2．制法与装饰

地层堆积与遗迹出土的大多数陶器为轮制而成，部分陶器的内壁与底部可见轮制留下的旋痕。圈足器器身与圈足分而制之，再接合成器。鼎、鬶、盉等三足器中的足与器身都是单独制好后再接合在一起的，足多数为模制。袋足鬶的三个袋足先分别模制，然后捏合成一体，捏合时为增强连接的牢固度，在外裆部另外加贴泥条，然后再在连接后的三个袋足上以扁薄泥片盘贴成肩部，其中与捏流相对的袋足肩部最宽，常要盘贴泥片四圈以上，袋足鬶内壁上常留有盘贴的痕迹，口部以泥片盘筑而成，再与全器捏贴成型。夹砂红陶缸、高领罐等大件陶器也采用泥条盘筑法成型。个别小件器物则直接用手捏塑成型。

跟墓葬中出土的陶器一样，地层堆积与遗迹中出土的陶器也以素面为主，但有装饰的陶器器类却比墓葬中丰富。与墓葬出土陶器上流行鼻的装饰不同，地层堆积与遗迹中除双鼻壶外，较少见到饰鼻的器类，但耳、錾、把等更具实用功能的附件却较为多见。装饰纹样中，阴线刻划或用泥条粘贴的凹凸弦纹仍最为多见。鼎足、三足盘瓦足及宽把杯把上刻划的平行竖线、平行斜线或由之组成的网格纹也同样流行。由于墓葬中常见的双鼻壶、宽把杯等器形在地层堆积与遗迹中较少出土，因此墓葬中主要见于双鼻壶颈腹部、宽把杯器身、少量壶或圈足罐肩部及双鼻壶盖面的变体简化鸟纹或"云气纹"在地层堆积与遗迹出土的陶器中也较少见到，仅在一件刻纹宽把杯残片上见到"鸟网纹"纹饰，在一件三足盘足面上见到刻划变体简化鸟纹画。豆是地层堆积与遗迹中常见的器形。黑皮陶细高竹节把豆上除凹凸弦纹外，还常见一种四角打结的刻划网格纹。椭圆形盘的豆不见于墓葬和地层中，豆盘内底上见中间为圆形重圈、两侧用双线各对称刻划一只简化的展翅飞翔的鸟的组合纹饰。泥质陶平底罐和夹砂陶圈足罐的肩部也见刻划纹饰，泥质陶平底罐上见纯属装饰性的水波纹和"树"纹，而夹砂陶圈足罐上则见到刻划的鹿和"树"纹。镂孔也是陶器上较为多见的装饰，分圆镂孔、扁方镂孔、三角形镂孔与长条形镂孔等多种，主要见于豆把或圈足盘的圈足。在豆把或圈足盘、双鼻壶的圈足上还常见到镂孔与凹凸弦纹或斜向锥刺纹构成的组合纹饰。泥质红陶罐的口部宽沿上，锥刺纹是常见的纹饰，多数锥刺纹只具装饰功能，部分似有符号意义。鼎足两侧、圈足盘圈足与豆把上也有少量的锥刺纹出现。此外，地层堆积与遗迹中还发现了彩陶、印纹陶等不见于墓葬中的陶片标本。彩陶为泥质橘黄陶杯残片，器表施红褐色彩，纹饰为由斜弧线组成的菱格纹（彩版三七二，4）。而压印绳纹、条纹、菱格纹、刻划交叉线纹的标本都只见于夹砂陶片。

地层堆积与遗迹出土的陶器或陶片上发现的刻划符号主要见于个别圈足罐、壶、平底罐的外底，鼎足足面及两侧，高领罐口沿内侧。其中有些符号重复率较高，分别见于不同的器形，应已具有某种约定俗成的意义。在两件平底罐外底部分别残留有由两个刻划符号组成的组合符号，表明由单体符号连缀组合的复杂符号已经出现，其所表达的意义也应超越单体符号而可能具有原始文字的功能。（图二七七；彩版三七二，5）

3. 器类与组合

新地里遗址地层堆积与遗迹出土的陶器以圈足器、三足器为主，平底器次之。器类上，除纺轮、陶环外，其他均为容器，包括炊器、水（酒）器、盛食器和盛储器四大类。主要器类有鼎、甗、豆、双鼻壶、壶、贯耳壶、杯、圈足盘、三足盘、盆、圈足罐、平底罐、簋、鬶、盉、匜、缸等。

地层堆积与遗迹中出土的陶器跟墓葬有所不同。首先，跟墓葬中豆的缺乏与泥质陶有鼻簋的盛行不同，地层堆积与遗迹中豆或豆把、豆盘等豆的残件较为多见，而有鼻簋非常少见。其次，地层堆积与遗迹中袋足鬶、盉、匜、贯耳壶、夹砂红陶缸、口沿有锥刺纹的泥质红陶罐、高领罐、双口罐等许多器形不见于墓葬，而双鼻壶、宽把杯、尊等墓葬陶器组合中较为常见的器形在地层堆积与遗迹中也较少发现，显示出作为随葬品的陶器组合跟日用生活或祭祀活动所实际使用的陶器在形制上存在着较大差异。

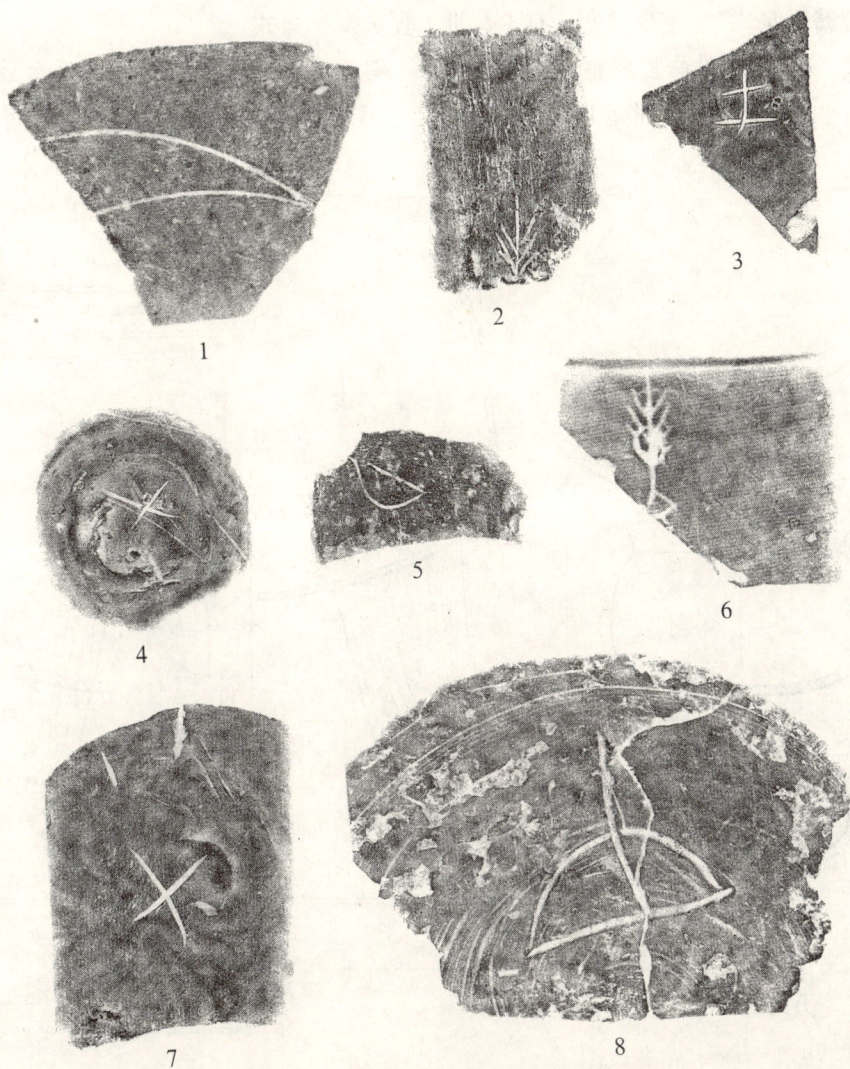

图二七七　陶器刻划符号

1、4、5. 器底上刻划符号 H1：79、H30：3、H1：91　2. 鼎足上刻划符号 T305④：75　3、7、8. 罐底刻划符号 T505⑥：29、H7②：17、H1：80　6. 罐腹部刻划符号 H36②：72（均为1/2）

4. 器物形制

鼎　陶片数量众多，均为夹砂陶，以夹砂红陶为主，夹砂灰褐陶、黑陶次之，但不少的鼎片实际上夹杂有红、灰、褐、黑等色，纯净的单色较为少见。修复后可辨器形的有18件，其中完整器8件。有的可对应墓葬鼎型式划分中的A、B、E三型，其他不见于墓葬的，顺次编为G、H和I型。

A型　11件，其中修复的完整器6件。上部呈侈口、束颈、鼓腹、圜底的釜形，鼎足由鱼鳍形向"T"字形演变。有Ⅰ、Ⅲ、Ⅳ、Ⅴ、Ⅶ式。

Ⅰ式　4件，2件修复完整。3件为夹砂红陶。侈口，束颈，鼓腹略下垂，鱼鳍足中厚或扁平。H7③:34，残高14厘米。（图二七八，1；彩版三三三，4）H25:1，口径

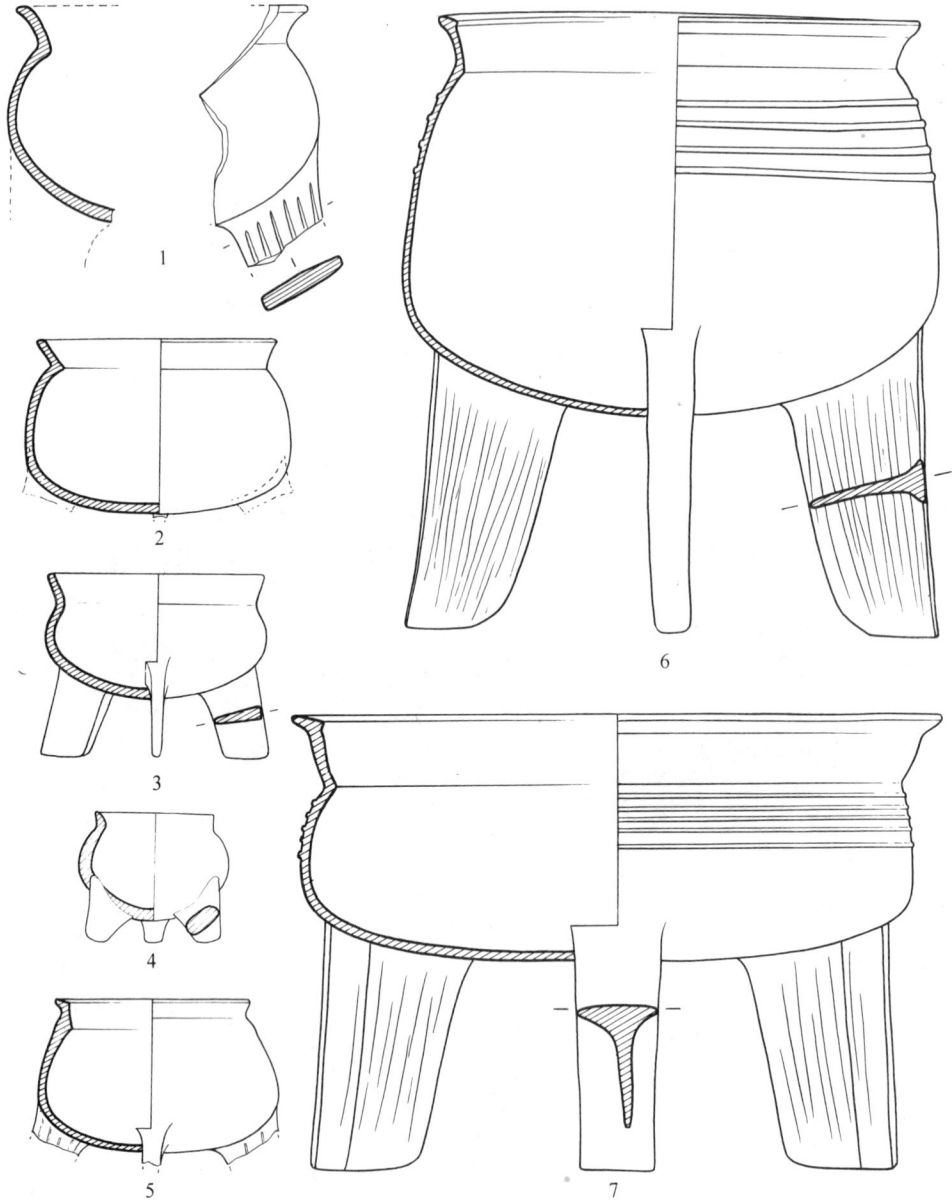

图二七八　A型陶鼎

1～4. Ⅰ式 H7③:34、H25:1、T701⑫:30、H36①:9　5. Ⅲ式 H30:2　6. Ⅳ式 T405⑦A:14　7. Ⅴ式 T405⑤:5（均为1/4）

13.4、残高 9.6 厘米。（图二七八，2；彩版三三九，3）T701⑫：30，口径 12、高 9.9 厘米。（图二七八，3；彩版三七三，1）H36①：9，夹砂黑陶。矮三角扁鱼鳍形足。此器形体很小，应是特意制作的玩具或明器。口径 6.6、高 6.8 厘米。（图二七八，4；彩版三四八，1）

Ⅲ式　1件。侈口，方折沿，内沿面上下起明显的折棱，鱼鳍足外侧稍厚。H30：2，夹砂黑陶。鼓腹下垂，鱼鳍形足残断。口径 10.9、残高 9 厘米。（图二七八，5；彩版三四〇，3）

Ⅳ式　1件。侈口，折沿，鱼鳍足外侧更加加厚，呈"T"字足雏形。T405⑦A：14，夹砂红陶，有黑褐色陶衣。体形较大。上腹有四周凸弦纹。口径 26、高 33.2 厘米。（图二七八，6；彩版三七三，2）

Ⅴ式　1件。侈口，斜折沿，内沿上下折棱明显，显领，腹部略浅，"T"字足足面微弧凸、宽度小于纵深。T405⑤：5，夹砂红陶，着黑褐色陶衣。浅腹，圜底近平。上腹有五周凸弦纹。口径 36.2、高 24.2 厘米。（图二七八，7；彩版三七三，3）

Ⅶ式　4件，2件修复。均为夹砂灰褐陶。侈口，宽折沿，内沿上下脊棱明显，颈部显领，"T"字形足足面下凹明显、宽度大于纵深。H1：26，"T"字形足残断。口径 25.1、残高 12.4 厘米。（图二七九，1；彩版三三〇，5）H1：19，一"T"字形足侧面有刻划符号。口径 25.9、高 24.7 厘米。（图二七九，4；彩版三三〇，1）H1：23，两"T"字形足足面上有刻划符号。口径 18.4、高 18.5 厘米。（图二七九，3；彩版三三〇，2）G1②：19，"T"字形足残断，带桥形纽斗笠式盖。口径 14、残高 7.8、盖高 6.4 厘米。（图二七九，2；彩版三五六，3）

B型　修复后可辨器形的 3 件。上部呈侈口、束颈、扁鼓腹、圜底近平的釜形，鼎足圆锥形，个别腹部一侧设鋬。分别对应墓葬分式中的Ⅰ、Ⅱ式。

Ⅰ式　2件。侈口，卷沿，微束颈。T305②：75，夹砂黑陶。残高 5.8 厘米。（图二八〇，1）T405⑤：3，夹砂灰陶。一侧有鋬，足残。口径 11.7、残高 5 厘米。（图二八〇，2；彩版三七三，4）

Ⅱ式　1件。侈口，卷沿，颈部显领。H1：30，夹砂灰陶。鼎足截面扁圆形。口径 17.1、残高 12.6 厘米。（图二八〇，3；彩版三三〇，6）。

E型　盆形凹弧足鼎。完整器 1 件。敞口，宽折沿，直折腹，凹弧足两侧卷起如瓦。上腹部遍饰凹弦纹呈瓦棱状，足面饰竖向刻划纹。H7③：7，夹砂黑陶。口径 32、高 22.6 厘米。（图二八〇，4；彩版三三三，3）

G型　修复后可辨器形的 1 件。H1：21，夹砂灰褐陶。侈口，折沿，方唇，内沿下凹，束颈，深弧腹，圜底，椭圆形扁足，足尖已残。外腹与底部满施绳纹，足两侧各有一道竖向刻划。口径 13.3、残高 12.5 厘米。（图二八〇，7；彩版三三〇，4）

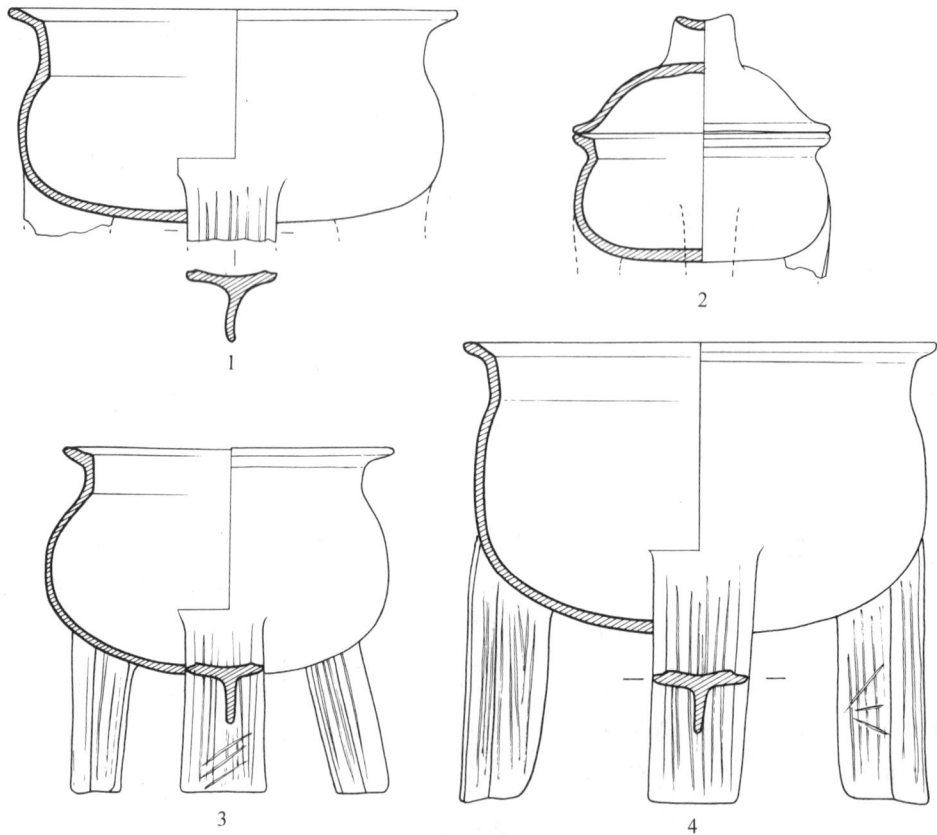

图二七九　A 型Ⅶ式陶鼎

1. H1：26　2. G1②：19　3. H1：23　4. H1：19（均为 1/4）

　　H 型　直口罐形鼎。修复后完整器 1 件。H1：29，夹砂灰陶。直口，竖领，广肩，扁鼓腹，"T"字形足。口径 13.8、高 19.8 厘米。（图二八〇，5；彩版三三〇，3）

　　I 型　高领罐形鼎。修复后可辨器形的 1 件。G1②：18，夹砂黑陶。敞口，高领，扁垂腹，上腹部有对称的两个牛鼻耳，足齐根残断。口径 22.4、残高 26.1 厘米。（图二八〇，6；彩版三五六，2）

　　除了相对完整可辨器形的鼎外，地层与遗迹中还出土了不少鼎的口沿片和鼎足。

　　鼎的口沿中属于 A 型鼎的数量最多，大致可跟墓葬内出土 A 型鼎的口沿对应。对应Ⅳ或Ⅴ式的有：T305②：73，夹砂红陶，施红衣，折沿，内沿略凹，有脊棱（图二八一，2）；T305④：74，夹砂黑陶，卷沿、扁垂腹，腹部饰组合凹弦纹（图二八一，4）；T302②：18，夹砂灰褐陶，折沿、内沿有明显的脊棱，微束颈，扁弧腹，上腹部有三周凸弦纹（图二八一，5）。对应Ⅵ或Ⅶ式的有：T203②：33，夹砂灰陶，宽折沿，显领，

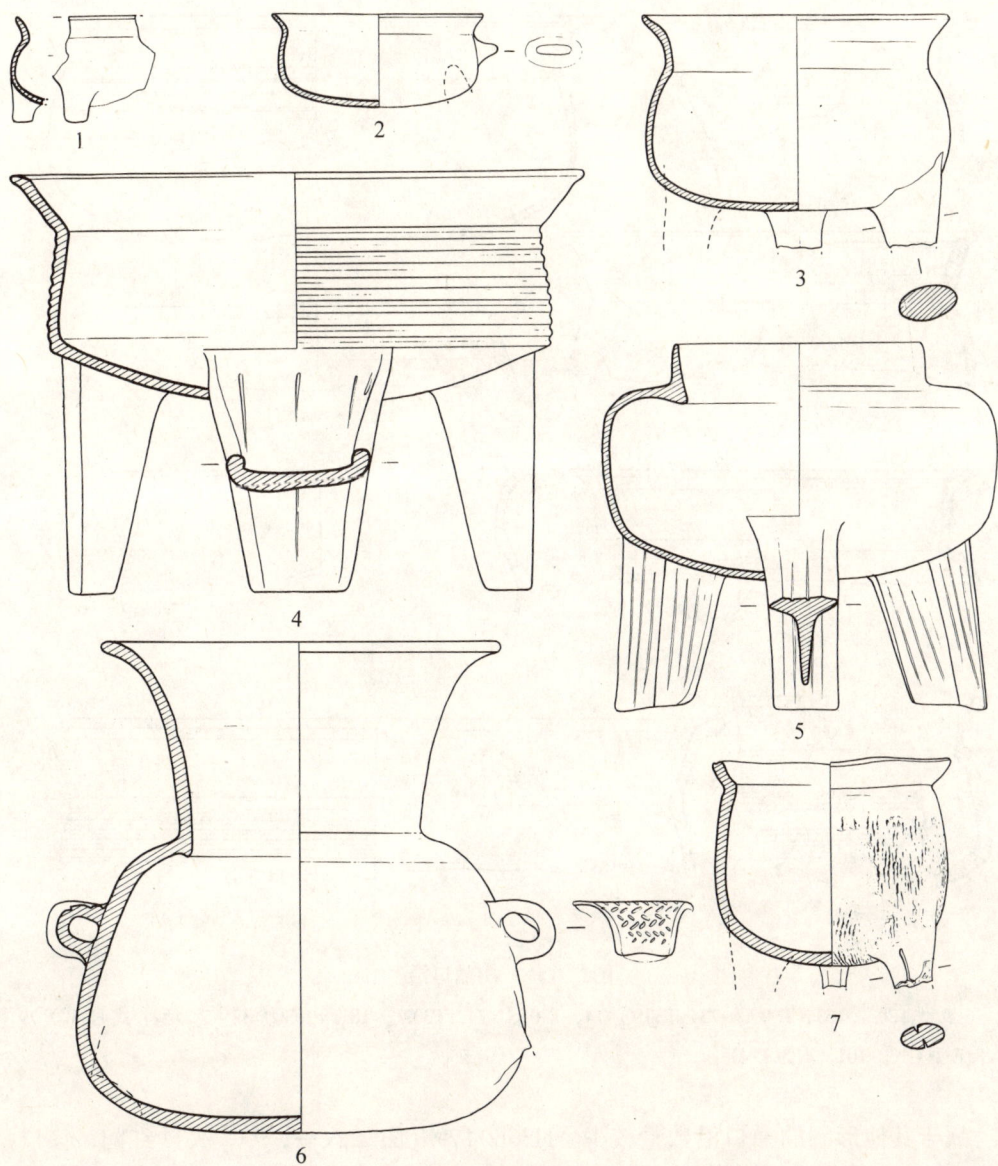

图二八〇　陶鼎

1、2.B型Ⅰ式 T305②:75、T405⑤:3　3.B型Ⅱ式 H1:30　4.E型 H7③:7　5.H型 H1:29　6.Ⅰ型 G1②:18
7.G型 H1:21（均为1/4）

外腹部有凸弦纹（图二八一，1）；T303③:14，夹砂红陶，折沿，显领，内沿上下起明显的脊棱（图二八一，3）；T203②:32，夹砂灰褐陶，折沿，微束颈、领不明显。（图二八一，6）

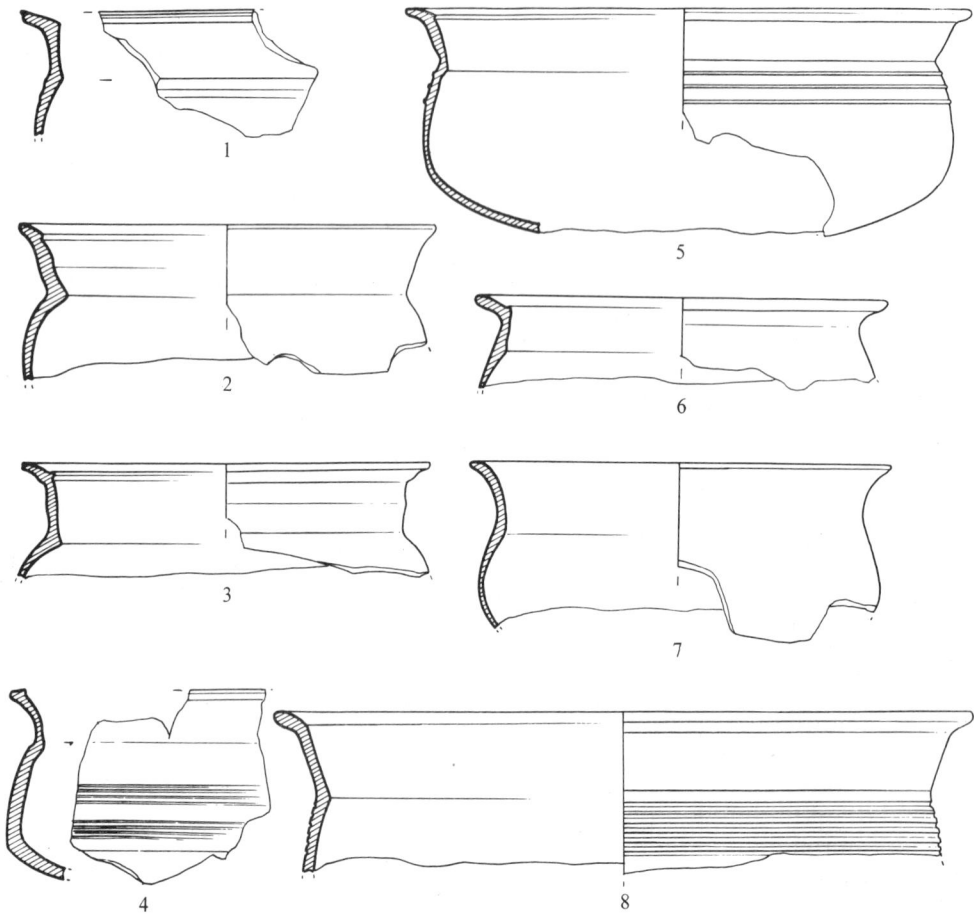

图二八一　陶鼎口沿

1~6.A型 T203②:33、T305②:73、T303③:14、T305④:74、T302②:18、T203②:32　7.B型Ⅱ式 H36②:79
8.E型 G1②:101 （均为1/4）

属于其他形制的鼎口沿数量较少。H36②:79（图二八一，7），夹砂红陶，侈口，卷沿，扁弧腹，腹部残留有烟垢，应是B型Ⅱ式鼎口沿。G1②:101（图二八一，8），夹砂黑胎黑衣陶，侈口，宽折沿，外腹部施凹弦纹呈瓦棱状，是E型鼎的口沿。此外在归为罐类的一些夹砂陶口沿中也应有部分是鼎的口沿，但难以确切区分。

鼎足数量众多（图二八二；彩版三七四，1~9），其中最常见的是鱼鳍形—"T"字形足，构成了完整的变化序列。H40:2，夹砂红陶，截面中间略厚的鱼鳍形足（图二八二，1）；H38:8，夹砂红陶，扁平鱼鳍形足（图二八二，2）；T305③:64，夹砂红陶，夹杂白色蚌壳末，扁平鱼鳍形足（图二八二，3；彩版三七四，4）；H30:11，夹砂红陶，外侧更厚、略呈"T"字形（图二八二，4）；H36②:83，夹砂红陶，足面起脊的"T"字形足，面宽小于纵深（图二八二，9）；T504⑨A:38，夹砂红陶，外侧略厚的鱼鳍形足（图二八二，10）；T302②:22，夹砂红褐陶，足面微弧凸的"T"字形足，上戳印圆涡纹（图二八二，13）；T305③:61，夹砂红陶，"T"字形足（图二八二，14）；G1②:105，夹砂红陶，足面下凹的"T"字形足，面宽大于纵深（图二八二，17）。除此之外，还见圆锥形足、扁方足、凹弧形足、椭圆形扁足、三角形扁足和凿形足等鼎足：T203③:41，夹砂灰褐陶，圆锥足（图二八二，6）；T305③:67，夹砂红陶，素面扁方足（图二八二，7；彩版三七四，9）；T305③:70，夹砂红陶，夹杂白色蚌壳末，椭圆形扁足，两侧各有一道竖向刻划（图二八二，12）；T305②:69，夹砂红陶，三角形扁足，两侧有竖向刻划纹（图二八二，15）；T305③:59，残留器身为夹砂黑陶，凹弧足为夹砂红陶（图二八二，16）；T305③:57，夹砂红陶，凹弧足（图二八二，18；彩版三七四，7）；T600⑤:24，夹细砂红陶，素面三角形扁足（图二八二，19；彩版三七四，2）；H36①:61，夹砂红陶，两侧有竖向刻划纹的凿形足（图二八二，20）。

鼎足中的鱼鳍形—"T"字形足、圆锥形足、三角形扁足这几类都见于甗，但难以具体分辨，故统一归在鼎足内。

甗　因陶片破碎难以具体分辨，在鼎口沿和鼎足中应该包括了部分甗的口沿和足。修复后可辨器形的3件。其中2件分别对应墓葬中甗的A型，另有完整器1件，形制不见于墓葬，顺次编为C型。

A型　"T"字形足。2件。分别属于Ⅱ式与Ⅳ式。

Ⅱ式　1件。G1①:34，夹砂黄褐陶。口腹部已残，足面微弧凸的"T"字足，面宽小于纵深。残高19厘米。（图二八三，3；彩版三五四，2）

Ⅳ式　1件。H36①:59，夹砂红陶。口腹部已残，足面下凹的"T"字形足，面宽大于纵深。残高26.7厘米。（图二八三，2；彩版三四八，4）

C型　1件。T203②:8，夹细砂红陶。敞口，束颈，弧腹下坠，浅圈底。腹内壁有一周凸起的隔挡以承箅。三角形扁足，两侧有竖向刻划纹。口径24.8、高32.2厘米。（图二八三，1；彩版三七五，1）

豆　跟墓葬中豆的缺乏相反，地层和遗迹中出土了数量较多的豆及其残件。以泥质灰陶数量最多，灰胎黑皮陶、黑陶、灰黄陶等次之。修复后可辨器形的有17件，其中完整器11件。虽然也可跟墓葬中的豆一样分为粗把与细把，但盘口与豆把的形制大多不同于墓葬中出土的豆，应属不同的亚型。17件可辨器形的豆中，有11件勉强可以归为墓葬豆型式划分中的A型，1件归为B型，其他5件不见于墓葬的豆，顺次编为C型和D型。

A型　11件。直口微侈，弧折腹或折腹，粗豆把。分别属于墓葬A型豆中的Ⅰ式

图二八二　陶鼎足

1.H40:2　2.H38:8　3.T305③:64　4.H30:11　5.T504⑨A:40　6.T203③:41　7.T305③:67　8.T701⑤:16
9.H36②:83　10.T504⑨A:38　11.H1:68　12.T305③:70　13.T302②:22　14.T305③:61　15.T305②:69
16.T305③:59　17.G1②:105　18.T305③:57　19.T600⑤:24　20.H36①:61　21.T701⑤:29（均为1/4）

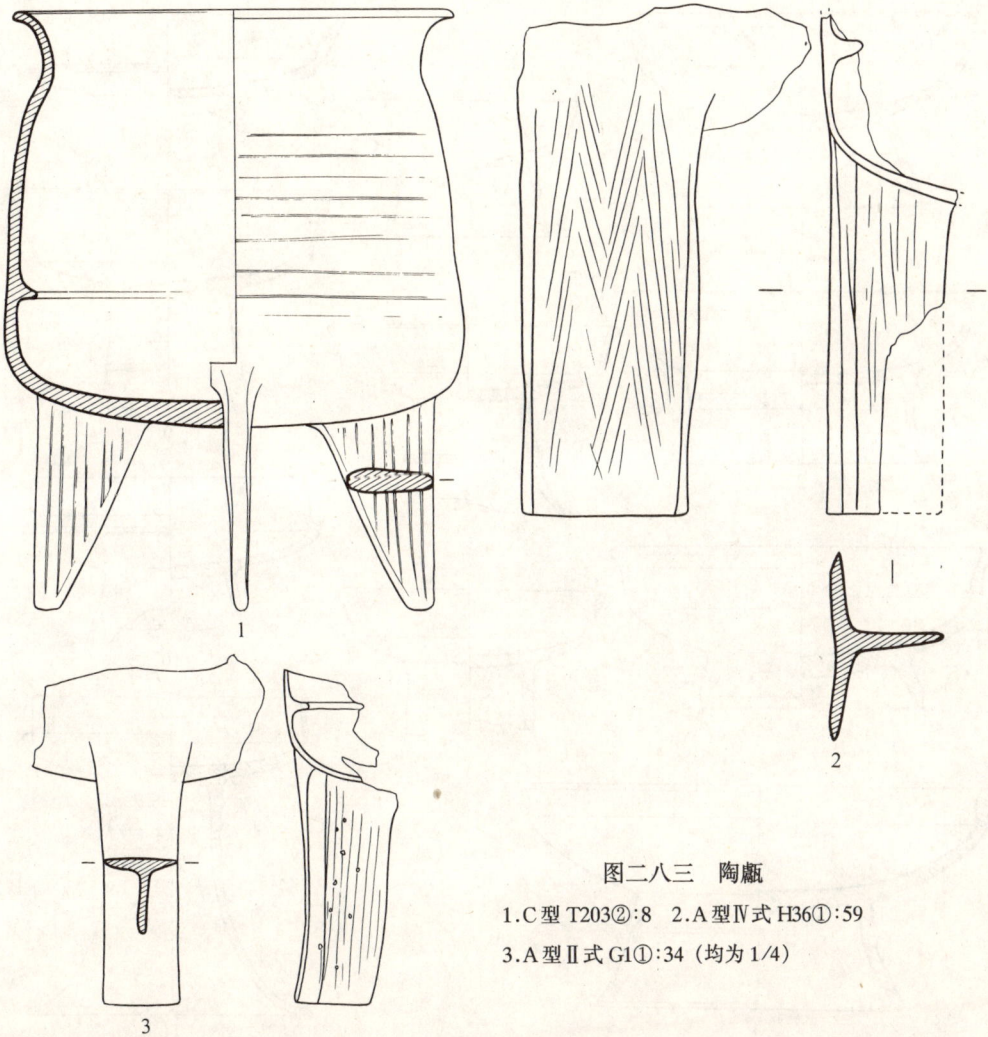

图二八三　陶甗

1.C 型 T203②:8　2.A 型Ⅳ式 H36①:59

3.A 型Ⅱ式 G1①:34（均为 1/4）

与Ⅲ式。

　　Ⅰ式　5 件。弧折腹，喇叭形豆把较矮，豆把中部起折棱或有凹弦纹。T504⑥:17，泥质灰陶。折腹。口沿下一周凹弦纹，把有三个椭圆形镂孔。口径 19.3、高 10.4 厘米。（图二八四，1；彩版三七五，2）T405⑦A:11，泥质灰胎黑皮陶。弧折腹。豆把中部凹弦纹上下饰两周扁方形镂孔。口径 19.1、高 9.2 厘米。（图二八四，2；彩版三七五，3）T700⑩A:7，泥质黑陶。粗把上有四个镂孔。口径 26.1、高 12.1 厘米。（图二八四，4；彩版三七五，4）T505⑨C:19，泥质灰陶。弧折腹。豆把中部凹弦纹上下饰两周扁方形镂孔。口径 12.1、高 7.3 厘米。（图二八四，5；彩版三七五，5）T504⑨B:35，泥质灰陶。豆把在凹弦纹处残断。口径 21.2、残高 8.6 厘米。（图二八四，3；彩版三七六，1）T405⑦A:11 与 T504⑨B:35 的盘口与豆把都不同于墓葬出土的 A 型Ⅰ式

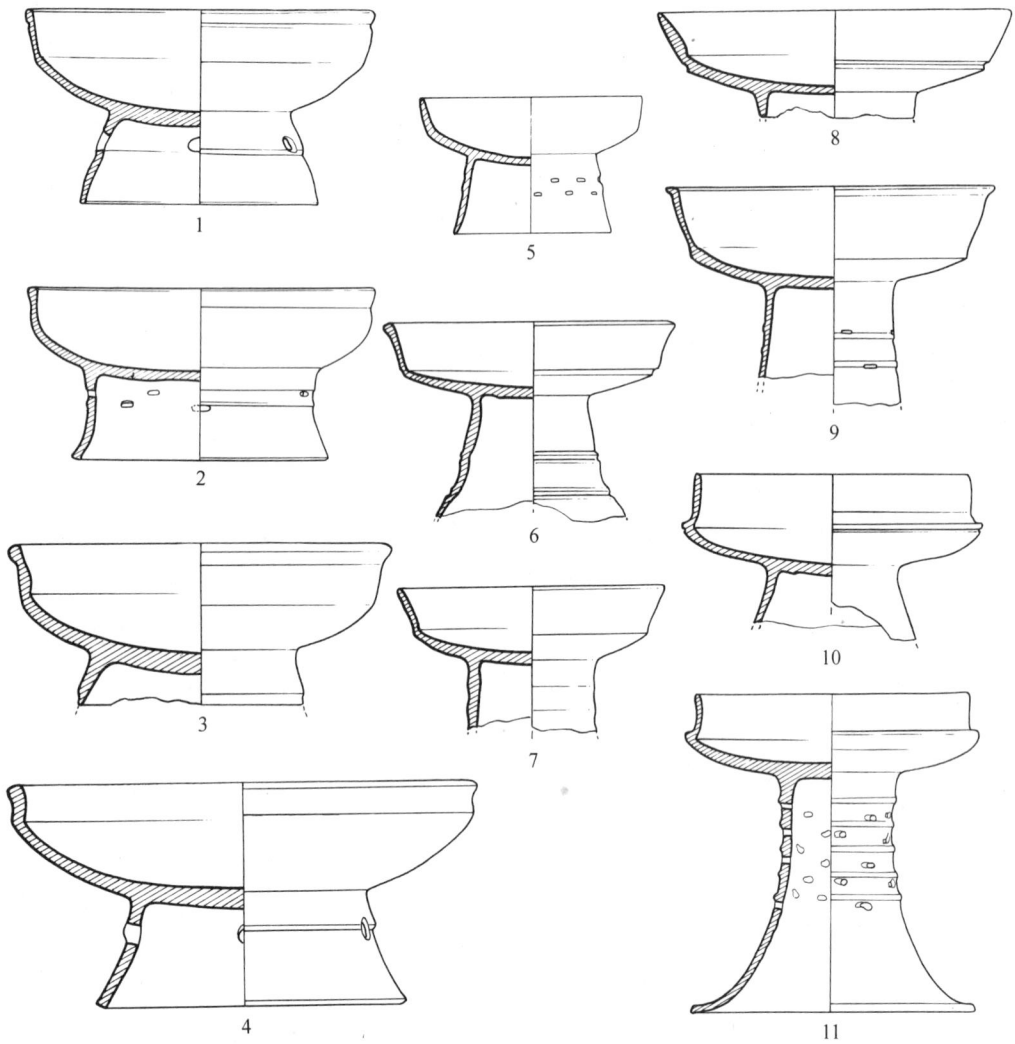

图二八四　A 型陶豆

1~5. I 式 T504⑥：17、T405⑦A：11、T504⑨B：35、T700⑩A：7、T505⑨C：19　6~11. Ⅲ式 T305③：49、
G1②：81、T602⑤：10、H1：32、H1：33、H1：13（均为 1/4）

豆，应属同型下的不同亚式。

　　Ⅲ式　6 件。折腹，喇叭形豆把上端常有凹、凸弦纹，豆把略高。T305③：49，泥
质灰胎黑皮陶。盘壁略内凹，折腹处有一周凹弦纹，豆把下残。口径 16.2、残高 10.8
厘米。（图二八四，6；彩版三七六，3）G1②：81，泥质灰陶。口径 14.8、残高 7.8 厘
米。（图二八四，7）T602⑤：10，泥质灰黄陶。折腹处有一周凹弦纹，豆把下残。口径
19.6、残高 6 厘米。（图二八四，8；彩版三七六，2）H1：32，泥质灰胎黑皮陶。豆把

上部饰有多周凹弦纹和横向长方形镂孔。口径 18.4、残高 11.5 厘米。(图二八四，9；彩版三二八，3) H1∶33，泥质灰黄胎黑皮陶。略呈子母口，盘壁中部起凸棱，豆把残。口径 15.2、残高 8.9 厘米。(图二八四，10；彩版三二八，4) H1∶13，泥质灰胎黑皮陶。略呈子母口，子口高直。盘壁中部起凸棱，喇叭形高把上部有五道凸弦纹与横向镂孔的组合纹饰。口径 15.4、高 17.2 厘米。(图二八四，11；彩版三二八，1)

B型　直口微侈，折腹，细高把。1 件，大致可对应墓葬 B 型豆中的Ⅱ式。G1②∶7，泥质灰胎黑皮陶。侈口，方唇，直折腹，把上部细高呈竹节状。外腹下部施六周凹弦纹，弦纹之上近口沿部有一周如带结菱形网格的细刻划纹饰。把以八条宽凹弦纹分隔，第一条弦纹上等分饰三个扁圆镂孔，其下每两条弦纹间施细刻划的带结菱形网格纹。豆把最下部的喇叭形圈足处，纹饰带较宽，由上面细密的带结菱形网格纹带和下面十余道细密的凹弦纹组成。口径 18.6、底径 18.4、高 28.6 厘米。(图二八五，1；彩版三五五，1、2)

C型　钵形盘，喇叭形把。3 件。H36①∶33，泥质灰陶。敛口，厚唇，斜弧腹。豆把饰三周凹弦纹。口径 21.4、高 9.6 厘米。(图二八五，2；彩版三四六，4) H1∶25，泥质灰陶。子母口微敛，深弧腹。豆把上下两组凹弦纹间装饰三组由圆形镂孔和半圆形戳印纹组成的组合纹饰。口径 15.4、高 17.1 厘米。(图二八五，3；彩版三二八，2) G1②∶26，泥质灰陶。侈口，深弧腹。豆把饰三周凸弦纹，弦纹间装饰密集的斜向锥刺纹。口径 17.1、高 14.6 厘米。(图二八五，4；彩版三五五，3)

D型　椭圆形盘，喇叭形把。2 件。H36①∶86，泥质灰胎黑皮陶。折沿，浅弧腹。豆盘内底刻划有重圈与“飞鸟”纹饰。口径 16.3～25.7、高 12 厘米。(图二八五，5；彩版三四七，1、2) H1∶7，泥质灰胎黑皮陶。已残。豆盘内底有重圈与“飞鸟”的刻划纹饰。残高 4.3 厘米。(图二八五，6；彩版三二八，5、6)

不能复原的豆残片中，豆盘以直口微侈、弧折腹或折腹的浅盘最多，还有子母口和敛口的豆盘，偶尔也见盘壁束腰的豆盘。T305③∶48，泥质黑陶。略折沿，外腹有凹弦纹。(图二八六，1) H26∶2，泥质灰陶。折腹处有一周凹弦纹。(图二八六，2) G1②∶77，略折沿。(图二八六，3) T203②∶21，泥质灰陶。子母口。(图二八六，4) G1②∶78，泥质灰陶。盘壁内凹。(图二八六，5) T405⑦A∶21，泥质灰陶。盘壁束腰。(图二八六，6) T302②∶12，泥质黑皮陶。敛口，弧腹。(图二八六，7) H30∶5，泥质红陶。敛口，弧腹。(图二八六，8) H36②∶70，泥质黑皮陶。盘壁上有两周凸弦纹。(图二八六，9)

豆把残片数量较多，可分为粗把与细把。粗把略呈粗矮的喇叭形，常饰凹弦纹与大镂孔或横向长方形镂孔的组合纹饰；细把大多瘦高，上部常有多组凸弦纹呈竹节状，也见横向长方形镂孔的装饰。T504⑥∶37，泥质灰陶。上部束腰处饰宽凸弦纹，有两排大

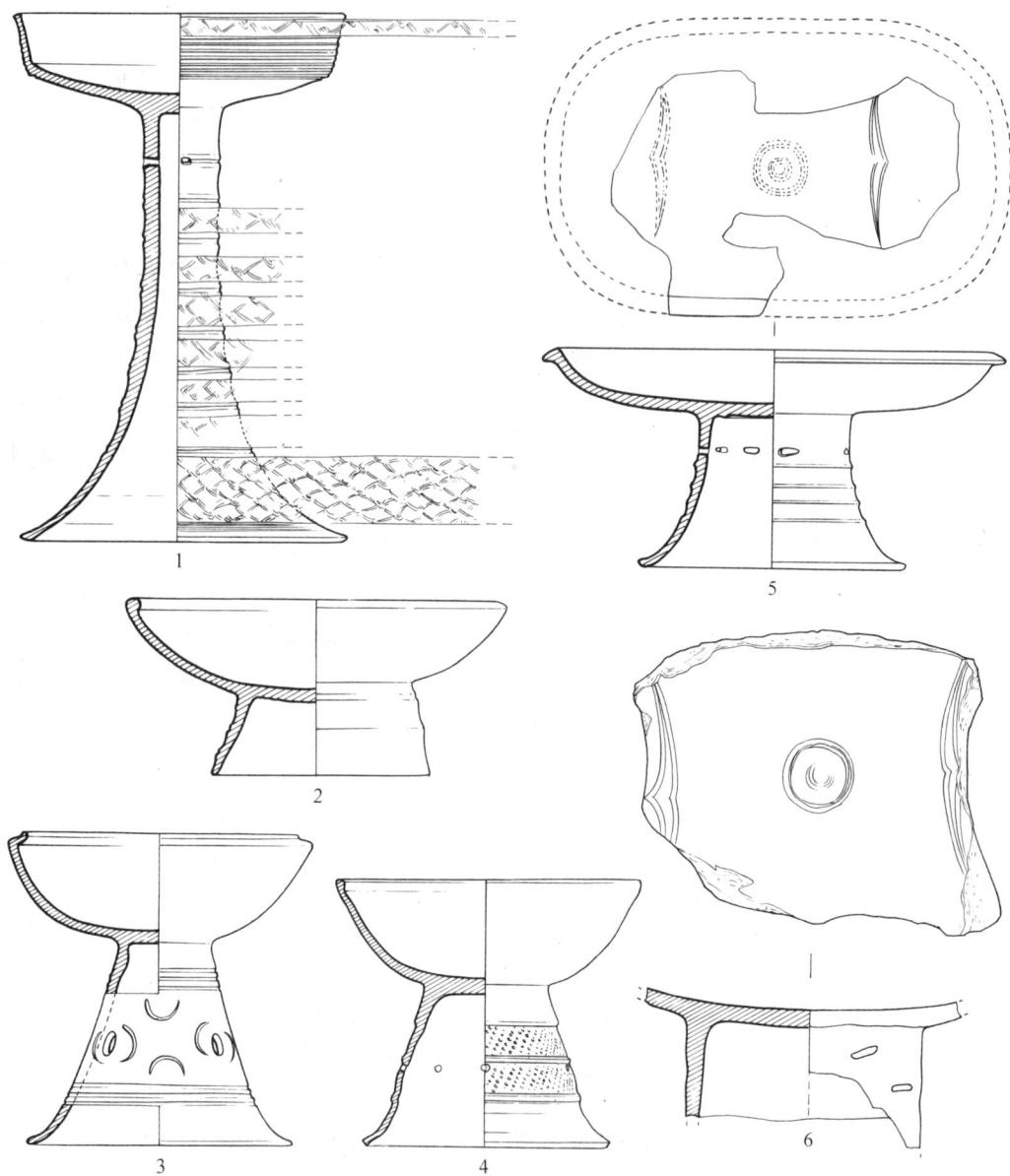

图二八五　陶豆

1.B 型 G1②：7　2～4.C 型 H36①：33、H1：25、G1②：26　5、6.D 型 H36①：86、H1：7（6 为 1/2，余为 1/4）

镂孔。（图二八六，10；彩版三七六，4）H27：3，泥质灰胎黑皮陶。上部束腰，有圆形
镂孔。（图二八六，11；彩版三三九，7）T203②：25，泥质灰陶。饰上下两组带长方形
戳印的凹弦纹，上组凹弦纹间有圆形大镂孔。（图二八六，12）H28：1，泥质黑皮陶。
束腰处有两周凹弦纹。（图二八六，13）H36②：69，盘、把皆残。粗把上饰宽凹弦纹，

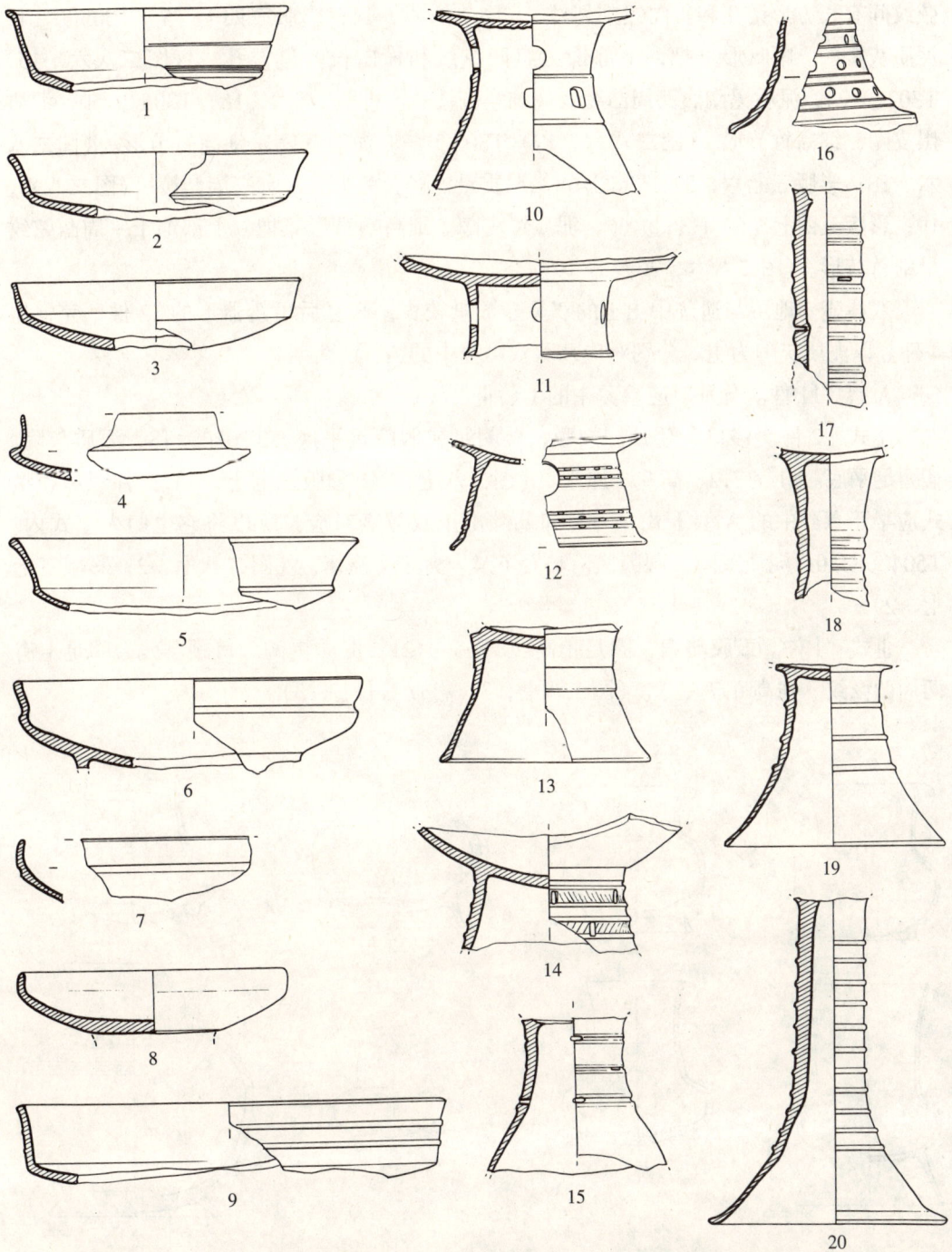

图二八六　陶豆

1. T305③:48　2. H26:2　3. G1②:77　4. T203②:21　5. G1②:78　6. T405⑦A:21　7. T302②:12　8. H30:5
9. H36②:70　10. T504⑥:37　11. H27:3　12. T203②:25　13. H28:1　14. H36②:69　15. T305③:51
16. T302②:24　17. T305③:50　18. T302②:7　19. H36②:68　20. H36②:66（均为1/4）

弦纹间有长方形镂孔和斜向短刻划纹。（图二八六，14；彩版三四七，7）T305③：51，泥质灰黄陶。喇叭形豆把，上部饰三组凹弦纹和横向长方形镂孔。（图二八六，15）T302②：24，泥质黑陶。四周凸弦纹间饰小圆镂孔。（图二八六，16）T305③：50，泥质黑皮陶。细高竹节形。（图二八六，17）T302②：7，泥质灰陶。细高竹节形。（图二八六，18；彩版三七六，5）H36②：68，泥质黑皮陶。喇叭形，有三周凸棱。（图二八六，19；彩版三四七，6）H36②：66，泥质黑皮陶。细高喇叭形豆把，上部饰十一周凸弦纹呈细竹节形。（图二八六，20）

双鼻壶　地层与遗迹中出土的双鼻壶数量较少，修复后可辨器形的12件，完整器4件。以泥质灰陶为主。分别对应墓葬双鼻壶中的A、D两型。

A型　11件。分别对应墓葬中的Ⅰ、Ⅲ、Ⅳ、Ⅴ式。

Ⅰ式　2件。侈口，矮颈，鼓腹，矮圈足或假圈足平底。T701⑫：18，泥质灰陶。假圈足平底。口径7.2、高9.2厘米。（图二八七，1；彩版三七七，1）此件双鼻壶型式应早于墓葬中的A型Ⅰ式，为了和墓葬出土双鼻壶对应，所以将它也归入Ⅰ式内。T504⑨C：10，泥质灰陶。圆弧腹。口径6.4、高8.7厘米。（图二八七，2；彩版三七七，2）

Ⅲ式　1件。鼓腹略扁，圈足稍高。T505⑤：21，泥质黑陶。口颈已残。圈足上有两周凹弦纹。残高6.7厘米。（图二八七，3；彩版三七七，3）

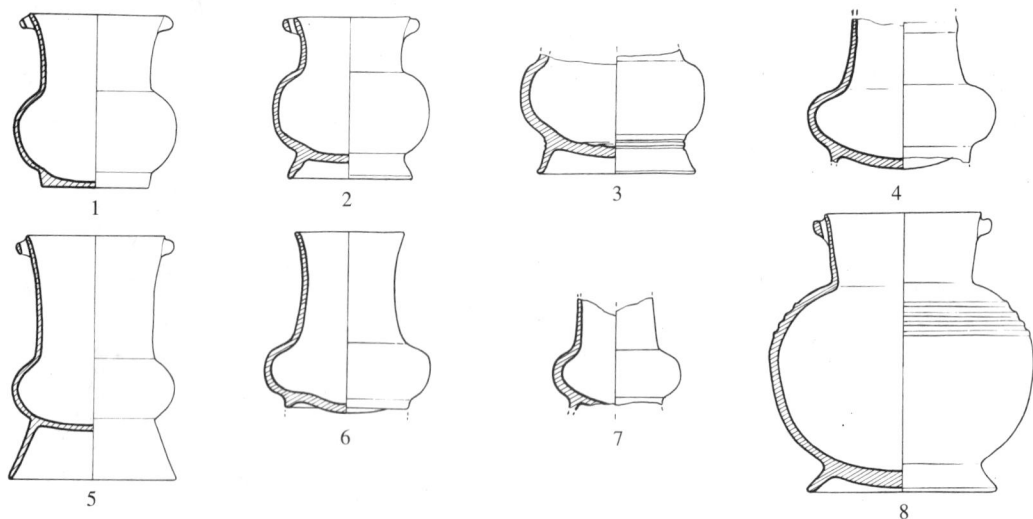

图二八七　陶双鼻壶

1、2.A型Ⅰ式 T701⑫：18、T504⑨C：10　3.A型Ⅲ式 T505⑤：21　4、5.A型Ⅳ式 T505⑤：12、T601⑤：17　6、7.A型Ⅴ式 T305④：28、T305③：44　8.D型Ⅱ式 H1：8（均为1/4）

Ⅳ式　2件。鼓腹稍扁。T505⑤：12，泥质灰陶。口足已残。残高8.1厘米。（图二八七，4；彩版三七七，4）T601⑤：17，泥质灰陶。圈足较高。口径7.6、高13厘米。（图二八七，5；彩版三七七，5）

Ⅴ式　6件，均为残器。扁鼓腹，高圈足。T305④：28，泥质灰陶。圈足底略残。口径6、残高9.7厘米。（图二八七，6；彩版三七七，6）T305③：44，泥质黑皮陶。口足已残。（图二八七，7）

D型　1件。对应墓葬中的Ⅱ式。H1：8，泥质灰陶。直口微侈，竖领，圆鼓腹，矮圈足。肩部饰四周凸弦纹。（图二八七，8；彩版三二九，1）

圈足盘　修复后可辨器形的28件。是新地里地层和遗迹出土陶器中修复率较高的器类。泥质灰陶最多，泥质灰胎或灰黄胎黑皮陶、泥质黑陶次之，仅有一件夹砂夹蚌黑陶。其中22件分别对应墓葬圈足盘中的A、B、C、D四型，另外6件可分两型，顺次编为E型与F型。

A型　3件。2件泥质灰陶，1件泥质黑陶。敞口，折沿，弧腹或折腹，矮圈足。分别对应墓葬中的A型圈足盘的Ⅰ、Ⅲ与Ⅳb式。

Ⅰ式　1件。H34：5，敞口，宽平折沿，腹较深，下腹内折，底与圈足已残。腹部施凹弦纹。（图二八八，1）

Ⅲ式　1件。盘腹变浅，中腹凹弦纹的装饰已不多见，口沿下穿孔位置下移，圈足略高外撇。T602⑧：12，泥质黑陶。折腹，矮圈足外撇。口径24.4、高6.7厘米。（图二八八，2；彩版三七八，1）

Ⅳb式　1件。宽平折沿，斜弧腹，高圈足外撇。H1：2，高圈足下部平折，饰长条形组合圆镂孔。口径30.2、高10.2厘米。（图二八八，6；彩版三二六，1）

B型　1件。侈口，厚方唇，没有明显的沿部，斜直腹，下腹内折，矮圈足。对应墓葬中的Ⅱ式。T505⑤：26，泥质黄胎黑皮陶。口沿下一侧设小圆穿孔。口径22.2、高6.8厘米。（图二八八，3；彩版三七八，2）

C型　修复后可辨器形的7件，6件为完整器。5件分别对应墓葬C型圈足盘中的Ⅰ、Ⅱ、Ⅲ式，2件型式略晚，顺次编为Ⅳ式。

Ⅰ式　1件。直口微侈，斜弧腹，粗把束腰成假腹状。腹下部和把上部饰三周凹弦纹，束腰处另饰凹弦纹一周和六个椭圆形扁镂孔。T504⑥：19，泥质灰陶。口径20.2、高9.9厘米。（图二八八，4；彩版三七八，3）

Ⅱ式　1件。侈口，窄折沿，弧折腹，浅盘，宽矮圈足。盘腹有几道弧折。T507⑤：10，泥质灰胎黑皮陶。圈足已残。可见两周凸弦纹。口径20.6、残高5.7厘米。（图二八八，5；彩版三七八，4）

Ⅲ式　3件。侈口，浅弧腹，宽圈足稍高，圈足上部有镂孔装饰，下部起一脊棱。

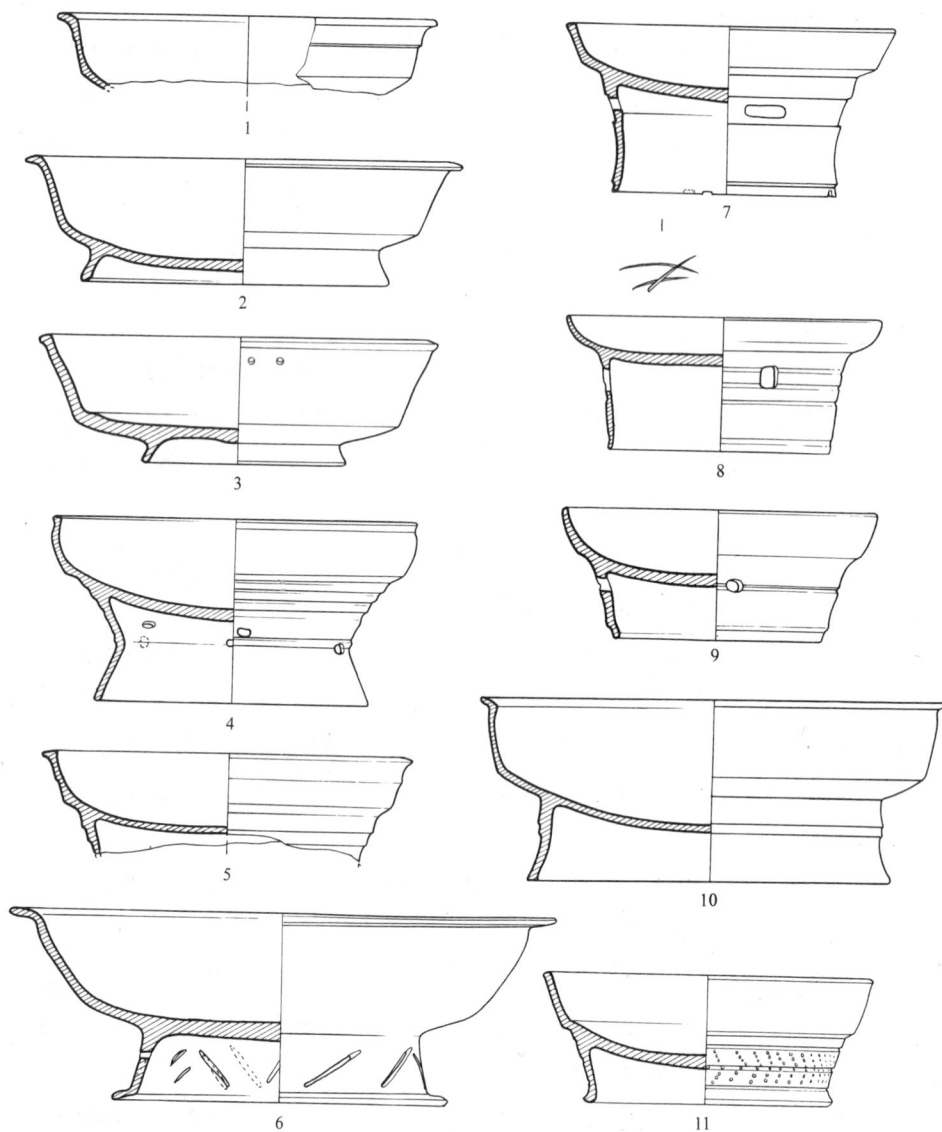

图二八八　陶圈足盘

1.A型Ⅰ式 H34:5　2.A型Ⅲ式 T602⑧:12　3.B型 T505⑤:26　4.C型Ⅰ式 T504⑥:19　5.C型Ⅱ式 T507⑤:10　6.A型Ⅳb式 H1:2　7~9.C型Ⅲ式 T602⑤:5、T607⑤:2、H30:1　10、11.C型Ⅳ式 H13:1、G1②:5（均为1/4）

T602⑤:5，泥质黄胎黑皮陶。圈足中部略束，上饰宽凹弦纹一周，间饰长方形镂孔三个，底部有刻划符号。口径18.1、高9厘米。（图二八八，7；彩版三七八，5）T607⑤:2，泥质灰黄陶。浅盘，盘底近平，高圈足宽直。足有凹弦纹三周和椭圆形镂孔三个。口径 17.4、高 7.2 厘米。（图二八八，8；彩版三七八，6）H30：1，泥质灰陶。圈足内斜。足上部凹弦纹间饰圆形镂孔三个。口径 17.3、高 7 厘米。（图二八八，9；彩版三四〇，1）

Ⅳ式 2 件。直口微侈，折腹，圈足变矮，下部略外撇。H13：1，泥质灰陶。圈足上有两周凸弦纹。口径 25.3、高 9.8 厘米。（图二八八，10；彩版三三六，2）G1②：5，泥质黑皮陶。圈足上三周凹弦纹间满饰斜向对折锥刺纹。口径 18.2、高 6.9 厘米。（图二八八，11；彩版三五四，5）

D 型 修复后可辨器形的 11 件，6 件完整器。敛口，厚唇，斜弧腹，圈足或高或低。墓葬内此型圈足盘仅见于最早阶段，圈足似有逐渐增高的现象，但因标本数量太少而没有分式。出土此型圈足盘的地层和遗迹年代都晚于 M139 与 M137。11 件标本分 2式，为了与墓葬对应，顺次编为Ⅱ式与Ⅲ式。

Ⅱ式 10 件。圈足或高或低，但都没有超出盘深，大多外撇，圈足素面或有凹弦纹装饰，个别出现镂孔。G1②：27，泥质灰陶。口径 25.2、高 5.9 厘米。（图二八九，1；彩版三五四，6）T203③：4，泥质灰陶。斜弧腹较深，圈足外撇，足饰五周凹弦纹。口径 22.7、高 7.6 厘米。（图二八九，2；彩版三七九，1）H1：88，泥质灰陶。口径 23.2、高 6 厘米。（图二八九，3；彩版三二六，5）T302②：2，泥质黑皮陶。圈足饰两周凹弦纹和小镂孔。口径 20.9、高 7.7 厘米。（图二八九，4；彩版三七九，2）T305③：40，泥质灰陶。圈足较矮。口径 22、高 4.8 厘米。（图二八九，5）H1：17，泥质黑陶。圈足宽矮外撇。圈足中部饰有五个圆镂孔和三组凹弦纹，凹弦纹之间又饰上下两组戳印纹。口径 22.8、高 7.2 厘米。（图二八九，6；彩版三二六，3）H1：5，泥质灰陶。盘壁和圈足上饰有凹弦纹。口径 23.4、高 6.8 厘米。（图二八九，7；彩版三二六，2）其他三件此式圈足盘为 G1②：74、H36②：25（彩版三四六，5）和 H36①：39。

Ⅲ式 1 件。厚唇变薄，敛口不明显，高圈足超出盘深，圈足上饰圆形和三角形组合的大镂孔纹饰，圈足下部平折。H1：18，泥质灰陶。口径 25、高 10.4 厘米。（图二八九，8；彩版三二六，4）

E 型 5 件。直口，尖唇或方唇，没有明显的沿部，折腹，矮圈足。跟 B 型圈足盘较为接近，但外腹部都没有凹弦纹装饰。分 2 式。

Ⅰ式 1 件。直口微敛，矮圈足较小。H38：4，泥质黑陶。口径 22.6、高 5.4 厘米。（图二八九，9；彩版三四九，4）

Ⅱ式 4 件。直口或微侈，圈足变大渐高。T505⑤：25，泥质灰陶。矮直圈足。口径 19.7、高 5 厘米。（图二八九，10；彩版三七九，3）H19：1，泥质黑皮陶。直口，圈足略高外撇。口径 19、高 6.6 厘米。（图二八九，11；彩版三三八，1）H27：2，泥质灰陶。斜弧腹，双圈底矮圈足。口径 21.5、高 4.7 厘米。（图二八九，12；彩版三三九，

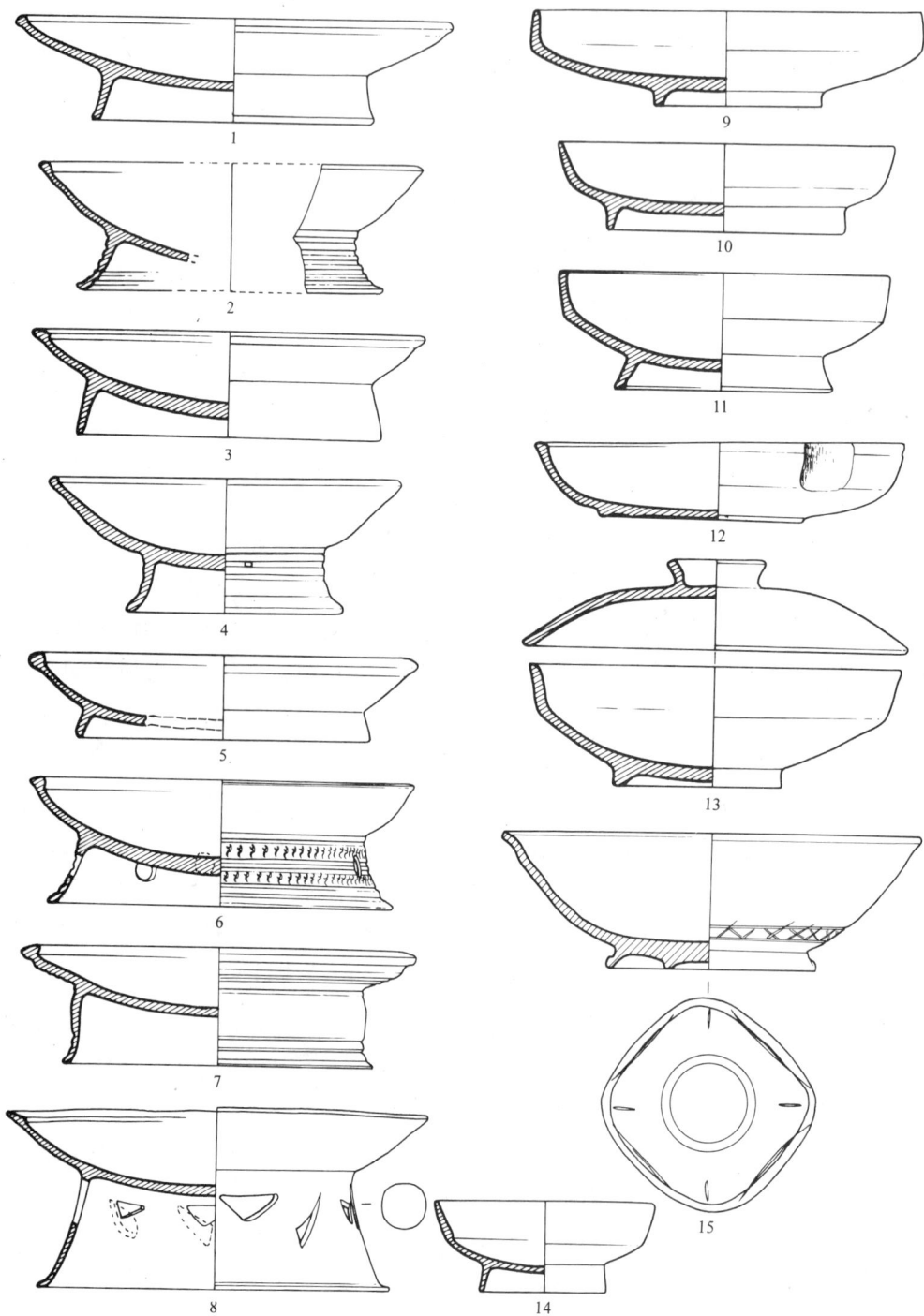

图二八九　陶圈足盘

1～7.D型Ⅱ式 G1②:27、T203③:4、H1:88、T302②:2、T305③:40、H1:17、H1:5　8.D型Ⅲ式 H1:18　9.E型Ⅰ式 H38:4　10～14.E型Ⅱ式 T505⑤:25、H19:1、H27:2、H30:13、T507⑤:9　15.F型 T303②:1（均为1/4）

6）H30∶13，泥质灰黑陶。盘腹较深，小矮直圈足。口径21.8、高6.9厘米。（图二八九，13；彩版三四〇，2）T507⑤∶9，泥质黑陶。圈足略高。口径12.9、高5.2厘米。（图二八九，14；彩版三七九，4）

F型　1件。T303②∶1，夹砂夹蚌黑陶。敞口，折沿，斜弧腹，双圈底矮圈足略呈圆角方形。下腹部饰一周带状交叉线刻纹。口径24.4、高7.7厘米。（图二八九，15；彩版三七九，5）

三足盘　6件。泥质灰陶2件、灰黄陶2件，泥质黑陶1件、灰胎黑皮陶1件。3件对应墓葬三足盘中的A型，另有3件不见于墓葬，顺次编为C型。

A型　3件。瓦足盘。泥质灰陶2件、灰黄陶1件。盘口、腹均残，腹部施凹弦纹呈瓦棱状，瓦足足面饰刻划纹。H36①∶45，泥质灰陶。残存部分瓦足，足面有交叉刻划纹。（图二九〇，1）H7③∶14，泥质灰陶。仅存部分下腹和一瓦足。瓦足底端略外撇，足面有竖向刻划纹。（图二九〇，2；彩版三三四，3）H36①∶46，泥质灰黄陶。残存下腹部和部分瓦足。腹部施凹弦纹呈瓦棱状，足面以斜线刻划出交替的正反三角形。（图二九〇，3）

C型　3件，修复1件。泥质灰黄陶、泥质黑陶和泥质灰胎黑皮陶各1件。盘略呈盆形，侈口，宽折沿，垂折腹，三"T"字形足。此型三足盘也有称为鼎的，但泥质陶不适合作炊具，所以，它是一种借用炊具鼎的形态的盛食器，故定名为三足盘。T305③∶66，泥质黑陶。仅存"T"字足，足面饰斜向凸棱纹，侧面饰月牙形镂孔。（图二九〇，4）H1∶11，泥质灰胎黑皮陶。口，宽沿，微束颈，垂折腹。"T"字足侧面饰月牙形镂孔。口径14.6、高9.4厘米。（图二九〇，5；彩版三二六，6）H36①∶51，泥质灰黄陶。仅存"T"字足，侧面饰月牙形镂孔。（图二九〇，6）

圈足罐　可辨器形的13件，其中修复完整的2件。泥质陶和夹砂陶共见。夹砂圈足罐以夹砂红褐陶为多，也见夹砂灰陶和灰胎黑皮陶。泥质陶以泥质黑陶和泥质灰陶为主，泥质灰黑陶、泥质灰黄陶或灰胎黑皮陶次之。大多对应墓葬中圈足罐的A、B两型，但也有个别形制较特殊的。

A型　夹砂陶。4件。3件类同于墓葬中的A型圈足罐。T603⑤∶6，夹砂红褐陶。口部已残，广肩，斜腹，肩腹部有两个对称的宽鋬，矮圈足。肩径26.3、残高18.7厘米。（图二九〇，8；彩版三八〇，1）G1②∶63，夹砂黑陶。侈口，斜领较矮。（图二九〇，11）T203②∶42，夹砂灰陶。侈口，斜领较高。（图二九〇，13）H1∶31，夹砂灰胎黑皮陶。形制较特殊。侈口，宽折沿，束颈，深弧腹，肩腹部设两个对称的宽鋬，宽底近平，矮圈足。（图二九〇，7；彩版三二七，3）

B型　泥质陶。略可辨器形的9件，其中完整器1件。大多类同于墓葬中的B型圈足罐，个别形制特殊。T203②∶19，泥质黑陶。口残。鼓腹，圈足外撇，鼓腹处有一小

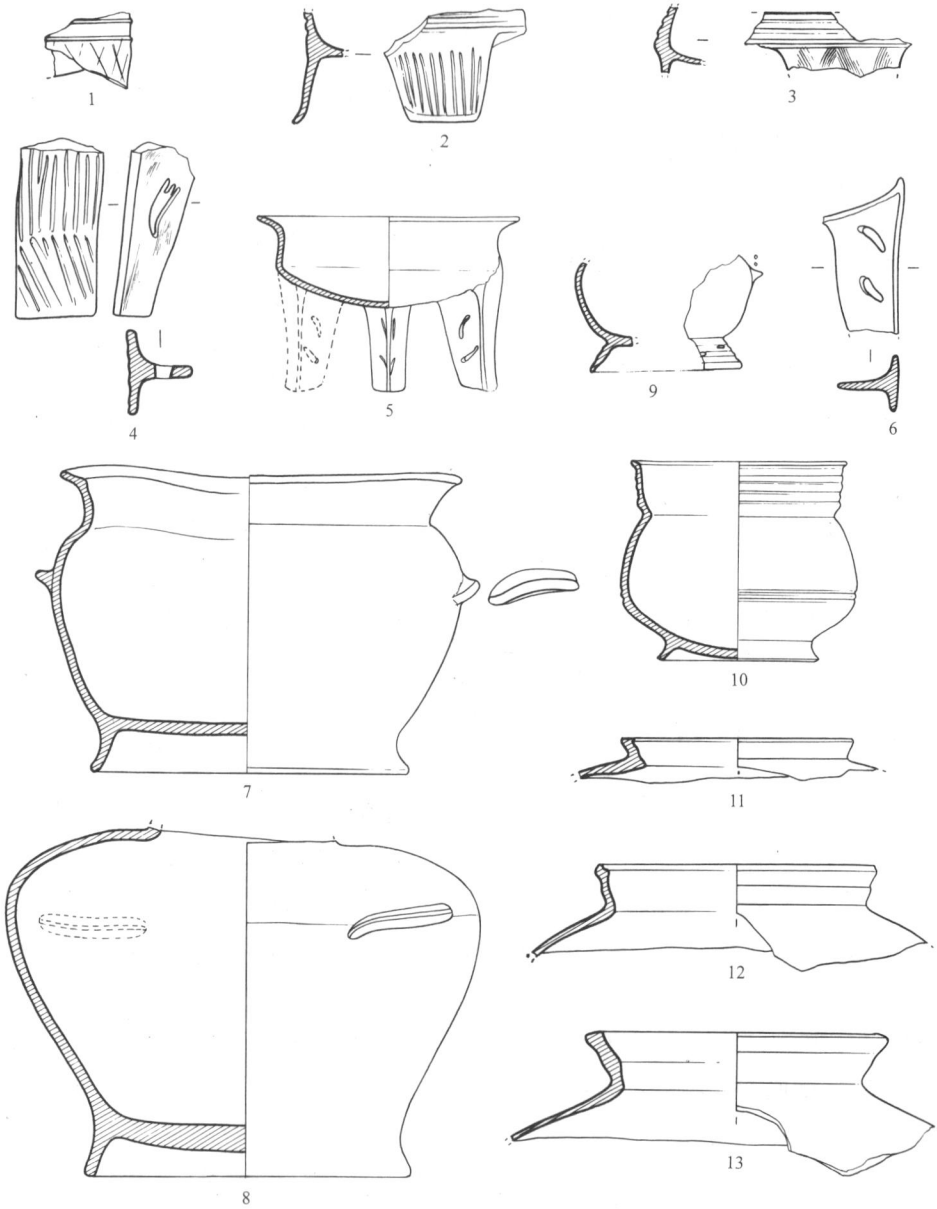

图二九○　陶三足盘、圈足罐

1~3.A型三足盘 H36①:45、H7③:14、H36①:46　4~6.C型三足盘 T305③:66、H1:11、H36①:51　7、8、11、13.A型圈足罐 H1:31、T603⑤:6、G1②:63、T203②:42　9、10、12.B型圈足罐 T203②:19、H1:24、T305③:35 （均为1/4）

鍪。圈足饰凹弦纹和小镂孔。底径8.2、残高6厘米。（图二九〇，9）H1：24，泥质灰陶。扁鼓腹，矮圈足外撇。盘口外壁饰四周凸弦纹，鼓腹处饰两周凹弦纹。（图二九〇，10；彩版三二七，2）T305③：35，泥质黑陶。凹唇，竖领。（图二九〇，12）

平底罐　修复后完整器5件，均为泥质陶。T203④：6，泥质黑皮陶。束颈处两周凸弦纹。口径7.8、高7.9厘米。（图二九一，1；彩版三八〇，2）T405⑤：2，泥质黑

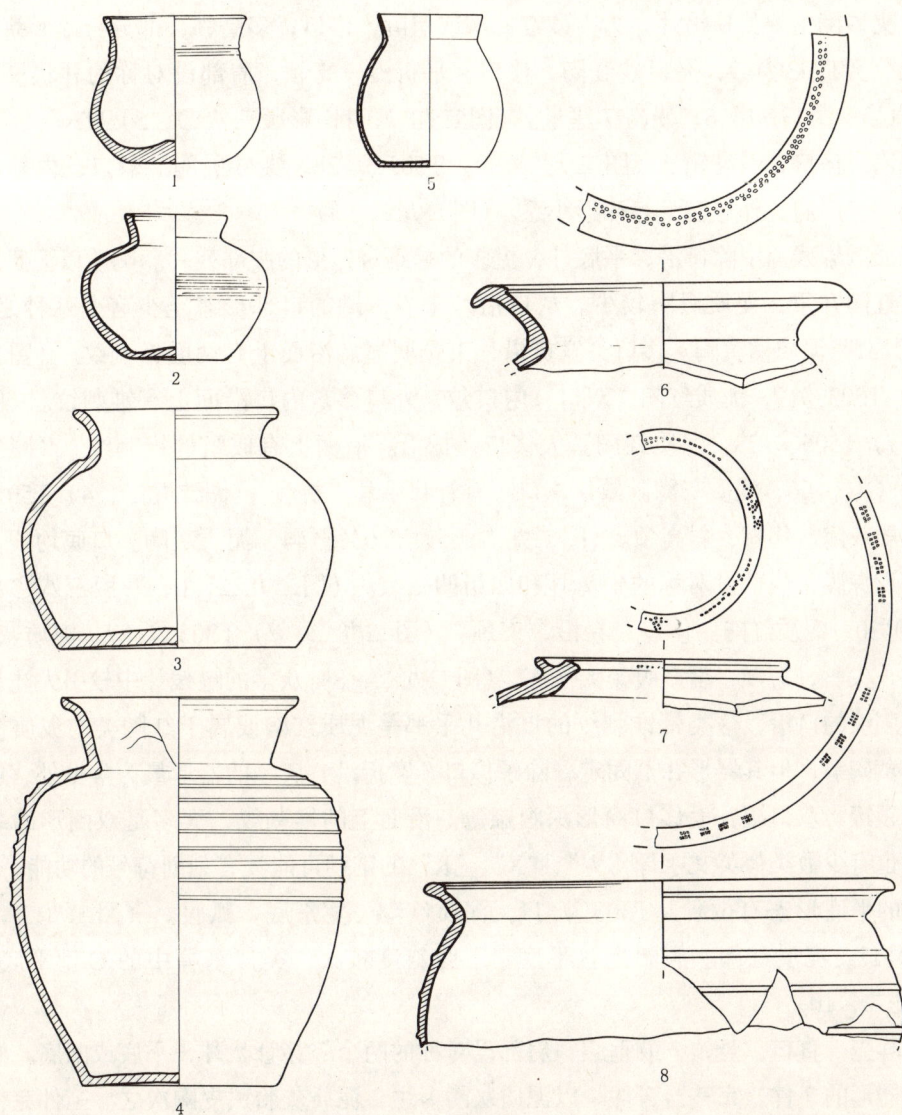

图二九一　陶平底罐

1. T203④：6　2. T405⑤：2　3. H1：3　4. G1②：3　5. T701⑨C：19　6. T305③：31　7. T303③：9　8. T505⑥：28

（4为1/8，余为1/4）

陶。平底微内凹。鼓腹处饰五周弦纹。口径5.6、高8厘米。（图二九一，2；彩版三八〇，3）H1:3，泥质灰陶。侈口，卷沿，束颈，扁鼓腹，大平底。（图二九一，3；彩版三二七，1）G1②:3，泥质灰陶。侈口，卷沿，高领，弧肩，深弧腹，平底。肩部与上腹部饰九周凸弦纹。（图二九一，4；彩版三五四，3）T701⑨C:19，泥质黄陶。敞口，深弧腹。口径5.6、高8.1厘米。（图二九一，5；彩版三八〇，4）

平底罐的口沿、平底、肩腹部残片很多。陶质既有夹砂陶，也有泥质陶，以泥质陶为主。夹砂陶主要见口沿片，为夹砂红褐陶或黑陶，侈口，多高领，部分与罐形鼎口沿难以区分。T203②:9，夹粗砂红陶。侈口，平折沿，高领，肩部设对称的耳状錾，腹部以下已残。口径14.6、残高7厘米。（图二九二，1；彩版三八〇，5）H7③:26，夹砂灰褐陶。侈口，斜高领。（图二九二，2）T505⑥:27，夹砂黑陶。双口，内外口均侈，矮领，广肩，外口沿下有环形小系。（图二九二，3）

泥质陶罐残片中除口沿、平底外，更多的是难辨器形的腹部残片。陶质以泥质灰陶和泥质红陶并重，泥质黑陶较少。从口沿片来看，罐的口部形态至少有七八种之多。T305③:31，泥质橘黄陶。侈口，宽折沿，束颈明显。沿面上有两圈锥刺纹。（图二九一，6）T303③:9，泥质红陶。双口，内口敛，外口侈。内口沿面上有锥刺纹。（图二九一，7）T505⑥:28，泥质红陶。大侈口，折沿。沿面上有成组的锥刺纹。（图二九一，8）G1②:66，泥质灰陶。敛口，口下有管状小耳，折腹。（图二九二，4）T507⑤:11，泥质灰陶。侈口，斜高领。（图二九二，5）T203②:44，泥质灰陶。口底均残，溜肩，筒形深腹，腹部设对称的牛鼻耳和四组凹弦纹。（图二九二，6；彩版三八〇，6）T305③:30，泥质红陶。侈口，卷沿，束颈。（图二九二，7）T305②:37，泥质灰陶。大侈口，尖唇，短领，扁鼓腹，大平底。（图二九二，8）众多的罐残片中较引人注目的是带锥刺纹的口沿，这类带锥刺纹的口沿几乎都是泥质红陶或属于红陶类的泥质橘黄陶、灰黄陶等，但其器形并不固定，除了侈口、宽折沿、束颈的器形最为常见外，还有侈口高领罐、双口罐、大侈口筒形深腹罐等。沿面上的锥刺纹，大多是双圈形的装饰纹，但也有少数类似英文字母"W"、"X"、"K"的锥刺可能具有刻划符号的功能。

罐的平底形态有两种。T303③:11，泥质红陶。宽平底，弧腹。（图二九二，9）T303③:12，泥质红陶。假圈足状平底，下腹斜度较大，类似墓葬中的C型平底罐。（图二九二，10）

贯耳壶　直口，竖领，鼓垂腹，肩部设对称的两个竖穿管状耳，平底或凹底。修复后可辨器形的7件，完整器3件。以泥质灰陶为主，泥质灰胎黑皮陶次之。三件完整器都出于H1，均为泥质灰陶。编号分别为H1:12（图二九三，3；彩版三二九，2）、H1:14（图二九三，1；彩版三二九，3）和H1:28（图二九三，2；彩版三二九，4）。

壶　修复后可辨器形的3件，其中完整器2件。泥质黑陶、灰陶和橘黄陶各1件。

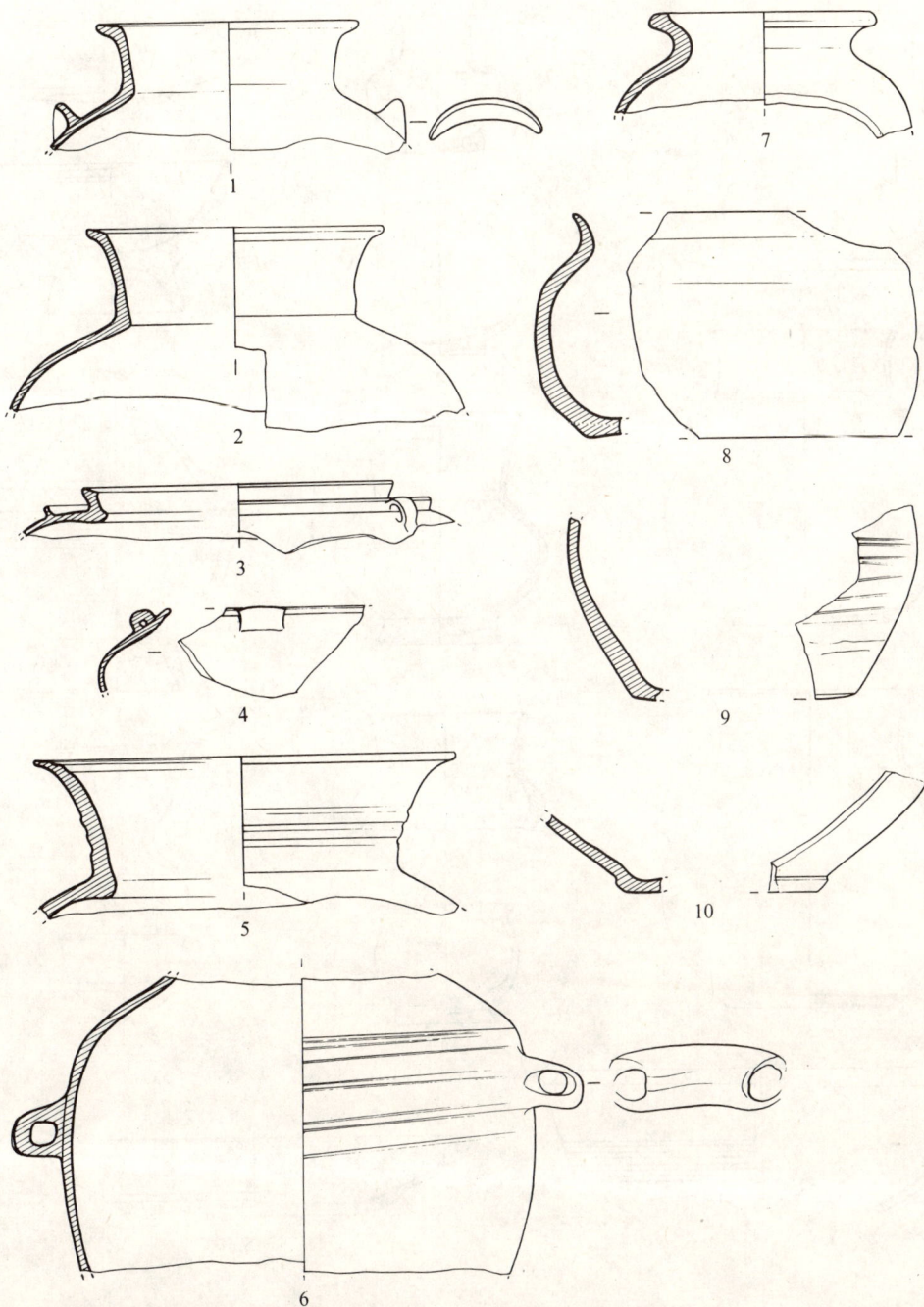

图二九二　陶平底罐

1.T203②:9　2.H7③:26　3.T505⑥:27　4.G1②:66　5.T507⑤:11　6.T203②:44　7.T305③:30
8.T305②:37　9.T303③:11　10.T303③:12（均为1/4）

图二九三　陶贯耳壶、小壶、壶、簋

1～3.贯耳壶 H1:14、H1:28、H1:12　4.小壶 T601⑤:12　5.Ⅰ式壶 T601⑤:7　6、7.Ⅱ式壶 G1②:13、
G1②:69　8.E型簋 T701⑤:2　9、15.A型Ⅱ式簋 H27:4、T405⑦A:20　14.B型簋 G1②:72　10～13.F型簋
T202②:1、H36①:21、T701⑤:4、T600⑤:17（均为1/4）

分别对应墓葬中壶的Ⅰ、Ⅱ式。

Ⅰ式 1件。侈口，卷沿，竖领，圆鼓腹，矮圈足。T601⑤:7，泥质黑陶。口径6.5、高8.4厘米。（图二九三，5；彩版三八一，1）

Ⅱ式 2件。侈口，斜高领，领较高，折腹，矮圈足。G1②:13，泥质橘黄陶。折腹处有一周凹弦纹。口径9.3、高12.7厘米。（图二九三，6；彩版三五四，4）G1②:69，泥质灰陶。下腹部及圈足已残。口径9、残高6.6厘米。（图二九三，7）

小壶 1件。直口微侈，高领，扁鼓腹，矮圈足。T601⑤:12，泥质黑陶。高竖领，矮圈足。口径4.3、高7.5厘米。（图二九三，4；彩版三八一，2）

簋 修复后可辨器形的8件，其中完整器6件。以泥质灰陶为主，泥质黑陶、泥质灰黄陶次之，一件为夹砂红陶。分别对应墓葬簋中的A、B、E和F型。

A型 豆式。2件。均对应墓葬A型簋中的Ⅱ式。侈口，口沿外对称饰有竖穿小鼻，下腹有一周垂棱，圈足均已残。H27:4，泥质灰陶。直口微侈，折腹。（图二九三，9）T405⑦A:20，泥质灰陶。侈口，斜弧腹，腹部有一周凹弦纹。（图二九三，15）

B型 1件。子母口，上腹斜直、下腹内收的深垂腹，下腹部有四周凸弦纹。由于圈足已残，不辨式别。G1②:72，泥质灰陶。口径22.1厘米。（图二九三，14）

E型 1件。侈口，折沿，束颈，弧腹，矮圈足。对应墓葬E型簋中的Ⅰ式。T701⑤:2，泥质灰红陶。口径7.6、高6.4厘米。（图二九三，8；彩版三八一，3）

F型 4件，均修复。夹砂陶2件，泥质陶2件。敞口，斜弧腹，圈足。不参照墓葬划分亚型。T202②:1，夹砂红陶。口沿下侧和下腹各饰一周凸弦纹。口径13.4、高8.2厘米。（图二九三，10；彩版三八一，4）H36①:21，泥质黑陶。敞口，宽折沿，带夹砂红陶桥形纽盖。（图二九三，11；彩版三四六，2）T701⑤:4，泥质灰陶。小喇叭形圈足。腹部饰竖向刻纹。口径8.6、高7.3厘米。（图二九三，12；彩版三八一，5）T600⑤:17，夹砂黑陶。口沿下侧和下腹各饰一周凸弦纹。口径7、高6厘米。（图二九三，13；彩版三八一，6）

鬶 按腹部与足的差异可分为两型。

A型 袋足鬶。侈口，前端翘流或两侧捏拢成流，竖颈下接三袋足。袋足呈冬笋状，为分体模制后再拼装成型的，裆部有明显的拼接捏连痕迹。与流相对的袋足上部安有半环形把手。部分鬶的袋足上有明显的烟炱痕迹。修复后可辨器形的12件，其中完整器2件。T203②:43，泥质红陶。侈口，前端上翘成流，束颈，三袋足。袋足及腹腔均较丰满。与翘流相对的肩腹部安一半环形把手。通高22厘米。（图二九四，1；彩版三八二，1）H1:1，夹细砂红陶。侈口，翘流，袋足较短粗。通高18.3厘米。（图二九四，2；彩版三二五，1）T203②:27，夹细砂红陶。仅存口颈部，捏流。（图二九四，3；彩版三八二，2）T305③:55，泥质红陶。仅存口颈部，捏流。（图二九四，4）T305

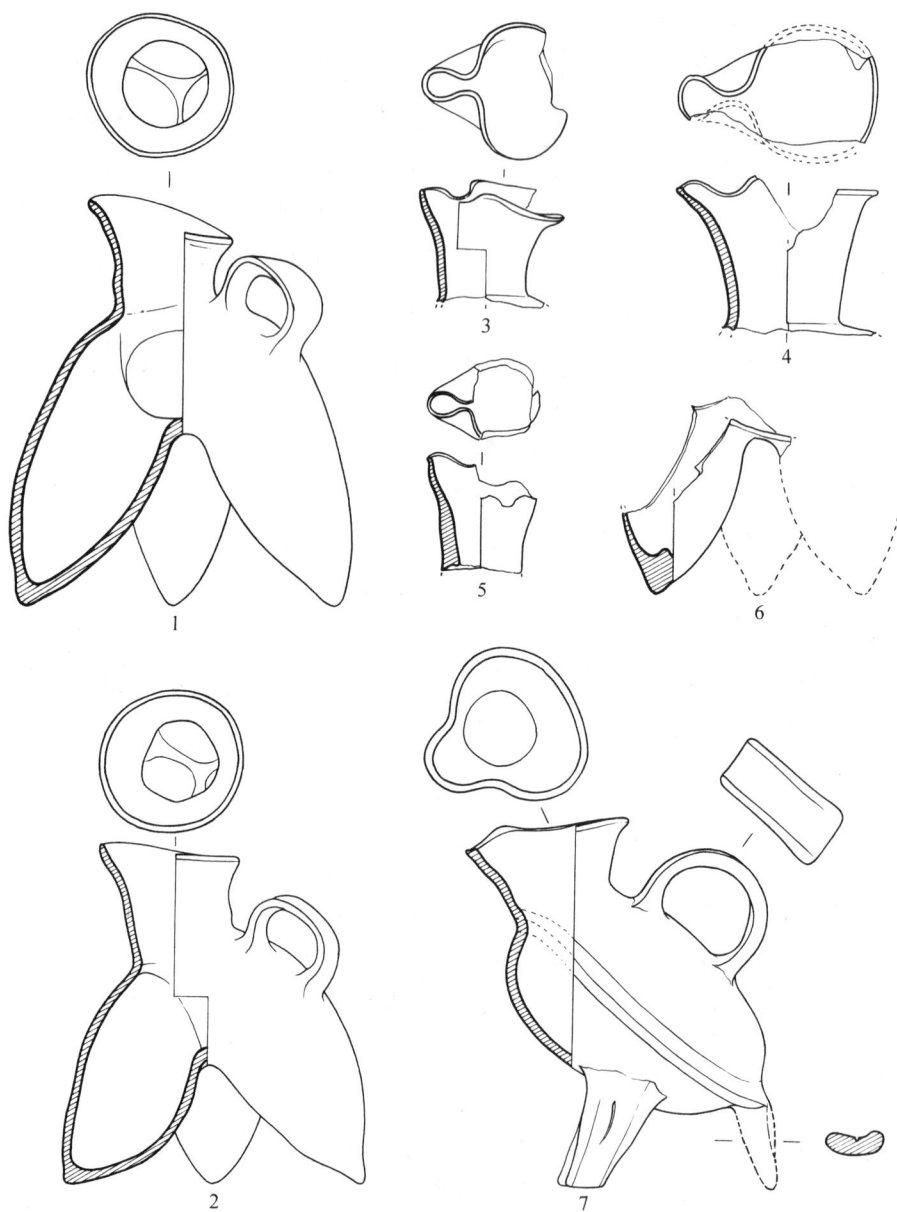

图二九四　陶鬶

1～6.A型 T203②:43、H1:1、T203②:27、T305③:55、T305③:54、T305④:56　7.B型 G1②:17（均为1/4）

③:54，泥质黄陶。仅存口颈部，捏流。（图二九四，5；彩版三八二，3）T305④:56，泥质红陶。仅存一袋足和裆部。（图二九四，6）

B型 实足鬶。1件。G1②:17,夹砂黑褐陶。侈口,前端捏流,圆形扁腹边缘捏合成宽棱,跟流相对的腹背上部安半环形把手。三凹弧形长方锥形实足,前两足较高,后一足略矮。通高19.8厘米。(图二九四,7;彩版三五六,1)

盉 按腹部与足的不同,分三型。

A型 锥形实足盉。侈口,翘流,蛋圆形腹,圆锥形足。都为残器,可辨器形的7件。H1:89,器身泥质黑陶,把夹细砂黑陶。侈口,前端上翘成流,束颈,下腹部及足已残。(图二九五,1;彩版三二五,5) H1:73,盉足。夹细砂灰黑陶。(图二九五,2) T302②:15,半环形盉把。夹砂黑陶。截面椭圆形。(图二九五,3)

B型 乳丁足盉。可辨器形的2件,均为残器。H11:2,夹砂灰褐陶。口残,深弧腹,一侧安半环形把,底近平,三乳丁足。残高7.8厘米。(图二九五,4;彩版三三五,4) H7③:33,夹砂红陶。残存器底,三乳丁足。(图二九五,6;彩版三三四,4)

C型 圈足盉。侈口,翘流,低领,束颈,扁鼓腹,肩部有三周凸棱,半环形把,矮圈足。1件。H1:20,器身上部为泥质灰胎黑皮陶,下部夹细砂。通高10.6厘米。

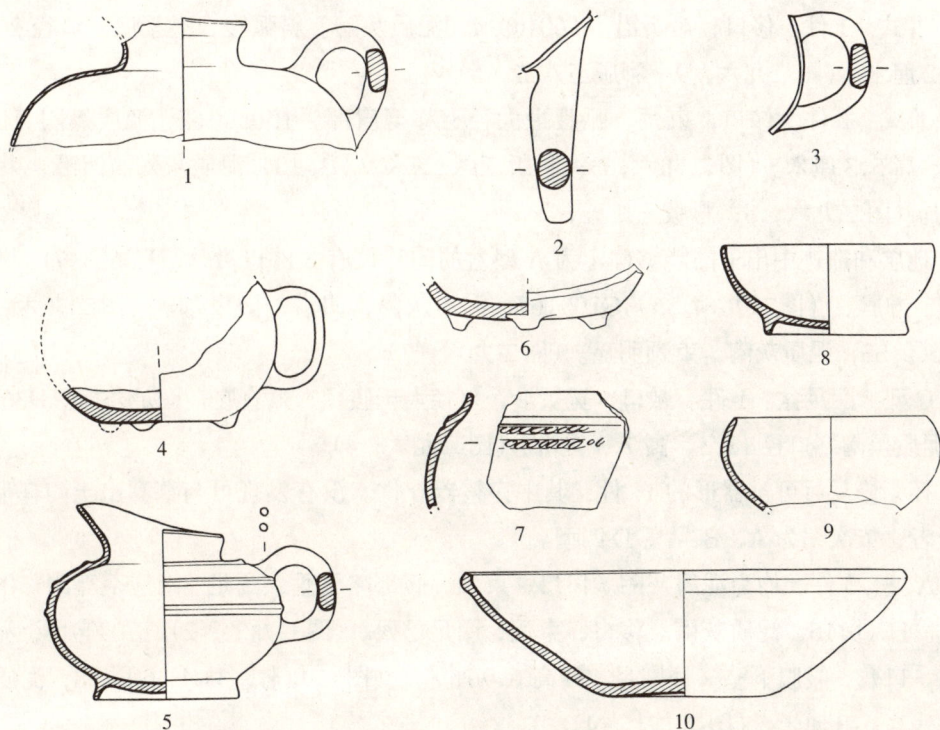

图二九五 陶盉、匜、钵

1～3.A型盉 H1:89、H1:73、T302②:15 4、6.B型盉 H11:2、H7③:33 5.C型盉 H1:20 7.匜 H30:10
8～10.钵 T203②:7、G1②:71、G1②:23 (均为1/4)

（图二九五，5；彩版三二五，4）

匜　可辨器形的4件，都为陶片。H30:10，粗泥黑陶。口沿一侧有流，肩部装饰两组圆窝状按捺纹。（图二九五，7）

钵　修复后可辨器形的4件，其中完整器2件。T203②:7，泥质灰陶。敛口，弧腹，矮圈足。口径11.8、高4.8厘米。（图二九五，8；彩版三八三，1）G1②:71，泥质灰陶。敛口，扁弧腹，底部已残。（图二九五，9）G1②:23，泥质红陶。敛口，斜腹，小平底。器身外壁可见多道轮制旋痕。口径24、高6.7厘米。（图二九五，10；彩版三五六，4）

盆　修复后可辨器形的9件，其中完整器6件。分别对应墓葬盆中的A、C两型。

A型　8件，完整器5件。以泥质灰陶为主，泥质黑陶次之。侈口，束颈，弧腹或斜腹，平底。分别对应墓葬中盆的Ⅰ、Ⅱ、Ⅲ式。

Ⅰ式　2件。侈口，折沿，扁弧腹，平底略内凹。T404⑧:3，泥质灰黄陶。口径7.5、高4.1厘米。（图二九六，1；彩版三八二，4）T504⑨A:36，泥质黑陶。口径8.2、高4.5厘米。（图二九六，2；彩版三八二，5）

Ⅱ式　1件。侈口，短折沿。T601⑥:4，泥质灰陶。斜弧腹，大平底。口径26.5、高12厘米。（图二九六，9；彩版三八二，6）

Ⅲ式　2件。侈口，束颈，弧腹最大径上移至肩部。T305③:5，泥质黑陶。口径8.9、高5.3厘米。（图二九六，3；彩版三八二，7）H1:10，泥质灰陶。凹沿，束颈，鼓肩。（图二九六，8；彩版三二五，2）

地层和遗迹中出土的能够确定为A型盆的陶片仅有3件口沿片。H36②:71，泥质黑陶，方唇。（图二九六，5）G1②:67，泥质灰陶，凹沿，微束颈。（图二九六，6）T305③:33，泥质灰陶，束颈明显。（图二九六，7）

C型　圈足盆。1件。敞口，宽折沿，口径大于腹径，弧直腹，圈足外撇。H36①:8，泥质黑陶。口径12.3、高7.3厘米。（图二九六，4）

杯　修复后可辨器形的11件，其中完整器6件。没有发现可与墓葬出土陶杯形制对应者，依次编为A、B、C、D四型。

A型　3件。均为泥质灰陶。侈口，束颈，腹部略下垂，圈足。对应墓葬陶杯中的Ⅱ式。H7③:16，泥质灰陶。侈口，束颈，圈足已残。（图二九七，2）T702⑤:6，泥质灰陶。口残，鼓腹下坠，矮圈足。残高6.9厘米。（图二九七，3）H36①:38，泥质灰陶。残高6.8厘米。（图二九七，4）

B型　2件。T507⑥:8，泥质黑陶。口残，圈足略高。足有两周凸弦纹。（图二九七，1；彩版三八三，2）G1②:15，泥质灰黄陶。敞口，略束颈，折腹。（图二九七，9；彩版三五五，5）

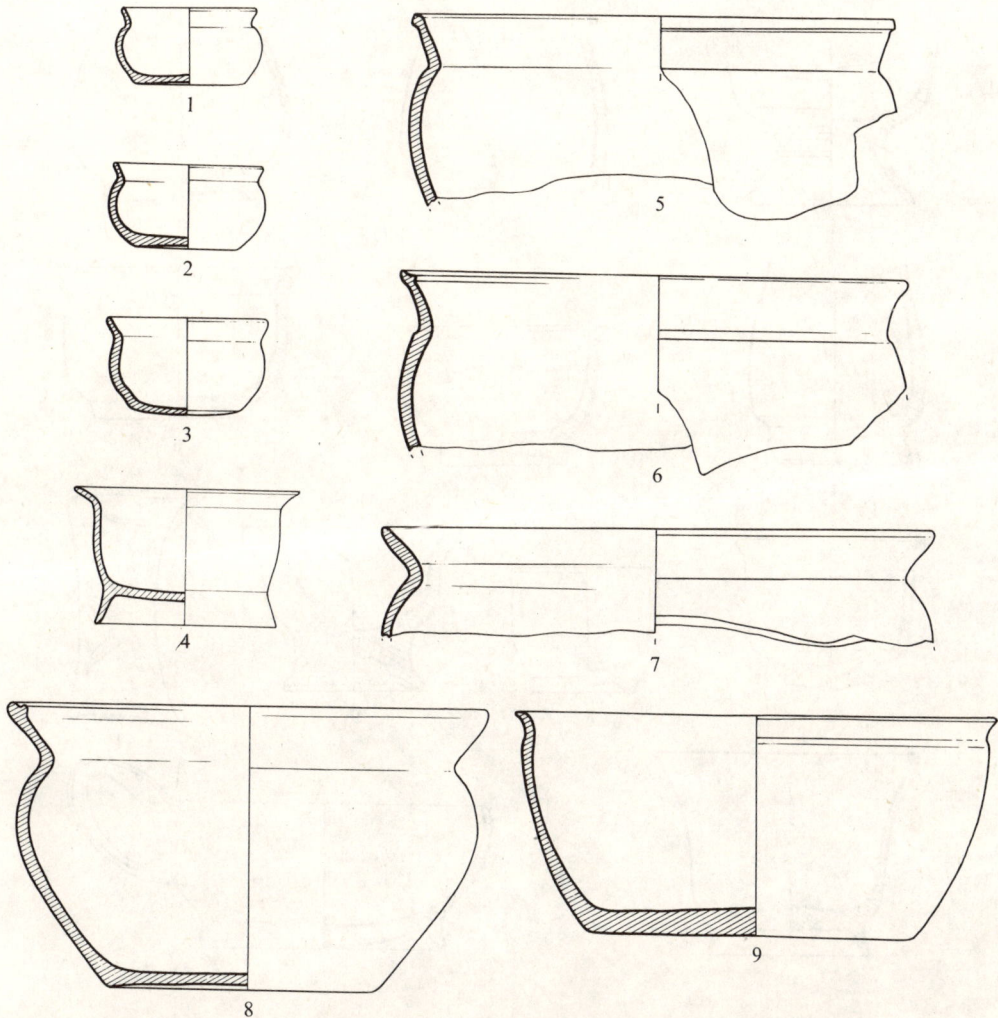

图二九六　陶盆

1、2.A 型 I 式 T404⑧:3、T504⑨A:36　3、8.A 型 III 式 T305③:5、H1:10　4.C 型 H36①:8　5～7.A 型盆口沿 H36②:71、G1②:67、T305③:33　9.A 型 II 式 T601⑥:4（均为 1/4）

C型　5件。侈口，斜弧腹，圈足。G1②:21，泥质黑陶。侈口，折沿。口径 7.4、高 4.6 厘米。（图二九七，5；彩版三五五，6）T602⑥:11，泥质黑陶。侈口，微束颈，弧腹，矮圈足。口径 8.4、高 5.1 厘米。（图二九七，6；彩版三八三，3）H36①:10，泥质黑皮陶。圈足略残。口径 6.5、残高 5.1 厘米。（图二九七，7；彩版三四六，3）T701⑤:1，夹砂黑陶。侈口。口沿下侧和腹部各有一周凸弦纹。口径 4.9、高 4.2 厘米。（图二九七，8；彩版三八三，4）T507⑥:7，泥质灰黄陶。腹部略束。口径 9.1、高 6.8 厘米。（图二九七，10；彩版三八三，5）

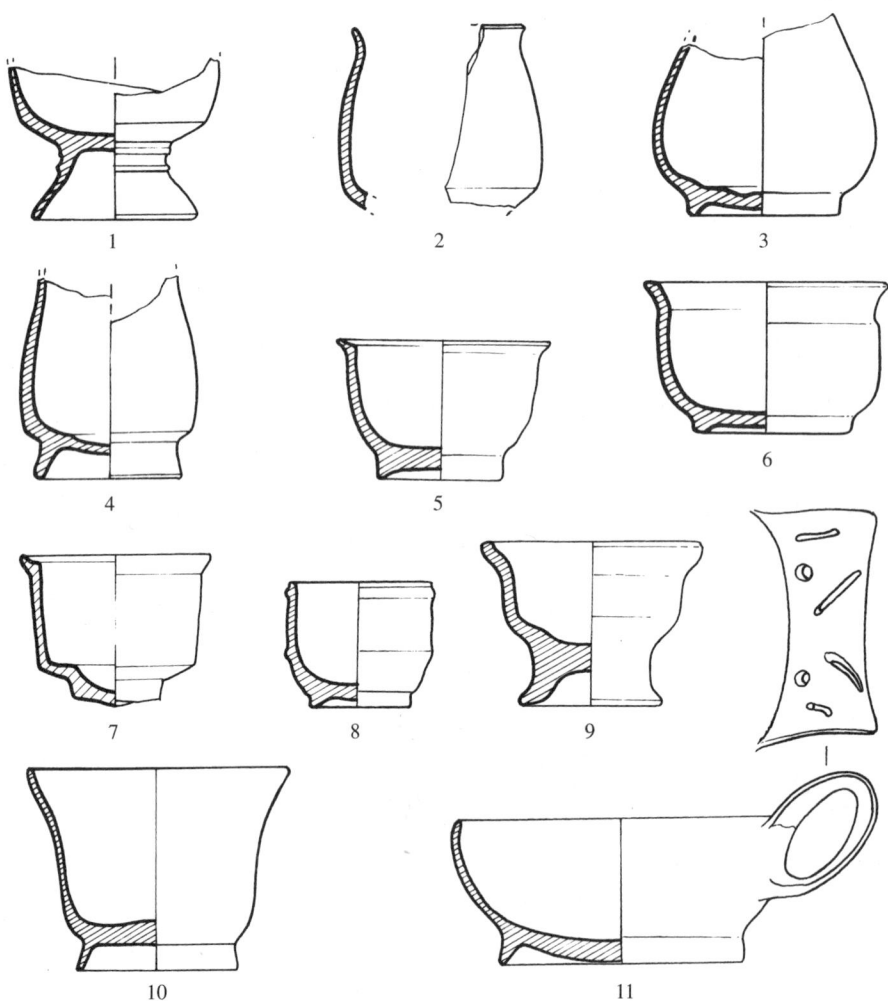

图二九七　陶杯

1、9.B 型 T507⑥:8、G1②:15　2~4.A 型 H7③:16、T702⑤:6、H36①:38　5~8、10.C 型 G1②:21、T602
⑥:11、H36①:10、T701⑤:1、T507⑥:7　11.D 型 H1:22（均为 2/5）

　　D 型　1 件。H1:22，泥质灰陶。侈口微敛，斜弧腹，矮圈足。外腹部一侧设上翘
宽把，把上装饰圆形和条形镂孔的组合纹饰。口径 11.2、高 4.9 厘米。（图二九七，
11；彩版三二五，3）

　　夹砂缸　修复完整器仅 1 件，另外有口沿或圜底 7 件。其中 5 件分别出土于五座打
破墓葬东南角的灰坑。以夹砂红陶为主，仅见一件夹粗砂灰陶。缸敞口，深弧腹，圜
底。胎体厚重。H49:1，侈口，外沿起脊棱。口沿下方饰宽带状斜向菱格纹。残高 44
厘米。（图二九八，1；彩版三三七，5）H17:1，敞口，斜直腹。外腹饰篮纹。胎体自

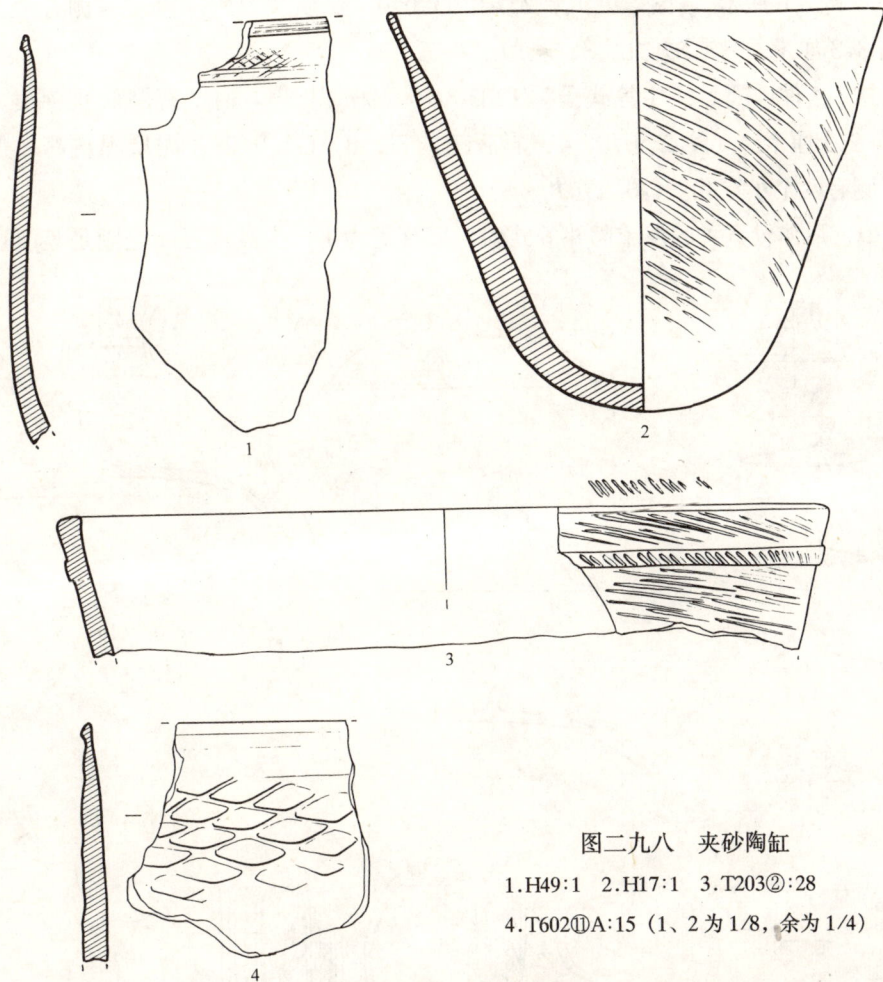

图二九八　夹砂陶缸

1.H49:1　2.H17:1　3.T203②:28

4.T602⑪A:15（1、2为1/8，余为1/4）

口部往底部渐厚。口径55.2、高42.8厘米。（图二九八，2；彩版三三七，3）T203②:
28，夹粗砂灰陶。敞口，平沿，斜腹。沿面刻划斜向平行短线，口沿下侧有一周附加堆
纹。上腹装饰有斜向篮纹。（图二九八，3；彩版三八三，6）T602⑪A:15，夹粗砂红
陶。直口，外沿起脊棱。腹上部拍印菱格纹。（图二九八，4）

器盖　修复后可辨器形的16件，其中完整器9件。从器形和陶质来看，分别对应
墓葬出土器盖中的A、B、D、E四型。

A型　形体较小的泥质陶浅碟式或斗笠式盖，见小喇叭形纽和圈足纽。主要是双鼻
壶的盖，也可能是小壶、小罐或杯盖。7件。分别对应墓葬A型器盖的Ⅰ、Ⅱ和Ⅳ式。

Ⅰ式　1件。中空的圈足纽斗笠式盖。H30:7，泥质黑陶。斗笠式盖，一侧近边缘
处有一个小圆穿孔。（图二九九，1）

Ⅱ式　2件。小喇叭形纽浅碟式盖，盖内面呈子母口。T305③:53，泥质黑陶。平

底略凹。高 2.6 厘米。（图二九九，2）T203③：3，泥质灰黑陶。盖面一侧有两个小穿孔。高 3.3 厘米。（图二九九，3；彩版三八三，7）

Ⅳ式　4 件。圈足纽斗笠式盖。T203③：5，泥质灰陶。内壁有圆涡状旋痕。盖径 8.2、高 2.3 厘米。（图二九九，4；彩版三八三，8）G1②：28，泥质黑皮陶。盖面弧撇，一侧有两个小穿孔。（图二九九，5）

B 型　形体较宽大的泥质陶斗笠式盖。以篮盖为主，少数也可能是圈足盘、豆或盆

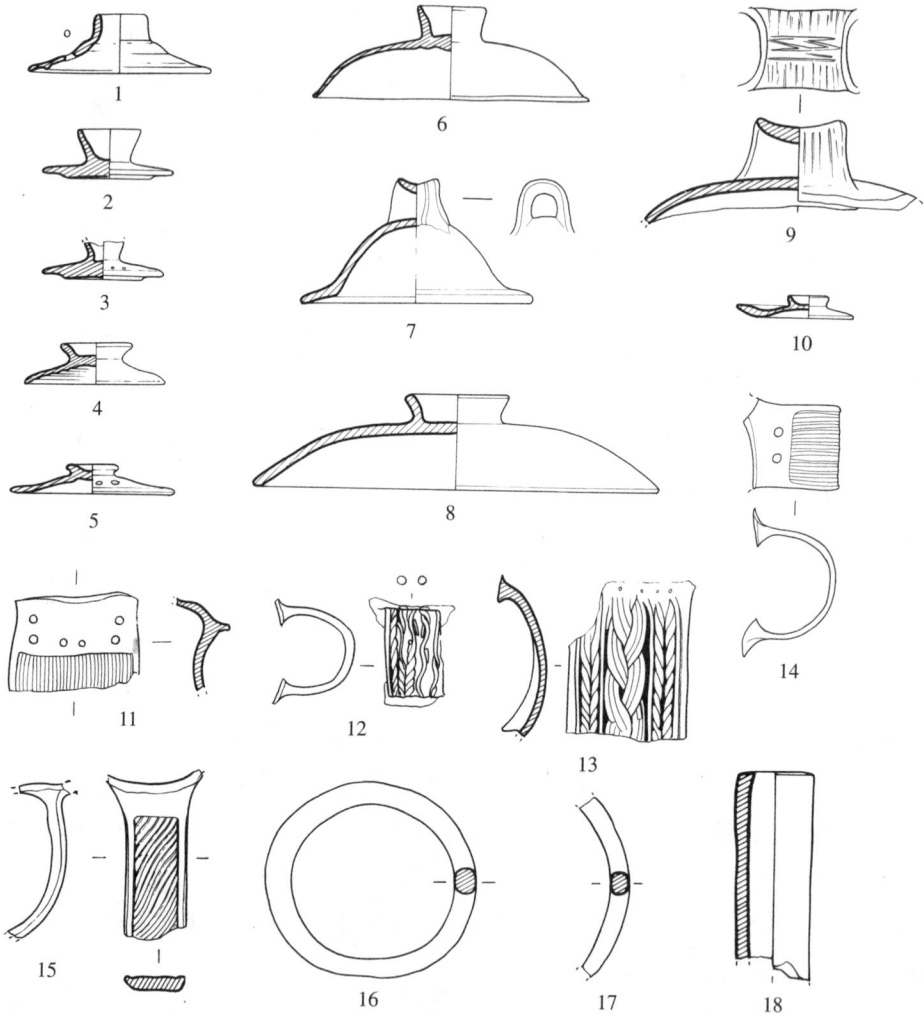

图二九九　陶器盖、器把、环、管状器

1.A 型 Ⅰ 式器盖 H30：7　2、3.A 型 Ⅱ 式器盖 T305③：53、T203③：3　4、5.A 型 Ⅳ 式器盖 T203③：5、G1②：28
6、8.B 型器盖 T504⑨A：2、H19：2　7、9.D 型器盖 H36①：21、H30：6　10.E 型器盖 H36①：49　11～15. 器把 G1②：94、G1①：43、T302②：14、T302②：13、T305②：29　16、17. 环 H26：1、T504⑨A：31　18. 管状器 H23：3（16、17 为 1/2，余为 1/4）

的盖。5件，完整器2件，对应墓葬B型盖中的Ⅰ式。T504⑨A:2，泥质灰陶。盖面弧拱，盖缘略折，小圈足纽。盖径15.2、高5厘米。(图二九九，6)H19:2，泥质黄胎黑皮陶。盖面弧拱，圈足纽。盖径22.5、高5.1厘米。(图二九九，8;彩版三三八，2)

D型 夹砂陶，倒锅形，盖面拱起较多，形体一般较大，以桥形纽为主。应主要是鼎甗类炊具的盖，但也见于簋盖。可辨器形的4件。H36①:21，簋盖。夹砂红陶。斗笠式，桥形纽。(图二九九，7)H30:6，夹砂黑陶。桥形纽上有横竖短刻道。(图二九九，9;彩版三四〇，4)

E型 宽把杯的盖。1件完整器。H36①:49，泥质黑皮陶。前端呈舌形上翘，圈足纽。(图二九九，10)

器把 5件。G1②:94，泥质黑陶。上部饰6个小孔。(图二九九，11)G1①:43，泥质黑陶。半环形宽把，上部穿两个小孔。饰用细泥条编成的绞索纹。(图二九九，12)T302②:14，泥质黑皮陶。半环形宽把。把正面饰绞索纹。(图二九九，13)T302②:13，泥质黑陶。半环形宽把，把上端有一对小圆孔。正面饰密集竖向刻划纹。(图二九九，14;彩版三八四，1)T305②:29，泥质黑陶。把面上刻划密集的斜线。(图二九九，15)这些器把中，T305②:29可能是盉或鬶的把，其余4件应是宽把杯的把。

环 2件。H26:1，泥质黑陶。圆环形，横截面椭圆形。(图二九九，16;彩版三三九，4)T504⑨A:31，泥质灰黄陶。残断，截面椭圆形。残长4.8厘米。(图二九九，17;彩版三八四，2)

纺轮 3件。编号为T404⑥:1、T504⑥:26、T504⑥:11。(彩版三八四，3~5)

管状器 1件。H23:3，夹砂黑陶。圆管状，一端已残。(图二九九，18;彩版三三九，2)

第四节 地层与遗迹分期

新地里遗址已发掘部分的主体是一处逐渐堆筑和扩建使用过程比较清楚的良渚文化高土台，所以，参考第三章对高土台墓地形成过程阶段性的划分与墓葬分期两方面的成果，再结合本章第二节对遗迹开口层位关系的归纳以及第三节对出土器物类型学的研究，我们将新地里遗址地层堆积和除墓葬以外的遗迹跟墓葬对应地分为早晚六段。

第一段 包括地层堆积高墩部分的第12层，营建在此层上的西面早期土台以及较集中分布在西面早期土台西北侧的H35、H41~H48等9个灰坑。

第二段 包括地层堆积高墩部分的第11B层到第7A层，东面早期土台以及H12、H14~H19、H24、H25、H26、H28、H29、H30、H34、H38、H39、H40、H49等18个灰坑和G2。

　　第三段　包括地层堆积高墩部分的第 6 层与开口于第 5 层下、打破第 6 层的灰坑 H11。

　　第四段　包括地层堆积高墩部分的第 5 层与打破第 5 层的 H7、H13、H27、H37 等 4 个灰坑。

　　第五段　包括地层堆积高墩部分的 S2、H8、H20、H21、H23 等遗迹以及北部低地部分的地层堆积与 G1、H5、J1 等遗迹。

　　第六段　没有明确对应的地层堆积，包括 HJ1、S1 与 H1、H3、H32、H33、H36、H50 等。

　　根据本章第三节对地层堆积和墓葬以外遗迹单位出土器物进行的类型学研究，并结合以上六个阶段的划分，我们将包括陶器、石器、玉器在内的、能够看出早晚器形发展演化序列的 12 大类、17 型器物列为图表。(图三〇〇)

　　鼎　有六种形态，其中三型见于墓葬，另外三型只见于遗迹。A 型鼎序列较完整，贯穿了早晚六段，其变化规律跟墓葬对应，即口沿总体由侈口、折沿、束颈向内沿面有明显折棱、束颈略显领变化，腹部由深变浅，鼎足由中部略厚或平薄的鱼鳍足逐渐外侧加厚过渡到"T"字足，"T"字足正面再逐渐加宽到足面宽大于纵径、足面内凹的"T"字形足。腹部总体有腹最大径下移、圜底变浅的变化趋势。第一段鼎侈口，束颈，鼓腹，圜底弧度较大，中厚或扁平的鱼鳍形足；第二段出现折沿，内沿面上下起明显的脊棱，鱼鳍足外侧稍厚；第三段鱼鳍足外侧更加加厚，呈"T"字足雏形；第四段鼎的口部变化依然不大，腹部变浅，典型的"T"字足，足面微弧凸，面宽小于纵深；第五段"T"字足正面更宽，中间略内凹或出现两道竖向凸脊，但面宽仍小于纵深；第六段鼎领部略高，"T"字足正面宽度略大于"T"字纵深，足面下凹明显。圆锥形鼎足的 B 型鼎在第四段开始出现，仅见鼎足；第五段卷沿略宽，微束颈，扁鼓腹；第六段宽卷沿，腹部更扁，锥形足横截面由圆变方。其他四型鼎由于出土数量少，序列不清楚。E 型凹弧足鼎第四段开始出现，一直延续到第六段。G、H 两型仅见于第六段，I 型见于第五段。

　　甗　地层堆积和遗迹中出土的甗仅有一件复原器，鱼鳍形—"T"字形系列足的 A 型甗都为残器，其变化过程跟墓葬中对应。第五段"T"字足正面更宽，但面宽仍小于纵深；第六段"T"字足正面宽度略大于"T"字纵深，足面下凹明显。三角形扁足的 C 型甗仅 1 件，出现在第五段地层堆积中。

　　豆　跟墓葬中豆的缺乏相反，地层和遗迹中出土了数量较多的豆，豆把与豆盘的残片数量更多。有四种形态，其中 A 型粗把豆略见序列。第三段豆盘弧折腹，喇叭形豆把较矮，豆把中部起折棱或有凹弦纹；第五段折腹，喇叭形豆把上端常有凹、凸弦纹，豆把略高；第六段盘壁外部起凸棱呈子母口，喇叭形粗高把上部有五道凸弦纹与横向镂孔的组合纹饰，下部平折。B 型豆第五段以前都是残器，器形不明；第五段豆把上部细高呈竹节状，以多条凹弦纹分隔，豆盘直折腹；第六段见细高竹节形豆把，多以凸弦纹分隔。C 型钵形盘豆第五段开始出现，侈口，深弧腹，喇叭形把；第六段呈微敛的子母口或敛口。D 型椭圆形盘豆仅见于第六段。

双鼻壶 有两种形态，其中 A 型双鼻壶序列较完整。第一段双鼻壶形体较小，侈口，矮颈，鼓腹，假圈足平底；第二段器形类似第一段，矮圈足；第三段双鼻壶口颈部已残，腹部仍较鼓，圈足稍高；第四段口径大于颈腹相接处，腹部更扁，腹径略大于口径，圈足渐高，外撇；第五段器形较小，腹部更扁，口部与圈足均残。D 型双鼻壶仅见于第六段。

圈足盘 有六种形态，其中四型见于墓葬，两型不见于墓葬。A、C、D、E 四型变化序列较为清楚。A 型第一段宽平折沿，腹较深，下腹内折，腹部施凹弦纹；第四段盘腹变浅，中腹凹弦纹的装饰已不见，圈足略高外撇；第六段宽平折沿，斜弧腹，高圈足外撇，下部平折。C 型第二段开始出现，由直口微敛、弧腹、粗把束腰成假腹状向盘腹有几道弧折、宽矮圈足演变；第三段腹部变浅，圈足变高，圈足下部起一脊棱；第五段圈足变矮，下部略外撇，圈足上出现锥刺纹。D 型跟墓葬中仅见于第一段墓葬相反，地层和遗迹中仅见于第五、第六段；第五段圈足略低，浅盘；第六段高圈足超出盘深，圈足上饰圆形和三角形组合的大镂孔纹饰，圈足下部平折。E 型第一段开始出现，直口微敛，小矮圈足；第二段直口或微侈口，圈足变大仍矮；第三段圈足略高；第四段器形变小，圈足更高。

盆 有两种形态，分别对应墓葬中的 A、C 两型。其中 A 型略成序列，第二段器形较小，侈口，折沿，扁弧腹，平底略内凹；第三段侈口，短折沿，斜弧腹，大平底；第六段宽折沿，唇部有凹槽，束颈，弧腹最大径上移至肩部。C 型圈足盆仅见于第六段。

壶 分别对应墓葬中壶的 I、II 式。第四段为侈口，卷沿，竖领，圆鼓腹，矮圈足；第五段变成斜高领，扁折腹，矮圈足。

平底罐 墓葬中的三种形态同样见于地层和遗迹。但完整器数量很少，仅大口大底的 B 型略见变化序列；第一段侈口，口较小，斜折沿，深弧腹，大平底；第五段口部变大，折沿近直。

鬶 有袋足和实足两种形态，都在第五段开始出现。A 型袋足鬶，捏流早于前端平翘流出现，流行于第五段与第六段。

夹砂缸 第二段出现，有直口、外沿起脊棱、腹上部压印菱格纹和敞口、斜腹、外腹压印篮纹两种型式，胎体自口部往底部渐厚，圜底。第五段敞口，平沿，沿面刻划斜向平行短线，口沿下侧有一周附加堆纹，斜腹，上腹拍印篮纹。

器盖 有四种形态，分别对应墓葬中的 A、B、D、E 四型。其中 A 型主要是双鼻壶的盖，数量较多，略成序列。第二段为中空的圈足纽斗笠式盖；第五段见盖内面平底略凹的小喇叭形纽浅碟式盖与低矮小圈足纽斗笠式盖。

玉锥形器　有两种形态。其中 A 型序列较完整，第一段器形较小，尾端磨薄为榫，榫上有穿孔；第三段器形略宽，有长有短，尾端有明显小榫，榫上有穿孔；第六段尾端榫上无穿孔。B 型锥形器第四段开始出现，第四、第五段尾端榫上有穿孔，第六段尾端榫上无穿孔。

从地层堆积与遗迹的出土器物来看，早晚六段间的联系跟墓葬一样紧密，延续性明确，无明显缺环，但第三段与第四段间，地层堆积和遗迹中的出土器物也跟这两段的墓葬一样发生了较为明显的变化。尤其在陶器上，这种变化更为明显。不仅保持着器形发展演变序列的器类形制发生了显著的变化，如鼎由鱼鳍形快速变成 "T" 字形，而且器类的更新换代也非常普遍，光炊器中鼎、甗的足，除了鱼鳍形—"T" 字形系列外，还出现圆锥形足、扁方足、凹弧形足、椭圆形扁足、三角形扁足和凿形足等形制，子母口盘豆、椭圆形盘的豆、口沿带锥刺纹的泥质红陶罐、宽把杯、袋足鬶、实足鬶、贯耳壶、锥形足盉等众多器形也都在第四段以后粉墨登场——发生在新地里良渚文化墓葬第三段与第四段间的全方位变化，同样能够在地层堆积和遗迹中看到，因此，我们再一次以第三段与第四段为界，将地层堆积和墓葬以外遗迹的早晚六段进一步划分为两期，即第一、二、三段为早期，第四、五、六段为晚期。

虽然地层堆积与遗迹跟墓葬出土器物在种类与形制方面存在一些区别，显示出两者在功能意义上应有所不同，但同类器物类型学的研究却显示出地层堆积与遗迹的形成过程跟墓葬的入埋过程基本上是相互对应的。以两者都较为多见且演变序列较为完整的 A 型鼎、A 型双鼻壶为例。地层堆积与遗迹中出土的 A 型鼎、A 型双鼻壶在六段中的变化跟墓葬六段中 A 型鼎、A 型双鼻壶的变化过程几乎完全对应与同步，如 M91、M92 两座开口于第 5 层下、打破第 6 层的第三段墓葬中出土的 A 型鼎的形制跟属地层堆积与遗迹分期第三段的第 6 层中出土的 A 型鼎都为外侧加厚、呈 "T" 字足雏形的鱼鳍足，而打破第 5 层的第四段墓葬中出土的鼎为足面微弧凸、宽度小于纵深的 "T" 字足，跟属地层堆积与遗迹分期第四段的第 5 层中出土的鼎形制也相同。这表明在新地里虽然墓葬中出土的陶器多数是专为埋葬而烧制的明器，但其器形的圭臬却是现实生活中的实用器，其器形变化亦步亦趋地体现着现实生活实用器的变化过程。

值得注意的是第五段遗迹 G1 与第六段遗迹 H1 中出土的绳纹扁足陶鼎（H1:21），压印绳纹、条纹及刻划交叉线纹的夹砂陶片等，不仅是新地里遗址第六段受到外来文化因素影响的有力证据，而且也是认识嘉兴—沪南地区良渚文化晚期晚段文化面貌及其下限年代的新材料。

附表		新地里遗址良渚文化遗迹分期与出土器物登记表		
遗迹号	段别	陶　　　　器	玉　石　器	其　　他
HJ1	六			
S1	六			
S2	五			
J1	五			木器 1
G1	五	AⅦ、Ⅰ型鼎各 1，AⅡ瓯 1，AⅢ、B、C 豆各 1，CⅣ圈足盘 1，DⅡ圈足盘 2，A 圈足罐 1，平底罐 1，Ⅱ壶 2，B 簋 1，B 鬶 1，钵 2，B、C 杯各 1，AⅣ器盖 2	A 玉锥形器 1，C、D 石锛各 1，Ⅰ、Ⅱ石镞各 1，C 石刀 1，砺石 1	骨镞 4，牙镞 1
G2	二			
H1	六	AⅦ鼎 3，BⅡ、G、H 鼎各 1，AⅢ豆 3，C、D 豆各 1，D 双鼻壶 1，AⅣb、DⅢ圈足盘各 1，DⅡ圈足盘 3，C 三足盘 1，A、B 圈足罐、平底罐各 1，贯耳壶 3，A 鬶 1，A 盉 2，C 盉 1，AⅢ盆 1，D 杯 1，小罐 1	AⅡ石锛 1，B 石凿 2，石刀 1	骨镞 1
H3	六			
H5	五		石锛 1	
H7	四	AⅠ、E 鼎各 1，A 三足盘 1，B 盉 1，A 杯 1	A 石犁 1，石凿 2，石镞 2，石"耘田器" 1，玉料 1，砺石 5	
H8	五	E 鼎 1（残）		
H11	三	B 盉 1，平底罐 1	玉鸟 1	猪下颌 1
H12	二			
H13	四	CⅣ圈足盘 1		
H14	二			
H15	二	夹砂缸 1		
H16	二	夹砂缸 1		
H17	二	夹砂缸 1		
H18	二	夹砂缸 1		
H19	二	EⅡ圈足盘 1，B 器盖 1		

续附表

遗迹号	段别	陶　　　器	玉　石　器	其　他
H20	五	圈足罐1		
H21	五			
H23	五	管状器1，锥刺纹罐（残）1	砺石1	
H24	二			
H25	二	AⅠ鼎1		
H26	二	环1，豆（残）1		
H27	四	EⅡ圈足盘1，AⅡ簋1，豆2	砺石1	
H28	二	豆把1		
H29	二			
H30	二	AⅢ鼎1，CⅢ、EⅡ圈足盘各1，匜1，AⅠ器盖1		
H32	六			
H33	六			
H34	二	AⅠ圈足盘1	残石犁1，砺石3	
H35	一			
H36	六	AⅠ鼎1，AⅣ瓶1，C、D豆各1，DⅡ圈足盘2，A三足盘2，C三足盘1，C盆1，F簋1，B鬶1，A、C杯各1，E器盖1	AⅣ、B玉锥形器各1，C玉珠1，镶嵌玉片1，石斧1，AⅡ石锛2，BⅡ石锛1，Ⅲ石镞1，G石刀1，砺石5	孔雀石1
H37	四		石钺1	
H38	二	EⅠ圈足盘1	砺石2	
H39	二		残石犁1	
H40	二		砺石1	
H41	一			一具完整猪骨架
H42	一			一枚猪牙
H43	一			一枚猪牙
H44	一			少量兽骨
H45	一			少量兽骨
H46	一			
H47	一			
H48	一			

续附表

遗迹号	段别	陶　　器	玉　石　器	其　他
H49	二	夹砂缸 1		
H50	六			烧过的小动物骨渣

说明：

1) 本表中器物名称前的编号代表器物的型式或式，后面的数字代表件数。如 A Ⅱ 双鼻壶 2，表示有 A 型 Ⅱ 式双鼻壶 2 件；Ⅰ 纺轮 1，表示有 Ⅰ 式纺轮 1 件；木器 1，表示有木器 1 件，难以划分型式。

2) 本表主要收集各遗迹中完整或可辨型式的器物，不能全面反映遗迹出土器物的数目和种类。出土器物详细情况可参见单个遗迹的器物介绍部分。

第五章　研究与思考

第一节　新地里遗址在良渚文化中的时空定位

一　新地里遗址的相对年代

本书第三章第五节将新地里良渚文化墓葬分为两期六段，第四章第四节将地层堆积与遗迹也分成两期六段，虽然从形成机理看，两者并不完全同步，但各段同类器物类型学的研究却显示出墓葬随葬品尤其是陶器的器形变化过程跟地层堆积与遗迹基本对应和同步，表明墓葬的两期六段跟地层与遗迹的两期六段间关系密切，是一个同步变化的整体，因此，我们可以将两者视为能够整合在一起的统一体。

那么，作为统一体的新地里遗址两期六段在良渚文化中处于什么样的时空位置呢？

上世纪九十年代以来，已有不少学者研究过良渚文化的分期，其中较有代表性的有黄宣佩先生的五期说[①]、芮国耀先生的六期十段说[②]、宋建先生的六段说[③] 和朔知先生的三期七段说[④]。以上几位先生的分期，虽然选择和采用的遗址材料存在一定的差异，得出的结论却大同小异，基本反映出良渚文化由早到晚的发展历程，但随着良渚文化田野考古资料的日益丰富和研究工作的不断深入，这些分期的若干缺陷也逐渐显现出来。

首先，以上分期无一不是将所有的良渚文化出土资料捆绑在一起进行剖析，忽略了良渚文化内部所存在的区域类型及其发展速率上的差异。近年来的考古资料显示，环太湖地区良渚文化内部至少能够划分为五个各具特色的区域类型，即：太湖以南以余杭良渚遗址群为中心的杭州地区；太湖东北一隅以草鞋山—赵陵山—张陵山—福泉山一线为

① 上海市文物管理委员会：《福泉山——新石器时代遗址发掘报告》，文物出版社，1999 年。
② 芮国耀：《良渚文化时空论》，余杭市政协文史资料第十辑《文明的曙光——良渚文化》，浙江人民出版社，1996 年。
③ 宋建：《论良渚文明的兴衰过程》，浙江省文物考古研究所编《良渚文化研究——纪念良渚文化发现六十周年国际学术讨论会文集》，科学出版社，1999 年。
④ 朔知：《良渚文化的初步分析》，《考古学报》2000 年 4 期。

核心的苏南—沪西地区；太湖东南包括嘉兴、桐乡、海宁、海盐、平湖等在内的嘉兴—沪南地区；太湖以北以武进寺墩、江阴高城墩为核心的常州—无锡地区；太湖西部的湖州—宜兴地区，这五区中，前四区良渚文化的考古工作开展较多，文化面貌及其由早到晚的文化发展序列较为清晰。太湖西岸的湖州—宜兴地区虽然考古发掘资料较少，良渚时期的文化面貌还不清楚，但跟皖南的毗近与交流，已经使它的文化面貌显现出某些不同于前四区的特性。此外，在钱塘江以南的浙东南地区，包括南京、镇江在内的宁镇地区以及长江以北、淮河以南的江淮地区三个区域内，也有较多典型良渚文化因素的发现，但三区中也仍然保留着很浓重的本地特色，因此，这三区显然在良渚时期受到了良渚文化强烈的影响或冲击，但它们是否属于良渚文化的区域类型学术界还有不同的意见。

在良渚文化发展序列较为清楚的前四区中，除了显而易见的文化共性外，区域间的差异性随着考古材料的丰富也日渐凸显，尤其在早期阶段，各区域间墓葬或地层遗迹中出土的器物存在着较大差异。如在良渚遗址群内，良渚文化早期，鼎已是夹细砂的鱼鳍形足，鼎腹部常折，鱼鳍形足外撇，足上部外侧常外凸出腹部。豆形态多样，保留崧泽文化传统的敛口豆与代表新兴饮食观念的直口平沿豆共存。双鼻壶较为少见。过滤器为其特色。同时期的嘉兴—沪南地区，墓葬中的鼎绝大多数仍是粗泥陶凿形足，地层和生活遗迹中，粗泥陶凿形足鼎与夹细砂的鱼鳍形足共存，但鱼鳍形足鼎个体较大，侈口，折沿，沿上常有对称的两组三角形小尖凸（每组两个），束颈明显，腹很深，鱼鳍形足较高，截面扁方，跟良渚遗址群内所见的夹细砂鱼鳍形足鼎有较大的区别。双鼻壶发达，达泽庙、周家浜等地墓葬中，体形矮胖、颈部低矮、球形鼓腹、假圈足平底的双鼻壶都与粗泥陶凿形足鼎共出。豆形态复杂，但直口平沿为其特征，崧泽文化时期流行的敛口豆已较少见。同时期的苏南—沪西地区，保留着更多的崧泽文化传统，除粗泥陶凿形足鼎外，卵腹杯也是墓葬中常见的随葬器物。双鼻壶跟嘉兴—沪南地区一样发达。平底或矮圈足的匜为其特色。所以，那种把各区域内出土的同类器物捆绑在一起进行分期的方法，忽视了各区域间由于受地理环境、生存方式、文化传统等因素差异的影响而导致的文化面貌及其演进速率上的差异，容易混淆不同区域间文化的差异性与文化发展阶段上的不平衡性。

其次，以上分期研究主要建立在陶器类型学研究的基础上，较少结合石器、玉器或其他能够反映社会物质与精神生活变化的物化材料，因而分期较多体现的是器物的变化过程，而难以全面真实地反映良渚社会所经历过的深层次的变化。

基于以上认识，本报告编著者希望能够在以往分期研究的基础上，注入点新的内容，尽量使分期能够较确切地反映出遗址所处的年代与发展阶段，并具有一定的社会学上的意义。我们尝试采用的方法是先将各个区域内的良渚文化各自分期，然后再比对整合。在分期过程中除了倚重地层学和类型学的基础外，还时刻关照能够反映良渚社会方面变化的其他素材。不过，限于篇幅，本报告将只对新地里遗址所处嘉兴—沪南区域良渚文化的分期作一简要说明，而不再涉及范围更大的良渚文化分期。

如何划分崧泽文化跟良渚文化的界限，在学术界仍然是一个存在着不同认识的问题。"过渡阶段"的提出避免了非此即彼选择上的尴尬，也提示我们：文化的嬗变不同于政体的改变，不太可能一蹴而就。嘉兴—沪南地区崧泽文化向良渚文化的演变，其间没有截然的界限，但夹细砂鱼鳍形足鼎、双鼻壶、直口平沿豆、有段石锛、玉锥形器等都应是具有标签功能的器物，它们的出现应该可以作为嘉兴—沪南地区进入良渚文化的标志。

嘉兴—沪南地区良渚文化早期的考古遗存主要有海宁达泽庙 M9～M11，桐乡普安桥 M1、M19，海盐周家浜 M33，嘉兴南河浜 H7，海盐窑墩 H1 等。墓葬中的鼎都是粗泥陶凿形足，不见夹细砂鱼鳍形足鼎。地层和生活遗迹中，粗泥陶凿形足鼎与夹细砂的鱼鳍形足共存，但鱼鳍形足鼎的形制跟良渚遗址群内的夹细砂鱼鳍形足鼎有较大不同。双鼻壶非常发达，主要有两种，一种体形矮胖，颈部低矮，双鼻扁宽，球形鼓腹，假圈足平底；另一种器形较小似小罐，双鼻自口沿处捏出，深弧腹。豆形态多样，但直口平沿为其特征，敛口豆已较少见到。自此以后，该区域的良渚文化经历了漫长的演变过程。由于夹细砂的鼎胎体薄，传热快，且比粗泥陶鼎更容易清洗，所以逐渐在地层遗迹和墓葬中取代了粗泥陶鼎，鱼鳍形—"T"字形足系列的鼎遂成为该区域最主要的鼎的形制，形成了完整的器形演变序列。但出于对传统的偏爱，改变了陶质与造型的凿形足鼎（新地里 C 型鼎）仍然在相当长时间内存在，并成为"T"字形足、锥形足鼎的造型源泉。在旧文化传统逐渐丧失的过程中，新的器形被不断创造出来。就鼎而言，就有锥形足、凹弧足、扁方足、三角凿形足等不同形制跟"T"字形足鼎共存。双鼻壶是该区域偏爱的器物，尤其在墓葬中越放越多，一座墓葬出土 10 件以上的资料也不为稀罕，器形也形成了完整的演变序列。其主体形制（新地里 A 型双鼻壶）的变化是口部逐渐增大，颈部逐渐变高，腹部由圆鼓逐渐变扁，圈足逐渐变高。豆源自崧泽文化的传统——假腹豆逐渐消失，口沿外多附有小鼻錾的现象也逐渐消失；盘腹由弧折逐渐直折，并出现了钵形、子母口和椭圆形的豆盘；豆把有粗细之分，由中间束腰向喇叭形演变，晚期常见器形瘦高、上部连续饰凹凸弦纹的竹节形细把豆。其他陶器如圈足盘、盆、簋、杯、缸、罐等也各自形成了演变序列。在该区域的良渚文化早期阶段，墓葬中玉石器较为少见，随后日益增多。石钺是最重要的石器，即使残件在地层堆积和遗迹中也很少发现，墓葬中却越来越成为常见的随葬品，且种类复杂，不同材质与形制间还形成了等级上的区别。犁、镰、"耘田器"、锛、镞、带把小石刀、多孔石刀、"破土器"也都是该区域良渚文化的常见石器，但出现的时间上有早晚，用途上也有明显区别。"破土

器"只见于晚期的地层堆积和遗迹，而不见于墓葬。其他种类的石器大多同时见于墓葬
与地层遗迹，其中石镞在该区域晚期迅速成为男性墓葬中的宠儿。嘉兴—沪南地区出土
玉器的数量和种类远远落后于良渚遗址群。早期墓葬中玉器很少，且多为小件，但琢刻
龙首纹的器物已经出现。随着玉琮的出现，该区域跟环太湖其他区域在文化面貌上的共
性已远远超过差异性。在埋葬制度方面，该区域早期在显贵者墓葬东南角挖坑埋设夹砂
红陶缸的习俗也延续了较长一段时间。

综合以上对嘉兴—沪南地区良渚文化演进历程的论述，我们将该区域的良渚文化分
为早、中、晚三期。

早期 墓葬中最初仅见粗泥陶凿形足鼎，地层遗迹中同时见粗泥陶凿形足鼎和夹细
砂鱼鳍形足鼎，但鱼鳍形足鼎形制不同于良渚遗址群。稍后，改变了陶质与形制的凿形
足鼎开始出现。双鼻壶体矮颈短，圆鼓腹，假圈足平底或矮圈足。豆仍见崧泽文化遗
风，假腹豆与口沿外多附有的小鼻錾的现象逐渐消失，直口平沿成为豆形制上的重要特
征。墓葬中石器很少见，种类主要局限于钺、锛或凿。玉器以小件装饰品为主，璜、环
是难得一见的大件，但龙首纹已经出现。出于标识和祭祀的双重需要，显贵者墓葬东南
角出现挖坑埋设夹砂红陶缸的现象。这一区域良渚文化早期的总体特征无论在社会生产
与生活方面，还是在埋葬制度方面都还保留着相当浓重的崧泽文化遗风。

中期 在地层遗迹和墓葬中夹细砂鱼鳍形足鼎全面取代粗泥陶凿形足鼎，但夹细砂
的凿形足鼎仍然存在。双鼻壶颈部变高，鼓腹变扁，圈足明显，但口部大多小于颈腹相
接处。豆喇叭形把，粗把中部常有宽凹弦纹和扁镂孔。玉石器成为墓葬随葬品中的常见
器物，除了石钺外，石犁、石镰、石锛、"耘田器"、弧刃石刀都在墓葬中出现。分体式
组装石犁是该区域的首创，可能跟制作大型石器时石料短缺的状况相关。玉琮的出现，
表示该区域已经完全认同神人兽面的"神"及其所代表的文化。虽然显贵者墓葬东南角
挖坑埋设夹砂红陶缸的旧习仍在局部地块得到保留，但传承自崧泽的文化遗风从这一期
开始已经变的微不足道。所以，中期的总体特征是文化的大认同，以物质生活的陶鼎和
精神生活的玉琮为代表，文化的认同让环太湖各区域的文化面貌呈现出高度的统一。中
期也是良渚文化在嘉兴—沪南地区的大拓殖期，该区域迅速增加的良渚文化遗址点大多
肇始于这一期。

晚期 以石镞在墓葬中的出现为特征，嘉兴—沪南地区这一期良渚文化遗址点的数
量大大超过前两期，而墓葬数量上的优势更为明显，显示出良渚文化聚落规模和人口数
量上的增大。其文化面貌上的丰富多彩非常相似于崧泽文化晚期，所以并不能简单地将
这一期理解为良渚文化的衰落期。鼎由鱼鳍形足快速完成了向"T"字形足的演变，保
留崧泽文化遗风的凿形足夹细砂鼎彻底消失，锥形足、凹弧足、扁方足、三角形凿形足
等不同形制的鼎相继出现。双鼻壶口部增大，腹部更扁，圈足更高。豆多见竹节形细

把，还出现了钵形豆盘、子母口豆盘和椭圆形豆盘等多种新形制。许多新的陶器器形在此期出现，并迅速成为日常生活或墓葬中的宠儿。宽把杯、子母口的深腹簋、夹砂陶的圈足簋、袋足鬶、实足鬶、锥形足盉、贯耳壶、口沿有锥刺纹的泥质红陶罐等都是新出现的器类，其中有些明显受到了以大汶口文化为代表的其他区系类型考古学文化的影响。男性墓葬中普通随葬石镞表明尚武已成为男性的普遍抉择，同时也反衬出社会已逐渐步入了动荡。玉器中高节琮的出现，表明以琮为载体的宗教已走向神秘化的末途。镶嵌圆形、椭圆形玉片器具的流行，尤其是绿松石镶嵌玉片的出现是远途交流存在的证据。墓葬填土中较多地掺入红烧土颗粒，可能显示了一种对生命的强烈召唤的态度。所以，晚期总体来说是该区域的动荡期，伴随着征伐与动荡，嘉兴—沪南地区的良渚文化聚落的数量和规模却都有了前所未有的发展。

按照以上对整个嘉兴—沪南地区良渚文化的分期，新地里遗址良渚文化墓葬及地层遗迹所分的两期六段，在该区域良渚文化中所处发展阶段的坐标就比较清楚了。新地里第一段地层遗迹和墓葬中出土的鼎都已是夹细砂鱼鳍形足，不见粗泥陶凿形足鼎。双鼻壶以小口、斜长颈、扁鼓腹、矮圈足为主，但仍有少量呈矮颈、圆鼓腹、矮圈足或假圈足平底。豆直口弧折腹，粗喇叭形豆把中部有宽凹弦纹，细豆把上部束颈。文化面貌上的崧泽文化特征业已消失，良渚文化的典型器物群已经较为成熟，具有该区域良渚文化中期的鲜明特征。但矮颈、圆鼓腹、矮圈足或假圈足平底双鼻壶的存在表明此段仍保留着一些早期的文化特征。所以，这一段地层遗迹和墓葬所处的阶段应该是嘉兴—沪南地区良渚文化的中期早段。新地里遗址第六段墓葬中出土的足面明显下凹、横宽超过纵深的“T”字形足鼎，高领高圈足、折沿折肩的尊，扁腹上部下凹的双鼻壶，宽折沿高圈足的圈足盘，尾端榫部无穿孔的玉锥形器等都是嘉兴—沪南地区目前所知良渚文化最晚阶段的器物形制，而第六段地层遗迹中出土的绳纹陶鼎、子母口盘豆、椭圆形盘豆、袋足鬶、贯耳壶、石“破土器”等器形也同样是该区域内目前所知良渚文化晚期晚段的器物类型，其中像第六段墓葬中出土的器身为略含细砂泥质灰胎黑陶、足为典型夹砂红陶扁锥方足的鼎（M122:3），第五段遗迹 G1 与第六段遗迹 H1 中出土的绳纹扁锥足陶鼎（H1:21），压印绳纹、条纹及刻划交叉线纹的夹砂陶片等，不仅是新地里遗址第六段受到外来文化因素影响的有力证据，而且也是认识嘉兴—沪南地区良渚文化晚期晚段文化面貌及其下限年代的新材料。所以，总体来说，新地里遗址的两期六段，横跨了嘉兴—沪南地区良渚文化的整个中期到晚期的发展历程。由于新地里遗址尤其是墓葬的出土资料非常丰富并延续性明显，因而我们认为这两期六段也可以作为嘉兴—沪南地区良渚文化中晚期分期的一个标尺与缩影。

二　新地里遗址的绝对年代

通过对新地里遗址自身的分期以及在嘉兴—沪南地区良渚文化中发展阶段坐标的建

立，新地里遗址的相对年代已较为清楚，横跨了该区域良渚文化的整个中晚期。

虽然墓葬开口于不同的层位，且可以分期，但从器物的形制变化过程来看，新地里良渚文化墓地中墓葬的埋设是一个连续性很强的过程。有时，相连续的两个墓葬埋设层次间的个别墓葬在器物形制上甚至比处于同一层次的墓葬具有更多的相似性。新地里遗址第一段在年代上相当于嘉兴—沪南地区良渚文化的中期偏早阶段，嘉兴—沪南地区海宁徐步桥 M4，桐乡章家浜 M5 的年代大致相当于这一段。桐乡普安桥 M11，海宁达泽庙 M7，海盐龙潭港 M20、M23[①] 的年代跟新地里墓葬的第二段大致相当。达泽庙 M4，平湖平邱墩 M21 的年代大致相当于新地里墓葬的第三段。跟新地里墓葬第四段年代相当的有达泽庙 M1，嘉兴大坟 M2[②]，雀幕桥 M3[③]，海宁千金角 M8 等。雀幕桥 M1、M2、M4，徐步桥 M12，千金角 M7，平邱墩 M8 等年代跟新地里墓葬的第五段相当。龙潭港 M12，海宁盛家埭 M1，千金角 M3，平邱墩 M9，桐乡叭喇浜 M14 的年代则大致相当于新地里墓葬的第六段。

新地里遗址送测的碳十四标本中仅有 G1 第 2 层中的一个木炭标本测出了年代，为距今 4180±70 年，树轮校正后为：68.2% 置信度，2880BC（13.9%）2830BC，2820BC（53.6%）2660BC，2650BC（0.7%）2640BC。95.4% 置信度，2910BC（95.4%）2570BC（详见附录一）。

良渚文化的绝对年代主要有通过碳十四和热释光两种手段测得的其他 43 个数据，见表一九。

表一九　　　　　　　　　　　良渚文化年代测定数据一览表

序号	方法	编号	出土地点	标本种类	距今年代
1	C	ZK-1250	福泉山	炭化木	4730±80　（5295±120）
2	C	ZK-49	钱山漾 T22④	炭化稻谷	4700±100（5260±135）
3	C	ZK-97	钱山漾乙区④	木杵	4695±90　（5255±130）
4	C	ZK89025	龙南南区 F1	草木灰	4685±90　（5240±130）
5	C	BK91010	寺前 J7	竹木片	4645±70　（5195±120）
6	T	SB25a	亭林 T4（下）	陶片	5140±470
7	C	ZK89026	龙南南区 H22	草木灰	4595±80　（5135±120）
8	C	南大 78 古 1	溧阳洋渚（下）	木头	4433±110（4950±145）
9	C	ZK-44	余杭安溪 T3④	木头	4335±85　（4820±180）

① 浙江省文物考古研究所、海盐县博物馆：《浙江海盐县龙潭港良渚文化墓地》，《考古》2001 年 10 期。
② 陆耀华：《浙江嘉兴大坟遗址的清理》，《文物》1991 年 7 期。
③ 嘉兴市文化局：《浙江嘉兴市雀幕桥遗址试掘简报》，《考古》1986 年 9 期。

续表一九

序号	方法	编　号	出 土 地 点	标本种类	距 今 年 代
10	T	SB25c	亭林 T4（下）	陶片	4800±410
11	C	BK89024	龙南 H1	木炭	4290±100　（4765±145）
12	T	SB71	福泉山（良渚中早期）	陶片	4760±210
13	C	ZK2271	龙南 F1	稻谷炭	4280±125　（4750±165）
14	C	南博 8301	寺墩 T108②	炭粒	4270±205　（4740±230）
15	T	SB166	福泉山 T8④	陶片	4720±400
16	C	ZK-47	钱山漾 T16③	木千篰	4245±85　（4710±140）
17	T	SB70	福泉山（良渚中早期）	陶片	4660±470
18	T	SB167	福泉山 T8④	陶片	4640±430
19	T	SB102a	马桥 T6⑤	陶片	4590±320
20	T	SB74a	福泉山 T8③	陶片	4580±430
21	C	ZK-50	钱山漾 T13④	竹绳	4140±85　（4580±135）
22	T	SBMc	马桥⑤	陶鬶袋足	4550±460
23	T	SB73c	福泉山 T8③	陶片	4530±340
24	T	SBMb	马桥⑤	陶罐口	4510±440
25	C	ZK292	果园 T6④	木头	4080±100　（4505±145）
26	T	SBMa	马桥⑤	陶杯把	4490±470
27	T	SB73a	福泉山 T8③	陶片	4490±430
28	T	SB101a	马桥 T6⑤	陶片	4460±260
29	T	SB74b	福泉山 T8③	陶片	4380±450
30	C	ZK-242	雀幕桥	木板	3940±95　（4330±145）
31	T	SB102b	马桥 T6⑤	陶片	4300±340
32	T	SB67	福泉山（良渚晚期）	陶片	4300±300
33	T	SB25d	亭林 T4（下）	陶片	4210±500
34	C	ZK-254	亭林 T1②	木炭	3840±95　（4200±145）
35	T	SB25c	亭林 T4（下）	陶片	4140±320
36	T	SB73b	福泉山 T8③	陶片	4120±370
37	T	SB101b	马桥 T6⑤	陶片	4120±280
38	T	SB25b	亭林 T4（下）	陶片	4110±360
39	T	SBMe	马桥⑤	陶鬶口	4100±390
40	T	SB68	福泉山（良渚文化晚期）	陶片	4100±190

续表一九

序号	方法	编号	出土地点	标本种类	距今年代
41	C	ZK-2109	德清辉山 M2	木葬具	3740±75　（4080±100）
42	T	SB165	福泉山 T8③	陶片	3960±360
43	C	ZK-2272	亭林 M12	人骨	3640±150　（3995±165）
44	C	ZK-0433	张陵山 T2②	木炭	5160±230　（5785±240）
45	C	海洋局二所	吴家埠第 2 层	木炭	4830±145　（5410±145）
46	C	WB78-09	青墩 T1⑥	树根	4825±85　（5405±110）
47	C	WB78-08	青墩 T2⑤H2	木炭	4680±85　（5235±125）

说明：

1）此表中前 43 个数据采自宋建《论良渚文明的兴衰过程》（浙江省文物考古研究所编《良渚文化研究——纪念良渚文化发现六十周年国际学术讨论会文集》，科学出版社，1999 年。），后 4 个数据采自栾丰实《再论良渚文化的年代》（《浙江学刊》2003 年增刊《良渚文化论集》），但海安青墩是否属于良渚文化学术界尚存在较大的分歧。

2）"C"表示碳十四测年。

3）"T"表示热释光测年。

　　表中 25 个数据为热释光测年，22 个数据为碳十四测年。有学者认为热释光测年数据由于偏差较大，测年的误差范围也很大，而人骨标本测定的年代数据，相当一批都偏晚，可信度不高，都应该摒弃。[①]

　　目前学术界对于良渚文化绝对年代的认识分歧实质上就是如何读识碳十四与热释光测年数据的分歧。在上表的碳十四数据中有 8 个经树轮校正年代在距今 5200 年以上，其中年代最早的是张陵山 T2 第 2 层木炭的数据，为距今 5785±240，其次是吴家埠第 2 层木炭数据，为距今 5410±145，海安青墩虽然也有一个数据为距今 5405±110，但青墩能否作为良渚文化遗址学术界尚存有不同的认识，其他福泉山、钱山漾与龙南的四个碳十四测年数据都落在距今 5200 年附近。以往，由于多个测年数据落在距今 5200 年附近，学术界对于良渚文化的上限年代约为距今 5200 年前后争议并不大，但随着对下限年代认识分歧的加大，连带着也影响到了对上限年代的读识，形成了距今 5500 年与5200 年前后的不同认识。

　　良渚文化下限年代距今 4000 年前后的观点主要依据碳十四测年的数据，尤其是德清辉山 M2 的木葬具（实验室编号 ZK-2109）经碳十四测定年代为 1790±75BC，经树轮校正为距今 4080±100 年，而辉山 M2 出土的遗物并不是良渚文化中最晚的形制，所

---

①　栾丰实：《再论良渚文化的年代》，《浙江学刊》2003 年增刊《良渚文化论集》。

以一些学者认为良渚文化的下限年代要比这个数据晚一些。距今 4500 年的观点主要通过文化因素比较的方法得出，研究者通过对花厅墓地中共存的良渚文化因素与大汶口文化因素的比较，得出了良渚文化大体同大汶口文化中晚期相当的结论[①]。此外，近年上海松江广富林遗存的发现使环太湖地区发现了跟河南龙山文化王油坊类型相近的文化因素[②]，也成为良渚文化下限年代在 4500 年前后观点的重要论据。

广富林遗存的发现是近年来环太湖地区史前考古的重要收获，虽然这类遗存在环太湖地区分布稀疏，遗址面积小且堆积单薄，但它是本地区新发现的一种文化遗存，且在地层上叠压着良渚文化，所以广富林遗存的年代对于探讨良渚文化的下限年代具有重要参考价值。目前广富林遗存仅有两个碳十四测年数据，分别是距今 3770±60 年（实验室编号为 20003）和距今 3780±60 年（实验室编号为 20004），经树轮校正后都为距今 4300 年前后。[③] 不过，就目前已揭示的考古资料来看，虽然我们已能确定广富林遗存源自河南龙山文化王油坊类型，但还难以确定广富林遗存的性质究竟是环太湖地区一种全面取代良渚文化而新兴的考古学文化，还是一种局部侵入良渚文化分布区内与良渚文化共存并行的镶嵌型殖民文化遗存。由于广富林遗存的资料还较为单薄，它跟良渚文化特别是晚期良渚文化的关系也还很不明确，因此，目前尚没有充分证据表明广富林遗存恰好填补了良渚文化与马桥文化间的文化缺环。

由于年代是探讨考古学文化一切问题的基础，因此，看似单纯的良渚文化年代问题事实上已经成为深入研究良渚文化的一大瓶颈，而下限年代的判读更是成为探讨良渚文化年代问题的锁钥——通过碳十四测年与文化因素对比这两种考古学常用途径得到的绝对年代怎么会形成差距 500 年的不同认识？这是一个值得考虑的问题。

新地里遗址送检的五个碳十四标本中只有 G1 第 2 层草木灰堆积中采集的一个木炭标本测出了年代，为距今 4180±70 年，树轮校正后年代当在距今 4600 年前后。新地里 G1 第 2 层在地层遗迹分期中属第五段（晚期中段），在年代上早于打破它的第六段 H1。嘉兴—沪南地区以往通过碳十四与热释光测年获得的年代数据有 8 个（见附表），如果舍弃热释光与亭林 M12 人骨的测年数据，则仅剩下嘉兴雀幕桥和金山亭林两个碳十四数据，雀幕桥水井木板（实验室编号 ZK-242）测定年代为 1990±95BC，树轮校正后为距今 4330±145，亭林 T1②残树干（实验室编号 ZK-254）测定年代为 1890±95BC，树

① 栾丰实：《论大汶口文化与崧泽、良渚文化的关系》，《中国考古学会第九次年会论文集》，文物出版社，1997 年。
② 广富林考古队：《广富林遗存的发现与思考》，《中国文物报》2000 年 9 月 13 日；宋建：《从广富林遗存看环太湖地区早期文明的衰变》，上海博物馆编《长江下游地区文明化进程学术研讨会论文集》，上海书画出版社，2004 年。
③ 上海博物馆考古研究部：《上海松江区广富林遗址 1999～2000 年发掘简报》，《考古》2002 年 10 期。

轮校正距今 4200±145①。雀幕桥木构水井内出土了 14 件器物，完整陶器有 9 件②，其中捏流袋足鬶、贯耳壶、肩部饰弦纹的黑陶壶跟新地里遗址 H1 内的同类出土器物几乎完全相同，而筒形深腹宽把杯、颈腹部饰简化鸟纹的扁腹双鼻壶等也是新地里第六段墓葬中常见的器形。亭林第 2 层出土的捏流袋足鬶与锥形足盉同样也可以在新地里 H1 内找到相同的器形③。因此，新地里 H1 与雀幕桥木构水井、亭林第 2 层都是嘉兴—沪南地区良渚文化晚期晚段的典型地层与遗迹单位，新地里 G1 第 2 层虽然也是晚期中段的遗迹，但它被 H1 打破，出土遗物中也没有见到锥形足盉、贯耳壶、子母口与椭圆形盘的豆、宽折沿的圈足盘，年代上显然要比 H1 早一些，所以其碳十四测年数据理所当然要早于雀幕桥与亭林两个数据，不过，同为文化内涵比较接近的嘉兴—沪南地区良渚文化晚期中段的测年数据，其年代数据间的差距似乎还是大了些——在此需要强调的是考古学文化的分期不能等同于年代的分期，一个考古学文化的分期往往侧重于对一组代表性器物演变规律的总结，器物组合或形制的变化虽然也体现了考古学文化演进历程中所处的不同时间范围，但由于器物在大多数情况下并不是以均匀的速率演变，因而我们主要根据器物变化所作的考古学文化分期能否作为一个考古学文化年代上的分期还是有很大疑问的，那种将一个考古学文化按分期平均每期分为若干年的方法是否可行也值得考虑。

　　文化因素比较是探讨良渚文化绝对年代的另一种方法，毫无疑问，良渚文化外来因素中最引人注目的就是跟大汶口文化相关的一些器物，如夹砂红陶缸（大口尊）大多出现在良渚文化早中期的墓葬或遗迹中，而实足与袋足的鬶、彩陶器等则多出现在良渚文化晚期的地层与遗迹中，所以，我们认为通过文化因素比较得出良渚文化大体同大汶口文化中晚期相当的结论基本正确。不过，考虑到大汶口文化晚期碳十四年代数据在4500 年以内的也并不少见，而广富林遗存的两个测年数据在距今 4300 年前后，因此，我们认为将距今 4300 年前后作为良渚文化的下限年代得到了碳十四测年和文化因素对比两方面的支持，可信度相对大些——史前各区系类型考古学文化的演进与交替会受到周边文化大环境变化的牵制，但由于地理环境、气候条件、经济类型以及生产方式等方面的诸多差别，各大区系类型考古学文化的文化特征与演进模式间应当存在相当大的差异，表现在演进的序列和过程上也不完全同步，环太湖地区马家浜—崧泽—良渚的序列

---

① 以上树轮校正数据采用宋建先生图表，栾丰实先生引用的树轮校正数据与此略有出入：雀幕桥水井木板测定年代为 1990±95BC，达曼表校正值为 2380±145BC，高精度表校正值为 2463～2141BC。亭林 T1 第 2 层残树干测定年代为 1890±95BC，达曼表校正值为 2250±145BC，高精度表校正值为 2294～1989BC。

② 浙江省嘉兴县博物、展览馆：《浙江嘉兴雀幕桥发现一批黑陶》，《考古》1974 年 3 期。

③ 黄宣佩：《关于良渚文化绝对年代的探讨》，余杭市政协文史资料第十辑《文明的曙光——良渚文化》，浙江人民出版社，1996 年。

演进过程跟中原地区磁山、裴李岗—仰韶—庙底沟二期——龙山的序列就不完全相同，因此，对于不同区系类型考古学文化的年代似乎不能采取简单的一刀切的方式对待。

新地里遗址良渚文化的上限处于嘉兴—沪南地区良渚文化的中期偏早阶段，目前由于缺乏可与之对应的碳十四测年数据而无法知道其具体的年代数据。新地里遗址良渚文化的下限可以最晚的遗迹单元 H1 为代表，从出土器物来看，新地里 H1 跟雀幕桥水井和亭林第 2 层有较多的相似之处，但夹砂绳纹鼎等因素不见于雀幕桥与亭林，因而 H1 年代应跟雀幕桥水井和亭林第 2 层相近而略晚，根据后两者的碳十四测年数据，我们认为新地里遗址的下限年代大致在距今 4300 年前后。

第二节　新地里良渚文化墓地所反映的社会结构的探讨

新地里遗址清理了 140 座良渚文化墓葬，墓葬的数量以及墓地的规模在已发现的良渚文化墓地中首屈一指。所有墓葬均为单人竖穴土坑墓，除了埋设在西面早期土台下的 M139 和土台北面平地上的三座形制较为特殊的墓葬（M133～M135）外，其余墓葬都埋设在人工营建的土台台面或斜坡上，并有或多或少的随葬品出土。不过，随葬品的种类和数量却相差较大。第三章对新地里良渚文化墓地的基本情况进行了介绍，将所有墓葬分为两期六段，其中前三段墓葬的分期主要根据的是墓葬的开口层位关系，而后三段的分期则结合了墓葬间的打破关系与出土器物的类型学研究。

这些墓葬尽管分属不同的阶段，但各段墓葬在平面布局上的特点仍然比较明显。少数墓坑规模大、使用木质葬具、随葬品数量多、随葬玉石器比例较高的墓葬，在各段墓葬的平面布局中位置突出，常单独埋设在墓地的南部或位于墓地的中心，跟大量墓坑规模较小、没有木质葬具、随葬品数量少、随葬玉石器比例较低、集中埋设在墓地北部或边缘位置的墓葬间存在明显的位置差异，显示着两者在身份地位上的等级差异。如果后者代表聚落中普通平民的墓葬，那么，前者就应该是聚落中的显贵者。因此，总体来说，新地里墓地的布局特点就是在各个不同的阶段，墓葬主要以分片的方式埋设在土台上，其中有葬具的显贵者墓葬主要埋设在墓地的南部或中心，而没有葬具的平民墓葬一般集中埋设在土台台面的北部或大墓东西两侧的边缘部位。不过，这两类墓葬同时埋设在同一高土台墓地中，之间又没有明显的界限，显示出两者应该有着相当密切的社会关系。

由于单人墓葬不仅是个人身份、地位、等级的体现，而且它们间的位置关系、埋葬方式、随葬品的组合等都折射着人类社会结构与组织的影子，所以墓地平面布局关系的分析已成为考古学界探讨社会组织结构的常用方法。下文将通过对新地里良渚文化墓地早晚六段墓葬的个案分析，尝试对新地里墓地所体现的社会结构作出初步的说明。

第一段包括 10 座墓葬，都位于发掘区的西面。M118、M120、M136、M137、M138 五座墓葬埋设在西面早期土台台面的西侧，M132 埋设在土台西北坡上，M139 为土台叠压，而 M133、M134、M135 三座形制较特殊的墓葬埋设在西面早期土台西北面的平地上。这 10 座墓葬虽然地层关系明确，但从出土的器物看存在着年代上的早晚差别，M132、M138、M139 三座墓明显早于 M118、M120、M136 和 M137 四墓，表明这几座墓葬应该是陆续入埋的，具有一定的时间跨度。随葬品形制较早（入埋时间较早？）的 M132、M138 分别位于土台台面的北、西边缘部位，而随葬品形制略晚（入埋时间晚？）的 M137 与 M120 两座墓坑规模大、使用木葬具的墓葬却占据了土台台面的中心位置，表明在土台营建之初，就有着相当明确周详的规划，显贵者在空间位置上的优势事先已经得到确定。令人惊讶的是，女性墓在这一段墓葬中表现出非常大的优势。M120 与 M137 两座墓坑规模大、使用木葬具的显贵者墓葬都出土了陶纺轮，应该是女性墓，占据着墓地的中心位置，其中位居南面的 M137 墓坑规模和随葬品等级都超出了 M120，还出土了一件玉琮。墓坑规模小、没有使用葬具的 M118、M132、M136、M138 四座墓葬位于这两座女性显贵者墓葬的周围。土台西北面 H41～H48 八座特殊灰坑和 M133～M135 三座特殊墓葬的存在，表明针对人工营建的土台可能存在着牲祭甚至人祭的情况。如果从这个角度去理解，那么为西面早期土台覆压的 M139 也可能是筑台前的奠祭墓。

西面早期土台台面在墓地东面仍有相当大的空白空间没有埋设墓葬，虽然在发掘中没有发现居住面、柱洞、墙基槽等任何房屋建筑的遗迹，但根据桐乡普安桥遗址发掘所揭示的情况来看，这一空间内原先很可能有房屋建筑遗迹。这一空白空间直到第六段时仍无墓葬侵入，而它的东西两侧及北侧都发现有数量较多的良渚文化墓葬，似也支持着这一推断。

第二段包括西面早期土台扩建后埋设的 12 座墓葬和东面早期土台上的 7 座墓葬。西面土台上的 10 座墓葬开口于第 8 层下，打破西面早期土台略作扩建后的堆筑层。其中 M98、M108、M109 三座墓坑规模较大、使用葬具、随葬品数量较多且玉石器比例较高、墓坑东南角挖坑埋设夹砂红陶缸的显贵者墓葬位于扩建后土台的东南部，而 M87、M93、M94、M95、M104、M110、M111 七座墓坑规模较小、没有使用葬具、随葬品数量较少且玉石器比例较低的平民墓葬埋设在扩建后土台西北部的台面或斜坡上。显贵者墓葬和平民墓葬间已有明显的位置区别。土台上第一段已经存在的空白空间在这一段仍然保持着墓葬上的空白，但同样没有发现明显的房屋建筑遗迹。另有 M89、M97 两座墓葬开口于第 6 层下、打破第 8 层，虽然开口层位晚于以上 10 座墓葬，但墓葬数量太少，难以构成独立的段，而出土器物的形制又较为接近以上 10 座墓葬，所以也归为第二段——由此也能够看出，新地里良渚文化墓葬的埋设是一个延续相当紧密的过程。

东面早期土台虽然开口在地层堆积的第 6 层下，但堆筑层位却是跟西面早期土台一样，都是在第 12 层上开始堆筑的，而且东面早期土台在土质土色上跟西面早期土台的上层堆筑比较相像，因此，我们认为东面早期土台的堆筑不会比西面早期土台晚很多。从打破东面早期土台的 M39、M58、M63、M81、M88、M90 和 M105 七座墓葬的随葬品形制来看，跟西面早期土台初步扩建后埋设的以 M108 为代表的 10 座墓葬比较接近，应属同一时代。跟西面土台一样，东面早期土台台面在西面的 M39 与东面以 M81、M105 为代表的墓葬间存在着相当大的空白空间没有埋设墓葬，这一在宋代受到很严重破坏和扰乱的空间，在发掘中仍然没有发现明确的居住面、柱洞、墙基槽等任何与房屋建筑相关的遗迹，但从墓葬的布局情况来看，这一空间内原先也可能有房屋建筑。这一空间同样直到第六段时仍没有墓葬侵入，而它的东西两侧及北侧都有大量的良渚文化墓葬发现。尽管有 M39 一座墓葬埋设在土台西部，但东面早期土台其他墓葬的布局跟西面土台并没有什么不同。M81、M105 两座墓坑规模较大、使用葬具、随葬品数量较多且玉石器比例较高、墓坑东南角挖坑埋设夹砂红陶缸的显贵者墓葬位于土台的东南部，而其他墓葬位置居北。不过，东、西两座土台所埋设的墓葬在随葬品上有一些细微的差别：西面土台墓葬中的夹细砂凿形足鼎、石"耘田器"等都不见于东面早期土台墓葬；东面早期土台墓葬中特意随葬残缺的泥质红陶罐的大平底的现象也不见于西面土台墓葬，表明尽管两个共存土台上的墓地间有着密切的联系，但细微的差别显示它们很可能分属于两个不同的社会单元。

第三段包括 12 座墓葬，东西两座土台经第 6 层的扩建后合在一起。有别于前段墓葬埋设在东西两个土台、墓葬相对集中的状况，此段墓葬出现了再次分散的情况，其中埋设在继续扩建的西面土台上的 M25、M60、M69、M80、M82、M84 与 M99 七座墓葬，分成了两片。M25、M80、M84 与 M99 四座墓葬埋设在土台西面第二段墓地的范围内，而 M60、M69 与 M82 三座墓葬则位置偏东，两组墓葬间有很大的空白空间，但此空间内同样没能发现明显的房屋建筑等跟人类居住活动相关的遗迹。埋设在土台东面的 M42、M50、M51、M91 与 M92 五座墓葬仍延续第二段的埋设方式，除 M51、M92 埋在西边前段墓葬 M39 的北侧外，其他三座墓葬埋在东边前段墓葬的北侧。这样，整个新地里高土台上的第三段墓葬就分成西面、中部和东面三组，三组墓葬间在随葬品上存在着细微的差异：东面一组随葬残缺的泥质红陶罐平底的现象仍不见于西面与中部两组墓葬；中部一组的垂腹筒形杯不见于西面与东面两组墓葬；西面与中部两组墓葬中出土的子母口簋同样不见于东面一组，而这两件子母口簋在形制上也存在差异，西面 M99 出土的一件为深垂腹的 B 型，中部 M82 出土的却是深斜腹的 C 型。这种状况似乎说明新地里第二段出现的以两组墓葬为代表的两个社会单元的组织结构状况已被打破，新出现的第三组墓葬很可能代表了一个新出现的单元。令人费解的是在此段三组墓葬中都没有发现墓坑规模较大、使用葬具、随葬品数量丰富的显贵者墓葬。

　　第四段包括 26 座墓葬，平面布局上仍可分为三组，西面一组包括 M78、M114、M115、M116、M121、M123、M127、M128、M129、M130、M131 十一座墓葬，中部一组包括 M17、M54、M61、M65、M66、M77、M100 七座墓葬，东面一组包括 M16、M35、M36、M55、M57、M59、M68、M72 八座墓葬。西面一组除了 M78 一墓位置偏于东北外，其余墓葬较集中埋设在西面早期土台的向西扩建部分。M116 与 M121 两座墓葬居于这组墓葬的西南部，墓坑规模较大，使用了葬具，出土随葬品数量较多，是这组墓葬中的显贵者，但他们跟没有使用葬具的平民墓葬在空间上紧密相连。中部一组中有 5 座没有葬具的墓葬相对集中地埋设在前段中部一组墓葬的附近，两座使用葬具的墓葬 M17 与 M66 位置偏于南部，M66 更是孤零零地埋在离这组墓葬 10 多米远的西南部——这可能跟 M66 内含有明显的外来文化因素有关。东面一组仍遵循着前段的埋葬传统，墓葬除埋设在前段墓葬附近部位外，又向北面蔓延，中间的空白空间依然没有墓葬进入，而且东面一组墓葬此段依然没有发现墓坑规模较大、使用葬具、随葬品数量丰富的显贵者墓葬，似乎在三个单元的竞争中逐渐处于劣势地位。

　　第五段包括 34 座墓葬，依然分成三组。西面一组仅有 M119、M124、M125 三座墓葬，应是受发掘范围的限制此组墓葬西边没有得到完整揭示的缘故。三座墓葬中 M119 与 M125 两座使用了葬具，M124 虽然没有发现明确使用葬具的遗迹，但随葬品的数量却多于两座使用葬具的墓葬。中部一组包括 M2、M6、M18、M23、M28、M30、M31、M45、M46、M47、M48、M52、M67、M74、M76、M96、M106、M107 与 M112 十九座墓葬。M28、M30 与 M67 是三座发现使用葬具的墓葬，其中 M28 独自埋设在这一组的西南部，墓坑规模很大，出土随葬品 52 件（组），是第五段中身份地位最高的墓葬。M30 埋在这组墓葬南部，但跟其他墓葬毗近。M67 则埋设在这组墓葬的中东部，南北都埋有不使用葬具的墓葬。不过，这两座使用葬具的墓葬在随葬品上的优势地位还是相当明显的。东面一组包括 M14、M21、M32、M34、M37、M38、M53、M56、M62、M70、M71、M85 十二座墓葬。这组墓葬仍遵循着前段的埋葬传统，墓葬依旧埋设在前段墓葬的附近，中间的空白空间内依然没有墓葬侵入，而且这组中仍然没有发现墓坑规模较大、使用葬具、随葬品数量较丰富的显贵者墓葬，可见这一组在三个单元中的劣势地位没有得到改变。

　　第六段包括 39 座墓葬，同样还分成三组。西面一组包括 M75、M86、M102、M103、M117、M122、M126 与 M140 八座墓葬。这一组墓葬同样受发掘范围的影响而可能并不完整。在西面土台台面上营建的红烧土房屋建筑 HJ1 的北部很快就被废弃，而西面一组墓葬中除 M75 外，都埋设在这座房屋建筑的周围，其中有四座墓葬打破了这一房屋被废弃的北部，但以红烧土沟槽为特征的房屋建筑遗迹南部以及遗迹西侧长条形的红烧土遗迹内都没有墓葬侵入——这也使我们更加倾向于西面早期土台上与东面早期土台上的空白空间内原先存在房屋建筑的可能性。八座墓葬中，M86、M117、M126与M140这四座使用葬具、墓坑规模较大、随葬品较丰富的墓葬都没有侵入房屋建筑内部，其中M86与M126两座出土了陶纺轮，M117与M140则没有陶纺轮出土，但它们间是否存在配伍关系仍难以确定。中部一组包括M3、M4、M5、M7、M10、M11、M12、M19、M20、M22、M29、M43、M44、M64、M73、M79、M83、M101与M113十九座墓葬，其中M29、M73与M83三座使用葬具。M29位于平民墓葬南部，但间隔不远。M73与M83单独埋设在这组墓葬的西南部，其中M73出土随葬品62件（组），是新地里良渚文化墓地中出土随葬品数量最多的墓葬。东面一组包括M1、M8、M9、M13、M15、M24、M26、M27、M33、M40、M41与M49十二座墓葬，埋设方法仍旧跟前段一样，没有发现使用葬具、随葬品较丰富的显贵者墓葬，显示这组墓葬依然延续着在三个单元中的弱势局面。

通过对六段墓葬平面布局的剖析，新地里良渚文化墓地所反映的社会结构上的变化也初步地得到显示。新地里良渚文化墓地是一个连续使用和扩建的过程，经历了嘉兴地区良渚文化中期早段到晚期晚段的漫长岁月，在这一漫长的过程中，社会结构方面的变化同样具有连续性。新地里第一段只有一个单元的墓地，部分显贵者已经获得某些殊荣和特权。她们虽然没有抛开聚落其他成员而单辟墓地，但在墓地中的位置却也非常突出。不过，墓葬埋设位置上的紧密关系，同时反映出这些聚落成员在社会关系方面的亲密性。第二段在西面早期土台以东30多米处又出现了一个新的埋设墓葬的土台，从而使原先一个单元变成了两个单元。随葬品上的一些细微差异表明两个共存土台上的墓地很可能分属于聚落中两个不同的社会单元。西面土台在墓葬数量、随葬品种类上的优势显示出它在两个单元的竞争中略处于优势状态。第三段在前面的两个单元墓地间又出现了另一个新单元，三个单元墓葬在随葬品上的细微差别说明各单元间的性质仍然有所不同，而三个单元中都没有发现显贵者墓葬，也似乎暗示着新地里聚落在此段的整体衰落。第四段到第六段都延续着三个单元的格局，似乎说明这三个单元已经成为组成新地里聚落社会的主基调。

在新地里三个单元中，西面单元经营的历史最为悠久，在跟其他单元的对比中也一直处于优势地位。尽管在第五段与第六段，由于该单元墓地没有得到完整的揭露，使它在单元墓地的对比中落后于中部单元，但已发现的女性墓葬所显示出来的等级优势却已经超过了中部单元，而且对女性的优厚也一直是这一单元的传统。东面单元的开创仅次于西面单元，在第二段形成自己的墓地。虽然在跟西面单元的对比中略处于劣势，但M81与M105两座显贵者墓葬显示此时东面单元跟西面单元的差距并不很大。然而，在以后的发展历程中，东面单元却日益没落，不仅在跟西面单元的对比中处于劣势，而且在跟中部单元的对比中也一败涂地，甚至没有再出现一座使用葬具的显贵者墓葬。中部单元开创于第三段，跟东面单元自己营建高土台不同，它在创立之初并没有另辟高土台，而是占据了西面土台向东扩建的东缘部位。此时，西面单元的位置却有向西偏移的态势，从两者的这种默契程度来看，中部单元很可能跟西面单元有着更为密切的关系，甚至可能就是由后者分化而来。中部单元在第四段已经超越东面单元，成为仅次于西面单元的单元。在第五段、第六段中，M28 与 M73 更是整个新地里良渚文化墓地已发掘部分中身份地位最高的墓葬。所以，这一单元在新地里三个单元中的地位总体上呈现为上升的态势。

那么，由三个单元组成的新地里良渚文化墓地又是一个什么性质的社会单元呢？新单元是不是老单元分化的结果？新老单元间有没有血缘关系或从属关系？由新老单元组成的新地里聚落又是怎样一种运作机制？由于考古学本身具有的局限性，我们对这些问题显然难以作出圆满的答复，而只能作些推测。

良渚文化聚落考古的现状尽管仍然不能令人满意，但良渚聚落的某些基本特色随着考古资料的丰富而逐渐凸显。受地理环境、气候条件、生产方式等因素的影响，即便到了现代，环太湖地区在村落布局上仍跟以中原为代表的黄河流域存在着较大的区别，环太湖地区很少有诸如黄河流域那样上百户集中在一处的村落，而以三五户、十来户占住一个小高墩的成片散居方式，由片与片的连结组成村落。目前，在嘉兴—沪南地区发现的良渚文化单个遗址的面积大多较小，发现的墓地也以 30 座左右墓葬最为多见，但遗址与遗址间的间距却常较小，在一定区域内遗址点的密度又比较高，这种遗址分布状况跟现代村落间有许多相似之处。新地里遗址西面约 500 米处的湾里村遗址出土过玉琮，从玉琮的形态来看，湾里村遗址应该跟新地里遗址存在着年代上的重合现象。新近调查发现的里外浜遗址，虽然位于中沙渚塘北岸，但与新地里遗址的直线距离不超出 300 米，从采集的遗物看，年代上也跟新地里遗址重叠，而在这三个遗址方圆 2 公里之外，才有另外的良渚遗址发现。所以，三个距离如此毗近的遗址在社会关系方面必定相当亲密，而且很可能就是组成良渚文化时期村落的三个次一级聚落。从这样的角度去理解，新地里良渚文化墓地虽然墓葬数量较多，但分成三片后西面、中部与东面每片墓葬数量分别为 48、48 与 43 座，跟以往发现的良渚文化墓地在墓葬数量上大体相当。这表明良渚文化时期墓葬的埋设很可能是以家族为单元的，新地里良渚文化墓地很可能就是一处由三个家族合用的公共墓地。

新石器时代晚期，社会由更多地涉及整体向涉及个体——某些较他人更有权势的个人、个别家族或地区集团——转变的趋势更加得到强化，并因此在这些个人或集团之间产生了强烈而残酷的社会竞争。新地里良渚文化墓地三单元墓葬由早到晚的变化深刻地体现着社会最基本单元间分化、竞争与败落的过程，而就每一单元墓葬而言，所有成员间也不是完全平等的。少数墓坑规模大、使用木质葬具、随葬品数量多、玉石器比例较高的墓葬单独埋设在各单元墓地的南部或位于墓地的中心，是单元中的显贵，少数还可能是更高层次社会组织单元中的显贵。大量墓坑规模较小、没有木质葬具、随葬品数量少、随葬玉石器比例较低的墓葬集中埋设在墓地北部或边缘位置，代表着家族或更高层次社会组织单元中的普通成员，即平民阶层。它们之间的差别体现着墓地中等级制度的存在，而在少数使用葬具的显贵者墓葬间同样还存在着等级的进一步划分。M137、M108、M121、M28、M73这几座墓葬是不同阶段中埋葬位置最突出、随葬品最丰富的，相对于其他使用葬具的墓葬而言，他们的等级显然又高出一筹。不过若放大视野，把新地里良渚文化墓地中最高等级的墓葬跟其他遗址同时期的高等级墓葬进行对比，不难发现他们的身份地位就一点也算不上高了。一般认为良渚文化时期已经形成了以用玉制度为核心的一整套复杂的礼仪制度，用玉的种类、数量和精美程度，都依个人的身份地位而定，某些种类的玉器，只有显贵者才够资格拥有并使用，少数特权阶层更享受着不同于其他显贵者的殊荣。当然，这种主要用意在于体现社会等级的用玉制度似乎也不是绝对的，玉梳背、玉镯等体量较大的玉器有时也出土在没有使用葬具的普通平民墓葬中。陶器和少量玉石器是普通平民墓葬中常见的随葬品，其种类、埋葬方式甚至位置都相当统一，这充分体现出良渚社会的一大矛盾，即等级制度一方面想明确突出显贵者阶层个人在社会群体中身份地位的与众不同之处，另一方面却想抹杀显贵者或平民阶层中个人的特点与不同，固定每个人的形象，使每个个体都成为整体的一个缩影。

此外，尽管新地里良渚文化墓地的墓葬数量超群，但它的埋葬方法——聚落成员都埋设在同一墓地中，部分显贵者获得区域上的特权，在墓地中拥有突出的墓位，或居中心，或居南端；显贵者墓葬与平民墓葬间没有截然的分界，似乎显示出不同等级间并无明确的支配或从属关系。这种在嘉兴—沪南地区良渚文化墓地中较为普遍的埋葬方法不同于以瑶山、反山、汇观山为代表的良渚遗址群——人数不多的显贵者单独埋设在专门营建的高土台墓地上，普通聚落成员一般就埋设在居址附近。两地区埋葬方式上的不同从社会学角度理解，是否反映出嘉兴—沪南地区良渚文化时期社会的等级分化程度不如良渚遗址群复杂？

第三节　嘉兴—沪南地区良渚文化的地块特色

在本章第一节中，我们根据目前的考古资料将良渚文化分为八个较大的区域类型，其中环太湖的良渚文化中心分布区也分成以良渚遗址群为中心的杭州地区，以草鞋山—福泉山一线为核心的苏南—沪西地区，以嘉兴为代表的嘉兴—沪南地区，以武进寺墩、江阴高城墩为核心的常州—无锡地区和太湖西岸的湖州—宜兴地区五大区域。嘉兴—沪南地区历年来考古工作开展较多，良渚文化面貌及从早到晚的发展序列较为清晰。本章第一节对这一区域的良渚文化进行了分期，并粗略归纳了早、中、晚三期的文化特征。在三期中，这一区域的良渚文化跟其他区域比较，除了显而易见的文化共性外，差异也相当明显，尤其在早期阶段，区域间的差异性表现得更为突出。到中期阶段，尽管环太湖地区经历了物质上以鼎、精神上以琮为代表的文化大认同，各区域间文化面貌上的差异日渐缩小，但地理环境、生产方式与资源上的差异仍然造成了各区域文化内涵上的细微区别。良渚遗址群在玉资源上的优势使该区域内的墓葬呈现出鲜明的"玉敛葬"特色，而嘉兴—沪南地区对稻作农业的苦心经营使石犁、石镰等石农具成为墓葬中的常客。到良渚晚期阶段，常州—无锡地区异军突起，寺墩墓地在占有以玉琮为代表的玉器数量与体量上的优势无与伦比；嘉兴—沪南地区虽然呈现出动荡的迹象，但遗址和墓葬数量都呈上升趋势，文化内涵也更为丰富多彩；而前期作为良渚文化中心的余杭良渚遗址群内却已经呈现出某种败落的迹象。所以，作为一个相对独立的区域，嘉兴—沪南地区在良渚文化的演进历程和文化面貌上都具有鲜明的地域特色，而且随着近年来这一区域内良渚文化遗址考古发掘数量的增多，该区域内部若干不同地块间良渚文化面貌的细微差异也逐渐凸显出来，新地里遗址的发掘加深了我们这方面的认识。

在新地里遗址所在的桐乡市留良乡及与之相邻的骑塘、高桥、虎啸、南日、屠甸等乡镇内已先后发现 10 多处良渚文化遗址。桐乡市博物馆收藏的 4 件玉琮分别出于留良乡湾里村遗址、虎啸乡店街塘遗址、高桥乡桃子村遗址和骑塘乡张家桥遗址，都集中在桐乡市东南部这一地域范围内。1995～1996 年，为配合沪杭高速公路建设，浙江省文物考古研究所在桐乡市东南部先后发掘了南日镇章家浜、徐家浜和屠甸镇叭喇浜三处良渚文化遗址。1995～1998 年，北京大学、浙江省文物考古研究所和日本上智大学合作，又对屠甸镇普安桥遗址进行了联合发掘。而 1980～1990 年代间，浙江省文物考古研究所又先后在与桐乡市东南部比邻的海宁市西北部的斜桥、长安、周王庙、庆云、郭店等乡镇内发掘了千金角、盛家埭、荷叶地、佘墩庙、凤凰基等良渚文化遗址，使桐乡市东南部和海宁市西北部成为嘉兴—沪南地区中良渚文化遗址分布最为密集和考古发掘工作开展最多的地块。

根据良渚文化遗址在空间分布上的密集程度与否，除了桐乡东南部—海宁西北部地块之外，嘉兴—沪南地区在良渚文化时期至少还存在着其他六处遗址点分布较密集的地块：1) 包括海宁市狮岭、谈桥和海盐县石泉、百步、横港等乡镇在内的海宁与海盐交界地块。该地块内已发掘的遗址有海宁大坟墩、郜家岭，海盐龙潭港、周家浜、窑墩、仙坛庙等，良渚文化从早到晚的发展序列基本完整。2) 包括嘉兴东栅、大桥、步云等乡镇在内的嘉兴东北部地块。该地块内已发掘的遗址有雀幕桥、大坟、蒋庵、南河浜等，良渚文化早期与晚期遗存较丰富，整个序列略有缺环。3) 包括余新、凤桥、竹林、新篁等乡镇在内的嘉兴东南部地块。该地块内已发掘的遗址有凤桥高墩、石圹头等，序列还很不完整。4）包括平湖乍浦、林埭、黄姑和海盐西塘桥等乡镇在内的平湖西南部与海盐东北部地块。该地块内已发掘的遗址有平湖平邱墩、庄桥坟、戴墓墩，海盐王坟等，良渚文化的序列也略有缺环。5）上海金山地块，该地块已发掘的代表性遗址为亭林，良渚文化序列的缺环还较大。6）在桐乡市西南部的洲泉、大麻、河山、石门等乡镇内也有较密集的良渚文化遗址分布，但由于目前还没有进行过考古发掘，该地块良渚文化的面貌尚不清楚。

仔细检索嘉兴—沪南地区以上七个地块中已发掘的良渚文化遗址，不难发现，多数遗址的主要文化内涵都可归入该区域良渚文化的中晚期。不过，即使在经历了物质上以鼎、精神上以玉琮为代表的文化大认同后，以上地块间除了显而易见的共性外，也仍然存在着一些细微的差异。我们拿新地里遗址来跟其他地块的良渚文化遗址对比，就会发现七个地块间一些不同之处。

新地里遗址的良渚文化横跨了嘉兴—沪南地区良渚文化的中晚期，在该区域的其他地块中，已发掘的跟它年代重叠的良渚文化遗址有很多，为比较研究创造了可能。新地里良渚文化墓葬中，如果不把中期的豆式簋计算在内，那么只有极个别的墓葬出土了极少量的豆。在晚期墓葬中，子母口的深腹簋全面取代豆式簋，成为随葬品组合中最常见的器形之一。在新地里遗址所在的桐乡东南部和海宁西北部地块内，普安桥、金石墩、章家浜、徐家浜等良渚文化中期墓葬中除了豆式簋外，也很少见到豆；晚期的千斤角、叭喇浜、金石墩等墓地中，豆也是难觅踪影，而子母口的深腹簋常见，表明墓葬中很少使用豆是该地块内许多遗址共同的选择。与该地块不同，在嘉兴雀幕桥、凤桥高墩，平湖平邱墩，海盐龙潭港、周家浜，金山亭林等良渚文化墓地中，属于良渚文化中晚期的墓葬中都常见到豆，豆是随葬陶器组合中的基本一员。

除了墓葬中很少选择豆作为随葬品外（地层堆积和遗迹中有不少豆出土），以新地里为代表的桐乡东南部—海宁西北部地块中还有其他一些与众不同的特色。

（1）新地里有四座早期墓葬随葬石犁，该地块中海宁荷叶地也有一座墓葬（M9）随葬石犁。石犁由于形体较大，大多不直接跟其他随葬品放置在一起，而单独放置在葬具顶盖上或腰坑内。嘉兴—沪南地区的其他地块中，在良渚文化中期还没有一处墓地有随葬石犁的现象。良渚文化晚期，金山亭林在墓葬中随葬石犁，但石犁形体都较小，跟其他随葬品一起直接放置在墓室内。

（2）新地里良渚文化墓葬中没有发现矮三足或矮圈足的翘流盉，在该地块金石墩、章家浜、徐家浜、叭喇浜、千斤角等已公布发掘资料的遗址中同样不见此类器物。而嘉兴雀幕桥、大坟、凤桥高墩，海盐龙潭港、周家浜，金山亭林等良渚文化墓葬中都能见到此类器物。这也成为桐乡东南部—海宁西北部地块与众不同的特征。

（3）双鼻壶虽然是新地里良渚文化墓葬中常见的随葬品，但单座墓葬出土数量最多的也仅有6件，多数墓葬双鼻壶随葬数量不超出5件是该地块内的共同现象。在其他地块中，以雀幕桥为代表的嘉兴东北部地块已发掘的良渚文化墓地都是一些没有使用葬具的平民墓葬，双鼻壶随葬数量也不是很多，而在其他四个以凤桥高墩为代表的嘉兴东南部地块、以周家浜为代表的海宁—海盐交界地块、以金山亭林为代表的上海南部及以戴墓墩为代表的平湖—海盐交界地块中，双鼻壶的随葬数量都比较多，单座墓葬出土10件以上的也不少见，亭林M16更是一墓随葬了27件双鼻壶，是目前所知良渚文化时期随葬双鼻壶数量最多的墓葬。出土数量较多的假圈足平底双鼻壶为亭林墓地的特色，这样的双鼻壶较少见于其他地块。

另有一种直口微侈、短颈、鼓腹、矮圈足双鼻壶（新地里D型双鼻壶），体形较大，肩部常饰弦纹带，跟一般双鼻壶的来源应该不同。这种双鼻壶见于以新地里、雀幕桥、亭林为代表的地块及平湖—海盐交界地块，但在海宁—海盐交界地块、嘉兴东南部地块中都还没有出土过。

（4）墓葬中普遍随葬平底罐是以平丘墩、戴墓墩为代表的平湖东南部地块的突出特点，在其他地块中，墓葬内出土平底罐的数量都较少。新地里有140座良渚文化墓葬，而出土的平底罐寥寥几件，连完整的演变序列也不能构成，但特意以残破的泥质红陶罐大平底随葬却是新地里东面一组墓葬中特有的现象。

（5）贯耳壶是嘉兴—沪南地区良渚文化晚期新出现的陶器器形，在多数地块中，贯耳壶一般都作为实用器出土在水井、灰坑等遗迹中，但在平湖平邱墩良渚文化墓地中有5件出土，嘉兴雀幕桥也有1件出土。新地里遗址H1中出土了多件贯耳壶残器，但墓葬中没有出土。

（6）新地里墓葬中没有出土有明显颈部的罐式鼎，但灰坑中有这种鼎的残件出土，在金石墩、叭喇浜等同地块良渚文化墓地中却都发现了这种鼎，似乎表明在同地块的良渚文化遗址间，也存在文化内涵上的细微差别。这种鼎在雀幕桥、大坟、凤桥高墩、龙潭港、亭林等地的良渚文化墓葬中也都有出土，但数量都很少，看不出是哪一地块的特色。

以上嘉兴—沪南地区地块间的比较非常粗略，但足以表明各地块间细微差异性的存在，所以，尽管我们将嘉兴—沪南地区作为良渚文化的一个区域类型来整体看待，但其内部也并不是铁板一块，至少还可以再划分出若干个文化面貌略有差异的小地块。这些地块间除了文化因素上的某些细微区别之外，在地理分布上也往往存在着遗址点间较明显的空白地带。当然，这些空白地带是目前我们所能看到的遗址分布的地理状况，并不能排除在这些地方开展考古工作较少而造成视觉盲点的可能性，而且，晚期人类活动也对遗址分布、地理面貌产生重要影响。比如嘉善作为嘉兴—沪南地区中的一个县，近代以来的取土烧砖使该县大部分成为平畴一片，史前遗址的分布状况与文化面貌都很不清楚。同时，受考古学局限性的影响，我们也难以断定这些地块的形成仅仅是因为"三里不同风，十里不同俗"的风俗差异，还是表示一个以较密集的遗址点组成"群"的地块在一定程度上就是一个良渚文化地方集团的势力范围所在。不过，能够肯定的是，环太湖地区良渚文化时期这样的地块恐怕有几十处之多，正是它们间的互动，上演了连横合纵、跌宕起伏的良渚文化兴衰史。

第四节 新地里遗址外来文化因素的分析

新地里遗址早期，相当于嘉兴—沪南地区良渚文化的中期。这一期中，环太湖地区发生了物质方面以夹细砂鱼鳍形足鼎、精神方面以玉琮为代表的文化大认同，环太湖地区五大中心区域间的互动使良渚文化区域间的共性成为主流，而差异变得微不足道。新地里遗址墓葬和地层遗迹中体现出来的情况也是这样。陶器中豆少、豆式簋多虽然已经体现出地块特色，但总体上仍是鼎、豆（豆式簋）、双鼻壶的组合。以琮为代表的玉器在造型与纹饰上都跟其他地块或区域的玉器高度一致。

到了第四段以后，以石镞在墓葬中的出现为标志，新地里遗址的文化内涵发生了全方位的深刻变化。在墓葬中，陶器和玉石器都发生了器类和组合的更新换代，即使保持器形发展演变序列的器类，形制也发生了明显的变化。鼎类中序列完整的 A 型鼎足也由外侧稍厚的鱼鳍形快速演化为"T"字形，新出现了 B 型锥形足鼎、D 型扁方足鼎、E 型凹弧足鼎、F 型小三角凿形足鼎，保留崧泽文化遗风的 C 型凿形足鼎消失。双鼻壶中序列完整的 A 型由鼓腹向扁腹演变，而 D 型双鼻壶是第四段新出现的器形。A 型圈足盘在第四段产生分化，与受它影响新出现的 B 型圈足盘各自形成独立的演变序列，而 C 型圈足盘在墓葬中消失。新出现了三足盘。前期侈口、方沿、浅腹的豆式簋突然消失，取代它的是子母口、深腹的簋。领部与圈足加高、折腹明显的尊出现，并成为墓葬陶器组合中的重要一员。宽把杯也是新出现的陶器器类。玉石器的变化同样明显。石器中石钺的形制更趋复杂多样，形制跟石料间有了较明确的对应。"耘田器"两翼后掠上翘明显。石犁与石镰在墓葬中消失，新出现了石镞、带把小石刀与多孔石刀。玉器中 A 型玉锥形器中尾端磨薄为榫的形制消失，新出现了横截面呈方形的素面 B 型玉锥形器。E 型玉珠圆球形的造型取代了扁平半球形的造型。绿松石制品（镶嵌片和玉珠）成为墓葬中的新成员。在地层堆积和遗迹中，文化内涵上的深刻变化同样彰显。陶器方面，除了同样存在发生在墓葬中的变化外，还新出现了横截面呈扁方形的三角形足甗（或鼎）、扁锥足绳纹鼎、袋足鬶、实足鬶、彩陶杯、直口长颈扁腹壶、子母口盘豆、椭圆形盘的豆、口沿带锥刺纹的泥质红陶罐、贯耳壶、锥形足或圈足的盉等新器形。石器方面，斜把"破土器"是新出现的器形。

以上这些在新地里晚期墓葬和地层遗迹中粉墨登场的新角色，其来源与归宿都不尽相同，按其源流的区别，大致能够划分出三类。

第一类 环太湖地区良渚文化演进过程中自创的新器形，包括陶器中的锥形足、扁方足的鼎，D 型双鼻壶，子母口深腹簋与敞口、圈足的 F 型夹砂陶簋，尊，宽把杯，三足盘，子母口盘与椭圆形盘的豆，口沿带锥刺纹的泥质红陶罐，贯耳壶，锥形足与圈足的盉；石器中的带把小石刀、斜把"破土器"；玉器中的方锥形器等。这些器形首见于良渚文化，在环太湖地区有一定的分布范围并形成相对完整的器形演变序列，而在周边其他区系类型考古学文化中虽然也偶然出现，但很少有演变完整的序列。这一类器形的数量最多，体现了良渚文化晚期相当旺盛的创造能力。

第二类 接受周边文化影响后改制的器形，包括凹弧足、扁三角足鼎，袋足鬶，实足鬶，直口长颈扁腹壶、多孔石刀、绿松石制品等。这类器形或者在周边文化中出现的时间早于环太湖地区，或者造型上有周边文化器物的影响存在，但这类器形中有些在环太湖地区有一定的出土数量和空间分布范围，有些虽然少见，但器物造型跟原生地比较已有明显的改变，因此，它们应是良渚文化通过跟周边文化交流获得并加以改制的器形。其中引人注目的绿松石制品多为镶嵌用的片状玉器，跟太湖流域利用本地产软玉或叶蜡石原料制作的镶嵌用的状玉器器形相同，应该也是引进原料后在本地加工制作的。虽然太湖流域本地没有绿松石矿藏，但邻近太湖流域的安徽及黄河下游、汉江流域都有绿松石的原料产地与使用绿松石制品的传统。

第三类 良渚文化通过远程交流直接从周边文化中获得的器形。新地里遗址中的扁锥足绳纹陶鼎、小三角凿形足鼎、彩陶杯（残片）等器形不仅在新地里遗址中只有一件出土，而且在环太湖地区也非常罕见，但却能够在周边文化中找到跟它们器形风格较为一致的器物。

自马家浜文化晚期开始，环太湖地区恰好处在类似于一副扁担的半月形用鼎文化区的中央，扁担的一端是以大汶口文化为代表的黄河下游地区，另端是以大溪文化为代表的长江中游地区。地理位置上的优势虽然没有达到八方辐辏的效果，却也颇能撷取两端的精华。[①] 从嘉兴—沪南地区来看，良渚文化时期，环太湖地区跟周边文化的交流在经历了早、中期的蛰伏后，到晚期重新进入了喷发期。晚期新出现的一些器形上明显烙印着黄河下游海岱地区与长江中下游宁镇地区等其他区系类型考古学文化的痕迹，虽然我们还不能确定这种更大范围内的文化交流发生的原因与规模，但外来文化因素的出现使

① 赵辉：《良渚文化的若干特殊性——论一处中国史前文明的衰落原因》，浙江省文物考古研究所编《良渚文化研究——纪念良渚文化发现六十周年国际学术讨论会文集》，科学出版社，1999 年。

得良渚文化晚期的文化面貌丰富多姿，压印绳纹、条纹，刻划交叉线纹的夹砂陶器的源头也还不是非常清楚，但它们的出现无疑冲击着我们对良渚晚期文化内涵的固有认识。我们也同样无法解释这样的有趣现象：一些直接来源于外来文化的器物若不破损，则普遍受到珍视，并主要见于墓地中地位较显赫的显贵者墓葬，如福泉山 M67 中来自大汶口文化的彩陶背壶，新地里 M66 中来自江淮地区的小三角凿形足鼎，但这些墓葬却又不是整个墓地中地位最显赫的；外来器物若破损了，则跟良渚文化普通实用器一样被扔弃，新地里地层遗迹中出土的绳纹鼎、彩陶片都是明显的例证。不过，对于多孔石刀、袋足鬹等接受周边文化影响后改制的器形，在良渚文化中就不存在特殊对待的现象。

第五节　新地里遗址玉石器的来源问题

新地里遗址玉石器的出土情况前文已经作了较详细的介绍。石器方面，墓葬出土273 件，是迄今所知良渚文化墓葬中出土石器数量最多的一次，器形种类有钺、镞、锛、"耘田器"、犁、镰、多孔石刀、带把小石刀、凿、纺轮、网坠、制作石器时打剥下来的石片以及砺石等 10 多种，也是良渚文化墓葬中出土石器器形最为丰富的一次。地层遗迹中出土石器达 212 件，除"破土器"、砺石器、钻芯外，其他器形大多见于墓葬。玉器方面，墓葬中出土玉器共计 450 余件（组），器形有琮、璧、钺、璜、环、镯、玦、锥形器、梳背、柱形器、半环形器、兽面造型的三叉形器、管、珠、坠、串饰、杖端饰、端饰、镶嵌片等 20 种，而且 140 座良渚文化墓葬中有 94 座随葬件数不等的玉器，占全部墓葬的 67% 强，46 座没有随葬玉器（其中 12 座为残墓），所占比重不到 33%，体现出平民阶层较普遍拥有和使用玉器的现象。此外，地层堆积与灰坑中也出土了 28件玉器及 7 件带切割痕迹的玉石料与钻芯，这些玉器个别完整，大多残缺。

跟新地里遗址玉石器出土数量和种类的丰富形成鲜明对比的是现桐乡市境内没有一座自然的岩石山，因而作为方圆数十公里范围内没有一座岩石山的新地里遗址自然不可能自产玉石器或玉石料，它的玉石器或玉石料必然是从外面输入的。那么，这种输入是以什么方式实现的呢？

从地理位置上看，离遗址最近的岩石山体在海宁、海盐、德清、湖州、余杭等地。即使我们假设新地里所有出土的玉石器或玉石料都来源于以上这些地区，最近的运输线路也有数十公里之遥，且要穿越不同的文化地块（新地里遗址所在的桐乡东南部—海宁西北部地块内没有自然岩石山）。由浙江大学地质系董传万、何礼章两位教授所作的新地里遗址玉石器质料鉴定显示，石器质料虽然绝大多数是硬度较高的火成岩，但细分却有 10 余种，玉器也有透闪石软玉、叶蜡石、萤石、绿松石等多种，其中一些玉石料在环太湖地区比较缺乏，如近古绿松石的主要产地在湖北襄阳地区的陨县、陨西县和竹山县，而史前绿松石制品多发现在黄河流域，因而新地里玉石器的来源不仅应该是多源头与多途径的，而且有些还不能局限于近地输入。

从现代经济学的角度来理解，"原状或加工过的自然资源进行空间移动的一种必要方式"就是贸易。而"贸易在考古学上加以辨认的一种方法是对开发原料的地点或货物制造的地点或两者一起的寻认而将这项移动加以追踪"。张光直在《古代贸易研究是经济学还是生态学？》一文中指出："史前和古代贸易必须在进行贸易的社会单位的环境之内加以研究"，"即贸易只有在原状或加工过的自然资源在一个社会框架里的分配的整个环境之内才能加以研究"。张先生以商代社会为研究对象，首先将商代文明的物质遗存分成农产、有特别用途之动物、手工业品、贵重物品及奴隶或战俘等几个范畴，对它们在空间上的流动模式作出研判，指出商代社会物质遗存间的流动明显具有不平均性。因此这种自然资源空间上的移动很难被明确为贸易。[①] 日本学者中村慎一根据良渚文化玉器地区分布上的不平衡性以及江阴高城墩遗址出土的一件玉琮在质料、形体与纹饰风格上跟瑶山出土玉琮较为接近的现象，认为良渚文化玉器存在着"作为赐品由地位高的人赐与的"的政治再分配现象。[②] 那么，除了通过政治、组织力量对玉器进行集中和分配的再分配方式外，文化人类学中两种建立在相对平等互惠基础上产品传播或流通的形式——互惠交易（reciprocity）和市场交换（market exchange）在新地里良渚文化玉石器的空间移动过程中是否发挥过作用呢？

在缺乏文献资料记载的情况下，要确切地给出这一问题的答案是非常困难的，但新地里遗址发掘揭示的一些线索仍然有助于我们对该问题的初步判断。

第一条线索：新地里出土了7件带切割制作痕迹的玉石料。除了新地里外，近年来出土带制作痕迹的良渚文化玉料的地点见诸报道的还有余杭瓶窑[③]、良渚塘山[④]、上口山[⑤]、德清杨墩[⑥]、上海马桥[⑦]、句容丁沙地[⑧] 等多处，其中丁沙地、塘山两处不仅出土了数量与种类颇为丰富的玉器半成品与玉料，而且还发现了大量的石质制玉工具和可能为制玉作坊的遗迹，因此这两处地点很可能是专门化的制玉作坊遗址，但从两地出土的玉质遗物来看，既有显贵者阶层专有的琮、璧、钺等器类，也有锥形器、管、珠等平

① 张光直：《古代贸易研究是经济学还是生态学？》，《中国考古学论文集》，三联书店，1999年。
② （日）中村慎一：《城市化和国家形成——良渚文化的政治考古学》，浙江省文物考古研究所编《良渚文化研究——纪念良渚文化发现六十周年国际学术讨论会文集》，科学出版社，1999年。
③ 良渚文化博物馆、香港中文大学文物馆：《东方文明之光——良渚文化玉器》图版90的玉琮芯为1981年5月瓶窑出土，香港中文大学文物馆，1998年。
④ 王明达等：《塘山遗址发现良渚文化制玉作坊》，《中国文物报》，2002年9月20日。
⑤ 浙江省文物考古研究所：《浙江余杭上口山遗址发掘简报》，《文物》2002年10期。
⑥ 浙江省德清县雷甸乡杨墩遗址在1990年代初遭盗掘，出土为数不少的带制作痕迹的玉料。
⑦ 上海市文物管理委员会：《马桥1993～1997年发掘报告》，上海书画出版社，2002年。
⑧ 南京博物院考古研究所：《江苏句容丁沙地遗址第二次发掘简报》，《文物》，2001年5期。

民阶层墓葬中常见的器类，表明良渚文化玉器制作过程中并没有形成根据器物用途的神圣与否进行分工的现象，而丁沙地261件阴线雕刻工具和其他石质制玉工具共出，又似乎说明代表高技能的纹饰琢刻在制玉作坊中也并不处于高度保密的状况。与塘山、丁沙地可能为专门化的制玉作坊不同，新地里、马桥、上口山三处遗址中虽然也出土了带制作痕迹的玉料，表明它们曾经有过玉器的制作，但出土玉料的数量很少，反映出玉器制作的规模很小，而遗址的主要内涵也显示它们并不是专门化的制玉作坊。由于迄今还没有对良渚文化玉器和玉质遗物的质料进行过全方位的鉴定，我们还无法将各地出土的良渚文化玉器跟已知制玉地点或作坊发现的玉质遗物进行比对，所以对玉器从制玉地点或作坊到墓地间空间移动的距离和方式都还无法确定。不过，通过新地里、马桥与上口山这些本身等级并不高且分布在不同地区的良渚文化聚落内发现制作玉器迹象的分析，已经可以看出，良渚文化时期对于制玉原料以及制玉技术的控制并非十分严格，不仅制玉原料可以在较大的范围和等级不高的聚落内流通，而且制玉技术也被较大范围的普通人群掌握和应用。

第二条线索：新地里140座良渚文化墓葬中有94座随葬件数不等的玉器，占全部墓葬的67%强，46座没有随葬玉器（其中12座为残墓），所占比重不到33%。这种平民阶层较普遍拥有和使用玉器的现象在海宁千金角、徐步桥、平湖平邱墩、海盐周家浜、良渚梅园里等良渚文化墓地中都可以见到。[①] 虽然作为等级不高的良渚文化平民墓地中玉器的出土率高低不一，但平民阶层较普遍拥有和使用玉器却是不争的事实，而一般来说，带着明确目的的"政治性赐与"只能局限在较小的范围内进行，平民阶层是很难获此殊荣的。

第三条线索：除墓葬之外，新地里遗址地层堆积和灰坑中也出土了28件玉器，其中H36中有残断的坠、锥形器、管、镶嵌片等6件玉器出土。新地里地层堆积中出土的玉器大多可能是墓葬受到扰动的结果，而灰坑中出土的玉器除H11内出土的玉鸟可能为有意识埋藏外，其他大多应是人为丢弃的结果。良渚文化玉器与破碎的陶器、残断的石器等生产、生活废弃品共出于灰坑、河道等遗迹的现象也在多处良渚文化遗址中发现，周家浜遗址H8中出土锥形器、坠、珠、管等7件玉器[②]，良渚庙前遗址第五、六

---

① 海宁千金角10座良渚文化墓葬中8座随葬玉器，占全部墓葬的80%，2座没有玉器，仅占20%；海宁徐步桥15座良渚文化墓葬中7座出玉器，占46%强，8座不出玉器，占54%弱；平湖平邱墩28座良渚文化墓葬中7座出玉器，占25%。

② 浙江省文物考古研究所资料。

次发掘的 H3 内出有半圆形玉饰①，吴江龙南②、良渚茅庵里③ 等良渚文化村落遗址旁边的河道中出有珠、坠等玉器。以上这些遗迹内出土的良渚文化玉器虽然通常也为残件，但其中一些形体较大的还完全能够改制成形制略小的玉器继续使用。多处遗址中发现类似的情况可以说明这些玉器除个别属无意跌落外，多数应是一种有意识的丢弃行为——如果我们再加留意，就会发觉这些被丢弃的管、珠、坠、锥形器等玉器恰好也就是良渚文化平民墓葬中常见的随葬玉器器形。

第二、第三条线索中显示的良渚文化时期平民阶层较普遍拥有玉器以及一些残损玉器被有意识丢弃的现象，说明在良渚社会中，管、珠、坠、锥形器等小件玉器并不稀罕珍贵，获取也不困难。

虽然良渚文化玉器的空间分布，在地区与地区间、遗址与遗址间的不平衡现象非常突出，良渚遗址群内仅反山、瑶山两地就出土玉器 2000 多件（组），数量之多超过了其他良渚文化遗址玉器发掘品的总量，而月牙形器、勺、匕形器、手柄、器座、器纽、鱼、龟、蝉等许多玉器器形也仅见于遗址群范围，遗址群内琢刻纹饰玉器器类之丰富和纹饰之精美也为其他区域所不见，凸显出良渚遗址群在玉器占有上的绝对优势，而这种玉器占有上的优势又衍伸为拥有者身份、地位、等级上的优势，所以，凡在其他地区发现质料、形制、纹饰等细微部特征跟良渚遗址群内玉器相似的，自然会想到由良渚遗址群"赐与"的政治性再分配的可能性。但综合以上新地里遗址发掘所揭示的三条线索，可以相信，除了琮、璧、钺等少数特殊玉器器类可能存在政治性的再分配外，多数良渚文化玉器，尤其是管、珠、坠、锥形器等小件玉器，互惠交易或市场交换的商贸模式应该是它们产生由制玉作坊到平民墓葬间空间移动的最主要原因。

由于中国有史记载的历朝历代都有重农抑商的政策，专权制的政体又使中央政府拥有生死予夺的绝对权力，对某些重要资源，如盐、铁开采的垄断和专卖，使国家的物资流通很大程度上成为一种由中央政府操纵的宏观调控，建立在相对平等、互惠基础上的商业活动在自然资源的空间移动中仅占次要地位，但这种局面的出现，很大程度上依赖于强大国家机器的运转，在部族林立的史前社会，很难相信环太湖地区已经出现强大到可以全面掌控玉石器原料开采、制作技术或成品流通的政治或宗教势力。所以，在研究良渚文化玉石器的制作跟流通时，我们不妨考虑一下那种建立在平等互惠基础上的商贸机制可能发挥的作用。

---

①　浙江省文物考古研究所：《浙江良渚庙前遗址第五、六次发掘简报》，《文物》2001 年 12 期。

②　苏州博物馆、吴江县文物管理委员会：《江苏吴江龙南新石器时代村落遗址第一、二次发掘简报》，《文物》1990 年 7 期。

③　良渚茅庵里遗址 1992 年春季由浙江省文物考古研究所发掘，本报告主要执笔者蒋卫东所看探方的河道内出有玉珠等良渚文化玉器。

附录一

北京大学加速器质谱（AMS）碳－14 测试报告

送样单位　　浙江省文物考古研究所

送样人　　蒋卫东

测定日期　　2003－4

实验室编号	样品	样品原编号	碳十四年代（BP）	误差
BA02076	木炭	TLXG1②	4180	70

树轮校正曲线采用 Stuiver et al.（1998）；计算程序采用 OxCal v3.5 Bronk Ramsey（2000）。

BA02076：4180±70BP

　　68.2% 置信度

　　　　2880BC（13.9%）2830BC

　　　　2820BC（53.6%）2660BC

　　　　2650BC（0.7%）2640BC

　　95.4% 置信度

　　2910BC（95.4%）2570BC

　注：1. 所用碳十四半衰期为：5568 年

　　　2. 68.2% 置信度表示的误差范围为 1σ，此处为±70 的误差。

　　　3. 95.4% 置信度表示的误差范围为 2σ，此处为±140 的误差。

北京大学　　加速器质谱实验室

第四纪年代测定实验室

2003 年 4 月 18 日

附录二

新地里遗址石器鉴定报告

董传万　　何礼章

（浙江大学地球科学系）

一　20 件切片玉石器标本的岩矿鉴定报告

1. 标本 1：T504⑦A:20，石"耘田器"残件

灰黑色，石质坚硬，石器表面可见白色点状斜长石。显微镜下，白色矿物为斜长石，可见条柱状形态，隐约可见聚片双晶，但普遍绢云母化，含量＞80%。其余组分为玻璃质，含少量石英颗粒（粒径约 0.02mm）和磁铁矿微粒（粒径＜0.01mm）。

岩石定名：安山岩

2. 标本 2：T504⑦A:24，石"耘田器"残件

灰黑色，石质坚硬，隐晶质。显微镜下，呈凝灰结构，由晶屑等火山物质组成。晶屑成分以石英为主，也有斜长石、钾长石和黑云母，含量 10~15%。石英晶屑常呈棱角状，粒径 0.02~0.2mm，斜长石具聚片双晶，钾长石具条纹构造，但泥化较强，黑云母见有暗化现象。其他火山物质，如玻屑等形态难见，已脱玻化，呈显微霏细状。另见有少量的磁铁矿、磷灰石等。

岩石定名：（流纹质）凝灰岩

3. 标本 3：T601⑩E:5，石锛残件（彩版三八五，1）

灰白色，石质细腻致密，该标本中隐约可见流纹构造。显微镜下，呈显微隐晶质，由长英质组成，含少量云母。长英质颗粒极细，灰白干涉色，稍大的长石晶体，可见聚片双晶。岩石具流纹构造，由重结晶程度不同的层纹构成，有的纹层颗粒极细，而有些纹层的重结晶颗粒粒径稍粗。在高倍镜下，依稀可见球粒结构。

岩石定名：流纹岩

4. 标本 4：采集的石"耘田器"残片

灰黑色，石质坚硬，基本同 T504⑦A:24 耘田器残件。显微镜下，同样见到石英、斜长石等晶屑，它们的粒径为 0.1mm±，含量 10~15%，其中斜长石见有明显的聚片双晶，另外可见较多的黑云母。其他火山物质均已脱玻化，呈霏细结构，薄片中见有分散状磁铁矿颗粒。

岩石定名：流纹质凝灰岩

5. 标本5：T406⑥:4，石锛残片

灰白色，基本同T601⑩E:5石锛残片。该标本中流纹构造清楚，隐晶质。显微镜下，岩石呈显微晶质结构，由长英质组成，其中条柱状斜长石晶体具清晰的聚片双晶。岩石具流纹构造，由结晶程度不同的层纹构成，局部可见球粒结构。

岩石定名：流纹岩

6. 标本6：H34:4，石犁残片（彩版三八五，2）

灰黑色，风化表面呈灰色，可见黑色粒状颗粒。显微镜下，岩石具斑状结构，斑晶为长石和石英，即该标本中所见到的黑色颗粒，含量20～30%，粒径0.1～0.2mm，因受熔蚀，斑晶普遍呈圆形，长石斑晶可见有卞—钠复合律双晶，干涉色Ⅰ级灰白，泥化较强。基质中可见长石微晶和少量石英，但普遍绢云母化。

岩石定名：霏细斑岩

7. 标本7：M32:6，石钺残件（参见彩版六五，4）

灰黑色，隐晶质，石质坚硬致密。显微镜下，岩石主要由石英和少量长石组成，粒径极细，小于0.01mm，另可见少量绢云母等。考虑到该标本颜色及隐约可见微层理，暂定名为硅质页岩。

8. 标本8：T405⑦A:8，带把小石刀残件

风化面呈灰黄色，新鲜面呈灰色，残片可能受沁而变得松脆，残片外观与H34:4石犁残片相似，也见黑色粒状颗粒，实为岩石中长石与石英斑晶，显微镜下描述参见H34:4，但绢云母化较强。（见彩版三八六，1）

岩石定名：霏细斑岩

9. 标本9：T504⑤:13，石镞残件

灰色，该标本上矿物颗粒极细，质地较软。显微镜下，呈粉砂质、泥质结构，主要由细小的长石、石英微粒等组成。长石、石英碎屑微粒粒径≤0.01 mm，含量50～60%，其余组分已变为绢云母，它们呈细小鳞片状，定向排列，说明岩石已经重结晶等变质作用。岩石中见有变余层理（不明显），某层中碎屑颗粒略多，而且粒径稍大。

岩石定名：变质粉砂质泥岩

10. 标本10：T605①:1，砺石（彩版三八六，2）

砖红色，砂状结构，碎屑（砂粒）含量85～90%，粒径0.2～0.5mm，其矿物成分为长石、石英和云母，还有少量的电气石。云母有两种，即黑云母和白云母，前者以明显的棕色—黄色多色性区别于白云母。电气石呈短柱状，柱面切面上具蓝色—黄色的多色性，吸收性强，并发育横向裂理。以上碎屑颗粒被铁质、泥质、部分硅质所胶结，胶

结类型为接触式和孔隙式。

岩石定名：长石石英砂岩

11. 标本 11：T305③:15，残石斧（彩版三八七，1、2；另参见彩版三六一，1）

灰绿色，细粒结构，块状构造。岩石由斜长石和辉石等组成，可见明显的辉绿结构，它表现长条状或板柱状斜长石搭成格架，中间充填一粒辉石（或橄榄石），部分在辉石大晶体中嵌有小粒斜长石，构成嵌晶含长结构。斜长石遭受较强的蚀变。岩石具杏仁构造，其成分为绿泥石、玉髓等。

岩石定名：辉绿岩

12. 标本 12：G1②:20，残石镞（参见彩版三五三，2）

灰色，质地较软，基本同 T504⑤:13。显微镜下，呈变余泥质结构，大部分已重结晶为绢云母等，粉砂级长石、石英碎屑含量较 T504⑤:13 石镞残件的少。

岩石定名：变质泥岩

13. 标本 13：T600③:10，残石锛（彩版三八八，1）

灰绿色，可见明显的条带状构造。显微镜下，岩石具有纤状鳞片变晶结构，主要由角闪石、绿泥石、石英等组成。角闪石呈柱状，但大小不一，大的呈变斑晶状，小的呈针状，常呈放射状，据多色性等判断，属阳起石；绿泥石为片状；石英的分布不均匀，局部集中，构成粒状变晶结构。上述矿物常定向排列，构成片理构造。薄片中另见有少量斜长石。

岩石定名：绿泥角闪片岩

14. 标本 14：T504⑦A:16，残石钺片

灰黑色，石质致密坚硬，岩性基本与 T504⑦A:24 "耘田器" 残件相似，显微结构等特征，参见 T504⑦A:24 描述。

岩石定名：（流纹质）凝灰岩

15. 标本 15：H37:1，石钺残件（参见彩版三四九，1）

肉红色，显微斑状结构，小斑晶粒径 0.05～0.08 mm，主要成分为长石和石英。基质成分与斑晶相同，也由长英质组成，但颗粒很细，构成显微隐晶质结构。在残片标本上见有层状（流纹?）构造，是否是经风化作用所致，尚有待进一步鉴定。

岩石定名：流纹岩

16. 标本 16：T604⑦A:7，玉料（彩版三八八，2；另参见彩版三六〇，1）

灰白色，块状，标本明显受沁，松散，泥化。显微镜下，岩石呈斑状变晶结构，变斑晶与变质基质成分相同，均为透闪石。变斑晶透闪石呈柱状，无色透明，两组解理清楚，解理夹角 124～56°，最高干涉色 I 级黄红。变质基质透闪石也呈柱状、针状，干涉色灰白。

17.标本17：T701⑧:24，玉镶嵌片残件（彩版三八五，3）

显微鳞片变晶结构，由叶蜡石组成。该标本上，浅灰绿色，隐晶质，硬度<5。

18.标本18：T602⑨B:4，玉管残件（参见彩版三五九，8）

受沁极强，土状，但隐约可见透闪石等矿物。

19.标本19：T700⑧:2，玉珠残件

显微鳞片结构，由叶蜡石组成，原岩为叶蜡石集合体。

20.标本20：H36①:1，玉锥形器残件（参见彩版三四三，2）

浅青绿色，质地坚硬，但较粗糙。显微镜下，呈纤状变晶结构，由透闪石组成。

岩石定名：透闪石岩

二　其他石器的目测鉴定

（一）石钺

1.M1:2，板岩。

2.M4:5，凝灰岩。

3.M5:5，角砾凝灰岩。

4.M8:1，霏细岩。

5.M8:2，流纹岩。

6.M15:3，球粒流纹岩。

7.M17:4，凝灰岩。

8.M19:6，流纹岩。

9.M20:5，流纹岩。

10.M22:4，霏细斑岩。

11.M28:11，角砾凝灰岩。

12.M28:12，熔结凝灰岩。

13.M28:13，凝灰岩。

14.M28:14，流纹岩。

15.M28:16，角砾凝灰岩。

16.M28:18，角砾凝灰岩。

17.M28:19，角砾凝灰岩。

18.M28:28，泥岩。

19.M29:7，霏细斑岩。

20.M30:6，板岩。

21.M32:5，球粒流纹岩。

22. M32:6，硅质页岩。

23. M35:16，板岩。

24. M40:7，霏细岩。

25. M40:9，凝灰岩。

26. M40:10，熔结凝灰岩。

27. M48:4，蚀变凝灰岩。

28. M49:6，凝灰岩。

29. M49:7，板岩。

30. M54:6，凝灰岩。

31. M57:6，球粒流纹岩。

32. M57:7，角砾凝灰岩。

33. M62:4，安山岩。

34. M65:4，角砾凝灰岩。

35. M66:13，流纹岩。

36. M66:17，角砾凝灰岩。

37. M66:18，花岗斑岩。

38. M66:34，熔结凝灰岩。

39. M67:9，球粒流纹岩。

40. M70:4，硅质页岩。

41. M73:8，球粒流纹岩。

42. M73:22，流纹质凝灰岩。

43. M73:31，晶屑凝灰岩。

44. M73:38，熔结凝灰岩。

45. M73:57，熔结凝灰岩。

46. M77:6，霏细岩。

47. M81:3，霏细岩。

48. M83:11，细砂岩。

49. M86:16，凝灰岩。

50. M91:6，凝灰岩。

51. M93:10，安山岩。

52. M95:2，凝灰岩。

53. M98:15，凝灰岩。

54. M98:16，熔结凝灰岩。

55. M98:21，安山岩。

56. M98:34，流纹岩。

57. M104:1，板岩。

58. M105:5，角砾凝灰岩。

59. M108:16，斑岩。

60. M108:19，流纹岩。

61. M109:9，流纹岩。

62. M114:5，球粒流纹岩。

63. M115:7，球粒流纹岩。

64. M116:18，球粒流纹岩。

65. M117:4，凝灰岩。

66. M119:4，安山岩。

67. M119:7，流纹岩。

68. M121:22，正长斑岩。

69. M121:23，角砾凝灰岩。

70. M123:5，球粒流纹岩。

71. M124:15，球粒流纹岩。

72. M127:8，安山岩。

73. M128:7，球粒流纹岩。

74. M140:6，凝灰岩。

75. M140:12，凝灰岩。

76. H37:1，凝灰岩。

（二）石锛

除 T600③:10 经鉴定为绿泥角闪片岩，T703③:1 石锛目测为凝灰岩外，其余石锛标本经目测鉴定都为流纹岩，但有些呈块状结构。

（三）石镞

除 T504⑤:13、G1②:20 经鉴定为变质泥岩外，其余石镞标本经目测分为两类，其中 M2:6、M4:6、M11:4、M28:6、M30:11、M35:13、M35:14、M65:11、M77:7、M77:8、M114:15 等 11 件为流纹岩，余均为凝灰岩。

（四）石"耘田器"

1. M8:4，凝灰岩。

2. M21:2，霏细斑岩。

3. M28:23，凝灰岩。

4. M31:4，霏细斑岩。

5. M35:10，凝灰岩。

6. M36:3，凝灰岩。

7. M47:9，凝灰岩。

8. M56:2，霏细斑岩。

9. M65:7，凝灰岩。

10. M68:6，凝灰岩。

11. M72:6，霏细斑岩。

12. M78:15，霏细斑岩。

13. M82:4，霏细斑岩。

14. M92:1，脉岩。

15. M95:1，凝灰岩。

16. M99:1，凝灰岩。

17. M107:7，凝灰岩。

18. M110:9，凝灰岩。

19. M114:10，霏细斑岩。

20. M115:12，凝灰岩。

21. M116:28，凝灰岩。

22. M121:16，凝灰岩。

23. M123:7，霏细斑岩。

24. M124:29，凝灰岩。

25. M127:11，凝灰岩。

26. M129:1，凝灰岩。

27. T305④:18，霏细斑岩。

（五）带把小石刀

1. M8:7，凝灰岩。

2. M20:3，凝灰岩。

3. M28:22，流纹岩。

4. M35:11，霏细岩。

5. M57:16，脉岩。

6. M66:7，脉岩。

7. M73:5，花岗斑岩。

8. M121:46，霏细岩。

9.G1②:1，凝灰岩。

（六）小石刀

1.M19:10，凝灰岩。

2.H1:27，凝灰岩。

（七）多孔石刀

1.M2:1，三孔石刀，凝灰岩。

2.T305③:10，双孔石刀，凝灰岩。

（八）有肩小石刀

1.T602⑨B:13，霏细斑岩。

（九）石凿

1.M28:2，流纹岩。

2.M30:9，流纹岩。

3.M55:4，流纹岩。

4.M57:14，流纹岩。

5.M66:8，流纹岩。

6.M73:6，流纹岩。

7.M81:5，流纹岩。

8.H1:6，凝灰岩。

9.H1:9，凝灰岩。

10.T305③:7，凝灰岩。

（一〇）石镰

1.M95:6，凝灰岩。

2.M97:3，凝灰岩。

3.M98:29，凝灰岩。

4.M104:7，凝灰岩。

（一一）石犁

1.M81:16，凝灰岩。

2.M92:2，分体石犁，两片凝灰岩，一片流纹岩。

3.M98:31，分体石犁，凝灰岩。

4.M109:21，凝灰岩。

5.T406⑤:3，凝灰岩。

6.H7③:6，凝灰岩。

（一二）石“破土器”

1．T701⑤:10，凝灰岩。

2．T506⑤:16，凝灰岩。

（一三）石片

1．M20:2，流纹岩。

2．M32:13，凝灰岩。

2．M33:3，凝灰岩。

4．M42:2，流纹岩。

5．M66:25，凝灰岩。

（一四）玉石料

1．T303②:25，凝灰岩。

2．T504⑤:6，流纹岩。

3．H7②:3，蚀变凝灰岩。

4．T506⑥:21，蚀变凝灰岩。

5．T505⑥:20，蚀变凝灰岩。

6．T604⑦A:7，蚀变凝灰岩。

7．T405⑥:16，蚀变凝灰岩。

（一五）砺石

新地里遗址出土有大量大小不一的砺石，经目测，除 T506⑤:9、T505⑤:2、T505⑦A:14、T305③:2 这四块砺石岩性为凝灰岩外，其余都是含粗细不一砂粒的砂岩。

（一六）其余石器

1．T700⑨B:6，砾石器，粗面斑岩。

2．T600③:6，石环，流纹岩。

3．T303④:6，不明用途石器，砂岩夹云母片。

4．T504⑤:3，滑轮形石器，凝灰岩。

附录三

桐乡新地里墓地出土人骨 DNA 检测报告

复旦大学现代人类学研究中心

一 引言

新地里遗址位于浙江省桐乡市留良乡湾里村，2001 年 3 月至 2002 年 1 月，浙江省文物考古研究所和桐乡市文物管理委员会联合对该遗址进行发掘，清理出良渚文化墓葬 140 座，其中大部分墓葬人骨无存，仅部分墓葬尚存部分人骨，受浙江省文物考古研究所委托，我中心对存留人骨进行了采样，并进行了 DNA 检测分析。

二 材料与方法

1. 样本、试剂与器材

（1）测试样本

墓号	个体数量	骨骼名称
M92	1	
M95	1	腓骨
M104	1	肋骨
M105:1、2	2	胫骨
M108	1	股骨
M109	1	锁骨
M134	1	上第四臼齿、下左第二门齿
M135	1	上第一、二臼齿
M137	1	第三、五臼齿
唐代	1	股骨
近代	3	股骨、趾骨

（2）主要试剂

① 抽提：EDTA（0.5M）；蛋白酶 K（10mg/ml）；Tris－HCL（1M／，PH 6.4）；SDS（0.5%）；GuSCN；Silica gel（0.3%）；70%乙醇；灭菌去离子水；丙酮；

② PCR 体系：Tag 酶（Hot-star）；dNTP（2mM）；10xbuffer；引物（10mM）；Mg-cl2（25mM）；灭菌去离子水；

③ 电泳检测：0.5xTBE 缓冲液；琼脂糖；溴化乙锭（EB）；0.18%的电泳上样缓冲液；

④ 限制性核酸内切酶：BstuⅠ，HhaⅠ。

（3）主要器材

PTC-100 PCR 仪；SCR-300 电泳仪；Electro-4 Gel Tank 电泳槽；FR-200 紫外与可见分析装置；应用及分析软件（Smartview image analyse）；台式高速离心机；水平式低温超速离心机；摇床；烘箱。

2. 古 DNA 的抽提

选取样品中保存情况相对较好的骨骼和牙齿，去除表面附着污物，放入无菌室用紫外线光照降解外部 DNA。钻取收集齿髓腔髓粉和骨粉，用裂解液去除蛋白质，置于65℃摇床中震荡，加提取液用硅胶法抽提 DNA，洗脱后用无菌水沉淀 DNA，−20℃保存待用。

3. Y 染色体 DNA（Y-DNA）SNP 位点的 PCR 扩增和限制性酶切

对 Y 染色体上 M119、M95、M110 和 M88 等 SNP 位点进行增长扩增（long-PCR）和巢式扩增（nest-PCR）两步扩增，扩增产物用相应的限制性内切酶切割。

实验者 DNA 作阳性对照，空白作阴性对照，与样品同时检测。所有实验操作均在无菌室内完成，实验者严格遵循防污染操作原则。

三 结果

位点 墓号		M95	M88	M119	M110
良渚文化	M92	−	−	−	
	M95		−		
	M104			+	
	M105:1	−	−	+	
	M105:2				
	M108	−	−		
	M109	−	−		
	M134	−	−	+	
	M135	−	−	+	
	M137		−	+	
唐代		−	−	+	
近代1					
近代2		−	−	+	−
近代3		−	−	+	

说明：

1）充填色部分表示该位点突变类型

2）划线"−"表示非该位点突变类型

3）空白处表示未获结果

Y-DNA SNP 分型测试结果显示，M104、M105∶1、M134、M135、M137、唐代、近代2 和近代 3 个体为 M119 突变型。(图一)

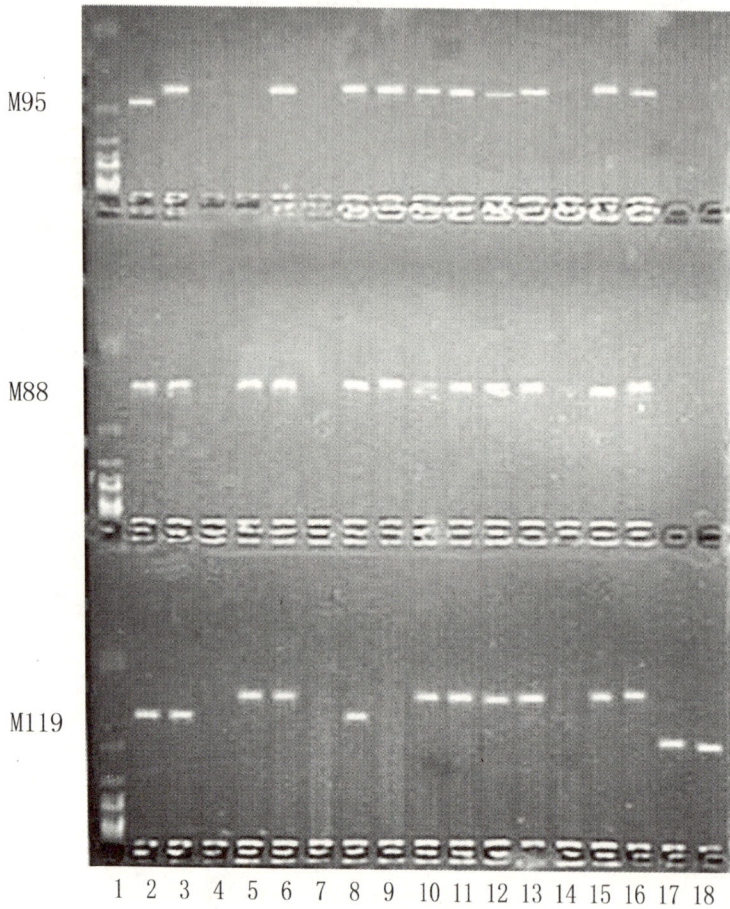

图一　Y 染色体 SNP 位点酶切电泳图像

参照我中心已有研究结果和数据分析，从上述 Y-DNA 检测结果中可以初步推断新地里遗址墓葬个体在族属上与百越民族较为接近。

检测人：黄颖　李辉

附录四

马桥文化遗存

马桥文化时期遗存主要包括地层堆积的第3层和4个灰坑。

一 第3层堆积

浅黄褐色土层，土质坚硬，在 T605、T604、T603 等探方内都有分布，最厚处约 0.25 米。该层出土遗物除一些良渚文化陶片外，还有柱形足绳纹鼎等马桥文化时期的遗物，但陶器都破碎难以修复。

二 灰坑

新地里共发现4个马桥文化灰坑，编号为 H4、H6、H10 和 H22。

1. H4

位于 T604 的西南部，开口于第3层下，打破第5层和良渚文化 M28 的东南角。坑口平面呈不规则的椭圆形，南北长径 1.5、东西短径 0.95～1.15 米，坑壁倾斜，底部近平，深 0.35～0.5 米。坑内填土质黏硬的褐色土，无陶片等遗物出土，但从土质土色来看，H4 应为马桥文化时期的灰坑。（图一）

2. H6

位于 T507 的西北部，西侧伸入 T506 的东隔梁，开口于第2层下，打破第5层和良渚文化 M26、H7。灰坑平面呈不规则的

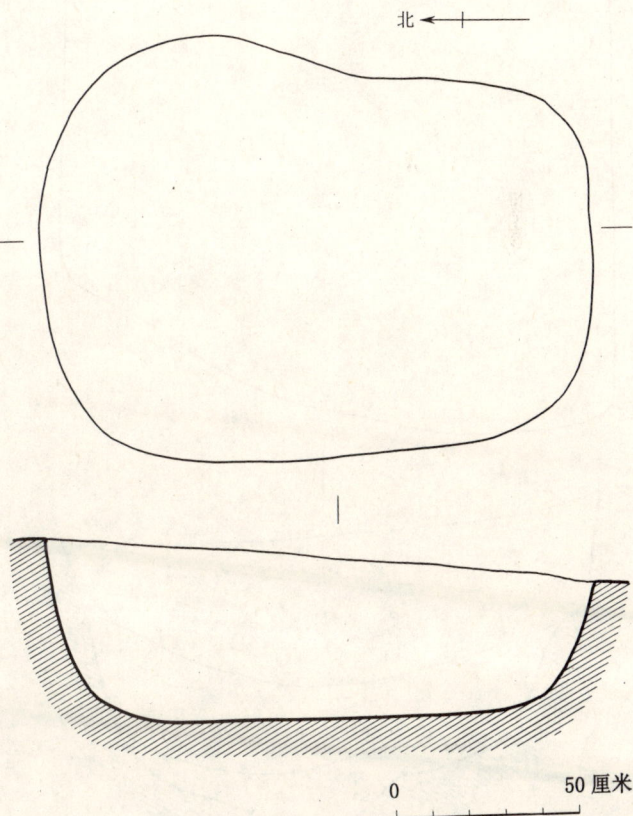

图一　H4 平剖面图

平行四边形，东西长 1.89、南北宽 1.48 米，坑壁倾斜，底部圜弧，深约 0.9 米。坑内填土根据土质土色不同分为三小层：第 1 层为土质坚硬的浅灰褐色土，出土有三足盘、圆锥足鼎等可复原陶器和一些印纹陶片；第 2 层为夹杂较多红烧土块的灰褐土，出土可复原的陶三足盘 2 件；第 3 层为灰黑土，出土陶片较少。从出土遗物看，粗砂红陶三足盘，腹部施横向篮纹、足根部有一个按捺窝的圆锥足鼎以及施绳纹、篮纹和杂乱的曲折纹的印纹陶片，都是马桥文化时期的典型器形和纹饰，因此，H6 为典型的马桥文化灰坑。(图二；彩

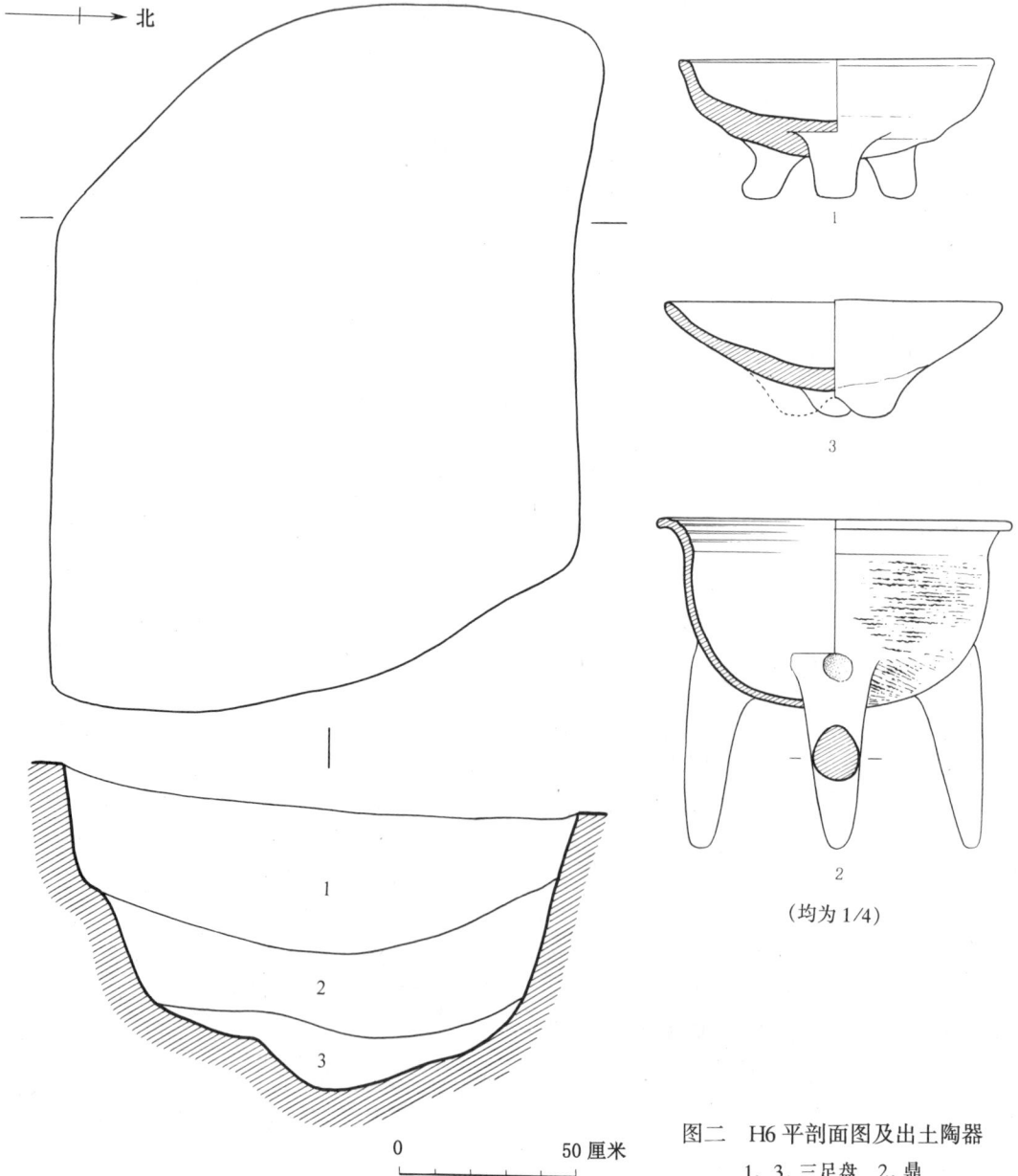

图二　H6 平剖面图及出土陶器
1、3. 三足盘　2. 鼎
（均为 1/4）

版三八九，1~5)

H6:1，三足盘。夹砂灰褐陶。微敛口，浅盘，三矮足截面椭圆。器物胎厚，制作粗。口径18、通高7.8厘米。(图二；彩版三八九，1)

H6:2，鼎。夹砂红陶。侈口，卷沿，微束颈，弧腹圜底，圆锥形鼎足。足根面上端捺一圆形凹窝（俗称"单目式鼎足"），鼎腹遍饰横向绳纹。口径20.3、高18.4厘米。(图二；彩版三八九，3)

H6:3，三足盘。粗泥红陶，胎质中可见掺和了草茎和稻谷屑，质地粗松。敞口，斜弧腹，三足低矮。口径19.2、高6.6厘米。(图二；彩版三八九，2)

3.H10

位于T507的北隔梁处，开口于第2层下，打破良渚文化M24、M53、M62和第5层。灰坑呈井状，平面为不规则的椭圆形，最长径约1.75米，坑口平面往下0.45米缩小为长1.45、宽1.1米的不规则长方形，再往下又缩成一直径0.97~1.09米的椭圆形，坑壁陡直，底部近平，深2.24米。坑内填土根据土质土色不同分为三层：第1层为土质坚硬的浅灰褐色土，出土遗物主要见于该层，有簋、"T"字形足鼎、平底盆、纺轮、玉珠和施条纹的印纹硬陶片等；第2层为夹杂黑色土块的灰褐色粉土，无文化遗物；第3层为灰色细砂粉土，土质细腻纯净，也无文化遗物出土。第1层出土的簋、"T"字形足鼎、平底盆、纺轮和玉珠等都是良渚文化墓葬中的常见随葬品，而陶器大多保存完整，却叠压在典型的马桥遗物拍印条纹的印纹硬陶片之上，表明该井状灰坑在开挖时破坏了原先位于此处的良渚文化墓葬，但不知出于什么原因，此坑挖成后不久既告废弃，将翻动过的良渚文化墓葬随葬品又填埋回坑的上部。由于坑内发现的印纹硬陶片属马桥文化，所以，我们认为它是马桥文化时期的灰坑。(图三；彩版三九〇，1)

H10:1，簋，带盖。泥质灰黄陶。簋母口微敛，深斜腹，圈足。口沿设对称双鼻，圈足饰八个小镂孔。盖圈足纽斗笠式。簋口径18、底径15.6、高10.6，盖口径18.4、高5.7厘米。(图三；彩版三九一，1)

H10:2，盆。泥质黑陶。侈口，束径，弧腹，平底。腹部饰斜向细绳纹。口径13.4、高9.75厘米。(图三；彩版三九一，2)

H10:3，纺轮。泥质灰黑陶。圆形，截面扁鼓形，中间有小穿孔。一面以孔为中心浅划一周圆圈。最大径3.8、厚1厘米。(图三；彩版三九一，5)

H10:4，玉珠。白色软玉。腰鼓形。高0.8厘米。(图三；彩版三九〇，2)

H10:5，玉珠。红褐色叶蜡石。圆柱形。直径0.8、高0.5厘米。(图三；彩版三九〇，3)

H10:6，玉珠。红褐色叶蜡石。圆柱形。直径0.85、高0.62厘米。(图三；彩版三九〇，4)

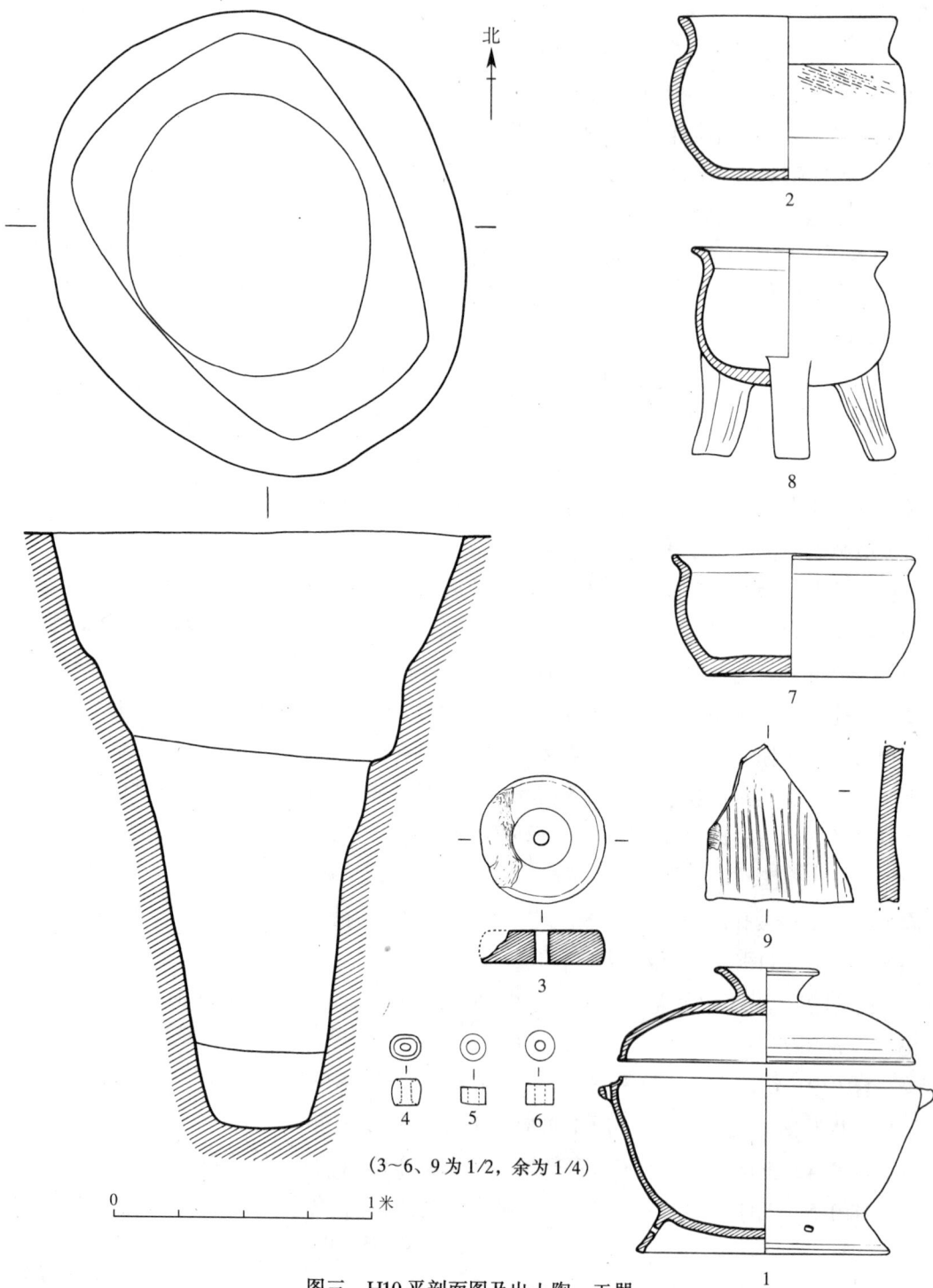

北

(3~6、9为1/2，余为1/4)

0　　　　　　　　　　　　　1米

图三　H10平剖面图及出土陶、玉器

1. 簋　2、7. 盆　3. 纺轮　4~6. 玉珠　8. 鼎　9. 印纹硬陶片

H10:7，盆。泥质黑陶。侈口，束颈，弧腹，宽平底。口径15、底径11.3、高7.4厘米。（图三；彩版三九一，3）

H10:8，鼎。夹砂红陶。侈口，斜折沿，束颈，深弧腹，浅圜底，"T"字足略外撇。口径12.2、高12.6厘米。（图三；彩版三九一，4）

H10:9，印纹硬陶片。青灰色泥质硬陶。残缺不辨器形。表面拍印条纹。残宽4.6厘米。（图三）

4. H22

位于T603的南部，开口于第1层下，打破第2层直至生土。坑口平面呈椭圆形，

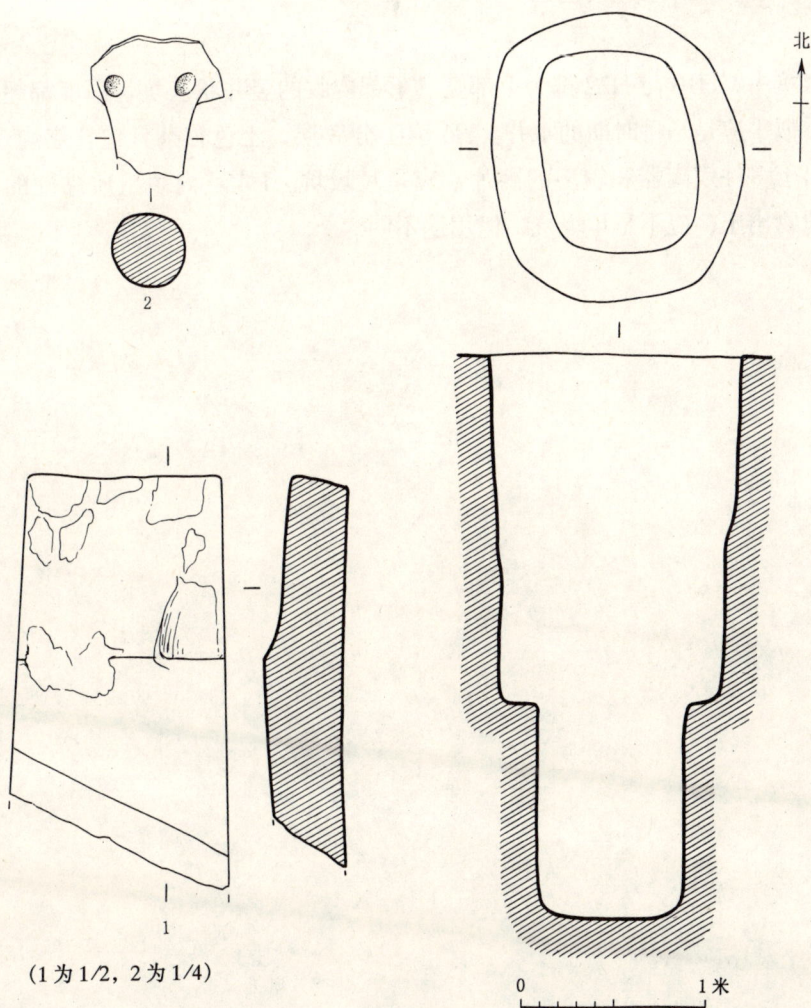

（1为1/2，2为1/4）

图四　H22平剖面图及出土石、陶器

1. 石锛　2. 鼎足

南北长径 1.53、东西短径 1.4 米，坑口往下 1.84 米，内缩为长径 1.06、短径 0.84 米的椭圆形，坑壁陡直，底部近平，深 3 米。坑内填土根据土质土色不同分为两层：第 1 层为夹杂少量炭灰颗粒的青灰色土，土质较软，没有发现文化遗物；第 2 层为夹杂团块状黑土的青灰色土，土质较软，出土少量文化遗物，其中弧段石锛、印纹硬陶片（彩版三九二，3）等遗物都是马桥文化的典型器物。（图四；彩版三九二，1）

H22:1，石锛。灰白色流纹岩。弧形段，段阶不明显，刃部残断。残长 11 厘米。（图四；彩版三九二，2）

H22:2，鼎足。夹砂红陶。圆锥形鼎足足尖部已残，足根处有两个圆形凹窝（俗称"双目式"）。残高 7.5 厘米。（图四）

四个灰坑中，H10 与 H22 都为上部宽、下部内收的竖井状灰坑，深度都超出 2 米，从形制来看似乎应是马桥时期的水井。H6 填土分 3 层，土色较杂且包含红烧土与草木灰，坑内出土多件残陶器和较多的陶片，应是垃圾坑。H4 坑内填土质黏硬的褐色土，无陶片等遗物出土，应不是垃圾坑，但用途不明。

后　记

桐乡新地里遗址考古发掘报告终于可以跟大家见面了，回首三年多来考古发掘、资料整理和报告撰写的整个过程，不免有些感慨。

新地里遗址考古发掘报告是一项集体劳作的成果，凝聚着每一位参加此项工作同志付出的辛勤汗水。2001年度参加新地里遗址考古发掘的人员前后达到了15人，这在浙江省的考古历史上也是难得一见的规模，大家的精诚合作是顺利完成新地里遗址考古发掘的保证。新地里遗址考古发掘项目同时得到了浙江省文物考古研究所领导的大力支持，特别需要提到和感谢的是曹锦炎所长，正是他不遗余力的支持和督促，才能够使我们心无旁骛地专致于发掘、整理和报告的撰写工作。徐新民副所长、考古一室刘斌主任也多次对野外发掘和资料整理工作进行指导。

在野外发掘结束后不久，我们即对发掘资料进行了及时的整理，参加资料整理的人员有蒋卫东、丁品、王巨宽、周伟民、朱宏中、周建初、董红卫等人。完成整理工作后，又立即由蒋卫东、丁品、周伟民和朱宏中四人分工合作，着手发掘报告的编写。其中第三章、第四章的陶器部分主要由丁品执笔，蒋卫东作了部分改动。良渚文化墓葬部分由周伟民和朱宏中两人共同执笔完成，其余章节由蒋卫东执笔。最后由蒋卫东修改、补充、统稿。

新地里遗址发掘报告的完成还得到了许多其他同志的帮助，浙江省文物考古研究所信息中心主任李永嘉主持完成了出土器物的照相工作；浙江省博物馆韩经世帮助完成了玉器和部分陶器刻划符号的拓片；浙江大学地球科学系董传万、何礼章合作完成了石器的鉴定报告；北京大学考古文博学院实验室提供了碳十四测试报告；复旦大学文博系提供了人骨DNA检测报告。

在新地里遗址的发掘和整理过程中，国家文物局专家组专家黄景略、严文明、张忠培，浙江大学教授毛昭晰，北京大学考古文博学院赵辉、徐天进、张弛、秦岭，上海博物馆黄宣佩、宋建，南京博物院张敏，山东大学栾丰实，中央民族大学杨楠，复旦大学高蒙河，湖南省文物考古研究所裴安平，安徽省文物考古研究所吴卫红以及浙江省文物考古研究所牟永抗、刘军、王明达等先生都曾亲临现场，对新地里遗址的发掘和整理工作给予了热心的指导和建议。

　　新地里遗址的考古发掘、资料整理和报告撰写工作始终得到了桐乡市委、市政府的高度重视和大力支持，桐乡市政府为本次考古发掘和资料整理工作，提供了专项经费。市委书记龚吟怡、市长费见文、主管副市长邢海华多次前往发掘工地，帮助协调解决考古发掘中面临的多项困难。市文化体育局陈建明局长，叶瑜荪、潘亚萍副局长更是以发掘工地为家，为发掘工作的顺利进行作出了巨大的努力和牺牲。此外，桐乡市公安局、农经委、留良乡党委政府、湾里村村委都为本次发掘工作的顺利进行做了大量的后勤、安全保卫和协调工作。正是他们默默的付出才换来了九个多月野外考古工作的顺利进展，因此，用什么样的言辞也无法恰当地表达我们的感激和感谢之情。

　　在此，我们谨向热忱关心和支持新地里遗址考古工作的各位专家、领导表示衷心的感谢。需要强调的是，虽然我们已庶竭驽钝，但受主客观条件的限制，新地里遗址的考古发掘报告自然难免错讹之处，我们恳请师友同仁的批评指正。

编　者

XINDILI

(Abstract)

The Xindili 新地里 site is located at Group 4 of the Wanli 湾里 Village, Liuliang 留良 Township (the Chongfu 崇福 Township after 2002), Tongxiang 桐乡 City, Zhejiang 浙江 Province. The main body of the site is a northeast-southwest oriented long high platform which is 300 m from east to west and 80 m from south to north. The Zhejiang Provincial Institute of Cultural Relics and Archaeology, with the cooperation of the Tongxiang City Administrative Committee of Cultural Relics, excavated the site from March 2001 to January 2002 when local peasants planed to level their land. Within the 2500 sq m exposed area, were found 140 burials, pits, ditches, wells, architectures made of burnt earth, and 1800 pieces (sets) of ceramic, stone, jade, bone, ivory and wood artifacts, all of which belong to the Liangzhu culture. The excavation also identified that the platform was also an "architecture" made by the Liangzhu people.

The high platform consists of different inclining layers of relatively pure soil with few pottery shreds. Large soil chunks were found in some layers. This kind of soil deposit is similar with that of previously found typical Liangzhu man-made platforms. Hence we can safely say that the Xindili platform is also intentionally constructed by the Liangzhu people. Refuse deposit was found on the lowland surrounding the platform.

Layer 12 to layer 4 of the platform belong to the Liangzhu period. In the early phase of Liangzhu, two small platforms were established on layer 12 — one in the east, one in the west and more than 30 m between each other. Nine soil layers were piled over the western platform in the later phases to make it larger and larger. Four layers of ash deposit, probably the remain of certain activities during the enlargement work, were found around the platform. They are important for our understanding of different usage stages of the western platform. The continuing enlargement of the western platform finally resulted in the combination of the western and eastern platforms when soil layer 6 was piled. Different from the western platform, the eastern platform was directly covered by layer 6, no other layers pertaining to enlargement were found.

The enlargement of high platform coincided with the formation of Xindili cemetery of the Liangzhu culture. In fact, mortuary practice was the main purpose for the construction and enlargement of the platform. According to our excavation, the long-shape cemetery is also northeast to southwest oriented, more than 85 m from east to west and nearly 30 m from south to north. Its eastern end is in grid T508. The location of its western end was unclear due to the disturbance of residential houses of local peasants. The remains of architectures build up with burnt earth indicates that beside the cemetery, there might be houses and attached structures on the platform.

Majority of the 140 Liangzhu burials were discovered on the northern slope of the platform. They all have a burial pit each, which is 1.52 to 3.77 m long, 0.27 to 1.82 m wide and 0.04 to 0.75 m deep, with 0 to 60 pieces (sets) of burial offerings. The only well-preserved 9 skeletons were mainly in extended supine position, with the head orienting to 155 to 180 degree (southeast). The 117 burials without coffins might belong to ordinary people. They are all relatively small in size, with less than 20 burial offerings main of which are ceramic vessels. A few stone and jade objects were also found in these burials. Most of the jade objects were small awl-shaped objects, tubes and beads. Yet there are also some jade combbacks, bracelets, necklaces and *jue* 玦 earrings. The 23 burials with coffins are all bigger in size than the burials of ordinary people. Quantity of burial offerings in them is also obviously larger.

Many burial offerings were put in special positions. Stone tools, including *yue* 钺 axe, arrowhead, net-weight, milling stone, weeding tool, multi-perforations knife, adze, chisel and small handled knife, were usually unearthed between the chest and the feet. Only adze, chisel and small handled knife were occasionally found near the head. Stone plough was always put on the top of the coffin. Types of jade objects include *cong* 琮 tube, *bi* 璧 disk, *yue* axe, *huang* 璜 ornament, three-prongs object, ring, bracelet, *jue* earring, awl-shaped object, comb-back, post-shaped object, semi-ring, tube, bead, pendant, necklace and stick-head ornament etc.. Comb-back and three-prong object were usually put near the head, while *bi* disk and *yue* axe were put beside the chest. A cong tube was found on the left wrist of the female deceased in burial M137. Jade awl-shaped object, tube and bead were often discovered between the burial pit wall and the head or the feet of the deceased. Ceramic vessels, mainly ring-foot plate (or basin), double-rings vase and wide-handle jar (in the late phase), were also usually found between the burial pit wall and the head or the feet of the deceased.

In several burials, the skull were found lying on a ceramic ring-foot plate (or basin), obviously having been intentionally arranged like this during the mortuary ceremony. The style of ceramic vessels had changed through time. *Ding* 鼎 tri-pod with fish-fin-shaped feet, double-rings vase, lidded *gui* 簋 vessel and ring-foot pot were popular in the early phase. Main types of the late phase include *ding* tri-pod with T-shaped feet, double-rings vase, wide-handle jar, lidded *gui* vessel with lid-receiving mouth and *zun* 尊 vessel. One of the characteristic of the Xindili pottery assemblage is that the *dou* 豆 stemmed plate which is popular at other Liangzhu sites was seldom found here.

We divide the Liangzhu burials at Xindili into early and late phases according to the stratigraphic and typological studies. Each phase consists of three sub-phases. Only one cluster of burials at the early western platform was identified as the remain of sub-phase Ⅰ. As the eastern platform was established more than 30m away from the western platform, the cemetery owned two clusters of burials in sub-phase Ⅱ. Some slight differences on burial offerings of the two clusters indicate that they might belong to two social groups. The quantity and quality of burials offerings of the western clusters shows that its related social group might have achieved certain dominance in the competition between the two social groups. The sub-phase Ⅲ witnessed the appearance of the third burial cluster in the middle of the western and eastern clusters. Slight differences on burial offerings of the three clusters show that they might represent three social groups. The three-clusters pattern kept unchanged from sub-phase Ⅳ to Ⅵ. It seems that this pattern had became the keynote of Xidili cemetery. Generally speaking, elite burials with coffins were mainly buried at the southern part or in the middle of the cemetery, while no-coffin burials of the ordinary people were buried at the north of the cemetery or at the east and west sides of large burials. However, both the elite and ordinary burials were buried in the same high platform cemetery without clear boundary, indicating the close social relationship between them.

The Jiaxing 嘉兴 area where the Xindili site was located was a relatively isolate geographic unit in the Liangzhu period, and hence exhibited clear local characteristics on cultural style and developmental process. Cultural assemblage of Xindili can find its exact position in the established chronological framework of the Liangzhu culture in Jiaxing. The sub-phase Ⅰ fine sandy *ding* tripod with fish-fin-shape feet; small mouth, long neck, oblate belly, low ring-foot double-rings vase; and *dou* stemmed plate with a straight mouth and curved belly plate, a flared thick stem decorated with concave string pattern or a thin stem with contracted upper part, all show typical characteristics of the middle Liangzhu culture in Jiaxing. Yet the short neck, round belly, low ring-foot or false-ring-foot flat bottom vase indicates that some cultural characteristics of early Liangzhu still existed. However, since no late Songze 崧泽 style vessel, such as the sandy *ding* tri-pod with chisel-shaped feet, was found, and the Liangzhu style had been relatively mature, we can safely say that burials and features of this sub-phase belong to the early stage of middle Liangzhu culture in Jiaxing.

The sub-phase Ⅵ *ding* tripod with wide T-shaped feet; *zun* vessel with high neck, high ring-foot, curved rim and curved shoulder; double-rings vase with oblate belly which is concave on the top; high ring-foot plate with wide rim; jade awl-shaped object without perforation on the tang, are all typical artifacts usually found in the latest Liangzhu burials in Jiaxing. Artifacts discovered in the cultural deposit of this sub-phase including *ding* vessel with cord-marks, *dou* stemmed plate with lid-receiving mouth, oval-shaped *dou* stemmed plate, *gui* 鬶 tri-pod, loop-ear pot, and stone "plough" are also popular artifacts of the late stage of late Lianzhu culture in Jiaxing. In general, the six sub-phases of Xindili covered the whole developmental process from the middle to the late Liangzhu culture in Jiaxing.

新 地 里

下

浙江省文物考古研究所
桐乡市文物管理委员会

文物出版社

XINDILI

Vol. 2

(With an English Abstract)

by

Zhejiang Provincial Institute of Cultural Relics and Archaeology
Tongxiang City Administrative Committee of Cultural Relics

Cultural Relics Publishing House

彩 版 目 录

遗址远景

1. 发掘区远景（东－西）

2. 发掘区俯视

发掘区远景与俯视

1．M1（南－北）

3．石钺 M1：2

2．玉锥形器 M1：1

4．石镞 M1：3

M1 及其出土玉、石器

1. M2（南-北）

汉代 Y1

2. 三孔石刀 M2：1

M2 及其出土三孔石刀

1．石锛 M2∶4

2．石镞 M2∶6

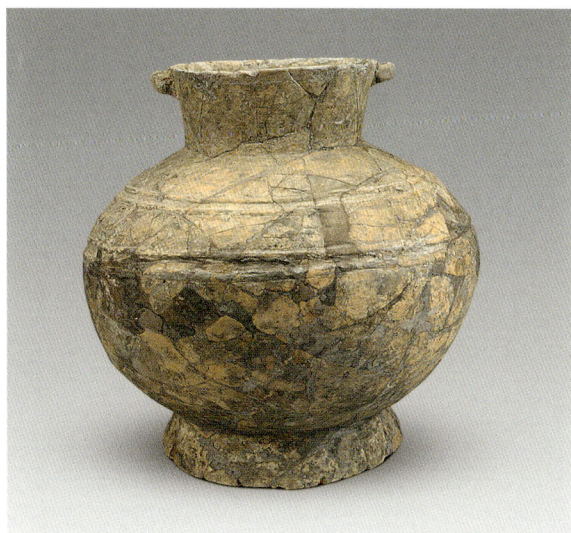

3．陶双鼻壶 M2∶2

4．陶鼎 M2∶3

5．陶簋 M2∶5

M2 出土石、陶器

1. M3 头部器物出土情况
（西－东）

2. M3 脚部器物出土情况
（西－东）

3. 圈足盘 M3：1

M3器物出土情况及其出土陶圈足盘

1. 双鼻壶 M3：2

2. 宽把杯 M3：3

3. 簋 M3：4

4. 尊 M3：5

5. 鼎 M3：6

6. 盆 M3：7

M3 出土陶器

1．M4（南－北）

2．玉锥形器 M4：1

3．石钺 M4：5

M4 及其出土玉、石器

1. 石镞 M4：6

2. 石镞 M4：7

3. 石镞 M4：8

4. 陶圈足盘 M4：3

5. 陶双鼻壶 M4：4

6. 陶盆 M4：10

7. 陶双鼻壶 M4：11

M4 出土石、陶器

1．M5（南－北）

2．玉梳背、玉串饰出土情况（东－西）

M5 及其器物出土情况

1．玉梳背 M5：1

2．玉串饰 M5：2

3．玉串饰 M5：3

4．玉锥形器 M5：4

5．石钺 M5：5

M5 出土玉、石器

1. 双鼻壶 M5：6

2. 双鼻壶 M5：14

3. 圈足盘 M5：8

4. 盆 M5：10

5. 尊 M5：9

6. 盆 M5：11

7. 簋 M5：12

M5 出土陶器

1. 梳背 M6 : 1

2. M7（南－北）

3. 镯 M7 : 2

M6 出土玉梳背，M7 及其出土玉镯

1. M8（北－南）

2. 珠 M8：6

M8 及其出土玉珠

1．钺 M8：1

4．"耘田器" M8：4

2．钺 M8：2

5．镞 M8：5

3．锛 M8：3

6．带把小石刀 M8：7

M8 出土石器

1. M9（南—北）

4. 陶圈足盘 M9：1

5. 陶尊 M9：5

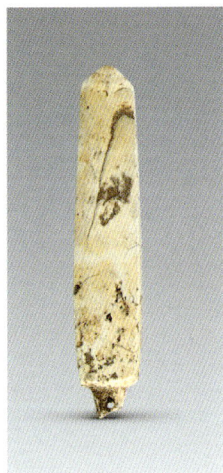

2. 玉锥形器 M9：3

3. 石锛 M9：8

6. 陶盆 M9：6

M9 及其出土玉、石、陶器

1. M10（南-北）

2. 玉锥彤器 M10：1

3. 玉锥形器 M10：5

4. 石镞 M10：4

5. 陶双鼻壶 M10：3

M10及其出土玉、石、陶器

1. M11（南—北）

2. 玉珠 M11：3

3. 石镞 M11：4

M11 及其出土玉、石器

1. 宽把杯 M11 : 1

4. 簋 M11 : 6

2. 圈足盘 M11 : 2

5. 鼎 M11 : 7

3. 尊 M11 : 5

6. 盆 M11 : 8

M11 出土陶器

1．M12（南—北）

3．M13局部（南—北）

2．小罐 M12：1

4．鼎 M13：1

M12、M13 及其出土陶器

1．M14（南—北）

2．玉锥形器 M14：6

3．砺石 M14：9

4．陶器盖 M14：4

5．陶纺轮 M14：5

M14 及其出土玉、石、陶器

1. M15（南－北）

2. 石钺 M15：3

3. 玉锥形器 M15：5

4. 玉珠 M15：6

5. 石镞 M15：4

M15 及其出土玉、石器

1. 甂 M15∶1

2. 簋 M15∶2

3. 双鼻壶 M15∶7

4. 尊 M15∶8

5. 圈足盘 M15∶9

M15 出土陶器

1. M16（南－北）

2. 石锛 M16：5

3. 石锛 M16：6

4. 陶簋 M16：1

5. 陶圈足罐 M16：2

M16 及其出土石、陶器

M17（南－北）

1. 1/4 对角解剖情况（南－北）

2. 管 M17：5

3. 锥形器 M17：6

4. 珠 M17：19

M17 对角解剖情况及其出土玉器

1. 钺 M17：4

2. 镞 M17：7

3. 镞 M17：11

4. 镞 M17：17

5. 锛 M17：8

6. 锛 M17：10

7. 锛 M17：9

8. 锛 M17：18

M17 出土石器

1. 圈足盘 M17:2

2. 簋 M17:12

4. 双鼻壶 M17:3

3. 簋 M17:14

5. 鼎 M17:15

M17 出土陶器

1. M18（南－北）

2. 双鼻壶 M18：1

3. 纺轮 M18：3

4. 簋 M18：2

5. 鼎 M18：4

6. 双鼻壶 M18：5

M18 及其出土陶器

1. M19（南－北）

3. 石钺 M19：6

4. 石锛 M19：7

2. 玉锥形器 M19：4

5. 石刀 M19：10

6. 石镞 M19：11

M19 及其出土玉、石器

1．圈足盘 M19：1

2．宽把杯 M19：3

3．小罐 M19：5

4．三足盘 M19：8

5．鼎 M19：9

6．豆 M19：12

M19 出土陶器

1. M20（南—北）

2. 玉锥形器 M20：4

3. 石片 M20：2

4. 石镞 M20：10

5. 石镞 M20：11

6. 石镞 M20：12

M20 及其出土玉、石器

1. 带把小石刀 M20：3

2. 石钺 M20：5

4. 陶尊 M20：8

3. 石锛 M20：13

5. 陶盆 M20：9

M20 出土石、陶器

1．M21（南－北）

2．玉珠 M21：3

3．石"耘田器" M21：2

4．陶纺轮 M21：4

M21 及其出土玉、石、陶器

1. 簋 M21：5

2. 鼎 M21：6

3. 盆 M21：8

M21 出土陶器

1. M22（南—北）

2. 玉串饰 M22：3

3. 石钺 M22：4

4. 石镞 M22：5

5. 小石子 M22：12

6. 陶纺轮 M22：11

M22 及其出土玉、石、陶器

1. 圈足盘 M22：1

2. 双鼻壶 M22：2

3. 三足盘 M22：6

4. 三足盘 M22：7

5. 鼎 M22：8

6. 盆 M22：9

M22 出土陶器

1. M23（南－北）

2. 玉镶嵌片 M23：4（×2）

3. 石网坠 M23：3

4. 陶圈足盘 M23：2

5. 陶尊 M23：6

M23 及其出土玉、石、陶器

1. M24（南－北）

2. 玉锥形器 M24：4

3. 陶圈足盘 M24：3

4. M25（南－北）

5. 陶圈足盘 M25：1

M24、M25 及其出土玉、陶器

1. M26（北-南）

3. M27（南-北）

2. 平底罐 M26：1

M26 及其出土陶器，M27

汉代 Y1

马桥 H4

M28 十字隔梁解剖情况（南－北）

汉代 Y1

马桥 H4

M28（南－北）

1. 玉璧出土情况（西－东）

2. 脚端陶器与石器出土情况
   （东－西）

3. 石钺出土情况（西－东）

M28 器物出土情况

1. 璧 M28∶15

2. 兽面造型三叉形器 M28∶48

M28 出土玉器

1．玉珠 M28：3　　　　　　2．玉珠 M28：9　　　　　　3．玉珠 M28：42

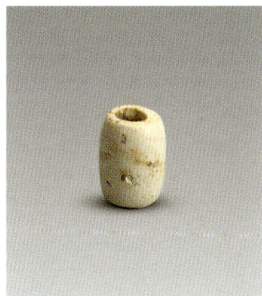

4．玉珠 M28：10　　5．玉珠 M28：41　　6．玉珠 M28：44　　7．玉珠 M28：46

8．玉管 M28：4　　　　　9．玉锥形器 M28：47　　　　10．玉坠 M28：51

11．鲨鱼唇齿 M28：5　　12．鲨鱼唇齿 M28：25　　13．鲨鱼唇齿 M28：33　　14．鲨鱼唇齿 M28：43

M28 出土玉器、鲨鱼唇齿

1．M28：21

2．M28：24

3．M28：27

4．M28：26

5．M28：29

6．M28：45

M28 出土石锛

1. 镞 M28：6

2. 镞 M28：7

3. 镞 M28：8

4. 带把小石刀 M28：22

5. "耘田器" M28：23

M28 出土石器

1. M28：11

2. M28：12

3. M28：14

4. M28：16

M28出土石钺

1. M28：13

2. M28：18

3. M28：19

4. M28：28

M28 出土石钺

1．双鼻壶 M28：1

2．双鼻壶 M28：30

3．双鼻壶 M28：31

4．双鼻壶 M28：39

5．双鼻壶 M28：40

6．簋 M28：34

M28 出土陶器

1. 鼎 M28∶32

3. 簋 M28∶37

2. 甂 M28∶36

4. 尊 M28∶38

5. 圈足盘 M28∶35

M28 出土陶器

1. M29（南—北）

2. 头部器物出土情况（南—北）

3. 脚端器物出土情况（南—北）

M29 及其器物出土情况

1. 玉锥形器 M29:1

2. 玉珠 M29:2、M29:20

4. 石镞 M29:11、M29:12、M29:13

3. 玉镶嵌片 M29:6

5. 石锛 M29:17

6. 石钺 M29:7

M29 出土玉、石器

1. 圈足盘 M29：3

2. 双鼻壶 M29：4

3. 双鼻壶 M29：15

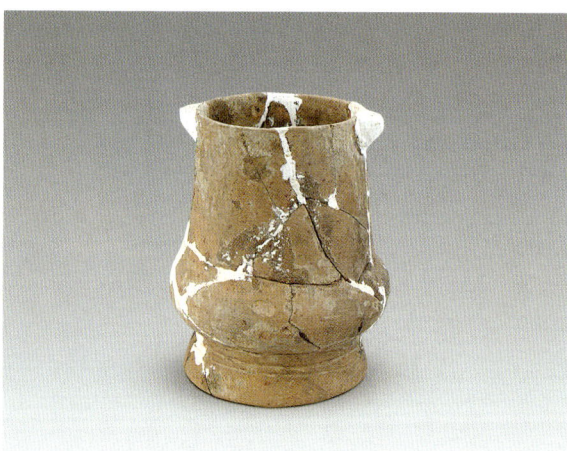

4. 双鼻壶 M29：19

5. 三足盘 M29：10

6. 盆 M29：14

M29 出土陶器

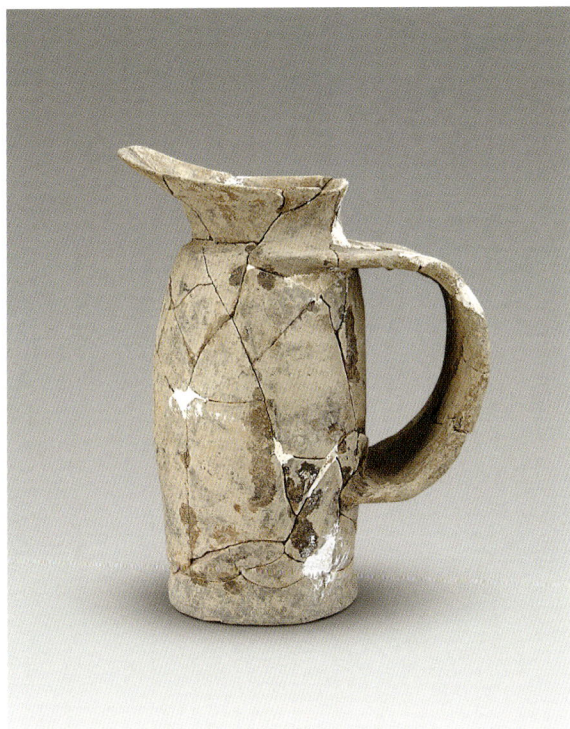

1. 宽把杯 M29：5

2. 尊 M29：8

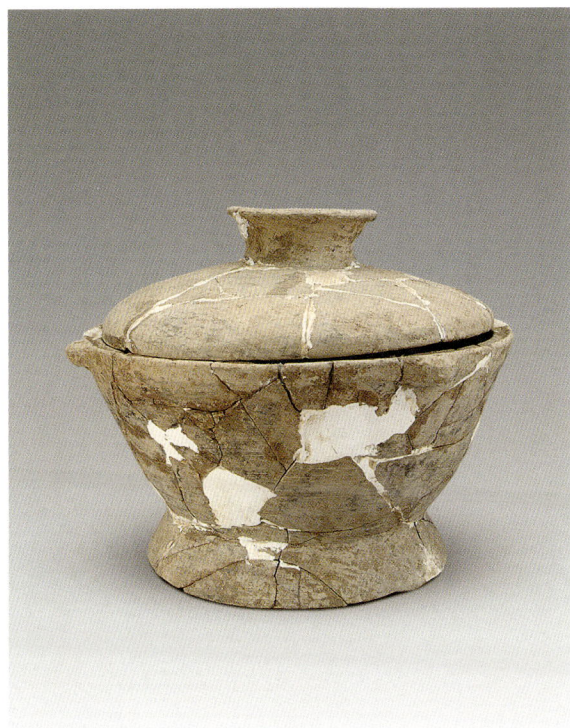

3. 簋 M29：9

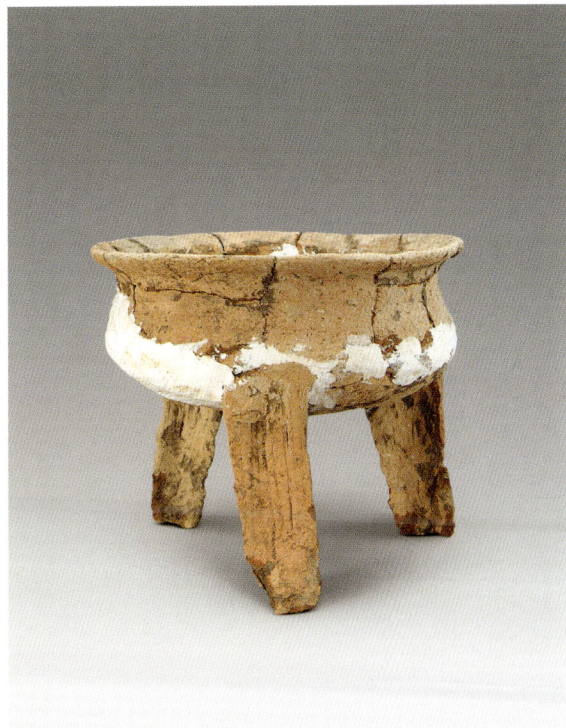

4. 鼎 M29：16

M29 出土陶器

1．M30（南—北）

2．头部器物出土情况（南—北）

3．脚端器物出土情况（西—东）

M30 及其器物出土情况

1. 玉锥形器 M30：1

2. 玉珠 M30：8

3. 玉珠 M30：18

5. 石镞 M30：11

4. 石钺 M30：6

6. 石锛 M30：7

7. 石凿 M30：9

M30 出土玉、石器

1. 圈足盘 M30：2

4. 双鼻壶 M30：4

2. 宽把杯 M30：3

5. 双鼻壶 M30：16

3. 三足盘 M30：5

6. 双鼻壶 M30：17

M30 出土陶器

1. 尊 M30：12

3. 簋 M30：14

2. 簋 M30：13

4. 鼎 M30：15

M30 出土陶器

1．M31（南－北）

2．玉锥形器 M31：3

3．石"耘田器"M31：4

M31 及其出土玉、石器

1．双鼻壶 M31：1

4．鼎 M31：7

2．双鼻壶 M31：2

5．簋 M31：8

3．尊 M31：6

6．纺轮 M31：5

M31 出土陶器

1. M32（南－北）

2. 玉串饰、陶器出土情况
（东北－西南）

M32 及其器物出土情况

1．玉锥形器 M32：4

2．玉串饰 M32：12

3．石钺 M32：5

4．石钺 M32：6

5．石片 M32：13

6．陶纺轮 M32：7

M32 出土玉、石、陶器

1. 双鼻壶 M32：1

2. 宽把杯 M32：2

3. 圈足盘 M32：3

4. 盆 M32：11

5. 簋 M32：9

6. 鼎 M32：10

M32出土陶器

1. M33（南－北）

4. M34（南－北）

2. 镞 M33：2

3. 石片 M33：3

M33、M34 及 M33 出土石器

1．M35（南－北）

2．头部器物出土情况（西－东）

3．脚端器物出土情况（南－北）

M35 及其器物出土情况

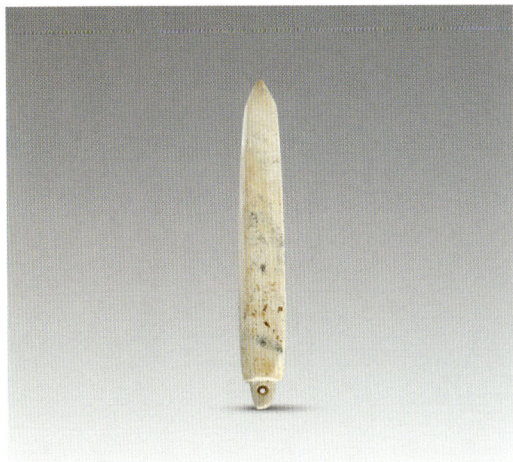

1．玉锥形器 M35：4

4．石"耘田器" M35：10

2．玉珠 M35：5（×2）

5．带把小石刀 M35：11

3．玉串饰 M35：17

6．石钺 M35：16

M35 出土玉、石器

1. 石镞 M35：13

2. 石镞 M35：14

3. 石镞 M35：15

4. 石镞 M35：18

5. 陶双鼻壶 M35：1

6. 陶圈足盘 M35：3

7. 陶簋 M35：7

8. 陶鼎 M35：9

M35 出土石、陶器

1. M36（南－北）

宋代扰坑

2. 纺轮 M36：2

3. 鼎 M36：4

M36 及其出土陶器

1．M37（南－北）

2．M38（南－北）

1. 圈足罐 M37：1

2. 钵 M37：2

3. 簋 M38：2

M37 及 M38 出土陶器

1. M39（南－北）

2. 玉串饰出土情况（西－东）

3. 玉串饰 M39：2

4. 陶盆 M39：1

5. 陶圈足罐 M39：4

M39 及其出土玉、陶器

1. M40 (南－北)

2. 坠 M40：5（×2）

3. 镶嵌片 M40：6（×2）

4. 珠 M40：19（×2）

M40 及其出土玉器

1. 石钺 M40：7

2. 石钺 M40：10

3. 石锛 M40：8

4. 石锛 M40：11

5. 陶宽把杯 M40：2

6. 陶平底罐 M40：13

M40 出土石、陶器

1. 双鼻壶 M40：3

4. 尊 M40：14

2. 双鼻壶 M40：17

5. 簋 M40：15

3. 双鼻壶 M40：18

6. 鼎 M40：16

M40 出土陶器

1．M41（南－北）

宋代扰坑

2．石锛 M41：5

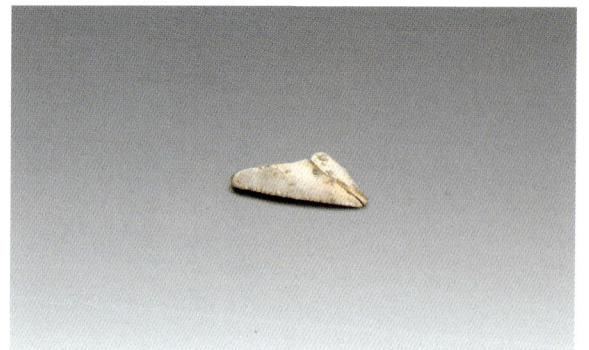

3．鲨鱼唇齿 M41：3

M41 及其出土石锛、鲨鱼唇齿

1. 圈足盘 M41：1

2. 宽把杯 M41：2

3. 盆 M41：4

4. 尊 M41：6

5. 鼎 M41：7

M41 出土陶器

1. M42（南－北）

2. 玉锥形器 M42：1

3. 石片 M42：2

4. 陶双鼻壶 M42：3

5. M43（南－北）

M42、M43 及 M42 出土玉、石、陶器

1. 圈足盘 M43：1

2. 宽把杯 M43：2

3. 鼎 M43：5

4. 簋 M43：6

5. 盆 M43：8

M43 出土陶器

1. M44（南－北）

2. 珠 M44：6

3. 珠 M44：8

4. 锥形器 M44：7

5. 锥形器 M44：10

M44 及其出土玉器

1. 宽把杯 M44：2

2. 圈足盘 M44：5

3. 双鼻壶 M44：4

4. 双鼻壶 M44：15

5. 纺轮 M44：9

6. 盆 M44：13

M44 出土陶器

1．盨 M44：11

2．尊 M44：12

3．鼎 M44：14

M44 出土陶器

1. M45（南—北）

2. 脚端陶器出土情况（西—东）

3. 簋 M45：1

M45 及其出土陶簋

1．M46（南－北）

2．器物出土情况（东－西）

3．双鼻壶 M46∶1

4．盒 M46∶2

M46 及其出土陶器

1．M47（南－北）

2．脚端陶器出土情况（东－西）

M47 及其器物出土情况

1．玉珠 M47：4

2．玉锥形器 M47：5

3．陶纺轮 M47：6

4．陶圈足盘 M47：3

5．陶双鼻壶 M47：1

6．陶簋 M47：7

7．陶簋 M47：11

M47 出土玉、陶器

1．M48（南－北）

2．器物出土情况（西－东）

M48 及其器物出土情况

1. 玉管 M48：5　　　2. 石镞 M48：7　　　3. 石镞 M48：8　　　4. 石镞 M48：9

5. 石钺 M48：4　　　　　　　6. 石锛 M48：6

M48 出土玉、石器

1. 圈足盘 M48 : 1

3. 盆 M48 : 12

2. 双鼻壶 M48 : 2

4. 壶 M48 : 3

5. 圈足罐 M48 : 13

M48 出土陶器

1. M49（南—北）

2. 锥形器 M49：4

3. 珠 M49：5

M49 及其出土玉器

1．石钺 M49：6

2．石钺 M49：7

3．石锛 M49：8

4．石镞 M49：11

5．陶双鼻壶 M49：1

6．陶宽把杯 M49：2

M49 出土石、陶器

1. 圈足盘 M49：3

4. 三足盘 M49：10

2. 平底罐 M49：9

5. 鼎 M49：12

3. 平底罐 M49：13

M49 出土陶器

1. M50（南－北）

2. 圈足盘 M50：1

M50 及其出土陶圈足盘

1. M51（南—北）

2. 圈足盘 M51:1

3. 鼎 M51:2

4. 尊 M51:3

M51 及其出土陶器

1．M52（南－北）

2．玉锥形器 M52：5

3．陶壶 M52：1

4．陶圈足盘 M52：2

5．陶纺轮 M52：10

M52 及其出土玉、陶器

1. 盆 M52：3

2. 盆 M52：9

3. 宽把杯 M52：4

4. 鼎 M52：8

5. 尊 M52：6

6. 簋 M52：7

M52 出土陶器

1. M53（南－北）

2. 簋 M53：1

M53 及其出土陶簋

1. M54（南—北）

2. 玉串饰与脚端陶器
   出土情形（东—西）

M54 及其器物出土情况

1. 玉珠 M54：1（×2）

4. 玉坠 M54：7

2. 玉串饰 M54：2

5. 玉锥形器 M54：8-1

3. 玉串饰 M54：12

6. 石钺 M54：6

M54 出土玉、石器

1. 双鼻壶 M54：3

3. 尊 M54：11

2. 双鼻壶 M54：5

4. 鼎 M54：15

M54 出土陶器

1. 圈足盘 M54：4

2. 簋 M54：10

3. 盆 M54：14

4. 纺轮 M54：13

M54 出土陶器

1. M55（南－北）

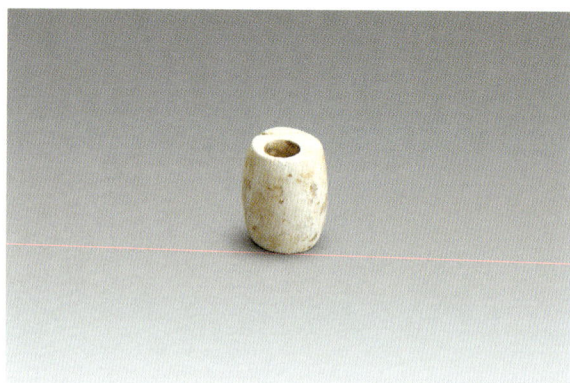

2. 玉珠 M55：6

3. 玉珠 M55：7

4. 玉管 M55：5

5. 玉锥形器 M55：8

6. 石凿 M55：4

M55 及其出土玉、石器

1. 圈足盘 M55：1

3. 平底罐 M55：12

2. 双鼻壶 M55：3

4. 鼎 M55：10

5. 簋 M55：9

M55 出土陶器

1．M56（南－北）

2．石"耘田器"、陶纺轮与脚
端陶器出土情况（西－东）

M56 及其器物出土情况

1. 石"耘田器" M56:2

2. 陶纺轮 M56:4

3. 陶簋 M56:3

4. 陶簋 M56:7

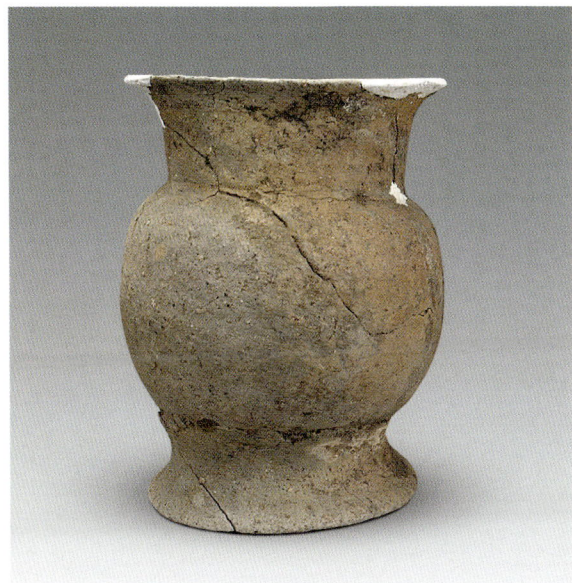

5. 陶尊 M56:5

6. 陶鼎 M56:6

M56出土石、陶器

1. M57（南—北）

3. 套管 M57：9

4. 珠 M57：13

5. 管 M57：23

2. 脚端石器与陶器出土情况（西—东）

M57及其出土玉器

1. 钺 M57：6

2. 钺 M57：7

3. 带把小石刀 M57：16

4. 锛 M57：10

5. 锛 M57：15

6. 凿 M57：14

M57 出土石器

1．石镞 M57：20

2．石镞 M57：21

3．石镞 M57：22

4．陶双鼻壶 M57：1

5．陶双鼻壶 M57：2

6．陶双鼻壶 M57：3

7．陶双鼻壶 M57：5

M57 出土石、陶器

1. 圈足盘 M57：4

4. 尊 M57：12

2. 簋 M57：11

5. 鼎 M57：19

3. 盆 M57：18

M57 出土陶器

1. M58（南－北）

宋代扰坑

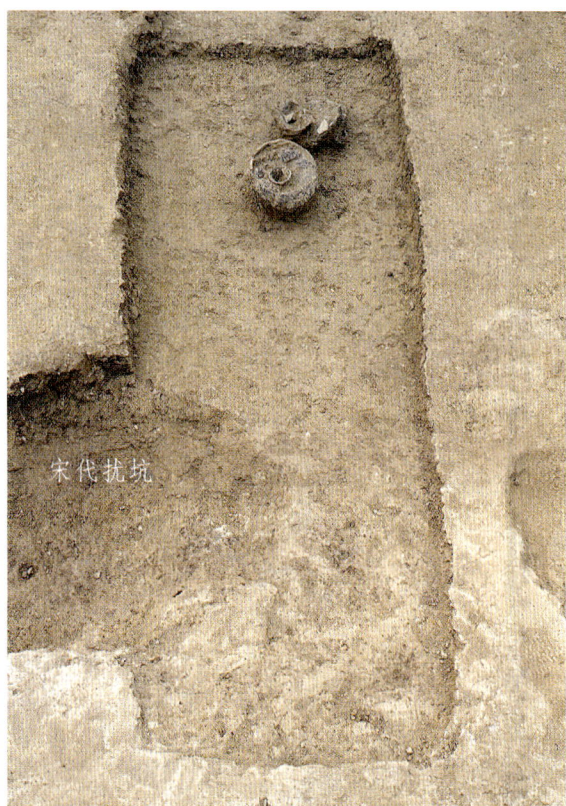

宋代扰坑

2. M59（南－北）

3. M60（南－北）

M58、M59、M60

1. 鼎 M58：1

2. 簋 M59：1

3. 尊 M59：2

4. 纺轮 M59：3

5. 圈足盘 M60：2

6. 杯 M60：3

M58、M59、M60 出土陶器

1. M61（南－北）

2. 珠 M61：1

3. 珠 M61：4

4. 珠 M61：6

5. 珠 M61：7

M61 及其出土玉珠

1. 石锛 M61：5

2. 陶双鼻壶 M61：2

3. 陶圈足盘 M61：3

4. 陶豆 M61：8

5. 陶圈足罐 M61：9

6. 陶鼎 M61：10

M61 出土石、陶器

1. M62（南—北）

2. 珠 M62：3

3. 珠 M62：6

4. 坠 M62：7

5. 方形玉饰 M62：8

M62 及其出土玉器

1. 石钺 M62:4

2. 陶双鼻壶 M62:1

3. 陶圈足盘 M62:2

4. 陶宽把杯 M62:5

M62 出土石、陶器

1. M63（南—北）

2. 玉坠 M63：3（放大）

3. 玉珠 M63：10（放大）

4. 石刀 M63：4

5. 陶纺轮 M63：5

M63 及其出土玉、石、陶器

1．圈足盘 M63：1

2．双鼻壶 M63：2

3．鼎 M63：6

4．簋 M63：7

5．圈足罐 M63：8

6．盆 M63：9

M63 出土陶器

1．M64（南－北）

2．锥形器 M64：3

3．镶嵌片 M64：4

M64 及其出土玉器

1. 圈足盘 M64：1

4. 宽把杯 M64：8

2. 簋 M64：5

5. 盆 M64：9

6. 纺轮 M64：10

3. 鼎 M64：6

M64 出土陶器

1. M65（南－北）

2. 头部陶器与石器出土情况（西－东）

3. 石"耘田器"与脚端陶器
   出土情况（西－东）

M65 及其器物出土情况

1. 珠 M65：5

2. 锥形器 M65：6

3. 珠 M65：8

4. 珠 M65：9

5. 珠 M65：10

6. 珠 M65：12

7. 串饰 M65：17

M65 出土玉器

1. 钺 M65：4

2. 镞 M65：11

3. "耘田器" M65：7

M65 出土石器

1. 双鼻壶 M65：1

2. 双鼻壶 M65：2

3. 尊 M65：13

4. 鼎 M65：15

M65 出土陶器

1．圈足盘 M65：3

2．簋 M65：14

3．平底罐 M65：16

M65 出土陶器

M66（南—北）

1. 石钺、石锛出土情况（西－东）

2. 脚端陶器出土情况（西－东）

M66器物出土情况

1．M66：4

2．M66：12-2

3．M66：16

4．M66：22

5．M66：24

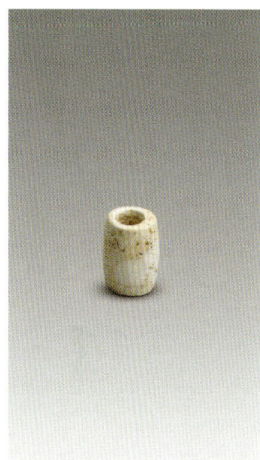

6．M66：27

7．M66：29

8．M66：35

9．M66：42

10．M66：43

M66 出土玉珠

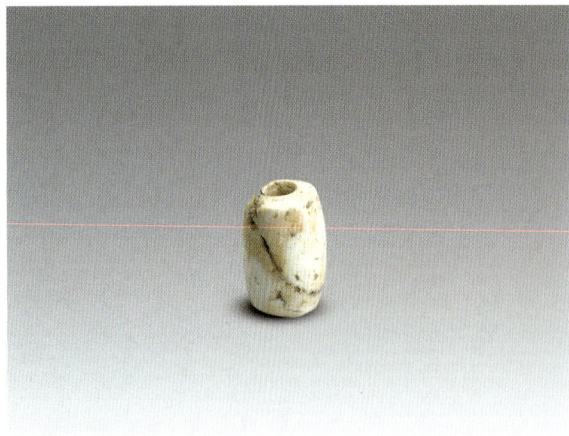

1. 珠 M66：44

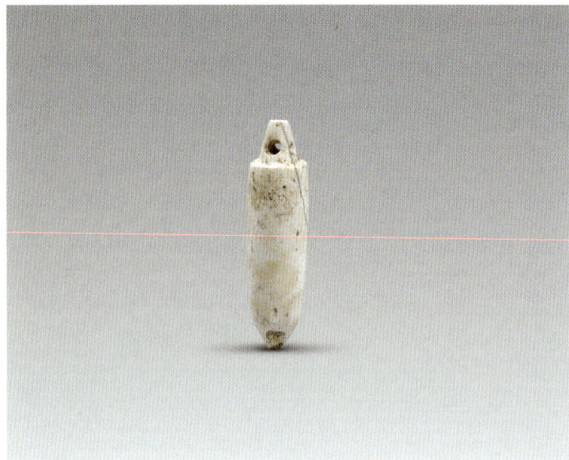

2. 坠 M66：14

3. 锥形器 M66：9

4. 锥形器 M66：23

5. 管 M66：15

6. 管 M66：46

M66 出土玉器

1．带把小石刀 M66：7

2．刀 M66：21

3．钺 M66：13

4．钺 M66：17

5．钺 M66：18

6．钺 M66：34

M66 出土石器

1．凿 M66：8

2．锛 M66：19

3．锛 M66：20

4．锛 M66：30

5．锛 M66：32

6．锛 M66：41

M66 出土石器

1．M66：2

2．M66：3

3．M66：5

4．M66：37

5．M66：39

6．M66：37 器盖局部

M66 出土陶双鼻壶

1．圈足盘 M66：6

2．圈足盘 M66：10

3．尊 M66：31

4．甗 M66：40

M66 出土陶器

1. M66：33

2. M66：38

M66 出土陶鼎

1. M67（南-北）

2. 玉串饰 M67：17 出土情形（西-东）

M67 及其器物出土情况

1. 串饰 M67：2

2. 串饰 M67：17

3. 珠 M67：7

4. 珠 M67：8

5. 珠 M67：10

6. 珠 M67：14

7. 锥形器 M67：5

8. 锥形器 M67：11

M67 出土玉器

1. 石钺 M67∶9

2. 小石子 M67∶20

3. 石镞 M67∶22

4. 陶纺轮 M67∶12

5. 陶纺轮 M67∶13

M67 出土石、陶器

1. 双鼻壶 M67：3

2. 双鼻壶 M67：23

3. 双鼻壶 M67：24

4. 宽把杯 M67：4

5. 盆 M67：6

6. 盆 M67：21

M67 出土陶器

1. 鼎 M67：16

2. 尊 M67：18

3. 簋 M67：15

M67 出土陶器

1．M68（南—北）

2．玉珠 M68：4（×2）

3．玉锥形器 M68：5

4．石"耘田器"M68：6

M68 及其出土玉、石器

1．圈足盘 M68：1

2．盆 M68：7

3．簋 M68：8

4．双鼻壶 M68：2

5．双鼻壶 M68：3

M68 出土陶器

1．尊 M68：9

2．鼎 M68：10

3．M69 陶豆出土情况（西－东）

4．杯 M69：1

5．豆 M69：2

M68、M69 出土陶器及 M69 器物出土情况

1．M70（南－北）

2．玉坠 M70：3

3．石钺 M70：4

M70 及其出土玉、石器

1. 双鼻壶 M70：1

2. 壶 M70：2

3. 三足盘 M70：5

4. 鼎 M70：6

5. 圈足罐 M70：7

M70出土陶器

1. M71（南—北）

2. 玉锥形器 M71：4

3. 陶纺轮 M71：8

4. 陶纺轮 M71：11

M71 及其出土玉、陶器

1. 双鼻壶 M71：1   2. 双鼻壶 M71：2

3. 盆 M71：6   4. 盆 M71：10

M71 出土陶器

1. 圈足盘 M71 : 3

2. 簋 M71 : 5

3. 尊 M71 : 7

M71 出土陶器

1. M72（南－北）

2. 玉珠 M72：3

3. 玉珠 M72：4

4. 玉珠 M72：7

5. 玉珠 M72：11

6. 石"耘田器" M72：6

M72及其出土玉、石器

1. 双鼻壶 M72：1

4. 鼎 M72：9

2. 圈足盘 M72：2

5. 圈足罐 M72：10

3. 簋 M72：5

6. 纺轮 M72：8

M72 出土陶器

M73（南—北）

1. 玉璧、石钺等出土情况（西-东）

2. 脚端陶器出土情况（东-西）

3. 石锛与脚端陶器出土情况
（西北-东南）

M73 器物出土情况

1. M73：2

2. M73：9

3. M73：11

4. M73：13

5. M73：14

6. M73：16

7. M73：17

8. M73：20

9. M73：27

10. M73：35

M73 出土玉珠

1. 管 M73：10

2. 管 M73：18

3. 管 M73：19

4. 镶嵌片 M73：23

5. 镶嵌片 M73：25

6. 镶嵌片 M73：28

7. 镶嵌片 M73：58

8. 镶嵌片 M73：61

9. 杖端饰 M73：26

10. 坠 M73：30

11. 残玉器 M73：32

12. 鲨鱼唇齿 M73：48

M73 出土玉器、鲨鱼唇齿

2. 锥形器 M73∶24　　3. 锥形器 M73∶46　　4. 锥形器 M73∶47

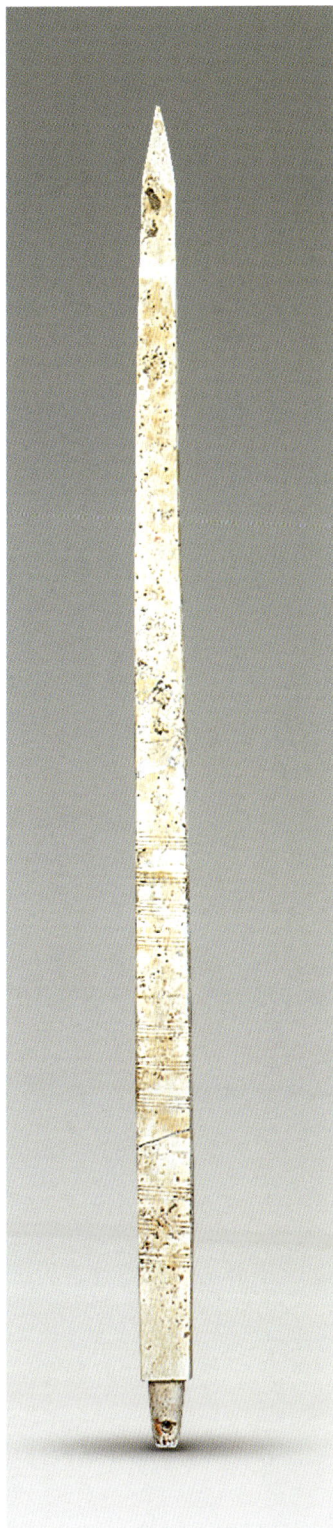

1. 锥形器 M73∶15

5. 璧 M73∶21

M73 出土玉器

1．石锛 M73：4

2．石锛 M73：52

3．石锛 M73：54

4．石锛 M73：55

5．带把小石刀 M73：5

6．石凿 M73：6

M73 出土玉、石器

1. M73：8

2. M73：22

3. M73：31

4. M73：38

5. M73：57

M73 出土石钺

1．石镞 M73：33

2．石镞 M73：34

3．石镞 M73：44

4．石镞 M73：45

5．石镞 M73：59

6．石镞 M73：60

7．陶宽把杯 M73：1

8．陶尊 M73：36

M73 出土石、陶器

1. 双鼻壶 M73：7

2. 双鼻壶 M73：49

3. 双鼻壶 M73：51

4. 双鼻壶 M73：53

5. 双鼻壶 M73：56

6. 簋 M73：37

M73 出土陶器

1. 盆 M73：39

2. 圈足盘 M73：40

3. 甗 M73：41

4. 鼎 M73：42

5. 簋 M73：43

6. 簋 M73：50

M73出土陶器

1. M74（南－北）

2. 珠 M74：5（×2）

M74 及其出土玉珠

1. 圈足盘 M74：1

2. 双鼻壶 M74：2

3. 双鼻壶 M74：3

4. 宽把杯 M74：4

M74 出土陶器

1．M75（南－北）

2．圈足盘 M75∶1

3．双鼻壶 M75∶2

M75 及其出土陶器

1. M76（南—北）

2. 玉管 M76：2

3. 玉珠 M76：3

4. 陶三足盘 M76：4

M76 及其出土玉、陶器

1. M77（南－北）

4. 石钺 M77：6

2. 玉坠 M77：5

3. 玉珠 M77：10

5. 石镞 M77：7

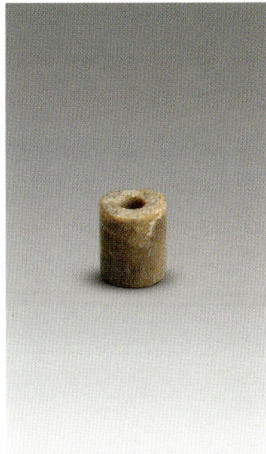

6. 石镞 M77：8

7. 石刀 M77：9

M77 及其出土玉、石器

1．圈足盘 M77：1

2．双鼻壶 M77：2

3．双鼻壶 M77：3

M77 出土陶器

1. M78（南－北）

2. "耘田器" M78：15

M78 及其出土石 "耘田器"

1．珠 M78：3

2．珠 M78：4

3．珠 M78：6

4．珠 M78：7

5．珠 M78：8

6．珠 M78：9

7．珠 M78：11

8．珠 M78：13

9．珠 M78：19

10．锥形器 M78：10

M78 出土玉器

1. 圈足盘 M78：1

3. 双鼻壶 M78：2

2. 盆 M78：16

4. 双鼻壶 M78：5

5. 圈足罐 M78：18

6. 纺轮 M78：14

M78 出土陶器

1. M79（南－北）

2. 双鼻壶 M79：1

M79 及其出土陶双鼻壶

1. M80（南—北）

2. 鼎 M80：1

3. 圈足罐 M80：2

4. 圈足盘 M80：3

M80及其出土陶器

1. 石钺、石锛等出土情况（西－东）

2. 陶器出土情况（西－东）

M81 器物出土情况

1．玉珠 M81：1

5．石钺 M81：3

2．玉珠 M81：13

6．砺石 M81：4

3．玉珠 M81：14

7．石凿 M81：5

4．玉锥形器 M81：15

M81 出土玉、石器

1. 锛 M81：7

2. 锛 M81：8

3. 犁 M81：16

M81 出土石器

1. 簋 M81：9

2. 圈足罐 M81：11

3. 平底罐 M81：12

M81 出土陶器

1．M82（南一北）

2．串饰 M82：1

3．管 M82：2

4．坠 M82：3

5．珠 M82：5

M82 及其出土玉器

1．石"耘田器"M82：4

2．陶簋 M82：6

3．陶双鼻壶 M82：7

4．陶鼎 M82：8

M82 出土石、陶器

1．M83（南－北）

2．锥形器 M83：4

3．镶嵌片 M83：5

4．珠 M83：10

M83 及其出土玉器

1．镞 M83：7

2．镞 M83：8

3．镞 M83：9

4．镞 M83：16

5．镞 M83：17

6．钺 M83：11

M83 出土石器

1．宽把杯 M83：2

2．双鼻壶 M83：3

3．尊 M83：12

4．簋 M83：13

5．圈足盘 M83：18

M83 出土陶器

1. M84（南－北）

2. 双鼻壶 M84：1

3. M85（南－北）

4. 纺轮 M85：2

M84、M85 及其出土陶器

1. 根据平面土色不同划出墓坑（南－北）

2. 留十字隔梁清剔墓葬（南－北）

3. 十字隔梁剖面显示的葬具痕迹（南－北）

1. M86（南-北）

2. 南端陶器出土情况（南-北）

3. 北端陶器和石钺出土情况（西-东）

M86及其器物出土情况

1. 珠 M86：4   2. 珠 M86：13   3. 珠 M86：12、M86：14   4. 珠 M86：22

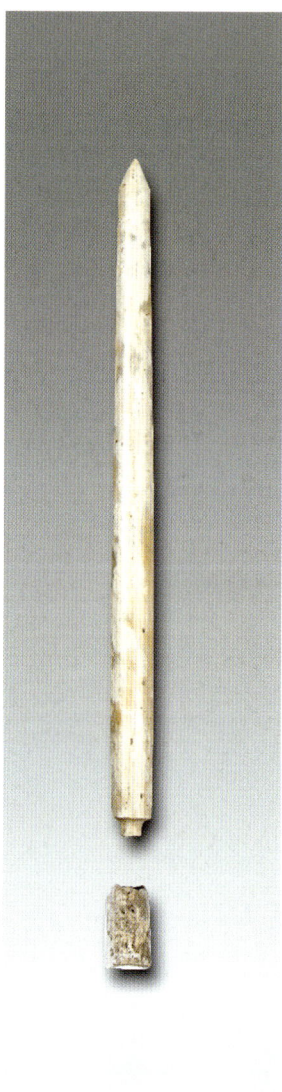

5. 串饰 M86：5   6. 柱形器 M86：11

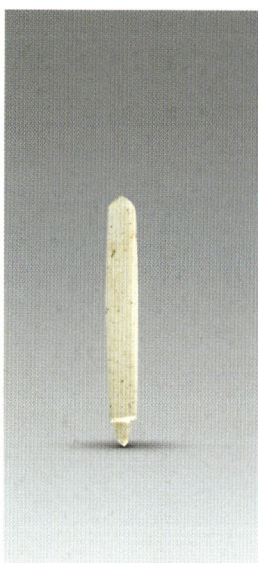

7. 管 M86：6   8. 管 M86：7   9. 锥形器 M86：8   10. 锥形器 M86：10
　　　　　　　　　　　　　　　　　　　　　　　　　　　　　　　　套管 M86：9

M86 出土玉器

1．石钺 M86：16

2．陶宽把杯 M86：1

3．陶双鼻壶 M86：2

4．陶双鼻壶 M86：21

5．陶圈足盘 M86：3

6．陶平底罐 M86：17

M86 出土石、陶器

1. 尊 M86：18

3. 鼎 M86：20

2. 簋 M86：19

4. 纺轮 M86：23

M86 出土陶器

1．M87（南－北）

2．珠 M87：2

3．珠 M87：3

4．串饰 M87：4

M87 及其出土玉器

1. 盆 M87：1

2. 圈足罐 M87：5

3. 圈足盘 M87：6

4. 鼎 M87：7

5. 纺轮 M87：8

M87 出土陶器

1．M88（南－北）

2．玉珠 M88：1

3．陶圈足罐 M88：2

4．陶豆 M88：3

5．陶鼎 M88：4

M88 及其出土玉、陶器

1．M89（南一北）

2．鼎 M89：2

近现代扰坑

3．簋 M89：1

M89 及其出土陶器

1. M90（南－北）

2. 串饰 M90：3

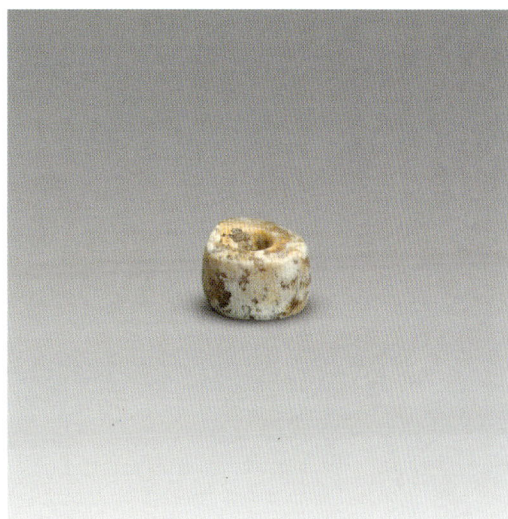

3. 珠 M90：6

M90 及其出土玉器

1. 盆 M90：2

2. 簋 M90：4

3. 鼎 M90：5

4. 圈足罐 M90：7

M90 出土陶器

1. M91（南－北）

2. 头部陶器、石钺、小石子出土情况（西－东）

3. 脚端陶器出土情况（西－东）

M91 及其器物出土情况

1. 玉管 M91：5　　　　2. 玉珠 M91：7　　　　3. 玉珠 M91：9、M91：17

4. 玉串饰 M91：8　　　　　　　5. 玉串饰 M91：18

6. 小石子 M91：4　　　　　　　7. 石钺 M91：6

M91 出土玉、石器

1. 圈足盘 M91：1

2. 双鼻壶 M91：3

3. 簋 M91：11

4. 圈足罐 M91：13

5. 鼎 M91：12

6. 平底罐 M91：14

7. 纺轮 M91：15

M91 出土陶器

1．M92（南－北）

2．脚端陶器出土情况（南－北）

3．分体石犁出土情形
（西－东）

M92 及其器物出土情况

1．"耘田器" M92：1

2．锛 M92：3

3．分体石犁 M92：2

M92 出土石器

1. 簋 M92：4

2. 尊 M92：5

3. 鼎 M92：6

M92出土陶器

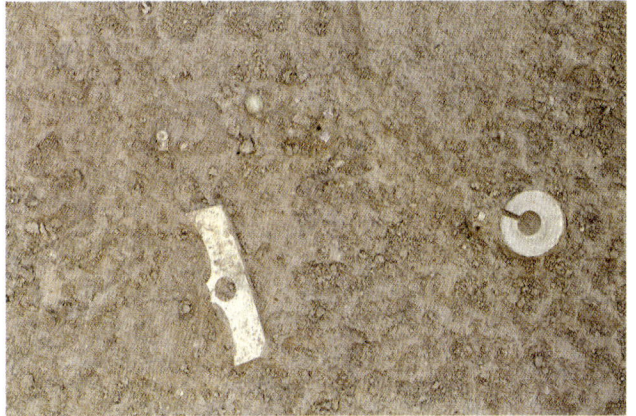

1. M93（南－北）

2. 玉玦、玉端饰、玉串饰出土情况（东南－西北）

3. 石钺、涂朱漆器出土情况（西－东）

M93及其器物出土情况

 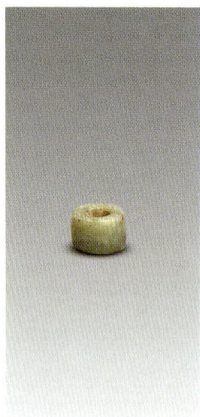   

1. 珠 M93：1   2. 珠 M93：2   3. 珠 M93：5   4. 珠 M93：7   5. 珠 M93：11

6. 串饰 M93：4   7. 串饰 M93：9

 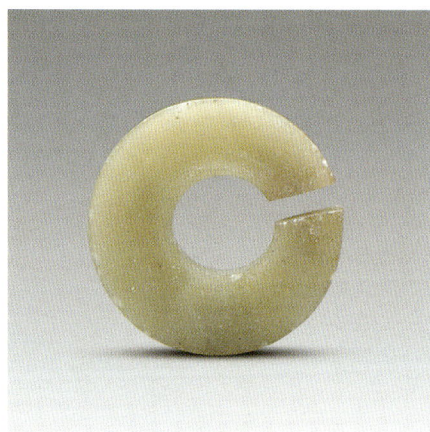

8. 端饰 M93：6   9. 玦 M93：8

M93 出土玉器

1. 石钺 M93：10

3. 陶簋 M93：13

2. 涂朱漆容器 M93：12

4. 陶鼎 M93：14

5. 陶圈足罐 M93：15

M93 出土石、漆、陶器

1. M94（南－北）

2. 玉管 M94：1

3. 陶圈足盘 M94：2

4. 陶鼎 M94：3

5. 陶尊 M94：4

M94 及其出土玉、陶器

1．M95（南－北）

2．石"耘田器"、石钺出土情况（东－西）

3．脚端石镰、陶器出土情况（东－西）

M95 及其器物出土情况

1. 石"耘田器" M95:1

4. 陶簋 M95:3

2. 石镰 M95:6

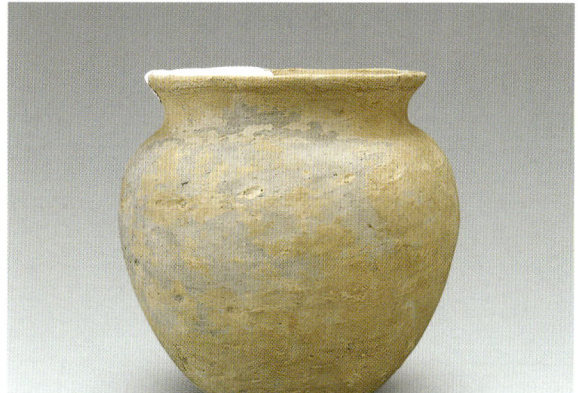

5. 陶平底罐 M95:4

3. 石钺 M95:2

6. 陶鼎 M95:5

M95 出土石、陶器

1．M96（北－南）

2．坠 M96：4

M96及其出土玉坠

1. 宽把杯 M96∶1

2. 圈足盘 M96∶2

3. 簋 M96∶5

4. 尊 M96∶8

5. 盆 M96∶6

M96 出土陶器

1．M97（南－北）

2．石锛 M97：2

3．石锛 M97：5

4．石镰 M97：3

5．陶鼎 M97：1

6．陶圈足罐 M97：4

M97 及其出土石、陶器

1. 横剖面上显示的葬具情况（北-南）

2. 墓中出土位置较高的玉梳背等随葬品（凸起处为十字解剖的纵隔梁）

M98葬具及玉梳背等出土情况

M98（南-北）

1. 珠 M98：1

2. 珠 M98：4

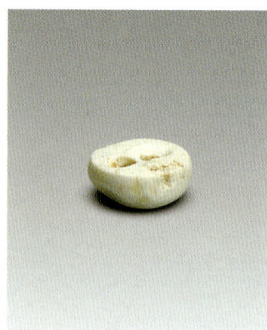

3. 珠 M98：6

4. 珠 M98：8

5. 珠 M98：9

6. 珠 M98：10

7. 珠 M98：11

13. 珠 M98：14

8. 珠 M98：17

9. 珠 M98：18

10. 珠 M98：30

11. 珠 M98：35

12. 管 M98：12

14. 锥形器 M98：32

M98 出土玉器

1．玉梳背 M98：5

2．玉镯 M98：19

3．鲨鱼唇齿 M98：7

4．鲨鱼唇齿 M98：24

M98 出土玉器、鲨鱼唇齿

1．钺 M98：15

2．钺 M98：16

3．钺 M98：21

4．钺 M98：34

5．锛 M98：22

6．锛 M98：23

M98 出土石器

1．刀 M98：20

2．镰 M98：29

3．分体石犁 M98：31

M98 出土石器

1. 尊 M98：13

2. 圈足罐 M98：26

3. 双鼻壶 M98：27

4. 鼎 M98：28

5. 簋 M98：25

M98 出土陶器

1．M99（西－东）

2．玉珠 M99：2

3．玉锥形器 M99：3

4．石锛 M99：9

5．石"耘田器" M99：1

M99 及其出土玉、石器

1. 奁 M99：4

2. 双鼻壶 M99：5

3. 尊 M99：6

M99 出土陶器

1. M100（北－南）

2. 鼎 M100：2

3. 圈足罐 M100：3

4. 纺轮 M100：1

5. 簋 M100：4

6. 簋 M100：5

M100 及其出土陶器

1. M101（南—北）

2. 双鼻壶 M101：1

3. 圈足盘 M101：2

4. 鼎 M101：3

M101 及其出土陶器

1．M102（南－北）

4．陶宽把杯 M102：1

5．小陶罐 M102：3

2．玉锥形器 M102：2

3．陶纺轮 M102：6

6．陶簋 M102：4

M102 及其出土玉、陶器

1. M103

2. 玉坠 M103：3

3. 陶宽把杯 M103：2

M103 及其出土玉、陶器

M104（南－北）

1. 石钺 M104：1

2. 玉坠 M104：2

3. 石镰 M104：7

4. 陶鼎 M104：3

5. 陶簋 M104：6

6. 陶双鼻壶 M104：4

M104 出土玉、石、陶器

1．M105（南－北）

2．墓葬横剖面显示的葬具与
填土情况（南－北）

M105及其葬具与填土情况

1. 头部陶器出土情况（北－南）

2. 脚端陶器出土情况（北－南）

3. 玉环、石钺出土情况（北－南）

M105器物出土情况

1. 管 M105：1

2. 管 M105：7

3. 管 M105：8

4. 管 M105：13

5. 管 M105：14

6. 锥形器 M105：2

7. 串饰 M105：12

8. 珠 M105：15

M105 出土玉器

1．玉镯 M105：6

2．石钺 M105：5

3．野猪獠牙饰 M105：3

M105 出土玉、石器，野猪獠牙饰

1. 盆 M105：4

2. 簋 M105：9

3. 鼎 M105：10

4. 圈足罐 M105：11

M105 出土陶器

1. M106（南－北）

2. 玉锥形器 M106：3

3. 陶双鼻壶 M106：2

4. 陶平底罐 M106：4

5. 陶簋 M106：5

M106 及其出土玉、陶器

1. M107（南－北）

2. 玉锥形器 M107：4

3. 玉管 M107：6

4. 玉珠 M107：5

5. 石"耘田器" M107：7

6. 陶纺轮 M107：8

M107 及其出土玉、石、陶器

1. 圈足罐 M107：1

2. 双鼻壶 M107：2

3. 圈足盘 M107：3

4. 簋 M107：9

5. 鼎 M107：12

6. 簋 M107：13

M107出土陶器

1．M108（南－北）

2．分体玉镯、石钺出土情况（东－西）

3．玉三叉形器出土情况（西－东）

M108及其器物出土情况

1. M108：2

2. M108：4

3. M108：7

4. M108：9

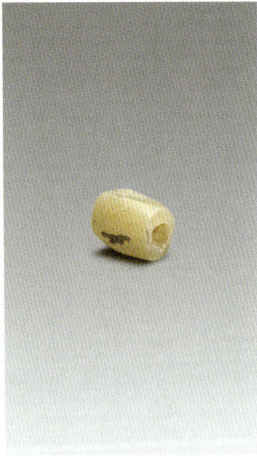

5. M108：10

6. M108：11

7. M108：12

8. M108：21

9. M108：23

10. M108：27

11. M108：28

12. M108：30

13. M108：31

M108 出土玉珠

1. 三叉形器 M108：5

2. 管 M108：8

3. 管 M108：17

4. 管 M108：18

5. 管 M108：20

6. 管 M108：29

7. 梳背 M108：33

M108 出土玉器

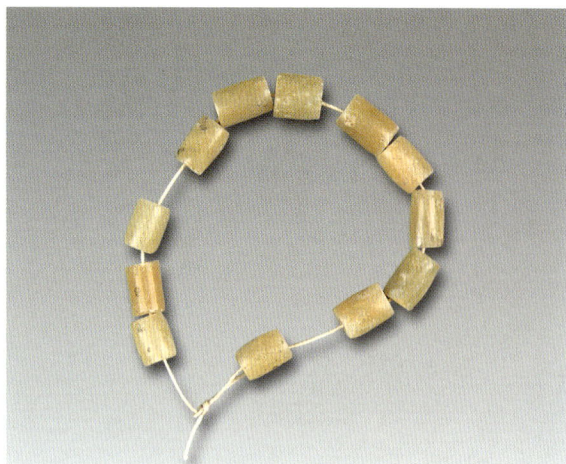

1. 玉串饰 M108：13

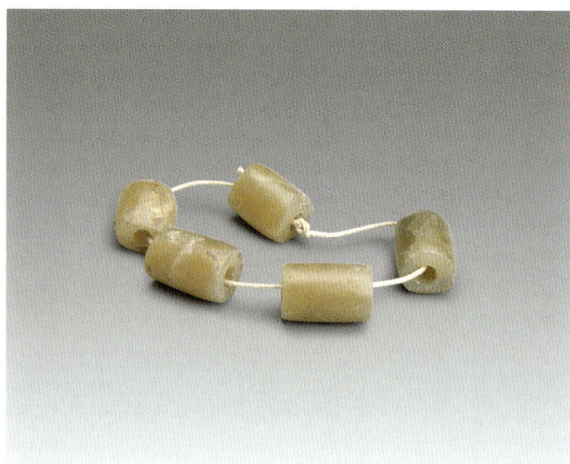

2. 玉串饰 M108：14

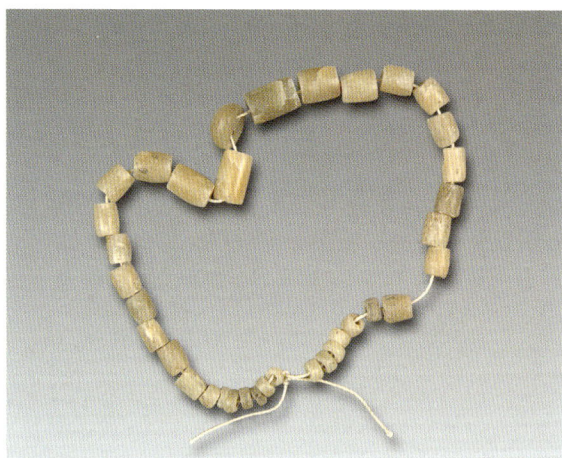

3. 玉串饰 M108：32

4. 分体玉镯 M108：15

5. 石钺 M108：16

6. 石钺 M108：19

M108 出土玉、石器

1. 圈足罐 M108：1

2. 圈足罐 M108：26

3. 鼎 M108：25

4. 盆 M108：6

5. 簋 M108：24

M108 出土陶器

1．M109（南－北）

2．玉环等出土情况（南－北）
3．脚端陶器出土情况（西－东）

M109 及器物出土情况

1. 串饰 M109：4

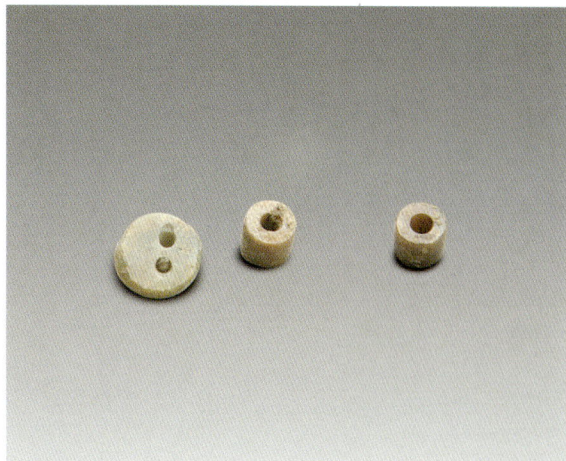

2. 珠 M109：5

3. 环 M109：6

4. 珠 M109：10

5. 珠 M109：11

6. 珠 M109：19

7. 珠 M109：23

8. 珠 M109：22

M109 出土玉器

1．外面（放大）

2．内面（放大）

3．管钻台痕与切割痕迹（放大）

半环形玉器 M109：8

1．玉管 M109：24

2．玉管 M109：25

3．玉锥形器 M109：27

4．鲨鱼唇齿 M109：14

5．鲨鱼牙齿 M109：26

M109 出土玉器、鲨鱼牙齿

1. 刀 M109：7

4. 锛 M109：18

2. 钺 M109：9

3. 锛 M109：13

5. 犁 M109：21

M109 出土石器

1. 圈足盘 M109：1

2. 圈足盘 M109：15

3. 双鼻壶 M109：12

4. 双鼻壶 M109：16

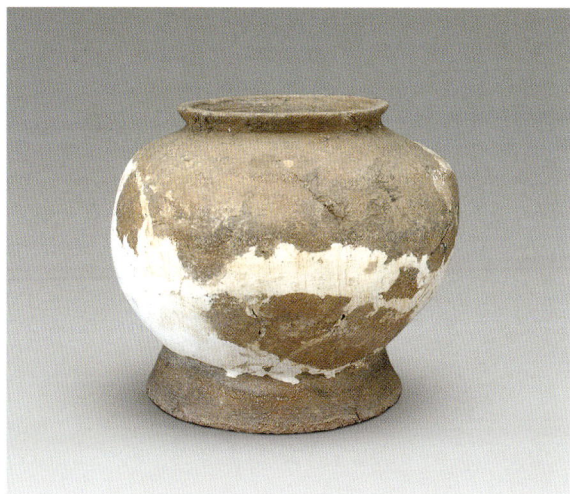

5. 圈足罐 M109：17

6. 鼎 M109：20

M109 出土陶器

1. M110（南－北）

2. 杯 M110：1

3. 圈足盘 M110：2

M110 及其出土陶器

1. 玉珠 M110：3

2. 玉珠 M110：5

3. 玉珠 M110：6

4. 玉珠 M110：11

5. 玉串饰 M110：10

6. 玉锥形器 M110：4

7. 石"耘田器" M110：9

M110 出土玉、石器

1. M111（南－北）

2. 珠 M111：2

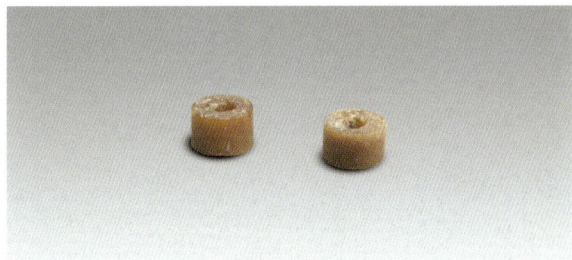

3. 珠 M111：6

4. 珠 M111：12

5. 锥形器 M111：5

6. 管 M111：11

M111 及其出土玉器

1. 圈足盘 M111 : 1

2. 鼎 M111 : 8

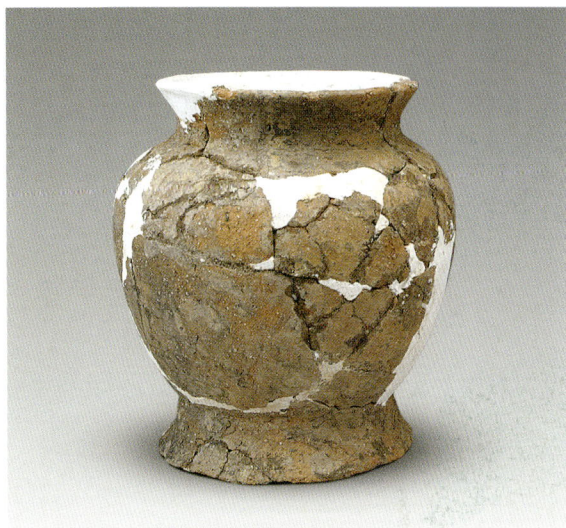

3. 圈足罐 M111 : 9

4. 簋 M111 : 10

5. 纺轮 M111 : 7

M111 出土陶器

1. M112（南—北）

2. 玉珠 M112：5

3. 玉珠 M112：7

4. 玉锥形器 M112：6

5. 石锛 M112：9

M112 及其出土玉、石器

1. 圈足盘 M112：2

2. 簋 M112：8

3. 盆 M112：11

M112 出土陶器

1. M113（南—北）

2. 玉锥形器 M113：4

3. 陶纺轮 M113：6

M113 及其出土玉、陶器

1. 宽把杯 M113：1

4. 簋 M113：5

2. 圈足盘 M113：2

5. 鼎 M113：8

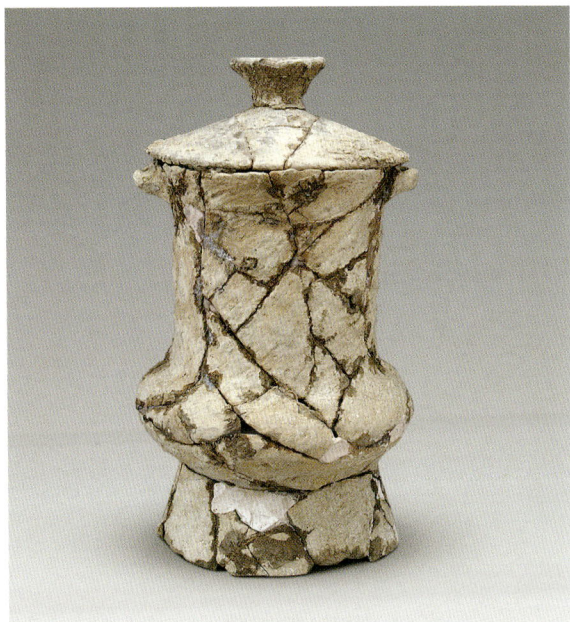

3. 双鼻壶 M113：3

6. 平底罐 M113：9

M113 出土陶器

1. M114（南－北）

2. 玉串饰出土情况（北－南）

3. 脚端陶器、石镞出土情况（东－西）

M114 及其器物出土情况

1. 珠 M114：1

2. 珠 M114：7

3. 珠 M114：8

4. 珠 M114：17

5. 串饰 M114：6

6. 锥形器 M114：9

M114 出土玉器

1. 钺 M114：5　　　　　　2. 镞 M114：15　　　　3. 镞 M114：16

4. "耘田器" M114：10

M114 出土石器

1. 双鼻壶 M114:2

2. 圈足盘 M114:4

3. 鼎 M114:14

4. 鼎 M114:11

5. 簋 M114:12

6. 尊 M114:13

M114 出土陶器

1．M115（南—北）

2．珠 M115：1

3～5．珠 M115：5、M115：9、M115：10

6．锥形器 M115：8

7．串饰 M115：6

M115 及其出土玉器

1. 石钺 M115：7

2. 陶纺轮 M115：11

3. 石"耘田器" M115：12

M115 出土石、陶器

1. 双鼻壶 M115：2

2. 双鼻壶 M115：3

3. 圈足盘 M115：4

4. 簋 M115：13

5. 盆 M115：15

6. 鼎 M115：16

M115 出土陶器

M116（南—北）

1．珠 M116：6

2．珠 M116：7

3．珠 M116：8

4．珠 M116：9

5．珠 M116：10、11

6．珠 M116：12

7．珠 M116：13

8．珠 M116：14

9．珠 M116：15

10．珠 M116：17

11．珠 M116：19

12．珠 M116：20

13．珠 M116：22

14．珠 M116：23

15．珠 M116：24

16．珠 M116：30

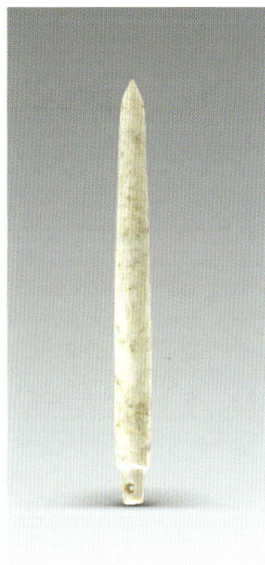

17．锥形器 M116：21

18．管 M116：37

M116 出土玉器

1. 石钺 M116：18

2. 石锛 M116：25

3. 石锛 M116：26

4. 石锛 M116：27

6. 鲨鱼唇齿 M116：29

5. 石"耘田器" M116：28

M116出土石器、鲨鱼唇齿

1. M116：1

2. M116：2

3. M116：3

4. M116：4

5. M116：35

M116出土陶双鼻壶

1. 圈足盘 M116：5

2. 盆 M116：32

3. 簋 M116：34

M116出土陶器

1. M117（南－北）

2. 横剖面显示的弧棺痕迹（北－南）

3. 钺 M117：4

4. 镞 M117：5

5. 锛 M117：7

M117及其出土石器

1. 圈足盘 M117：1

2. 宽把杯 M117：2

3. 双鼻壶 M117：3

4. 簋 M117：6

5. 鼎 M117：8

6. 盆 M117：10

M117 出土陶器

1. M118（东南－西北）

2. 玉镯、石刀等出土情况
   （东－西）

M118及其器物出土情况

1．玉珠 M118：2

2．玉坠 M118：5

3．玉镯 M118：4

4．石刀 M118：6

5．陶纺轮 M118：9

6．陶簋 M118：10

7．陶圈足罐 M118：11

M118 出土玉、石、陶器

1. M119（南－北）

2. 锥形器 M119：5

3. 管 M119：6

4. 珠 M119：9

5. 珠 M119：16

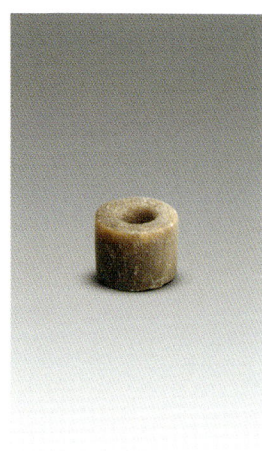

6. 珠 M119：17

M119 及其出土玉器

1. 钺 M119：4

2. 钺 M119：7

3. 锛 M119：13

M119 出土石器

1. 双鼻壶 M119：1

2. 钵 M119：2

3. 宽把杯 M119：3

4. 器盖 M119：8

5. 甋 M119：10

6. 尊 M119：12

7. 簋 M119：15

M119 出土陶器

1. M120（南－北）

3. 玉珠 M120：2

4. 石刀 M120：3

2. 横剖面显示的葬具情况（南－北）

M120 及其出土玉、石器

1. 盆 M120：1

2. 簋 M120：5

3. 鼎 M120：6

4. 双鼻壶 M120：4

5. 双鼻壶 M120：7

6. 纺轮 M120：9

M120出土陶器

1．M121（南－北）

2．玉钺、玉璧等出土情况
（东北－西南）

M121 及其器物出土情况

1．M121：1

2．M121：2

3．M121：3

4．M121：10

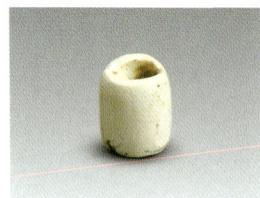

5．M121：11

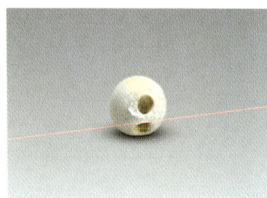

6．M121：12

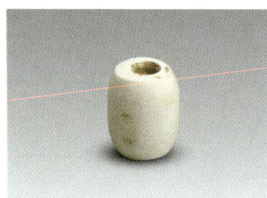

7．M121：13

8．M121：17

9．M121：18

10．M121：19

11．M121：20

12．M121：24

13．M121：25

14．M121：26

15．M121：29

16．M121：31

17．M121：40

18．M121：42

19．M121：43

20．M121：44

21．M121：47

22．M121：48

23．M121：50

M121 出土玉珠

1. 钺 M121：9

2. 璧 M121：21

3. 锥形器 M121：27

4. 锥形器 M121：28

5. 管 M121：30

M121 出土玉器

1．M121：15

3．M121：45

2．M121：32

4．M121：41

M121 出土石锛

1. 钺 M121 : 22

2. 钺 M121 : 23

3. "耘田器" M121 : 16

4. 带把小石刀 M121 : 46

M121 出土石器

1．M121：4
2．M121：5

3．M121：6
4．M121：7

5．M121：38
6．M121：39

M121出土陶双鼻壶

1. 圈足盘 M121：8

2. 簋 M121：33

3. 甗 M121：35

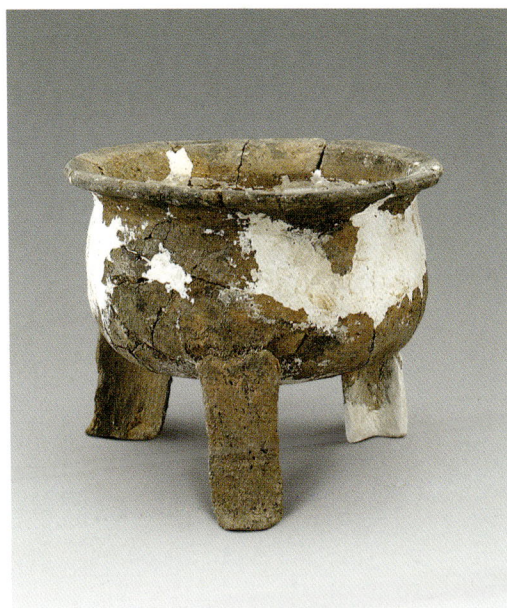

4. 鼎 M121：36

5. 盆 M121：37

M121 出土陶器

1. M122（南－北）

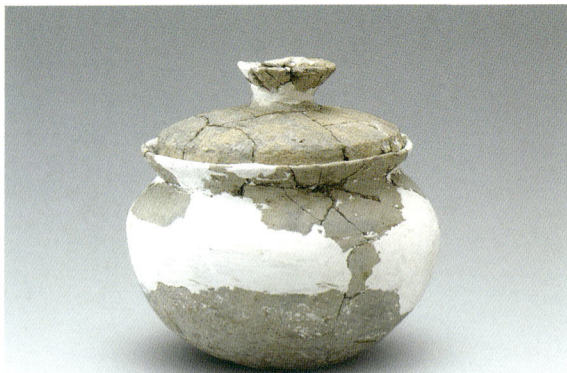

2. 脚端陶器出土情况（东－西）

3. 盆 M122：1

4. 簋 M122：2

5. 鼎 M122：3

M122 及其出土陶器

M123（南—北）

1. 玉串饰 M123：3

2. 玉锥形器 M123：6

3. 石"耘田器" M123：7

4. 石钺 M123：5

5. 石锛 M123：8
6. 石锛 M123：9

M123 出土玉、石器

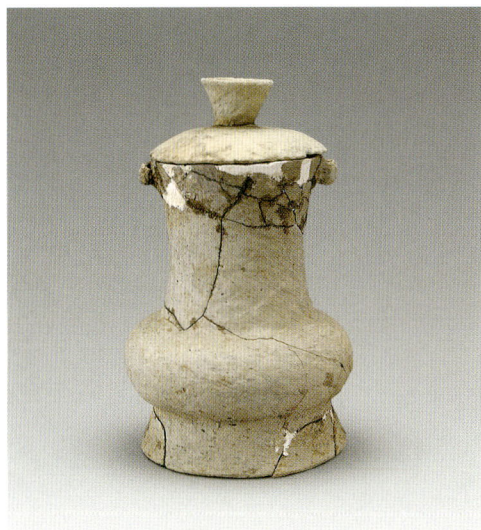
1. 双鼻壶 M123：2

2. 圈足盘 M123：4

3. 盆 M123：13

4. 簋 M123：12

5. 尊 M123：11

6. 鼎 M123：10

M123 出土陶器

1. M124（南－北）

2. 玉梳背、锥形器、串饰
   出土情况（西－东）

3. 北端陶器、石"耘田器"、
   石镞出土情况（东－西）

M124 及其器物出土情况

1. 尊 M124：30

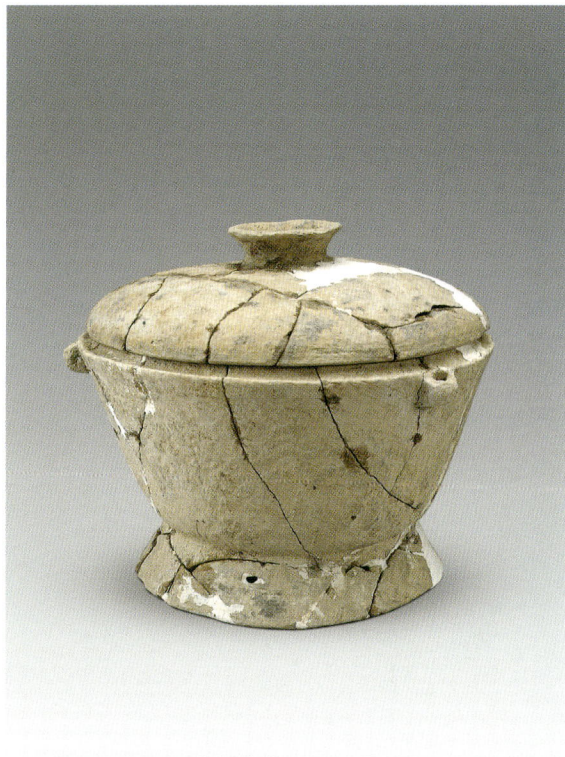

2. 簋 M124：31

4. 圈足盘 M124：33

3. 鼎 M124：32

M124 出土陶器

1. M125（南－北）

2. 头部陶器玉璜、锥形器
出土情况（西－东）

3. 脚端陶器、玉锥形器出土情况（东－西）

M125及其器物出土情况

1．M125：8

2．M125：13

3．M125：16

4．M125：18

5．M125：19

6．M125：29

7．M125：17

8．M125：26

M125出土玉锥形器

1．璜 M125：9

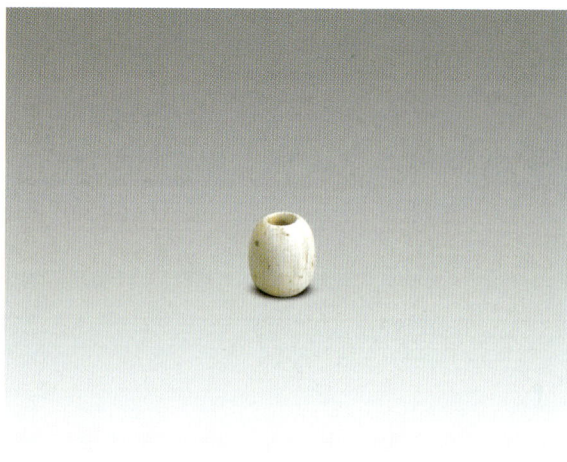

2．珠 M125：3

3．珠 M125：11

4．珠 M125：14

5．珠 M125：28

6．套管 M125：30

M125 出土玉器

1．M125：1

2．M125：2

3．M125：4

4．M125：27

5．M125：31

M125出土陶双鼻壶

1. 宽把杯 M125：5

3. 圈足盘 M125：7

2. 簋 M125：6

4. 簋 M125：23

5. 簋 M125：25

M125 出土陶器

1. 盆 M125：22

2. 鼎 M125：24

3. 小壶 M125：32

4. 小壶 M125：32底部刻符（放大）

5. 纺轮 M125：20

6. 纺轮 M125：21

M125 出土陶器

1．M126（南—北）

4．锥形器 M126：3

5．镶嵌片 M126：6

2．锥形器 M126：1

3．锥形器 M126：2

6．珠 M126：7

M126 及其出土玉器

1. 簋 M126：9

4. 双鼻壶 M126：11

2. 簋 M126：19

5. 尊 M126：13

3. 圈足盘 M126：12

6. 纺轮 M126：10

M126 出土陶器

1. 盆 M126：14

2. 杯 M126：17

3. 豆 M126：16

4. 豆 M126：18

M126 出土陶器

1. 上层两件陶器出土情况（南－北）

2. 下层器物出土情况（南－北）

M127 及其器物出土情况

1. 玉珠 M127：3

2. 玉锥形器 M127：7

3. 石锛 M127：6

4. 石钺 M127：8

5. 石镞 M127：13

6. 石"耘田器" M127：11

M127 出土玉、石器

1．壶 M127：1

2．盆 M127：2

3．双鼻壶 M127：4

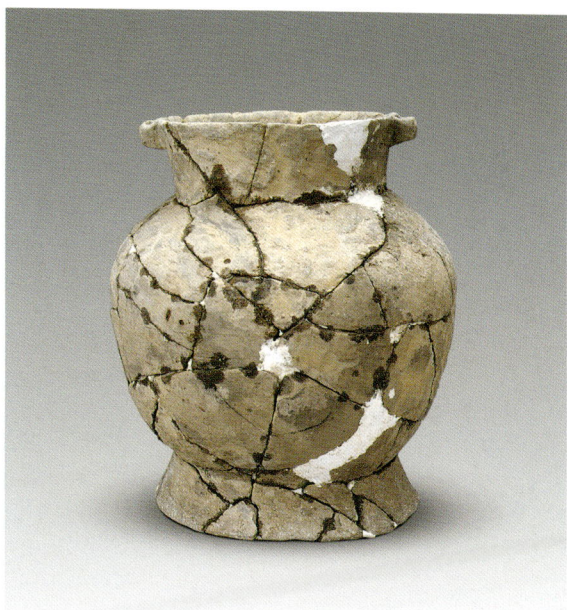

4．双鼻壶 M127：14

5．鼎 M127：10

M127 出土陶器

1. 圈足盘 M127：5

2. 簋 M127：9

3. 簋 M127：12

M127 出土陶器

1. M128（南－北）

2. 串饰 M128：4

3. 珠 M128：5

4. 珠 M128：8

5. 锥形器 M128：6

M128 及其出土玉器

1. 石钺 M128：7

2. 壶 M128：1

3. 圈足盘 M128：2

4. 尊 M128：11

5. 鼎 M128：12

M128 出土石、陶器

1．M129 北部（南－北）

2．石"耘田器" M129：1

3．陶簋 M129：2

4．陶鼎 M129：3

M129 及其出土石、陶器

1. M130（南－北）

2. 玉珠 M130：2

3. 陶壶 M130：1

4. 陶双鼻壶 M130：3

5. 陶三足盘 M130：4

6. 陶鼎 M130：5

M130 及其出土玉、陶器

1．M131（南—北）

3．陶双鼻壶 M131：1

4．陶三足盘 M131：4

2．石刀 M131：3

5．陶纺轮 M131：2

M131 及其出土石、陶器

1．M132（南－北）

2．鼎 M132：1

3．杯 M132：2

4．豆 M132：3

M132 及其出土陶器

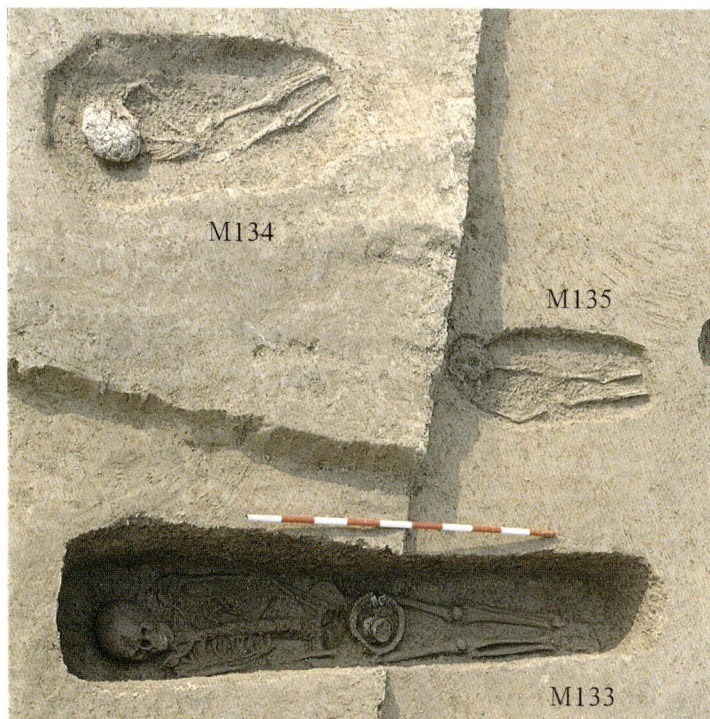

1. M133～M135 三座形制较特殊的墓葬（东－西）

2. M133（北－南）

3. M134（西－东）

4. M135（西－东）

M133、M134、M135

1. M136（南—北）

2. 双鼻壶 M136：1

3. 豆 M136：3

4. 双鼻壶 M136：2

M136 及其出土陶器

1．M137（南－北）

2．横剖面（南－北）

M137

1. 墓坑上部平面显示的葬具板灰痕迹

2. 墓底板灰痕迹解剖

3. 玉琮、玉锥形器出土情况
（东南－西北）

M137葬具板灰痕迹及其器物出土情况

1. 珠 M137：1

2. 珠 M137：3

3. 珠 M137：5

4. 珠 M137：11

5. 珠 M137：12

6. 珠 M137：15

7. 珠 M137：20

8. 珠 M137：21

9. 珠 M137：23

10. 管 M137：2

11. 管 M137：4

12. 管 M137：7

13. 管 M137：22

M137 出土玉器

1. 玉端饰 M137：8

2. 玉琮 M137：9（放大）

3. 玉琮 M137：9上的加工痕迹

4. 玉锥形器 M137：10

5. 陶纺轮 M137：17

M137 出土玉、陶器

1. 双鼻壶 M137：6

2. 双鼻壶 M137：13

3. 平底罐 M137：16

4. 圈足盘 M137：14

5. 圈足盘 M137：19

6. 鼎 M137：18

M137 出土陶器

1. M138（北—南）

2. 豆 M138：1

3. 双鼻壶 M138：2

M138 及其出土陶器

1. M139（南—北）

2. 圈足盘 M139：1

M139 及其出土陶圈足盘

1．M140（北—南）

2．锥形器 M140：3

3．镶嵌片 M140：5

4．锥形器 M140：4

M140 及其出土玉器

1. 钺 M140：6

2. 钺 M140：12

3. 镞 M140：10

M140 出土石器

1. 双鼻壶 M140∶1

3. 簋 M140∶8

2. 宽把杯 M140∶2

4. 圈足盘 M140∶9

5. 鼎 M140∶11

6. 尊 M140∶7

M140出土陶器

M120

红烧土建筑遗迹 HJ1（东－西）

红烧土建筑遗迹 HJ1（北－南）

1. Z2 平剖面

2. Z3 解剖情况

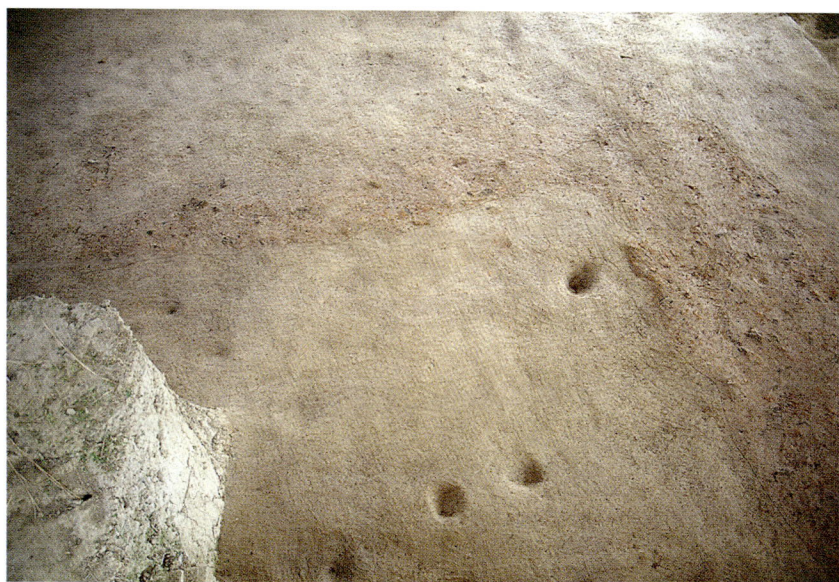

3. 南部内转角平面

红烧土建筑遗迹 HJ1 柱坑及南部内转角平面

1．平面（南－北）

2．剖面

红烧土遗迹 S1

1. 局部

2. 细部

红烧土遗迹 S2

1．石凿 H1：6（残）

2．石凿 H1：9

3．石锛 H1：16

4．石刀 H1：27

5．骨镞 H1：15

H1 出土石凿、锛、刀，骨镞

1. 袋足鬶 H1：1

3. 宽把杯 H1：22

2. 盆 H1：10

4. 盉 H1：20

5. 盉 H1：89

H1 出土陶袋足鬶、盉等

1. 圈足盘 H1：2

2. 圈足盘 H1：5

3. 圈足盘 H1：17

4. 圈足盘 H1：18

5. 圈足盘 H1：88

6. 三足盘 H1：11

H1 出土陶圈足盘、三足盘

1．平底罐 H1：3

4．小罐 H1：4

2．圈足罐 H1：24

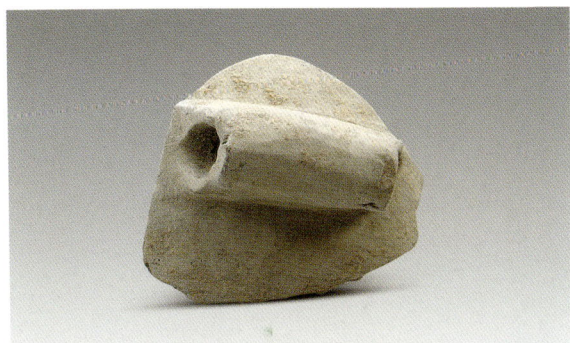

5．牛鼻形器耳 H1：58（内壁凹窝为按具痕迹）

3．圈足罐 H1：31

6．罐口沿 H1：60

H1 出土陶罐

1. H1：13

2. H1：25

3. H1：32

4. H1：33

5. H1：7

6. H1：7 盘内花纹

7. 豆把 H1：51

H1 出土陶豆

2. 贯耳壶 H1：12

1. 双鼻壶 H1：8

4. 贯耳壶 H1：28

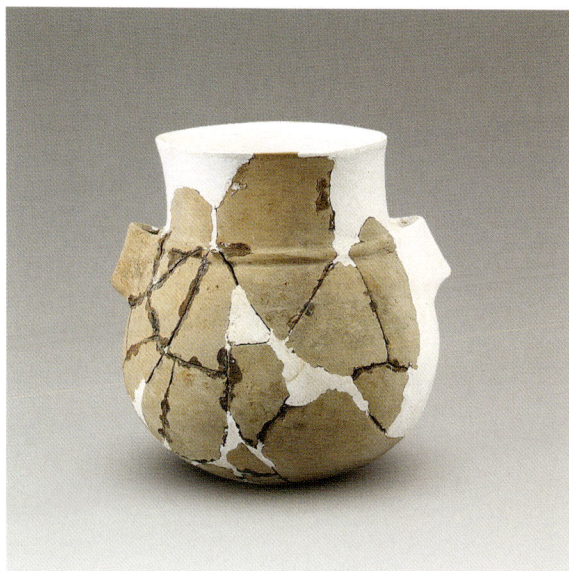

3. 贯耳壶 H1：14

H1 出土陶双鼻壶、贯耳壶

1．H1：19

2．H1：23

3．H1：29

4．H1：21

5．H1：26

6．H1：30

H1 出土陶鼎

1. 扁方形鼎足 H1 : 68

2. 扁方形鼎足 H1 : 69

3. 刻划符号陶片 H1 : 79

4. 罐底部残片 H1 : 80

5. 刻划符号陶片 H1 : 91

6. 罐肩部残片 H1 : 90

H1 出土陶鼎足、刻纹陶片

1．石铸 H5∶1

2．玉料 H7②∶3

3．石镞 H7①∶1

4．石凿 H7①∶2

5．石镞 H7①∶49

6．砺石 H7①∶50

7．砺石 H7③∶4

H5 出土石铸，H7 出土玉料及石镞、凿、砺石

1. 石"耘田器"H7①：52

4. 陶鼎 H7③：34

2. 石犁 H7③：6

5. 凹弧形陶鼎足 H7③：28

3. 陶鼎 H7③：7

6. 陶鼎残片 H7③：35

H7出土石"耘田器"、犁，陶鼎

1. 圈足盘 H7②：17 底部刻划符号

2. 罐口沿 H7③：8

3. 三足盘足 H7③：14

4. 盂底 H7③：33

H7 出土陶盘、罐、盂

1. H11（南－北）

2. 玉鸟 H11：1（放大）

3. 玉鸟 H11：1头部特写

4. 陶盉 H11：2

5. 陶罐 H11：3

H11 及其出土玉鸟，陶盉、罐

1．H13（南－北）

2．圈足盘 H13：1

3．H17

H13 及其出土陶圈足盘，H17

1. H15：1

2. H16：1

3. H17：1

5. H49：1

4. H18：1

H15、H16、H17、H18、H49 出土夹砂红陶缸

1. 圈足盘 H19：1

2. 器盖 H19：2

3. H20

H19出土陶圈足盘、器盖，H20

1. 砺石 H23：1

2. 陶管状器 H23：3

3. 陶鼎 H25：1

4. 陶环 H26：1

5. 砺石 H27：1

6. 陶圈足盘 H27：2

7. 陶豆 H27：3

H23、H25、H26、H27 出土石、陶器

1．圈足盘 H30：1

4．鼎盖 H30：6

2．圈足盘 H30：13

5．鱼鳍形鼎足 H30：11

3．鼎 H30：2

6．圈足罐 H30：3 底部刻划符号

H30 出土陶圈足盘、鼎、圈足罐

1. H34：1

2. H34：2

3. H34：3

H34 出土砺石

1. 红烧土在 T501 内的堆积情况

2. 第 1 层红烧土堆积剖面

H36 红烧土堆积情况

1. H36 第 1 层堆积中的红烧土块

2. 玉锥形器 H36 ① : 1

3. 玉锥形器 H36 ① : 2

4. 玉珠 H36 ① : 5

5. 玉锥形器 H36 ② : 26

6. 玉锥形器 H36 ① : 6

7. 孔雀石 H36 ① : 3

8. 玉镶嵌片 H36 ① : 4

H36 出土红烧土块，玉锥形器、珠等

1．锛 H36 ① : 7

2．锛 H36 ① : 16

3．锛 H36 ② : 11

4．锛 H36 ② : 12

5．刀 H36 ② : 18

6．斧 H36 ① : 19

H36 出土石锛、刀、斧

1．砺石 H36 ①：15

2．砺石 H36 ①：23

3．砺石 H36 ①：28

4．砺石 H36 ②：24

5．镞 H36 ①：22

6．镞 H36 ②：35

H36 出土砺石、石镞

1. 簋 H36 ① : 8

4. 豆 H36 ① : 33

2. 簋 H36 ① : 21

5. 圈足盘 H36 ② : 25

3. 杯 H36 ① : 10

6. 罐 H36 ① : 54

H36 出土陶簋、杯等

1. 陶豆 H36 ① : 86

2. 陶豆 H36 ① : 86 细部刻划

3. 豆把 H36 ① : 35

4. 豆把 H36 ② : 65

5. 豆把 H36 ② : 66

6. 豆把 H36 ② : 68

7. 豆把 H36 ② : 69

H36 出土陶豆

1. 鼎 H36 ① : 9

2. 凹弧形鼎足 H36 ① : 60

3. "T" 字形鼎足 H36 ② : 84

4. 甗 H36 ① : 59

5. 罐 H36 ② : 72 腹部的刻划符号

H36 出土陶鼎、甗、罐

1. 石钺 H37：1

2. 砺石 H38：1

3. 砺石 H38：2

4. 陶圈足盘 H38：4

5. 石犁 H39：1

6. 砺石 H40：1

H37、H38、H39、H40 出土石、陶器

1. H50

2. J1

H50、J1

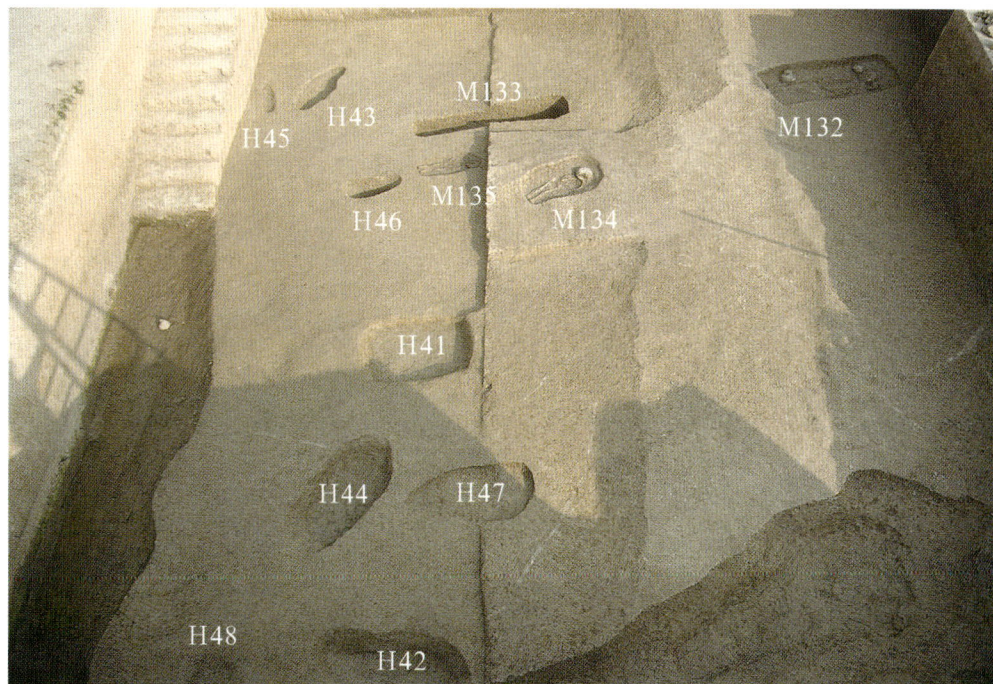

1. 西面早期土台北边平地上的 M132～M135 与 H41～H48（西－东）

2. M133～M135 与邻近的 H41、H46、H43、H45

M133～M135 与 H41～H48 的相互关系

G1 清理情形

1. 玉锥形器 G1 ② : 4

2. 带把小石刀 G1 ② : 1

3. 石锛 G1 ② : 9

4. 石镞 G1 ② : 16

5. 石镞 G1 ② : 20

6. 石锛 G1 ② : 24

7. 骨镞 G1 ② : 8

8. 骨镞 G1 ② : 10

9. 骨镞 G1 ② : 11

10. 牙镞 G1 ② : 12

G1 出土玉、石、骨、牙器

1. 罐 G1 ① : 30

2. 瓿 G1 ① : 34

3. 平底罐 G1 ② : 3

4. 壶 G1 ② : 13

5. 圈足盘 G1 ② : 5

6. 圈足盘 G1 ② : 27

G1 出土陶罐、瓿、壶、圈足盘

1. 豆 G1②:7

2. 豆 G1②:7 细部纹饰

3. 豆 G1②:26

4. 豆把 G1②:2

5. 杯 G1②:15

6. 杯 G1②:21

G1 出土陶豆、杯

1. 实足鬶 G1 ② : 17

2. 鼎 G1 ② : 18

3. 鼎 G1 ② : 19

4. 钵 G1 ② : 23

5. 器盖 G1 ② : 25

G1 出土陶实足鬶、鼎、钵、器盖

1．戳印纹饰 G1②：90

2．罐 G1②：92 底部刻划符号

3．鼎足 G1②：120 刻划符号

4．罐 G1②：111 底部刻划符号

5．罐 G1②：112 底部刻划符号

6．罐 G1②：113 领部刻划符号

G1 出土陶器上的戳印纹饰、刻划符号

1. 陶罐肩部残片 G1 ② : 115 刻划符号

2. 陶宽把杯残片 G1 ② : 116 刻划鸟、网纹

3. 陶罐肩部残片 G1 ② : 117 刻划鹿纹

4. 三足盘足 G1 ② : 118 刻划变体鸟纹

5. 刻划交叉线纹陶片 G1 ② : 124

G1 出土陶器上的刻划符号

1．环
T600⑤：6

2．A 型 I 式锥形器
T601⑫：14

3．A 型 III 式锥形器
T701⑧：7

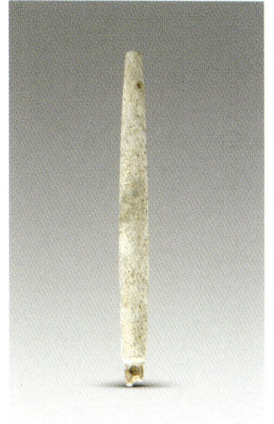

4．A 型 III 式锥形器
T702⑧：8

5．A 型 III 式锥形器
T601⑩E：15

6．B 型 I 式坠
T703⑧：4

7．A 型管
T506⑦B：20

8．C 型管
T602⑨B：4

9．A 型 II 式珠
T702⑧：4

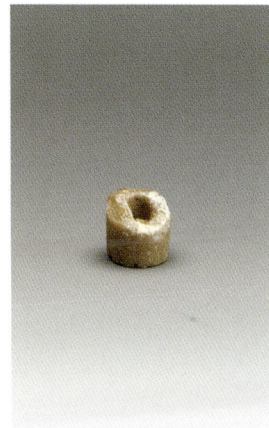

10．A 型 II 式珠
T506⑤：6

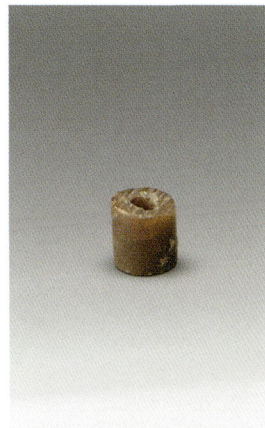

11．A 型 II 式珠
T507⑤：3

12．玉器
T601⑫：13

地层出土玉器

1．T604 ⑦ A：7

2．T504 ⑤：6

3．T505 ⑥：20

4．T405 ⑥：16

5．T506 ⑥：21

6．T700 ⑨ B：5

地层出土玉料

1. 斧 T305 ③：15

2. A型 I 式 "耘田器" T700 ⑧：3

3. A型 I 式 "耘田器" T305 ④：18

4. A型 I 式 "耘田器" T303 ②：4

5. A型 I 式 "耘田器" T305 ③：6

6. A型 I 式 "耘田器" T600 ⑤：13

7. A型 II 式 "耘田器" T203 ②：2

8. B型 "耘田器" T406 ⑤：2

地层出土石斧、"耘田器"

1．A 型 T605 ⑧：5

2．B 型 T505 ⑨ C：15

3．B 型 T406 ⑤：3

4．B 型 T405 ⑦ B：9

地层出土石犁

1. 镰 T604 ⑦ A：5

2. 镰 T604 ⑦ A：8

3. "破土器" T506 ⑤：16

4. "破土器" T701 ⑤：10

5. "破土器" T406 ⑤：1

地层出土石镰、"破土器"

1．A型Ⅰ式 T603⑩B：5

2．A型Ⅱ式 TG15②：1

3．A型Ⅱ式 T600⑤：8

4．B型Ⅰ式 T701⑩E：17

5．B型Ⅱ式 T405⑥：4

地层出土石锛

1. TG7 ③：2

2. T601 ⑧：3

3. T701 ⑧：15

4. T605 ⑧：6

5. T305 ③：11

6. T506 ⑤：22

地层出土 B 型 II 式石锛

1. B 型 II 式 T606 ⑥：1

2. B 型 II 式 T701 ⑩ B：12

3. D 型 I 式 T506 ⑤：4

4. D 型 I 式 T605 ⑧：8

5. D 型 I 式 TG7 ③：6

6. E 型 T600 ⑨ B：18

地层出土石锛

1. A 型凿 T601 ⑤：12

2. A 型凿 T506 ⑤：11

3. B 型凿 T205 ③：1

4. B 型凿 T703 ⑧：1

5. I 式镞 TG6 ③：3

6. I 式镞 TG7 ③：5

7. II 式镞 T600 ⑤：2

地层出土石凿、镞

1．Ⅱ式 T506⑤：13　　2．Ⅱ式 T701⑤：16　　3．Ⅱ式 T507⑥：4　　4．Ⅲ式 T702⑤：5

5．Ⅳ式 T505⑤：8　　6．Ⅳ式 T404⑤：2　　7．Ⅳ式 T703⑤：3　　8．Ⅳ式 T305③：3

地层出土石镞

1．B 型 T505 ⑥：17

4．E 型 TG6 ②：1

2．C 型 T405 ⑦ A：12

5．E 型 T507 ⑥：6

3．D 型 T305 ③：10

6．F 型 T602 ⑨ B：13

地层出土石刀

1. 砾石器 T700 ⑨ B：6

2. 砾石器 T305 ③：9

3. 滑轮形器 T504 ⑤：3

4. 不明用途石器 T303 ④：6

5. 石片 T305 ③：13

地层出土砾石器等

1．T203 ② : 1

2．T405 ⑦ A : 15

3．T305 ③ : 2

4．T504 ⑤ : 2

地层出土砺石

1．骨镞 TG7 ② : 1

2．骨管 TG6 ③ : 3

3．角锥 T303 ② : 3

4．彩绘陶片 TG7 ③ : 3

5．鼎足 T305 ④ : 75 刻划符号

地层出土骨、角、陶器

1. A 型 I 式 T701 ⑫：30

2. A 型 IV 式 T405 ⑦ A：14

3. A 型 V 式 T405 ⑤：5

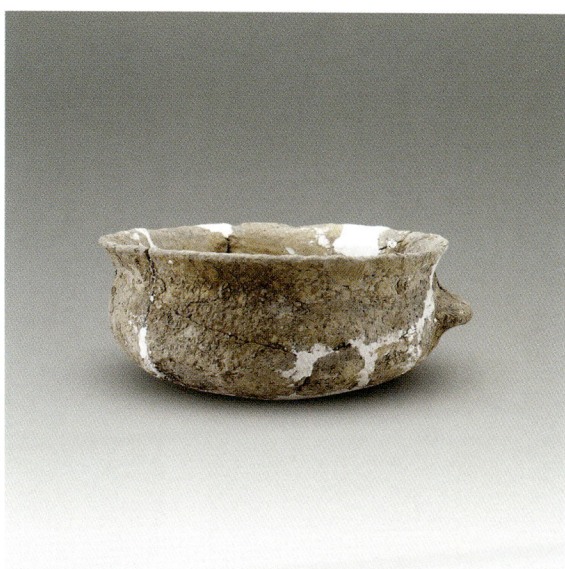

4. B 型 I 式 T405 ⑤：3

地层出土陶鼎

1. 鱼鳍形足 T504 ⑥：40

2. 三角形扁足 T600 ⑤：24

3. 鱼鳍形足 T405 ④：19

4. 鱼鳍形足 T305 ③：64

5. "T"字形足 T305 ③：60

6. "T"字形足 T203 ③：40

7. 凹弧形足 T305 ③：57

8. 凹弧形足 T305 ③：58

9. 扁方形足 T305 ③：67

地层出土陶鼎足

1. C 型甗 T203 ② : 8

2. A 型 I 式豆 T504 ⑥ : 17

3. A 型 I 式豆 T405 ⑦ A : 11

4. A 型 I 式豆 T700 ⑩ A : 7

5. A 型 I 式豆 T505 ⑨ C : 19

地层出土陶甗、豆

1. A 型 I 式 T504 ⑨ B：35

2. A 型 III 式 T602 ⑤：10

3. A 型 III 式 T305 ③：49

4. 豆把 T504 ⑥：37

5. 豆把 T302 ②：7

地层出土陶豆

1．A 型 I 式 T701⑫：18

2．Λ 型 I 式 T504⑨C：10

3．A 型 III 式 T505⑤：21

4．A 型 IV 式 T505⑤：12

5．A 型 IV 式 T601⑤：17

6．A 型 V 式 T305④：28

地层出土陶双鼻壶

1. A型Ⅲ式 T602 ⑧：12

2. B型Ⅱ式 T505 ⑤：26

3. C型Ⅰ式 T504 ⑥：19

4. C型Ⅱ式 T507 ⑤：10

5. C型Ⅲ式 T602 ⑤：5

6. C型Ⅲ式 T607 ⑤：2

地层出土陶圈足盘

1. 钵 T203 ② : 7

2. B 型杯 T507 ⑥ : 8

3. C 型杯 T602 ⑥ : 11

4. C 型杯 T701 ⑤ : 1

5. C 型杯 T507 ⑥ : 7

6. 夹砂缸口沿 T203 ② : 28

7. A 型 Ⅱ 式器盖 T203 ③ : 3

8. A 型 Ⅳ 式器盖 T203 ③ : 5

地层出土陶钵、杯、夹砂缸、器盖

1. 器把 T302 ② : 13

2. 环 T504 ⑨ A : 31

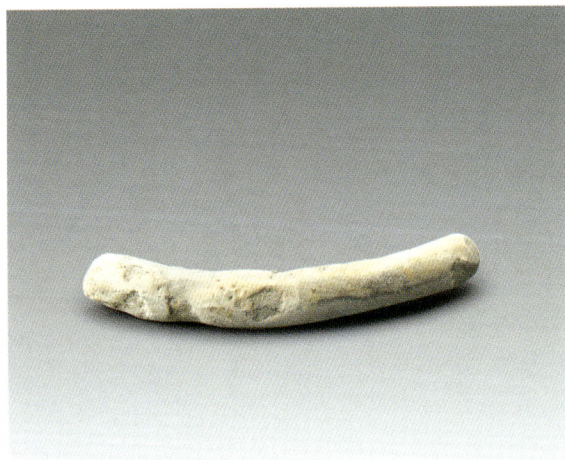

3. 纺轮 T404 ⑥ : 1

4. 纺轮 T504 ⑥ : 26

5. 纺轮 T504 ⑥ : 11

地层出土陶器把、环、纺轮

1．B 型 I 式锛 T601
⑩ E：5 切片

2．石犁 H34：4 切片

3．玉镶嵌片 T701 ⑧：24 显微照片（正交偏光，105 倍）

石器切片与玉镶嵌片显微照片

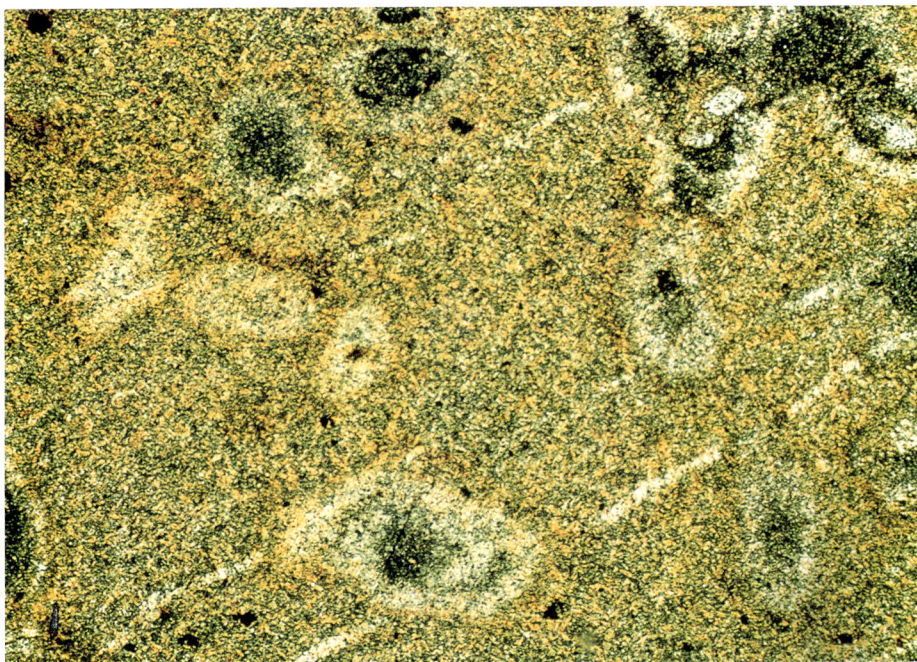

1．带把小石刀 T405 ⑦ A：8 显微照片（正交偏光，105 倍）

2．砺石 T605 ①：1 显微照片（正交偏光，45 倍）

地层出土石器显微照片

1．正交偏光，105 倍

2．单偏光，45 倍

地层出土石斧 T305 ③：15 显微照片

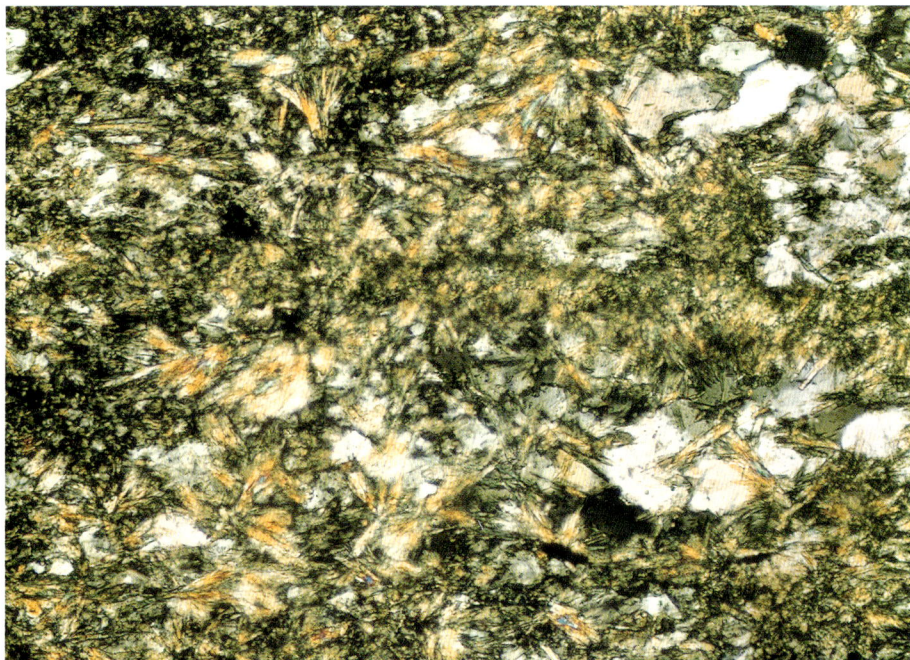

1. 石锛 T600 ③：10 显微照片（正交偏光，105 倍）

2. 玉料 T604 ⑦ A：1 显微照片（正交偏光，45 倍）

地层出土石锛、玉料显微照片

1. 三足盘 H6：1

2. 三足盘 H6：3

3. 鼎 H6：2

4. 陶片 H6：7

5. 鼎足 H6：4

马桥文化 H6 出土陶器

1. H10

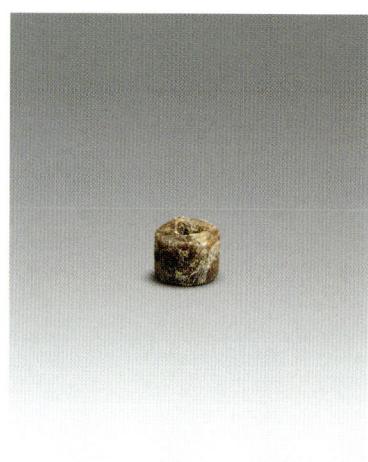

2. 珠 H10：4

3. 珠 H10：5

4. 珠 H10：6

马桥文化 H10 及其出土玉珠

1. 簋 H10：1

2. 盆 H10：2

4. 鼎 H10：8

3. 盆 H10：7

5. 纺轮 H10：3

马桥文化 H10 出土陶器

1. H22

2. 石锛 H22:1

3. 印纹硬陶片

马桥文化 H22 及其出土石、陶器